非洲现代史 上

A History of Modern Africa

李安山 著

华东师范大学出版社

·上海·

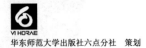

华东师范大学出版社六点分社　策划

总　序

学问之兴盛，实赖于时势与时运。势者，国家与人类之前途；运者，发展与和平之机缘。中非关系之快速发展促使国人认识非洲、理解非洲、研究非洲。

非洲乃人类起源地(之一)，非洲文明形态使人类文明极大丰富。古罗马史家老普林尼(Gaius Plinius Secundus)有言："非洲总是不断有新鲜事物产生"，此种"新鲜事物"缘自非洲人之"自我创造活动"(Ki-Zerbo 语)。全球化再次使非洲为热土，非洲智者提醒："千万别试图告诉非洲人到底哪里出了问题，或他们该如何'治好'自己。如果你非要'提供救赎'，那么抑制你内心的这种渴望"。"非洲人不是坐在那列以我们的世界观为终极目的的列车上。如果你试图告诉他们，他们如何成为我们，千万别。"(Kaguro Macharia 语)

此提醒，预设了国人研究非洲必备的"问题意识"；此提醒，不仅因国人对非洲的知识仍然贫乏，更促使吾辈须知何为中非文明互鉴之基础。

中国学界不仅须理解伊本·赫勒敦(Ibn Khaldun)之卓识远见，谢克·安塔·迪奥普(Cheikh Anta Diop)之渊博学识，马姆达尼(Mahmood Mamdani)之睿智论证和马兹鲁伊(Ali Mazrui)之犀利观点；更须意识到非洲之人文社会科学在殖民统治时期受人压制而不见经传，如今已在世界学术之林享有一尊。吾辈须持国际视野、非洲情怀和中国立场，苦其心志，着力非洲历史文化与社会经济诸方面之基础研究。

"六点非洲系列"之旨趣：既要认知西方人心目中之非洲，更要熟悉非洲人心目中之非洲，进而建构中国人心目中之非洲。本书系关涉非洲历史、社会、政治、经济、文化、文学……力图为非洲研究提供一种思路。惟如此,吾辈才有可能提供一套有别于西方的非洲知识之谱系,展现构建人类命运共同体伟大实践之尝试。此举得非洲大方之家襄助,幸甚。

　　"人之患在好为人师。"(孟子语)"各美其美,美人之美,美美与共,天下大同。"(费孝通语)此乃吾辈研究非洲之起点,亦为中非文明互鉴之要义。

　　是为序。

李安山 2019 年 11 月 11 日

于京西博雅西苑

上卷目录

第一部分　政　　治

第二部分　经　　济

前　言

> 非洲，你不是一个国家，
>
> 你是一种观念，
>
> 形成于我们的思想，互相印证，
>
> 掩藏我们各自的恐惧，
>
> 憧憬我们各自的梦想。
>
> D. A. 尼科尔（塞拉利昂诗人兼外交官）

2008年，北京大学国际关系学院的同事张小明教授从欧洲访学回来，告知一位荷兰外交官有关非洲的著作正在译成中文出版，这位外交官希望我能为这本书的中译本写几句话。几天后，我收到了维恩（Roel van der Veen）先生寄来的英文著作《非洲怎么了》（*What Went Wrong with Africa?*）。读完这部著作后，我发现了一个有趣的现象。作为一位长期在非洲工作的外交官，作者对非洲有着无穷牵挂和深厚感情。然而，一种欧洲人的种族优越感跃然纸上。他对殖民主义的消极遗产只字未提，似乎毫无认识。全书有两个观点：非洲失败了；非洲失败的原因是其"社会结构和文化出奇的僵化"，这种僵化以及相应的特征构成了发展的主要障碍。他明确表示："非洲的前途并不太乐观。"[①]换言之，非洲发展缓慢的责任全部在非洲自身。究竟是因为这种特殊的观察角度使他只能用"现代化"理论去解释非洲的发展，还是由于"现代化"理论的影响使得他得出

[①]　［荷兰］罗尔·范德·维恩：《非洲怎么了：解读一个富饶而贫困的大陆》（赵自勇、张庆海译），广东人民出版社，2009年，第324—331、339、342页。

这种结论,我们不得而知。

　　由此看来,在中非关系快速发展的今天,中国学者有责任也有必要写一本从中国视角观察和分析非洲历史的著作。这是撰写本书的主要驱动力。本书主要针对两种人。一种是非洲研究学者,另一种是普通民众。中国与非洲关系的快速发展一方面要求学者对非洲历史进行研究以提供知识参照系,另一方面也催生了广大民众对非洲历史的兴趣。《非洲现代史》的目的兼而有之。本人虽学力不逮,但服务意识尚可,众口难调则不可避免。

　　如果我们将非洲放在人类发展的进程中观察,我们会发现,非洲对人类发展贡献卓著,这个大陆与世界历史进程的关系可谓千丝万缕,至少表现为以下层面。

1. 非洲是人类的发源地,这一点已经日益为考古发掘和基因研究所证明。可以这样说,人类从非洲走向全世界。虽然对埃及文明是否起源于非洲这一问题存在争议,但毫无疑问,非洲是人类文明的发源地之一。

2. 非洲大陆早期为人类发展贡献了各种文明,如埃及文明、努比亚文明、埃塞俄比亚文明、东非斯瓦希里文明、西非文明(加纳、马里、桑海、伊费、贝宁、阿散蒂)、刚果文明、津巴布韦文明等。

3. 非洲作为大西洋奴隶贸易的受害者,为欧美的原始积累和工业化做出了贡献。强迫迁徙及后来的自由移民使非洲与世界融为一体,非洲人遍布世界各地。在这一点上,非洲人与华人颇为相似。

4. 非洲被强行纳入世界经济体系,这一过程使得非洲成为人类发展进程的重要部分。一个自然资源丰富的大陆为整个世界的发展贡献着自己的血液和乳汁,而它自身仍然落后,它的发展充满着困难和艰辛。

5. 殖民主义统治使非洲经历了各种痛苦,非洲独立不仅从各个方面影响了世界历史进程,也揭露了欧洲殖民统治的劣行,在国际舞台上对质疑殖民主义的道德及其在国际法中的合法性起到了不可替代的作用。

6. 南部非洲推翻以种族歧视为特征、以隔离制度为基础的白人种族主义政权,对在世界范围内彻底否定种族主义的伪科学和种族歧视的伦理起到了重要作用,对实现种族平等的世界做出了重要贡献。

7. 非洲大陆不仅创造了各种文明使世界文明增色,非洲本土的宗教、哲学、音乐、舞蹈、绘画、雕塑以及竞技等传播到全球各地,她所特有的以包容为特点的价值观和伦理道德及文化感染力使整个世界受益匪浅。

20世纪是中国与非洲共命运的世纪,21世纪将是中国与非洲同发展的世纪。如果说,20世纪中国与非洲共命运主要表现在列强瓜分、社会剧变、民族复兴和国家建设四个方面的话,21世纪的中国与非洲可以在建构新的国际政治秩序、推进世界经济发展、塑造包容和可持续发展模式等方面通力合作。只有这样,中国与非洲才能为人类做出更大贡献。

曾遭遇西方列强瓜分厄运的中国人,一直尝试着跟着世界潮流走,而近代以来的所谓"世界潮流",只不过是"西方潮流"的代名词。这也合乎逻辑,因为人家走在前面。建国后的十多年,中国为了加快建设步伐,调整了方向,尝试着跟着苏联走。然而,历史再一次教训了国人。值得深思的是,新中国成立后,被明智的西方学者称之为"浸透着冷战高潮中美国人对自身的某种信念"的"现代化"理论,①居然成了中国发展的指导思想之一,这颇有意思。当然,一种概念的运用并无专利。西方人可以用,我们也可以用,如"民主"、"人权"等概念。然而,重要的是,我们应赋予这些概念以符合自身条件和价值观的内容。

布雷默曾在《各自为政:"零国集团"世界的赢家与输家》中指出:二战以来经历的全球化进程显然是由美国主导的。这一论点并不充分。一方面,美国企图主导这一进程;另一方面,一只看不见的手使得一些美国不愿意看到的事情发生,其中包括新兴经济体的崛起。谢立中和孙立平认为:"现代化是一个全球化的过程。它从欧洲开始,通过传播等途径扩散到全世界。所有的社会都曾经是传统社会,而所有的社会也都将转变成现代社会。"②如果这就是指美国在第二次世界大战以后企图主导的所谓"现代化"进程,这一说法勉强站得住脚。为了巩固核心国家的地位并从意识形态和物质利益上控制非洲,西方特别是美国企图主导的"现代化"

---

① 雷迅马:《作为意识形态的现代化:社会科学与美国对第三世界政策》(牛可译),中央编译出版社,2003年,"中文版序",V。

② 谢立中、孙立平主编:《二十世纪西方现代化理论文选》,上海三联书店,2002年,第4页。

进程确实在非洲发生。然而,这种"现代化"进程并未为非洲带来福祉。

中国的非洲研究虽然起步于 20 世纪 60 年代,但经历了诸多曲折和坎坷,至今研究水平还相对落后,这是我们应该承认的现实。西方学者的研究水平且不论,早期苏联学者的研究我们也是望尘莫及。波铁辛和奥尔洛娃对非洲氏族的研究、奥尔多罗格对西非古代史及豪萨城邦的研究、马尔蒂诺夫对比属刚果的研究等,对照起来,我深深认识到中国非洲研究与世界学术界的差距。虽然中非关系的快速发展大力推进了中国学术界对非洲的重视,但这种研究多集中于当代中非关系。值得庆幸的是,目前一批中青年学者正致力于非洲历史与现状的探索,既重视实地考察,也注重档案研究,出版了一批有实力的成果。①

非洲是国家最多的大陆,从地理上分为北部非洲、东部非洲、西部非洲、南部非洲和中部非洲 5 个部分,非洲联盟成立后又确定"非洲移民裔群"(African Diaspora)为第 6 个部分。北部非洲包括埃及、苏丹、利比亚、突尼斯、阿尔及利亚和摩洛哥、亚速尔群岛和马德拉群岛(均属葡萄牙)。需要说明的是,2011 年苏丹南部经过全民公决,一致同意脱离苏丹,领土面积 65 万平方公里、人口 826 万的"南苏丹共和国"宣布独立。东部非洲包括埃塞俄比亚、厄立特里亚、索马里、吉布提、肯尼亚、坦桑尼亚、乌干达、卢旺达、布隆迪和塞舌尔。西部非洲包括毛里塔尼亚②、塞内加尔、冈比亚、马里、布基纳法索、几内亚、几内亚比绍、佛得角、塞拉利昂、利比里亚、科特迪瓦、加纳、多哥、贝宁、尼日尔和尼日利亚,以及西撒哈拉③和加那利

---

① Li Anshan, "African Studies in China in the Twentieth Century: A Historiographical Survey", *African Studies Review*(U. S. A.), 48:1(2005), pp. 59-87; Li Anshan, "African Studies in China in 21st century: A historiographical survey", *Brazilian Journal of African Studies*. 1:2 (2016), pp. 48-88. http://www. seer. ufrgs. br/index. php/rbea/article/view/66296/40014.

② 有的中国学者将其划为北非,如赵国忠主编:《简明西亚北非百科全书(中东)》,中国社会科学出版社,2000 年。

③ 西撒哈拉原为西班牙"保护地",1958 年改为海外省。1973 年,西撒哈拉人民解放阵线成立,决定通过武装斗争争取独立。与西撒哈拉接壤的阿尔及利亚、摩洛哥和毛里塔尼亚三国都反对西班牙对西撒哈拉的殖民统治。西撒哈拉人民解放阵线于 1976 年 2 月 27 日宣布成立"阿拉伯撒哈拉民主共和国"。目前,阿尔及利亚和毛里塔尼亚均承认西撒哈拉的独立地位,摩洛哥认为西撒哈拉是自己领土的一部分。1984 年,阿拉伯撒哈拉民主共和国首次作为非洲统一组织成员出席第 20 届非统首脑会议,摩洛哥为此退出非洲统一组织(2018 年又申请加入非洲联盟并获同意)。中国政府目前未承认阿拉伯撒哈拉民主共和国。

群岛(西班牙属地)。中部非洲包括乍得、中非、喀麦隆、赤道几内亚、加蓬、圣多美和普林西比、刚果(金)、刚果(布)。南部非洲包括赞比亚、安哥拉、津巴布韦、马拉维、莫桑比克、博茨瓦纳、纳米比亚、南非、斯威士兰、莱索托、马达加斯加、科摩罗、毛里求斯、留尼汪(法属)、圣赫勒拿(英属)等。非洲移民裔群由生活在非洲大陆以外的非洲裔人,不论其国籍如何,愿意为非洲大陆的发展和非洲联盟的建设做出贡献的人组成。①

不可否认,将非洲作为一个整体进行分析并不科学。然而,在当今世界,非洲的同一性也不可否认。这表现在四个方面。第一,非洲是人类和文明发源地(之一)。人类从这里走向世界。非洲大部分地区都有过璀璨的文明史,如北部非洲的埃及文明与迦太基文明、南部非洲的大津巴布韦文明、东部非洲的斯瓦希里文明和西部非洲的诺克文明与阿散蒂文明以及中部非洲的刚果河文明。第二,发展经历相似。非洲诸多国家都经历了各个民族的迁徙与定居,不同社会群体的争斗与融合,多文明的冲突与交汇,本土文化的兴起与衰落,伊斯兰教的扩张与渗透,奴隶贸易的冲击与伤害,基督教的引进与传播,西方殖民主义的统治与崩溃以及民族独立运动的源起与壮大,大部分国家目前的发展状况相对落后。第三,非洲具有丰富的自然资源,包括矿产资源、油气资源、森林资源、水资源等。这些自然资源在各种场合成为引发各种矛盾和冲突的导火索。

此外,非洲国家内部面临的现实挑战相同。大部分国家目前面临着多重挑战:国家制度的巩固与国家良性治理面对各种困难;加快经济发展与经济资源的合理分配;国家民族建构的挑战,特别是对于那些存在跨境民族或社会集团碎片化的国家而言;加速非洲一体化和联合自强以有效应对外来势力的干涉。最后,非洲各国对平等、公正、合理的世界秩序的期盼相同。近代以来所建立的世界政治秩序缺乏平等和公正,也不合理;国际经济体系由富国操纵,体系内部的相当部分已经过时;非洲国家在当今国际舞台上充当着边缘角色,在重大国际问题上往往既不能表达自身诉求,也难于维护自身地位。因此,非洲国家热切希望对现存的政治经济

---

① African Union, Diaspora Division, https://au.int/diaspora-division.

秩序进行改革,使自身利益得到适当保障。这些都是非洲国家的一些共同点。正是基于这些原因,我们在此将非洲作为一个整体进行探讨。

非洲各国基本情况

	人口 (百万)	人口 增长率 (%)	国土 面积 (千平 方公里)	人均GDP (2010年 美元价格)	2000—2017 年均GDP 增长率 (%)	独立年	首都
撒哈拉 以南非洲							
安哥拉	29.8	3.5	1 246.7	3 413.656 438	8.9	1975	罗安达
贝宁	11.2	2.9	114.8	862.018 414 2	4.1	1960	波多诺伏、 科托努①
博茨瓦纳	2.3	1.7	581.7	7 523.279 466	4.6	1966	哈博罗内
布基纳法索	19.2	3	274.2	685.753 984 7	5.8	1960	瓦加杜古
布隆迪	10.9	3.1	27.8	213.405 603 2	3.3	1962	布琼布拉
喀麦隆	24.1	2.7	9 984.7	1 511.816 393	4.2	1961	雅温得
佛得角	0.5	1.3	181	3 571.407 401	4.5	1975	普拉亚
中非共和国	4.7	1.3	623	335.026 085 6	−0.4	1960	班吉
乍得	14.9	3.4	1 284	823.434 891 7	7.3	1960	恩贾梅纳
科摩罗	0.8	2.4	1.9	1 355.506 087	2.1	1975	莫罗尼
刚果(金)	81.3	3.2	2 344.9	409.117 324 4	6	1960	金沙萨
刚果(布)	5.3	2.9	342	2 616.606 077	4.2	1960	布拉柴维尔
科特迪瓦	24.3	2.2	322.5	1 625.663 515	3.3	1960	亚穆苏克罗、 阿比让②
吉布提	1	1.7	23.2	无	无	1977	吉布提市
赤道几内亚	1.3	4.3	28.1	11 287.859 09	7.6	1968	马拉博

---

① 波多诺伏为国民议会所在地,科托努为政府所在地。

② 亚穆苏克罗为政治首都,阿比让为经济首都。

（续　表）

	人口（百万）	人口增长率（%）	国土面积（千平方公里）	人均GDP（2010年美元价格）	2000—2017年均GDP增长率（%）	独立年	首都
厄立特里亚①	无	无	117.6	无	0.5	1993	阿斯马拉
埃塞俄比亚	105	2.7	1 104.3	549.847 872 7	9.7	1889②	亚的斯亚贝巴
加蓬	2	2.9	267.7	9 385.814 391	2.7	1960	利伯维尔
冈比亚	2.1	3.1	11.3	528.325 211 1	3.3	1965	班珠尔
加纳	28.8	2.5	238.5	1 755.604 653	6.8	1957	阿克拉
几内亚	12.7	2.2	28.1	824.106 715 7	7.6	1958	科纳克里
几内亚比绍	1.9	2.4	36.1	603.500 373 7	3.2	1973	比绍
肯尼亚	49.7	2.7	580.4	1 169.215 274	5	1963	内罗毕
莱索托	2.2	1	30.4	1 303.823 441	4.1	1966	马塞卢
利比里亚	4.7	2.9	111.4	544.573 475 8	3.6	1847	蒙罗维亚③
马达加斯加	25.6	2.8	587.3	421.891 245 7	2.8	1960	塔那那利佛
马拉维	18.6	2.9	118.5	486.442 415 8	5.2	1964	利隆圭
马里	18.5	3.1	1 240.2	762.949 831 6	4.5	1960	巴马科
毛里塔尼亚	4.4	2.9	1 030.7	1 303.440 033	4.9	1960	努瓦克肖特

　　① 1950 年 12 月，联合国将厄立特里亚作为一个自治体同埃塞俄比亚结成联邦。1962 年，埃塞皇帝海尔塞拉西废除联邦，引发厄立特里亚开展武装斗争。1970 年，厄立特里亚人民解放阵线（厄人阵）成立并主导独立战争。1991 年，厄人阵同埃塞俄比亚的提格雷人民解放阵线联手推翻门格斯图政权，厄人阵解放厄立特里亚全境并成立临时政府。1993 年，厄立特里亚在联合国监督下举行公决，99.8% 的民众选择独立。埃塞过渡政府接受公决结果，承认厄立特里亚独立。

　　② 13 世纪，阿比西尼亚王国兴起，19 世纪初分裂成若干公国。1889 年，绍阿国王孟尼利克二世称帝，统一全国，建都亚的斯亚贝巴，奠定现代埃塞俄比亚疆域。

　　③ 1821 年起，在美国获得解放的黑奴来到此地并于 1838 年成立利比里亚联邦。1847 年 7 月 26 日宣告独立，建立利比里亚共和国。

（续　表）

	人口（百万）	人口增长率（%）	国土面积（千平方公里）	人均GDP（2010年美元价格）	2000—2017年均GDP增长率（%）	独立年	首都
毛里求斯	1.3	0.4	2	10 199.911 92	4.2	1968	路易港
莫桑比克	29.7	2.9	799.4	519.093 948 5	7.3	1975	马普托
纳米比亚	2.5	1.7	824.3	5 839.875 41	4.8	1990	温得和克
尼日尔	21.5	3.8	1 267	395.955 519 5	5.1	1960	尼亚美
尼日利亚	190.9	2.6	923.8	2 412.202 835	7.1	1960	阿布贾①
卢旺达	12.2	2.5	26.3	764.890 800 9	7.8	1962	基加利
圣多美和普林西比	0.2	2.3	1	1 305.621 914	5.2	1975	圣多美
塞内加尔	15.9	2.8	196.7	1 448.073 83	4.1	1960	达喀尔
塞舌尔	0.096	1	0.455	14 142.807 71	3.6	1976	维多利亚
塞拉利昂	7.6	3	72.3	462.695 228 4	6.2	1961	弗里敦
索马里	14.7	2.9	637.7	无	无	1960	摩加迪沙
南非	56.7	1.3	1 219.1	7 525.293 185	2.9	1910②	开普敦、比勒陀利亚、布隆方丹③
南苏丹④	12.6	3.7	644.3	无	无	2011	朱巴

①　独立时的首都是拉各斯，1991年12月正式易址。

②　南非最早的居民是桑人、科伊人及后来南迁的班图人。19世纪中叶，白人统治者建立起四个政治实体——两个英国殖民地（开普和纳塔尔）和两个布尔人共和国（德兰士瓦和奥兰治自由邦）。1910年四个政治实体合并为"南非联邦"，成为英国自治领，1961年退出英联邦（1994年重新加入）并成立南非共和国。1994年，南非举行历史上首次不分种族的大选，以非洲人国民大会（简称非国大）为首的非国大、南非共产党和南非工会大会三方联盟以62.65%的多数获胜，非国大、国民党、因卡塔自由党组成民族团结政府。

③　比勒陀利亚为行政首都，开普敦为立法首都，布隆方丹为司法首都。

④　苏丹独立后，南北双方多次发生冲突。2005年1月，苏丹南北双方签署《全面和平协议》，内战结束。根据协议，南苏丹于2011年1月举行全民公投，98.83%选民赞成独立。7月9日，南苏丹共和国成立。

（续　表）

	人口（百万）	人口增长率（%）	国土面积（千平方公里）	人均GDP（2010年美元价格）	2000—2017年均GDP增长率（%）	独立年	首都
苏丹	40.5	2.3	1 879.4	1 959.153 522	5	1956	喀土穆
斯威士兰	1.4	1.5	17.4	3 980.609 618	3.4	1968	姆巴巴内
坦桑尼亚	57.3	3	947.3	900.523 016 7	6.7	1961 1963①	达累斯萨拉姆
多哥	7.8	2.6	56.8	649.510 015 6	3.5	1960	洛美
乌干达	42.9	3.4	241.6	666.745 133 3	6.7	1962	坎帕拉
赞比亚	17.1	2.8	752.6	1 635.490 591	6.9	1964	卢萨卡
津巴布韦	16.5	1.8	390.8	1 088.063 398	0.7	1980	哈拉雷
北非							
阿尔及利亚	41.3	1.7	2 381.7	4 820.434 064	3.4	1962	阿尔及尔
埃及	97.6	2	1 001.5	2 785.247 479	4.3	1922	开罗
利比亚	6.4	1	1 759.5	7 314.624 388	−1.4	1951	的黎波里
摩洛哥	35.7	1.3	446.6	3 292.445 138	4.4	1956	拉巴特
突尼斯	11.5	1	163.6	4 303.963 611	3.4	1956	突尼斯市

　　备注：人口、国土面积为2017年数据，人口增长率为2000—2017年统计数据，人均GDP为2010年美元价格，GDP年增长率为2000—2017年数据（2010年美元不变市场价格）。

　　数据来源：世界银行 https://data.worldbank.org.cn/和中国外交部网站。

　　非洲大陆的多样性也十分明显。非洲国家版图人口、地理环境不同，语言文化复杂，社会发展历程迥然相异。尼日利亚人口已达1.9亿，塞舌尔的人口只有9.6万。阿尔及利亚国土面积达238.17万平方公里，塞舌尔只有约455平方公里的土地。非洲地理环境多样化，既有热带雨林，也有高原地带，既有雪山，也有沙漠，矿产丰富，水资源充足。虽然非洲几乎

---

　　① 坦噶尼喀于1961年宣告独立，一年后成立坦噶尼喀共和国。桑给巴尔于1963年宣告独立。1964年坦噶尼喀和桑给巴尔组成联合共和国并改国名为坦桑尼亚联合共和国。

四面临海,却有 16 个内陆国家。

从语言来说,非洲大陆的语言远比其他地区复杂。非洲拥有亚非语系(闪-含语系)、尼日尔-科尔多凡语系、尼罗-撒哈拉语系和科伊桑语系等四大本土语系,有的国家用一种欧洲语言和一种(或多种)本地语言作为官方语言。用英语作为官方语言的有 22 个国家,用法语的有 21 个国家,12 个国家用阿拉伯语,5 个国家用葡萄牙语,3 个国家用斯瓦希里语,1 个国家用西班牙语。此外还有其他的官方语言如阿姆哈拉语(埃塞俄比亚)、提格雷尼亚语(厄立特里亚)、索马里语(索马里)、奇契瓦语(马拉维)、塞苏陀语(纳米比亚)、斯瓦蒂语(斯威士兰)等。南非这个被称为"彩虹之邦"的国度,竟有 11 种官方语言。① 此外,豪萨语是西部非洲和中部非洲使用的通用语,斯瓦希里语是东非的通用语,还有多个国家用欧洲语言作为通用语,有 6 个国家通用法语,5 个国家用英语作为通用语,1 个国家用意大利语作为通用语。当然,还有用其他语言作为通用语的情况。

从文明的角度看,非洲文化异彩纷呈。② 首先,作为人类文明的发源地之一,非洲有着深厚的文化底蕴。本土的文化哲学和宗教信仰数千年来一直在人们的社会生活中扮演着十分重要的角色。即使在今天,一些信奉基督教的非洲人在人生最重要的关头(如成年、婚姻、死亡)仍然采用传统的宗教仪式。③ 我们都知道,基督教在 500 年到 1500 年期间逐渐传播到罗曼人、凯尔特人、日耳曼人和斯拉夫人等民族,并在欧洲建立起中世纪基督教文明。不过,基督教在非洲的传播却远早于欧洲。在早期基

---

① 即英语、阿非利卡语、祖鲁语、科萨语、斯瓦蒂语(斯威士语)、恩德贝莱语、南索托语、佩迪语(北索托语)、茨瓦纳语、聪加语和文达语。

② 中国学者有关不同文化对非洲的影响的研究,参见张宏明:《多维视野中的非洲政治发展》,社会科学文献出版社,1999 年。关于中国学者对非洲文化的研究,参见宁骚主编:《非洲黑人文化》,浙江人民出版社,1993 年;张宏明:《近代非洲思想经纬》,社会科学文献出版社,2008 年;李保平:《非洲传统文化与现代化》,北京大学出版社,1997 年;刘鸿武:《黑非洲文化研究》,华东师范大学出版社,1997 年;艾周昌主编:《非洲黑人文明》,中国社会科学出版社,1999 年;李保平:《传统与现代——非洲文化与政治变迁》,北京大学出版社,2011 年。

③ 关于非洲对世界文明贡献的研究,参见 Cheikh Anta Diop, *The African Origin of Civilization*: *Myth or Reality*, Lawrence Hill, 1974。有关非洲宗教,可参见 J. 帕林德:《非洲传统宗教》(张治强译),商务印书馆,1999 年。非洲人对非洲哲学和宗教的研究,详见本书第十八章。

督教时期,非洲已经有人接受了基督教。埃塞俄比亚古代王国阿克苏姆的埃扎纳皇帝(Ezana,公元 320—356)统治时期,他不仅自己皈依了基督教,还在全国范围内推行基督教,最后使基督教成为阿克苏姆王国统治地区的官方宗教。伊斯兰教创立后,开始随着长途贸易的线路逐渐渗入非洲。① 在殖民主义统治时期,西方列强将基督教强加给非洲人。这种做法一方面破坏了非洲本土的文化积累,同时欧洲文化的输入从另一方面大大丰富了非洲的文化。近些年来,有些国家(如尼日利亚)不断发生宗教冲突。何以如此? 除了外来势力的进入,一个重要原因是政治权力的运作、经济发展不平衡和社会分配不公引发了不同宗教社区的矛盾激化。

　　非洲社会具有很强的文化和宗教包容性。西非古国加纳曾经在首都建有两个居住区,一个住的是本地居民,另一个住的全部是穆斯林。两个不同的文化社区和谐相处。现代国家成立以来,类似的情况也有例证。曼德拉是唯一一位既得到东方国家赞颂、又受到西方世界尊敬的政治家。这种事情出现在非洲绝非偶然。美国纽约州立大学全球文化研究所主任阿里·马兹鲁伊(Ali Mazrui, 1933—2014)是非洲学者中的翘楚,被誉为"非洲最有原创性的思想家之一",曾获选历史上 100 位最伟大的非洲人之一。马兹鲁伊注重研究非洲政治与社会,认为非洲文明是本土文明、基督教文明和伊斯兰文明的结合,这一观点对国际学术界产生了重大影响。② 值得一提的是,以欧美中心论为基轴的文明概念充满偏见。本人认为,文明用物化标准来衡量极为片面。人的发展受当地环境的影响,不能用同一标准来衡量文明成果(例如,犁/轮子/驯养/建筑/城市/语言/武器/冶炼等)。近代以来,欧美列强为了使殖民统治合理化,文明概念被政治化,世界民族被人为地分为"文明的(欧洲)"和"野蛮的(其他地区或民族)"。西方的文明概念也确实存在悖论:"文明"的民族损害自然的手段更先进,自相残杀的战争手段更高超,自杀率相对较高。本人尝试从人类

①　David Robinson, *Muslim Societies in African History*, Cambridge University Press, 2004. 中国学者有关伊斯兰教的研究,参见李维建:《西部非洲伊斯兰教历史研究》,社会科学文献出版社,2011 年。

②　Ali A. Mazrui, *The African Condition: A Political Diagnosis*, Cambridge University Press, 1980; Seifudein Adem, ed., *Public Intellectuals and the Politics of Global Africa: Essays in Honour of Ali A. Mazrui*, Adonis & Abbey Publishing Ltd., 2011.

历史视角为文明定义:文明是指人类的生存与演进方式,包括解决与自然之矛盾的方式,与他人共处的方式和调解自身问题的方式;文明具有多元、整体、延续和嬗变(积淀和修正)的特性。

从发展道路的选择看,刚果王国和阿散蒂帝国在17—18世纪就开始了改革,埃及、埃塞俄比亚、马达加斯加在19世纪开始早期"现代化"的尝试,大多数国家独立后才开始探索发展或复兴之路。毛里求斯、加纳、安哥拉等国进入稳定的发展阶段,刚果(金)、索马里等国仍陷入暴力、内战和冲突。科特迪瓦、喀麦隆、肯尼亚等国通过发展农业及相关加工工业来促进出口贸易,使经济在独立后20年得到较快发展,有的则靠着丰富的石油或其他矿产资源取得经济高速增长,但人民并未能普遍享受到国家发展的成果(尼日利亚、加蓬等)。有的国家独立后标榜走"非资本主义道路",或以"社会主义"为发展方向,但经济发展并不理想(几内亚、坦桑尼亚等)。在分析各种发展类型时,有"矿产驱动资源型的现代化"(南非),有"出口导向驱动型的现代化"(毛里求斯),有"农业资源驱动型的现代化"(科特迪瓦)。[①] 毛里求斯、摩洛哥和博茨瓦纳等国开创适合自身的政治制度,将传统与现代政治制度有机地融为一体,取得了较稳定的发展。

从发展模式看,独立后经济持续发展被称为"和平与安定的绿洲"博茨瓦纳的成功经验是保持政局稳定,为经济建设和寻求国际合作与援助创造良好的环境。科特迪瓦因在20世纪60—70年代以超过7%的年平均增长率而引起世人瞩目,曾被誉为创造了"经济奇迹"的"西非经济橱窗"。然而,政治强人费利克斯·乌弗埃-博瓦尼(Félix Houphouët-Boigny,1905—1998)总统逝世后科特迪瓦开始走下坡路,国家一度处于政权分裂和经济崩溃的边缘。布鲁克林研究所在2008年发表的《发展中世界的国家贫弱指数》报告指出,在发展中国家的28个"极端贫弱"的国家中,23个在撒哈拉以南非洲。对于撒哈拉以南非洲的发展模式和战略有各种名称,如走"非资本主义发展道路"的几内亚,实行"公平增长"发展战略的津巴布韦,"高速增长与工业化"发展战略的尼日利亚,"统一平衡的经济发展战略"的喀麦隆,"有计划的经济自由主义"的加蓬等。然而,

---

① 陈宗德、吴兆契主编:《撒哈拉以南非洲经济发展战略研究》,北京大学出版社,1987年;舒运国、刘伟才:《20世纪非洲经济史》,浙江人民出版社,2013年。

这些概括并不能如实表达这些国家的发展模式。有的国家的人均国内生产总值已达 4000 美元以上(塞舌尔、毛里求斯、博茨瓦纳、加蓬),有的则非常少。即使在同一个国家,贫富悬殊也达到了难以想象的地步。以南非为例,它既具备世界一流的交通和通讯设施,也有无正常道路、供水系统和公共厕所的棚户区。由此看来,非洲各国的历史进程迥然相异,要用某种定势或某些模式来概括无异于盲人摸象。

本书虽然标题是现代史,但由于非洲历史的特殊性与连贯性,往往有必要将前因后果联系起来叙述。除绪论介绍了现代非洲生成的历史背景外,有的章节也涉及早期历史。全书分为四部分,分别论述非洲政治、经济、文化和民族等方面。

第一部分着重探讨非洲政治。在民族解放运动的旗帜下,反对殖民主义的口号和泛非主义的意识形态成为最有影响力的粘合剂。1960 年以"非洲年"载入人类历史,因为这一年有 19 个非洲国家赢得了独立。然而,独立后的非洲国家面临着新的任务:如何对广大民众进行政治动员,使他们参与到新的国家建设中来? 非洲国家面临着艰难的局面。既有从殖民时期继承下来的各种遗产,也有前殖民宗主国为保持自身优势设置的各种障碍。第一章讨论非洲国家早期面对西方渗透时的警觉和相对应的自主改革运动,随后分别论述了殖民主义统治与民族独立运动的轨迹、独立后的政治发展、民主化进程和北非变局,最后描述了从泛非运动的开始到非洲统一组织的创立到演变为非洲联盟的非洲一体化进程。

第二部分从六个方面分析了非洲经济的发展。从近代埃及、埃塞俄比亚和马达加斯加的改革开始,揭示了非洲在经济发展方面的主观能动性,分析了殖民统治下非洲的"现代化的虚拟起步"问题,阐述了非洲独立以来经济发展的曲折阶段,揭示了外部因素(包括西方国家和新兴经济体)对非洲发展的影响。经济发展是目前国际社会评价一个国家成就的重要指标。在非洲,国家经济的发展与外来因素有极其密切的关系。由于非洲的特殊性,其经济发展的基础和发展历程均与外部世界紧密相连。值得注意的是,非洲国家的发展战略多由前宗主国或其他外国专家制定,其必然失败的后果却由非洲领导人和人民来承担。这十分荒谬。当然,经济资源的合理分配是一个必须体现在各个公民身上的颇为实在的问题。有的非洲国家在经济方面取得了一定的进步,但问题不容忽视。

第三部分主要分析非洲人文社会科学方面的进步和面临的困难。非洲的人文社会科学有着丰富的历史资源。然而,在殖民统治时期,这些资源或是被故意忽略,或是被选择性遗忘,或是被恶意删除,或是被肆意篡改。独立后的非洲人文社会科学面临着去殖民化和重建自身体系的重大任务。从现代史的角度看,非洲学术文化传统包括三个部分,本土文化传统、阿拉伯文化和西方基督教文化。非洲文化的去殖民化之所以重要,是因为它关系到文化传统的继承和发扬。在当今国际学术界,非洲社会科学逐渐复现并再造了自身的地位和尊严,唯有将其置于国际学术的背景中考察中才能看出其价值。最后,作者对非洲哲学、乌班图伦理和非洲联盟提出的"全球非洲"的概念进行了梳理和诠释。

第四部分对有关国家民族建构的问题进行理论分析和个案探讨。非洲的边界是在殖民主义时期由宗主国划定的,在诸多国家,国家(state)成立先于民族(nation)构成。这种情况对独立后的非洲国家造成了极大困难。任何国家现代发展的一个基本条件是民族国家建构的完成。国族建构的挑战对非洲国家同样严峻,因为相当多的国家是在毫无关联的殖民地框架中产生的,各个地方民族以及不同氏族、村社和社会集团以前都聚集在殖民地政府统治之下。推翻殖民统治以后,这些新独立的国家中,不同地方民族和社会集团需要新的凝聚力。如何整合这些人以形成国族,其任务艰难。这一部分通过 5 个国家的例证对政治与国族建构的关系进行了探讨,力图分析非洲国家独立后面临的国族建构的挑战。

本书有两个目的,力图以史实改变中国民众对非洲的刻板印象,以及从中国学者的角度强调非洲在历史发展上的自主性。

什么是"自主性"? 自主性是人的主体性(包括自主性、能动性、创造性等禀性)之一。自主性的涵盖面极广,指行为主体根据自身意愿思考和行动的动机、能力或特性,是一个涉及哲学、社会学、政治学、伦理学、法学等多个学科领域的论题。① 由于自主性是一个关系范畴,它不可能独立存在。如果从国家主体和国际体系的关系这一角度看,自主性包括两个层面。第一个层面是指国家作为主体与其他国家、国际组织和国际机构的关系,指

---

① 有关自主性的哲学研究,参见马衍明:《自主性:一个概念的哲学考察》,《长沙理工大学学报(社会科学版)》,24:2(2009 年 6 月),第 84—88 页。

一个具有主权的政府决定和处理自己国家政治、经济、军事、社会宗教和文化教育等事务的权利，它涵盖国家行为能力的各方面，也包括国民的自信、自立、自强以及通过本土化进行自我保护的权利与国家在对外关系中的一种自我决断的权利。第二个层面是指国家作为行为主体独立于其他行为体或社会势力的权力，特别是要排除那些具有特殊利益的社会集团或权力机构的干扰。这种社会势力能对国家发展起到重要的推动作用（如金融财阀和企业集团），也会为了本集团的狭隘利益直接干涉政府的运作。

一般而言，成功的发展中国家和地区的一个显著特点是能够充分利用各种有利于国家发展的社会力量，聚焦于能够汇集社会力量的发展项目，不受制于某一个或几个特定利益集团的狭隘利益，这种自主性使国家在推进整体目标时能得到广大民众的支持。① 这种发展战略以国家共识与人民利益两者的统一为基础，也从另一个侧面说明了中央集权政府的优势。难怪非洲学者要向东看，埃塞俄比亚学者奥克贝敏锐地认识到："从干涉主义政府在工业化过程中扮演的重要角色来看，东亚的发展经验和教训对非洲而言可能更有借鉴意义。"②

本书结合了作者以前撰写的著作中的相关部分、发表的学术论文和本人近年来的研究成果，希望为那些对非洲感兴趣的同仁提供一个有自身特点的中国视角。需要说明的是，成果中一些部分或章节曾作为论文发表在《历史研究》、《世界历史》、《世界民族》、《史学理论研究》、《西亚非洲》和《世界史研究动态》（已停刊）及一些国外学术杂志（已标明出处），本人在此向这些杂志表示感谢。除了向同仁介绍国外最新研究成果外，本书也尽可能地引用国内学者有关非洲历史研究的最新成果。

在写作过程中，本人得到了多位同仁和帮助，包括素有"学者外交官"之称的刘贵今大使、许孟水大使和舒展大使，商务部的王成安大使以及北京大学非洲研究中心的刘海方、付志明、林丰民、潘华琼、王锁劳等同仁，华东师范大学的陈金龙博士、浙江师范大学的李鹏涛博士和北京外国语大学

---

① Meredith Woo-Cummings, ed. , *The Development State*, Ithaca: Cornell University Press, 1999.

② ［埃塞］阿尔卡贝·奥克贝：《非洲制造——埃塞俄比亚的产业政策》（潘良、蔡莺译），社会科学文献出版社，2016年，第13页。

的马秀杰博士以及我的学生张永蓬、肖宏宇、李文刚、吉尤姆（贝宁）、孙晓萌、张伟杰、曾爱平、沈晓雷、高明秀、伊美娜（突尼斯）、尤刚（刚果（金））、李杉（摩洛哥）、程莹、贾丁等人，他们或是帮我在国外购买或收集资料，或是为我提供各种信息。特别要感谢我的学生许亮、刘少楠和李臻，他们在哈佛大学、密歇根州立大学和莱顿大学攻读博士学位期间为我查找和扫描相关资料。中国非洲史研究会的同仁特别是舒运国、沐涛、张忠祥、刘天南教授以及杨立华、毕健康、杨光、张宏明和李新烽研究员等同仁为我提供了各种方便。北大非洲研究中心的学术秘书姚翠萍女士为我打印和复印资料，金茜同学为我整理了参考文献。联合国教科文组织《非洲通史》（9—11卷）国际科学委员会的Augustin Holl主席（喀麦隆）、南非非洲高级研究的K. K. Parh主任（加纳）、尼雷尔资源中心的I. Shivji主任（坦桑尼亚）、非洲戏剧家Femi Osofisan（尼日利亚）、伊巴丹大学历史系的O. C. Adesina主任（尼日利亚）、历史学家Ibrahim Abdullah教授（塞拉利昂）、加纳学者Lucy Anning博士等非洲朋友为我解疑答难，特别是已于2020年12月5日仙逝的非洲语言文学家、联合国教科文组织执行委员会前主席Olabiyi Babalola Joseph Yai先生（贝宁）对我一些有关非洲文化习俗的难点有问必答。我在此对他（她）们的帮助表示衷心的感谢。我还要感谢联合国教科文组织原总干事长伊琳·博科娃女士邀请我参加《非洲通史》（9—11卷）国际科学委员会的工作，使我有机会与非洲一流学者进行交流并接触有关非洲历史的最新研究成果。最值得感谢的是本人的硕士生导师吴秉真教授和博士生导师Martin Klein教授，二位将我引进了非洲史研究之门。

本书出版合同的交稿期限是2014年年底，然而，写作就像是一项注定要留下遗憾的涂漆工程，涂完这边那边又显得旧了。研究中不断会出现新资料和新见解，致使我一再修改，拖至今日。在此要特别感谢凤凰出版集团/江苏人民出版社王保顶总编将此书版权与华东师范大学出版社六点分社分享。六点分社的倪为国社长和施美均编辑为本书的出版操心费力，使我深受感动。本书参考了国内外已有的研究成果，特向同行表示感谢和敬意。我的妻子田开芳女士不仅解除了我生活上的后顾之忧，还为我翻译相关资料。没有她的理解、支持和帮助，这部著作的完成是不可能的。

李安山 2019年春于京西博雅西园

上　卷

绪　　论

非洲总是不断有新鲜事物产生。

古罗马历史学家老普林尼(Gaius Plinius Se-
cundus)

在非洲,这种创造活动,几百万年前就已开始
的人类的自我创造活动,仍在进行着。

非洲学者基-泽博(Ki-Zerbo)

非洲在世界历史中处于何种地位?这不是一个容易回答的问题。

非洲现代史是各种历史行为体的交往以及人与自然界的互动等各种
事件的积淀与传承。就古代而言,可以肯定的是,非洲大陆有过灿烂的文
明,这一点就连早期接触非洲文明的欧洲人都承认。近代以来,非洲大陆
为西方国家的现代化进程贡献诸多,这种贡献可以从奴隶贸易算起。在
长达400多年的奴隶贸易里,非洲青壮年被迫迁徙,为美洲的种植园提供
了充足的劳动力,以奴隶贸易为基础的三角贸易为欧洲和北美工业现代
化的迅速发展提供了重要的物质条件。这一点随着研究的深入日益明
显。如果说"拉美国家是最早获得独立的国家,也是最早开始探索现代化
道路的国家",[1]那么,非洲可以说是最早为世界工业化进程做出贡献的
大陆,然而其自身的工业化进程则严重滞后。

绪论部分涉及理论评析与历史背景,分为四个问题,一是对"现代化"

---

[1]　韩琦主编:《世界现代化进程·拉美卷》,江苏人民出版社,2009年,第1页。

理论在非洲的谬误进行学理和实践的分析;二是对非洲灿烂文明史的简略勾勒;三是剖析非洲在奴隶贸易中为西方国家现代化进程做出的贡献,四是关于奴隶贸易与奴隶制度废除的过程。

一、"现代化"理论、世界历史与非洲

非洲"现代化"问题一直是国际学术界比较忌讳的问题,似乎主要因为非洲在西方主导的现代化进程中乏善可陈。[①] 然而,非洲与世界工业化进程有着千丝万缕的联系。

(一)"现代化"理论出笼的背景及其实用性

美国的"现代化"理论的出笼有着重要的冷战背景,也是美国学者将自己的思想理论转化为政策建议的典范。美国遏制战略的无效,苏联人造卫星的发射,亚非进步力量的聚集,共产主义对即将独立和已经独立国家的强大吸引力,这一切构成了对"自由世界"的威胁。"在焦虑情绪不断加剧的环境中,各种'现代化'理论的确对希望遏制共产主义扩张的政策制定者产生了特别的吸引力。这些理论是冷战初年的产品,其基础是关于全球变迁的性质以及美国与全球变迁的关系的一系列带有根本性的假设。"[②]正是一批美国顶尖的社会科学研究者,一方面从事着严谨的研究工作,通过社会科学的各种学术标准和研究工具,根据各自学科的理性思维和定量判断,孜孜不倦地探讨所谓"传统"社会和"现代"社会的特点、标准和差异;另一方面,他们利用美国政府因国防教育法案而大幅度增加的联邦政府资金赞助,对如何从理论上引导、舆论上诱导和实际操作层面指导从传统社会向现代社会过渡的环境、方式和条件进行各种测定和评估。

---

① Colin Leys, "Confronting the African Tragedy", *New Left Review*, March-April (1994), pp. 33-47; David Moore, "Neoliberal globalisation and the triple crisis of 'modernisation' in Africa: Zimbabwe, the Democratic Republic of the Congo and South Africa", *Third World Quarterly*, 22:6(2001), pp. 902-929; Thandika Mkandawire, "Thinking about developmental states in Africa", *Cambridge Journal of Economics*, 25(2001), pp. 289-313.

② 雷迅马:《作为意识形态的现代化:社会科学与美国对第三世界政策》(牛可译),中央编译出版社,2003年,第4页。

从这一意义上看,他们的学术研究已经与美国对世界新兴独立国家的战略利益紧密联系在一起。

我们知道,人类历史的发展从来就不是一个直线型过程,各个社会循着自身的规律演进。作为一个生造的概念,"现代化"一旦被作为强者的西方世界赋予一种意识形态内涵,成为维护其权力地位而构建的一种知识体系,它便具有生杀予夺之权。当美国空军的李梅将军声称美国应该把越南人炸回"到石器时代去"时,亨廷顿这位政治"现代化"理论大家的想法是美国能将他们炸进未来,这种说法充分揭示了"现代化意识形态是在何种程度上把推动社会政治发展的问题和军事战略问题结合在一起的"①。这种强加的"现代化"已经不是一种学术,而是一种彻头彻尾的强盗逻辑。

正是在这种以"力"和"利"为主导的所谓的"现代化"理论的构建、主导和实践中,非洲这个充满活力和生机的大陆,不仅被这种统治着发展进程的生杀予夺之权判定为"传统与落后的大陆",也正是在世界"现代化"过程的绞杀声中变成了一个"失败的大陆"、"无望的大陆"。"现代化"带来的问题已日益明显。将一个复杂的世界按自己的思维习惯分为"先进和进步的西方国家"与物质和文化有缺陷的"欠发达"社会的理论,将社会强行撕裂为"传统"与"现代"两个部分的观念,将工业化和城市化等同于发展和进步的看法,农村也由此成为落后的代名词……这些观点或理念在发展中国家打下了深深的烙印,在这种理论指导下的研究也在学术界留下了诸多弊病。

从学理上看,"现代化"理论似乎表现出某种真实性,并在运用过程中形成一种十分矛盾的现象。一方面,这种包罗万象的发展理论不断受到学术界的批判,不断遭到各种学派的鞭挞和谴责,另一方面,它却一次又一次地被用来描述发展过程,特别在发展中国家的学术界。这种有意思的现象表明了三重意思。其一,国际学术界的概念、话语和思维方式在很大程度上是由西方学术界所引领,观念的产生也由西方学者所垄断,西方学术界掌握着话语权。这种现象并不意味着他们比人家高明,只是长期以来确定的统治地位和在殖民主义时期形成的优势语言使他们独享其话语权。其二,尽管"现代化"理论在产生过程中十分明显地受到意识形态

---

① 雷迅马:《作为意识形态的现代化:社会科学与美国对第三世界政策》(牛可译),中央编译出版社,2003年,第235—236页。

的影响,但不同学术派别或思想潮流在运用"现代化"这一概念时却采取"拿来主义"态度,为我所用。这既表明了"现代化"这一概念在描述人类发展时有其实用性,又表明了国际学术界对"现代化"这一概念的接受甚至依赖。其三,"现代化"在运用过程中已经逐渐被改造成为一个可用来形容任何社会追求自身发展过程而非按照西方特定条件的发展过程的概念,它也不再是原有意义上的单一和武断的理论体系。[①]

罗荣渠对现代化理论进行了剖析,认为现代化的含义大致可概括为四大类。

1. 现代化是指近代资本主义兴起后的特定国际关系格局下,经济上落后的国家通过大搞技术革命,在经济和技术上赶上世界先进水平的历史过程。

2. 现代化实质上就是工业化,更确切地说,是经济落后国家实现工业化的进程。

3. 现代化是自科学革命以来人类急剧变动过程的统称。

4. 现代化主要是一种心理态度、价值观和生活方式的改变过程,换句话说,现代化可以看作是代表我们这个历史时代的一种"文明的形式"。

罗荣渠在分析归纳的基础上提出了自己的观点。他认为,"从历史的角度来透视,广义而言,现代化作为一个世界性的历史过程,是指人类社会从工业革命以来所经历的一场急剧变革,这一变革以工业化为推动力,导致传统的农业社会向现代工业社会的全球性的大转变过程,它使工业主义渗透到经济、政治、文化、思想各个领域,引起深刻的相应变化;狭义而言,现代化不是一个自然的社会演变过程,它是落后国家采取高效率的途径(其中包括可利用的传统因素),通过有计划地改造经济技术,学习世界先进经验,带动广泛的社会改革,以迅速赶上先进工业国和适应现代世界环境的发展过程"[②]。将"现代化"理论运用于世界史研究不啻是一种

---

① 对"现代化"理论的全面综合,参见谢立中、孙立平主编:《二十世纪西方现代化理论文选》,上海三联书店,2002年。

② 罗荣渠:《现代化新论:世界与中国的现代化进程》(增订版),商务印书馆,2006年,第8—17页。

创新尝试,但我们必须对这种理论所包含的意识形态慎之又慎。"现代化"的观点或理念在发展中国家打下了深深的烙印,在这一理论指导下的这些地区的"现代化"进程也在各国留下了诸多弊病。中国人在不断对真理和谬误的认识中成长。从实践来看,"现代化"理论既非万能,也不可能持久。对真理和谬误的认识说明:学习与借鉴是可行的,但理论之树长青的根本在于孕育自身的土地,照搬他人的教条只会吃亏。

(二) 非洲与西方现代化历程的关联

非洲与西方现代化的关系可谓千丝万缕,至少表现为以下五个层面。

1. 奴隶贸易为欧洲工业化的原始积累做出了贡献。以英国为例。按照经典的"现代化"理论,英国现代化"起飞"阶段是在 1783—1802 年。① 马克思在《资本论》第二十四章"所谓原始积累"中阐述 18 世纪英国经营的非洲与英属西印度群岛之间的奴隶买卖时明确指出:"奴隶贸易是它进行原始积累的方法。"他还揭露:"欧洲的隐蔽的雇佣工人奴隶制,需要以新大陆的赤裸裸的奴隶制作为基础。"②

2. 少数一些非洲国家如北非的埃及、摩洛哥、突尼斯和撒哈拉以南的埃塞俄比亚、马达加斯加等国家在与欧洲接触后开始了早期工业化的尝试。这些尝试在各个行业取得了不少进展。然而,面对欧洲列强与日俱增的干预、扩张和侵略,这种充满希望和艰辛的早期尝试均以失败告终。

3. 欧洲瓜分非洲后将其强行纳入了西方现代化的轨道。诚如一位埃塞俄比亚的历史学家所言:"到了 1884 年,非洲的殖民版图已经划定,欧洲的文化、学术、经济扩张已形成了世界性的规模,简而言之,全球绝大多数国家已经走上了现代化的道路。当时,地方社会的认同和社会学意义上的落后社会组织已经让位于强大的世界性的工业文明。"③

① W. W. 罗斯托:《经济增长的阶段:非共产党宣言》(郭熙保、王松茂译),中国社会科学出版社,2001 年,第 38 页。

② 马克思:《资本论》,第一卷(下),人民出版社,1975 年,第 827—828 页。

③ 阿德朱莫比:《埃塞俄比亚史》(董小川译),商务印书馆,2009 年,第 57 页。

4. 殖民主义统治使非洲经历了"现代化的虚拟起步",这一"虚拟起步"的规划和实施是在殖民政府的指导或强迫下进行的,其服务对象也是殖民宗主国。正是在这种殖民发展框架里,大部分非洲形成了以某种经济作物为主的单一经济制,这种单一经济制成为独立后经济发展的消极而非积极因素。

5. 独立后的非洲国家开始了国家的重建以及政治、经济和社会文化的发展进程。然而,这种发展受到各种条件的限制和干扰,最重要的限制条件是既定的国际政治经济秩序,最重要的干扰因素来自前殖民宗主国,而在冷战背景下产生的现代化理论成为这些国家发展的负面因素。

非洲对现代资本主义国家的现代化进程贡献良多,这种贡献可以从奴隶贸易算起。在长达 400 多年的奴隶贸易里,对非洲青壮年的强迫迁徙为美洲的种植园提供了充足的劳动力,以奴隶贸易为基础的三角贸易为欧洲和北美工业现代化的迅速发展提供了重要的物质条件。这种贡献随着非洲被迫纳入现代资本主义世界体系而不断增加,殖民宗主国从非洲大陆掠夺的财富难以统计,这些财富构成了殖民宗主国发展的基础。非洲国家独立后,尽管殖民统治已经完结,但不平等的国际政治经济秩序却使非洲在国际舞台处于极为不利的地位,非洲仍在为一些国家的发展做贡献。这一点随着研究的深入将日益明显。

(三)"现代化"理论在非洲:学理与实践的谬误

自然界与人类的基本生存条件是其多样化。"现代化"理论之所以站不住脚,是因为这种理论的制定者在特定的冷战历史环境中,力图用西方发展的理论和模式来分析、规划和评价发展中国家的发展历程,而这种意识形态又千方百计地将推动发展中国家的社会政治发展与西方国家特别是美国的战略结合在一起。两者的结合过程在美国学者罗斯托的推动下确实取得了某些成功。罗斯托的职业背景表明了他的意识形态倾向性。他从耶鲁大学毕业后曾任哥伦比亚大学经济史教授。他在美国战略活动局和国务院任过职,20 世纪 50 年代曾在麻省理工学院讲授经济史并主持该学院国际研究中心的工作。60 年代,他因深受肯尼迪和约翰逊的赏识,曾在两位总统的任期内先后担任负责国家安全事务的副特别助理,国务院顾问兼政策计划委员会主席。作为冷战时期美国战略的重要建构者，"他被认为是美国越南战争政策的主要推手之一"。① 他的"现代化"理论主要收录在《经济成长的阶段：非共产党宣言》这本著作中。从书名的副标题可看出其研究的倾向性。"经济成长的阶段"既是关于经济增长和发展的观点，又成为关于"现代化"的一般性学说。罗斯托力图说明，西方特别是美国给世界其他地区的发展提供了一个可以效仿的模式。②

　　潘华琼博士表示："西方的现代化理论，无论从经济学还是从社会学角度的研究，在实际运用中都变成了一种意识形态，即把本来仅仅是一种西方发展的历史过程视为其他国家通过努力也能到达的目标，西方的现代化由此成为衡量其他社会发展的标尺。……现代化理论只局限于解释欧美国家的发展模式。但发展不等于现代化，也不存在固定的发展模式，而是动态的历史过程。再者，发展的方向是多元的，世界也是多元的，由此可以避免从传统到现代的单线发展模式。"③就我本人而言，80年代末在多伦多大学历史系做"第三世界的兴起"这门课程的助教时，学界对"现代化"理论的批评不绝于耳。在发表的著述中，我极少使用"现代化"一词。我在承担北京大学国际关系学院"第三世界发展学"的本科生课程教学任务中，"现代化"理论一直是作为诸多发展理论之一且具有反面含义的概念而出现的。

　　"现代化"理论的荒谬之处至少表现在以下几点。第一，这一理论的始作俑者在解释其他国家为何可以照搬西方国家的发展模式时刻意掩盖了一个关键的因素，即西方工业化国家与亚非拉国家在近代殖民历史上形成的主从关系。用更为直接的方式表达：西方的成功是建立在对非西方国家的政治剥削和经济压迫之上，而这种殖民统治者与被统治者的主从关系在第二次世界大战结束后仍被各种国际制度所固化。第二，西方现代化过程被当作一种线性的发展过程，似乎可以被其他国家模仿，通过

　　① ［挪］文安立：《全球冷战——美苏对第三世界的干涉与当代世界的形成》（牛可等译），后浪出版咨询（北京）有限责任公司/世界图书出版公司，2012年，第27页。
　　② 关于对现代化理论做出论述的其他美国学者，参见雷迅马：《作为意识形态的现代化：社会科学与美国对第三世界政策》（牛可译），中央编译出版社，2003年，第33—72页。
　　③ 潘华琼：《非洲法语国家的发展道路》，李安山主编：《世界现代化进程·非洲卷》，江苏人民出版社，2013年，第473页。

对结构和功能的解析而加以复制。然而,与西方发达国家相比,发展中国家的历史文化、发展背景、社会条件、生存理念以及国际环境等都大相径庭。这种照搬和复制只能造成这些国家的一次次失败,其结果往往是使发展中国家在"现代化"这一陷阱中越陷越深。第三,这种由西方策划和主导的发展中国家的"现代化"一次次失败,反过来又被"现代化"的理论家作为自己的论据。西方人有其独特的人种、心理和制度优势,其他国家的贫穷落后、政治腐败或经济止步不前与近代殖民主义的经历没有关系,与不合理的国际政治经济秩序没有关系,而是各个国家自身的问题。正是通过这种论证,非洲从意识形态和文化心理上被牢牢地捆绑在被西方主导的国际政治体系之中。

除了上述的意识形态内涵外,这一理论试图用西方工业国家现代化的模式和概念来解释其他国家的发展,预测甚至规划第三世界的发展进程。这种带有强烈的欧洲中心论或"西方中心论"色彩的理论已受到多方批判,它不仅忽略不同社会在发展时所处的外部环境,单纯从一个社会的内部来分析发展过程,而且将分析框架建立在"传统与现代对立"这一假设上,将社会划为"传统"与"现代"这一根本对立、互相排斥的二分体系。我们知道,外部环境对一个社会的发展具有重要影响。发展中国家与发达国家的各自形成过程十分复杂,却互为因果。正是奴隶贸易、瓜分世界、殖民统治这些人类发展过程中的丑恶历史以及当今世界不平等的政治经济秩序,导致了大部分亚非拉国家处于落后状态,这也正是造成当今发达国家与发展中国家经济社会状况呈现巨大差距的历史和现实原因。研究已经表明,人类不可能用发达国家已经消费的庞大资源来支撑整个世界走同样的"现代化"道路。①

这样,非洲"现代化"过程成为一个悖论:"现代化"是一个使人过上好日子的历程;又或者"现代化"是一个使人日益贫困的历程。从非洲近代史的演变来看,这是一个民众的政治权利和经济利益被剥夺的过程,社会结构逐渐解体的过程和大规模贫困形成的过程,这并非言过其实。这种被剥夺的过程在奴隶贸易和殖民统治两个阶段表现得非常明显。正是在

①　关于现代化的各种理论及其批判,参见谢立中、孙立平主编:《二十世纪西方现代化理论文选》,上海三联书店,2002年。

与欧洲人的交往中,非洲失去了政治独立从而变成了欧洲的殖民地;经济上进入依附于宗主国和国际市场的"欠发展"状态,社会结构逐渐解体。正是在这一过程中,西方稳稳地建立了自己在非洲大陆的强权。这种面向宗主国经济的"生产力被误导的发展"正是非洲经济结构畸形的真实写照。这种被误导的发展在奴隶贸易-殖民主义统治这一过程中逐渐形成。

在殖民主义统治时期,以英法为代表的欧洲列强将强权建立在种族差异这一看似科学的概念之上。为了突出殖民主义统治的合理性,它们将欧洲以外的其他人类社会形态都定义为野蛮的、落后的或异常的。正如霍米·巴巴所言:"殖民话语的目的,就是根据种族起源,将被殖民者描述为一个不断退化的群体,从而证明征服他们是有道理的,证明建立管理和教导的体系是必要的……我所指的,就是这样一种形式的治理术,它划定'附属国',窃取附属国的财富、指挥和统治着附属国在许多领域的活动。"[1]殖民主义体系的崩溃从政治上宣告了种族主义的荒谬,也从体制上宣判了殖民主义的死刑。一种旧的全球权力分配体系寿终正寝。美国开始寻求话语权,冷战为新形式的全球权力分配提供了契机,与当时以苏联为代表的社会主义阵营展开竞争成了以美国政府为代表的西方阵营最为关注的国际事务。

(四) 战后对非洲的关注

战后对非洲的关注可从四个方面来解释。首先,是战略谋划。二战以后,世界进入冷战时期。在各方面与共产主义作斗争成为美国战略考量的主要目标。卷入越南战争后,"许多美国决策者和社会科学家都把越南战争看成是检验美国在'新兴世界'击败共产主义的能力的一个非常显眼的'试验场',同时也把现代化作为一种最有效的回应手段"[2]。美国不遗余力地推行这一理论并将其作为全球战略的一部分,主要是为了在国际范围内巩固核心国家的地位,从意识形态和发展进程上控制新独立的国家,并在全球范围内保护自身利益。从力图主宰战后世界发展进程的

---

[1]　阿图罗·埃斯科瓦尔:《遭遇发展:第三世界的形成与瓦解》(汪淳玉等译),社会科学文献出版社,2011年,第8—9页。

[2]　雷迅马:《作为意识形态的现代化:社会科学与美国对第三世界政策》(牛可译),中央编译出版社,2003年,第236页。

杜鲁门于 1949 年 1 月 20 日就职演说中提出的关于"公平政策"的计划，到为"现代化"定调的罗斯托于 1960 年出版的《经济成长的阶段》，再到世界银行为抗衡非洲寻求独立自主的"拉各斯行动计划"而制定的以结构调整为主轴的"伯格计划"，西方特别是美国企图主导的现代化进程确确实实在非洲发生。在"现代化"的透视镜下，非洲人行之已久的政治制度成为一种过时的、与现代性相悖的传统制度，非洲人对欧洲瓜分的反抗成了一种"反动的"、"不合时宜的"、与现代潮流背道而驰的举动；欧洲列强的殖民主义统治被解释为在非洲实现发展目标的捷径，存在了无数代的非洲人的生活传统成了与现代性格格不入的习俗……

其次是经济考量。新独立的非洲国家拥有丰富的自然资源，也是一个正在形成的新型市场。老牌殖民宗主国被逐出后并不甘心，美国则正在寻求更高的海外利润率以获得地缘政治上的保障，确保对世界各地重要原材料的控制，使美国商品的海外市场得以拓展。第三，学术兴趣。新独立的非洲国家面临着各种实际问题。它们中绝大多数的国家的形成不是一种自然发展的状态，而是去殖民化的结果，这种从殖民地到现代国家的"突变"转型造成了国家管理层面的一系列困境，包括国家建构的艰辛、经济发展的难题、民族融合和自我身份认同的困境等等。此外，由于相当一部分国家的边界是从殖民地时期因袭下来的，而不是以它们的文化、民族（种族）或历史传统为依据，有时一个民族被划分在多个国家，这些问题理所当然地引起了政治学、经济学、人类学、地区研究以及各种跨学科领域的学者们的兴趣。这些因素使非洲处于"现代化"理论的影响范围之内。

人们可能认为，用其他的名词如"发展"来代替"现代化"是一种可行的方式。然而，有关对西方发达国家主导的"发展"话语的解构和批判早已开始。[①] 我们大可静下心来，仔细品味"现代化"理论在非洲的影响。毕竟人类的心智是在对自身的批判中不断进步的。

从意识形态上看，"现代化"话语在 20 世纪 60 年代初已经占领了殖民主义理论消退后的思想空间，成为主导人类社会演进的各种问题的理论。美国希望通过这种意识形态的灌输来宣传自身的价值观，用示范效

---

① 参见阿图罗·埃斯科瓦尔：《遭遇发展：第三世界的形成与瓦解》（汪淳玉等译），社会科学文献出版社，2011 年。

应的方式取代殖民主义时代的领土扩张来传导民主理念和制度,在非洲占领一席之地。正如雷迅马所言:"作为一种意识形态,现代化在 20 世纪 60 年代初期发挥了强大的影响力。在欧洲殖民主义秩序瓦解的过程中,为了对付他们所认为的共产主义威胁,社会科学家和肯尼迪政府的政策制定者把现代化作为一种用来提高自由世界的力量的手段。……现代化被深深嵌入了社会科学话语,对外政策制度以及各种形式的文化表述之中,号称能够加速世界的'进步',而这个世界需要美国的资源及其开明的监护。"①这样一种带有强烈色彩的理论,借助着政治上的成熟制度、经济上的丰裕财富以及从和平队到发展援助等各种手段,以一种无法估量的方式和速度迅速传遍了全世界。

从实践上看,"现代化"话语的最终目标是要推行一种放之世界而皆准的坐标体系:欧美(欧洲或欧洲移民发展地区)方式的发展道路。这种坐标体系由两条轴线即 Y(纵轴,历史)和 X(横轴,现实)组成。纵轴将人类发展的过程看作是单线型的,即只有欧美的道路是一条理想的道路,是一条代表进步的直线型发展道路,其他社会必须经过欧美发展所经历的阶段,即从传统到现代的转变才是一条正常的道路。这种从一个境况发展到另一个境况的转变在罗斯托的"经济增长的阶段"里表现得最为系统。横轴是将人类社会的类型看作是单一的,只有欧洲或欧洲移民占主导地位的社会才是最典型、最理想的社会类型,其他的社会均具有一些落后的基本特征:与世界市场相脱离的传统经济、独裁或非理性(愚昧)的权力继承制度或政治制度、与现代生产体系和理性社会绝缘的农民主体等。那些与欧美社会不同的社会只有努力仿效欧美国家才能实现"现代化"。"这一新战略致力于营造对他国及其资源的新型控制。一种符合西方发达国家理念与期待的、被西方国家认定为标准和进化与进展路线的发展模式得到了提倡。"②

"现代化"话语的谬误主要表现为三种形式。其一,科学研究与政治

---

① 雷迅马:《作为意识形态的现代化:社会科学与美国对第三世界政策》(牛可译),中央编译出版社,2003 年,第 333 页。

② 阿图罗·埃斯科瓦尔:《遭遇发展:第三世界的形成与瓦解》(汪淳玉等译),社会科学文献出版社,2011 年,第 28 页。

决策的混淆,表现为一种社会科学理论力图融入赤裸裸的现实政治而成为政治决策者之婢女的谬误。其二,主观判断与客观现实的矛盾,表现为从主观上以探讨普世价值和人类发展的普遍概念为诉求,而客观上却为某一种狭隘利益集团服务。其三,意识形态与历史运动单一化的谬误,表现为从意识形态出发而形成的观念力图将历史运动中连为一体的传统与现代分离、事实上将社会演变等同于整齐划一的一种变迁模式。非洲成为"现代化"理论的解释场和试验地。

二、非洲文明:被人遗忘的历史

只有证明了一个地区、国家或大陆的落后,才能使它成为西方主导的"现代化"的目标。这种证明需要一种普世标准吗？如果需要,西方发展道路理所当然地被当作这种标准。这是一种历史的谬误,非洲为此付出了沉重的代价。更准确地说,这是"现代化"理论的逻辑前提的谬误。实际上,与其他地区一样,非洲曾在人类发展进程上扮演过适合自己的角色,有过辉煌的历史。

(一) 历史学家的谬误

古罗马历史学家、《博物志》的作者老普林尼(Gaius Plinius Secundus,公元 23—79 年)说过一句名言:"非洲总是不断有新鲜事物产生。"当代非洲历史学家基-泽博(Ki-Zerbo)认为:"非洲和亚洲从南方古猿和直立猿人之时起,在世界历史的前 150 多万年中,曾经站在进步的前沿。现在我们知道,非洲既是作为地球上最高贵物种的人类出现的主要地点,又是人类政治社会起源的地方之一。但是,在史前时期所起的这种卓越的作用,在最近的两千年的历史时期,被一种以被剥削和沦为工具为特征的发展'规律'所代替了……在非洲,这种创造活动,几百万年前就已开始的人类的自我创造活动,仍在进行着。"[1]

培根说过:历史使人聪慧。历史学家是否也会犯错误呢？当然。由

---

① J. 基-泽博主编:《非洲通史(第一卷):编史方法及非洲史前史》,中国对外翻译出版公司/联合国教科文组织,1984 年,第 544、554 页。

于他们掌握着记录过去和解释过去的话语权,他们对历史的误读或荒谬解释往往更为有害,从而影响人们对自身历史和他人历史的理解。

现实中,这种对非洲的误读与偏见有着深远的历史根源和广泛的社会基础。

黑格尔是著名的辩证法大师和历史学家。然而,他对非洲历史的无知和由此而生的偏见却留下了不光彩的印记。在《历史哲学》中,他一方面承认自己对非洲"几乎毫无所知",另一方面却随意地使用关于黑人文化的零散资料,突出其落后面,并得出结论:非洲是一个仍处于"幼年时代的地方,还笼罩在夜的黑幕里,看不见自觉的历史的光明","自然不可能会有什么发展,什么文化"。在对世界各种文明的描述中,非洲被排除在外,"因为它不属于世界历史的部分,它没有动作或者发展可以表现"。①

埃及的文明已经成为一种不可否认的事实。随着撒哈拉以南各种非洲文明遗址(如麦罗埃废墟、大津巴布韦遗址、诺克文化以及热带非洲诸古国)被早期白人殖民者或后来的殖民主义者"发现",对非洲历史的解释由"空白论"转为欧洲人类学家的"含米特理论"。② 这种理论认为非洲文明是外来文明,为含米特/闪米特人创造,而含米特人/闪米特人属于高加索人种。据学者考查,含米特人的概念源自《圣经》,在 18 世纪以前等同于尼格罗人。拿破仑征服埃及后,殖民主义的需要使西方人逐渐将含米特人划归高加索人种。然而,鼓吹含米特理论的学者们从未在含米特人的特征上达成共识,他们或强调游牧为其专门职业,或突出其语言和宗教特征,有时则将肤色、身高、头盖骨或头发质地等体质特点加在一起来形容含米特人/闪米特人。③ 总之,这些解释的目的似乎只有一个:非洲的所有文明成就是含米特人/闪米特人带来的。这种理论在很大程度上为殖民主义统治提供了合法依据。

这种非洲历史"空白论"或非洲文明"外来说"对后来的世界史研究有很大的影响。牛津大学的特雷沃尔-罗珀教授在 1963 年 11 月一次广播

---

① 黑格尔:《历史哲学》(王造时译),生活·读书·新知三联书店,1956 年,第 135—144 页。

② 作为这种理论的代表作,参见英国人类学家塞利格曼的著作。塞利格曼:《非洲的种族》(费孝通译),商务印书馆,1982 年,第 69—114 页。

③ E. F. Sanders, "The Hamitic hypothesis: Its origin and function in time perspective," *The Journal of African History*, 10:4(1969), pp. 521-523.

讲座中认为历史是一种"有目的的运动",而非洲缺乏的正是这种运动,"可能在将来会有非洲历史可以讲授,但目前还没有,只有在非洲的欧洲人的历史。其余是一版漆黑,……而黑暗不是历史的题材"①。我们现在可以坦言:他的话是无知加偏见。这无疑是在重复黑格尔的观点。这种以欧洲人的文明标准来衡量非洲乃至其他文明的做法是一种典型的"欧洲中心论",将文化传播视为文明产生之唯一方式的地理传播主义缺乏说服力。② 这也表现出他对非洲古老文明的漠视,可以说是"空白论"和"外来说"的翻版。直到今日,否认非洲文明史的幽灵仍在我们的头上徘徊。萨科齐 2007 年 7 月在当选法国总统后首次访问非洲时,在塞内加尔谢克·安塔·迪奥普(Cheikh Anta Diop)大学讲演时居然认为"非洲的悲剧在于非洲人从未真正进入历史"。③ 这既是一种无知,也是一种傲慢,更是对非洲文明的蓄意污蔑。

非洲有历史吗？回答是肯定的。更重要的是,非洲文明有着自身特点。先让我们来看看古代非洲在人类古代文明史上的表现。

(二) 人类起源:非洲的优势

研究人类起源的古人类学家和考古学家对人类起源探索的证据来自三个方面。其一,早期进化各阶段的人类化石。其二,通过有形的产物、工具和艺术品体现的人类行为。其三,从 20 世纪 80 年代开始出现的分子遗传学的解释。多年以来人们对人类起源的探索已经提出了三种假说:"多地区起源说"、"走出非洲说"和"线粒体夏娃假说"。

"多地区起源说"是一种多元说,即认为现代人的起源是包括整个旧大陆的事件,现代人出现于任何有直立人群体的地方。智人在各大洲逐渐进化成现代人,并伴有基因交流。

"走出非洲说"认为现代智人在近期产生于非洲,很快扩张到旧大陆

---

① H. Trevor-Roper, "The rise of Christian Europe", *The Listener*, 70:1809(1963), p. 871.

② 对地理传播主义的批判,可参见 J. M. 布劳特:《殖民者的世界模式:地理传播主义和欧洲中心主义史观》(谭荣根译),社会科学文献出版社,2002 年。

③ Chris McGreal, "Mbeki criticised for praising 'racist' Sarkozy", *The Guardian*, 27 August 2007.

的其余部分,虽然可能在某种程度上与当地已有智人前的人群杂交,但非洲现代智人取代了已存在于世界其他地区的直立人和远古智人。这些人群的遗传根源浅,均来自晚近才在非洲进化出来的单一人群。

"线粒体夏娃假说"是 20 世纪 80 年代出现的新的现代人起源假说,它基本上支持"走出非洲说",但否认杂交的可能。根据这种假说,当现代人群迁移出非洲并在数量上不断增加时,他们完全取代了当地已有的现代人以前的群体。移民与当地人群之间的杂交可能性极小。

非洲历史是人类历史的一部分。非洲是人类起源地(之一)。虽然存在着有关人类起源的"一元说"和"多元说",但目前研究已经证实三点:非洲发现的人类早期演变的头盖骨化石系列最为齐全(2200 万年前的类人猿—200 万年前的人类物种);近 20 多年的分子遗传基因研究为人类起源于非洲提供了多种新证据;语言学研究也推论世界语言源于非洲。①

(三) 非洲文明:历史的见证

岩画是记录人类想象力的最早证据。非洲是保存着人类岩画最大存量的大陆,共有超过 1 000 万幅岩画分散在广袤的大陆。它也是岩画历史最早的大陆之一,在纳米比亚发现的一些有关动物题材的岩画已有27 000年的历史。这些岩画具有强烈的自然主义风格,往往与当地的原始宗教有某种联系,反映的是人与自然的关系或人与人的关系。被现代人类学家普遍认为最为原始的南部非洲的桑人(San,因生活在丛林而被早期欧洲殖民者蔑称为"布须曼人"[Bushmen])却创造了极富艺术魅力和现实主义特点的"布须曼岩画"(Bushmen rock-paintings),包括岩刻和岩画两种。包含各种人物形象和动物形象的岩刻造型生动,散布于沿卡拉哈里沙漠东部以南的荒野岩石或干涸河床的铁石上,内容多为动物造型,有长颈鹿、大象、斑马、角马、羚羊、野猪、狒狒、鸵鸟、飞禽等。岩画中则除动物之外,还有各种人像,或从事狩猎,或从事生产,散布于奥兰治自

---

① 这种观点在国际上称为"走出非洲"("Out of Africa" theory, OOA)理论,近年已有诸多发表。Simon J. Armitage, Sabah A. Jasim, Anthony E. Marks, Adrian G. Parker, Vitaly I. Usik, Hans-Peter Uerpmann, "The Southern Route 'Out of Africa': Evidence for an Early Expansion of Modern Humans into Arabia", *Science*, 331: 6016(January 2011), pp. 453-456.

由邦、德兰士瓦省、开普省以及邻近的纳米比亚、津巴布韦和莫桑比克等国。这些岩刻和岩画的创造年代始于公元前 6 000 年。金属冶炼技术是古代非洲文明的亮点之一。从约公元前 500 年开始出现的炼铁术在非洲如此普遍，以致考古学家启用了"非洲铁器时代"这一专有名词；古代的黄金冶炼使非洲成为欧洲人梦寐以求的地方；青铜的冶炼更使非洲艺术达到炉火纯青的地步。[①]

埃及文明的伟大已为世人公认。古代苏丹的努比亚文明曾产生过打败古埃及王朝的国王佩耶，这位历史上被称为"黑人法老"的佩耶于公元前8 世纪中叶建立了包括古埃及以及巴勒斯坦北部在内的库施帝国。[②] 兴起于公元前 5 世纪的阿克苏姆帝国因统治非洲东北部和南部阿拉伯半岛而成为当时与古罗马、波斯和中国齐名的世界性力量。[③] 以诺克文化为代表的非洲古代赤陶雕像曾在欧美引起轰动。[④] 曾被英国殖民主义者从贝宁城掠夺的 2 500 件以用固蜡法制作的青铜制品和精致的象牙雕刻为代表的非洲艺术品至今还存放在大英博物馆里。德国学者弗罗贝纽斯 1910—1912 年在尼日利亚发现了一件精美绝伦的青铜头像。人们为它们那巨大的表现力所震撼：宽大而突出的前额、短小而扁平的鼻子、厚实而性感的嘴唇以及充满生命张力的想象、极为夸张的手法。欧洲现代艺术在诸多方面受到非洲艺术的熏陶和影响。非洲雕刻的独特风格给了毕加索(P. Picas-

---

① 有关非洲古代文明的最新研究，参见 Augustin F. C. Holl, *Africa: The Archaeo-logical Background*, Dakar: Editions du CERDOTOLA, 2015。高畅（Augustin Holl）是喀麦隆人，国际知名的人类学家、非洲研究专家，现任厦门大学全聘教授，联合国教科文组织《非洲通史》(9—11 卷)国际科学委员会主席，非洲语言与传统文献研究中心研究员，达喀尔大学特邀教授，雅温得第一大学讲座教授，美国芝加哥自然历史田野博物馆研究员等职务。本人与他在联合国教科文组织《非洲通史》(9—11 卷)国际科学委员会相识，成为好友。在此感谢他惠赠的著作。

② Edna R. Russmann, "Egypt and the Kushites: Dynasty XXV", in Edwin M. Yam-auchi, *Africa and Africans in Antiquity*, Michigan State University Press, 2001, pp. 113-131; W. Y. Adams, *Nubia: Corridor to Africa*, New Jersey: Princeton University Press, 1978.

③ Sergew Hable Sellassie, *Ancient and Medieval Ethiopian History to 1270*, United Printer, 1972.

④ Phillips Stevens, Jr., *The Stone Images of Esie*, *Nigeria*, Ibadan University Press and The Nigerian Federal Department of Antiquities, 1978.

so)极大的震撼,使他有机会创造了别具一格的立体画,马蒂斯(H. Matiss)明显吸取了丰富的非洲艺术营养而创立了野兽派,布朗库西(Constantin Brancusi)在受到诺克雕刻的强烈影响后自创一派而被称为抽象雕刻的"鼻祖",英国著名雕刻家亨利·穆尔(Henry Moore)的作品渗透了非洲石雕古朴、形象和夸张的风格。即使是西方艺术评论家也认为,"西非给世界艺术宝库做出了自己的独特贡献"。美国评论家斯威尼指出:"非洲雕刻的传统艺术是无与伦比的。"①此外,非洲的音乐、舞蹈和文学为世界文明的百花园增添了无数奇葩,为人类的艺术发展做出了重大贡献。

根据阿拉伯学者巴克里的记载,被法扎里于公元722年称为"黄金之国"的古代加纳帝国可随时征集20万兵力的强大军队并有4万名以上的弓箭手。最早出现在欧洲人历史记录中的非洲君王是马里国王曼萨·穆萨(1312—1337年在位),他于1324年进行的麦加朝圣之旅因沿途挥金如土并大量施舍扰乱了开罗的金融秩序,导致金价下跌12%。穆哈默德·阿斯基亚大帝(1493—1528年在位)的伟大不在于使处于现今西非地区的桑海帝国的疆土扩张、军力强大,而是进行了一系列制度建设和改革。他改组了帝国会议,确立了官阶和礼仪制度,给所有的穆斯林城市指派了卡迪(Kadi,行使穆斯林民事、法律和宗教职能的地方行政官)从而保证了阿斯基亚权力基础上政治与宗教的联盟;他鼓励贸易,引进精确的量具,任用市场监督员以确保市场的秩序和稳定。东非古代的斯瓦希里城邦国家丰富的物质与精神文明曾使各国的过客流连忘返。姆塔帕王国的大津巴布韦遗址因其特有的构造和风格成了"撒哈拉以南非洲的最大史前建筑"。刚果王国的丰饶及对整个地区的权威使1642年来访的荷兰外交团不得不跪地拜见刚果国王。统治着远比现今加纳版图更为广袤疆域的阿散蒂帝国依靠自己的军事力量控制了当地的贸易,曾八次抵御英国人的入侵。②

---

① W. E. B. Du Bois, *The World and Africa: An inquiry into the part which Africa has played in world history*, New York: International Publishers, 1992, p.154.

② 有关非洲古代的成就,可参见以下著作。Basil Davidson, *Discovering Africa's Past*, London: Longman, 1978; Graham Connah, *African Civilizations-Precolonial cities and states in tropical Africa: an archaeological perspective*, Cambridge: Cambridge University Press, 1987; Roland Oliver, *The African Experience: Major Themes in African History from Earliest Times to the Present*, Weidenfeld Nicolson, 1991.

人们对欧洲著名旅行家马可·波罗(Marco Polo)都很熟悉,但对非洲著名旅行家伊本·白图泰(Ibn Battuta)却知之甚少。历史学家熟悉兰克、布鲁戴尔这些19世纪和20世纪的欧洲历史学家的名字。然而,非洲早在14世纪就为世界奉献了伊本·赫勒敦(Ibn Khalclun)这样伟大的历史学家和社会学家。突尼斯出生的伊本·赫勒敦的《历史绪论》是真正意义上的世界史。他从方法论的角度为人文社会科学做出了极大的贡献。首先,他是最早从人口统计学的角度研究历史的社会经济史学家。他率先提出了文明衰落与人口锐减的关系,关于游牧民在军事上比定居者占优势的观点构成了他的社会历史观的基础。其次,他指出历史不能只记载表面的东西,如果只是记述某一君主或妻子们的名字,或这位君主的戒指上铭刻的字样,这对历史研究没有什么好处。在研究对象上,他将社会分成两个主要的集团——农业-畜牧地区和城市地区,与之相对应的是平等主义团结精神与国王的独裁统治。再次,他先于马克思提出了一个历史唯物主义的命题:"不同民族在习惯和制度上的差异取决于每个民族提供其生存资料的方式。"①对这样伟大的社会科学家,我们确实不能视而不见。

(四) 欧洲人对非洲文明的钦羡

实际上,一些初次来到这一大陆探险的欧洲人或对非洲早期的文明有所认识的欧洲学者均被非洲古老王国的强大和富庶所震撼。

英国人在1897年曾洗劫了西非的贝宁王国(位于今尼日利亚境内)首府贝宁城,掠走了2 500件精美的早期铜雕艺术品。欧洲探险者戴珀(O. Dapper)在谈到17世纪时的贝宁王国居民时提到了该国的法律和警察:

> 这些尼格罗人,比海岸边上的要文明得多,他们有自己的法律和

---

① 伊本·赫勒敦著:《历史绪论》(李振中译),宁夏人民出版社,2015年。他的名字也译为伊本·哈勒敦、伊本·赫尔敦、伊本·赫尔东等。关于伊本·赫勒敦的生平,参见静水:《阿拉伯的史学大师——伊本·赫尔东》,《世界史研究动态》,1985年第7期,第54—56页。

组织完善的警察,他们与来到他们中间做生意的荷兰人以及其他的外国人保持着很好的关系,并对他们表示出极大的友善。①

英国人芒戈·帕克(Mungo Park)在 18 世纪末这样记录了他所见到的尼日尔河上的塞古(Segu)那种"文明壮丽的景象":

> 这个广大城市的情景,河上无数小船,拥挤的人群,附近农村的耕作情况,这一切构成了一幅文明壮丽的景象。我万万没有料想到在非洲的腹地会看到这样的情况。②

巴尔特(Heinrich Barth)在 19 世纪中叶谈到卡诺的纺织工业时认为卡诺是"世界上最幸福的国家之一":

> 如果我们考虑到,这种工业并不像欧洲那样在一些使人们的生活堕落到最下贱的地步的巨大的公司中进行的,而是给许多家庭以职业和支持,并不牺牲他们的家庭生活习惯的话,我们必然会认为卡诺应该是世界上最幸福的国家之一。③

法国殖民考察队队长乌尔斯特(Hourst)于 1895—1896 年在尼日尔河流域考察时参观了桑海帝国首府加奥遗址后颇有感慨:"在当时,桑海帝国不仅是非洲最强大的国家,而且是全世界最强大的国家。"④

帕麦尔(H. R. Palmer)在评论 12 世纪博尔努王国时认为,一些当地酋长的文明程度要高于同时期的一些欧洲国王:

---

① J. D. 费奇:《西非简史》(于珺译),上海人民出版社,1977 年,第 193 页。

② Basil Davidson, *Africa: History of a Continent*, London: Spring Books, 1972, p. 245.

③ 巴兹尔·戴维逊:《古老非洲的再发现》(葛屠译),生活·读书·新知三联书店,1973 年,第 189—190 页。

④ 埃德蒙·塞雷·德里维埃:《尼日尔史》(上海师范大学《尼日尔史》翻译组译),上海人民出版社,1977 年,第 115 页。

在这些世纪中,当基督教的西方还处于无敌、尚未开化和野蛮状态的时候,撒拉逊文化已把文明的火炬传给了后世。从加涅姆的基础上发展起来的新生的博尔努国家从埃及和北非得到了启示。虽然它对于周围的非洲各族人民无情而且残暴,但是它的一些早期的酋长所达到的文明程度,看来比同时期的一些欧洲王国还要高一筹。①

非洲古代历史表明,在 17 世纪以前,各种农耕文明在埃及、埃塞俄比亚、尼日尔河流域等地正常发展,王国兴起和衰落标志着当地人民治理文明的积累,西部非洲的中世纪王国已经在欧洲的地图上留下印记,撒哈拉长途贸易将非洲内陆与包括北非在内的地中海沿岸及外部世界联系起来,东部非洲海岸与南部非洲内陆已被卷入印度洋贸易。正如萨米尔·阿明(Samir Amin)所言:"在那个时期,非洲整个说来同旧世界其余部分相比并不显得低劣和软弱。非洲内部发展不平等,和地中海两岸撒哈拉以北地区看到的情况是相应的。"②

然而,非洲大陆悠久而辉煌的历史却由于建立在种族主义观念之上的奴隶贸易和殖民主义而被刻意抹杀,因为西方需要教化的是没有历史的人民,基督教需要传播的是落后的蛮荒之地。近代以来,世界上多个地区被建构成居住着"没有历史的人民"的"野蛮之地"。这是契合"现代化"理论的一种解释。③ 非洲大陆正是这样一块被欧洲列强建构的"落后"和"野蛮"的土地,从而为殖民征服提供了合理的借口。④

三、被称为"奴隶"的非洲人对世界历史的贡献

欧洲原始积累的一个重要因素是持续了四百多年的大西洋奴隶贸

---

① W. E. B. Du Bois, *The World and Africa*, *An inquiry into the part which Africa has played in world history*, International Publisher, 1992, p. 213.

② 萨米尔·阿明:《不平等的发展——论外围资本主义的社会形态》(高铦译),北京:商务印书馆,2000 年,第 35 页。

③ Eric Wolf, *Europe and the People without History*, University of California Press, 1982.

④ Walter Rodney, *How Europe Underdeveloped Africa*, Tanzania Publishing House, 1972.

易。这是一场违反人类普遍道德标准、以非洲黑人为商品的贸易，它始于15世纪中叶，当时葡萄牙探险家在西非海岸掠走第一批黑人奴隶，终于19世纪70年代末期。① 在这场史无前例的人类浩劫中，"非洲的大西洋奴隶贸易出口总额就达到1 540万人"②。然而，在奴隶贸易对西方经济发展的贡献和对非洲的影响等研究方面存在着各种不同的观点。

（一）威廉斯论点：有关奴隶贸易对西方工业化贡献的辩论

非洲与世界历史进程的关联性远比人们想象的要更为密切。为什么我们说非洲是最早为现代历史进程做出贡献的大陆？西方的现代化过程是与原始积累紧密相连的。作为奴隶贸易的主要受害者，非洲对这一进程做出的贡献不言而喻。

历史学的任务是要如实地记载人类已发生的事情。对世界现代史的研究如果将使西方工业化革命成为可能的奴隶贸易置之不理，那是不客观的。具体分析非洲的奴隶贸易给欧洲和美国的资本主义带来的重要贡献已经超出了本书的范围，但有几点是必须认识的。一是西方奴隶贩子从奴隶贸易中所得的利润为工业革命提供了资金。威廉斯认为，奴隶贸易和殖民地经济对英国工业革命的资本积累发挥了巨大作用。③ 谢里丹的研究表明，西印度群岛的大量资本源源流入英国，加速了工业资本积累的速度，导致了18至19世纪工业革命的扩张。他对牙买加的研究表明，虽然殖民地经济在形成阶段（1630—1680年）吸收了大量商业资本，但此地区资本很快达到自足并随后为英国提供了一百多年的资本回流。这种利润大于英国任何一个行业的资本积累。他的结论是在18世纪末宗主国的收入有8％到10％来自西印度群岛，在美国独立战争以前，这个百分比更大。④

奴隶问题专家英格曼和所罗探讨了奴隶贸易的利润在何种程度上提

---

① 有关这方面的研究状况，参见李安山：《国外对奴隶贸易和奴隶制的研究（1968—1988）》，《世界史研究动态》，1989年第2期。

② 联合国教科文组织：《15—19世纪非洲的奴隶贸易：联合国教科文组织召开的专家会议报告和文件》（黎念等译），中国对外翻译公司，1984年，第248页。

③ 艾里克·威廉斯：《资本主义与奴隶制》（陆志宝等译），北京师范大学出版社，1982年。

④ R. Sheridan, *Sugar and Slavery: An Economic History of the British West Indies, 1625—1775*, Baltimore: Johns Hopkins University Press, 1973.

高了英国社会的投资水平。英格曼使用的是迪安和科尔所编英国国民收入的资本形成的统计资料与柯廷和安斯蒂对奴隶贸易的统计数字。其研究表明,在 1688—1800 年间,奴隶贸易对英国国民收入的贡献任何时候都未超过 0.5%,奴隶贸易对国民资本形成的贡献大约为 2.4% 到 10.8%之间。他因此得出结论,无论从哪一方面看,18 世纪的奴隶贸易不可能成为英国资本形成的主要因素之一。[①] 尽管他的研究十分严密,方法上似乎无懈可击,但所罗一篇针锋相对的文章指出英格曼的计算结果恰恰证明了西印度群岛对英国工业革命的贡献不可低估。他通过比较英格曼的统计结果和 1980 年美国的几项经济指标来说明自己的观点。如果将两个世纪前奴隶贸易利润占英国国民收入的比重以及它占国民资本的比重和上述数字相比,那么,毫无理由说奴隶贸易对英国工业革命的贡献微不足道。[②] 此外,非洲著名历史学家伊尼科里等曾以大量历史事实说明:西方从大西洋奴隶贸易获取了巨大的私人财富和社会利益,这些利益为西方的崛起做出了部分贡献。[③] 这种有关大西洋奴隶贸易的研究主要集中在这一贸易带来的利润如何推进了西欧和北美的工业现代化进程这一焦点上。这一观点称之为"威廉斯论点"。[④]

(二) 奴隶贸易对西方工业化的作用

然而,更重要的是,奴隶贸易作为一种历史因素,刺激了资本主义制度和社会经济结构的发展。换言之,持续了四百多年的奴隶贸易给当时正处于初始阶段的西方现代化进程带来了无法估量的机会、改革和变化。

首先,从世界资本主义体系的角度看,通过大西洋奴隶贸易抵达美洲

[①] S. Engerman, "The slave trade and British capital formation in the eighteenth century: A comment on the Williams thesis", *Business History Review*, 1972, 46:2(1972), pp. 430-443.

[②] B. Solow, "Caribbean slavery and British growth: The Eric Williams hypothesis", *Journal of Development Economics*, 1985, 17, pp. 99-115.

[③] Joseph E. Inikori and Staney L. Engerman, eds., *The Atlantic Slave Trade, Effects on Economics, Societies, and Peoples in Africa, The Americas, and Europe*, Duke University Press, 1992.

[④] 李安山:《资本主义与奴隶制度——50 年西方史学论争述评》,《世界历史》,1996 年第 3 期,第 76—84 页。

的大量非洲奴隶的商品生产，在世界历史上为大西洋经济圈的各个地区提供了史无前例的劳动力分工的发展机会。这种劳动力分工使得原料的生产（甘蔗、烟草等）、粮食作物的生产、加工业（制糖业、烟草业）、运输业、销售业、金融业、船舶制造业等行业迅速发展。① 大量的人口迁移以及随之而来的市场以及消费机会带来了巨大的利润空间，从而将欧洲和北美大量的自给自足的食物生产者转化为因市场需求和市场流动而生产的商品生产者。大西洋沿岸的各个国家的农民和农业生产被卷入到这一场跨洋范围内的生产-贸易体系之中，小型的农产品和手工业产品逐渐被大规模生产所取代，各个人群被纳入庞大的"大西洋体系"之中。② 应大量出口以及国内消费而生的制造品扩张为国内提供了不断增长的非农业行业的就业，从而刺激了国内的消费市场。西印度群岛的殖民政府对这一贸易和生产结构的支配权力、殖民国家对利润流向的指导政策、欧洲国家之间为这一体系而产生的冲突与调和大大改变了国际贸易与国际政治的关系。西方的现代化进程与权力和利润的结合更为紧密。这一进程的大环境为生产技术的提升和改造、金融制度的完善、世界资本主义的形成创造了更好的条件，从而使所谓的"现代化"先后在英国、西欧和北美得以实现。③

　　对英国这个在奴隶贸易中收益最大的国家而言，奴隶贸易以及随之而来的三角贸易大大刺激了英国工商业的发展。对这一问题学术界似乎还在争论。一种观点认为，奴隶贸易和奴隶种植园对英国工业革命的影响并不明显。安德森和理查森则认为，由于奴隶贸易的风险很大，这种商业活动的利润不可能超出常规。④

────────────

　　① 　David Eltis, *The Rise of African Slavery in the Americas*, Cambridge University Press, 2000; Paul E. Lovejoy and Nicholas Rogers, eds.,*Unfree Labour in the Development of the Atlantic World*, Frank Cass, 1994.

　　② 　Philip D. Curtin, *The Rise and Fall of the Plantation Complex*, *Essay in Atlantic History*, Cambridge University Press, 1990; Nicholas Canny and Anthony Pagden, *Colonial Identity in the Atlantic World*, *1500—1800*, Princeton University Press, 1987.

　　③ 　John Thornton, *Africa and Africans in the Making of the Atlantic World*, *1400—1800*, (Second Edition)Cambridge University Press, 1998.

　　④ 　B. L. Anderson and David Richardson, "Market structure and profits of the British African trade in the later eighteenth century: A comment", *Journal of Economic History*, 1983, 4, pp. 713-721.

罗斯托曾将英国现代化"起飞"的阶段定在 1783—1802 年。[1] 这一时期正是奴隶贸易走向成熟的后期。我们可以从以下史实看到,奴隶贸易带来的财富无疑加速了英国现代化的步伐。17 世纪中叶颁布的《航海法令》明确规定,英国从事海外贸易的商船必须是英国船舶,进口产品只准英国船只或生产国船只运送;出口产品必须由英国船只运送;运往殖民地或运往非洲换取奴隶的工业品必须全部或大部分由英国生产,而从殖民地运往英国的产品必须是原料和非制成品。这一法令以及随后造成的早期殖民贸易的垄断地位从各方面促进了英国现代化的发展。首先,大大刺激了英国造船业和船运业。1707—1787 年间,英国经营的外贸船舶增加 4 倍,驶往非洲从事贩奴的船舶增加 12 倍,吨位增加 11 倍。与此相联系的是煤炭业、金属业、军工业、酿酒业、制糖业和纺织业以及金融业的兴盛。

法国在这一时期的殖民政策亦是如此。路易十五的外交大臣硕阿塞尔(Etienne-Francois Choiseu, 1791—1785)在写给驻马提尼克总督登乃黎(D'Ennery)的训令中明确指出:"由欧洲列强建立的殖民地都是为宗主国的利益服务的。第一个训令是:那种认为殖民地除了和本土隔着大海之外同法国其他省份没有区别的看法,是一个令人吃惊的误会。殖民地只不过是一些商业机构;为了弄明白这个真理,只需注意一下,在法国的行政机关只是为了法国本土的利益才去尽量攫取可供消费的资源;反之,殖民地的行政机构关心殖民地,只是为了殖民地能够提供上述消费资源。取得这种消费资源是殖民机构的唯一目标,如果殖民地不能再提供这种资源,那就宁愿放弃它……第二个结论是:殖民地的产品越和它们的宗主国产品不同,就越好,因为殖民地的本务就是生产不同的产品。……随着殖民地的本务而来的第三个结论是:保持殖民地具有提供尽可能丰富的资源的能力,同时用最严厉的法律加以限制,以便有利于法国。"[2]

艾里克·威廉斯提到了这一时期英国相关行业的发展。英国最主要的商业银行巴克莱银行和劳埃德银行在 18 世纪中叶的快速发展得益于这

---

① W. W. 罗斯托:《经济增长的阶段——非共产党宣言》(郭熙保、王松茂译),中国社会科学出版社,2001 年,第 38 页。比较令人诧异的是,罗斯托对奴隶贸易和奴隶制只字未提。这不是无知,就是偏见。

② 雅克·阿尔诺:《对殖民主义的审判》(岳进译),世界知识出版社,1962 年,第 29 页。

一时期来自奴隶贸易的利润。这两家银行后来都成为英国工业贷款的重要提供者。威廉斯还特别指出了西印度群岛种植园主与利物浦的奴隶贩子对英国工业的推动作用。这表现在以下方面。18世纪在利物浦和曼彻斯特兴起的一大批银行都是用通过三角贸易所获得的资金建立起来的。例如，建立于1773年的海伍德银行(利物浦)，一个世纪后被利物浦银行兼并；托马斯·莱兰也是在18世纪后期通过买卖非洲黑人发迹，随后混迹于银行业。同样的事也发生在布里斯托尔、格拉斯哥和伦敦。重工业也受到奴隶贸易和西印度群岛种植园利润的推动。一些钢铁巨头的财富正是从奴隶贸易和与此相关的经营活动中积累起来，如英国巨富安东尼·培根和威廉·贝克福德等。保险业也是通过三角贸易发展起来。①

　　英国的一些大城市正是靠着奴隶贸易发达起来，如伦敦、布里斯托尔、利物浦和曼彻斯特等。② 利物浦奴隶贸易研究所的G·威廉斯对利物浦商人贩卖奴隶的情况进行过统计。他的计算结果表示，在1783—1793年短短十年间，利物浦商人可以从将奴隶卖给西印度群岛这一笔买卖中得到纯利润1 229.411 6万英镑，平均年利润为111.764 7万英镑，利物浦的奴隶贩子得到30％的利润。③ 然而，这还只是三角贸易中的一角所得的利润。如果再加上这些商人从利物浦将廉价货物运到非洲后所得的利润，和他们将贩卖奴隶所得在西印度群岛买一些棉花、糖和香料之后，再运回英国出卖之后所得的利润，那将是一笔数额大得多的钱款。

　　在18世纪中叶以前，英国皇家非洲公司一直扮演着负责非洲贸易的官方机构的角色。然而，随着国际形势的变化、其他贸易公司的崛起和私人奴隶商人的日益活跃。英国皇家非洲公司的处境开始变得艰难。18世纪上半叶，英国在非洲设立的要塞有7个在黄金海岸，1个在冈比亚，1个在维达。虽然有这种官方要塞作为支撑，但英国皇家非洲公司的业务

① Eric Williams, *Capitalism and Slavery*, New York: Capricon Books, 1966{1944}, pp. 98-107.
② 中国学者的近期研究成果，可参见郑家馨：《殖民主义史·非洲卷》，北京大学出版社，2000年，第177—207页；高晋元：《英国-非洲关系史略》，中国社会科学出版社，2008年，第7—23页。
③ 阿勃拉莫娃：《非洲——四百年的奴隶贸易》(陈士林、马惠平译)，商务印书馆，1983年，第117—118页。

受到私人奴隶贩子"无形帝国"的冲击,"私商贩运到种植园的奴隶数量大大超过公司经营的奴隶数"。1750 年,私人运营商最终打破了英国皇家非洲公司对非洲奴隶贸易的长期垄断。

　　他们的胜利,结果在恰到好处的时机给英国的奴隶贸易带来适应性和进取心,因为这时英国经济正在变得特别适应于给奴隶贸易提供价格合理的宜于出口非洲的商品。1750 年以后,由于印度政治混乱而竞争衰落,兰开夏的纺织品就得到了机会。英国奴隶商人抓住时机,在 1750 年以后的四分之一世纪中,逐渐控制了整个非洲贸易。在这段时间内,他们把英国向非洲进口(和再出口)的商品价值额提高了400%;在北美战争以前,他们每年贩运奴隶的数量近 5 万人。他们在贸易中不受节制的性质有助于这种惊人的发展,因为正是那些离开旧有的奴隶买卖中心做生意的贸易行,才能买到大宗奴隶。[①]

　　不难看出,大西洋奴隶贸易构成了西欧和北美经济发展的一个重要因素。这至少表现在以下三个方面。第一,奴隶贸易和奴隶制是英国工业发展资本的主要来源之一,这一点历史学界已有讨论。[②] 第二,三角贸易以及随之而来的经济变化大大刺激了各相关国家特别是英国的各个部门,为工业革命增添了新的活力。第三,美国革命以后,殖民地奴隶制经济开始下降,其对英国的重要性日益减少。随着资本主义经济的日益成形,建立在种植园经济基础上的垄断制开始衰落。与此同时,英、法人道主义长期进行鼓动宣传,导致了英国议会里的唇枪舌剑。最为关键的是,西印度群岛的奴隶们特别是海地的奴隶奋起争取自己的解放。这一切导致了奴隶制的崩溃。[③]

―――――――――

　　① 　J. O. 林赛编:《新编剑桥世界近代史(第七卷)》(中国社会科学院世界历史研究所组译),中国社会科学出版社,1988 年,第 727 页。

　　② 　关于国际史学界对这一问题的研究情况,可参见李安山:《资本主义与奴隶制度――50 年西方史学论争述评》,《世界历史》,1996 年第 3 期。

　　③ 　关于这一问题的经典著作,参见艾里克·威廉斯:《资本主义与奴隶制度》(陆志宝等译),北京:北京师范大学出版社,1982 年。国内学者的研究可参见艾周昌、郑家馨主编:《非洲通史》(近代卷),上海:华东师范大学出版社,1995 年,第 25―65、299―329 页。

(三) 奴隶贸易对非洲发展的影响

尼日利亚的著名历史学家伊尼科里曾一针见血地指出：一方面是为进行资本主义生产以供应国际市场而购买、输送、雇用一千多万奴隶；另一方面运输并出售由这些奴隶生产出来的产品，"这两个方面构成 1451 至 1870 年国际经济业务中很大的份额"；"大西洋经济在 1451 至 1870 年间得到发展，是在牺牲非洲经济的条件下实现的"[①]。正是在这四百多年的时间里，世界贸易在数量上和空间上显著扩大，西欧和北美的经济迅速发展。西欧首先完成了从原始积累到工业革命的过渡，并迅速向海外扩张；也正是在这一时期，非洲遭受了极大的摧残，开始明显落后于其他地区。一方面是奴隶贸易为欧洲和北美的工业化带来的推动作用，另一方面则是这一牵涉强迫迁徙的奴隶贸易为非洲带来的负面因素，从而导致非洲在历史上的倒退现象。与此同时，非洲海岸地区在多方面受到奴隶贸易影响。一些地区强人如东非的提普提卜(Tipp Tip)因积极参与奴隶贸易而控制了内陆地区的远程贸易。伊斯兰教在这些地区的扩展与奴隶贸易产生着互动关系。[②] 在这里，我们主要关注奴隶贸易对非洲造成的人口以及社会方面的影响。

从目前的研究来看，奴隶贸易给非洲大陆带来了极大的厄运，从而在某种程度上阻碍了非洲的发展或所谓的"现代化进程"。这种消极后果主要表现在非洲人口的损失、社会-政治制度的摧毁、对当地法律的冒犯，对人的生命和生命价值的漠视、种族主义的流行和欧美对非洲黑人的歧视。在这场持续了 400 年的三角贸易中，共有 1 200 万—2 000 万的非洲人被

[①] 约瑟夫・E. 伊尼科里：《奴隶贸易和大西洋沿岸各国经济，1451 至 1870 年》，联合国教科文组织：《15—19 世纪非洲的奴隶贸易：联合国教科文组织召开的专家会议报告和文件》，第 58—84 页；Joseph. E. Inikori, "Slavery and the Revolution in Cotton Textile Production in England", Joseph. E. Inikori and Stanley. L. Engerman, eds. , *The Atlantic Slave Trade: Effects on Economics, Societies, and Peoples in Africa, the Americas and Europe*, Durham, Dukes University Press, 1992, pp. 145-181；Joseph E. Inikori, *Africans and the Industrial Revoltion in England*, Cambridge Vniversity Press, 2002.

[②] 对这方面的研究，加拿大学者马丁・克莱因做出了重大的学术贡献。《加拿大非洲研究杂志》发表专刊，用 10 篇论文纪念他对非洲历史上奴隶制与伊斯兰教的研究。Special Issue "On Slavery and Islam in African History: A Tribute to Martin Klein", in *Canadian Journal of African Studies*, 34:3(2000).

运到了美洲大陆。① 非洲青壮年劳动力的损失是最重要的负面影响。最重要的社会后果是种族歧视的开始和非洲社会因劫掠奴隶而造成的各种悲惨后果。奴隶贸易将抢掠和暴力引入了交易过程。由于这一过程牵涉对人口的贩卖以及伴随着的偷袭与反抗,相当多的人口在这一交易过程未开始时已死亡,非洲人的正常生活受到极大影响。如果考虑到为了得到这些青壮年而进行的暴力以及运送过程中的伤害,加上将他们安全运到美洲的运输途中的死亡,非洲大陆损失的人口不在一亿以下。

不可否认,大量的人口流失使非洲社会遭受了劳动力的损失,为了躲避奴隶贩子的浩劫,非洲村社不断的迁移使生产过程中断,生产技术不能继承。奴隶贸易同样破坏了非洲国家的形成或巩固的进程,政治制度和政治演进过程被破坏,一些传统的地区政治权威被摧毁,新的政治权威随着欧洲人的到来而被树立。这些都使非洲社会遭受到重大的创伤,或面临着新的变革。这种破坏集中在两个层次。一是王国内部。权力从国王手里逐渐转到处理涉外事务的大臣手里,从贵族手里转到中间商人手里。二是在王国之间,旧的王国对臣属的酋长国逐渐失去控制,一些新的王国以奴隶换回火药武器,勃然兴起。奴隶贸易引发的社会动乱、资源紧张和社会分化对殖民统治时期的民族冲突起到了重要作用。例如,位于赞比西河上游地区的卢瓦勒人(Luvale people)、隆达人(Lunda people)和洛齐人(Lozi people)的关系。在奴隶贸易时期,卢瓦勒人曾掠隆达人为奴,隆达人曾与洛齐人结成联盟以获取帮助。后来的英国殖民政府误将卢瓦勒人和隆达人均看作是洛齐人的臣民,从而引起两个民族的反抗。② 更重要的是,人们被迫迁移以躲避战乱而造成的生产的中断、已有生产技术的流失、恐惧的产生、对他人的不信任以及对生命的蔑视。③

---

① Joseph E. Inikori and Staney L. Engerman, eds., *The Atlantic Slave Trade, Effects on Economics, Soceities, and Peoples in Africa, The Americas, and Europe*, Duke University Press, 1992, pp. 5-6. 还可参见联合国教科文组织:《15—19 世纪非洲的奴隶贸易:联合国教科文组织召开的专家会议报告和文件》,第 60 页。

② Robert Papstein, "From Ethnic Identity to Tribalism: The Upper Zambezi Region of Zambia, 1830—1981", in Leroy Vail, ed., *The Creation of Tribalism in Southern Africa*, London: James Currey, 1989, pp. 372-394.

③ Patrick Manning, *Slavery and African Life, Occidental, Oriental, and African Slave Trades*, Cambridge University Press, 1990.

持续 400 年的奴隶贸易对非洲社会的影响不仅仅是权力的转移和王国的兴衰。这种影响是多方面的,包括人口地理与地缘政治的变化。掠奴战争的兴起导致无政府状态的出现,随之而来的是躲避战争和逃难,社区之间的争斗,民族文化的冲突,集体心态的改变,社会结构的演变等。由于奴隶贸易控制在一小部分非洲人手中,财富相对集中,靠贩奴富裕起来的少数非洲上层人士成为对欧洲势力的依附力量,他们在武器的引进、奴隶的输出和运输链等方面对欧洲商人的百般信赖塑造了后来欧洲人控制非洲人的重要社会基础。非洲已经建立的工业基础(炼铁业和铁器制造、黄金冶炼、食盐业、纺织品)遭到破坏,社会制度因奴隶贸易而近乎摧毁,贩奴活动大大破坏了非洲社会的价值观,降低了人们对生命的尊重。[①] 在奴隶贸易开始以前的民族融合过程停止了,取而代之的是各民族之间的争斗、分裂和隔绝,这成为当代非洲发展过程中的严重障碍之一。

四、奴隶贸易和奴隶制的废除

1776 年,亚当·斯密具有划时代意义的著作《国富论》的发表敲响了奴隶贸易和奴隶制的丧钟。100 后的 1876 年,布鲁塞尔国际地理会议召开并成立"国际刚果协会"。比利时国王利奥波德二世在会议开幕式上的讲话不啻一篇向非洲进军的宣言书:"打开地球上唯一文明尚未进入的地区,冲破笼罩着当地全体居民的黑暗,我大胆地说,这是一次与这个进步的世纪相称的十字军远征。"[②]在帝国主义瓜分非洲发生前的这 100 年中,非洲经历了社会、经济、政治、文化的巨大变化。奴隶贸易的废除导致合法贸易在非洲的扩大。此外,一批释奴从美洲返回非洲,他们或成为殖民地定居者,或建立自己的国家。

(一) 废除奴隶贸易和奴隶制的争论

非洲史学界对 19 世纪的研究特别重视,因为它是介于大西洋奴隶

---

① 　Paul E. Lovejoy, *Transformations in Slavery*, *A History of Slavery in Africa*, Cambridge University Press, 1983; Suzanne Miers and Richard Roberts, eds, *The End of Alavery in Africa*, 1988.

② 　罗贝尔·科纳万:《刚果(金)历史》(史陵山译),上册,商务印书馆,1974 年,第 179 页。

贸易和殖民经济体系之间的一个分界期。一些学者认为,这一时期是废除奴隶贸易过程中非洲经济调整、延续和改革的时期,另一些人则认为这一时期充满了动荡、危机和革命。A·G·霍普金斯通过对西非经济史的考察,提出了一个重要论点:禁止奴隶贸易和合法贸易的发展(而不是一般认为的殖民统治的建立)标志着非洲历史的转折。他认为,合法贸易开启了市场增长的新阶段,因而标志着西非现代经济的开端。① 确实,合法贸易将生活必需品引入了市场。对世界市场而言,棕榈油、花生、橡胶等产品从非洲输出;对非洲而言,以前输入的奢侈品逐渐为日常商品所替代。非洲卷入世界经济体系,非洲劳动力被重构,货币经济与权力结合起来。从经济史的角度看,19世纪的重要性是不可低估的。

关于禁止奴隶贸易和废除奴隶制的原因,国际史学界一直有不同意见。自特立尼达和多巴哥学者威廉斯于1944年出版《资本主义与奴隶制度》一书后,史学界对资本主义与奴隶制的关系这一主题的争论从未停止过。主要有四种观点。慈善运动论或人道主义论在19世纪甚为流行,目前有回升的趋势。这种观点认为废除奴隶制应归功于英国的废奴主义者。第二种可称为三次革命论,即认为废除奴隶制主要是受美国革命、法国革命和海地革命的影响。这种观点更强调思想意识的作用。第三种观点认为废奴是一场奴隶的自身解放运动,即持续了200年的奴隶反抗使奴隶制的运作日益艰难,从而导致了它的崩溃。最后一种是艾里克·威廉斯的经济因素论。②

平心而论,威廉斯在重视经济因素的同时,从未否定过其他因素的作用。《资本主义与奴隶制度》用了整整一章叙述英国废奴主义者的活动。他同时认为,经济上的变化,垄断制的衰落,资本主义的发展,人道主义者的宣传,议会里的长篇辩论以及奴隶们自己争取自由的决心,这一切导致了奴隶制的废除。③

---

① A. G. Hopkins, *An Economic History of West Africa*, London, 1973, p. 124.

② 李安山:《资本主义与奴隶制度——50年西方史学论争述评》,《世界历史》,1996年,第3期,第76—84页。

③ 艾里克·威廉斯:《资本主义与奴隶制度》(陆志宝等译),北京师范大学出版社,1982年,第172—189、201页。

欧洲各国废除奴隶贸易和奴隶制的时间表

国　　家	废除奴隶贸易 （宣布日期）	废除奴隶贸易 （生效日期）	废除奴隶制 （宣布日期）	废除奴隶制 （生效日期）
英　国	1807	1808	1833	1838
法　国	1794①；1818	1818	1848	
西班牙	1814	1820s	1870	1872②；1878
葡萄牙	1815	1823	1854③	1878
丹　麦	1792	1803	1885	
荷　兰	1814	1814	1885	
瑞　典	1813	1813	1885	

资料来源：Paul E. Lovejoy, *Transformations of Slavery: A History of Slavery in Africa*, Cambridge: Cambridge University Press, 1983.

早在 17 世纪 80 年代，即有人提出禁止奴隶贸易和废除奴隶制，但直至 18 世纪中叶，废奴都仅仅是个别人的慈善要求。一般欧洲人对奴隶制的认识是模糊和矛盾的，即使是启蒙主义思想家也不例外。一方面，他们承认"因为一切人生来就是平等的，所以应该说奴隶制是反自然的奴隶制，对我们是无益的"；但另一方面，他们觉得"如果产糖植物的种植不用奴隶的话，糖便要太贵了"，"我们天天听人说，要是我们有奴隶，多好啊！"④

1772 年，曼斯菲尔德勋爵在逃奴詹姆斯·萨默塞特案件中宣告奴隶制违反英国法律。从此，非洲奴隶一登上英国国土，便成为自由人。1776年《国富论》的发表推动了奴隶制的废除。1783 年，废奴主义者第一次向议会递交了一份禁止奴隶贸易的请愿书；1785 年，后来成为废奴运动领袖的托马斯·克拉克森用拉丁文撰写的关于奴隶贸易的学位论文在剑桥大学获奖。两年后，根据克拉克森的提议，"废除非洲奴隶贸易协会"（So-

---

① 1794 年 2 月 4 日，取得政权的雅各宾党人宣布禁止奴隶贸易和无偿解放奴隶。

② 西班牙废除波多黎各岛的奴隶制。

③ 葡萄牙宣布其所属领地的奴隶为自由人。

④ 孟德斯鸠：《论法的精神》（上），（张雁深译），商务印书馆，1982 年，第 247、245、248 页。

ciety for the Abolition of the African Slave Trade)在英国成立。在格兰维尔·夏普和威尔伯福斯等人的不懈努力下,从 1788 年起,英国议会几乎每年都要就禁止奴隶贸易问题展开激烈辩论。①

(二) 废奴运动与资本主义的关系

1775 年,北美殖民地独立战争爆发。1789 年,法国发生了资产阶级大革命。1792 年,圣多明各爆发了奴隶起义(史称海地革命)。无可否认,美国革命和法国革命对杜桑·卢维杜尔领导的海地革命具有思想上的启蒙和指导意义,但奴隶的悲惨境遇和反抗意识则是这场唯一取得成功的奴隶起义爆发的原动力。这场有 50 万黑人参加并经过 12 年奋战的革命于 1804 年宣布成立海地共和国,这是继美利坚合众国之后的美洲第二个独立国家。② 海地革命的影响是双重的。对殖民宗主国而言,这不啻是一场灾难,在某种意义上宣告了殖民地奴隶制的破产。对美洲的黑人奴隶而言,这是一场极大的鼓舞,并预示着他们未来的前途。无怪乎这三次革命,特别是海地革命被看作是最终废除奴隶制的强大推动力。③

从种植园的建立开始,奴隶就为掌握自己的命运进行着不懈的反抗。1638—1837 年间发生了 75 次暴动起义,1815—1832 年间受海地革命胜利的影响,奴隶起义明显增多。④ 实际上,奴隶反抗并不限于有组织的起义和暴动,日常的消极的抵制运动(如咒骂、抱怨、破坏工具和消极怠工),不成功的谋反与起义和成功的暴动与革命,均属反抗之列。黑人学者贝科斯通过对英属西印度群岛奴隶反抗的研究,提出了"200 年战争"这一概念,认为 1638—1838 年的反对奴隶制的斗争具有革命性意义。作为一位西印度群岛地区的历史学家,他提出一个理性且敏感的问题:为什么西印度群岛的奴隶为自由而进行的斗争往往被看作是边缘的斗争? 他认为,200 年战争即奴隶反抗是废奴运动中奴隶自我解放的具体体现,有效

---

① 阿勒拉莫娃:《非洲——四百年的奴隶贸易》,第 151—152 页。

② 有关这场革命的过程,可参见詹姆斯的早期著作。C. James, *The Black Jacobins*, London, 1938.

③ David Geggus, *Resistance to Slavery in the British West Indies——The Modern Caribbean*, University of North Carolina Press, 1989, pp. 21-50.

④ M. Craton, *Testing the Chains*, University of Cornell Press, 1982, pp. 335-339.

地影响了宗主国的废奴政策。①

1776 年亚当·斯密第一次从理性上给奴隶制以中肯的评价："我相信，一切时代，一切国民的经验，都证明了一件事，即：奴隶劳动虽表面上看来只需维持他们生活的费用，但彻底通盘计算起来，其代价是任何劳动中最高的。一个不能获得一点财产的人，食必求其最多，做必求其最少，除此之外，什么也不关心。他的工作，够他维持生活就行了，你要从他身上多榨出一些来，那只有出于强迫，他自己决不会愿意的。"②这就从政治经济学的角度指出了奴隶制的弊病。其一，奴隶劳动的代价最高；其二，奴隶劳动的效率最低；其三，奴隶制须用暴力维持。这从根本上解释了资本主义与奴隶制的矛盾关系，实际上为废奴主义者提供了理论依据。

威廉斯正是从经济学的角度来探讨资本主义与奴隶制的关系。1789年后，英属西印度群岛因地力耗失，加之北美殖民地独立，致使其生产成本增加，进出口阻塞，使其无法与法属殖民地圣多明各以及毛里求斯、巴西和古巴等后来居上的蔗糖生产者竞争。更有甚者，其生产又超过了英国市场的需求，这使西印度群岛的局势进一步恶化，它对英国资本主义"已经变得愈来愈无足轻重了"。这一切导致英国工业家的三项改革：1807 年禁止奴隶贸易；1833 年废除奴隶制和 1846 年取消蔗糖的优惠关税。这三件事有机地联系在一起，"从奴隶制度中发家的那个既得利益集团，现在反转来要消灭奴隶制度"。简言之，蔗糖生产过剩在 1807 年要求废除奴隶贸易，到 1833 年则要求解放奴隶。③

卡宁顿关于美国革命对西印度群岛之影响的研究进一步支持了威廉斯的论点。西印度群岛在 18 世纪中期已十分依赖北美殖民地了。它不仅从北美进口大量生活必需品，还在输出糖浆和船舶运输上严重依附北

① 　H. M. Beckles, "Caribbean Anti-Slavery: The Self Liberation Ethos of Enslaved Blacks", *Journal of Caribbean History*, 22: 1-2(1988), pp. 1-19. 我与贝科斯教授在联合国教科文组织《非洲通史》(9—11 卷)国际科学委员会共事多年。他是西印度群岛大学的副校长，他渊博的知识和罕有的分析能力给我留下极深刻的印象。

② 　亚当·斯密：《国民财富的性质和原因的研究》(即《国富论》)，商务印书馆，1972年，(上)，第 352 页。

③ 　威廉斯：《资本主义与奴隶制度》，第 104—120、131、147 页。

美。美国独立战争使西印度群岛在各方面受到严重伤害：从北美进口食物大幅度下降和价格的高扬；失去了北美这一出口糖酒的重要市场；船舶运输的锐减使出口受到损失。概言之，美国独立战争给西印度群岛以极大打击，此后种植园经济开始衰退。①

废除奴隶贸易的过程中，经济与政治因素很难决然分开。废奴者的呼吁或抗议起到某种作用，但只有当他们的要求有益于奴隶主的利益时，才会起作用。奴隶的反抗和革命在这种制度变革时起到重要作用。这种反抗在历史上一直存在，只有当奴隶反抗不仅成为有组织的行动且日益壮大，并使得现存的生产系统运转不灵从而直接触及资本的利益时，奴隶主才会考虑放弃这一制度。布莱伯恩认为，奴隶制度并非因为经济考虑而废除，而是被政治力量所推翻。② 实际上，政治诉求与经济利益有机地结合。从经济层面看，奴隶反抗（不论是积极还是消极）已经成为日常行动，不断侵蚀着奴隶主的经济效益。从政治层面看，奴隶反抗又成为一种实在的反制力量。两者的结合成为推翻奴隶制的主要因素。

（三）塞拉利昂殖民地的建立

1772 年的詹姆斯·萨默塞特案件判决之后，英国的数万名非洲奴隶获得了自由。美国独立战争后，一些曾参与对北美殖民地作战的黑人士兵和渴望自由的黑人奴隶也来到伦敦。这些无依无靠流浪街头的黑人成了伦敦一个突出的社会问题。1786 年 2 月，一位曾到过塞拉利昂沿海巴纳纳群岛的英国人亨利·斯米斯曼提出在塞拉利昂河附近建立移民地，将伦敦的黑人移居此地。他计划在此建立一个大规模的棉花种植园，将这些黑人移民作为种植园的契约劳工。斯米斯曼的计划是以商业利润为原则的，然而这一计划看起来颇具吸引力：建立移民地既可解决英国"贫穷黑人"这一困扰已久的社会问题，又可开辟新的商业渠道和就业机会，

---

① S. H. H. Carrington, "The American Revolution and the British West Indies Economy", in *Journal of Interdisciplinary History*, 17:4(1987), pp. 823-850; S. H. H. Carrington, *The British West Indies during the American Revolution*, London, 1987.

② Robin Blackburn, *The Overthrow of Colonial Slavery*, 1776—1848, London: Verso, 1988.

还可以为英国增加财富。移民地计划得到英国废奴主义者的极度重视。受到格兰维尔·夏普支持的援助贫苦黑人委员会向英国财政部提出报告,英国政府很快同意了这一建议,并决定给予援助。斯米斯曼于7月去世。援助贫苦黑人委员会负责组织移民工作。①

1787年4月,载有411名移民的船队从英国起航。5月10日,船队驶入塞拉利昂河。历时一个月的艰苦航行夺去了34人的性命,仅377名移民安全抵达。经过与当地泰姆奈人酋长托姆王谈判后,移民们用滑膛枪、火药、子弹、剑、棉织品、珠子、铁条、烟酒等价值59磅1先令5便士的商品换取了沿海长9到10英里、纵深宽20英里的地段作为居留地,竖立起了英国国旗,并将居留地命名为格兰维尔镇,以对废奴主义者格兰维尔·里普表示敬意。同时,移民推选理查德·韦弗为总督。由于抵达时间正值雨季,垦荒条件极为艰苦,到1787年底时,居留地仅剩下130名移民,其余的不是病死就是投奔了泰姆奈人社区。1789年,泰姆奈人首领吉米王以他未在条约上签字为由废除了1787年协议,并于年底将居留地捣毁,到1791年,居留地仅有的48人坚持下来。②

与此同时,伦敦的废奴主义者在托马斯·克拉克森和格兰维尔·夏普的领导下,以废除非洲奴隶贸易协会为中心不断地向英国议会提出议案。1788年5月,废奴问题在英国下议院被正式提出。夏普建议创办圣乔治海湾公司,以在塞拉利昂建立移民区,专门负责安置已获自由的黑人。1790年2月公司第一次筹备会议举行,共有22人出席并认股。经过一番周折,创议者于1791年正式向议会申请组织公司并在各地发行股票。4月,一项申请组织圣乔治海湾公司的议案在下议院提出。尽管有一些人反对议案,但大多数议员赞成向非洲发展贸易。法案以87票对9票通过,自1791年6月6日起成为法令。由于这份申请在议会宣读时改

---

① 相关情况及资料参见克里司托弗·法伊夫:《塞拉勒窝内史》(上)(上海新闻出版系统"五·七"干校翻译组译),上海人民出版社,1973年,第1—4章;理查德·韦斯特:《回到非洲去:塞拉勒窝内和利比里亚史》(上海新闻出版系统"五·七"干校翻译组),上海人民出版社,1973年,第1—2部分。

② J. F. A. Ajayi and M. Crowder, eds., *History of West Africa*, Volume 2, Longman, 1987, p. 59.

成了"塞拉利昂移民地"的申请书,因此,法令(乔治三世第 31 号命令第 55 款)批准组织"塞拉利昂公司"。① 法令授权公司具有皇家原先赐予的工地和可能获得的任何工地,将塞拉利昂移民地的管理权委托给 13 名由股东选出的董事,并允许公司自行制定有关法律。董事们选举下院议员亨利·桑顿为董事会主席。一个由远在伦敦的董事会控制的殖民地就这样诞生了。然而,桑顿并非一名彻底的废奴主义者。他在 1791 年底写给亨利·克拉克森的一封信中充分表达了他的观点。他声称,他宁愿引进"灵光和常识",而不是铲除奴隶贸易这一"特殊的邪恶"。当时亨利·克拉克森正准备启程去北美将自由黑人运往塞拉利昂。桑顿告诫他不要让自己的废奴热情冒犯了当地的非洲酋长和商人,因为塞拉利昂殖民地的运作和稳定有求于他们的帮助。②

亨利·克拉克森去接送的正是塞拉利昂创建时期最关键的第二批移民——新斯科舍人。当时,在加拿大的新斯科舍住着大约 6 000 名黑人。他们由于在美国独立战争中支持英国而被许诺将获得自由和土地。1783 年,他们被送至新斯科舍,随后的境遇使他们的梦想破灭。与塞拉利昂公司联系后,1 196 名黑人由托马斯·彼特斯和大卫·乔治率领登上了开往西非的航船。他们于 1792 年 4 月抵达塞拉利昂,时值雨季,他们的境遇与第一批移民一样。由于组织工作较好,人数较多,他们很快在格兰维尔镇的基础上建立起新的居留地,这里重新命名为弗里敦,意为"自由镇"。移民们很快与公司及其代表发生冲突,冲突集中在四个方面。首先是宗教事务。新斯科舍人多为新教教徒,他们对公司干预其教事及强迫他们参加英格兰教会的活动甚为不满。其次是总督在殖民地牧师的协助下,力图使新移民接受基督教婚姻仪式,这与他们中盛行的多妻制格格不入。第三是自治问题。最初,移民有权选举自己的代表进入殖民地议事会。由于这些代表多次拒绝通过侵犯移民利益的行政法令,移民们很快失去了选举代表这一权利。最重要的是税收。克拉克森曾许诺移民可免费得到土地。后来,公司规定殖民地土地须收取每年 1 英亩 1 先令的代役税,遭到移民们的激烈反抗。1800 年 9 月 3 日爆发了武装起义,移民

---

① 法伊夫:《塞拉勒窝内史》,第 53、56 页。

② D. B. Davis, *Slavery and Human Progress*, Oxford, 1984, p. 160.

宣布脱离公司独立。① 这一起义正值第三批移民马隆人②到来之时。在马隆人的协助下，殖民政府很快镇压了新斯科舍人的反抗。1800 年 11 月，塞拉利昂总督接到英国政府的特许状。这份特许状从法律上确定了塞拉利昂的地位，并对其行政司法权作了规定。1807 年，英国政府正式接管塞拉利昂。

（四）美国的废奴运动与利比里亚的建立

利比里亚的建立是美国废奴运动的结果。18 世纪初，美国种族主义盛行。自由黑人的工作和生活由于种族歧视而无法得到保障，从而构成了困扰美国社会的"黑人污点"问题。1754 年，新泽西一位贵格会教徒约翰·伍尔曼发表了一本谴责奴隶制的小册子。随后，费城贵格会和伦敦贵格会分别于 1758 年和 1761 年对持有奴隶的教友持否定态度。③ 这是教会机构有组织地抵制奴隶制的开始。

1811 年，美国新贝德福德的一位黑人企业家保罗·库菲访问了塞拉利昂。随后，他于 1815 年自费将 38 名黑人志愿者带到塞拉利昂定居。库菲回美国后，大肆在黑人社会奔走呼吁。一些有名望的黑人牧师和社团领袖对库菲的计划表示了极大的兴趣。④ 一些白人也认识到这种移居可能将解决"黑人污点"问题，新泽西州的福音派牧师罗伯特·芬利即为其中之一。他积极策划，很快与库菲取得联系并得到后者支持。1816 年 12 月，芬利等人发起成立美国殖民协会。⑤ 布什罗德·华盛顿任协会主席。协会的目的并非纯粹利他主义的，其种族偏见十分明显，从协会开幕

①　韦斯特：《回到非洲去——塞拉勒窝内和利比里亚史》，第 100 页；Ajayi and Crowder, eds., *History of West Africa*, Volume 2, p. 62.

②　"马隆人"，意为"逃奴"。马隆人曾在英属牙买加的内地建立了自己的共和国。1795 年，马隆人在不被遣送外地的条件下向殖民地政府投降，被放逐至新斯科舍。英国政府后来同意将他们送至塞拉利昂。马维尔·坎贝尔指出："新世界马隆人社会的历史是游击战争的历史。" M. C. Campbell, *The Maroons of Jamaica 1655—1796*, New Jersey, 1990, pp. 1-13.

③　P. Manning, *Slavery and African Life*, *Occidental*, *Oriental*, *and African Slave Trades*, Cambridge, 1990, p. 15.

④　William Lloyd Garrison, *Thoughts on African Colonization*, New York, 1969 [1832], pp. 3-16.

⑤　韦斯特：《回到非洲去——塞拉勒窝内和利比里亚史》，第 142—145 页。

式主持人亨利·克莱的讲话中即可看出。根据当时的《通讯》报道，他指出，美国自由黑人的处境十分特殊："他们既享受不到自由人的特权，也不受奴隶无权地位的支配，而是在某种程度上两者兼而有之。"从他们的情况和由于其肤色而产生的难以克服的偏见来看，"他们永远不能同这个国家的自由白人融合在一起"。因此，"既为他们着想，同时也为国内其他居民着想，就值得考虑把他们统统送出去"。很明显，协会为塞拉利昂殖民地的经验所鼓舞，"塞拉利昂殖民地获得的成功可以在这方面给我们很大的鼓励……这个殖民地的基本居民是独立战争时期南方各州逃亡的奴隶"。协会相信，有早期移民的先行经验，将这些"即使不算危险的，至少也是有害无益的居民"移居西非定会成功。[①]

　　然而，这一移民计划在黑人民众中似乎并未引起好感。这从 1817 年 1 月 25 日费城黑人领袖詹姆斯·福尔顿写给库菲的信中即可看出。在一个 3 000 人的大会上，没有一个人赞成到非洲去。与会者认为"奴隶主想摆脱他们从而使自己的财产安全一些"。[②]1818 年美国殖民协会派出米尔斯和泊吉斯去西非考察未来移民地的地址。与此同时，美国殖民协会全力鼓吹移民计划，并力争国会支持。最后，门罗总统决定将国会在西非设立由美军舰截获的获释奴隶监管区的计划与殖民协会建立自由黑人移民区的计划合二为一。

　　1820 年 1 月 31 日，3 名白人代监官塞缪尔·培根、约翰·班克森和克罗泽医生与 89 名自由黑人乘上"伊丽莎白号"驶离纽约。当"伊丽莎白号"抵达塞拉利昂时，殖民地总督怀疑美国移民计划的真实目的，因而以无空地安置为由拒绝接受移民。移民们只好向南驶向歇尔布罗岛。几个星期以后，一场疾病夺去了 3 名白人及 22 名黑人的性命，剩下的黑人移民在丹尼尔·科克尔的领导下只好作为难民寄居在塞拉利昂。[③] 1821 年底，美国政府又派出 4 名白人代监官和 33 名自由黑人去建立另一个西非殖民地。第二批移民决定在距离塞拉利昂东南 250 英里的梅苏拉多购买一块土地。

---

　　① 韦斯特：同上书，第 143—144 页；小哈里·A·盖利：《冈比亚史》（复旦大学《冈比亚史》翻译组），上海人民出版社，1974 年，第 9 章。

　　② William Lloyd Garrison, *Thoughts on African Colonization*, p. 13.

　　③ Ajayi and Crowder, eds., *History of West Africa*, Volume 2, p. 76.

12 月 15 日，白人代监官文尔斯和斯托克顿借助武力用价值不到 300 美元的枪、镜子和烟酒从当地酋长彼得王手上购得梅苏拉多角。殖民协会将这一殖民地取名为利比里亚（Liberia，意为自由邦），将未来的首都依照美国总统门罗（Monroe）之名命名为蒙罗维亚（Monrovia）。1822 年 4 月，第二批移民与暂居塞拉利昂的第一批移民搬到梅苏拉多角正式定居。一个美国殖民地就这样诞生了，且随着一批批美国移民的到来而逐渐扩大。

利比里亚的早期移民（1820—1828）

年份	人数
1821	33
1822	53
1825	66
1826	182
1827	222
1828	163

＊白人代监官未包括在内。

　　19 世纪 30 年代，由于种种原因，美国政府和其他组织对利比里亚失去兴趣，美国殖民协会独自操作利比里亚殖民地事务。1832 年，协会已将 1 857 人运往非洲。这段时期是利比里亚在沿海地区的扩张时期。1834 年 2 月，马里兰殖民协会建立了哈珀殖民地（也称利比里亚的马里兰）；1834 年 12 月纽约和费城的殖民协会建了巴萨湾殖民地；1838 年密西西比殖民协会在锡诺河畔建立了格林维尔（也称非洲的密西西比）。1839 年，所有的殖民地（哈珀除外）合并为"利比里亚联邦"，由一名总督负责。为便于管理，联邦又分出蒙特塞拉多、大巴萨和锡诺三个县。1845 年 1 月，利比里亚议会要求与美国殖民协会脱离关系，1846 年美国殖民协会回信承认利比里亚有权掌握自己的命运，并建议利比里亚以独立主权国家的名义向全世界发表声明。1847 年 7 月，利比里亚各地代表开会，正式宣布利比里亚联邦独立。①

---

　　①　Claude A. Clegg, III, *The Price of Liberty: African Americans and the Making of Liberia*, The University of North Carolina Press, 2004.

1848 年,法国宣布解放殖民地的所有奴隶。1849 年,法国依照塞拉利昂的榜样在加蓬建立了利伯维尔(Libreville,"自由邦"之意),作为释奴的定居地。同年,第一批 55 名被法国禁奴军舰在达喀尔稽查的奴隶移居至此。[1] 在 19 世纪 80 年代,英国传教士在东非沿岸又建立了一些释奴定居地。1884 年以前生活在东非大陆上的约 300 名欧洲人,大部分都与传教活动有联系。[2] 正如一位东非史学家所言:"即使是那些本地统治者有效控制的地方,欧洲传教基地的存在,连同其他文化影响,都为瓜分阶段声称有权使该地成为殖民地的做法开辟了道路。……在这个时代,东非是一个由英国控制的庞大的非正式帝国的组成部分。"[3]

综上所述,禁止奴隶贸易和废除奴隶制度有其深刻的政治经济根源。欧洲工业资本的触角不断伸向非洲内陆。从殖民主义发展史的角度看,废除奴隶贸易和奴隶制在非洲引发了三个直接后果:释奴殖民地(塞拉里昂、利比里亚、利伯维尔和弗里敦)的建立,英法在沿海地区殖民活动的加强和合法贸易的扩大。欧洲在非洲沿岸的基础已经打好,扩张随之而至。

---

[1]　Ajayi and Crowder, eds., *History of West Africa*, Volume 2, p. 74.

[2]　Roland Oliver and Gervase Mathew, eds., *History of East Africa*, Oxford, 1966, vol. 1, p, 245; R. Oliver, *Missionary Factor in East Africa*, London, 1952, p. 49.

[3]　J. F. 阿德·阿贾伊主编:《非洲通史(第六卷):十九世纪八十年代以前的非洲》,中国对外翻译出版公司/联合国教科文组织,1998 年,第 197 页。

第一部分　政　治

第一章　历史的自觉:非洲早期发展与改革

> 现在,敌人要来摧毁我们的国家,要来改变我们的宗教信仰……我们的敌人已经像鼹鼠挖洞一样进入我国并挑起事端。在上帝的帮助下,我决不会将自己的祖国拱手让给他们……今天,请你们中的强者给我力量,你们中的弱者为我祈祷。
>
> 埃塞俄比亚皇帝孟尼利克
> 二世抗议战争动员令

埃塞俄比亚人永远记住了 1868 年 4 月 13 日。那一天,他们尊敬的皇帝特沃德罗斯二世开枪自杀。他握着一把手枪顶着自己的太阳穴的场面被艺术家用图画的形式保留下来。这位皇帝与装备着当时最先进的后膛枪的英国军队激战后失败,决定自杀殉国。他当时已经明确认识到欧洲人到非洲的目的:"我知道他们的诡计。首先来的是商人和传教士,接着是使节,尔后则是大炮。倒不如干脆直接动用大炮。"①

本章主要叙述非洲大陆内部于 18—19 世纪经历的大变革与大调整。帝国的扩张引起了地区动荡。最为典型的是在刚果王国进行的门户开放政策、奥约帝国的长期扩张、阿散蒂进行的"克瓦多改革"、埃及穆罕默

---

① 巴兹尔·戴维逊:《现代非洲史——对一个新社会的探索》(舒展等译),世界知识出版社,1989 年,第 72—73 页。

德·阿里的著名改革以及马达加斯加的前工业化改革。然而,这些改革均以失败告终。面对各方面挑战而适时应变的埃塞俄比亚以其独特的地理位置和领导人的韬略,战胜了意大利的侵略,成为帝国主义瓜分浪潮中唯一幸免的非洲国家。

一、萨米尔·阿明的错误与非洲面临的变局

萨米尔·阿明认为,穆罕默德·阿里改革与日本的改革是 19 世纪欧洲以外的世界进行的"唯一的现代化尝试"。[①] 如果他的"现代化尝试"指的是早期改革或工业化变革,这一结论并不准确。实际上,当时亚洲有泰国拉玛五世改革、土耳其坦志麦特改革与中国洋务运动和戊戌变法等早期尝试,非洲大陆也有类似改革。北非除了埃及的穆罕默德·阿里改革以外,还有摩洛哥和突尼斯的改革,撒哈拉以南非洲以外的诸多非洲国家面临欧洲的扩张或早或迟都在进行改革,如刚果王国、阿散蒂帝国、苏丹的改革与带有明显"现代化"色彩的马达加斯加的前工业化运动。最典型的是埃塞俄比亚在社会、军事和经济诸方面的成功改革。

近代非洲处于前所未有之大变局之中。与亚洲和拉丁美洲一样,非洲国家的近代改革是外部因素(与外部力量的接触)和内部因素(社会变革)互动的结果。在欧洲进行扩张的 16—19 世纪,北非、南非、东非和西非都经历着动荡和变革。

(一) 北部非洲的变局

在北非,穆罕默德·阿里在埃及面临内忧外患的情况下,领导埃及进行了一场颇具规模的改革,从政治、经济到军事各个领域上仿效西方,使埃及的国力大大增强。学术界将其称为穆罕默德·阿里领导下的"现代化改革"或"现代化尝试"。这场改革在埃及历史上留下浓墨重彩的一笔(后文将论及)。在突尼斯,法国在 19 世纪 30 年代占领阿尔及利亚后,对突尼斯形成威胁。穆罕默德二世与觊觎突尼斯领土的外国势力达成《1857 年基本公约》,就政府管理、对外关系等方面制定规则,既有利于巩

[①] 萨米尔·阿明:《不平等的发展》(高铦译),商务印书馆,2000 年,第 258 页。

固贝伊①的统治,也起到安抚欧洲列强的作用。② 这一公约第一次提出了有关平等的概念,从而具有积极的改革意义。后来,《1861 年宪法》取代《1857 年基本公约》,并于 1861 年 4 月 26 日生效。普法战争,法国痛失阿尔萨斯-洛林,与德国交恶。法国希望在非洲将损失捞回来。1878 年,英国外交大臣索尔兹伯里对法国参加柏林大会(Berlin Congress)的全权代表瓦丹通明确表示:"如果你们愿意,就把突尼斯拿去吧! 英国不会反对,而且还尊重你们的决定。"③俾斯麦首相坦承自己对法国在北非地区进行扩张的允诺:"我愿意在德法两国利益没有冲突的任何地方使你们得到满足。我相信:假使你们在地中海找到符合你们的天然而又合法的扩张需要的话,那么,你们在思想上对你们已丧失的省份就会减少痛苦,你们与我们之间的和平和良好关系就会变得更加可靠,更加容易了;这就是在突尼斯问题上,在摩洛哥问题上,在埃及、叙利亚或希腊问题上,我一直向你们表示善意的秘密所在。"④1878 年,作为法国同意英国占领塞浦路斯的补偿,英国在获得德国的赞同后将突尼斯送给法国。1881 年,突尼斯成为法国保护领地。

(二) 南部非洲的动荡

在南部非洲,这一时期也处于大动荡之中,两件历史大事件留下了浓墨重彩的一笔。1815 年至 1840 年间,南部非洲及其相邻地区发生了被称为"粉碎"的历史动乱。⑤ 当时的祖鲁王国先后在国王丁干(Dingane,

---

① 贝伊,又作"贝格",是突厥语中"首领"或"酋长"之意。

② "Pacte fondamental de 1857", Ministry of Justice, Republic of Tunisia.

③ [法]让·加尼阿热:《法国对突尼斯保护权的起源(1861—1881)》(上海人民出版社编译室法文组译),上海人民出版社,1975 年,第 467 页。原文参见《法国外交部档案》英国组第 777 号,瓦丹通致阿尔古,1878 年 7 月 21 日于巴黎。同上书,第 478 页。柏林大会(1878 年 6 月 13 日至 7 月 13 日)是当时 6 个大国(英国、俄罗斯、法国、奥匈帝国、意大利和德国)与奥斯曼帝国和 4 个巴尔干国家(希腊、塞尔维亚、罗马尼亚和黑山)参加的会议,旨在确定 1877—1878 年俄土战争后巴尔干半岛各国的领土。会议签署《柏林条约》,取代了 3 个月前俄罗斯与奥斯曼帝国签署的《圣斯特凡诺初步条约》。

④ 《法国外交部档案》德国组第 27 号"备忘录与文件"第 167 册,圣瓦利埃致巴特尔米-圣伊雷尔私人书信,1880 年 11 月 29 日于柏林。[法]让·加尼阿热:《法国对突尼斯保护权的起源(1861—1881)》,第 476 页。

⑤ 这一场大变局在恩古尼语中被称为"姆非卡尼"(Mfecane,意为"粉碎"),在索托-茨瓦纳语中称为"迪法卡尼"(Difaqane,意为"锤击")。

1795—1840)和恰卡(Shaka,亦作 Chaka,1786—1828)的领导下不断强大。在这一场对本地资源和土地所有权及生存权的争夺中,祖鲁王国的崛起成为非洲近代史中的大事。"姆菲卡尼"运动指恩德贝莱人(一译"恩得贝勒人")的姆齐利卡齐国王(Mzilikazi,1826—1836 年在位)执政期间在当地发生的一场大动荡与大变局。一方面,他对反对派进行镇压以维持政权,在德兰士瓦地区引起极大恐慌而导致大量人民出逃或迁移。另一方面,当地各个王国为了应对新的形势也处于不断调整之中。在这一过程中,有的王国被征服或兼并,有的被打败或削弱,有的王朝被推翻或取代,一些新的拥有官僚机构和军事组织的"帝国"或王国在南部非洲崛起。这一变局如此重要,以至于阿贾伊主编的《非洲通史》第六卷用了整整两篇来阐明这场运动的前因后果。①

　　作为祖鲁王国最有影响力的国王,恰卡出生在今夸祖鲁-纳塔尔省。他在举行成年礼时被吸收到伊伯索-莱姆皮(ibutho lempi,同龄兵团)中。成年后,他先在姆塞斯瓦的酋长丁吉斯瓦约(Dingiswayo,1780—1817)麾下当武士。丁吉斯瓦约被害后,恰卡在战胜诸多对手后成为祖鲁国王,并进行改革以强化国力。虽然他在政治制度和社会经济改革上有一些措施,但他的主要成就是通过军事上的改革使祖鲁王国成为当地的主要政治力量。恰卡的军事改革涉及武器和组织的改变。他将以前的投枪变成短刀,使战士可以更勇猛地直接与敌人近距离决斗。更重要的是,他改造了原有的同龄兵团。他彻底打破氏族界限,按年龄组成 30 到 40 岁(1775—1785 年出生)、25 到 30 岁(1790—1785 年出生)和 20 到 25 岁(1795—1790 年出生,"单身兵团")等三个年龄兵团。他将那些 20 岁以下的青年男子集中成一支特殊团队作为精锐力量,称为"恰卡军团"。这种军事组织在士兵中培养了民族意识和对他的忠诚感。在政治上,他大大加强了自身权力,削弱了酋长的权力,设立了大臣(induna),并由他一人任免。在社会经济上,他也进行了相应改革。祖鲁也卷入这场灾难,该地区人口急剧减少。由于恰卡的

---

　　① 阿德·阿贾伊主编:《非洲通史(第六卷):十九世纪八十年代以前的非洲》,第66—102 页;Julian Cobbin, "The Mfecane as Alibi: Thoughts on Dithakong and Mbolompo", *The Journal of African History*, 29:3(1988), pp. 487-519.

集权专制而引发内斗，最后他被害身亡。去世时，恰卡统治着 25 万人的王国，随时可以召集超过 5 万名战士。[①]

　　南非的欧洲移民（前期主要是荷兰人，后来称为"布尔人"）在"大迁徙"中与当地非洲人争夺资源的冲突以及与后来的英国殖民者在瓜分土地上的矛盾也是这一时期的重要事件。欧洲移民在剿灭了科伊人之后，又击败了科萨人，最后与正在崛起的班图人的祖鲁王国产生了直接冲突。[②] 南部和中部非洲由于索托-恩古尼族诸国的"姆菲卡尼"变局引起了多重后续效应。"姆菲卡尼"的大动荡和大动乱造成的迁移和死亡致使人口大量减少，从而对南部非洲产生了最直接的影响——为后来的白人移民夺取当地的肥沃土地提供了便利条件，使被英国人从东部"大迁徙"过来的布尔人能在此扎根立国。祖鲁王国在 19 世纪下半叶经历各种演变，塞茨瓦约-卡潘多（Cetshwayo kaMpande，1826—1884）担任国王期间（1873—1879）曾分权改革，并在伊桑多瓦纳战斗（Battle of Isandlwana）中打败英军。然而，面对武力强大的英国军队，国家又陷入内战，祖鲁王国在 1884 年彻底崩溃。[③] 英国人与已在当地定居的布尔人在价值观、对奴隶制度的看法及经营殖民地的方式等方面产生冲突，最后以战争解决问题。虽然英国人在布尔战争中获胜，但却以赔偿布尔人的方式结束，最后将南非纳入帝国版图。[④]

---

　　① 　David Robinson and Douglas Smith, eds., *Sources of the African Past*, London: Heinemann, 1979, p. 10.

　　② 　Richard Elphick and Hermann Giliomee, eds., *The Shaping of South African Society, 1652—1840*, Wesleyan University Press, 1989. 本书的分量很重，但偏向比较明显。除了个别章节论及本土非洲人之外，主要内容还是关于欧洲移民在南非迁徙定居（主要是荷兰移民即布尔人）的历史。

　　③ 　John D. Omer-Cooper, *The Zulu Aftermath: A Nineteenth-century Revolution in Bantu Africa*, Northwestern University Press, 1966; Robert B. Edgerton, *Like Lions They Fought: The Zulu War and the Last Black Empire in South Africa*, Free Press, 1988; Jeff Guy, *The Destruction of the Zulu Kingdom*, *The Civil War in Zululand*, 1879—1884, Pietermaritzburg: University of Natal Press, 1994; Carolyn Hamilton, *Terrific Majesty: The Powers of Shaka Zulu and the Limits of Historical Invention*, D. Philip, 1998. 中国学者的研究参见郑家馨：《南非史》，北京大学出版社，2010 年，第 79—123 页。

　　④ 　Leonard Thompson, *A History of South Africa*, New Haven: Yale University Press, 1990, pp. 110-153; T. R. H. Davenport, *South Africa A Modern History*, Toronto: University of Toronto Press, 1991, pp. 201-228.

（三）东部非洲的转手

1498 年,葡萄牙人达·伽马绕过好望角后从东非海岸成功抵达印度,从而宣称发现了一条新航线。实际上,亚洲与非洲之前早就存在着一条稳定的海上航线,除了阿拉伯人和印度人之外,中国人也与东非人通过这条"海上丝绸之路"进行贸易和各种交往。① 葡萄牙人在与其他势力竞争中最终控制了传统海上运输枢纽,并将统治扩展到东非海岸和阿曼。阿曼经过一个多世纪的斗争,终于在 1649 年彻底赶走了葡萄牙人,重新建立了自己的海上力量,并将势力扩展到东非海岸。17 世纪末,阿曼将葡萄牙彻底赶出了东非海岸的城邦国家以及帕特、奔巴、桑给巴尔和马林迪等地,并宣称对德尔加多角以北地区拥有主权。阿曼人对这段历史颇为自豪,认为他们将葡萄牙人赶出马斯喀特并结束了葡萄牙人在东非的统治,"这一胜利开创了一个力量和繁荣的时代。在此后的 50 年间,阿曼的舰队恢复了元气,阿曼作为一个非欧洲国家将其势力扩展到非洲大地,并在那里持续了 250 年之久"。② 18 世纪早期,阿曼人已实际控制了东非海岸的大部分。阿曼在东非海岸地区的政权维持到 19 世纪。在击败当地各种地方势力后,赛义德素丹(Seyyid Said,1804—1856)在桑给巴尔巩固了自己的势力,1840 年,他基本上将王宫整个挪到桑给巴尔。他在桑给巴尔的最大业绩是将丁香变成了桑给巴尔的第一大产业,使其成为丁香之岛。③ 大湖地区的布尼奥罗、托罗以及布干达等王国在这一时期里也表现出了惊人的活力,成为促进当地由东非海岸延伸过来的国际贸易的积极力量。④ 当然,东非最后也难逃被欧洲列强瓜分的厄运。

---

① 侯仁之,《在所谓新航路的发现以前中国与东非之间的海上交通》,《科学通报》,No. 11(1964),第 984—990 页;Li Anshan, "Contact between China and Africa before Vasco Da Gama: Archeology, Document and Historiography", *World History Studies*, 2:1(June 2015), pp. 34‐59;Li Anshan, "African Diaspora in China: Research, Reality and Reflection", *The Journal of Pan African Studies*, 7:10(May 2014), pp. 10‐43.

② 阿曼苏丹国新闻部:《阿曼苏丹国》,北京:世界知识出版社,1990 年,第 18 页。

③ R. Coupland, *East Africa and Its Invaders From the earliest times to the death of Seyyid Said in 1856*, London: Oxford University Press, 1938, p. 314;Carol J. Riphenburg, *Oman Political Development in a Changing World*, Westport: Praeger, 1998, pp. 36‐39.

④ David Robinson and Douglas Smith, eds., *Sources of the African Past*, pp. 80‐121.

(四) 西部非洲的变革

西非当时经历着一场社会大变革,特别是伊斯兰教的传播及圣战(Jihad)的扩张导致了多个王国或帝国的产生。这场大变革催生了索科托哈里发王国(the Sokoto Caliphate,1809—1903)。由乌斯曼·丹·福迪奥(Usman dan Fodio,1754—1817)领导的索科托哈里发王国取代了原来在这一地区占统治地位的博尔努王国,成为西非地区最重要的拥有30多个酋长国(emir,一译艾米尔)的伊斯兰联盟,其势力从19世纪初开始扩张,占领了布基纳法索、北尼日利亚、喀麦隆和尼日尔等一大片土地,一直到1903年被英军击败。[1] 另一个一直进行伊斯兰兼并运动的是塞古-图库洛尔帝国(the Segu Tukulor Empire),经过了1852—1864年的长期兼并,最后被法国征服。[2]

在19世纪的改革中出现了两个重要趋势。其一,以前各种排外的习俗和规定成为改革的对象,各种以前专有的途径从此向公众开放。宗教上,伊斯兰教育不再局限于精英,而是开始面向大众,包括妇女和奴隶。政治上,富尔贝人(即富拉尼人)以及其他少数民族可以在国家任职,从而打破了以前被一小群精英控制的国家权力。经济上,贸易和财富不再由某个民族如万加拉瓦(the Wangarawa)控制,只有贵族才能带武器的习惯再无约束力。从社会层面看,以遗传种姓、特有职业和氏族界限为特征的各种禁忌被打破。其二,武力开始被人们接受,对使用暴力的限制也大大减少。圣战的意义不仅是对心灵的征服,也变成了宝剑或战争的征服。圣战也用上了间谍,对违反教规的惩罚方式包括砍头、石刑或钉死在十字架上。[3] 黄金海岸(今加纳)沿岸各王国结成芳蒂联盟(Fante Confederacy),并进行了改革,主要是为了为各成员国制定防务计划,促进地区的发

---

① Murray Last, *The Sokoto Caliphate*, New York: Humanities Press, 1967; M. Hiskett, *The Sword of Truth*; *The Life and times of the Shehu Usuman Dan Fodio*, New York: Oxford Uiversity Press, 1973.

② B. O. Oloruntimehin, *The Segu Tukulor Empire*, New York: Humanities Press, 1972.

③ J. F. A. Ajayi and M. Crowder, eds., *History of West Africa*, Volume 2, Longman, 1987, pp. 1-47.

展,建立一个现代集权的政府。① 然而,这一地区更值得注意的是奥约帝国和阿散蒂帝国。这将在后面详细论及。

在非洲大陆内部,有的地方正在经历着大变革与大调整,帝国的扩张引起了地区动荡。最为典型的是在刚果王国进行的门户开放政策、奥约帝国的长期扩张、阿散蒂进行的"克瓦多改革"、颇为人知的埃及穆罕默德·阿里改革以及马达加斯加的前工业化改革。然而,这些改革均以失败告终。经过各方面改革的埃塞俄比亚以其独特的地理位置和领导人的韬略,最后战胜了意大利的侵略,成为帝国主义瓜分浪潮中唯一幸免的非洲国家。

二、刚果王国的姆本巴·恩津加及其开放政策

除了与早期个别欧洲探险家的接触之外,非洲各国(地)与欧洲的交往可大致按时间分为三个互相多有重叠的时段:奴隶贸易时期、欧洲商站建立时期和殖民瓜分时期。接触的对象有传教士、探险家、商人和殖民官员。随着奴隶贸易对非洲社会的侵蚀,这些王国的命运各异,有的轰然崩溃,有的应运而生。欧洲国家各商站在非洲海岸的建立既使非洲面临各种威胁和竞争,也促使一些非洲王国在新环境中崛起。

(一) 刚果王国的起源与扩张

欧洲人在西非沿岸的奴隶贸易和随之而来欧洲国家建立的商站冲击着这一地区的政治版图和社会结构,有的国家在这场劫难中毁灭,有的则通过奴隶贸易崛起,形成更大的政治体。刚果王国是一个因为奴隶贸易而衰落的典型例证。

刚果王国位于今安哥拉的北部,其起源于何时不得而知,这无疑是一个渐进的过程。② 王国可能最早形成于公元 9 世纪,其前身为位于刚果

---

① David Kimble, *A Political History of Ghana*: *The Rise of Gold Coast Nationalism*, 1850—1928, Oxford: Clarendon Press, 1963, pp. 222-263.

② Graham Connah, *African Civilizations-Precolocial cities and states in tropical Africa*: *An archaeological perspective*, Cambridge University Press, 1987, pp. 217-222.

河以北的温古酋邦(Vungu chiefdom)。由于刚果人对铁匠的特殊尊重,刚果王国的创建者尼米·鲁肯尼(Nimi Lukeni)很可能是个铁匠。他是邦古(Bungu)酋邦首领之子,带领部下迁移到刚果河南岸,征服了阿邦杜人(Abundu)和安布维拉人(Ambwela),并在姆班扎-刚果(Mbanza Kongo)定居。早在 1483 年前后,刚果王国已统辖着 6 个省份,约 200 万人。刚果王国实行中央集权制,各省总督由国王任免,政治制度运行良好。刚果有着自己的社会结构,可大致分为贵族、平民和奴隶三个社会阶层。权力分配是建立在母系氏族集团之上,这种集团称为埃坎达(ekanda)。贵族集团是比较显赫的埃坎达,姆维希刚果(Mwissikongo)则是最有权势的集团,指中央地区 12 个埃坎达集团的集合体(也称为"王室议事会"),由 12 名成员组成,包括 4 名妇女,她们分别代表国王的祖父母和外祖父母的氏族集团。贵族在地方上被称为"基托米"(kitomi),即以前的土地领主。看似由王亲国戚形成的权力网络却具有高度的中央集权特征。

　　刚果王国的影响力逐渐表现出来,王国境外的一些小王国也都承认刚果国王的统治,以各种方式向他纳贡。刚果人的语言优势和地区霸权带来的文化传播导致了一个突出现象:刚果王国周围先后出现的特克、蒂奥、罗安果(Loango)、卡刚果(Kakong)、恩东戈(Ndongo)、卢巴(Luba)、隆达(Lunda)、库巴(Kuba)等大大小小的王国不仅都通行刚果语,其行政组织和政治制度也与刚果王国大同小异。到 1600 年,非洲西南部诸王国几乎都掌握了炼铁技术和织布技术,并具有神圣王权及复杂的官僚体系。这种现象说明了刚果王国的形成得益于周围民族和国家的政治积累。语言和文化特征的相同或相似既表明了这些民族来源的某种同一性,也体现了刚果文明的同化力。日益强大的刚果王国的政治文化在该地区产生了深远的影响。毋庸置疑的是,这些成就是在当地产生,是非洲文明的具体体现。①

　　对货币的垄断使刚果王国的中央集权制得以加强。作为货币的有织品(用棕榈纤维而不是棉花织成)和称为"恩赞布"(nzimbu,一译"恩齐姆布")的玛瑙贝壳,后者来自刚果王国控制下的罗安达岛的渔场。"在国王

---

　　① B. A. 奥戈特主编:《非洲通史(第五卷):十六世纪到十八世纪的非洲》,中国对外翻译出版公司/联合国教科文组织,2001 年,第 430—436 页。

的宝库中,把这些恩齐姆布过筛,把最小的扔掉,但是认为可用的玛瑙贝仍然是大的大,小的小,大玛瑙贝的价值可能有小玛瑙贝的十倍。为了避免一再计数的麻烦,他们用一些可以装四十、一百、二百五十、四百或五百个贝壳的容器作为固定的量器。用可以装一千个贝壳的容器做的量器叫作方达;能装一万个贝壳的叫作卢弗库,而能装两万个贝壳的量器叫作科弗。葡萄牙人在早期就规定了玛瑙贝与他们本国货币的正式兑换率。比如加西亚·西摩斯神父在 1575 年写道,在罗安达,十个玛瑙贝值一个葡萄牙里尔(real,当时葡萄牙使用的硬币,1911 年停止使用)。"[1]这一制度后来受到葡萄牙商人的破坏。另一种稀有货物是盐,这也是一种奢侈品,主要产自刚果河口的姆潘达盐场和洛惹河口的安布里什盐场。食盐的生产也受到国王垄断。

显然,刚果王国的这种政治扩张大大早于葡萄人的到来。

(二)刚果王国与葡萄牙的早期关系

葡萄牙国王约翰二世(John II)派出的由迪奥戈·卡昂(Diogo Cāo,一译"迪奥戈·加奥")率领的葡萄牙探险船队在 1487 年的第三次探险中有机会受到刚果国王恩津加·恩库武(Nzinga Nkuwu)的接见。恩津加·恩库武于 1487 年派出的赴葡萄牙使团于 1491 年启程回国,随行的是一个大型的葡萄牙人"传教远征队",既有神职人员,也有士兵和技术工人。对葡萄牙人的"慷慨",恩津加·恩库武十分兴奋,他当即表示要皈依基督教,并在当年举行皈依仪式。他的儿子姆本巴·恩津加(Mbemba Nzinga)也在当时皈依基督教,取名阿丰索,在欧洲人中间以"阿丰索一世"(Afonso I)闻名。姆本巴·恩津加至今仍是刚果人民的骄傲。他既是刚果第一位对欧洲人实行开放政策的国王,也是第一个向欧洲人说"不"的国王。他善于应对各种形势,富有建树,成功地在对外开放的同时一度保持了国家的独立。然而,与葡萄牙国王交友、随后而来的基督教传播和奴隶贸易的盛行终于使他失去了对自己国家主权的控制,刚果王国(相当一部分成为后来的安哥拉)最后沦为葡萄牙的殖民地。

---

① 巴兹尔·戴维逊:《黑母亲——买卖非洲奴隶的年代》(何瑞丰译),生活·读书·新知三联书店,1965 年,122 页。

"最威武圣明之刚果王陛下,兹派我王室宗亲西马奥·达·西尔瓦(Simao da Silva)前来觐见陛下。达·西尔瓦君最为我方倚界,对于他代表我方所作一切,尚请推恩垂听,并予信任。"[1]这是葡萄牙国王曼努埃尔一世(Manuel I, 1495—1521)于1512年写给刚果国王姆本巴·恩津加的信件,史称"1512年圣谕"。姆本巴·恩津加(1506—1543年在位)具有极强的领导能力,历史学家范西纳(J. Vansina)和奥本加(T. Obenga)称他为"刚果历史上统治时间最长的国王"。他试图与葡萄牙国王结成联盟并力图使刚果成为一个强大的王国。当时,姆本巴·恩津加与葡萄牙国王保持着密切的接触,在1512—1540年写过22封信给葡萄牙国王。这些信件由他的秘书执笔,其中一位名叫诺昂·特克西拉(João Texeira)的重要秘书的葡萄牙文笔还相当不错。在这些书信往来中,一开头总是用"最威武之国王、我王兄陛下"来称呼葡萄牙国王。

我们看到刚果国王希望建立的是一种平等友好的外交关系。正是基于这种考虑,姆本巴·恩津加对葡萄牙实行开放门户政策,并随之进行了一系列重大的政治经济改革。首先,他在1516年选派20名贵族青年赴欧洲学习基督教义和各种技术,后来又多次派送青年前往。在他选送的多名刚果青年中,还有他的五个侄子和一个孙子,其中两人去葡萄牙求学,两人转道去罗马,还有两人则是到里斯本接受圣职培训。他在1518—1530年间使天主教迅速成为刚果的国教。

(三) 开放门户政策及其后果

姆本巴·恩津加既是一位天生的政治家,也是一位经济高手。他的父亲在世时只向葡萄牙出口象牙和棕榈织品,刚果的出口贸易后来除象牙和棕榈织品外,还有布料、牛皮、蜂蜜等,姆本巴·恩津加还通过各省督垄断了铜矿的生意。反过来,他又将从欧洲人那里进口的商品分给政府官员和各省督,以加强中央集权控制。为了更好地发展自己的国家,他通过多条渠道与葡萄牙做生意。他与圣多美岛的总督进行官方贸易,尽管这种贸易对阿丰索一世来说很不公平,他与这位总督的关系也非常紧张,但在前十年里,这种通过圣多美进行的官方贸易仍占整个刚果贸易活动

---

[1] 巴兹尔·戴维逊:《黑母亲——买卖非洲奴隶的年代》,106页。

的主要部分。姆本巴·恩津加与驻姆班扎-刚果的葡萄牙商人进行直接贸易。一方面,他是唯一能与欧洲商人进行大宗贸易活动的买方,另一方面,这里的葡萄牙人很少,他们只能单方面通过刚果王权的垄断来从事贸易。姆本巴·恩津加还试图直接与葡萄牙做生意,然而他并不成功。圣多美总督自 1500 年从葡萄牙政府那里得到了在刚果沿岸部分地区的贸易专利权后,千方百计阻碍刚果与葡萄牙的直接贸易,对用葡萄牙船所运货物予以没收,甚至扣押阿丰索一世写给葡萄牙国王的信件。这让阿丰索一世十分恼火。

姆本巴·恩津加开始扩大与葡萄牙各方面的贸易和交往,并多次请求葡萄牙派送传教士、教师、工匠和造船工人来,渴望能给刚果王国的发展带来技术和教育。他还着意引进新的医疗人才。然而,葡萄牙人在刚果进行的日益猖獗的奴隶贸易使他不得不进行干预。1526 年,阿丰索一世致函葡萄牙国王约翰三世(John III),要求葡萄牙停止奴隶贸易。他的呼吁毫无作用。由于葡萄牙人在开发巴西的过程中需要劳动力,圣多美岛提供的奴隶成为重要的劳动力来源。这种贩奴行为不仅大大削弱了刚果的国力,也使中央政府的集权统治受到侵蚀。在这种情况下,刚果王国逐渐丧失了与葡萄牙建立起来的平等关系。随后刚果王国陷入"三国时代",即刚果、卢安果和恩东戈(后来称为"安哥拉"),并被逐渐渗透的欧洲列强利用。[①]

1665 年,面对葡萄牙的入侵,刚果国王安东尼奥一世(1662—1665)发出命令:"国王暨最高作战会议诏告全体臣民,仰各遵照毋违:凡我各王国、行省与领地城乡各地之臣民,不分尊卑、贵贱与贫富,只需力能操持武器,均应于本诏令公布之日起,十日内前往各该统领、省督、公爵、侯爵、伯爵等处,以及其他该管政法官员处报到入伍,以捍卫桑梓,保我财物、妇孺,乃至自身生命与自由,勿让葡萄牙人征服与统治。"[②]1665 年 10 月 25 日,在著名的姆布维拉战役(Battle of Mbwila)中,刚果人抵抗入侵的葡萄牙人失败。刚果王国从此衰落。在 1884—1885 年柏林会议上,安哥拉被划为葡萄牙殖民地。这是一部刚果王国兴衰的惨痛历史。

---

① B. A. 奥戈特主编:《非洲通史(第五卷):十六世纪到十八世纪的非洲》,第 436—441 页。

② 巴兹尔·戴维逊:《黑母亲——买卖非洲奴隶的年代》,第 130 页。

三、奥约帝国的兴起与改革

(一) 奥约的扩张与帝国的形成

奥约帝国的特殊之处在于它的兴起尽量避开了与欧洲人的接触，未被纳入欧洲人直接控制的势力范围，而是在形成具有自身特点的体制这一基础上进行扩张，这一点值得研究。[①] 从伊费发源的奥约王国从 16 世纪末开始扩张，征服了许多周围的王国，在阿贾格博（Ajagbo,1600—1655）时期形成帝国。奥约在其全盛时期（1650—1750）曾统治着沃尔特河与尼日尔河之间的大部分国家。奥约国王称为"阿拉芬"（Alafin），其头衔表示各种重要身份：阿利拉叶瓦（Alilayewa），即"世事和生命之主"；奥利勒（Onile），即"土地之主"；伊凯基·奥里萨（Ekeji Orisa），即"上帝之伴"。[②] 这些称号传递了双重信息：这种权力既合法又神圣；一个好国王的主要职责是保护人民，这才是他权力的合法性所在。

表格 1-1　16—17 世纪奥约的扩张过程

国　王	在位时间	扩张战绩
奥巴罗昆（Obalokun）	1580—1600	企图征服伊杰萨，征战失败
阿贾格博（Ajagbo）	1600—1655	征服翁科、维米、伊杰布等地，引进伊斯兰教
奥达拉乌（Odarawu）*	1655—1660	为复仇征服奥卓-塞基城等地
卡兰（Karan）	1660　1665	曾派兵征服阿加·奥伊博（Aga Oibo）
贾英（Jayin）	1665—1670	出兵解决奥塞因-奥多与奥罗乌之间的争端

[①] 一种说法是奥约在较早的接触中认识了欧洲人的本性。"奥约进入达荷美的冒险也许同参与沿海贸易有关。但是根据其他的传说认为，奥约拒绝贩卖奴隶贸易和不同欧洲人接触是因为他们早先就对欧洲人的口是心非有体验。他们派往海边去欢迎自称为朋友的 800 名使者一去未返。不管出于何种原因，奥约在 19 世纪之前从未使用过欧洲人贸易中引人注目的东西如火枪等。"B. A. 奥戈特主编：《非洲通史（第五卷）：十六世纪到十八世纪的非洲》，第 346 页。

[②] Peter Morton-Williams, "The Yoruba Kingdom of Oyo", in Daryll Forde and P. M. Kaberry, eds., *West African Kingdoms in the Nineteenth Century*, Oxford University Press, 1967, p. 53.

（续 表）

国 王	在位时间	扩张战绩
摄政委员会		1680—1682年出征达荷美和阿拉达，征服阿拉达
奥基季(Ojigi)	1698—1732	派兵出征奥法等地，失败

资料来源：Robin Law, *The Oyo Empire c. 1600—1836 A West African Imperialism in the Era of the Atlantic Slave Trade*, Oxford University Press, 1977; J. F. A. Ajayi and M. Crowder, eds., *History of West Africa*, Volume 1, Longman, 1985, pp. 412-464.

* 对于这位国王的在位时间有不同说法，见下文。

帝国政治版图随着领土的扩张不断变化。奥约帝国统治者统辖的地区大致分为三类。一是对阿拉芬直接效忠的地区，包括原奥约王国及周边地区，由首都(奥约城)进行集中管理。奥约的约鲁巴人构成了这一地区的中心。第二类地区由征服的王国组成，传统上属约鲁巴人的王国。这些王国的臣民或是以血缘关系承继于奥约帝国创立者奥杜杜瓦，或是与奥约王国的发源地伊费有关系。由于阿拉芬是奥约帝国的合法继承者，这些王国中有的如埃格巴(Egba)对他俯首称臣，有的如伊杰沙(Ijesa)则只承认他的较高地位。第三类地区是伊费系统以外的国家，它们一般为战败国，与奥约有条约关系，向奥约称臣朝贡，如达荷美、努佩等。这种划分与其说是一种政策安排，不如说是一种客观现实使然。①

(二) 奥约王权的神圣性

奥约王权的神圣性以各种方式表现出来。阿拉芬平时紧锁深宫，每年只在三次重要仪式上露面，即莫勒节(Mole)、奥伦节(Orun)和贝雷节(Bere)。莫勒节是祭祀占卜预言的伊法神(Ifa)的节日。在奥伦节，阿拉芬贡献牺牲以请上帝裁决自己是否可连任。在贝雷节，各地酋长依次向阿拉芬献上贡品——当地的一种贝雷草，以作为王宫铺房顶之用。这既

---

① 关于达荷美对奥约的贡赋有四种说法。Robin Law, *The Oyo Empire c. 1600—1836 A West African Imperialism in the Era of the Atlantic Slave Trade*, Oxford University Press, 1977, pp. 164-169.

是向国王表达忠诚,也有中央与地方首领齐心协力的含义。因此,这一节日成为阿拉芬权力合法性的重要保证。王权的神圣性还表现在殉葬制上。阿拉芬去世需多人陪葬,这些陪葬者有专用名称——阿博巴库(abobaku)。陪葬的一般有国王长子(通称为"阿雷莫",Aremo)、王后、一些官员和奴隶。

阿拉芬的就职仪式涉及两种崇拜:桑戈(Sango)崇拜和奥格博尼(Ogboni)崇拜。奥约帝国崇拜的众神之一是以前国王桑戈命名的"桑戈"。传说桑戈继位时,约鲁巴地区众王林立,无人承认奥约的统治地位。正是他用武力征服了桀骜不驯的奥卢乌(Olowu,意为"神秘之王"),为统一奠定了基础。根据传说,桑戈的垮台归根于自己的过失。他沉湎于巫术,在企图命令闪电时不慎将自己的房屋烧毁,妻子和孩子也多被烧死,他只好自杀。桑戈死后被奉为雷电之神,至今仍为约鲁巴地区最重要的神之一。这一传说一方面赋予奥约王权以一种与自然现象同生的合法性,另一方面则强调了王权的暴力和强制性作用。后人的崇拜则进一步巩固了这种统治的合法性。

当国王逝世后,负责奥格博尼崇拜的祭司被召到王宫。崇拜仪式与阿拉芬的就职仪式相连,其目的是使新阿拉芬的耳朵可以分辨真伪,使他的语言具有无比的力量,并赋予他处决罪犯以及向国外敌人进攻的权力。在这一过程中,前国王的尸体被洗净,头被送给祭司,祭司将国王头上的皮肉清除干净。一位宫廷官员将国王的心脏取出来后交给奥顿·伊维法——专门负责桑戈崇拜的官员。在阿拉芬的就职仪式上,新国王被奥顿·伊维法带领去祭祀桑戈神。奥顿·伊维法将装有前国王心脏的盘子端给他,要求他吃下。随后,新国王又被领到奥格博尼祭坛,最高祭司奥卢乌用前国王的头盖骨盛满玉米糊给他喝。

这一仪式的重要意义在于向世人昭示:即位的阿拉芬是王权的合法继承人,已经吸取了先王的精神和力量,将成为奥约的最高统治者。桑戈崇拜对维护王权起到了极重要的作用。王权通过桑戈崇拜来控制奥约帝国属下的各个省区。首先,桑戈崇拜是由右宦负责,他专门监督位于奥约郊区小山村的桑戈主祭坛的事务。其次,各省区负责桑戈崇拜的祭司均属于一个统一的领导,这一组织的控制权又在首都。再次,各省区的桑戈祭司必须到奥约来接受负责宫廷祭坛的桑戈祭司的教诲和传授。这些奥约的桑戈祭司被称为莫格巴(Mogba,即在王室祭坛供职的祭司)。毫无疑问,桑戈崇拜为在意识形态上巩固王权起到了不可替代的作用。通过这些手段,阿拉芬从宗教上控制着各省区的酋长。

奥格博尼仪式是一种对土地的崇拜,参加这一崇拜组织的祭司成员的条件部分为世袭,部分由奥格博尼祭司从非奥约血统的成员中征召在宗教或世俗生活中表现突出的人。奥格博尼崇拜主要有以下作用:对公共秩序的维护以及对国王和奥约-麦西(Oyo-Mesi,即国务院)两者关系的调节和对王权的制约。奥格博尼在公共管理方面的主要作用是对人们流血事件的惩罚。奥格博尼将出血(人血)看作极其严重的犯罪。涉及者不论出血多少都要受到惩罚,负责司法的祭司阿佩纳(Apena)审讯后再课以罚金以赎其罪;重者往往由阿佩纳上报阿拉芬以求惩罚。[1]

这种宗教崇拜的神秘性在公众中保持着巨大的震慑力,奥格博尼也参与国家政策的制定。奥约-麦西是奥格博尼的当然高级成员,但被排除出最高祭司职位;这些职位由特定的氏族选出,需得到奥格博尼和国王的认可,并需最后征得伊法神谕(Ifa oracle)的同意。阿拉芬由一位妇女代表参加奥格博尼(但她不能亲身参与讨论,而是由人报告具体讨论情况)。奥格博尼的会议每 16 天召开一次,奥约-麦西得以参加。全体会议的决议要求所有成员无条件接受,这对奥约-麦西来说既是机会,也是制约。奥约-麦西的意见可通过奥格博尼转达到国王,而他们的意见有时也因之被迫修改。由于奥格博尼最高祭司们住在奥约王室住宅区,而非奥约-麦西下属酋长的管辖范围,因此不必担心奥约-麦西对他们施加不正常的压力。

奥格博尼对王权的制约表现在每年的奥伦节上。奥伦节是一个重要的宗教仪式。奥伦意为"天空及其神灵"。在奥伦节上,奥格博尼仪式由巴索伦主持,在奥格博尼的所在地举行。参加者有阿拉芬、代表他出席奥格博尼活动的妇女、奥西·伊维法和奥格博尼高级祭司奥卢乌。在仪式上,奥卢乌将根据神谕裁定大地是否同意国王在来年继续其统治,是否需要向神灵贡献牺牲以保平安,国王及其土地在来年是否会有灾难降临。这一大地神谕须与另一个奥伦神谕(即巴索伦在阿拉芬的中央奥伦节仪

---

[1]　Ajayi and M. Crowder, eds., *History of West Africa*, Volume 1, pp. 448-452.

式上得来的神谕)一致。如果两个神谕都预言某种灾难,奥约-麦西则可要求阿拉芬自杀。上述两种崇拜体现了对奥约中央政治的不同作用。如果说,桑戈崇拜是为了加强王权的话,奥格博尼崇拜则是为了制约国王的权力。①

除了上述的宗教约束外,阿拉芬的权力受到其他方面的制约。奥约-麦西是一个在宫廷主事的委员会,职能相当于国务院,由 7 名无王室血缘关系的酋长组成,其首领的称号为巴索伦(Basorun,即"总理")。奥约-麦西作为一支由非王族组成的首都政治力量,其权力仅次于国王。七人委员会以巴索伦为首,各司其职,有的主宗教之职,有的行监督之责。此外,巴索伦具有对国王行使权力的允诺权。在每年一度的奥伦节仪式上,巴索伦可以判定国王所献的牺牲是否合格,从而裁决国王能否在新的一年里继续执政。

(三) 奥约帝国的政治制度及其改革

阿拉芬控制着一批专司管理和仪式之职的宫廷官员,称为伊儒·奥巴(eru oba,意为"国王的奴隶")。这些国王的奴隶包括职位官员、伊维法(Iwefa,有时拼作 Efa,意为"宦官")和伊拉里三类。职位官员各司其职。伊维法共有三名,即奥西·伊维法("左宦"),专门负责政治和军事事务,并在阿拉芬去世时必须自杀以殉葬;奥纳·伊维法(Ona Iwefa,意为"中宦"),专门负责司法事务;奥顿·伊维法,专门负责宗教事务。伊拉里的责任主要有三:国王的贴身警卫员、国王的信使和派往各地的收税人。

阿拉芬为了加强王权,将战争征服得来的属地不是授予首都的传统贵族或酋长,而是赐予他信任的宫廷奴隶,任命宫廷奴隶管理地方行省。这种任命或赏赐从表面上看是国王好恶的取舍,实际上象征着一种权力的转移——从自行其是的传统酋长手上转移到国王亲信手上。阿拉芬通过这种手段大大加强了对地方城镇的控制权。很明显,这种做法标志着王权的强化,同时也是权力集中的具体表现。

国王为了加强自己的权力,采取了改革措施。首先,为了从奥约-麦西手中分享军权,国王阿贾格博在宫廷奴隶(Ilari)中新设阿雷-奥纳-卡

---

① Peter Morton-Williams, "The Yoruba Kingdom of Oyo", pp. 58-60.

康夫(Are Ona Kakamfo)一职,其职责是负责掌握地方军队。国王还设立了阿杰勒(Ajele)职位,这是由阿拉芬派遣长期驻守地方并监督酋长统治的官方代表,由宫廷奴隶担任。此职位的设立既加强了国王对地方情况的了解,促进首都和地方的关系,也可及时防止叛乱的发生。阿杰勒常驻地方行省解决了以前仅依靠奥约-麦西与地方官员沟通信息的问题。在一些新城镇,宫廷奴隶的职责不断增强。有的成为税收官,有的成为省城长官。

为了控制阿杰勒或酋长与所属城镇的关系,国王还专门设立了一个信使职位——巴巴-克克雷(baba kekere)。巴巴-克克雷在当地语意为"小父亲",这充分体现了他的权力。他的主要任务是加强对地方政权的监督。这一监督体制的建立是王权加强的一个标志。派驻各地的阿杰勒的目的是监督地方工作,这本是一种约束机制,然而,他们的言行又反过来被国王派来的巴巴-克克雷监督。这些信使一般由伊拉里担任。他们身负两重使命:到各地收取税款,监视阿杰勒的行动。①

奥约帝国的经济以农业为基础。从臣属的城镇、村庄或集团收取的贡赋构成了经济基础的组成部分。在奥约,阿拉芬的收入分为两种:通过税收得来的官方年金和个人收入。阿拉芬的年金收入首先包括从全国各地(既包括各城镇,也包括一些附属国如达荷美、埃格巴等)收取的贡品。达荷美每年除将400袋的贝壳现金上交给奥约外,还要交纳一定数量的珊瑚、布匹、火药、滑膛枪等。其他附属国也要交纳现金或货物作为年金。年金收入还包括司法裁定收取的费用、各种罚金、宗教崇拜所需的各种费用等。在首都,臣民们不交固定税,国王主要收取死亡税、商业税(包括城门税和市场税)。城门税由宫廷奴隶收取,市场税由左宦收取。年金可通过税收增加,如贡赋、人头税和关税。对家庭富裕的人死后要收取死亡税。

奥约的长子继承制的改进是权力斗争的结果。早在16世纪初,阿拉芬的职位一般由他的长子继承。直到18世纪初,王位也一直由王子继承,虽然并不一定是长子。17—18世纪,阿拉芬的权力逐渐加强,对奥约-麦西的依赖逐渐减少。在奥基季国王(Ojigi,1698—1732)死后,按传

---

①　Robin Law, *The Oyo Empire c. 1600—1836*, pp. 67-71.

统继承制应由国王长子继位,但奥约-麦西拒绝让国王长子继位,而是让他自杀陪葬。从此以后,国王长子殉葬成为制度。为什么国王长子会成为陪葬者呢? 有的学者认为,这种制度是为了防止国王长子因急于继位而弑父。这种分析有欠妥当。因为,如果长子为了继位而弑父,这种行为只能发生在国王生前。国王死后让长子陪葬并不能防止篡位。因此,长子陪葬制的设立可以看作是奥约-麦西对逐渐摆脱制衡的王权的体制性反抗。如果因袭长子继承的制度,奥约-麦西对王位继承权几乎毫无支配的可能性;而长子陪葬制的确立却为奥约-麦西干预王位继承提供了合法的机会,他们可从多位继承人中选择自己满意的人继位。这清楚地表明,基于血缘关系的世袭制的根基已开始动摇。①

　　阿拉芬与奥约-麦西对军事权的争夺也十分激烈。奥约军队原由七名非王室酋长的奥约-麦西控制。军事力量由首都军队和地方军队组成。就首都军队而言,主要是首都禁卫军,共 4 000 多人。首都军队主要是由战争首领及其属下组成。战争首领的职务为伊索(Eso),分为 16 名高级官员和 54 名低级官员。他们必须住在首都,成为首都的卫戍部队。这种军事职务荣誉很高,但并非世袭,而是奥约-麦西根据军功提名,再由阿拉芬任命。一位奥约-麦西成员率领 10 名伊索。作为主要军队的将领,伊索将自己的随从带入军队,构成其核心力量。约鲁巴人认为:"伊索必须战斗并征服,伊索必须战斗至死亡。""伊索决不能背部中弹,他的伤口必须在前胸。"换言之,伊索若参加战斗只有两种选择:非胜即亡。这些表明人们对伊索的期望非常高。奥约国王每两年即派遣军队到周围地区征剿一次,一是作为对军队的野战训练,二是通过掳掠对邻国炫耀武力。

　　阿拉芬与传统贵族展开争夺的第二个军事领域是地方军队。帝国内各王国、酋邦或城镇有责任提供在奥约军队中服役的军队。阿拉芬具有两种特别的权力:最高司法权的控制和对国家官职的控制。为了从奥约-麦西手中分享军权,阿贾格博在伊拉里中新设立了一个职位:阿雷-奥纳-

---

① Samuel Johnson, *The History of the Yoruba*, London, 1966[1921], p. 41. 关于王宫里的第一次长子自杀发生在阿贾波国王(Alafin Ajagbo)逝世后。当时,奥达拉乌(Odarawu)继位后,遭到奥约-麦西的拒绝。奥达拉乌被迫自杀。Robin Law, *The Oyo Empire c.* 1600—1836, p. 77. 这一说法与他在位 5 年有矛盾。

卡康夫,其主要职责是负责掌握地方军队。从奥约军事力量的构成可以看出,这实际上是一个加强王权削弱藩属的政治行动。为了加强对地方军队的控制,阿贾格博国王授予阿雷-奥纳-卡康夫"地方省城统治者"的称号,作为所有省城军队的总司令。除指挥地方军队外,阿雷-奥纳-卡康夫还在战争中替国王行使指挥权。可以说,这一职务的设立使国王从奥约-麦西手中夺得了部分军权。

在帝国扩张期间,阿拉芬与宫廷贵族及地方政权的斗争互有得失。由于战争对权力集中的要求,总的趋势是王权的加强——伊杰勒对省区官员监督制的建立、宫廷奴隶官员伊拉里作用的日益增强、地方军队总司令职务奥雷-奥纳-卡康夫职位的设立。这些都是阿拉芬加强自己地位的具体措施。然而,以阿拉芬为中心的集权化是有代价的,斗争的激烈程度可以从以下事实看出:在阿贾格博国王的长期统治后,继位的多是"独裁而短命的国王";18 位阿拉芬无一自然死亡,不是在奥约-麦西的逼迫下自杀,就是被杀。1754—1774 年间,奥约-麦西的首领巴索伦加哈(Basolun Gaha)篡夺政权,处死四位不愿听从指令的阿拉芬,并将帝国财政权控制在手。这种局面直到 1774 年才由阿比奥登国王(Alafin Abiodun)扭转。他率兵击败加哈,重新获得政权。①

概言之,奥约的改革主要集中在三个方面。第一,为了加强中央集权,国王新设置了一些官职并由自己直接任命。第二,诸多官职采取任命方式后,以前按世袭继承官职的方式不再适用,这与一些小王国的方式颇为不同。第三,由于国王的制度设计,省级领导掌握了军权,从而致使传统官僚奥约-麦西手中的权力得以分散。

虽然在 19 世纪以前躲过了与欧洲人的接触,然而,与其他非洲王国的命运相似,奥约帝国在欧洲人渗透和奴隶贸易这两种因素影响下逐渐衰落。地方王国的兴起是一个因素,欧洲人的出现则是更重要的原因。②

---

① J. F. A. Ajayi and M. Crowder, eds., *History of West Africa*, Volume 1, pp. 447-451.

② 阿德·阿贾伊主编:《非洲通史(第六卷):十九世纪八十年代以前的非洲》,第525—540 页。

四、阿散蒂帝国与克瓦多革命

对于阿散蒂这一个早期非洲国家,学界的称呼既有"帝国"也有"王国"。此处采用"帝国"的主要根据是伯明翰大学非洲历史学家麦卡斯基(T. C. Mcaskie)和加州大学洛杉矶分校的人类学教授艾格顿(Robert B. Edgerton)的观点。[①] 阿散蒂帝国崛起于 17 世纪末,1897 年为英国殖民主义者征服。在 18—19 两个世纪的时间内,阿散蒂帝国在西非海岸上演了一场接触、抵制和抗击欧洲人的活剧。一位西方学者曾说:"阿散蒂王国的兴衰构成了黄金海岸历史某些最有趣的篇章。"[②]一位加纳历史学家也指出:"18、19 世纪的黄金海岸史主要是阿散蒂王国崛起和巩固的历史,同时也是她与相邻的非洲人和欧洲人的关系史。"[③]这些都说明了阿散蒂帝国在加纳历史上的作用及影响。阿散蒂帝国的地理版图和政治体制在欧洲人在非洲扩张的大格局中逐渐成形,影响深远的"克瓦多改革"正是在这一背景中进行的。

(一) 阿散蒂的起源

阿散蒂帝国的起源实际上牵涉两个问题,即作为阿散蒂主体居民阿肯人的起源和阿散蒂帝国的形成。关于阿肯人的起源主要有三种观点。一种认为阿肯人是从北方或西北进入雨林带的,有的甚至将阿肯人看作是古代加纳王国的后裔;一些学者认为阿肯人是雨林带土生土长的;还有

---

① 麦卡斯基发表在剑桥大学《非洲历史杂志》第 33 期(1992 年)针对两位历史学家威尔克斯(Ivor Wilks)的著作《19 世纪的阿散蒂——一个政治秩序的结构与演变》(*Asante in the Nineteenth Century: The Structure and Evolution of a Political Order*, Cambridge University Press, 1975)和亚拉克(Larry Yarak)的《阿散蒂与荷兰人,1744—1873》(*Asante and the Dutch, 1744—1873*, Oxford University Press, 1990)的长篇评论文章《帝国国家:阿散蒂与历史学家》(T. C. Mcaskie, "Empire State: Asante and Historians", *The Journal of African History*, 33(1992), pp. 467-476);艾格顿的著作《阿散蒂帝国的衰落:非洲黄金海岸的百年战争》(Robert B. Edgerton, *The Fall of Asante Empire: The Hundred-Year War for Africa's Gold Coast*, Free Press, 2002)。

② W. Walton Claridge, *A History of the Gold Coast and Ashanti*, Vol. 1, Frank Cass, 1964[1915], p. 181.

③ J. K. Fynn, *Ashanti and Its Neighbours, 1700—1807*, Longman, 1971, p. 1.

的学者认为阿肯人来自海洋。①

15 至 18 世纪的西非赤道雨林带正经历着一场巨大的变化。一些社会开始从狩猎采集经济向农耕社会过渡，经济的转型带来社会结构和政治制度的变化，定居导致人口迅速增加，人与自然产生了新的矛盾。同时，欧洲人的出现和奴隶贸易的扩大给这一地区带来了新的冲击。在这场历史嬗变中，阿散蒂帝国应运而生。

从 15 世纪葡萄牙人涉足几内亚湾以来，阿散蒂人开始与他们接触，用黄金、象牙、纺织品、奴隶等商品与欧洲人交易。阿肯人早期历史见之于史料的极少，口头传说成了主要的资料来源。大部分氏族在追溯自己的历史时提到了从狩猎经济到农耕经济的转型。贝克瓦伊人提到祖先曾用剑、盾和石头作战，吉瓦本人的口头传说提到该氏族的起源，"那时，所有的男人都是猎人"。奥约科人刚到科托福时发现只有一名猎人和他的母亲占有这块土地，奥约科的女酋长立即请求在此地定居，以耕地为生。库马乌人在前期流动频繁，后来派出三名猎人去寻找乐土，这就是后来该氏族定居的地方。阿散蒂国王普伦佩一世所述口头传说中第一部分的标题为"森林里猎人的故事"，第二部分则出现了开垦森林、从事农耕的叙述。②

经济的转型带来了社会组织的演进和政治制度的发展。母系社会开始向父系社会转变，同时，氏族开始合并为氏族联盟，再到酋长国。在阿肯人居住的雨林带，先后出现了博诺、阿克瓦姆、登基拉、瓦萨、阿基姆和芳蒂等王国。这些王国的组织结构有一个共同特点，那就是已相当健全。从等级上看，有国王、酋长、发言人、议事会、村庄头人、一般平民和奴隶阶层，可说是等级分明。从机构上看，有司法系统、商业系统、宗教制度、市政制度和团

---

① John M. Sarbah, *Fanti National Constitution*, Frank Cass, 1968[1906]; Eva L. R. Meyerowitz, *Akan Traditions of Origin*, London, 1952; Eva L. R. Meyerowitz, *The Early History of the Akan States of Ghana*, London, 1974; C. C. Reindorf, *The History of the Gold Coast and Asante*, Oxford University Press, 1996[1895]. 对这些观点的梳理，参见李安山：《阿散蒂王权的形成、演变及其特点》，施治生、刘新如主编：《古代王权与专制社会》，中国社会科学出版社，1993 年，第 161—185 页。

② R. S. Rattray, *Ashanti Law and Constitution*, Oxford University Press, 1929, pp. 148, 169, 198, 217; J. Friedman and M. J. Rowlandt, eds., *The Evolution of Social System*, London, 1977, pp. 508-511.

组制度,可说是分工严密。① 这些王国的政治制度为阿散蒂帝国的形成奠定了基础。

这一时期的另一变化是欧洲商人的出现和奴隶贸易的发展。内陆贸易在黄金海岸早已存在,这主要包括与西苏丹、尼日利亚北部的豪萨人地区以及沿海其他地区(如象牙海岸和奴隶海岸)的贸易。交换的商品包括黄金、象牙、奴隶、柯拉果、布匹和盐。欧洲商人的出现导致了贸易中心的转移。从 1500 年到 1800 年,对黄金海岸地区影响最大的商业活动是奴隶贸易。在 19 世纪,每年从非洲输出的奴隶平均为 9 000 人。1704 年,埃尔米纳的荷兰人报告,"英国、法国、丹麦、葡萄牙和布兰登堡等国家每年向美洲领地输送三万奴隶,而我们每年可以输送六万……"在 1676 至 1731 年期间,荷兰人官方估计他们仅从黄金海岸一地就输出奴隶 88 406 人。② 从这一时期欧洲商站的增加也可以看出贸易活动的扩展。1474 年葡萄牙政府与私人探险贸易家斐尔诺·戈美斯签订的合同到期后,决定在黄金海岸沿海地区建筑一个碉堡——埃尔米纳(当时称为"圣乔治·达·米纳"),碉堡于 1482 年初建成后,于 1486 年获得由葡萄牙国王授予的自治市的各种特权。16 世纪,葡萄牙对这一地区的控制权受到法国和英国的先后挑战。1595 年,荷兰人第一次来到黄金海岸,后来在摩里、布特里、科曼廷和柯门达驻扎下来,这样,在埃尔米纳碉堡两边各有一块荷兰人的殖民地。荷兰人于 1642 年占领了阿克西姆,葡萄牙人决定放弃对黄金海岸的权利,荷兰人则答应放弃巴西作为交换条件。1662 年,新成立的英格兰皇家冒险者非洲贸易公司开始在黄金海岸扩张。在 1665 年的英荷战争中,英国舰队虽然曾一度占领了包括海岸角的多个据点,但战争的结果是英国只留下了海岸角一个据点。由于当地人对欧洲人的占领进行了激烈的反抗,如阿克瓦穆人智取丹麦人占领的基督堡这一要塞的战争和柯门达人与荷兰人的战争。然而,随着时间的推进和欧洲资本主义的扩张,黄金海岸的碉堡和商站不断增加。③ 这些商

---

① Casely Hayford, *Gold Coast Native Institutions*, London, 1903, pp. 19-115.

② J. K. Fynn, *Ashanti and Its Neighbours*, 1700—1807, p. 14; J. D. Fage, *Ghana A Historical Interpretation*, The University of Wisconsin Press, 1961, p. 46.

③ 威·恩·弗·瓦德:《加纳史》(彭家礼译),商务印书馆,1972 年,第四、五章,第 86—155 页。瓦德(William Ernest Frank Ward)曾为英国殖民官员,在加纳从事殖民教育达 16 年之久。

站以及奴隶买卖这种非人道高利润的贸易活动对这一地区的社会结构产生了巨大的冲击。

频繁的迁徙是 15 至 18 世纪这一地区的另一特征。定居和农耕带来的人口增长使得人与自然资源的矛盾突出，迁移成了一种自我保存和自然调节的机制。一些氏族从原来的氏族分出来另谋生计。库马乌氏族的口头传说提到，他们的祖先安置下来以后，由于人口增多，不得不去找阿旦斯·阿汗山一位酋长帮忙。后来土地又少了，他们就迁到阿平尼那斯（距库马西只有 14 英里），恩苏达氏族的口头传说也提到地少人多，人们不得不择地而居。[①] 当然，伴随着奴隶贸易而来的对袭击、劫持的心理恐惧也是人们迁徙的重要原因，而王国之间的战争和氏族联盟内部的争斗则使人民流离失所、分裂出走。阿散蒂王国形成的最直接因素则可以说是两个主要氏族为了逃避登基拉的奴役和压榨，被迫迁徙所致。[②]

虽然对阿肯人起源问题尚无定论，但我们可以综合以上看法，提出几点值得考虑的观点。第一，古代加纳、马里和桑海的相继灭亡以及伊斯兰教的传播迫使萨凡纳地区的居民向南迁徙的可能性极大。如果说大规模的迁徙不存在，一浪接一浪的小群迁徙是完全可能的。第二，赤道雨林带各非洲原生氏族之间的文化交流是不能忽略的因素。在此基础上通过流动、迁徙、结盟、通婚而形成新的氏族或民族文化也是完全可能的。第三，从各个不同地方（看来主要是北部）迁徙而来的一些氏族也可能与原生氏族结合而成新的氏族联盟或民族。这些新的共同体一经结合则逐渐发展了自己的语言和习俗，同时不断吸收一些外来文化。这也完全符合人类社会发展规律。

（二）帝国王权的演变与巩固

阿散蒂的前身克瓦曼是一个酋邦，阿散蒂王国建立在各氏族联盟和酋邦联盟的基础之上，这就决定了初期的阿散蒂王国的统治是以家族和氏族制度为基础的。阿散蒂人以阿布斯瓦（Abusua，即大家族）为基本社

[①] R. S. Rattray, *Ashanti Law and Constitution*, pp. 217, 256-257.

[②] J. K. Fynn, *Ashanti and Its Neighbours*, 1700—1807, pp. 28-29.

会单位,分属于 7 个阿布斯瓦。阿布斯瓦是一群或几群人拥有一位共同的女祖先,阿布斯瓦成员之间则禁止婚配。① 这种追溯女祖先的血缘关系具有极重要的政治意义:祖先崇拜对维系社会起了积极的作用,同时也成了神圣王权的宗教基础。社会管理以家族和社会组织为基础。酋长分别由各社会群体的成员选举,对成员负责。大的酋长国形成后,这种机制沿袭下来。阿散蒂国王的选举与酋长的选举程序相似。国王既不是天生,也不是指定,而是由选举产生。一般来说,王位由王族中母系亲属中的男性继承。候选人必须具有一些突出的优点,如聪明睿智、身体健康、宽宏大度等。候选人由母后提名,长老议事会将提名告知公众,征得公众同意后当选。②

阿散蒂人相信精神的作用。他(她)们认为,每个人有两种继承关系,血缘上继承其母,精神上继承其父,一个人继承了父亲的恩托罗(Ntoro,精神)。恩托罗是人的精神的统称,具体到个人则是散神(Sunsum)。一个人的散神是他(她)的自我、本性和特征。父亲将自己的散神遗传给孩子,从而与孩子建立了精神上的联系。同时,孩子出生时还从上帝那里带来了克拉(Kra,活力),这是一个人的精力和力量之源。阿散蒂社会也根据恩托罗分为 7 个组,每个组的成员具有同样的散神。③ 这样,母亲的血缘确立了一个人在社会中的位置,父亲的精神则造就了其个性和自我。有的学者认为这种恩托罗崇拜是母系社会向父系社会转变而迈出的重要一步。④

17 世纪初登基拉王国兴起后对周围的酋长国实行强权统治,不断干涉内政和勒索贡赋。阿散蒂帝国虽是在 17 世纪末创立的,但其历史

① Ernest E. Obeng, *Ancient Ashanti Chieftaincy*, Accra,1986,pp. 1-5. 也有学者持不同意见,认为阿布斯瓦即氏族。Eva L. R. Meyerowitz, *The Sacred State of the Akan*, London,1951, pp. 29-38.

② K. A. Busia, *The Position of the Chief in the Modern Political System of Ashanti*, pp. 9-22; Ernest E. Obeng, *Ancient Ashanti Chieftaincy*, pp. 39-45.

③ K. A. Busia, *The Position of the Chief in the Modern Political System of Ashanti*, pp. 197-200; J. B. Danquah, *The Akan Doctrine of God*, 1944, Frank Cass, 1968[1944],pp. 111-119.

④ Eva L. R. Meyerowitz, *The Divine Kingship in Ghana and Ancient Egypt*, London,1960, p. 98.

可以追溯到阿旦西人和阿曼西人不满于登基拉的统治，向北迁移。他们几经周折后在克瓦曼地区定居下来，并建立了库马西（后来成为阿散蒂帝国的首都）。克瓦曼酋长国的王位经过几代后传到奥比利·叶博阿手上。这时克瓦曼还是登基拉的附属国。奥比利·叶博阿将外甥奥塞·图图（Osei Tutu，? —1717）送到登基拉王宫里服务，这大概是登基拉国王为控制各附属国而采取的一种人质制度。奥塞·图图后来在逃亡过程中又为阿克瓦姆国王服务，这些不平凡的经历为他后来执政积累了政治经验。阿散蒂帝国的真正创始人是奥塞·图图。他继承王位后，一方面励精图治、扩大版图；另一方面与其他五个酋长国结成军事联盟，开始与登基拉对抗。"阿散蒂"（意为"因为战争"）的名称由此而来。[①] 阿散蒂反登基拉的战争得到不少小国的道义声援和物质支持，阿克瓦姆等国还运来军火。众叛亲离以及一系列的战争削弱了登基拉的力量。在著名的 1701 年战争中，登基拉被击败，阿散蒂帝国以一种联盟的方式形成。

阿散蒂王权的神圣性直接与祖先崇拜联系在一起。祖先是人与上帝之间的中介，而国王（酋长）则是人与祖先之间的中介，祖先通过国王来保护其子孙后代的利益。这种神圣性至高无上，君临一切，给王权套上了一个神秘而威严的光环。阿散蒂王权的神圣性主要是由三个方面来体现的：星期五的金凳子、奥德韦拉仪式、禁忌与大誓言。

每个社会都有自己祭祀或崇拜祖先的独特方式。通过凳子和祖先保持精神上的联系则是阿肯人的社会习俗。这种凳子由三部分组成。底座一般是矩形的，中部没有固定形状，往往通过不同的类型或象征图案来表明其主人的身份和地位。顶部一般和底座一样宽，但要长一些，呈凹形。[②] 阿散蒂帝国的统一除了得力于奥塞·图图的卓越领导外，大祭司埃诺克耶的运筹帷幄也起了很大的作用。据说埃诺克耶法力无边，在与登基拉的祭司斗法时击败对方，致使登基拉军队一败涂地。[③] 阿散蒂帝

---

① K. A. Busia, *The Position of the Chief in the Modern Political System of Ashanti*, Oxford University Press, 1951, p. 52.

② P. Sarpong, *The Sacred Stools of the Akan*, Accra, 1971, pp. 5-8.

③ K. O. Bonsu Kyeretwie, *Ashanti Heroes*, Oxford University Press, 1964, pp. 8-13.

国成立后面临着一系列问题。南北还有不少敌对势力蠢蠢欲动,王国内部军事联盟的基础还很不巩固,随时都有分裂的可能。根本的问题则是王权的神圣性、合法性和权威性并没有完全确立。为了完成由军事联盟到王国的实质上的过渡,使阿散蒂人团结一致,埃诺克耶用他的智慧创造了一个金凳子,从而维护了全民族的统一。那是一个星期五,埃诺克耶将王国的所有酋长召集到库乌西开会。在集会上,忽然"天空漆黑一片,雷电大作,一阵白色的尘土扬起",一只饰金的木凳子缓缓地落到了奥塞·图图的膝上。埃诺克耶立即庄严地宣告,这只金凳子是上天所赐,它代表着全民族的灵魂,阿散蒂民族的勇气、力量、繁荣、昌盛全部依赖于金凳子的安全。随后他举行祭酒仪式,让在场的母后、王室成员和每个酋长饮酒盟誓,保证维护国王权威和阿散蒂国家的团结统一。①

一般来说,只有少数有名望或做出了特殊贡献的人,其凳子在他死后得以保存,以供后人祭祀。星期五的金凳子代表阿散蒂王位,是王权的象征,只有阿散蒂国王才能占有。这张凳子从未有人坐过,国王也不例外。在盛大节日或举行仪式时,阿散蒂国王只是摆出姿态,假装在上面坐三次,然后回到自己的原位上去,将胳膊放在金凳子上。② 金凳子有专门的殿堂存放,有警卫和搬运人(其官职都在一般官员之上)。金凳子是不能接触地面的,温奇酋长的职责之一是提供象皮(一般是大象耳朵)以放置金凳子。③ "星期五的金凳子"实际上起了两个作用。第一,以金凳子为阿散蒂民族的精神象征,从而使全体人民对自己与民族利益的一致达成共识,促进了民族意识的形成。第二,埃诺克耶以金凳子的出现过程(或通过口头传说流传下来的"出现过程")和庄严的祭酒仪式使刚刚走到一起来的阿散蒂人确立了"神圣王权"的意识,从而也保证了建国初期王权的巩固。

阿散蒂人有各种宗教节日和仪式,但与王权联系最紧密的是奥德韦拉仪式。这是一年一度的全国节日,每年九月举行庆祝仪式,仪式持续约

①　R. S. Rattray, *Ashanti*, Oxford University Press, 1923, pp. 287-293.

②　R. S. Rattray, *Ashanti*, p. 290.

③　K. A. Busia, *The Position of the Chief in the Modern Political System of Ashanti*, p. 17.

一个星期。这个节日的主要目的是祭祀已逝的国王和祖先,商议国务大事和净化整个民族。奥德韦拉以祭祀祖先的仪式开始。在节日的第一天,国王和他的官员们在金凳子的引导下先后拜访各种重要人物,并举行祭酒和牺牲仪式。在向先人和国王陵墓祭酒时,国王的发言人祈祷:"仙逝的精灵,请接受这酒和羊。不要让灾难降临到我们头上。我们将要庆祝奥德韦拉。"节日期间,人们用羊、薯、酒在家里祭祖先。一星期后,负责先王陵墓的酋长再次用新收的薯祭祀先王,从这以后,国王、酋长和所有的阿散蒂人才可以开始吃新粮。在奥德韦拉仪式上,往往还要将活人(12名犯人或俘虏)作牺牲以祭祀祖先。作为全国性的仪式,每个省的酋长都要参加,即使是最边远省份的酋长也不例外。只有在极个别的情况下(如远征或要务在身),酋长可获准仅派自己的代表参加。各地尚未宣誓的酋长向国王宣誓效忠。随后,国王和他的议事会一起商讨国务大事,其中包括政治、法律和各地区的重要事务,同时各地酋长还要听候国王对各种上诉案件的处理意见。这个仪式使各地酋长明确自己是阿散蒂帝国的一员,而不仅仅是某一家庭、氏族或酋长国的一员。奥德韦拉的另一重要内容是象征性的净化。这种净化仪式称为"孚菲埃"。在这一天,国王及官员随从穿上自己最好的服装,以金凳子和其他祖先的黑凳子为先导,人们抬着神龛、鼓号、凳子、椅子等物向溪边进发。随后,国王将圣水洒到金凳子上,再洒到各种器物和周围的人身上,并为全国的和平幸福祈祷。人们希望通过清洗各种污垢,使自己的心灵和整个民族得到净化,在来年中健康安乐。[①] 奥德韦拉仪式非常庄严,人们从中得到精神的鼓舞和感情的升华,从而将自己的命运和国运王权紧紧联系到一起。库马西王族的一位成员深有感触地说:"现在我知道了为什么祖先建立了奥德韦拉仪式。它是为了将酋长们召集到一起,激励他们,这样他们会时时想到阿散蒂联盟。"[②]

神圣王权与祖先崇拜联系在一起。人们崇拜祖先的目的是希望祖先

① 关于奥德韦拉仪式全过程,参见 T. Edward Bowdich, *Mission from Cape Coast Cattle to Ashantee*, pp. 274-280;R. S. Rattray, *Religion and Art in Ashanti*,Oxford:Clarendon Press,1927,pp. 121-143.

② K. A. Busia, *The Position of the Chief in the Modern Political System of Ashanti*, p. 91.

保佑自己。这种基本要求很自然地和国王的职责联系起来。风调雨顺是国王带来的福祉,天灾人祸则是国王失职造成。为了使国王更好地履行自己的职责,人们想出各种办法并制定种种措施来保证国王的安全(亦即自己的安全、国家的安全)。因而,神圣王权总是和禁忌连在一起。国王的身体是神圣的,不得有半点缺陷。生理有缺陷或身体受过伤、流过血的,甚至生过疾病的人绝不可能被选为国王。[①] 国王(酋长)不能打人,更不能被人打;他不能赤着脚走路;他行走时既要小心,又要威严,以防跌倒;他的臀部不能接触地面。人们认为,任何此类事情发生,都将给整个国家带来灾难,除非以某种牺牲来消灾。[②] 阿肯人的古老习俗更为严格。因为国王的人身安全与国家的安全系在一起,一般禁止国王和王子参加战斗、看见尸体或亲临墓地。为了避免与来月经的女人接触(失血被认为是克拉的削弱,且有传染性),国王的食物由男子烹饪。[③] 不过这种与死亡有关的禁忌到阿散蒂帝国时已不再遵守。[④]

国王临死前的送终仪式也十分烦琐细致,死后的葬礼更是庄严神圣,这些既有专门的程序,也有专人负责。[⑤] 同时,国王的死也是不能直言的。对此,阿散蒂人有很多隐讳的说法,如"大树倒了","纳纳(阿散蒂人的尊称)到村子里去了","屋里的灯灭了"等等。[⑥] 如果阿散蒂国王死于战场,这被认为是极大的灾难。参战的武士被问及此事时,往往避而不答:"我参加了战斗,但从未听说过这件事。"[⑦]

发誓是阿肯人一个既普遍又严肃的习俗。这种誓言的严肃性在于它往往提及国家的某次灾变。在这种灾变中,或是一位祖先去世,或是社区遭受困阻,或是人民遭到荒年饥饿等。总之,这是一次谁也不愿提及,提

① A. A. Kyerematen, *Kingship and Ceremony in Ashanti*, Kumasi, p. 13; Eva L. R. Meyerowitz, *The Sacred State of the Akan*, London, 1951, p. 56.

② K. A. Busia, *The Position of the Chief in the Modern Political System of Ashanti*, p. 202.

③ Eva L. R. Meyerowitz, *The Divine Kingship in Ghana and Ancient Egypt*, Faber and Faber, 1960, pp. 106–107.

④ Meyerowitz, *The Sacred State of the Akan*, p. 35.

⑤ A. A. Kyerematen, *Kingship and Ceremony in Ashanti*, pp. 6–12.

⑥ J. K. Fynn, *Ashanti and Its Neighbours*, 1700—1807, p. 49.

⑦ C. C. Reindorf, *The History of the Gold Coast and Asante*, p. 67.

起就使大家伤心的事。如某人无缘无故提及，其惩罚一般是死罪。以这种灾变起誓，突出其严重性。奥坡库·瓦里国王续位(1720 年)后，为了防止王国分裂，决定利用禁忌来增强阿散蒂帝国的凝聚力。他设立了"阿散蒂大誓言"，这一誓言提及前任国王、阿散蒂帝国的奠基者奥塞·图图的战死之事。[1] 这一誓言极其神圣，每当有人发此誓言，随后就是"死一般的寂静"。[2] 奥坡库·瓦里将誓言和禁忌结合在一起来作为加强神圣王权的工具，这不能不说是一大创造。

金凳子、奥德韦拉、禁忌和大誓言既是阿散蒂王权神圣性的体现，又反过来加强了王权。但这一切并不意味着国王权力无边，可以为所欲为。很多加纳学者强调阿散蒂王权的统治是民主的，国王(酋长)不是独裁君主，其根本原因就是王权运作中存在着制衡机制。这种制衡机制可以说由四种因素构成：王族(特别是母后)、长老议事会、宗教领袖和平民。[3]

阿散蒂王权的神圣性是抽象而绝对的，其合法性、权威性，则是具体的、相对的。这主要是因为神圣性是针对王位(王权)而言，与祖先崇拜的传统宗教直接联系在一起，而合法性和权威性则是针对国王个人而言，并且要在实际运作中形成或体现出来。阿散蒂王权的特点寓于矛盾的辩证统一。一方面，王权是神圣的。国王掌管一切，无所不包；他接受臣民的顶礼膜拜，他的权威是至高无上的。另一方面，王权是平凡的，他受各方面的制约。国王由公众选举通过，他的合法性是由臣民决定的，他的权威是极其有限的。然而，正是这种辩证的二重性从根本上保证了阿散蒂王权的稳定和延续。

(三) 克瓦多革命：改革与意义

阿散蒂国王既是国家的精神领袖，又是最高行政官，同时掌管军队。

① J. K. Fynn, *Ashanti and Its Neighbours*, 1700—1807, pp. 58-80.

② Bowdich, *Mission from Cape Coast Cattle to Ashantee*, p. 297.

③ 有关针对阿散蒂王权的各种制衡机制，参见李安山：《阿散蒂王权的形成、演变及其特点》，施治生、刘新如主编：《古代王权与专制社会》，中国社会科学出版社，1993 年，第 161—185 页；Anshan Li, "Asafo and Destoolment in Colonial Southern Ghana, 1900—1953" in *The International Journal of African Historical Studies*, 28:2(1995); Anshan Li, "Abirewa: A Religious Movement in the Gold Coast, 1906—1908" in *Journal of Religious History*(The University of Sydney)20:1(1996 June)。

他代表国家处理一切对外事务。[①] "在阿散蒂,所有土地属于阿散蒂国王。"[②]但这种"属于"与所有权并不能等同。阿肯人都认为土地是属于祖先的,没人可以据为己有。国王或酋长是土地的管理人,是祖先委托他们照看土地的。国王和酋长有自己的义务和权利。他们最大的义务是通过战争、谈判或法律保卫土地。他们也有一些特殊的权利。在非常情况下,国王(酋长)可以出卖土地,但必须征得议事会的同意,并以牺牲祭祀祖先。外来人要使用土地,也必须征得他的同意,并交纳一定的实物税。[③]

各地酋长与国王的关系是一种隶属和效忠的关系。这种关系通过庄严的宣誓仪式来确立。效忠关系一旦确立,则王权的权威性体现在以下几个方面。第一,承认国王的地位和酋长的隶属关系意味着承认酋长的职位和土地都是国王赐予,因而国王随时可以收回。第二,酋长管辖的每一个臣民都有权向国王的法庭提出申诉,从而限制了酋长随意将臣民处以死刑。第三,禁止各酋长之间私自互相宣战,维护了王国的内部统一和团结。第四,国王有权根据需要向酋长征税,使财政来源有一定保证。[④]

帝国的扩展经历了一个多世纪的努力,统治方式的形成亦非一日之功。从奥塞·图图始,阿散蒂从一个松散的以军事联盟为形式的帝国发展成在军事、政治和经济上颇具规模的中央集权国家。与此同时,王权统治也日益加强,经过多次改革和反复,中央集权逐渐强化。虽然奥塞·图图创建了阿散蒂帝国,建立了一个首都和一支军队,并为阿散蒂民族设立了一个神圣的金凳子和一种统一的宗教仪式,但建国初期的政权并不巩固。他的两位继任者通过武力征战大大扩充了阿散蒂的版图,但却留下了一个内外矛盾重重的王国。这主要是因为除了最初结盟的五个酋邦(即贝克瓦、吉瓦本、科托福、玛姆朋和恩苏达)外,阿散蒂帝国的征服和扩张多以军事手段完成,其他各酋邦对强加的阿散蒂王权并未认同,各种反抗持续不断。阿散蒂与受到欧洲人特别是英国人支持的芳蒂联盟进行了

---

① Casely Hayford, *Gold Coast Native Institutions*, pp. 32–43.

② Ernest E. Obeng, *Ancient Ashanti Chieftaincy*, p. 55.

③ K. A. Busia, *The Position of the Chief in the Modern Political System of Ashanti*, pp. 44–45.

④ 英国社会人类学家和驻黄金海岸殖民官员赖特里根据口头传说记述了曼萨·邦苏国王接受宣誓效忠的仪式。R. S. Rattray, *Ashanti Law and Constitution*, pp. 101–105.

长期的争斗。

1764 年,奥塞·克瓦多(Asantehene Osei Kwadwo, 1764—1777 在位)登基。为加强王权,更好地抵御日益迫近的欧洲人的威胁,他在奥坡库·瓦里等前国王改革的基础上,又进行了一系列重大改革。这次改革为中央集权和官僚制度化奠定了基础,因而被历史学家称之为"克瓦多革命"。[①] 这次改革被后几任国王继续推行,对加强王权起了极重要的作用。"克瓦多革命"的改革集中在官职设置和统治方法上,主要包括以下内容。

适应需要,增设官职。附属国的增多和疆域的扩大使帝国的财经活动增多,为此新设了吉亚斯瓦赫内(Gyaasewahene,即财政大臣)一职,以掌管国库。吉亚斯瓦赫内的职责是处理不断增多的贡品、贸易关税和人头税。当时还征收一种死亡税。人死后其财产收归国王所有,但如果其亲属交纳一定金额和实物,则可保留财产。"谈判的道路尚存,决不使用刀剑。"这是阿散蒂国王的准则。扩张和兼并使外交谈判增多。同时,海岸地区的欧洲人商站活动频繁,对外事务也不断增加。为此,谈判官职位也开始固定化,成为国王的对外事务处理者和发言人。职权固定和分工明确使王权的实施进一步制度化。

用委任制代替贵族世袭制是克瓦多改革的另一个措施。一些职位由国王根据部下的才能直接委任。不少出身低贱的人由于才华出众而被委以重任。负责掌管帝国财政的奥坡库·弗雷弗雷(Opoku Frefre)曾是一位酋长的仆人,被国王看中后,委任为财政大臣。负责外交谈判事务的阿契伊(Agyei)曾是一个运盐工,他在陪同主人到王宫法庭听审时,滔滔不绝地为主人辩护了 3 个小时。他的辩才得到了阿散蒂国王奥塞·邦劳(Osei Bonsu,1800—1823 在位)的赏识,便被留下来担任政府谈判官员。由于他的杰出服务,国王赏赐给他房子、妻子、奴隶和黄金,后来又进一步提拔了他。任人唯才的革新引起了旧贵族们的反对,却为官僚制度化开

---

① Ivor Wilks,"Ashanti Goverment";*West African Kingdoms in the Nineteenth Century*,D. Forde and P. M. Kaberry, *West African Kingdoms in the Nineteenth Century*, Oxford University Press, 1967, p. 211; G. P. Hagan, "Ashanti Bureaucracy: A Study of the Growth of Centralized Administration in Ashanti from the Time of Osei Tutu to the Time of Osei Tutu Kwamina Esibe Bousu", Transaction of the Historical Society of Ghana, 12 (1971),pp. 43-62.

了路。

另一项改革措施是驻扎官制度的建立。从运作的角度看,王权的实施即王国的管理。赖特里认为,阿散蒂帝国的管理机制最大的特点是分权,如果从王权运作的基础这一角度看,他的说法有一定道理。更具体地说,王权是建立在酋长制基础上,是通过各酋长国来实施的。这可以说是历史的延续性(阿散蒂帝国由众多酋邦以联盟方式结合而成)在王权机制上的反映。经过一个多世纪的扩张和兼并,在 19 世纪初,阿散蒂帝国已超过现今的加纳版图。据两位曾在此时到过阿散蒂帝国的英国人记述,阿散蒂帝国从西(北)的戛曼到东(南)的沃尔特河跨四度经线,从南部的海岸角到北部的贡国戈凡(布依佩)跨四度纬线。[1] 帝国包括 47 个氏族联盟和酋邦,人口达 300 万。[2] 被征服的主要贡国有登基拉、阿基姆、瓦萨、阿克瓦姆、戛曼、达贡巴等 21 个。根据统治方式,整个帝国可粗略地分为三种类型:省区、附庸国和"保护地"。

各省区主要是指以库马西为中心的阿肯人地区,受王权直接统治。这是帝国的中心部分,具有比较可靠的政治基础。阿基姆、阿克瓦姆、登基拉等属于这一类。这些省区实为酋邦,其中以库马西地位较为特殊。它既是诸酋邦中的一个,又是阿散蒂帝国的首都和政治文化中心。库马西的酋长经常被国王派往各地任驻扎官,以加强中央对各附属国的控制。附庸国与首都的政治关系比较松散,它们每年向库马西进贡,在人力和物力上维护阿散蒂帝国,由库马西派来的驻扎官的主要任务是收取贡赋,对其政治事务一般不加干涉。附庸国与库马西主要是经济和贸易上的关系。达贡巴和贡加就属于这一类型。他们的战略地位很重要,但在文化上并不与阿散蒂人认同。"保护国"的地位比较微妙。一方面,这些酋邦很少甚至没有参加过阿散蒂的征服战争,仅仅在道义或名义上给予声援;另一方面,这种保护关系是间接的而不是直接的。库马西也派驻扎官到保护地,掌管政治和法律事务。这些地区有阿克拉、埃尔米纳等,他们与

---

[1]　Joseph Dupuis, *Journal of a Residence in Ashantee* ,1824,Frank Cass, 1966[1824], Part 2, p. 26; T. Edward Bowdich, *Mission from Cape Coast Cattle to Ashantee* , Frank Cass, 1966[1819], pp. 179, 181-182.

[2]　Joseph Dupuis, *Journal of a Residence in Ashantee* , p. 236; Thomas J. Lewin, *Ashante Before the British* , *The Prempean Years* , *1875—1900* , Lawrence,1978,p. 12.

阿散蒂的关系是互利的。

阿散蒂国王对被征服的地区实行的是一种间接统治制度,地区首领一般都保留原有的权力。所不同的是,他们是作为国王的官员行使这些权力。这种间接统治制度经奥塞·克瓦多和他的继任者的改革,成了一种新的省区统治制度。然而,为了防止这些统治者卷土重来,国王委任了驻扎官,让他们与传统首领在一起,将国王的意志转告给他们,并对他们实行全面监督。这种制度不仅加强了中央对地方的控制,而且国王的意志可以直达基层,从而保证了王权的实施。"国王并不满意于将整个权力交给当地酋长,因为一段时间后这些人完全可能重整旗鼓,挣脱枷锁。基于这点考虑……他委托了阿散蒂族的地方总督,让这些他完全信得过的人去和被征服的酋长在一起,将国王的意志转告酋长,对酋长实行全面监督,并要他们特别防范那些旨在恢复其独立地位的阴谋。"①

为什么将奥塞·克瓦多及其后几任国王的改革称为"克瓦多革命"呢?这是因为它从多方面加强了王权。在阿散蒂,王权的运作不断随形势而变化,王权的神圣性却始终如一。

王权的神圣性保证了国王的基本权威,但崇高威望的树立则与国王的文治武功直接联系在一起。作为人类社会发展史上出现较早的一个政治职务,国王似乎可以说是战争和武功的产物。带领全国人民(而不仅仅是一个家庭或一个酋邦)与敌国浴血奋战往往是国王确立自己权威的最好机会。在这种意义上,英雄主义是权威产生的必不可少的条件。奥塞·图图的权威所在不是因为他是国王,而在于他是第一个率领阿散蒂军队向登基拉宣战的军事领袖,他是在战胜了敌人以后当选的国王。在和平环境下,统治者的英明睿智是树立权威的必要条件。

马克斯·韦伯将权威概括为三种类型:传统的权威、神魅的权威和法理的权威。② 第一种权威来自不可更动的传统,是代代相传无可非议的。第二种权威来自个人的超凡魅力或超群能力,是建立在人们对领袖的非

---

① B. Cruickshank, *Eighteen Years on the Gold Coast of Africa*, Vol. 1, Frank Cass, 1966[1853], p. 340.

② S. N. Einsenstadt, ed. , *Max Weber on Charisma and Institution Building*, The University of Chicago Press, 1968, p. 46; H. H. Gerth and C. Wright Mills, eds. , *From Max Weber: Essays in Sociology*, Oxford University Press, 1958, pp. 295-297.

凡才能的崇拜和敬畏之上。第三种权威是法制的或理性的,权威根据法律规定的程序产生并服从于法律,因而是理性的选择。通过分析阿散蒂王权,我们发现,阿散蒂王权并非上述权威中的一种,而是这三种权威的综合。首先,阿散蒂王权是祖先确立并传下来的,其权威来自久远的传统,因而人人必须服从。其次,王权与祖先崇拜、宗教仪式和各种禁忌相关,国王的人身健美与德操完善是被推选出来的必要条件,国王的领袖才能是王位继承的当然保证,因而其权威是神魅的。再者,国王的选举从推荐、审查到通过均经过复杂的选举程序,不合格的候选人可能被议事会或平民阿萨乎否决,整个选举过程可以说是自始至终贯彻了法制和理性的原则。因而这种权威是法理性的。

如果说在建国初期阿散蒂王权统治的基础主要是血缘关系和家族制度,那么从奥塞·克瓦多的改革到 19 世纪,逐步制度化的官僚阶层开始成为王权的工具,中央集权化也成为王国政治的主要特点。"克瓦多革命"使中央集权成为帝国政治的主要特点。首先,加强了中央对地方的控制。通过设立财政大臣和驻扎官制度,不仅使职权明确,效率提高,而且也加强了中央对地方人力、物力和财力的支配权,大大减少了叛乱的可能性。改革也削弱了传统贵族的势力。传统贵族往往是当地统治势力,有的则追随奥塞·图图转战沙场,他们都获得世袭职位或特权。通过改革,国王得以直接委任和罢免各级官员。官职表面上成了国王的一种奖赏、恩赐或礼物,实际则成为加强自身统治的一种手段。最重要的是,受国王控制的官僚阶层成为加强王权的工具。国王不仅可以任免官员,而且有权设立或废除各种职务。因而,这个新生的官僚阶层在政治权利、经济利益和社会地位各方面依附于国王。这个阶层来源不一(有法国人、丹麦人),信仰不同(有穆斯林),缺乏共同的社会基础和文化背景,更无血缘上的关系。只有一个共同的目标将他们联系在一起:为国王服务。逐步制度化的官僚阶层开始成为王权的工具。[①]

---

① D. Forde and P. M. Kaberry, *West African Kingdoms in the Nineteenth Century*, Oxford University Press, 1967, pp. 206-238; Ivor Wilks, *Asante in the Nineteenth Century: The Structure and Evolution of a Political Order*, Cambridge University Press, 1975, pp. 129-133;李安山:《阿散蒂王权的形成、演变及其特点》,施治生、刘新如主编:《古代王权与专制社会》,第 161—185 页。

（四）英国的渗透与新的危机

阿散蒂从 17 世纪末开始扩张,到 19 世纪初已成为西非强大的联邦帝国,控制着黄金海岸的全部内陆。1817 年,仅宗主国阿散蒂的男子人口已达 36.2 万,根据推算全部人口为 100 万。① 英国人以海岸角为基地、与芳蒂族联盟,逐步向沿海内地渗透,但遭到阿散蒂人的抵抗。1805 年,芳蒂族因收留了阿散蒂联邦的叛逃者而遭到阿散蒂军队的报复。入侵的阿散蒂军队与阿诺马博堡的英国人直接对垒。英国史学家费奇称"第一次有一个非洲大国向一个欧洲贸易大国挑战,争夺对双方都有重大关系的贸易边境上的优势"。② 直到 1826 年,英国人一直未能动摇阿散蒂的地位。芳蒂人虽然得到英国公司的援助,但无力抵抗阿散蒂人,英国、丹麦和荷兰人的堡垒更不可能与阿散蒂军队抗衡。惟一的办法是妥协。

1817 年 4 月,英国商人公司派团访问阿散蒂首府库马西。双方于 9 月 7 日签订条约。条约规定阿散蒂与英国保持和平关系;阿散蒂人与英国公司及黄金海岸定居点管辖下的各非洲民族和平共处;一旦阿散蒂受到英国保护下的土著民族的侵略时,在英国总督调停前不得开战;英国任命一名驻库马西的使官。③ 英国人一方面承认阿散蒂对沿海地区的主权,一方面鼓励芳蒂人与阿散蒂人为敌。阿散蒂在签约后屡次遭到芳蒂挑衅。在多次向英国总督抱怨无效之后,阿散蒂派出使团要求英总督和海岸角分别赔款。1820 年 2 月,英政府代表约瑟夫·杜波依斯访问库马西,并于 3 月 23 日签订了新条约。条约规定阿散蒂国王及其酋长宣誓臣服并效忠英王;芳蒂为阿散蒂统治范围。阿散蒂撤销对英国总督的赔偿要求,但坚持要海岸角赔款。④ 这一条约未得到英总督和海岸角议事会

---

① Wilks, *Asante in the Nineteenth Century*, pp. 87-88. 威尔克斯的推算方法根据 H. Hollingdworth, *Historical Demography*, Issca, 1969, pp. 227-321。

② J. D. 费奇:《西非简史》(于珺译),上海人民出版社,1977 年,第 216 页。

③ G. E. Metcalfe, ed., *Great Britain and Ghana*, *Documents of Ghana History*, 1807—1957, London, 1964, pp. 46-47.

④ G. E. Metcalfe, ed., *Great Britain and Ghana*, *Documents of Ghana History*, *1807—1957*, pp. 58-60.

的批准。双方关系丝毫未得到缓和。

麦卡锡(Sir Charles MacCarthy)成为塞拉利昂总督后,实际上统管了英国在西非的势力范围。他于 1822 年 3 月 27 日来到黄金海岸后决定与丹麦人和芳蒂人联盟共同对付阿散蒂,这一计划并未奏效。冲突再起,在 1824 年 1 月的恩沙曼考战役中,麦卡锡总督在与阿散蒂军队作战时被击毙。1826 年英军击退阿散蒂的再次进攻。当时英国政府在非洲的政策是尽量少卷入地区冲突。1827 年,伦敦指示坎贝尔总督:英国在西非的属地不应扩张,不应与非洲民族结盟,以免被卷入当地纠纷,并命令他从黄金海岸堡垒撤回官员和驻军。[1] 1828—1843 年期间该地区的管辖权交由黄金海岸商人理事会处理。

商人理事会在主席麦克里恩的主持下,继续推行领土扩张政策。1831 年 4 月 27 日,麦克里恩与阿散蒂再次签约,芳蒂及其他沿海各地酋长分别作为缔约人或见证人签字。条约规定阿散蒂交纳 600 盎司黄金押金和两名王室青年作为人质,这些担保交由海岸角管理,期限为 6 年;各方准许自由贸易;登基拉等附庸国国王一律解除对阿散蒂国王的臣属义务。[2] 阿散蒂虽被承认独立,但被迫放弃对沿海地区的统治。英国人以仲裁者和沿海地区保护者的身份将这一地区置于非正式的保护之下。1843 年,英国政府恢复黄金海岸的统治。第二年,根据新颁布的英国国外管辖权法令,英国总督与沿海地区各总督签署"约章"(Bond)。约章并未授权英国干涉其内政,仅允许其参与司法工作。[3]《1844 年约章》将麦克里恩所建立的保护关系以条约的形式正规化。从 1844 年到 1874 年,凡签署约章的国家被称为英国的保护国。[4]

阿散蒂帝国经过改革,中央权力得到加强,对英国的渗透也进行了各

---

[1] Ivor Wilks, *Asante in the Nineteenth Century*, pp. 169‑175; M. Crowder, *West Africa Resistance: The Military Response to Colonial Occupation*, London, 1971, pp. 19‑52.

[2] G. E. Metcalfe ed., *Great Britain and Ghana*, *Documents of Ghana History*, *1807—1957*, pp. 133‑134.

[3] 约章全文见威·恩·弗·瓦德:《加纳史》(彭家礼译),商务印书馆,1972 年,第 316 页。

[4] 关于约章的定义可参见 J. B. Danquah, "The Historical Significance of the Bond of 1844", *Transactions of the Historical Society of Ghana*, 3:1(1957), pp. 3‑29。

种抵制。然而,在帝国主义瓜分非洲的历史大潮中,阿散蒂的改革未能使其逃脱被欧洲列强殖民侵占的厄运。阿散蒂军队虽然与英国军队进行了8次战争,但英国人步步紧逼。1888 年上台的普伦佩一世王竭尽全力希望振兴阿散蒂帝国,一方面以强硬的态度拒绝了英国殖民政府 1891 年提出对阿散蒂帝国提供保护的无理要求,另一方面派出一个 300 多人的外交使团访问英国,希望向英国女王面呈阿散蒂的正当要求。然而,这一要求遭到拒绝。对于阿散蒂人来说,金凳子既代表神圣王权,也代表着主权,是全民族精神的象征。在特殊情况下,阿散蒂人宁可做出重大牺牲以保护金凳子的安全。1896 年,他们宁愿接受英国人流放其国王普伦佩一世的决定而不愿诉诸战争,以免战败而失去金凳子。1900 年 3 月,黄金海岸总督在库马西召集大会时质问:"金凳子在哪里? 为什么此刻我没有坐在金凳子上? ……"回答他的是一片寂静。散会后,阿散蒂人回到家里的第一件事就是准备战斗。神圣的金凳子遭到了英国人的侮辱,以战斗来保卫是唯一的选择了。[①] 这就是触发著名的第八次阿散蒂反英战争的导火索。然而,在拥有强大火器的英国军队面前,阿散蒂最终被征服,于1902 年成为黄金海岸殖民地的一部分。

五、未成功的早期改革尝试

随着欧洲殖民扩张的逐步铺开,非洲国家开始感觉到威胁。当非洲面临欧洲列强瓜分的危机时,一些早期的非洲政治家认识到改革的迫切性和重要性。他们面对急剧变化的地区局势,毅然开始了早期改革的尝试。在北非国家埃及、摩洛哥、突尼斯、苏丹与南部非洲的祖鲁王国、西非一些扩张中的伊斯兰国家以及马达加斯加等国家都有各种改革。这里大致分析埃及的穆罕默德·阿里改革和马达加斯加的"前工业化"改革这两个案例。

(一) 穆罕默德·阿里改革

对于埃及在 19 世纪初开始的被称为"穆罕默德·阿里改革"的这种

---

① R. S. Rattray, *Ashanti*, pp. 291-292.

运动,学界多认为它是一场"现代化"运动,有的学者将这一尝试定义为"埃及的早期现代化",有的学者则将其直接定义为"现代化"。"1798 年拿破仑入侵埃及,揭开了埃及近代史的序幕。由于法国占领和统治埃及的时间很短(1798—1801 年),对埃及影响不大。1805 年穆罕默德·阿里出任埃及总督后,大刀阔斧地进行改革,启动了埃及的现代化。"[①]外国学者也坦然认可这场在世界历史上可以留下浓墨重彩一笔的改革,"对于在奥斯曼帝国内部享有法律上的自治权的埃及来说,哪怕是从西方意义上来看,也算得上是一个进步年代……那个时候,埃及政府在行政管理、法律制度和财产法等方面实现了现代化"。[②]

穆罕默德·阿里的最终目的是摆脱奥斯曼帝国的统治,建立一个以埃及为中心的阿拉伯帝国。穆罕默德·阿里改革的内容十分广泛,也取得了巨大的成就,主要涵盖以下几个方面。第一,实行土地制度改革,大力发展农业。他通过镇压马木鲁克并没收他们的土地,将部分土地分给地主和追随者,从而形成依附于他的社会基础,另一部分分给无地农民耕种,并要求他们缴纳税收。第二,改革原有的税收制度,简化了税收项目和纳税手续。这在一段时间内减轻了农民的负担,并给予他们一些优惠条件(如发放贷款和种子等)。第三,大规模兴修水利,革新农业技术。阿里通过维修水塘、修筑水坝和挖掘运河,大大改善了埃及的灌溉系统。他特别重视棉花生产以扩大出口,并建立了埃及的第一家纺织厂。第四,他一方面派出优秀人才到西方学习各种先进技术,另一方面从西方引进人才和技术,创办近代机器工业,从而大大加强了埃及的工业水平。早在19 世纪的头 20 年,对欧洲工业革命进步极其羡慕的穆罕默德·阿里将埃及使者派往欧洲,希望将欧洲人的工业技术学以致用,这大大早于日本代表团或中国政府派出的使者。他这样做的目的当然是学习欧洲人的各种先进做法和经验,翻译他们的著作和学习他们的工作和生活方式。[③]

---

① 毕健康:《埃及现代化与政治稳定》,社会科学文献出版社,2010 年,第 16 页。

② R. R. Palmer and Joel Collon, *A History of the Modern World*, New York, 1978, p. 619. 转引自王铁铮主编:《世界现代化历程:中东卷》,江苏人民出版社,2010 年,第40 页。

③ Janet Abu-Lughod, *The Arab Rediscoverey of Europe: A study in cultural encounters*, Princeton: Princeton University Press, 1963.

第五,实行一系列的军事改革。阿里对征兵制、军事训练、军种设置和武器装备等方面进行了改革,大大加强了埃及军队的战斗力,在抵御西方的殖民入侵中发挥了重要作用,捍卫了民族尊严。当然,他还进行了一系列制度方面的改革,取得了巨大的成效。①

虽然穆罕默德·阿里的改革因为英土联军的干预而失败,但埃及的"现代化"尝试并未停止,后来的赛义德和伊斯梅尔继续阿里的遗志。"穆罕默德·阿里家族的三代改革是为实现埃及富国强兵而发动的一场早期现代化运动,给埃及社会带来了广泛而深刻的变化。"②然而,这些改革并未能阻止欧洲列强对非洲的瓜分。

(二) 马达加斯加的"前工业化"努力

另一个有类似经历的国家是马达加斯加。1820—1895 年间,马达加斯加经历了一场工业化的尝试。尽管有人将这一场早期改革称为"前工业化",但它在非洲大陆发展进程中的历史意义不可忽略。在所谓"前工业化"的讨论中,国家的作用是非常重要的一个因素。大概是因为这种工业化与欧洲的模式不合,因而总是被贴上非正统的标签。马达加斯加的工业化正是这样一种典型。

18 世纪时,早年建立的梅里纳王国分裂为四。1797 年,安德里亚南普伊奈梅里纳(1787—1810 年在位)统一了王国,并在国内划分了贵族、自由民和奴隶三个阶级。其子拉达马一世(1810—1828 年在位)继位后称"马达加斯加国王",并开始领土扩张。他于 1817 年夺取了法国在东海岸的塔马塔夫,随后迅速将王国扩张到除西部一部分和南部以外的整个马岛。1825—1826 年,拉达马一世拒绝了英国提出的自由贸易联盟的建议,坚持在自己的土地上进行独立的贸易。他希望通过控制本地资源,采用西方的先进技术,以保证自主的工业化,特别是在纺织和军工工业方面。尽管他在多方面模仿西方,但其更长远的目标是为了生产纺织品、经济作物和林产品(如蜡和橡胶等)作为出口商品,同时还有阉牛、肉类和水

---

① 国内有关穆罕默德·阿里改革的著述较多。参见陆庭恩:《评穆罕默德·阿里的改革》,陆庭恩:《非洲问题论集》,世界知识出版社,2005 年,第 37—48 页。

② 王铁铮主编:《世界现代化历程:中东卷》,江苏人民出版社,2010 年,第 40 页。

稻以及兽皮等传统出口产品。①

在 1826—1837 年间，马达加斯加的关税大致从 5％增加到 20％—25％，并先后与欧洲和马什克林群岛约 20 家公司和辛迪加签订了工业合同。面对外国纺织品的竞争，拉达马一世于 1827 年采取了两种措施以保护和促进国内的纺织业。第一，以前英国可以用布匹来支付马达加斯加出口到英国的牛，拉达马一世将布匹改成现金，从而达到阻止从英国（特别是兰开夏）和印度进口布匹的竞争。第二，为了加大生产规模，他建造了一座以水力为动力的纺织厂，加上从英国进口的机器，从而使年生产量达到 5 000 匹棉布。拉达马一世还专门派人在英国学习最新的军工技术，甚至还从法国进口兵器，用国产取代进口武器。他甚至指定不同区域负责生产不同的军工武器或装备，通过修建运河和道路加强国家内部的交通运输能力。为了抵御法国人的进攻，拉达马一世还动员国内民众修建了各种防御工事和设施。1834 年，马达加斯加第一家出版社建成。②1830 年代后，流行多年的奴隶贸易开始转向，奴隶职能由消遣开始转向为东部沿岸的种植园或制糖厂服务。尽管人数难以统计，但在 19 世纪后期可能达到 6 万人。③

拉达马一世特别重视向西方学习各种技术，并建立了许多现代教育设施。从 1816 年到 1830 年，马达加斯加还选派了 27 名马达加斯加青年工匠，将他们分别派往英国和毛里求斯，学习火药和兵器制造、纺织技术和机械技术以及金银和铁器制造、木工技术、制鞋技术和涂漆技术等，另外 50 名青年被送到英国军舰上接受水手训练。为了更有效地利用伊梅里纳的 20 名外国工匠，他给每个外国工匠分配两名马达加斯加青年当学徒，并要求这些青年在最短时间内学会技术。虽然马达加斯加的现代教育是从来自伦敦的传教士在 1820 年设置 3 所学校开始的，但拉达马一世于 1824 年决定将教育置于国家控制之下。他开办了

---

① Gwyn Campbell, "The Adoption of Autarky in Imperial Madagascar, 1820—1935", *The Journal of African History*, 1987：28, p. 400.

② Gwyn Campbell, *An Economic History of Imperial Madagascar, 1750—1895, The Rise and Fall of an Island Empire*, Cambridge University Press, 2005, pp. 82-83, 92-101.

③ Gwyn Campbell, "Labour and the Transport Problem in Imperial Madagascar, 1810—1895", *The Journal of African History*, 1980：21, pp. 341-356.

30 所学校招收了 200 多名学生。到 1828 年,马达加斯加已经开办了100 所学校,学生人数已达 5 000 人。1829 年,贝齐利奥和安齐哈纳哈两地也开设了学校,首都塔那那利佛甚至准备为地方省份的学生建造寄宿宿舍。拉达马一世将学校建成国家培养和招募士兵、公职人员和技术专家的机构。从 1827 年到 1835 年,从学校毕业的识字者人数从4 000 人增加到 15 000 人。①

1828 年,拉达马去世后,其妻拉纳瓦洛娜一世废除了与英国人签订的条约,并将英国传教士驱逐出境。1829 年,法国人出兵远征马达加斯加东海岸,被彻底击败。1845 年英法联军进攻塔马塔夫,又一次被击退。为了达到兼并马达加斯加的目的,已取得马达加斯加王室信任的法国人拉博德和朗贝尔于 1857 年支持王子腊科托策划政变,阴谋败露。拉纳瓦洛娜一世女王于 1861 年去世。腊科托王子继位称拉达马二世,法国人又一次赢得他的信任。1862 年 9 月 12 日双方签订友好通商条约,法国人获得种种特权。② 朗贝尔在 1855 年从腊科托王子手上获取的开发马达加斯加西北部矿业和农业资源的《朗贝尔特许状》也获批准。此外,法国代表迪普雷还诱骗拉达马二世于 9 月 28 日签订了一项秘密条约,承认法国对马达加斯加某些领土的权利。拉达马二世丧权辱国的行径引起了人民的反抗,被起义军处死,其妻继位,被称为拉索赫里娜女王。1863 年,军事首领赖尼成为亚里沃尼首相。他上台后,先后进行了各方面的改革,包括政府体制、法律、宗教和教育方面,这些改革被称为“现代化改革”。在经济方面,最重要的是黄金业的兴起。③ 马达加斯加宣布废除 1862 年《马达加斯加-法国条约》和《朗贝尔特许状》,法国人要求马达加斯加支付 120 万法郎作为赔偿费。为了维护国家主权,马达加斯加政府于 1866 年 1 月 1 日支付了全部赔款。法国只

---

① Gwyn Campbell, *An Economic History of Imperial Madagascar*, *1750—1895*, *The Rise and Fall of an Island Empire*, Cambridge University Press, 2005, pp. 85-87.

② 赖芒德·腊伯马南扎腊:《马达加斯加:马尔加什民族史》(林穗芳译),生活·读书·新知三联书店,1958 年,第 183—187 页(条约全文)。关于马达加斯加的情况,参见艾周昌、郑家馨:《非洲通史·近代卷》,第 514—533 页。

③ Gwyn Campbell, *An Economic History of Imperial Madagascar*, *1750—1895*, *The Rise and Fall of an Island Empire*, Cambridge University Press, 2005, pp. 102-111.

好于 1868 年与马达加斯加签订新约，宣布尊重马达加斯加的独立并承认拉索赫里娜女王对全岛的主权。[①] 然而，好景不长。1895 年，法国再一次向马达加斯加发动侵略战争。法军于 1895 年 1 月在马任加登陆，9 月 30 日攻占了塔那那利佛。在马达加斯加，这场由国家主导的建立现代工业部门、发展经济作物种植园和开发矿业和林业资源的早期工业化尝试被迫中断。

（三）非洲国家早期改革的特点

刚果王国、阿散蒂帝国、埃及以及马达加斯加等其他非洲早期国家的改革具有某种相似性。概而言之，这些早期改革具有以下几个特点。

外部驱动型的改革

这些早期"现代化"的尝试都是由外部力量驱动的，都是在与欧洲接触后或在西方列强的威胁下采取的行动。在这些非洲国家，欧洲人的到来引发了一些社会变动，领导人羡慕欧洲的物质力量，因而，改革开始了。在学习和引进的努力失败后，这些国家的领导人对欧洲力量的强大和列强入侵的可能性深有体会，认识到加强国力和改变旧有制度的迫切性，奋起改革。当然，这种在威胁下采取的被动改革中含有主动的因素。

开放心态与西化模式

这些早期改革与非洲国家的领袖认识到自己国家的落后状态有关，因此急于向欧洲学习的态度非常明显。他们往往以一种对外开放的心态，全身心地拥抱西方制度。他们或是将有才干的年轻人士派到欧洲去学习技术，或是聘请西方专家（特别是军事和工业专家）来进行指导或培训。为了学习他人的先进技艺，不管什么条件都愿意接受，有时甚至以损害国家利益和主权为代价。

自上而下与改革的保守性

这些早期改革都是自上而下的，具有国家指导的性质，均是由皇帝、国王、总督等封建国家元首领导的，他们往往力图用各种现代制度、技术和措施来加强自身权力或统治地位。由于领导者的特殊地位，这种早期

---

① 阿德·阿贾伊主编：《非洲通史（第六卷）：十九世纪八十年代以前的非洲》，第 320—324 页。

"现代化"往往具有两面性——开放性与保守性。一方面,他们往往带着一种急剧改革和加速发展的心态,另一方面,这种改革往往集中在器物层面并与巩固原有政权结合在一起。

改革集中在某一方面

虽然这些改革涉及政治和经济等层面,甚至兼顾其他方面,但往往以某些方面为主。例如,刚果王国强调宗教改革,将天主教作为国家宗教,同时希望在技术方面学习西方。阿散蒂帝国的改革着重行政方面的改革,穆罕默德·阿里的改革虽涉及经济、军事、政治等层面,但他的精力主要放在军事力量的提升,特别是武器装备水平的提高(包括军工业的建设和先进武器的引进)和战术的训练(包括军兵种的设立和外国军事教官和先进军事训练方法的引进)。马达加斯加的"前工业化"主要集中在生产技术的引进和工业发展方面。

(四) 早期改革失败的原因

这些改革适应世界潮流,也符合本国利益。然而,在欧洲资本主义扩张时期,非洲国家的利益与欧洲国家扩张的意图互相矛盾,因此遭到了欧洲列强的抵制和阻挠。这种早期改革多以失败告终,但留下的遗产被历史所继承。改革为何失败呢?经济学家伊萨维认为:"穆罕默德·阿里计划的失败,表明埃及经济发展的主要障碍之一是缺乏政治上的自主权,经济发展通常需要大量的各种形式的帮助:关税保护、免税、减少运输费、提供廉价劳动力、对某些部门提供特别信贷便利以及教育政策等等;唯独在很大程度上享有政治和财政独立的国家才能提供这种帮助。"[1]萨米尔·阿明认为穆罕默德·阿里的改革失败的原因有两点:"靠近欧洲,这使得他没有时间改革国家并使之现代化,加上本地的社会条件不够成熟。"[2]艾周昌认为非洲改革失败的主要原因有两个,"水土不服"和"先生打学生"。所谓"水土不服",是指西方的资本主义工业化模式只适合于欧美国家,而不适合于绝大部分亚非国家,移植来的西方发展模式在亚非国家难以适用。所谓"先生打学生",是指殖民主义者无法容忍亚非国家在政治

---

[1] 萨米尔·阿明:《不平等的发展》(高铦译),商务印书馆,2000年,第222页。

[2] 萨米尔·阿明:《不平等的发展》,第258页。

上、经济上的独立和军事上的强大，随之而来的殖民主义入侵和统治打破了亚非人民向西方学习的迷梦。[1]

（五）双方军事力量的严重失衡

除了上面提到的非洲国家的自身原因外，改革失败的最重要的因素是双方军事力量的严重失衡。欧洲当时的生产力发展水平相对于非洲而言，已经明显处于绝对优势。刚果王国的安东尼一世、南非祖鲁王国的恰卡、阿散蒂帝国的普伦佩国王、达荷美王国的贝汉津和索科托王国、萨摩利的王国以及非洲各地的政治领袖们都深刻认识到自身军事力量的不足，从而千方百计地进口火器以武装自己的军队。然而，武器只能从欧洲人那里买，而买家利用手中的武器既可以对非洲各种政治力量进行分化，也可以利用垄断手段以保持自身优势地位，从而在争夺和瓜分非洲殖民地的过程中占据绝对优势。加纳历史学家博亨指出了这一点：欧洲人认识到只要他们在武器的质量和数量上保持优势，他们将最终赢得胜利。[2]

我们应该将非洲国家的早期改革放在近代资本主义体系兴起的大环境中来分析。这样更容易理解非洲与欧洲的关系以及非洲大多数国家的改革尝试为何最终失败的内在原因。历史的辩证法告诉我们，事物的发展取决于时间、地点和条件。埃塞俄比亚的改革是亚非拉国家改革中极少的成功案例，而它在阿杜瓦战役中使意大利遭遇惨败不仅成为近现代军事史上的奇迹，也奠定了埃塞俄比亚这个文明古国在非洲大陆的历史地位。

六、埃塞俄比亚的成功改革

（一）埃塞俄比亚的古代文明

埃塞俄比亚是一个拥有灿烂古代文明的国度。埃塞俄比亚是早期人类化石的发现地之一，在默勒卡孔图雷、博德和奥莫等地（50万—150万

---

①　艾周昌、李德清：《艾周昌李德清文选》，上海辞书出版社，2012年，第178—179页，有关19世纪亚非国家的改革，参见艾周昌：《19世纪非洲国家改革散论》，第104—113页。

②　阿德·阿贾伊主编：《非洲通史(第六卷)：十九世纪八十年代以前的非洲》，第589页。

年前）发现了直立人的标本。早在公元前 5000—前 4000 年，这一地区已开始种植农作物，以小米为主。人们使用陶器，并同时经营畜牧业和农业。由于埃塞俄比亚古代农业发达，有的学者将埃塞俄比亚称作非洲农业的发源地之一。① 非洲史学家巴兹尔·戴维逊在研究埃塞俄比亚古代农业时认为，在山坡修建梯田和灌溉工程的文化是非洲东部和东南部早期文明一个不可分割的重大方面。1893 年到访过提格雷的欧洲人是这样描述的：“四野的群山布满了梯田耕地……在希腊或小亚细亚任何地方，我都没有看见过像这个阿比西尼亚（即埃塞俄比亚）谷地那样规模巨大的山间梯田。过去定有几十万英亩被精耕细作着，几乎一直耕到山顶；而现在，除了一条条整齐的土畦以外，什么也没有留下来。”②这种历史遗址表明了埃塞俄比亚农业的发达。

根据官方文件，埃塞俄比亚的开国君主孟尼利克（Menelik）是所罗门和示巴女王的儿子，这种说法以《众王之荣耀》（Kebra-Nagast，*Glory of Kings*）的官史形式固定下来。③ 阿克苏姆文明兴起于公元前 5 世纪。公元前 4 世纪，位于今苏丹北部的库施王国的努比亚人就与居住在后来兴起阿克苏姆王国这一地区的古代民族有过交锋。麦罗埃的铭文记载：库施的两位国王哈西奥蒂夫（Harsiotef，公元前 404—前 369 年）和纳斯塔森（Nastasen，公元前 335—前 310 年）曾与阿克苏姆王国的创建者发生过战争。后来，双方保持着贸易关系。由于阿克苏姆占据着红海的两个著名港口——阿杜利斯（在今厄立特里亚）和阿瓦里兹（阿萨布，在今厄立特里亚），它在公元前后已成为一种世界力量。④

埃塞俄比亚早期与南阿拉伯便有交往，这一点已被考古发现证明。以阿克苏姆为代表的埃塞俄比亚文明虽然早期受到南阿拉伯地区的影

① R. Portères, "Primary Cradles of Agriculture in the African Continent" in J. D. Fage and R. A. Oliver, eds., *Papers in African Prehistory*, Cambridge University Press, 1970, pp. 43-58.

② 巴兹尔·戴维逊:《古老非洲的再发现》（葛屠译），生活·读书·新知三联书店，1973 年，第 319—320 页。

③ 埃塞俄比亚 1953 年宪法明文强调了这一点。*Revised Constitution of Ethiopia*，*Addis Ababa*，1953，p. 3.

④ Sergew Hable Sellassie, *Ancient and Medieval Ethiopian History to* 1270, Addis Ababa: Unite Printers, 1972, pp. 34-44.

响,但它的本土特征不容置疑。根据出生在亚历山大城的古代地理学家克劳迪乌斯·托勒密乌斯(Claudius Ptollemaeus)的记载,阿克苏姆城的修建可上溯到公元前 2 世纪。① 这一点得到了约公元 1 世纪出版的《红海回航记》的印证。从占据着连接非、亚两个大陆之间的重要海上通道的两个重要港口这一点来看,商业特别是对外贸易是阿克苏姆兴起的重要因素之一。可以毫不夸张地说,阿克苏姆是当时世界贸易中的第一流贸易大国。首先,它占有优势的地理位置,并控制着两个天然良港和一条十分重要的贸易航道。这使阿克苏姆王室有可能掌握世界贸易流通过程中的商品、信息、管理和通道。第二,从极其丰富的贸易商品来看,阿克苏姆与当时颇为繁荣的欧亚国家都有贸易往来。它既是各种舶来品的消费者,也扮演着从事转手贸易的掮客角色。例如,它从努比亚沙漠地带的布勒米人那里得到绿宝石后运到印度北部出售。同样,从阿杜利斯输出的一些商品实际上是从非洲内陆地区进口的。

公元 1 世纪,阿克苏姆王国的统治者是佐斯卡勒斯(Zoscales),"他为人吝啬,总想多捞一些。但除此之外,他是正派的"。令人惊讶的是,佐斯卡勒斯国王对希腊文学十分熟悉。② 以"众王之王"称号彪炳于历史的阿克苏姆国王埃扎纳(Ezana,325—355)在约公元 350 年左右一举攻克麦罗埃。埃扎纳国王发行的货币是一种用黄金铸造得十分精美的硬币,上面有一弯新月和两颗星星,这与阿克苏姆最初信奉的宗教有关。阿克苏姆王室在埃扎纳统治时期皈依了基督教,大大早于欧洲国家,这种皈依可能是出于经济和政治考虑。一方面,阿克苏姆非常愿意信奉已经在富庶的君士坦丁堡受到欢迎的基督教,另一方面,基督教也有助于阿克苏姆王国的统治者以不同于邻国的宗教而拥有一种独特性。拉利贝拉地区的整石教堂是"非洲历史上的奇迹之一"。圣乔治教堂、圣玛丽教堂、伊曼纽尔教堂、梅德哈尼阿莱姆教堂等开凿在整块岩石里。由于无法解释这些教堂的建造,埃塞俄比亚教会认为天使起了相当大的作用。埃塞俄比亚的盖兹文字和耸立的方尖碑都是历史为埃

---

① Sergew Hable Sellassie, *Ancient and Medieval Ethiopian History to* 1270, pp. 72-73.

② Sergew Hable Sellassie, *Ancient and Medieval Ethiopian History to* 1270, p. 72.

塞俄比亚留下的灿烂印记。①

英国历史学家吉本曾说过："埃塞俄比亚人被自己宗教的敌人包围着,足足沉睡了一千年,他们忘记了世界,世界也忘记了他们。"②这种说法不无夸大之嫌。埃塞俄比亚人并未沉睡,而是以自己的方式在发展、停滞、分裂、统一。由于地理位置和历史原因,埃塞俄比亚与阿拉伯世界关系密切。穆斯林的势力也曾一度扩张到这一地区。1520 年,一个葡萄牙传教团来到埃塞俄比亚。随后,穆斯林扩张势力侵入到埃塞俄比亚,而西方殖民主义的铁蹄确实将陷入自我纷争中的埃塞俄比亚人惊醒。与许多非洲国家一样,17 世纪初西班牙耶稣教士的到来开始瓦解这个文明古国。埃塞俄比亚的早期改革正是在这样一种局势下展开的。

埃塞俄比亚的皇帝特沃德罗斯二世(Tewodros II,1855—1868)和孟尼利克二世(Menelik II, 1889—1913)在社会、军事和经济诸方面进行改革。下面重点探讨这些给埃塞俄比亚带来巨大变化的早期改革。

(二) 特沃德罗斯二世的早期改革

特沃德罗斯二世被认为是现代埃塞俄比亚改革的先驱,是"埃塞俄比亚第一位具有现代化概念的君主"。③ 他的改革主要集中在四个方面:统一了埃塞俄比亚国土;从行政方面进行改革;创建了一支职业化军队;积极拓展外交空间,注重发展与欧洲特别是英国的外交关系。

统一国家领土

特沃德罗斯二世原名卡萨·海卢(Kasa Haylu),1818 年出生在西部边境夸拉地区的一位酋长家庭。他生性勇猛,逐渐成为一个热衷于劫富

---

① 关于阿克苏姆的历史,参见 S. Munro-Hay, "The Rise and Fall of Aksume: Chronological Considerations", Hournal of Ethiopian Studies, 23(1990), pp. 47‑53; S. Munro-Hay, *Aksum An African Civilization of Late Antiquity*, Edinburgh, 1991; Graham Connah, *African Civilizations-Precolonial cities and states in tropical Africa: An archaeological perspective*, Cambridge University Press, 1987, pp. 67‑96.

② E. Gibbon, *The History of the Decline and Fall of the Roman Empire*, London, 1862, Vol. VI. p. 64.

③ Donald Crummey, "Tewodros as Reformer and Modernizer", *The Journal of African History*, 10:3(1969), p. 457.

济贫的战士。这种追求正义的豪爽性格使他赢得了追随者,成为夸拉地区的首领,并迅速击败马南·丽班(Manan Liban)皇后派来的远征部队。马南·丽班皇后承认他作为夸拉地区的总督,并于 1847 年将自己的孙女许配给他。19 世纪上半叶,埃塞俄比亚受制于封建寡头割据。亲王们独自统治着提格雷、绍阿、阿姆哈拉等地区,分别管理着各个不同的民族。这些有着长期以来固定地域的民族虽然信奉着同一种宗教——基督教,但说着不同的语言,有着不同的文化习俗。

1853 年 6 月,卡萨·海卢率领部队打败了戈贾姆的阿里亲王(Ras Ali),并于 1854 年结束了盖拉人在阿姆哈拉的势力并占领了旧都贡达尔,使他自己成为埃塞俄比亚西北部的实际统治者。此时,埃塞俄比亚全境只有两个地区在他的管辖之外,一个是提格雷,另一个是绍阿。这种地理位置使卡萨·海卢处于极为不利的地位。由于当时的征战需要武器,远离东面可能运送先进武器的两条通道——红海、亚丁湾诸港口给卡萨·海卢造成了极大的不便,而西边苏丹这一通道则被觊觎埃塞俄比亚的埃及人占据。尽管面对着这些劣势,卡萨·海卢充分发挥了自己的军事天赋,于 1855 年征服了提格雷,并确立了自己在这一地区的地位。1855 年,他被长老阿布纳·萨拉马(Abuna Salama)封为"众王之王",取名为"特沃德罗斯二世"。当地古老的千禧年传说认为,一个名叫"特沃德罗斯"的国王会出现,公正地统治,消灭伊斯兰教并夺回耶路撒冷。因此,特沃德罗斯在埃塞俄比亚人眼中享有崇高地位,他代表着救世主、战无不胜的君主形象。不久,他兼并了绍阿,重新统一了这个伟大的帝国。

权力集中管理

特沃德罗斯二世在行政方面的改革主要反映在对权力的集中管理上。时任英国领事沃尔特·普劳顿(Walter Plowden)认为:特沃德罗斯二世是一位统一者、改革者和创新者,他"粉碎了那些封建首领的巨大权力——一个在欧洲花费了连续数代君主的努力才完成的伟大任务",这位国王建功立业,非同寻常。[1] 首先,他打破了埃塞俄比亚传统历史上分区

① House of Commons, *Correspondence respecting Abyssinia*, 1848—1868, London, 1868, pp. 143-144, 150-151. 转引自: Richard Pankhurst, *The Ethiopians: A History*, Blackwell, 2001, pp. 143-144.

而治的制度,剥夺了地方王子和封建首领控制的权力,削弱了他们的权威,并任命一批忠实的军官和皇室成员作为地方长官。其二,加强对封建贵族的有效管理。他一方面将所有的危险人物和对手都囚禁起来,另一方面又广罗人才,对那些忠实于他的部下委以重任。其三,他打破各省士兵分别列制的旧习,将来自不同省份的士兵混合起来编成团队,从而既可防止地方主义,也可使大家对埃塞俄比亚形成一种认同。他还废除了多项令老百姓痛恨的苛捐杂税,下令在他的领地中只有三个地方可以征收捐税。为了从意识形态上整合帝国,他命令管辖区内的穆斯林在一年内改信基督教,并赶走所有的罗马天主教徒。他还在社会领域进行改革,发布了政府法令,力图在埃塞俄比亚境内废除奴隶贸易。尽管这些措施并未消灭本地长期存在的奴隶制度,但体现了特沃德罗斯二世的现代意识和改革倾向。

加强军事改制

特沃德罗斯曾明确表示:"我知道欧洲政府想要吞并一个东方国家时使用什么办法。他们先派出传教士,然后派领事来支持传教士,然后派军队来支持领事。我不是印度斯坦的土王,不会让人这样愚弄。我宁可直截了当地同军队打交道。"[①] 出于抵御欧洲侵略和巩固王国的需要,同时为了解决与邻国的矛盾,他将精力集中在军事改制方面,包括职业军队的创建、军事纪律的建立和军事装备的更新。他解除了老百姓的武装,打乱了原有的以省为基础的军队,创建了一支装备有枪支和火炮并且训练有素的职业化军队,这也是埃塞俄比亚历史上第一支领有规定薪水、穿常备军装和装备常规武器的国家军队。他专门从欧洲和土耳其聘请了军事专家训练士兵。一套至今仍行之有效的从上至下的军队管理制度建立起来,级别严格,赏罚分明,既让士兵得到薪金,也对违反纪律的士兵施以重罚。他还为军队设立了专门的粮仓,命令士兵们去购买食品,而不要骚扰农民。特沃德罗斯二世为加强军队的火器装备费尽心血。尽管他的武器装备主要通过购买和从战斗中缴获,但他竭尽全力建立自己的军工业,通过生产武器来补充提格雷的军械库。特沃德罗斯二世对大炮的巨大威力

---

① 理查德·格林菲尔德:《埃塞俄比亚政治史》(钟槐译),上册,商务印书馆,1974年,第155页。

表现出极大的兴趣,并要求一些欧洲工匠帮助他制造火炮。据记载,他在马格达拉(Maqdala)建立了埃塞俄比亚历史上第一个军火库,生产了 15 门加农炮、7 门迫击炮、11 063 支各种类型的来福枪、875 支手枪和 481 根刺刀,还有包括 555 颗加农炮和迫击炮炮弹以及 83 563 发子弹的火药。然而,建立一支能够制造武器的高级技工队伍的计划却未能如愿。[1]

拓展外交空间

他注重发展与欧洲特别是英国的外交关系,既希望打破埃及人对马萨瓦港口的控制,也力图将先进的欧洲技术引进埃塞俄比亚。一种对现代技术的渴望使他对欧洲的帮助可谓"求贤若渴"。特沃德罗斯在派遣一位欧洲人去欧洲招募技术人员时表示:"我正在寻求熟练的工匠。我将会高兴地接待所有投奔我的工匠。如果他们待在这里,我将保证他们可以幸福地生活。如果他们希望教完他们的技能后回国,我将付给他们薪酬,让他们幸福地在护卫者的陪伴下离开。"[2]尽管特沃德罗斯二世希望与所有的欧洲国家保持密切联系,但他对英国情有独钟。他曾致信给普劳顿的继任者、英国领事邓肯·卡梅伦,并就埃塞俄比亚与英国的关系提出了多项要求。

1. 英国应该接受从埃塞俄比亚派出的外交使团;[3]
2. 英国应该让埃塞俄比亚的使者可以安全通过敌对的土耳其人的领土,即当时的埃及领土;
3. 英国应该阻止奥斯曼/埃及的舰队侵入邻近的红海海域;
4. 英国应帮助他购买军火;
5. 英国应派工程师来帮他建造道路。

---

① Bahru Zewde, *A History of Modern Ethiopian* 1855—1974, London: James Currey, 1991, pp. 32-34.

② Bahru Zewde, *A History of Modern Ethiopian* 1855—1974, p. 37.

③ 英国外交部将接受埃塞俄比亚使团作为英埃关系最紧迫的事,但最重要的事则是对 1849 年条约的修订。"Doc. 2. Foreign Office. Memorandum respecting Abyssinia. May 16, 1863", Kennth Bourne, D. Cameron Watt and Michael Partridge, eds., *British Documents on Foreign Affairs: Reports and Papers from the Foreign Office Confidential Print*, Part I, Series G(Africa, 1885—1914), Volume 13, Abyssinia and Its Neighbours, 1854—1914, University Publications of America, 1995, pp. 37-50. (此后的英国政府档案均出自此文件集。)

1862 年 10 月,特沃德罗斯二世要求卡梅伦领事亲自将他的信函带给维多利亚女王,但卡梅伦只是派出信使,将表达自己赞同意见的信件与埃塞俄比亚皇帝的信件一起带回伦敦。信使于 1863 年 2 月 12 日抵达伦敦。英国外交部对埃塞俄比亚皇帝的要求并不赞同,因为当时英国的主要敌人是对英属印度造成威胁的俄国,奥斯曼则是英国需要拉拢的盟国,英国不愿为埃塞俄比亚得罪奥斯曼统治下的埃及。英国外交大臣罗素直到 4 月才回复卡梅伦的信,表示英国不打算参与到埃塞俄比亚的事务中去,并要求卡梅伦等候进一步消息,对特沃德罗斯的信未作答复。

特沃德罗斯二世的自尊心从三个方面受到打击。其一,他对英国方面帮助的期待持续了一年多后,得到的是无声的回复。其二,英国当时正与埃塞俄比亚的对手埃及人交往甚密,这无疑对他希望与英国人结盟的计划是沉重的一击。其三,作为英方特使的卡梅伦的秘书克伦斯从英国带来的一件礼物使特沃德罗斯二世觉得自己受到嘲弄。这礼物是一块地毯,上面画着穆斯林士兵正在攻击一头狮子,后面是一个骑在马上的欧洲人。特沃德罗斯认为狮子暗指他,士兵是指埃及人,骑手代表支持埃及的法国人。他认为英国正在将他抛给埃及。为了报复英国人的举动,他于 1864 年 1 月 4 日将卡梅伦等人抓起来囚禁。包括卡梅伦领事在内的 7 人被关在牢里,另外 4 人被送去杜法特(Duffat)为特沃德罗斯干活。[①] 有学者解释扣押人质事件的原因时认为:"鉴于无法有效地实现现代化目标,同时他的政治前途暗淡,在这种情况下,特沃德罗斯下令扣押在以马格达拉的英国传教士与外交人员,表现了他的极大不满。"[②]这种解释有简单化之嫌。因为不论是特沃德罗斯的自尊心受到刺激,或是他表现出来的极大不满,实际上都并非皇帝个人的事,而是反映英国与埃塞俄比亚两国之间的关系。换言之,英国对埃塞俄比亚的态度和处置方式是这个崛起的欧洲强国针对地区局势做出判断后的国家政策,埃塞俄比亚在英

① "Doc. 4. Foreign Office. Further Memorandum respecting the State of Affairs in Abyssinia, and the Imprisonment of the British Consul, Captain Cameron, and others, by King Theodore, May 19,1864";"Doc. 5. Foreign Office. Abyssinia, November 16, 1867". *Ibid*, pp. 54-62, 62-73.

② 萨义德·A. 阿德朱莫比:《埃塞俄比亚史》(董小川译),商务印书馆,2009 年,第 32—33 页。

国对外政策中是一个可以摒弃的棋子。

埃塞俄比亚的反应可以说正中英国下怀。英国针对这位皇帝的剧烈反应,立即派出纳皮尔将军(Napier)率领的远征军。借助于提格雷首领卡萨(Kasa Mercha),即后来的约翰尼斯四世(Yohannes IV)的帮助,英国远征军打败了特沃德罗斯二世,这位致力于改革的皇帝以自杀殉国。①

(三) 孟尼利克二世的持续改革与阿杜瓦之战

特沃德罗斯的失败带来了埃塞俄比亚的短暂分裂。当时占据着提格雷地区的卡萨于1872年加冕,自称为约翰尼斯四世皇帝(1827—1889)。约翰尼斯四世通过与欧洲国家签订中立和友好条约,从国外获得了大量军火。依靠增强的军事实力,他在与对手的较量中不断取胜,积极向西部推进。他实际上花费更多时间和精力来处理埃塞俄比亚与埃及的关系。此时,奥斯曼统治下的埃及一直在埃塞俄比亚-苏丹边境侵扰,同时受到英国军队打败特沃德罗斯的鼓舞,开始进犯埃塞俄比亚。当时埃及人的军队可谓是一支国际雇佣军。例如,先后于1874年率领埃及军队占领了埃塞俄比亚-苏丹边境波哥斯(Bogos)和卡兰(Karan)两地的沃纳·芒津格(Werner Munzinger)是来自瑞士的冒险家,还有率领埃及军队从马萨瓦出发企图占领阿杜瓦的丹麦上校,以及一些经历了南北战争的美国军官。尽管埃及军队装备精良,但他们在1875年11月16日与约翰尼斯四世的军队的对抗中几乎全军覆灭。埃及随后派出的多达15 000到20 000人的军队再次进犯埃塞俄比亚,均遭到同样的失败命运。②

在位期间,约翰尼斯四世竭尽全力加强军事建设,巩固与欧洲的关

---

① Richard Pankhurst, *The Ethiopians*: *A History*, pp. 151‒160; Bahru Zewde, *A History of Modern Ethiopian 1855—1974*, pp. 35‒42. 他在临死前写给纳皮尔将军的一封信揭示了他作为一位令人尊敬的国王的品格。A. H. M. Jones and Elizabeth Monroe, *A History of Abyssinia*, Oxford University Press, 1935, p. 134.

② "Doc. 7. Vice-Consul Wylde to the Earl of Derby. Jeddah, April 23, 1877". Inclosure in "Doc. 6. Mr. Vivian to the Earl of Derby, Cairo, May 19, 1877(Received May 26)"; "Doc. 11. Memorandum on Abyssinian Frontier Difficulties with Egypt, Suakin, January 9, 1884". Inclosure in "Doc. 10. Sir E. Baring to Earl Granville, Cairo, January 18, 1884(Received February 1)", Kennth Bourne, D. Cameron Watt and Michael Partridge, eds. , *British Documents on Foreign Affairs*, pp. 73‒77, 98‒99.

系,将自己的统治范围从提格雷地区向西推进。当时,欧洲人在这一地区的影响日深,英国人既与埃塞俄比亚的长期对手埃及人来往,也怂恿意大利人入侵,还希望说服约翰尼斯四世将海岸地区割让给意大利人。约翰尼斯在一种极其艰难的条件下维护着国家主权和统一。来自奥斯曼土耳其、埃及、英国和意大利的各种势力都对埃塞俄比亚提出了领土要求,埃塞俄比亚还面临着伊斯兰教、基督教和各省等派系的纷争,约翰尼斯四世既要与来自西部的苏丹马赫迪人作战,又要与东部的意大利人周旋。然而,他一直为自己国家的生存竭尽全力。不幸的是,他后来在与苏丹马赫迪军队作战时身亡。从国家发展的角度看,他的最大贡献是向英国伦敦派出了驻外使团,这是特沃德罗斯梦寐以求而未能实现的。这无疑为欧洲了解埃塞俄比亚以及埃塞俄比亚了解世界提供了一个窗口。此外,正是在其统治期间,他改进了一些医疗措施,还在推行先进武器方面有所贡献。[1]

他的继任者孟尼利克二世在埃塞俄比亚的历史上谱写了更为华美的一章,其促进国家发展的措施更为全面。此时,欧洲对非洲的瓜分在紧锣密鼓地进行。1882 年,意大利政府从一家意大利公司手中买下了阿萨布湾。三年后,在英国政府的怂恿下,意大利人又占领了土耳其管辖的马萨瓦港口。当时的意大利对占领埃塞俄比亚的热情并不高,非常瞧不起这个国家。[2] 1887 年前后,当有人问当时意大利外交大臣罗比兰特是否打算在这一地带建立意大利的势力范围时,他不屑地回答,他不主张"过于重视那些在非洲,在我们身边寻衅闹事的一小撮强盗"。[3] 然而,局势的发展却出人意料之外。

意大利原来希望利用孟尼利克二世的信任将埃塞俄比亚纳入自己的

---

① Richard Pankhurst, *The Ethiopians: A History*, p. 176.

② 关于意大利在红海沿岸地区的利益及其对英国的影响,参见英国外交部的分析。"Doc. 9. Foreign Office. E. Hertslet, 2. Italian Designs in the Red Sea, 3. Effect which the occupation of the above-mentioned Positions by the French and Italians would have upon the British Settlements at Aden and Perim, March 6, 1882", Kennth Bourne, D. Cameron Watt and Michael Partridge, eds., *British Documents on Foreign Affairs*, pp. 89-98.

③ 欣斯利编:《新编剑桥世界近代史(第十一卷)》(中国社会科学院世界历史所组译),中国社会科学出版社,1987 年,第 848 页。

势力范围。双方于 1889 年签订《乌查里条约》(Treaty of Wichale)，根据这一条约，意大利正式承认孟尼利克二世为阿比西尼亚（即埃塞俄比亚）皇帝，孟尼利克二世将一些地区对意大利开放，双方互有所得。然而，在处理外交事务的第 17 条上两种语言的文本出现分歧。根据阿姆哈拉语文本，如果愿意，埃塞俄比亚可以在其外交关系中以意大利为自己的代言人；而意大利文本则宣称，埃塞俄比亚外交关系必须交由意大利处理，这就意味着埃塞俄比亚成为意大利的保护国。[1] 由于双方无法就这一涉及自身利益的条款达成一致，加之意大利已蓄意吞并埃塞俄比亚，埃塞俄比亚只能奋起保卫自己的国家。孟尼利克二世在开战前的战争动员中表示：

> 现在，敌人要来摧毁我们的国家，要来改变我们的宗教信仰……我们的敌人已经像鼹鼠挖洞一样进入我国并挑起事端。在上帝的帮助下，我决不会将自己的祖国拱手让给他们……今天，请你们中的强者给我力量，你们中的弱者为我祈祷。[2]

在埃塞俄比亚抗意战争中，发生在阿杜瓦的被称为"现代殖民主义历史上最惨痛的失败之一"的战役最为著名。在 1896 年 3 月 1 日的阿杜瓦战役中，25 000 人的意大利军队被埃塞俄比亚军队打败。意大利政府不得不与埃塞俄比亚签订《亚的斯亚贝巴和平条约》，承认埃塞俄比亚为一个完全独立的国家，并支付 1 000 万里拉的战争赔款。[3] 这场被称为"自汉尼拔时代以来非洲人打败欧洲军队的一次最伟大的胜利"不仅使埃塞俄比亚大扬国威，自身免受帝国主义瓜分的厄运，在欧洲与非洲关系史上也具有重要意义。

孟尼利克二世还进行了行政改革。省级行政区成为埃塞俄比亚最大

---

① 关于条款的分歧，参见 Harold G. Marcus, *The Life and Times of Menelik II*, E-thiopia 1844—1913, The Red Sea Press, 1995, pp. 114-115. 关于双方签约以及后来就条款内容进行的谈判，可参见该书第 111—160 页。

② Harold G. Marcus, *The Life and Times of Menelik II*, Ethiopia 1844—1913, The Red Sea Press, 1995, p. 160.

③ 关于战争的动员、过程及其结果，参见 Harold G. Marcus, *The Life and Times of Menelik II*, Ethiopia 1844—1913, The Red Sea Press, 1995, pp. 160-173.

的行政区,孟尼利克二世任命自己最信任的将军作为各省总督。他还建立了相当完善的税收制度,被埃塞俄比亚历史学家称为"第一位实行税收上交到各级皇家税收机关的税收制度的君主"。1886 年建立的亚的斯亚贝巴(Addis Ababa,原意为"新的花朵"、"鲜花")在 1892 年后成为帝国首都。① 为了加速国家的发展,孟尼利克二世批准建造埃塞俄比亚的第一条铁路(1894 年),将亚的斯亚贝巴与法国在吉布提的港口连接在一起。这一工程得到了法国资金的支持,尽管进程缓慢,却逐渐使 19 世纪 80 年代中期建立的亚的斯亚贝巴成了一座主要城市。此外,一系列现代机构和制度、改革措施和市政工程使埃塞俄比亚的发展初具规模。

1890 年代,埃塞俄比亚派出青年学生留学西欧国家、俄国和苏丹,学习各种先进技术。

1891 年 4 月 10 日,孟尼利克二世向欧洲各国宣布埃塞俄比亚的边界和国土范围。②

1892 年,埃塞俄比亚改革税收制度,对军队实行什一税。

1893—1894 年,埃塞俄比亚发行国家货币(在法国定制),"其目的是使我们国家的信誉得以提高,我们的商业得以繁荣昌盛";第一枚邮票在法国巴黎印刷成功并举行了庆祝仪式;一项建立邮局的法令颁布。

1903 年,埃塞俄比亚在首都建立了自己的制币厂。

1905 年,埃塞俄比亚第一家现代银行阿比西尼亚银行建立。

1907 年,埃塞俄比亚的第一届内阁建立;第一家政府饭店建成。

1908 年,第一所现代学校——孟尼利克二世学校建立;埃塞俄比亚被国际邮政联盟接受为成员国。

1911 年,埃塞俄比亚国家印刷厂成立。

孟尼利克二世意识到现代教育的重要性,意识到教育会带来一个全

---

① Bahru Zewde, *A History of Modern Ethiopian 1855—1974*, pp. 68-71.

② 这一举措当时并未引起欧洲国家的注意。然而,埃塞俄比亚打败意大利后,这个非洲国家引起了欧洲国家的高度注意。英国驻亚的斯亚贝巴的官员在向索尔兹伯里报送的秘密信函中特别附上了有关埃塞俄比亚国土调查的备忘录。"Doc. 31. Memorandum. By F. R. Wingate, Adis Abbaba, May 7, 1897." Inclosure in "Doc. 30. Mr. Rodd to the Marquess of Salisbury(No18. Confidential.), Adis Abbaba, May 9, 1897(Received June 28)", Kennth Bourne, D. Cameron Watt and Michael Partridge, eds. , *British Documents on Foreign Affairs*, pp. 159-163.

新的埃塞俄比亚。他指出,"我们的青年必须接受教育"。他的早期发展措施还包括电话和电报系统的建立,供水管线的铺设,现代医院的建设以及疫苗的引进。随着这些改革和发展措施,各种设施如旅馆、饭店和裁缝业等也在兴起,外国投资也在增加。[1]"所有这些都是城市化和现代的标志。"[2]然而,随着 1913 年孟尼利克二世的去世,非洲已步入欧洲列强的殖民统治时期。

(四)埃塞俄比亚改革的历史意义

欧洲人的到来打断了非洲社会的正常演进,同时也在某种意义上加速了这一发展进程。实际上,在埃及、摩洛哥、突尼斯、阿散蒂、苏丹、刚果王国、马达加斯加等其他非洲国家,我们都看到了这种既被打断又被加速的社会进程。然而,埃塞俄比亚的改革与其他国家不同,它取得了成功。何以如此? 究其主要原因,建立在古老文明基础上的国家领袖的洞见和能力是改革成功的前提,改革过程中形成的统一国家及中央集权制度的强化奠定了成功的条件,经济发展和各种财政制度(如税收制度)的完善为改革的成功提供了物质基础,军事制度的改进和军事能力的加强为改革成功提供了保障。此外,得天独厚的地理环境也对成功防御欧洲殖民列强的瓜分起到了重要作用。

首先,改革为埃塞俄比亚统一疆域打下了坚实的基础。这一基础使长期处于分离的各民族开始统一到埃塞俄比亚的旗帜下。这种政治上的统一不仅防止了被瓜分或分而治之的命运,也开始整合各个民族,培育了统一的国民意识,在心理上为后来共同抵抗意大利人的侵略作了准备。国家统一使意大利及其他欧洲国家承认埃塞俄比亚的国家主权,也为埃塞俄比亚展开正常的外交活动提供了前提条件。

其次,改革的成功表明埃塞俄比亚与任何其他国家一样,有着自主发展的愿望与能力。这种自主发展可以通过采取各种策略,可以通过与外

---

① Harold G. Marcus, *The Life and Times of Menelik II*, *Ethiopia 1844—1913*, The Red Sea Press, 1995, pp. 200-213.

② 萨义德·A. 阿德朱莫比:《埃塞俄比亚史》(董小川译),商务印书馆,2009 年,第 42 页。

来者结盟的方式,也可以通过抵抗外来者侵略的方式。埃塞俄比亚的领导人面临欧洲列强入侵,认识到加强国力的重要性和改变旧有制度的迫切性,从而加紧各种改革。由于有着深厚的文明积累,他们似乎并未一味地模仿西方,而是在统一国家的基础上加强了中央集权制度。

再次,阿杜瓦战役的胜利表明了埃塞俄比亚军事改革的成功。军事改革的成功主要得益于特沃德罗斯二世的征战经验和军事天才。虽然埃塞俄比亚军队在特沃德罗斯和约翰尼斯四世时经过改革,但与欧洲军队相比还是比较落后。一位名为皮亚诺的意大利士兵曾详细描述过埃塞俄比亚军队的情况。[①] 孟尼利克二世通过从意大利和法国购买武器装备,大大加强了埃塞俄比亚军队的战斗力,从而打败了意大利侵略军。军事胜利给埃塞俄比亚带来了巨大的外交成果,赢得了西方列强的尊重。除了与法国保持友好关系外,埃塞俄比亚1897年和英国签订了友好条约,[②]1903年与美国签订了条约,还与奥斯曼帝国、沙皇俄国和马赫迪素丹签订外交条约。此外,阿杜瓦战役后的睦邻政策也为埃塞俄比亚带来了稳定。1897—1908年间,埃塞俄比亚与邻国的边界已基本划定。

非洲其他国家的改革(阿散蒂的克瓦多改革除外)主要集中在器物层面,即往往将国家的改革局限于引进武器、招募工匠、进行军事改革、修建现代建筑等层面,而几乎没有与国家发展进步密切相关的政权建设或制度建设层面的改革,即使有,也是模仿西方制度。与非洲其他国家的改革不同,埃塞俄比亚的改革涉及政治权力结构和政府管理方式。特殊的地理环境在某种程度上给予埃塞俄比亚抗击意大利入侵以得天独厚的条件,使意大利在这个高原国家陷入泥潭。

更重要的是,埃塞俄比亚改革具有世界意义。除了各个国家本身的原因外,我们可以从时间、空间和结构三个维度来分析非洲国家早期改革的意义。

---

① "Doc. 15. The Abyssinia Army. By H. Brackenbury, D. A. G. , Intelligence Branch, War Office, 28ᵗʰ December, 1887", Kennth Bourne, D. Cameron Watt and Michael Partridge, eds. , *British Documents on Foreign Affairs*, pp. 105-109.

② "Doc. 35. Foreign Office. Memorandum on Question pending in the Eastern Deprtment, November1, 1900. Abyssinia", Kennth Bourne, D. Cameron Watt and Michael Partridge, eds. , *British Documents on Foreign Affairs*, pp. 172-184.

从时间上看,19 世纪是一个风云际汇的时代。欧洲已经完成早期的海外扩张,对拉丁美洲贵重金属的掠夺、在非洲大陆进行的奴隶掠夺和由此产生的三角贸易成就了资本主义的原始积累。资本主义也完成了从葡萄牙、西班牙到荷兰的发展进程的转移,再从荷兰转移到西欧大陆,欧洲列强的工业革命和国内的产业分工已初步完成,发展了一套在资本主义早期行之有效的竞争模式,并开始了工业资本和金融资本向海外的扩张,而其他地区或是沉睡未醒(如中国),或是成为早期资本主义原始积累的受害者(如非洲)。即使这些已经有所觉悟的国家这一时期也远非西方国家的对手,最后只有被(半)殖民的命运。然而,埃塞俄比亚躲过了这一劫。改革的成功使埃塞俄比亚在帝国主义瓜分非洲时期能保持独立地位。这一结果使得世界开始重新认识现代非洲与欧洲的关系。"主张提高黑人种族地位的国际思想家认为,非洲人的物质和精神进步将有助于减少种族偏见。具有名望的一些黑人学者和作家对埃塞俄比亚的政治抗争史给予高度评价,称其为'非洲人格'。"[1]

从空间上看,改革的成功使埃塞俄比亚在国家版图上获得统一,民族得以整合。当时,民族资本主义已经完成了从意大利、葡萄牙到西班牙以探险为主的早期发展。按照肖尼的说法,在 1535—1540 年的 5 年中西班牙就实现了对西半球的控制。到 1670—1680 年,欧洲人控制的地区从大约 300 万平方公里增到约 700 万平方公里。[2] 再经过一个多世纪的扩张,欧洲世界经济体系逐渐形成,资本主义面临着新的挑战,使得其海外扩张成为进一步发展的需要,殖民地将为西方资本主义的发展提供原料、市场和投资市场。这种前景对西方国家的吸引力使它们不容许殖民地可以有自己的想法,更不愿意这些有待拓展的空间成为它们未来扩张的障碍甚至是竞争对手。欧洲列强的这种针对非洲的战略谋划从一开始就对非洲地区构成了威胁,从而阻碍了非洲地区的发展进程。然而,埃塞俄比亚却在反抗中成就了统一。

从结构上看,欧洲这一世界现代体系的中心已经确立了对边缘地区

---

① 萨义德·A.阿德朱莫比:《埃塞俄比亚史》,第 58 页。

② 伊曼纽尔·沃勒斯坦:《现代世界体系》(尤来寅等译),第一卷,高等教育出版社,1998 年,第 81 页。

的强势地位。经历了 17 世纪到 18 世纪中叶的发展停滞阶段后,欧洲世界经济体系得以巩固。[①] 亚非诸国成为西方资本主义体系中的一个有机部分或外围(边缘)结构,它们成为快速发展的欧洲资本主义的原材料和廉价劳动力的供应地、欧洲廉价商品的市场和日益壮大的欧洲金融资本的理想投资地,从而为欧洲资本主义的发展创造更多的机会。由于欧洲列强军事力量的强大,亚非国家在时间、空间和结构上的劣势致使这些国家在资本主义体系中的外围地位无法改变。埃塞俄比亚成了一个例外。由于民众的支持和高昂的士气特别是在军事方面的改革和军事力量的提升,埃塞俄比亚军队战胜了来犯的意大利军队,取得了阿杜瓦战役的胜利。这次胜利成为现代军事史上一次非白人击败白人的战争案例(另一次是日本人在日俄战争中击败俄罗斯人),它既确保了埃塞俄比亚的独立,也提振了世界黑人的信心和希望,并从根本上改变了欧洲对非洲的认识,影响了帝国主义瓜分非洲的进程和结果。

最重要的是,埃塞俄比亚改革的成功揭示了一个重要历史事实:非洲国家也能与任何欧美国家一样,不仅具有自主发展的愿望,也具备这种能力,并能达到自身目标,进而从军事上击败欧洲国家。埃塞俄比亚也因之成为非洲独立的一面旗帜。这就是非洲统一组织(以及后来的非洲联盟)将总部设在亚的斯亚贝巴的原因之一。

遗憾的是,就整个非洲大陆而言,帝国主义瓜分和殖民主义统治使非洲进入了一个非常艰难的历史阶段。尽管这一阶段只是非洲漫长历史进程中的一个"插曲",但建立在种族主义基础上的殖民主义统治及其遗产在非洲现实生活中留下了深深的烙印,并给非洲的正常发展带来了严重的障碍。前坦桑尼亚总统尼雷尔指出:"殖民主义和种族主义都否定人性。而且这种否定不是建立在人类美德、智力或体力的差异上。有人认为这种差异不危及人类进步,但是种族主义与殖民主义建立的基础是上帝决定论——种族和肤色决定人性的程度,以及在社会中的权利与义务。"[②]

---

① 伊曼纽尔·沃勒斯坦:《现代世界体系》(吕丹等译),第二卷,高等教育出版社,1998 年,第 333 页。

② 朱利叶斯·尼雷尔:《尼雷尔文选(第四卷):自由与解放 1974—1999》(谷吉梅、廖雷朝、徐红新、苏章海译,沐涛译校),华东师范大学出版社,2015 年,第 23 页。

第二章　殖民主义统治与非殖民化进程

> 我们一直在相互交换山脉、河流和湖泊，其间
> 只有一个小小的麻烦会妨碍我们，那就是我们根
> 本不知道这些山河湖泊究竟坐落在什么地方。
>
> 索尔兹伯里（1830—1903，英国首相）

> 难道我们竟会在绵绵不尽的关押下降生、生
> 活，直到闭上眼睛吗？因为我们的酋长们为了人
> 民、民族和土地而共同战斗，我们就是应该受到诅
> 咒的一代人吗？
>
> 戴维·维特布伊（西南非洲酋长，
> 写给联合国的请愿书）

　　"你们见过变色龙捕捉苍蝇吗？……变色龙迂回到苍蝇的背后伏着
不动有一会儿；然后它缓缓地轻轻地向前移动，先伸出一条腿，再伸出另
一条腿。最后，在距离非常近的时候，它一射出舌锋，苍蝇就无影无踪了。
英国就是这种变色龙，而我就是那只苍蝇。"[1]恩德贝莱人国王姆齐利卡
齐的儿子洛本古拉（Lobengula，1836—1894）用这一比喻形象地描绘了
他与当时频繁出现在他周围的英国人的那种微妙且危险的关系。

　　当时，洛本古拉国王被那些来到津巴布韦寻找金矿的欧洲冒险家们

---

　　① 　Philip Mason，*The Birth of a Dilemma*，*The Conquest and Settlement of Rhodesia*，
London：Oxford University Press，1958，p. 105.

搞得筋疲力尽,他只好在 1869 年颁发了一项租让书,允许在靠近贝专纳的塔提地区进行采掘,并授权承租公司自己制定法律。① 德国地质学家卡尔·毛赫(Karl Mauch)的到访及其所谓的"考证"使欧洲人更加坚信这一传闻:大津巴布韦即所罗门王的金矿所在地。② 1888 年 10 月 30 日,洛本古拉国王与英国殖民者罗得斯(Cecil John Rhodes,1853—1902)签署了"拉德租让书"。③ 虽然他只是将领地内的独家开矿权给予罗得斯,但后来才发现自己上当受骗了,"我先前以为你们是来挖金子的,看来你们来是要从我手里夺走我的人民以至我的国家"。他于 1889 年取消了此项租让权,并派使臣通知了英国女王,结果却无人理会。④ 显然,他觉悟得晚了。这一事件成为帝国主义瓜分非洲中的一个典型。

在世界历史上,资本主义列强瓜分和殖民非洲是一个重大事件,它成为当代非洲的政治、经济和社会的历史遗产,直接影响到非洲国家独立后政治制度的取舍、经济模式的借鉴、社会阶级的形成和民族文化的整合。同理,非洲民族独立运动和欧洲殖民帝国崩溃无疑是 20 世纪最重要的事件之一,也成为人类历史上重要的一页。本章主要阐述非洲政治史的两个重要主题:殖民主义统治与民族解放运动。

一、帝国主义瓜分非洲的原因

(一) 非洲的瓜分:"一件荒诞不经的咄咄怪事"?

以前有不少史学家曾对这一历史事件作过各种各样的描述,但对瓜分非洲的内在原因比较系统的研究则是始于 20 世纪 60 年代初。国际学术界对于瓜分非洲的原因有各种不同的解释,诸如经济论、心理论(社会

---

① [南非]本·武·姆恰利:《罗得西亚:冲突的背景》(史陵山译),商务印书馆,1973年,第 35—37 页。

② 卡尔·毛赫于 1872 年参观大津巴布韦遗址后认为,卫城是模仿所罗门王在摩利亚山上修建的耶和华殿建造的,椭圆形建筑物是模仿耶路撒冷的示巴女王的行宫建造的,并断定这是远古时代的文明人建造。

③ 又译"拉德开采权",指英国殖民者罗得斯策划并由查尔斯·拉德等人以欺骗手段猎取在马塔贝莱王国开采全部矿山的租让权。钱其琛主编:《世界外交大辞典》(上),世界知识出版社,2005 年,第 1056 页。

④ [南非]本·武·姆恰利:《罗得西亚:冲突的背景》,第 40—41、47 页。

达尔文主义、福音派基督教徒精神、社会返祖论)、外交论(国家声誉说、力量均势说、地区危机说、全球战略说)和非洲尺度论。在这种"理论的混乱状态"和不同观点自行其是的国际学术争论中,最有影响、最有代表性的则是剑桥大学的鲁宾逊(Ronald Robinson)和加拉赫尔(John Gallagher)提出的理论(有人称之为"战略说")。[①] 他们认为,1879—1882 年埃及赫提夫倒台造成的危机和南非德兰士瓦的兴起影响到欧洲与非洲的战略关系,从而导致瓜分浪潮。[②] 对非洲的瓜分在很大程度上(至少在英国)是由于官员们的失算、对埃及问题处理不当而引起,埃及的危机引起了争夺;"非洲的分割是一件荒诞不经的咄咄怪事,造成整整一个大陆发生剧烈变化的重大事件中,迄今很少有象分割非洲如此偶然促成的。"[③]总而言之,他们认为,应该从非洲内部而不是欧洲内部去寻找列强瓜分非洲的原因。这种观点有悖于史实。

(二) 资本主义发展的必然

如果将瓜分非洲这一事件摆到世界历史的范畴去考察,并联系资本主义经济发展的全过程进行分析,我们可以看到,这个历史进程是受一般规律支配的。"历史事件似乎总的说来同样是由偶然性支配着的。但是,在表面上是偶然性在起作用的地方,这种偶然性始终是受内部的隐蔽着的规律支配的,而问题只是在于发现这些规律。"[④]欧洲列强瓜分非洲有其深刻的政治、经济和社会根源,而不是什么"失算"、"反常现象"。从各种因素的互相作用看来,对非洲的瓜分是资本主义发展的必然,可以说是

---

① 关于以上各种解释,详见阿杜·博亨主编:《非洲通史(第七卷):殖民统治下的非洲 1880—1935 年》,中国对外翻译出版公司/联合国教科文组织,1991 年,第 15—21 页。还可参见 Ernest Francis Penrose, ed., *European Imperialism and the Partition of Africa*, London: Frank Cass, 1975。

② R.E.鲁宾逊、J.加拉格尔:《非洲的瓜分》,见 F.H.欣斯利编:《新编剑桥世界近代史(第十一卷)》(中国社会科学院世界历史研究所组译),中国社会科学出版社,1987 年,第 22 章,第 815—818 页。

③ Ronald Robinson and John Gallagher, *Africa and Victorians*, London, 1961, pp. 466,593. 此书被认为是关于瓜分非洲问题研究的权威著作之一。

④ 恩格斯:《路德维希·费尔巴哈和德国古典哲学的终结》,《马克思恩格斯选集》,人民出版社,1972 年版,第 4 卷,第 243 页。

欧洲现代化过程中的资本主义政治制度、经济体系和社会文化活动在非洲的扩展。① 随着史料的解禁和非洲学者加入对欧洲列强瓜分非洲这一问题的研究,一种更为全面的观点显现出来。如果将欧洲人在非洲进行的奴隶贸易结合起来分析,瓜分非洲的过程早已开始。我们应该将欧洲因素与非洲因素结合起来分析这一历史事件的真实原因。

(三) 欧洲发展与蚕食非洲的因果关系

从目前的研究成果可以得出以下结论。第一,帝国主义瓜分非洲是从近代以来早已开始的历史进程的自然结果。从内陆探险开始,到奴隶贸易、传教活动、废奴运动,再到欧洲各国商人在沿海地区建立商站,这些既是欧洲资本主义发展在全球扩展进程中的阶段性活动,也为最后的殖民瓜分打下了基础。第二,奴隶贸易的废除一方面促成了劳动力的解放并导致了合法贸易的扩大,另一方面也使出口和进口贸易额有所下降。非洲大陆的这种变化造成了各种社会因素的相互作用,刺激了欧洲商业资本的行动。第三,欧洲资本主义快速发展不仅需要大量的原材料,急需产品市场,也开始寻找投资市场。这是更重要的因素,欧洲国家的商人、产业资本和金融阶级推动着国家的对外扩张。资本主义国家工业发展的不平衡性和1873年深刻的经济危机加速了这一进程的到来;科技的进步和勘察非洲的完成则为瓜分提供了客观条件,这些合力构成了资本主义列强瓜分非洲的原因。

二、非洲噩梦的开始:殖民瓜分

(一) 殖民瓜分的预备阶段

在资本主义的发展过程中,世界市场的形成和各民族或地域之间的经济联系不可能建立在相互平等的关系上,而只能靠一些民族征服另一些民族,比较发达的民族压迫、剥削和奴役其他民族的不平等关系来实

---

① 李安山:《资本主义列强瓜分非洲的内在因素浅析》,《世界史研究动态》,1985年第1期。有关殖民政府在非洲实施文化教育的策略,英国和法国殖民政府有专门的政策文件进行指导。L. G. Cowan, J. O'Connell and D. Scanlon, eds., *Education and Nation-Building in Africa*, New York, 1965, pp. 45-58.

现。从原始积累到商品输出，从保证原料供应到占有劳动力资源，最好的办法就是直接占有殖民地。资产阶级的殖民扩张活动，是与资本主义的发展同步进行的，主要表现为原始积累和工业革命两个阶级。

奴隶贸易持续了 400 年，欧洲列强正是在这一阶段建立了工业化的重要基础。16 至 18 世纪为原始积累阶段，欧洲列强先后侵占了整个美洲、亚洲的一部分和澳洲的一部分；而骇人听闻的"三角贸易"则是以非洲为中间站的。奴隶贸易对资本主义的发展起了重大作用，马克思认为它是原始积累的主要因素之一。① 正是在这一阶段，欧洲殖民主义者在非洲建立起第一批贸易商站据点，主要有詹姆士岛（1618 年英占），荷兰西非据点（1637 年，共 16 处），开普（1652 年荷占，1781 年法占，1795 年英占），圣路易（1659 年法占），还有葡萄牙在安哥拉和莫桑比克建立的一批商站。直到 18 世纪末，欧洲殖民主义者在非洲只是占领了沿海一带，建立了一些商站（包括仓库）和军事据点，更有利于从事以奴隶贸易为主的对非洲的贸易活动。然而，正是这些商站和据点为随之而来的殖民瓜分提供了跳板。

在工业革命时期，欧洲列强继续进行殖民扩张，力争把亚洲、非洲、澳洲和美洲变为它们的产品销售市场和农业原料附庸。到 19 世纪 70 年代为止，英法等欧洲强国又攫取了不少新的殖民地和势力范围。亚洲大多数国家先后遭到吞并或为外国殖民势力所控制；幸存下来的伊朗、中国和土耳其也沦为半殖民地，欧洲列强各自确定了自己在这些国家的势力范围。澳大利亚和新西兰也沦为英国殖民地。在非洲，欧洲殖民强盗在沿海侵占了一部分土地，建立起殖民地（或"保护制度"），作为向内陆渗入的基地，而这一殖民地大部分是打着"禁止奴隶贸易"的幌子建立的。主要的有：塞内冈比亚殖民地（1821 年英建）、阿尔及利亚（1830 年法占）、黄金海岸保护领（1844 年英建）、几内亚沿海（1849 年法建"保护制度"）、拉各斯（1861 年英占）、加蓬沿海地区（1862 年法占）、波多诺夫（1863 年法占）、科托努（1869 年法占）。② 这个时期的领土扩张仍然局限在沿海。

---

① 马克思：《资本论》，第一卷（下），人民出版社，1975 年，第 827—828 页。

② Michael Crowder, *West Africa under Colonial Rule*, Evanston: Northwestern University Press, 1968, pp. 69-161; John D. Hargreaves, ed., *France and West Africa: An Anthology of Historical Documents*, Gregg Revivals, 1993, pp. 51-60, 83-90.

几次侵占更大领土的企图(如英国对阿散蒂和埃塞俄比亚的战争及法国对马达加斯加的战争)都未能得逞。1876 年,欧洲列强在非洲所占的殖民地只有全部领土的 10.8%。但这并不意味着它作为商品市场和原料来源地的地位是微不足道的,仅以三个殖民地为例:1863 年到 1872 年拉各斯进口额为 383 255 英镑,出口额为 545 433 英镑;黄金海岸同期进口额为 223 578 英镑,出口额为 297 910 英镑;1868 年到 1869 年开普殖民地进口额为 4 635 098 英镑,出口额为 4 536 906 英镑。①

1871 年的巴黎公社起义和 1873 年的经济危机,标志着资本主义发展的一个重要转折点。英国作为"世界工厂"的地位开始动摇;德国由于普法战争的胜利加速了工业化;法国由于国家的大力扶持和物价上涨的刺激,在付清战争赔款后工业逐步恢复;美国在南北战争扫清了资本主义发展的障碍后,工业开始突飞猛进,日本和俄国也随后相继完成了工业革命。德国作为新兴的资本主义国家,与英国相比,其发展速度是惊人的。国家的统一,普法战争结束后对法国矿产资源、工业基地和战争赔偿的掠夺;军火工业及先进技术的加速发展,这一切使德国迅速成为可与英国抗衡的工业强国。从 1871 年起,德国工业生产的增长比英法两国快三倍。② 这种不平衡打破了旧的均势,引起了老牌资本主义国家的惊恐,一位英国学者对此作了极其深刻的概括:英国在对德竞争关系方面"饱尝了由于惊讶而产生的苦恼",这是 80 年代的特点,而到 90 年代这种苦恼却变成"惊惶失措"了。③

这种不平衡在对殖民地的要求上也体现出来,"资本主义愈发达,原料愈缺乏,竞争和追逐全世界原料来源的斗争愈尖锐,抢占殖民地的斗争也就愈激烈。"④德国在 1884 年 7 月到 9 月短短几个星期,就用缔约的方式侵占了多哥和喀麦隆,这种速度是未有前例的。1873 年的危机标志着

---

① J. M. Konczacki and Z. A. Konczacki, eds., *An Economic History of Tropical Africa*: Volume 2, London, 1977, pp. 245-247.

② 维纳·洛赫:《德国史》(北京大学历史系世界近代现代史教研室译)中册,生活·读书·新知三联书店,1976 年,第 423 页。

③ 赫沃斯托夫:《外交史》(高长荣等译)第 2 卷上册,生活·读书·新知三联书店,1979 年,第 354 页。

④ 列宁:《帝国主义是资本主义制度的最高阶段》,《列宁选集》,第 2 卷,人民出版社,1972 年,第 802—803 页。

资本主义自由竞争阶段开始向垄断阶段的过渡。危机首先在美国和中欧展开后,迅速波及欧洲大陆。虽然英法德各国所受冲击程度不同,但这次危机的深刻程度是以往任何一次危机所不能比拟的。"目前的危机,就其时间之长、规模之大和强烈程度来说,是英国以往经历过的危机中最大的一次。"①随后的两次危机连接得如此紧凑,加之中间高涨时期的短暂,以致很多经济学家和历史学家将 1873 至 1896 年统称为"大危机"。②

(二) 殖民瓜分进程的加速

垄断的进程加快了,同时也开始了夺取殖民地的高潮。过剩商品开始寻求市场,资本在寻求新的出路。一方面,欧洲国家开始为保护国内市场实行关税,另一方面列强将贪婪的目光转向了非洲这块尚未瓜分的大陆。国际非洲协会的绅士们在 1878 年 11 月 25 日向刚从非洲探险回来的斯坦利提出了不少具体而翔实的问题:

> 刚果在多大程度上可使轻便船只实行通航?友好的土著酋长能对商业活动提供什么样的保护?刚果河沿岸的部落是不是十分明智地懂得为了他们的利益保持与白人的友好交往比限制交往要好些?若需要的话,土著酋长对于获得他们的通行权会征收什么样的贡品、税款或进口货?土著用来与欧洲纺织品交换的产品的特性是什么?假使将来在刚果河下游某处与斯坦利普尔之间修一条铁路,能够提供多少这种产品?③

这些问题主要集中在经济利益方面。

半个月后,正是这些先生们在 12 月 9 日正式成立了一个"上刚果研究会",协会资金为 50 万法郎,部分由比利时国王利奥波德二世提供,部

---

① 《马克思恩格斯全集》,人民出版社,1972 年版,第 34 卷,第 438 页。

② 见门德尔逊,《经济危机和周期的理论与历史》,生活・读书・新知三联书店,1976 年版,第 2 卷,上册,第三章第二节,关于 19 世纪最后 25 年历次周期的特点问题,第 214—216 页。

③ Henry M. Stanley, *Congo River and the Establishment of Congo State*, Vol. 1, London, 1885, pp. 26-27.

分由私人银行提供。由于这一时期在西非海岸的争夺逐渐加剧,欧洲列强不得不在 1884 年召开柏林会议来缓和冲突。从柏林会议最后议定的内容,我们也可以看出欧洲列强关心的主要是什么。第一章第一条就规定:"各国贸易在下列地区将享受绝对自由:1. 刚果河流域及其支流的各个地域……2. 从南纬 2 度 30 分纬度圈到罗格河口的大西洋沿海地带。3. 从刚果河流域上行……到印度洋地区……"①

比利时在瓜分非洲时采取了"进攻"姿态。这是因为它从 1839 年起被其他欧洲大国承认的中立地位使其国内经济发展得到保障。一方面是工业产量居于世界前列,生产的多是半成品,需要出口;另一方面,工人工资低微、国内市场狭小。这样,寻求国外市场的要求就更加急迫了。利奥波德二世早在 1863 年就跃跃欲试了,"为了国家的利益,比利时应该有自己的殖民地"。② 从 19 世纪 40 年代起,比利时靠着法国的投资稳步发展,首先是产煤业,随后纺织和其他工业也急起直上。1848 年至 1884 年,工业化出现了飞跃,动力产能从 1845 年的 48 000 马力,上升到 1885 年的 781 000 马力。③ 代表着国内资产阶级利益的政治家这时也纷纷为寻求商品市场、侵夺殖民地制造各种舆论。

翻开历史,我们几乎在同一时期听到这些声音:"在当前像飓风那样吹遍全世界的激烈的贸易竞争中,丢掉市场就是无法弥补的损失;取得市场对于国家的强盛来说是一种极好的收获。"(英国政治家寇松语)"殖民地问题,对于由工业性质本身所决定必须大量输出产品的国家来说,是个市场问题。在欧洲各项工业遭到危机的时候,开辟一个殖民地就是开辟一个市场。"(法国总理儒勒·费里在被称为"第一篇提到议会论坛上的帝国主义的宣言"中如是说)"我们也要求阳光下的地盘。"(德国首相皮洛语)"使我们地球上那唯一文明没有渗透的大陆向文明敞开,冲破那笼罩着当地全体居民的黑暗,我敢说,这是一场与我们这个进步的世纪相称的十字军东征。"(比利时国王利奥波德二世语)这些都反映了资本主义国家

---

① 周一良、吴于廑主编:《世界通史资料选辑》近代部分下册,商务印书馆,1964 年,第 265 页。

② J. D. Hargreaves, *West Africa Partitioned*, Vol. 1, London, 1974, p. 26.

③ 让·东特:《比利时史》(南京大学外语系法文翻译组译),江苏人民出版社,1973 年,第 130—131 页。

在向帝国主义过渡时对殖民地的渴望。非洲被瓜分的命运就是在这阵喧嚣声中决定了。

在随后的瓜分、占领和殖民过程中,英国逐渐以冈比亚、塞拉利昂、尼日利亚、黄金海岸(今加纳)等地为主建立了英属西非殖民地。经过与布尔人在南非的争夺,特别是两次英布战争,英国占领了南部非洲的大部分地区(主要包括南非及其邻近地区、今赞比亚、津巴布韦、马拉维等地),加上北非的埃及和东部非洲的苏丹、乌干达、桑给巴尔、肯尼亚等地。法国的胃口更大,它在西非建立了自己的殖民地,包括毛里塔尼亚、塞内加尔、尼日尔、法属苏丹(今马里)、法属几内亚(今几内亚)、科特迪瓦、上沃尔特(今布基纳法索)和达荷美(今贝宁),在中部非洲获得了加蓬、刚果(布)、中非和乍得等殖民地。此外,法国还完成了对北非文明古国突尼斯和摩洛哥的征服,并占领了马斯克林群岛(包括马达加斯加等国家和岛屿)。比利时对中部非洲特别是刚果王国的占领使它获得了丰厚的自然资源。葡萄牙主要占领了安哥拉和莫桑比克。1845年,西班牙在赤道几内亚建立殖民统治。作为后来者,德国直到19世纪末才控制坦噶尼喀,1904年在摧毁了赫雷罗人和纳马人的抵抗后占领了西南非洲(纳米比亚)。[1] 美国虽然没有直接占领殖民地,但利比里亚成为它的势力范围。

(三) 瓜分非洲的方式与直接后果

欧洲列强对非洲的瓜分主要有三种方式:武力占领,与非洲统治者签约(在大部分情况下以欺骗的手段),与其他列强协商瓜分。在很多情况下,武装占领后的政治条约和与非洲人签约所取得的土地未必能得到其他欧洲列强的认可,这仍需要与其他欧洲国家用谈判的方式并通过双边条约来解决。这样,各种条约的合法性便成了一个关键问题。[2]

在论及欧洲人与非洲人之间各种政治条约的合法性时,非洲学者乌

---

① Robin A. Butlin, *Geographies of Empire European Empires and Colonies c.* *1880—1960*, Cambridge University Press, 2009, pp. 46-118; A. J. Christopher, *Colonial Africa*, London: Helm, 1984; T. O. Lloyd, British Empire, *The British Empire*, *1558—* *1983*, Oxford University, 1984.

② 在极个别的情况下,欧洲列强占领一些无人居住的岛屿(如毛里求斯和塞舌尔),后来为了各自的利益而进行争夺。这在殖民瓜分过程中是一种特例。

佐伊圭是这样评论的：这些条约有的在法律上站不住脚，有的在道义上完全破产，有的是合法取得的，三者有一个共同的特点：实力支配下的法律。那些所谓的"合法条约"主要是指一些非洲统治者在情况紧急时（受到其他欧洲国家或毗邻非洲国家的威胁时）寻求与欧洲人联盟，而这种情况无疑是考虑到欧洲人的实力。其他的条约更是五花八门，有的是以欺骗的手段获得，有的是以强迫方式签订，有的甚至是伪造的文件，还有的则是在曲解条约意义的基础上达成。对于这些条约的合法性，即使在欧洲列强中间也未达成共识。至于欧洲国家的各种双边条约的合法性更成问题。这些条约基本上是在欧洲国家的首都签订的，与这些条约有直接关系的非洲人对这些条约的制定既无所知，也未曾同意。①

这些条约的直接后果是将人为的边界引入了非洲。由于非洲被强行分割，给这个大陆带来了四种严重的后果。第一，过去的种族、民族和酋邦，现在分散居住在各个国家实体之间，从而使非洲许多国家边境地区出现了少数民族或跨境民族问题。第二，非洲大陆被分割得支离破碎。大的国家的国土面积达到二百多万平方公里，小的如冈比亚则只有 10 350 平方公里。自然资源的分布也极不合理。第三，非洲边界一般是大体上划分的，这在当时是为了避免列强争夺的权宜之计，却为独立后的非洲留下了各种矛盾和隐患。第四，殖民列强通常按经、纬度来划分非洲。根据苏联非洲问题专家阿纳托利·葛罗米柯的说法，44％的非洲边界是按经线或纬线划的；30％的边界是用直线或曲线的几何方法划的；仅有 26％是由河流、湖泊或山脉构成的自然边界线。② 这种划法易于在地图上标出，但很难用地形测量图线表示，从而为独立后非洲国家的边界确定埋下无穷后患。

殖民统治时期形成的政治地理布局在独立后的非洲产生了严重的问题，这一点已是众所周知。更为严重的是，这些新边界分割了原来早已存在的民族、酋邦、王国或国家，造成了大量民族流离失所，为独立后普遍发生的国家冲突、民族矛盾和社会动乱埋下了祸根。人为的边界将一些文

---

① 阿杜·博亨主编：《非洲通史（第七卷）：殖民统治下的非洲，1880—1935 年》，第 27—28 页。

② 布特罗斯·加利：《非洲边界争端》（仓友衡译），商务印书馆，1979 年，第 4—5 页。

化语言不同、传统习俗相异的人们糅合在一起,又没有采取任何方式来促进民族一体化,这一问题成为独立后非洲国族一体化的主要障碍。

三、殖民统治的方式

欧洲殖民列强对非洲的征服主要发生在 1880—1910 年间。在短短的 30 多年里,非洲被瓜分完毕。在随后的殖民统治阶段,欧洲列强通过各种制度措施对非洲进行统治。在第一个阶段,欧洲人着力于"绥靖",对非洲人民的反抗和暴力进行惩罚,控制税收,通过视察或巡视的方式来建立殖民统治机构与地方首领的关系。第二阶段,欧洲人的殖民统治通过"国家政权"对殖民地的控制,对当地社会的渗透进一步加深。这一阶段也使各地非洲人的社会政治生活更加"规范化"。欧洲列强统治非洲的方式大致有三种,即分而治之、间接统治与直接统治(南非的种族隔离制将在下章论及)。然而,正如乌干达学者穆罕默德·马姆达尼所指出的那样,这些形式虽然不同,但实质只有一个:殖民主义专制统治的不同变种。①

(一) 分而治之

在任何地区,殖民政府的统治方式都是希望以最小成本取得最大成效,在非洲也不例外。一些学者有时将"分而治之"和"间接统治"等同。实际上,两者是有区别的。概而言之,"分而治之"既是一种统治策略,也是一种统治制度。作为一种统治策略,德国驻西南非洲总督洛伊特魏茵表述得十分清楚:"我尽可能地使那些部落为我们的事业服务并使之互相争斗。即使是一个反对这个政策的人也不得不承认,挑起土著人互相残杀较之期待我们投入来自祖国的大量生命和金钱来制伏这些部落,固然是更难一些,但也更为有利。"②我们可以这样定义"分而治之":"分而治之"是指殖民政府为了节省人力和物力,在殖民地对不同民族(或集团)用不同方式进行统治,最为常见的办法是用一个群体去统治另一个群体以

---

① Mahmood Mamdani, *Citizen and Subject: Contemporary Africa and the Legacy of Late Colonialism*, Princeton University Press, 1996.

② [法]路易·约斯:《南非史》(史陵山译),商务印书馆,1973 年,第 216 页。

挑起不同群体之间的矛盾甚至争斗，从而转移被殖民者对殖民统治者的怨恨及注意力。

几乎在每个殖民地，都存在"受重用的民族"和"受歧视的民族"。例如，在法属西非的几内亚，殖民当局特别看重富尔贝人，富尔贝人被派往盖泽人、托马人、科尼亚吉人和巴萨里人地区充当行政人员。在尼日利亚，英国殖民当局将伊博人派往北部豪萨人地区，而将富尔贝人派往中部地区。在坦噶尼喀，德国殖民当局依靠被称为"阿基达"的人进行统治。在乌干达，英国人将干达人和尼奥罗人作为官员派往阿乔利人等落后民族地区。"受重用的民族"之所以得到殖民行政当局的青睐，主要有以下几种原因。1.殖民主义者出于国际政治（主要是在非洲地区的争夺）的考虑；2.这些民族的某种文化（如尼日利亚和喀麦隆的富拉尼人[也称"富尔贝人"]信仰伊斯兰教）引起殖民统治者的重视；3.一些民族的某种民族性格（如南部非洲的祖鲁人和恩德贝莱人与肯尼亚坎巴人的"习武好战"）使殖民统治者对他们另眼相看；4.他们对殖民主义者持合作态度。所谓"受歧视的民族"包括两种：一种是对殖民主义入侵进行了顽强抵抗的民族，后来受到了殖民统治者在行政管理上的歧视，但殖民主义者却不得不对他们表示佩服（如加纳的阿散蒂人和乌干达的布尼奥罗人），另一种是发展相对落后的民族（如乌干达的阿乔利人）。

在有的殖民地，殖民当局根据自己的好恶对当地的政治资源进行分配时有意忽略不同民族在人数上的区别。如在南罗得西亚（今津巴布韦），绍纳人和恩德贝莱人是当地的两个主要民族。恩德贝莱人大约在19世纪前叶来到津巴布韦西部。绍纳人与恩德贝莱人的人口比例大致为4:1。然而，在英国殖民统治时期，殖民当局为了维护自己的统治平衡，在任何一种所谓"黑人政治"结构中均保持一种1:1的均势。这种做法在当地人中间形成了一种平分权力的政治心理：权力必须在两个主体民族中平分。这对独立后津巴布韦政治带来了一种十分不利的影响：没有权力平等就没有政治平静。①

---

① M. Sithole, "Ethnicity and Democratization in Zimbabwe: From Confrontation to Accommodation," in H. Glickman, ed., *Ethnic Conflict and Democratization in Africa*, Atlanta: African Studies Association Press, 1995, pp. 141-142.

（二）间接统治

"间接统治"是用当地的人力资源和物力资源对殖民地进行统治。在本土政治制度较为完备的殖民地（较为典型的有尼日利亚北部和乌干达的巴干达地区），殖民者力图借用已有的政权结构。在没有建立酋长制或王国的地区（如尼日利亚的东部地区和东非的坦噶尼喀地区），殖民主义者则试图建立一些"部落"以便进行统治。这种做法所遵循的政治原则和思想基础是间接统治制度。间接统治同时标志着欧洲人对殖民地控制的第二个阶段。

间接统治可以说是欧洲殖民统治在非洲的典型制度。殖民统治能否有效运作从根本上取决于适当的人力资源和财力资源，而这一问题只能通过充分利用本土资源来解决。这种统治制度需要三个基本因素：本土政治体系、殖民当局的意愿、愿意进行配合的非洲政治势力。相对完整的本土政治体系是确立间接统治的基础，如果没有这一要素，间接统治制度无从谈起。殖民当局利用当地原有政治机构的意愿是建立这种制度的主观条件。由于殖民统治是由宗主国政府、殖民地政府和殖民官员三方面构成，三者对间接统治达成的一致看法尤其重要。愿意进行配合的本土政治精英是间接统治制度建立的关键。在有些地区，既有本土政治架构，又有殖民当局建立间接统治的意愿，但当地政治领袖对殖民统治进行了顽强的抵抗，间接统治制度无法建立。英属乌干达的布尼奥罗王国与德属布隆迪均属于这种类型。

虽然卢加德的间接统治制度在 20 年代才形成理论体系，但早在殖民统治初期，各殖民宗主国均实行与自己的人力和财力资源相适应的统治政策。在德属殖民地，德国人对当地资源的利用是非常得当的。直到 1913 年，整个德属东非领土只有 70 个欧洲行政官员。[1] 在卢旺达，德国的统治主要是依靠当地的图西族贵族。为了达到这一目的，德国殖民官员甚至认为有必要重新建立被欧洲人的入侵削弱了的非洲本土统治者的权力。[2]

---

[1]　R. L. Buell, *The Native Problem in Africa*, New York: Macmillan, 1928, vol. 1, p. 448.

[2]　勒内·勒马尔尚：《卢旺达和布隆迪》（钟槐译），商务印书馆，1974 年，第 81 页。

这种政策更切合当地的情况,因此遇到当地居民较少的抵抗,同时也为德国的统治节省了人力资源。同样,在坦噶尼喀,德国人充分利用了当地已形成的相当成熟的统治体系,这些制度被非洲史研究者称为"阿基达"制和"莱瓦利"制。① 比利时人在刚果和大湖地区建立的殖民统治也是充分利用了当地原有的政权。②

尼日利亚总督克利福德在 1920 年 12 月 29 日对尼日利亚一院制议会发言时明确指出:"保留并支持当地的部落机构和本土的政府形式,这是尼日利亚政府的一贯政策。"③间接统治制度的理论建构者、继任的尼日利亚总督卢加德在其《英国热带非洲的双重委任统治》中阐述了间接统治的精髓:"这一制度的主要特征在于土著酋长是行政机构不可缺少的一部分。不论英国人和土著是各自行使职权,还是互相合作,不保留两个统治者,只有一个单一的政府。在政府中土著酋长同英国官员一样,具有权限明确的职责和一致公认的身份;他们的职责绝不能相互冲突,同时应尽可能避免重叠。"④间接统治制度主要由三个方面构成:土著政权、土著法院和土著金库。

土著政权是间接统治制度的基础。土著政权是指殖民政府从法律上承认地方统治者的权力及其本土制度(包括国王或酋长及其议事会),并将他们作为殖民当局在各地的下级官员。由总督正式任命他们,并授予委任状。土著政权有立法权和行政权,可制定有关法令、命令,在得到总督批准后予以颁布;负责维持管辖地区的法律、治安和秩序,征收捐税并扣除部分归自己使用。土著法院包括酋长及议事会中最有影响的人物。土著法院的权力和成员均由殖民政府确定。总督根据习惯法批准这些法院权力的法律。土著法院正副院长的批准、罢免或停职由省督决定。土

① John Iliffe, *Tanganyika under the German Rule*, *1905—1912*, New York: Cambridge University Press, 1969. 关于中国学者对德国人在坦噶尼喀的殖民统治的研究,可参见郑家馨主编:《殖民主义史·非洲卷》,北京大学出版社,2000 年,第 385—393 页。

② C. Young, *Politics in the Congo*, Princeton University Press, 1965, pp. 130-134. 勒内·勒马尔尚:《卢旺达和布隆迪》,第 110—141、212—226 页。

③ James Coleman, *Nigeria: Background to Nationalism*, Berkeley and Los Angeles: University of California Press, 1958, p. 194.

④ F. D. Lugard, *The Dual Mandate in British Tropical Africa*, London: William Blackwood & Sons, 1929, p. 203.

著法院只审理当地居民中的民事案件,如婚姻、财产、债务及一些小的刑事案件。土著金库的主要职责是处理收来的税款,即上交给殖民政府后的剩余部分。金库将所收的款项用于当地的财政、服务和各种行政开支,并定期向殖民政府报告财政情况。欧洲殖民官员的主要作用是对土著政权进行监督和教育,在必要情况下可以直接下达命令。用一位长期在西非服务的英国主教的话来说,"间接统治即以间接方式实行的直接统治"[1]。

　　间接统治是根据欧洲统治者强调的效率原则制订的,这一制度将新的行为准则强加给当地酋长。这种政策的实施导致了三种后果。在非洲酋长的权力得到殖民当局认可的那些地区,酋长与其臣民的关系发生了变化,他们的感情联系逐渐瓦解,传统的义务失去了保障。这种情况在加纳的南部等地区十分普遍。[2] 殖民当局新立的酋长与其臣民的关系纯属新的关系,往往得不到人民的认可,其行政效率也十分低下,如在坦噶尼喀和尼日利亚的东部地区。[3] 在那些建立了不同民族之间上下级隶属关系的殖民地,间接统治破坏了原有制度中的平衡性,从而加剧了不同民族间的矛盾和冲突。例如在卢旺达,长期处于统治地位的图西族在先后得到德国殖民政府和比利时当局的支持后,对胡图族农民的压迫变本加厉。在第三种情况下,在殖民统治时期日益加剧的民族矛盾在独立后的适当时候开始激化。

　　值得说明的是,间接统治制度与"分而治之"的统治方法是有区别的。[4]

---

　　① 苏联科学院非洲研究所编:《非洲史 1800—1918》(顾以安、翁访民译),上海人民出版社,1974 年,第 582 页。关于中国学者的研究,可参见张象、姚西伊:《论英国对尼日利亚的间接统治》,《西亚非洲》,1986 年第 1 期;陆庭恩:《非洲与帝国主义,1914—1939》,北京大学出版社,1987 年,第 95—117 页;李智彪:《卢加德与北尼日利亚》,《西亚非洲》,1988 年第 1 期;郑家馨主编:《殖民主义史·非洲卷》,第 422—429 页。

　　② Anshan Li, "Asafo and Destoolment in Colonial Southern Ghana, 1900—1953", *The International Journal of African Historical Studies*, 28:2 (1995), pp. 327-357;李安山:《殖民主义统治与农村社会反抗——对殖民时期加纳东部省的研究》,第 3—4 章。

　　③ 关于尼日利亚东南部的情况,参见 A. E. Afigbo, *The Warrant Chiefs, Indirect Rule in Southeastern Nigeria, 1891—1929*, New York: Humanities Press, 1972.

　　④ 有关分而治之和间接统治的个案,参见李安山:《非洲民族主义研究》,中国国际广播出版社,2004 年,第七章。

首先,它比"分而治之"的手法更进一步,对原来非洲人的统治结构给予适当的承认并予以利用。其次,由于间接统治在某种程度上利用了当地的政治势力,因而大大削弱了当地民族主义产生的社会基础。再次,间接统治在某种程度上培育了当地的政治势力。由于这些政治势力代表一个民族(或酋邦)或一个地区而不是整个殖民地的人民,这种势力在某些国家独立后成了地方民族主义的代表。可以这样说,从对非洲政治结构的影响而言,不管是直接统治还是间接统治,均在一定程度上缩小或降低了非洲统治者的权威。然而,这两种政策在对当地民族关系或民族矛盾的影响并不一样。我们注意到,地方民族主义(即所谓的"部落主义")在以前实行过间接统治制度的殖民地的表现更为明显,其危害性也更大。

(三)直接统治

直接统治是法属殖民地和葡属殖民地的主要殖民统治方式。这种方式的核心是否认(或摧毁)本土的权力机构,建立与宗主国制度相适应的殖民制度。就土著政策而言,主要包括对原有行政区的处置和对非洲酋长的态度。法属西非总督沃伦霍芬在 1917 年写道:在法属西非,本土酋长的权力之所以被剥夺,是因为"在此'治理圈'里不能有两种权威——法国权威和土著权威。地方长官一个人指挥,一个人负责。土著酋长仅仅是一种工具或附属人员"①。酋长的任命由殖民政府掌握,而不是按传统方式由选举或继承产生。法国人对本地酋长的使用也是直接方式,将他们完全置于从属地位。② 葡属殖民地采取的也是类似政策。一方面,这种殖民政策是对非洲本土政权的全盘否定;另一方面,由于酋长成为殖民政权的一分子,而这种政策对所有非洲人都适用,对非洲各民族(特别是一个共同体内的各民族集团)的伤害没有什么不同。因此,在原法属殖民地和葡属殖民地,独立后的民族纠纷相对较少。

---

① John D. Hargreaves, *France and West Africa*: *An Anthology of Historical Documents*, Macmillan, 1969, p. 211.

② 在法属殖民地的统治方式也不尽相同,主要有直接领地的同化政策、直接统治与间接统治三种方式。关于中国学者的研究,可参见李安山:《法国在非洲的殖民统治浅析》,《西亚非洲》,1991 年第 1 期;郑家馨主编:《殖民主义史·非洲卷》,第 462—478 页。

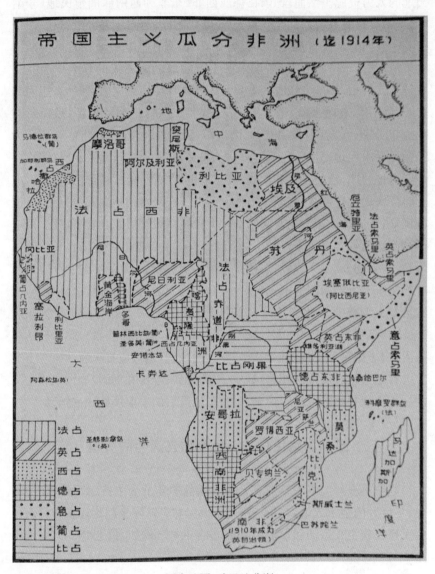

历史地图:殖民地非洲

来源:洪育沂编译、李谋源绘制《世界史参考地图:1640—1945 年》,外语教学与研究出版社,
1981 年,第 39 页。

前面提到德国在其殖民地施行某种类似间接统治的制度,充分利用当地的人力资源。然而,德国在德属西非、东非和西南非洲殖民地(今纳米比亚)实行有系统的同化政策与惨无人道的灭绝手段并行不悖。一份由英国驻西非殖民官员提交的报告揭露,德国在西非的殖民官员汉斯·多米尼克(Hans Dominik)曾要求部下将割取的非洲人的耳朵作为战利品统计。后来,当他发现有的士兵将妇女的耳朵用来充数,便命令用阴茎代替耳朵。① 在喀麦隆,德国士兵得到的命令是"把村庄烧掉,杀掉所有的成年男子、女人、小孩和老人,用最吓人的方式将俘虏们折磨至死。"为了镇压发生在坦噶尼喀的"马吉马吉"起义,德国人实行坚壁清野的政策,烧毁当地村庄,没收牲口和食物,毁坏地里的庄稼,处死被俘的起义者,或是将俘虏用铁链锁在一起,强迫他们劳动。在松盖阿地区,为了震慑反抗的民众,俘虏被德国人吊起来示众。大批民众或被屠杀,或被饿死。尼亚萨湖附近的约 3 万民众仅约 1 000 到 1 500 人幸存。对这场起义的镇压导致 25 万到 30 万人死亡,有些地区成为无人区。1904 年到 1907 年间,在德国统治下的西南非洲,赫雷罗人和纳马人因为进行抵抗遭到残杀,人口数量大大减少。根据 1911 年的统计,原有的 80 000 名赫雷罗人只剩 15 130 人,原来的 20 000 名纳马人只剩 9 781 人。那些参与起义的达马拉人,由于德军分不清他们与赫雷罗人的区别,也被成批杀害。②

有压迫就有反抗。随着殖民统治的建立、维持和巩固,非洲民族主义的反抗也从初始的抵抗转为聚合力量,到最后的争取民族独立运动。

四、非殖民化——民族独立运动的历程

联合国教科文组织专门成立的国际科学委员会主持编写的《非洲通史》是巨大的学术成就,其中特别是第七卷和第八卷专门论述了非洲人民的反殖民族主义运动和争取民族独立的斗争。例如,第七卷专门用六章

---

① C. O. 446/23, C. O. 22774. July 9, 1902, Public Records Office(Kew, London). 转引自奎西·克瓦·普拉:《非洲民族:该民族的国家》(姜德顺译),民族出版社,2014 年,第 21 页。

② Helmuth Stoecher, ed. , *German Imperialism in Africa*: *From the Beginning until the Second World War*, London, 1986, pp. 64,112-113.

分析了非洲(各地)1919—1935年的政治与民族主义运动。第八卷第二部分专注于"为政治主权而斗争,1945年至独立"这一主题。马兹鲁伊在第八卷中对第二次世界大战以后非洲人民在寻求政治主权的斗争中抵抗运动的各种形式进行了剖析,他指出:"在此期间可以看出非洲抵抗运动一系列不同的传统。有武士传统、圣战传统、基督教反抗传统以及与非暴力动员有关的传统,最后还有游击战的传统。"[①]

科尔曼的长篇论文分析了非洲民族主义兴起的原因。他认为,在经济上,从自给自足的经济变为金钱经济(即以生产经济作物为主)、雇佣劳动力的发展和中产阶级的形成;社会因素有城市化、社会性移动和西方教育;在宗教和心理上,主要有基督教的福音传道和对受西方教育者的忽略;在政治上,对本土权威的否定、"民族"象征的逐渐形成等。[②] 克劳福德·杨提出了民族主义发展的五阶段论:初始抵抗、千禧年抗议运动、城市骚乱与暴力、前政治现代协会、政党。[③] 研究民族主义的安东尼·史密斯后来对这种分类又作了修正。1. 初始抵抗。这是指非洲人民为反对殖民入侵而进行的抵抗运动。这种运动的领导者往往是当地的传统政治精英。2. 千禧年运动。这是指在殖民统治建立后,非洲各地的宗教领袖为了反对殖民主义者而发动的宗教反抗运动。3. 酝酿与适应阶段。这一阶段往往是指两次世界大战之间的时期。非洲人民与殖民统治有一个互相适应的过程;与此同时,非洲知识分子成立一些社会组织,新的阶层在酝酿和形成之中。4. 鼓吹自治。这是指在第二次世界大战以后,非洲的民族主义者开始对殖民统治提出挑战,鼓吹自治。5. 群众性民族主义。在这一阶段,民族独立运动已经全面铺开,成了非洲人民的普遍要求。正是这种群众性的民族主义运动最后促成了非洲独立国家的诞生。[④]

---

① 马兹鲁伊主编、旺济助理主编:《非洲通史(第八卷):1935年以后的非洲》,中国对外翻译出版公司/联合国教科文组织,2003年,第168页。有关这一事件,参见第80页,有关论述,参见第74—90页。

② J. S. Coleman, "Nationalism in Tropical Africa," *American Political Science Review*, 18(1954), pp. 404-426.

③ C. M. Young, *Politics in Congo: Decolonization and Independence*, Princeton, 1965, pp. 281-289.

④ Anthony D. Smith, *State and Nation in the Third World*, Sussex, 1983, pp. 37-58.

加纳历史学家博亨将殖民统治与非洲人的能动性反应分为三个阶段：1880 年到 1919 年，这一阶段被称为使用对抗、联盟或暂时屈服的战略以保卫非洲的主权和独立的时期；1919 年到 1935 年被称为使用抗议和抵抗战略的适应时期；1935 年至独立，使用积极行动战略的独立运动时期。① 这三个过程实际上是非洲人民与殖民主义抗争并寻求民族独立的过程。本章将 1935 年以后的时期进一步分为 1935 年至 1960 年和 1960 年以后两个时期。

（一）民族主义的自发肇始阶段(1880—1919)

在第一阶段，非洲民族主义尚处于自发阶段。反抗斗争的直接目的是拒绝接受外来的统治。从初始抵抗的目标来看，运动可以分为以下几类。

第一，非洲人的抵抗运动直接针对欧洲人的入侵。他们在当地国王或酋长的领导下，为保卫自己家园的自由而战。绝大多数非洲国家或地区的初始抵抗属于这一类。达荷美（阿波美）国王贝汉津领导的抗法斗争、埃塞俄比亚的民族英雄孟尼利克二世反对意大利的战争和索马里的赛义德·穆罕默德领导的反英斗争是比较典型的例子。

第二，欧洲人进行殖民侵略时，一些非洲国家正在扩张，该地区处于一种新的整合过程中，欧洲人的到来迫使扩张者变为抵抗者。比较突出的有西非的曼丁哥帝国。1882 年萨摩利·杜尔（Samory Toure，1830—1990）与法国人进行第一次战争时，曼丁哥帝国正处于扩张时期。

第三，非洲人的反抗运动起初针对的目标是原来（本地或外来）的统治者，而不是欧洲殖民主义者。由于国际形势的变化或欧洲列强的介入，反抗运动的目标变为欧洲侵略者。例如，埃及由阿拉比领导的革命，旨在摆脱欧洲对埃及的影响、结束土耳其人对埃及统治，后来转变为反抗英国征服的运动；苏丹的马赫迪运动最先反对的是土耳其-埃及统治，由于欧洲列强的争夺和英国人的插手，运动变为一场反对英国殖民侵略的抵抗。

第四，有的非洲领袖在对手威胁到自己的权力时，吁请欧洲人进行干

---

① 阿杜·博亨主编:《非洲通史(第七卷):殖民统治下的非洲(1880—1935)》,第13—14 页。

预。然而,欧洲人的介入不仅没有解决问题,反而带来了对国家主权的威胁。这样,非洲人在一种特殊的情况下对入侵者进行抵抗。阿赫马杜领导的图库洛尔帝国与法国人的关系即属于这一类。

第五,非洲人对外国传教士的文化入侵进行反抗。北非地区从十字军东征开始,随后是西班牙的再征服,接踵而来的是基督教的入侵。在这种情况下,奥斯曼土耳其宫廷并未成为敌人,而是成为北非国家民族主义运动的强大支持者。[1] 乌干达的国王姆万加针对外国传教士进行的密谋也是比较典型的例证。

在这一阶段中,有的反抗发生在殖民统治建立以后。斗争的领导者以本土的政治领袖为主,也有一些宗教领袖甚至非洲商人。这些抵抗的目的有的纯粹是政治性的,主要在于保卫自己家园的疆土、国家的主权或被侵犯的权利,如坦噶尼喀的马及-马及起义,反抗运动的领袖利用人民的宗教信仰,用宗教和巫术将坦噶尼喀人民团结起来。1896—1897 年的南罗得西来非洲人的反抗表明了非洲人对白人占领者的仇恨,从根本上否认了白人对恩德贝莱人(又译"恩德贝勒人"、"恩德别列人"、"马塔贝勒人")和绍纳人的歧视看法:他们没有根基、没有历史、没有宗教意识,其政治组织十分弱小。非洲人有的是为了保卫自己的文化和价值观,因为殖民入侵者从根本上漠视非洲文化或置当地的文化价值观于不顾,如亚阿·阿散蒂娃领导的起义的导火线在于英国总督阿诺德·霍奇森索取金凳子作自己的座位,而金凳子是阿散蒂人最神圣的东西。有的起义是为了反抗殖民政府的各种税收,较典型的是塞拉利昂人民为反对 1896 年开始征收的茅屋税而举行的起义;有的反抗不是在政治领域而是在经济领域展开。非洲商人对本地市场情况的掌握和各种垄断措施使在当地活动的欧洲商人在商业竞争中无法取胜,他们要求殖民政府进行干涉,殖民当局也为了自身的利益强行插手,非洲人不得不进行抵抗。尼日利亚的民族英雄贾贾和纳纳均属于这种类型。[2] 在反抗殖民入侵的战斗中,

---

[1] Majid Khadduri, *Modern Libya A Study in Political Development*, Baltimore: The Johns Hopkins Press, 1963, pp. 9-10.

[2] 关于欧洲商人在瓜分非洲前的作用,可参见李安山:《浅谈 19 世纪欧洲商业资本在非洲的活动及其对瓜分的影响》,《史学月刊》,1986 年第 1 期。

1915—1916 年发生在沃尔特和巴尼地区的反抗法国人统治的斗争形成了很大的规模。虽然运动最后被镇压,但留下的精神火种却为后来的民族独立运动提供了养分。①

(二) 民族主义的聚集力量阶段(1919—1935)

第二阶段是非洲民族主义聚集力量的阶段。非洲人的反应表现在两个方面。一方面,对欧洲人占领非洲领土的大规模反抗活动在大部分地方已经停止。另一方面,针对殖民政府的各种抗议活动则不断发生。巴兹尔·戴维逊曾指出,非洲政治思想的发展不得不根据殖民统治的结构和文化制定出新的抵抗战略,只有对殖民经济体制进行分析才能更好地理解这种发展。这是有道理的。他认为,非洲的殖民经济体制集中在三个方面:劳力、土地和贸易。② 这一分析是十分中肯的。然而,他忽略了另一个重要方面:资源。例如,除了比较明显的矿业资源外,在加纳,可可的生产和出口为殖民政府提供了可观的经济来源。③ 在乌干达,英国人通过对酋长的控制掌握了当地生产的阿拉伯咖啡的出口。④ 还有马达加斯加的蔗糖、塞内加尔的花生、桑给巴尔的丁香、刚果的矿藏等。我们注意到,这些从事出口经济的非洲劳动者在政治上比囿于传统自给自足经济的非洲农民更有组织力和战斗性。在他们的经济利益受到伤害时,这些人经常组织各种各样的抗议活动。他们构成了这一时期对殖民政府的主要威胁。

殖民地通过国际原料市场与世界经济的联系也在各种为经济因素而进行的斗争中表现出来。例如,1919 年塞拉利昂的铁路和公用部门的技术人员和劳工的罢工,1935 年北罗得西亚铜带省的矿工罢工,1939 年的蒙巴萨市的工人大罢工,黄金海岸可可农为反对欧洲商人对市场价格的

---

① Mahir Saul and Patrick Royer, *West African Challenge to Empire*: *Culture and History in the Volta-Bani Anticolonial War*, Ohio University Press/James Currey, 2001.

② 巴兹尔·戴维逊:《现代非洲史》(舒展等译),中国社会科学出版社,1989 年版,第111 页。

③ Christer Gunnarsson, *The Gold Coast Cocoa Industry 1900—1939*, *Production, Prices and Structural Change*, Lund, 1978.

④ Stephen G. Bunker, *Peasants against the State*, *The Politics of Market Control in Bugisu*, *Uganda*, *1900—1983*, The University of Chicago Press, 1991[1987], pp. 29-49.

控制而举行的多次可可禁卖运动(1921—1922,1930—1931,1937—1938)及尼日利亚发生的类似的禁卖可可运动,1921年到1922年南非特兰斯凯等地的妇女组织的抵制欧洲商人的活动,1918年到1921年间在葡属东非的港口洛伦索马贵斯发生的7次大罢工和1933年更大规模的基年塔罢工。

同样值得注意的是,如果仅将反抗活动看作是对经济因素所作的反应,这是不正确的。英国的间接统治与法国的直接统治虽然有所不同,但其实质是用最小的代价进行最有效的统治。[1] 殖民统治是宗主国对殖民地的一种全方位统治,它的影响和潜在威胁包括社会生活的各个方面,非洲人的反应也必然从各个方面表现出来。诚如奥洛隆提梅欣所言,"凡是要求在人与人关系的领域确立平等原则的要求,都等于是要求废除殖民主义制度"[2]。如果对非洲各地在这一时期的各种抗议活动进行分析,我们不难看出,这些活动既有对殖民政府关于劳力、土地、贸易和资源政策的反抗,也有在宗教、文化甚至政治方面的反应。

各种宗教运动和社会政治组织也成了向殖民统治进行反抗的形式。宗教运动在东部非洲、中部非洲及南部非洲比较突出,而早期民族主义组织在北非、西非开始出现。在南非,两种形式均较为普遍,这与各个地区的发展状况和殖民统治的影响程度有密切的关系。在北非,赛努西教团和泛伊斯兰主义通过各种教义和反殖活动来表达非洲民族主义的诉求。在东非,通过宗教进行反抗是一种传统。除了以传统宗教作为反抗的武器外,东非、中非和南部非洲这三个地区都盛行各种形式的本土化的基督教教会及其运动,如在中部和南部非洲普遍存在的独立教会,在东非、南非的锡安山教派和埃塞俄比亚教会运动[3],在南北罗得西亚、刚果和尼亚萨兰(今马拉维)传播的基塔瓦拉运动(非洲和刚果的守望塔运动)、南非

---

[1]　李安山:《非洲民族主义研究》,第226—235页。

[2]　阿杜·博亨主编:《非洲通史(第七卷):殖民统治下的非洲(1880—1935)》,第460页。

[3]　这一名称取自《圣经·诗篇》第68章第31节:"埃塞俄比亚将她的双手伸向上帝。"这一预言表明,埃塞俄比亚在上帝的心目中赋有特殊的使命。"埃塞俄比亚"这里指的并非现在的埃塞俄比亚,而是整个非洲。1948年祖鲁地区传教的本特·宗德克勒尔在其著作《南非班图人的先知》中首次用"埃塞俄比亚主义"一词来称呼非洲人的基督教会。

的韦林顿运动、比属刚果和安哥拉的巴刚果人中间流行的基班古主义运动和新基班古运动,以及苏丹北部的新马赫迪运动和南部的传统宗教运动。

早在第一次世界大战以前,非洲人中间就存在着各种社会或政治组织,但数量不多。一战以后,在北非和西非地区,各种社会组织和政治组织开始发挥作用。这些组织主要存在于逐渐成形的城市里。一般而言,社会组织以成员的各自地区和民族为核心的较多,而政治组织(或政党)以跨地区的为多。在这一时期内,除了在个别国家或地区成立了政党外(如埃及的华夫脱党、尼日利亚的民族民主党和青年塞内加尔人党),在宣传、动员、组织群众方面起主要作用的是一些由民族知识分子领导的政治组织,较为突出的有英属西非国民大会和南非的非洲人国民大会。[1]

南非的非洲人国民大会在 1994 年成为新南非的执政党,它的历史功绩为人们牢记。然而,英属西非国民大会却少有人提及。1919 年,泛非大会召开。[2] 其直接后果之一是 1920 年召开的英属西非国民大会。这次大会向英王递交的大会决议明确提出了英属西非殖民地立法会议委员会这一制度的不合理性和改革选举制度的必要性:"指定立法会议委员的权利,乃是属于每个殖民地的总督,而不是通过选举制度反映出来的人民意志的表现。很长时期以来,这些殖民地的居民就对立法会议委员由总督指定而不由人民选举这一反常情况困惑莫解。许多代表团提出过消除这种反常现象的建议。但是,一直到本年(1920)初,仍然没有任何变化。于是,1920 年 3 月,在黄金海岸殖民地首府阿克拉召开了英属西非非洲人代表会议,组成英属西非的四个殖民地都有代表出

---

① 关于第一次世界大战后的非洲政党和政治组织的大致情况,可参见陆庭恩、刘静:《非洲民族主义政党和政党制度》,华东师范大学出版社,1997 年版,第 50—112 页。

② 请注意区别第一届泛非大会(the first Pan-African Congress)与第一次泛非会议(the first Pan African Conference)。后者于 1900 年 7 月由特立尼达律师西尔维斯特·威廉姆斯(Henry Sylvester Williams)领导的非洲人协会(African Association,1897 年 9 月 14 日在英国成立)在伦敦召开。Kwesi Kwaa Prah, compiled, *Africanism or Continentalism*: *Mobilizing Global Africans*, *for Renaissance and Unity* (*Selected Documents of the 8ᵗʰ Pan-African Congress*), CASAS Book Series, No. 110, Cape Town: The Centre for Advanced Studies of African Society(CASAS), 2014, p. 36.

席会议。会议的简单议事日程令人信服地证明,这次会议讨论了各种不同而又重要的问题。会议闭幕前宣布了成立英属西非国民大学,它是正式的常设机关,根据宪法在政治上和其他方面代表英属西非的居民。"[1]英属西非国民大会成立后,对推动非洲民族独立运动起到了重要作用。

这一时期,民族主义目标最为明确的是埃及的1919年革命及摩洛哥的里夫人在1920年代对西班牙殖民统治的挑战。1919年革命是在以扎格卢勒为首的华夫脱党的领导下埃及人民反对英国殖民统治、争取民族独立的运动。建立于1918年11月的华夫脱党提出的撤销英国统治、实现埃及独立的主张得到了广大群众的拥护。英国殖民政府于1919年3月8日逮捕了扎格卢勒及其两名同事,从而引发了一场全国性的反英运动。除了大规模的示威游行外,英国士兵被杀害,英国人遭到攻击,交通通讯设施遭到破坏,英国在埃及的地位受到严重威胁。1922年2月28日,英国被迫承认埃及独立。虽然埃及一方在协定的保留条款中对英国做出重大让步(特别是关于英国继续在军事上占领埃及的规定),使埃及的独立地位大受影响,然而,这毕竟是第一个非洲国家经过自己的斗争从殖民宗主国手上赢得的独立。里夫人在摩洛哥领袖阿卜德·克里姆的领导下,于1923年建立了里夫共和国,并在随后的几年里对西班牙的殖民统治进行武装反抗。尽管里夫共和国在西班牙的军事镇压下失败了,但阿卜德·克里姆对殖民统治的打击却为后来的民族解放运动留下了精神遗产。

非洲人对欧洲殖民统治进行反抗的一个重要因素是受国际局势的影响。这表现在三个方面。第一,第一次世界大战的影响。一战打破了白人不可战胜的神话。非洲人发现欧洲人并非什么超人,完全可以对他们进行反抗。第二,共产国际的影响。1927年2月,由共产国际主持在布鲁塞尔召开了一次国际代表会议。会议的一个直接后果是产生了反对帝国主义和争取民族独立同盟(简称反帝同盟),来自世界各地的180名代表出席了会议。出席会议的非洲代表有:梅萨利·哈吉和哈贾利·阿卜

---

① 威·爱·伯·杜波依斯:《非洲——非洲大陆及其居民的历史概述》(秦文允译),世界知识出版社,1964年,第243页。

杜拉-卡迪尔(马格里布)、穆罕默德·哈菲兹·贝伊·拉马丹和易卜拉欣·尤素福(埃及)、拉明·桑戈尔(法属西非)、乔莫·肯雅塔(英属东非)和 J·T·古默迪和 I·A·拉古玛(南非)。第三,泛非运动的影响。这包括由马库斯·加维(一译贾维)领导的世界黑人协进会(1920 年)及其移民非洲的尝试和由杜波依斯领导的泛非主义者大会(1919 年,1921 年,1923 年)。这种世界黑人和革命力量的影响是不可低估的。诚如加维所言:"我们是一个受苦受难民族的后代。我们又是一个决心不再受苦受难的民族的后代。……其他民族都有自己的国家,现在该轮到(全世界)4 亿黑人来宣称非洲是他们自己的了。"[①]泛非运动在第二次世界大战以后发挥了更加积极的作用。

(三) 民族主义的快速发展阶段(1935—1960)

重新瓜分殖民地成为解决西方国家面临的诸多问题的方式之一,也是德意法西斯的主要目的。希特勒对殖民地领土的需要致使英国政府内阁在一揽子交易中不得不讨论这一问题,并将其称为"对中部非洲重新洗牌";墨索里尼坦然承认:"殖民开发对于我们而言不仅是我们人口问题的逻辑后果,而且也已经构成解决我们经济处境的一个公式"[②]。第二次世界大战给非洲带来了灾难,也带来了希望。战争以民主力量的胜利而告结束。殖民地国家的独立和社会主义的胜利极大地鼓舞了非洲的民族主义者,促进了非洲民族主义运动的进一步发展。在这一阶段,影响非洲民族主义运动的因素主要有以下几点。

第二次世界大战的爆发和结束对促使殖民主义的最后崩溃起到了重要作用。不少法属殖民地非洲士兵参加了自由法国的反法西斯战争。1938 年,法国就从法属西非招募了两万人的军队,其中 7 000 人被送到法国;在西非还有 1.8 万名非洲步兵,在法国和北非已有 2.9 万黑人士兵。在整个战争中,约 8 万非洲士兵参与了对德国的作战。另外,一些非洲人

---

① 阿杜·博亨主编:《非洲通史(第七卷):殖民统治下的非洲(1880—1935)》,第 624 页。斯泰恩关于加维的传记较客观地展现了他的生平和思想以及他与泛非主义的关系。Judith Stein, *The World of Marcus Carvey: Race and Class in Modern Society*, Louisiana State University Press, 1986.

② 奎西·克瓦·普拉:《非洲民族:该民族的国家》(姜德顺译),第 196—197 页。

直接参与了同盟国对轴心国的战争。① 例如,1936 年,希特勒提出归还德国殖民地的要求引发了前德国殖民地人民的担忧。1938 年成立的坦噶尼喀同盟就是为了反抗坦噶尼喀重归德国人的统治。战争中,仅在坦噶尼喀就有 8.7 万名非洲人为盟国服务,以防德国人卷土重来。这些直接参战的非洲人有机会重新认识世界。战争使非洲人民特别是参战的黑人士兵认识了白人优越论的荒谬。

首先,非洲黑人士兵发现白人士兵在枪林弹雨中照样怕死,黑人军官在训练中对各种肤色的士兵一样严厉。这使他们认识到在战争中肤色没有意义。其次,参加了二战的非洲士兵回到家乡后成了民族主义的有生力量。有的参与兵变后对殖民统治有了新的认识。例如,一些被俘的非洲士兵从德国监狱获释后被遣返回国,法国当局承诺会给他们包括养老金在内的一系列补偿,却未能兑现。1944 年 12 月 1 日,一群士兵在塞内加尔首都达喀尔郊外的第阿诺亚(Thiaroye)营地发动了兵变,要求改善恶劣的工作条件,抗议法国没有按照承诺给他们应有的补偿。法国殖民当局进行了血腥的镇压。在此期间,大约 70 名二战老兵被杀,史称"第阿诺亚屠杀"。这次兵变成为非洲人民对殖民政权的一次重要反抗。② 第三,战争使非洲人民看清了西方殖民统治的不合理性和非正义性。西方的所谓民主国家对德国人在欧洲的殖民行径进行谴责,对自己在非洲的殖民统治心安理得。这促使非洲人对自己家园的殖民主义统治的合法性进行思考。《大西洋宪章》对殖民地人民赋予的同情更加强了非洲人民反对殖民统治的信心。

第二次世界大战以后,非洲的政党大大增加。以法属西非为例,据统计,二战后建立的政党多达 122 个,其中包括跨领地政党 6 个。③ 在非洲

① 许多非洲士兵参与了第一次世界大战和第二次世界大战。艾钦伯格专论法属西非的塞内加尔洋枪队的著作获得过非洲研究的赫斯考维茨奖。Myron Echenberg, *Colonial Conscripts: The Tirailleurs Senegalais in French West Africa, 1857—1960*, Portsmouth, NH: Heinemann, 1990. 尼日利亚约鲁巴人的一些歌谣表达了非洲士兵对不得不参与两次世界大战的厌恶情结和反抗精神。A. I. Asiwaju, "Efe Poetry as a Source for Western Yoruba History", in W. Abimbola, ed., *Yoruba Oral Tradition*, Ile—Ife, 1975, 209-256.

② Myron Echenberg, *Colonial Conscripts*, pp. 100-104.

③ Ruth Schachter Morgenthau, *Political Parties in French Speaking Africa*, Oxford, 1964, pp. 417-426. 实际上,当时的一些组织尚属政治集团或派别,并未形成政党。有关非洲政党情况,还可参见 Thomas Hodgkin, *African Political Parties*, Penguin, 1961.

政党中,最有影响的是那些联系各阶层广大群众,具有全民族性质的政党。它们大多比较讲究实际,提出了适当的口号,实际上是建立在全国各阶级、阶层团结基础上为争取独立的民族统一战线。① 例如,尼雷尔于1954年将政治组织"坦噶尼喀非洲人协会"改组为"坦噶尼喀非洲民族联盟",团结其他各族各行业的社会政治组织,在1960年的殖民地立法议会选举中赢得了71票中的70票,并在1961年领导人民赢得了独立。英属东非的肯尼亚非洲民族联盟采取的团结各族人民的政策使该党赢得了1963年的大选。黄金海岸人民大会党的"立即自治"的口号和"积极行动"的策略正确地反映了广大群众的要求,很快取代统一大会党成为黄金海岸最有影响的民族主义政党。尼日利亚喀麦隆国民会议党提出的"一个国家、一个宪法、一个命运"的口号,也赢得了尼日利亚各阶层的拥护;它成立后不久,就有一百多个团体和政党集体加入,包括尼日利亚工会大会、民族民主党等。

另一个因素是泛非主义运动促进了非洲民族主义的发展。1945年10月在英国曼彻斯特举行的第5次泛非大会对推动非洲大陆的民族独立运动具有里程碑的意义。美国黑人与非洲黑人的合作在这次大会上得到具体体现。会议主持人是泛非运动的创始人杜波依斯,但200多名代表中大多数是来自非洲各政党和组织的代表。前几次泛非大会主要由来自美国的黑人领袖筹备,但在第5次大会上,来自非洲大陆的恩克鲁玛(黄金海岸)、阿齐克韦(尼日利亚)、肯雅塔(肯尼亚)和亚伯拉罕斯(南非)等人积极参与了会议的筹备和组织工作。与前几次泛非大会强调的重点不同,这次大会通过的5项决议都是直接针对非洲大陆。决议提出"我们决心赢得自由","我们要求黑非洲自治和独立"。会议不仅制定了总的目标和方向,对争取独立的斗争策略也提出了具体口号:"殖民地的工人必须站在反对帝国主义斗争的前列。你们的武器——罢工和抵制——是不可战胜的。"②

---

① 关于这一提法,可参见李安山:《论西非民族知识分子的特点及其在民族独立运动中的作用》,《世界历史》,1986年第3期,第38页。

② 《第五次泛非大会决议》,参见唐大盾选编:《泛非主义与非洲统一组织文选》,华东师范大学出版社,1995年,第40—44页。

当然,宗主国殖民政策的变动在客观上为非洲民族主义运动的发展提供了条件。从第二次世界大战的前夕到结束,殖民宗主国均采取了一些与殖民地改革有关的政策或措施。以英国为例。在 1938—1943 年和 1945—1947 年这两个时期,英国殖民部均制定了改革计划。这些计划包括多方面内容,但对后来殖民地的民族主义运动有影响的主要是以下两个方面:在殖民地进行宪制改革,增加立法议会中的非官方议员代表;通过"殖民地开发和福利法"加强培养非洲知识精英。值得注意的是,一些英国殖民官员和学者将殖民地改革等同于非殖民化。英国的非殖民化政策是持续的、有序的,从杜尔海姆报告(1839 年)后就开始有计划逐步实行;英帝国的统治对殖民地而言利大于弊,是发展和进步的体现。① 英国前首相麦克米伦后来在自己的著作中表示:英帝国的解体不是软弱和衰落的表现。英国人并未失去统治的意志和力量,他们的责任只是将文明传播给其他民族。② 这种自圆其说的观点被英帝国史学派接受。他们力图论证:所有殖民政策都与传播欧洲文明、提高教育程度、加强经济建设与加快宪制改革有关,这一切都是为非殖民化作准备。一旦非殖民化完成,英帝国的目的即告完成。虽然持这种观点者的主要论点相同,但对非殖民化的原因有多种具体解释。③

这种有关殖民地改革就是非殖民化的观点意味着英帝国的非殖民化是有计划的。这种计划论不仅为英帝国非殖民化提供了体面的解释,同时因为它师承殖民史学之遗脉,所以在西方史学界颇为流行,影响面极广。然而,我们不同意这种观点。殖民地改革的目的在于改善和加强对

① A. Burns, *In Defence of Colonies*, London, 1957; J. M. Lee, *Colonial Development and Good Government: A Study of the Ideas Expressed by the British Official Classes in Planning Decolonization 1939—1964*, Oxford, 1967; L. Gann and P. Duignan, *Burden of Empire*, Stanford, pp. 360-382.

② H. Macmillan, *Pointing the Way*, London, 1972, pp. 116-117.

③ R. Robinson, "Andrew Cohen and the Transfer of Power in Tropical Africa, 1940—1951", in Morris-Jones and G. Fisher, eds., *Decolonisation and After*, London, 1980, pp. 50-72; D. K. Fieldhouse, *Black Africa 1945—1980*, London, 1986, pp. 1-54; J. Fletcher-Cooke, "The Failure of the Westminster Model' in Africa", *African Affairs*, 63(1964), pp. 197-208; John Flint, "Planned Decolonization and Its Failure in British Africa", *African Affairs*, 82(1983), pp. 389-411; R. Pearce, "The Colonial Office and Planned Decolonization in Africa", *African Affairs*, 83(1984), pp. 77-93.

殖民地的政治控制,以竭力维持其殖民统治,而殖民宗主国的非殖民化应理解为撤离殖民地的有关计划。第二次世界大战以后,大英帝国开始崩溃,从其迅速解体的过程看,至少在1956年苏伊士运河事件以前,英帝国没有制定过系统的非殖民化计划。① 从战后非洲的政治形势看,殖民地改革在某种程度上为方兴未艾的民族主义运动提供了可资利用的条件。这可以说是一种历史发展的辩证法。

亚洲和个别非洲国家的民族独立运动激发了非洲民族主义者。当时,诸多亚洲国家获得独立及非洲一些国家争取民族主权的行动进一步激发了非洲民族主义者反对殖民主义的热情。埃塞俄比亚从意大利手上重新赢得独立,前英帝国殖民地印度和巴基斯坦的独立和中华人民共和国的成立使非洲民族独立运动的步伐大大加快。1955年的"万隆会议"是第一次由亚非国家自己联合召开的国际会议。1955年4月18日至24日,29个亚非国家和地区的政府代表团在印度尼西亚万隆出席亚非会议。亚非国家和地区第一次在没有殖民国家参加的情况下讨论亚非人民切身利益。这次会议由于在万隆召开,也称万隆会议。非洲有6个国家参加了会议,除了埃及、埃塞俄比亚、利比里亚和利比亚这四个独立国家外,还有黄金海岸和苏丹两个英国殖民地的代表。会议宣布"各种各样表现形式的殖民主义是一种应当迅速予以根除的邪恶","会议支持所有这种人民的自由和独立的事业",并"要求有关国家给予这种人民以自由和独立"。这次会议使非洲民族主义领袖先后提出了自治和独立的要求。1956年7月,埃及总统纳赛尔宣布将英国和法国掌握的苏伊士运河公司国有化后,英、法帝国主义伙同以色列于同年十月底发动对埃及的侵略战争,史称"苏伊士运河危机"②。纳赛尔率领埃及人民奋勇抗战并得到全世界人民和各国舆论的坚决支持。11月6日,英、法和以色列被迫同意停火,随后相继撤军。埃及人民取得反对帝国主义侵略、捍卫国家独立和主权斗争的光辉胜利。苏伊士运河事件可谓是20世纪在非洲大陆上展

---

① 有关论述和批判参见李安山:《日不落帝国的崩溃——论英国非殖民化的"计划"问题》,《历史研究》,1995年第1期;李安山:《论"非殖民化"——一个概念的缘起与演变》,《世界历史》,1998年第3期。

② 一些著述习惯于将此称为"苏伊士运河危机"。如果从埃及人和亚非国家的角度看,这是一场伟大的胜利。除特定语境外,我将用"苏伊士运河事件"。

开的全球冲突,也成为世界与非洲命运之间的重大联结点之一。纳赛尔在苏伊士事件中领导的抗击英国、法国和以色列的正义斗争及其胜利极大地鼓舞了非洲人民。这些反殖斗争大大推进了非洲民族独立运动。

英属非洲和法属非洲殖民地的独立是经过各种方式取得的。虽然二战期间盟军领导人基本同意自治的原则,但英法两个殖民帝国却并未做好准备。有的西方学者认为,英国决定结束其在埃及的特殊地位和意大利前殖民地利比亚的独立①"刺激了法属北非"要求独立。② 这种说法不够准确,英国不是决定,而是被迫,法属北非殖民地(和保护领)人民对民族独立的诉求也早已开始。

二战后的北非地区充满着民族主义的激愤和热情。1946 年 2 月 21日,埃及开罗十万民众举行"英国滚出埃及斗争日"示威游行,遭到英军血腥镇压。随后,全国各地群众罢工、罢课、罢市,进行大规模反英示威斗争。为维持英国殖民统治的"西德基-贝文秘密协定"内容泄露后,埃及人民强烈抗议,西德基内阁垮台。③ 此后,内外交困使得法鲁克政权危机重重。1952 年由纳赛尔领导的革命是一种"三合一的革命",即法国革命(将国王推翻)、美国革命(将英国人赶走)和凯末尔革命(将对一个古老文明的社会进行改造)的结合。④ 然而,由于埃及的地缘政治意义及西方大国干涉所构成的威胁,加上埃及内部各个利益集团的争斗,使这一场由军人发动和领导的革命变成由军官执掌的政权。军人执政的传统随着形势的发展而逐渐固化,埃及政府还需要在以色列和阿拉伯集团、宗教势力与世俗权力之间保持平衡关系。这些因素使得埃及的政局难以长期稳定,普通民众往往不得不在以穆斯林兄弟会为代表的宗教社会势力和与军人

---

① 1949 年,第四届联合国大会通过决议:利比亚最迟应在 1952 年 1 月 1 日以前建立独立的主权国家;将前意大利的索马里殖民地作为联合国托管地交意大利托管 10 年,10年后独立。

② 帕尔默:《现代世界史》(董正华等译),世界图书出版公司,2009 年,第 790 页。

③ 1946 年 10 月 26 日由埃及总理西德基与英国外交大臣贝文在伦敦通过秘密谈判达成的协定。协定主要是根据以下议题达成:以合作名义使英军长期驻扎在埃及,以埃及为中心建立阿拉伯地区反苏反共的军事基地。协定规定英军在 1949 年 9 月 1 日从运河区全部撤出;英同意埃及与苏丹结成一个"王朝的联盟"。此议案遭到苏丹反对,未成。英军撤离问题被搁置。秘密协定内容披露后,西德基内阁垮台。1947 年 1 月 26 日,埃及新政府宣布中断修约谈判,将问题提交联合国安理会处理。

④ 加迈尔·阿卜杜勒·纳赛尔:《革命哲学》(张一民译),世界知识出版社,1956 年。

政权为代表的政治权力集团之间进行选择。苏丹在 1899 年成为英国和埃及的共管国。1953 年建立自治政府。1956 年 1 月 1 日宣布独立,成立共和国。

法属北非殖民地的独立运动发展很快。摩洛哥和突尼斯是法国的保护领,两国的传统领导者(贝伊)仍是国家的统治者。两国人民一直在争取独立。摩洛哥民族解放力量一直进行反法斗争。1947 年初,"北非解放委员会"领导人阿卜杜·克里姆(Abdal-Karim,1880—1963)与摩洛哥苏丹优素福在开罗举行会谈后发表声明,宣布摩洛哥拒绝法国殖民当局进行的所谓改革,主张摩洛哥必须独立。由于摩洛哥君主与民族主义运动联手,支持针对法国殖民主义统治的斗争,从而导致了所谓的"摩洛哥危机"。1955 年 8 月,法国殖民军在摩洛哥屠杀反对殖民统治的民众,引起更激烈的反抗。11 月,摩洛哥爆发反法大示威游行。1956 年,法国和西班牙先后承认摩洛哥独立。摩洛哥保护其传统的君主立宪制。

突尼斯的民族主义者一直反抗法国的殖民主义统治。达格巴吉曾在 20 世纪初期率领民众在南部进行反抗法国殖民主义的武装斗争,大大打击了法国殖民者。被俘后,法国人将达格巴吉带到他家乡的广场上实施绞刑,这一广场目前仍以他的名字命名。布尔吉巴曾因领导反对法国人的斗争而被送进牢狱。尽管法国对突尼斯人民进行了武装镇压和军事屠杀,但民族解放运动愈演愈烈。1952 年,突尼斯举行全国和平大会,随后举行了无限期大罢工,要求民族独立。在 1956 年突尼斯正式获得独立前,法国总理摩勒曾对后来担任首相的布尔吉巴说:"你们认为法国已经变成你们手中的一只'猎兔',可以一块一块地撕吞它。"布尔吉巴回答:"我们对于别人并无过高的要求,我们的全部希望是争取民族的权利,实现自由和独立。"①在布尔吉巴的领导下,突尼斯废除了君主制,于 1956 年建立了共和国,并进行了诸多社会经济改革。

圣多美和普林西比在 15 世纪 70 年代受到葡萄牙人入侵。葡萄牙人将此作为奴隶贸易的据点。圣普在 1522 年沦为葡属殖民地后成为奴隶

---

① 哈比卜·本·阿里·布尔吉巴:《布尔吉巴回忆录》(张文建译),世界知识出版社,1983 年,第 170 页。

种植园。① 1875 年废除奴隶制之后，契约劳工制开始流行并一直持续到 20 世纪。1951 年，圣普成为葡的海外省。1953 年，圣多美发生骚乱，数百名非洲劳工被葡萄牙种植园农场主杀害，史称"巴特帕大屠杀"。作为对葡萄牙殖民者的暴行的反应，当地民众兴起了反对殖民统治的运动，1960 年圣普解放委员会成立（1972 年易名为圣普解放运动。1990 年又改名为圣普解放运动-社会民主党，简称解运），要求无条件独立。②

英国首相麦克米伦在 1960 年访问了英属西非和南部非洲后颇有感慨地说："变革之风正在吹遍整个大陆，无论我们喜欢与否，这种民族主义意识的发展是一种政治现实。"他认识到英国政府必须接受这一现实，也必须针对民族主义这一现实制定政策。这是一种主动撤离吗？如果我们看一看当时发生在加纳、尼日利亚、肯尼亚、乌干达、坦噶尼喀等地的罢工和反抗运动，就会发现这是一种被迫的举动。③ 英国的非洲帝国在二战后逐渐崩溃。

先是黄金海岸。这是英国殖民军经过 8 次苦战才赢得对阿散蒂民族征服战争胜利的殖民地，也是世界可可产量最高的地区。二战后，虽然英国殖民总督主持的《黄金海岸宪法》于 1946 年公布，但这个殖民地却经历了民众反对殖民统治、进行可可禁运的斗争，英国殖民政府镇压与退让相结合的统治手段的不断交替。当时在伦敦的英属西非国民大会已经在进行民族主义动员。其中一些积极分子回到殖民地后领导着反英斗争。1951 年 2 月，克瓦米·恩克鲁玛，这个被英国殖民政府称为"一个彻头彻尾的共产主义者"而自诩为"马克思主义社会主义者"的坚定民族主义领袖，竟然在监狱里被告知他领导的人民大会党在黄金海岸的第一次选举中获胜。他被英国总督阿登-克拉克请出来主持自治政府的事务。然而，英国人的这种让步并未使恩克鲁玛表现出丝毫退让，他提出"我们宁愿冒着风险实现自治，也不愿安安稳稳地接受奴役"。这次选举撼动了看似固

---

① 有关圣多美早期的历史，参见 R. Garfield, *A History of São Tomé Island*, 1470—1655: *The Key to Guinea*, San Francisco CA: Mellen Research University Press, 1992。

② Stewart Lloyd-Jones and António Costa Pinto, *The Last Empire: Thirty Years of Portuguese Decolonization*, Intellect, 2003, pp. 37–52.

③ 李安山:《日不落帝国的崩溃:论英国非殖民化的"计划"问题》,《历史研究》,1995 年第 1 期。

若金汤的殖民统治制度。

当时,一位英国记者敏锐地意识到黄金海岸选举的真实意义:"1951年2月的黄金海岸选举给整个非洲,或者至少是撒哈拉以南的非洲,带来了震惊。对于在非洲大陆安家落户的白人来说,这次震惊也许只是一个含糊不清的问题:'这是我们结束的开始吗?'每一个听到这个消息的非洲人——没有人能确切地估计这一数字——都感到一阵喜悦和突如其来的几乎难以置信的希望:'这是我们的开始吗?'"①是的,这确实是非洲国家独立浪潮的第一波。黄金海岸终于在1957年取得独立,并根据民族主义领袖丹夸的建议采用了著名古代西非帝国"加纳"的名称。随后恩克鲁玛致力于整个非洲大陆的泛非主义斗争,直到1966年他在中国访问期间被一次军事政变推翻。随后的加纳经历了频繁的军事政变,直到罗林斯上台后实现了军人政府向公民选举的转变,在其执政20年后成功实现了政权的和平交替。

尼日利亚这片土地上曾孕育了充满着政治智慧的约鲁巴帝国和纺织业发达的豪萨城邦。二战刚结束,尼日利亚15万工人为反对英国殖民主义者的残酷剥削,举行了历史上的第一次总罢工。罢工持续了44天,终于迫使英国殖民政府接受工人提高工资的基本要求。随后,虽然英国议会先后通过了"理查兹宪法"年(1946年,以殖民总督名字命名)、"麦克费逊宪法"(1951年,以殖民总督名字命名)和"利特尔顿宪法"(1953年,以殖民大臣名字命名)三个宪法,以缓和尼日利亚民众要求管理自己事务的迫切心情,却未能挽救殖民统治。尼日利亚在1960年独立。由于尼日利亚存在以约鲁巴人、豪萨人和伊博人三大民族为主的社会构成、不同的宗教文化以及执政者在分配资源方面缺乏公正态度等因素,民族不和一直困扰着独立后的尼日利亚政局。同样位于西非的塞拉利昂和冈比亚也经过民族主义者的无数次抗争后先后于1961年和1965年宣告独立。

东非的索马里、坦噶尼喀、乌干达和肯尼亚虽然法律地位不同,但本质上都是英国的殖民地。索马里北部于1960年6月26日独立,南部于7月1日独立,即日合并成立索马里共和国。坦噶尼喀是委任统治地,乌

---

① Margery F. Perham, "The British Problem in Africa", *Foreign Affairs*, 29:4(July, 1951), p. 637.

干达是保护国,肯尼亚是皇家殖民地。它们都受英国殖民部管理,由英国政府派驻的殖民总督统治。虽然"引导殖民地人民在英帝国范围内走向自治"似乎是英国在二战后提出的殖民地政策,但殖民地人民并不认同。由于三地都有不少英国移民,殖民政府企图通过在所谓"自治"名义下的"多种族政策"来确保自己的统治。这种政策引起殖民地民众的强烈不满,传统的政治领袖与新一代民族主义者团结一致,反对英国殖民统治。从1947年到1950年,蒙巴萨和内罗毕等地多次发生罢工运动,虽然遭到殖民政府的镇压,但工人奋起组织起各种行业工会。另一个严重的问题是白人占有基库尤人(一译"吉库尤人")的土地,从而引发冲突。

肯尼亚的"茅茅运动"(Mau Mau)成为非殖民化历史上的一个重要事件。[1] "1952年标志着非殖民化进程中一个新的斗争阶段的开始。这一年,肯尼亚的茅茅运动,即土地与自由暴动,率先把反殖民斗争推进到了武装斗争的阶段。"[2]1952年10月,这种冲突爆发成为反对英国殖民统治的人民武装起义,被称为"茅茅"运动,遭到英国殖民当局的残酷镇压。民族主义领袖肯雅塔因操纵"茅茅"运动的罪名被判刑7年。有意思的是,英国政府喜欢将自己的殖民统治标榜为"文明统治"。哈佛大学的艾尔金斯和英国牛津大学的大卫·安德森通过大量的档案研究,揭露了英国殖民政府镇压"茅茅"运动的真实历史。[3] 坦噶尼喀的民族主义领袖尼雷尔被当时的总督特怀林称为"捣乱者",乌干达的布干达人传统领袖卡巴卡被殖民当局逮捕并流放。然而,这些高压政策并未阻止东非人民的独立。坦噶尼喀于1961年宣布独立,后与桑给巴尔合并成立坦桑尼亚共和国。乌干达和肯尼亚于1962年和1963年先后独立。

虽然法国一直在非洲实行同化政策,但这对深受屈辱的广大普通民

---

① 对茅茅运动的组织问题仍存在争议。"茅茅运动本身是一种目的在于以暴力赶走英国人并重新掌握'被偷走的土地'的反叛行为,这一点看来也是清楚的。"马兹鲁伊主编、旺济助理主编:《非洲通史(第八卷):1935年以后的非洲》,第168页。有关这一事件,参见第167—171页。

② [英]艾勒克·博埃默:《殖民与后殖民文学》(盛宁、韩敏中译),辽宁教育出版社/牛津大学出版社,1998年,第208页。

③ C. Elkins, *Imperial Reckoning*: *The Untold Story of Britain's Gulag in Kenya*, Henry Holt and Company, 2005; David Anderson, *Histories of the Hanged*, *Britain's Dirty War in Kenya and the End of Empire*, Weidenfeld & Nicolson, 2005.

众而言毫无意义。法国在撒哈拉以南非洲的殖民地在战后的崩溃更加迅速,颇有点像多米诺效应。1958年戴高乐上台后宣布,非洲各殖民地将有机会就是否愿意成为法兰西共同体永久成员地位进行公决,但这并未挽救濒临崩溃的殖民帝国。这一帝国的垮台如此迅速,真是连续倒下的多米诺骨牌。首先是几内亚宣布愿意选择独立之路。当戴高乐在几内亚机场上看到拥挤的人群高呼要求独立的口号时,当他在议会大厅里听到几内亚民族主义领袖塞古·杜尔"宁可要自由的贫困,也不愿要奴役下的富足"的宣示时,戴高乐意识到他已无回天之力。1958年10月2日,几内亚独立。[1] 虽然在9月28日的公决中有11个法属非洲殖民地投票赞成留在法兰西共同体内,但约一个月后,塞内加尔等10个殖民地相继宣布成为法兰西共同体内的自治共和国。当塞古·杜尔代表几内亚出现在联合国的讲台上时,法属非洲震撼了。1960年,11个共同体成员即达荷美(今贝宁)、象牙海岸(今科特迪瓦)、法属苏丹(今马里)、毛里塔尼亚、尼日尔、上沃尔特(今布基纳法索)、乍得、刚果(布)(今刚果共和国)、加蓬、塞内加尔、马达加斯加、乌班吉沙立(今中非)全部独立。第二次世界大战后,联合国将东、西喀麦隆分交法国和英国"托管"。1960年1月1日法国托管区根据联合国决议独立,成立喀麦隆共和国,阿赫马杜·阿希乔出任总统。英托管区北部和南部于1961年分别举行公民投票,喀麦隆北部于6月1日并入尼日利亚,南部于10月1日与喀麦隆共和国合并,组成喀麦隆联邦共和国。法属非洲殖民帝国彻底崩溃。[2]

比利时的殖民地刚果的独立却是在血雨腥风中被扼杀。1960年6月30日,刚果独立。独立仪式颇具戏剧性。比利时国王博杜安(Baudouin, 1930—1993)以主人和恩人的双重身份发表演说,赞扬了他的那位手上沾满刚果人民鲜血的祖父利奥波德国王二世,歌颂了比利时在刚果的殖民历史,还煞有介事地告诫了宣布独立的刚果人民。他的讲话引起了在座的刚果人的极度愤怒。首任刚果总统卡萨-武布(Joseph Kasa-

[1]　E. Schmidt, *Cold War and Decolonization in Guinea*, *1946—1958*, Ohio University Press, 2007.
[2]　关于中国学者对非洲民族解放运动的研究,可参见吴秉真、高晋元主编:《非洲民族独立简史》,世界知识出版社,1993年;陈晓红:《戴高乐与非洲的非殖民地化研究》,中国社会科学出版社,2003年;高晋元:《英国-非洲关系史略》,中国社会科学出版社,2008年。

VUbu, 1910—1969)为了表达对这位自以为是的国王的义愤之情,在发言中毅然删除了原本写就的对国王的一段颂词。首任总理卢蒙巴(Patrice Lumumba, 1925—1961)打破会议原定议程,针对比利时国王的演讲发表了充满激情的演说。他指出:"我们尝尽了挖苦和侮辱,从早到晚受尽了打骂,因为我们是'黑鬼'……在只承认强者权利的所谓《土地法》条款下,我们眼睁睁看着自己的土地被掠夺。……最后,谁又能够忘记那些枪弹炮火,我们有多少兄弟死在这枪炮之下;谁又能够忘记那些监狱牢房,有多少无辜者被当局投入其中,在那里,司法公正就意味着迫害和剥削。"[1]第二年,这位反对殖民主义的英勇斗士被所谓的"联合国军"助力推翻后惨遭杀害,获得独立的刚果(金)陷入了权力争斗之中。

(四) 民族主义的重新考验阶段(1960年以后)

1960年因诸多非洲国家独立而被称为"非洲年"。从这一年起,非洲的民族主义运动继续向纵深发展,这主要表现在以下几个方面。

首先是阿尔及利亚民族解放运动的胜利。阿尔及利亚在19世纪中叶成为法国的殖民地以后,人民从未放弃过反抗。1945年5月19日,阿尔及利亚民族主义者在各大城市举行反帝游行示威。法国不愿意轻易放弃对阿尔及利亚的统治,殖民当局派遣军队并调动空军和舰队,残酷镇压阿尔及利亚示威群众。反抗运动日益壮大。从1954年开始,阿尔及利亚人民对法国殖民统治进行了持之以恒的武装斗争,并得到了全世界反殖民主义运动的支持。法国调动大军对阿尔及利亚人民进行剿杀,最多时达50万法国军队投入战斗。然而,战争进行了7年半,法国已深陷泥潭,国内政治也因此多次出现乱局,军人干政频发。戴高乐上台后,曾提出将阿尔及利亚与法国合为一体的建议,遭到阿尔及利亚人民的抵制。1958年,阿尔及利亚临时政府成立。1959年,戴高乐总统提出关于实现阿尔及利亚和平的三点选择方案:阿尔及利亚与法国分离;保持阿尔及利亚与法国的统一;阿尔及利亚实现内部自治。阿尔及利亚临时政府表示愿意与法国政府谈判。因法国政府将阿民族解放军投降作为先决条件,谈判

---

① 马丁·梅雷迪斯:《非洲国——五十年独立史》(亚明译),上册,世界知识出版社,2011年,第89—90页。

破裂,阿尔及利亚临时政府宣布继续战争。1960 年,联合国大会通过由 24 个亚非国家提出的要求承认阿尔及利亚人民自决和独立权利的提案。1962 年,阿尔及利亚宣布独立。

其次是葡属非洲殖民地的独立。与其他殖民地相比,葡属非洲殖民地民族主义的发展更艰难,道路更崎岖。吴秉真先生认为,这与葡萄牙在其殖民地实施的殖民政策有关。① 由于葡萄牙殖民政府对各殖民地民族独立运动实行残酷的镇压措施(如武装镇压和暗杀手段等),从 1960 年代初起,葡属殖民地的民族解放运动走上了以武装斗争为主的道路。安哥拉、莫桑比克和几内亚比绍等地的民族主义组织均成立了自己的武装力量,在农村地区广泛展开游击战争,并建立了自己的根据地。经过长时期的武装斗争,几内亚比绍(1974 年)、莫桑比克(1975 年)、佛得角(1975 年)和圣多美和普林西比(1975 年)和安哥拉(1976 年)先后赢得了独立。②

第三,南部非洲人民争取独立的斗争构成了这一时期非洲民族主义运动的重要内容。南部非洲的白人种族主义统治不仅是对黑人权利的剥夺,也是对所有爱好和平和正义的人民的侵害。南部非洲各民族在自己领袖的领导下,在非洲其他独立国家和民主组织及世界进步力量的支持下,以武装斗争和合法斗争相结合的方式,相继推翻了白人种族主义政权。1964 年,尼亚萨兰获得独立并改名为马拉维,北罗得西亚独立后更名为赞比亚。英国殖民地莱索托和斯威士兰分别于 1966 年和 1968 年宣告独立。在津巴布韦,以穆加贝为首的非洲民族联盟在 1980 年 2 月的选举中获胜;同年 4 月 18 日,津巴布韦正式独立。纳米比亚人民在努乔马的领导下,经过 20 多年的武装斗争,终于在 1990 年赢得了独立。南非人民在经历了数十年的流血斗争后,一个由多种族代表组成的民族团结政府终于在 1994 年 5 月诞生。纳尔逊·曼德拉庄严宣布就任南非第一届民主政府总统。

此外,一些欧洲国家的殖民地、托管地和海外领地也分别取得独立。卢旺达-布隆迪在帝国主义瓜分非洲时成为两个不同的德国保护国。第

---

① 吴秉真、高晋元主编:《非洲民族独立简史》,第 379—380 页。

② Stewart Lloyd-Jones and António Costa Pinto, *The Last Empire: Thirty Years of Portuguese Decolonization*, Intellect, 2003.

一次世界大战后,国际联盟将两地合并成一个整体委任给比利时统治。1946年,联合国将其交由比利时托管。1962年7月1日,布隆迪和卢旺达分别独立。西印度洋地区的几个岛国相继取得独立。毛里求斯在经历了荷兰、法国和英国等国殖民统治后,于1968年3月12日脱离英国殖民获得独立。英属殖民地塞舌尔在1970年实行内部自治,1976年6月29日宣告独立,成立塞舌尔共和国。西班牙殖民地赤道几内亚于1968年10月12日正式宣告独立。科摩罗与吉布提曾被法国占领,1946年分别成为法国海外领地,两地分别于1975年和1977年独立。

随着政治独立的完成,非洲民族主义遇到了新挑战。首先是从殖民主义统治继承下来的不公正的国际经济秩序。这种挑战直接威胁到各国人民的生存问题,独立后的国家政权能否存在下去,非洲社会能否稳定发展,非洲与其他国家的关系能否建立在一种平等地位的基础上,这些问题与现存的国际经济秩序紧密联系在一起。其次是从文化上正本清源,恢复被殖民主义歪曲的非洲各民族的文化与历史,进行国民文化的建构工作。再次,由于政治独立的任务已经完成,对群众进行宣传动员的口号业已失去号召力,地方民族主义开始出现,如何培养民众对国家民族意识及其认同是一个新的问题。总之,非洲民族主义面临着从经济、文化和社会各方面进行非殖民化的繁重任务。建立国际经济新秩序,重建非洲国家的历史,加速民族一体化,这是非洲民族主义的新任务。

从非洲民族主义的思想及其运动可以看出,非洲人民经过了长期艰苦卓绝的斗争,在这一场争取政治独立的斗争中,各种社会力量都参与进来。非洲的无产阶级组织程度不高,政治上不够成熟;民族资产阶级尚处于形成过程中,力量薄弱;非洲民族知识分子具有较强烈的民族意识和国家观念,最先接触西方自由民主思想并认清了殖民主义的实质,同时又是文化水平最高、保守思想最少的社会集团。在这种特定的历史条件下,民族知识分子作为一支最先觉悟的政治力量,不但充当了反帝反殖斗争的先锋队,而且成了整个民族独立运动中的领导者。非洲独立意味着什么?这个问题最好由非洲人自己来回答。

1974年几内亚比绍推翻了葡萄牙的殖民统治,宣布独立。几内亚比绍的36岁的卡洛斯·米兰达是一位普通人,参加过反抗葡萄牙人的独立战争,并被葡萄牙人俘虏过。他在回答美国《洛杉矶时报》记者戴维·拉姆时谈了自己的感受：

> 你问我殖民主义和独立对我来说有什么不同。好，我告诉你吧，差别大得很！现在夜里我可以放心地上床睡觉了，睡得很香。我不用害怕秘密警察。我也不用向葡萄牙人致敬了。现在，我可以毫无畏惧地同白人谈话。以前，白人与黑人从不交谈。但是，此刻我很愉快地同你这位白人坐在一起，以一个人的身份同你谈话。这就是我们为之斗争的目的——受人尊敬的权利。我们并不恨葡萄牙人民，只恨葡萄牙政府。即使你是葡萄牙人，我也仍然乐于同你坐在一起，因为现在我们平等了。①

确实，正如戴维·拉姆所言："独立给了他一件无价之宝——自尊。"

就非洲大陆而言，从隶属于他国的殖民地转变为具有独立主权的国家，这是人类发展历史上的大事，也标志着从殖民地的政治体制演变为独立国家的政治体制。殖民主义被推翻为新独立的非洲国家提供了政治前提，为社会和经济发展提供了新的机会。然而，殖民主义的终结并不会导致政治制度、经济发展和社会进步。只有充分利用这一机会，非洲国家才能真正发展。

殖民主义统治时期对非洲的关键影响之一是非洲大陆依附特征的形成。这一点将在后面论及。独立后的非洲面临着各种挑战。其中最直接也是最重要的任务之一是如何管理国家。如何处理民族和国家的基本挑战，这实际上是所有发展中国家特别是新独立的国家面临的"现代化"挑战。这些挑战主要包括三个方面，即如何管理现代国家的挑战、经济资源公平合理分配的挑战和国家族建构的挑战。

现代国家的建构和管理对任何一个新独立的非洲国家而言都是一个严峻的挑战，即如何通过加强国家政治权力的集中化，将一个毫无约束力的殖民地领土和体制接收过来，并进行有效管理？采取一些什么样的政策和措施使国家能集合在一起并发挥最大的效率？这是非洲政治发展面临的根本问题。

---

① 戴维·拉姆著：《非洲人》(张理初、沈志彦译)，上海译文出版社，1990年，第11页。

第三章　独立后的非洲政治:曲折与前行

> 我在以每一个埃及阿拉伯人的名义发言,在以所有自由国家的名义,以及所有那些相信自由并准备捍卫自由的人的名义发言。我在以那些《大西洋宪章》国家所宣称的原则的名义发言。但他们正在违反这些原则,我们的命运就是肩负起重申、重建这些原则的责任。
>
> 纳赛尔(1918—1970,埃及总统)

> 在政治领域,非洲独立以来最严重的弊病在于,一方面是暴政的危险,而另一方面是无政府状态的风险。暴政是政府管得太多,无政府是政府管得太少。暴政的倾向经常是暴力的集中。无政府的倾向基本上是暴力的分散——经常是邻居反对邻居。
>
> 阿里・A.马兹鲁伊(1933—2014,
> 肯尼亚政治学家)

"艾登不知趣地试着对纳赛尔大讲特讲他的防卫安排将如何如何,这对纳赛尔产生了一个极坏的作用,因为他不喜欢被人教训。艾登似乎觉得他能够在应付来自北方的苏联入侵之可能性的防卫安排上与纳赛尔携手共进,纳赛尔对这类事情不感兴趣。"①这是英国外交部使团成员拉尔

---

① 布赖恩・拉平:《帝国斜阳》(钱乘旦、计秋枫、陈仲丹译),上海人民出版社,1996年,第307页。

夫·默里对英国首相罗伯特·安东尼·艾登（Robert Anthony Eden，1897—1977）的直接批评。正是这位不识时务的英国首相与法国和以色列挑起了 1956 年苏伊士运河事件，最后不得不在纳赛尔领导的埃及人民的英勇抵抗和国际舆论的反对声中撤兵。

确实，殖民主义创造了两种真实，一种符合殖民主义者本身的真实，另一种符合进行抵抗的本土被殖民者的真实。现任非洲社会高级研究中心主任的加纳学者普拉指出："自由而生机勃勃的本土人的真实是对抗性的，而且在文化方面是自信的。不过，尽管遭到无情的抵制，这种真实承认祖先们的精神，并违抗那种与殖民主子相符合的福音。这两种真实的猛烈争斗将会继续，直到最终使被压迫及被抑制的心智得到解放而终止。"①他说明了殖民主义的精神遗产：依附殖民主义和反抗殖民主义这两种真实的态度、立场和意识形态。殖民主义遗产对非洲各国政治制度的选择影响极大。

确实，殖民主义统治给非洲留下了各种历史遗产。从历史角度看，这一时期建立了相对持久的和平与稳定，从而使人口增长成为一个典型特征。绝大部分撒哈拉以南现代独立国家在地理上的形状是在殖民时期基本确定的。殖民主义统治的另一个重要遗产是在一些殖民地引进了各种新体制（文官制度、法律制度等）和职业军队。非洲大陆在这一时期遭受的最大的伤害是失去了主权，这种状况使得非洲人民在发展过程中失去了诸多机会。当然，也正是在这一时期，非洲形成了具有自身特点的民族主义。人们在借用"平等"和"自由"这些西方鼓吹的概念同时，提出了民族之间应追求平等地位和殖民地人民要赢得独立自由的理念。这些理念成为引导非洲人民争取独立的主要精神动力。

本章主要探讨独立后非洲政治发展诸因素。

一、非洲政治与国际局势的关联：苏伊士运河事件

为什么要从埃及发生的苏伊士运河事件说起呢？一是因为它是这个

---

① 奎西·克瓦·普拉：《非洲民族：该民族的国家》，第 164 页。原文中的"truth"原译为"真理"，我觉得不妥。经核对原文并与作者商讨，改译为"真实"。非洲社会高级研究中心（The Centre for Advanced Studies of African Society, CASAS）由普拉教授创立于 1997 年，位于南非开普敦。

时代最具代表性的事件之一,不仅涉及殖民体系的遗产,也揭示了冷战时代的各种矛盾。更重要的是,这一事件促进了英帝国的衰落,也为整个殖民体系敲响了丧钟,是非洲政治与国际局势密切相关的典型。

(一) 1954 年协定与"苏伊士集团"的失败

纳赛尔(Gamal Abdel Nasser,1918—1970)在埃及的胜利使英国在阿拉伯半岛这一地区的利益受到挑战。在所谓"保卫帝国领土"的过程中,英国与法国和以色列联合对埃及出兵可以说是英帝国走向衰落过程中最不识时务的行动之一。1954 年对于英国人民是重要的一年。这一年不仅结束了定量配给制,也是二战功臣丘吉尔先生满 80 岁的年份。然而,这一年对于英帝国而言则是一个屈辱之年。7 月 27 日,埃及与英国签署了一项临时协议,协议承认运河是埃及的一部分,也是一条有国际重要性的水道。两个国家都表示拥护规定自由通航的 1888 年国际协定。协议规定英国军队在 20 个月内完全撤出。埃及将负责运河基地的安全,设备将由英国的非军职的承办人来维持。10 月 19 日,《英国和埃及关于苏伊士运河区军事基地的协定》在开罗签订,明确规定英国军队自协定签字之日起 20 个月内完全撤出埃及领土。[①]

保守党"苏伊士集团"当时坚决支持对埃及采取强硬措施。这个集团由保守党议员组成,包括前党主席拉尔夫·阿什顿等人。他们坚决反对 1954 年做出的从苏伊士运河区撤出英国军队的协议,认为这一行动会破坏英国人在中东的地位。[②] 这个集团的重要领导人朱利安·艾默里在反对这一协定时明确表示:"这不是最后的一战,倒也许是回到英帝国的使命和命运那种信念的开端。在我看来,如果没有那种信念,那我国人民将永远不会得到繁荣、安全和自由。"[③]他甚至认为纳赛尔的国有化行动提

---

① 《英国和埃及关于苏伊士运河区军事基地的协定》,《国际条约集(1953—1955)》,世界知识出版社,1960 年,第 263—267 页。

② T. F. 林赛、迈克尔·哈林顿:《英国保守党(1918—1970)》(复旦大学世界经济研究所译),上海译文出版社,1979 年,第 187,199—201 页;约翰.巴戈特.格拉布:《英国和阿拉伯人:五十年情况研究(1908—1958)》(何新译),世界知识出版社,1963 年,第 305 页。

③ 《英国议会记事录》,1954 年 7 月 29 日。引自 T. F. 林赛、迈克尔·哈林顿:《英国保守党(1918—1970)》,第 199 页。

供了"在稳固和永久的基础上重建英国在中东的势力"的一个难得的机会。另一位成员沃特豪斯上校认为"必须不惜任何代价和采取一切措施，去抵抗和打败纳赛尔的侵犯。因为我们毫不怀疑地认为，英国现在正处于它历史上重要的十字路口"。①

(二) 苏伊士运河事件的过程

纳赛尔在充满冷战色彩的著述里永远是个负面形象。② 然而，他给埃及以及阿拉伯带来的变化则是划时代的。苏伊士运河事件虽然有其历史根源，但如果仅就这一历史事件而言，西方的著作，习惯将 1956 年 7 月 26 日苏伊士运河的国有化作为这一危机的起点，这是对历史的一种曲解。实际上，就在 7 月 19 日，即埃及政府宣布将派大使到华盛顿接收美国援助(7 月 15 日)的四天后，美国和英国决定撤回关于援助埃及修建阿斯旺高坝建议。③ 这对埃及政府既是一个政治羞辱，也是一个经济打击。一个星期后，纳赛尔总统宣布将苏伊士运河公司收归国有，同时保证运河航行自由。这一举措引发西方大国的强烈反对。8 月 1 日，美、英、法三国经过紧急会谈后发表联合公报，以苏伊士运河具有国际性质为借口，反对将其收归国有的决定。8 月 16 日到 21 日，由美、英、法三国建议召开的讨论苏伊士运河问题的国际会议在伦敦召开，22 国参加会议，会议没能达成任何协议。9 月 10 日，埃及向各国发出照会，建议组织苏伊士运河各使用国家的谈判机构，解决运河问题。英法两国首脑于 9 月 11 日就埃及问题举行会议，会议公报继续攻击和威胁埃及。此事引起国际社会的强烈关注。10 月 5 日，联合国安理会开始讨论苏伊士运河问题。在英法提出的新提案中包括由英、法、埃达成协议的六项原则，新提案的这一部分获得通过，其余部分被大会否决。

1956 年 10 月 29 日，以色列军队侵入埃及，第二次中东战争爆发。

---

① T. F. 林赛、迈克尔·哈林顿:《英国保守党》，第 200 页。

② 参见安东尼·纳丁:《纳赛尔》(范语译)，上海人民出版社，1976 年。纳丁曾是英国外交大臣，负责代表英国政府到埃及谈判并签订英军撤出苏伊士运河区基地的协定。

③ 关于美国撤销对阿斯旺高坝的援助这一政策的决策过程，参见 M. 贝科威茨等:《美国对外政策的政治背景》(张禾译)，商务印书馆，1979 年，第 87—106 页。

10月30日,英、法两国以以色列武装侵入埃及为借口,向埃及发出最后通牒,要求埃及同意英法军队进驻苏伊士运河港口。埃及政府拒绝英法通牒,下令全国总动员。10月31日,英、法对埃及发动侵略战争,随后遭到包括苏联、中国、美国和阿拉伯国家的国际社会的强烈谴责。11月6日,英、法两国政府被迫命令其进攻埃及的军队午夜停火。12月3日,英国和法国军队同意遵守联合国要求英法军队从埃及撤退的决议。1957年4月21日,埃及政府发布关于苏伊士运河和对其管理办法的宣言,宣言自公布之日起生效。[①] 1957年5月中旬,英国政府不得不劝告船主们使用完全在埃及管辖下重新开放的运河。苏伊士运河事件的正式结束意味着英国政府不得不在世界面前承认自己彻底失败。

长期在阿拉伯地区工作的英国将军格拉布表示:"不论英国政府在第一次世界大战以后可能犯了什么错误,在第二次世界大战以后,它的唯一目标就是要获得阿拉伯人的友谊,这一点是没有怀疑余地的。"[②]如果英国的政策真如格拉布将军所言,那它为什么还要不顾一切地对埃及动武呢? 当然,结果只能是加速了它的衰落。难怪美国历史学家认为:"苏伊士事件以英国势力在中东的崩溃,阿拉伯民族主义的增强和埃及俄国关系的巩固而收场。"[③]

(三) 英国失败的原因解释

苏伊士运河事件以英国人的失败而告终。英国将军格拉布爵士认为英国政府在处理苏伊士运河危机时犯下了两个主要错误。一是"英国显然错估了美国的反应和这种反应的猛烈程度"。由于英国与美国在外交上经常彼此磋商,因此美国对英国出兵所表达出来的愤慨令英国人不知所措。第二个错误是英国人与阿拉伯最大的两个敌人以色列和法国携手

---

① "运河应由苏伊士运河当局,即1956年7月26日埃及政府所创立的自治机构予以管理和经营。"《埃及政府发布关于苏伊士运河和对其管理办法的宣言》,《国际条约集(1956—1957)》,世界知识出版社,1962年,第567—571页。

② 格拉布:《英国和阿拉伯人:五十年情况研究(1908—1958)》,第306页。

③ J.斯帕尼尔:《第二次世界大战后美国的外交政策》(段若石译),商务印书馆,1992年,第113页。

出兵。法国在非洲可谓臭名远扬。"如果英国愿意采取行动的话,它应该在其他一切方法都失败之后,采取单独行动——或者和美国共同行动。"[1]

斯帕尼尔认为"美国反对入侵苏伊士是制止这场战斗的关键因素"。[2] 美国为什么会在最后一刻背叛自己的英国盟友呢?根据斯帕尼尔的分析,美国政府一直在等待机会证明自己不像阿拉伯人普遍认为的那样——美国采取的政策是亲犹太人的。埃及遭受侵略为美国提供了一个获得埃及和阿拉伯人友谊的时机。"总之,反对这场侵略,美国就能同整个不发达世界的反殖民主义打成一片,特别是能够迎合阿拉伯世界那种反以色列的民族主义情绪。既然英国势力在中东继续存在只会同阿拉伯人发生对抗,那么消除这种势力并用美国的影响取而代之,不仅符合美国的利益,而且还符合所有西方列强的利益。用这种方法可以更妥善地保卫西方的战略和经济利益。"正因为如此,美国一方面可以不惜用经济制裁的威胁来迫使英国停火,另一方面,"它可以用威胁以色列和进攻英国和法国来拯救纳赛尔的手法,从阿拉伯人那里赢得最大的信任"。[3] 这种分析有一定道理,但未回答根本问题,为什么会这样?

美国与前殖民宗主国不同,一方面没有在埃及的历史包袱,另一方面对取代欧洲列强并增强在埃及以及相邻地区的影响力十分在意。艾森豪威尔总统在事前曾警告英国首相艾登:如果英国派兵干涉埃及,"近东和北非的人民以及在某种程度上所有的亚洲人和非洲人都将团结起来反对西方。如果考虑到苏联从中作梗的能力,其影响程度之深恐怕在一代人甚至一个世纪的时间内都无法消除"。[4] 英国人没有听从他的劝告,与法国和以色列发动了对埃及的进攻,从而将美国置于十分尴尬而犹豫的境地。当然,这种短暂的犹豫很快就被国家利益击溃。美国政府认识到,这也是从精神和物质上摧毁一直占据道义优势的欧洲盟友的机会。美国要

---

① 格拉布:《英国和阿拉伯人:五十年情况研究(1908—1958)》,第 328 页。

② 斯帕尼尔:《第二次世界大战后美国的外交政策》,第 111 页。

③ 斯帕尼尔:《第二次世界大战后美国的外交政策》,第 111—113 页。

④ Douglas Little, *American Orientalism: The United States and the Middle East since 1945*, University of North Carolina Press, 2002, p. 174.

在战后取代这些希望继续靠殖民地来养活自己的欧洲列强而称霸于世，此为天赐良机。美国决定与苏联一样出手。

英国人有时喜欢将苏伊士的失误归咎于英国首相艾登。一是他着力以说教的态度企图说服埃及参加巴格达条约组织。这一企图不仅未达到目的，反而刺激了纳赛尔的民族主义情绪。艾登为了说服埃及参加巴格达条约而专程访问开罗。纳赛尔表示了应有的礼节，他来到英国大使馆拜会艾登，而不是在自己的总统府召见这位英国首相。当时三位参加了晚宴的当事人都有自己的回忆。

纳赛尔的朋友、新闻记者哈曼德·海喀勒回忆："晚宴之前艾登先生大谈起他是一位埃及事务专家，在这个话题上纳赛尔总统一言未发，全由艾登谈他在阿拉伯事务中的经历……我觉得艾登先生这样过分的表现是个错误。"英帝国总参谋长、陆军元帅哈丁爵士叙述了艾登与纳赛尔会面的情况："会晤的目的是要努力说服纳赛尔相信，他成为巴格达条约中的一个积极的成员符合他的利益。……令我狼狈不堪的是安东尼随后又花了将近一个小时来说服纳赛尔赞同我认为是不言而喻的结论，即他们应加入巴格达条约，但纳赛尔却说目前的时机不对头。我想那次会晤是艾登对纳赛尔完全不信任的开端。"[1]纳赛尔对艾登傲慢的表现十分吃惊，从而使他更加坚定了英国希望通过这一条约控制中东地区的想法。当纳赛尔将运河国有化之后，艾登认为纳赛尔会将运河当作政治讹诈的工具。[2]

一直统率着约旦军队的英国将军格拉布爵士于1956年3月1日被约旦年轻国王侯赛因解除约旦陆军总参谋长一职，艾登首相对此似乎反应过度。他认为这是埃及总统纳赛尔在背后打击英国的威信。如果英国想在中东地区保持应有的地位，就必须与纳赛尔针锋相对。外交部国务大臣安东尼·纳丁回忆了当时的情景：当艾登得知格拉布被撤职一事后，他的反应非常激烈，表现得非常暴躁。他不仅反复咒骂纳赛尔，声称自己与纳赛尔不共戴天，还断言他们两人中必须有一人下台。他实际上是宣

---

① 布赖恩·拉平：《帝国斜阳》（钱乘旦、计秋枫、陈仲丹译），上海人民出版社，1996年，第306—307页。

② 斯帕尼尔：《第二次世界大战后美国的外交政策》，第110页。

告了一场对纳赛尔的个人战争。"当晚大部分时间里我与他待在一起,起先是在内阁会议室,随后,当他躺到床上时我又坐在他的床边。我们继续争执下去,一直到凌晨五点钟。……他正在失去理智。"①这种举动不仅使安东尼·纳丁感到非常不安,也引起了内阁成员的担忧。

艾登似乎对议院甚至自己所担任的职务已经失去了控制。时任外交部国务大臣的纳丁对艾登的举止颇有微词。他指出:"据说他对各种事情已失去控制。他缺乏处理财政和经济问题的经验,这方面的缺陷正在开始显示出来。外交能手当不好领袖;他无法控制他的大臣。人们不可避免地会把他同他的前任对比,他在丘吉尔的斗篷面前,看起来总是相形见绌。"②一位记者也描述了艾登在 1956 年 3 月 7 日议院里的窘态:"安东尼爵士看上去病容满面,窘态百出,简直无法叫大家安静下来,有一段时间不得不求助于下院议长来恢复秩序。这是一个可怕的场面,很难相信在外交事务上一直控制着下院的安东尼爵士成了这个场面的中心人物。政府在表决时胜利了,但是,安东尼爵士的威信受到了一次打击,这从坐在艾登背后的保守党议员们的默默无言和垂头丧气中明显地反映出来。"③是这种近乎失去理智的情绪导致了艾登对埃及发动了战争吗?

(四) 两个历史逻辑

我们不想否认艾登在整个事件中非常拙劣的处理手段,也不想否认冷战因素(苏联介入与美国插手)在这次事件中的重要作用。④ 美苏两个大国的联手肯定对整个事件起到了极其重要的作用。然而,苏伊士运河事件应该归因于与国际政治相关的两个重要的历史逻辑。

一是殖民主义的思维惯性。英国的殖民主义统治是建立在种族优

---

① 布赖恩·拉平:《帝国斜阳》,第 311—312 页。

② 安东尼·纳丁:《一个永远要记取的教训》,1967 年,第 24 页。转引自 T. F. 林赛、迈克尔·哈林顿:《英国保守党》,第 196—197 页。

③ T. F. 林赛、迈克尔·哈林顿:《英国保守党(1918—1970)》,第 198 页。

④ 有关美国的作用,参见 Douglas Little, *American Orientalism*: *The United States and the Middle East since* 1945, London: I. B. Tauris, 2003。有关苏联 1967—1973 年间的中东政策,参见 Fred Wehling, *Irresolute Princes*: *Kremlin Decision in Middle East Crisis*, *1967—1973*, London: Palgrave, 1997。

越感上,对殖民地人民实施政治压迫、经济剥削和文化灌输。在艾登试图说服纳赛尔时,他表现出来的是高人一等的姿态。他以为英国人的观点必然会被对方所接受,而一旦遭到拒绝,就无法接受。"如果听任纳赛尔对西方采取这种重大的挑战行动而不受到惩罚,那么西方在整个中东的影响将丧失殆尽。其他的阿拉伯政府将会没收西方的石油利益,纳赛尔所有的对手都将无可奈何,并同他妥协。……因此英国决心和纳赛尔作对,坚决要对运河实行某种形式的国际控制。"[①]"使用武力","炮舰政策"等用词都在为苏伊士集团处理运河事件的议院辩论中表达出来。英国统治集团里的强硬派对新兴的民族主义高潮不是采取现实主义的态度,而是采取一种习以为常的蔑视。他们觉得自己可以通过武力解决一切问题。

二是民族独立的世界潮流。第二次世界大战以后各个殖民地的民族主义风起云涌,这种非殖民化运动遍布亚非地区,大英帝国的崩溃成为一种历史必然。埃及所代表的民族主义浪潮既推动着诸多国家摆脱殖民主义的统治,也使英帝国认识到殖民地的民族独立不可避免并开始制定非殖民化计划。从大英帝国战后迅速解体的过程看,1956年苏伊士运河事件从某种程度上促使英帝国开始制定系统的非殖民化计划。[②] 英国前首相霍姆勋爵和历史学家安东尼·洛均认为苏伊士运河事件没有改变英帝国解体的速度。因而,这一观点受到质疑。拉平分析了在非洲大陆兴起的民族主义运动,并从六个方面论证了苏伊士事件如何加速了帝国的终结。"为什么欧洲诸国政府改变了它们的心意并在1960年及以后几年内匆匆忙忙离开非洲呢?主要的答复是苏伊士事件,以下六条证据证明了这一点。"第一,苏伊士事件促使法国不得不放弃非洲。"如果英国和法国在苏伊士获胜的话,那么,这样快之后法国就放弃所有这些殖民地是不可想象的。"第二,苏伊士事件使纳赛尔成为一位反殖民主义领袖,大大鼓舞了年轻的非洲民族主义者。开罗也因之成为非洲反殖民主义的根据地。

①　斯帕尼尔:《第二次世界大战后美国的外交政策》,第110—111页。
②　李安山:《日不落帝国的崩溃——论英国非殖民化的"计划"问题》,《历史研究》,1995年第1期,第169—185页。有关"非殖民化"的概念,还可参见李安山:《论"非殖民化":一个概念的缘起与演变》,《世界历史》1998年,第4期,第1—12页。

第三,这一事件使美国进入了非洲。肯尼迪将关注非洲作为他总统竞选的一个重要组成部分。在他所作的 160 次竞选演说中,479 次提及非洲。第四,埃及脱离了西方,苏联人得以进入。"使苏联人在非洲大陆获得第一个立足点的正是苏伊士事件。"第五,事件后的英国在海外的军事部署急剧减少。第六,新上任的哈罗德·麦克米伦首相的行为证明了这一点。[①] 我们也要问这样一个问题:如果没有汹涌澎湃的民族独立运动的潮流,美国会为了讨好阿拉伯国家而与英国翻脸吗? 尽管这种讨好也是为了打击英国和法国从而取代它们。如果没有这个潮流,几乎所有的英联邦国家会谴责英国的行径吗?

一方面是殖民主义的傲慢,另一方面是民族独立的潮流。两者的冲突导致了 1956 年苏伊士事件的爆发以及结果。这一事件成为英国殖民帝国崩溃的前奏,也表明非洲国家的政治变迁与国际局势的密切关联。

二、政治变迁与制度选择

非洲独立后面临着各种挑战,而这种挑战不仅来自国家内部,也是在日益竞争激烈的冷战背景下进行的。如何管理国家,这是最重要的挑战。

新独立的非洲国家面临着巨大的转型。由于与殖民宗主国千丝万缕的联系,这一任务的完成并非易事。从非洲大陆层面而言,模仿其他国家的政治发展道路是一种战略,或是与社会主义苏联和中国发展关系,或是与西方国家保持联系;寻求不结盟道路是另一种战略。正如坦桑尼亚前总统尼雷尔作为坦噶尼喀共和国总理于 1961 年 12 月 14 日在联合国大会上所作独立演讲时指出的那样,坦噶尼喀的政策有四条基本原则:关注实现世界和平,继续坚决反对非洲大陆及其他地区的殖民主义,争取非洲统一,远离世界上的冲突。[②] 这种基本原则实际上代表了诸多独立后非洲国家的意愿。在一个被意识形态割裂的国际社会,在一个充满大国引

---

① 布赖恩·拉平:《帝国斜阳》,第 331—337 页。

② 朱利叶斯·尼雷尔:《尼雷尔文选(第一卷):自由与统一(1952—1965)》(韩玉平译,沐涛译校),华东师范大学出版社,2015 年,第 102—110 页。

发的各种纷争的世界里,非洲国家只有奉行不结盟政策,在主观意愿上远离各种国际冲突,才能保持自己国家的主权和独立。当然,由于在发展道路上必须有自己的选择,因此要在客观上远离这些纷争则需要更高的政治策略和外交技巧。非洲统一组织的建立是力图通过全大陆的力量团结一致共同维护独立的一个重要的尝试。从非洲政治发展的国家层面而言,国家主权的巩固是非洲独立后面临的第一个任务,其中一个重要的方面是进行政治方面的非殖民化,同时确定一个适合自身发展的政治制度;建立一个较为完整的国家管理体系。

(一) 与狼共舞——两个阵营的对立与选择

在 20 世纪 60 年代,非洲存在着不同类型的国家。由于殖民宗主国的历史影响,相当多的独立国家与宗主国保持着密切关系,继续留在英联邦或法兰西共同体内。这类国家在非洲占多数。其中有的国家一方面继续与殖民宗主国保持关系,同时又与美国等新殖民主义国家发展关系以谋取援助。还有的国家比较激进,它们中有的宣称社会主义,有的则并未公开宣布社会主义或马克思主义为官方意识形态。在非洲大陆,宣称实施或实施过社会主义的有几内亚、马里、埃及、利比亚、阿尔及利亚、坦桑尼亚、加纳、贝宁、赞比亚、马达加斯加、索马里、几内亚比绍、佛得角、塞舌尔、刚果(布)、埃塞俄比亚、圣多美和普林西比、安哥拉、莫桑比克等 30 余个国家。[①]

非洲国家独立时处于两个阵营对立的国际环境里。肯尼迪总统在 1961 年当选后在国会表示:"我们生活在一个在我们已经过去的生命中发生了巨大的变化的世界,而只有在将来更长远的历史中才能获得对这种变化的全面认识。但是非洲,它曾被西欧强国控制了几个世纪,现在独立了——它的各个国家内有数目庞大的人口,其中许多不识字,他们的平均年收入仅 50、60 或 75 美元,他们想要变革;他们现在是他们自己房屋

---

① 参见海伦·德斯福瑟丝、雅克·莱维斯克合编:《第三世界的社会主义》(复旦大学国际政治系译),商务印书馆,1983 年,第 124—303 页;唐大盾、张士智等:《非洲社会主义:历史·理论·实践》,世界知识出版社,1988 年;唐大盾、徐济明、陈公元主编:《非洲社会主义新论》,教育科学出版社,1994 年。

的主人,但他们缺少建立一套有生命力的经济体系的手段,他们对苏联和中国人的范例印象很深,他们由于不知道自由在其生命中的意义,所以还在考虑是否共产主义制度掌握着组织国家的资源、给他们创造更好的生活的秘密。"①肯尼迪总统的担忧不能说没有道理。

苏联共产党努力宣传民族解放运动与社会主义运动的关联性。赫鲁晓夫指出:"民族解放运动的胜利在很大程度上取决于社会主义的胜利,而民族解放运动反过来又加强了社会主义在反帝斗争中的国际地位。这种关于历史发展的真正的列宁主义观念,是各个共产党及社会主义国家制定政策的基础。而这一政策的目标是:要加强与那些为独立而斗争的人民以及那些已经赢得独立的人民结成的紧密联盟。"②非洲的新领袖似乎对社会主义更感兴趣。这样,将共产主义挡在门外成为美国在非洲战略的主题。

非洲国家都希望保持真正的独立地位,但殖民宗主国却极力维护自身利益,美国则希望通过其他方式在非洲建立自己的利益范围。正是西方这种对非洲独立意愿的担忧或恐惧导致了在 20 世纪 60 年代以及随后日子里的一系列谋杀、军事干涉和阴谋,如法国警察对摩洛哥独立运动领导人梅迪·本·巴尔卡和喀麦隆人民联盟领导人的暗杀,美国、英国、比利时为首的西方势力支持对刚果(金)第一位独立选举的总理卢蒙巴的枪杀,还有葡属殖民地的民族解放运动领导人阿米卡尔·卡布拉尔和蒙德拉纳及其战友的被害,以及加纳总统恩克鲁玛被西方操纵的军事政变推翻等等。③

非洲国家这一阶段的政治发展主要表现为以下特点。第一,政治体制逐步确立,集立法、行政、司法于一体的政府成立,各种国家机构分头负责。由于非洲国家受到西方政治制度的影响,原英属殖民地多采取英国的议会内阁制,原法国殖民地多采用总统共和制,还有的国家学

---

① "Special Message to Congress on Foreign Aid", 22 March 1961. 文安立:《全球冷战——美苏对第三世界的干涉与当代世界的形成》,第 134 页。

② 文安立:《全球冷战——美苏对第三世界的干涉与当代世界的形成》,第 167 页。

③ Ernest W. Lefever, *Spear and Scepter*: *Army*, *Police*, *and Politics in Tropical Africa*, The Brookings Institution, 1970. 该书对加纳、刚果(金)和埃塞俄比亚三个国家的军事政变以及武装力量、警察与政治的关系进行了探讨。

习美国采纳总统制。第二,绝大多数非洲国家采取多党制。在撒哈拉以南独立的国家中,只有几内亚、马里和马拉维三个国家是一个政党,其余国家都存在两个或两个以上的政党。这些政党都参加竞选活动,或监督政府,或参与联合执政,在国家政治生活中,大都表现活跃。在后期,一党制日渐增多,一些国家很快转向专制主义。第三,相当多的政党以地方民族为基础,在全国范围内缺乏感召力,并成为国家政局不稳的重要因素。

值得注意的是,在这一阶段,军事政变开始出现。这种现象既与各国的政治现实有直接关系,也与纳赛尔政变成功和随之成为世界政治中的耀眼明星有一定关系。此外,法国军队的中下级军官(阿尔及利亚首任总统本·贝拉是其中之一)对建立阿尔及利亚民族解放阵线及其武装力量的贡献以及 1959—1960 年刚果公安部队反对比利时当局的起义都是这种典型。

独立后,非洲国家国内政局的变化和国际力量的干预导致军事政变不断。除前面提到的卢蒙巴领导的刚果(金)政权被军事政变推翻以外,刚果(布)(1963 年、1968 年)、贝宁(1963 年、1965 年 11 月、1965 年 12 月、1967 年、1969 年)、坦桑尼亚(1964 年)、布基纳法索(1966 年)、中非共和国(1966 年)、尼日利亚(1966 年 1 月、1966 年 7 月)、加纳(1966 年)等多国文官政府相继被军人推翻,发生政变的还有苏丹(1958 年、1964 年)、多哥(1963 年、1967 年)、马里(1968 年)、索马里(1969 年)、乌干达(1966 年)、布隆迪(1966 年)、塞拉利昂(1967 年、1968 年)。这些军事政变或是直接推翻文官政府,或是推翻王室政权,或是推翻军人政权。由于独立后建国时间不长,政权并不稳固,加之政治利益分配存在不公的现象,各地方民族之间的角力加剧致使矛盾激化,原殖民宗主国或美国的军事干预等因素促成了军事动乱和军事政变之风蔓延。当然,另一个重要因素是非洲民众对独立的期望值很高,独立后的经济困难和一些政策的不得当,从而使人民大众产生不满,加上军人在政治体制中的特殊地位,从而促使军事政变频繁。①

---

① 吴期扬:《非洲国家军事政变的政治社会背景》,《西亚非洲》,1982 年第 3 期,第 1—11 页。李安山:《非洲民族主义研究》,中国国际广播出版社,2004 年,第 174—181 页。

（二）从分权到集权

1970—80 年代的非洲仍面临着严峻形势,三种现象比较突出,对非洲政治发展产生了冲击。一是地区冲突,如埃塞俄比亚与索马里的欧加登之争、乌干达与坦桑尼亚之间的边界冲突、埃塞俄比亚开始向厄立特里亚民族力量发起进攻等现象。二是政权更替,如加纳总统阿昌庞被推翻后罗林斯上台;中非皇帝博卡萨被推翻后中非共和国名称恢复;赤道几内亚总统马西埃·恩圭马被推翻,更多的军事政变之后是军人政权上台。此外,兰开斯特大厦宪法确立了罗得西亚新政权产生的途径,伴随而来的是津巴布韦的诞生。这是英帝国主义在非洲的又一次惨败。三是议会民主制向集权制转变。由于大多数非洲国家认识到政府权力的分散难以控制局面,加之频繁发生的军事政变助成了专制趋势,促使非洲政治体制开始从分权制向集权制过渡。

这种集权表现在以下方面,即实行一党制(禁党制)、个人权力集中和军人政权流行。第一,除原来一直实行一党制的国家继续实行一党制外,在第一阶段实行多党制的国家多数改为一党制,有的甚至实行禁党制,如加纳、尼日利亚、塞拉利昂等非洲国家自独立以来基本上都经历了从多党制到一党制(或禁党制)的过程,且后者所占年份远远多于前者。一些在 20 世纪 70 年代中期独立的国家(特别是前葡属殖民地)如几内亚比绍、莫桑比克、安哥拉、佛得角、圣多美和普林西比等国建国之初就直接采用一党制。

第二,政治权力开始向个人集中。由于对独立初期模仿西方民主制的弊病深有体会,随着一党制的采用,执政党成为国家最高权力机构,执政党领袖的专权也就是题中之意了。很多执政党主席(或总书记)的权力大大加强。他们或是理所当然地成为总统,有的将党政军大权控制在一个人手中。据统计,1988 年撒哈拉以南非洲的 45 个国家中,有 36 个国家的国家首脑直接兼任政府首脑或内阁部长,是政府当然成员。[①] 还有的非洲国家首脑利用手中的权力以各种借口犯下了滔天大罪。中非共和

---

①　葛佶主编:《简明非洲百科全书(撒哈拉以南)》,中国社会科学出版社,2000 年,第 174 页。

国的博卡萨称帝后的骄奢淫逸,乌干达的阿明上台后肆无忌惮地屠杀反对派,刚果(金)的蒙博托不择手段地排除异己。

第三,军事政权或军人支持的政权开始流行,到 1970 年,已有 19 个非洲国家的政权掌握在各式各样的军人的手中。[①] 到 20 世纪 80 年代,通过军事政变上台的军人政权有增无减,文官政权通过军人干政或军人直接干政的情况有所增加。这一阶段的军事干政明显增多,成为非洲政治发展进程中的一个重要现象。

1976 年,尼雷尔总统在伊巴丹大学的讲话中指出:

> 回顾非洲独立的 15 年,成功有限,失败很多。我知道,我们团结一致,争取脱离殖民主义的束缚是正确的。我知道,我们支持南部非洲各族人民追求的政治自由是正确的,但并不是我们要求的自由。自由,真正的自由,必须是彻底摆脱外国的统治。……解放是一个历史过程,不可能一蹴而就,每年庆祝。对非洲来说,独立经历了四个阶段。首先是脱离殖民者和少数种族的束缚,二是脱离其他国家的经济主宰,三是摆脱非洲人民自身的贫困、不公和压迫,四是思想自由,结束思想镇压,不要认为其他民族、国家本质上更优越,不要认为别国的经验可以自动照搬,满足非洲人民的需要和期望。这四个阶段时间不分先后,对有些人来说,思想解放可能先于政治和经济解放。便是思想解放是个人的胜利,对大多数人来说,这源于我们积极参与社会、国家、大陆的解放斗争,而非先于此。……殖民主义意味着被殖民国家低人一等,接受殖民主义就意味着自己的自尊受到限制。此外,一个不能自治的民族不能控制其经济进步,不能与其社会中的各种不平等、不公正做斗争。他们不能成为人类社会的真正成员,意味他们不能按照自由意志行事,因此也就不能对其所作所为向社会同胞负责。对个人和社会而言,按照自由意志行事是道德也是精神上的需要,为此,我们或许尤其要对我们所犯的错误负责。[②]

[①]　巴兹尔·戴维逊:《现代非洲史:对一个新社会的探索》,第 147 页。

[②]　朱利叶斯·尼雷尔:《尼雷尔文选(第四卷):自由与解放(1974—1999)》(谷吉梅等译),华东师范大学出版社,2015 年,第 94、95 页。

他的讲话中指出了非洲独立后 15 年的经验与教训。只有摆脱了殖民主义统治的非洲人民才能按照自由意志行事；解放和独立是一个长期的过程，不可能立即实现；政治解放、经济独立、消除贫困和思想自由等四项任务紧密相连；非洲人要勇于对自己所犯的错误负责。

非洲国家为何会从所谓的西方民主制转向集权制？首先，殖民主义制度本身就是一种集权制。殖民地政府集立法、行政和司法于一身，对殖民地的管理完全是一种专制制度，依靠具有警察、法院、税收和军队的一整套现代国家机器对殖民地实行高压统治，它既有驻本地的欧洲军队和本土军队的军事支撑，又有远在宗主国的殖民政府的政治支持，还有从殖民地榨取的经济资源。然而，独立后的非洲国家从习惯了的殖民主义统治体制马上转为西方的所谓分权的"民主制"，既排除了传统制度的合理，又无西方民主制的内生传统、政治文化和过渡培训。当这种移植的制度不仅不能满足非洲本土的需要且产生诸多不满情绪时，改弦更张是很自然的事。其次，非洲国家的政治家如埃及的纳赛尔、坦桑尼亚的尼雷尔总统、马里的凯塔总统、加纳总统恩克鲁玛、刚果（布）总统恩克瓦比都对从西方引进的多党制和议会民主制进行了批判，认为这种制度是"殖民主义的遗产"，是"新殖民主义统治的机器"。他们从多党选举和议会民主制带来的民族冲突和社会分裂的实践中认识到，引自西方的制度并不适合非洲，相反，一党制似乎与非洲的现实更为契合。当时苏联在非洲的活动以及苏联及东欧集团强调执政党作用的做法从某种意义上加强了非洲国家对一党制的认识，这也是从分权制转向集权制的另一个原因。①

（三）葡萄牙殖民地的独立

葡属殖民地的独立是这一时期的重要事件。几内亚比绍（1973）、安哥拉（1975）、莫桑比克（1975）、佛得角（1975）、圣多美和普林西比（1975）经过长期的斗争，先后取得了独立。② 这个时期与国家发展相关的另一

---

① 陆庭恩：《非洲国家独立后的政治发展论述》，陆庭恩：《非洲问题论集》，世界知识出版社，2005 年，第 277—278 页。

② 吴秉真、高晋元主编：《非洲民族独立简史》，世界知识出版社，1993 年，第 370—441 页。

个引人注目的事件是马克思主义的流行。一些国家明确宣称信奉马克思主义,如推翻海尔·塞拉西之后建立的埃塞俄比亚政权。有的国家在口头上表示向马克思主义转变,如马达加斯加、刚果(布)、贝宁等。葡萄牙殖民帝国的崩溃也使一些前葡属殖民地明确宣布成立马列主义国家,如安哥拉、莫桑比克和几内亚比绍等。为什么会出现这种情况? 独立后的十余年并未给非洲经济带来值得骄傲的成就,而苏联当时在非洲的积极扩张政策使一些非洲国家倒向苏联。① 此外,葡萄牙殖民政府的残酷统治和对非洲民族主义运动的镇压将寻求民族独立的非洲斗士们推到了自己的对立面,社会主义国家对这些葡属殖民地民族解放运动的支持也对它们独立后的政治选择产生了影响。

然而,安哥拉独立运动早在 60 年代就存在着三股力量,后来因内部争斗和外来干预而变得日益复杂起来。早在 60 年代安哥拉民族解放阵线(Frente Nacionalde Libertaçãode Angola,FNLA,简称安解阵)在意识形态上坚持非洲人为主的民族主义,既反西方也反苏联。安哥拉人民解放运动(Movimento Popular de Libertação de Angola,MPLA,简称安人运)由马克思主义者安东尼奥·内图领导,强调社会革命与民族团结,还有争取安哥拉彻底独立全国联盟(Uniao Nacional Para Independencia Total de Angola,UNITA,简称安盟)。1975 年 1月,葡萄牙与安哥拉民族独立运动签署了阿沃尔协定(Alvor Agreement),双方同意葡萄牙将在 11 月 11 日之前将权力移交给联合政府。然而,安哥拉的独立并未带来和平。3 月,安解阵袭击安人运在卢安达的司令部,内战开始。美国开始大力支持安解阵和安盟以反对安人运。在苏联和古巴的援助下,安人运成为苏联人在南部非洲的重要盟友。然而,安哥拉不同派别的争斗正是受到了"各个有影响领域的列强竞争的鼓励"。安人运政府一方面将石油出售给美国的石油公司,另一方面又从苏联集团购买军火。与安人运作对的安盟却通过南非种族隔离政府的一些机构向全世界出卖钻石、犀牛角以

---

① E. A. Tarabrin, ed. , *USSR and Countries of Africa* , Moscow: Progress Publishers, 1977; R. H. Donaldson, ed. , *The Soviet Union in the Third World : Successes and Failures* , Westview Press, 1981, pp. 69-149.

及象牙,并经由扎伊尔获取得到美国中央情报局以及美国政府批准、资助和保护的各种武器。① 这样,非洲本国的派别、美国和苏联的支持与扎伊尔和南非的卷入使安哥拉局势更为复杂化。1976 年 2 月,大多数非洲国家包括非洲统一组织均承认了内图领导的安哥拉政权。②

（四）南非"班图斯坦"的建立

这一时期非洲的另一个重要的政治发展是南非班图斯坦即所谓"黑人家园"的成立。19 世纪末,兰德金矿的深层开采吸引了大批国际资本,同时需要大量的劳动力,这对南非社会的转变产生了根本性影响。金矿工业资本家是种族隔离制的始作俑者。为了降低劳动力成本,他们制定了种种政策:建立在通行证制度基础上的流动劳工制度;为减少社会福利而又可达到劳动力再生产目的的保留地政策,将工人阶级分为有技术的高薪白人阶层和无技术低工资的黑人工人,这些政策成为后来实行的种族隔离制的起源和基础。国家的干预和以种族为基础的劳动分工,不仅没有阻碍生产,反而是南非工业化的关键因素。③ 为了更合法地占领黑人土地并将黑人转化为劳动力,班图斯坦计划应运而生。以 1976 年特兰斯凯宣布独立为标志,先后有四个班图斯坦独立。④

---

① 文安立:《全球冷战——美苏对第三世界的干涉与当代世界的形成》,第 174 页。

② 关于苏联与安哥拉和莫桑比克的关系,参见 Warren Weinstein and Thomas H. Henriksen, eds., *Soviet and Chinese Aid to African Nations*, Praeger, 1980, pp. 56-75;文安立:《全球冷战——美苏对第三世界的干涉与当代世界的形成》,第 225—245 页;南江:《浅析安哥拉内战与苏联的作用》,李安山、林丰民主编:《中国非洲研究评论 2013》,社会科学文献出版社,2014 年,第 266—291 页;南江:《苏联对安哥拉的干涉研究(1960—1991)》,北京大学国际关系学院博士论文,2013 年。

③ F. A. Johnstone, "White Prosperity and White Supremacy in South Africa", *African Affairs*, 69(1970), pp. 124-140; F. A. Johnstone, *Class, Race and Gold: A Study of Class Relations and Racial Discrimination in South Africa*, London: Routledge and Kegan Paul, 1976.

④ 有的南非作者对性别在班图斯坦制度形成过程中的作用进行了分析。Anne Kelk Mager, *Gender and the Making of a South African Bantustan: A Social History of the Ciskei, 1945—1959*, London: James Currey, 1999. 有关中国学者的研究,参见宁骚:《试论南非班图斯坦制度》,见《北京大学学报》(哲学社会科学版)1980 年第 1 期;静水:《从班图斯坦的历史由来看南非种族主义》,《史学月刊》,1985 年第 3 期。

　　班图斯坦计划的实质是什么呢? 20 世纪 50—60 年代可以说是南非种族主义政权最为疯狂的时代,任何企图改变种族隔离制的人都被裁定为"共产主义者"。1959 年,南非著名学者杜·特瓦特明确警告:将选举权扩大到非白人无异于白人的自杀。① 在严酷的社会氛围里,南非的种族隔离制愈演愈烈。1961 年,南非总理维沃尔德曾明确声称,让班图斯坦独立是迫不得已,"这种使南非变成好多个国家的支离破碎的局面,倘使我们力所能及的话,我们显然是宁愿予以避免的。然而,为了白人在这个归他们所有的国家里,换取他们所要求的自由和权利,(允许黑人独立)这是唯一的办法。"很明显,将占地不到 13% 的保留地变为班图斯坦,再让其独立,主要是为了保证白人在 87% 的国土上"所要求的自由和权利"。维沃尔德的助手也公开承认,"在行政自治方面,议会所可能准备给予这些地区("班图"地区)的,充其量将限于欧洲托管人不至实际交出主权的地步为止"。② 随着一个个班图斯坦的独立,南非黑人的"国籍"划属班图斯坦,他们成了"南非的外国人"、"临时居住者"。

　　为了实行班图斯坦计划,南非政权强迫非洲人迁出他们长期居住的地区,搬到偏僻贫瘠的地区。如 1957 年到 1958 年间,南非政权决定征用纳塔尔省的昂维尔瓦希特农场,在此地居住了一百多年的 241 户非洲人请愿无效,拒绝搬迁者被指控为"擅自占地",法庭下驱逐令,军警来到农场,烧掉房屋,逼他们搬迁。③ 1967 年,马马多拉人也是被政府军警以同样的方式搬迁到梅茨农场,400 户非洲人中只有 189 户分配了土地。1968 年,马赞格的 433 户非洲人被命令搬迁,政府甚至动用推土机摧毁房屋,强迫搬迁。各班图斯坦在财政上依附南非,行政上服从南非,军事外交上受制于南非,成了南非的殖民地。南非政权以名义上放弃不到 13% 的土地的微小代价换来了对 87% 的南非土地的合法占有,以图长期维持种族主义政权的统治。在 20 世纪 70 年代后期和 80 年代初,共有

---

　　① F. A. van Jaarsveld, *The Afrikaner's Interpretation of South African History*, Cape Town: Simondium Publishers, 1964, p. 23.

　　② 耳·累格瓦:《"班图斯坦"计划的一些情况》,载《亚非译丛》,1963 年第 6 期。

　　③ Muriel Horrell, et al. , *A Survey of Race Relation in South Africa 1957—1958*, Johannesburg: South African Institute of Race Relations, 1959, p. 143.

四个班图斯坦成立,除特兰斯凯(1976)外,还有博普塔茨瓦纳(1977)、文达(1979)、西斯凯(1981)。① 在南非,国家机器是资产阶级控制人民的工具,体现在三个方面:阶级形成中的双重作用——通过立法来打压黑人农民和剥削黑人工人,同时提升白人工人的待遇以模糊无产阶级阵线;运用超经济手段来剥夺和镇压南非黑人——完成了对非洲农民土地的剥夺、对黑人工人阶级的压迫以及白人种族政权的确立;南非政府利用种族主义来巩固自己的统治,通过国家机器强行实施种族隔离制以使其统治合法化和制度化。

由于 20 世纪 80 年代出现的国际金融机构对非洲国家提出的结构调整计划,非洲出现了全面的退步。80 年代对非洲而言既是经济衰退的十年,也是政治倒退的十年。概言之,这是非洲发展"失去的十年"。这一点将在经济部分论及。

(五) 90 年代的民主化与南部非洲的解放

从 20 世纪 90 年代开始,随着苏联的解体和冷战的结束,非洲国家开始了多党制复苏的阶段,民主化浪潮至今仍在继续。这一阶段非洲政治发展主要表现在以下几个方面,撒哈拉以南非洲国家的民主化浪潮、南部非洲民族独立运动的胜利、非洲一体化进程的加速以及政治经济局势的相对稳定与稳步发展。

从 20 世纪末期起,非洲政治体制变革的钟摆再一次从一党制和禁党制摆向多党制。撒哈拉以南非洲国家民主化浪潮是由内部和外部两种因素促成。一方面,始于 1980 年代初期的由国际金融组织在非洲强制推行的结构调整计划使诸多非洲国家经济受挫,民众不满情绪日增;另一方面,苏联崩溃为西方国家在全球推行西方民主制度创造了条件。1990 年 2 月,贝宁政府在强大的内外压力下不得不采取改革行动,召开有贝宁各党派参加的全国有生力量会议(National Conference of Active Forces of the Nation),并成立了具有民主性质的过渡政府。这种以"全国会议"(Conference Nationale)的组织形式而闻名的

---

① Bertil Egerö, *South Africa's Bantustans: From Dumping Grounds to Battlefronts*, Motala Grafiska, 1991.

"贝宁模式"成为后来法语非洲多个国家（马里、尼日尔、刚果（布）、马达加斯加等）进行民主化改革的榜样。非洲民主化浪潮自此开始（下面将论及）。

1990 年 2 月 2 日，南非总统德克勒克在议会宣布，无条件释放黑人领袖曼德拉，解除对非洲人国民大会、阿扎尼亚泛非主义者大会和南非共产党等反种族主义组织的禁令。这一决定为政治解决南非问题创造了良好的氛围。新南非的诞生是这一阶段的一个重大事件。南非种族主义变成了一个具有国际意义的问题，1994 年新南非诞生的历史意义已经超出了南非和非洲。不言而喻，它是南非人民用正义战胜邪恶的伟大胜利。对饱受种族歧视之苦且经历了殖民主义统治的非洲人民而言，这一政治局面的形成有四点经验：领袖（曼德拉）、政党（非国大）、战略（以统一的南非为目标）和策略（以和平谈判为主辅之以"民族之矛（1961年）"武装反抗的手段）的重要性。曼德拉具有远大理想和博大胸怀。他忍辱负重，审时度势，以坚定的意志和高超的斗争艺术赢得了最终的胜利。非国大在整个斗争中坚持从南非人民大众的角度思考问题，善于团结黑人和白人，充分利用国内外一切可以调动的积极因素，团结各党派组织，求同存异，在曼德拉的领导下以娴熟的政治技巧保持了南非统一和稳定的局面。

非国大尽管要推翻种族隔离制，但"统一的南非"这一目标始终不变，并成为政策目标的重中之重。秉承《自由宪章》（1955 年）制定的原则，在策略上始终坚持和平谈判，只将暴力作为一种辅助手段。无论曼德拉在狱中或出狱后，他坚持有理、有利、有节的斗争策略，最终取得了胜利，成为以和平方式取得政权的非洲黑人领袖。新南非的诞生具有三重意义。一种看来任何手段也难以解决的问题，竟然通过政治方式解决，不仅没有经历许多人所害怕的暴力，也没有导致痛苦的争执与分裂，反而激起了民族的团结和凝聚力。这是南非人民的胜利。它通过和平手段和不屈不挠的斗争，在保持南非统一的情况下摧毁了标志着种族压迫和歧视的隔离制，从而结束了非洲大陆的殖民主义统治局面。这是非洲人民的胜利。南非人民通过长时期的斗争，摧毁了种族主义的最后堡垒，并达成种族和解与建设新南非这一目标的共识，不能不说是一种人类奇迹。这是人类正义力量的胜利。

南部非洲民族解放运动的胜利是这一阶段的另一件具有历史意义的大事。国家主权的确立是政治发展起步的根本条件之一。对整个地区更具影响的是南部非洲民族解放运动的胜利。津巴布韦、纳米比亚和南非等南部非洲国家进步力量的胜利标志着殖民主义的崩溃、白人政权的垮台和非洲民族主义在政治上的胜利。[①] 它标志着非洲大陆民族解放运动的完成。

何以会发生这种变化? 除了广大民众坚持不懈的斗争外,还有四个因素。首先,人类进步与世界形势的发展使然。殖民地已成为一种与人类发展不适应的现象,种族隔离制更遭到人类唾弃。这三个殖民地(国家)的共同特点是白人政权对广大黑人的政治统治、经济剥削和社会隔离。这种统治方式遭到世界人民的谴责和国际社会的制裁。其次,非洲局势发展使然。1970 年代葡属殖民地先后独立,南部非洲成为最后的殖民地;在国际进步力量的配合下,以坦桑尼亚为首的前线国家加强了对南部非洲国家民族解放运动的支持。再次,这与南部非洲社会特点有关。这种社会的统治者为白人集团,他们作为移民,与黑人的矛盾有一种共生的特点。由于历史原因,他们最终不得不同意通过政治解决的方式,以免自身利益受到更大侵害,这是一种历史的妥协。最后,南部非洲白人政权的崩溃得益于这些地区的民族主义领袖的作用,如罗得西亚的穆加贝、西南非洲的努乔马和南非的曼德拉。

非洲从独立至今已有半个世纪。非洲的政治发展有成就也有挫折,它经历了独立初期的狂欢与兴奋,随后直面冷战时又必须选边站队的外交窘境。非洲受到民族主义、泛非主义、资本主义、社会主义等各种意识形态的影响,也经受了各种内部与外部因素的现实考验。

三、军事政变与军人干政

为什么要将军事政变和军人政权作为非洲政治的一个特定主题来研究? 因为这已经成为非洲政体的特征之一。正如加纳学者普拉所言:"20 世纪 70—80 年代,军事政变和厚颜无耻的军人独裁制在一

---

① 吴秉真、高晋元主编:《非洲民族独立简史》,第 444—504 页。

个又一个国家占了优势。一成不变的是,一些残暴而野蛮的政权,有着无法控制的监守自盗的强烈倾向,这使得非洲的政体形成了自己的特征。"①

在非洲的政治发展过程中,军事政变、军人干政、军人政权和军人独裁是一个相当突出的现象。这一现象在独立的前 20 年比较明显。20 世纪 60 年代的军事政变被称为"反动的年代",因为军事取代的方法"越来越多地被用来作为保护少数人的利益、反对大多数人要求的手段"。70 年代的军事政权被称为"新试验的年代",因为"军人夺权的动机日益复杂,有时甚至变成了对建立一个稳定的和进步的社会进行的再研究"。② 频繁的军事政变和军人政权是由内部与外部因素的互动促成的。

(一) 非洲军队的性质

军队是为国家服务的。只要这个国家是由一个或多个特定的社会阶层控制,军队必然要受到这个或这些阶层的影响,受到其思想和文化的影响以及政治和经济因素的影响。在一个刚刚独立且存在着不同种族和宗教的国家,军队是民族的骄傲,民族独立团结与国家主权尊严的最生动体现。同时,由于军队对民族利益负有责任,它的政治敏感性远比其他社会力量强。然而,由于独立初期的军人或是经历了殖民政府体系,或是由殖民教官训练出来的,或是接受过社会主义国家的培训,他们对现代思想和军事物资的接触使他们具备了与现代生产力和生产技术相适应的知识体系。在一个知识和技术相对落后的社会里,他们的优势非常明显。他们与知识界非常相似,有的人认为他们"应当被当作知识界"。③ 由于这种特殊地位,独立后的非洲军队较多地卷入了政治纷争之中。

亨廷顿指出:军事制度和军人政治化的程度,是国家政治组织脆弱和文职政治领袖无力处理国家所面临的基本政策的一个函数。④ 从政治学

---

① 普拉:《非洲民族:该民族的国家》,第 341 页。

② 巴兹尔·戴维逊:《现代非洲史——对一个新社会的探索》,第 344 页。

③ 陶里亚蒂:《军人在第三世界斗争中的作用》(原载意共《再生》周刊,1964 年 5 月 23 日),《亚非译丛》,1964 年第 8 期,第 40 页。

④ 塞缪尔·亨廷顿:《变革社会中的政治秩序》(李盛平、杨玉生译),华夏出版社,1988 年,第 216 页,关于军人政权的详细分析,可参见该书第四章。

的角度对非洲独立后的政治环境和军事政变进行分析,我们可以得出这样的结论:军事政变的次数或军人干政的频繁程度与一个国家现代政治制度的成熟程度成反比,军人干政的可能性与文官政府的可信度和合法性成反比。换言之,一个国家的政治制度愈成熟,政府的合法性愈大,军人干政的可能性愈小;而一个缺乏能力缺乏民心的文官政府被军人政权取代的可能性愈大。当一个民族在内忧外患的苦难中挣扎时,政府需要鼓舞整个民族的理想,并让民众看到可能实现这种理想的实力。军事领导人往往能提供这种理想和实力。这与军队的性质(暴力的工具)和组织特征(具有凝聚力和纪律性)有直接的关系。

(二)军人干政的现实

根据统计,在 1952—1992 年的 40 年间,非洲大陆共发生军事政变79 次。这些国家中,前英属殖民地有 8 个国家发生过总计 31 次政变,前法属殖民地国家共有 13 个国家发生了政变,共计 36 次。英法两国的前殖民地独立后发生的军事政变是非洲国家政变总数的 84.8%。从独立到 1992 年间,尼日利亚、贝宁和乌干达发生的军事政变达 6 次之多,平均约 5 年一次,高居非洲国家之首。加纳和布基纳法索发生 5 次政变,苏丹、乍得、布隆迪、刚果(布)和毛里塔尼亚各发生 4 次政变(参见下表)。

表格 3-1　非洲国家成功的军事政变(1952—2018)

国　　名	次数	时间(年/月/日)	领导者(上台者)	被推翻者
埃及	1	1952/7/23	纳赛尔	法鲁克国王
利比亚	1	1969/9/1	卡扎菲	伊德里斯国王
阿尔及利亚	1	1965/6/19	布迈丁	本·贝拉总统
埃塞俄比亚	3	1974/9/12 1974/11/23 1977/2/3	门格斯图 门格斯图 门格斯图	塞拉西一世皇帝 安多姆主席 特费里·本蒂主席
索马里	1	1969/10/21	西亚德	舍马尔总统
坦桑尼亚	1	1964/1	卡鲁姆	詹希德苏丹

（续　表）

国　　名	次数	时间(年/月/日)	领导者(上台者)	被推翻者
乌干达	6	1966/5/22	奥博特	穆特萨总统
		1971/1/25	阿明	奥博特总统
		1979/4	全国解放阵线流亡武装	阿明总统
		1980/5/12	穆万加	比奈萨总统
		1985/7/27	蒂托·奥凯洛	奥博特总统
		1986/1/29	穆塞韦尼①	奥凯洛总统
塞舌尔	1	1977/6/5	勒内	曼卡姆总统
科摩罗	3	1975/8/3	萨利赫	阿卜杜拉总统
		1978/5/12	博布·德拉尔	萨拉赫总统
		1999/4/30	阿扎利	赛义德临时总统
马达加斯加	2	1972/5/18	拉马南佐阿	齐腊纳纳总统
		1975/2/12	拉齐拉卡	安德里马哈佐总统
苏丹	4	1958/11/17	阿布德	哈利勒总理
		1969/5/25	尼迈里	马哈古布总理
		1985/4/6	达哈卜	尼迈里总统
		1989/6/30	巴希尔	马赫迪总理
乍得	4	1975/4/13	奥丁加尔②	托姆巴巴耶总统
		1979/3	古库尼	马鲁姆总统
		1982/6/7	哈布雷	古库尼主席
		1990/12/2	代比	哈布雷总统

---

① 穆塞韦尼曾领导全国抵抗军(Popular Resistance Army)长期进行反抗奥博特政府的斗争。1985年奥凯洛政变上台。1986年初,全国抵抗军逼近首都,驻守坎帕拉的政府军开始集体离职。1月25日,全国抵抗军推翻奥凯洛政府。1986年1月29日,穆塞韦尼宣誓就任总统。

② 诺埃尔·米拉劳·奥丁加尔(Noël Milarew Odingar)1975年4月13日发动政变成功后当了两天的临时国家元首(4月13日—4月15日)。有的著作列出费利克斯·马卢姆·恩加库图(Félix Malloum N'Gakoutou),他当时被托姆巴巴耶总统囚禁,被政变军队救出后成为最高军事委员会主席。

国　名	次数	时间(年/月/日)	领导者(上台者)	被推翻者
布隆迪	5	1966/7/10 1966/11/28 1976/11/1 1987/9/3 1993/10/21	恩特泽 米孔贝罗 巴加扎 布约亚 比科马古	姆瓦姆布扎国王 恩培尔五世国王 米孔贝罗总统 巴加扎总统 恩达达耶总统
卢旺达	1	1973/7/5	哈比亚利马纳	卡伊班达总统
中非共和国	5	1966/1/1 1979/9/20 1981/9/1 2003/3/15 2013/3/24	博卡萨 达科 科林巴 博齐泽 乔托迪亚	达科总统 博卡萨皇帝 达科总统 帕塔塞总统 博齐泽总统
刚果（金） （即扎伊尔）	2	1960/9/14 1965/11/25	蒙博托 蒙博托	卢蒙巴总理 卡萨武布总统
刚果（布）	4	1963/8/15 1968/7/31 1977/3/18 1979/2/5	马桑巴-代巴 恩古瓦比 雍比-奥庞戈 萨苏	富·尤卢总统 马桑巴-代巴总统 恩古瓦比总统 雍比-奥庞戈总统
赤道几内亚	1	1979/8/3	奥比昂	马西埃总统
圣多美和 普林西比	2	1995/8/15 2003/7/16	阿莱梅达 费尔南多·佩雷拉	特拉瓦达总统 （后复职） 德·梅内塞斯总统 （后复职）
加纳	5	1966/2/24 1972/1/13 1978/7/5 1979/6/4 1981/12/31	科托卡 阿昌庞 阿库福 罗林斯 罗林斯	恩克鲁玛总统 布西亚总统 阿昌庞总统 阿库福总统 利曼总统

（续　表）

国　名	次数	时间(年/月/日)	领导者(上台者)	被推翻者
贝宁	6	1963/10/18(28)①	索格洛	马加总统
		1965/11/29	索格洛	阿皮蒂总统
		1965/12/22	索格洛	贡加库总统
		1967/12/17	库昂德特	索格洛总统
		1969/12/10	库昂德特	津苏总统
		1972/10/26	克雷库	阿奥马德贝主席
尼日利亚	6	1966/1/15	恩泽古	巴勒瓦总理
		1966/7/29	戈翁	伊龙西总统
		1975/7/29	奥巴桑乔	戈翁总统
		1976/2/13	奥巴桑乔	穆里塔拉总统
		1983/12/31	布哈里	沙加里总统
		1985/8/27	巴班吉达	布哈里总统
多哥	3	1963/1/13	格鲁尼茨基	奥林匹欧总统
		1967/1/13	克莱贝尔·达乔②	格鲁尼茨基总统
		2005/2/5	扎加里	纳查巴国民议会议长③
塞拉利昂	5	1967/3/21	贾克森·史密斯	史蒂文斯总理
		1968/4/18	阿马杜·班古拉	史密斯主席
		1992/4/29	斯特拉瑟	莫莫总统
		1996/1/16	马达·比奥	斯特拉瑟总统
		1997/10/25	科罗马④	泰詹·卡巴总统

---

① 一说 10 月 28 日。Ronald Matthews, *African Powder Keg: Revolt and Dissent in Six Emergent Nations*, London: The Bodley Head, 1966, p. 152.

② 有人认为是纳辛贝·埃亚德马(Gnassingbé Eyadéma),他 4 月 14 日被选为总统。克莱贝尔·达乔(Kléber Dadjo)在政变成功后(1 月 14 日—4 月 14 日)一直担任临时总统(民族和解委员会主席)。

③ 2005 年 2 月 5 日,执政 38 年的埃亚德马因心脏病去世。在这种情况下,多哥宪法规定权力应暂由国民议会议长行使。当时,在任议长纳查巴(Fambaré Ouattara Natchaba)在国外访问。多哥宣布为保卫国家安全和领土完整,封锁边界。武装部队公报称,埃亚德马去世后,国家出现权力真空,为维护和平与稳定,决定即日起将权力交给埃亚德马的儿子福雷·埃索齐姆纳·纳辛贝(Faure Essozimna Gnassingbé),2 月 6 日国民议会修宪并投票选举福雷为议长。此举受到西共体、非洲联盟及国际社会质疑,福雷迫于内外压力辞去议长和总统职务。同年 4 月,福雷参加总统大选并胜出,5 月宣誓就职多哥共和国总统。

④ 政变时约翰·保罗·科罗马(Johnny Paul Koroma)被关押在监狱里,后来被 17 名政变士兵放出来后任命为武装革命委员会主席。

（续　表）

国　名	次数	时间(年/月/日)	领导者(上台者)	被推翻者
布基纳法索①	6	1966/1/3 1980/11/25 1982/11/7 1983/8/4 1987/10/15 2015/9/16	拉米扎纳 泽博 韦德拉奥果 桑卡拉 孔波雷 迪安德雷	亚梅奥果总统 拉米扎纳总统 泽博总统 韦德拉奥果总统 桑卡拉总统 卡凡多总统②
利比里亚	2	1980/4/12 1990/9/9	多伊 泰勒	托尔伯特总统 多伊总统③
几内亚	2	1984/4/3 2008/12/23	孔戴 卡马拉④	贝阿沃吉总理
几内亚比绍	5	1980/11/15 1998/6/8 1999/5/7 2003/9/14 2012/4/12	埃维拉 马内 马内 塞亚布拉 库拉玛	卡布拉尔主席 埃维拉总统⑤ 埃维拉总统 雅拉总统 佩雷拉代总统

---

①　1984年以前称"上沃尔特"。

②　2014年10月，布基纳法索独立后的第六任总统孔波雷，在执政27年后试图通过修宪实现连任，引发大规模抗议，孔波雷被迫下台并流亡至科特迪瓦。11月17日，卡凡多被推选为过渡总统。2015年9月17日，总统卫队宣布接管政权，解除过渡总统职务并解散过渡政府机构，任命迪安德雷准将为"全国民主委员会"主席。此举遭到西共体、非洲联盟及国际社会的谴责。23日，过渡总统卡凡多宣布重掌国家权力。

③　由于多伊的野蛮统治，原多伊政府新闻副部长查尔斯·泰勒(Charles McArthur Ghankay Taylar,1948—)于1989年12月揭竿而起,1990年9月9日攻进首都蒙罗维亚，多伊被处决。

④　2008年12月23日，几内亚总统兰萨纳·孔戴22日因病去世的消息公布后，卡马拉带领军人发动政变，任"国家民主与发展委员会"主席。政变军人宣布组成"过渡政府"，推举政变领袖卡马拉为临时总统，并把新总统选举时间推迟两年。此举遭到西共体、非洲联盟及国际社会的谴责。

⑤　1998年11月，维埃拉与马内达成协议，同意组建民族团结政府。

（续 表）

国　名	次数	时间(年/月/日)	领导者(上台者)	被推翻者
尼日尔	4	1974/4/15 1996/1/27 1999/4/9 2010/2/18	孔切 迈纳萨拉 马拉姆·万凯 萨洛·吉博	迪奥里总统 奥斯曼总统 迈纳萨拉总统 坦贾·马马杜总统①
马里	3	1968/11/19 1991/3/26 2012/3/21	特拉奥雷 图马尼·杜尔 萨诺戈	凯塔总统 特拉奥雷总统 图马尼·杜尔总统
毛里塔尼亚	6	1978/7/10 1979/4/6 1981/4/25 1984/12/12 2005/8/3 2008/8/6	萨莱克 布塞夫 塔亚 塔亚 瓦勒(一译"瓦尔") 阿齐兹	达达赫总统 萨莱克总理 海德拉文官政府 海德拉总统 塔亚总统 阿卜杜拉希总统
冈比亚	1	1994/7/22	贾梅	贾瓦拉总统
科特迪瓦	1	1999/12/23	盖伊	贝迪埃总统
共计	103			

资料来源:综合各种文献资料,不包括未遂政变。

从 80 年代后期起,由于军人干政,非洲多名国家首脑非正常死亡。例如,布基纳法索的托马斯·桑卡拉总统(1987 年)因为坚持独立原则反对西方干预并得罪利益集团而在政变中丧生;科摩罗总统艾哈迈德·阿卜杜拉(1989 年)死因不明;利比里亚总统多伊(1990 年)因多行不义而被推翻并虐杀;阿尔及利亚总统穆罕默德·布迪亚夫(1992 年)被反对派当众杀害;布隆迪总统梅尔希奥·恩达达耶(1993 年)被武装政变推翻后随即遇害,卢旺达总统哈比亚利马纳在坦桑尼亚参加有关解决民族冲突的会议后返国途中因飞机在卢旺达附近被击落而遇难,同机遇害的还有布

_____

① 他的名字有时被写作"马马杜·坦贾"(Mamadou Tandja),但该名称不被尼日尔外交部承认。

隆迪总统恩塔里亚米拉。尼日尔的迈纳萨拉 1996 年发动政变推翻第三共和国后建立第四共和国并任总统,1999 年在政变中被杀害。进入 21 世纪以后,非洲政变相对减少,但时有发生。2001 年,刚果(金)总统洛朗·卡比拉在总统府遇刺身亡。2004 年,在前一年通过军事政变上台的几内亚比绍总统赛亚布拉将军在政变中身亡。2009 年,几内亚比绍总统维埃拉在一次兵变中被害。

(三) 军人干政的原因

独立后特别是在前 20 年,非洲军队干政的情况比较突出。为什么非洲国家的军事政变会如此频繁呢?外来干涉是非洲频繁政变的一个重要因素。这与独立初期的两个因素有关。一个是前殖民宗主国为了维护自身的特权地位不惜任何代价要推翻他们不喜欢的那些有独立倾向的非洲领导人。这种来自前殖民宗主国的干预导致了频繁的政府变更,很多是通过军事政变来完成的。"政权变更"(regime change)成为非洲独立初期一个频繁出现在媒体中的词语,用来形容西方国家根据自身喜好随意推翻非洲国家政权并换上自己的代理人。

另一个因素与此相关但并不能完全等同,即美苏两大阵营的对立必然影响到非洲政治。美国总统肯尼迪在 1962 年曾明确指出:"我们认为,(共产主义)集团与非共产主义集团在全世界范围内的争夺中,非洲大概是最大的角逐场。"在冷战期间,西方习惯于将那些倾向于社会主义的非洲领导人看作苏联的代理人,加之欧洲殖民宗主国和美国均在非洲驻有军队或提供各种军事援助,对非洲的意识形态取向格外关切。军事介入的方式是欧美国家通过组建防务联盟或签订军事协定在非洲驻军、建立军事基地、派遣军事专家、提供军事装备、训练军官和各种特种军队(特别是伞兵部队,还有警察和宪兵)等,有的殖民宗主国甚至为前殖民地提供防务服务从而控制这些非洲国家的军事力量。根据法国《热带与地中海市场报》的报道,非洲 44 个国家和地区的军事力量均有欧美势力的存在。[①] 欧美国家的这

---

① 《热带与地中海市场报》,1964 年 5 月 9 日。参见《非洲的军事力量》,载《亚非译丛》,1964 年第 9 期第 42—44 页,第 10 期第 38—39 页,第 11 期第 42—43 页,第 12 期第 43 页。

种军事存在促使非洲军队干预政治的现象成为一种常态。

从非洲发生的多次军事政变来看,外国势力的干涉是极重要的因素。然而,将这种频繁的军事政变和引发的动乱一味说成是外来干涉既不客观,也不能解释诸多现象。当然还有其他原因,或是军事首脑对政府首脑的领导不满,或是政府领导人的能力有限导致民众呼声等其他因素。①多米诺骨牌效应也推波助澜,即他国的军事政变也会对军人干政产生推动作用。可以肯定的是,非洲军人的性质和具有的实力给他们参与政治带来独特优势。此外,独立后精英集团的政治业绩不如人意(埃及、利比亚),执政者的贪污腐败引发民众不满(多哥、尼日尔、布基纳法索),不同地区集团对权力分配不均而产生的对抗情绪(尼日利亚),冷战时期两大阵营在非洲的对立及影响(刚果(金)、加纳),外国势力的干预和插手(乍得、中非等),内部权力斗争(阿尔及利亚)等都是非洲军队频繁干政的原因。

不容否认,权力欲是重要因素之一。权力具有极大的腐蚀性,缺乏限制的权力尤其如此。新上台的政府官员获得了前所未有的权力,国家重建使得各种利益集团不断涌现,殖民宗主国为了保持自己的优势施展了各种手段(当然也包括贿赂),政府对承包合同的控制和分配提供了各种贪污腐败的机会…… 这样,不仅是一般的非洲政府官员,相当多的军事领袖对权力的欲望与频繁的政变分不开。尼日利亚著名政治学家克劳德·阿克(Cloude Ake)在 1981 年的尼日利亚政治学协会年会上指出:"在尼日利亚,国家似乎无所不在地插手干预,国家实际上拥有一切,包括攫取地位与财富的手段。这样,为了控制国家权力,一场殊死的斗争不可避免地发生了,因为谁一旦拥有这种控制力,就意味着胜者通吃。于是,政治变成了战争,一场你死我活的战争。"他通过尼日利亚的例证指出了权力在非洲的泛滥及对公共生活的侵蚀,并揭露了那种"采取最极端的方式来赢得并维持政治权力"的倾向。

政治生态和社会因素是军人干政的客观条件,即由社会政治和经济环境而产生的原因。这包括社会政治结构的分裂、领导权纠纷、领导

---

① A. A. 马兹鲁伊主编、C. 旺齐助理主编:《非洲通史(第八卷):1935 年以后的非洲》,第 328—336 页。

集团的无能、经济政策的失误和各种经济弊端等因素。这也包括士兵待遇差以及军队与社会的矛盾导致军人干政，既包括军队内部矛盾也有社会与军队矛盾。例如，由于集权制和个人集权化的加强，一些文官干预军方的事务，或是调动军队进行各种与国防无关的事务（如对游行活动或反对派活动的镇压等）；统治者利用属于自己政治派别的军事领袖来干预政治事务。这种政治家利用军事力量来达到个人或党派目的的做法引起军人的不满。此外，由于一些总统在实施文官制度和相关规定时成为一些握有兵权的军事首领个人敛财的障碍，他们往往以极端形式来清除异己。还有一些军人内部如不同军种或军营之间的矛盾都可能导致军人干政。[1]

如前所述，在国际形势的不同因素的影响下，大国通过本国军队或利用非洲国家军队进行干预，特别是前宗主国利用各种渠道包括历史传统、培训军官和军事援助等手段进行干预。这种新殖民主义现象是独立后非洲政局不稳的主要因素之一。我们知道，在反对传统的殖民主义斗争中，大家目标一致，团结统一。然而，在针对新殖民主义的斗争中，一些人的私利与现存的新殖民主义紧密相连。他们认为自己的权利、财富和地位依靠外部力量的持续统治。这种对外来势力的依存关系成为个别政治家或军人的资本，也成为非洲内乱的源泉之一。一些国家首脑神秘被害，或是死因不明，这种情况更多是外国干预所致。一个十分明显的事实是，非洲大陆相当多有思想和勇气、有独立意识的非洲领袖被刺杀、被军事政变推翻、被迫流亡海外或被排挤，如卢蒙巴、恩克鲁玛、桑卡拉[2]、卡扎菲、萨利姆[3]等。所有这些人物都有摆脱西方控制的决心，或表达了反对西方

----

[1]　中国学者的研究，参见王洪一：《解析非洲"政变年"》，《国际问题研究》，2004 年第 3 期；贺文萍：《非洲军事政变：老问题引发新关注》，《西亚非洲》，2005 年第 3 期。

[2]　桑卡拉是布基纳法索原总统(1983—1987)，一直推行独立自主的道路，后被军事政变推翻。他被江翔大使称为"非洲第三代革命领袖"。参见江翔：《我在非洲十七年》，上海辞书出版社，第 147—154 页。

[3]　萨利姆是坦桑尼亚前总理。当他在 1981 年竞选联合国秘书长时，曾得到非洲国家和中国的支持，却 16 次被美国否决，主要原因是 1971 年 10 月 25 日当中国恢复联合国席位的投票结果在联合国大厅宣布时，他起到了重要作用。在这次联合国秘书长选举中，中国也针锋相对，同样 16 次否决了美国支持的候选人。Jakkie Cilliers, ed. , *Salim Ahmed Salim*: *Son of Africa*, AU, ACCORD, HD, ISS & MNF, 2016.

统治和维护主权独立的意愿。针对他们的阴谋是由西方或其代理人直接实施的。苏丹的分裂①、利比亚的乱象②、民主刚果的资源战争③。这些阴谋或是直接由西方大国出手，或是由其代理人实施。

（四）军人干政的影响

在非洲，职业军队是殖民主义的产物，这种历史背景为军事力量进入政治领域提供了先例和条件。首先，从军队自身的性质而言。军队是一种具有高度组织能力和纪律性的力量。军人特别是军官集团具有用暴力摧毁旧制度、创建稳定的政治秩序的能力。政变成功后的下一步即是通过各种手段动员组织群众，其中使用得最多的也是民族主义的口号和纲领；军人政权希望适应人民的愿望或是打着这种招牌在国内进行必要的政治经济改革，使国家在相对平稳的政局下平稳发展。④ 这种情况虽然比较理想，但由于军人上台后缺乏政治制约机制，加之军事首领在长期军队生活中服从的制度和严格的军事纪律等习惯，很容易在国民政治生活中形成一种自上而下的专制制度。这样，军事领袖虽然将制度改为民选制度，但往往逐渐演变为一种专制甚至独裁制度。

不容否认，这种军人干政的现象是对非洲政治状况的一种非正常矫正。多哥的埃亚德马将军 1967 年通过政变上台后一直致力于国家的稳定和发展。他曾于 70 年代在全国开展了一场"绿色革命"，大力发展农业，使多哥在 80 年代初实现了粮食自给。他在长期执政期间得到了民众的拥戴。尼日尔的哈马尼·迪奥里政权的独裁和腐败统治激起群众强烈不满，武装部队参谋长赛义尼·孔切于 1974 年 4 月 15 日发动军事政变。孔切上台后，加强了对政府工作人员的纪律和效率的监管，大力发展农业，在积极扶助民族工业的同时采取开放政策引进外资。在他的努力下，

① 2008 年 8 月，与南苏丹政府地区合作司司长巴克·瓦伦蒂诺·沃尔（Baak Valentino A. Wol）先生的会谈。

② Horace Campbell, *Global NATO and the Catastrophic Failure in Libya*, New York: Monthly Review Press, 2013.

③ 龙刚（Bafalikike Antoine Roger Lokongo，刚果（金）博士），《美国利益与刚果（金）资源战争关系研究》，北京大学国际关系学院博士论文，2015 年。

④ 曾萌华：《尼日利亚军人执政时期的政治经济改革》，《西亚非洲》，1987 年第 3 期。

尼日尔的人均收入从 1973 年的 90 美元增加到 1980 年的 300 美元。桑卡拉上校于 1983 年在广大民众的支持下推翻前政权后成为布基纳法索总统。他大力推行自力更生的政策,致力于消除饥荒、粮食自给和土地改革,重视改善妇女地位和保护儿童,加强教育和公共卫生,大力开展绿化工程以抑制萨赫勒地区的荒漠化。由于他的政策触犯了既得利益集团以及前宗主国法国及盟友的利益,他死于 1987 年的军事政变。

然而,军人干政无疑对非洲国家政治发展形成一种反动。军事力量对政治事务的卷入导致了各种弊端,如军人的地位得到极大的提高,在政府决策中对军人或军事力量的考量往往成为第一位,军事预算的增加不是为了国防,而是为了加强镇压异己力量;军队在与其他政治力量(包括政党)的讨价还价中地位提高;政治家与军事力量互相利用,往往为了个人私利而不惜牺牲民众利益等等。这些因素往往成为国家政治生活中的毒瘤,其相互作用演变成恶性循环,从而使军事干预、军人干政、军事政变和军事政权的建立更为频繁。[1] 最令人不能容忍的是,军人政权加重了政权的专制性,并由此产生了极度的贪污腐化(如扎伊尔的蒙博托总统)、极度的荒淫贪婪(如中非共和国的博卡萨皇帝)和极度的专制残暴(如乌干达的伊迪・阿明总统)。随着非洲联盟"不漠视原则"的出台,并制定了针对"政权的非程序和非宪政转变"的集体干预政策,这种不正常的政治现象日益减少。

非洲的军事政变呈逐渐减少的趋势,进入 21 世纪以后,这一趋势变得特别明显。虽然前期仍有发生,但总体趋势是越来越少。非洲国家在 1952 到 2018 年间共发生军事政变 103 次,20 世纪 50 年代 2 次,60 年代和 70 年代均为 27 次,80 年代 20 次,90 年代 15 次,2000 到 2010 年为 8 次,2015 到 2018 年只有 4 次。究其原因,一方面是非洲国家政治文化趋向稳定,另一方面是非统/非盟和各种区域组织对这种非程序和非宪政的政权更替方式从制度上加以抵制,加之联合国及国际社会对军事政变的普遍谴责。

---

① J. Gus Liebelow, "The military factor in African politics: A twenty-five-year perspective", in G. M. Carter and P. O'MearaJ, eds., *African Independence-The first twenty-five years*, Indiana University Press, pp. 126-159.

表 3 - 2　1952—2015 年军事政变次数比较图

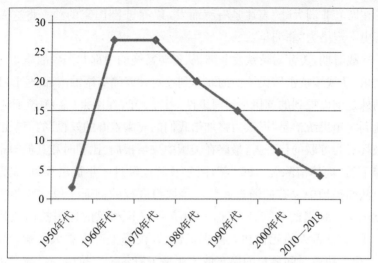

四、非洲政治与国际关系

一个国家的正常发展需要稳定的国内外政治环境。非洲国家政治发展的另一个重要因素在于非洲大陆与国际的互动。非洲独立后,很快被拖入美苏争斗。冷战后的非洲民主化成为潮流,也引发了各种矛盾。21世纪以来,资源问题日益突出,国际势力频繁干涉。外部干涉的契机或条件往往由内部环境诱发。在非洲独立以来的半个多世纪里,非洲政治与国际关系的互动十分明显。

(一) 热点问题频繁

从非洲的整体而言,从 20 世纪 50 年代以来热点问题不断。先是非洲民族独立运动及前殖民宗主国的阻击,以 1952 年由纳赛尔领导的自由军官组织发动的推翻法鲁克王朝的"7 月革命"和随后的国有化运动以及1956 年英法联合以色列入侵埃及导致苏伊士运河事件为典型。1958 年,几内亚民族主义领袖塞古·杜尔在科纳克里的白人议会大厅里关于"我们宁可要自由的贫困,也不愿要奴役下的富足"的警句不仅获得了热烈的掌声从而使戴高乐深受侮辱,也成为几内亚独立的信号,更是触动了法属非洲殖民地独立的多米诺骨牌。1960 年,英国首相麦克米伦的"变革之见正在席卷非洲大陆"表述是有感而发,17 个非洲国家的独立将这一年在历史上定格为"非洲年"。

冷战时期,美苏对峙殃及非洲,从资源富饶的中部非洲到战略要地非洲之角,从武装抗击殖民统治的北非到反对种族隔离制的南部非洲,唯一的例外是前面提到的苏伊士运河事件。1960 年,在刚果(金)独立日上表示比利时殖民统治是"以武力强加给我们的充满羞辱的奴役"的卢蒙巴总理被怀疑为苏联的代理人,最终在美国中央情报局、比利时和其他国家的合谋下被"肉体清除"。1962 年,阿尔及利亚经过 8 年抗法战争,成为非洲英法殖民地中少有的通过武装斗争取得政权的例证。60—70 年代的独立国家除频繁的政变外,1967—1970 年尼日利亚的比夫拉内战造成200 万—300 万人的死亡和大面积饥馑,在国际上产生重大影响。1974年,历史上执政时间最长的埃塞俄比亚皇帝海尔·塞拉西一世被激进的门格斯图领导的下级军官组成的军事委员会(Derg, 即德格)推翻,帝制终结。冷战研究专家文安立认为:"埃塞俄比亚革命是冷战期间非洲最重要的受马克思主义影响的变革。"[1]1977 年开始的奥加登战争始于索马里对埃塞俄比亚的进攻,但最后形成了美国支持的索马里与苏联和古巴支持的埃塞俄比亚之间的战争。战争在第二年以埃塞俄比亚的胜利结束。这一胜利使美国人十分担心,里根"几乎把莫斯科在非洲之角的活动看成是世界末日的来临"。[2] 门格斯图上台后制造的红色恐怖吸引了世界的眼球,也给他带来倒台的厄运。70 年代中期独立的葡属殖民地使民族解放运动取得了决定性胜利。20 世纪 80 年代围绕乍得问题展开的是一场除乍得不同派别外还有法国、苏联、美国等大国和利比亚、扎伊尔等非洲国家卷入的地区战争。[3]

冷战结束使非洲失去地缘政治的重要性,非洲一度被大国忽略。

---

① 文安立:《全球冷战——美苏对第三世界的干涉与当代世界的形成》,第 257 页。
② 文安立:《全球冷战——美苏对第三世界的干涉与当代世界的形成》,第 290 页。有关埃塞俄比亚与苏联的关系及奥加登战争,参见第 255—294、278—285 页;Warren Weinstein and Thomas H. Henriksen, eds., *Soviet and Chinese Aid to African Nations*, Praeger, 1980, pp. 34-55.
③ 有关外部势力对乍得的干预,参见李安山:《非洲民族主义研究》,第 269—274 页。

然而,90 年代开始的民主化浪潮对非洲政治产生了重大影响,南部非洲民族独立运动的最后胜利将殖民主义送上了历史的审判台。既有殖民瓜分的遗产又有美苏争霸痕迹的非洲之角陷入纷争,1993 年发生的两件事使世人的目光聚集于非洲——厄立特里亚脱离埃塞俄比亚独立,美国黑鹰直升机在索马里被击落和阵亡的美军特战队员受尽羞辱的镜头在电视台连续播出。1994 年,卢旺达种族大屠杀牵动了世界人民的心,曼德拉在新南非的就职演说再次激励人们。苏丹的南北冲突和达尔富尔事件再次将非洲带到世界舆论的中心。津巴布韦因英国违约而发起的土地改革使穆加贝与西方的矛盾加剧,刚果(金)发生的因资源而起的持续暴力冲突被称为"非洲的第一次世界大战",它虽然一直被西方掩盖,但仍然引起国际上的人道关注。① 西方人掩盖这一事件的真正目的是为了减少世人对西方国家与刚果矿业千丝万缕的联系的关注,同时用突出苏丹达尔富尔事件的手法转移世人视线,将中国推上国际舆论的风口浪尖。

新世纪带来了新的希望和新的挑战。2002 年非洲联盟的成立给人们带来了新的希望。2009 年,索马里海盗当选为《时代周刊》年度风云人物,以反对西方教育与文化为宗旨的博科圣地组织开始制造各种恐怖袭击。2010 年的南非世界杯再次吸引了世人的关注。

(二) 直接干涉:以卢蒙巴被害事件为例

值得注意的是,非洲国家的内部问题自独立以来始终引起国际社会的关注,甚至是一些大国的干涉,从而大大恶化了国内的政治环境。之所以出现这种情况,主要有以下三个原因。一是前殖民宗主国在诸多方面与非洲国家的关系错综复杂,各种利益交织在一起。其次,第二次世界大战以后进入冷战时期,两个阵营的对峙与地缘战略在非洲体现出来。再次,非洲国家丰富的自然资源引起了外部势力的觊觎,从而导致了外部势力的卷入。

---

① 乔治·恩荣格拉·恩塔拉耶:《刚果史:从利奥波德到卡比拉》(沈晓雷译),民主与建设出版社,2015 年, 第 304—339 页;龙刚(Bafalikike Antoine Roger Lokongo, 刚果(金)博士),《美国利益与刚果(金)资源战争关系研究》,北京大学国际关系学院博士论文,2015 年。

这种干涉可分为直接干涉和间接干涉两种。直接干涉指外国（或国家行为体，或其他势力）从军事、政治、经济、宗教等各方面来对别国事务直接插手进行干预。英国、法国和以色列 1956 年对埃及的军事入侵是军事干涉的典型。由于国际上进步力量的反对和西方集团的内部分歧，这一入侵以失败告终。1965 年刚果（金）的加丹加和开赛分离事件是西方干涉导致民选政权倒台、非洲领导人被枪杀的例证。乍得内战是外国干涉的另一个典型。[1] 由于这种对主权国家的干涉是违反国际法的行为，因此这些干涉的主体只能通过某种借口来进行。这些借口可以是阻止混乱局面或独裁政权，也可以是防止国家分裂或宗教冲突，还可以通过援助附加条件的方式来进行。近年来，"人道主义关切"和"反对恐怖主义"是两个使用率极高的干涉借口。大国在非洲的冲突直接与乍得内战有关。一位英国学者对乍得的看法应该引起我们的注意："解决乍得国内目前的民族冲突需要作大量的协调努力，但其中最重要的是排除来自外部的插足者。"[2]

刚果（金）曾是比利时的殖民地。1885 年，比利时国王利奥波德二世经过一番努力，获得了其他欧洲列强对他拥有这块近 100 万平方英里领地的承认，并将其取名为"刚果自由邦"——一个相当于 75 个比利时国土的私人王国。他大肆掠夺这里的象牙和天然橡胶，使自己成为欧洲首富之一。1908 年，在各种压力下，他不得不将这块土地交由比利时政府接管。1959 年，刚果出产的铜占世界产量的 10％，钴占 50％，钻石占 70％。丰富的矿产使比利时的财富远超其他的欧洲列强。卢蒙巴于 1925 年出生于刚果西开赛省的一个小村庄。他在教会学校接受了教育，1955 年成为刚果第一个工会的地区主席。1958 年，他与一些青年组织了刚果民族运动党（Mouvement National Congolais，MNC），并前往独立后的加纳首都阿克拉，参加第一届全非人民大会。他带着民族主义的热情和勇气回到刚果，决心以恩克鲁玛为榜样，"将刚果人民

---

[1]　本人不赞成使用"部族"一词，具体分析可参见，李安山：《论中国非洲学研究中的"部族"问题》，《西亚非洲》，1998 年第 4 期，第 57—65 页。有关外国对乍得进行干涉的分析，参见李安山：《试析非洲地方民族主义的演变》，《世界经济与政治》，2001 年第 5 期，第 44—49 页。

[2]　[英]G. 阿希沃兹：《当前乍得的民族冲突》，《民族译丛》，1986 年第 2 期，第20页。

从殖民统治下解放出来"。在 1960 年 5 月大选中,刚果民族运动党获胜,卢蒙巴当选为总理。

在 6 月 30 日的就职演说中,他怀着满腔的愤怒和正义,谴责了殖民统治的罪恶:"我们从早到晚受尽挖苦和侮辱,任意被人打骂,因为我们是'黑鬼'。谁会忘记黑人被称为'你'(tu),不是因为他是朋友,而是因为礼貌的'您'(vous)是专门保留给白人用的?① 我们看到,我们的土地以表面上公正的法律的名义被掠夺,但实际上只承认强权的权利。我们并没有忘记,法律对白人和黑人从来都不是一样的,对前者是仁慈的,对后者则是残忍野蛮的。我们经历了残酷的苦难,被政治观念和宗教信仰所迫害,被放逐到遥远国土,我们的悲惨命运可谓生不如死。……谁又能够忘记那些杀害了我们那么多兄弟的枪弹,或是那些被殖民主义者用来作为统治工具的监狱牢房,那些不再愿意服从邪恶政权的压迫和剥削的兄弟们被无情地投入其中? 所有这些,我的兄弟们,给我们带来了无尽的痛苦。"他也提出了刚果的新目标并指出了人民的新希望:"我们将共同建立社会正义,将确保每个人都劳有所得。我们将向世界显示,当黑人在自由的状态下工作时能做什么,我们也将使刚果成为整个非洲发展的聚焦点。我们将确保国家的土地真正有利于它的孩子们。我们将审查所有的旧法律,制定公正而崇高的新法律。我们将结束对自由思想的压迫,确保每个公民最大限度地享有《人权宣言》中规定的全部基本自由。"②这是一位非洲民族主义者的宣示:殖民制度强加的耻辱已经过去,新的未来属于刚果民主共和国的人民。

然而,卢蒙巴对前殖民宗主国的谴责使比利时人恼羞成怒,因为对西方殖民制度的鞭挞而成为美国和英国政府的眼中钉和"左翼威胁",矿业公司和橡胶企业希望能尽快铲除这块"绊脚石"。卢蒙巴的改革措施触动了比利时人的利益,比利时派兵干涉。在比利时联合矿业公司的策动下,南部的加丹加省领袖冲伯乘机提出独立要求。加丹加省拥有已探明刚果

---

① 在法语中,"tu"(你)是日常语,比较口语化,"vous"(您)是礼貌语。

② Patrick Lumumba, "Speech at the Ceremony of the Proclamation of the Congo's Independence", June 30, 1960. https://www. marxists. org/subject/africa/lumumba/1960/06/independence. htm.

矿藏资源的一半以上,位置十分重要。卢蒙巴请求联合国提供帮助,希望联合国帮助他镇压叛乱,并将比利时军队逐出刚果。然而,联合国秘书长哈米舍尔德是美国中意的人选,而美国人对卢蒙巴已毫无好感。联合国拒绝让当时派驻刚果的军队支持刚果政府,并极力阻止卢蒙巴收复加丹加。卢蒙巴访问美国无果而终,南开赛又加入了分裂的队伍。他向苏联政府提出了军事援助的要求。这样,卢蒙巴在冷战的阵营选择了苏联,从而使美国人下定清除他的决心。美国同时采取了三方面行动,艾森豪威尔总统表示"联合国可以承认加丹加",授权中央情报局除掉卢蒙巴,同时推动由蒙博托将军领导的军事政变,并启动了一项暗杀卢蒙巴的绝密计划。① 蒙博托政变成功。

卢蒙巴号召刚果人民反抗政变上台的新政府,但在 12 月 1 日被捕。蒙博托极力希望除掉这位刚果人民的领袖,但不愿自己动手,便用飞机将卢蒙巴送到加丹加的政敌手里。一位美国记者记录下了卢蒙巴抵达卢本巴希时的情景:"卢蒙巴被牵下了飞机的舷梯,他的眼睛被一条肮脏的绷带蒙住,双手反捆在背后,一根绳子将他和他的两个政治副官拴在一起。机场的瑞典籍联合国警卫高大强壮,无动于衷地站在一边,影子静静地拖在地上。在离一块写着'欢迎来到自由加丹加'的大幅机场告示牌不远的地方,一群咆哮着的加丹加人对这几个囚徒施以雨点般的棍棒,步枪枪托和拳打脚踢,浑身打颤、踉踉跄跄的卢蒙巴和他的难友们跌倒在地。"经过 5 个小时的折磨后,卢蒙巴被杀害了。②

(三) 间接干涉:以达尔富尔问题为例

间接干涉是外国或外来势力通过自己的代理人进行的干涉,或是外国势力通过各种手段有意或无意达到影响其他国家政治局势的行为。这种干涉有的以经济援助为筹码,有的通过军火贩卖来实施,还有的则是通过新闻媒体来进行。这种干涉之所以称之为"间接",是因为

① NSC,18 August 1960, *FRUS*, 1958—1960, Vol. XIV, p. 424; Embassy, Leopoldville(Kinshasa) to State, 18 September 1960, in *FRUS*, 1958—1960, Vol. XIV, p. 494. 引自文安立:《全球冷战——美苏对第三世界的干涉与当代世界的形成》,第 139 页。

② 文安立:《全球冷战——美苏对第三世界的干涉与当代世界的形成》,第 140 页。

行动并未由干涉国直接出手,而是通过其他个人或机构来进行,或是通过新闻媒体来进行宣传鼓动。在有些情况下,新闻记者的报道也助长了地方民族势力。这种报道虽然与事实不符,但由于是在现场,往往更有煽动性。

苏丹的达尔富尔问题是西方国家通过内部因素引发的事件造成国际干涉的一个典型。这是 21 世纪前十年非洲发生的一起对国际政治颇具影响的事件,同时也使苏丹的发展进程面临着前所未有的困境,并引发了后来的南北分离。2003 年达尔富尔冲突造成大量的平民伤亡和流离失所。2004 年美国政府将其定性为种族灭绝,认为这是苏丹政府和"金贾威德"民兵造成的,并推动国际社会对苏丹进行制裁。为了调查真实情况,联合国秘书长安南于 2004 年 10 月派出 5 人调查委员会前往苏丹达尔富尔三个州进行实地调查。在与政府和军队高官、叛军和当地首领、国内难民和受害人等各方广泛接触后,委员会于 2005 年 1 月 25 日向安南秘书长提交了著名的《达尔富尔问题国际调查委员会给秘书长的报告》。报告并不否认在达尔富尔出现了某种类似灭绝种族的行为,但并不认为这是苏丹政府有意为之。委员会报告的结论认为,苏丹政府并没有奉行灭绝种族的政策。[①] 报告的结论实际上否定了美国的官方立场,同时指出达尔富尔的人道主义灾难。

报告发表后,非盟、阿拉伯联盟和伊斯兰会议组织及发展中国家大多表示支持。美国等国家表示反对。达尔富尔冲突是一个复杂的问题,牵涉历史、环境、民族、宗教和发展等方面。联合国环境署的最新报告指出,其主要根源是环境恶化。[②] 这一问题的解决有赖于国家经济的发展。制裁和干涉只会使问题更复杂。达尔富尔危机是一个地区问题,对当地居民产生了灾难性影响。然而,除美国外,各国政府、联合国和地区组织都

---

　　① 《达尔富尔问题国际调查委员会给秘书长的报告》,中文版,2005 年 2 月 1 日,第 4 页、第 126 页。见联合国网站:http://daccessdds. un. org/doc/UNDOC/GEN/N05/225/35/PDF/N0522535. pdf? OpenElement。

　　② United Nations Environment Programme, *Sudan Post-Conflict Environmental Assessment*, 2007, p. 329:http://postconflict. unep. ch. ; Adam Mohammed, "The Rezaigat Camel Nodamds of the Darfur region of Western Sudan: From Co-operation to Confrontation", *Nomadic Peoples*, Vol. 8, No. 2, 2004, pp. 230-240.

未将其视为"种族清洗"或"种族灭绝"。① 危机也反映出民族国家建构的艰难。现代国家建构是一个长期过程。

达尔富尔危机对非洲大陆的政治发展至少有以下三个方面的影响。第一,达尔富尔处于撒哈拉沙漠南缘即萨赫勒地区,由于水资源的缺乏在撒哈拉南缘地区是普遍问题,达尔富尔问题具有很强的代表性。这种资源缺乏引发的矛盾甚至冲突只能通过发展经济和加强基础设施来解决。同时也向处于萨赫勒地区各国的政府发出了强烈的信息:经济发展与和平安全是一种互动的关系。在没有外力干涉的前提下,一个国家只有保持和平,经济才能稳步发展;只有经济发展并解决广大民众的生计问题,才能使一个国家安全稳定。妥善处理好经济发展的问题,协调解决好资源与发展的矛盾,一个国家才能巩固发展成果。第二,达尔富尔游牧民与定居者的矛盾牵涉民族矛盾,而民族矛盾在非洲具有普遍性。这个问题在达尔富尔的恶化以及随之带来的冲突一方面使非洲国家领导人认识到民族政策与政治发展的密切相关性,另一方面也提醒了非洲人民,将民族矛盾政治化和国际化只会激化矛盾,破坏国家的稳定,从而为发展带来极大的障碍。第三,一个国家的不稳定会给周边国家的发展带来负面影响,从而不仅使国家的发展出现阻碍,也会给地区一体化带来不必要的麻烦。大国特别是美国对达尔富尔问题的不适当介入使问题复杂化。它们介入达尔富尔问题主要是基于两点:对苏丹的巴希尔政权的敌视和对中国在苏丹开发石油取得进展的妒忌。中国一直主张用和平谈判的方式解决达尔富尔问题。由于中国的推动,苏丹后来原则上接受安南秘书长三阶段维和方案,从而大大缓和了苏丹局势。由于本国民族政策和发展政策的不妥当以及大国的干涉,与达尔富尔局势有着密切关联的南苏丹问题开始出现重要转变。南部苏丹通过全民公决,于 2011 年宣布独立。苏丹与

---

① 美国前总统吉米·卡特认为用"种族屠杀"定义达尔富尔危机法律上不准确,也于事无补。参见 Arthur Bright, "'Elders' Criticize west's Response to Situation in Darfur", *The Christian Science Monitor*, October 6, 2007: http://www. csmonitor. com/2007/1005/p99s01-duts. html; Jonathan Steele, "Darfur Wasn't a Genocide and Sudan Is Not a Terrorist state", *The Guardian*, October 6, 2005; Gérard Prunier, *Darfur the Ambiguous Genocide*, London, 2005; David Hoile, *Darfur in Perspective*, London: European-Sudanese Public Affairs Council, 2005.

南苏丹就石油的生产与运输及分成问题达成协议后，双方冲突仍然继续。只有解决缓和问题，才能为苏丹和南苏丹正常发展创造有利的条件。

五、非洲的政治变迁：成就与问题

对非洲国家独立以来的政治变迁进行概述，如果没有对这一地区政治发展的成就和影响未来发展诸因素进行客观分析，那将是不完善的。

目前，非洲大陆虽然自独立后取得了一些成就，但确实存在着诸多问题：内乱肆虐（刚果（金）、索马里），民主化停滞（喀麦隆、几内亚、尼日尔等），受"资源诅咒"①的困扰（尼日利亚、安哥拉等），国家的治理能力有待提高，广大民众难以享受经济发展带来的好处，等等。然而，一些国家的发展和进步也是有目共睹。博茨瓦纳、毛里求斯等国家自独立以来由于采取适合于本国的政治制度和经济政策，社会稳定，人民生活得到极大的改善。进入 21 世纪后，尼日利亚曾一度偿还了外债，也在经济和社会发展方面取得了不小的进步。苏丹一方面保持了经济较为稳定的发展，也偿还了外债。加纳、安哥拉等国从军政权统治或长期战乱中恢复过来，保持着持续的发展势头。同时，如果我们用一种比较历史的观点来观察整个非洲，我们会看到一个硕果累累、生气勃勃的非洲。略举几例。

（一）非洲地区一体化

非洲一体化逐步推进是政治发展进程的另一个重要标志。

非洲与其他大陆的一个最大的不同点是它从整体上经历了相同的历史命运，近代以来的历史进程（政治上的殖民统治、经济上的残酷剥削、文化上的种族歧视和社会结构的解体）也十分相似，独立后的发展也具有共同的目标。正因为如此，在相当多的非洲领导人看来，非洲一体化是非洲

---

①　"资源诅咒"是一种病态经济，也称"荷兰病"（Dutch Disease），源自荷兰 20 世纪 50 年代因发现巨量海上天然气而迅速成为以出口天然气为主的国家从而导致其他工业逐步萎缩。这主要是指自然资源的丰富反而拖累经济发展的经济现象，也指与矿业资源相关的经济社会问题。

政治经济社会发展的重要条件之一。

对非洲的一体化进程，我们应有两点基本认识。其一，强调种族性与大陆性是非洲国家独立前所产生的民族主义的重要特点之一。其二，非洲民族主义具有四个层次，即大陆民族主义、地区民族主义、国家民族主义和地方民族主义。大陆性构成了非洲一体化的自然基础——地理要素；大陆民族主义则正是非洲一体化的心理情感、意识形态和实践运动的具体表现，它先后通过泛非主义运动、非洲统一组织的成立以及向非洲联盟的转型来表现。

2013年，非洲联盟选举出了自己的新主席。南非的恩科萨扎娜·德拉米尼·祖马战胜前任主席让·平当选为非洲联盟委员会主席。在此之前，非洲联盟委员会的主席选举经历过一些波折。两位竞选者的角逐在第一轮选举中曾形成平局，均未能得到所需票数。经过第二轮投票，才最后选出非洲联盟新主席。由于南非是非洲大陆最大的经济体，又是新兴经济体的典型代表金砖国家的成员国，南非人成为非洲联盟的主席无疑会为非洲大陆的一体化增添新的动力。有关非洲一体化将在第六章专门论及。

（二）人权事业的推进

非洲国家在人权问题上一直受到欧美国家的指责。"人权"是西方国家在国际舞台上批评非洲国家的根据，也是它们对非洲国家进行经济援助的重要条件。几乎所有的非洲国家在不同发展阶段或多或少都受到过西方国家对其人权问题的指责。不可否认，对人权的尊重确实是衡量发展程度的一个重要指标。然而，在使用"人权"这一概念时应注意两点：其一，人权在内容和适应对象上有着不同理解。换言之，世界上没有抽象的人权，只有具体的人权，如公民权利、妇女权利、移民权利、少数民族的权利等。其二，不同的历史发展阶段对人权的要求和尊重有不同侧重点。

虽然非洲仍然存在着稳定与公正等问题，但非洲独立以来人权方面的成就不容置疑。社会平等是发展过程中的题中应有之意。社会平等的一个非常重要的内容是性别平等，这也是最能体现一个国家社会平等的标志之一。我们来看看人权问题中一个重要方面——妇女权问题。大家知道,欧洲的妇女经过长期的斗争才赢得了选举权,整个欧洲到 1950 年才普遍实行男女平等的普选权(其中德国 1918 年,英国 1928 年,法国 1945 年,意大利 1946 年,比利时 1948 年)。① 美国妇女在独立后经过了一个多世纪才争得宪法所赋予的选举权。

然而,非洲国家的妇女在独立后几十年内整体上享受到的权利远远超过欧洲和美国妇女。除了享有投票权外,她们中有的担任联合国大会主席——利比里亚的安吉·布鲁克斯于 1969—1970 年当上了联合国大会主席;有的成为政府部长——伊丽莎白·巴加亚公主早在 1970 年代就任乌干达外交部长;有的成为诺贝尔奖获得者——肯尼亚环境和自然资源部副部长旺加里·马塔伊于 2004 年获得诺贝尔和平奖;还有的成为总统——利比里亚的埃伦·约翰逊-瑟利夫在 2005 年的大选中胜出,成为非洲第一位女总统。2012 年 4 月 5 日,马拉维总统宾古·穆塔里卡因突发心脏病去世,两天后副总统乔伊丝·班达女士宣誓就任该国总统,成为非洲第二位女性国家元首。

非洲学者曾于 1990 年提出这个有关妇女政治权利的问题:"将来,非洲统一组织一位女秘书长的产生,究竟会先于还是后于任何非洲国家的第一位女总统,我们拭目以待。"② 2012 年 7 月 15 日,在埃塞俄比亚首都亚的斯亚贝巴召开的第 19 届非洲联盟首脑会议上,南非内政部长德拉米尼·祖马被选为新一届非盟委员会主席,非洲联盟委员会主席第一次由一位非洲妇女担任。现在,这个问题已被非洲政治现实所回答。此外,非洲一些国家的妇女在就业方面也享有与男人同样的权利。不少国家对保障妇女权利有专门的法律规定,特别在妇女从事公务员比例方面。以南非为例,目前在南非外交部任职的妇女甚至超过男人。截至 2010 年,南非外交部现有组成人员 2 382 名,其中女性人数为 1 300 人,男性人数为 1 082 人。③ 女性参政的程度优于世界上很多

---

① C.L. 莫瓦特编:《新编剑桥世界近代史(第十二卷)》(中国社会科学院世界历史研究所组译),第 34 页。

② A.A. 马兹鲁伊主编、旺济助理主编:《非洲通史(第八卷):1935 年以后的非洲》,第 663—664 页。

③ 张伟杰:《南非外交战略中的非洲议程:以南非-非盟关系为重点》,北京大学国际关系学院博士论文,2012 年,第 44 页。

国家(包括中国)。

同样,在一个国家里不同民族享有的权利是人权的重要组成部分。作为世界"民主典范"的美国也并非事事如意。它是全球犯罪率最高的国家之一,2005 年美国的暴力犯罪事件达 520 万起。白人种族歧视制度持续了 200 余年,至今仍阴魂不散。在种族隔离制度统治下的南非,黑人曾毫无政治权利可言。然而,曼德拉赢得权力后采取各种措施消除种族歧视。虽然目前仍存在一些问题,但南非在短短 20 多年已基本消灭了这种不人道的制度。①

(三) 相对稳定的边界

边界战争成为近代主权国家之间为确立、变更或维护本国国界而进行的战争,与国家版图的变化密切相关。从某种意义上说,边界战争的多少可以反映出近代国家的发展程度。从这一点上看,比较一下欧洲与非洲在近代民族国家建立后的版图变更以及为改变边界而进行的战争,有很重要的启示意义。欧洲从现代独立国家体系的出现以威斯特伐利亚条约(1648 年)为标志,至今已有 350 多年,其间经历了无数次战争,其中许多都是为更改国家版图而进行的惨烈战争,仅就法国与德国而言,两国在现代民族国家的形成过程中就经历了多次攻城略地以确定边界的战争。②

非洲国家版图和边界的确立是殖民统治的产物。非洲边界问题专家、原联合国秘书长加利指出:研究非洲边界问题的学者均认可两种观点,非洲从没有过严格的边界概念,因为非洲地广人稀,游牧民族迁移和地形极为复杂;非洲的边界是人为造成的,是殖民主义列强强加的。这种强加的边界既没有考虑自然地理的因素,也没有考虑人文因素(如民族构成),更没有顾及历史因素。根据原苏联专家阿·葛罗米柯的研究,非洲边界多按经纬线及直线或曲线的几何方法划的,只有极少数是依照湖泊

---

① *A Nation in the Making*: *A Discussion Document on Macro-Social Trends in South Africa*, 2006. 这是一份南非总统办公室发表的关于南非民族建构的社会发展报告,可在南非政府网站下载。

② T. C. W. Blanning, *The Eighteenth Century*, Oxford University Press, 2000, pp. 178-217.

或山脉构成的自然边界线。① 这种由殖民主义者划定的边界不仅留下了无穷的后患,也割裂了早已存在的民族集团、国家和王国。② 这一殖民遗产按理说应该引起无数次边界冲突和战争。

然而,非洲的政治领袖从独立始就十分关注边界问题这一"严重的和永久性的不和因素"。《非洲统一组织宪章》明确规定:"尊重各个成员国的主权与领土完整和独立生存的不可剥夺的权利";"成员国保证以和平手段解决它们之间的一切争端"③;"郑重宣布所有成员国保证尊重它们取得民族独立时存在的边界"④。非洲独立至今 50 多年,虽然也有少数几个国家发生过边界冲突,但主要是因为跨界民族因素引起。迄今只有两个国家改变了版图——厄立特里亚以公民投票的方式从埃塞俄比亚独立出去,南苏丹通过全民公决取得独立。可以说,非洲人民以自己的智慧避免了现代国家为了边界冲突而经历过的灾难;非统组织的明智之举避免了因殖民时期留下的不合理边界可能引发的无数纷争。⑤ 欧洲国家在这一点上大概无法与非洲国家相比。

当然,非洲的政治发展和社会进步不仅是以上三个方面,还包括现代国家政权的建立和巩固,现代教育制度的逐步完善,公民社会的逐步形成等。

不可否认,非洲大陆目前也存在着影响地区政治未来发展的一些消极因素,对这些因素的分析将有助于我们理解非洲国家政治发展的历程和曲折。

(四) 良政与治理

这是目前非洲国家政治发展中存在的一个重要问题。非洲国家独

---

① 布特罗斯·加利:《非洲边界争端》,商务印书馆,1979 年,第 3—5 页。

② 阿杜·博亨主编:《非洲通史(第七卷):殖民统治下的非洲,1880—1935 年》,第637 页。

③ 《非洲统一组织宪章》,唐大盾选编:《泛非主义与非洲统一组织文选(1900—1990)》,第 165、169 页。

④ 《关于非洲边界不得改变的决议》,唐大盾选编:《泛非主义与非洲统一组织文选(1900—1990)》,第 174 页。

⑤ 有学者认为,不论是对殖民主义者还是独立后的非洲领袖而言,这些边界的划定和认可是理性的选择。参见 Jeffrey Herbst, "The Creation and Maintenance of National Boundaries in Africa", *International Organization*, Vol. 43, No. 4(Autumn, 1989), pp. 673-692。

立以来一直致力于政权建设,但在有的国家效果不佳。可以从以下四个方面来衡量非洲国家的良政:政府的规模、政府的作用、政府的效率和政府的合法性。对民族和地区代表性的平衡考虑使政府官僚机构规模扩大,从而使公务员队伍日益臃肿。规模过大会产生不必要的矛盾,并在规模、程序和效率关系上产生恶性循环。政府规模过小可能缺乏代表性,还会影响社会福利,难以提供职责范围内的服务。政府的作用主要表现在能否通过计划、指导和分配经济生活从而真正改善人民生活。这一任务须通过政治与经济的良性互动来完成,将是非洲国家需要努力的方面。政府的效率往往与政府管理工作是否合理有直接关系。在过去的 30 年里,几乎所有非洲国家实行了私有化。私有化并不可怕,可怕的是无政府状态的私有化,即人人可以随意争夺、浪费甚至侵吞国家权力与财富。没有程序和章法的私有化带来腐败,可能形成权力与财富相结合并为私利服务的局面。这只是造成腐败的原因之一。

丹比萨·莫约认为,腐败与持续了数十年的援助有直接的关系。援助有时直接支持一些腐败国家,从而在资金和道义上支持了腐败,如美国对蒙博托政权的援助。援助助长了寻租行为,即政府或官员将援款分配及其使用作为获取财富的额外手段。"随着援助,腐败日益猖獗。非洲国家沦入援助的恶性循环。外援撑起了腐败的政府——为它们提供自由使用的资金。腐败的政府妨害了法律法规执行,阻碍了透明的市民机构的建立,不利于保护公民自由,使其本国及外国投资者都对这样贫穷的国家缺乏兴趣。严重的不透明、愈来愈少的投资减缓了经济增长,这导致就业机会减少并增加了贫困的程度。贫困的加剧,又导致援助者们给予更多的援助。而这些援助则继续让贫困蔓延。这就是援助的恶性循环。"她的结论是:援助不仅助长腐败,而且滋生腐败。[①]

腐败是存在于非洲社会的一个痼疾。尼日利亚前总统阿布巴卡尔认识到了尼日利亚存在着的严重的腐败问题:"对尼日利亚来说,腐败问题

---

① 丹比萨·莫约:《援助的死亡》(王涛、杨惠等译),世界知识出版社,2010 年,第 35—38 页。

并不特殊。任何地方都存在腐败现象。我们似乎在公然指责国家的政府工作人员，认为他们都是腐败的。与腐败作斗争是尼日利亚人民的责任，以确保我们的工作态度真诚。……腐败问题是个严肃的问题。"①加纳总统库福尔指出："加纳是在 1957 年第一个从殖民主义势力手中赢得独立的撒哈拉以南国家，然而在独立之后的 40 年，我的人民的人均收入要低于 20 世纪 60 年代。我们加纳人必须接受对此的一些指责。我的国家必须懂得，腐败是公共和经济生活中的癌症，因此必须加以遏制。"②各级政府存在着腐败问题成为影响政府公信力的一个毒瘤，从而成为侵蚀整个社会机体的痼疾，政府只有采取强硬手段，根除腐败现象，通过提高效率取信于民，才能产生凝聚力。

　　恐怖主义和"第三任期"是 21 世纪出现的两个新现象。近年来，非洲一些地区的恐怖活动有所加剧，主要有四个原因。社会发展不平衡和政治经济困境使一些人走上反政府和与社会对立的道路；国际秩序不平等和大国干预致使恐怖活动蔓延（如西方干涉利比亚给萨赫勒地区留下的乱局）③；一些宗教极端势力对非洲的渗透（以基地组织从中东流散到非洲以及乌干达的圣灵抵抗军为典型）④；相邻国家的矛盾、交错的边境地区和跨境民族使矛盾激化（如卢旺达与刚果［金］的冲突）以及国内民族矛盾，导致各种武装组织的出现甚至招募儿童兵的现象⑤。恐怖袭击使安全形势受到极大威胁。恐怖组织包括尼日利亚北部及邻国的"博科圣地"、马里/布基纳法索地区的"支持伊斯兰/穆斯林组织"（Jama'at Nusrat al Islam wal Muslimin［JNIM］⑥等极端宗教组织与索马里"青年党"（al

----

　　①　托因·法洛拉：《尼日利亚史》（沐涛译），东方出版中心，2010 年，第 196 页。

　　②　莫列齐·姆贝基编：《变革的拥护者：如何克服非洲的诸多挑战》（董志雄译），上海人民出版社，2012 年，第 291 页。

　　③　萨赫勒（Sahil）在阿拉伯语中意为"边缘"，大抵包含了撒哈拉沙漠南部地区，以及撒哈拉南缘的草原和半沙漠地带，覆盖西至毛里塔尼亚、东至厄立特里亚的众多非洲国家。利比亚巨变后，原来卡扎菲军队里的一些黑人士兵开始流散到包括马里、尼日尔、乍得等国的萨赫勒地区，形成所谓的"萨赫勒之链"。

　　④　王涛：《乌干达圣灵抵抗军研究》，浙江人民出版社，2014 年。

　　⑤　颜琳：《武装组织规范学习的动力与进程研究》，时事出版社，2018 年。

　　⑥　即以前的"伊斯兰马格里布基地组织"（al-qaeda in the islamic Maghreb, AQIM）。

Shabaab)等,"博科圣地"尤为突出。① 该组织近年制造了多起严重的恐怖袭击事件,造成极大的恐慌和破坏。尼日利亚周边的乍得、喀麦隆、尼日尔等国也深受其害。根据统计,非洲国家因恐怖袭击造成的死亡人数从 2010 年到 2015 年(当年死亡人数为 18 728)呈上升趋势,随后开始下降。②

　　"第三任期"在此特指非洲国家最高领导人在宪法规定的任期结束后,通过修改或取消宪法中的任期条款等方式继续参加选举,从而延长自己任期的现象。据统计,2000 到 2015 年间,共有 15 个非洲国家领导人试图通过修宪延长总统任期,11 个成功,4 个失败。在这些修宪改制的国家中,大湖地区的刚果(金)、布隆迪、卢旺达和乌干达等国引起学术界的格外关注。非洲学者甚至用"第三任期主义"(Third Termism)来描述这一现象。③ 国内学者也注意到这一现象,有的认为这是一种民主的倒退,有的认为这是非洲治理的一种方式,有其合理性。④ 第三任期的问题具

---

　　① "博科圣地"的正式名称是"致力传播先知教导及圣战人民军(People Committed to the Prophet's Teachings for Propagation and Jihad)",2002 年成立于尼日利亚的博尔诺州首府迈杜古里,伊斯兰激进组织。该组织主张在尼日利亚推行宗教法律,反对西方的教育,被称为"尼日利亚的塔利班"。其主要恐怖活动包括 2011 年 8 月 26 日在尼日利亚首都阿布贾袭击联合国驻地机构大楼,致死 21 人;2012 年 1 月在卡诺发动的连环爆炸导致 180 多名平民丧生;2014 年 4 月在尼日利亚奇博克镇一所中学杀害教师并劫持了 270 余名女学生。联合国安理会于 2014 年 5 月正式将尼日利亚"博科圣地"恐怖组织列入制裁名单。

　　② "Progress and Setbacks in the Fight against African Militant Islamist Groups in 2018", The Africa Center for Strategic Studies, January 25, 2019. https://africacenter. org/spotlight/progress-and-setbacks-in-the-fight-against-african-militant-islamist-groups-in-2018/.

　　③ J. Shola Omotola, "Third-Term Politics and the De-Institutionalisation of Power in Africa", *Africa Review*, (African Studies of India, Hew Delhi), 3:2(2011), pp. 123 - 139; Patricia Daley and Rowan Popplewell, "The appeal of third termism and militarism in Burundi", *Review of African Political Economy*, 43:150(February 2016), pp. 648 - 657; "'Third-termism' the new cancer eating at the heart of Africa's democracy, pre-AU summit hears", *Polity*(South Africa), June 10, 2015; http://www. polity. org. za/article/third-termism-the-new-cancer-eating-at-the-heart-of-africas-democracy-pre-au-summit-hears-2015—06—10. 2018/7/20.

　　④ 殷悦、孙红:《非洲国家领导人谋求"第三任期"问题剖析》,《国际研究参考》,2015 年第 12 期,第 11—16 页;黎文涛:《非洲民主政治转型与安全局势:分析与展望》,张宏明主编:《非洲发展报告(2015—2016)》,社会科学文献出版社,2016 年,第 176—186 页;沈晓雷:《透视非洲民主化进程中的"第三任期"现象》,《西亚非洲》,2018 年第 2 期,第 124—146 页。

有两个特征,一是第三任期的提出往往是在修改宪法的基础上落实,二是第三任期的实现必须通过正常选举来完成。因此,这是非洲国家政治制度逐步演进的过程,是治理方式本土化的表现。德国总理默克尔连任 4 期,一些欧洲国家保持王权和国家元首终身制,如此看来,外人似乎没有理由指责非洲国家的这种尝试。沈晓雷指出:"非洲国家随着经济的快速发展和国际合作选择性的增多而日渐强调对本国事务的主导权,'第三任期'现象其实也在一定程度上反映了这一趋势。"①这种观点有一定道理。

(五) 非政府组织

非政府组织是民主化以来的一种非常突出的现象。不少非洲民众特别是知识分子热衷于非政府组织。根据联合国相关机构的统计,非政府组织数量在非洲的增长很快,1999 年非洲有 1 896 个非政府组织;2002 年有 2 459 个,2004 年非洲的非政府组织达到 3 776 个。② 两年增长高于 50%,这种速度令人惊异。然而,这种统计可能很不完善。例如,2001 年埃塞俄比亚的公民社会组织已达 910 个,除 35 个是国际非政府组织外,其余都是本土的非政府组织以及行业协会和地区性自助组织。③ 根据专门研究西方援助的罗杰·里德尔 2007 年出版的《外国援助真的有用吗?》中的统计,肯尼亚的非政府组织已超过 300 个。④ 这种非政府组织快速发展的原因有三个。第一,随着民主化浪潮的铺开,非洲民众对政治的关心日渐加强,对舆论渠道的开拓也十分热衷,而多数国家良政有待改善为这种政治热提供了社会条件。第二,具有国际性的非政府组织大大加强了对非洲国家的渗透,特别在人权、环境、减贫等方面尤其如此。第三,由于一些国家经济困难,民众特别是中青年知识分子的生存状况不能令人满意,国际非政府组织提供的较好的待遇吸引了他们。

---

①　沈晓雷:《透视非洲民主化进程中的"第三任期"现象》,《西亚非洲》,2018 年第 2 期,第 144 页。

②　"Networking: Directory of African NGOs", http://www. un. org/africa/osaa/ngo-directory/index. htm.

③　肖玉华:《公民社会在当代埃塞俄比亚的崛起及功能》,《西亚非洲》,2009 年第 7 期,第 44 页。

④　Roger C. Riddell, *Does Foreign Aid Really Work*? Oxford University, 2007, pp. 94-106.

　　一般而言,非洲国家政府欢迎那些致力于发展的非政府组织,但对那些独立的思想库以及媒体方面的组织则多持否定态度,因为这些组织不仅给施政带来困难,而且在接受援助方面成为政府的有力竞争者。一项近期调查显示:非洲非政府组织提供的援助是政府的 3 倍多。法国大使馆与一个国际非政府组织近期在坎帕拉签订了向卡拉莫加地区发放救援物质的协定;美国国际发展署对艾滋病的援助款也多是通过国际非政府组织发放。英国对乌干达的救援物质也是通过乐施会或拯救孩子等非政府组织发放。当然,非政府组织的功能不仅是援助,它的政治作用特别是在民主化进程中所扮演的角色值得注意,如限制国家权力、防止滥用权威、监督选举、教育公民、扶持边缘集团、提供发展机会等。根据青年学者胡志方和肖玉华的研究,非洲的非政府组织的主要功能表现在三个方面:提供减贫救灾等社会服务、参与国家民主进程以及调解冲突与稳定社会;非政府组织广泛参与到各种冲突的解决活动中,从事冲突预警、人道主义救济、促进冲突解决、冲突后的和平建设以及灾后或战后重建等活动,起到了十分重要的作用。① 它们可以帮助建立一个有助于政治经济改革的公民社会基础。

　　然而,非洲的公民社会和非政府组织发育不成熟,"理性的公民社会的许多特点在非洲并未得到充分发展",加之适应能力较差,脆弱性较明显,其发展和完善将会是一个较长的过程。② 更重要的是,非政府组织的资金大部分来自国外,从而使其活动多受外国捐助者的影响。以肯尼亚为例,1993 到 1996 年间建立的 120 个非政府组织中只有 9 个的资金来自肯尼亚。③ 这样,非政府组织在非洲扮演的主要角色是西方援助款项的接受者。由于依靠外国的资金来源,它们很容易成为国外干涉者甚至颠覆者的工具。

　　由于非洲的非政府组织和西方援助者在目标上存在差异,双方关系不断出现紧张的情况。然而,作为援助资金的提供者和援助资金的接受

---

　　① 　胡志方:《非政府组织在解决非洲冲突中的作用与影响》,《西亚非洲》,2007 年第 5 期,第 18—22 页;肖玉华:《公民社会在当代埃塞俄比亚的崛起及功能》,《西亚非洲》,2009 年第 7 期,第 43—47 页。

　　② 　陈尧:《非洲民主化进程的公民社会》,《西亚非洲》,2009 年第 7 期,第 33—37 页。

　　③ 　*The Economist*, January 29, 2000, p. 25.

者,西方国家与非洲非政府组织处于一种不平等的关系中。非洲非政府组织的这种对外来资金的依附性,使得它们往往不得不接受西方资助者提出的条件,从而大大限制了它们自身的正面作用,即不利于发挥自己深入民间开展服务的长处,不利于自己与本国政府之间关系的和谐发展,并使西方的资金提供者掌控非洲相关国家社会经济和政治发展的进程。"尽管非洲非政府组织在运作中想方设法减少来自国际资助者的影响,但从整体看,由于非洲非政府组织在资金上对发达国家的依赖性太强,这种依附性难以在短期内消除。"①非洲政治家面临的挑战是如何合理地将非政府组织引导到解决国家的实际问题(特别是良政治理、国族建构、经济建设和社会救助)中来,并防止那些以"自由主义"为旗号的组织成为国外资金提供者实现自己目标的工具。

(六) 人口与健康

社会发展的重要标志之一是人口和健康问题。人口问题是非洲社会经济长期发展的核心要素。非洲人口增长形势严峻,主要表现在生育率高、儿童比例高、低龄化等方面。非洲人口增长率约为 3% 左右,大大超过 1.2% 的世界人口年均增长率。非洲国家的人口构成呈现低龄化趋势,15 岁以下的儿童占总人口的一半,有的国家甚至高达 2/3。据最新统计,2008 年非洲人口已达 9.67 亿,到 2050 年,这一数字将增至 19 亿。非洲妇女的生育率居全球之冠,其中肯尼亚妇女平均每人生育 8 个孩子。在避孕措施普及较快的南部和北部非洲,平均每个妇女生育的孩子数已从上世纪 80 年代初的近 6 个减少到 2005 年的 3 个左右,从而使当地人口增长率有所下降。然而,在东部、中部和西部非洲的绝大多数国家,由于家庭较少采用节育措施,平均每个妇女生育的孩子数仍维持在 5 到 6个之间。约鲁巴人的谚语"超生者贫困"(omo bere osi bere)表明:一个家庭的孩子越多,陷入贫困的可能性越大。虽然这不是绝对的,但这种民间智慧充满哲理。

在人口高速增长的背景下,许多非洲国家在减少贫困和提高入学率

---

① 胡志方:《非洲非政府组织与国际资助者关系探析》,《西亚非洲》,2010 年第 12期,第 63—68 页。

方面面临严峻挑战。然而,人口发展趋势是人们对历史和现存的政治经济形势的一种理性反应。由于公共卫生系统不完善,全世界每年 700 万死亡婴儿中撒哈拉以南非洲占 500 万;2007 年底,非洲地区艾滋病病毒感染者占全球艾滋病病毒感染者总数的 67%,死亡人数占全球死亡人数的 72%。另一个威胁是埃博拉疫情。自 1976 年在苏丹南部和刚果(金)(旧称扎伊尔)的埃博拉河地区发现这一疫情后,共爆发了十余次,引起医学界的关注和高度重视。2014 到 2015 年,非洲西部的埃博拉疫情肆虐,几内亚、利比里亚和塞拉利昂报告的感染病例为 28 616,其中死亡人数达 11 310 人。① 解决非洲人口和健康问题需要多方面的配合,包括政治稳定、经济发展、生活质量的提高、教育卫生水平的提高以及生育政策的导向等。有一点必须明确:人口健康是经济长期发展的核心要素。这一问题的妥善解决将大大促进非洲的经济发展和社会进步。

六、小　结

独立以来,非洲的政治发展经历了稳定-动荡-稳定的过程。一些国家照搬资本主义制度,一些国家模仿社会主义道路。然而,这些尝试并不成功。

不可否认,非洲确实存在着一些问题,但都是发展过程中必然产生的问题。目前,公正合理的国际秩序有待建立,非洲政治变迁的内外条件有待完善。从另一个角度看,非洲发展中出现的问题和挫折并不仅仅是非洲人的责任。从 1960 年代以来,西方大国千方百计地对非洲的发展过程施加影响,替非洲国家提出各种发展战略,制定各种发展计划,并以提供援助或技术支持为条件迫使非洲各国接受西方的发展设计,从罗斯托的"现代化"理论到各种发展战略,从"伯格报告"到"华盛顿共识"。为了得到发达国家的援助,非洲国家不得不按西方国家的意志进行各种并不适

---

① "Ebola Outbreak 2014—2015", World Health Organization, https://www. who. int/csr/disease/ebola/en/. 2019/1/20. 埃博拉出血热是一种急性出血性传染病,病死率达 50%至 90%,可通过接触病人血液或其他体液,经皮肤、呼吸道或结膜感染,潜伏期 2 到 21 天。

合本国实际情况的"改革"。然而,当这种尝试失败后,受到指责的却是非洲国家的领袖或人民。这是很不公平的。

自独立以来,非洲各国的政治发展经历了各种变化。有的国家逐步摆脱贫穷走上符合自己国情的政治发展道路,如毛里求斯和博茨瓦纳等;有的国家在经历了多年的军事政变和政治动乱后开始实践民主选举制并趋于平稳发展,如加纳、贝宁、埃及、肯尼亚等,有的从以前的所属国分立而成为新的国家,如厄立特里亚和南苏丹,还有的正在经历经济起飞,如卢旺达、尼日利亚、安哥拉、莫桑比克、坦桑尼亚等,有的国家在经历了长期不稳定局面后正面临着政府转型和新领导人上台,如南非、津巴布韦等。塞拉利昂、安哥拉、利比里亚、科特迪瓦、布隆迪等国的政治局势趋于平稳。刚果(金)问题正朝有利方向发展;埃塞俄比亚与邻国的冲突减缓、卢旺达派兵协助刚果(金)追剿叛军,都表现出一种地区合作和平解决冲突的态势。多党选举的成果逐步稳固。当然,也有的因政治、经济、民族或宗教矛盾仍处于困境之中,如索马里和刚果(金),当然,非洲国家情况复杂,发展各异。虽然一些国家仍受到政局不稳,发展不平衡,过分依赖国际市场以及受到民族宗教矛盾的影响,但非洲多数国家已开始进入政治发展的相对稳定期。当然,新的挑战不可忽视,如恐怖主义和非传统安全。

正如科菲·安南所指出的那样:"把这些弊病推给往昔和外来者们——帝国主义的掠夺和奴隶贸易,推给这个极为不公平的世界上财富和权力分配不平衡,这是容易的事情。但是,这并不能推托我们当今非洲人的责任,从我们自己的责任到我们自己以至于我们的孩子们,都不能宽恕。"①在客观条件有所限制,诸多因素难以具备的条件下,领袖和干部决定一切。非洲需要有理想、有抱负的政治家们,他们将民族前途作为自己的责任,愿意与全体民众一起努力改变自己国家的命运。

---

① 奎西·克瓦·普拉:《非洲民族:该民族的国家》,第32、190页。

第四章　非洲民主化与国家建构的互动

> 民主化是造就一个更加开放、更具参与性和更少威权的社会的过程。
>
> 布特罗斯·布特罗斯-加利（埃及学者、联合国前秘书长）

> 许多非洲国家是在 20 世纪 60 年代之后才出现的，国家建构的时间很短。它们国家建构的实验是同民族建构的实验同时并进的。这些给所有非洲国家在政治制度上的效能增添了紧张因素。
>
> 伊萨克·埃赖古（尼日利亚学者）

"猫捉老鼠"的游戏——约翰内斯堡金山大学的国际关系教授卡迪亚加拉这样形容西方"施主"要求非洲进行的选举。"在大多数情况下，对民主没有任何下注的非洲国家将选举组织和资金的包袱甩给施主们。甩包袱的逻辑很简单：因为施主们要求选举，所以他们应该为此买单。由于大多数非洲国家越来越多地认为选举不过是挡住施主们监视目光的仪式表演，他们对于资助和管理选举的内在机制的投资只不过是敷衍了事。这就是为什么每次选举之际，这些国家就疯狂地要求施主们为选举出钱，在一些情况下，如果施主们的资金不够充足，这些国家就推迟选举。"[①]西方

---

① 吉尔伯特·M. 卡迪亚加拉：《选举欺诈导致的伪民主——如何克服非洲的民主危机》，[南非]莫列齐·姆贝基编：《变革的拥护者——如何克服非洲的诸多挑战》（董志雄译），上海人民出版社，2012 年，第 216 页。

强推的"民主"是什么？民主等于选举，选举等于"仪式表演"，最后成为一场游戏。作为政治家设计的"仪式表演"，其作用可想而知。

　　从 20 世纪 80 年代末开始的非洲"民主化浪潮"是一个重要的历史现象，对非洲当代史产生了重大影响。"民主化"是指国家在社会生活的各个层面（主要是政治层面）建立和完善民主的过程，用联合国前秘书长、埃及人加利的话来说，"民主化是造就一个更加开放、更具参与性和更少威权的社会的过程"①。这往往是一个相当长的过程。"民主"即"民主制"，在这里主要指的是一种现代政治管理制度，"其中统治者在公共领域中的行为要对公众负责，公民的行为通过他们选举产生的代表的竞争与合作来完成"②。民主应是民主化的自然结果，同时有一个不断完善的过程。"民主化浪潮"也即"多党民主化浪潮"，是指 20 世纪 90 年代以来大部分非洲国家在政治经济等方面进行的改革运动。③ 本章主要探讨非洲国家的"民主化浪潮"与国家建构的关系。"国家建构"是"民族国家建构"（nation-state building）的简称（有人译为"国家建设"，意思相同），主要指一个国家承认存在多民族和不同文化的事实，致力于建设统一的现代国家的过程，体现在制度建设、机制形成以及国民认同等渐进过程，涵盖政治、经济、社会和文化诸方面，具体集中在国家权力、社会权利和资本权力三个维度。④ 国家建构与国家民族（简称为"国族"）的建构相辅相成。

一、对非洲民主化理论的理解

　　1950 年代末和 1960 年代初根据殖民宗主国的模式进行的宪制改革可以说是非洲的第一次民主化浪潮；1970 年代末和 1980 年代初可算作民主化的第二次浪潮，以乌干达的阿明、中非的博卡萨和赤道几内亚的恩

---

① 布特罗斯·布特罗斯-加利：《联合国与民主化》，刘军宁编：《民主与民主化》，商务印书馆，1999 年，第 305 页。

② 菲利普·施米特、特丽·林恩·卡尔：《民主是什么，不是什么？》，刘军宁编：《民主与民主化》，第 22 页。

③ 国内学者对非洲民主化的研究，参见贺文萍：《非洲国家民主化进程研究》，时事出版社，2005 年。

④ 曾毅：《现代国家建构理论：从二维到三维》，《复旦学报（社会科学版）》，2014 年第 6 期。

古马的被推翻和塞内加尔、布基纳法索、冈比亚、毛里求斯、加纳和尼日利亚的民主选举和改革为标志。1990 年代开始的"非洲民主化"从总体上看似乎属于亨廷顿提出的"民主的第三波"。① 在非洲，民主的第三波的重要意义在于一些执政党本身在民主化进程中主动应变，成为领导力量，从而使多党选举得以和平进行。在这场多党选举民主化浪潮中，确实出现了一些积极的现象，如贝宁军人独裁政权的倒台，加纳罗林斯军人政府的转型，马拉维终身总统班达的下台，赞比亚一党专制政府的完结，肯尼亚一族统治现象的终结，尼日利亚民选总统的出现等等。

非洲的民主化浪潮可以说是自非洲国家独立以来最为广泛的一场政治变革。它既引发了各种社会和政治动乱，在一些国家还导致了军人干政，同时也迫使一些有独裁倾向的领导人进行改革，从而带来了一些可喜的现象。国际学术界对这一现象一直非常重视，一系列的研究成果也应运而生。从民主化与民族之间关系这一角度看，研究主要集中在以下几个问题。

（一）民主制度的概念

在研究中，专有名词的使用并不十分严格。"正规的民主"（formal democracy）也与"政治民主"（political democracy）、"程序民主"（democracy-as-procedure）和"自由民主"（liberal democracy）通用；有的学者用"多元政治"（polyarchy）来表达新兴的民主制度以区别于古典的民主制度；美国政治学家拉里·戴蒙德还提出了与"自由民主"对应的"选举民主"和"虚假民主"（pseudo democracies）的概念，前者是真正意义上的民主；"选举民主"只是民主的底线定义。这种"选举民主"过分强调选举的竞争性，而忽略了民主的其他内容（如多党选举）。"虚假民主"则是指有合法的反对党，甚至有选举民主的许多其他宪法特征，但是缺乏民主制的一个关键要求——一个充分公平的竞争领域。②

---

① Crawford Young, "Africa: an interim balance sheet", Larry Diamond and M. F. Plattner, eds., *Democratization in Africa*, Baltimore and London: The Johns Hopkins University Press, 1999, pp. 63-79. 本人在此感谢戴蒙德教授在本人于 2001 年访问斯坦福大学胡佛研究中心时惠赠此书。

② 拉里·戴蒙德：《第三波过去了吗?》，刘军宁编：《民主与民主化》，第 390—417 页。需要说明的是，原译文将英文 pseudo democracies 译作"拟态民主"，本人根据内容将其译为"虚假民主"。

在与卡特研究中心合作进行的"非洲统治权研究"计划中,理查德·约瑟夫认为在民主化过程中存在着 8 个阶段:衰败、动员、决定、规划、选举争执、政权移交、合法化、巩固。通过对一些非洲国家进行个案研究后,他又将这些阶段综合为 7 种途径:(1)国民会议;(2)经过民主选举的政府变更;(3)通过吸收反对派产生的过渡;(4)有指导的民主化;(5)顽抗和逐渐的改革;(6)军队选择导致选举;(7)有条件的过渡。他还列出一个关于检验非洲民主制程度的"民主质量指数"(QDI,为 Quality of Democracy Index 的简称)。他认为,对处于民主化进程中的非洲国家可以根据 10 个指数来测试:社会集团的增多、公民团体的自治、宪政主义和法律统治、选举过程、集会和结社自由、良心和表达的自由、人权、司法系统、新闻、军事。每一个指数都有各种等级,对民主制度的成熟程度可以根据这些指数的等级做出判断。[①]

大致而言,民主制度的基本特征包括以下几点:

1. 制度化的民主机制。这是指公民有权利改变权力的持有者,而这种对权力持有者的改变必须通过有规则的、有公平竞争的选举程序来达到目的。

2. 对法律的尊重。这是指任何人,不论其职位、地位或家庭背景如何,都应该尊重法律,在法律面前人人平等。改变以前的有法不依或因人行法的情况,即"没有宪政的宪法"(constitution without constitutionalism)的状况。

3. 可信的政府统治(accountable governance)。一些非洲国家行政机关因腐败盛行,其可信度很低,以致公民对国家事务的热情和参与度都不高。在民主制度下,政府应加强管理和明晰度,使公民对政府的政策和法令及政府工作人员的所作所为有明确的了解,从而相信政府并尽力维护政府的威信。

4. 保护人权和公民权利。这是一个民主政府的基本职能。只有人权和公民的权利得到保护,公民才会尽力遵守政府的法令法规,遵守社会道德,成为一个负责任的公民。

---

① Pearl T. Robinson: "Democratization: Understanding the Relationship between Regime Change and the Culture of Politics," *African Studies Review*, 37:1(1994), pp. 43, 63.

5. 多党制与选举制。①

值得注意的是,非洲的主要人口是农村人口。独立以来,广大农民的基本生活虽然有所改进,但由于一些国家战乱频繁,农村人口的日子仍十分艰难。他们对民主政府的要求与城市居民不同,他们更多期望比较实在的东西。一方面,他们确实希望社会稳定、司法公正和政治可信度,但他们首先要求的是能养活一家老小,能有钱供孩子上学,能有更多的机会挣钱。参政和议政对于他们来说未必是生活中最重要的。

(二) 政党制度与政治动员

作为现代政治的一种特有方式,政党在独立后的非洲政治中一直起着十分重要的作用。然而,殖民主义的遗产和独立后各国的政治状况在一定程度上制约了非洲政党的发展。从 20 世纪 60 年代中期到 80 年代中期,非洲的绝大部分国家均实行一党制。根据统计,在 20 世纪 80 年代初期的 52 个非洲独立国家(厄立特里亚 1993 年从埃塞俄比亚分立,南苏丹于 2011 年从苏丹分立)中,只有 15 个国家存在着两个以上的政党,即博茨瓦纳、吉布提、埃及、埃塞俄比亚、冈比亚、莱索托、毛里求斯、摩洛哥、纳米比亚、塞内加尔、塞舌尔、塞拉利昂、南非、科特迪瓦和津巴布韦;此外,科摩罗群岛、加纳和乌干达由军政府掌权,禁止一切政党活动;斯威士兰则不容许政党存在。一党制国家和无党国家多达 37 个,占非洲国家总数的 71%。② 如果按 1989 年的统计,全非洲只有 3 个国家是民主的:博茨瓦纳、冈比亚和毛里求斯。③ 这3 个国家中,博茨瓦纳和毛里求斯发展较好,冈比亚是最贫穷的国家之一。

非洲一党制的存在确实有其历史根源和现实需要。④ 然而,这种制

---

① Claude Ake, "Rethinking African Democracy," *Journal of Democracy*, 2: 1 (1991), pp. 32-44; Samuel Decalo, "The Process, Prospects and Constraints of Democratization in Africa," *African Affairs*, 91(1992), 7-35; C. Newbury, "Introduction: Paradoxes of Democratization in Africa," *African Studies Review*, 37:1(April 1994), pp. 1-8.

② Chris Cook and David Killingray, *African Political Facts since* 1945, London: Macmillan, 1983, pp. 132-162.

③ Larry Diamond, "Introduction", in Larry Diamond and Marc F. Plattner, eds. , *Democratization in Africa*, ix.

④ 陆庭恩、刘静:《非洲民族主义政党和政党制度》,华东师范大学出版社,1997 年,第 182—188 页。

度的最大问题在于一个政党在没有竞争和监督的情况下运用国家权力，合理运用还是滥用只能由政党的首脑来决定。这样，对权力的约束只能依靠政党领导人的人格道德，缺乏一种有效的机制来进行监督和控制。执政党领袖等于执政党，执政党就是国家，等于国家权力，这样权力成为一种极大的诱惑。从1980年代末开始的多党制民主化浪潮对一党制政府造成了极大的冲击。新成立或重新恢复的政党作为一种新的政治因素，开始要求对国家权力的分享。多党选举与民主化是什么关系？多党制是否能带来公平竞争？多党选举制是否反映阶级利益抑或其他社会集团的利益？这些问题既是实际问题，也是学者们关心的理论问题。

在非洲民主制度建立过程中，政党是一面双刃剑，可以起到凝聚的作用，也可以起到分裂的作用。在一个多民族、多宗教、多语言的国度里，政党的一个重要和积极作用是成为联系不同背景的各族人民的桥梁和纽带。它可以跨越各种民族或宗教的局限，对民众进行政治动员，从而将不同民族的人团结在一起。同样，它也可以为某个政治家造势，利用各种合法手段对某个地方民族进行鼓动，对某一群体的民众进行煽动，增加他们已经存在的不满。在这种情况下，政党成了一种导致分裂、分离和动乱的工具。坦桑尼亚总统朱利叶斯·尼雷尔认识到这一点，他曾指出："在我们这样的国家里建立这类（反对）党派，唯一可能的原因就是希望仿效一个迥然不同的政治架构。更为严重的是，希望仿效与国情不相宜的体制，很可能会使我们自己陷入麻烦。试图去把座谈会反对派的理念引入非洲，很可能会导致暴力……"因此，在一个多民族的国家里实有必要建立全民族的政党，使其发挥凝聚力，成为促进稳定和民主的工具。①

阶级分析的观点在分析非洲现状时并未过时，但切忌千篇一律地套用。在城市里，一些少数民族移民受到歧视，为新生的民族资产阶级提供廉价劳动力，从而形成了新的阶级分野。这是资本主义发展过程中的一种普遍现象。然而，以教条主义的态度来对待民族问题并不奏效。例如，非洲的现实政治表明：左派知识分子在动员劳动群众方面并不成功；相反，以地方民族作为政治动员的基础却往往比较成功。非洲国家存在的

---

① A. Sat Obiyan, "Political Parties under the Abubakar Transition Program and Democratic Stability in Nigeria", *Issues: A Journal of Opinion*, 27:1(1999), pp. 41-43.

民族问题并不能简单地套用阶级观点来解释。

可以看出,在政党和政治动员中,政治领袖和地方民族势力形成了一种互动关系。政治领袖为了达到某种目的(国家、民族、集团或个人目的),利用地方民族的因素对群众进行动员,并从中得到了好处或权力。民众的反应也并非纯粹被动,他们从政治动员中看到了可能得到的好处。因此,他们尽可能地利用这些政治人物来进一步争取本民族的利益。在政治动员中,政治领袖往往将自己作为地方民族的代言人,充当中央政府和地方民族之间的中介者。即使他们在中央政府任职甚至担任某种重要的全国职务,这些人往往从地方民族的角度而不是从全国人民的角度来思考问题。这种关系在民主化浪潮之前即已存在,[1]在民主化过程中将继续存在。在这种情况下,以各民族为基础而建立的政党对国家的建构在当前会带来一些阻碍;然而,这种互动关系将促使群众在关心自身利益的前提下积极参与政治,从而为未来的民族一体化打下基础。

(三) 民主化进程与军队干预

在民主化进程刚刚开始时,新生的政权由于各种压力,不得不开始调整国家计划,对政治经济进行改革,并有可能受到广大群众的拥护。然而,经济上的公正和政府工作上的效率在短期内是难以体现的。已经十分脆弱的社会福利制度受到进一步削弱,市场经济的规律得到确认,从而引起生产资料所有制的改变;伴随着这些变化,社会陷入两极化的不稳定状态。随着民主化进程的深入,公民社会所遭遇的严峻局面日益明显,政府的困境日益显露。这些因素都有可能引发政治上的不满。面对公民社会的重新挑战,民主政府的抉择陷入两难:放弃结构调整和正在进行的改革,则前功尽弃,民主化进程半途而废;搬出权威政权的手段,对各种反抗力量进行压制和打击,加强对社会的控制,以继续进行调整和改革,这必然会引发不满和骚动,结果很可能导致民主政府的倒台和独裁政府的重新执政。

---

① D. Rothchild, "State-Ethnic Relations in Middle Africa", in G. M. Carter and P. O'Meara, *African Independence: The First Twenty-Five Years*, Bloomington: Indiana University Press, 1986, pp. 71-96.

在有的国家,这种因选举造成的不稳定导致了军队的干预。这固然带来了暂时的稳定。然而,如果军队不能适时将权力交回给文官政府,将从根本上破坏民主化进程,破坏公民社会使民主制度长久化的努力,并使政治选择的可能性减少。加纳学者博亨曾将职业军队的建立视作殖民统治的消极后果之一,这不是没有道理的。他指出:"专职军队或常备军的建立也是殖民主义的产物,这一点经常为多数历史学家所忽略,但却具有关键性和根本性的重要意义。……由于他们经常不断地对独立后的非洲国家的政治进行不必要、不合理的干预,这些军队已成为挂在非洲政府和人民脖子上的磨石。"[1]军队的特殊地位使其成为非洲的政治生活中的一个重要因素,在政治舞台上扮演着举足轻重的角色。即使军队退到后台,他们也不愿意放弃有效控制政权的那种特权。特别是在国家政权与公民社会之间产生矛盾时,他们十分自然地出来充当某种中介角色。一旦军事力量介入,左右选举结果,民主就失去了意义。军队干预使已经开始的民主化成为一种政治悲剧。[2]

(四) 非洲民主化的运作

非洲的民主化实际上是各个阶级权力平衡的运作。市民社会愈是成熟、一致和强大,民主制度的建立和巩固愈有希望。事实上,只有市民社会的力量得以制度化,民主的巩固才有希望。[3] 对非洲民主化进程的研究大多数是以个案为基础的。从目前的情况来看,通过选举产生的文人政权面临着以下的困境。

1. 因为不能克服贪污腐败的通病,政权建立后往往重新受到民众的挑战。
2. 落选的独裁统治者力图利用各种时机卷土重来,而大众的不满是

---

① A.阿杜·博亨主编:《非洲通史(第七卷):殖民统治下的非洲,1880—1935》,第638—639页。

② Robin Luchman, "The Military, Militarization and Democratization in Africa: A Survey of Literature and Issues", *African Studies Review*, 37:2(September 1994), pp. 13-75.

③ 关于非洲市民社会的分析,参见 Robert Fatton, "Africa in the Age of Democratization: The Civic Limitations of Civil Society", *African Studies Review*, 38:2 (September 1995), pp. 67-99。

一种潜在的机会。

3. 由于受到现行世界经济体系的影响,经济状况的好转非一朝一夕之功。

4. 人民的期望值已不能从某人竞选胜利的选举结果中得到满足,只有新当选的领导人将自己的竞选纲领转化为行动,才能使他的选民满意。

针对民主化带来的种种希望和失望,有的学者认为社会民主化是唯一可行的出路。桑德布鲁克在对加纳、马里、尼日尔、赞比亚、坦桑尼亚和马达加斯加等 6 个国家的民主化进程进行了比较后认为:这些国家在民主化过程中建立的只是一种半民主制(semi-democracies)。在选择研究目标时,他有意纳入了前英属非洲和前法属非洲殖民地,包括了西非、东非和中部非洲的国家。通过比较,他发现,西方开出的经济和政治调整的药方并未奏效。

在尼日尔和马里,当选政府长期被迫与造反的图阿雷格人拼消耗;在加纳,政府不得不在北方省宣布紧急状态;由于长期使用武力,军队的分量在国家政治中愈来愈重。所有这 6 个国家在民主化过程中都经历了暴力和反抗事件。政治上的胜利并未解决每况愈下的经济问题。除加纳外,其他 5 个国家都经历了政党的分裂,特别是在反对派中间更是如此。在大多数情况下,新选的国家领袖均力图将宪法规定的制衡力量(如反对党、独立的新闻机构甚至司法机关)的能量减少到最低限度,以巩固国内不稳定的政治局势。他认为:进行社会民主的改革是唯一的出路。这包括深入已在进行的民主化进程;促进社会平等;建设国家各种机制的能力。①

值得指出的是,与以往的学术研究不同,非洲学者在这场讨论中一直起着重要的作用,他们就非洲国家的民主化进行个案研究和理论概括,并提出了各种有启发性的看法。这与非洲学者积极参与国际学术活动、与西方学者平等交流和本身学术水平的提高是分不开的。同样,由于受国

---

① Richard Sandbrook, "Economic Liberation versus Political Democratization: A Social-democratic Resolution?", *Canadian Journal of African Studies*, 31:3(1997), pp. 482-516.

际政局突变和所谓的"民主第三波"理论的影响,国际学术界对非洲民主化的研究成果也十分突出,这为进一步探讨这一问题提供了可资借鉴的理论和分析框架。[①]

二、国家建构:殖民遗产与整合类型

(一) 殖民遗产的负面清单

尼日利亚学者伊萨克·埃赖古(J. I. Elaigwu)指出:"许多非洲国家是在 20 世纪 60 年代之后才出现的,国家建构的时间很短。它们国家建构的实验是同民族建构的实验同时并进的。这些给所有非洲国家在政治制度上的效能增添了紧张因素。"[②]确实,除了埃及等几个北非国家及埃塞俄比亚等少数国家外,非洲诸多国家的现代国家制度并非一种自然发展演变的结果,而是一批非洲知识分子利用殖民宗主国流行的"自由"、"民主"和"平等"的口号发动民众,通过民族解放运动(或武装斗争或与殖民宗主国谈判),最后赢得民族解放运动而建立的。从这种意义上说,民族国家是殖民主义的一种遗产。

这种从殖民地直接脱胎而来的制度往往是通过对前殖民宗主国制度的嫁接而成。加纳学者奎西·克瓦·普拉十分明智地指出:"在公认或流行的用法中,当代的或殖民体系瓦解后的国家(state)被人们视为民族(nation),或者正在构建的民族。有时候,这种用法扩大为暗指由各殖民

---

① Francis Akindes, *Les Mirages de la Democratie en Afrique Subsaharienne*, Paris: Karthala, 1996; Claude Ake, *Democracy and Development in Africa*, Washington, D. C.: Brookings Institution, 1996; Michael Bratton and Nicolas van de Walle, *Democratic Experiments in Africa: Regime Transitions in Comparative Perspective*, Cambridge: Cambridge University Press, 1997; John F. Clark and David E. Gardinier, eds., *Political Reform in Francophone Africa*, Boulder: Westview Press, 1997; Earl Conteh-Morgan, *Democratization in Africa: The Theory and Dynamics of Political Transitions*, Westport: Praeger, 1997; Marina Ottaway, ed., *Democracy in Africa: The Hard Road Ahead*, Boulder: Lynne Rynner, 1997; Diamond and Plattner, eds., *Democratization in Africa*; Andrew Reynolds, *Electoral Systems and Democratization in Southern Africa*, New York: Oxford University Press, 1999.

② 阿里·A. 马兹鲁伊主编、C. 旺济助理主编:《非洲通史(第八卷):1935 年以后的非洲》,第 317 页。

列强继承而来的非洲各域国（countries）是潜在的民族-国家（nation-states），其根据是西方历史所理解的民族-国家。我在此主张，由于我们这些国家是从西方殖民者们继承而来的，它们并不是一些民族。它们是一些渴望成为民族的国家，但是，转型躲避我们，并将继续痛击我们，使我们迷惑。民族正如所料想的那样正在构成……"①这种从殖民者手上继承而来的政治制度具有一种先天的不足。

此外，殖民统治时期欧洲列强在伦敦、巴黎或柏林确定各个殖民地的界线。英国首相曾在一次演说中说："我们一直在相互交换山脉、河流和湖泊，期间只有一个小小的麻烦会妨碍我们，那就是我们根本不知道这些山河湖泊究竟坐落在什么地方。"这种界线成为后来非洲国家独立时的边界。这种人为的边界将一个民族分隔在多个国家。② 这种随意性的交换导致了非洲历史上正形成的国家的分裂或其他政治单位的分割。

更有甚者，在殖民统治时期，虽然殖民政府在经济领域对促进民族一体化起到了某种作用（如交通和通讯设施的改善），但却从另一方面通过分而治之等各种手段（如在殖民地重用某一民族而压抑其他民族）离间殖民地人民。③ 在殖民地培养"部落精神"即是一种手段。对"部落精神"的培养可以说是殖民统治的另一份负面清单。殖民统治建立后，防止跨地区的民族主义出现成为殖民政府的主要任务之一。首先，殖民地官员非常希望利用这种所谓的"部落精神"来为间接统治服务。在那些不存在传统部落的地方，殖民当局可以创造部落。殖民时期的坦噶尼喀就经历了"部落的创造"这一过程。坦噶尼喀的英国总督卡梅伦就是这样做的。④

基督教传教士也成为殖民政府在培养"部落精神"方面的助手。⑤ 可以说，殖民政府力图利用非洲当地共同体内部的差异来达到政治目的，一方面是有利于间接统治的目的，另一方面也是为了阻止泛非主义的传播

---

① 奎西·克瓦·普拉：《非洲民族：该民族的国家》，第 191 页。

② 布特罗斯·加利：《非洲边界争端》，第 4—5 页。

③ 参见李安山：《非洲民族主义研究》，第七章。

④ John Illife，*A Modern History of Tanganyika*，Cambridge University Press，1979，pp. 323-324.

⑤ Leroy Vail，"Introduction"，in Leroy Vail，ed．，*The Creation of Tribalism in Southern Africa*，University of California Press，1989.

或民族意识的形成。

（二）国家与国家权力

由于国家往往与权力交织在一起，其定义可谓五花八门。我们可以用一个简单的定义，即国家是一个有组织的社区，生活在单一的政治结构和政府、主权或组成部分之下。如果在"国家"前面加上"民族"，问题就开始复杂了。研究民族主义的权威安东尼·史密斯指出："严格地说，只有当一个族裔与文化单一的群体居住于一个国家的疆域内，而且那个国家的疆域与那个族裔与文化单一的群体所居的疆域相互重合时，我们才可以把这个国家称为'民族国家'。"①他也认识到，像这种标准的"民族国家"全世界没有几个。非洲学者认识到西方学者对民族与国家的认识和研究延伸出一个观点："形成国家与形成民族是两个独立的过程，最终才能导致单一民族国家的建立。根据这一观点，单一民族国家的建立是国家建设和民族建设过程的最高发展。这样，根据西方经验，民族的形成通常在国家建立之前，单一民族国家的形成则是这两个过程的终极结局。"②

由于特殊的历史进程，绝大多数非洲国家的国家建构和国族建构这两个过程是同时进行的，或者说国家的成立与民族的统一同时出现，至少在形式上如此。在实际上，一个拥有主权和相关机构的国家的独立已成事实，但这个国家的民族则可能来自不同族裔群体。用伊萨克·埃赖古的话说："对于许多前殖民地非洲国家来说，国家是先于民族而存在的。许多人群被任意塞到一个领土内，然后构成一个地缘政治实体，被称之为国家。对于这些国家的许多人来说，国家同民族的象征或政治社团之间本无共性。……在本该创造一个政治文化的新国家里，人群之间没有共同的'价值观、信仰和待人接物的态度'。"③这应该是大部分非洲国家独立时的现实。

---

① [英]安东尼·史密斯：《全球化时代的民族与民族主义》（龚维斌、良警宇译），中央编译出版社，2002年，第103页。

② 阿里·A.马兹鲁伊主编、C.旺济助理主编：《非洲通史（第八卷）：1935年以后的非洲》，第316页。

③ 阿里·A.马兹鲁伊主编、C.旺济助理主编：《非洲通史（第八卷）：1935年以后的非洲》，第317页。

关于国家建构过程的最重要的一点是政治权力的集中化。根据经典理论,国家权力包括地理、自然资源、工业能力、战备、人口、民族性格、国民士气、外交素质和政府素质。① 地理因素有哪些组成部分呢? 首先是疆域,即领土和领海,其地理位置具有地缘政治的特点(优势或劣势)。例如卢旺达和乌干达作为内陆国家就不具备那些沿海国家如坦桑尼亚和肯尼亚的优势。其次是自然资源,其中最基本、最稳定的因素是粮食和原料。这些资源固然是优势,但由于非洲国家的弱小,一些具有丰富资源的国家反而成为发达国家劫取财富的牺牲品,刚果(金)是一个典型的例子。此外,尼日利亚的石油贮藏丰富,但这一资源给这个国家带来的诅咒与幸运几乎一样多。摩根索之所以强调工业能力,自然是从美国在世界的霸权这一角度考虑的,这与战备这一点一样。工业水平领先且有强大战备能力的国家实质上均为大国。对于大部分非洲国家而言,这两点均难以兑现。当然,这并不妨碍有的国家的官僚们从这些权力中渔利。人口因素之所以重要,因为它不仅代表着一个国家的体量,而且是劳动力和军队的组成部分。然而,人口也是一把双刃剑,其过度增长必然会给粮食需求带来新的压力。民族性格和国民士气对整体的国家而言自然是权力的一部分,这两种因素在两军对垒时尤其重要。外交素质和政府素质为国家权力服务,主要体现在对外关系上。非洲国家作为国际舞台上的新成员,它们对国家权力的理解和运用都需要时间。

民主选举的出现为所有的非洲人呈现了一种可能性,他们也有可能成为国家的领导人或国家权力的持有者。这种对权力的占有和运用是颇具吸引力的。

(三) 国家建构的三种形式

在非洲国家中,存在着三种形式的国家建构。一种是国家与民族均早已存在,但殖民主义的遗产和当代社会的矛盾特别是对有限资源的竞争导致地方民族的冲突,国家建构仍需继续巩固,否则国家有可能分裂。厄立特里亚从埃塞俄比亚分离出去是一个教训。第二种在大多数撒哈拉

---

① [美]汉斯·摩根索著:《国家间政治:权力斗争与和平》(徐昕、郝望、李保平译,王缉思校),北京大学出版社,2006年,第139—188页。

以南非洲独立国家比较普遍,多种地方民族"被塞进"这块国土上,需要诸多整合。这是第二种。在南非、津巴布韦等有白人移民的国家,种族矛盾存在于社会的各个领域。由于这些白人移民的定居已成为国家历史的组成部分,将白人整合到新的国家里面是情理之中,也是国家自身建构的内容之一。这是第三种。

国家建构是一个艰巨的过程,它需要两个层次的认同:个人对主权国家的认同;地方民族认同于国家。以尼日利亚为例。第一层次是个人认同身份的扩展,即从习惯上认同自己是伊博人、约鲁巴人、豪萨-富拉尼人到承认自己是尼日利亚人。第二个层次是指各个地方民族在保持民族文化和地区特色的基础上逐步放弃自身的优越感,致力于国民文化和国民意识的培养,与其他民族分享资源,平等地生活在一个国家的大家庭里。这个过程意味着将地方民族的文化、价值观和经济利益整合到更具代表性的国家共同体之中。当然,所谓的"更具代表性"的一个必要条件是国家应该完全担负起对每个公民的责任。只有负责的国家政权才能得到地方民族和人民的认可。然而,这一国家建构的过程是崎岖不平充满坎坷的。

(四) 非洲民主化与政体类型

自贝宁 1990 年开始进行多党制选举以后,喀麦隆、加蓬、科特迪瓦、马达加斯加、马里、刚果(布)、莫桑比克、赞比亚等国的总统或议会宣布实行多党制,布基纳法索和几内亚政府进行了为多党制选举作准备的立法改革;坦桑尼亚和加纳等国政府在全国发起对国家未来政治体制的讨论,为后来进行的民主化奠定了基础。[①] 目前,以多党制为特征的民主政体在非洲逐渐建立。截至 2005 年底,除利比亚、斯威士兰和厄立特里亚三国外,非洲 50 个国家均已实行多党制。必须指出:非洲的民主化并非"西化",而是非洲国家在社会条件并不充分的基础上探索政治发展的尝试,是在下层民众的要求和西方大国的压力之结合下促成。民主化涉及意识形态取向、国家结构、宪制改革、议会制度、行政制度、司法制度、政党制度、选举制度、人事制度等,这一进程也涉及民族问题。

---

① 贺文萍:《非洲国家民主化进程研究》,第 95—119 页。

表格 4-1　非洲国家政治体制的类型①

政　体	一次分类	二次分类	国家名称
共和制	总统制	多党制总统制	塞内加尔(1976—)等
		一党制总统制	赞比亚(1973—1990)等
		党政合一的总统制	加蓬等曾实行过
	议会共和制		索马里等曾实行过
	半总统半议会制	20多个	博茨瓦纳等
君主立宪制	二元君主制		斯威士兰
	议会制君主制		莱索托
军人执政制	军人执政制	救国委员会	多个非洲国家经历过这一体制
		革命委员会	
		革命复兴委员会	
		全国解放委员会	
		最高军事委员会	
		武装部队执政委员会	

　　非洲一党制国家向多党制过渡或转变的途径多种多样:由原执政党或政府宣布实行多党制,修改宪法或通过全民公决颁布新宪法,举行多党参加的总统选举及议会选举,组织新政府(科特迪瓦、布基纳法索、几内亚、加纳、毛里塔尼亚等20余个国家);由全国各党派及政治势力举行多党谈判及协商会议,建立过渡性质的国家机构,负责筹备及监督国家总统及全国立法机构的多党选举,组织新政府(贝宁、刚果(布)、刚果(金)、多哥、尼日尔、南非、马达加斯加等国);由反政府武装或军人以武力或发动军事政变推翻一党制政权,成立过渡机构,组织多党参加的总统及立法选举(埃塞俄比亚、索马里、马里、莱索托)。② 非洲民主化进程中的突出正面例证是加纳于2008年底举行的选举。在各党派竞选过程中,程序合法,秩序井然。第一阶段,竞选双方得票相近,需再次投票。在第二阶段,

---

　　①　葛佶主编:《简明非洲百科全书(撒哈拉以南)》,中国社会科学出版社,2000年,第179—182页。
　　②　贺文萍:《非洲国家民主化进程研究》,第108—119页。

执政党并未利用手中特权进行暗箱操作,局面稳定。这充分体现了加纳民主选举制的逐步成熟。

非洲民主政体主要以选举制和多党制为特征。政治改革的主要内容也集中在政党体制和作用的转变。一个重要现象是政党重回政治舞台的中心。在非洲国家独立后的20多年里,作为权力中心和决策中心的政党的地位一度衰落,由官僚权力或军事长官取而代之。政党或因国家机器的扩张而削弱,或为军政权所瓦解。① 非洲民主化浪潮的基本条件之一是政治多元化,即多个政党和政治组织的存在,其积极后果表现为政治体制从人治向法治转变,有的国家逐渐建立了具有自身特点的民主体制;政权更替逐步程序化;推动了良政和人权事业。② 由于民主化是西方提供援助的条件,这一进程表现出急功近利和完成程序(主要是多党制和选举)两个特征,其消极后果是选举政治成为诸多国家的政治游戏。同时,非政府组织的作用日益明显。

民主化浪潮只是一个过渡阶段,一些非洲学者对其反应比较理性:有的认为不能夸大其作用,民主化效果从总体而言并不十分理想。③ 虽然民主化有内部要求,但主要是外部压力促成,这仍是一种精英游戏;非洲民主化主要局限在选举制;随着选举而产生的多党制同时带来了自由和混乱。④ 更有批评者认为,这些选举是非洲执政者与外国捐赠者之间的猫捉老鼠游戏。外国捐赠者要求进行选举,愿意为此买单。非洲执政者将选举变成挡住捐赠者监视目光的"仪式表演"。⑤ 在相当多的国家里,

---

① 威廉·托多夫:《非洲政府与政治》(肖宏宇译),北京大学出版社,2007年,第8、146页。关于非洲政治改革的定义和对政党制的理解,参见 Benno J. Ddulu, *et al.*, *The Political Economy of Economic Growth in Africa*, *1960—2000*, Volume 1, Cambridge University Press, 2008, pp. 348-390。

② 张宏明:《政治民主化后非洲内政外交的变化》,《国际政治研究》,2006年第4期,第95—107页。

③ 对非洲民主化改革成果的个案研究和辩证分析,参见 E. Gyimah-Boadi, ed., *Democratic Reform in Africa: The Quality of Progress*, Boulder: Lynne Rienner Publishers, 2004。

④ Julius O. Ihonvbere, *Nigerian: The Politics of Adjustment and Democracy*, New Brunswick: Transaction Publishers, 1994.

⑤ 吉尔伯特·M.卡迪亚加拉:《选举欺诈导致的伪民主——如何克服非洲的民主危机?》,莫列齐·姆贝基编:《变革的拥护者——如何克服非洲的诸多挑战》(董志雄译),上海人民出版社,2012年,第216页。

由于经济发展缓慢，加上政府功能较差，人们只能依靠其他社会网络（地方民族、村社、家庭、工会）来保护自己。目前，非洲政治的根本问题在于民主基础尚未具备，大部分政党不够成熟，其意识形态基础薄弱，缺乏基层组织，动员能力较差，外部压力促使仓促变革。在政府行政能力不强的情况下，反对党或非政府组织往往将反对现政府作为自己的目标。① 这样，政府行政能力被进一步削弱。

要客观看待民主化的作用，这一进程还有待完善。总体而言，这一阶段的政治文化表现出一些好的征兆。政治制度的改革一般都提高了议会的地位，加强了对政府的制衡和对国家总统权力的制约。由于采取选举制度，议会议员的广泛代表性有所体现，同时也加强了议会内部的互相制衡。更重要的是，民众的参与使地方民众的利益得到更多的重视和体现。当然，众多非政府组织的参与既为非洲国家的当代政治带来了活力，也给民主政治带来了更多的变数。统治集团之所以要以各种方式争取或调动普通民众，是因为他们手中掌握着选票。从这种意义看，普通民众一直是民主化的积极推动者和支持者。同时，他们也是民主化最有力的保卫者，因为他们曾经长期被排除在政治参与和政治决策之外，并一直遭受着物质上的剥夺和道德上的屈辱。如果没有他们的参与，没有他们的罢工和各种抗议活动，国民议会和民主集团的民主化努力绝不可能成功。

当然，非洲民主化进程与国家建构的互动是一个长期而谨慎的过程。

三、非洲民主化与国家建构的悖论

拉里·戴蒙德在论述目前世界民主化过程时曾指出民主政治的三个悖论或三对矛盾：同意与效率的矛盾、代表性与治国能力的矛盾、冲突与认同的矛盾。所谓"同意与效率"的悖论是指民主需要同意，同意需要合法性，合法性需要有效率的运作；但要征得同意需要一个相对复杂的

---

① 一位利比里亚知识分子在与本人交流时愤愤不平地抱怨，利比里亚的非政府组织的唯一作用就是与政府作对，不论政府通过什么政策，他们的第一反应就是反对，不论其好坏。

程序和过程,这就可能要牺牲效率。所谓"代表性与治国能力"的悖论是指民主政治一方面意味着不愿将权力集中到少数人手中,而要使领导人和政策服从于人民的代表和责任机制,使政权有充分的代表性;另一方面,民主政治必须具有某种迅速决断和确保稳定的能力,而代表性的全面体现需要多方面的协调,这一过程有可能削弱政府(或政党)的治国能力。所谓"冲突和认同"的悖论是指一对涵盖面更广的矛盾。民主政治同时要求异议与同意,分歧与一致,竞争与宽容,对立与妥协。没有竞争和冲突,就没有民主政治。民主需要冲突,但冲突和分歧只能靠认同来节制。①

当考察非洲民主化与国家建构的关系时,我们看到由民主的本性引发出来的另一个悖论:民主化有助于消除地主民族主义,有利于国家建构;民主化为地方民族主义的发展提供了便利条件,不利于国家建构。这种悖论体现在以下6个方面。

(一) 民主化与民族一体化之关系

民主化将促进民族一体化进程,但是,民主化将有利于地方民族主义的发展,从这个意义上讲,民主化也会阻碍民族一体进程。一方面,民主化可以从各个方面调动有利于政治发展的因素,公众将自愿参与政治,从而使政府的运作相对公开化和公平化,有可能为权力的运作提供一套已被人类历史发展证明行之有效的监督机制。各民族共同参与政治将有利于减少或制止政府机构制定或实施有歧视倾向的民族政策,同时也为促进民族的一体化提供了便利条件。民族一体化进程的加速当然会给国家建构带来积极效应。另一方面,公开与公平的条件为地方民族主义的发展提供了新的环境。在一党制统治下,执政党严格禁止或限制其他党派的活动,这虽然阻碍了民众参与政治的运作、管理和监督,同时也防止了地方民族主义的传播与扩展。民主化浪潮调动了一切可资利用的社会,地方民族成为政治动员中一种合法的社会基础。可以看出,在相当多的国家,民主化调动了以前存在但少有或没有机会参与政治活动的一些地

---

① 拉里·戴蒙德:《民主政治的三个悖论》,刘军宁编:《民主与民主化》,第121—141页。

方民族,大大激活了这些地方民族的自我意识,使他们有可能更多地从自己所属的地方民族来考虑问题,从而使地方民族主义成为一种十分活跃的政治因素。① 地方民族主义的活跃(而不仅仅是地方文化的认同)无疑会影响国家建构的进程。

(二) 民主化与地方民族利益之关系

民主化使地方民族机会平等,民主化将使地方民族的利益受到伤害。民主化浪潮和逐渐在非洲铺开的民主制度为各个民族提供了公平竞争的机会。在一党专制的集权制度下,占主导地位的民族往往可以通过占据着领导地位的本民族的领导人取得更多的资源、利益和机会,从而对其他民族形成不公平竞争的局面。在民主制度下,少数民族享有与主体民族相同的权利,各个民族之间也可以进行正常交流。由于各个民族可以在公平的条件下享有应得的权利和义务,从而提高了他们的责任感,减少了民族矛盾和民族冲突的可能性。民族平等无疑会促进地方民族对国家的认同。然而,民主制度的特征之一是多数原则。多数原则虽然是在理性思考的基础上做出的决定,但严格意义上的多数原则以简单的算术原则为依据。在这种情况下,一些地方民族的利益不但得不到保障,反而有可能受到伤害。这样,地方民族的利益完全可能在民主制度中通过各种正常的民主程序堂而皇之地受到轻视。在有的国家,一些少数民族为了对付主要民族或强势民族,不得不联合起来形成新的政治势力,这又反过来促进了地方民族主义的发展,从而阻碍国家建构。

(三) 民主化与民族冲突之关系

一方面,民主化可以减少地方民族之间的冲突,但同时,民主化也将增加地方民族之间的冲突。民主制扩大竞争的机会,可以保证政治机构的设立以监督地方民族主义,从而减少地方民族之间的冲突;同时,政治

---

① Roddy Fox, "Bleak Future for Multi-party Elections in Kenya", *The Journal of Modern African Studies*, 34(December 1996), pp. 597–607; Joel D. Barkan and Njuguna Ng'ethe, "Kehya Tries Again", in Larry Diamond and Marc F. Plattner, eds. , *Democratization in Africa*, pp. 184–200.

权利的保证可以为地方民族主义提供竞争的机会、过程和权利,因之带来新的冲突。民主制度从理论上应保证民族自决,要求政府对社会的各种因素(只要不违反宪法)采取相对宽容的态度或政策。它肯定地方民族(尽管其中很多是少数民族)的文化习俗和价值观,容许地方民族表达自己的意愿,充分理解地方民族对自身权利的要求。然而,由于允许这种公开的合法的表达,地方民族文化的发展(特别是在政治因素干预的情况下)可能成为国家建构的障碍,地方民族语言可能在损害国语的情况下发展,地方民族利益在损害国家利益的情况下膨胀。更重要的是,民主化为民族自决提供了可能性。民族自决权允许各民族自己选择发展道路,因而可以减少地方民族冲突;但这种自决是在可能危及现有的政治秩序和统一国家的情况下进行的。由于国家建构的过程正在进行,民族自决权可能会导致民族冲突。这不利于国家建构进程。①

(四) 新闻自由与民族问题之关系

民主化进程中的新闻自由将有助于民族和解,另一方面,新闻自由也将加剧民族冲突。在为民主制度而斗争的过程中,新闻媒体的作用不容忽略。在有的国家,新闻媒体不顾政府的阻碍和限制,及时揭露各种丑恶现象,为民主化做出了卓越的贡献。② 在民主化过程中,新闻媒体的开放使地方民族的要求和表达进一步公开化,这就便于政府对情况的了解,制定一些可行的政策、设置相应的机构和机制,从而在宪法保证的前提下为及时处理和调解民族矛盾、控制和解决民族冲突提供了可能性。然而,新闻媒体也是一把双刃剑,它既可以为促进国家建构大力宣传,也可以为地方民族主义摇旗呐喊。更值得注意的是,一些国家的私人报刊都有很强的政治倾向性,很多报纸实际上是一些地方民族的宣传工具。利用任何宪法许可的条件来动员群众是政治精英的特长。一些带有某种私人目的

---

① 例如在南非,官方语言多达 11 种,这必然会给国族文化教育的建构带来困难。关于南非新政权成立后的族际关系,可参见 Robert Mattes and Hermann Thiel, "Consolidation and Public Opinion in South African", in Larry Diamond and Marc F. Plattner, eds. , *Democratization in Africa* , pp. 123-139。

② 例如尼日利亚的新闻传媒在被政府镇压后仍然坚持报道,恪守自己的职业道德,被称为"游击队新闻业"(guerrilla journalism)。

的地方民族领袖为达到自己的政治目的,可以充分利用新闻媒体的作用。因此,这种对地方民族因素的宽容和对新闻媒介的开放同时为煽动地方民族情绪提供了条件,为新的民族冲突提供了可能性。①

(五) 多党制与民族一体化之关系

多党制选举将促进民族一体化,多党制也将刺激地方民族主义。在民主化浪潮中,一些政府(或政党)的构成及各种选举中采取比例代表制。这种措施以各地方民族(各地区、社会集团或政党)的人数来确定选举代表或政府部长构成的比例,从某种程度上可以防止地方民族主义的膨胀。为了进行有效的工作,民主政府应尽量避免从各个集团的利益出发,摆脱小团体的要求,从整体上把握国家的大政方针。然而,民主选举对被选举人(或当选代表)的要求是为选举人的利益服务,即为投你一票的人服务,而不是从整个国家利益的角度来考虑问题。由于各个民族的利益通过比例代表制得以体现,当选代表则往往从本民族的利益出发,有时甚至以本民族代理人的身份来与国家政府抗争。这样,实行比例代表制可能强化民族意识,促进地方民族主义的发展,从而给国家建构带来困难。

(六) 民主化与国家建构之关系

民主化可能导致国家分裂,民主化也将促进国家建构。一方面,用谈判方式整合各派势力并确定各派势力(包括地方民族)的政治地位是民主化进程中的一个重要内容,只有这样才能确定他们与国家的关系。在这一过程中,只有经过精心设计的谈判条件为各派所接受,国家的统一或建构才能有所保障。这样就存在着以下可能性:如果条件不能被接受,分离可能成为各民族的另一种选择。从另一方面而言,民主化将有助于消除国家建构中普遍存在着的三个顽症:政治权力分配的不公平、资源配置的

---

　　① Olatunji Dare, "The Press", in Larry Diamond, et al. , eds. , *Transition Without End: Nigerian Politics and Civil Society Under Babangida* , Ibadan: Vantage Publishers, 1997, pp. 535-551; Ebenezer Obadare, "The Press and Transition in Nigeria: Comparative Notes on the Abacha and Abubakar Transitional Program", *Issues: A Journal of Opinion* , 27:1(1999), pp. 38-40.

不平等和对社会各种集团进行政治、经济、社会一体化的机制的不合理。目前非洲民主化进程中存在的各地方民族的斗争、与国家的谈判或与其他民族的争权并未达到分离国家的程度。苏丹人民解放运动和埃塞俄比亚的奥罗莫解放阵线均未将分离作为他们的唯一选择,南非代表祖鲁民族利益的因卡塔也明确表示赞成联邦而反对独立。多民族的特点是在非洲实行民主制度改革的一种有利因素,它将在多党选举中增加一个变量,从而促进民主化进程,进而促进国家建构。①

从上述分析可以看出,这种悖论或两难境地实际上是非洲民主化进程中存在着的两种可能的发展方向。如果时机成熟,政策得当,民主化进程即可以朝着有利于民族一体化、有利于国家建构和有利于全民族利益的方向发展。

四、非洲民主的典范与尝试

在非洲,确实存在着一些多元民主政治的典范。不过,这些国家并非照搬西方的民主,而是将殖民宗主国带来的制度与本土历史与社会的实际情况相结合,从而创造出一种适合自身的政治制度。我们来看毛里求斯和博茨瓦纳在民主制度建设上树立的典范以及肯尼亚和埃塞俄比亚在民主化进程中的实践。

(一) 毛里求斯——权力分享机制的典范

熟悉毛里求斯历史的人会觉得,这个国度给人最深刻的印象是悲观的预测与现实的反差。毛里求斯是一个多元社会,主要由印度和巴基斯坦裔(69%)、克里奥尔人(欧洲人和非洲人混血,27%)、华裔(2.3%)和欧洲裔(1.7%)组成。② 毛里求斯于1961年实行自治。1977年获得诺贝尔奖的经济学家詹姆斯·爱德华·米德(James Edward Meade)曾在1961年对毛里

---

① Marina Ottaway, *Democratization and Ethnic Nationalism: African and Eastern European Experiences*, Washington, D. C.: Overseas Development Council, 1994, p. 244.

② 印度人的文化影响十分深厚。参见 Patrick Eisenlohr, *Little India: Diaspora, Time, and Ethnolinguistic Belonging in Hindu Mauritius*, University of California Press, 2006。

求斯做出了极其悲观的评价。他认为,毛里求斯和平发展的前景暗淡,统治者和被统治者以及不同族裔将使整个社区充满政治冲突,人口压力将不可避免地使人均收入低于其应有的水平,主要人口为印裔与克里奥人,他们将因缺乏就业机会而产生严重冲突。① 毛里求斯于 1968 年正式独立。1972年,获得诺贝尔文学奖的维·苏·奈保尔(Vidiadhar Surajprasad Naipaul)也对毛里求斯做出了悲观的判断。他将毛里求斯称为"过度拥挤的奴隶监禁地",认为这里弥漫着绝望气氛,因为人口过多,诸多问题无法解决,失业问题尤为突出。② 这两位先生的悲观预言并未成为现实。

毛里求斯政治稳定,经济发展,人民生活水平得到了相当大的提高。经济的持续发展不仅改变了国家贫困状况,而且经济发展的成果为全社会所共享,并建立了比较完善的社会保障体系。经过多年的发展,毛里求斯不仅获得了"阳光国度"、"非洲经济的雄狮"的美名,也取得了政治、经济和社会协调发展的模式。③ 这些发展与毛里求斯人民找到了适合自身的发展道路直接相关。

在这种稳定与发展的过程中,多元民主政治起到了十分关键的作用。1968 年,毛里求斯宣布独立。独立后,毛里求斯仍然实行君主立宪制,英国女王作为象征性的国家元首,印裔拉姆古兰领导的工党赢得大选,拉姆古兰成为毛里求斯总理,这意味着政治权力从毛里求斯法国人和克里奥精英分子手中转到毛里求斯印度中产阶级手中。拉姆古兰执政后,邀请竞选中获得 44% 选票的竞争对手社民党参加联合政府,从而形成了由工党、社会民主党和穆斯林行动委员会联合执政的政治格局。这反映了拉姆古兰这位政治家了不起的勇气和智慧。

毛里求斯的政治民主主要表现为以下特点。在独立前,由于有一段时间的自治(1961—1967),几次宪政改革使一些制度上的安排已经逐步

---

① J. E. Meade, et al. , *The Economics and Social Structure of Mauritius*: *Report to the Government of Mauritius*, London: Methuen, 1961.

② V. S. Naipaul, *The Overcrowded Barracoon*, New York: Random House, 1972.

③ 有关毛里求斯的民主政治发展,参见刘金源:《印度洋英联邦国家马尔代夫、毛里求斯、塞舌尔——海岛、小国、异路》,四川人民出版社,2003 年,第 210—283 页;蒋华栋:《试析毛里求斯议会民主制对国内经济发展的影响》,《西亚非洲》,2006 年第 6 期,第 62—68 页。还可参见余洵:《毛里求斯民主政治解析》,华中科技大学硕士论文,2006 年。

确立,为后来的平衡过渡奠定了基础,从而建立了现代民主政治的框架。在民主政治的基础上,各种政党逐渐产生了一种政治共识:抽象的教条和主义没有意义,实用主义成为他们纲领的中心内涵。"左右两翼政党纷纷以实用主义为原则,向一种中间形式的政治原则靠拢。维护和发展毛里求斯现存的民主制度,推动经济的发展,改善人民的生活水平,成为各政党的竞选纲领。"①

　　毛里求斯的政治制度并非照搬西方的模式,而是具有自身的特点。最重要的是,国家机制十分强势,却又是一种分享的制度。由拉姆古兰开创的一种"权力分享"机制,使各派政治力量从竞争变为合作,最大限度地调动了各个政党的积极性和主动性。这一机制也成为毛里求斯民主政治演变中一项重要的制度遗产。正如毛里求斯政治学家阿米迪·达尔嘉所言:"在毛里求斯,国家和地方选举基于法律规定定期举行。这些选举的合法性从未受到过质疑。选举出来的政府拥有进行治理的有效权力,反对党遵守议会的法规。不论是政府还是议会都接受它们作为政治体制的一部分所应发挥的各自的作用。"在这种制度下,人们为了避免破坏性的后果往往寻求必要的妥协,同时认同多元社会的现实。毛里求斯的竞争性民主制度还根据自身的民族构成设计了一种被称为"最好的落选者"的机制。在议会当选的 62 名议员之外,还为少数党派保留有 8 个席位,即"最好的落选者"席位,是专为那些失去了多数地位却仍然赢得了足够票数从而具有合法资格的候选人保留的。这与相当于"零和游戏"的西方选举制度完全不同。这种有关选举的特别规定确保在国民大会中少数党有足够的代表性。这样的安排无异于在制度理念上培养一种"联合主义"的实质,"其精髓就包括通过协商达成妥协"。国家往往通过与各种正式或非正式的分歧力量(地方民族、公民社会、非政府组织等)和利益群体(私有部门、工会、企业等)之间的咨询、协商和妥协而产生决策。"这样做的目的在于化解冲突和维系社会的凝聚力。"②

---

① 刘金源:《印度洋英联邦国家马尔代夫、毛里求斯、塞舌尔——海岛、小国、异路》,第 244 页。

② L. 阿米迪·达尔嘉:《毛里求斯的成功故事——为什么一个岛国成为非洲政治和经济的成功范例》,莫列齐·姆贝基主编:《变革的拥护者:如何克服非洲的诸多挑战》(董志雄译),上海人民出版社,2012 年,第 201—202 页。

毛里求斯的经验与启示是制度的保证十分重要,但民主制度并非万能。毛里求斯民主制对经济发展具有积极影响和负面效应。有的学者认为毛里求斯自独立以来的长期经济发展源自其民主政体的建立与完善,或民主政体是经济长期持续发展的制度性因素基础。实际上,议会民主制对毛里求斯国内经济发展确有影响,但利弊兼之。"一方面,由于各利益集团妥协于社会共识,这保证了毛里求斯作为发展中国家,政策不可能较大地偏离发展这一核心;另一方面,由于各政党代表不同的利益集团,这使得国家政策也不可能紧紧地扣住发展这一核心,而在一定时期会出现相对于核心的偏离。"民主制度既可以通过政党对于选民的要求来制约经济发展的潜力,也能通过保证国家经济政策的延续性为经济发展提供稳定和可预见的宏观经济环境,促进经济的发展。①

毛里求斯的政治发展证明,制度的保证非常重要,但民主政治的局限性也很明显。概而言之,政治领导人的民主原则和妥协精神,使毛里求斯在制度选择和经济政策的制定中逐渐发展出一套并非完美却能基本解决毛里求斯实际问题的政策,从而完成了从号称"糖碗"的以蔗糖业为重点的单一经济作物制到包括制造业、蔗糖业和旅游业三大支柱产业的混合型发展模式和较为适合本土的政治制度。

(二) 博茨瓦纳——适合国情的政治体制

在博茨瓦纳,占人口 90％ 的是班图语系的茨瓦纳人,主要有恩瓦托族、昆纳族、恩瓦凯策族和塔瓦纳族等,其中恩瓦托族最大,约占人口的40％,还有数万欧洲人和亚洲人。博茨瓦纳经历了英国 80 年的殖民统治后,在 1966 年独立时是一个百孔千疮的贫穷国家,当时位居世界最不发达国家的第三位,人均月收入只有 50 美元,被一些西方人士称为"无发展希望"的国家。然而,到 1974 年,博茨瓦纳就摘掉了"最不发达国家"的帽子,并逐渐走上小康之路。1975—1984 年国内生产总值年平均增长率为11.5％,1985—1989 年为 10.6％,1994—1998 年为 6.2％。2006 年,博茨瓦纳的国内生产总值为 110.4 亿美元,人均国内生产总值达6 459美

---

① 蒋华栋:《试析毛里求斯议会民主制对国内经济发展的影响》,《西亚非洲》,2006年第 6 期,第 62—68 页。

元。2008 年的国内生产总值达 134 亿美元,人均国内生产总值已达 6 833 美元。经过 40 多年的努力,博茨瓦纳已经成为中等收入国家。近年来,其经济自由度、国际竞争力和经商环境等方面位于非洲前列。①

博茨瓦纳的发展历程可分为三个阶段。第一阶段是 1966—1975 年。在这一过渡阶段,博茨瓦纳完成了机构的设立,并确定了以市场为导向的发展方向,并奉行一种开放和不结盟的外交政策以尽力获得外援。第二阶段是 1975—1989 年,市场为导向和国家指导下的发展战略得以巩固,多党制的政府使博茨瓦纳避免了转向一党制和军事独裁统治以及对社会主义制度的模仿。博茨瓦纳在这一阶段吸收了大量的外来投资,特别在采矿业方面。这时期见证了博茨瓦纳国家主导的快速的经济发展和国家外汇储备,但经济多样化方面做得不够。第三阶段起于 1990 年,可以说开启了一个新的政策转型期,即从国家主导的经济发展战略转到私营企业为主导的发展战略。这一阶段由于快速发展而积累起来的诸多问题和因政策转型带来的新问题,使博茨瓦纳将面临新的挑战。②

在对博茨瓦纳成功原因的分析中,有的认为是这个国家丰富的钻石起到了重要的作用。有的则认为有多种原因。第一,不存在内战和政治斗争。第二,政治稳定是重要因素。第三,异常审慎的经济政策。第四,博茨瓦纳的开放和生机勃勃的出版业,"博茨瓦纳能找到解决经济问题的方法,是因为它允许自由辩论和表达自由"。第五,博茨瓦纳没有忽视它的原生基础。③ 这些分析都有一定的道理。从博茨瓦纳的发展经历看,三个关键因素对其稳定的政治局面和持续的经济增长起到了重要作用:幸运、制度与政策。

所谓"幸运"是指博茨瓦纳有英明的领袖、民族的同一性和丰富的矿

---

①　Gervase S. Maipose and Thapelo C. Masheka, "The Indigenous Developmental State and Growth in Botswana", in Benno J. Ndudu, et al., eds., *The Political Economy of Economic Growth in Africa*, 1960—2000, Vol. 2, Cambridge University Press, 2008, pp. 512-546.

②　E. Gyimah-Boadi, ed., *Democratic Reform in Africa: The Quality of Progress*, Boulder: Lynne Rienner Publisher, 2004, p. 168.

③　乔治·B. N. 阿耶提:《解放后的非洲:非洲未来发展的蓝图》(周蕾蕾译),民主与建设出版社,2015 年,第 519—523 页。

产资源。首任总统塞雷茨·卡马是一位英明睿智的领袖。他不仅作为民主党的领袖领导了博茨瓦纳的独立运动,也对国家制度的确立起到了关键的作用。民主党在他的领导下制定了"民主、发展、自力更生和团结"的原则,并成为执政党。他于 1980 年因病去世后,他的好友、副总统马西雷继任总统。马西雷曾任民主党总书记,也是一位民族主义运动领袖。他在 1998 年退休后,由当时的副总统莫哈埃继任。这三位领袖不仅都能以国家利益为重,而且保持了国家制度和政策的延续性。

博茨瓦纳的人口的绝大多数是茨瓦纳族,民族同一性增强了博茨瓦纳的民族认同感,这种情况在非洲很少见,从而使博茨瓦纳独立后的国家民族建构过程颇为顺利。博茨瓦纳得天独厚,其丰富的矿产资源(主要包括钻石矿、煤矿、铜矿、镍矿以及苏打灰和盐矿等)为国家独立后的经济迅速增长提供了重要的基础,矿产业成为国家发展的支柱产业。

就政治制度的选择而言,博茨瓦纳建立了基本适合本国国情的多党制民主议会制度。为什么说是适合本国国情呢? 这主要表现在两个方面。

第一,博茨瓦纳除了制定了多种与自己国情契合的法律,如《地方政府法》《酋长法》《部落土地法》等,在采纳现代制度的同时也将传统的酋长制度和民众参与政治的制度"科拉"(Kgotla,亦译为"考特拉斯",即村镇聚会之地)很好地结合进国家政治制度之中。在制定次区域与国家发展计划时,规定的程序之一即必须通过民众参与政治的制度获得基层民众的意见。这种与地方民众沟通和协商的制度设计不仅使各种合理化意见得以表达,还让国家建设避免了计划与现实脱节。[①] 从经济方面而言,政府设立了一个具有相当权威的专门指导经济发展的部门——财政发展计划部(Ministry of Finance and Development Planning),对全国的经济规划和发展进行全面指导。设立这个部门的主要目的之一是为广大的私人企业创造更好的经营环境,从而使这些企业能够为国家的经济发展服

---

① 关于中国学者对博茨瓦纳的研究,参见刘乃亚:《博茨瓦纳政党制度的运行机制及其长期稳定原因分析》,《西亚非洲》,1995 年第 3 期,第 22—27、38 页;朱重贵:《非洲四个小国独立后的发展记录给人们的启示》,李保平、马锐敏主编:《非洲变革与发展》,世界知识出版社,2002 年,第 32—56 页;徐人龙:《博茨瓦纳经济社会发展的成功经验》,《西亚非洲》,2010 年第 1 期,第 29—33 页。

务。一个例子充分说明了这种本土意识的重要性。博茨瓦纳政府曾在1991 年试图在马温的一个北方城镇修建项目而启动一个 2 500 万美元的奥卡万戈河移民计划。然而,村民们在科拉表达了极其愤怒的情绪。有的提出了可能产生的环境问题和生存问题:"你们会让三角洲干涸的! 我们也吃不到鱼肉了! 也再没有芦苇可以用来修房子了!"在科拉的解释和交流持续了 6 个小时,民众一直严厉谴责政府官员采纳如此卑劣的项目。在民众的普遍反对下,政府最终取消了这一项目。①

第二,它的多党议会制度既有民主性质,也有中央集权的成分。一方面,多党选举和三权分立的制衡是制度中的民主。这种制度设计使执政党在支持率下降时能调整政策。1994 年,博茨瓦纳民主党的支持率从1989 年的 67% 下降到 55%。民主党不得不进行适当改革,制定了一些新的政策(如独立选举委员会的成立、总统任期限制为两届等)。这种适时应变不仅减轻了反对党和市民社会的压力,还加强了自身的执政能力和合法性。集权成分指博茨瓦纳民主党一党独大,从独立至今一直执政。民主党在选举中获得的席位一直在 60% 以上,在 1965 年、1979 年和1989 年都在 90% 以上,最低的 1994 年也获得了 67% 的席位。② 另一方面,中央政府掌控着地方官员的任命,这些都是中央集权制的表现。1974年前,地方权力机构在任用公职人员方面曾有过很大的权力。然而,当中央政府发现这种制度为裙带关系和滥用权力提供了各种方便后便收回了权力。除了产业类的雇员外,地方权力机构人员的录用、定岗、调动、提升和培训成为中央政府的统一地方政府服务部(ULGS)的责任。③ 政府还设立了各种制度以利于管理和防治各种弊病。例如,为了打击经济犯罪和防止腐败,博茨瓦纳成立了专门机构,从而为争取国外投资和合理利用外援取得了较好的效果。为了促进经济的持续发展,博茨瓦纳政府保护私有财产和允许多种经济制度并存,从而保持了经济的活力。

适应自身发展的具有本土特色的发展战略和国家政策是博茨瓦纳成

---

① 乔治·B. N. 阿耶提:《解放后的非洲:非洲未来发展的蓝图》,第 522—523 页。

② Gervase S. Maipose and Thapelo C. Masheka, "The Indigenous Developmental State and Growth in Botswana", in Benno J. Ndudu, et al. , eds. , *The Political Economy of Economic Growth in Africa* , 1960—2000 , Vol. 2, p. 517.

③ 威廉·托多夫:《非洲政府与政治》,北京大学出版社,2007 年,第 175 页。

功的第三个要素。独立后,博茨瓦纳并未像有的国家那样陷入意识形态的争论,而是采取实用主义精神,制定了一种切合实际的发展战略。它力图与国际上各种力量保持良好关系,特别是与原殖民宗主国和敌对邻国的稳定和务实的关系,从而为自己赢得了各种援助。① 为了掌握国有资产的命脉,第一任总统卡马说服各酋邦首领同意并使博茨瓦纳国民议会在独立后第二年即通过"矿山与矿产法案"(Mines and Minerals Act),将酋邦领地里的矿产资源明确规定为国家所有,从而为独立初期吸引外来投资打下了坚实的基础。产权的明确避免了可能的冲突,既降低了经济发展中的交易成本,也为经济发展提供了一个持续稳定的环境。正是由于这种政策,博茨瓦纳 1969 年即与南非德比尔斯公司签订协议,成立德比尔斯博茨瓦纳公司,合作开采钻石矿。随后又与多家外国公司开展在矿业方面的合作,从而改变了主要依靠农牧业的单一经济局面。此外,博茨瓦纳还注重制定国家发展计划并将其与年度预算融为一体,从而保证了资源行业的所得能花费在最需要的地方,并有力地推行了经济多样化的战略。不容否认,由于博茨瓦纳实行切合实际的国家外交政策并与美国保持友好关系,它在国际舞台上受到美国的保护,从而保持了相对稳定的政治局势,为经济持续发展提供了较好的条件。

当然,博茨瓦纳也面临着诸多挑战。首先是尽管人口只有 170 万左右,但失业问题和贫富悬殊一直未得到有效解决。二是人才缺乏在博茨瓦纳非常明显。尽管可以任用一些白人当管理人员,但长期这样必然影响国家的可持续发展。三是当国家经济为主导变为私人经济为主导时,私有化的政策可能会带来新的问题。

(三) 肯尼亚的民主尝试

民主化浪潮往往与非洲国家的民族问题产生互动。下面通过分析肯尼亚两次选举过程中民族因素的作用和埃塞俄比亚新宪法与民族问题的关联,加深我们对民主化与国家建构之间互动关系的理解。

肯尼亚主要有基库尤(Kikuyu)、卢奥(Luo)、卢希亚(Luhya)、坎巴

---

① 徐人龙:《博茨瓦纳经济社会发展的成功经验》,《西亚非洲》,2010 年第 1 期,第 29—30 页。

(Kamba)、卡伦津(Kalenjin)、梅鲁(Meru)、米吉肯达(Mijikenda)、图尔卡纳(Turkana)、马赛(Masai)、南迪(Nandi)、恩布(Embu)、基苏姆(Kisumu)等 20 多个民族。其中基库尤族是最大的民族。由于其特殊的人口数量、地理位置与历史条件,基库尤族一直对肯尼亚政党政治有着巨大影响。从 1919 年成立的具有民族主义成分的"基库尤协会"到 1963 年肯尼亚独立,随后一直到 1978 年首任总统基库尤人肯雅塔去世,基库尤族一直是肯尼亚政治的主导力量。基库尤族也曾与卢奥、卢希亚等民族多次联合。

　　从 1990 年 1 月民主化运动开始到 1991 年 12 月多党制的确立,经过 1992 和 1997 年两次大选以及 2007 年因选举导致的民族冲突,肯尼亚政坛各种政治力量可谓跌宕起伏,纷争不绝。特别是大选前后,执政党肯尼亚非洲民族联盟(肯盟)维护其地位的努力以及反对党的联合和分裂,无不折射出明显的民族差异性和地方民族意识,选举过程中所体现的地方民族主义倾向对肯尼亚大选结果产生重要影响,是地方民族主义影响肯尼亚政治的集中表现。①

　　1992 年大选前,以执政党为代表的卡伦津族和以反对党为代表的非卡伦津族力量对比发生变化,后者及反对党的力量加强,形势趋于复杂化,双方暴力冲突升级。1992 年 2 月至 3 月的 6 周时间里,肯尼亚西部省爆发一系列民族冲突,造成至少 60 人死亡,数千人无家可归。莫伊政府指责反对党挑起冲突,而后者(包括事发地区的卢希亚人、基西人和基库尤人)指责政府挑起暴力,同时指责警察没有及时阻止暴力的发展。4月,卡伦津人与基库尤人在那库鲁(Nakuru)区的摩罗(Molo)乡再次爆发冲突并蔓延至内罗毕地区。据逃离摩罗乡的妇女们称,非卡伦津族的儿童们正在遭受"卡伦津族战士"的屠杀。卡伦津人也遭到报复性袭击。②根据肯尼亚宪法,在任总统莫伊须在全国 8 个省中的 5 个省至少得到 25％的选票才可避免进行第二轮投票。当时,肯盟在沿海地区的一次补选中失败,据说是由于从内地去的居民参与选举所起的作用。作为外来

---

　　① 张永蓬:《地方民族主义与肯尼亚多党大选——以 1992 年和 1997 年肯尼亚多党大选为例》,《世界民族》,2002 年第 6 期,第 22—29 页。以下有关信息多取自此文。

　　② *Sunday Nation* (Nairobi),May 1, 1992, pp. 10-11.

少数民族,这些居民普遍有反对政府的倾向。事实上,类似的民族冲突持续到 12 月大选后才缓解。张永蓬认为,肯盟挑动冲突的可能性较大。原因在于对于肯盟的卡伦津政治家而言,裂谷省的地方民族主义不仅能使莫伊摆脱腐败问题的折磨,更重要的是能保住政权及卡伦津人的既得利益,这才是问题的实质。

1997 年大选前的地方民族关系远比 1992 年宽松,主要因为反对党力量分散,肯盟获胜把握较大。然而,在蒙巴萨地区还是发生了袭击外来少数民族的暴力事件,反对党将此事与大选联系起来。为了确保 1997 年选举获胜,肯盟在某种程度上策划了敌视少数民族(主要是穆斯林)的地方民族主义行动。根据德国《法兰克福汇报》的报道,在内罗毕的一次天主教弥撒活动中,主教们发表的一份声明指出,这些冲突是"那些暴虐狂的政治家的果实,他们从某些少数民族的不在场或不参加选举中获得好处……这是不是达到 25% 的又一种方法?"1998 年 1 月,裂谷省的两个地区爆发民族冲突,共有 65 人死亡。《每周评论》的文章指出:"很清楚,暴力分子的目标是在裂谷省的基库尤农民中制造恐慌,以使他们逃到中部省的安全地带。……事实显示,裂谷省的未来将构成向莫伊后时代过渡的主要障碍。"①这可以解释为,只要裂谷省卡伦津人的利益受到威胁,地方民族主义的暴力就将持续下去。

两次大选前后的地方民族冲突表明:冲突双方在政治上的代表分别是以卡伦津族为背景的肯盟政府和以非卡伦津族为背景的反对党;围绕冲突的地方民族主义争吵要比冲突本身影响更大,政治冲突已被赋予地方民族主义的性质。各种政治力量都在利用甚至激发地方民族主义情绪,以达到自己的目的。

从多党选举与地方民族主义互动的角度看,两次大选表明肯盟远比反对党的策略更灵活和现实。1992 年大选前,肯盟打出了"稳定、进步"的选举口号,通过广播、电视等宣传机器在全国范围内反复宣传。肯盟还特别强调,多党政治容易引起民族对立与暴力,提醒肯尼亚人民慎重选择,"以保证国家不会变成另一个索马里"。莫伊在公开场合也总是强调各民族的团结与和睦相处。在竞选运动中,"部落"成为一个具有极端负

---

① *The Weekly Review* (Nairobi),January 30,1998,pp. 4-6.

面意义的词,各方都攻击对立面的"部落意识"。

然而,在肯盟所掌握的传统势力范围,肯盟领导人又鼓动地方民族主义情绪,指责反对党为"部落主义者"或"部落俱乐部","他们将把较小的部落推进'政治垃圾箱'"。在莫伊视察裂谷省的艾尔根(Elgon)山区时,助理部长基西罗(Kisiero)发表讲话指出,大的部落已经组成反对党以便"吞掉像卡伦津和萨伯特这样的小部落"。肯盟党报《肯尼亚时代》也发表文章指责肯尼亚民主党是伪装起来的吉马,暗示肯尼亚最成功的资本家、吉马前总裁尼恩加·卡卢姆(Njenga Karume)是民主党真正的领导人。肯盟还竭力夸大基库尤人的威胁,称反对党的胜利就意味着马赛、卡伦津等小民族的土地将被基库尤人夺走。肯盟还利用各种机会挑起基库尤族与卢奥族的仇恨,激发地方民族主义情绪。在民族冲突与暴力问题上,受到各方指责的肯盟进行反击,指责反对党是"只对挑起内战感兴趣的部落党。"[1]

这些鼓动都具有重要的现实意义。在地方民族关系复杂的肯尼亚,众多的小族历来对基库尤等大族怀有戒心。实际上,主要的反对党论坛(肯尼亚)、论坛(正统)和肯尼亚民主党的民族代表性都很差,这就为肯盟攻击对手提供了口实,为自己联合诸多小族以塑造全民党的形象创造了条件。

1997 年大选前,肯盟使用了几乎与 1992 年相同的竞选策略。莫伊不断呼吁反对暴力,反对带着"部落意识"投票,并提醒裂谷省的多民族共同体应该用一种声音说话,和睦地生活在一起。他要求选民将选票投给肯盟,因为它是代表所有共同体利益的党。[2] 另一方面,肯盟在滨海省等地区进行暴力威胁以保证选票,并加强攻击反对党的地方民族主义倾向。[3] 在反对党方面,虽然基库尤族在 1997 年大选策略上有进步,但自从 1992 年以来反对党之间的分裂更加深了,未能产生唯一的总统候选人仍然是反对党的最大劣势。

两次大选前各方的选举策略及暴露的问题表明,地方民族主义是选举中不可回避的内容,它似一把"双刃剑",用好了能威胁对手,用不好则

---

① David W. Throup and Charles Hornsby, *Multi-party Politics in Kenya*, pp. 340-343.

② *East African Standard*, December 29, 1997.

③ *East African Standard*, December 16, 1997.

伤及自身。1992年12月和1997年12月肯尼亚的两次多党大选结果以最直观的形式展示了地方民族主义在肯尼亚多党政治中的作用和影响。其特点是:总统和议会选举都表现出鲜明的地方民族性;政党的地方民族主义背景在选民的投票倾向中得到充分展示。正如《每周评论》所言:"民族政治将最终决定总统大选结果。"①土地、民族和治理问题是导致肯尼亚民族冲突的症结。肯尼亚在2007到2008年经历了最严重的民族冲突,导致1 300人死亡,约35万人流离失所。从引起冲突的不满中浮现出长期未解决的问题。②

哈维·格利克曼指出:"非洲的政治仍然被民族冲突严重分割开来。在未来十年内,民主的开放所提供的政治空间仍然是一个竞技场,在那里,政策的争论与民族力量、民族政党和在民族基础上获得支持的候选人之间展开不平等竞争。"③这正是肯尼亚的现实。无论是卡伦津人还是基库尤人,或是其他的民族,决定其政治影响力的最重要的因素是地方民族主义而不是别的。正如吉图·姆伊盖所说:"曾对改变肯尼亚政治规则表现出坚定信念的年轻一代政治家正在对有关原则问题的民主争论变得绝望,并且正在探索民族动员的游戏。"④本人在《非洲民族主义研究》一书中指出:"作为国家政治生活中的一个变量,地方民族主义对肯尼亚未来政治的消极影响将是久远的,很可能不是一两代人能够解决的问题。"肯尼亚的土地问题在独立前后起着十分重要的作用,成为伦敦殖民当局、肯尼亚政府、肯尼亚普通农民、肯尼亚的白人定居者和民族主义者之间博弈的内容。肯尼亚的民族冲突既源自殖民统治时期留下的隐患,也有独立后政府治理以及现实政治的原因,国际政治经济秩序的不平等往往在某一时间结点上成为催化剂,加上地区的各种不确定因素包括水资源的缺乏、民众生计来源的不稳定、各政党党派的互相争斗和政治精英的鼓动以

---

① *The Weekly Review*(Nairobi),January 1,1993,p. 3.

② John O. Oucho,*Undercurrents of Ethnic Conflicts in Kenya*,Leiden,Brill,2002; Mose Kodeck Makori,"Ethnic Conflict and National Security in Kenya",Institute of Diplomacy and International Studies(IDIS),University of Nairobi. October,2011.

③ Timothy D. Sisk and Andrew Reynolds,eds.,*Elections and Conflict Management in Africa*,Washington,1998,p. 37.

④ Harvey Glickman,ed.,*Ethnic Conflict and Democratization in Africa*,p. 193.

及部分西方媒体对事件的推波助澜等。这些因素加上选举期间民众对政治领袖人物缺乏信任,最终导致了民族冲突。

(四) 埃塞俄比亚过渡政府的新宪法与民族矛盾

埃塞俄比亚人民革命民主阵线(Ethiopian People's Revolutionary Democratic Front,以提格雷人民解放阵线为主,简称"埃革阵")推翻了门格斯图政权两个月后,即主持召开了由 24 个政治派别和民族组织参加的全国和平与民主过渡会议,通过埃塞俄比亚人民革命民主阵线提出的过渡宪章,成立过渡政府。埃革阵上台后取得了四项成就。第一,通过民主协商,同意厄立特里亚以全民公决方式决定自己的前途。第二,通过了埃塞俄比亚新宪法。第三,在新宪法的框架内进行了选举。第四,在政治相对稳定的情况下使经济发展加速。过渡政府成立后,埃塞俄比亚人民革命民主阵线与在推翻旧政权中并肩作战的厄立特里亚人民解放阵线达成协议:举行全民公决,决定厄立特里亚的独立问题。1993 年 4 月 23 到 25 日,厄举行全民公决,绝大多数赞成厄立特里亚独立。同年 5 月 24 日,厄立特里亚正式宣告独立。①

埃塞俄比亚新政府也开始致力于解决长期的民族矛盾,新的联邦建立在多民族的基础之上,在登记和投票时须出示民族身份证明。民主化浪潮确实对埃塞俄比亚产生了某种冲击。1995 年 5 月,地方和全国选举在新宪法的框架下举行。从整体上而言,1995 年选举是相对平和的。尽管有一些关于选举中出现的恐吓和骚扰的报道,但国际社会普遍认同此次选举。2005 年的选举也是在相对稳定的情况下举行的。虽然结果颇为出乎执政党的意料之外,埃革阵也采取了一些措施压制反对党,但从国外观察团的反映看,埃塞俄比亚此次选举总体状况令人满意。②

从政治形势的发展看,埃革阵逐渐成为一个代表全民族利益的中坚力量。埃塞俄比亚的联邦制产生了一些积极因素。一方面,有的党派认

---

① 关于厄立特里亚的研究不多,可参见米凯拉·容:《我不是为你打仗:世界背弃一个非洲小国》(延飞译),云南大学出版社,2010 年。

② 肖玉华:《埃塞俄比亚现代化:传统与现代的融合》,李安山主编:《世界现代化历程:非洲卷》,江苏人民出版社,2013 年,第 349—351 页。

识到,只有互相联合,面向全国大众,组织才能更加巩固,政治上才会更有凝聚力和竞争力。这种认识促使这些政党逐步互相整合。例如,联合政治论坛党(Joint Political Forum Party)是由埃塞俄比亚民主统一党(Ethiopian Democratic Union Party)、南方埃塞俄比亚民主联盟(Southern Ethiopia Peoples Democratic Union)和埃塞俄比亚民主行动党(Ethiopian Democratic Action Group)联合而成。埃塞俄比亚全国民主党(Ethiopian National Democratic Party)是由埃塞俄比亚全国民主组织(Ethiopian National Democratic Organization)、埃塞俄比亚民主联盟(Ethiopian Democratic Coalition)、古拉格人民民主阵线(Guraghe People's Democratic Front)、坎巴塔人民大会党(Kembatta People's Congress)和沃拉伊塔人民民主阵线(Wolayita People's Democratic Front)整合而成。另一方面,一些地方民族主义政党出现了分化,在同一个地方民族内部出现了多个政党。例如,在奥罗莫族内部,除原有的奥罗莫解放阵线(Oromo Liberation Front)外,已出现了 5 个政党:奥罗莫民族大会党(Oromo National Congress)、统一奥罗莫人民解放阵线(United Oromo People's Liberation Front)、奥罗莫人民民主组织(Oromo People's Democratic Organization)、奥罗莫阿波解放阵线(Oromo Abo Liberation Front)和伊斯兰解放奥罗莫阵线(Islamic Front for the Liberation of Oromiya)。整合意味着民众愿意在除民族以外更广泛的基础上寻求同盟,这样将形成以政治、经济或社会利益为凝聚力而不是以某一个地方民族为社会基础的政党;分化则表明同一个地方民族内部已经出现了不同的利益群体和政治诉求,这将使地方民族主义逐渐失去号召力。

虽然埃塞俄比亚仍然存在着不同民族之间的矛盾,但执政党埃塞俄比亚人民革命民主阵线获得了广大民众的支持,在 1995 年、2000 年、2005 年、2010 年、2015 年的多党选举中均获胜。这种整合和分化的趋势对埃塞俄比亚民族一体化具有十分积极的意义。

五、小 结

从非洲正在进行中的民主化进程以及对非洲国家民族融合的影响看,我们可以得出以下结论。第一,正在追求的或是已建立的民主制度只是一种尝试,它的基础并不牢固,也并未全面促进政治上的平等与自由。在政治游戏中,不规范的因素和破坏游戏规则的情况很多。从已有的个案分析来推论,这种民主可说只是一种"选举民主",通过这种机制选出来的政府不仅自身还远远没有成熟,也缺乏足够的政治策略或执政手段来与以前的权威政体抗争。由于一些国家民主化进程的形式大于内容,参与民主化的政治集团或派别将注意力集中在政治组织合法化、总统选举等事项,未将与人民切身利益相关的民主因素放到政治日程上来。在大多数国家,政治精英对公众的广泛参与和民主的价值观并不十分在意。因此,非洲一些国家的民主化表现出精英政治的特点,并存在着脱离民众的倾向。正是由于缺乏广大群众特别是农民的参与,一些已建立的民主政权也表现出某种脆弱性。

第二,在非洲大部分目前实行多党制的国家中,政党的制度化程度都很低。由于一党制造成了长期以来政府权力独享的局面,这种情况带来了对民主制度极其有害的后遗症:各个政党为得到政治权力可以不顾一切。政党竞争政府权力的过程成为一种零和(zero-sum)游戏——没有权力的分享,只有你死我活的斗争。这种情况必然会反映到以地方民族为基础的政党斗争中来。这样,代表不同地方民族的不同政党不断将党争反映到对国家权力的争夺之上,并在选举过程中放大,容易导致国家的不团结和不稳定状态,这种民主化与民族问题互动的负面效应将在相当一段时期内存在。所幸的是,非洲文化传统保留着一种更包容的政治智慧,针对政治对手往往用"请进来"而非"踢出去"的策略,以维持整体的团结。看来,妥协包容与零和游戏两种不同策略在民主化-国家建构的过程中将长期存在。

第三,国家建构在民主化过程中将得到加强。虽然目前地方民族主义可以通过各种手段来争取选民以巩固自身政党的社会基础,但从长远看,一个强有力的政党必须代表全民族的利益。只有代表国家和全民族利益的政党才能真正完成历史赋予的使命。这种最终目标和崇高责任感将促使各政党在竞争过程中逐渐放弃地方民族的利益。从精神上看,民众将在为民主化而斗争的过程中认识到国家利益的重要性。从物质上看,资源的调动、信息的传播和组织工作的日益完善也将促进民族的一体化。从发展的眼光看,尽管尼日利亚、肯尼亚与埃塞俄比亚和安哥拉等国的历史不同,有的以殖民地的框架为基础,有的具有深远的历史基础,但这些国家都或多或少地存在着国家建构的问题。

当然,建立真正意义上的民主制度并通过民主化促进国家建构仍是非洲国家面临的一个极其艰巨的任务。"今日的非洲正在经历争取民主的一场革命。非洲人民正在开始分享生机勃勃的种种政治文化的成果。……说殖民地语言的那10％的非洲人,既支撑不起民主,也维持不了发展。……新非洲已经着手的、正在缓慢形成的民主计划,应当得到培养和保护,从而确使民主过程的制度化毫无疑义地在历史上予以巩固。"[①]前途光明,道路曲折。有关非洲国家的民族、民族政策及国家建构等问题,我们将通过个案分析在下文详细探讨。

---

① 普拉:《非洲民族:该民族的国家》(姜德顺译),第352—353页。

第五章　北非巨变:既非"春天",亦非"革命"

> 革命后什么也未改变,特别是在行政管理方面。我们仍然有着同样的法律。有关营业执照的法律应该减少,这样所有的行业都开放。管理机构也应改善其服务质量。
>
> 布尔德利(突尼斯企业家,2014 年)

> 如果普通支持者能够组织起来,是可以有所作为的。利比亚国内支持卡扎菲的人还很多,只需用政治主张将他们调动起来。如果举行有像赛义夫·伊斯兰这样的名人参与竞选的选举,卡扎菲分子能够获胜。
>
> 穆斯塔法·费图里(的黎波里政治学院教授)

在北京大学完成了博士和博士后学习的突尼斯学者伊美娜一直为自己的国家自豪。她在读书期间发表了一篇阐述有关突尼斯妇女地位变化的论文,其中提到了三件事。

1. 国际妇女理事会会长马丽·格雷格·舒勒(Mary Craig Schuller)早在 1966 年访问突尼斯时就认为"非洲国家应将突尼斯妇女经验作为参考"。

2. 美国德州大学社会学教授穆尼拉·莎拉德(Mounira Charrad)曾表示:"突尼斯一直被认定为是全阿拉伯伊斯兰世界中妇女立法

改革的先锋。"

3. 一些国际非政府组织曾在 16 个阿拉伯国家进行有关妇女权益的调查,调查结果显示,突尼斯位列阿拉伯世界第一名。[①]

由此看来,突尼斯自独立以来在社会发展方面取得了不小的成就。突尼斯妇女地位的改善在非洲国家、阿拉伯国家和国际上都有一定的影响力。然而,正是这个取得不少成就的国家成为"茉莉花革命"的发源地,打响北非巨变第一枪的地方。

自冷战结束以来,民主化浪潮、恐怖主义袭击、新兴经济体的崛起等一系列事件对全球具有重大影响,撼动着既定的国际政治经济秩序。此外,世界上多个国家长期因冷战而被掩盖的政治、经济和社会矛盾也凸显出来。这种内在矛盾加上国际因素的作用,在世界各地导致了各种冲突。始于 2010 年的"阿拉伯之春"(Arab Spring)可以说是当代持续时间最长、涉及国家最多、影响最大的事件。现在,人们对这场巨变的真实看法和客观评价可以从一个替代词体现出来——"阿拉伯阴霾"(Arab Gloom)。[②]

在这场尚未完结的阿拉伯巨变中,受影响最大的是卷入其中的三个北非国家:突尼斯、埃及和利比亚。之所以说这三国受影响最深,首先是因为各自国家的领导人均被以"革命"的名义推翻,利比亚领导人卡扎菲不仅政权在国家遭受外来者入侵的过程中被颠覆,而且在与反对派的对阵和北约的反复轰炸中死于非命。突尼斯原总统本·阿里在群众的反抗声中不得不仓促流亡沙特阿拉伯,并被突尼斯法庭以挪用公款罪缺席判处 35 年徒刑。年纪最大的穆巴拉克虽然运气最佳,但也是在国家审判中受尽折磨羞辱且饱受牢狱之苦,最后才被宣判无罪。其次,国家政治体制和社会秩序受到深度破坏。第三,人民的正常生活受到严重干扰。有的国家的人民的生活至今仍没有恢复到动乱前的水平。

对此次北非中东动荡有多种解释。大致归纳有三种:内因论、外因论

---

① 伊美娜(Imen Belhadj):《突尼斯妇女法律地位浅析》,《西亚非洲》,2012 年第 4 期,第 102—103 页。

② 这是刊登在《经济学家》杂志上的一篇报告的标题。Said Amir Arjomand, ed., *The Arab Revolution of 2011: A Comparative Perspective*, SUNY Press, 2013, p. 2.

与技术论。第一种观点强调社会内部的政治-经济因素,特别是强调当权者的专制和缺乏民主。[①] 他们将政治经济整合起来进行分析,认为这些国家经济有所发展但政治改革滞后,从而导致民众思变,最后引发革命。[②] 第二种观点指出外来因素是这场巨变的根源。埃及著名学者萨米尔·阿明强调全球新自由主义对阿拉伯世界的影响导致了这一变动。[③] 牛津大学政治学教授安德森指出在利比亚发起战争与石油争夺之间的逻辑关系。[④] 中国学者有的认为"'阿拉伯之春'乃美国制造",[⑤]有的强调地缘政治的关系,将美国和欧洲的战略考虑置于主要因素,认为这一变局是"美欧地缘战略诉求矛盾、争夺北非中东地区主导权的体现,是大国'货币权力'在世界体系转型过程中的地缘冲突表现,是美国努力维护其世界经济霸权地位的体现"。[⑥] 第三种观点认为现代通讯技术(特别是脸书和推特等社交媒体)通过那些失业或满腹牢骚的青年人的熟练运用,在这场动荡中起到了重要作用。[⑦]

2008 年国际金融危机无疑给北非地区造成严重影响。外国投资急剧减少,青年失业,物价上涨,生活水平下降,民怨四起,领导人执政时间过长,统治手法过于强势及其家族卷入经济或政治事务甚至贪污腐化,这些因素加上外部势力干预,同时反对派借助网络新技术助推社会动员,从

---

① Roberts Springborg, "The political economy of the Arab Spring", *Mediterranean Politics*, 16:2(2011), pp. 427-433.

② M. A. Mohamed Salih, *Economic Development and Political Action in the Arab World*, Routledge, 2014.

③ Samir Amin, "The Arab revolution: a year after", *Interface: A Journal for and about Social Movement* 4:1(2012), pp. 33-42.

④ David Anderson, "The fight for Libya's oil", OXPOL, September 15, 2011. https://blog. politics. ox. ac. uk/the-fight-for-libyas-oil/.

⑤ 王锁劳:《"阿拉伯之春":回顾与展望》,《中国国际战略评论 2011》,北京:世界知识出版社,2011 年,第 235—237 页。

⑥ 林宏宇、李小三:《北非中东动荡之国际政治经济学分析》,《国际关系学院学报》,2011 年第 4 期,第 34—39 页。

⑦ N. Eltantawy and J. B. Wiest, "Social Media in the Egyptian Revolution: Reconsidering Resource Mobilization Theory", *International Journal of Communication*, No. 5, 2011, pp. 1207-1224;B. V. Niekerk, K. Pillay, and M. Maharaj, "Analyzing the Role of ICTs in the Tunisian and Egyptian Unrest from an Information Warfare Perspective", *International Journal of Communication*, No. 5, 2011, pp. 1406-1416.

而导致政权变更。当然,对因突尼斯变局而起的阿拉伯巨变的原因分析可从内外两方面着手,但现在下结论为时尚早。由于这一事件对国际政治及非洲局势的巨大影响,我们难以将其排除在当代史之外。本章希望能综合各家观点,将这一巨变的相关因素和主要过程呈现给读者,并提出自己的看法。

一、突尼斯与"茉莉花革命"

突尼斯人口为 1 170 万(2018 年),90％以上为阿拉伯人,其余为柏柏尔人。突尼斯历史悠久,尤以迦太基文明(公元前 9 世纪—前 146 年)闻名于世。当时,位于突尼斯北部的迦太基城作为奴隶制强国迦太基国的都城,成为地中海地区政治、经济、商业和农业中心之一。公元前 3 世纪,迦太基与古罗马激烈争夺地区霸权,双方在公元前 264 年到前 146 年间发生多次布匿战争(Punic Wars)。公元前 146 年,迦太基终于战败,城市毁于一旦。

突尼斯在伊斯兰教传播的早期被称为伊非里奇亚(Ifriqiyyah),即罗马语的"非洲"。这是罗马人在布匿战争中击败迦太基人后给他们的第一个非洲殖民地起的名字。随着罗马帝国的衰落,突尼斯曾短暂地被汪达尔人和拜占庭帝国占领,直到公元 703 年被阿拉伯穆斯林征服。后来,哈夫斯王朝(Hafsid Dynasty,1229—1574)建立了独立强大的突尼斯国家,但在 1574 年沦为土耳其奥斯曼帝国的一个省。伊斯兰教徒安达卢西亚人曾在西班牙的"收复失地运动"①期间被迫离开西班牙后移居突尼斯。1574 年,突尼斯被并入了土耳其奥斯曼帝国。17 世纪末,奥斯曼帝国日益衰落,名义上归它管治的埃及、的黎波里塔尼亚(今利比亚)、突尼斯和阿尔及利亚实际上已经获得独立,突尼斯开始寻求自身的发展道路。

(一) 从《1857 年基本公约》到《1861 年宪法》

突尼斯是非洲大陆早期改革国家之一。一般学者认为突尼斯的现代

---

① 西班牙的"收复失地运动"(Reconquista,又称再征服运动、列康吉斯达运动)是公元 718 至 1492 年间西班牙人反对阿拉伯人占领、收复失地的运动。

改革始于 1861 年宪章。然而,这一宪政改革可以追溯到突尼斯贝伊①
穆罕默德二世(Muhammad II ibn al-Husayn,1855—1859)当政时期的
《1857 年基本公约》(The Fundamental Pact of 1857)。公约制定的起因是
"史菲兹事件"(the Batto Sfez Affair),一起反映突尼斯的犹太人与穆斯
林之间矛盾的交通事故。史菲兹(Samuel "Batto" Sfez)是突尼斯的一位
犹太青年,是犹太人社区政治领袖夏马马(Nasim Shamama)的驾车人。
他在一起交通事故中与一位穆斯林发生争执,结果被对方以"亵渎伊斯兰
教"的罪名起诉。根据马利克派的法律,这一罪名足以对被告判处死刑。
由于夏马马与贝伊穆罕默德二世早有过矛盾,贝伊在法院做出有罪判决,
同一天史菲兹被斩首。②

　　这一判决结果引起当地犹太人社区和外国商人的极度不满和恐慌。
法国和英国立即派出舰队抵达突尼斯,在港口进行威胁,最后与穆罕默德
二世签署《1857 年基本公约》。《1857 年基本公约》宣布了突尼斯管理政
府、本国人民和外国人之间关系的规则。这一方面是为了巩固贝伊的统
治,同时也安抚欧洲列强。具体条款包括废除奴隶制,保证人民的生命和
财产安全,给予平等税收,从而含蓄地废除了吉兹亚③,给予宗教自由,在
法律面前给予平等,给予外国人拥有土地和参与一切企业的权利以及设
立独立的商业法庭等事项。④ 尽管这一公约是在外国军舰的压力下签订
的,但公约中有关平等的概念开始在突尼斯民众中传播,并为后来的民族
主义运动提供了精神食粮。

　　根据《1857 年基本公约》,突尼斯成立了一个委员会以起草一部真正
的宪法。这部宪法于 1860 年 9 月 17 日提交给穆罕默德三世萨迪克
(Muhammad III as-Ṣādiq,1859—1882)。穆罕默德三世萨迪克接替穆罕
默德二世成为突尼斯贝伊,《1861 年宪法》取代《1857 年基本公约》,并于

---

　　① 贝伊(Biy,Bak,Bey)是奥斯曼帝国时对地区长官的称谓。1705 年,突尼斯王朝
的统治者称贝伊。

　　② Jamil Abun-Nasr, *A History of the Maghrib*, Cambridge University Press, 1971,
p. 263.

　　③ 吉兹亚(Jizya)是一种曾经在伊斯兰国家向非穆斯林人民实施的人头税,征税对象
是适于当兵和有财力缴税的成年男子,不包括奴隶。

　　④ "Pacte fondamental de 1857", Ministry of Justice, Republic of Tunisia.

1861 年 4 月 26 日生效。有的学者认为,《1861 年宪法》除了规定居民平等权的内容外,主要是为了保障在突尼斯居住和经商的外国人。宪法对平等权的规定如下:(1)不论宗教、语言和肤色,给予君主所有的臣民平等的保护、保障他们的财产和尊严;(2)平等缴税;(3)在法律面前,穆斯林和非穆斯林一律平等;(4)固定且公平的征兵保障。对外国人和少数民族权利的规定如下:(1)非穆斯林信教自由,坚持宗教无强迫原则;(2)迪米(奥斯曼帝国少数民族自治制度)有权在涉及其成员的刑事法庭中指定其社区领导人作为法官的权利;(3)在涉及欧洲公司时,设立穆斯林和友邦联合商业裁判所;(4)穆斯林和非穆斯林平等适用习惯法;(5)对自由贸易提供不干涉、不介入的国家保障,并承诺这种机制不受破坏;(6)在遵守当地法律的情况下,君主的臣民和外国人在产业和服务方面享有平等权利;(7)君主的臣民和外国人拥有获取土地和不动产的平等权利。"从 1861 年宪法规定的内容看,除规定居民平等权的内容外,主要为保障突尼斯外国人和少数族群利益的条款。"①

　　从现代宪法的角度看,这一宪法涉及的内容相当广泛。作为阿拉伯国家第一部书面宪法,《1861 年宪法》共有 13 章计 114 条,其内容既确立了国体——突尼斯作为一个君主立宪制国家,也确定了行政、立法和司法各部门的分权职责,并在《1857 年公约》基础上对民权做出了规定。宪法规定由贝伊和一名总理组成的行政部门共享权力,但对贝伊的权力进行了限制。贝伊可以获得津贴,但不能自由支配国家的资源,也无权罢免官员。最高议会具有重要的立法特权,由 50 名议员组成,任期 5 年,议员每年更换五分之一。最高议会具有立法权,可以制定、解释和修改法律,可以批准预算。司法体系也比较特殊,司法裁判以贝伊之名进行,但司法权不在贝伊手上。司法审判视情节轻重和案件类别由治安法庭、初级法院、商事法庭、军事法庭和上诉法院分别审理,并保留了沙里阿宗教法庭审理有关神权方面的案件。② 从法律意义上看,除了确定了国体外,这一宪法也在基本层面强调保护民权,包括平等权、肤色平等、法律面前人人平等、

---

　　① 李竞强:《论欧盟与突尼斯政治民主化》,《世界经济与政治论坛》(南京),2012 年第 5 期,第 38—53 页。

　　② 徐华强:《突尼斯宪政发展研究》,湘潭大学法学院 2012 年硕士论文,第 5 页。

宗教信仰自由。宪法还强调习惯法的法律地位。在经济方面，既规定平等缴税，也支持贸易自由，并为外国人在突尼斯从事正当的经济活动（产业和服务方面及拥有获取土地和不动产的权利）提供法律保障。当然，这种宪法还谈不上对民众政治权利的保障。更重要的是，这部宪法制约了突尼斯统治者的力量，为欧洲移民提供了保障，这些移民享有财产权，并保证突尼斯法律得到平等保护。

李竞强认为，从突尼斯早期进行政治现代化的动力看，"欧洲因素是突尼斯君主们进行宪政改革的主要推动力"。① 这种说法有一定道理。从某种意义上看，《1857 年基本公约》和《1861 年宪法》都是近代突尼斯在与欧洲列强遭遇的过程中的产物。然而，这一宪法并不长久，实行 3 年后就被废止。正如突尼斯近代改革家哈伊尔丁所言：在突尼斯缺乏实施该宪法的两个条件：一个是愿意执行宪法的统治者，一个是理解并愿意接受宪法的民众。②

（二） 从布尔吉巴到本·阿里

突尼斯于 1881 年成为法国保护领地。在民族主义领袖哈比卜·布尔吉巴（Habib Bourguiba，1902—2000）等人的领导下，突尼斯人民进行了长期的反对殖民主义的斗争，布尔吉巴多次入狱，曾被流放在撒哈拉沙漠 20 个月之久，原因是他创建了"新宪政党"。③ 新宪政党通过各种方式揭露殖民统治的实质，布尔吉巴等民族主义领袖动员民众进行反殖斗争。1954 年法国在越南奠边府战役中的惨败使继任者孟戴斯-弗朗斯政府不得不释放布尔吉巴等民族主义领袖，并决定与突尼斯民族主义者就突尼斯的前途展开谈判。法国希望在保持自己既得利益的前提下让突尼斯取得内部自治。

---

① 李竞强：《论欧盟与突尼斯政治民主化》，第 38—53 页。还可参见李竞强：《突尼斯政党政治与民主化改革》，《中东问题研究》，2015 年第 2 期（总第 2 期），第 64—80 页。

② 转引自张秉民、陈晓虎：《近代突尼斯改革家哈伊尔丁的改革思想》，《西亚非洲》，1998 年第 2 期，第 65 页。

③ 新宪政党成立于 1934 年，独立后成为执政党，1964 年更名为"社会主义宪政党"，1988 年更名为"宪政民主联盟"。2011 年 1 月本·阿里政权倒台后，过渡政府宣布取缔原执政党"宪政民主联盟"。

在谈判过程中,突尼斯民族主义者出现了两个派别。以布尔吉巴为代表的温和派虽然以国家独立为最终目标,但愿意以接受内部自治的方式为基础进行谈判。另一派以新宪政党秘书长赛拉·本·优素福为代表,反对内部自治,主张完全独立的地位。然而,由于广大民众倾向于先接受内部自治,以布尔吉巴为代表的温和派战胜了以优素福为代表的激进派,同意在保留法国利益并与法国保持长期密切关系的前提下获得内部自治的地位。布尔吉巴巩固了自己的领导地位,"布尔吉巴主义"获得了在新宪政党内的主导地位。经过长时间的谈判,突尼斯与法国于 1955 年 6 月 3 日达成"突尼斯法国协定"(Accord Tuniso-Francais)。① 1955 年 6 月,兴高采烈的突尼斯民众聚集在码头和街道两旁,欢迎布尔吉巴回国。随着北非民族主义运动的发展,阿尔及利亚武装争取独立的斗争如火如荼地展开,新组成的第一届摩洛哥政府完成与法国的谈判,于 1956 年 3 月 2 日取得独立。法国不得不于 1956 年 3 月 20 日承认突尼斯独立。1957 年 7 月 25 日突尼斯制宪会议通过决议,废黜国王,宣布成立突尼斯共和国,布尔吉巴为首任总统,突尼斯成为非洲的法属殖民地最早独立的国家之一。1975 年经议会批准,布尔吉巴成为终身总统。

相对正在为独立而战的阿尔及利亚来说,布尔吉巴主张的是一条温和主义的路线。在随后的治国理政的过程中,我们既看到布尔吉巴领导下的突尼斯取得的一系列成就,也看到了他从民族主义领袖向专制者的转变过程。1975 年,成为终身总统的布尔吉巴在面对"什么是政治制度"这一问题时,他的回答是:"我就是制度!"80 年代后期,布尔吉巴的世俗统治与泛伊斯兰运动的对立到了非常尖锐的地步。姆扎利于 1980 年 4 月出任总理,1986 年在执政的宪政党十二大上曾被确认为党的总书记和政府总理,是总统的法定接班人。然而,三个星期后他就被解除了党内外职务,原因是布尔吉巴怀疑他与自己的夫人瓦西拉联手架空他。随后,布尔吉巴任命斯法尔出任总理。斯法尔在朝野毫无威望,难以胜任。1987

---

① 在突尼斯新宪政党要求自治并为此于 1954 年开展武装斗争的背景下,法国允许突尼斯内部自治的协定,由法国总理富尔、摩洛哥和突尼斯事务部长许里同突尼斯首相哈尔·本·阿玛尔、国务大臣蒙吉·斯陵在巴黎签署,同年 8 月 31 日生效。协定主要内容是法国承认突尼斯自治,但仍控制突尼斯的国防和外交等事宜。

年 10 月 2 日,布尔吉巴又一次改组政府,任命军人出身的内政国务部长本·阿里(Zine El Abidine Ben Ali)为总理。

由于此时的布尔吉巴生性多变,不仅在官员任命上独断专行,且表现出对本·阿里的不信任,本·阿里对自己的处境颇为担忧。他当机立断,以宪法第 57 条规定(总统身体状况不允许他继续掌管国事时由总理接任)为根据,宣布布尔吉巴总统因健康原因辞职,自己取而代之。这次政权更迭筹划周到,准备充分,轻易就取得了成功。①

(三) 阿里统治时期的突尼斯

当时的本·阿里被看作是拯救国家的英雄,他承诺当选后将进行政治改革。本·阿里上台后,将社会主义宪政党改名为宪政民主联盟,淡化了社会主义色彩,强化了"普世价值"。1988 年修改宪法规定,总统为国家元首、行政首脑兼武装部队总司令。

突尼斯经济主要依靠出口,是橄榄油主要生产国之一,橄榄油占世界总产量的重要份额,是主要出口创汇农产品。此外,还有以磷酸盐为原料的化工业和石油开采业。轻工业以纺织业为主。1986 年,突尼斯根据国际金融机构的意愿实行经济"结构调整计划",由计划经济向市场经济过渡。1995 年,欧洲-地中海会议在巴塞罗纳举行,其主要目的是将欧盟与地中海沿岸国家用协议联系起来,这种关系有时被称为"欧洲联盟与地中海国家伙伴关系",希望将贸易与安全问题联系起来。会议的主要结果以"巴塞罗纳宣言"的形式公布。作为会议的成果之一,突尼斯与欧盟签署联系国协议。② 2008 年突尼斯与欧盟启动自贸区。突尼斯经济主要依靠出口,这也成为其最大弱点——对欧洲市场的高度依赖。这样,当欧洲经济出现问题时,突尼斯难免受其牵连。根据突尼斯中央银行年报,2000

---

① 关于突尼斯历史与现状的研究,参见 C. Alexander, *Tunisia: Stability and Reform in the Modern Maghreb*, New York: Routledge, 2010。中国学者的研究,参见杨鲁萍、林庆春:《突尼斯》,社会科学文献出版社,2010 年。有关布尔吉巴的情况,参见布尔吉巴:《布尔吉巴回忆录》,世界知识出版社,1983 年;安惠侯:《突尼斯首任总统布尔吉巴评介》,《阿拉伯世界研究》,2004 年第 6 期。

② M. A. Mohamed Salih, *Economic Development and Political Action in the Arab World*, pp. 142-145.

年以来,突尼斯的经济保持了持续稳定的发展,经济增长率在 2000 年至 2007 年平均为 4.9%。2007 年进入第十一个五年计划,国内生产总值年增幅超过 6%,人均收入 3 420 美元。然而,突尼斯对欧洲市场的依赖非常严重,金融危机爆发对它的冲击很大。受国际市场影响,突尼斯经济增幅降下来,2008 年为 4.6%,2009 年为 3.1%,2010 为 3.4%。①

不可否认,在阿里 30 余年统治期间,突尼斯的经济、社会和文化各方面都得到了较快的发展,社会福利也有所改善。以文盲率为例。根据联合国教科文组织统计办公室教育统计处的资料,1985 年突尼斯的文盲人数为 185.8 万人,占人口总数的 42.4%;1990 年降至 176.2 万,文盲率占比为 34.7%;2000 年更是降至 149.7 万,文盲率为 22.5%。② 突尼斯对教育经费的投入也相当突出。2000 年,教育经费占国内生产总值的 6.2%,在 17 个阿拉伯国家中占第二位(第一位是也门,为 9.7%)。2005 年至 2010 年,突尼斯的教育经费占到 6.3%,教育经费上升为阿拉伯国家中第一位。③

另一个重要的社会成就是妇女地位的改变。政府不仅在各种法律和社会活动中保障妇女的地位,在教育方面取得的成就在阿拉伯国家也非常突出。1965 年,50% 的妇女已接受基础教育,但妇女接受高等教育的比率相当低。同年,不同学龄阶段接受教育的女性比率分别为:小学 64.9%,中学 9.2%,大学只有 1%。到 21 世纪,有 98.6% 的妇女完成了基础教育阶段的学习,已经超过了男性接受基础教育的比率(98%)。20 世纪 90 年代以来,受过高等教育的妇女人数不断增长,根据突尼斯国家统计院的统计,1993 年高校中女大学生比率达到 42.2%。这一数字在 20 世纪增长很快,突尼斯女大学生占大学生总数比例在 2000 年达到 50.4%,2005 年达到 57.2%,到 2010 年已达到 60.3%,女大学生的人数

---

① J. Reiffers and C. Tsakas, "Economic crisis in Mediterranean countries: The effect of International Crisis on Mediterranean counties", *Mediterranean*, 2011, p. 75. 还可参见《突尼斯经济增长率概况》,驻突尼斯经商参处,2015 年 5 月 6 日。http://tn. mofcom. gov. cn/article/ddgk/zwjingji/201505/20150500963562. shtml.

② A. A. 马兹鲁伊主编、C. 旺齐助理主编:《非洲通史(第八卷):1935 年以后的非洲》,第 510 页。

③ M. A. Mohamed Salih, *Economic Development and Political Action in the Arab World*, p. 106.

超过了男大学生。在就业方面,妇女的就业率也不断提高,在 2010 年达到 30%。在妇女参政方面的成就更为突出。根据 2009 年的统计,突尼斯众议院有 27.57% 的成员为女议员。在市政局与宪法委员会中,妇女所占的比率分别为 27.7% 和 25%。这些数字远远超过其他阿拉伯国家。① 尽管本·阿里的这些政策与着力打击伊斯兰反对派有关,但却大大改善了突尼斯妇女的社会地位。

诚如伊美娜所言,突尼斯妇女法律解放是布尔吉巴一生中最大的业绩,也是突尼斯现代社会发展的显著成就之一。本·阿里政权继承了布尔吉巴政权的事业,继续推动妇女解放事业进入新的发展阶段,这一阶段最大的特点是妇女法律地位不断得以巩固。她认为:"突尼斯妇女权益受到重视和保护的经验是阿拉伯世界的一个独特范例。总体而言,突尼斯在妇女法律地位的提高方面取得了巨大的成就。"②

然而,政治改革并未如期而至。本·阿里似乎忘记了他上台时的承诺。20 世纪 90 年代以来,本·阿里采取各种手段致力于消灭反对派,伊斯兰主义、社会主义和自由主义势力大部分被关进监狱或放逐国外。从 20 世纪 90 年代末开始,突尼斯政府对突尼斯人的宗教自由进行各种限制,禁止妇女戴头巾,限制男人到清真寺做礼拜,清真寺的开放时间也受到限制。打击各种反对派势力(特别是伊斯兰派别)的借口是消除恐怖主义,避免邻国阿尔及利亚的宗教极端势力恐怖事件影响突尼斯。然而,这种反伊斯兰教的政策后来成为他倒台的重要因素之一。民众生活并不富裕,与此相比,本·阿里不仅享有绝对权力,他对家人贪腐行为的纵容以及他自己的奢侈生活也成为民众的话题。③ 2008 年的金融危机成为变革的一个契机,而最重要的刺激来自外部。

---

① [突尼斯]伊美娜:《突尼斯妇女法律地位浅析》,第 102—121 页;陈静:《突尼斯妇女地位的变化》,《亚非纵横》,2002 年第 2 期,第 42—43 页。

② [突尼斯]伊美娜:《突尼斯妇女法律地位浅析》,第 114、120 页。

③ Tristan Dreisbach and Robert Joyce, "Revealing Tunisia's Corruption under Ben Ali", 27 March, 2014, Al Jazeera News. Quoted from Giliarde Berges, "How the Social Movements in Brazil and Tunisia Contributed to the Removal of Their Rulers", Conference final paper for Comparative Politics, at Pavia, Lombardy, Italy, Volume I, December, 2014, p. 4.

（四）"茉莉花革命"的始末

美国驻突尼斯大使一份关于本·阿里及其家人生活奢侈甚至饲养老虎的绝密报告被维基解密网站披露后在突尼斯传播。2010 年 12 月 7日,突尼斯一家报纸因为刊登相关报告而遭到政府查封。民众的怒火只需要引线即可爆发。在诸多发展中国家,经济发展的好处是民众的生活有了基本保障,其弱点是由于缺乏相应的政治制度的保障,一旦经济发展遭受挫折甚至逆转,民众的生活就会受到根本性影响,他们的怨言将演变为不满,最后导致政府难以处置的局面。

2010 年 12 月 17 日,西迪布吉德一名摆摊贩卖水果蔬菜的青年穆罕默德·布阿齐兹(Mohamed Bouazizi,一译"布阿吉吉")因受到执法人员粗暴对待,在当地政府门口自焚(一说他是由于缺斤少两而受到执法人员汉姆迪女士的批评,他将汽油浇在身上作为威胁,想拿回被没收的推车,但不幸引燃)。他的事情被广为传播,激起了突尼斯人民的强烈反应。大批民众走上街头,反对执法人员暴行的示威游行开始扩展到突尼斯全国。事态持续发酵,示威游行的矛头开始针对政府。突尼斯总统本·阿里于12 月 28 日发表电视讲话,认为示威游行和街头暴力是少数极端分子的行为,并严厉谴责示威游行者,声称将通过法律对示威者进行制裁。本·阿里在讲话中一方面表示"我理解失业者的感受……我们要快速解决西迪布吉德直接投资和就业问题",另一方面却将示威者称为"暴徒和恐怖分子",并表示将对示威者进行镇压。他说:"我们要使用最严厉的方式来制裁他们。"本·阿里的讲话引起了突尼斯人民更大的不满,人民继续示威。突尼斯政府对示威的镇压也变本加厉,新闻和自由表达越来越受到限制。

2011 年 1 月 10 日,突尼斯政府宣布关闭该国所有学校和大学,力图遏制不断蔓延的反政府活动。随着民众对突尼斯政权的反感加剧,要求本·阿里总统下台的呼声日渐增强。2011 年 1 月 13 日,本·阿里发表电视讲话,承诺进行国家体制改革,调查游行中的死伤人数,宣布解禁部分网站。然而,民众已对政府失去信任,国内骚乱愈演愈烈。1 月 14 日,突尼斯总工会呼吁工人举行两个小时的罢工。当天,数万民众在首都及其他多个城市示威,要求阿里为失业、腐败等问题下台。本·阿里不得不宣布解散政府,国家进入紧急状态,并承诺在 6 个月内进行合法大选。由于局势的发展出乎本·阿里的预想,他不得不于 1 月 14 日深夜出逃,并于第二天凌晨抵达沙特阿拉伯。阿里逃离突尼斯后,军队总司令拉希德·阿马尔宣布"保卫革命",总理穆罕默德·加努希(Mohamed Ghannouchi)代行总统职位。

2011 年 1 月 15 日上午,宪法委员会主席法特希·阿布德·恩纳特尔在国家电视台发表讲话,总统职务在新的选举之前处于"永久空缺状态"。突尼斯宪法委员会认定,总理加努希在本·阿里总统逃往沙特后继任总统的行为违宪,同时裁定众议院议长福阿德·迈巴扎(Fouad Mebazaa)当天起出任临时总统,最多 60 天内举行选举。2011 年 1 月 26 日,突尼斯对本·阿里夫妇下达了国际逮捕令。2011 年 6 月 20 日,突尼斯首都一家法庭以挪用公款罪缺席判处突尼斯前总统本·阿里及其妻子莱拉·特拉布勒西 35 年徒刑。①

突尼斯学者伊美娜认为,突尼斯变革的原因分为长期因素和直接原因。这场变革的长期因素包括政治方面,这主要指民众和政府之间的信任危机和意识差距、政府的贪污腐败、政治专权及对反对派的镇压。经济恶化是这场动荡的直接原因,特别是 2008 年世界金融危机导致直接投资外流从而产生了严重的失业问题,占突尼斯人口 60% 的青年人中有 14.2% 找不到工作。就业问题造成了严重的社会问题。② 此外,短期因素包括阿里对民众情绪的误读、警察暴力、新技术、军队表态和工会作用等。外部因素在突尼斯变革中起到了十分重要的作用。阿里政府在阿拉伯世界的一些问题上支持西方国家特别是亲美和亲法的政策,不仅导致了突尼斯与其他阿拉伯国家的疏远,也引起了突尼斯民众对阿里政权的极度不满。另一个原因却一般没有引起中国学者的注意,即事件发生后

---

① 有关突尼斯巨变的大致过程,参见伊美娜:《2010—2011 年突尼斯变革:起因与现状》,《阿拉伯世界研究》,2012 年第 2 期,第 51—63 页。

② 有关国际金融危机与北非国家巨变的内在关系,参见 J. Reiffers and C. Tsakas, "Economic Crisis in Mediterranean Countries: The Effect of International Crisis on Mediterranean counties", *Mediterranean*, 2011, pp. 72-78; M. Sturm and N. Sauter, *The Impact of the Global Financial Turmoil and Recession on Mediterranean Countries' Economies*, Occasional Paper, European Central Bank, No. 118, 2010.

法国对阿里的支持态度直接刺激了民众。2011 年 1 月 1 日,法国外长在国民议会上建议派法国特警支援突尼斯警方镇压民众以帮助阿里政权。法国政府的这种表态对那些不满政府亲法倾向的突尼斯民众无疑是一种刺激。民族自尊心进一步激起了民众的反抗情绪。①

突尼斯是"阿拉伯之春"运动的起点。由于茉莉花是突尼斯的国花,因此发生在突尼斯的这次政权更迭被称为"茉莉花革命"。这场所谓的"革命"不仅对执政党宪政民主联盟来说是一个悲惨的结局,广大民众的正常生活也受到极大干扰。突尼斯老一辈的民族主义领袖贝吉·卡伊德·埃塞卜西(Béji Caïd Essebsi,1926—)是在这次动乱中幸免于难的高层领导人之一。他一生致力于民族独立斗争,曾在巴黎索邦大学法学院完成学业,布尔吉巴执政时期曾任内政部长、国防部长和外长,本·阿里执政时期曾任众议长。2011 年突尼斯政局突变后,埃塞卜西曾出任临时总理。由于 2011 年宪政民主联盟被解散,埃塞卜西于 2012 年 6 月创立呼声党,2014 年 12 月当选为突尼斯总统。

二、从埃及的"七月革命"到"1·25 革命"

2011 年 1 月 25 日,埃及全国各地爆发了抗议活动,要求总统胡斯尼·穆巴拉克(Hosni Mubarak,1981—2011 在任)辞职。18 天以后,穆巴拉克总统在强大的民众压力之下被迫辞职,遭遇他执政 30 年以来的滑铁卢。这一事件称为埃及"1·25 革命"。穆巴拉克是埃及独立后的第四任国家领导人。让我们来回顾一下埃及独立后的简要历史。

(一)"七月革命"与纳赛尔主义

1952 年 7 月 23 日,埃及自由军官组织发动政变,在不流血的情况下取得政权,并在 7 月 26 日迫使法鲁克国王让位。这场革命并非一次简单的改朝换代,而是具有反封建和反帝的特征。1953 年 6 月,埃及宣布成立共和国,由纳吉布(Muhammad Naguib,1901—1984)将军出任总统。1954 年 11 月 14 日,纳吉布将军因被指控卷入一场阴谋而被解除总统职务,纳

---

① 伊美娜:《2010—2011 年突尼斯变革:起因与现状》,第 54—59 页。

赛尔(1954—1970 年执政)继任后,使埃及成为阿拉伯世界的榜样,埃及在国际事务上的作用也日益重要。他主张埃及要依靠独特的政治环境,并提出了三个同心圆的理论,即埃及处于阿拉伯世界、非洲大陆和穆斯林世界这三个圆的中心。由于埃及成为不结盟运动的主要参与国家,这使埃及的国际地位变得更为重要。纳赛尔将苏伊士运河收归国有,他在英、法入侵时表现出了坚强的意志,埃及的最后胜利不仅使纳赛尔成为阿拉伯世界的政治明星,也大大提升了他在国际舞台上的地位。

"七月革命"发生后产生了一系列政治影响,这不仅是埃及近代以来的重大历史事件,也对包括非洲在内的战后发展中国家的政治发展产生重要影响。纳赛尔的七月革命成功后,不仅在内部建立了以一党制军人执政为特点的政权体制,还成功地抵御了外部军事干涉,与非洲大陆建立了相当密切的同盟关系。从纳赛尔到萨达特和穆巴拉克,埃及在相当长的一段时期内保持了政治稳定,并成为世界政治舞台上的一个重要国家。[①] 军队虽然曾经是殖民政府的统治工具,但军人在加速殖民主义灭亡和促进社会进步方面的贡献却不言而喻。纳赛尔军人政权的成功以及给埃及在世界政治中作用的提升无疑为非洲一些国家的军人树立了榜样。

纳赛尔在抵御外来入侵、稳定社会秩序和巩固新生政权的同时大大促进了埃及的经济发展。一方面,农业生产保持着增长速度,在 1952 年到 1970 年间每年平均增长 3%,另一方面,农业在国内生产总值和出口总值中所占比例却不断下降,随之而来的是各工业行业的快速发展。1952 年到 1967 年间,500 人以上的大型企业从 78 家增加到 202 家,从业人数从 13 万上升到 38.7 万。埃及现代工业这一时期的发展主要表现在现代工业部门的崛起,特别是冶金、机械和化工等行业。较为完整的埃及现代工业体系逐步形成。与此相适应的是城市人口迅速增长。纳赛尔政权通过"社会主义革命"将银行、保险业和 50 家大型重工业企业收归国有。哈全安认为:"纳赛尔政权名曰社会主义,实为国家资本主义。"[②]

---

① 有关埃及的政治经济发展,参见毕健康:《埃及现代化与政治稳定》,社会科学文献出版社,2005 年;王铁铮主编:《世界现代化历程:中东卷》,江苏人民出版社,2010 年,第 38—89 页。

② 哈全安:《纳赛尔主义与埃及的现代化》,《世界历史》,2002 年第 2 期,第 61—62、58 页。

1956 年,英国皇家国际事务研究所(The Royal Institute of International Affairs)的刊物《今日世界》发表的一篇论文首次提出"纳赛尔主义"这个概念,作者是流亡的巴勒斯坦历史学家瓦利德·哈里迪(Walid Khalidi)。① 他认为"纳赛尔主义"作为"当下具有统治地位的倾向"在阿拉伯世界的成功表明以下事实:阿拉伯世界在意识形态上并未认可极端的左派或右派;纳赛尔主义的意识形态基础为大部分阿拉伯国家所接受;这种意识形态基础具有反击极端"左"和"右"派思想的能动性。纳赛尔主义的作用在于鼓舞阿拉伯地区的民族主义,但不太可能在该地区长久扎根。② 当年,《今日世界》又刊登了一篇题为《纳赛尔主义与共产主义》的文章,与哈里迪辩论。作者也将纳赛尔主义称为"阿拉伯世界具有统治地位的政治倾向",并认为,现在就确定纳赛尔主义对共产主义的态度为时尚早。他认为,共产主义是一种包罗万象的政治哲学,而纳赛尔主义并非一种意识形态,而只是一种心态(attitude of mind),缺乏对社会经济问题治理的良方。虽然纳赛尔主义禁止共产主义在埃及活动,但二者在中东地区的合作与竞争是国际关系的一件大事,且二者关系密切。鉴于非洲和中东地区大部分国家处于"被解放"的地位,埃及新政权可在对外关系层面有更大的作为。然而,纳赛尔似乎未能充分抓住有利时机进行基本的社会经济改革,错过了时机。③ 随后,"纳赛尔主义"开始流行,并逐渐成为阿拉伯世界以及国际学术界的一个专门术语,用来形容纳赛尔的思想及其所主导的这场改变埃及和阿拉伯世界的革命实践。

虽然对"纳赛尔主义"的解释繁多,但总体而言,这是一种基于纳赛尔思想的阿拉伯社会主义民族主义政治意识形态,它融合了阿拉伯社会主义、泛阿拉伯主义、共和主义、民族主义、非殖民化和反帝意识、发展中国

---

① 瓦利德·哈里迪于 1925 年生于耶路撒冷,巴勒斯坦历史学家。毕业于牛津大学,著述广泛。他于 1963 年 12 月在贝鲁特成立巴勒斯坦研究所,专注于巴勒斯坦问题和阿拉伯-以色列冲突的独立研究和出版中心,他任秘书长和联合创始人。哈里迪曾任职于牛津大学,1956 年辞职以抗议英国入侵埃及,随后在贝鲁特美国大学、哈佛国际事务中心和普林斯顿大学等机构任职。

② W. K. , "Political Trends in the Fertile Crescent", *The World Today*, 12:6(Jun. , 1956), pp. 215-222.

③ W. Z. L. , "Nasserism and Communism", *The World Today*, 12:10(Oct. , 1956), pp. 390-398.

家团结和国际不结盟等要素,是一种糅合了各种不同思想、具有很强实践性的意识形态。① 中国学者王泰和戴红认为1952年"七月革命"完成了埃及现代社会的多个"路标性转换"——实现了埃及民族国家的重建和主权独立;完成了埃及政治现代化模式的制度性转换,即把埃及从一个被殖民的君主专制国家带入了共和制时代;在经济上使埃及摆脱了对外国资本的依附,走上改革振兴之路;纳赛尔主义上升为国家意识形态的主流意识,指导着埃及国家的全面发展;埃及由一个政教合一的封建制国家成为一个世俗化的现代国家。这些转变标志着埃及现代化进程的新纪元。② 这比较全面地概括了"纳赛尔主义"在埃及的实践。在国际层面,它是不同于西方资本主义和东方共产主义的世俗化阿拉伯社会主义,也是一种阿拉伯民族主义。纳赛尔总统的逝世为埃及社会留下巨大的历史遗产。诚如哈全安所言:"纳赛尔主义固然存在弊端和局限,但纳赛尔时代新旧势力的消长和工业化的巨大进步,无疑为其后自由资本主义的发展和政治民主化铺平了道路。"③

(二) 从戴维营会谈到萨达特被刺

萨达特(Muhammad Anwar al-Sadat,1970—1981年执政)在纳赛尔逝世后继任埃及总统。萨达特的母亲有黑人血统。他既是七月革命的积极参与者,也是纳赛尔政策的支持者。纳赛尔领导的革命在1952年7月23日成功后,萨达特代表自由军官组织在广播电台发表声明,向埃及人民和全世界人民宣告埃及的新生,他从一名普通军官一跃成了执政的"革命

---

① Peter Mansfield, "Nasser and Nasserism", *International Journal* (Canadian International Council), 28:4(1973), pp. 670-688; Elie Podeh and Onn Winckler, eds., *Rethinking Nasserism: Revolution and Historical Memory in Modern Egypt*, Gainesville: University Press of Florida, 2004.

② 王泰、戴红:《"七月革命"与埃及现代化进程的路标性转换》,《内蒙古民族大学学报(社会科学版)》,2004年第6期。

③ 哈全安:《纳赛尔主义与埃及的现代化》,第62页。雷蒙·威廉·巴克尔教授研究了埃及政权控制以外对埃及民众产生了较大影响力的8支国内的意识形态力量,包括马克思主义和穆斯林兄弟会以及左右摇摆的知识分子,对处于远离权力中心的边缘地区的政治力量对大众社会的影响程度进行了分析,也对纳赛尔进行了剖析。Raymond William Baker, *Sadat and After: Struggles for Egypt's Political Soul*, Harvard University Press, 1990.

委员会"成员。1956 年,萨达特支持纳赛尔当选总统,并在 1964 年至 1966 年和 1969 年至 1970 年任副总统。萨达特继位后,可谓危机重重,国家面临着对内对外发展的各种问题,但他以刚柔相济的多种策略克服了诸多困难。一方面,他于 1973 年进行了第四次中东战争,并在战争初期打碎了以色列不可击败的神话。另一方面,他推行积极中立和不结盟政策,与以色列积极谈判,用和平手段收复失地。1977 年 10 月 1 日,美国与苏联同时在纽约和莫斯科发表公报,主张恢复日内瓦会议,支持和平解决中东问题。[①] 萨达特力图化解阿拉伯国家与以色列的长期矛盾,支持和平解决巴勒斯坦问题。1977 年 11 月,埃及总统萨达特访问耶路撒冷,向以色列呼吁和平。1978 年 9 月,在美国总统卡特的斡旋下,萨达特与以色列总理贝京在美国签订《戴维营协议》,就以色列全军撤离西奈半岛和埃及军队返回问题达成一致意见。[②] 1979 年 3 月,埃及与以色列签订和约。萨达特与贝京于 1978 年获诺贝尔和平奖。1980 年,埃及同以色列正式建交,两国之间长达 30 年之久的战争状态从此结束。埃及收回西奈半岛 69% 的领土。埃以和解迈出了中东和平进程的关键性的一步。

萨达特总统关于和平进程的举措受到阿拉伯国家的强烈反对,绝大多数阿拉伯国家由于第四次中东战争而产生了各种激进的倾向。这些国家认为,萨达特这样做是将埃及的国家利益置于阿拉伯世界的利益之上,背弃了纳赛尔的泛阿拉伯主义。阿曼是唯一支持埃及政策的阿拉伯半岛国家。和平条约刚签署,阿拉伯国家就中止了埃及在阿拉伯的联盟中的成员资格,并在经济上对它进行了联合抵制,大多数阿拉伯国家与埃及断交。[③] 1979 年 3 月 31 日,阿拉伯国家外交和经济部长会议决定,将阿盟

---

① Melvin A. Friedlander, *Sadat and Begin:The domestic politics of peacemaking*, Westview, 1983, pp. 57-80.

② Melvin A. Friedlander, *Sadat and Begin:The domestic politics of peacemaking*, pp. 203-231. 戴维营协议包括两个文件,《关于实现中东和平的纲要》和《关于签订一项埃及同以色列之间的和平条约的纲要》。1979 年 3 月,埃及和以色列正式签订了和平条约。有关中国学者对美国与埃以协议的关系以及阿拉伯国家政府调整的研究,参见安维华、钱雪梅:《美国与"大中东"》,世界知识出版社,2006 年,第 263—283 页。

③ David Hirst and Irene Beeson, *Sadat*, Faber & Faber, 1981, pp. 322-357;斯帕尼尔:《第二次世界大战后美国的外交政策》(段若石译),商务印书馆,1992 年,第 340 页。有关美国对埃及和以色列的调解过程及戴维营协议产生的经过及其后果,参见第 330—343 页。

总部从开罗迁往突尼斯。(1990 年 10 月 31 日,阿盟总部迁回开罗。)① 极少数明智的阿拉伯人认为,埃及-以色列条约为阿以冲突带来了和平的曙光。实际上,萨达特总统签订条约迈开了和平解决中东问题和巴勒斯坦问题的关键一步,却使他在阿拉伯世界处于孤立状态,遭到极端分子的痛恨。

国际学术界对萨达特的关注集中在埃以关系上。实际上,在执政的11 年里,他在一些方面改变了埃及的政治经济发展轨迹,这一点对埃及社会的影响很大。他重新建立了多党制并启动了开放的经济政策。他通过大力发展石油工业和旅游业来提振经济。一个国家的工业能力往往被看作是国家权力的重要组成部分,同时它与战备——这个国家权力的重要组成部分关系紧密。② 从表格 5-1 可以看出,萨达特执政期间,其工业劳动力在整个就业人数中的比率一直在上升。旅游业的快速发展使得收入大大增加,从 1970 年的 2 560 万埃镑到 1980 年的 5 亿埃镑,增长了近20 倍。为了增加国家收入,萨达特在以色列军队于 1974 年 3 月撤离苏伊士运河区之后重开运河,这也使得通过运河所获收入在 1975 年就达到3 320 万埃镑,运河收入到 1980 年已达 4 亿埃镑。然而,粮食生产虽有所增长,但满足不了民众需求。粮食短缺(特别是小麦)成为埃及的软肋,从而不得不花费大量外汇用于进口。③

萨达特执政时也有其专制的一面,特别是针对反对派和伊斯兰宗教人士的镇压。例如,埃及著名政治评论家、《金字塔报》原编辑穆罕默德·海卡尔在纳赛尔时代曾十分活跃,却在萨达特时期被捕入狱。④ 开放政策虽然在某种程度上搞活了经济,但却加大了贫富悬殊的差别,增加了上层精英与普通民众的隔阂,从而引发了宗教激进主义普通民众的不满。特别在萨达特被害的前一个月里,他对反对派的镇压加大力度,从而引起

---

① P. J. Vatikiotis, *The History of Modern Egypt*, Johns Hopkins University Press, 1992, p. 443.

② [美]汉斯·摩根索著:《国家间政治:权力斗争与和平》,第 156—162 页。

③ John Waterbury, *The Egypt of Nasser and Sadat: The Political Economy of Two Regimes*, Princeton University Press, 1983, pp. 189-204.

④ 有的学者认为这些措施是政治稳定的需要,参见毕健康:《埃及现代化与政治稳定》,社会科学文献出版社,2005 年。有关中国学者对纳赛尔和萨达特时期的历史的研究,参见杨灏城、江淳:《纳赛尔和萨达特时代的埃及》,商务印书馆,1997 年。

了强烈反弹,甚至内部高级官员也有不同意见。[1] 虽然在绝大多数实行开放政策的发展中国家都存在先松后紧这种情况,但这一政策的后果使萨达特逐渐失去了执政的社会基础却是不争的事实。1981 年 10 月 6 日,在开罗近郊纳斯尔城的胜利广场举行一年一度的阅兵仪式时,受检阅部队中的陆军上尉哈立德·伊斯兰布利(Khaled al-Islambouli)等多名穆斯林激进分子向总统开枪,萨达特中弹身亡。他的两大政绩——与以色列达成和平协议和经济改革铺就了他的死亡之途。

表格 5-1　埃及工业就业在总就业中的份额(1937—1980)

	总就业(千人)	工业就业(千人)	所占比例(%)
1937	5 783	377	6.5
1947	6 590	589	8.9
1960	7 833	771	9.8
1965—1966	7 607	842	11.1
1970—1971	8 506	1 053	12.3
1975	9 433	1 175	12.5
1980	10 694	1 347	12.6

资料来源:John Waterbury,*The Egypt of Nasser and Sadat*：*The Political Economy of Two Regimes*,p. 195.

　　萨达特在任时,他就对稳重谦虚的穆巴拉克十分信任,认为他是"祖国人民灵魂的代表",也代表了"十月战争的一代",希望他以后能够走上国家最高领导岗位。为此,他有意在党内、军内和政府内排除了穆巴拉克的诸多竞争者。[2] 当时的穆巴拉克为人处事谦虚谨慎,根据时延春大使的记载:"萨达特总统接见国内外著名人物时,有时要穆巴拉克作陪。在这种场合,穆巴拉克总是认真听,有时作一些记录,但很少讲话。萨达特接见美国国务卿基辛格时,穆巴拉克陪见,几乎没说一句

---

[1]　John Waterbury, *The Egypt of Nasser and Sadat*：*The Political Economy of Two Regimes*, pp. 384-388.

[2]　John Waterbury, *The Egypt of Nasser and Sadat*：*The Political Economy of Two Regimes*, pp. 376-377.

话。基辛格原以为他是个工作人员，后来才知道此人原来就是大名鼎鼎的穆巴拉克副总统。"①1981年10月6日，萨达特出席在开罗举行的十月战争8周年阅兵典礼时被宗教极端分子刺杀。萨达特不幸遇难身亡后，时任副总统的穆巴拉克以98.46%的选票当选为埃及第四任总统、武装部队最高统帅并兼任总理。翌年他辞掉总理职务，当选为民族民主党主席。

穆巴拉克可谓是临危受命。在国内，政治局势动荡，恐怖主义猖獗，经济形势严峻，贪污腐败成风，社会风气恶化，暴力事件频发。国际上，埃及与以色列和解使其在阿拉伯世界陷入孤立，世界上的穆斯林也对埃及另眼相看。

（三）穆巴拉克的政绩与失误

穆巴拉克上任后，继续遵循"和平、民主、繁荣"的口号。在政治上，他提出"民主、稳定、团结"的方针，主张实行多党政治和言论自由，强调法治，缓和与反对党的矛盾，释放了一大批反对派和宗教领袖。在经济上，他坚持渐进改革，将萨达特时期的"消费性开放"改为"生产性开放"，主张采取"混合经济模式"，并实施改造国营企业与鼓励私营企业并举、鼓励外国投资相结合以及重视农业生产等一系列改革措施。由于穆巴拉克积极开展经济外交，西欧和海湾国家免除了埃及所欠的大笔债务。穆巴拉克大力改善与阿拉伯国家的紧张关系，恢复了埃及的阿拉伯联盟成员国地位，促使联盟总部在海湾战争后迁回开罗。他提出处理阿拉伯国家关系和中东问题的原则计划，同时在中东和平进程中发挥更大作用，以此来重新确立埃及在阿拉伯世界的领袖地位。

穆巴拉克主张与美国保持特殊关系，双方均有共识，双方各取所需。埃及与美国达成了四点共识，即解决阿以冲突、海湾地区安全、中东稳定与埃及的经济发展。这种特殊关系也给双方带来实际利益。埃及因此重新获得对西奈半岛的控制，同时在军事和经济方面得到美国的大力援助。据统计，美国对埃及的援助截至2000年约500亿美元，到2010年达700

---

① 时延春：《我所了解的埃及总统穆巴拉克》，《阿拉伯世界》，2005年第4期，第51页。

亿美元。美国则取得了在阿拉伯世界的政治合法性并因此稳定地获得石油供应。[①] 穆巴拉克在促进埃美关系的同时,也对美国的中东政策明确表达自己的立场,这引起了美国的不满:穆巴拉克与美国的对头利比亚保持着密切关系,1997 年支持阿拉伯联盟对以色列进行经济抵制,严厉批评 2003 年美国在伊拉克发动战争。[②] 他还大力与苏联(俄罗斯)改善关系,并多次访问中国。[③] 穆巴拉克稳重灵活的外交方式使他在国际舞台上游刃有余,获得了广泛的认同。

然而,穆巴拉克执政后期面临着一些主要问题。首先,经济提振不力是穆巴拉克后期的关键问题,国际金融危机对埃及造成的困境加剧了民众的不满。此外,他与穆斯林兄弟会(简称为"穆兄会")的政策从容忍转变为限制,1995 年以后不仅双方关系不断恶化,埃及政府对穆斯林兄弟会的镇压也日益加强。执政时间过长和家族腐败问题成为他的软肋。这些因素构成穆巴拉克最后下台的主要因素。[④] 穆巴拉克时期的埃及经济虽然有所成就,但根本问题一直未能解决,有人概括为三高,即食品物价高、贫富悬殊高和失业率高。由于长期接受美国援助,埃及在国家政策制定上受到国际金融组织的严重影响。20 年代 90 年代初,国际金融组织对埃及政府提出明确要求:如果需要资助,必须改革国企。90 年代以来,

---

① Abdel Monem Said Aly, "Egypt-U. S. Relations and Egyptian Foreign Policy", Policy #448, March 24, 2000, The Washington Institute. http://www. washingtoninstitute. org/policy-analysis/view/egypt-u. s. -relations-and-egyptian-foreign-policy;朱耿华:《美国对埃及的援助:过程、动因及影响》,《美国问题研究》,2011 年第 1 期,第 158—167 页;沈鹏、周琪:《美国对以色列和埃及的援助:动因、现状与比较》,《美国研究》,2015 年第 2 期,第 9—31 页。

② Nadia Oweidat, et al. , *The Kefaya Movement : A Case Study of a Grassroots Reform Initiative* , RAND National Defense Research Institute, pp. 4-8. 中国学者对穆巴拉克时期埃美关系的研究,参见陈天杜:《合作与冲突:穆巴拉克时期的埃美关系》,《西亚非洲》,2008 年第 5 期,第 68—74 页。

③ 1999 年 4 月,穆巴拉克总统访华,被北京大学授予"名誉博士"称号。本人当时是穆巴拉克总统在北大获"名誉博士"的推荐人之一,详细阅读了他的履历及相关资料。

④ Alaa Al-Din Arafat, *Hosni Mubarak and the Future of Democracy*, Palgrave Macmillan, 2011. 关于穆巴拉克执政的早期情况,参见 Charles Tripp and Roger Owen, *Egypt Under Mubarak*, Routledge, 1990. 有关穆巴拉克个人情况,参见徐伟忠:《埃及总统穆罕默德·胡斯尼·穆巴拉克》,《世界经济与政治》,1992 年第 6 期,第 76—78 页;时延春:《我所了解的埃及总统穆巴拉克》,《阿拉伯世界》,2005 年第 4 期,第 50—55 页。

埃及国有企业私有化是穆巴拉克发展私有经济的重大举措之一。截至2002年,埃及政府已经出售186家国有公司。私人资本发展很快,在国有项目上的投资占60%,在国内生产总值中占比70%以上。① 然而,正是在这一过程中,埃及制定经济发展战略的主权有所旁落,主要体现在两方面,国际货币基金组织对埃及经济政策的干预和美国援助机构对埃及经济发展的制约。美国国际开发署驻埃机构因参与埃及相关政策的制定被称为"影子政府",遭到了埃及人士的指责。②

美国一份政策建议明确指出:"为了增强埃及支持美国利益的能力,美国呼吁在埃及进行经济改革,最近一次是在金融领域。"美国援助只有"当经济政策改革达成一致或立法时"才会拨款给埃及政府。③ 埃及的经济改革并未取得理想的成果。正是在美国的推动下,新的经济改革开始。2004年,一场以强化金融政策、私有化和自由贸易为主的新经济改革在"以自由主义经济改革派贾迈勒为首的新内阁团队"的领导下开始。埃及政府在国际货币基金组织的压力下,承诺通过财政限制减少赤字。政府减少了能源补贴,但在削减对面包、糖和食用油的公共补贴方面面临巨大阻力,因为这些补贴旨在缓解经济衰退对穷人的影响。由于私有化意味着更多人失业,政府不得不中断这一进程。④ 国际货币基金组织大肆鼓吹穆巴拉克因开放经济带来的种种变化。⑤ 事实上,缺乏自主权的经济改革和国际金融危机使埃及经济陷入困境。2009年,埃及旅游业下降

---

①　陈天杜:《全球化与穆巴拉克的治国方略》,《西亚非洲》,2006年第2期,第30页。

②　有关这一问题,参见 Roberto Roccu, *The Political Economy of the Egyptian Revolution: Mubarak, Economic Reforms and Failed Hegemony*, Palgrave Macmillan, 2013。国内的研究不多,参见陈天杜:《全球化与穆巴拉克的治国方略》,第29—35页;赵红亮:《穆巴拉克时期埃及中小企业研究》,浙江师范大学硕士论文,2013年。

③　Jeremy M. Sharp and Shayerah Ilias, "U. S.-Egyptian Economic Relations: Aid, Trade, and Reform Proposals", Congressional Research Service Report RS22494, August 15, 2006, pp. 1,5.

④　Jeremy M. Sharp and Shayerah Ilias, "U. S.-Egyptian Economic Relations: Aid, Trade, and Reform Proposals", Congressional Research Service Report RS22494, August 15, 2006, p. 3.

⑤　Klaus Enders: *Egypt: Reforms Trigger Economic Growth*, IMF Country Focus, February 13, 2008. http://www. imf. org/en/News/Articles/2015/09/28/04/53/socar021308a.

3.5％,侨汇下降 10％,对外贸易下降约 22％,对欧洲联盟的出口下降 31％。[1] 国际直接投资下降 40％。[2] 这些后果对于严重依赖国外市场和外来投资的国家意味着经济衰退和大批失业。2005 年至 2011 年,埃及年轻人(14 岁—24 岁)失业率高达 54％,甚至比约旦(46.8％)和叙利亚(42.2％)都高。[3]

穆斯林兄弟会成立于 1928 年。埃及独立后,穆斯林兄弟会因卷入政治而命运不济。当时,由纳赛尔领导的激进派集团与纳吉布的保守政策产生了冲突。纳吉布强调伊斯兰教并得到穆斯林兄弟会的支持。1954 年 10 月,一名穆斯林兄弟会成员企图谋杀纳赛尔,导致其领导人和数千名支持者被捕。11 月 14 日,纳吉布将军因被指控卷入这场谋杀及其他阴谋而被解除总统职务,纳赛尔成为代理国家元首。穆斯林兄弟会被政府宣布为非法组织。在萨达特时期,该组织的活动受到各种限制,引发普遍不满,萨达特因其相关政策而被刺杀。法院宣判直接参与刺杀的凶手死刑,穆斯林兄弟会也受到影响,300 人被判处死刑。武装部队也进行了清洗,大约有 100 人被开除。穆巴拉克政府对穆斯林兄弟会在不同时期采取了不同政策。根据毕健康的研究,穆巴拉克时代的埃及政府与穆斯林兄弟会的关系以 20 世纪 90 年代初为界,大致可分为"和平宽容"和"摩擦冲突"两个阶段,2000 年以来穆兄会遭到国家更加严厉的压制。穆巴拉克初期,对穆兄会采取容忍政策,穆兄会得以参与国家政治、经济、社会生活。穆兄会在坚持实施伊斯兰教法、建立伊斯兰国家等根本宗旨的情况下,基本放弃暴力政策,构建了议会政治、伊斯兰经济和向市民社会渗透"三驾马车式"的新政策,进入了演进和发展的新时期。[4]

---

① M. Sturm and N. Sauter, *The Impact of the Global Financial Turmoil and Recession on Mediterranean Countries' Economies*, Occasional Paper, European Central Bank, No. 118, 2010, pp. 10-11.

② J. Reiffers and C. Tsakas, "Economic crisis in Mediterranean countries: The effect of international crisis on Mediterranean counties", *Mediterranean*, 2011, p. 74.

③ M. A. Mohamed Salih, *Economic Development and Political Action in the Arab World*, p. 116.

④ 毕健康:《穆巴拉克时代的埃及穆斯林兄弟会》,《西亚非洲》,2004 年第 2 期,第 48—52 页。还可参见蒋灏:《埃及穆巴拉克政权对穆斯林兄弟会的政策研究》,上海外国语大学博士论文,2011 年。

在 20 世纪后期,穆兄会在政治上积极参加议会选举,使其具备了影响公共政策的正式渠道并逐步向市民社会渗透,进一步完善其组织结构并适时提出一些政策主张。穆兄会在经济方面相当成功,它构建并充分利用伊斯兰金融制度,参与国家的经济建设。在社会方面,穆兄会努力向社会基层、教育机构和行业协会渗透,在医生、工程师、药剂师和律师等各行业协会迅速取得了领导权。经过多年的发展壮大,穆兄会的影响力不断提高,政府不能解决的问题,穆兄会能解决;政府力量未达之处,穆兄会势力可以达到。① 这种局面使埃及政府感受到威胁,对穆兄会的迫害日益加剧。1995 年,政府将 54 名穆兄会成员送上军事法庭,同时将数千名成员投入监狱。② 穆巴拉克在推进埃及社会世俗化的同时从各方面削弱穆兄会的影响力,却未能将其整合到现有政治体系中。由于穆兄会具有广泛的群众基础,对它的限制和镇压只能加剧穆巴拉克与基层社会的矛盾,这种矛盾成为穆巴拉克倒台的因素之一。③

穆巴拉克不仅自己连续执政近 30 年(1981,1987,1993,1999,2005 年当选为总统),而且被指责有意让次子贾迈勒·穆巴拉克(Gamal Mubarak,一译"贾马勒·穆巴拉克")继任总统。贾迈勒·穆巴拉克生于 1963 年,曾就读于美国大学开罗分校,后进入美国商业银行,负责投资银行业务。1996 年他自立门户,与其兄阿拉·穆巴拉克成立投资公司。2002 年,穆巴拉克将贾迈勒提拔为民族民主党政策委员会主席,负责执政党政策的设计和实施。贾迈勒集团的主要核心成员来自1992 年成立的埃及经济研究中心(Egyptian Center for Economic Studies,ECES)。该中心旨在通过出书、发放政策文件和召开会议来推动

---

①　有关穆斯林兄弟会对贫困民众的意识形态感召力及其行动能力,雷蒙·威廉·巴克尔教授作了较为透彻的阐述和分析。Raymond William Baker, *Sadat and After: Struggles for Egypt's Political Soul*, pp. 243-270.

②　Jason Brownlee, "The Decline of Pluralism in Mubarak's Egypt", *Journal of Democracy*, 13:4(October 2002), pp. 6-14.

③　Eberhard Kienle, *A Grand Delusion: Democracy and Economic Reform in Egypt*, London: I. B. Tauris, 2001; Hesham Al-Awadi, *The Muslim Brothers in Pursuit of Legitimacy: Power and Political Islam in Egypt under Mubarak*, London: I. B. Tauris; Revised ed. Edition, 2014.

经济改革,集中了一批精英,受到美国国家民主基金会(National Endowment for Democracy, NED)的大力资助,其领导者是私有化改革"最有力的拥护者"贾迈勒·穆巴拉克。[1] 贾迈勒担任民族民主党政策委员会主席后,中心的同僚们纷纷进入政策委员会,该中心成为埃及改革的智囊机构和有力推动者。埃及政府之所以不断打击各种反对势力,除铲除异己以维护政权稳定外,也试图为贾迈勒竞选创造条件。有学者认为,"正是对贾迈勒继位的担心和对总统家族腐败的憎恨,在很大程度上激起了埃及'1·25 革命'"[2]。客观地说,贾迈勒似乎认识到旧体制的弊病,制定了新的选举规则,希望从执政党内部开始改革,但收效甚微。[3]

(四) 从"受够了"运动到"1·25 革命"

埃及"1·25 革命"尽管有其潜在因素,但在启动时间上明显受到突尼斯事变的刺激影响。进入 20 世纪的前 5 年,埃及发生过三次大型的全国性政治抗议活动。[4] 一是 2000 年由全民变革运动组织领导的支持巴勒斯坦民族解放战争的政治抗议,二是 2003 年发生的反对美国入侵伊拉克的大规模示威游行。虽然两次活动均与外交相关,但对穆巴拉克政府的不满已经十分明显。真正将矛头指向穆巴拉克政权的是 2004 年兴起的"埃及变革运动"(Egyptian Movement for Change, EMC)。这一运动因其口号"受够了"(阿文"Kefaya",英文"Enough")而被称之为"受够了"

---

① Michael Barker, "Reporting On Egyptian Workers Solidarity in the Name of Capitalism", Swans Commentary, March 28, 2011. http://www. swans. com/library/art17/barker75. html. 美国国家民主基金会是冷战产物,成立于 1983 年,与中央情报局关系密切,其四大核心机构(国际私营企业中心、国际劳工团结美国中心、国际共和党研究所和全国民主党国际事务学会)主要以非政府组织的形式通过资助在海外推进美国式民主。

② 王锁劳:《有关北非中东剧变的几个问题》,《外交评论》,2011 年第 2 期,第 7 页。

③ Jason Brownlee, "The Decline of Pluralism in Mubarak's Egypt", pp. 10-11.

④ 一些地方或行业的抗议活动未列入,如 2006 年底至 2007 年 9 月发生在埃及北部的梅哈拉·科布拉纺织公司工人为抗议解雇和要求更好工作条件的静坐和集会运动以及 2007 年底的地产收税者持续了 10 天的示威活动等。参见 Wael Salah Fahmi, "Bloggers' Street Movement and the Right to the City. (Re)claiming Cairo's Real and Virtual 'Spaces of Freedom'", *Environment and Urbanization*, 21:1(2009), p. 105.

运动。① 运动的意义在于"作为一种新型而广泛的政治力量,其变革潜力特别适合埃及当下的需要"。②

"埃及变革运动"于 2004 年 9 月正式宣布成立,但这一联盟的起源至少可追溯到 20 世纪 90 年代。运动的创立者是一群意识形态各异的"20 世纪 70 年代人"("1970s generation"),特指出生于 20 世纪 40 年代后期或 50 年代早期却在 70 年代深深卷入学生运动的那批人。他们中有纳赛尔主义者,也有伊斯兰教主义者,却并未受同一思想的控制。③ 没有统一的思想而能聚集在一起,说明他们有某种一致的诉求或是希望求得统一的目标。"受够了"运动的导火索是 2005 年 9 月的埃及总统大选。"受够了"意思是人民对穆巴拉克的统治已经产生了厌烦情绪,他应该退出 2005 年总统选举。"终结穆巴拉克的统治和进行自由、民主的总统选举,构成了'受够了'运动的首要政治诉求。"④

这次运动对埃及政治生活的主要作用在于为埃及民众的政治活动提供了新的形式。穆巴拉克为了平息国内外的抨击,在 2005 年 2 月主动提出修改宪法第 76 条,允许多位候选人参加总统选举。"受够了"运动中有人提出应同时修改宪法第 75 条(总统有权颁布应急法案)和第 77 条(总统可无限期连任)。穆巴拉克的修宪建议导致运动的分裂:一派主张推举总统候选人,一派主张抵制总统选举。⑤ 5 月 25 日,全民公决以 82% 的支持率通过了宪法修正案。9 月,穆巴拉克以 88.57% 的得票率第五次连任总

<hr/>

① 国内对"受够了"运动有两种翻译。一种是认为民众觉得穆巴拉克长期执政已经"足够"。"2004 年埃及出现了一场声势浩大的政治运动,取名'足够'(阿文"Kefaya"或"Kifaya",英文"Enough"),矛头直指穆巴拉克,意思是穆巴拉克的统治'足够'了,应该退出 2005 年总统选举。"王锁劳:《有关北非中东剧变的几个问题》,第 6—7 页。有的译为"受够了"。周明、曾向红:《埃及社会运动中的机会结构:水平网络与架构共鸣》,《社会学研究》,2011 年第 6 期,第 1—33 页。此文对这一运动从社会运动理论视角进行了较透彻的分析,但对运动起始时间的说法不明确;曾向红:《穆巴拉克突然倒台的三个疑问》,观察者网,2012-07-17 12:55,http://opinion. huanqiu. com/1152/2012—07/2921261. html。此文认为这一运动始于 2005 年。

② Manar Shorbagy, "Understanding Kefaya: The New Politics in Egypt", *Arab Studies Quarterly*, Vol. 29,1,Winter 2007,p. 39.

③ Manar Shorbagy, "Understanding Kefaya: The New Politics in Egypt", pp. 41-44.

④ 周明、曾向红:《埃及社会运动中的机会结构:水平网络与架构共鸣》,第 3 页。

⑤ Manar Shorbagy, "Understanding Kefaya: The New Politics in Egypt", pp. 49-50.

统。穆巴拉克加紧对其次子贾迈勒·穆巴拉克的培养工作。2005 年,"受够了"这一口号以宽泛的内涵团结了不同政治派别,使其在共同基础上团结起来,包括纳赛尔主义者的组织、马克思主义/社会主义组织、穆斯林兄弟会、推进妇女民主组织、青年变革组织、全民变革运动、全国变革与改革联盟、作家与艺术家改革组织、全民监督选举运动、埃及母亲协会等在内的各派政治力量组成了一个松散联盟,破除意识形态障碍,不断寻求共同点,追求不同集团和阶层(失业者、青年、母亲、黑人妇女、法官、作家与艺术家、医生)的共同利益,通过示威游行、抗议活动、公众集会等方式以追求公正的选举、妇女民主、反腐败、司法独立。① 确实,"受够了"只是一种抗议活动。然而,作为一种全国性的超越意识形态的联盟,"受够了"运动成为 2005 年以后的埃及政治抗议运动的催化剂。② 2009 年,当 2005 年诺贝尔和平奖得主穆罕默德·巴拉迪(Mohamed M. El Baradei)准备从国际原子能机构退下来时,他开始注意联络埃及国内的青年人,呼吁民主改革。2010 年 2 月,他联合 30 余名政治家、知识分子和活动分子组建了反对派组织——民族改革协会(the National Association for Change)。

2010 年 6 月 6 日,一位从亚历山大来到开罗的名叫哈利德·赛义德(Khaled Said)的青年小贩在一家咖啡馆被两名警察堵住,随后发生的冲突导致了赛义德的死亡。根据埃及警方的说法,赛义德是在吸食毒品时发生窒息。然而,从媒体和网络传出的说法却不同。一种说法是警察要求他给钱,而当他告诉他们没有钱时,警察在咖啡馆里开始殴打他,残酷的殴打一直持续,直到他死在街上。另一种说法由一些同情者提供。赛义德被杀是因为他在网上发布了一个视频,显示两名警官在毒品交易后交换资金。随后,一个名为"我们都是哈利德·赛义德"的脸书账号建立

---

① Wael Salah Fahmi, "Bloggers' Street Movement and the Right to the City", pp. 89-107.

② 在 2005 年的"受够了"运动与 2011 年"1·25"运动之间,埃及发生了多次针对政府或地方性和行业性的抗议活动,如 2006 年针对安全机构对妇女的性侵犯的抗议活动、2006 年底至 2007 年 9 月发生在埃及北部的梅哈拉·科布拉纺织公司工人为抗议解雇和要求更好工作条件的静坐和集会运动以及 2007 年底的地产收税者持续了 10 天的示威活动以及 2008 年 4 月与 2009 年 4 月掀起的"4·6 大罢工"等。Wael Salah Fahmi, "Bloggers' Street Movement and the Right to the City", p. 105. 周明、曾向红:《埃及社会运动中的机会结构:水平网络与架构共鸣》,第 6 页。

了,上面贴满赛义德被毁容的脸和血迹斑斑的尸体照片。① 许多民众包括一些人权活动家和穆罕默德·巴拉迪一起走上街头,表达他们对警察虐待平民致死事件的极度愤怒。"对许多埃及人来说,死亡是警察对平民的暴行的象征。"②赛义德之死及随后出现的不满和抗议为"1·25"革命积蓄了最具摧毁性的能量。

2010年12月17日发生的突尼斯事件触发了埃及政局的演变,2011年1月15日本·阿里政权的倒台为"1·25"革命拉开了序幕。随后,已逃到美国的前警官奥马尔·阿菲菲(Omar Afifi)在网络上发了一段极具煽动性的录像:"1月14日是突尼斯自由日而我们的日子是1月25日。"一些活动积极分子纷纷在网络上号召埃及人民行动起来。1月21日,纳瓦拉·内格姆(Nawara Negm)在网络上发出一条消息,标题是"高贵者在1月25日表明自己"("Be noble and demonstrate on January 25"),直接号召人们于1月25日走上街头。2011年1月25日,埃及开罗、亚历山大等地上百万人走上街头游行示威,要求穆巴拉克总统下台。第二天,政府颁布禁止抗议游行的法令,警方开始使用催泪弹和高压水枪力图驱散示威人群。27日,巴拉迪从维也纳回到埃及参加示威,随后被捕。28日,政府切断了各种互联网和手机通讯,企图阻止日益扩大的反政府的信息传播。晚上,位于首都开罗的埃及执政党(民族民主党)总部大楼被抗议者纵火。

民众的示威抗议活动愈演愈烈。穆巴拉克认识到问题的严重性,他于1月29日凌晨发表电视讲话,要求以纳齐夫为总理的政府辞职。他表示:埃及是一个法治国家,人民应该保卫埃及在过去十几年中取得的成果,应该通过对话和努力实现自己的理想,他将继续已经开始的改革之路。当天,开罗的男女老幼纷纷走上街头参与示威,要求总统辞职。四天的骚乱导致51人死亡,1 100人受伤。总统穆巴拉克于当晚召开紧急会议,宣布任命埃及民航部长艾哈迈德·沙菲克为新政府总理,埃及情报局

---

① 2月8日,谷歌公司执行官瓦伊勒·加尼姆在被捕12天后获释,他承认是这一账号的创建者。随后他发表了具有煽动性的讲话,并来到解放广场鼓励抗议者坚持斗争。

② N. Eltantawy and J. B. Wiest, "Social Media in the Egyptian Revolution", pp. 1211-1212.

局长奥马尔·苏莱曼担任副总统。随着示威游行人数以及死伤人数的不断上升，要求穆巴拉克总统辞职的呼声不断增高。

穆巴拉克于 2 月 1 日晚再次发表电视讲话，表明自己无意竞选下届总统，将在本届剩余任期里努力保证政权平稳过渡。随后，埃及军方发言人表示，呼吁民众结束示威游行，尽快使社会生活恢复正常，并表态无论出现什么挑战，埃及军方将一如既往地保卫埃及。2 月 3 日，穆巴拉克在开罗总统府接受美国广播公司记者专访时做了三点说明。他愿意马上辞职，但由于担心国家陷入混乱，他不能现在辞去总统职务；他从未打算让儿子继任总统；他表明："我永远不会逃离。我要死在埃及这片土地上。"副总统苏莱曼接受埃及国家电视台采访时传达了同样的信息。由于以穆斯林兄弟会为首的反对派始终持反政府立场，冲突继续。

示威和冲突使正常的社会经济生活陷入混乱。2 月 5 日，穆巴拉克就国内经济形势召开总理及部长会议，讨论抗议活动对经济造成的影响和确保民众基本生活等议题。民族民主党执行委员会集体辞职，其成员包括总书记谢里夫和穆巴拉克之子贾迈勒。民族民主党成员胡萨姆·巴德拉维被任命为该党新的总书记和政策委员会书记。在随后的日子里，一方面示威游行在继续要求总统辞职，另一方面以穆兄会为代表的反对派与政府开始政治对话。2 月 7 日，双方对话结束后发表声明，同意建立一个专门委员会，研究宪法和立法改革等事项。反对派同意穆巴拉克总统 9 月后不再寻求连任，并保证和平过渡以及自由、公正的选举。双方同意成立另一个委员会，负责处理解除对媒体限制，以及根据国家安全局势结束紧急状态等问题。与会各团体一致表示反对外国势力对埃及内政的干涉。2 月 9 日，埃及再次爆发大规模示威，要求穆巴拉克立即辞职。2 月 10 日，穆巴拉克发表全国电视讲话，宣布根据宪法会将部分权利移交给副总统苏莱曼，但他本人不会辞去总统一职。2 月 11 日，埃及副总统奥马尔·苏莱曼发表简短电视声明，宣布总统穆巴拉克辞职，权力移交军方。

(五) 审判的戏剧性与"革命"的尴尬结局

埃及的变局远比突尼斯的更具戏剧性。穆巴拉克放弃权力两个月后，于 2011 年 4 月 13 日被拘留，被要求就涉嫌腐败、滥用职权等指控配合检方进行调查。从此,漫长的穆巴拉克审判开始。5月24日,埃及总检察长向刑事法院起诉穆巴拉克和他的两个儿子。8月3日,穆巴拉克接受审判。在随后的日子里,他被控各种罪名。2012年6月2日,穆巴拉克以"在2011年埃及政治动荡中武力镇压示威者以及腐败"等罪名被判终身监禁。2013年1月,埃及最高法院在接受两项涉及穆巴拉克及阿德利等人的上诉后宣布将重新审理穆巴拉克案。8月21日,开罗上诉法院在审判后下令释放穆巴拉克。2014年8月13日,穆巴拉克再次因被指控"在2011年埃及大规模反政府抗议期间下令向示威者开枪"而出庭受审。开罗刑事法院于11月29日判决穆巴拉克涉嫌蓄意谋杀抗议者这一罪名不成立。2015年5月9日,穆巴拉克再次因侵吞公款罪(挪用1400万美元装修总统官邸)受审并被判3年徒刑。2017年3月2日,他被埃及最高法院宣判无罪并于3月24日被释放。

穆巴拉克辞职后,埃及并未因此而复兴,反而陷入了新的动荡。群众多次举行示威反对军人过渡政权——武装部队最高委员会,"革命"的得利者穆斯林兄弟会也不断要求军人放权。2012年6月24日,穆兄会候选人、自由与正义党主席穆罕默德·穆尔西·伊萨·阿耶特(Mohamed Morsi)赢得选举并成为埃及第5任总统,于6月30日宣誓就职。作为埃及首位民选总统,他也是"阿拉伯世界第一位自由选举的穆斯林总统"。好景不长,2013年6月30日,即穆尔西总统就职一年的纪念日,埃及数百万民众在埃及各主要城市举行游行示威,反对者要求推翻穆尔西政权,提前举行总统选举。由于支持者与反对者持续冲突,军方于7月3日以穆尔西总统未能解决当前危机为由解除其总统职务。警方还下令逮捕300名穆斯林兄弟会领导人及成员,随后宣布穆斯林兄弟会为非法组织。穆尔西从被拘留起被控间谍行为、煽动暴力、谋杀示威者、造成国家经济崩溃、勾结外国势力破坏埃及稳定、越狱袭警等罪名,其拘留时间一再延长。2015年5月16日,他因2011年越狱罪被判处死刑。2016年11月15日埃及最高法院又撤销对他做出的死刑判决。2017年9月16日,他以泄露国家机密的罪名被判决终身监禁。

对两位前总统的最终判决结果令人迷惑——因"革命"而下台的穆巴拉克总统的最后结果是无罪释放;"革命"的胜利者穆尔西在他当选为总统后又被判决终身监禁。

这种从总统到囚徒的戏剧性收场体现了这场"革命"是合理性与荒谬性的结合。塞西将军2014年竞选总统成功的事实再次说明:民众希望强有力的政权以求得稳定。军队-宗教-世俗三股力量的相互作用决定了埃及政局的演变。

三、利比亚的"2·17革命"

2011年2月17日,在利比亚首都的黎波里出现抗议活动,游行示威者与安全部队发生冲突,要求政府下台。对此,卡扎菲表示不会辞职并动用军队镇压示威者,冲突升级,引发北约干涉。新闻媒体的话语体系将2011年推翻卡扎菲政权的那场战争称为"2·17革命"。一场群众示威游行最后招致外力干涉和北约轰炸,这是一场什么样的"革命"呢? 前美国国会议员、2008年绿党推选的总统候选人辛西娅·麦金尼女士带领一个观察团在利比亚目睹了北约对这个国家的野蛮轰炸,观察团成员撰写的独立立场的《利比亚的非法战争》由她主编,揭露了北约进行的这场惨无人道的罪行。① 由艾登·赫尔和罗伯特·默里两位教授主编的《利比亚:保护的责任与人道干预的未来》从国际关系和法学的角度对这一场北约在"人道主义干预"旗号下发动的侵略战争进行了分析和谴责,并就这一恶性事件对今后国际关系的影响提出了自己的担忧,还对"保护的责任"这一概念提出了质疑。②

可以看出,利比亚的情况与突尼斯和埃及有所不同。从各方面的情况看,利比亚的政局动荡是一场由北约策划和实施的政权变更。首先,我们来看看利比亚的实际情况。

(一)"9·1革命":从君主制到人民社会主义民众国

利比亚原为意大利殖民地,二战后由联合国行使管辖权。利比亚于1951年12月24日宣告独立并成立联邦制的利比亚联合王国,后改名为

---

① Cynthia McKinney, *The Illegal War of Libya*, Atlanta: Clarity Press, Inc., 2012.

② Aiden Hehir and Robert Murray, *Libya, the Responsibility to Protect and the Future of Humanitarian Intervention*, Palgrave Macmillan, 2013.

利比亚王国。1969 年 9 月 1 日,以奥马尔·穆阿迈尔·卡扎菲(Omar Mouammer al Gaddafi,1942—2011)为首的"自由军官组织"发动政变,推翻伊德里斯王朝,成立阿拉伯利比亚共和国,史称"9·1革命"。1977 年,阿拉伯利比亚共和国更名为"阿拉伯利比亚人民社会主义民众国"(即 Jamahiriyya),1986 年 4 月再次更名为"大阿拉伯利比亚人民社会主义民众国"。与当时该地区发生的其他政治变革一样,利比亚的军事政变既是对奥斯曼帝国政治遗产的一种否定,也是对英法殖民宗主国在阿拉伯世界的政治安排的一种挑战。①

卡扎菲受到纳赛尔思想的深刻影响,他一直主张阿拉伯统一,提倡社会主义和不结盟政策。自从 1969 年"9·1革命"后,"利比亚与卡扎菲这个名字紧密地联系在了一起,卡扎菲似乎成了利比亚的代名词",利比亚是"一个独特的国家(当今世界上唯一的一个人民社会主义民众国)"(中国前驻利比亚大使秦鸿国语)。卡扎菲确立的制度及政策主要根据他的《绿皮书》制定。卡扎菲在 1973 年提出有别于资本主义和共产主义的"世界第三理论"。"我们称它为世界第三理论是为了表明,对那些既拒绝实利主义的资本主义也拒绝无神论共产主义的人来说还有一条新的道路。""这个思想学说是人道主义的,而不是像旨在毁灭世界的种族学说那样的侵略学说。"这一学说的主要内容包括建立以伊斯兰和阿拉伯传统为基础的标准社会主义;主张人民政权、经济革命和社会改革;实现阿拉伯和伊斯兰世界统一。②

卡扎菲的学说在他于 1976—1979 年出版的《绿皮书》中得到了较充分的阐述。《绿皮书》第一章着重论述人民政权。他批判了西方民主制的核心议会制度,指出政党是"新的专制统治工具","公民投票是对民主的

---

① 有关卡扎菲的社会背景,参见穆萨·库萨在密歇根州立大学的硕士论文。Musa M. Kousa "The Political Leader and His Social Background: Muammar Qadafi, the Libyan Leader" (M. A. thesis, Department of Sociology, Michigan State University, 1978). 关于"9·1革命",参见第 60—111 页。穆萨·库萨担任过利比亚外部安全组织主管,即情报和特工部长。库萨与卡扎菲之子赛义夫曾在 2004 年联合国解除对利比亚制裁的谈判中扮演关键角色。2009 年,库萨被卡扎菲任命为外交部长,在北约入侵时于 2011 年 3 月 30 日叛逃英国。

② 关于世界第三理论,参见潘蓓英:《利比亚》,社会科学文献出版社,2007 年,第 98—102 页。

一种欺骗"。他认为,只有人民大会是实现人民民主的唯一途径,将民众分为若干基层人民大会。只有通过人民大会和人民委员会才能实现人民政权。"人民大会和人民委员会是人民为争取民主而奋斗的最终成果。"①第二章是"经济问题的解决办法——社会主义"。卡扎菲在分析了雇用制和工资制的实质后认为,人们应该依靠自己的劳动来满足自身的需求,不能驱使他人为自己效力或牺牲他人的利益以满足自身需求,也不要为了自身利益攫取他人的成果。"社会主义社会的目标是实现人们在物质和精神方面均有自由的幸福,而自由的实现又取决于人们在多大程度上能掌握自己的需求并得到神圣的保障。"②这是世界第三理论的经济基础。第三章是"世界第三理论的社会基础",主要论及家庭、部落、民族、妇女、少数民族、黑人等群体和教育、音乐和艺术、体育、骑术和表演等社会活动。他认为,家庭比国家更重要,"人类实际上就是个人和家庭而不是国家"。部落是家庭的繁衍和扩大,是一个大家庭。民族则是部落的繁衍和扩大,是一个大部落。他强调妇女平等,要求保护妇女权利。他指出,少数民族有自身的社会权利,对这些权利的侵犯都是压迫。有意思的是,他指出黑人受压迫的历史,并认为他们将称雄世界。③

石油是利比亚最重要的财富来源。卡扎菲在任期间的一个重要贡献是使国家控制了全国 70% 的石油,使之成为国民经济的主要支柱。卡扎菲在此基础上先后实施了"三年经济发展计划"和"五年经济发展计划",优先发展现代工业和基础设施。1985 年第二个"五年经济发展计划"完成时,利比亚国内生产总值达 254.2 亿美元,人均国内生产总值为 7 170 美元。在美国和西方国家于 20 世纪 90 年代对利比亚实施经济制裁的过程中,利比亚经济受到较大损害。1995 年,利比亚政府向联合国安理会报告,自 1992 年 4 月制裁开始至今,利比亚经济损失已达 109 亿美元。为了应对因制裁带来的困境,利比亚从 1997 年开始实行多元经济的政策,促进食品、钢铁、纺织及其他轻工业的发展。与此同时,政府还通过实

---

①   卡扎菲设计的政治制度参见穆阿迈尔·卡扎菲:《绿皮书》,世界知识出版社(根据阿拉伯利比亚人民社会主义民众国世界绿皮书研究中心 1984 年 1 月版译),无译者,无出版日期,第 9—12、15、31、39 页。

②   穆阿迈尔·卡扎菲:《绿皮书》,第 84 页。

③   穆阿迈尔·卡扎菲:《绿皮书》,第 99、103、110、119—133、137、141 页。

行土地国有化、加大农业投资、为农户提供援助和优惠及改造水利条件来大力发展农业。农业在多方面取得成绩,谷物、蔬菜和水果产量大大提高。畜牧业原来在石油业发展的冲击和联合国制裁双重打击下出现萎缩。1999 年联合国制裁中止后,畜牧业逐渐恢复发展。①

事变前的利比亚经济状况如何呢? 根据利比亚《奥雅报》报道,政府 2010 年年报除颁布了包括《商业活动法》、《投资法》在内的一系列法律外,还明确表示旨在实现利比亚国民经济多元化。数据显示,2010 年全国各地兴建工业区 60 个,占地面积 4 855 公顷;产值过亿的待开工工业项目 252 个,将为利比亚国民提供 20 300 个就业机会。投资领域项目达 352 项,其中 197 个项目已见成效,为 52 810 人提供了就业机会,155 个项目正在实施中。预计未来 10 年内,利国内非石油产值将增加 70%,GDP 增幅不少于 8%,每年将为社会提供 10 万个就业机会。② 2010 年,利比亚国内生产总值为 974.3 亿美元,同比增长 2.5%,人均 GDP 为 14 100 美元。2011 年"2·17 革命"爆发后,利比亚经济深受影响。③

北约对利比亚的行动所声称的合法性主要来自对卡扎菲的指责和攻击。有一点可以肯定,卡扎菲统治了利比亚 42 年,他独特的处事方式引发了一些利比亚青年人的反感。然而这位前利比亚领袖究竟是个什么样的人? 根据穆萨·库萨的描述,"他(指卡扎菲)部落里没有人参与政治或担任政府职务"。④ 当然,这是 1978 年以前的情况。后来,卡扎菲经过几次未遂政变后,不断重用和扶植他所属的卡扎法部落以及有血缘或联姻关系的瓦尔法拉部落和马哈拉部落(将在第 23 章论及)。中国驻利比亚的两位前大使都对他有所评论。秦鸿国大使在《利比亚》序言中说:"卡扎菲是一位神奇、独特、很有思想和个性的政治风云人物。他是非洲大陆和

---

① 潘蓓英:《利比亚》,第 122—123、153—159 页。

② 《利比亚经济发展每年为社会提供 10 万个就业机会》,中华人民共和国驻利比亚大使馆经济商务参赞处网站,2011 年 1 月 12 日。http://ly.mofcom.gov.cn/article/ztdy/201101/20110107360343.shtml.

③ 中国驻利比亚大使馆经济商务参赞处:《利比亚宏观经济概况》,2014 年 7 月 13 日。http://china.huanqiu.com/News/mofcom/2014—07/5061728.html.

④ Musa M. Kousa "The Political Leader and His Social Background: Muammar Qadafi, the Libyan Leader", p. 114.

阿拉伯国家中,于20世纪60年代领导本国人民取得民主民族革命胜利而至今仍然健在且一直掌权的唯一一位国家领导人……卡扎菲经常语出惊人,见解独到,行踪诡秘,居无定所,其人其事以及他的思想、理论和治国方略却是世间独一无二的。"①王厚立大使曾评价卡扎菲是一位"个性独特、不甘寂寞的革命理想主义者"。"卡扎菲每次接见笔者时,都显得很有礼貌,微笑着迎送,没有傲气。他极少打断客人的讲话。从他的谈吐中,笔者能看出他很有思想,对国际上发生的大事都很了解。而且他的讲话颇有煽动性,常用特有的方式和语气表达他对事物的看法;有时还很生动,带点幽默,这与他在大型集会上声嘶力竭、挥舞拳头抨击美帝国主义和以色列犹太复国主义的举动判若两人。"他在担任驻利比亚大使期间,曾多次与卡扎菲单独会面,并与他成为朋友。他还回忆了自己在利比亚经历的一件事情:

> 1990年,笔者从的黎波里驱车去班加西办事,途经一片新住宅楼。陪同的中国建筑工程总公司代表告诉我,这片住宅楼是他们公司几年前承建的。楼房刚盖好,就被附近许多居民抢占入住了。当地主管部门没有办法,只好向上头反映。卡扎菲知道后接见了住户代表,并对他们说:"你们是国家的主人,房子就是为你们盖的,住下吧!"于是众人高呼:"卡扎菲万岁!"②

虽然这一事例有偶然性,不能代表卡扎菲的为人,但卡扎菲将一个贫困的利比亚发展成为非洲大陆最富裕的国家,民众享有稳定的生活、较高的福利以及免费医疗制度,这些却是不争的事实。他创造的政治制度也将为后继者留下宝贵的遗产。③

---

① 潘蓓英:《利比亚》,序,第1页。

② 《前驻利比亚大使忆卡扎菲:青睐中国多次密会大使》,2005年07月15日《世界新闻报》。http://news. sina. com. cn/w/2005—07—15/16257234616. shtml.

③ 美国学者圣约翰较为客观地研究了卡扎菲政权。除了展现卡扎菲面对的社会政治遗产和西方制裁造成的破坏外,他还分析了卡扎菲经济上的成就。他还认为"卡扎菲创造的制度和机构,将会为民众参与利比亚政府体系提供机会,成为表达民众意愿,并完成重要的分配与安全功能的工具"。这些将成为后来者的宝贵遗产。罗纳德·布鲁斯·圣约翰:《利比亚史》(韩志斌译),东方出版中心,2015年,第219页。

（二）从反对强权到妥协于强权

如果从利比亚的对外关系看，卡扎菲执政分为四个阶段：1969 年—1977 年可称为"革命指挥委员会阶段"。1977 年—1988 年是卡扎菲与西方国家的对抗阶段。1988 年—2001 年是卡扎菲政权受制裁和孤立阶段。2001 年—2011 年被称为是卡扎菲政权向西方开放与卡扎菲灭亡时期。①

卡扎菲上台后进行了相应的政治和军事改革，在此不赘述。② 从外交史的角度看，更具实质意义的是他从军事、经济和政治上使美国在利比亚的利益遭到重创。首先，他收回了美国在的黎波里建立的地中海最重要的军事基地。其次，他废黜了与美国（和其他西方国家）签订的不平等条约并将它们在利比亚的石油公司直接收归国有。最令美国不能容忍的是，1971 年，2 000 多名利比亚人为支持伊朗扣留美驻伊朗大使馆人质的行动，烧毁了美国驻利比亚大使馆大楼。他在纳赛尔的影响下支持泛非主义和泛阿拉伯主义，反对帝国主义与共产主义，并提出了区别于社会主义和资本主义的第三条道路。1970 年纳赛尔去世后，卡扎菲似乎成为阿拉伯世界的政治明星，他坚持反美、反西方的立场，被称作"反美斗士"。③

卡扎菲上台后将乍得北部地区视为"不可缺少的生存空间"。1983 年卡扎菲出兵支持古库尼的反政府军两次占领北部重镇法亚-拉若。卡扎菲直到 1984 年 4 月 30 日才公开承认利比亚在乍得驻有军队。④ 乍得政府和外国新闻媒体早就报道了利比亚军队在乍得的活动。1983 年 8

① Horace Campbell, *Global NATO and the Catastrophic Failure in Libya: Lessons for Africa in the forging of African Unity*, New York: Monthly Review Press, 2013, pp. 47-48.

② 有关政治改革，参见 J. Davis, *Libyan Politics Tribe and Revolution: An Account of the Zuwaya and Their Government*, Berkeley: California University Press, 1987. 有关军事改革，参见 H. C. Metz, *Libya*, Whitefish: Kessinger Publishing, 2004, p. 55。

③ 有关卡扎菲政权的作为，参见 Lillian Craig Harris, *Libya: Quadhafi's Revolution and the Modern State*, Boulder: Westview Press, 1986; Dirk Vandewalle, *Libya since Independence: Oil and State-Building*, Cornell University Press, 1998。卡扎菲还提出与埃及、摩洛哥、突尼斯及叙利亚合并的建议，均未能实现。

④ 卡扎菲对法国电视台表示："如果利比亚在乍得的存在成了法国军事力量驻在这个国家的借口的话，那么我声明，我们准备结束这种存在。"《围绕乍得问题的新的事态发展》，《人民日报》，1984 年 5 月 14 日。

月 8 日乍得新闻部长穆罕默德举行记者招待会,当时被俘的利比亚空军少校沙法迪内被带到了会场。8 月 12 日晚乍得官方电台发布的一项公报说:乍得政府召开内阁紧急会议,研究了利比亚侵略升级的情况,"乍得政府要求非洲统一组织、联合国和爱好和平与自由的其他一切国际组织和国家坚决谴责利比亚的侵略行径"①。利比亚的军队一直在北部支持古库尼的反政府武装,1984 年 11 月才与法国军队一起完成撤军行动。②乍得曾经在 1987 年攻入利比亚内地。这种向邻国扩张的行为使卡扎菲处于较为孤立的地位。③

　　1977 年,美国国防部将利比亚列入"美国潜在敌人"的名单并不断对利比亚进行打压。对卡扎菲政权最严重的颠覆行动发生在 1986 年 4 月。1986 年 4 月 5 日,驻扎在西柏林的美国士兵光顾的迪斯科舞厅发生炸弹爆炸,造成两名美军和一名土耳其女子丧生,229 人受伤。美国政府指责利比亚制造了这一恐怖事件。美国总统里根下令轰炸利比亚首都的黎波里和班加西,主要目标是卡扎菲的行宫。卡扎菲躲过了这次突袭,但他领养的女儿汉娜(Hanna)被炸死。1988 年 12 月 21 日,美国泛美航空公司的一架波音 747 客机在苏格兰小镇洛克比上空爆炸坠毁,造成机上 259人和地面 11 人丧生。美英指责利比亚政府策划了这一爆炸事件。美国和联合国对利比亚实施多方面制裁。1989 年 9 月 19 日下午,一架法国联合航空公司执行 772 航班的 DC-10 型客机由布拉柴维尔飞往巴黎途中在尼日尔上空爆炸。这起事件被认为与利比亚有关。

　　在随后的日子里,联合国安理会通过决议,对利比亚实施包括空中封锁、武器禁运和外交制裁等惩罚措施。美国等西方国家也通过相关法令(如达马托法)对利比亚进行制裁。由于国际公司的撤离,石油开采和精炼等各种相关设施无法得到技术上的提升,严重依靠石油的利比亚经济遭受巨大损失④。曼德拉 1994 年成为南非总统后,对卡扎菲这位曾经给

---

　　① 《乍得政府召开内阁紧急会议,谴责利比亚侵略升级呼吁法美直接干预》,《人民日报》,1983 年 8 月 14 日。

　　② 《法国利比亚完成从乍得撤军》,《人民日报》,1984 年 11 月 11 日。

　　③ 1994 年,双方领土争端由国际审判法院解决,利比亚将争端领土正式归还给乍得。

　　④ David Anderson,"The fight for Libya's oil",OXPOL,September 15,2011. https://blog. politics. ox. ac. uk/the-fight-for-libyas-oil/.

予非国大巨大援助的朋友表示极大的同情和支持。他帮助利比亚尽快摆脱各种禁运带来的经济损失,敦促联合国解除对利比亚的制裁。利比亚也采取了合作态度,分别交出了嫌疑人并对两次空难事故的家属进行赔偿。① 曼德拉总统往来于大国和利比亚之间,为联合国 1999 年暂停对利比亚的制裁做出了巨大贡献。值得注意的是,尽管西方媒体大肆报道利比亚与事件有关,但利比亚政府从未承认参与此事的策划。② 赔款由卡扎菲慈善基金会支付。

利比亚为了摆脱遭抵制的困境,从 2001 年起在多个方面努力与西方达成妥协。首先,"9·11"事件后,卡扎菲加入了美国等国反对恐怖主义的队伍,并积极配合其行动。③ 2003 年,他与美、英就解决洛克比和尼日尔空难事件达成协议。同年 12 月 19 日,卡扎菲宣布利比亚将停止发展杀伤性武器,彻底销毁化学武器和核武器,并无条件同意国际原子能机构和美英等国的核查人员立即进入利比亚实行监督。2004 年 1 月 27 日,利比亚同意将总重量为 2.5 万公斤的核设施和导弹部件由美国运输机运往美国田纳西州的奥克里季国家实验室接受检查并销毁。④

然而,西方国家还是没有放过卡扎菲。2011 年的动乱为它们提供了机会。

(三) "2·17 革命"与北约的入侵

尽管利比亚是非洲人类发展指数最高的国家,但卡扎菲执政 42 年对有的人特别是失业的青年人而言仍难以接受。2011 年 2 月 16 日,受突

---

① 两位嫌疑人为前利比亚航空公司驻马耳他办事处主任拉明·哈利法·弗希迈和利比亚特工阿卜杜勒·巴塞特·阿里·迈格拉希。

② Horace Campbell, *Global NATO and the Catastrophic Failure in Libya* , pp. 50-51.

③ "M16 'worked with Gaddafi regime'", *The Guardian* , September 3, 2011; Scott Petersen, "How US, British Intelligence Worked to Bring Qaddafi's Libya in from the Cold", *Christian Science Monitor* , September 6, 2011.

④ 潘蓓英:《利比亚》,第 272—279 页。有关利比亚弃核的研究,参见 Malfrid Braut-Hegghammer, "Relinquished Nuclear Powers: A Case Study of Libya" in *To Join or Not to Join the Nuclear Club: How Nations Think about Nuclear Weapons: Two Middle East Case Studies-Libya and Pakistan* (Middle East Studies, April 2013).

尼斯和埃及政局影响,利比亚多个城市出现抗议活动。2 月 17 日,首都的黎波里的游行示威者与安全部队发生冲突,要求政府下台。对此,卡扎菲明确表示自己不会辞职并动用军队暴力镇压示威者,冲突升级。2 月 25 日,欧盟外交官表示,对利比亚采取武器禁运及旅游禁令。同时欧盟将冻结所有利比亚的财产。联合国发出警告,称利比亚国内食物供应面临危机,数千平民的生活受到威胁。为了防止冲突加剧,2 月 26 日,联合国安理会通过 1970 号决议,对利比亚实行武器禁运、禁止利比亚领导人卡扎菲及其家庭主要成员出国旅行、冻结卡扎菲和相关人员的海外资产等。

当时,西方媒体开始不断运用"大屠杀"的字眼,或播送"卡扎菲正在屠杀他的人民"的消息。然而,这种用词和说法经不起推敲。第一,时任美国国防部长罗伯特·盖兹和参谋长联席会议主席麦克·穆伦 3 月 1 日在记者会上承认,他们只是听到了相关报道,并未得到任何证实。第二,利比亚的反对派已经与政府军展开对抗。正如休·罗伯兹指出的那样:卡扎菲针对的是那些反叛的人,"他做的是历史上每一个政府在面对反叛时都已经做了的事情"。[1] 西方国家正是在"人道主义保护"的名义下开始策划直接出兵。[2] 2011 年 3 月 17 日,联合国安理会通过 1973 号决议,决定在利比亚设立禁飞区,并要求有关国家采取一切必要措施保护利比亚平民和平民居住区免受武装袭击的威胁。很明确,1973 号决议主要是为了考虑使用"任何手段"保护利比亚平民,但不包括"军事干涉"。当时,反对派遭到的最严重的威胁是卡扎菲的空中打击。设立禁飞区的目的很明显,阻碍卡扎菲运用空中力量打击反对派。因为一旦卡扎菲的空军进入禁飞区,可能引发外国军队的直接干预。3 月 19 日晚,法国、英国和美国等国的战机或舰艇向利比亚有关目标实施了军事打击。这些军事行动遭到国际社会的反对,被认为与联合国安理会 1973

---

[1]　Hugh Roberts: "Who said Gaddafi had to go?", *London Review of Books*, Vol. 33 No. 22 · 17 November 2011. https://www. lrb. co. uk/v33/n22/hugh-roberts/who-said-gaddafi-had-to-go.

[2]　Horace Campbell, *Global NATO and the Catastrophic Failure in Libya*, pp. 67-72. 有关这场战争的真实目的,参见 Clifford Krauss, "The Scramble for Access to Libya's Oil Wealth Begins", *The New York Times*, 22 Aug. 2011. Web. 22 Jun. 2013。

号决议相违背。3月,北约的20艘军舰开始巡逻,其理由是阻止军火进入利比亚。然而,这似乎只对利比亚政府军有约束。反政府军队从各个方面得到了西方送来的军火。对于北约官员而言,这种行为与联合国决议并不矛盾。因为决议确定进行武器禁运,但也提出应采取一切措施保护受到威胁的平民。①

2011年3月31日,北约正式从美国接手对利比亚的军事行动指挥权。随后,北约组织向利比亚派出地面部队和空中力量,与利比亚的反对派密切配合,开始了对卡扎菲政权持续半年多的军事打击。2011年6月27日,国际刑事法院以涉嫌反人类罪为由签发针对利比亚领导人卡扎菲的逮捕令。欧洲联盟表示反对在卡扎菲掌权的条件下就利比亚危机达成解决方案。欧盟立场十分明确:卡扎菲必须下台。2011年8月22日,利比亚反对派攻入首都并宣称已取得控制权。8月24日,卡扎菲发表讲话指出,退出阿齐齐亚兵营只是战术性撤离,在对抗外国的侵略斗争中,他要么胜利要么战死。利比亚反对派领导人、全国过渡委员会主席贾利勒在的黎波里表示,将悬赏捉拿卡扎菲,无论卡扎菲是生是死,均将给举报人200万第纳尔(约合167万美元)的奖励。卡扎菲于9月初转移到家乡苏尔特。他连续两次发表讲话,准备与"占领利比亚的人"打一场"长久的游击战"。利比亚反对派一方面在拜尼沃利德城附近集结军队,另一方面放出消息,称卡扎菲已逃往尼日尔。卡扎菲于9月8日进行反驳,称这些传言是反对派的谎言,是心理战的伎俩。卡扎菲在电话中表示,他永远不会离开他祖辈的土地。2011年10月20日,利比亚过渡委员会新闻发言人古贾与利比亚军事委员会主席贝尔哈吉分别证实,卡扎菲在其家乡苏尔特被捕后因伤重死亡。

北约入侵利比亚于3月19日开始,于10月31日正式宣布结束。其间,北约几乎每天都要向利比亚发起各种打击,包括空袭和地面打击。2011年9月攻占的黎波里以后,北约组织的报告披露,从北约组织的军事行动于3月31日正式开始后,北约共向利比亚发起26 323次打击行动,其中包括9 658次空中打击。这意味着对利比亚这块土地和人民每

---

① David Pugliese, "The Libya Mission One Year Later: The rules of engagement", *The Ottawa Citizen*, Feb. 19, 2012. http://www.uruknet.info/? p=85853.

天进行 150 次攻击。[1] 北约和反对派杀死了卡扎菲和他的两个儿子,另一个儿子萨伊夫·伊斯兰被抓,其他家庭成员被迫逃亡。利比亚从此陷入持续的不稳定与动乱之中。

参加入侵利比亚的北约国家的首脑们对卡扎菲政权的崩溃都显得如释重负。他们将卡扎菲描绘为"专制恶魔"或"屠杀人民的刽子手",从而为他们"保护的责任"提供合法依据。然而,他们却忘记了两三年前还与卡扎菲打得火热,并希望从利比亚获得各种商业利益。英国国防军总参谋长大卫·理查兹宣称,北约成功地消灭了卡扎菲——这个对英国及其民众的潜在威胁,但他却无法解释为何英国在 2009 年派特种部队训练卡扎菲的突击队。[2]

我们不禁要问:利比亚已经与西方国家妥协,卡扎菲已经停止发展杀伤性武器,完全销毁了化学武器和核武器,西方国家为何仍推翻卡扎菲政权?

(四) 北约推翻卡扎菲的原因

卡扎菲为何会弃核? 根据他身边亲信的解释,他希望改善与美国的关系,并从"9·11"事件及伊拉克局势的发展认识到时代的不同。后来有评论认为,美国拿走了卡扎菲手中"最大的王牌"。[3] 在此基础上,卡扎菲加强了与美国等国的合作。为了回报卡扎菲弃核的举动,西方为他提供

---

[1]　C. J. Chivers and Eric Schmitt, "In Strikes on Libya by NATO: An Unspoken Civilian Toll", *The New York Times*, December 17, 2011. https://www. prisonplanet. com/in-strikes-on-libya-by-nato-an-unspoken-civilian-toll. html.

[2]　David Pugliese, "The Libya Mission One Year Later: The rules of engagement", *The Ottawa Citizen*, Feb. 19, 2012. http://www. uruknet. info/? p=85853.

[3]　美国推翻萨达姆无疑对卡扎菲政权产生了影响。萨伊夫·伊斯兰·卡扎菲表示弃核首先是他的主意:"我们突然发现我们处在一个不同的世界。利比亚必须重新设计自己的政策以应付新的现实。"卡扎菲的亲信阿卜杜拉希·阿贝迪(Abdellahi El Obeidi)指出,放弃核武器使利比亚与美国可以重新恢复正常关系。Judith Miller, "How Gadhafi Lost His Groove: The complex surrender of Libya's WMD", *The Wall Street Journal*, May 16, 2006. 关于美国迫使卡扎菲弃核的战略,参见美国外交研究专家布鲁斯·詹特森的分析。B. W. Jentleson, "Who 'Won' Libya?: The Force-Diplomacy Debate and Its Implications for Theory and Policy", *International Security*, 30:3, 2005, pp. 47-86. 他以此为例论证了武力与外交相结合的重要性。

了各种机会。2004 年他应邀访问欧盟总部,并获得与欧盟委员会主席一起会谈和出席发布会的机会。2007 年 5 月,英国首相布莱尔访问利比亚;7 月,法国总统萨科奇访问利比亚;12 月卡扎菲应邀访问法国。2009 年 6 月,卡扎菲应邀访问意大利;9 月,他赴美国参加了联大会议并作讲演。利比亚政府中的一些亲西方派人士如总理兼石油部长舒克里·加尼姆(Shukri Ghanem)、先负责情报工作后出任外交部长的穆萨·库萨、卡扎菲的儿子萨伊夫·伊斯兰等人开始根据西方模式推进经济改革。① 卡扎菲的这些示好举动并未从根本上获得西方的认同,而他放弃核武器使西方国家或多或少解除了对这位所谓的"利比亚狂人"的担忧。在利比亚发生动乱后,北约可谓浑水摸鱼,在"保护的责任"这一幌子下,完成了推翻卡扎菲政权的计划。为什么会出现这种情况呢?

首先,卡扎菲一直是西方国家的眼中钉。以美国为首的西方国家战后建立的国际金融体系一直主宰着国际政治经济秩序。由国际金融机构主导的针对非洲国家的"结构调整计划"使整个非洲陷入困境,而利比亚幸免于难。在卡扎菲的领导下,利比亚的社会经济状况远远好于其他非洲国家。所有的利比亚学生都有接受高等教育的机会;利比亚的婴儿死亡率在非洲最低;利比亚的生活水平与发达国家相比也并不逊色,每人都有自己的住房,生活在贫困线以下民众的比率甚至比荷兰都低。此外,这个国家的人类发展指数在非洲大陆最高。然而,利比亚自独立以来一直与西方国家作对,与美国、英国、法国等大国的关系长期处于紧张状态,这些国家对卡扎菲并无好感。排除了卡扎菲手上核武器的威胁,他们对利比亚动手更加肆无忌惮,只是需要寻找合适的时机。

其次,北约的军事行动与西方石油公司的利益密切相关。② 利比亚已探明原油储量为 464 亿桶,还有大量未探明的潜在储量。对于西方石油公司而言,卡扎菲是一个很难对付的对手。他在独立后将所有的石油公司收归国有的行为损害了美国石油公司的利益,后来一直对美国采取

---

① 有关卡扎菲政权及他向西方"转变"的过程,巴黎政治大学的马蒂内斯教授有独到的研究。Luis Martinez, *The Libyan Paradox* (trans. John King), C. Hurst, Com. , 2007.

② David Anderson, "The fight for Libya's oil", OXPOL, September 15, 2011. https://blog. politics. ox. ac. uk/the-fight-for-libyas-oil/.

对抗态度。在利比亚国有化进程中,英国除石油公司外,一些银行和保险公司也被没收。利比亚与法国保持着较好的经济关系,但在乍得问题上存在冲突,后来利比亚对洛克比和法航班机两起空难的不同赔偿数额又加深了利法之间的矛盾。意大利作为利比亚的前殖民宗主国,与利比亚更是矛盾重重。卡扎菲对外国公司或提高税收,或提出其他要求。对某些西方国家而言,更具合作态度的利比亚政府肯定更容易打交道。① 牛津大学的政治学教授大卫·安德森一针见血地指出:利比亚战争为的是石油。②

第三,卡扎菲是西方维持非洲势力范围的最大障碍。利比亚不仅石油和天然气储藏量可观,也拥有非洲大陆最大的地下水资源,卡扎菲用这些资源大力援助非洲。卡扎菲反对西方霸权的理念和行动始终是西方大国统治非洲的主要障碍之一。1999 年在利比亚苏尔特市(Sirte,一译"锡尔特")举行的非洲统一组织的特别会议上,卡扎菲提出成立非洲联盟取代非洲统一组织的建议得到大家同意,《苏尔特宣言》宣布成立非洲联盟,并致力于建立非洲中央银行、非洲法院和泛非议会(the Pan African Parliament)等机构。随后,卡扎菲一直主张加强非洲一体化,成立非洲合众国。他极力推动建立非洲货币基金组织(African Monetary Fund)、非洲投资银行和非洲中央银行以达到非洲金融自主化和一体化。此外,他认为每个非洲国家都拥有军队不仅增加了各种冲突,也消耗了许多资源,因此有必要建立一支非洲联合武装力量以抵抗外来侵略。③ 卡扎菲表示:"如果非洲成功地实现统一,那将对非洲人和世界都有益处,与现在欧洲联合具有相似之处……我想非洲地区大国与世界应该帮助非洲实现统一,推动它们成立非洲合众国,因为这将意味着稳定、和平与安全。这将对世界经济和世界和平大有益处。"④ 卡扎菲希望通过经济自主和军事自

---

① Chris Floyd, "Sweet and Lowdown: A Crude Analysis of the Libyan Liberation", INFORWARS, August 24, 2011. https://www. infowars. com/sweet-and-lowdown-a-crude-analysis-of-the-libyan-liberation/.

② David Anderson, "The fight for Libya's oil", OXPOL, September 15, 2011. https://blog. politics. ox. ac. uk/the-fight-for-libyas-oil/.

③ Horace Campbell, *Global NATO and the Catastrophic Failure in Libya*, pp. 258-266.

④ 罗纳德·布鲁斯·圣约翰:《利比亚史》,第 191—192 页。

主来达到政治自主,他这一建立非洲合众国的宏伟计划成为前殖民宗主国维持其势力范围的巨大威胁。

最后,诸多新兴国家在利比亚的影响力增加,冲击了旧的世界秩序,西方难以容忍。由于利比亚有丰富的石油和天然气,一些新兴国家在 20 世纪 90 年代后期开始与利比亚展开各方面合作。中国石油天然气集团公司(CNPC)、俄罗斯天然气工业股份公司(Gazprom)、伊朗国家石油公司(NIOC)、委内瑞拉国家石油公司(PDVSA)、巴西国家石油公司(Petrobras)、马来西亚国营石油公司(Petronas)和沙特阿拉伯的阿拉伯-美国石油公司(Aramco)等 7 个国家的国有石油公司开始与利比亚展开合作。英、法、意等西方国家对此极为不满,认为必须阻止这种趋势。利比亚反对派的表态印证了这一点。他们在战争中明确表示:欢迎帮助他们的西方朋友;对军事干预持怀疑态度的俄罗斯、中国、巴西等国家要想战后在利比亚就石油合同续约或取得新合同可能"存在一些政治问题"。①

战后的利比亚陷入内乱和冲突,人民开始反思,他们中相当一部分仍然留恋卡扎菲政权时期的生活。的黎波里政治学院教授穆斯塔法·费图里分析,"如果普通支持者能够组织起来,是可以有所作为的。利比亚国内支持卡扎菲的人还很多,只需用政治主张将他们调动起来。如果举行有像赛义夫·伊斯兰这样的名人参与竞选的选举,卡扎菲分子能够获胜"。另一位政治分析家贾拉勒·哈沙维持同样的看法,他在《费加罗报》(2017 年 10 月)上表达自己的看法:"利比亚人已经厌倦了内战,尤其懒得理会各路精英考虑的微不足道的妥协。利比亚局势紧张,且深深地陷入分裂。在这样的情况下,2011 年为人熟悉的重要人物,如赛义夫·伊斯兰就显得颇具吸引力。因为自 2011 年起主导政治舞台的'新领导人们'没有能力给出一种治理方法或让民众接受的经济生活。"②

---

① Chris Floyd, "Sweet and Lowdown: A Crude Analysis of the Libyan Liberation", INFOWARS, August 24, 2011. https://www. infowars. com/sweet-and-lowdown-a-crude-analysis-of-the-libyan-liberation/.

② 《外媒:不少利比亚人怀念卡扎菲 拥戴其子并组建武装》,参考消息网,2017 年 11 月 1 日。http://news. china. com/international/1000/20171101/31619844_all. html#page_1,2018 年 1 月 22 日。

基辛格在评价美国参与越南战争时指出,美国向越南人民开战标志着美国政治制度的道德失败。[①] 坎贝尔将越南战争与利比亚战争的历史意义进行了比较。轰炸利比亚和谋杀卡扎菲是北约的一次巨大的失败,也必将推进非洲统一的步伐。[②]

四、小 结

将突尼斯、埃及和利比亚的三起事件综合起来进行分析,我们可以得出以下结论。

首先,三位前国家元首均为职业军人出身。他们的上台或是通过武力政变(卡扎菲),或是和平政变(本·阿里),或是因为非常时刻(穆巴拉克)。军事资源在其成为国家领导人的过程中起到了极其重要或关键的作用。具有讽刺意味的是,这三个政权倒台的最终原因也在于军队的变节或反戈。与军人执政紧密相连的是,三个政权多少具有政府专制乃至个人集权的特点。由于三人上台时均具有相当的合法性而被民众拥戴,他们在执政后期转向集权,甚至导致家族对政治的参与或干预。这种集权使三位领导人长期在位(本·阿里在位 23 年,穆巴拉克执政 30 年,卡扎菲执政 42 年)。这种长期恋权加上家族政治导致了民众的厌倦。

其次,突尼斯、埃及和利比亚的三位前国家领导人都对政治伊斯兰(political Islam)持反对态度。本·阿里从 20 世纪 90 年代末开始对伊斯兰教采取限制的政策,穆巴拉克对穆兄会的首领采取镇压措施,卡扎菲与美国和英国配合也对政治伊斯兰势力进行打击。在三个政权倒台的过程中,伊斯兰主义者的动员不可小视。正如王锁劳所言:本·阿里总统和穆巴拉克总统"对政治伊斯兰势力一贯毫不手软",利比亚领袖卡扎菲则"一贯坚决打压政治伊斯兰极端势力",这三个政权的倒台意味着"阿拉伯世俗政权遭到重创"。[③] 我们也确实看到了伊斯兰极端势力在这三位领导

---

① Henry Kissinger, *On China*, New York: Penguin, 2011, p. 213.

② Horace Campbell, *Global NATO and the Catastrophic Failure in Libya*, p. 33; Horace Campbell, *NATO's Failure in Libya: Lessons for Africa*, Pretoria, 2012, p. 142.

③ 王锁劳:《有关北非中东剧变的几个问题》,《外交评论》,2011 年第 2 期,第 14 页。

人下台后的复兴势头。

第三个共同点是目标的一致性——既得利益集团，这是关键的一点。虽然这些动乱的起因确实有经济因素，但动乱前的突尼斯在经济发展上有着突出的表现，利比亚的民众生活水平和公共福利在非洲也是首屈一指，埃及的经济情况要好于诸多非洲国家。重要的是，这些动乱针对的是既得利益集团的权贵们，因为民众认为国家的政治和经济制度只服务于既得利益集团，而不是广大民众。动乱表达的是"民众对不公正和不平等的愤怒，对青年失业的担忧，对腐败和不负责任政府的沮丧"。这也说明了为什么青年在动乱中发挥了主导作用。①

当然，这些共同点并不意味着三个政权倒台的原因完全一样。虽然突尼斯与埃及的变革有相似之处，但利比亚的动乱只是为北约的干预提供了合适的机会。将这一巨变称为"春天"或"革命"颇为不妥。主要原因有两点。其一，这种说法来自西方媒体。它们关注的是新闻效应，而不是当地发生的实际情况。② 其二，这两个词汇不适合用来形容北非地区发生的变化，北非阿拉伯国家的剧变中死了不少人，北约对利比亚的轰炸导致大量平民伤亡。这些国家的经济受到明显的损害，人民的社会生活在这一巨变后不仅没有改善，反而远不如以前。因此，怎么能说那里有"革命"，那里有"春天"呢？③

---

① 法提姆·哈拉克：《正在形成中的多极世界：非洲面临的机遇与挑战》，《西亚非洲》，2017年第1期，第31页。

② 王锁劳：《"阿拉伯之春"：回顾与展望》，《中国国际战略评论2011》，世界知识出版社，2011年，第237页。文章分析了"阿拉伯之春"（Arab Spring）这一概念的起源，认为这一概念从2005年3月开始被西方媒体广泛使用，如《波士顿环球报》（3月10日）的文章标题为《阿拉伯之春》，澳大利亚《悉尼早报》（3月20日）的文章标题是《民主的"阿拉伯之春"应感谢乔治·布什》。

③ 李杉（Erfiki Hicham，摩洛哥博士）：《浅析北非巨变中的摩洛哥政治改革》（北京大学非洲研究中心，2012年），未刊稿。三个国家巨变后出现的情况也使我们对这些用词产生质疑。穆巴拉克最后被判无罪释放。有关突尼斯民众对本·阿里政权的留恋，参见"At Birthplace of the Arab Spring, Discontent Opens a Door to the Past", *The New York Times*, October 19, 2014. 中文参见《纽约时报：阿拉伯之春四年后 突尼斯民众怀念本·阿里时代》，http://www.guancha.cn/Third-World/2014_10_21_278029.shtml. 有关利比亚民众对卡扎菲时代的怀念，参见《外媒：不少利比亚人怀念卡扎菲 拥戴其子并组建武装》，参考消息网，2017年11月1日。http://news.china.com/international/1000/20171101/31619844_all.html#page_1.

对于巨变后的突尼斯、埃及和利比亚,学者们也在探讨"往何处去"的问题。突尼斯的 2014 年宪法给人们带来希望,伊斯兰政党受到民众的遏制,世俗派政党突尼斯呼声党(Nida Tounes)取代复兴运动成为议会第一大党,但妇女地位仍未得到改善。在埃及,虽然穆斯林兄弟会曾一度得势,但政权很快转到以塞西为代表的军人手里,私人企业的兴起导致经济重组。利比亚的局势最令人担忧,大量来自其他非洲国家的移民成为一大异动因素,处于无政府状态的政治使民众的基本生活难以保障。① 出路何在,我们等待着历史的回答。

① Leila El Houssi, et al. , eds. , *North African Societies after the Arab Spring: Between Democracy and Islamic Awakening*, Cambridge Scholars Publishing, 2016, pp. 4 - 29, 86 - 101, 130 - 154, 156 - 195.

第六章　从非洲统一组织到非洲联盟

> 一直到 1900 年,才由一位在西印度群岛出生
> 而在伦敦开业的黑人律师发起,举行了泛非会议。
> 这次会议引起了人们的注意,从此在辞典中破天
> 荒第一次出现了"泛非"一词。
>
> W. E. B. 杜波依斯(美国黑人学者、泛非运动领袖)

> 尽管困难重重,非洲必须实现统一。在实现
> 非洲统一的崎岖山路上,要保持持续、快速、健康
> 的发展。眼下的非洲人民,特别是非洲国家的领
> 导人对前人负责,同时又要不辜负后人,承担起责
> 任。在非洲统一进程做出巨大贡献留下光辉脚印
> 的人,将比那些顽固、心怀畏惧和傲慢,阻碍了非
> 统步伐的人得到更好的未来。我相信非洲人民将
> 无愧于摆在他们面前的大好机遇。
>
> 朱利叶斯·尼雷尔(坦桑尼亚首任总统)

2018 年 1 月 26 日,法国《世界报》(非洲版)发表特稿《亚的斯亚贝巴:非盟被北京窃听》,称中国援建的非洲联盟总部大楼的网络服务器每天深夜都将一整天的数据发送到位于上海的某运算中心;非盟服务器从 2012 年开始向外发送信息,正是这一年,中国完成了位于亚的斯亚贝巴的非盟大楼建筑工程并将新建的非盟大楼赠送给非洲朋友。2017 年,有关人员发现非盟网络服务器信息被窃情况后,非盟总部更换了网络服务

器。当网络专家发现了非盟网络服务器的信息被转移到中国后,埃塞俄比亚安全专家进行检查,发现非盟总部的办公桌下、墙上都安装有窃听器。① 然而,这一谣言很快被多名非洲联盟高官以及非洲外交官否认。非盟轮值主席、卢旺达总统卡加梅先生表示绝不相信这种报道。非洲联盟委员会主席法基先生在第 30 届非盟首脑会议闭幕后举行的新闻发布会上严正指出,非盟与中国一直保持着良好关系,没有发现非盟总部大楼有任何受到监视的迹象。埃塞俄比亚总理海尔马里亚姆先生表示,非洲与中国保持着全面战略性关系,这种对中国的无端指责完全不可信。② 看来,非洲联盟的存在以及中国与非洲人民的友谊让某些西方国家着急上火了。

2018 年 11 月 17 日至 18 日,第 11 届非洲联盟改革特别峰会在埃塞俄比亚首都亚的斯亚贝巴召开。非洲联盟轮值主席、卢旺达总统卡加梅对来自非洲联盟成员国的首脑提出了自己对这一峰会的看法:“这次特别峰会的目的是推进我们联盟的体制改革。我们大陆和世界各地的事件继续证实了这个项目的紧迫性和必要性。目标很简单:让非洲更加强大,让我们的人民拥有他们应得的未来。”他也提出了自己的担忧:“促进和平与安全是我们联盟的核心职能之一。然而,到目前为止,我们还缺乏一个可靠的机制来资助我们在这一领域的优先行动。”正是在这次会议上,非洲联盟举行了“和平基金”(The Peace Fund)的启动仪式。③

可以说,非洲一体化是与非洲的发展历程成正比的,是非洲国家逐步推进的政治进程的一个重要标志。对地区性组织及其积极作用的传统看法大致可分为五种。第一,地区性组织可防止权力集中在两个超级大国手中。第二,地区性组织可将具有主权地位的弱小国家组织起来以制止外来的干涉和由此引起的冲突。第三,通过建立超越国家并限制国家主权的制度,地区性组织可以减轻主权国家体系所面临的传

---

① Joan Tilouine, "A Addis-Abeba, le siège de l'Union africaine espionné par Pékin", *Le Monde*, Le 26. 01. 2018.

② 《非洲人民明白谁是真朋友》,新华网客户端,2018 年 2 月 7 日。https://baijiahao. baidu. com/s? id=15918128906636101082-wfr=spider&for=pc.

③ Julius Bizimungu, "African Union Needs to Be Stronger-Kagame", *The New Times*, November 17, 2018.

统威胁。第四,通过将国家纳入一个紧密的经济-社会-文化体系之中,地区性组织可阻止地区内国家之间发生战争。第五,由于成员国距离相近并在理解地区性冲突问题上比全球性组织更具优势,地区性组织可以控制地区内国家间的冲突。① 约瑟夫·奈从政治结构的角度分析了地区性组织可以在防止过分集权、制止外来控制和冲突危机管理的方面做出的贡献。

这一强调地区性组织正面作用的观点不无道理,但明显带有强烈的意识形态背景和冷战色彩。首先,它是从强权政治的角度出发,冷战气息十分明显。其二,这一理论所具有的传统的冲突论色彩也十分明显。5点作用中均论及地区性组织可能为防止超级大国擅权、制止干涉和冲突、减轻传统威胁、阻止发生战争和控制地区间冲突发挥作用。我们要问的是,难道地区性组织只能为克服冲突、阻止战争而存在吗? 实际上,地区性组织的积极作用远不止这些政治和安全方面的考虑。它可以提供处理国际关系中的平等、协商和互相尊重原则,也有利于打破传统的以西方为主导的建立在"力"与"利"基础上的传统范式,它还便于通过协调组织地区间的互联互通以促进地区的经济、社会和文化各方面发展。

非洲学界的泰斗安塔·迪奥普早在 1970 年代就提出了历史意识统一、语言统一和政治统一的"非洲联邦"的理想,并从能源统一的角度进行了规划。② 从今天强调和平与发展的观点看非洲一体化的历史和现实,其积极正面作用更加明显。同一地区的国家完全可以为增强互补优势而结合,从而使经济更为快速地发展;可以为加强地区的合作并更好地发挥优势而结合;可以为遏制地区内的非正常趋势而结合;也可以为促进地区整体的社会经济发展而结合。非洲统一组织的建立正是为了促进非洲大陆的整体发展。2002 年非洲联盟的诞生标志着非洲大陆完成了反对殖民主义、争取民族独立的任务,开始了经济和社会文化建设的新任务。2011 年正式将非洲"共享价值观"作为一种战略目标提出,使非洲各国进

---

① Joseph Nye, *Peace in Parts: Integration and Conflict in Regional Organization*, Boston: Little, Brown & Co., 1974, Chapter 1.

② Cheikh Anta Diop, *Black Africa: The Economic and Cultural Basis for a Federated State*, Lawrence Hills, 1987[1974].

一步认识到文化在人类发展中的重要作用。

一、非洲一体化：经久不衰的主题

早在圣经中，埃塞俄比亚就代表着非洲，这种隐喻在各种经典中被引用。爱德华·威尔莫特·布莱登（Edward Wilmot Blyden，1832—1912）最早提出以"非洲个性"为中心的民族主义思想，他倾向于将黑人看作一个整体，提出共同命运说，主张世界各地的黑人联合起来，这与目前非洲联盟推行的"全球非洲"（global Africa）的概念十分吻合。[1] 他认为，非洲民族有自己的个性，即自己的同一性和价值观、自己的能力和成就、自己的历史和前途。他通过发掘历史来向全世界展示非洲民族和真实面貌，指出《圣经》上的埃塞俄比亚人就是黑人种族，他们为人类文明做出了巨大贡献。"埃塞俄比亚就是指非洲大陆；埃塞俄比亚人就是居住在这块大陆上的伟大种族。"这完全是一种非洲一体化的表达。[2] 这样，埃塞俄比亚从古代起即代表非洲大陆，埃塞俄比亚人代表着非洲人。埃塞俄比亚远远早于欧洲或世界其他地区将基督教奉为国教，这一点也使非洲人引以为豪。埃塞俄比亚古老文明成为非洲大陆的文明之光。

（一）从阿杜瓦战役到泛非大会

在 19 世纪末的殖民主义瓜分狂潮中，埃塞俄比亚在阿杜瓦战役中成功抗击意大利入侵并取得胜利，成为非洲抵抗帝国主义瓜分非洲并取得成功的典范。埃塞俄比亚取得抗击意大利战争胜利的阿杜瓦战役在非洲的特殊意义有三。首先，埃塞俄比亚因此保持了独立，也向国际社会表明了自己的主权地位。阿杜瓦战役不仅迫使意大利签订《亚的斯亚贝巴和平条约》，承认埃塞俄比亚为一个完全独立的国家，并不得不支付 1 000

---

① Abdul Karim Bangura，"How the African Union's Conceptualization of Global Africa 2063 Agenda Got Kwame Nkrumah Wrong：A Predictive Analytics and Behsâu-pehsa Axiomatic Assessment"，*Journal of African Union Studies*，6：2-3（Aug 2017），pp. 5-45.

② E. W. Blyden，*Christianity，Islam and the Negro Race*，London，1888，pp. 130-149；Hollis Lynch，*Black Spokesman*，*Selected Published Writings of Edward Wilmot Blyden*，Frank Cass，1971，pp. 145-157.

万里拉的战争赔款。其次,这次战役使埃塞俄比亚大扬国威,成为非洲少有的免受帝国主义瓜分厄运的国家,成为非洲大陆的典范,在欧洲与非洲关系史上具有重要意义。最后,它向世界宣示:欧洲人是可以打败的。这一胜利鼓励了世界其他民族的反帝反殖斗争。独立后的大陆将非洲统一组织和非洲联盟的总部选在埃塞俄比亚首都亚的斯亚贝巴,埃塞俄比亚成为非洲统一的象征。正如埃塞俄比亚学者阿德朱莫比指出的那样:"正是埃塞俄比亚的文化遗产构成了黑人自由和黑人民族国家独立概念……埃塞俄比亚的文化遗产对非洲这个新世界杰出黑人知识分子的影响延续了好几代人。"①

　　从19世纪的最后一年开始,致力于非洲一体的领袖们从未停止过呼吁与战斗。1900年在伦敦举行的第一次泛非会议明确指出:"20世纪的问题是种族界限的问题。"会议由特立尼达的律师西尔维斯特·威廉姆斯赞助。当时,著名的泛非主义思想家杜波依斯参加了会议,他后来一直筹办并负责所有的泛非大会,包括1945年的会议。坦桑尼亚总统尼雷尔先生这样评价这位将毕生精力贡献给非洲人民解放事业的黑人思想家:"所有的非洲人及有着非洲血统的人都应该感谢杜波依斯博士。他不是,也不自认为是一位受欢迎的大众领袖,但是作为一个有思想、有智慧、有组织能力的人,他在本世纪黑人所记录的提高人类尊严的过程中起着重要作用。"②泛非大会在第一次世界大战后的1919年向国际联盟提出了对非洲土著居民实行国际保护的要求。1920年英属西非国民大会的成立不仅对欧洲列强瓜分非洲提出了谴责,也提出了人民自决权的问题。第二次泛非大会(1921年)首次提出了世界面临的结局之一:作为伟大的各民族社会一部分的在和平与善意中建立的撒哈拉以南非洲大国与其他国家共同统治世界。第三、四次泛非大会明确提出黑人具有参加本地管理的权利、拥有土地及其他天然财富的权利及其他权利。1944年的泛非联盟则将"增进非洲和全世界非洲血统的各族人民的福利与团结"作为自己

---

① 萨义德·A.阿德朱莫比:《埃塞俄比亚史》(董小川译),商务印书馆,2009年,第2页。

② 尼雷尔:《在泛非大会开幕式上的讲话 达累斯萨拉姆1974年6月16日》,尼雷尔:《尼雷尔文选(第四卷):自由与解放(1974—1999)》,第1页。

的首要目标。战后举行的第五次泛非大会(1945年)明确指出殖民主义统治给非洲带来的不是进步,而是倒退,"所有殖民地人民都有掌握自己命运的权利"。①

20世纪初开始的泛非主义运动曾激励非洲殖民地走向独立。在非洲独立运动中,一些著名的黑人领袖以泛非主义激励着世界各地的非洲人,非洲民族主义领导人也多以非洲统一的思想鼓舞人民的斗志。早期美国黑人领袖马库斯·加维(Marcus Garvey)发起的"回到非洲去"运动,"泛非主义之父"杜波依斯(W. E. B. Du Bois)关于黑人种族对人类历史做出贡献的观点,尼日利亚民族主义之父阿齐克韦(Nnamdi Azikiwe)提出的"复兴的非洲"这一口号,南非祖鲁哲学家伦比德(Lembede)提出的"非洲主义"的思想,反殖运动斗士帕德莫尔(Padmore)对泛非运动的鼓吹,加纳总统恩克鲁玛关于"非洲统一"的提法,塞内加尔总统桑戈尔对"黑人性"(Negritude)的推崇,坦桑尼亚总统尼雷尔关于"非洲合众国"的设想,还有肯尼亚总统肯雅塔、马里民族主义领袖凯塔、几内亚首任总统塞古·杜尔、埃塞俄比亚皇帝海尔·塞拉西、赞比亚总统卡翁达、埃及总统纳赛尔等人对非洲统一的向望。这些历史伟人留下的精神遗产是今天非洲一体化的基石。

(二) 从"非洲统一"的口号到非洲统一组织的成立

如果说,在非洲独立之前,非洲一体化只是一个理想、一个美丽的梦,那么,在非洲国家赢得独立后,理想与现实开始互动。

1958年4月,加纳独立后一年,第一次非洲独立国家会议在加纳首都阿克纳举行,会议提出了"非洲统一"的号召,并一致同意了四项原则:

1. 在联合国的协调下,在不结盟和积极中立的基础上,为致力于非洲自由和世界和平建立一种共同的外交政策;

2. 致力于建立平等的社会经济政策从而为全体公民提供民族繁荣和社会安全的协调的经济发展;

---

① 参见诸次大会的各种文件,引自唐大盾选编:《泛非主义与非洲统一组织文选(1900—1990)》,第3—44页。

3. 非洲独立国家为解放所有仍处于殖民主义统治下的非洲领土而采取的联合一致的行动;

4. 非洲独立国家为反对社会歧视和种族隔离制而采取一致行动。①

这可以说是非洲一体化最早的实践活动,也是独立国家的非洲领导人为实现统一的非洲所作的最早努力。虽然有各种各样的挫折和困难,但非洲一体化的理想一直存在,为实现非洲一体化的努力也一直在进行。在非洲独立国家特别是在恩克鲁玛等非洲第一代领袖的领导下,非洲各国或地区举行了以下一系列重要会议,以推进非洲一体化。

第一次非洲独立国家会议(阿克拉),1958 年 4 月 15 日到 22 日;

第一次东部和中部非洲泛非自由运动会议(姆万扎,坦噶尼喀),1958 年 9 月;

第一次全非人民大会(阿克拉),1958 年 12 月 5 日到 13 日;

第二次东部和中部非洲泛非自由运动会议(莫希,坦噶尼喀),1959 年 9 月;

第二次全非人民大会(突尼斯),1960 年 1 月 25 日到 30 日;

第二次非洲独立国家会议(亚的斯亚贝巴),1960 年 6 月 15 日到 24 日;

第三次全非人民大会(开罗),1961 年 3 月 23 日到 31 日;

第三次东部和中部非洲泛非自由运动会议(亚的斯亚贝巴),1962 年 2 月(会议决定扩大组织并改名为"东部、中部和南部非洲泛非自由运动")。

非洲人民充分认识到非洲一体化对自身前途的重要性。正如在第三次全非人民大会通过的《关于非洲统一和团结的决议》中所表明的:政治统一是实现非洲实际统一的首要条件;这种统一必须出自非洲人民自由表达的意志;一切非洲国家和组织有责任表明真正统一的意志;经济统一是一切政治统一所不可缺少的存在条件。②

1963 年 5 月 22 日到 26 日,31 个非洲独立国家在埃塞俄比亚首都亚

---

① Editors of The Spark and Panaf Books, *Some Essential Features of Nkrumaism*, London: Panaf Books, 1975, pp. 72-73.

② 《关于非洲统一和团结的决议》,《第三届全非人民大会文件汇编》,世界知识出版社,1962 年,第 326 页。

的斯亚贝巴开会。5 月 25 日,会议通过了《非洲统一组织宪章》,非洲统一组织正式成立。这一包括所有非洲独立国家的地区组织"决心保卫和巩固我们各国艰苦奋斗赢得的独立以及主权与领土完整,并同一切形式的新殖民主义作斗争;决心献身于非洲的进步事业"。从非洲统一组织成立的那一天起,非洲国家尽量做到团结一致,在国际政治舞台上统一行动,"以确保各国人民的繁荣与福利"。《非洲统一组织宪章》明确规定了自身的宗旨:

1. 促进非洲国家的统一与团结;
2. 协调加强它们之间的合作与努力以改善非洲各国人民的生活;
3. 保卫它们的主权、领土完整与独立;
4. 从非洲根除一切形式的殖民主义;
5. 在对联合国宪章与世界人权宣言给予应有的尊重的情况下促进国际合作。①

非洲统一组织的成立标志着整个非洲大陆的人民将自己的事业把握在自己手中。这种统一包括多个方面的统一。首先是整个大陆的统一,包括西部非洲、东部非洲、北部非洲、中部非洲和南部非洲的统一愿景,非洲大陆的人民已经意识到他们未来的命运是一致的。其次是已经独立的非洲国家与正在进行反对殖民主义斗争的非洲人民的统一,这两种不同经历的人民意识到,他们的目标是一致的。这种统一可以从非洲统一组织成立前和成立后的多次会议和宣言中体现出来。第三种统一是希望与西方国家保持友好关系的非洲国家和赞成加强与社会主义阵营关系的非洲独立国家的统一,非洲人民认识到新生的非洲大陆需要各种力量包括前殖民宗主国和社会主义国家的支持。最后两种统一是最重要的,即阿拉伯北非与撒哈拉以南非洲的统一和对泛非运动一体化的前途持不同意见的分化阵营(即卡萨布兰卡集团与蒙罗维亚集团)的统一。

早在古代,整个非洲大陆连成一片,撒哈拉地区不是一个屏障,而是长途贸易的通道。早期的世界贸易和文化传播不仅使东部非洲成了

① 《非洲统一组织宪章》,唐大盾选编:《泛非主义与非洲统一组织文选(1900—1990)》,第 163—164 页。

多元文化的摇篮并由此生成了斯瓦希里文化,也使南部非洲成为印度洋贸易圈的活跃地区。伊斯兰教的传播更是进一步将阿拉伯文化从北部带到了东部、西部、南部。近代以来,两个地区遭受着同样的命运;独立后,两个地区互相支持。率先摆脱殖民主义统治的埃及在非洲一体化中表现出极大的诚意。埃及总统纳赛尔曾明确表示:埃及位于非洲大陆的东北部,"命运注定我们生活在这个洲上;命运也注定今天在这个洲上存在着为它的未来而进行的可怕的斗争,这场斗争的结果,将对我们有利,或者对我们不利,不管我们愿意与否……我国处于非洲的东北部"。[1] 他认为,非洲大陆的斗争与埃及紧密相连:争取自身权利的20 000万非洲人进行血腥的斗争,"非洲的人民将继续把希望寄托在我们身上,因为我们守卫着大陆的北门,我们被认为是大陆对外面世界联系的联锁。在任何情况下,我们绝不能放弃对于在处女森林的最深处传播光明和文化,给以全力支持的责任。此外,还有一个重要的理由,就是尼罗河是我国的生命动脉,而尼罗河是发源于大陆中心的"[2]。埃及表达的与整个非洲同命运的期盼为阿拉伯非洲与撒哈拉以南非洲的统一奠定了基础。

　　1961 年,加纳、几内亚、埃及、马里、摩洛哥、利比亚和阿尔及利亚流亡政府组成了卡萨布兰卡集团。这一集团赞成由恩克鲁玛提出的非洲合众国的设想,主张建立坚强的政治联盟。由非洲领导人中富有战斗性的泛非主义者、社会主义者和不结盟者组成的卡萨布兰卡集团希望通过结盟来计划非洲大陆的经济发展,最终达到大陆的防务安全体系和非洲的文化复兴。蒙罗维亚集团则是由前法国殖民地以及尼日利亚、埃塞俄比亚、利比里亚和塞拉利昂等国组织,30 多个独立国家中20个是属于或者倾向于蒙罗维亚集团。这一集团强调尊重各国国家主权和领土完整,怀疑卡萨布兰卡集团中领导人的个人野心,对在非洲国家内部遭受干涉的潜在威胁十分警惕。然而,在加纳总统恩克鲁玛、几内亚总统塞古·杜尔和马里总统莫迪博·凯塔以及埃塞俄比亚的海尔·

---

① 加麦尔·阿卜杜勒·纳赛尔:《革命哲学》(张一民译),世界知识社,1956 年,第43—44 页。

② 纳赛尔:《革命哲学》,第58—59 页。

塞拉西皇帝的努力下,两个集团克服歧见,使非洲统一组织在 1963 年 5 月 25 日成立。[1]

(三) 非洲统一组织:任务与贡献

联合国教科文组织《非洲通史》(第 8 卷)探讨的一个主题是"泛非主义及其非洲解放与统一的目标,还有为这一目标而采取的不同途径"。[2] 这一目标涉及两个方面。其一是非洲统一的广度,它应包括哪些地理范围,是否有阿拉伯国家与撒哈拉以南非洲的结合。这一问题已经通过非洲统一组织的成立得到了圆满的解决。其二是非洲统一的深度,它仅限于经济上的合作,还是包括军事、外交甚至政治制度上的统一? 这两个问题是地区一体化在形成过程中必须面对的问题。

非洲统一组织成立后完成的历史任务是值得总结和赞许的。当时,她还面临着三分之一的非洲地区处于殖民主义统治之下的艰难局面,彻底摆脱殖民主义统治是她面临的诸多问题中的重中之重。冷战的国际环境影响了非洲统一组织的政治方向,在两个阵营中求生存谋发展谈何容易。殖民主义宗主国的政治、经济和文化遗产干扰了非洲国家独立后的发展战略选择。此外,非洲大陆内部还存在着各种问题,如民族矛盾引起的冲突、军事政变带来的动乱、经济落后造成的困境,地区发展不平衡带来的内部矛盾。

非统组织在从政治方面清除殖民主义在非洲的残余特别是对南部非洲的非殖民化做出了重大的贡献。从成立的第一天起,非统组织就致力于从根本上推翻殖民主义统治,支持非洲人民反对莫桑比克、安哥拉、罗德西亚(今津巴布韦)、西南非洲(今纳米比亚)和南非共和国种族主义政权的斗争。非统对这一斗争的目标非常明确:不是针对白人,也不是要将现存的种族统治颠倒过来,而是反对这种不平等的制度。非统组织不仅竭力从国际上争取道义和政治上的声援以支持南部非洲的非殖民化运动,而且协调前线国家建立基地以从经济和军事上援助南部非洲的武装

---

① 舒运国:《泛非主义史,1900—2002 年》,商务印书馆,2014 年,第 153—193 页。

② 马兹鲁伊主编、C.旺齐助理主编:《非洲通史(第八卷):1935 年以后的非洲》,第 11 页。

斗争,同时她还动员国际舆论,对国际组织施加压力,使多个国际组织拒绝接纳史密斯的南罗得西亚白人少数种族政权,并利用联合国舞台,动员国际舆论对种族主义政权进行孤立和制裁。[①] 从根本上说,非洲统一组织是一个具有政治诉求的组织,她将非洲大陆彻底摆脱消除殖民主义残余作为自己的首要目标,在这一点上,它是成功的。这样,非统为剥夺殖民主义在国际道德和国际法中的合法性起到了不可替代的作用。同时,非洲统一组织领导和协调了非洲大陆反对种族主义特别是针对南非种族隔离制的斗争,从根本上埋葬了世界体系中的种族主义伦理标准。

　　非统组织遵循自身的政治原则,制定了相应的制度和机制,从而为非洲进一步的一体化打下了良好的基础。这些行动包括和平解决非洲内部争端的方针的制定、各种组织制度的设立,如首脑会议、负责经济和社会、教育和文化、卫生、保健和营养、防务、科技和研究委员会等各种专门委员会的成立,实施的振兴非洲文化举措等。特别值得一提的是,非统在解决非洲边界和领土争端问题上取得了较大的成就。我们知道,非洲的边界是由殖民主义引进来的,非洲未曾参与自身疆界的划分;非洲被分割得支离破碎;非洲边界总是大体划分的,既为当时避免争夺也为将来进行扩张;非洲边界多是按经纬度划分,易于从地图上标出,但却导致无数争端。[②] 非统的贡献在于两点:建立了解决非洲边界和领土争端问题的基本原则——边界不可变更原则以及在非洲范围内解决争端原则及和平解决争端原则;[③]通过积极调解使非洲国家间发生的边界和领土争端及时得到缓和或暂停。当然,这种因殖民主义统治产生的根本性问题并非可以轻易解决。[④]

　　非洲统一组织标志着非洲的政治团结,它的作用在殖民主义走向

　　① 张莉清:《非统与南部非洲的非殖民化》,参见翟凤杰、王玉华、潘良主编:《非洲一体化背景下的中非合作》,世界知识出版社,2013年,第140—148页。关于南部非洲的民族解放运动,参见吴秉真、高晋元主编:《非洲民族独立简史》,世界知识出版社,1999年,第370—505页。

　　② 布特罗斯-加利:《非洲边界争端》(仓友衡译),商务印书馆,1979年,第4—5页。

　　③ 《关于非洲边界不得改变的决议》,参见唐大盾选编:《泛非主义与非洲统一组织文选(1900—1990)》,第173—174页。

　　④ 关培凤:《对非统解决非洲边界和领土争端历史地位的反思》,参见翟凤杰、王玉华、潘良主编:《非洲一体化背景下的中非合作》,第130—139页。中国学者有关非洲边界问题的研究,参见关培凤:《非洲边界和领土争端解决模式研究》,社会科学文献出版社,2018年。

崩溃的阶段尤其突出。非洲统一组织为非洲的政治、经济、社会、文化体育方面的建设建功卓著。非统组织在30余年的工作主要包括引导非洲走向政治解放、促进非洲的团结和统一、维护非洲的和平与安全、捍卫非洲国家的独立和主权以及致力于非洲社会经济与文化事业的发展。[①]

(四) 非洲统一组织:一体化的努力

为加强非洲经济发展而推进的地区一体化是非统组织一直努力的工作,这主要基于两个层面:大陆范围和区域范围。[②] 自非洲统一组织成立以来,她一直努力通过各种会议和宣言强调地区一体化对经济发展和分阶段建立非洲经济共同体的重要性,例如阿尔及尔会议(1968年)、亚的斯亚贝巴会议(1970年,1973年)和利伯维尔会议(1977年)以及金沙萨宣言(1976年)和蒙罗维亚宣言(1979年)等。非洲大陆以及各个区域也根据自身的经济发展情况在非洲统一组织的协调下相继成立了非洲地区组织或不同的区域性组织,如非洲开发银行(1963年)、中部非洲关税和经济联盟(1966年)、非洲工会统一组织(1973年)、西非经济共同体(1974年)、西非国家经济共同体(1975年)、东部和南部非洲共同市场(1978年)、中非国家经济共同体(1983年)。1980年,非洲统一组织通过与联合国非洲经济委员会协商后,在战略目标的制定上基本达成一致,通过了《拉各斯行动计划》和《拉各斯最后行动方案》,明确提出了"非洲大陆的经济发展和一体化是实现非洲统一组织目标的一个根本条件",坚定了"非洲在推进集体的自力更生和自主发展以及经济一体化方面的明智选择"。[③] 尼雷尔总统曾对非洲统一组织的独特性表达了自豪的感情。他于1990年7月10日在非洲统一组织峰会上关于递交南方委员会报告的

---

① 詹世明:《非洲统一组织的发展历程及其重大历史作用》,参见杨光、温伯友主编:《中东非洲发展报告(2001—2002)》,社会科学文献出版社,2002年,第63—96页;詹世明:《非洲统一组织在非洲一体化中的历史作用》,参见翟凤杰、王玉华、潘良主编:《非洲一体化背景下的中非合作》,第21—34页。

② "大陆"是指非洲大陆,"区域"是指东非、西非、南非、北非和中非等。

③ 《拉各斯行动计划》与《拉各斯最后行动方案》参见葛佶主编:《简明非洲百科全书》,中国社会科学出版社,2000年,第776—780页。

讲话中指出:"我们非洲有非洲统一组织,这使我们成为了唯一一个有能力作为一个整体发言或行动的大陆。我们没有超能力,非洲统一组织就是我们唯一的主要力量。我们需要加强它的实力,全心全意地支持它,包括利用非洲极少的资源去支持。然而,在政治和经济上,非洲需要其他发展中国家的支持。"[①]只有团结才能有力量,只有统一发声或行动才能体现非洲人的实力。

值得注意的是,国际形势的发展也助推了非洲国家与其他南南国家的合作。第四次不结盟运动首脑会议于 1973 年 9 月在阿尔及利亚首都阿尔及尔举行。当时,国际形势出现了新的情况,从而导致了两种结果。其一,当时正逢世界石油危机,经济问题成为会议焦点。一些石油生产国经济增长很快,开始摆脱"穷国"的帽子,导致不结盟运动开始被边缘化。其二,正是由于这种新形势,不结盟会议确立了"南南合作"的概念。正是在这一概念的推动下,一些非洲国家尝试摆脱前宗主国的束缚,开始与一些意识形态不同和政治制度相异的国家建立正常的外交关系。以法国前殖民地加蓬为例。加蓬 1974 年起分别与埃及、沙特阿拉伯、黎巴嫩与伊朗、突尼斯、阿尔及利亚和利比亚等阿拉伯国家、亚洲的菲律宾和朝鲜以及拉丁美洲的阿根廷建立了外交关系。1975 年与科威特、巴西、委内瑞拉和墨西哥等国建交。邦戈总统在 1986 年回忆:"几年前,一些记者习惯将加蓬视为法国利益的'专属狩猎区'。现在,同样一些记者嘴上只谈我的开放政策。事实上,有哪些变化呢? 我一直强调捍卫主权,希望与所有不干涉我国内政的国家合作。的确,在我们努力巩固国家团结的期间,我们的对外关系似有一些局限。但(今天)我们与东方国家和西方国家都建立了外交关系,向政治制度不同的国家派驻了大使。"[②]这种南南合作的趋势为非洲发展展现了一种新的前景。

非洲统一组织在国际关系上有自己的立场。在与联合国的合作中,非统坚持和遵守《联合国宪章》,一方面积极争取非洲国家在联合国的合法权益(包括非洲问题由非洲解决的原则),另一方面为非洲和世界和平与发展作贡献。非统组织与不结盟运动保持着良好的工作关系,积极参

---

① 朱利叶斯·尼雷尔:《尼雷尔文选(第四卷):自由与解放(1974—1999)》,第 240 页。

② 让·平:《非洲之光》(侯贵信等译),世界知识出版社,2010 年,第 19 页。

与不结盟国家会议及其相关工作。非统组织与中国保持着密切的关系，高层交往频繁，双方互相理解互相支持。阿拉伯国家联盟成立于1945年，包括10个非洲国家。① 非统与阿拉伯国家联盟保持着友好合作关系，阿盟积极支持非洲人民的独立解放事业，非统组织在阿以关系和石油等问题上坚决支持阿拉伯国家联盟，双方在国际舞台上互相配合。然而，非统组织在一些具体事务上坚持自己的原则和立场。1979年，萨达特与以色列签署《埃以安全协议》后，遭到阿拉伯世界的强烈抵制，埃及随即被阿拉伯联盟中止成员国资格，联盟总部也从开罗移到突尼斯（1989年埃及重新成为阿盟成员，联盟总部于1990年迁回开罗）。伊斯兰会议组织也采取了同样措施。当时，非洲统一组织虽然受到种种压力，但拒绝采取类似步骤，并继续欢迎埃及参与非统活动。1979年在哈瓦那召开的第六届不结盟国家首脑会议上，阿拉伯国家谋求将埃及驱逐出不结盟国家首脑会议，撒哈拉以南各国也帮助制定出一个妥协方案以防止埃及被该运动除名。这些努力从一个角度说明：非洲统一组织的原则之一是求同存异、合作共赢。

冷战的结束对非洲产生了重大影响。1990年，为了应对苏联的解体和欧洲共同家园的概念，非洲统一组织发布了标题为《非洲的政治、社会经济形势与世界正在发生的重大变化》的宣言。这一宣言表明了非洲领袖们的三点忧虑。首先，非洲在世界政治中的位置会发生什么变化？第二，欧洲国家更加着重于自身共同家园的建设，这是否会影响它们对非洲发展的关注？第三，非洲如何面对国际金融组织（世界银行和国际货币基金组织）日益加强对非洲提供援助所附加的各种条件？然而，非洲领袖们明确表示了自己的态度，他们要促进"建立在社会正义和集体自力更生基础上的自立的、以人为中心的发展，从而达到我们经济体结构的加速转变"。1991年通过的"非洲经济共同体条约"为经济一体化提出了具体的实施目标。

经济全球化的冲击要求非洲逐渐走向政治、经济和社会发展的一体化。1999年9月，在利比亚苏尔特市举行非洲统一组织的特别会议，会

---

　　① 阿尔及利亚、埃及、吉布提、利比亚、毛里塔尼亚、摩洛哥、苏丹、索马里、突尼斯、科摩罗。

议讨论的主要问题是非洲一体化问题。利比亚的国家元首卡扎菲提出成立非洲联盟取代非洲统一组织的建议,得到大家同意。《苏尔特宣言》宣布成立非洲联盟。2000 年 7 月,第 36 届非统首脑会议通过了《非洲联盟章程草案》。2001 年 3 月,非洲统一组织在苏尔特召开第 5 次特别首脑会议,正式宣告非洲联盟成立。尽管还有一个从非洲统一组织到非洲联盟的过渡问题,但非洲联盟的宣告成立是对泛非运动和非洲统一组织的继承,最终目标是为了非洲国家的共同发展。①

二、非洲联盟:一体化新阶段

(一) 非洲联盟的诞生与基础

2001 年 7 月,在赞比亚首都卢萨卡召开的第 37 届非洲统一组织首脑会议上,与会非洲国家一致通过旨在促进非洲复兴的"非洲发展新伙伴计划",这是非洲自主制定的第一个全面规划非洲政治、经济和社会发展目标的蓝图。非洲国家希望借助这一战略发展框架,共同应对非洲大陆面临的挑战。

2002 年 7 月 8 日,非洲统一组织在南非德班召开最后一届首脑会议。9 日至 10 日,非洲联盟举行第一届首脑会议,并宣布非盟正式取代非统组织;总部设在埃塞俄比亚首都亚的斯亚贝巴。非洲联盟的成立宣告非洲在自立自强的历史上揭开了新的一页。从成立之日起,非洲联盟就期待由非洲人主导,用自身的力量来解决非洲地区的各种矛盾和冲突,为全面落实"非洲发展新伙伴计划"创造条件。正如前非统组织主席萨利姆所言:"毫无疑问,非洲联盟的成立是这个大陆取得的最伟大的成就之一……我们面临的挑战是如何将政治承诺变成具体行动。"非洲以整体实力重回国际舞台是非洲独立自强的重要表现。近年来,欧、亚、美一些国家的元首和政要一改前些年将非洲边缘化的漠视态度,先后访问非洲。虽然他们的目标不一,但非洲国际地位的提升不言而喻。从国际事务中用"一个声音说话"到维护非洲整体利益,从资源和市场潜在优势到促进南南合作的积极态度,从对苏丹问题、津巴布韦问题的一致立场到集体拒

---

① 舒运国:《泛非主义史,1900—2002 年》,第 261—297 页。

绝美国非洲司令部在非洲选址,非洲自主和全方位外交正走向成熟。①

非洲一体化是时代的需要,也是非洲人民努力的结果。一直致力于推动非洲一体化的南非前总统姆贝基表示:列强们打错了如意算盘,与他们的企图相反,国家独立与民族解放的惊涛骇浪从开罗一直汹涌奔腾到开普敦,非洲重新回到了非洲人民手中。利比亚原领导人卡扎菲和尼日利亚原总统奥巴桑乔都提出有必要建立统一的非洲政府或成立"非洲合众国",非洲地区大国的领导人也大力推动非洲联盟的各种设想和行动。2006 年 1 月 23 日,非洲联盟首脑会议在苏丹首都喀土穆开幕。非洲首脑会议主席、苏丹总统巴希尔在讲话中表示,非洲的所有领导人为了非洲的团结、应对非洲的安全与和平事业、加强非洲在文明繁荣中的作用来到了喀土穆,并呼吁非洲领导人书写新的非洲文明。② 非洲大陆经过殖民主义统治的磨难和民族国家创建的阵痛,新一代领导人肩负着领导非洲大陆顺应历史潮流的重任,非洲联盟将通过"非洲发展新伙伴计划"以及一系列次区域性组织,带领非洲人民走向新的胜利。

虽然非洲大陆的发展面临着各种挫折和困难,但非洲一体化的理想一直存在,为实现非洲一体化的努力也一直在进行。2001 年,第 37 届非统组织首脑会议一致通过旨在促进非洲复兴的"非洲发展新伙伴计划",这是非洲自主制定的第一个全面规划非洲政治、经济和社会发展目标的蓝图。非洲国家希望借助这一战略发展框架,共同应对挑战。2002 年 7 月,非洲联盟宣告成立,在非洲自立自强的历史上揭开了新的一页。非洲联盟期待由非洲人主导用自身力量解决各种矛盾和冲突,为全面落实"非洲发展新伙伴计划"创造条件。

从过去几年的实践中,从布隆迪到刚果(金),从利比里亚到索马里,从苏丹南北内战的结束到西部达尔富尔地区的维和任务,我们可以清楚地看到非盟在平息战乱、阻止冲突、维持和平方面所起的作用。更令人鼓舞的是,非洲联盟在主导非洲内部事务的过程中依靠各区域组

---

① 罗建波:《非洲一体化与中非关系》,社会科学文献出版社,2006 年;罗建波:《通向复兴之路——非盟与非洲一体化研究》,中国社会科学出版社,2010 年;杨立华:《非洲联盟十年:引领和推动非洲一体化进程》,《西亚非洲》,2013 年第 1 期。

② 《非洲首脑会议在喀土穆开幕》,《苏丹新闻》,2006 年 1 月号。

织和地区大国,以推动解决索马里和多哥问题,向苏丹、刚果(金)和索马里派遣维和部队,其领导权威已得到非洲各国和国际社会的公认。这种在非盟框架内努力通过和平手段解决自身问题的积极态势,为非洲国家保持稳定、促进经济和社会全面发展创造了必要条件。同样,非洲国家相互审查机制的建立、泛非议会的成立以及其他一些相关制度的确立从制度上保证了非洲联盟作为一个大陆一体化的机制保障。这一系列新制度的创建至少可以说明:大多数非洲国家的领袖和人民迫切希望改革,乐意与其他非洲国家在互相合作、互相督促、互相促进的基础上一道前进。

(二) 非洲联盟的机制与原则

非洲联盟自 2002 年 7 月建立以来,机构和机制已相当完备。除非洲联盟大会(即国家元首和政府首脑大会,也称峰会,是非盟的最高权力机关)外,还设有执行理事会、常驻代表委员会、非洲联盟委员会、泛非议会、非洲人权法院、专门技术委员会、和平与安全理事会、金融机构(包括非洲投资银行、非洲货币基金和非洲中央银行)、经济、社会和文化理事会、国际法理事会、反腐败咨询委员会、非洲发展新伙伴计划等机构。

作为继欧洲联盟之后的第二个重要的地区性组织,非洲联盟提出了不少有建设性和创新性的机制和原则。除一般决策机制和运行机制外,非洲联盟在"维护非洲大陆政治稳定、建设集体安全机制"方面有自身的独特之处。这些机制主要包括"维护政治稳定和改善政府治理"、"推动建设集体安全机制"、"排除外部干扰和坚持自主解决冲突的原则"及"非洲互查机制"等。[①] "非洲互查机制"是一项颇有新意的制度,旨在鼓励非洲国家互相监督检查各自政府的良性运作。这一机制是"非洲发展新伙伴计划"的一项重要内容。为确保"非洲发展新伙伴计划"的顺利实施,该计划首脑执行委员会会议于 2003 年通过了关于实行"非洲互查机制"的一系列文件,希望通过这一机制推动各国政府实行良政,实现政治稳定、经济快速增长,使非洲走上持续发展的道路。非洲联盟成员国自愿加入这

---

① 杨立华对非洲联盟的原则和机制进行了细致的阐述,参见杨立华:《非洲联盟十年:引领和推动非洲一体化进程》,《西亚非洲》,2013 年第 1 期。

一机制。①

《非洲联盟宪章》规定的运行原则有 16 项,除了"尊重实现独立时的边界现状"、"建立非洲大陆的共同防务政策"和"和平解决非洲联盟成员国之间的冲突"等基本原则外,比较有创意的是所谓的"非漠视原则"的条款——非洲联盟在危急时刻根据联盟大会的决定对某个成员国进行干预的权力只适用于以下情况:战争罪行、种族屠杀和反人类罪行。一方面,非盟禁止在成员国之间使用武力或以武力威胁,也不允许任何成员国干涉另一成员国内政,另一方面,非盟有权在成员国出现战争罪行、种族屠杀、反人类罪以及对合法秩序的严重威胁等情况时对其进行军事干预,可在成员国之间发生武装冲突时派部队制止战争。②

(三) 自由贸易区的实现

非洲联盟将非洲大陆内部成立自由贸易区的时间定在 2017 年。可以说,实现非洲联合自强是非洲国家的共同理想,这一目标达成的主要条件之一是经济一体化。然而,联合自强之路之崎岖也是体现在经济上。非洲大陆各区域内贸易状况非常落后。在世界其他发展中国家或地区,出口商品成本中交通运输费用大致只占 17% 左右,在非洲,这一比例为 30%—50%,有的甚至高达 75%。据统计,非洲联盟国家间贸易额仅占非洲国家贸易额的 12%,而其他大陆的地区间贸易往往占到贸易额的 40% 以上。因此,非洲地区内贸易在全球各大陆中的整合度最低。为了加强非洲大陆内部贸易,非洲联盟特别强调要消除大陆内部的贸易壁垒。加强各次区域间贸易可推动区域内部的就业和商品流通,促进其制造业发展和优势互补,这种由内需拉动的经济增长也可防止国际贸易带来的

---

① Economic Commission for Africa, *Capturing the 21ˢᵗ Century : African Peer Review Mechanism(APRM) Best Practices and Lessons Learned* , 2011; African Union, "African Peer Review Mechanism Working for the peoples of Africa: A decade of Self-Assessment. Background Papers", 21-22 May 2013, Addis Ababa, Ethiopia. 中国学者的研究,参见梁益坚:《试析非洲国家相互审查机制》,《西亚非洲》,2006 年第 1 期;欧玲湘、梁益坚:《"软实力"视角下的非洲国家相互审查机制》,《西亚非洲》,2009 年第 1 期;梁益坚:《非盟地区治理:非洲相互审查机制探微》,《西亚非洲》,2017 年第 6 期。

② 李伯军:《非盟宪章下之"干涉权"探析》,《河北法学》,26:4(2008 年),第 169—172、187 页。

各种负面影响,更好地加强各国(区域)优势的互补,可减少对外国援助的依赖。

非洲有识之士日益认识到,相对于资金的缺乏,国家间合作的不足已成为非洲地区重大基础设施的主要障碍。例如在西非的冈比亚河上,连接冈比亚和塞内加尔两国的桥梁修建是非洲发展银行的项目,但因两国的各种政治原因而迟迟没有动工。刚果(金)与刚果(布)是近邻,但两国的贸易量很小,处于两国之间的刚果河也缺乏便利可行的桥梁。贸易壁垒的负面效应更为明显。丹比萨·莫约指出,从20世纪70年代以来,非洲签署了诸多经贸合作协议,如特惠贸易协定、东南非共同市场、南部非洲发展共同体、西非国家经济共同体、东非共同体和非洲发展新伙伴计划,但这些协议并未发挥应有的作用。她认为,从整合区域优势和提高地区一体化而言,一个简便而有效的办法是从消除大陆内的关税做起。[1]次区域之间的封闭现象和关税壁垒限制了非洲整体优势的发挥,也为各个国家的发展带来不小的障碍。

2012年,在埃塞俄比亚首都亚的斯亚贝巴非洲联盟总部召开的非洲财长会议专门讨论了如何促进非洲整合,推动非洲成为全球经济的新增长极。会议确定的行动计划包括确保非洲一体化的中期规划在国家和次区域层面得到响应。这是非盟第十八届首脑会议后的又一新举措。加快非洲一体化建设,推进非洲各区域间贸易已经成为非洲首脑会议和各个国家和区域组织讨论和行动围绕的主题之一。大家认识到,消除贸易壁垒,推进经济一体化,促进人员的自由流动,对促进非洲经济的快速发展和推动非洲一体化至关重要。

三、非洲区域一体化的加快

对于非洲国家而言,非洲联盟多在国际事务中表现出整个大陆的团结和力量。然而,区域一体化则是非洲联盟的基础所在。这种一体化不仅可以增强独立解决地区危机和冲突的能力,更重要的是,它可以提高非

---

[1]　参见丹比萨·莫约:《援助的死亡》(王涛、杨惠等译),世界知识出版社,2010年,第90页。

洲大陆在国际社会中的分量,加强国际关系中的交往能力和谈判能力,从而为整个大陆争取应有的地位和权利。其次,有助于优势互补,加强非洲整体竞争力。有的国家缺乏出海口,但有丰富的资源;有的国家人力资源非常丰富,却缺乏一个更大的发挥空间;有的国家拥有充足的水利资源却得不到充分的利用。通过各个次区域整合,各个国家的优势将会得到效应的最大化。

20 世纪 90 年代,南部非洲发展共同体(1992 年)、西非经济货币联盟(1994 年)①、东非共同体(1999 年)等次区域性组织的成立不断推动一体化进程。中部非洲和北非在区域一体化方面步履缓慢,这有着该区域自身的发展逻辑。中部非洲长期以来一直处于内部动乱,乍得在 20 世纪 80 年代成为该地区武装冲突的重灾区,不仅国内不同派别参与争斗,法国、苏联、美国等大国和利比亚、扎伊尔等非洲国家也卷入了这一地区战争。② 90 年代以来,美国在刚果(金)挑起争端,使这一自然资源最富饶的中部非洲地区大国成为大湖区战乱(有人称之为"非洲的世界大战")的中心。③ 北非地区的各个国家有着自己特有的历史。在民族独立运动和独立以后相当长的一段时间里,这个地区的各国在对外政策上区别较大。突尼斯通过谈判取得独立,并与前殖民宗主国法国保持着较紧密的联系。阿尔及利亚通过武装斗争摆脱了法国的殖民统治,一度与社会主义国家保持着友好关系。利比亚自卡扎菲执政后在相当长的一段时间内一直采取敌视西方的态度。埃及作为地区大国,一方面在西方和东方之间采取平衡政策,另一方面也与美国和以色列改善关系,引起其他阿拉伯国家的强烈不满。这多少阻碍了这个地区

---

① 其前身为"西非货币同盟"(1962 年)。

② 李安山:《试析非洲地方民族主义的演变》,《世界经济与政治》,2001 年第 5 期,第 44—49 页。

③ 这场战争前后涉及非洲 9 个国家,导致总计有超过 100 万人被迫流亡,大量迁移至周边国家,平民伤亡 500—600 万人。对刚果(金)战争的看法存在两种观点,一种认为刚果(金)战争(1996—2003)是一场内战,参看汪锋:《刚果(金)内战研究》,上海师范大学历史系硕士论文,2011。刚果(金)学者龙刚认为这是一场受美国利益支配由美国政府暗中操纵的代理人战争。龙刚(Lokongo-Bafalikike Antoine Roger):《美国利益与刚果(金)资源战争关系研究》,北京大学国际关系学院博士论文,2015 年。此论文将由江苏人民出版社出版。

的一体化。此外，它们之间的一些问题可以通过阿拉伯联盟来解决、缓冲或协调。

在区域层面，迄今已有西非国家经济共同体（ECOWAS）①、东南非共同市场（COMESA）②、东非共同体（EAC）③、南部非洲发展共同体（SADC）④、阿拉伯地中海联盟（AMU）、东非政府间发展组织（IGAD）、撒哈拉国家共同体（CEN-SAD）等经济合作组织。这些组织的一体化程度各不相同，组织之间的关系也较为复杂。西非国家经济共同体、东南非共同市场、东非共同体和南部非洲发展共同体的一体化水平较高，取得了实质进展，而东非政府间发展组织、地中海联盟、撒哈拉国家共同体等则停留在初步的对话协调阶段，马格里布国家的贸易主要面向欧盟国家，内部贸易比重很低（只有 2%）。2011 年由于利比亚的局势动荡与变革，撒哈拉国家共同体这个拥有 28 个成员国、非洲次区域层面最大的地区合作组织一度停止活动。各区域组织之间的成员常常有重叠。27 个非洲国家同时是两个合作组织的成员国，18 个国家同时是 3 个组织的成员国，刚果民主共和国则是 4 个合作组织的成员国。一国如果实质性地同时参与两个区域一体化进程，必然会出现一些协调问题。⑤

区域一体化进一步增强是非洲大陆一体化的表现。尽管非洲国家众多，贫富有别，国情各异，但非洲联盟在区域一体化问题上达成共识，在发

---

①　西非国家经济共同体有 15 个成员国：贝宁、布基纳法索、多哥、佛得角、冈比亚、几内亚、几内亚比绍、加纳、科特迪瓦、利比里亚、马里、尼日尔、尼日利亚、塞拉利昂、塞内加尔。总部设在尼日利亚的阿布贾，尼日利亚是这一组织中的核心成员国。

②　东南非共同市场目前有 21 个成员国：赞比亚、乌干达、马拉维、布隆迪、科摩罗、埃塞俄比亚、肯尼亚、马达加斯加、津巴布韦、安哥拉、毛里求斯、纳米比亚、卢旺达、塞舌尔、苏丹、坦桑尼亚、斯威士兰、刚果民主共和国、吉布提、埃及、厄立特里亚。埃及是组织中的核心成员国，总部设在赞比亚首都卢萨卡。

③　东非共同体目前有 6 个成员国：肯尼亚、乌干达、坦桑尼亚、布隆迪、卢旺达和南苏丹，肯尼亚是这一组织中的核心成员国，总部设在坦桑尼亚的阿鲁沙。

④　南部非洲发展共同体目前有 16 个成员国：南非、安哥拉、博茨瓦纳、津巴布韦、莱索托、马拉维、莫桑比克、纳米比亚、斯威士兰、坦桑尼亚、赞比亚、毛里求斯、刚果民主共和国、塞舌尔、科摩罗、马达加斯加。南非是这一组织的核心成员国，总部设在博茨瓦纳的哈博罗内。参见张瑾：《非洲区域一体化探索：南部非洲发展共同体 30 年》，浙江人民出版社，2014 年。

⑤　2011 年，本人在给非洲法语国家青年外交官研修班上课时，一位马达加斯加官员谈到马达加斯加参加了诸多区域组织，并问及如何处理参与多个区域组织的问题。

展道路上必须坚持"用非洲方式解决非洲问题",并倡导"非洲帮助非洲运动"。非洲区域一体化推进为经济发展提供动力,这是近年来非洲局势的另一个特点。区域一体化推进比较迅速的是东非共同体、西非国家经济共同体和南部非洲发展共同体。

(一) 一体化进展迅速的东非共同体

东部非洲约 1.35 亿人口。成立于 1999 年的东非共同体现包括肯尼亚、坦桑尼亚、乌干达、卢旺达、布隆迪和南苏丹。这些国家近年来除南苏丹外,政治相对平稳,经济发展迅速。卢旺达、乌干达和坦桑尼亚的经济增长较快,从 20 世纪初开始,平均经济增长率分别为 7.7％、6.9％和 6.8％。从 2005 年以来,这 3 个东非共同体国家属全球发展最快的国家,年经济增长率近 8％。东非共同体的另一个国家肯尼亚在一次有关非洲国家投资和发展潜力的问卷调查中名列第二。①

非洲发展银行通过对 8 个区域组织(东非共同体、阿拉伯马格里布联盟、东南非共同市场、萨赫勒-撒哈拉国家共同体、中部非洲国家经济共同体、东非政府间发展组织、西非国家经济共同体和南部非洲发展共同体)的调查后认为,东非共同体是目前一体化程度最高、进展最快的区域组织。东非共同体的主要成就体现在以下三个方面。

1. 2009 年 7 月成立了关税联盟;

2. 2010 年 9 月成立了共同市场;

3. 2013 年通过货币联盟协议,并计划于 10 年内成立货币联盟。②

在八个组织中,只有东非共同体形成了共同市场,其他组织只是组成了自由贸易区或者关税联盟。同时,在与非洲国家内部贸易方面,东非共同体也处于领先水平。目前,东非共同体正在着力推动单一关税区的全面启动,这是实施关税联盟的必经阶段和必然要求。

金融一体化的工作正在推进。2013 年 11 月,肯尼亚、坦桑尼亚、乌

---

① Femi Adewunmi, "Are Investor Perceptions about African Markets in Tune with Reality?", January 26, 2012. http://www. howwemadeitinafrica. com/are-investor-perceptions-about-african-markets-in-tune-with-reality/14598/.

② 《非发行称东共体为非洲大陆一体化程度最高的区域组织》, http://www. mofcom. gov. cn/article/i/jyjl/k/201412/20141200854662. shtml。

干达、卢旺达和布隆迪的国家首脑决定,东非共同体将在十年内逐渐实现统一货币。东非跨境支付系统(EAPS)也于当年率先在肯尼亚、坦桑尼亚和乌干达三国间正式启动。该系统与东非共同体即时结算系统(RTGSs)相连,支持次区域内实时大额跨境支付,可有效降低区域内的汇款成本,缩减贸易时间,有助于东非共同体在2024年实现发行单一货币、建立货币联盟的目标。这种融合也是为了从各方面汇集资金,以摆脱东非国家发展信赖外援的困境。东非共同体还拟于2015年成立东非共同体货币研究机构(EAC Monetary Institute)。

东非共同体推进关税系统也取得一定进展。2013年11月,肯尼亚、卢旺达、乌干达和南苏丹四国首脑会议宣布,将在四国设立单一关税区。货物从肯尼亚的蒙巴萨港口到卢旺达将从21天减少到8天,到乌干达将由15天减少到5天。连接这一地区的交通设施正在加紧贯通,如建造由肯尼亚的蒙巴萨至卢旺达首都基加利的高速公路,提高公路收费站和称重总站的工作效率;采用统一关税支付系统软件,这些措施将降低交易成本,促进次区域内贸易。2014年11月,卢旺达开始实施东非跨境支付系统,布隆迪也在积极准备实施。

2014年底,在内罗毕召开第16次东非共同体领导人峰会。这次峰会的最重要议题是启动制定东非共同体政治联邦宪法和发布东共体联邦政府的时间表,为东非共同体实现关税同盟、共同市场和货币联盟等一体化铺平道路。东非共同体在成立政治联邦政府的行政、立法和司法权方面尚存在多方挑战,因为这涉及国防和安全、外交与国际贸易、移民、基础设施建设和联邦公共服务以及相关的法律和政策等重大问题以及联邦与各成员国的关系,并实施联邦政府的法律和政策,需要各成员国进一步磋商。然而,东非共同体肯尼亚内罗毕峰会在经济方面达成一致并发布了联合公报,宣布该共同体将在未来十年内投资至少1 000亿美元在该地区建设铁路、能源、港口及通信等基础设施,以带动经济发展,推动一体化进程。东非共同体将就有关建设基础设施的资金问题同世界银行、非洲发展银行、欧洲投资银行及中国和印度等展开协商与密切合作,以推动这一计划的实施。

东非共同体目前只有5个国家,但其扩展计划正在进行,周边的其他国家也表达了加入的意愿。

（二）充满活力的西非国家经济共同体

西非国家经济共同体（简称"西共体"）是西非众多国家在求同存异的基础上合作的结果，有 15 个成员国（贝宁、布基纳法索、多哥、佛得角、冈比亚、几内亚比绍、加纳、利比里亚、马里、尼日利亚、塞拉利昂、塞内加尔、几内亚、尼日尔、科特迪瓦），包括西非的英语、法语和葡萄牙语国家。[1]从 1975 年成立以来，西共体为了应付区域间的政治、经济和社会问题，做出了诸多贡献。[2]

近年来，西共体的整合速度加快。西非国家经济共同体 2014 年年报认为，西共体区域是非洲经济发展最具活力的地区，2013 年经济增长率为 4.8%，2014 年达到 6% 左右。科特迪瓦是该地区经济增长最快的国家，其增长率达到 9.1%。2011 年，西非国内生产总值的增长率是6.2%，高于整个非洲的发展水平。这一增长率的主要贡献者为产油国家。跨区域的交通网络正在形成，包括正在规划的连接西非法语国家的铁路，长达 9 000 公里的西非高速公路网已近完成。西非五国正在商量建立西非沿海高速铁路，铁路自科特迪瓦首都阿比让，中经加纳、多哥和贝宁，最后抵达尼日利亚，全长 1 178.84 公里，这无疑将有利于商业贸易和人员流动。为了应付粮食安全问题，西共体在 2012 年初正式启动农业领域信息系统，从而使这一区域组织可在共同农业政策框架内进行有效协调。西非的金融机构的整合也在进行。科特迪瓦的区域证券交易所为西部非洲多个国家提供各种金融服务。

西共体也正在促进内部实行统一对外关税，以保证西共体成员国享受内部自由关税，建立西非共同市场，使民众买得起所需商品。2014 年11 月 24 日至 26 日，西非国家经济共同体在加纳首都阿克拉举行西共体/西非经货联盟共同对外关税联合执行委员会第 16 次会议，各成员国财政部和海关官员与会。尽管埃博拉疫情对各成员国一直在紧锣密鼓地进行的对外关税相关工作产生了一定负面影响，截至 10 月底，共同对外

---

[1]　毛里塔尼亚于 2000 年 12 月 31 日退出西共体。

[2]　关于西非一体化研究，参见肖宏宇：《非洲一体化与现代化的互动：以西部非洲一体化的发展为例》，社会科学文献出版社，2014 年。

关税各项筹备工作已完成 90%。这样，在区域一体化方面，西非国家经济共同体于 2015 年 1 月 1 日起正式实施共同对外关税(CET)，2016 年推出"西共体生物标识身份证"，以实现区域内货物和人员自由流动。

西共体基础设施项目筹备和发展部(PPDU)在 2014 年 10 月正式在多哥首都洛美成立。西共体委员会承诺，将在未来五年为基础设施项目筹备和发展部提供 868 万美元日常经费和 1 000 万美元的"基础设施基金"。作为西共体特设机构，筹备和发展部将承担如下职能：在广泛听取西共体委员会、成员国和私营部门意见基础上，甄别和选择区域整体基础设施发展项目并进行优先排序；多方寻求基础设施融资和项目发展所需资源；加强能力建设，协助/支持负责基础设施项目实施的国家和政府间组织；推动基础设施融资领域的公共私营合作。西非国家正处于快速发展期，大规模的基础设施建设势在必行，国家既面临着巨大压力，也拥有各种机会。非洲开发银行、欧盟、日本国际协力机构、联合国非洲经济委员会、西班牙国际合作发展署、英国国际发展署等机构都对合作表示兴趣。

西非一体化也面临各种困境。关于人员自由流动的政策未能落实。语言、文化、历史与殖民遗产的不同也使西非的整合还存在某种障碍。讲英语的尼日利亚国力较强，在非洲一直具有某种特殊地位，但这种特殊地位往往遭到西非法语国家的质疑。由于成员国意见不一，西共体的共同对外关税计划一直未能通过。西非 8 个法语国家贝宁、布基纳法索、科特迪瓦、几内亚比绍、马里、尼日尔、塞内加尔和多哥组成西部非洲经济与货币联盟。这一机构成立后，于 2014 年 9 月在迪拜举行了首届西非投资论坛。阿联酋及其他海合会国家决定将向西非 8 个国家投资总额达 190 亿美元。本届论坛上宣布了西部非洲经济与货币联盟地区总计 17 项基础设施建设项目，包括道路、桥梁、机场、能源，以及食品安全等。项目由联盟成员国政府与国际商业机构合作进行。为推动相关项目，有关方面宣布成立一家专门的公司，负责督促和推动项目的实施，并为项目寻求外来投资。

(三) 不断推进的南部非洲发展共同体

南部非洲有多个区域组织，但南部非洲发展共同体(简称"南共体")

颇具影响力。共同体涵盖 15 个国家(安哥拉、博茨瓦纳、津巴布韦、莱索托、马拉维、莫桑比克、纳米比亚、斯威士兰、坦桑尼亚、赞比亚、南非、毛里求斯、刚果(金)、塞舌尔、马达加斯加),人口达 2 亿。南共体以经济实力雄厚、合作根基扎实、发展潜力巨大而得到投资者关注。最重要的是,南部非洲发展共同体自由贸易区早在 2008 年即正式启动,从而为这一地区的经济一体化奠定了坚实的基础。非洲联盟确定 2017 年为非洲自由贸易区建立的期限,南部非洲自贸区的建立为非洲其他地区经济一体化起到示范作用,进而为非洲大陆的经济一体化发挥积极影响。

南共体正在规划一体化交通蓝图,其中包括经博茨瓦纳卡拉哈里沙漠连接纳米比亚和南非的铁路。2012 年,南非表示将推出连接南非、斯威士兰、莫桑比克的铁路建设计划,将恢复该国到刚果(金)的跨国铁路,并计划修建"非洲南北经济走廊",欲将南部非洲的交通干线由德班港从海上与世界沟通。南非的货币兰特在多个南部非洲国家(莱索托、南非、斯威士兰和纳米比亚)为流通货币,津巴布韦目前也在考虑是否加入兰特货币联盟。

2014 年在津巴布韦举行的第 34 届南共体首脑峰会的主题为南共体经济转型策略。非洲自由贸易区的谈判进程却是备受瞩目的议题。这一大自贸区建成后将覆盖非洲三大次区域经济组织东非共同体、东南非共同市场和南部非洲发展共同体,惠及非洲大陆 6.25 亿人口,国内生产总值总计 1.2 万亿美元。这一自由贸易涵盖了 26 个国家,国内生产总值占非盟国家的 58%。这将是非洲大陆最大的自由贸易区。由于非洲大陆预期于 2017 年启动泛非自由贸易区,这一贸易区的成立无疑将成为泛非自贸区的主要部分。这一非洲大自贸区有望 2015 年 6 月建立。

(四) 进展缓慢的北部非洲一体化

北部非洲的一体化与非洲其他部分相比发展缓慢。1989 年 2 月 16 日至 17 日,马格里布 5 国(摩洛哥、阿尔及利亚、突尼斯、利比亚和毛里塔尼亚)元首在摩洛哥的马拉喀什举行会议,签署阿拉伯马格里布联盟条约,正式宣布成立阿拉伯马格里布联盟(Union du Maghreb Arabe-UMA)。阿拉伯马格里布联盟的宗旨为:在尊重各成员国的政治、经济和社会制度的前提下,充分协调经济、社会方面的立场、观点和政策,积极发展经济互补合作；在外交、国防等领域协调立场，相互合作，首先实现经济一体化，最终实现阿拉伯统一。联盟常设秘书处在摩洛哥。联盟成立后一直为区域经济一体化努力。1991年中期开始实施相关计划，包括自由贸易区，建立马格里布投资和外贸银行以实施农业和工业计划，关税统一等。1990年到1994年共举行了6次首脑会议。1994年4月，在突尼斯召开的马格里布联盟首脑会议决定成立马格里布自由贸易区，设立马格里布国家青年、文化和体育专门机构，会议签署了相关协议。[①] 1995年2月，利比亚表示因洛克比危机无法接替阿尔及利亚担任阿拉伯马格里布联盟主席国。同年12月，摩洛哥指责阿尔及利亚直接插手西撒哈拉问题，要求暂时中止马格里布联盟活动，并拒绝担任下届主席国。此后，马格里布联盟首脑会议未再举行。

2000年4月，首届欧非首脑会议在巴黎举行。会议期间，阿尔及利亚、摩洛哥、利比亚、突尼斯等四国元首实现多年来首次集体会晤，大家重申区域一体化是马格里布国家的战略选择。2001年到2003年，马格里布联盟外长理事会在阿尔及利亚召开多次会议。2003年，马格里布联盟外长理事会提出了"成立自贸区"的设想，但因成员国间意见不一致而长期以来无法达成共识，各国需花费大量外汇用于食品进口。2010年，马格里布联盟达成建立农业自贸区协议草案。[②] 然而，卡扎菲政权的垮台使联盟陷入停止状态。2012年7月9日，为应对日益紧张的马里北部安全局势，共同面对日益严峻的恐怖组织与犯罪网络等重大地区威胁，在阿尔及利亚的提议下，阿拉伯马格里布联盟国家外长会议在阿尔及尔召开，马里北部局势及次地区安全局势成为会议主要议题。会议提出建立共同应对机制来应对上述问题，加强司法合作，加强各国业已签署的相关协约的落实，共同致力于维护地区安全。[③]

2015年5月，马格里布联盟外长理事会第33次会议在拉巴特举行，

---

① 赵国忠主编：《简明西亚北非百科全书（中东）》，中国社会科学出版社，2000年，第472—473页。

② 《马格里布联盟达成建立农业自贸区协议草案》，2010年12月20日。http://ly. mofcom. gov. cn/article/ztdy/201012/20101207318020. shtml。

③ 《阿拉伯马格里布联盟国家外长会议在阿尔及利亚召开》，驻阿尔及利亚使馆经商处，2012年7月11日。http://dz. mofcom. gov. cn/article/jmxw/201207/20120708225946. shtml。

会议呼吁完善马格里布地区安全战略，应对地区恐怖主义和有组织犯罪挑战。2016 年 5 月，马格里布联盟外长理事会第 34 次会议在突尼斯举行，会议讨论了马格里布联盟机制化建设和改革等问题，并推选突尼斯前外长巴库什为新一任秘书长。2017 年在摩洛哥召开的电力研讨会上，阿拉伯马格里布联盟经济事务部长表达了实现区域电网互联、促进电力贸易的合作方向。①

阿拉伯马格里布联盟 5 国与法国、意大利、西班牙、葡萄牙和马耳他 5 国于 1990 年 11 月建立"5＋5"对话关系，西地中海 10 国对话机制的目的是加强合作，促进发展，维护西地中海地区的和平与安全。2003 年 12 月，首届"5＋5"首脑会议在突尼斯举行。2018 年 1 月，第 14 届 10 国外长会议在阿尔及尔召开，主题是地区经济社会可持续发展与应对共同挑战。10 国一致同意加强合作，共同应对地区恐怖主义威胁。埃及 1994 年提出加入阿拉伯马格里布联盟的正式要求一直没有受理。如果能吸收埃及，该联盟的力量将大大加强。

（五）整合过程中的中部非洲

中部非洲国家经济共同体（Economic Community of Central African States，ECCAS）成立于 1981 年，包括 11 个成员国（布隆迪、赤道几内亚、刚果（布）、加蓬、喀麦隆、卢旺达、圣多美和普林西比、刚果（金）、乍得、中非、安哥拉）。中部非洲也在加强次区域化整合。中部非洲国家经济共同体成员国正在加紧制定中长期规划。中部非洲国家经济共同体成员国的元首和政府首脑创立了中部非洲电力联营以负责组织和刺激次区域的电力活力。2014 年 11 月，中部非洲电力联营 10 国专家齐聚喀麦隆首都雅温得讨论中非这一区域电力面临的挑战，尝试通过制定"共同战略"找到解决方案，达到加速中非地区电力供应进程的目的。中部非洲电力联营各成员国电力部委及国家电力公司的专家们讨论的主要议题是制定战略文本，寻求次区域电力快速入户的共同解决方案。该文本提出了中非国家经济共同体成员国中（2018 年）长（2030 年）期的共同愿景。这一区域

---

① 《阿拉伯马格里布联盟拟建区域电网互联》，2017 年 9 月 27 日。http://www.sohu.com/a/195645703_781764.

组织正在就地区发展与欧盟"经济伙伴关系协议"(APE)进行谈判,从而为该地区争取更多的对外合作机会。

中部非洲的另一个区域组织中部非洲经济与货币共同体(Communauté Économique et Monétaire de l'Afrique Centrale—CEMAC)正式成立于 1999 年,由 6 个成员国(加蓬、刚果共和国、乍得、中非共和国、赤道几内亚和喀麦隆)组成。中部非洲经济与货币共同体自 2010 年开始实施 2025 年远景发展目标,计划分 3 个阶段使共同体成员国成为新兴国家。2010 年到 2015 年主要是为共同体发展进行制度和机构上的建设,2016 年到 2020 年为促进共同体经济支柱多元化,2021 年到 2025 年目标是在 2025 年到来之际实现共同体的经济腾飞。尽管这一共同体有着得天独厚的资源优势,但区域内国家间的相对封闭制约了经贸发展。2013 年,共同体经济增长速度相对于 2012 年放缓。

尽管非洲次区域一体化仍有诸多方面需要加强,但这一进程与非洲经济发展形成了一种互动关系。一方面,这种一体化为非洲经济发展扫清了诸多障碍,起到一种促进作用;另一方面,非洲经济的发展反过来推动次区域一体化,为这一进程提供更好的条件。西非国家经济共同体、东非共同体、南部非洲发展共同体、东部、南部非洲共同市场都是目前发展比较快的次区域组织。非洲发展银行表示,将在 2013 年到 2016 年向非洲三个次区域组织提供 750 万美元的资金以用于一体化建设,这三个次区域组织分别为南部非洲发展共同体、东部和南部非洲共同市场和东非共同体。这无疑将促进这些次区域的一体化建设。[①]

四、共享价值观战略与非洲一体化

(一) 非洲共享价值观的提出

独立前,非洲为民族独立而进行的自由斗争是由殖民统治下的人民的共同理想推动的,这种理想支持重申人类尊严的泛非主义,不论肤色或

---

① 国内关于非洲一体化的研究,参见肖宏宇:《非洲一体化与现代化的互动:以西部非洲一体化的发展为例》。关于经济一体化的研究,参见舒运国、刘伟才:《20 世纪非洲经济史》,浙江人民出版社,第 150—181 页。

信仰如何。然而,非洲的集体历史记忆远不止这一点,它包括非洲人民在这块土地上所经历的历史发展,例如在这个大陆上的生存以及随之产生的非洲文明、长期与自然共存的生活经历,重视人与自然、人与人的社会关系和宗教信仰,奴隶贸易的伤害、殖民入侵的痛苦、反对殖民主义的斗争、非洲民族独立的历程等。

由于反殖斗争的共同理想和对非洲统一的追求,在非洲统一组织成立前夕,看似不可调和的两个团体——保守的蒙罗维亚集团和激进的卡萨布兰卡集团之间成功达成妥协,最终形成了代表非洲大陆独立国家的组织。[1] 进入 21 世纪以后,为了面对全球化和新自由主义的挑战,对国际形势的共同认识使非洲国家一致同意将非洲统一组织转变为非洲联盟,以此加强自身的团结。[2] 此外,独立以来取得的成就和面临的困境,非洲各国在国际舞台上的相同地位,非统/非盟在处理非洲事务中的经验教训和面对世界各种力量时对团结一致的强烈意识,近年来面临的各种挑战(种族屠杀、恐怖活动、军事政变、卫生安全、刑事犯罪等)以及人民对幸福生活的共同追求,这些构成了非洲共享价值观的现实需要。

在新的形势下,如何将非洲国家统一起来? 这是摆在非洲联盟面前的重大问题。非洲大陆的异质性是明显的,虽然存在着共同的历史经历以及由此而生的相同的价值取向,但 50 多个国家在语言和宗教文化方面存在极大的多样性。此外,政治体制可谓多种多样。更重要的是,要推进非洲一体化进程以面对新的挑战,非洲人民必须在价值观上有一种共识。早在非洲联盟成立之前,非洲领导人便明确提出,一体化需要价值观作为支撑。2002 年第三次非洲发展论坛(Third African Development Forum, ADF III)明确提出,"非洲的一体化应该建立在一套共同核心价值观的基础上",这些价值观包括"宪政、和平、民主、尊重人权"等原则,它将确保非

---

[1]   O. Akadiri, *Diplomacy, World Peace and Security*, Akure: Ondo State Government Press, 2003, p. 315.

[2]   Lawrence O. C. Agubuzu, *From the OAU to AU: The Challenges of African Unity and Development in the Twenty-First Century* (Lecture Series, no 83), Lagos: Nigerian Institute of International Affairs, 2004, p. 14. 在此感谢尼日利亚国际事务研究所在本人 2011 年 11 月交流访问时赠送多种资料。

洲人民的福祉,推进非洲一体化进程。①

　　在非洲共享价值观(shared values)的战略构想正式提出之前,非洲联盟在诸多方面展开工作。非盟相继通过了多个与共享价值观有关的协议或条约,如《非洲人权和民族权利宪章之非洲妇女权益议定书》(2003年)、《非盟正义法院议定书》(2003年)、《非洲文化复兴宪章》(2006年)、《非洲青年宪章》(2006年)、《非洲民主、选举和治理宪章》(2007年)和《非洲正义和人权法院章程议定书》(2008年)等。非洲大陆50多个国家是否可能产生共同的和可以分享的价值观? 非洲联盟的回答是肯定的。2009年,非洲联盟提出共享价值观作为战略构想。

　　2009年,非洲联盟第16届首脑会议正式提出共享价值观。这种共享价值观的基础是什么呢? 我们说,致力于非洲文明走向世界的哲学基础、以乌班图(Ubuntu)为代表的社会伦理价值、非洲民族的历史记忆以及非统组织/非洲联盟主张团结互助才能克服各种困难、改善人民生活并争得国际地位的现实需要。这些构成了非洲共享价值观的基础。非洲共享价值观不能算是非盟在21世纪的发明创造。非洲统一组织就是建立在"反对殖民主义,谋求非洲统一团结"这一共享价值观基础之上的。《非洲统一组织宪章》对非洲人掌握自己命运的权利、确保非洲人民享有自由平等正义和尊严、促进非洲人民与国家之间的相互理解与合作、推动非洲团结统一、维护各国独立和主权领土完整等原则,在《非洲联盟宪章》中得到重新强调,非盟与非洲统一组织在共享价值观的核心内容方面是一脉相承的。

　　(二) 非洲共享价值观的构想与内容

　　2011年1月召开的非盟第16届首脑会议主题是"通过共享价值观走向更加团结和一体化"(Towards Greater Unity and Integration Through Shared Values),从战略层面正式提出非洲"共享价值观"。为什么这个时候提出"共享价值观"? 我们有必要回顾一下非洲一体化的过程

---

　　① "Integration Must be Underpinned by Core Values, ADF Participants Say", 5 March 2002, http://www.irinnews.org/printreport.aspx? reportid=30584. 查询时间:2018年12月20日。

和非洲面临的新挑战。

《非盟委员会 2009 年—2012 年战略规划》在总结第一个战略规划 (2004 年—2007 年)的基础上提出 18 项战略目标,将共享价值观作为实现这些目标的四大战略支柱之一。这些战略目标包括以下 18 项内容。

1. 减少冲突,实现非洲大陆安全和稳定;
2. 实现必要的全洲安全和稳定,为非洲发展和一体化提供前提条件;
3. 促进经济可持续发展;
4. 促进社会和人类可持续发展;
5. 构建开发共享非洲统计数字、研发能力的平台;
6. 增强非洲一体化;
7. 建设和打造全洲性和全球性合作;
8. 促进良政、民主和人权;
9. 增强全非范围内的人道主义反应和行动;
10. 推动非洲内部团结;
11. 推动非洲文化复兴,保护非洲文化遗产;
12. 促进非洲社会所有力量积极参与非洲的发展和一体化,并做出应有的贡献;
13. 推动各国批准和落实非盟大会所有法律条约;
14. 推进性别平等;
15. 增强非盟委员会的能力,强化非盟委员会的行动效率和效能;
16. 推动非盟下属各组织间的协调、联系和良好工作关系;
17. 推动非盟同各成员国、地区经济共同体的有效合作与协力;
18. 推进战略伙伴关系,以获得可持续的资金来源和比较优势。①

在非盟确定的这 18 项战略目标中,有 7 项需要共享价值观战略的支撑,即促进良政、民主和人权;增强非洲范围内的人道主义反应和行动;促进非洲内部的团结;促进非洲文化复兴,保护非洲文化遗产;促

---

① African Union Commission, *Strategic Plan 2009—2012*, AUC, May 19, 2009.

进非洲社会所有力量积极参与并为非洲发展和一体化做出贡献；促进各成员国批准并落实非盟大会通过的所有重要法律文件；推动性别平等。

作为战略构想的非洲共享价值观也有相对独立的目标和配套政策行动。非盟委员会的构想是，通过相关努力，在共享价值观方面实现 17 项目标。

1. 推动有利于良政、民主的恰当机制；
2. 建立全洲人权促进和保护体制；
3. 推动以权利（包括社会、经济、文化和环境权利）为基础的发展方式；
4. 制定并落实全非范围内的人道主义政策；
5. 建立危机灾害预警管理机制；
6. 促进非洲人民之间共同命运、认同和团结一致的感情；
7. 建立各成员国、各国人民之间的互助机制；
8. 落实旨在促进和保护非洲文化、语言和遗产的项目；
9. 组织正确报道非洲的活动；
10. 文化和语言多样性；
11. 非洲所有社会力量参与非洲团结、发展和一体化；
12. 制定并落实非洲青年志愿者项目；
13. 在非洲青年中推广模拟非盟活动（AU Model）；
14. 使非盟所有重要法律文书得到批准和落实，并为非洲人所熟知；
15. 在成员国、地区经济共同体和非盟组织中制定并切实执行性别平等政策；
16. 制定并采取切实措施，打击针对女性的暴力活动；
17. 推动妇女积极参与非盟所有项目以及各成员国事务。[1]

2009 年提出的有关非洲共享价值观的构想并非心血来潮，它经过了独立以来的非洲大陆的政治经济社会发展，也是非洲联盟面对 21 世纪国际形势的发展而产生的战略构想。

---

[1]　African Union Commission, *Strategic Plan 2009—2012*, AUC, May 19, 2009.

表格 6 - 1 非盟/非统签署的与共享价值观
直接相关的条约(1963 年—2009 年)

条约名称	颁布时间	签字国数	批准国数
非洲统一组织实质宪章	1963 年 5 月	非洲独立国家	非洲独立国家
治理非洲难民问题公约	1969 年 9 月	38	45
非洲文化宪章	1976 年 7 月		34
非洲人权和民族权利宪章	1981 年 6 月	42	53
非洲儿童权利和福利宪章	1990 年 7 月	42	45
非洲人权和民族权利宪章之建立非洲人权和民族权利法院议定书	1998 年 6 月	51	25
非洲联盟宪章	2000 年 7 月	53	53
非洲人权和民族权利宪章之非洲妇女权益议定书	2003 年 7 月	46	28
非盟正义法院议定书	2003 年 7 月	42	16
非盟防止和打击腐败公约	2003 年 7 月	45	31
非洲文化复兴宪章	2006 年 1 月	20	1
非洲青年宪章	2006 年 7 月	38	22
非洲民主、选举和治理宪章	2007 年 1 月	37	8
非洲正义和人权法院章程议定书	2008 年 7 月	22	3
非盟保护和援助非洲无家可归者公约	2009 年 10 月	29	2

资料主要来源:*Toward Greater Unity and Integration Through Shared Values*, p. 15.

审视非统/非盟在 1963 年到 2009 年之间缔结的各种相关实质宪章及条约,可以看出共享价值观是在长期的社会实践中积累的结果。

2010 年 2 月,第 14 届非盟首脑会议通过了"非洲共享价值观"作为第 16 届非盟首脑会议的主题。2011 年 1 月召开的非盟第 16 届首脑会议主题是"通过共享价值观走向更加团结和一体化",从战略层面正式提出非洲"共享价值观",并宣布 2012 年为"共享价值观之年"。主题报告讨论稿将共享价值观的历史回溯到非统组织成立之初,此前虽未正式提出这一概念,但共享价值观其实"内涵于非盟的规范、原则和实践中,是非洲解决一体化和发展过程中的政治、经济和社会挑战的办法所在,是为此进行集体行动的基础"。第 16 届非盟首脑会议上通过了三个宣言,其中两个与共享价值观有关:《关于首脑会议主题"通过共享价值观走向更加团结和一体化"的宣言》和《关于文化复兴和共享价值观的宣言》。①

非洲共享价值观涵盖多个层面的利益。"尽管在非盟内部从未正式界定过共享价值观,但一般认为这是制定或获得的准则、原则和做法,为集体行动和解决阻碍非洲一体化和发展的政治、经济和社会挑战提供了基础。这些价值观包含在个人、社会、次区域、大陆和全球各个层面。它们不是相互排斥,而是随着个人和社区的互动常常相互补充和加强。"②个人层面的共享价值观包括 13 项内容:1. 基本的生命权、身份权利和享有机会的权利;2. 基本的自由(表达和信仰自由);3. 宽容;4. 参与治理;5. 同甘共苦;6. 尊严和尊重;7. 正义;8. 公平感;9. 个人之间的平等(性别、种族等);10. 尊重老人;11. 正直诚实;12. 集体精神;13. 自决。在国家和地区层面的共享价值观有 12 项:1. 主权和国家间相互依存;2. 坚守法治;3. 民主和代议制;4. 关注弱势人群;5. 经济和社会自立;6. 正义;7. 法律和秩序;8. 公平与平等;9. 民族自决;10. 国家间兄弟般团结;11. 环境稳定;12. 安全。③

可以看出,共享价值观尽管分为个人、社会、地区、大陆和全球层面,但各层面的内容相互补充和强化。共享价值观的内容中既有非洲文化的精髓,如宽容、尊重老人、同甘共苦、集体精神等,也有国际社会的共同关注,如坚守法治、民主与代议制、法律与秩序等;既有非洲国家的特点,如关注弱势人群、经济与社会自立、公平与平等,又有国际关系的共性,如主

---

① Assembly/AU/Decl. 1 (XVI) Declaration on the Theme of the Summit: "Towards Greater Unity and Integration through Shared Values"-Doc. Assembly/AU/2(XVI); Assembly/AU/Decl. 2(XVI) Declaration on Cultural Renaissance and Shared Values. https://au.int/sites/default/files/decisions/9645-assembly_en_30_31_january_2011_auc_assembly_african_union_sixteenth_ordinary_session. pdf. 2019/1/24.

② *Toward Greater Unity and Integration through Shared Values*, AU Discussion Paper, 23 November 2010, "Conceptiualising Shared Values", 5, p. 3.

③ *Toward Greater Unity and Integration through Shared Values*, AU Discussion Paper, 23 November 2010.

权和国家间相互依存、国家间兄弟般团结、安全等。

（三）非洲共享价值观的战略与实践

从战略层面正式提出和强调非洲"共享价值观"，是非洲政治的新现象。非洲共享价值观自 2009 年作为战略构想提出以来，由于它充分融合了时代性、国际性和本土性的文化元素，已经成为非洲联盟的战略规划的重要支柱之一。

非洲共享价值观提出以后，每年的非洲联盟会议上均针对性地加以强调并逐步落实，从而使共享价值观成为非洲大陆一体化重要指导思想之一。在共享价值观战略的落实方面，非盟强调各成员国和地区经济共同体的作用，强调妇女、青年和市民社会全力参与的重要性，同时积极谋求国际合作伙伴的支持。为落实共享价值观战略，非盟敦促各国加快批准非盟共享价值观的各项规约，敦促各地区经济共同体与非盟密切合作，协调相关政策。同时，非盟委员会还通过各种渠道，努力普及和推广非洲民众对共享价值观的理解。在国际社会，非盟积极行动，呼吁非盟的双边和多边伙伴在非洲共享价值观方面提供支持，与非盟密切合作，实现共享价值观。①

以《非洲联盟委员会 2014 年—2017 年战略计划》为例。在对前 4 年所取得成就的总结中，文件第二章专门列出"共享价值观"在政治、经济、文化、青年和妇女 5 个方面的落实情况：建立了"非洲治理框架"（AGA，African Governance Architecture），以加强、协调和配合非洲联盟各机构之间的互动以及促进各成员国的良治和民主；②落实了奥加杜古宣言、就业减贫行动计划、人道主义政策框架、实施非洲地区降低灾难风险战略行动计划等一系列措施；为促进非洲文化复兴而采取的一系列保护非洲文化遗产的措施，如起草《非洲文化复兴宪章》和《文化产业发展计划》等法

---

① Declaration on "Towards Grater Unity and Integration through Shared Values", AU Press Release no. 12, 16 AU Summit, http://www. africa-union. org.

② 这一举措为协调非洲各国落实"泛非治理框架"提供了授权，将"非洲治理框架"建成"各利益攸关方之间的对话平台"，除公布非盟有关共享价值观的法律和政策宣言外，也有利于促进非洲良治和加强民主。"Mandate of AGA", AGA, http://test. aga-portal. org/about♯shared-values. 查询时间：2019 年 1 月 20 日。

律文件并将其翻译成一些跨界语言,就成立泛非文化研究所的可行性进行调研;发起"非洲青年志愿队"项目,使青年志愿者积极投入到第 17 届非盟首脑大会及以"推动青年赋权促进可持续发展"为主题的活动之中;通过《非洲联盟性别平等政策》,宣布非盟大会 2010 年到 2020 年为"非洲妇女十年",并就性别平等计划列出路线图,非盟致力于反对针对女性的性暴力和促进人权方面特别是妇女人权方面的工作等。① 由此看来,非盟委员会在过去 4 年里在落实共享价值观方面已经有持续推进。

共享价值观确实是具有非洲特色的战略构想。在当今世界舞台上,非洲大陆在国际政治经济中的战略价值虽然日益凸显,但国际关系的现实政治(*Realpolitik*)表明:非盟要顺利实施任何重大发展战略都离不开有利的国际环境。自 2009 年以来,非盟一面努力在非洲内部普及推广和落实非洲共享价值观,一面积极谋求国际社会的支持,先后同美国、欧盟、G8 等国家和集团发表关于共享价值观的会谈和联合声明。欧美国家不仅原则上表示对非洲共享价值观战略的积极支持,而且格外强调民主、自由、人权等价值的重大意义,美国甚至称非盟是"捍卫我们共有的民主和治理原则的关键机构",欧美国家将"共享价值观"作为它们同非盟发展关系的基础。② 如果将非洲共享价值观构置于国际政治与社会伦理框架中考察,可以发现其内容由三大类构成。第一,符合当代国际政治的主要理念,如主权、自决、独立、公正、平等、包容性社会、可持续发展等。第二,与欧美国家大力推广的价值观相同的理念,如民主、自由、人权、法治等。第三,集体主义、宽容团结、关爱弱者、尊重长者、正直诚实、尊严和尊重、同甘共苦等深深植根于非洲本土文化的内容。

换言之,非盟构想的共享价值观充分融合了时代性、国际性和本土性的文化元素,不仅考虑到非洲现实发展中的问题,而且关照到国际社会的

---

① The African Union Commission, *Strategic Plan 2014—2017*, pp. 61-65, June 2013, pp. 27-28.

② C. W. Corey, "African Union-United States Talks Opens in US Capital", 22 April, 2010, http://www. afrik-news. com/article17444. html; "EU Delegation Host Partners Meeting on African Union Draft Programme Budge for 2012", 16 May 2011, http://www. africa-eu-partnership. org/news/eu-delegation-hosts-partners-meeting-african-union-draft-programme-budget-2012; "Joint Declaration by G8 and Africa", *Africa News*, May 27, 2011.

关切；既体现了非洲的特色，也部分迎合了当代主流政治话语。总之，这套非洲价值观体系兼顾了当代世界政治舞台上各主要行为体的偏好和核心价值取向，为争取国际社会的支持铺平了道路，进而有利于非洲文化复兴运动在内的各项具体项目的展开。

虽然非洲共享价值观涵盖了各个方面，但它仍然属于一种理念，一种指导思想，一种有待落实为行动的意识形态。在落实这一价值观的过程中，确实存在着一些困难和挑战。作为一个国家间组织，非洲联盟不是一个带强制性的政治实体，不具备让其成员服从联盟政策法规的必要能力。这样，对不服从乃至违反联盟规约的国家，非盟并无遏制或惩罚措施。非盟规约和战略的有效性，在很大程度上依赖于成员国的认可和接受情况。也就是说，真正的权力还掌握在各成员国手中。

（四）实现非洲共享价值观的挑战

从理论与实践相结合的层面看，共享价值观的落实在非洲联盟内部、非盟与非洲国家之间以及非盟与西方的关系等方面存在着诸多困境。

从非洲联盟层面看，这一价值观作为战略构想本身存在着挑战。自这一战略提出以来，关于是否具有共享价值观一直存疑。① 然而，这一争论不应该围绕是否存在共享价值观的问题展开，应聚焦于如何维护这种价值观的神圣性，以免受到边缘价值观或狭隘的国家利益的影响。② 实现共享价值观的困难之一是相关原则宣言与实际政策承诺之间的差距。共享价值观很多只是公开取得共识的原则，而这些原则从未被操作过。其次，非洲国家对与这一价值观相关的认同或批准也存在着某种滞后。2009年，非盟通过有关共享价值观战略的相关声明和行动计划，一再敦促各成员国要加快签署、批准和落实非盟所有规范性框架的进程。然而，成效并不理想。例如，被公认体现了共享价值观核心内容的《非洲民主、

---

① Stepan Gilbert, "Can Africa Find 'Shared Values'?" AFRICA Mar 14 2011 13：36, http://mg. co. za/article/2011—03—14—can-africa-find-shared-values/. Anaclet Rwegayura, "News Feature：Whither Africa's Common Values?", http://www. panapress. com/News-feature—Whither-Africa-s-common-values—12-755040-20-lang2-index. html.

② F. A. Agwu and F. Aja, "Shared Valued in Africa's Integration and Unity", *Africa Review* 3. 1(2011), pp. 1-15.

选举和治理宪章》虽然早在 2007 年 1 月非盟峰会上即拟定，截至 2012 年 2 月 15 日，只有 38 个国家签署，15 个国家完成批准程序。[①]

另一个障碍与非洲联盟的性质和机制相关。作为一个国家间组织，非盟不是一个强制性的政治实体，不具备让其成员国服从联盟政策法规的能力，对不服从或违反盟约的国家，非盟缺乏必要遏制或惩罚的合法性与能力。为了防止外国势力的干涉，非洲联盟确立了由非洲人自己解决自己问题的原则——非漠视原则，即非洲联盟有权力针对某些非洲国家极端政治行为采取干预措施。[②] 这样，非盟战略和规约的有效性在很大程度上依赖成员国的认可，即真正的权力掌握在成员国手中。非洲联盟亦缺乏能确保监督和遵守共享价值观的结构，对遵守共享价值观的承诺具有某种随意性。"促进同成员国以及地区经济共同体的有效合作和协力"，是非盟 2009 年到 2012 年战略计划的 18 大目标之一，但问题的关键在于如何协调联盟内部成员国在非洲一体化、次区域主义方面不同的利益和政策，将一些国家急切的主观愿望转化为建设性的力量。有的学者认为，共享价值观可能受到非洲次区域主义（sub-regionalism）的挑战，因为"大陆主义"（continentalism）同"次区域主义"的矛盾自从非洲统一组织成立以来一直存在。[③] 对这种观点要辩证地看。这种矛盾确实存在，也不可避免，但非洲大陆的统一应该也必须建立在次区域联合的基础上。只有次区域组织的动力才能赋予非洲联盟以活力，非盟的集体联合行动反过来可以为次区域组织的成功带来保证。

非洲联盟与非洲国家间关系是另一个因素。实现非盟共享价值观面临的另一个障碍是共享价值观与不同文化、国家利益及不同情况之间的相互冲突。首先，非洲文化百花齐放，除丰富多彩的本土宗教文化外，还有伊斯兰教和阿拉伯文化与基督教及其文化。不同文化在对待

---

① V. Kahiya, "National Question: What Constitutes Common Good?", 1ˢᵗ Feb, 2012, http://www. newsday. co. zw/article/2012—02—01-national-question-what-consti-tutes-common-good/.

② 罗建波:《理想与现实:非盟与非洲集体安全机制的建构》,《外交评论》2006 年第 4 期;李伯军:《非盟宪章下之"干涉权"探析》,《河北法学》,26:4(2008 年)。

③ Gilbert M. Khadiagala, *Governing Regionalism in Africa: Themes and Debates*, Centre for Policy Studies, Johannesburg, South Africa, Policy Brief 51, November 2008.

家庭、财产、性别、权利等社会因素的理解上既有相同点，又有差异。要整合整个大陆的价值观将面对极大的挑战。在政治方面，非洲大陆54个民族国家是独立的政治实体。尽管一些国家在历史、文化、地缘和民族构成方面具有某种亲缘性，各国在力量大小、政治制度、发展水平与潜力等方面也存在巨大差异。同时，主权国家独立后的政治实践已经塑造了自身的国家利益，这种利益有时还互相冲突。这些因素多少影响着共享价值观的实践。从经济上看，各国在自然条件和资源禀赋上的异同既可形成互补，也会产生竞争。国际经济和金融危机给非洲经济发展带来了巨大负面影响，致使非洲多数国家的经济停滞不前。这种状况给共享价值观的落实带来一定困难。东部和南部非洲国家一直主张强化地区经济共同体，使之成为非洲一体化的构成部分，西非国家则在经济、政治、安全事务方面加强了集团内部的团结协作。北部和中部国家在经济整合方面较弱。如何将地区经济体团结起来，最终实现建立非洲经济共同体（AEC）的目标，以配合共享价值观的实施，这是一个实际问题。

在执行共享价值观的过程中，非洲国家内部的诸多矛盾需要解决。共享价值观需要公民的配合。在这一战略的制定和实施过程中，政府的构想与民众的关切之间出现了一些矛盾。2010年10月，东非共同体曾召开市民社会协商会议，专门讨论非盟共享价值观构想。会议代表质疑"这些共享价值观是否真的存在，是否真的能够被识别出来，或是否真正是共有的，如果考虑到非洲大陆内部存在的多样性的话"。共享价值观代表们还提出，非洲"在地区层面可能存在某些价值观，但是不一定要在全洲的层面提出来"。[①] 这种置疑虽然有其合法性，但提出共享价值观的根据不在于其是否存在，而在于其必要性。

第三，非洲联盟与欧美国家的关系。非洲领导人充分认识到西方国家干涉非洲是一种不道德的行为。1990年7月在亚的斯亚贝巴召开的第26届非统组织首脑会议上，穆塞韦尼总统发表了题为《非洲需要意识形态和经济独立》的演讲，他认为，"在政治和意识形态方面，非洲应当抵

---

① CCP-AU, *Report of the East African Civil Society Consultation Themed "The EAC: AU Shared Values"*, Oct. 2010, Tanzania.

制对大陆内部事务的粗暴干涉。如果外部干涉能推动进步的话,非洲今天就是一个先进的大陆了。在我看来,各种外部干涉的后果就是大陆现存的悲惨状况"。① 同一年 8 月 23 日,尼雷尔总统在递交给苏哈托总统南方委员会报告后发表的题为《半奴隶和半自由的世界不适合人们和平相处》的演讲中指出:"发达国家不仅依然把自己看作世界警察,还利用经济军事权力,把他们的陆海空军派遣到他们决定的任意地方。他们经常以'反对外来入侵'和'保护主权完整'作为这种调度的理由。然而事实上,他们对所反对的国际事务的入侵和干涉还十分挑剔!"他批评这种行为是一种"无限制无责任的权力"。② 为了切合非洲社会的实际,《非洲统一组织宪章》和《非盟宪章》的基本文件都明智地转移或回避了"民主"这一用词,而是强调治理和法治。然而,非洲共享价值观则包括了由欧美政府界定的源自西方价值观的部分内容,这些内容在非洲的实践不仅出现了诸多问题,在有的国家甚至成为动乱的根源。事实证明,非盟将"民主"、"人权"和"自由"等西方政治理念纳入共享价值观体系,已经遭遇到非洲现实政治实践的重大挑战和考验。③

共享价值观构想有关民主、自由和人权的内容及相关实践,不仅没有超越或者消弭非洲内部既有的矛盾,反而在孕育新的分歧和冲突。正如尼日利亚学者弗雷德·阿贾·阿古所言:"西方民主(尤其是作为投票箱现象)在非洲作为一种共同价值,终究可能是一杯毒酒(poisoned chalice),当其以欧洲为中心的内容被清晰地思考并欣赏时,情况更是如此。非洲国家被强迫灌输西方民主,其信念是欧洲中心论,即发展是一种仅从西方经验中衍生出来的现象,民主和现代化不可避免是人类历史的最终目的地。……对西方民主的单线型或目的论的西方解释和实施在非洲是不可能的,因为非洲的机构不同,不适合这种做法。这种民主在西方蓬勃

---

① 沐涛、俞斌主编:《穆塞韦尼总统与乌干达》,上海辞书出版社,2013 年,第 230 页。

② [坦桑]朱利叶斯·尼雷尔:《尼雷尔文选(第四卷):自由与解放(1974—1999)》(谷吉梅等译,沐涛译校),华东师范大学出版社,2015 年,第 242 页。

③ 共享价值观包含"民主"、"自由"、"人权"等内容,但有争议的赤道几内亚总统奥比昂当选为 2011 年—2012 年度非盟轮值主席引发批评。E. Jobson, "Shared Values and Mixed Messages at the African Union Summit", 7 Feb. 2011, http://www.guardian.co.uk/global-development/2011/feb/07/african-union-summit-shared-values-despots.

发展,因为他们的机构几乎是为其民主品牌定制的。换句话说,非洲人是不同的民族,他们需要独特的病理学或社会政治甚至经济发展的途径,因为西方的经验往往是破坏性而不是建设性的。"[1]换言之,民主实践是可取的,但并非只有西方民主一种形式,各地都有自己的不同民主治理方式。非洲的民主必须切合非洲的特殊条件。

出席第16届非盟峰会的领导人清醒地认识到,构想共享价值观相对容易,落实则是一个艰难的过程。共享价值观在非洲的发展和贯彻是一个持续的进程,在推进共享价值观的过程中还需要克服若干障碍。[2] 非盟提出"非洲共享价值观"是希望利用泛非主义来建立全球"非洲世界观"。这一观点代表了非盟的思想基础,通过这些基础,非盟可以行使其政治权力和意志,扭转其边缘环境,以一种自决的姿态参与地缘政治。我们看到了文化在非洲联盟全球治理目标中的作用。

五、小　结

随着非洲经济的发展,跨国跨区域的经济一体化保持着强劲的动力,基础设施合作是经济一体化的主要努力方向之一。目前,在这方面比较活跃的次区域组织有南部非洲经济共同体、西非国家共同体、东非共同体等。这些次区域组织在努力推进地区间的合作。当然,次区域组织的合作往往会促使成员国让渡一定的主权,同时也可能要求一些国家做出经济让步。坦桑尼亚由于担心自身竞争力不够,对东非经济一体化有所犹豫,而肯尼亚政府则极力推动这一进程。[3] 虽然这两个重要国家对东非

---

① Fred Aja Agwu, "Shared Values in Africa's Integration and Unity", *Africa Review* (New Delhi),3:1(2011),pp. 1-15.

② "AU Leaders Pledge to Popularise African Shared Values towards Continental Unity", http://www. panapress. com/AU-leaders-pledge-to-popularise-African-shared-values-to-wards-continental-unity-12—756022—20-lang2—index. html. 查询时间:2018 年 12 月 20 日。

③ 本人在 2010 年 5 月率领中非合作论坛后续行动评估小组对喀麦隆、坦桑尼亚和肯尼亚的访问过程中曾采访了肯尼亚和坦桑尼亚政府负责地区一体化的官员。中非合作论坛后续行动小组评估小组对肯尼亚外交部东非司、经济司和中国司官员的采访,2010 年 5 月 20 日,肯尼亚外交部;评估小组对坦桑尼亚财政部官员的采访,2010 年 5 月 23 日,坦桑尼亚财政部。

一体化进度的看法有所不同,但双方都意识到在深化经济社会等相关领域合作的同时,有必要将建设跨国跨区域基础设施作为深化该地区一体化的重中之重。从目前的进展看来,东非国家一体化的进展颇为顺利。

在非洲联盟与非洲次区域组织合作制定"非洲基础设施建设规划"这一框架下,东非共同体制定了较完善的公路、铁路、输电网线等的总体规划。目前在建工程包括非洲南北走廊项目(达累斯萨拉姆—德班)、非洲东西走廊项目(坦桑尼亚—乌干达—卢旺达—布隆迪)。西共体设立西非交通和能源设施专项基金,大力推进西非电网和西非高速公路网建设。非洲国家之间的合作也在展开,博茨瓦纳有极其丰富的煤炭资源,蕴藏量高达两千多亿吨。经济发展迅速的亚洲国家是它瞄准的巨大市场。目前它正与莫桑比克磋商,希望借助东部沿海的港口作为自己煤炭出口的港口。2007 年创立的南非的"泛非基础设施发展基金"(PAIDF)是由南非政府担保的。南非拥有的良好信誉有效地承担了整个大陆的风险。该基金在整个非洲大陆投资基础设施项目包括交通通讯、能源、水和卫生设施。由于有南非政府的信誉担保,加上前景广阔的投资预期,成立几个月就筹集了数亿美元的资金。赞比亚经济学家莫约认为,非洲国家在通过债券发行来融资方面应该形成组织或地区联合体,作为一个整体来发行债券和分配收益,从而使风险集中,而不是单个国家独自涉足债券市场。

2012 年,非洲各国外长会议发布"非洲团结动议"(Africa Solidarity Initiative, ASI),呼吁非洲国家发扬泛非主义精神,促进资本、物品、技术、信息共享,以推动非洲的复兴与发展。2013 年,在非洲召开的两个大会都将非洲次区域一体化作为主题。5 月,世界经济论坛非洲峰会在南非开普敦召开并发布《2013 非洲竞争力报告》。报告指出,非洲在实现经济增长方面迈出的步伐必须与提升非洲长期竞争力的努力相结合,而区域一体化能提升非洲竞争力。同样,主题为"非洲区域一体化"的第八届非洲经济会议继续以实现非洲一体化为主题,进一步显示出非洲国家开始从战略高度着力推动非洲大陆加强整合、一致发展的努力。出席会议的非盟委员会主席祖马、非洲发展银行主席多纳德·卡贝鲁卡和非洲经济委员会执行副秘书长哈姆多克博士表示,关于非洲一体化的争论已经结束,目前应关注非洲一体化各方面的具体实施。非盟委员会指出,东非共同体-东南非共同市场-南部非洲发展共同体三方机制,以及东非政府间发展组织和东非共同体的实质性合作是非洲一体化的正确方向；非洲一体化面临的挑战主要集中在非洲次区域经济组织的快速融合，能源、港口和交通等基础设施的加速建设，以及各国能源管理部门的能力建设等方面。根据 2013 年发表的非洲经济报告，西部非洲是非洲大陆经济增长最快的地区，其他依次为东部非洲、北部非洲、中部非洲和南部非洲。非洲一体化的持续推进为经济发展添加了动力。非盟从 2013 年开始制定规划未来 50 年发展的《2063 年议程》。2015 年 1 月，在亚的斯亚贝巴召开的非盟第 24 届峰会通过了作为"非洲愿景和行动计划"的《2063 年议程》，号召非洲人"在共享价值观和共同命运基础上合力建设繁荣团结的非洲"，旨在 50 年内建成地区一体化、和平繁荣新非洲。①

这是非洲作为一个受制于国际环境的大陆在短短 50 多年里在一体化方面取得的成就。地区一体化进程可以加速非洲国家对人力资源、智力资源、财力资源和自然资源的运用，从而在与国际市场的对接中能够实现双赢。这会出现多种困难，如适度放弃主权，对各种资源的合理分配以及地区领导权的归属等。非洲联盟在国际政治舞台上的作用因利比亚问题而遭遇重创。新的非洲联盟主席的选出为非洲扮演更有力的角色提供了新的契机。联合国教科文组织官员阿里·穆萨·以耶指出："国际体系的全球性危机如今为泛非主义者们提供了一个未曾预料到的机会，他们也得以展示自己的全球视野及其社会发展规划。更甚者，在过去几十年中使得非洲名声扫地的'非洲悲观主义'如今已经为更具吸引力的'非洲乐观主义'所代替。"对此非洲应持谨慎态度。毋庸置疑，"非洲乐观主义

---

① 《2063 年议程》文件的副标题是《我们想要的非洲》，文件提出了七大愿景：在包容性增长和可持续发展基础上打造繁荣的非洲；在泛非主义理想和非洲复兴愿景的基础上打造政治团结的一体化非洲；建设良治、民主、尊重人权、公正和法治的非洲；实现非洲的和平安全；让非洲拥有强大的文化认同、共同遗产、共享价值观和道德观；以人为本追求发展，充分发挥非洲人特别是女性和青年的潜力，关爱儿童成长；让非洲成为国际社会中强大、团结、灵活而富有影响力的行为体和合作伙伴。"Agenda 2063 The Africa We Want"（Popular Version），African Union Commission，Final edition published in September 2015. https://au. int/sites/default/files/pages/3657-file-agenda2063_popular_version_en. pdf. 2018/12/20. 中文译文可参见《2063 年议程——我们想要的非洲》（王勤、胡皎玮译，张忠祥校），舒运国、张忠祥主编：《非洲经济发展报告 2014—2015》，上海社会科学院出版社，2015 年，第329—346 页。

至少能够激发一种新的积极的精神状态,方便人们开始重新定位非洲的价值",然而,非洲面临着四大挑战。第一,非洲一体化的问题,即对政治统一和地区经济整合的尝试。第二,创建以非洲人民和非洲裔侨民的共同文化价值和历史经历为基础的内在的发展模式。第三,如何处理非洲本土居民与海外侨民的关系。第四,非洲如何与新兴国家建立新型伙伴关系。明智的非洲学者清醒地认识到只有非洲面对挑战,把握机遇,才能实现非洲复兴的梦想。①

不容否认,在泛非主义运动中存在着各种不同观念。就"非洲人是谁"这个最基本的问题而言,主要存在着两种意见——大陆主义和非洲主义。大陆主义以非洲大陆的各个国家人民为主要标准,非洲主义以世界各地的非洲人为主要标准。② 为了统一两种意见,非洲联盟决定将非洲裔侨民作为除非洲东部、西部、南部、北部和中部以外的第六个组成部分。"非洲裔侨民包括居住在非洲以外的非洲裔民族——不论他们的公民权和国籍,他们愿意为非洲大陆的发展和非洲联盟的建设做出贡献。"③地区一体化是全球化进程中的一种趋势。自从威斯特伐利亚体系建立以来,欧洲经过近 350 年的努力,其一体化进程虽在政治上蹒跚不前,但欧盟的成立总算有所成果。同样,北美贸易协定的建立也表明美、加、墨建国约 200 年后达成了某种形式的经济一体化。然而,非洲在短短 50 多年即从一个遭受奴隶贸易摧残、殖民主义肆虐并受制于当前各种有限的国际环境中的大陆向一体化方向迅速迈进。"非洲共享价值观"实际上是非洲联盟融合了时代性、国际性与本土性的文化因素的一种全球非洲战略。

2010 年,在纳米比亚大学召开的"持续泛非主义的新浪潮"的研讨会上,纳米比亚国父萨姆·努乔马(Samuel Daniel Shafiishuna Nujoma,

① 阿里·穆萨·以耶:《泛非主义与非洲复兴:21 世纪会成为非洲的时代吗?》,《西亚非洲》,2017 年第 1 期,第 34—43 页。

② *Africanism or Continentalism*, *Mobilizing Global Africans*, *for Renaissance and Unity*, *Selected Documents of the 8th Pan-African Congress*, compiled by Kwesi Kwan Prah, The Centre for Advanced Studies of Africa Society(CASAC), ASAS Book Series No. 110, Cape Town, 2014, pp. 63-77.

③ 非洲联盟网站上已有明示。"The Diaspora Division", https://au. int/en/diaspora-division. Rita Kiki Edozie with Keith Gottschalk, The *African Union's Africa New Pan-African Initiatives in Global Governance*, Michigan State University Press, 2014, pp. 61-95.

1929—)代表老一辈非洲民族主义领导人提出了新的口号:"既然非洲大陆在政治上是独立的,那么我们需要开始真正的经济独立斗争的第二阶段,以消除作为非洲大陆敌人的无知、饥饿和贫穷。这是我们年轻人面临的挑战。"①在 2013 年庆祝非洲统一组织成立 50 周年之际,时任非洲联盟委员会主席恩·德拉米尼·祖马曾向非洲同胞呼吁:我们应该大胆地不断提醒人们属于非洲的时刻已经到来:我们正处于实现非洲复兴的起步阶段,非洲应当牢牢把握自己的命运。

---

① B. F. Bankie and V. C. Zimunya, eds., *Sustain the New Wave of Pan-Africanism*, Windhoek: The National Youth Council of Nambia(NYCN)and the Nigerian High Commission in Windhoek, Polytechnic Press, 2011(second edition), p. 15.

第二部分　经　济

第七章 张力与韧性：困境中的非洲经济

> 如果没有遭到外国入侵，贾贾可能赢得更大的胜利，实现更伟大的抱负，并将整个三角洲纳入一个法律、商业、社会和经济结构的新体系，这个体系能够有效应对 19 世纪初的问题。
>
> 巴兹尔·戴维逊（英国历史学家）

> 19 世纪 90 年代初，几乎从零开始，到 1903 年农民将可可种植面积扩大到 1.7 万公顷以上。1928 年可可种植面积达 36.4 万公顷。在 25 年的时间内，可可已取代橡胶和棕榈油成为第一位的国内出口商品。1934 年，黄金海岸的产量占世界产量的 40%。
>
> 卡尼基（坦桑尼亚经济史学家）

2017 年 11 月底，一条消息登上了尼日利亚各家报纸的重要位置：尼日利亚企业家阿利科·丹戈特（Aliko Dangote）投资 5 亿美元在刚果（布）生产水泥，为非洲正在兴起的建筑业提供足够的水泥。丹戈特靠生产水泥起家，后来他的企业呈现出多元化，并非常善于利用国际资本，从 2008 年即开始与中材国际合作，先后在南非、肯尼亚、尼日利亚、埃塞俄比亚和刚果等国建了十多个水泥厂。他曾多次被福布斯列为非洲首富。[①] 这种创

---

① Femi Adekoya, "Africans Investing in Africa, Only Way to Salvage Continent", *The Guardian*(Nigeria), November 24, 2017; "Dangote Commissions ＄500 million Congo Plant on Thursday", *Premium Times*(Abuja), November 27, 2017.

业实践在非洲并不稀奇。实际上,非洲人的这种精明的经营头脑和创业精神早在欧洲人到来之前已经体现出来。遗憾的是,随着欧洲殖民者的到来,这种本土创造性却被扼杀——这种扼杀并非通过正常的经济竞争,而往往是通过欧洲殖民政府的超经济手段。

欧洲列强在 19 世纪最后 20 年内瓜分了非洲,从而完成了对世界的殖民瓜分,这在世界外交史上是尽人皆知的。然而,这场瓜分的性质和引起这场瓜分的内在原因却不是外交史可以说明的。欧洲的商业资本在非洲的种种活动说明:欧洲商业资本对瓜分非洲起了推波助澜的作用。然而,欧洲人在非洲的经济发展却不断遭遇非洲人的挑战与竞争。在殖民者接触非洲土地到殖民主义制度的建立这一过程中,非洲人民的历史主动性无时无刻不体现出来。本章主要探讨从殖民瓜分过程到殖民统治建立期间,非洲人民在经济领域表现出来的各种能动性。这种能动性既表现在贸易上,也表现在生产活动中。他们在极其艰难的条件下,运用自己的智慧,与殖民者展开竞争。他们或是凭借自身的勇气,控制贸易通道,或是以特有方式创造了经济奇迹。我们将用两个典型例子说明非洲人在经济方面的能动性和创造力。

一、奴隶贸易与地区经济变化

如前所述,刚果王国在葡萄牙人迪奥戈·卡昂于 1482 年抵达刚果河地区沿岸时早已存在了多个世纪。在 1487 年卡昂第三次探险时,他有幸受到了当时刚果国王的接见。1490 年,葡萄牙人开始在离刚果国王属地卢安果以北隔海岸约 200 英里的圣多美岛定居并占领了此岛。这个岛的重要性在于它是来往于东方的航船的中途停靠站。让刚果国王始料不及的是,这个岛上的葡萄牙人移民在随后的岁月里对刚果王国的海上贸易活动进行破坏。圣多美的葡萄牙总督不仅曾扣下刚果国王派往欧洲学习的 20 名青年中的 10 人,还千方百计地阻止其他航船接近刚果沿岸。

1526 年,刚果国王姆本巴·恩津加(即阿丰索一世)在写给葡萄牙国王约翰三世的信中抱怨葡萄牙商人的行径,痛斥葡萄牙奴隶商人在刚果王国进行的一系列肮脏交易,并要求葡萄牙国王阻止这些葡萄牙商人在

他的国土进行奴隶贸易:

> 贵国代理商与官员放纵获准前来敝国的水手和商人,听任他们开设店铺,出售敝国禁售之多种商品杂货,使此种商品在敝国及各领地充斥于市,致令原本听命于我之诸侯多人自恃较我们富足而抗命不遵。……损失之大,不可胜计,盖上述商人每日掳我臣民,内有本地人、敝国贵族、诸侯与亲戚之子弟。窃贼为丧心病狂之徒,其所以掳我臣民,乃欲窃据敝国财物。他们掳人以之出售。陛下,此辈胡作非为,放纵无度,已令敝国人口锐减。……为避免[此等行径],此后除教士与教习之外,除圣餐所用酒类与面粉之外,不用贵国一人一物。为此,恳请陛下惠予协助,责成贵国经纪商等不得再遣商货前来此地,因我等但愿敝国此后不复再有奴隶买卖或奴隶市场。①

刚果王国曾是一个强大的王国。这个国家有自己的生产贸易、货币体系,有自己的官僚机构,有自己的政治、经济和社会生活。加纳学者阿尔玛托这样评价刚果王国:"16 世纪初,它[刚果]成为了基督教国家,它的富庶繁华震惊了整个基督教世界。刚果皇帝和宫廷官员的豪奢足以同西班牙和葡萄牙的高级贵族相比;当地的神甫的任职由罗马批准。今后永远也不会有一个非洲王国像它那样讲究文雅。根据古代编年史家的记载,在举止行为方面,在服饰、仪态和言谈技巧方面,刚果居民跟有教养的欧洲人没有任何区别。随着 17 世纪的到来,刚果宫廷的力量开始衰落,一个从欧洲来的教区神甫就可以构成废黜皇帝的威胁。到 18 世纪,刚果王国崩溃了,所有关于它过去的记忆甚至被新的一代忘记了。"②1642年,当荷兰代表团造访刚果王国时,全体成员跪拜刚果国王。然而,在与葡萄牙人交往以后,刚果王国日益陷入困境。当葡萄牙人将奴隶贸易引

---

① 巴兹尔·戴维逊:《黑母亲——买卖非洲奴隶的年代》,第 126—127 页。

② W. E. B. Du Bois, *The World and Africa*, *An Inquiry into the Part Which Africa Has Played in World History* (New Enlarged Edition), International Publishers, 1992, p. 170.

入刚果后,一切都变了。

下面我们具体分析奴隶贸易给非洲地区经济带来的影响。

(一) 贸易商道的变更

虽然商业可以促进生产的发展和社会的进步,但贸易本身并不能直接导致资本主义的产生。然而,撒哈拉商道在非洲古代历史上发挥的重要作用不可忽视,主要表现在商品交换带来的促进生产、物质生活丰富、社会分化加速、国家建设增强等经济社会效应。美洲被发现之前的黄金主要产于非洲。[1] 这些黄金是热带非洲社会组织的重要基础,正是通过撒哈拉商道运往地中海、阿拉伯地区和欧洲。此外,这条商道将黄金、象牙、宝石、矿物、奴隶运出,使非洲国家能够从外部世界换得稀有的奢侈品和必需品如织物、地毯、瓷器、香水、枣、盐等。从外部引进的生产工具和技术也促进了本地经济的发展。[2]

大约16至17世纪,以前以地中海为中心的由阿拉伯人控制的贸易系统转移到了北欧地区,"穆斯林地区原来承担的中转贸易地位也被取代"。这是第一次由以荷兰人为首的欧洲人完成的转移。随后,以英国为首的其他欧洲国家将大西洋作为重商资本主义的中心。"新生的欧洲重商主义资本主义中心从地中海转移到大西洋,也引起了非洲的一场危机。"[3]奴隶贸易给非洲大陆的发展带来了巨大的负面影响。非洲被迫为正在形成的世界资本主义经济体系提供大量的劳动力,但其本身的生产方式和经济结构并未因此而产生根本性变化。正是这一转变将非洲正式纳入资本主义经济体系。

虽然奴隶贸易古已有之,各个古代王国(包括阿拉伯帝国)统治者或食利者都曾参与过贩卖奴隶,但大西洋奴隶贸易的特殊之处不仅在于它持续时间最长,人口规模最大,涉及范围最广,而且在于它给非洲这个大

---

[1] Graham Connah, *African Civilization Precolonial cities and states in tropical Africa : An archaeological perspective*, Cambridge University Press, 1987, pp. 93 - 95, 109 - 117, 210 - 213.

[2] J. F. Ade Ajayi and Michael Crowder, eds., *History of West Africa*, Volume I, pp. 624 - 647.

[3] 萨米尔・阿明:《不平等的发展》,第37页。

陆的政治、经济、社会和文化发展造成的破坏十分严重。[1] 奴隶贸易却为西欧资本主义发展带来巨额利润并成为资本原始积累的重要来源。奴隶贸易的始作俑者是欧洲,从奴隶贸易到"合法贸易"这一转变的主动者也是欧洲。"全面废除奴隶制是一种西欧思想,它产生于 18 世纪资本主义扩张所引发的冲突以及随之而来的深刻思想变革。"[2]关于这一过程,圭亚那著名非洲史学家罗德尼指出:"历史地看,主动性来自欧洲。"[3]欧洲的这种主动性表现在新生的重商主义的资本主义中心的转移,从地中海转移到大西洋。换言之,奴隶贸易对非洲历史进程产生了关键影响:通往地中海的撒哈拉商道的重要性逐渐被大西洋奴隶贸易商道取代,随之而来的是一场非洲的危机。"非洲贸易重心的中心从大草原内地转移到沿海,是欧洲重心的中心从地中海向大西洋转移的一个直接后果。"[4]1776年,亚当·斯密在分析奴隶劳动时指出这种制度的低效率。[5] 使用奴隶劳动的西印度洋群岛各殖民地的奴隶反抗加剧了奴隶制的危机,人道主义的活动助推了废除奴隶贸易的运动。

(二) 贸易重心的转移

奴隶贸易的一个直接的经济后果是使非洲贸易的重心从萨赫勒地区转移到大西洋沿海地区。在此之前的所谓前重商主义时期,非洲存在着具有独特系统的长途贸易——直通地中海沿岸和本部非洲的穿越撒哈拉沙漠贸易,也存在着为争夺跨撒哈拉贸易商道而引起的战争。在约公元前 6 世纪的早期撒哈拉沙漠岩画上,已经出现了驰骋疆场的战车,这说明了撒哈拉沙漠南北之间的某种交往。在传统的长途贸易体系中,撒哈拉以南非洲的黄金、象牙、宝石、奴隶和其他商品通过位于萨赫勒地区的枢

---

① A. Bellagamba, S. E. Greene and M. A. Klein, eds. , *African Voices on Slavery and the Slave Trade*, Cambridge University Press, 2013.

② S. Miers and R. Roberts, eds. , *The End of Slavery in Africa*, The University of Wisconsin Press, 1988, p. 9.

③ W. Rodney, *A History of the Upper Guinea Coast 1545—1800*, Oxford, 1970, p. 199.

④ 萨米尔·阿明:《不平等的发展》,第 37 页。

⑤ 亚当·斯密:《国民财富的性质和原因的研究》(郭大力、王亚南译),上卷,商务印书馆,1972 年,第 354 页。

纽商站(如廷巴克图和杰内等城镇)直达地中海沿岸,然后通过这些城市销往亚洲和欧洲。与此同时,处于西部非洲(古代称为"西苏丹")诸帝国也起着这种作用。例如,作为一个贸易和交通枢纽,加纳(公元前8世纪至8世纪)所扮演的中介角色的重要性是不言而喻的。国王通过对北部输入的食盐和南部生产的黄金等贸易商品流通的控制不仅为加纳帝国保证了稳定的经济来源,也大大加强了国家的活力和国王的地位,赋予统治者以更高的威望、更大的权力和新的合法性。然而,这种贸易和交往的记录却只是随着后来伊斯兰教的传播才被阿拉伯人保留下来。[①]

这里提到的跨撒哈拉的长途贸易体系由来已久。早期由柏柏尔人使用骆驼进行的撒哈拉沙漠地区贸易变得日益频繁,后来形成一些常用通道。伊斯兰教随着贸易传到西非,进一步推动了贸易路线的机制化,如从摩洛哥至尼日尔河湾的西部通道和从突尼斯至乍得湖区域的东部通道逐渐成形。奴隶贸易虽然将贸易重心从萨赫勒地区转到大西洋沿岸,但撒哈拉商道的贩盐贸易一直在持续。直到19世纪下半叶,这一商道每年能组织约5万头骆驼从尼日尔东部的比尔马城镇运送食盐。往返于马里北部陶德尼绿洲一年两次贩盐的撒哈拉长途商队往往也有2.5万到3万头骆驼,驮回4 000至5 000吨盐。"那些年代在发慈悲的外国人天真地认为是他们给内地居民带来了'合法贸易',否则后者将一筹莫展。但是廷巴克图城的商人当时却已经能每年经销8 000到1万吨盐,以及大量非洲出产的棉布和其他商品。"[②]长途贸易特别是跨撒哈拉长途贸易以及非洲内陆的各种贸易通道充分说明了殖民主义到来以前非洲本土的经济能动力。[③]

此外,奴隶贸易还带来商品内容和交易形式的改变。以前的长途贸易主要是引进生活必需品(如盐)和输出奢侈品(如黄金),现在则是人口

---

① 萨米尔·阿明曾分析了对有关传统非洲社会的讨论存在混乱的四种原因:缺乏过去的文件记载和活资料,所有的资料几乎全部是阿拉伯人提及的有关情况;关于生产方式的概念和社会形态的概念常有的混淆;非洲历史不同时期之间的混淆,特别是前重商时期与欧洲人到来后的重商主义时期的混淆;国际学术界存在的与殖民主义种族主义有关的对非洲的思想偏见。萨米尔·阿明:《不平等的发展》,第35—36页。

② 巴兹尔·戴维逊:《现代非洲史》(舒展等译),北京:世界知识出版社,1989年,第65页。

③ J. F. Ade Ajayi and Michael Crowder, eds., *History of West Africa*, Volume 1, pp. 648-690.

贩卖。以前的贸易是非洲与外部世界之间的和平交易，商站也成为双方交往的联络点和休息站。奴隶贸易则将交易变得血淋淋，甚至直接导致一个村落被毁或一个部落被俘。

（三）西非沿海城镇的兴起

奴隶贸易是资本主义原始积累的主要因素之一。从 15 世纪起，欧洲人就开始掳掠非洲黑人。欧洲人在沿海地区的这种贸易活动需要服务者，需要交易网络，需要生活设施，更需要组织管理。这一系列的社会活动推动了大西洋沿海城镇的兴起，从而加速了萨赫勒商业中心的衰落，最后导致了非洲内陆贸易联系的中断。[①] 这是贸易中心从地中海向大西洋转移的一个直接后果。这种转移也使非洲从一个自身掌握着以阿拉伯世界贸易为主的网络主动方转为由欧洲人掌握的跨越大西洋的贸易网络的被动方。非洲就是这样被纳入西方现代化进程之中。我们从贸易中心的转移看到了欧洲对贸易中心的控制。

在资本主义发展的前两个阶段，即原始积累和工业革命阶段，欧洲商人早已在非洲（特别是西非海岸）先后建立起一批商站和殖民据点。到 16 世纪末 17 世纪初，西非沿海地区已出现了最早一批欧商经办的奴隶专卖公司，举其有者：伦敦冒险家对非贸易公司（1618 年），法国西非公司（1626 年），英国皇家非洲公司（1672 年）。另外，荷兰西印度公司也被授予与非洲西海岸贸易的垄断权。除从事奴隶贸易外，欧洲人还用欺骗手法以实物交换的方式从非洲掠取了大量的黄金、象牙和香料。围绕着这些贸易公司，一些城镇在沿海地区（包括岛屿）应运而生，有的则是在禁止奴隶贸易时建造的释奴居留地，如尼日利亚的拉各斯、加纳的海岸角和阿克拉、塞内加尔的圣路易、戈雷和达喀尔、塞拉利昂的弗里敦、利比里亚的蒙罗维亚等。

二、欧洲列强在非洲的早期经济扩张

北非地区曾是奥斯曼帝国的行省，欧洲与北非的关系早于其他地区。

---

①　有关奴隶贸易对非洲经济发展所产生的恶果，还可参见史蒂文·兰登、林恩·默特尔卡：《非洲社会经济结构的历史演变》，《西亚非洲》，1981 年第 3 期，第 8—9 页。

西班牙和葡萄牙早已染指摩洛哥地区。葡萄牙人在东非也曾有过一段不光彩的殖民历史，后来被阿曼赶出了东非。当然，欧洲列强在非洲的早期殖民活动中以英国和法国尤其突出。

（一）塞内冈比亚地区

19 世纪初，葡萄牙占领了安哥拉和葡属东非（莫桑比克）。英国已经通过武力、欺骗或谈判等手段获得了南部非洲的大部分。在本章所讨论的时期里，英国在非洲的政策受到几方面因素的影响。一是商人的影响。欧商在非洲扩大业务时遇到了多重阻力，他们强烈要求本国政府采取有效行动，以确定对自己有利的疆界。二是英国纳税人的呼声。他们不愿看到政府将自己的钱花在远离本土并显得毫无关联的非洲殖民地，这使英国政府极力将殖民地的支出降至最低程度。三是政府的考虑。1807年以后，禁止奴隶贸易已成为国策，英国力图争得其他国家的配合。英国在非洲的殖民扩张始终受到上述三种因素的制约。

这一时期，英国在西非的殖民活动主要集中在三个地区：塞内冈比亚、阿散蒂地区和尼日尔河三角洲地区。1808 年，英国政府接管塞拉利昂。为了禁止奴隶贸易，英国一方面在弗里敦修建海军基地，使之成为禁奴巡航军舰的港口，另一方面在塞拉利昂设立法庭审理被扣留的贩奴船只。由于获释的非洲人留驻塞拉利昂，殖民地人口至1822 年已达 22 000 人左右。1816 年查尔斯·麦卡锡被正式任命为总督。他的殖民扩张政策很快遭到批评，主要原因是殖民地行政费用大大超过了岁入，从而引起英国纳税人的不满。1815 年，英国殖民部派遣亚历山大·格兰特上尉率一支非洲军团分遣队前往塞内冈比亚沿海地区视察情况。格兰特于 1816 年 4 月 23 日与当地酋长签约，以每年偿付 103 根铁条（约值 25 英镑）的代价取得班珠尔岛，更名为圣玛丽岛。麦卡锡在岛上建镇后以巴瑟斯特勋爵的名字命名。1821 年，英国撤销英国非洲公司，将其领地交给政府。这些领地连同北纬 20 度与南纬 20 度之间的西非英国属地都成了塞拉利昂管辖下的属地，麦卡锡成为英属西非的大总督。此外，为了给在这一地区活动的英商提供保护，英国在冈比亚河上游建立了军事据点。1823 年 4 月 14 日，英国以每年 110 枚西班牙银圆的代价从当地酋长手中得到对麦卡锡岛的统治权和关税征收权。[①]

1826年6月,塞拉利昂代理总督肯尼思·麦考利与冈比亚地区巴拉王市龙签订协定,巴拉王决定"将自古以来对冈比亚河及其全部支流、小河、小湾及河水所享有的绝对权、无限的权利、主权、称号和所有权"全部让与英国。1827年,英着手在巴拉角建堡垒,引起巴拉新王警惕。新王决定取消1826年协定。反抗英国占领的战争持续到1831年,史称"巴拉战争"。1826年协定曾将从西部的季纳克河起到东部的贾卡杜河止的沿岸地区的首段部分割让给英国。1832年经与巴拉新王商定,这一割让地区扩大到沿岸全部地区。1827年5月,格兰特又与布里卡马王签订协定,布里卡马王将全部领土置于英国保护之下,并保证不干涉英国直接管辖的地区。格兰特还取得布里卡马王统治区内酋长选举的批准权。后来,英方又与伍利王签约,以价值200枚西班牙银圆的代价取得了法塔顿港。[②] 英国殖民当局又于1850年和1853年与巴拉王和康博王分别签约,取得了阿尔布雷达附近地区和康博地区直接毗连圣玛丽角的一部分领土。由于这些协定涉及的领土有些是法国的势力范围,这导致了英法1857年协定的签订。这些协定确定了英国在这一地区的势力范围。值得注意的是,麦卡锡死后的两位继任总督(特纳尔与坎贝尔)与他一样致力于西非沿岸地区的领土扩张,而这些活动并未得到英国政府的首肯。[③]

(二) 阿散蒂地区和尼日尔三角洲地区

前面提到英国商人对黄金海岸的蚕食。阿散蒂帝国对英国人的殖民侵略进行了顽强的抵抗。1850年1月,英属黄金海岸脱离塞拉利昂,组成单一的殖民政府。3月,丹麦人退出黄金海岸,英国以1万英镑购得其所属碉堡以保护商人的利益。1867年英荷互相交换领地,重新划分了这一地区的势力范围。1871年到1872年,荷兰将黄金海岸属地全

---

① 小哈里·A. 盖利:《冈比亚史》(复旦大学《冈比亚史》翻译组译),1974年,第111—116页。

② 同上书,第117—118页、第131—132页。

③ B. Everill, *Abolition and Empire in Sierra Leone and Liberia*, Palgrave Macmillan, 2013.

部转让给英国。这样,沿海地区全部成为英国的保护地,为其进一步扩张奠定了基础。经过充分的准备,英国殖民政府于 1874 年 1 月向阿散蒂发动了一次强大攻势,2 月 5 日占领库马西。阿散蒂人被迫签订了赔款丧权的《福梅纳条约》。① 英国逐渐推进对这一地区的征服。在 1900 年的第八次抗英战争中,阿散蒂被打败,并于 1902 年成为黄金海岸殖民地的一部分。

英国向西非扩张的另一目标是尼日尔河三角洲,有两个原因。其一,这一地区在奴隶贸易时期相当活跃,因而成了禁止奴隶贸易的重点。其二,这里盛产棕榈油,因而成为欧商的争夺重点,这一地区的要冲拉各斯岛成为英国人觊觎的目标。1827 年,英国派一支海军分舰队驻扎在费尔南多波(今比奥科岛),专门负责追捕几内亚湾和贝宁湾的贩奴船。1849 年英国任命比克罗夫特为驻贝宁湾和比夫拉湾领事。他不仅指挥对沿海河流的勘察,还伺机干涉三角洲地区的政治。1851 年 12 月,英国利用拉各斯岛的继承权之争派军舰干涉。拉各斯人民顽强抵抗,终因力量悬殊而失败。1852 年 1 月 1 日,被英国人扶上王位的阿基托耶与英方代表签约。条约规定禁止从拉各斯向外国输出奴隶;英国有权使用武力在拉各斯及其辖地制止奴隶贸易;允许自由贸易;废除活人祭及其他陋习;准许自由传教。② 拉各斯人民并未屈服,并于 1853 年、1855 年和 1856 年先后举行起义。1861 年 6 月,英外交大臣指示拉各斯领事设法"把这个变相的保护国变为公然占领"。8 月 6 日,英殖民官员贝丁菲尔德和麦科斯克里与拉各斯王签署条约,将该岛"转让"给英国,作为英国持有主权的领地。③ 吞并拉各斯是英向尼日尔河三角洲大肆扩张的开始。

---

① G. E. Metcalfe, *Great Britain and Ghana*, *Documents of Ghana History*, 1807—1957, London, 1964, pp. 355-357. 条约共 7 款,主要内容为阿散蒂赔款 5 万盎司黄金,放弃附庸国的从属关系,放弃对埃尔米纳的统治权以及英国殖民政府关于碉堡的一切付款。

② 伯恩斯:《尼日利亚史》(上海师范大学《尼日利亚史》翻译组译),上海人民出版社,1974 年,附录三,第 474—476 页(条约全文)。

③ "将拉各斯港口和岛屿连同其所有一切权利、利益、领地和任何附属物及其财产,以及根据该港口、岛屿和不动产的直接、完全和绝对的所有权和主权所具有的利益和收入,连同其税收、使用费,全部无偿地、完整地、无条件地永远割让,移交给大不列颠女王及其继承人和后继者,并根据本条约加以承认和确定。"《1861 年与拉各斯订立的条约》,伯恩斯:《尼日利亚史》,附录四,第 477—478 页。

19 世纪 70 年代,英国领事在这一地区的影响日益重要,这主要是通过领事调解条约达到的。废除奴隶贸易和"合法贸易"的扩大使这一地区的各种矛盾激化,各王国之间相互争斗。英国领事尽力使交恶各方接受自己为调解人,并促成交战双方签订和平条约,这种领事调解条约在博尼与新卡拉巴尔(1871 年、1879 年),奥波博与博尼(1873 年),新卡拉巴尔(1871 年)之间先后签订。① 英国领事通过这些调解条约逐步使这一地区成为英国商人和传教士向内地渗透的通道。

(三) 北非与东非海岸地区

由于地理位置的便利,西班牙是最早与摩洛哥等北非国家打交道的欧洲国家,后来法国和意大利开始染指。埃及先是被拿破仑侵占,后又沦为英国的殖民地。东非一直是阿拉伯人和葡萄牙人的势力范围。葡萄牙在东非统治的一个主要消极后果是破坏了原有的阿拉伯贸易网络,使东非沿岸变得十分萧条。阿曼军队在 1698 年 12 月占领了蒙巴萨。当时葡萄牙驻蒙巴萨总督在 1699 年蒙巴萨城堡陷落后的一份电文中指出:"陛下,我可以向您保证,此次围城对国家而言损失惨重。一千多葡萄牙人和近一万土著在这场战斗中死去。陛下,这些人都是您的臣民,他们的去世都是因为感染所致。"②这场战争可以说终结了葡萄牙在东非海岸北部的统治。随后,阿曼人将葡萄牙人逐出了东非海岸。

18 世纪,英国人对东非仍然相当陌生。1792 年,利物浦商人指责东印度公司对开辟东非海岸货运方面毫无作为。1799 年,一支英国舰队才第一次访问了桑给巴尔。桑给巴尔在阿曼国王赛义德素丹统治期间(1806 年—1856 年)逐渐繁荣,成为印度洋西部地区海运贸易的中心。1822 年,英国派莫尔斯比访问赛义德素丹,以劝说他限制奴隶贸易,制止桑给巴尔向英属印度和英属毛里求斯输出奴隶。同年 9 月 22 日,双方签署了著名的《莫尔斯比条约》。赛义德同意禁止向任何基督教国家出售奴

---

① 　阿德·阿贾伊主编:《非洲通史(第六卷):十九世纪八十年代以前的非洲》,第548—549 页。

② 　C. R. Boxer, *The Portuguese Seaborne Empire 1415—1825*, Hutchinson & Co.,1969, p. 135.

隶,也不许他的贩奴船活动于德尔加多角以南和从第乌岬到索科特拉岛附近的航线以东海域。作为交换,英国承认他在东非的霸主地位。① 这是赛义德与英国签订的第一个关于奴隶贸易的条约。条约须靠英国海军巡逻来强制执行。条约还允许英国任命一名代表驻桑给巴尔或东非地区以监督条约的执行。

赛义德在东非地区政治中的地位由于这一条约而增强,这引起他的长期对手蒙巴萨的马兹鲁伊家族的不安。1824 年,马兹鲁伊家族与英国海军军官欧文联系,后者即宣布蒙巴萨为英国保护国,想以此作为禁止奴隶贸易的基地。由于这一举动与英国政府依靠赛义德的作法明显不合,保护国仅存在了两年。赛义德在阿曼的统治需要英国的帮助,英国乘机干预桑给巴尔的事务。1839 年 5 月 31 日,英国代表科根与赛义德签订了第二个重要条约。除了双方赞成自由贸易、互派领事和确认莫尔斯比条约外,英国还获得两项重要权利。英国人可在桑给巴尔买卖和租赁土地房屋;桑对英商品仅征 5% 的关税以代替其他税款;如非洲人和英国人发生争执,英国领事需决定(如果被告是英国人)或参与(如果被告是当地人)判决。②

1841 年英国政府任命哈默顿为领事。他进一步对赛义德施加压力,从而促成了 1845 年条约(即"哈默顿条约")的签订。这项条约禁止在桑给巴尔和素丹管辖的阿曼领土之间进行奴隶贸易。这实际上已将奴隶贸易局限在桑给巴尔和东非海岸之间,③然而,走私贸易仍然猖獗。④ 赛义德去世后,其子马吉德在英国人支持下继位。当王位继承受到挑战时,英国出兵直接干涉,并于 1861 年使东非沿海地区脱离阿曼,成为独立的桑

————————

① R. Coupland, *East Africa and its Invaders*, *From the Earliest Times to the Death of Seyyd Said in 1856*, Oxford, 1938, pp. 214-216.

② Coupland, *East Africa and its Invaders*, pp. 481-482.

③ Ibid., pp. 514-516.

④ 贝思韦尔·奥戈特(一译"巴斯维尔·奥戈特"):《东非、非洲三角和邻近国家之间的人口变迁》;于贝尔·热尔波:《印度洋的奴隶贸易历史学家面临的问题及如何进行研究》,联合国教科文组织:《15—19 世纪非洲的奴隶贸易:联合国教科文组织召开的专家会议报告和文件》,第 178—210 页;阿勃拉莫娃:《非洲——四百年的奴隶贸易》,第 192—202 页;艾周昌、郑家馨:《非洲通史·近代卷》,华东师范大学出版社,1995 年,第 491—513 页;舒运国:《阿拉伯人与东非贸易》载于《世界历史》,1991 年第 5 期,第 99—106 页。

给巴尔索丹国。1870 年巴加什继任索丹。1873 年，前任孟买总督巴特尔·弗里尔率使团访问桑给巴尔，要求素丹禁止桑给巴尔地区的奴隶贸易，巴加什素丹断然拒绝。英国随之以诉诸武力相威胁，巴加什被迫于 6 月 5 日订条约，在桑给巴尔禁止奴隶贸易。① 这一条约的签订标志着英国在这一地区已确立了控制。

英国还在非洲之角有所动作。它先后通过与塔朱拉和泽拉签约加强了在索马里沿海的地位。1841 年与埃塞俄比亚签订友好通商条约后，英国加强了渗透。60 年代，英国在埃塞俄比亚周围地区的外交活动引起埃皇帝的警惕，特别是英国人与埃塞俄比亚的对手苏丹的交往引起提奥德罗斯（也译为狄奥多尔）二世的强烈不满。他于 1864 年扣押了英国领事卡麦伦以示抗议。1868 年英国派出 12 000 名士兵，他们装备着尚未在战场上使用过的后腔枪来到埃塞俄比亚。提奥德罗斯二世兵败自杀身亡。英军撤退前，将 12 门重炮和 752 支滑腔枪及火药留给提格雷的卡萨（即后来登上王位的约翰尼斯四世皇帝），使后者在权力争夺中得胜。②

（四）几内亚湾与塞内加尔内陆地区

法国有长期的殖民历史，对西非的染指可追溯到 17 世纪。1659 年，法国诺曼底公司代理人建立了圣路易。1677 年，法国海军将荷兰人赶出了戈雷岛。与此同时，法国塞内加尔公司与沿岸一些酋长签约后占领卢菲斯克和约尔等地，后来英法在此地多有冲突，直至 1783 年，双方签订第一个瓜分西非海岸势力范围的条约，英国给予法国"对塞内加尔河及其附近地区以完全的和无条件的占有权，包括圣路易、波多尔、戈雷、阿尔京和波滕迪克等堡垒"，以及冈比亚河的占有权。③ 法国建立起美洲和亚洲的殖民帝国。然而，它先后将印度和加拿大的领地输给了英国，路易斯安那输给了美国，海地革命又使它失去了圣多明各。拿破仑战争以后，法国才重新恢复在西非的活动。英国于 1817 年再次将戈雷和圣路易还给法国。当时，英国正在西非海岸竭力禁止奴隶贸易，但拿破仑于 1802 年又恢复

---

① Oliver and Mathew, eds., *History of East Africa*, vol. 1, p. 239.

② 阿贾伊主编：《非洲通史（第六卷）：十九世纪八十年代以前的非洲》，第 294—298 页。

③ 阿勃拉莫娃：《非洲——四百年的奴隶贸易》，第 247 页。

了殖民地的奴隶制。1815 年 2 月,维也纳会议通过了关于取缔黑奴贩卖的宣言;同年 11 月 20 日,英法巴黎条约再次阐明同一立场。[①] 法国商人对此难以赞同。他们认为这是"英国私人利益和贸易天才两者结合"的表现,是英国人独出心裁用以摧毁法国殖民地的举措。[②] 如前所述,法国奴隶仍以"契约劳工""自由移民"的名号照旧进行。

这一时期,法国在西非的殖民活动集中在两个地区:几内亚湾沿海与塞内加尔沿海内陆地区。1817 年法国在圣路易和戈雷重建殖民地后,又于 1826 年、1830 年和 1832 年分别与达喀尔地区酋长签订条约,获得了一些新领土和免税权。此后,塞内加尔总督普罗泰曾两次企图重新签约,未能如愿。法国在几内亚湾沿海地区的殖民活动主要是由布埃-维约迈(1843 年任塞内加尔总督)等人以签约的方式进行的。1838 年,布埃-维约迈乘军舰在西非沿岸地区调查在塞内加尔与加蓬之间进行贸易的可能性。他在象牙海岸(今科特迪瓦)一带上岸后,与当地酋长签订了多种条约。这些条约允许他在今利比里亚的帕尔马角附近的加腊韦和卡瓦利河口以及阿西尼建立带有防御工事的常设商站。1839 年初,他抵达加蓬,与当地国王昂舒韦·科韦·拉蓬雄博(习称"德尼斯国王")签约。条约规定法国人可在加蓬湾南岸建立基地。[③] 但这一地区范围狭窄,又是半岛。布埃-维约迈于 1842 年又一次来到加蓬。在德尼斯国王的协助下,他于 3 月 18 日与路易·昂吉莱·多韦国王签约,获得了加蓬湾北部的土地。1846 年,布埃-维约迈再次来到加蓬。他与 5 位加蓬地方首领签约,签约人将所有土地全权租让给法国,由法国政府每年支付适当报酬。[④]

由于这些地区在法国大革命前已属法国管辖,法国革命的精神不可能对其毫无影响。1794 年废奴法令宣告"所有居住在法国殖民地的人不

---

① 《国际条约集》(1648—1871),世界知识出版社,1984 年,第 330、332—338 页。

② 伊万·德巴什:《诗歌与贩卖:法国人对 19 世纪初黑人贸易的看法》,《法兰西海外史评论》(Revue fransaise d'histotorie d'outre-mer, 48:3-4(1961), pp. 311-352)。

③ R. L. Buell, *The Native Problem in Africa*, New York, 1928, Vol. 2, p. 224;安德烈拉蓬达·瓦尔克尔:《加蓬史略》(山东大学翻译组译),山东人民出版社,1975 年,第 41—46 页。

④ Buell, *The Native Problem in Africa*, vol 2, p. 214. 条约全文见瓦尔克尔:《加蓬史略》,第 89—92 页。

论肤色都是法国公民,享有宪法规定的所有权利。"1833 年通过的法令又规定"法国殖民地的任何生而自由或法律上取得自由的人享有(1)公民权;(2)法律规定的政治权利"。1848 年法国革命以后生于圣路易、戈雷、达喀尔和卢菲斯克的居民开始享有与欧洲人一样的投票权[①]。这可以说是法国在非洲的殖民同化政策的滥觞。1848 年二月革命和法兰西第二共和国的建立对非洲殖民地有三重影响。第一,法国宣布所有殖民地的奴隶获得解放。第二,圣路易、戈雷等地的居民被授予公民权。第三,殖民扩张的势头暂时得到减缓,但仍未停止。

英国这时也在几内亚湾地区积极活动。1849 年约翰·比克罗夫特被任命为英王陛下驻贝宁湾和比夫拉湾基地以及尼日尔河三角洲的领事后立即拜会了阿波美(即达荷美)国王盖佐,就完全停止奴隶贸易进行交涉。法国商人雷吉斯的代理人在此也十分活跃。1851 年 7 月 1 日,布埃-维约迈与达荷美国王签订通商友好条约。条约就法国船只的停泊税、减税权、法国遇难船只的处理、新兴的棕榈油工业的保护措施等做了具体规定。条约还对法国炮台所属领土的完整和法国传教士的自由活动做出保证。1868 年,法国驻维达领事又与达荷美签订条约,确认达荷美国王将科托努领地割让给法国。法国历史学家科纳万认为此条约是法国外交史上的一次重大胜利。[②]

法国对塞内加尔沿海内地的扩张发生在费德尔布总督任期(1854—1861、1863—1865)内。费德尔布先用 4 年时间征服了北部的特拉扎人,随后对辛-萨卢姆地区进行征服。早在 1849 年 3 月,辛布尔(Bur,意为"国王")与法国人签订条约,条约规定法国人应交纳年金和关税,布尔则为法商提供保护。条约并未给法国人贸易垄断权,国王还拒绝了法国人建碉堡的要求。[③] 费德尔布基本平定了北部后,于 1859 年 5 月对辛-萨卢姆地区发动突然袭击。法军在辛地区遭到阻击,但费德尔布烧毁了法

---

① R. L. Buell, *The Native Problem in Africa*, New York, 1928, vol. 1, pp. 947-948.

② 罗贝尔·科纳万:《达荷美史》(上海新闻出版系统"五·七"干校翻译组译),上海人民出版社,1976 年, 第 475—478、489—491 页。

③ Martin Klein, *Islam and Imperialism in Senegal*, *Sine-Saloum*, *1874—1914*, Stanford, 1968, pp. 43-44.

蒂克村,伤亡 150 名辛战士。萨卢姆因国王新丧,无力抵抗,双方只好接受法国人的条件:让法国人垄断贸易;法国人有权购买土地;法国商人仅缴纳 3% 的出口税,他们只在法国人的法庭接受审判。法国人的渗透引起了辛国王和萨卢姆国王的不满和抱怨。1860 年 7 月,辛国王致信戈雷的行政官,要求保持其传统权力。1861 年 2 月 28 日,法军再次出兵。先进攻萨卢姆,俘虏 450 人,劫掠了两个村庄,随后向辛进发。辛和萨卢姆只好与法国人签订条约。1856 年的条约得到确认,辛和萨卢姆分别赔偿 200 头牛和 500 头牛。辛国王给予法国人在法蒂克建立军事据点的权利,萨卢姆国王将考拉克方圆 600 米的土地让予法国。[①] 1871 年辛国王遇刺身亡。新任萨卢姆国王是在法国人的支持下登上王位的。为了自身安全,他于 1877 年 4 月写信要求法国人提供保护。塞内加尔行政官康纳德乘机要求签订新约。[②]

在这一时期,卡约尔也受到法国势力的渗透。1859 年卡约尔达梅尔("达梅尔",Darnel,意为"国王")与法签约,同意法修建连接圣路易与达喀尔之间的电报线,但遭到其继任者的反对。1861 年法国总督率兵强行推举马卓卓酋长为卡约尔达梅尔。反抗力量于次年推举拉特-迪奥尔为卡约尔的统治者。双方相持不下。1871 年法国在普法战争中失败,由于国内危机和财政等因素,法国的殖民扩张再次受到遏制。法国被迫放弃象牙海岸的一些据点(如大巴萨姆、阿西尼)。拉特-迪奥尔不失时机自立为国王。1871 年 1 月 12 日,法国总督瓦利埃尔与他签约。卡约尔成为法保护国。[③]

自 1866 年 3 月开始,法、英曾就冈比亚的领土交换问题进行了长达 19 年的谈判。法国先拟以大巴萨姆和阿西尼交换冈比亚,后又提出以加蓬交换冈比亚。双方因各有打算,加之内部意见不统一,这一交换计划于 1876 年 3 月 20 日宣布停止。

---

① Martin Klein, *Islam and Imperialism in Senegal*, *Sine-Saloum*, *1874—1914*, pp. 55-57,58-59.

② Martin Klein, *Islam and Imperialism in Senegal*, *Sine-Saloum*, *1874—1914*, pp. 106-109.

③ D. Forde and P. M. Kaberry, *West African Kingdoms in the Nineteenth Century*, Oxford, 1967, pp. 260-281; Buell, *The Native Problem in Africa*, vol. 2, pp. 911-912.

(五) 东非沿海与西印度洋诸岛

法国在 18 世纪后期已成为东非奴隶贸易的参与者。法兰西岛(即毛里求斯)上的法国商人莫里斯于 1775 年到 1779 年期间在基尔瓦-基西瓦尼从事奴隶贸易。1776 年 9 月 14 日他与基尔瓦素丹签订条约。条约准许他垄断该地的奴隶贸易,条件是向素丹上交收入的 10%;素丹则许诺每年向他提供 1 000 名奴隶。[①] 1790 年已有 7 艘贩奴船往来于法兰西岛与基尔瓦之间。[②] 1777 年,莫里斯曾向法国有关当局正式提出以基尔瓦为贩奴基地的建议。虽然留尼汪、毛里求斯不时从东非海岸进口奴隶,但莫里斯的建议似乎未被采纳。直到 1817 年,法兰西岛与赛义德统治下的东非恢复关系。1822 年,双方签约,对奴隶贸易进行规范化。[③]

1844 年,法国在桑给巴尔设立领事。由于桑给巴尔素丹配合英国实施废除奴隶贸易的措施,法国人很不满意。他们此时醉心于在"自由移民"的幌子下进行奴隶贸易,向留尼汪种植园提供劳动力。他们还向葡萄牙在东南非的殖民地提供奴隶。利文斯敦在赞比西河地区进行探险活动时,曾目睹了这种贸易活动:"法国拿破仑三世陛下想用从非洲招募自由移民的方法来弥补波旁岛劳动力的不足⋯⋯这项政策导致了应受诅咒的奴隶贸易⋯⋯我们看到 ⋯⋯一艘又一艘独木舟,装满了戴着锁链的'自由移民'从明甘德日地区沿河顺流而下。太特堡垒(葡萄牙人的堡垒)的司令员曾以讽刺的口气说道:'如今,我们有法国国旗的掩护,你们再也不能来干涉我们的事务了。'"[④]

1844 年 11 月 9 日,三艘法国军舰由罗曼·德斯弗赛率领抵达桑给巴尔。11 月 17 日,法国与桑给巴尔素丹赛义德签订商贸条约。条约的绝大部分与 1839 年桑给巴尔-英国条约相同,但有三款新内容。第 4 款

① Coupland, *East Africa and its Invaders*, pp. 76-78.

② Oliver and Mathew, eds., *History of East Africa*, vol 1, p. 155.

③ Coupland, *East Africa and its Invaders*, p. 421.

④ 阿勃拉莫娃:《非洲——四百年的奴隶贸易》,第 201—202 页。法国人在这一地区的非法奴隶贸易活动,还可参见 Oliver and Mathew, eds., *History of East Africa*, vol. 1, pp. 227-229.

规定法国对为其服务的阿曼素丹的臣民提供保护;第 16 款规定任何被其他人扣留并带到素丹领地的法国船只必须归还给法国领事;第 17 款授予法国人在素丹领地建立仓库的权利。① 这实际上是对桑给巴尔司法权的干涉,并为法国进行奴隶贸易留下了漏洞。法国与英国在东非海岸的竞争尚未进入实质性阶段。1862 年 3 月 13 日,英法两国政府发表联合声明,对新独立的桑给巴尔素丹国表示尊重。

19 世纪初,法国和英国对马达加斯加的渗透加剧。在拿破仑战争期间,英国人不仅吞并了马达加斯加周围的留尼汪、毛里求斯和塞舌尔诸岛,而且占领了法国在马达加斯加的所有领地。巴黎和约使法国重新获得马达加斯加的领地。英国曾在 1817 年两次与马达加斯加签约,并向马提供火器以对付法国和与法国结盟的酋邦。虽然马达加斯加的"现代化"尝试取得了一些成果,也曾打败了法国的进犯,但却难逃 1895 年被法国军队占领的厄运。

在 1776 年到 1876 年间,欧洲最先进国家的工业资本主义正处于全盛时期。欧洲在非洲殖民扩张的领土虽微不足道,但英法以禁止奴隶贸易或扩大"合法贸易"为旗号进行的殖民尝试却频频发生。此时,德国、比利时、葡萄牙等其他欧洲列强也在非洲加强活动,为 19 世纪后期的帝国主义瓜分非洲做准备。这一时期的殖民活动呈现以下特点。第一,欧洲列强对非洲内陆领土的实际占领进展不大,但欧洲人的各种传教活动和勘探活动正在积极进行。第二,英法殖民者借反对奴隶贸易或保护自由贸易为名,在沿海建立了不少商站和殖民据点,并试图深入靠近沿海的内地国家,有时甚至直接诉诸武力。第三,殖民者与当地非洲首领签订了一系列条约。这些条约大致包括以下内容:禁止或限制奴隶贸易;允许传教自由或贸易自由;废除活人祭等传统习俗;接受欧洲国家保护或租借条件。第四,这些保护或租借条约多是在欧洲军舰的展示或威迫下签订的。这种炮舰外交为随之而来的列强瓜分非洲开了恶劣的先例。我们既不要夸大 19 世纪初欧洲人在非洲的力量和 1850 年以前欧洲人取得非洲领地及向内地渗透的速度,也决不可忽略这一时期列强在沿海地区建立的殖

---

① Coupland, *East Africa and its Invaders*, pp. 422-423; Oliver and Mathew, eds., *History of East Africa*, vol 1, p. 223.

民据点和保护国的意义,它们成为英法向内陆进行经济扩张的基地,同时为 19 世纪后期的殖民瓜分打下了基础。

三、欧洲商人的渗透与阻力

(一) 推动经济渗透的三项科技成果

19 世纪后期,欧洲各国工业革命已基本完成,科学技术的进步和非洲内陆探险的完成为资本主义列强瓜分非洲创造了前提条件。19 世纪 60 年代的三项具有深远意义的技术成果对后来欧洲列强瓜分非洲具有很大影响,即美国横贯大陆铁路的建成、苏伊士运河的开通和奎宁的发明。

1869 年美国第一条横贯大陆的铁路建成了。虽然欧洲在四五十年代就开始兴建铁路,但横贯大陆的铁路却还是世界上第一条。这条铁路给人们以启示,非洲内陆的开发可以通过铁路来进行。70 年代,这样的建议先后被提出。法国在阿尔及利亚的殖民事业已使它尝到了甜头,有人提出要开辟一条穿越撒哈拉大沙漠的铁路,联结阿尔及利亚和西非内陆,以控制非洲的内陆贸易。这一计划得到了查里斯·费雷西内(后于 1879 年出任总理)的支持。1878 年,当保罗·索内耶特为寻找合适的南方终点站到达塞内加尔时,布里埃尔总督又说服他将塞内加尔——尼日尔线纳入他的铁路计划。[1] 1879 年,毛里斯·卢维尔成为专门报告这两条铁路情况的议会委员会报告人。[2] 虽然这条线后来被搁置,但非洲铁路的前景都大大刺激了列强瓜分和掠夺的野心。据统计,欧洲殖民者在非洲投资修建的铁路 1855 年只有 140 公里,1865 年才有 760 公里,到 1885 年已达 7 030 公里。[3]

苏伊士运河的通航为世界经济的沟通创造了极其有利的条件。欧洲到亚洲和澳洲的贸易航程大大缩短。伦敦到孟买的航程缩短了 7 300 公

---

[1]　J. D. Hargreave, *West Africa Partitioned*, Vol. 1, London, 1974, p. 31.

[2]　J. D. Hargreave, "Towards a history of the partition of Africa", *The Journal of Africa History*, Vol. 1:1(1960), p. 105.

[3]　门德尔逊:《经济危机和周期的理论与历史》(斯竹等译),第二卷下册,生活·读书·新知三联书店,1976 年,第 631 页。

里,汉堡到孟买缩短了 7 400 公里,马赛到孟买缩短了 8 600 公里,这就相应缩短了航运时间,节省了运费。对于运河的开凿,英国人坚决反对,所以雷赛普先生筹集的资本中,英国人未出一便士。但运河修成后,英国人很清楚地认识到它的重要性,1870 年英国人就预言,它的成功"恐怕远远超过它最热心赞助人最乐观的希望",这一预言很快得到证实。难怪1875 年英国首相狄斯累利在没有经过议会批准的情况下毅然决定通过罗德希尔德公司以高于票面价值的价格买下了埃及总督斯梅尔握有的全部股票。①

英国人关心这条运河的控制权出于两方面原因,一是因为这条运河位于通往印度的主要航线之上;二是由于美国南北战争的刺激而兴起的埃及植棉业大部分是英国资本掌握的。为此,英国不遗余力地争取控制埃及,首先从财政入手,最后实行了武装占领。随着世界市场的扩大和货运量的增加,运河的经济价值和战略意义更大了。以 1879 年为例,通过运河的船只已达 2 263 300 吨,其中 1 752 400 吨是英国船只,占总吨位的77.4%。这些船只来往于英国和远东(特别是印度)之间,而在 80 年代,五分之一的英国海外投资在印度,近五分之一的英国出口商品在印度销售,这条运河与英国资本的利益关系太大了。而海底电缆把非洲与欧洲连到一起,钢铁暗轮的出现也使运输更为便利了。②

随着科技的发展,医疗技术也不断提高,而对在非洲活动的探险家、传教士和商人来说,最大的福音还是奎宁治疗热带病的效用。在此以前,热带病对欧洲人威胁之大可从以下一些数字看出来:在黄金海岸,1719 年到1760 年欧洲人的死亡率是 20%,其中最高的 1720 年为 40.8%。柯廷对西非地区的各种类型的欧洲人作了较详细的统计,其中包括传教士、探险家、官员和士兵,得出的数字是,1787 年至 1850 年到西非访问或定居的欧洲人死亡率为 43.3%,其中:1804 年至 1825 年到塞拉利昂的传教士的死亡率高达 60.5%;1830 年至 1832 年、1835 年、1841 年至 1842 年到尼日尔河

---

① 约·阿·兰·马里欧特:《现代英国》(姚曾廙译),上册,商务印书馆,1973 年,第143—145 页;克拉潘:《现代英国经济史》(姚曾廙译),中卷,商务印书馆,1975 年,第 278 页。

② 克拉潘:《现代英国经济史》(姚曾廙译),中卷,商务印书馆,1975 年,第 278—282 页。

的三支探险队的死亡率平均为 44.7％；1822 年至 1825 年，黄金海岸的政府官员的死亡率达 45％。塔罗奇通过对英军医部门的记录和陆军部记录的整理，曾提出了一个报告，塞拉利昂（包括冈比亚）驻军 1817 年至 1836 年的死亡率为 48.3％；开普殖民地驻军 1823 年至 1826 年死亡率高达 66.8％。[1] 1854 年英国政府和商人莱尔德共同赞助的一支勘察队在拜基医生的率领下在尼日尔河与贝努埃河上航行了四个月。由于适当地服用奎宁，整个探险队无一人死亡。由于奎宁的普遍使用，放血和用水银治疗热带病的旧方法被抛弃，到非洲进行探险或征服的欧洲人的死亡率大大下降。1850 年代之前，新到非洲的欧洲人的死亡率在每千人 250—500 人之间，到 19 世纪后半叶，欧洲人在非洲的死亡率下降到 5％略多。[2]

这些科技成果大大加快了瓜分的步伐。这样，欧洲人在非洲内陆的探险陡然增加了。19 世纪上半叶共进行了 21 次考察，1851 年至 1860 年进行了 27 次，1861 年至 1890 年则进行了 160 次之多。[3]

综上所述，欧洲列强瓜分非洲是资本主义发展的必然；而资本主义国家工业发展的不平衡性和 1873 年深刻的经济危机加速了这一进程的到来；欧洲在非洲的商业资本瓜分起了推波助澜的作用；科技的进步和勘察非洲的完成则为瓜分提供了客观条件，这些就是资本主义列强瓜分非洲的内在原因。

（二）"合法贸易"带来的变化

随着奴隶贸易的废除，"合法贸易"成为欧洲商人在非洲地区特别是沿海进行的新的贸易方式。"合法贸易"这一用语的内涵远比我们理解的要复杂。例如，英国人将在中国进行的鸦片贸易看作是"合法贸易"。因

---

[1]　H. M. Feinburg, "New data on European mortality in West Africa: The Dutch on the Gold Coast, 1719—1760", *The Journal of African History*, 15:3(1974), pp. 357-371.

[2]　例如，1841—1842 年，英国政府派出一支尼日尔河地区远征队里的欧洲士兵在不到两个月的时间，因疟疾造成的死亡率高达 28％。1874 年，英国派出一支包括 2500 名欧洲人士兵的部队对阿散蒂帝国首都库马西进行惩罚性扫荡，约两个月时间内因病造成的死亡率不到 2％。P. Curtin, et al, *African History, From Earliest Times to Independence*, London, 1978, p. 445.

[3]　苏斯曼诺维奇：《帝国主义对非洲的瓜分》（文志玲译），世界知识出版社，1962 年，第 6 页。

为涉及法律,这种贸易实际上与国际舞台上的权力关系直接联姻。尽管有多重意思,我们在此将"合法贸易"定义为除奴隶贸易以外的其他商品贸易。在非洲大陆,这种贸易已经存在很长时间,也具有多种方式,前面提到的撒哈拉长途贸易即为一种。奴隶贸易废除后的一个直接后果是"合法贸易"的扩大。

资产阶级登上历史舞台后给世界政治版图带来的一个巨大变化是,各大洲先后为欧洲殖民主义者插足或瓜分。到 19 世纪 70 年代,大部分地区已被拉入世界市场。强行把其他民族拉到世界经济的轨道上来,这是资本主义在欧洲确立后不可避免的结果。"资本主义破坏了旧时经济体系的孤立和闭关自守的状态(因而也破坏了精神生活和政治生活的狭隘性),把世界上所有的国家联结成统一的经济整体。"①这种"破坏"和"联结",最先主要靠商业贸易,没有对外贸易的资本主义国家是不存在的。资本主义国家的商品、资本、人力甚至技术都需要国外市场,随着生产规模的扩大,它不断地扩大这个市场,这在对非洲的殖民扩张中也体现出来了。工业资本到 19 世纪已占统治地位,这时,"商业成就了工业生产的奴仆"。当时在非洲的欧商大多是国内工业资本的代理人,有人本身就是企业家。这时,虽说还未达到"达卡尔支配一切"的程度,但国外资本与国内资本相连,影响着国内的政治生活,"资本支配一切"却是不容置疑的。欧洲对非洲的经济渗入表现在以下三个方面。

19 世纪 80 年代前后,第一批掠夺非洲殖民地的欧洲垄断组织成立了。它们主要有:1879 年建立的"国际考察和开发中非协会",比利时分会改组为"上刚果研究会"(有些书认为是 1878 年 12 月成立),1878 年柏林"德国非洲协会"作为"国际非洲协会"的一个分会宣告成立;1882 年,"德国殖民协会"成立;1883 年组成了"德国西南非洲公司",1885 年创立了"德国东非公司"。1880 年,"法国赤道非洲公司"成立;1881 年成立了"塞内加尔与法属西非海岸公司"。在英国,1849 年为在通称油河地区的贸易而成立"联合非洲公司",1881 年改组为"国家非洲公司",后又改名为"皇家尼日尔公司";1886 年特许成立了"英帝国东非公司";1889 年特许成立了"英国南非公司"。1891 年葡萄牙人建立了"莫桑比克公司"。

---

① 《列宁选集》(第一卷),人民出版社,1972 年,第 188 页。

商品输出和投资的增加是另一个特点。仅在 19 世纪最后 20 年内,英国输入西非地区的商品额增加了 50%,往返于西非和英国之间的商船船队的吨位增加了三倍。1884 年贝努河以北的包奇高原发现锡矿,10 年之后,约 70 家英国公司从事锡矿开采,资本达 4 000 万英镑。到 1910 年,英国在非洲的总投资额已达 45 500 万英镑。① 法国对非洲市场也寄予很大希望,80 年代侵入西苏丹时,法国曾乐观地估计西苏丹将是一个拥有 8 800 万人口的庞大市场,而后来发现仅有近 1 000 万人,而且交通不便,发展落后的状态使得苏丹对法国工业品的需求很少。德国虽然起步较晚,但到 60 年代,它在东非的贸易已超过所有的欧洲国家,仅次于英籍印度人;到 60 年代在西非的商站已达 60 个。著名的黑人学者布莱登 1880 年就明确指出,"现在,欧洲正被生产过剩搞得筋疲力尽,人们指望着非洲来提供新的市场"。②

再次,则是向非洲加紧榨取原料和资源。几内亚湾的棕榈油,沃尔特河地区的金矿资源,塞内冈比亚的橡胶、花生,南非的金刚石,包奇高原的锡矿,加上贵重木材、胡椒、可可等,这些都成了欧洲列强的囊中之物。19 世纪最后 25 年,仅英国商行就在几内亚湾设立了近 60 个商站,从 1870 年到 1890 年的 20 年间,从油河地区输出的油增加了一倍;1890 年到 1900 年,西非地区输出的原料增加了一倍。以 1884 年为例,从拉各斯输出棕榈油 2 382 656 加仑;从塞拉利昂输出橡胶 810 198 磅;从冈比亚输出花生 18 396 吨。③

欧洲列强的殖民政策代表各国资本集团的利益,这一点在德国首相俾斯麦对非洲殖民态度的转变上表现得特别明显。以德国为例。德国首相俾斯麦一直声称对海外殖民地不感兴趣。的确,自 1871 年普法战争胜利后,与欧洲其他强国建立联盟以孤立法国,是德意志帝国外交政策的主要内容。1873 年,他认为,"对德国来说,有了这种财产不是意味着强大,而是一种虚弱的源泉"④。1874 年桑给巴尔的索丹主动要求德国的保护

① 苏联科学院非洲研究所编:《非洲史 1800—1918 年》(顾以安、翁访民译),上海人民出版社,1977 年,第 533、532、587 页。

② J. D. Hargreave, *West Africa Partitioned*, Vol. 1, p. 25.

③ J. D. Hargreave, *West Africa Partitioned*, Vol. 1, pp. 25,253-256.

④ 俾斯麦致威廉一世函,转引自艾伦·帕麦尔:《俾斯麦传》(高年生、张连根译),商务印书馆 1982 年版,第 258 页。

而遭到俾斯麦的拒绝,而 1885 年德国却对桑给巴尔大部分地区提出领土要求,70 年代德国还在怂恿英国独占埃及,而到 1884 年却为了一小波地区提醒英国注意两国关系,"更应该考虑我们在非洲的贸易利益"。[①] 有的史学家对俾斯麦殖民政策的转变做出的解释是:俾斯麦考虑到临近的选举,为了争取选票,他参与了对非洲的瓜分[②]。我们要问,为什么参加瓜分就能赢得选票?俾斯麦为何要迎合社会心理?当时德国的社会心理又是什么?"社会的心理适应于它的经济。"(普列汉诺夫语)真正的原因应该是:德国资本家集团(包括在非洲的商业资本)到 70 年代末 80 年代初已在殖民地方面提出了强硬的要求,这与德国工业的迅速发展及其向垄断资本主义的过渡密切相关,而俾斯麦的外交政策正是以这种强大的经济实力为后盾的[③]。

到 19 世纪 70 年代至 80 年代初,要求殖民的呼声在德国越来越高,到 1883 年达到顶点。这一年发生的两件事对德国政府的触动很大。"德国非洲协会"发表了一个声明,声称协会的活动将限制在一定地区,特别是在尼日尔河和刚果盆地,它敦促德国政府采取行动,防止这块地区被欧洲大国兼并,以保证这块地区对各国商人开放。同一年,俾斯麦向汉堡、不来梅和吕贝克商会询问关于德国贸易的情况及保护和鼓励德国在非贸易的有效途径,他们不约而同地提出兼并。汉堡商会还具体建议:兼并独立的海岸地区,夺得斐南多渡岛的海港,与土著酋长签约[④]。是行动的时候了。俾斯麦于 1884 年迅速派出"德国非洲协会"会长纳赫提加尔博士作为政府代表,到西非进行殖民活动。在 7 月到 9 月的短短几个星期内,就传来了德国兼并多哥和喀麦隆的消息。

(三) 欧商进入非洲的三重社会阻力

尽管欧洲商人的势力在非洲有一些进展,但并不是一帆风顺。他们

---

① 俾斯麦致德国驻英大使蒙斯特文,1384 年 5 月 5 日,转引自:《一八七一——一八九八年的欧洲国际关系》,生活・读书・新知三联书店,1957 年版,第 81—63 页。

② 艾伦・帕麦尔:《俾斯麦传》,第 261—262 页。

③ 参见樊亢,宋则行主编:《外国经济史・近代现代》,人民出版社,1981 年版,第 107—135 页。

④ John Scott Keltie, *The Partition of Africa*, London, 1893, pp. 169-170.

有自己的困难和苦恼。除了对他们构成威胁的地理和生理障碍外，他们苦于应对来自社会层面的三重阻力：拥有绝对权威的非洲酋长、从中转手渔利的中间商人和无时不在疯狂竞争的欧洲对手。

古老的非洲有着自己的传统价值观和一直沿袭下来的社会结构。在大多数国家或民族，酋长的权力至高无上。从踏上非洲大陆的第一天起，欧洲商人的活动就受到本地酋长的掣肘。他们必须向酋长交纳过境税或送见面礼，有些地方则要按贸易额比例缴纳税金。1817 年，一艘 400 吨以下的船在贝宁王的领土内进行贸易之前要缴纳"礼金"二英镑，直到 1888 年，输出的棕榈油还得交税，每吨从一先令六便士到二先令六便士不等。① 同时，有些酋长从沿海或邻近酋邦的命运中已预感到白人带来的灾难，他们禁止白人建商站，禁止汽船开进自己的管辖区，这给欧商的活动带来许多不便。有的酋长在碰到麻烦时，或是提出抗议或是联合行动对欧商进行贸易抵制。对于非洲酋长的这些行动，欧洲商人强烈要求本国政府采取有效行动，以确定对自己有利的政治疆界。

第二重阻力来自本地的中间商人。从大西洋奴隶贸易转型到"合法贸易"对西非沿海地区的影响极大。② 这种经济生活的转型在当地引起的一个最重要的变化是本地商业阶级的兴起。中间商有些是酋长（这就与第一种阻力重合），有些是本地小商人。他们把非洲产品从内陆运出，又把欧洲商品运进去，从中渔利，提高了非洲产品的离岸价格。特别是到了 80 年代，欧洲经济危机的影响使非洲产品价格下跌。当时，英国资本家为了保证肥皂的高利润，拼命压低原料价格，棕榈油由原来的 50 英镑一吨降到 20 英镑一吨③。如果不排除中间商，欧洲商人的利润要受到严重影响。实际上在 19 世纪 70 年代，尼日尔河地区的欧商已有所动作。当时这一带出现了一个新词"搭线"（tapping），指欧洲商船越过中间商直接和三角洲地区的非洲人做生意。到 1876 年，"搭线"已成为三角洲地区

① 艾伦·伯恩斯：《尼日利亚史》，第 74 页。

② J. F. Ade Ajayi and Michael Crowder, eds. , *History of West Africa*, Vol. 2, Longman, 1987, pp. 66-71.

③ J. D. Fage, *A History of Africa*, London, 1978, p. 322.

的普遍现象。反过来,内地的非洲人对欧商的中介盘剥也很反感。欧洲至西非海岸的班航开设以后,一些非洲酋长开始避开欧商,直接将货物运往欧洲。如庞尼的酋长就将自己棕榈油运往利物浦,这样可以多得 50 ％的利润,艾约国王不仅利用班轮直接将油运往英格兰,甚至包下整条邮船。[1] 在这方面最突出的是奥波博国王贾贾。

当时这些商人的心腹之患却是自己的欧洲对手。前文已经提到欧洲商人在非洲沿岸地区的竞争,在此不再赘述。值得注意的是,随着欧洲工业的发展,自由贸易的信条逐渐被抛弃,很多资本主义国家公然选择了"为完成帝国主义政策所必要的保护贸易主义"(霍布森语)。19世纪 70 年代,法国和德国先后实行关税,以保护本国市场。在英国,自由贸易政策也日益遭到怀疑,英国商人要求"公平贸易"。[2] 这场争夺商品市场的关税战同样在非洲大陆上进行着。商业利益使列强的角逐日益加剧。在英属西非殖民地,自由贸易意味着对从马赛进口的烟酒实行高额关税,而对曼彻斯特的纺织品实行低税。法国官员清醒地认识到,这是一个"不仅关系到我国的非洲属地财源,也可以说关系到我国和殖民地的经济效率的问题"。[3] 英国殖民部官员还多次对法国在非洲殖民地的关税政策表示过分的关心,认为只有英商和法商享有"同样的贸易自由",英国才不会有意见,并表示,"运用一切法律手段支持在非洲海岸和河流地区的合法贸易是这个国家的国策"。[4] 当法国殖民政府占领了梅拉科里地区并对商品征收 4％的税收时,英国西非总督表示强烈的关注。[5]

向本国商人提供优惠,对外国商人征收高税,这是列强在关税战中采取的同等措施。1877 年,为了削弱英国棉织品的竞争力,法国殖民政府为了保护鲁昂等制造商为非洲贸易生产的本地治里布匹,在塞内加尔对

---

[1]　Dike, *Trade and Politics in the Niger Delta*, *1830—1885*, pp. 122, 206.

[2]　克拉潘:《现代英国经济史》(中卷),商务印书馆,1975 年,第 317—323 页。

[3]　C. W. Newbury, "Victorians, Republicans, and the Partition of West Africa", *The Journal of African History*, 3:3(1962), p. 493.

[4]　CO267, CO299, CO267, CO285, in C. W. Newbury, *British Policy Towards West Africa Selected Documents* 1786—1874, Clarendon Press, 1971, pp. 130, 127.

[5]　Ibid, p. 128.

进口商品实行不同的关税。法国海军殖民部部长在 1883 年一封信中提
到尼日尔河和贝努埃河地区时说,"在研究了这些地区的政治和商业情况
之后,我认为我们在这里有政治利益要保证;同时,从商业的利益考虑,应
在英国人的地盘扩大我们的影响。"①当时,有人在参观了内地以后这样
评价,"这些互相争斗的商站之间的持续斗争简直无法形容……举例说,
在尼日尔河边的一个镇上就有 5 家公司建立了商站"。② 1868 年,一位法
国领事估计英法与西非的贸易总额占欧洲与西非贸易总额的五分之四。
西非作为商品市场和原料来源地的地位也日渐突出。1863 年—1872 年
拉各斯进口额为 38 325 英镑,出口额为 545 433 英镑;黄金海岸同期进口
额为 223 578 英镑,出口额为 297 910 英镑。③ 如果说 19 世纪 80 年代以
前西非地区的商业竞争主要在英法之间进行,那么 80 年代德国势力的崛
起则让人瞠目结舌;汉堡在 19 世纪 80 年代竟然掌握着将近三分之一的
西非海外贸易。④

三、贾贾国王与棕榈油的垄断

(一) 超经济手段的频繁使用

欧洲移民通过殖民政府的超经济手段来排除对手的情况在殖民主义
时期频繁出现。南部非洲农民的兴起和衰落的过程是一个例子。在 19
世纪 70 年代以后的数十年中,南非的农民经济通过多种方式迅速发展。
羊毛、皮革、木材和农作物等农产品日益商品化,购买或租赁农田并提高
生产技术,参加农业展览,与那些有兴趣提供各种种类和数量的商品的白
人商业机构签订协议。随着金矿业对黑人工人需求的增加,城市经济刺
激了农业发展,这种对劳工需求的增加也出现在农场和甘蔗园中。1913
年颁布的《土著土地法》就是为了满足这一需求。它试图一劳永逸地消除

① P. J. Stengers, "The Partition of Africa", *The Journal of African History*, 33 (1962), p. 478.

② Dike, *Trade and Politics in the Niger Delta*, 1830—1885, p. 209.

③ A J Konczack, ed. , *An Economic History of Tropical Africa*, London, 1977, vol. 2, pp. 245-247.

④ A. G. Hopkins, *An Economic History of West Africa*, Longman, 1973, p. 130.

大批非洲农民靠土地保持一种自给自足的农业生活的可能性。这项法案剥夺了黑人的大量土地，将大批非洲农民赶出家园，他们不得不到矿业公司中去当工人，或者到白人的农场和甘蔗园中去做劳工。[①]

肯尼亚也是同样的情况。在殖民政府或白人移民尚未注意到当地农民的竞争力时，非洲农民对本土环境的熟悉、对基本农活的挚爱，他们的主观能动性以及辛勤劳动使得他们在与欧洲移民的竞争中表现出明显的优势，从而引起了白人农民的极度恐慌。他们竭尽全力呼吁殖民政府进行干预。[②] 欧洲殖民统治的目标之一是建立稳固的殖民经济体系，这种制度是以牺牲非洲人的利益为基础的。非洲农民在自己的土地上与白人移民的竞争中不幸被殖民政府的超经济手段所击败。这是时代的悲剧。

这种情况甚至出现在早期南非的欧商与华商的竞争过程中。开普敦的华人移民制造商或商人用各种办法来推销自己的商品或扩大顾客群。这种情况引起当地荷兰移民商人的不满和抱怨，他们请求殖民政府立法禁止华商到街头叫卖面包以限制自己的竞争对手。[③] 当地华人开设的商店为在外地做工的穷白人或低收入的白人工人提供服务。针对当地政府制定的各种限制华人的法令，这些穷白人多次递交请愿书，要求让华人留下来，他们在请愿书里坦承华人商店为他们提供了各种便利：

> 我们有时仅有一个先令，在华人商店里，我们可以买上例如3便士面包、3便士奶酪、3便士糖和3便士咖啡。对于我们这些穷人来说，这是很大的帮助。我们还可以购买各种蔬菜，木材。总而言之，

---

① Colin Bundy, "The Emergence and Decline of a South African Peasantry", *African Affairs*, 71, No. 285(October 1972), pp. 369-388; Colin Bundy, *The Rise and Fall of the South African Peasantry*, London: Heinemann, 1979.

② E. S. Atieno-Odhiambo, "The Rise and Decline of the Kenya Peasant, 1888—1922", in P. Gutkind and P. Waterman, ed., *African Social Studies: A Radical Reader*, London, 1977, pp. 233-240.

③ Melanie Yap and Dianne Leong Man, *Colour, Confusion and Concessions: The History of the Chinese in South Africa*, Hong Kong: Hong Kong University Press, 1996, pp. 7-8.

任何我们需要的东西,我们都可以在华人商店里买到。如果我们没有钱,还可以向华人赊账。对于我们这些离家的人来说,如果华人不在,我们的家庭在我们不在的时候将很难维持生活。如果华人不去约翰内斯堡和福兹堡的市场购买大批的木材、马铃薯和其他产品,然后零售给我们,这些市场会大伤脑筋。如果华人不在这里,我们这些穷人将不得不每次至少用 6 便士在其他商店购物……

如果能让华人生活在我们中间,我们这些穷人将把这看作政府方面很大的让步。①

当地的欧洲商人只容许贫穷的白人用至少 6 便士购买糖、奶酪或咖啡等生活必要品,但华商却非常通融。1903 年,德兰士瓦的白人提出请愿书,表示华人对当地社区的服务必不可少。② 然而,底层白人的要求在南非这样一个以种族主义为特征的社会里没能起到什么作用,感受到华商竞争力的欧洲商人呼吁殖民政府进行干预,或是通过立法手段限制他们入境,或是对华商进行各种限制,或是通过居住地法令将他们排除出社区。③

从上述例子中间我们可以看到欧洲殖民政府是如何通过超经济手段来保护本国商人的。然而,这一时期最典型的例证是英国殖民官员对英国商人在尼日河三角洲地区碰到的强有力的竞争对手贾贾所使用的卑劣手段。

(二) 尼日尔河三角洲商业模式的转变

尼日尔河三角洲曾长期卷入奴隶贸易。19 世纪上半叶,英国开始运用海军力量在废除奴隶贸易的旗帜下为英国商人进行各种活动,包括有

---

① TAD/SS, vol. O, ref. R3898/98, 28 February 1898. Melanie Yap and Dianne Leong Man, *Colour, Confusion and Concessions*, p. 83.

② Karen L. Harris, "Closeted Culture: The South African Chinese", ISSCO International Conference on the Ethnic Chinese, "Inter-cultural relations and cultural transformation of Ethnic Chinese Communities", Manila, November 26—28, 1998, p. 4.

③ Melanie Yap and Dianne Leong Man, *Colour, Confusion and Concessions*, pp. 44, 66.

利于国家利益的谈判。早在 1830 年,英国官员即与这个地区的酋长签订有关立即停止奴隶贸易的条约,并为"合法贸易"展开谈判。这些条约包括买卖奴隶以外的其他商品、从事"合法贸易"的管理条例、商人需交纳的关税数目以及英国政府给予当地酋长的适当补偿等内容。然而,随着大西洋奴隶贸易的废除,这一地区面临着产品和贸易形式的转换,从奴隶贸易逐渐转为棕榈油贸易。欧洲海军力量的介入、外国商人的出现以及当地民众长期卷入的贸易活动,从奴隶贸易到"合法贸易"的转变导致了各种政治、经济和社会变化。①

首先是政治权力的转移。以前靠奴隶贸易而逐渐壮大的酋长,由于贸易方式的变化而开始渐渐失去既得利益,这表现在三个方面。第一,欧洲人在沿岸地区的活动侵蚀着传统统治者的权威。在英国海军力量的支持下建立了一些平等法院,以保证司法制度有利于英国人的利益。这些法院虽有少数当地首领的参与,但完全由英国人控制。二是由于欧洲商人的到来,与新的欧洲商人打交道导致新一批中介或新商人阶层的兴起,这直接侵蚀着当地统治者的传统权力。三是一些有头脑的人(包括商人甚至奴隶②)或是从家族分离出去自立门户,或是通过贸易建立自己的势力范围。

经济领域的变化主要来自欧洲商人的介入以及贸易商品由奴隶转换为各种商品。由于欧洲工业革命和城市化的影响,棕榈油成为一种非常重要的产品。欧洲人千方百计想从沿岸地区扩张到内地。在 19 世纪上半叶,英国商人如麦格雷戈·莱尔德等人就一直试图从三角洲地区向内陆渗透,而当地酋长或非洲商人极力想保持自身的利益。此外,在尼日尔河三角洲组织棕榈油的生产和运输远比奴隶贸易更为复杂。生产棕榈油不仅需要更多的独木舟,还需要更多的劳动力来从棕榈中榨油(要砸开坚硬的棕榈果,从中取出棕榈仁)。这样,奴隶买卖以一种合法的方式在内

①　E. J. Alagoa, "Long-distance Trade and States in the Niger Delta", *The Journal of African History*, 11:3(1970), pp. 319-329; E. J. Alagoa, "The development of institutions in the states of the Eastern Niger Delta", *The Journal of African History*, 12:2(1971), pp. 269-278.

②　例如,当时尼日尔三角洲博尼王国(Bonny)的两个皇族派别安纳·佩普尔和马尼拉·佩普尔由贾贾和奥科·琼博领导,他们两人都是奴隶出身。

地蔓延。

表格 7 - 1　从拉各斯输出的产品,1857 年

商　品	输出数量
棕榈油	4 942 吨
本地布匹	50 000 吨
象　牙	24 118 磅
棉　花	114 848 磅

资料来源:Toyin Falola, ed. ,*Britain and Nigeria*: *Exploitation or Development*, London: Zed, 1987, p. 43.

　　社会结构的变化也随之而来,一方面是由于基督教在当地的传播,另一方面与贸易方式的变换直接有关。最主要的特征是内部奴隶贸易的增长,一个商业阶级的出现以及内陆家庭奴隶制的兴起。然而,伊博地区的奴隶贸易并未停止。研究表明,最重要的棕榈油生产区域正是奴隶占有最盛行的地区。换言之,"如果没有被俘的劳力就不会产生世界上最大的棕榈油生产地"。[1] 家庭奴隶制的盛行不仅为棕榈油生产提供了劳动力,也给社会带来各种变化,既有家庭为吸收奴隶劳动力而采取的诸种同化政策,也包括社会内部的暴力增加和社会控制手段的加强。[2]

　　19 世纪下半叶,西非海岸的奴隶贸易已经变得十分困难甚至不可能。与此同时,一些从事奴隶贸易的欧洲商人或港口开始转向所谓的"合法贸易"。当时,欧洲人对非洲的实物贸易已经不再局限于象牙或树胶,工业生产所需的油料作物成了热门的商品,塞内加尔的花生、几内亚沿岸地区的棕榈油都是欧洲商人从非洲进口的商品。英国利物浦这个长期从事奴隶贸易的港口转向棕榈油贸易,法国波尔多的商界垄断了塞内加尔的花生贸易。此外,西非沿岸地区还有德国人的公司,例如在多哥有不来梅的维埃多公司,在喀麦隆的科利斯可(Corisco)有汉堡的卡尔·韦尔曼

---

[1]　Suzanne Miers and Richard Roberts, eds. , *The End of Slavery in Africa*, The University of Wisconsin Press, 1988, p. 442.

[2]　Suzanne Miers and Richard Roberts, eds. , *The End of Slavery in Africa*, pp. 437-461.

公司。

(三) 贾贾之崛起：棕榈油贸易权的争夺

贾贾(Jaja，1821—1891)是尼日尔河三角洲地区奥波博国的统治者
(1869—1887)。奥波博王国正是在非洲政治经济急剧转型和沿岸地区国
际竞争的激烈环境下诞生的。

贾贾原是家庭奴隶，但在中年时已经成为颇有实力的商人。博尼王
国安纳·佩普尔皇族有着与欧洲人长期从事贸易的传统。然而，族长阿
拉里去世时欠下了欧洲商人一笔巨款，估计在一万至一万五千英镑之间。
在此危难之际，贾贾被推举为安纳·佩普尔皇族的族长。他出任族长不
到两年就还清了全部债务。他的成功得到了欧洲人的赏识，但也引起了
皇族内部对手的忌妒。博尼的另一个皇族马尼拉·佩普尔族得到了英国
人的帮助以对抗安纳·佩普尔皇族，双方的矛盾引发了武装冲突。实际
上，这一冲突有英国权势集团在背后操纵。聪明的贾贾意识到他在博尼
本地不是英国人的对手，他于1869年离开了博尼并在东边的内地建立了
自己的国家奥波博。1869年10月13日，他与自己手下的几位主要酋长
拟定了新国家的宪法，他被选为国王。在随后的日子里，贾贾带领着他的
酋长们经过与博尼国的争斗以及与英国人的博弈，于1870年圣诞节宣布
奥波博国(Opobo)的成立。贾贾自己取了这个国名，以纪念博尼国的卓
越国王"伟大的奥波博"(Opubu the Great)。[①]

当时，欧洲急需油料，棕榈油成为英国商人与几内亚沿岸地区贸易的
主要商品。棕榈油不仅可以用来照明和食用，还可以用来制造肥皂，同时
也是应用最广的机器润滑油。欧洲商人力图通过他们在海岸边的商站和
殖民机构渗透到内地，但遭到了包括贾贾在内的非洲当地统治者或商人
的极力阻止。贾贾非常清楚英国商人的目的——力图打破他对奥波博国
到内地的棕榈油控制，从而能进入西非内陆。他曾公开宣称："这个国家
属于我，我不欢迎白种人。"尽管他出身奴隶，但他的聪明才智却使他在油

---

① K. Onwuka Dike，*Trade and Politics in the Niger Delta*，pp. 183-196. 还可参见
J. F. Ade Ajayi and Michael Crowder，eds.，*History of West Africa*，Vol. 2，Longman，
1987，pp. 67，462-463.

河地区的贸易活动中声名鹊起。他对这一地区棕榈油的强有力的控制使得英国商人无法直接与内地进行棕榈油贸易。1873 年,贾贾与英国政府签订条约,英国政府承认贾贾为奥波博国王。条约中的一款明确规定,禁止任何英国船只进入河马湾(Hippopotamus Creek)对面海滩以远的地区。[1] 贾贾曾为了与英国结盟而派出 50 人组成的队伍参加英国对阿散蒂的战争。1875 年,英国领事哈特利为了坐船到奥波博将英国女王奖给贾贾国王的一柄宝剑送给他,不得不请求他的许可。一封由英国领事哈特利于 1875 年 3 月 26 日写给贾贾的信体现了这位国王对油河地区河道的控制:

> 我奉 W. N. 休伊特舰队司令官的命令,要把英国女王陛下因你在最近的阿散蒂战争中的贡献而奖给你的一柄宝剑送给你。因此,我拟于下周乘小汽艇由各条小河前来奥波博……但在我未来以前,务希示知,在当前这种情况下,博尼人和你自己对于我通过这些小河有无任何异议……[2]

贾贾控制着自己所辖范围内的棕榈油贸易,奥波博成为三角洲最大的棕榈油输出中心。由于欧洲商人必须通过他才能得到内地的棕榈油供应,白人商人对贾贾恭敬有加。然而,处于欧洲帝国主义扩张时期的贾贾面对的是一个欧商集团。他们为了打破贾贾的垄断,联合压价来买进他的棕榈油,想通过杀价的办法来迫使他就范。后来,当贾贾果断采取对策,他们决定在内部消除竞争,以合作对付贾贾。同时,他们还商定团结一致,都不要充当贾贾的代理人。为了对付欧洲商人的联合行动,贾贾针锋相对地采取了多种措施。

他意识到,对内部的控制非常重要。他禁止奥波博的臣民将棕榈油卖给欧洲人,只允许他们将部分产品卖给欧商。其次,他决定开辟从尼日尔三角洲到英国本土的运输航线,直接将大量棕榈油运到英国去销售。当他发现这种办法费时太长(这条航线需要三个月),远比棕榈油就地卖

---

[1] Dike, *Trade and Politics in the Niger Delta*, *1830—1885*, Appendix C, p. 223.

[2] 艾伦·伯恩斯:《尼日利亚史》,脚注 1,第 224 页。

出的利润来得低来得慢,他决定将重点放在打破白人商业联盟这一策略上:

> 他尝试了好几个办法来拆散白种人的联盟,并终于想出了一个绝妙的主意,把全部河上贸易包给一家英国商号去做……他的诱饵钓上了一个英国商人,机灵的贾贾搞了几百只满载着叫人垂涎三尺的棕榈油的独木船,在他眼前用心良苦地来回晃悠,使得这个商人不能不为像这样展现在他面前的黄色油脂引起的美好想象所动。双方谈妥了交易。一个晴朗的早晨当河上的其他白种商人一觉醒来时,发现木已成舟,他们的联盟已经寿终正寝了,因为当他们照常在清晨巡弋沿河一带进行窥探时,从双眼望远镜中……他们发现在那个叛徒的码头周围有一队独木船,有一百多只。此后有将近两年功夫,这个商人独揽了全部生意而赚了大钱。①

米勒公司撇开其他欧洲同伴,独揽了棕榈油的全部生意,充当了贾贾的合格中介商。

这一局面引起了欧商的极度恐慌,他们强烈要求英国殖民政府介入。早在1883年,当时的英国领事休伊特曾向英国政府建议,要将贾贾驱逐出境,以保障英国商人对这一地区棕榈油贸易的垄断。英国政府当时希望用条约的方式解决问题。1884年,这一地区各酋长分别与英国政府签订条约,贾贾也与休伊特签署了两份条约。然而,贾贾洞悉了英国人的企图,坚持对该地区贸易的垄断,并断然删除了有关保证通商自由的条款。②

(四)贾贾之驱逐:英国的超经济强制

贾贾对内地棕榈油贸易的垄断明显地对这一地区日益扩张的英国商人构成了威胁。尽管英国政府与贾贾在1873年已签订条约,然而这种纸

---

① 巴兹尔·戴维逊:《黑母亲——买卖非洲奴隶的年代》,第221页。

② 艾伦·伯恩斯:《尼日利亚史》,附录九"1884年与奥波博订立的条约"、附录十"1884年与奥波博订立的第二次条约",第492—496页。

面上的条约却不可能阻止英国商业利益的扩张。英国外交部曾明确表示,只要哪里有钱赚,英国商人肯定要侵入,外交部则必须保护这些商人的利益。[①] 这些商人实际上成为英国影响力扩展的排头兵。贾贾的举动使他成为欧洲商人在当地的眼中钉,英国代理领事约翰斯顿认为贾贾的所作所为阻止了欧洲商人在当地的贸易活动,他将贾贾称为该地区"迅速崛起的国王中最为贪婪的、肆无忌惮和专横难忍的一个,他一直企图压制白人与内地之间的不断增长的贸易"。[②]

1887 年,英国领事约翰斯顿认为既然贾贾的领地包括在保护国内,决定商人不必再向贾贾缴纳税金。贾贾坚决拒绝了约翰斯顿的要求,并派出一个外交使团去英国外交部向英国国务大臣申诉。他同时采取相应措施阻止欧洲商人的贸易活动。由于受到英国海军的威胁,他后来被迫于 1887 年 8 月 5 日签订了一项协定,允许该地区自由通商,但他用行动表达了某种形式的抗议。他不顾约翰斯顿表示要用炮舰轰击他的城镇的威胁,仍然拒绝接受英国领事的命令。9 月中旬,约翰斯顿领事此时似乎已经得到了英国政府的首肯,他决定借口贸易条件不公平,用欺骗手法将贾贾逮捕流放。他于 9 月 18 日致函贾贾:

> 我以友好的精神请你参加会议。因此我向你保证,无论你明天接受或拒绝我的建议,都不会对你施行监禁,你一听完英国政府的指示,就可以自由离开。如果你不来参加,那就要对你毫不客气,把你当作英国的敌人对待。我将宣布把你废黜,并把你的市场转交给博尼人。如果你明天参加会议,我立誓担保你能来去自由,决不食言,但如果你不来参加,我就要按照你被控的罪状给你判罪,并立即执行惩罚。[③]

然而,当贾贾出现后,会议宣布他必须离开奥波博。随后,他被军

---

①　Elizabeth Isichei, *The Ibo and the Europeans*, London: Faber and Faber, 1973, p. 110.

②　Toyin Falola, ed., *Britain and Nigeria: Exploitation or Development*, London: Zed, 1987, p. 48.

③　"领事致贾贾的信件",艾伦·伯恩斯:《尼日利亚史》,脚注 1,第 228 页。

舰"苍鹰"号送到阿克拉,接受英国舰队司令官的审讯后,被流放到西印度群岛的圣文森岛。① 一位杰出的具有经济头脑的非洲领袖就这样被英国人用背信弃义的方式打垮了。贾贾成了经济帝国主义在非洲扩张的牺牲品。另一位有着卓越经济才能并控制着当地贸易的伊策基里国王纳纳(Nana)也于1894年被英国领事废黜。② 这样,英国商人在英国政府的武力支持下打入了西非内陆,为后来建立的单一经济制打下了基础。

在超额利润支配着一切的殖民地(甚至在争夺殖民地的过程)时期,强权即真理。对这一点,曾先后担任英国外交大臣和首相的索尔兹伯里勋爵倒是供认不讳:"我们用不着讨论什么原则不原则……原则只有一个,当商人同当地酋长对各自的权利争执不下时,当地酋长就应该被放逐。"③英国政府用超经济手段击败他们的在非洲的经济对手,为英国商人争取了在当地扩大贸易的机会。

贾贾代表的不只是个人,他体现了非洲人对政治的判断,对经济的敏感,在困境中的主观能动性以及对入侵者的勇气和无奈。正如英国历史学家戴维逊所指出的那样:

> 可以这样说,像贾贾这样的人(就其心智和事业的精力而言,在三角洲居民中贾贾绝非独一无二的人物)充分利用了一种同欧洲的关系,在这种关系中欧洲还没有提供任何历史可以哪怕是比较满意(更不用说自豪)地记上一笔的东西。由于这些原因,像贾贾这样的人和他们所代表的新技术,实际说来,往往是现代西非民族主义的先驱和基础。④

---

① Michael Crowder, *The Story of Nigeria*, London: Faber and Faber, 1978, pp. 160-161.

② Toyin Falola, ed., *Britain and Nigeria: Exploitation or Development*, pp. 47-48; Michael Crowder, *The Story of Nigeria*, pp. 161-163.

③ 罗伯特·罗特伯格:《热带非洲政治史》(上海电影译制厂翻译组译),上海人民出版社,1977年,第527页。

④ 巴兹尔·戴维逊:《黑母亲——买卖非洲奴隶的年代》,第222页。有关贾贾国王的生平,S. J. S. Cookey, *King Jaja of the Niger Delta: His Life and Times*, 1821—1891, Nok, 1974。

无论殖民官员表现得如何温文尔雅,殖民统治是以暴力为基础的,它的特征是专制。贾贾在英国官员背信弃义的情况下被无理扣押并囚禁是一个典型的例证。当一个殖民地属民表现出超常的能力,同时影响到宗主国国民赢利的商业活动,殖民政府不可能容忍他。

四、黄金海岸可可农的主观能动性

在殖民主义统治时期,相当多的非洲国家都成为殖民宗主国的原料供应地。这些地区有的专门出口矿产,如比属刚果的稀有矿产,赞比亚的铜矿,南非和贝专纳(今博茨瓦纳)的钻石,津巴布韦、黄金海岸和南非的黄金等;有的成为单一作物的生产地,如埃及、苏丹、乌干达、坦噶尼喀、莫桑比克和科特迪瓦的棉花,西非海岸诸殖民地如尼日利亚、黄金海岸的棕榈油,冈比亚、塞内加尔和北尼日利亚的花生以及各种各样的单一作物种植园,如比属刚果的油棕种植园,坦噶尼喀的西索尔麻种植园,黄金海岸的可可种植园,安哥拉、莫桑比克、马达加斯加和毛里求斯的甘蔗种植园等。为了真实反映非洲农民在艰苦条件下仍能运用自己的聪明才智,应对各种不同局势的敏感性,我们以黄金海岸为例来说明当地的可可农如何以家庭、家族或团队(company)为单位,他们不仅创造了生产奇迹,也使黄金海岸成为世界上最大的可可生产地。

(一) 可可的引进、种植与贸易扩展

黄金海岸(今加纳,后文将称加纳)十分适合于种植可可,然而这里的可可却是引进的。1878 年(一说 1879 年),一位名叫泰特·奎希(Tetteh Quashie)的加纳阿夸平农民从费南多波岛(今赤道几内亚比奥科岛)将可可树和豆荚引进黄金海岸。1886 年,威廉·布兰德福特·格里菲斯从圣多美引进了可可种植技术。[①] 尽管在学者中间仍然存在着"谁是可可的

[①] K. B. Dickson, "Origin of Ghana's Cocoa Industry", in *Ghana Notes and Queries*, 5 (1963), pp. 4-9. 有关可可引进的各种说法,还可参见 Polly Hill, *The Migrant Cocoa Farmers of Southern Ghana: A study on rural capitalism*, London: Cambridge University Press, 1963, pp. 170-176。

引进者"的争论,但加纳人民对此毫无疑问。泰特·奎希已成为加纳人民的民族英雄,在阿克拉有一个泰特·奎希广场。值得注意的是,这种经济作物的引进不仅为当地带来了新的发展机会,也对当地民众产生了很大的诱惑力,传统统治集团和当地农民在毫无压力或强制的情况下接受了可可,投入了大量的人力和财力,表现了极大的主动性。

可可的引进刺激了一次新的移民潮。农民或在住地附近或在遥远的地区购买土地以种植可可赚钱。当时参与了迁移的农民中有阿夸平人、埃维人、克罗波人和加人。① 到 1948 年,东部省的阿夸平人的数目已达 89 373 人,其中大约有 50 000 人住在各区,大部分住在阿基姆-阿布阿夸的可可种植区。② 可可生产不仅在东部省传播迅速,同时很快传播到阿散蒂及黄金海岸殖民地的中部省和西部省。1896 年到 1897 年,从阿夸平来的移民在阿基姆-阿布阿夸购买林地种植可可。有的购买的面积非常大,甚至以平方英里计算。从 1900 年以后,参与移民潮的农民与日俱增,导致了阿基姆地区土地的"被瓜分"。希尔在论及加纳南部可可移民的论著中专门谈到阿夸平人、克罗波人、沙伊人和加人组成"公司"购买土地。"这种办法使穷人和富人一样可以买地种植可可。"③

从 1878 年引进可可后,1891 年,从黄金海岸出口的精制可可豆为 80 磅。1901 年,英国殖民部对未来的可可生产前景十分乐观。他表示:"可可是 1901 年唯一增长的出口商品,这种增长很可观,共 994 777 磅,价值达 15 537 英镑,并且有望进一步增长。完全有理由希望,这种状况将会年复一年地持续下去。"④他的预测是对的。1903 年,可可的种植面积已经达到 1.7 万公顷以上。从 1911 年起,黄金海岸成了世界可可的最大生产地。1915 年,可可超过了国内出口总值的 50%,可可取代橡胶和棕榈

---

① Polly Hill, *The Migrant Cocoa Farmers of Southern Ghana : A Study on Rural Capitalism*, London: Cambridge University Press, 1963, pp. 25-26,187-190,219-238.

② Ivor Wilks, "The Growth of the Akwapim State: A Study in the Control of Evidence", in J. Vansina, R. Mauny and L. V. Thomas, eds. , *The Historian in Tropical Africa*, London, Oxford University Press, 1964, pp. 390-411.

③ Polly Hill, *The Migrant Cocoa Farmers of Southern Ghana : A study on rural capitalism*, pp. 16, 38-74.

④ 英国殖民部档案。CO96/399. Colonial Office. Gold Coast Report for 1901.

油成为加纳最重要的出口商品。1928 年,加纳农民已将可可种植面积扩大到 36.4 万公顷。1936 年到 1937 年,黄金海岸的可可出口量达到高峰,出口量超过 30 万吨(311 151 吨)。[1] 坦桑尼亚西非经济史学家卡尼基指出:"19 世纪 90 年代初,几乎从零开始,到 1903 年农民将可可种植面积扩大到 1.7 万公顷以上。1928 年可可种植面积达 36.4 万公顷。在 25 年的时间内,可可已取代橡胶和棕榈油成为第一位的国内出口商品。1934 年,黄金海岸的产量占世界产量的 40%。"所有这一切都是在没有任何殖民政府的所谓科研工作的指导下,由当地可可农通过自己的努力达到的。[2]

(二) 殖民政府的作用

黄金海岸可可生产的优势一直维持到 20 世纪 50 年代。与此相适应的是,受殖民政府指导的商业运作的规范化和交通运输也不断改善。由于可可为英国殖民政府提供了大量的年金,殖民政府不仅希望维持可可的正常生产和出口,也极力从四个方面提供了协助。首先是制定了可可产品质量的规则并在控制质量方面严格贯彻执行。这一点可以理解,英国著名的生产巧克力的吉百利兄弟公司(Cadbury)为了生产巧克力,必须保证可可的质量。

二是为了方便运输可可,殖民政府加强了基础设施建设。到 1900 年,可可生产在加纳东部省传播很广,新朱阿本、阿基姆-阿布阿夸、克罗波和阿夸平等地都种植了可可。1906 年,阿克拉至阿夸平的铁路建设开工。[3] 1923 年和 1927 年,阿克拉-库马西的铁路和塞康第-库马西的铁路开通。此外,还有中部省的铁路连接上述两条铁路,为阿基姆这一重要的可可生产区提供服务。

三是为了维护可可在出口产量中的地位和年金的稳定收入,殖民政

---

① Data on Swollen Shoot, in *The Gold Coast Observer*, February 6, 1948, pp. 486-487.

② 阿杜·博亨主编:《非洲通史(第七卷):殖民统治下的非洲(1880—1935 年)》,第 318—319 页。

③ 英国殖民部档案。CO96/455. Gold Coast, Confidential, Rodger to Elgin, 11 Jan. 1907.

府甚至阻止了一些其他的英国公司打入加纳。例如,利弗兄弟公司于
1911 年在比属刚果进行的油棕榈种植园颇为成功。利弗兄弟公司便开
始在其他地区运作,并希望在英属西非进行类似拓展。然而,这样的殖民
事业是以直接破坏当地正在进行的殖民经济为代价的,因此遭到英国政
府的拒绝。①

　　第四点是引进有关可可的农业技术以增加可可的产量。这一点
的作用十分有限,因为所谓的英国农业专家缺乏对加纳可可品种的
相关知识,也对当地可可的种植技术和病虫害缺乏研究。1936 年,东
部省的农民官员发现了一种可可病——肿芽病(swollen shoot)。这
种病之所以称为“肿芽病”,是因为可可树的嫩芽肿大是唯一的症状,
几年后,可可树即逐渐死去。肿芽病是由一种粉蚧科的介壳虫传播
的病毒引起的。它们吸干一棵可可树的树汁后又爬到另一棵树,从
而到处传播病毒。这种病似乎在 1930 年以前也出现过,虽然危害极
大,但并未确定其病因。② 这种病最初只局限在一小块地带,但它很
快就传播到传统可可生产区。在 1939 年以前,受肿芽病感染而死去
的可可树约 100 万棵,从 1939 年到 1945 年,这一数字已达 500 万
棵。可可的损失量也十分惊人。1936 年到 1937 年,可可的产量为
300 000 吨,到 1946 年到 1947 年,可可产量只有 192 000 吨。按当
时的价格计算,仅这一年就损失了 6 480 000 英镑。③ 在防治可可肿
芽病的过程中,殖民政府先是要求开辟隔离带,以防止肿芽病的传
播。后来又一度停止这一措施。二战以后,肿芽病几乎传播到整个
可可生产区。从英国派来的专家们在初期对肿芽病的错误诊断和变
化无常的防治措施不仅使可可农无所适从,也为后来实施真正有效
的防治措施带来了极大的困难。这种困境产生的主要原因之一是殖

　　① Anne Phillips, *The Enigma of Colonialism: British Policy in West Africa*, London: James Currey, 1989.

　　② A. F. Posnette, Pathology in Department of Agriculture, *Report on the Central Research Station*, Accra: Government Printing Department, 1933, compiled and edited by M. Greenwood, p. 56; D. E. Urquhart, *Cocoa*, London: Longman, 1956, p. 145.

　　③ Data on Swollen Shoot, in *The Gold Coast Observer*, February 6, 1948, pp. 486-487.

民官员对为政府带来极大利润的可可产品只顾生产，从未在可可种植技术的研究方面下过功夫。①

殖民政府对可可生产并未提供什么科学指导意见。这一点，政府指派的调查委员会也不得不承认。西非调查委员会提出的报告指出："1937年以前在可可种植地区竟然没有一家农业站对针对该作物的需要进行研究。农业部的官员对当地条件不了解，也没有任何机会获得有关知识。确实难以想象如何能希望他们在育种或其他措施上能提出正确的建议。"②

由此看来，加纳可可经济的兴起主要得力于可可农的努力。

（三）可可农的努力：购买土地与可可禁卖

可可成了加纳最重要的经济作物，并获得了"绿色黄金"的美称。可可在加纳社会生活中的重要作用可以从一首广为流传的民谚中看出：

> 如果你想要送孩子上学，是可可；
> 如果你想要盖房子，是可可；
> 如果你想要结婚，是可可；
> 如果你想要买衣服，是可可；
> 如果你想要买车，是可可；
> 在这个世界上不管你想干什么，只有靠可可钱你才能干。
> 生产可可的第一步是获得土地。

可可这种经济作物得以在加纳受到欢迎并快速传播，一个主要的原因是奴隶贸易废除后，加纳引进了其他经济作物（如棕榈油和橡胶），农民已经有了相应的经历。当时，"合法贸易"导致了经济作物如棕榈油和橡胶的生产，土地买卖开始频繁。四种因素刺激了土地的商品化。第一，欧

---

① 有关肿芽病的危害、殖民政府的错误诊断及随后导致的后果，参见李安山：《殖民主义统治与农村社会反抗——对殖民时期加纳东部省的研究》，湖南教育出版社，1999年，第234—286页。

② G. B. Kay, ed., *The Political Economy of Colonialism in Ghana: A Collection of Documents and Statistics 1900—1960*, Cambridge University Press, 1972, pp. 12-35,231.

洲商人向本地酋长支付他们所占的贸易商站的地租,海岸地区的人们开始认识到土地是有价值的,或是有潜在价值的。[1] 同时,对金属矿物的开采,特别是 1880 年代的"淘金热",更使土地具有了交换价值。第二个因素是可可的引进。农民开始希望自己在一个相对较长的时期内能确保其可以利用土地,这使得占有土地成为必要。可可树从种植到结果需 5 年时间,其寿命达 50 年至 60 年,这种经济作物改变了传统土地使用制度。[2] 第三,由于可可种植业的快速发展,大量移民出现在南部地区,从而使得这一地区土地短缺的问题突出。土地短缺甚至导致移民开始在阿散蒂中部和东部定居。这种情况增加了土地的商业价值。[3] 第四,欧洲人的影响,这包括英国人的法律观念、不动产保有和抵押的概念以及现代货币制度的引进。这样,土地成为黄金海岸一种极具价值的商品。

在加纳可可种植史上发挥了重要作用的"可可商伴"(cocoa company)是 1900 年后出现的。当地农民意识到经济作物的种植是生存之道和生财之首。这样,可可农迁移到适于种植可可的地区,开始大面积地购买土地。当时,土地的出售者往往是酋长,因为他是对土地公共占有的社区组织的头人。如果族外一些没有亲缘关系的人组建起来购买土地,这种组合被称为"商伴"(company)。[4] 此外,有的土地以家庭为购买者,这种土地被称为"家庭土地"。[5] 当然,这两种方式往往混合在一起。以南基

[1] 英国政府敕颁文件。Cmd. 6278. Belfield Report. Notes of Evidence relating to Part IV, p. 103; C. C. Reindorf, *History of the Gold Coast and Asante*, Accra: Ghana University Press, 1966[1895], pp. 38, 217.

[2] 有关加纳的传统土地制度,可参见黄金海岸学者沙巴和海福德的著作。J. M. Sarbah, *Fanti Customary Law*, London: Frank Cass, 1968[1897]; J. E. Casely Hayford, *The Truth about the West African Land Question*, London: Frank Cass, 1970[1903]; J. E. Casely Harford, *Gold Coast Native Institutions*, London: Frank Cass, 1970[1903]. 还可参见李安山:《殖民主义统治与农村社会反抗》,第三章。

[3] G. Mikell, *Cocoa and Chaos in Ghana*, New York: Paragon House, 1989, pp. 70-78.

[4] Polly Hill, *The Migrant Cocoa Farmers of Southern Ghana: A Study on Rural Capitalism*, London: Cambridge University Press, 1963, pp. 38-54. 本人曾将 company 译为"团队",因为它的另一种用法远远早于"可可商伴",即"阿萨乎团队"(asafo company)。参见李安山:《殖民主义统治与农村社会反抗——对殖民时期加纳东部省的研究》,湖南教育出版社,1999 年,第 108—172 页。

[5] Polly Hill, *The Migrant Cocoa Farmers of Southern Ghana*, pp. 75-86.

斯(Nankese)为例,在 1906 年左右,每公顷土地价格约为 1 英镑。然而, 20 世纪 20—30 年代的土地价格则按购买多少有所区别。例如,2 000 英亩以上的土地平均每英亩的价格是 6 先令,而 250 英亩以下的,每英亩平均价格要 32 先令。正是因为这种集体组合可以得到更合算的价格,移民往往尽量组成"商伴"来购买土地。希尔根据 1927 年到 1954 年的相关统计,参与土地买卖的共有 87 个商伴。[1] 这种集体购买土地以从事可可种植业正是一种精打细算的筹划。

希尔对加纳南部移民的经典研究表明:可可农民不仅对可可这种经济作物有符合自身逻辑的深刻认识,也有对自己的经济前途的长远计划,同时还有非常精致的具体安排,包括从组成"商伴"或家族从事可可种植,筹划以可运作的资金在适合可可生产的地区买地,引进优质可可树苗,防治各种病虫害,雇用劳动力从事各种相关农活,买进货车等交通工具以利于收获季节出售可可等。曾经有学者认为,"原始经济(primitive economy)与市场工业制度的差别不是程度而是本质"。其原因是原始经济没有机械技术、普遍的市场组织和万能的金钱等基本要素。[2] 如果按照这种标准看,加纳的可可农肯定不能算作市场工业制度。然而,可可农为了挣钱而进入可可种植业,为商业目的而筹划买地,为增加生产率而组织团队,为加快贸易速度而购买货车,为增加收入打破贸易垄断而组织禁卖运动等,这些都是他们在殖民经济与资本主义制度下的经济行为,与现代工业制度紧密联系在一起。当时的可可在加纳的社会生活中已经占据了极其重要的地位。

为了争取更有利的条件,或者说,为了自己的经济利益被剥削得少一些,可可农也进行了多次抗争。在 1910 年、1930—1931 年和 1936—1937 年,可可农曾多次发动"禁卖"运动。所谓"禁卖",是指可可农为了抗议外国贸易公司提出的低价格而拒绝将可可卖给这些公司,直到价格上涨。最大的禁卖运动发生在 20 世纪 30 年代。1921 年,东部省的小农针对政府向可可农征收高税、高额进出中关税以及外交国人控制商业贸易等现

---

[1]　Polly Hill, *The Migrant Cocoa Farmers of Southern Ghana*, pp. 50, 56, 58.

[2]　George Dalton, "Economic Theory and Primitive society", *American Anthropologist*, 63:1(February 1961), p. 20.

象深表不满,他们愤而成立了自己的黄金海岸农民协会,5 600名成员主要是来自阿夸平、沙伊和克罗波等地的可可移民。① 这一协会成立的主要目的是反对外国贸易公司垄断可可价格,并于 1924 年派出代表团参加在伦敦举办的世界经济大会,以"代表可可业"。② 1930—1931 年,可可农针对欧洲商人的低价发起禁卖运动(cocoa hold-up),即可可农因欧洲贸易公司出价太低,联合起来拒绝出售可可。由于缺乏团结,禁卖运动被殖民政府各个击破,遭遇失败。③

1937 年,黄金海岸的"可可禁卖"运动聚集了更大的势头,动员了大量的可可农,最终废除了不公平的可可买卖协定,同时逼得英国政府不得不派出一个委员会来调查黄金海岸可可的贸易方法。对可可农而言,此次运动最有利的结果是英国殖民政府同意设立一个营销委员会负责从农民那里购买可可,而非由联合非洲公司和吉百利那样的大企业充当买主。④ 这场运动还激发了当地民众拒绝购买欧洲商品的举动。加纳民族主义领袖丹夸专门出版了《臣民的自由》,真实记录了这场表面上针对欧洲商人而实际上却起到动摇殖民主义作用的禁卖运动。⑤ 当然,新成立的这一个委员会不可能完全为非洲农民服务。⑥

五、小 结

自由经济往往被资产阶级经济学家认为是经济发展的铁律。然而,

---

① 英国殖民部档案。CO96/1923. File No. 3759.

② E. Y. Twumasi, "Aspects of Politics in Ghana 1929—1939: A Study of the Relationships between Discontent and the Development of Nationalism", Unpublished D. Phil. dissertation, Oxford University, 1971, p. 91.

③ Sam Rhodie, "The Gold Coast Hold-up of 1930—1931", *Transactions of Historical Society of Ghana*, 9(1968), pp. 105‑118.

④ John Miles, "Rural Protests in the Gold Coast: The Cocoa Hold-ups, 1908—1938", in C. Dewey and A. Hopkins, eds., *Imperial Impact: Economic Development in Africa and India under Colonial Rule*, London: Athlone, 1978, pp. 152‑170.

⑤ J. B. Danquah, *Liberty of the Subject: A Monograph on the Gold Coast Hold-up and Boycott of Foreign Goods*(1937—38), Kibbi, 1938.

⑥ Walter Rodney, *How Europe Underdeveloped Africa*, Tanzania Publishing House, 1972, pp. 154‑173.

殖民主义者入侵非洲时却完全没有遵守这一条所谓的"铁律"。在这一过程中，有能力或具有竞争力的非洲人在与欧洲商人的竞争中往往被欧洲列强或殖民政府的超经济行为所阻击，最后成为帝国主义瓜分和殖民主义统治的牺牲品。

非洲被强行纳入资本主义经济体系的过程经历了开始和成熟的阶段。开始阶段，殖民宗主国力图将非洲本土经济改造成为殖民经济，在这一阶段，超经济手段起着极其重要的作用。一方面是欧洲商人在各自政府的支持下互相竞争以赢得在非洲的市场，另一方面，欧洲商人不惜使用各种手段来摧毁当地的竞争对手，扩大自身的贸易规模；欧洲各国政府建立在沿海地区的殖民机构也不断用炮艇支持着欧洲商人扩大势力范围的进程。尼日尔河三角洲的棕榈油贸易垄断的转移是很好的例子。我们在看待贾贾这一现象时，应该将其放入帝国主义瓜分非洲和资本主义的世界扩张这一大环境中去分析。正如戴维逊指出的："不论是否有审判，贾贾明显是帝国主义的一个牺牲品。如果没有遭到外国入侵，贾贾可能赢得更大的胜利，实现更伟大的抱负，并将整个三角洲纳入一个法律、商业、社会和经济结构的新体系，这个体系能够有效应对 19 世纪初的问题。这是因为，贾贾在他那个时代日益扩大的世界中是应付裕如的。他使用了与其顾客别无他样的商业技术。他处于资本主义制度的心脏最深处并对它有所了解。这里跳动着金融集团的脉搏，这里市场交易的决定性因素产生了影响并显现出来。他没有理由不能在东尼日利亚发展出一种现金产品经济。"①然而，他失败了。

20 世纪初，殖民经济体系对殖民地本身和殖民宗主国的重要性不言而喻。这种重要性一方面表现在殖民经济提供维持经营殖民地本土运作的年金，另一方面则是它定期向殖民宗主国提供所需要的产品或经济收入。货币经济逐渐代替了实物经济，雇佣劳动逐渐取代了强迫劳动，市场贸易开始取代自给自足的经济并在非洲民众生活中占有重要地位。非洲人在这一体系中处于极其被动的地位。除了那些未被卷入资本主义生产体系的少数民众外，非洲人的命运主要局限于三种可能，或是在欧洲人的种植园里劳作（如比属刚果油棕榈种植园和德属东非的西索尔麻种植

---

① 巴兹尔·戴维逊：《黑母亲——买卖非洲奴隶的年代》，第 222 页。

园），或是在欧洲人的矿井里（如南部非洲的金矿和钻石矿）卖命，或是在殖民经济体系里从事种植业，加纳的可可农属于最后这种类型。在这种情况下，殖民经济的独立性和生命力开始显现出来。这种情况最早在英属殖民地出现，随后扩展到德属、法属、比属和葡属殖民地。到了这一阶段，殖民政府较少使用外来强制措施或超经济手段。

英国殖民政府之所以拒绝欧洲公司打入加纳，一个最重要的原因是加纳可可农在几十年的耕作中表现出来的创造力和能动性。换言之，加纳的可可生产从无到有，从少到多，最后使黄金海岸成为世界可可的最高产区，这一切主要归功于当地可可农的艰辛劳动和应付各种困境的能力。在人类学、社会学和经济学的经典著作中，农民往往被看作是一种落后的、被动的社会力量，饱受歧视。他们的反抗往往被定义为"捣乱"、"骚乱"或"叛乱"。然而，近期对农民反抗的研究中，他们的历史作用被重新认识。① 殖民经济中农民的作用也被重新认识。尽管他们在殖民经济体系中被置于被动的境地，他们却充分利用各种条件，发挥自己的主观能动性。非洲农民的这种创造力在肯尼亚和埃塞俄比亚也表现出来。②

然而，在欧洲殖民统治的摧毁下，非洲农民的努力并未使他们摆脱资本主义的剥削。非洲逐渐陷入一种全球资本主义体系的框架之中并形成了一种依附状态。"依附是这样一种状况，即一些国家的经济受制于它所依附的另一国经济的发展和扩张。两个或更多国家的经济之间以及这些国家的经济与世界贸易之间存在着互相依赖的关系，但是结果某些国家（统治国）能够扩展和加强自己，而另外一些国家（依附国）的扩展和自身加强则仅是前者扩展——对后者的近期发展可以产生积极的和/或消极

---

① Stephen G. Bunker, *Peasants against the State*, *The Politics of Market Control in Bugisu*, *Uganda*, *1900—1983*, The University of Chicago Press, 1991; Thomas J. Bassett, *The Peasant Cotton Revolution in West Africa*, *Cote d'Ivoire*, 1880—1995, Cambridge University Press, 2001. 还可参见李安山：《农民反抗与历史研究》，《香港社会科学学报》，第 12 期（1998 年秋季），第 155—174 页。

② Gavin N. Kitching, *Class and Economic Change in Kenya: The Making of an African Petite Bourgeoisie 1905—1970*, Yale University Press, 1980; James C. McCann, *People of the Plow*, *An Agricultural History of Ethiopia*, *1800—1990*, The University of Wisconsin Press, 1995.

的影响——的反映,这种相互依赖关系就呈现依附的形式。不管怎样,依附状态导致依附国处于落后和受统治国剥削这样一种总局面。"①这一后果构成了我称之为"现代化的虚拟起步"的重要特征。

---

① 特奥托尼奥·多斯桑托斯:《帝国主义与依附》(毛金里等译),社会科学文献出版社,1992年,第310页。

第八章　非洲"现代化的虚拟起步"

> 如果仍有必要议论非洲的"工业革命"的话，那么必须加以这样的说明，即这场革命是在最糟糕的条件下进行的，且面对种种困难，至少在1935年以来是如此。
>
> P. 基普雷(科特迪瓦学者)

> 回顾西非在同欧洲进行的长达400年的贸易中，没有得到多少有永久价值的东西。这是一个值得反思的问题。他们为欧洲的工业化提供了优秀的劳动力、棕榈油、象牙、木材、黄金以及其他许多供应和支持正在兴起的工业主义的商品，得到的只是一些最低劣的杜松子酒和华而不实的东西。
>
> K.O. 迪克(尼日利亚历史学家)

1905年，比利时国王利奥波德二世发出《刚果独立国政府公报》9月—10月号：

> 这种行动的结果有时候就是杀死很多人……。当惩罚命令来自最高当局的时候，这种惩罚行动很容易地就变成了大屠杀和放火抢劫。像这样的军事活动，总是要走出为达到原来目的所需要的行动范围，对土著的惩罚和土著所犯的错误两者的比例，显然是很不相称

的。不论是无辜百姓,或是犯罪的人一概要受到镇压。①

1928年,比利时公使皮埃尔·奥尔兹指出:

在比属刚果"许多地方十三岁到十五岁的男人中,百分之四十——有个地方甚至是百分之五十——是为欧洲人服役的。……欧洲人强加于刚果人的牺牲,好比二十万经常作战的大军加之于一千万人民的给养负担。关哥(Kwango,在安哥拉)地方的人民大量死亡;生病的逃走,死在荆棘里,死在乡村里。……关哥人民在恐怖的统治下凋零衰亡,在越累地方(Nélés),有百分之七十五的人逃到树林里……五万人逃到乌干达"。②

1946年,比利时的科克曼总督在利奥波德维尔(今金沙萨)演说时承认:

> 我们走进了一条死胡同:一边是欧洲人企业的繁荣发展,另一边是土著经济的苟延残喘,我们那些农村的土著毫无积余,他们的生活水平是如此之低,不但到了无法再压低的程度,而且已经到了无法活命的程度。群众居住条件差,穿得很坏,缺乏营养,毫无知识,无力防止疾病和夭折。③

这只是"文明国度"比利时在刚果的殖民记录,而且都是官方文件或当地官员自己的说辞,其惨状已是一目了然。实际上,在西欧其他国家如英国、法国、德国、葡萄牙等国的殖民地,情况不会好到哪里去,有的只会更糟。

1902年5月1日,英国殖民官员拉克斯顿上尉的报告写道:

> 这位多米尼克中尉(德国指挥官)在驻西非前线特遣部队的军队餐厅所夸耀的制度是成功的。所有的战利品根据所获取的成对耳朵的数量,按比例分配给所消耗的弹药。当他发现手下的士兵们将妇

---

① 比埃尔·约阿、萝西娜·勒纹:《在刚果的托拉斯》(沙地等译),世界知识出版社,1964年,第36页。

② 雅克·阿尔诺:《对殖民主义的审判》(岳进译),世界知识出版社,1962年,第63页。

③ 比埃尔·约阿、萝西娜·勒纹:《在刚果的托拉斯》,第56页。

女的耳朵也包括在内,便改成用阴茎代替耳朵。……我在西非曾经目睹的所有悲惨景象……1902 年 3 月 3 日多米尼克中尉率队进入约拉……行军 25 英里不停歇,被当作人质的那些马鲁亚(Marua)男子当了搬运工,头上顶着沉重的象牙走在队列前面,很疲惫也很口渴,士兵们一路上用鞭子抽打他们……①

1912 年,南非结核委员会的报道揭示了棚户区的悲惨画面:

所有家庭成员中至少有一名成员或是遭受肺结核的痛苦或是死于肺结核,几乎没有一个家庭不是这种状况。医疗设施不够,导致无法治愈肺结核病,同时其他情况的病例都只能是送回家里等死。从而使得感染进一步扩散。在一些地区,一个医生要为 4 万人的需要提供服务。土著人必须支付医疗费。不为贫困病人提供医疗服务。约 65％的土著儿童死于两岁之前。②

然而,美国记者根室在 50 年代游历了非洲。他对殖民主义似乎留有一份特殊的感情。他在《非洲内幕》中写道:

欧洲人也许蹂躏了一个大陆,但是他们同时也打开了使这个大陆接触文明的大门。没有殖民主义,今天就不可能有民族主义,而且殖民主义打开了民主的道路,欧洲人废除了奴隶制度,结束了部落战争。他们建立了交通体系,改善了生活水平,开发了自然资源,介绍了科学的农作方法,为了扑灭疟疾和其他疾病而作了努力,采取了公共卫生措施,使得同野蛮状态只有咫尺距离的土著有了稳定的行政制度和一种至少在理论上是以正义和法律为基础的政权。(当然是白人的法律。)最重要的是,他们带来了基督教和西方教育。教育不是很多,但是有一些。而在以前几乎是一点也没有的。③

---

① CO446/23,CO22774,9 July 1902(Public Records Office, London). 转引自普拉:《非洲民族:该民族的国家》,第 21—22 页,译文有少许改动。

② Walter Rodney, *How Europe Underdeveloped Africa*, Tanzania Publishing House, 1972, p. 207.

③ 约翰·根室:《非洲内幕》(伍成译),世界知识出版社,1957 年,第 15 页。

他真是给人描绘了一幅令人羡慕的图景。这种对非洲历史的无知和对殖民统治的美化不是他一个人的看法，而是代表了当时相当一批人的观点。这种观点在今天仍有市场。不过，有一点他是对的，没有殖民主义，就没有民族主义。

殖民地是一种一分为二的世界——征服者/被征服者、宗主国/附属国(地)，殖民者/被殖民者、统治者/被统治者。在这个二分世界里，殖民统治者制造出似是而非的种族差异，划定出各种边际和界限，制定了各种原来并不存在的制度，灌输各种观念和意识以强加殖民统治的合法性。最后，殖民政府希望将殖民地人民培养成为一批"工蚁"——他们只会工作、繁衍而不问世事。

虽然殖民地在古代迦太基或古罗马早已有之，但只有近代资本主义的出现和发展才使殖民主义成了一种历史必然现象，也就是说，资本主义制度的产生和发展从一开始就是和西欧国家的殖民主义分不开的。殖民主义这种强加的政治制度将非洲推入了一种被动的历史进程之中。有的学者将这一过程称之为"殖民的非工业化"(colonial non-industrialization)，我将此称为"现代化的虚拟起步"。

随着"合法贸易"在非洲的渗透，政治保护对欧洲各国商人而言日益重要，从而推进了对非洲的瓜分。殖民统治的建立与资本主义在非洲的发展形成了一种互动关系。一方面，殖民政府的建立为欧洲资本提供了政治保护和优越条件，另一方面，资本主义在金融资本、经营方式、利润税收、雇佣劳力等各方面支持殖民主义统治。本章主要阐述殖民主义统治下的非洲经济。[①]

一、从奴隶贸易到"合法贸易"的转变

沃勒斯坦将 1730 年—1840 年这一阶段称为"资本主义世界经济第二次大扩张的时代"。确实，在这一阶段，资本主义世界经济体系将非洲(主要是西非)纳入了自己的轨道。这主要是通过扩大"合法贸易"来进行

---

　① 中国学者的研究参见舒运国、刘伟才：《20 世纪非洲经济史》，浙江人民出版社，2013 年。其中第二章阐述了殖民地经济的形成与发展，参见第 21—72 页。

的。如前所述,由于"合法贸易"直接涉及法律,欧洲人在非洲的这种商业活动既直接反映了国际舞台上的权力关系,也使得欧洲各国政府直接参与到各种贸易活动之中。虽然奴隶贸易废除后的直接后果是"合法贸易"的扩大,但"合法贸易"与奴隶贸易有着千丝万缕的联系。

(一) 奴隶贸易与"合法贸易"的关系

19世纪,工业革命提出了原料和销售市场的问题。奴隶贸易逐渐为"合法贸易"所取代。这里的"合法贸易",是指在奴隶贸易宣布为非法后在非洲大陆进行的除奴隶以外的其他商品贸易。必须强调的是,"合法贸易"与奴隶贸易有着千丝万缕的联系。

第一,非奴隶的商品贸易不仅早于奴隶贸易,同时在整个奴隶贸易期间一直存在。以皇家非洲公司为例,在对非洲实行垄断贸易的40年(1672—1712)中,它从西非输入的商品除奴隶之外,还有黄金、象牙、蜡和红杉。1673年到1713年它用这种输入的黄金生产的金币共达548 327畿尼;输入象牙17 113英担;蜡6 662英担,32年中输入红杉2 313英担。[1] 正如沃尔特·罗德尼所指出的:"奴隶绝非西非的惟一出口商品。"[2]不容否认,"合法贸易"将出口商品从奢侈品逐渐转为生活必需品。

第二,欧洲特许公司在奴隶贸易期间在非洲沿岸地区建立了一些商站,用来交换奴隶的商品已有较固定的流向。仍以皇家非洲公司为例。1680年到1704年间输入非洲的商品主要流向7个地区:一区为冈比亚、塞拉利昂和歇尔布罗;二区为向风海岸;三区为黄金海岸;四区为阿尔德拉和维达;五区为贝宁与新、旧卡拉巴尔;六区为安哥拉;七区为其他地区。[3] 其他一些欧洲公司也有自己确定的势力范围。这些商站、贸易点和势力范围为"合法贸易"的发展提供了条件。

第三,在一些地区,奴隶贸易已形成了一套行之有效的网络。这除了上面提到的欧洲商品流向相对固定的地区外,还包括较固定的奴隶供应

① K. G. Davies, *The Royal African Company*, New York,1975,pp. 358-360.

② Rodney, *A History of the Upper Guinea Coast 1545—1800*, p. 152.

③ K. G. Davies, *The Royal African Company*, p. 233.

者和非洲经纪人。① 在另一些并未卷入大西洋奴隶贸易的内陆地区，"合法贸易"（其商品多为盐、布、食物等生活必需品）一如既往，并未受禁止奴隶贸易的影响。更重要的是，很多"合法贸易"的商品是由奴隶种植和运输的，两者形成了一种互补关系。

第四，"合法贸易"期间，除了奴隶贸易仍在进行外，奴隶劳动力的贸易仍以合法方式进行，尤以法国和葡萄牙最为显著。他们将这种劳动力称为"契约劳工"，或"自由移民"。这些人在服役期间如同奴隶，服役一定年限后可获得自由。法国这种"合法的"奴隶贸易集中在两条路线：西非地区（塞内加尔和加蓬）到西印度群岛；东南非洲到贝岛、科摩罗和留尼汪，契约劳工制主要集中在圣多美和普林西比。这一地区的种植园得益于 19 世纪 50 年代的咖啡热和后来的可可生产。契约劳工服役年限从 5 年到 10 年不等。② 仅仅在刚果独立国（后来成为比利时的殖民地），黑人劳工的数量在 44 年内增加了 21 倍。1915 年 1 月 1 日，黑人劳工为 5 289 人，1925 年初，黑人劳工增加到 12 795 人，1945 年，黑人劳工达到 36 080 人，到 1950 年，这个数字达到了 52 113 人，1959 年 1 月 1 日，黑人劳工数增加到 112 759 人。③

第五，禁止奴隶贸易使沿海地区已成规模的奴隶销售网的流通受到阻碍，而"合法贸易"致使欧洲人对非洲原料产品（如棕榈油、棕榈仁、花生、橡胶等）的需求日益增大。这两个因素刺激了非洲内陆奴隶制的发展。西非的伊斯兰圣战扩大了以奴隶制为基础的商品生产，从而使奴隶和原料的贸易从西非沿岸北移。同时，禁止奴隶贸易使奴隶价格下跌，从而为非洲的奴隶种植园提供了便利，这在索科托王国和桑给巴尔很明显。④ 马哈迪与

① Lovejoy, *Transformation in Slavery*, pp. 88-107; Walter Rodney,"West Africa and the Atlantic slave trade", Historical Society of Tanzania, Paper No. 2, Nairobi.

② Lovejoy, *Transformation in Slavery*, pp. 146-147; 阿勃拉莫娃：《非洲——四百年的奴隶贸易》，第 200—204 页。

③ 比埃尔·约阿、萝西娜·勒纹：《在刚果的托拉斯》，第 107 页。

④ 关于索科托的奴隶种植园，参见 P. Lovejoy, "Slavery in the Sokoto Caliphate", in P. E. Lovejoy, ed. , *The Ideology of Slavery in Africa*, Beverly Hills, 1981, pp. 201-244。关于桑给巴尔奴隶种植园，参见 F. Cooper, *Plantation Slavery on the East Coast of Africa*, New Haven, 1977; J. Glassman, *Feasts and Riots: Revelry, Rebellion and Popular Consciousness on the Swahili Coast, 1856—1888*, Portsmouth, 1995, pp. 85-106. 国内的研究可参见罗建国：《近代非洲种植园经济的特点》，《世界历史》，1988 年第 2 期，第 74—84 页。

伊尼科里对 19 世纪卡诺的研究和法洛拉对 19 世纪约鲁巴的研究也充分说明了这一点。[1] 正如奴隶贸易专家马丁·克莱因所指出的那样,大西洋奴隶贸易的终结和北非奴隶市场的逐渐关闭并未结束非洲内部的奴隶贸易,反而导致非洲奴役现象的急剧增加。[2]

(二)"合法贸易"中的火器输入

由此可以看出,"合法贸易"并未使奴隶贸易根绝;相反,两种贸易并行不悖。前苏联学者阿勃拉莫娃将这一时期的奴隶贸易称为"走私奴隶贸易"。[3] 奴隶贸易有禁无止。为什么会出现这种情况呢? 主要有三个原因。第一,随着奴隶贸易和这种特殊的奴隶制度兴起的美洲种植园经济方兴未艾,仍然需要大量的劳动力。第二,由于禁止奴隶贸易,美洲的奴隶价格骤然上升。这使得一些奴隶贩子更加积极地参与这一走私活动。第三,在非洲本土,由于棕榈油、树胶、木材、花生等原料资源提供了丰厚的利润,非洲内地的种植园经济也兴盛起来,如在尼日利亚、桑给巴尔、留尼汪、毛里求斯等地。对劳动力的需求也大大增加。到 19 世纪末,在南非先后发现金刚石和黄金矿产,情况更大不相同。

在奴隶贸易期间,欧洲向非洲出口的商品包括三大类。第一类为商品等价物,如银币、贝壳、铁条、铜线和一些纺织品。第二类为奢侈品,第三类即为军事用品,其中包括大量火器。在奴隶贸易初期,葡萄牙、荷兰等国均有不许将火器输入非洲的禁令,但这一禁令很快被激烈的奴隶贸易市场规律所打破。随着军事贵族的兴起和火器的输入,战争已不仅是为了扩张领土,而且成了获取奴隶的重要途径。

在 17—18 世纪的西非沿海地区,火器已成为大宗商品。以皇家

---

[1] D. D. Cordell and J. W. Gregory, eds., *African Population and Capitalism*, Wisconsin,1994, pp. 64-73; P. E. Lovejoy and N. Rogers, eds., *Unfree Labour in the Development of the Atlantic World*, Frank Cass, 1994, pp. 221-245.

[2] Martin Klein, "The slave trade in the western Sudan during the nineteenth century", in *Slavery and Abolition*, 13:1(1992), pp. 39-60; Hopkins, *An Economic History of West Africa*, pp. 112-166.

[3] 阿勃拉莫娃:《非洲——四百年的奴隶贸易》,第 159—226 页。

非洲公司为例,在 1673—1704 年间,公司共出口火器 59 596 件,火药 11 095 桶。[1] 到 1730 年为止,输入西非的枪支每年已达 18 万支。从 1750 年到 19 世纪初,仅英国出口到西非的枪支每年为 283 000 枝到 394 000 支之间。另外,每年约 5 万支枪支运到扎伊尔河口以北的卢安果海岸。据统计,其他欧洲国家运进安哥拉的枪支多达 2 000 万支。[2] 根据伊尼科里的计算,在 1750 年—1807 年间,英国向西非出口 49 130 368 磅火药,每年多达 847 075 磅。[3]

在 1730 年 2 月 7 日荷兰的泽兰商会董事会的会议上,西印度公司一位官员在关于黄金海岸的报告中提到:"大量不断由欧洲人带到这里的枪支火药在这些土地上的国王、王子和酋长中间引起了可怕的战争。这些人将战俘变为奴隶。这些奴隶立即被欧洲人以持续上升的价格买走……"[4]值得注意的是,欧洲在奴隶贸易时期输入非洲的火器并未从根本上改变非洲传统的军事技术和军事组织。尼日利亚著名史学家阿贾伊在分析奥约帝国的军事力量时指出,当时占据沿海地区的达荷美虽然拥有从欧洲进口的滑膛枪,但这并没有使其摆脱受使用传统武器的奥约帝国的统治。其主要原因是奥约的骑兵可保持在步枪的射程以外,当步枪手上子弹时,骑兵即可发起冲锋,以毒箭射杀对方。[5]

在禁止奴隶贸易的初期,英国为了诱使非洲地方统治者废除奴隶贸易,曾多次以提供火器为条件。1817 年英国与马达加斯加签订的友好通商条约即为一例。1816 年 12 月 21 日,英国驻毛里求斯总督法夸尔派遣

---

[1] K. G. Davies, *Royal African Company*, p. 356. 根据图表算出,其中缺 1677—1679、1686—1687、1699—1700 年的数字。一说火器有 66 000 件,参见 R. W. July, *A History of the African People*, New York, 1974, p. 207。

[2] Lovejoy, *Transformation in Slavery*, p. 106.

[3] J. E. Inikori, "The Import of Firearms into West Africa 1750—1807: A Quantitative Analysis", *The Journal of African History*, 18:3(1977), pp. 339-368. 这是研究非洲火器的专辑,但伊尼科里的这篇论文影响最大。

[4] 泽兰商会董事会会议记录附件,1730 年 2 月 7 日。转引自 B. A. 奥戈特主编:《非洲通史(第五卷):十六世纪至十八世纪的非洲》,第 80 页。

[5] Ajayi and Crowder, *History of West Africa*, Vol. 2, p. 183;阿德·阿贾伊主编:《非洲通史(第六卷):十九世纪八十年代以前的非洲》,第 584 页。

的由塞奇率领的外交使团访问马达加斯加。双方签订的条约中未提禁止
奴隶贸易,法夸尔很不满意。他又派遣里斯蒂率团访问马达加斯加。当
达拉马一世拒绝废除奴隶贸易时,里斯蒂开出了英方愿支付的补偿清单,
其中包括每年交给马达加斯加 100 桶火药和 100 支英式滑膛枪。[①] 双方
于 1817 年 10 月 23 日签约。1841 年英国特使哈里斯带着送给皇帝的火
器来到埃塞俄比亚。埃塞俄比亚分别接待了英法外交使团,并分别于
1841 年和 1843 年与之签订友好通商条约。[②]

禁止奴隶贸易以后,火器的输入更为频繁,连基督教会也参与了引
进军火的活动。1846 年,基督教传教团进入阿贝奥库塔,随即向该地
引进了火器。1851 年,在传教团的坚决要求下,英国给予埃格巴 6 门
野战炮,并派了一个海军军官教授使用方法。[③] 火器逐渐成为欧洲殖
民者用来达到自己目的和控制当地政治局势的手段。19 世纪上半期
时,阿散蒂曾与英国驻黄金海岸的殖民政府多次发生冲突。为了削弱
阿散蒂的军事力量,殖民政府曾多次禁止向阿散蒂输出火器。1863 年
2 月,阿散蒂国王克瓦库·德瓦与英国总督本杰明·佩因就遣返逃犯
一事发生冲突。佩因预感到可能遭到阿散蒂入侵,立即命令英国各方
面停止向阿散蒂输出军火,并要求当地荷兰总督协助禁止荷兰公司输
出火器。荷兰总督以荷兰与阿散蒂有结盟关系为由,予以拒绝,但许诺
保持中立。[④]

1870 年以后,各种高质量的火器如后膛枪、连发枪、机关枪和火炮都
陆续引进非洲。这些先进武器比以往引进的火器威力更大。一些非洲王
国的统治者充分认识到火器的重要性,开始通过商业、外交和其他途径引
进这些先进武器。

(三) 西非的欧洲"新边疆人"

"禁止奴隶贸易"的口号使一些欧商深入到靠近沿海的内陆地区。他

---

① 阿德·阿贾伊主编:《非洲通史(第六卷):十九世纪八十年代以前的非洲》,第 311 页。

② 阿德·阿贾伊主编:《非洲通史(第六卷):十九世纪八十年代以前的非洲》,第 282 页。

③ Ajay and Crowder, *History of West Africa*, Vol. 2, pp. 195, 204.

④ I. Wilks, *Asante in the Nineteenth Century*, *The Structure and Evolution of A Political Order*, pp. 219-220.

们要求政府资助,提出"合法贸易"是"从内地摧毁奴隶贸易的最有效的方法"①。这一阶段,贸易的重点已由香料、象牙和黄金转到了工业原料资源。非洲的棕榈油、橡胶、木材、花生为欧商提供了丰厚的利润,而非洲又成为他们倾销国内剩余产品的市场。以进入冈比亚河的商船为例,我们可以看到欧商的活跃程度。②

表格 8-1 19 世纪中叶进入冈比亚河的商船

年份	商船(只)	吨位(吨)	进口(英镑)	出口(英镑)
1840	255	14 009	105 441	124 587
1845	241	21 132	119 187	154 801
1851	239	25 491	107 011	186 404
1855	211	32 619	126 454	215 803

这时,一些欧洲公司已有确定的势力范围,如福斯特-史密斯公司、斯万兹公司和哈顿公司控制了黄金海岸一带的贸易,托宾-霍斯华尔公司和其他一些公司则在尼日尔河三角洲地区享有特权。据专门研究 19 世纪西非贸易的纽伯利估计,19 世纪 50 年代 西非合法的海外贸易商品每年平均达 350 万英镑。③

西非是当时欧洲商人最活跃的地区,一方面是因为有奴隶贸易的基础,另一方面则因为这里地形有利,物产丰富,瓜分也最先从这里开始。到 19 世纪下半叶,欧商在这里已形成了一股强大势力。由于这些人积极从事沿岸地区的商业殖民活动,因而被资产阶级称为开拓殖民她的"新边疆人"。让我们来看看几位有代表性的"新边疆人"的活动吧。

英国商人莱尔德于 1832 年就参加了尼日尔河三角洲的商业探险活动。1849 年他建立了非洲轮船公司,与英政府签订契约,在西非和英国

① CO97/434, in C. W. Newbury, ed. ,*British Policy Towards West Africa Selected Documents*, 1786—1874, Oxford, 1965, p. 123.

② Colonial Report 1856, in Newbury, ed. , *British Policy Towards West Africa Selected Documents*, 1786—1874, p. 117.

③ Hopkins, *An Economic History of West Africa*, p. 127.

之间定期航行。1857 年—1859 年间,他在阿博、奥尼查和洛科贾建立了一批商站,成为沿尼日尔河通往内地的必经之路,可称为水陆贸易枢纽。莱尔德的活动为英国在尼日尔河谷建立殖民统治奠定了基础。[①] 他曾写道:"大不列颠的影响和贸易会顺着这条航道渗透到该地区最遥远的角落。1 亿人会被引来同文明世界直接接触。我们的工业会获得广大的新市场。土地肥沃、物产丰富的大陆会把自己的财富展示在我们的商人面前。"[②]

马赛商人韦克曼是法国在西非地区的典型代表。1844 年他才 17 岁就到了西非。1879 年他开始收买几内亚湾诸河流对手们的全部产权。同时他将自己的航船改为汽船,在弗里敦与达喀尔和马赛之间开设航船,并在马赛开办了一些油厂。1881 年,他将产权转到"塞内加尔与法属西非海岸公司"。1882 年,他开始在尼日尔河下游经商并以大量提供贷款的办法诱使塞拉利昂商人合作。[③] 另一个法国商人是雷吉斯,他从 1833 年起,在西非地区活动了近 40 年,先后在象牙海岸、加蓬、安哥拉、刚果等地经商,重点在黄金海岸与尼日尔河三角洲之间。1841 年,他在维达建立商行,以法国政府代理人的身份与达荷美官方打交道。1863 年,他设法使波多诺夫成为法国保护地,以保证他经手的大量进口酒能免税自由进入约鲁巴地区。[④]

德国虽然从 19 世纪 40 年代就开始在西非和东非海岸活动,但由于其商品质量低劣(被蔑称为"德国废品"),要贴上英法商标才能打开出路。[⑤] 汉堡商人盖塞尔自 1869 年起开始在西非活动,主要从事棕榈油贸易。他的公司是第一批在西非使用现款进行贸易的。德国在西非的企业家代表是阿道尔·沃尔曼。父亲死后,他接管了在利比里亚、加蓬和喀麦隆的轮船公司和商行代理处。他积极活动,扩张势力,对后来德国占领喀

① K. O. Dike, *Trade and Politics in the Niger Delta*, *1830—1885*, pp. 61,117.

② 苏联科学院非洲研究所编:《非洲史 1800—1918 年》(顾以安、翁访民译),上海人民出版社,1977 年,第 205—206 页。

③ John D. Hargreaves, *West Africa Partitioned*, London, 1974, vol 1, p. 18.

④ John D. Hargreaves, "Towards a History of the Partition of Africa", *The Journal of African History* 1:1(1960), p. 102.

⑤ J. S. Keltie, *The Partition of Africa*, London, 1895, p. 171.

麦隆起了很大作用。1884 年,他作为民族自由党的代表入选德意志帝国国会,直接对俾斯麦的非洲政策的制定提出参考意见。①

如前章所述,非洲酋长、中间商人和欧洲对手是欧洲商人在非洲经商的三个障碍。这种情况使欧洲人认识到,要排除障碍,在竞争中取得有利地位,政治保护是必不可少的。这样,他们通过各种渠道来影响国家决策机构,力图以直接占领殖民地的办法来保护自己的经济利益。从"合法贸易"到殖民瓜分似乎是欧洲在非洲的殖民历史发展的逻辑结果。②

二、不平等关系的制度化

非洲的殖民版图在 1884 年已经基本划定。西方的文化、学术、经济在全球的扩张已成规模。用西方的标准看,全球绝大部分地区开始走上"现代化"的道路,被西方社会科学体系认定为落后的社会组织已经让位于强大的世界性的工业文明。非洲也未能幸免。在资本主义全球性扩张中,欧洲-非洲的不平等关系在殖民瓜分与殖民统治建立的过程中得以固化。

(一) 殖民话语与殖民经济的关系

为了瓜分和统治,殖民宗主国必须从理论上证明自身文明的优越性。它们自称建立殖民地的最重要的目的之一是使殖民地的"劣等民族朝着文明和平演进";为了征服非洲,不惜付出"溅血的代价";法国作为优等种族,"有权利与劣等种族相对","有权利使劣等种族文明"。③ 用霍米·巴巴的话来说,"[殖民话语]如同一台机器,设有承认或否认种族、文化和历史差异的开关。它最显著的功能就是通过创造知识,为受他国支配的'臣民'构建一个空间。根据这些知识,这些臣民被监管着,他们愉悦或忧伤

---

① Hargreaves, *West Africa Partitioned*, pp. 18-19.

② 参见李安山:《浅谈 19 世纪欧洲商业资本在非洲的活动及其对瓜分的影响》,《史学月刊》,1986 年,第 1 期,第 99—104 页;李安山:《资本主义瓜分非洲的内在因素浅析》,《世界史研究动态》,1985 年,第 1 期,第 20—25 页。

③ Alice L. Conklin, *A Mission to Civilize: The Republican Idea of Empire in France and West Africa, 1895—1930*, Stanford University Press, 1997, pp. 12-13.

的复杂体验被刺激着……殖民话语的目的,就是根据种族起源,将被殖民者描述为一个不断退化的群体,从而证明征服他们是有道理的,证明建立管理和教导的体系是必要的……我所指的,就是这样一种形式的治理术(governmentality),它划定'附属国',窃取附属国的财富,指挥和统治着附属国在许多领域里的活动"。①

殖民主义者是这样想的,也是这样做的。为了执行所谓优等种族的使命,为了使劣等种族"文明化",他们不惜在殖民地使用强制和暴力。执行"文明"使命的意识形态和帝国主义的野蛮做法发生在各个殖民地,这种使命遭遇到了非洲人民的反抗。② 殖民主义统治建立后,宗主国以各种方式榨取殖民地的财富,以满足殖民宗主国的利益,突出表现在包括商品市场、原料供应和金融投资的宗主国的经济利益。除赤裸裸的超经济手段外,这种对经济利益的追逐往往辅之以传播基督教为主要形式和建立在种族主义基础之上的文化渗透。

在殖民主义统治早期,这种需要主要表现在殖民宗主国贸易或生产商与殖民政府的联姻上。利物浦商会非洲贸易组在 1917 年 6 月 26 日致英国贸易大臣的信函中明确表示:"必须将当地人民的所有精力引导到原料的生产上来,从而鼓励他们生产品种广产量多的当地产品。"③这种宗主国的殖民当局与贸易商或生产商的联姻是商业利益上的联姻,从而导致了一种不平等经济关系的建立。

(二) 不等价交换与对本土工业的摧毁

在殖民统治的早期,欧洲人曾用各种劣质商品和廉价小商品来换取非洲的原料,包括黄金、矿产品、木材、象牙等物产,然后带回本国出卖以

———

① 埃斯科瓦尔:《遭遇发展——第三世界的形成与瓦解》(汪淳玉、吴惠芳、潘璐译),北京:社科出版社,2011 年,第 8—9 页。

② E. A. Brett, *Colonialism and Underdevelopment in East Africa*, *The Politics of Economic Change 1919—1939*, Heinemann, 1973, pp. 163‑234; T. O. Ranger, *Revolt in Southern Rhodesia*, *1896—1897*, Heinemann, 1979; Michael Crowder, *West African Resistance*, *The Military Response to Colonial Occupation*, Hutchinson & Co., 1971; Li Anshan, *British Rule and Rural Protest in Southern Ghana*, Peter Lang, 2002.

③ C. O. 583/62 No. 3283. Toyin Falola, ed., *Britain and Nigeria: Exploitation or Development?* pp. 82‑83.

获取高额利润。1856 年,英国的棕榈油主要进口商约翰·托宾在议会的一个委员会上作证说:"从前,白人习惯于想象无论什么东西对黑人来说都是好的,所以就企图欺骗他们。现在,他们也像我们国家任何人一样,能够区分真假优劣。"尼日利亚的著名历史学家昂武卡·迪克(Onwuka Dike)根据托宾的证词,提出如下看法:

> 回顾西非在同欧洲进行的长达 400 年的贸易中,没有得到多少含有永久价值的东西。这是一个值得反思的问题。他们为欧洲的工业化提供了优秀的劳动力、棕榈油、象牙、木材、黄金以及其他许多供应和支持正在兴起的工业主义的商品,得到的只是一些最低劣的杜松子酒和华而不实的东西。当加拉巴的老酋长要求提供基本设备创办制糖厂和种植棉花时,据欧文(威廉·欧文上校是英国皇家海军军官,他对非洲海岸作过权威性的调查)说,西印度群岛利益集团成功地抵制了这一"合法的要求"。[①]

无疑,这种从非洲输出到欧洲的"供应和支持正在兴起的工业主义的商品"为欧洲的现代化提供了原料和资本。相反,加拉巴的老酋长意识到进行本土"现代化"的重要性,他提出要购买创办制糖厂和种植棉花的相应设备时,却被拒绝。

由于欧洲列强需保持制造业的优势,殖民政府对殖民地的需求主要是原料和市场,它对殖民地的工业化采取一种忽略的态度甚至扼杀的举措。在殖民主义统治时期,欧洲列强通过压制殖民地的加工和制造业的发展,竭力限制殖民内部的生产联系。在 19 世纪,法国禁止塞内加尔提炼石油。同样,英属东非也在坦桑尼亚的剑麻生产上设置障碍,以防止非洲的生产商对英国的麻线工厂构成竞争。[②] 20 世纪 30 年代初,由于市场对剑麻的需求,英国资本向英属东非殖民地坦噶尼喀投

---

　　① 斯塔夫里亚诺斯:《全球分裂:第三世界的历史进程》(迟越等译),商务印书馆,1995 年,第 202 页。

　　② 史蒂文·兰登、林恩·默特尔卡:《非洲社会经济结构的历史演变》,《西亚非洲》,1981 年第 3 期,第 8—9 页。

资剑麻生产,建立了三座工厂以生产麻线供出口。根据英帝国内的优惠制度,他们可以将剑麻制品自由出口到英国或英帝国内的其他市场。1934年,当500吨麻线运到英国市场出售后,立刻引起英国本土麻线生产商协会成员的警觉。他们向英国殖民部提出抗议,并威胁要采取行动。殖民部考虑到帝国内部的利益,要求坦噶尼喀的剑麻生产商与英国麻线生产商协会协商解决。最后商谈的结果是双方达成一致,坦噶尼喀可以任意出口麻线到英国,但价格需由英国生产商制定。可想而知,由于失去了价格优势,坦噶尼喀这一新的工业很快失去了竞争力,1938年就倒闭了。由于那些英国投资者对这一结果十分不满,加之投资者康纳德·沃尔希很有背景,英国政府内部不得不就这一问题展开辩论。最后,决定在肯尼亚新设立一家麻线厂,但主要是为殖民地内部服务。[1]

(三) 殖民主义与非工业化

在英属西非,英国的非洲榨油公司和利物浦商会不鼓励当地建立棕榈榨油工业,原因是在英国和欧洲已经有了这类工厂。[2] 布莱特在他对东非殖民主义和欠发达状态的研究中专门探讨了这一问题。他在题为"殖民主义与非工业化"一章中指出,殖民政府属下的殖民地开发咨询委员会(Colonial Development Advisory Committee)注意的是如何利用殖民地为宗主国服务,尽管并未特别制定限制工业化发展的政策,但实际上忽略了殖民地的工业化问题。"到1939年3月,它只花费了800万英镑,其中15.1万英镑用于工业项目。"[3]在尼日利亚,本土工业化的问题也被长期忽略。有的殖民官员不得不承认尼日利亚的某些制造业(如纺织品)不论在质量上还是价格上都优于英国的产品。[4] 尽管如此,殖民政府对当地的制造业和工业化采取一种不鼓励政策。最后尼日利亚在殖民统治时期的"工业

---

① E. A. Brett, *Colonialism and Underdevelopment in East Africa*, pp. 270-273.

② Anne Phillips, *The Enigma of Colonialism*, *British Policy in West Africa*, London: James Currey, 1989, p. 93.

③ E. A. Brett, *Colonialism and Underdevelopment in East Africa*, p. 268.

④ F. J. D. Lugard, *The Dual Mandate in British Tropical Africa*, London: Frank Cass, 1965, p. 445, footnote.

化"被尼日利亚学者称为"表面文章"。① 为了保证殖民地稳定生产经济作物,殖民政府甚至限制英国企业在西非的投资举动,阻止它们在殖民地购买土地以建立种植园。虽然这种政策的制定部分是由于大公司的买地计划受到当地可可农或棕榈种植农的抵制,因此被批为"为了政策稳定牺牲经济利益",但保持稳定的经济作物生产应是主要因素之一。②

殖民主义统治确实为非洲本土的发展提供了某些先决条件。然而,不同的殖民宗主国有不同的工业政策。虽然殖民宗主国奉行自由贸易的政策,但由于欧洲国家的自由资本远比殖民地的本土资本强大得多,这种自由贸易政策实际上主要是对欧洲资本有利,西方的企业资本在非洲殖民地占着支配地位。在英属殖民地,除了极个别地区(如南罗得西亚)外,几乎所有的殖民地都没有建立起现代工业的条件。

英国政府曾在1929年制定了殖民地开发法案,在此基础上,又于1940年通过了殖民地开发和福利法案。法令规定了开发的范围,扩大了开发的规模。然而,这一开发计划却由于缺乏人手而不得不推迟。直到1945年又通过了类似法案。

三、单一作物制的引进与确立

我们在讨论殖民主义时应该注意其统治方式与非洲本土发展的相关性。殖民经济体系对非洲的影响表现在雇佣劳力、征收土地和不平等贸易等方面。廉价劳力可以通过多种方式获得,如劳役制是英属殖民地的早期手段之一,通过所谓"合同"或"契约"方式招募劳力多在意大利或葡萄牙殖民地流行,以"法定劳工"的方式通过酋长征用甚至在1946年的法属殖民地仍然流行。强征劳力的强制手段则是比较通用的手法,或是以强迫的方式获取(如在比属刚果),或是通过收取现金税的方式逼迫非洲人走向劳工市场,英国人在西非和南部非洲多采取这种方式。非洲人一般有自己的生存

---

①　A. A. Lawal, "Industrialisation as Tokenism", Toyin Falola, ed. , *Britain and Nigeria: Exploitation or Development*? pp. 114-123.

②　Anne Phillips, *The Enigma of Colonialism*, *British Policy in West Africa*, pp. 85-110.

手段。如何将他们转为雇佣劳动力呢？殖民政府通过强迫交纳现金税(人头税或茅屋税)来达到这一目的。非洲人到哪里去弄现金呢？唯一的办法是将自己的劳动力出卖给市场。这种方式也导致了大量流动劳工队伍的形成。库柏有关非洲劳工的权威著作通过对英国和法国殖民劳工政策的比较,不仅阐述了殖民政府从 20 世纪 30 年代到 50 年代有关雇佣和控制非洲劳工队伍以及使其制度化的过程,展现了战后非洲工会及民族主义领袖如何利用新的政治语言来发动劳工群众争取平等工钱、平等福利以及分享权力,而且揭示了一个事实:殖民政权制造了诸多有关劳工的棘手问题,然而历史不容许其继续维持自身统治,这些责任被留给独立后的非洲政府和社会来解决。[①] 实际上,不仅仅是劳工问题,几乎所有社会问题都成为独立后非洲政府和民众要面对的烂摊子。

当然,"制造"雇佣劳力的最便捷的方式是剥夺非洲人的土地。这种剥夺是通过各种方式进行的,有的是殖民政府直接宣布为皇家所有而占领的,有的是通过西方公司(在殖民初期往往受到欧洲政府支持)在扩张过程中以"租借地"的方式从酋长手中获得,有的是通过动员欧洲人移民非洲后通过殖民政府制定的种族隔离政策而强占或购买的。以英属北罗得西亚为例,1936 年,大约 100 万非洲农民只耕种着 7 100 万英亩的土地,而几百个白人农夫却拥有 900 万英亩土地。法国人在阿尔及利亚也一样。一份官方文件明确规定"凡是不能证明自己土地所有权的土著人一直被视为仅仅是土地的使用者或是可以抽地的佃户。从而使土地成为无主空地,便于殖民垦拓"。截至 1890 年,在阿尔及利亚的欧洲人手上约有 160 万公顷(352 万英亩)土地,到 1940 年,定居移民大量增加,占地总面积增至 270 多万公顷(594 万英亩),为有价值的耕地面积的三分之一。换言之,占总人口仅 6％的人占了阿尔及利亚耕地面积的三分之一。这些土地占有者主要是欧洲移民。[②] 在南部非洲、北非以及东非的其他地区,土地占有者多为欧洲人。

[①] Frederick Cooper, ed. , *Decolonization and African Society: The Labor Question in French and British Africa* , Cambridge University Press, 1996.

[②] 巴兹尔·戴维逊:《现代非洲史》(舒展等译),世界知识出版社,1989 年,第 125、127 页。

稍有一点关于非洲知识的人都知道,非洲大陆以其特有的生物多样性见长,在植物方面尤其突出,也体现在非洲各民族的食物方面。可以说,单一经济作物制是殖民统治的后果之一。单一经济作物的大面积生产是殖民主义带来的"现代化"后果之一。这种现代经济方式带来一系列的变化,如货币的引进、廉价劳动力的产生、种植园的出现、严格的管理制度以及交通网络的建立等。这些因素使一些非洲地区直接进入世界市场,其中一些殖民地很快成为某种经济作物的主要生产地,如尼日利亚的棕榈油、黄金海岸的可可、乌干达的咖啡和塞内加尔的花生等。为什么会出现这种情况? 主要有以下因素。

(一) 满足殖民宗主国需求

首先,是宗主国的需要。例如,西非原来是奴隶贸易中奴隶的主要来源地之一。随着奴隶贸易的衰落,棕榈(尼日利亚等地)和花生(塞内加尔等地)成为这一地区的主要出口商品。这种油料作物主要用于欧洲肥皂工业和各种机器润滑油的生产。黄金海岸在引进可可 20 多年后即迅速成为世界上最大的可可生产地,也是由于巧克力生产的需要。此外,马里的棉花,赞比亚和刚果(金)对黄金、铜、镁、铁、钻石和铀等矿产的开采,英属东非的剑麻,肯尼亚和科特迪瓦的咖啡等,都是为了满足殖民宗主国的需求。

这种单一经济作物的生产导致更多的非洲人参与到这种为出口而生产的交换经济之中。例如,在肯尼亚,一半以上的基库尤人和卢奥人的强劳动力都在充当欧洲人的廉价劳动力。在 1950 年,中非和乍得至少有 150 万成年劳动力被卷入到棉花生产,部分或全部地依靠生产和出售棉花为生。这意味着更多的非洲劳动力被转移到国际劳动分工链的底端。更令人发指的是,有的殖民地还实行残酷的强迫劳动制,或是以威胁的手段逼迫农民种植经济作物,或是以贩卖奴隶的手段为矿井或其他行业招募工人。比属刚果的强迫劳动制可谓臭名昭著。一份提交给比利时第二次殖民会议的报告中陈述:"一大批脖子套着绳索的黑人被送到建筑工地去。用拉夫式招募民工有功的酋长都得到奖赏。行政当局很和蔼地接待那些替它送来民工的人。"一位名叫皮埃尔·奥特斯的欧洲人直言不讳地表示:"由于行政当局和当地酋长的同谋,加紧招募民工使殖民地荒无人烟……建筑工地的死亡率,在某些地方竟达总人数的一半,整个说来,招来的民工大约死掉了 30%。"①

(二) 殖民政府对单一经济的政策

其次是殖民政府的强迫和鼓励政策所致。通过经济和超经济手段,使农民不得不参与到单一经济作物的生产过程之中。例如,人头税的设立是将传统农业生产者转移到经济作物生产的最佳途径。塞拉利昂设立茅屋税、以现金方式收取税款等都是为了将农民驱赶到经济作物的生产过程中。此外,由于国际形势的变化,原来的原料供应地产生了问题。例如,美国南北战争以及美国自身纺织工业的崛起使欧洲纺织工业的原料供应出现严重短缺。1899 年,法属赤道非洲成立了"租让公司",其目的是为了对殖民地的原料进行开发,主要是棉花及其他农产品。到 1950 年,法属赤道非洲提供的棉花占到法属殖民地棉花生产总量的 80%,可满足法国对原棉需求的 11%,每年替法国节省 3 000 万美元。1902 年,英国成立"棉花生产协会"以鼓励坦噶尼喀生产棉花。1912 年,从该地区输出棉花的价值已达 50 万美元。② 1923 年,英国专门成立了多个研究机构分析在殖民地开发经济作物的前景。

表格 8-2　肯尼亚税收主要项目(1920—1939)

单位:千英镑

	1920—1923	%	1924—1929	%	1930—1934	%	1935—1939	%
关税和货物税	337	36	788	48	672	42	850	47
土著茅屋税和人头税	458	50	553	34	542	35	527	29
其他税收	128	14	285	18	358	23	433	
总　计	923	100	1 626	100	1 572	100	1 810	100

资料来源:E. A. Brett,*Colonialism and Underdevelopment in East Africa*,*The Politics of Economic Change 1919—1939*,TABLE XII,p. 192.

---

① 马尔蒂诺夫:《帝国主义压榨下的刚果》(何清新译),世界知识出版社,1963 年,第 85—86 页。

② E. A. Brett, *Colonialism and Underdevelopment in East Africa*, pp. 121-123;史蒂文·兰登、林恩·默特尔卡:《非洲社会经济结构的历史演变》,《西亚非洲》,1981 年第 3 期,第 8—9 页。

（三）当地的自然条件

三是当地的自然条件,如尼日利亚的有利条件使棕榈制品(如棕榈油和棕榈仁)、花生、可可、棉花和橡胶等均成为尼日利亚的主要原料产品和出口商品,还有塞内加尔的花生、坦桑尼亚的剑麻等。有的原是本地的产物,有的是引进的。需要说明的是,殖民政府并非鼓励所有的殖民地都从事单一经济,它们的主要目的还是攫取当地的原料。例如,在马达加斯加,虽然咖啡占到出口农作物的近一半,但生物多样性使这一地区的出口农作物品种甚多:

  1. 粮食作物:大米、玉米、木薯、豆类、花生、马铃薯、芋头、高粱、香蕉、糖;

  2. 植物油:干椰子核油、蓖麻油、烛核油、花生油、桐油;

  3. 纤维:剑麻、拉菲亚树叶纤维、锦葵属香草、棉花;

  4. 兴奋剂:咖啡、烟草;

  5. 香料和调味品等:伊兰伊兰香精、柠檬草、丁香、胡椒、香草。[①]

表格 8-3　非洲单一出口经济国家,1938—1954
（表格使用百万当地货币作为单位,并显示产品所占百分比）

国家和产品	1938	1950	1951	1952	1953	1954
埃塞俄比亚						
出口总值	——	——	109.7	112.1	147.8	172.2
咖啡出口值	——	——	56.6	58.8	83.1	112.4
咖啡占总出口的比例			51.5	52.4	56.2	65.2
冈比亚						
出口总值	——	2.2	3.0	3.7	2.6	2.9
花生出口值	——	2.1	2.7	3.6	2.5	2.2

---

  ①　威廉·汉斯:《非洲经济发展》(上海市"五·七"干校六连翻译组译),上海人民出版社,第258页。

（续　表）

国家和产品	1938	1950	1951	1952	1953	1954
花生占总出口的比例	——	97.2	88.7	96.2	95.0	76.5
加纳						
出口总值	11.2	76.2	90.0	84.3	88.0	113.3
可可出口值	4.5	54.6	60.3	52.5	56.1	84.6
可可占总出口的比例	40.2	71.7	67.0	62.3	63.8	74.7
苏丹						
出口总值	5.4	32.1	61.0	41.2	43.0	38.9
原棉出口值	3.4	22.9	46.5	29.0	26.8	21.7
原棉占总出口的比例	63.7	71.3	76.2	70.4	62.3	55.7

资料来源：United Nations, *Economic Survey of Africa since 1950*, New York, 1959, p.167.

表格 8-4　非洲出口经济国家及其主要出口商品
（表格单位为百万当地货币，并显示产品所占百分比）

国家和产品	产品价值		所占百分比	
	1938[ad]	1950—1957 均值[bc]	1938[a]	1950—1957 均值[bc]
利比里亚				
总出口	2.0	39.0	100.0	100.0
橡胶	1.0	30.2	50.8	76.3
铁矿石		4.8		13.2
棕榈仁	0.5	1.7	23.3	4.3
以上各项总计	1.5	36.7	41.1	93.9
法属赤道几内亚				
总出口	228	11 653	100.0	100.0
咖啡	10	628	4.6	5.4
原棉	49	4 297	21.4	36.9
木材和木材产品	95	3 831	41.5	32.9
钻石	2	398	0.8	3.4

（续 表）

国家和产品	产品价值		所占百分比	
	1938^{ad}	1950—1957 均值^{bc}	1938^a	1950—1957 均值^{bc}
以上各项总计	156	9 154	68.3	78.6
罗德西亚和尼亚萨兰联邦(中非联邦)^f				
总出口		145.8	100.0	100.0
铜^e		80.1		54.1
烟草		104.2		16.9
以上各项总计		104.2		71.0
塞拉利昂				
总出口	2.1	10.2	100.0	100.0
棕榈仁	0.6	3.5	21.4	34.5
铁矿石	0.6	2.8	30.2	27.8
钻石(未加工)	0.9	1.5	40.2	14.4
以上各项总计	2.0	7.8	91.8	76.7*

说明:

a. 利比里亚使用的是 1937 年的数据。

b. 利比里亚使用的是 1951 年—1956 年的平均数据。

c. 中非联邦使用的是 1950 年—1958 年的平均数。

d. 1938 年的货币单位是法国法郎。

e. 包括其他矿石。

f. 1954 年以前的数据是之后组成联邦三国(南罗得西亚、北罗得西亚和尼亚萨兰,独立后分别为津巴布韦、赞比亚和马拉维)的总和。

* 原文为 16.7,属计算错误,特更正为 76.7。

资料来源:United Nations, *Economic Survey of Africa since 1950*, p. 168.

上述表格清楚地表明,在殖民主义统治后期,各殖民地的单一经济作物占总出口的比例都超过了 50％,如冈比亚、加纳和苏丹。在有的年份,比例甚至达到 95％以上。在英国殖民地冈比亚,单一经济作物花生所占出口比例出奇的高,1950 年达到 97.2％,1952 年和 1953 年也分别达到 96.2％和 95％。在塞拉利昂,经济作物的出口在 1938 年占到总出口量的 91.8%，到 1950 年代仍占总出口收入的 76%。这种畸形的经济结构使得这些国家在独立后的经济发展中遭遇了极大的困境。然而，也有这样一种情况，宗主国的私人企业公司的利益可能危及殖民当局培育下的单一经济作物生产。在这种情况下，殖民政府毫不手软，采用超经济手段限制这些私人企业。诸多非洲殖民地正是通过建立这种不平等关系为西方社会的现代化进程提供了必要的财富积累过程。无论是利比里亚生产的橡胶，或加纳的可可，还是刚果（金）生产的黄金。①

（四）单一经济制的后果

作为殖民主义统治给非洲带来的最重要后果之一，单一经济作物的生产促成了一系列现象的产生，如人头税的设立、货币经济的引进、强迫劳动力的使用、土地的商品化、对当地工业和手工业的摧毁等，几乎每一个殖民地都经历了这些转变。在失去政治上的主权后，这种经济上的依附状态还伴随着殖民地的各种社会经济矛盾，如殖民宗主国的资本与非洲小资产阶级的矛盾，殖民政府的权力与非洲本土社会首领的矛盾，西方建立在种族主义基础之上的文化与非洲文化的矛盾、资本与劳动力的矛盾、资本与农民的矛盾等。这些后果都成为非洲国家独立后的遗产，也可以说构成了非洲"现代化的虚拟起步"。

在整个殖民统治过程中，非洲成了一个庞大的单一经济作物的生产场。为了以最小的成本和代价攫取最大的利润，殖民政府根据不同的需要将殖民地分化为不同的用途。有的气候适宜的被作为殖民政府的统治中心，如肯尼亚的内罗毕。有的处于枢纽位置的地方被作为殖民政府收集和发送经济作物的地点，如卡诺。有的靠近海岸的地方则直接成为将经济作物运往宗主国的关键港口，如达累斯萨拉姆、蒙巴萨、拉各斯等地。这样，在非洲形成了一个巨大的网络，将各种经济作物的生产、收集、加工、运输这一整个流程汇成一体，直接为宗主国的经济服务。正是在这种

---

① 刚果殖民地的基洛-摩托金矿公司的黑人劳动效率的提高带来的却是劳工人数的递减，20 世纪 50 年代尤其明显。1952 年，21 299 名雇佣工人生产纯金 7 516 公斤，1954 年，产金量提高到 7 648 公斤，但劳工人数减少到 16 193 人。1958 年，纯金产量为 7 134 公斤，雇佣工人减少到 10 957 人，1959 年，工人数量只有 9 241 人，但纯金产量仍有 6 851 公斤。比埃尔·约阿、萝西娜·勒纹：《在刚果的托拉斯》，第 82—83 页。

殖民宗主国掠夺的需要促使了一些基础建设的完成,如铁路运输线、水力供应、电信通讯、公路线路、欧式建筑等。黄金海岸殖民地从 19 世纪末开始种植可可以后,各种基础建设随后也开始建立。

在单一作物的种植过程中,殖民地人民也建立了自己的保护机制,并为争取自身权益采取了各种自觉或不自觉的行动。1936 年,加纳的可可生产量达到历史最高,也正是在这一年,可可遭遇到"肿芽病"的侵袭。由于殖民政府的应变措施混乱,加之农民长期以来积累的对殖民统治的不满情结,他们对政府的防治措施进行了坚决的抵制,反抗形式从消极应付到积极对抗。从 1941 年政府正式恢复砍掉受感染的可可树这一措施以来,爆发了四次可可农的反抗浪潮。① 最后,这一反抗演变成了 1948 年的抵制进口货的运动,进而演化成与武装军警的直接冲突,造成 29 人死亡,273 人受伤。这就是加纳历史上有名的"阿克拉事件",也成为加纳民族主义运动中的重要章节。② 在殖民统治下的乌干达,咖啡成为主要产品。二战后,由于来自各方面的积极影响,在靠近肯尼亚的乌干达山区布吉苏地区(Bugisu)咖啡农合作社相当活跃,布吉苏合作社工会(Bugisu Cooperative Union)于 1954 年成立。③ 在为咖啡农争取权益的过程中,合作社工会与地区自治会相互配合,以各种方式与殖民政府作斗争,在赢得市场方面表现突出。④

四、三种经济区域与城市化

正是在这种单一作物生产的强化过程中,非洲形成了三个经济区域:沿海地区、单一经济产品区和粮食作物生产区。这样的划分不仅依据现代经济所要求的劳动力,而且导致了同一个殖民地各个地区发展的不平衡性,并形成了以民族为基础的社会不平等。

---

① 李安山:《殖民主义统治与农村社会反抗——对殖民时期加纳东部省的研究》,湖南教育出版社,1999 年,第 234—262 页。

② Nii Kwabena Bonne III, *Milestones in the History of the Gold Coast: Autobiography of Nii Kwabena Bonne III Osu Alata Mantse*, Diplomatic, 1953, pp. 63-88.

③ Stephen G. Bunker, *Peasants against the State: The Politics of Market Control in Bugisu, Uganda, 1900—1983*, The University of Chicago Press, 1991, p. 56.

④ Stephen G. Bunker, *Peasants against the State*, pp. 50-140.

（一）沿海地区：贸易重点

沿海地区由于以下三个因素很快成为殖民宗主国经济的附庸。第一，早期商业经历，如几内亚沿岸的一些城镇很早就有丰富的贸易经历。同时，持续 400 年的奴隶贸易也加深了这一地区的商业习惯，使得这一地区形成了一批对西方经济利益和运作规律相对较为熟悉的非洲人群体，这些人成了非洲人与欧洲人之间的中间人。第二，从 16 世纪到 19 世纪早期，欧洲人的公司或商号在这一地区先后建立了各种商站和据点。这些商站有自己的仓储和运作方式，有的甚至形成了欧洲人的社区及其服务设施，欧洲人对沿海地区较为熟悉。第三，几乎所有的欧洲殖民地的政治中心都设在沿海城市，如法国西非殖民地的首府达喀尔、英属西非的主要据点拉各斯和阿克拉、葡属殖民地的首府卢安达和洛伦索-马贵斯等。值得注意的是，由于其得天独厚的地理位置，沿海地区率先成为将非洲殖民地与世界经济中心联系起来的关键枢纽。

（二）单一经济产品生产区

这种单一经济产品生产区包括经济作物生产区和矿物生产区。在一些内陆地区，经济作物的生产成为殖民地经济的主要特征。这些经济作物大部分是经过种植的，亦有天然作物。举其要者，埃及的棉花，加纳的可可，尼日利亚的棕榈产品，塞内加尔的花生，比属刚果的橡胶，坦桑尼亚的咖啡，棉花等。这些经济作物的唯一用途就是用于出口。概括而言，五种因素促成了这些经济作物的集中生产：税收、自然环境、交通贸易网、产品价格和原有的农业生产结构。第一，如前所述，殖民政府根据自身的需要，以各种手段（包括强迫）迫使当地的大量居民从事经济作物生产，最为常用的手段是通过税收。第二，当地较为适宜的自然环境为这些经济作物提供了良好的生产条件，如黄金海岸的可可是 1878 年引进的，到 20 世纪初，黄金海岸就成为世界第一大可可生产地区。这与其良好的自然环境是分不开的。第三，殖民地的各种基础设施为经济作物的生产提供了便利条件，特别是交通与贸易网络的形成。第四，经济作物直接与世界市场相连，市场价格刺激了各种经济作物的生产。第五，这些殖民地早在欧洲入侵前就以农业生产为主，对农作物的生产可谓是驾轻就熟。

矿产品的生产区一方面吸收了更多的投资,同时各种交通网络和基础设施也相对完善。这些基础设施在殖民统治时期并未为从事矿产品生产的非洲人带来什么好处,但在非洲国家独立后却为这些地区的民族带来了相对便利的条件。

(三) 粮食作物生产区

更多的地区则是以粮食作物生产为主。出口经济作物生产对非洲的传统生产方式的摧毁力是巨大的,一些非洲人纷纷从传统的农业耕作转向经济作物的生产。然而,用于出口作物生产的土地和人力资源越多,用于粮食作物生产的土地和人力资源就越少。这样,粮食作物的生产被忽略,有的地区在 20 世纪 30 年代即出现了粮食短缺。从整个殖民经济体系而言,这一地区投资最少,基础建设最差。可以说,欧洲人通过推动非洲的经济作物出口或矿产业摧毁了非洲人自然形成的生产方式和生活方式,却漠视广大人民的生存。由于这种历史的原因,这些地区的民族的发展程度相对较低。

从现代经济结构的角度看,这样的劳动力分工并非坏事。遗憾的是,由于对不同地区采取厚此薄彼的不同经济政策,因此带来了以民族集团为基础的社会分化。如肯尼亚的基库尤族(虽然他们在殖民军队中不如坎巴人那样受到殖民当局的信任)和乌干达的巴干达族在就业和教育等方面均优于当地其他非洲民族,这种优势也反映在殖民地公务员的职位方面。由于这种优势不可能在短期内消除,在独立后的国家行政管理与人力资源的分配上,这两个民族都占有优势。[1] 这种以民族集团为基础的不平等使独立的非洲国家在发展过程中面临更为复杂的难题,亦为地方民族主义提供了滋生的土壤。

(四) 城市化的因素

殖民地经济的发展促进了非洲殖民地的城市化。殖民主义统治的基

---

[1]　Nelson Kasfir, "Cultural Sub-Nationalism in Uganda" and Donald Rothchild, "Ethnic Inequalities in Kenya" in Victor A. Olorunsola, ed. , *The Politics of Cultural Sub-Nationalism in Africa*, pp. 51-148, 289-321.

本目的是榨取殖民地的资源,社会后果之一是促进了城市化。殖民税收制度将从事农业或牧业的非洲人驱赶到城市。土地对非洲人的生存十分重要。来到城市后,他们的生存方式起了根本的变化。一般来说,他们希望找到与自己的故土有关系的人,这是一种共同的愿望。在都市中没有根基的非洲人处在巨大的压力之下,为了提高自己的社会地位,他们成立了一些地区或民族组织,以联络故土的乡亲。这些组织最初成立时是一种福利组织,为自己的成员提供生活保障或就业机会,提供殖民地当局不能提供的福利条件和心理依靠。随着民族独立运动的发展,有些组织逐渐发展成为压力集团。有的在独立后成为地方民族主义的阵营。如约鲁巴的行动派。殖民统治下的一些措施也加强了非洲人的自身意识。这些措施的一个直接后果是将传统统治方式引进城市。1950 年代,数万劳工来到卢安夏亚(Luanshaya)从事矿山工作。这些人作为契约劳工从事井下作业,分别来自英属、比属和葡属殖民地。如果他们签订几年的合同,矿山主提供食宿,并发给相应工钱。为了对工人进行管理,矿山主决定建立一种与传统社会服务系统相适应的体系。他们在各个招工地区以优越条件雇用了一批当地的贵族或长老,由公司提供特别的住房和服装。这些人来自各个地区的皇室家族,是传统政权的代表。公司要求他们代表矿山劳工,并通过他们来管理劳工。这些人在矿山仍保持着在农村地区的那种尊严和权威。这实际上是将"部落"制度移植到工业环境中来的一种尝试。[①]

五、殖民地开发与福利法案

英国政府曾经一再强调要促进殖民地的发展。1929 年英国制定了一个关于殖民地开发的法案,称作"殖民地开发法"。1940 和 1945 年英国又相继通过了"殖民地开发和福利法"。1948 年英国还通过了"海外资源开发法",并根据该法成立了殖民地开发公司和海外粮食公司。英国政

---

① 这种尝试在一般情况下可以运作。然而,当矿工要求提高工资而举行罢工时,他们的管理毫无作用。工人向他们扔石头,并指责他们与欧洲人站在一边。A. L. Epstein, *Politics in an Urban African Community*, Manchester University Press, 1958.

府宣称这些法案的通过和公司的成立是为了促进殖民地的发展、改善殖民地人民的福利。我们有必要弄清这些法律的产生背景、内容和实施情况以及这两家公司的活动,分析诸法的实施结果与英国殖民统治的关系。

(一) 1929 年的"殖民地开发法"

第一次世界大战给英国带来巨大冲击,在战争中英国损失惨重。尽管英国是战胜国,并在战后的瓜分中获得了大片的委任统治地,帝国的领土扩张了,但英国已呈衰落之势。从英国战后经济的恢复和发展看,第一次世界大战结束到 1929 年的 10 年大致可分为两个阶段。从战争结束到 1924 年为第一阶段。这一阶段英国政治动荡,经济萧条。政治动荡的突出表现是干涉俄国引起的骚动,四届首相先后辞职,以及几次罢工引起的冲突。经济虽然在 1922 年摆脱了危机,但由于基本工业如纺织、采煤和造船业的衰落,工业仍处于萧条状态。从 1925 年至 1929 年为第二阶段。这一阶段英国的经济发展呈现出局部稳定、逐步回升的趋势。这主要表现在 1925 年宣布恢复英镑的金平价,新工业部门如汽车、电气、有色金属与化学工业的发展和一批大垄断公司的出现。到 1929 年,英国的工业产量才勉强恢复到战前 1913 年的水平。

20 年代由于经济回升缓慢和生产结构调整等原因,英国失业问题严重。虽然第三产业的就业人数增长较快,但生产部门的就业工人却明显减少。例如,1923 年到 1930 年期间,英国煤炭工人数目减少 30.8%,纺织业减少 24.9%,黑色冶金业减少 21.2%。农业工人数量则从 1924 年的 923 805 人减少到 1929 年的 888 286 人。[①] 20 年代平均每年有 12%,即 100 万以上工人失业。1924 年失业工人发起运动并通过了失业工人宪章。6 月 1 日,失业工人和一些在业工人联合举行示威游行,这一天被称为失业工人星期日。正是这个在 20 年代困扰着英国历届政府的失业问题导致了 1929 年"殖民地开发法"的产生。

1926 年鲍德温政府就专门建立了一个帝国销售委员会,计划每年拨款 100 万英镑,作为对增加帝国产品销售的研究资金,以前负责过政府对东非的贷款谈判的殖民大臣艾默里认识到英国的经济困境并非短期的麻

---

① 樊亢、宋则行主编:《外国经济史·近代现代》,第 3 册,人民出版社,1980 年,第 85 页。

烦,而是结构上的问题,需要有长远的解决方案。执政的保守党因失业问题而备受攻击。1928 年和 1929 年间,工党和自由党先后发表了自己的政纲,为竞选造势。工党于 1928 年发表政纲《工党与国家》,提出要建立就业和发展委员会以解决不断恶化的失业问题。自由党发表了颇为全面的研究报告《英国工业的未来》,并专门印发了题为《我们能够征服失业》的宣言,提出要用大型公共项目等措施来恢复经济。

在野的工党和自由党与执政的保守党均注意到英帝国的资源可以用来帮助英国本土的经济复苏。殖民大臣艾默里尤其热衷于实现这一目标,但财政部反对这样的计划,因为这需要拨出一笔殖民地开发基金。财政大臣温斯顿·丘吉尔当时正潜心于他的减税计划,对增加开支的项目格外注意。一些为失业问题所困扰的官员则希望有一条捷径在短期内解决失业问题。为解决失业问题而专门成立的各部协调委员会的秘书向殖民部表示,希望有一种"行动上迅速,并在最大限度提供就业"的举措。[①]

艾默里极力宣传他的主张。1928 年 11 月 26 日,他在给丘吉尔的信中指出,殖民帝国在缓解英国的失业问题上将大有用处,殖民地政府已在英国花费大量资金购买用于公共建设的各种材料,殖民地的发展将会增加它的购买力,从而有利于英国本土的经济。艾默里这封信的新意在于建立一笔 50 万英镑的殖民地开发基金,专门用于那些旨在"为国内制造业主提供市场""为国内劳动力提供就业"的各类殖民地计划的花费。[②]

1929 年 2 月,英国内务大臣乔英松·希克斯出于对失业问题和保守党选举前景的担忧,亦要求内阁通过利用帝国资源来促进英国工业复苏。他提出了与艾默里建议相类似的方案,即政府应该确保一笔让公众认购的贷款并为这笔贷款支付利息,而这笔款项应用作殖民地开发资金。艾默里于 1929 年 4 月将一份殖民部的备忘录呈交内阁,要求设立一份殖民地开发基金,以执行殖民地公共卫生计划、农业计划、教育发展和铁路建设计划。1929 年 4 月 10 日,英国政府决定将开发殖民地作为刺激英国

---

① CO323/1016/51165,S. S. Constantine, *The Making of British Colonial Development Policy*, 1914—1940,Frank Cass, 1984, p. 166.

② T161/291/S33978,Constantine, *The Making of British Colonial Development Policy*, 1914—1940,p. 168.

经济复苏的战略来考虑,并随之进行了殖民地开发基金法案的起草工作。殖民地开发基金提案很快获得各部门的同意。绝大多数议员们在讨论该法案的发言中关心的是法案与英国本土存在的问题的关系,即如何使殖民地原材料的开发和殖民地的发展与英国本土的工业挂钩,如何发挥殖民地作为购买英国产品的巨大市场的潜力,如何使殖民地开发基金的使用更直接地减少英国的失业。殖民部次官朗恩在议会为法案作解释时亦反复强调这一基金与英国本土发展的直接关联。例如,他指出赞比西河桥梁的建设和延伸到尼亚萨湖的铁路均是为了让当地更便捷地出口其物品和购买英国的产品。他强调对殖民地私人企业资助的标准之一是看其能否缓解英国的失业问题。朗恩还直言不讳地讲:"毫无疑问,迄今为止殖民地为了它们的发展计划已经在这个国家购买了材料,我们相信他们的订单仍将保留在这里,并将对这个国家的就业提供很大的帮助。"①这一法案以异乎寻常的速度在议会获得通过。

1929年的"殖民地开发法"规定每年英国将提供100万英镑"援助和发展殖民地的农业和工业,同时促进英国的工业和商业"。这笔发展基金将主要用于殖民地的政府所属企业。这批基金由伦敦以发行债券的形式征得,因而,资金的负担和风险由认购人而不是政府承担。资金的发放由财政部、殖民大臣以及一个由金融界和产业界知名人士组成的顾问委员会三方联合负责。

从殖民地开发法获得批准的速度和顺利程度看,英国政府对它将有助于英国经济摆脱困境是深信不疑的。可以毫不夸张地说,英国议会是以极其乐观的态度通过这一法案的。议员们坚信殖民地开发法能够使各殖民地政府将订单源源不断地送到英国,从而大大化解英国本土困扰已久的失业问题。

那么,实际情况又如何呢? 殖民地开发法于1929年7月通过后,殖民部急忙向各殖民地政府发出邀请,要它们向殖民地开发顾问委员会提出申请,然而,反响并不热烈。除了在此法案以前根据东非租借法所申请的较大项目外,各殖民地政府没有申请任何较大的项目。究其原因,主要有以下几点。

---

① *Hansard*, *House of Commons*, Vol. 230, pp. 471-475.

第一,关于制定"殖民地开发法"的酝酿与辩论自始至终是在伦敦进行的,各殖民地政府没有机会参与制定政策甚至提供意见。同时,改法的宗旨是促进英国经济的发展和解决英国失业问题,与殖民地关系不大。第二,申请的资金难以完全满足需要,参与项目的人员开支和项目的维持费用均需殖民地政府自己支付。第三,1929 年开始的世界经济危机导致各殖民地出口不景气,这使各殖民地政府难以进行开支外的其他项目。

与此同时,审批各殖民地政府提交的申请的决定权掌握在殖民地开发顾问委员会手中。这个委员会的成员绝大多数是企业或金融界的知名人物。例如,巴兹尔·布莱克曾在一些大公司担任要职,约翰·伊戈索是利兹商会的主席,费利克斯·波尔则是联合电讯工业有限公司主席。他们的身份决定了他们在审批殖民地政府提交的申请时,主要考虑的是他们代表的利益集团在帝国中的经济利益。实际上"殖民地开发法"的宗旨也是将宗主国的利益摆在首位。申请项目的订货单必须送到英国,材料必须是英国制造。因此,当殖民地提出申请发展基金以在国际市场上购买较便宜的设备时,往往遭到否决。例如,1937 年尼亚萨兰政府申请发展基金购买较便宜的铁路设备。这项申请虽经财政部和殖民部通过,却遭到顾问委员会否决,理由是购买的不是英国制造的设备。[1] 在该法的实施过程中,拨出的援助资金并未像该法所规定的那样每年 100 万英镑,实际开支最低的年限只有 40 万英镑(1933—1934),最高的年限是 90 万英镑(1935—1936 和 1936—1937)。据推算,平均每年拨出的资金实为 64.5 万英镑,而非原定的 100 万英镑。[2]

(二) 1940 年的"殖民地开发和福利法"

对于寄希望于"殖民地开发法"帮助英国摆脱经济困境的官员来说,其结果是令人不满意的。相反,1929 年后的世界经济危机使处于停滞状态的英国经济雪上加霜。1929 年到 1933 年的经济危机,是资本主义历

---

[1] T161/980/S34873,1 May 1937;CO970/2,24 March 1937. Constantine, *The Making of British Colonial Development Policy*, 1914—1940, p. 214.

[2] Constantine, *The Making of British Colonial Development Policy*, 1914—1940, pp. 199-201.

史上持续时间最长的世界性生产过剩危机。这次经济危机可以说来得突然和打击惨重。世界工业生产指数(不包括苏联)从 1929 年的 100 下降到 1930 年的 86.5、1931 年的 74.8 和 1932 年的 63.8,三年共下降 36.2%。国际贸易急剧衰退,1929 年为 686 亿美元,1930 年下降到 556 亿美元,1931 年为 397 亿美元,1932 年为 269 亿,1933 年则下降到只有 242 亿美元。[①]

世界经济危机对英国的打击是双重的。一方面,虽然危机使英国工业产量下降;但从总体上讲,英国的工业产量比其他主要资本主义国家如美、德、法的产量下跌幅度较小。这有两个原因:一是英国在美国和欧洲大陆各国经济蓬勃发展时尚未达到繁荣阶段,二是危机前英国工业没有大规模更新和扩大固定资本。另一方面,危机加重了战后长期存在着的失业问题。据官方资料,1930 年英国失业工人占工人总数的 16.8%,1931 年上升到 23.1%,1932 年再上升到 25.5%。[②]

这一危机也影响了英国与各自治领和殖民地的关系。1931 年的威斯敏斯特法比较明确地规定了英国与各自治领之间的政治关系,它正式承认了自治领不是英国的殖民地,而是英联邦中的一个成员。1931 年英国宣布废除金本位,英镑随之贬值。随后成立的英镑集团包括了各自治领(加拿大除外)和殖民地以及一些与英国经济关系密切的国家。这是英国与自治领在经济上互相依附的表现。第二年 7 月召开的渥太华帝国会议则在经济上进一步确定了两者之间的关系。根据会议协定,由自治领输入英国的商品可以享有减税或免税的特惠。这样在各自治领向英国的输出总额中,免税商品接近 80%,而英国的工业品向自治领和殖民地市场输出,则得到优惠待遇。自治领则必须降低对英国货的税率,豁免一系列英国货的关税。这就是后来称为帝国特惠制的协定。这一具有关税同盟性质的规定扩大了英国同帝国各成员的贸易。

虽然英国与自治领的关系有所改善,但 30 年代中后期英国与殖民地人民的矛盾十分激烈。1935 年在英属西印度群岛发生了罢工斗争;北罗

① F. Sternberg, *Capitalism and Socialism*, *on Trial*, New York, 1951, p. 281.

② 弗·格·特鲁汉诺夫斯基:《英国现代史》(秦衡允、秦士醒译),生活·读书·新知三联书店,1979 年,第 169 页。

得西亚(今赞比亚)的铜矿亦发生了罢工事件。1936 年 4 月,巴勒斯坦地区的犹太移民与阿拉伯人发生严重冲突,继之而来的是反殖罢工斗争。1937 年毛里求斯的种植园爆发了反抗斗争,特立尼达的油田工人进行了一次声势浩大的罢工,黄金海岸(今加纳)和尼日利亚人民则进行了抗议可可收购价格偏低的斗争。1938 年西印度群岛反殖运动达到高潮,5 月,在牙买加发生了流血冲突。这一切说明帝国并不稳定,殖民统治正面临着严峻的挑战。

为什么会发生如此频繁的罢工和冲突呢? 最根本的原因是殖民地工人生活贫困、工作条件差。这固然与世界经济危机对殖民地经济的冲击有关,但主要是英国的殖民政策造成的。各地罢工的原因几乎都是因为工人工资过低。以北罗得西亚的铜矿工人为例,在恩卡纳的 5 829 名工人当中,只有 800 人每月工资超过 30 先令,2 300 名工人的工资低于 20 先令。① 特立尼达在 1936 年生产石油已达 13 237 030 桶,成为英帝国石油的主要生产地,占英帝国 1936 年石油生产的 62.8%。然而就连调查 1937 年石油工人罢工冲突的委员会也不得不指出,"工人的工资标准低和生活条件差,而雇主们对工人的劳动福利表现出惊人的漠不关心"。②

殖民地频繁的反抗斗争引起了英国政府的关注。1938 年 5 月麦克唐纳被任命为殖民大臣。他就任后开始策划殖民地的改革。当时西印度群岛殖民地人民的反抗斗争和英国的镇压行动已开始引起国际反响。从 1935 年到 1937 年,那里已有 39 人在冲突中死亡,175 人受伤。麦克唐纳上台不到一个月,即着手 5 月底召集殖民部高级官员讨论西印度群岛的问题,会议决定向内阁提交一份要求向西印度群岛派遣皇家委员会进行调查的备忘录。这一建议得到英国首相的批准。6 月 27 日麦克唐纳召集了一次部委会议,讨论殖民地福利基金的实施情况。会议一致认为 1929 年的殖民地开发法在操作机制和申请的前提条件等方面是不合宜的,并委任达费林勋爵领导一个委员会,准备一份具体的改革计划。

1939 年 9 月 18 日麦克唐纳将计划提交给英国财政部。为便于批

---

① 理查德·霍尔:《赞比亚》(史毅祖译),上册,商务印书馆,1973 年,第 292 页。

② 艾里克·威廉斯:《特立尼达和多巴哥人民史》(吉林师大外语系译),下册,吉林人民出版社,1973 年,第 540—543 页。

准,麦克唐纳将计划中原要求的殖民地开发和福利基金减半,分别由原来的 1 000 万英镑和 100 万英镑减为 500 万英镑和 50 万英镑。但是财政部并没有认可这个报告,原因是财政部要求任何新的财政开支必须与正在进行的战争有关。为此殖民部对报告进行了修改。在原报告中,殖民部提出增加殖民地开发和福利基金的理由有如下两点。第一,应对殖民地经济提供援助,同时应注意殖民地人民的社会福利,以平息殖民地的不满情绪。第二,加强对殖民地的援助和管理,以缓和因西印度群岛问题而激起的国际舆论的批评。面对财政部的要求,殖民部在原有基础上又提出了两点新理由。第一,如果不及时对殖民地进行援助,积蓄的不满和愤怒有朝一日将爆发出来,而这种局面将大大影响处于战争中的英帝国;反之,一个"满意而忠诚"的殖民帝国将成为战时一支不可缺少的力量。第二,对殖民事务的妥善处理将会提高英国的国际声望,亦将在战后的和平谈判过程中加强英国的地位。总之,该法将有助于动员殖民地的人力和物力资源,以支持英国及其盟国的反法西斯战争。

新的"殖民地开发和福利法"于 1940 年 7 月 17 日获得通过。与 1929 年的"殖民地开发法"相比,1940 年的"殖民地开发和福利法"具有以下不同点。第一,资金数额扩大了。该法规定在今后 10 年,每年将提供 500 万英镑给殖民地政府。同时,还有 50 万英镑专门用作殖民地开发问题研究。第二,资金用途更广。资金除了可以援助一般意义上的殖民地开发项目外,还可用作发展殖民地农业、教育、卫生和住房等的经常性开支。第三,涵盖面更广;包括殖民地社会福利问题。第四,其目的与 1929 年主要为解决英国国内失业问题亦有所不同。概言之,1940 年"殖民地开发和福利法"可以说有四个目的,即平息殖民地的不满情绪,缓和国际舆论的各种批评,调动殖民地的战时资源,刺激殖民地的生产。

但是与 1929 年的"殖民地开发法"相似,在该法的实施过程中实际投入的资金要比计划的少得多。例如,1940 年到 1941 年的援助开支仅为 177 802英镑,到 1944 年到 1945 年才升至 2 806 456 英镑。在计划实行的前四年内,该计划仅花费约 300 万英镑,尽管照预定应花费 2 000 万英镑。[①]

---

① Bernard Porter, *The Lion's Share*, *A Short History of British Imperialism 1850—1983*, Longman, 1984, pp. 309-310.

1943 年,殖民官员凯恩在他长达 20 点看法的备忘录中就殖民部对此计划的观望态度提出了批评。凯恩认为不应坐等各殖民地政府的申请,而应主动地制定计划,对各殖民地政府进行指导。

(三) 1945 年的"殖民地开发和福利法"

1944 年英国殖民大臣奥立弗·斯坦利组织殖民部对战后殖民地的发展局势进行了研究,并向财政大臣提出了将殖民地开发和福利基金与殖民地研究基金增加一倍的建议。他提出的主要理由有以下几点。第一,更好地显示英国人管理广大殖民地的信心与能力。第二,鉴于英属西印度群岛和西非的不稳定状况,伦敦的指示将使殖民地官员进一步坚信英国殖民政策的正确性,并开始为战后制定适当计划。第三,敌方曾扬言1940 年殖民地开发和福利法是为形势所迫,英国从未打算认真执行,而加强并扩充这一计划将使敌方的宣传破产。

斯坦利在计划中提议资金拨款的增加应逐年进行。在前三年,即至1948 年—1949 年度,殖民地开发和福利基金可增至每年 1 000 万英镑,在随后的四年,基金可增至每年 1 500 万英镑,而在 1952 年—1953 年度至1955 年—1956 年度,基金可增至每年 2 000 万英镑。作为妥协,他同意这批基金可以包括殖民地研究计划以及其他用于殖民地的开支如高等教育方面的开支,而这一点以前是准备安排在殖民地开发和福利基金以外的。[1]

针对这一建议,财政大臣指出:"我很不喜欢这种增加比率的想法。实际上,在我看来这种想法在目前状况下似乎很难说是有理由的。"但他承认殖民地的重要性及世界舆论对英国处理殖民事务的关注,因而准备同意将 1940 年殖民地开发和福利法的基金数额增加一倍,即每年将1 100万英镑用于殖民地开发和福利以及研究上,并同意将此法从 1946年 4 月 1 日起延期 10 年。[2]

---

[1] CO852/588/11,Colonial Development and Welfare: Secretary of State for the Colonies to Chancellor of the Exchequer, 21 September 1944. Document 27. A. N. Porter and A. J. Stockwell, eds., *British Imperial Policy and Decolonization*, *1938—1964*, *Vol.* 1 (1938—1951),Macmillan, 1987, pp. 202-205.

[2] CO852/588/11,Colonial Development and Welfare: Chancellor of the Exchequer to Secretary of State for the Colonies, 25 October 1944, Document 28. *Ibid.*, pp. 206-207.

1944 年 11 月 15 日,英国战时内阁举行会议,讨论殖民地开发与福利法案问题。斯坦利仍然将自己原来的建议提出来,并在讨论中强调:"在未来的岁月里,如果没有英联邦和帝国,这个国家在国际事务中起的作用将会很小……"斯坦利认为尽管这种援助将会给英国本土带来一些负担,但殖民帝国对英国来说太重要了,"英国必须准备为其未来承担某些负担"。① 当殖民地开发和福利法案于 1945 年 2 月 7 日在下议院进行二读时,斯坦利再一次重申了他的看法。他没有像 1929 年在下议院作解释的殖民部次官朗恩那样,极力将殖民地开发基金与英国本土的经济复苏联系起来,而是综合考虑殖民地开发和福利法案对英帝国带来的影响。斯坦利列举了三条理由。第一,责任心。他认为英国人有一种想帮助殖民地人民过好日子的"真诚愿望"。第二,殖民地的战略重要性。殖民地的这一优势将强化英国的世界地位。第三,经济利益。殖民地人民的生活水平尚比较低,如果稍有发展,将对英国形成一个"巨大的新市场"。② 在这三条理由中,后二条道出了问题的实质。新的"殖民地开发和福利法"于 1945 年 4 月获得通过,基金款项增加为每年 1 200 万英镑,有效期为 10 年。

第二次世界大战后英国霸权地位丧失,这是与其经济实力下降分不开的。到 1945 年英国欠外债已达 37 亿英镑,而国债也由 1939 年的 72 亿英镑增到 214 亿多英镑。摆脱经济困境成了新上台的工党政府的首要任务,战后的英国不仅从美国进口各种机械,就是粮食和一些基本生活用品也需要从美元区进口,这对负债累累而又缺乏美元的英国是个极沉重的包袱。英国政府希望利用庞大的殖民帝国来渡过难关。

新的"殖民地开发和福利法"公布后,英国政府极力鼓吹这是对殖民地的慷慨援助。那么该法的实质究竟是什么呢? 英国学者杜德对此进行了十分中肯的分析。他认为这里所谓"援助"应从三个方面来剖析。第一,宣布分拨的数字决不等于该法实施过程中实际支付的数目。在工党政府执政的 1946 年—1951 年期间,该法共支付 41 588 575 英镑,以受援

① CO852/588/11, Colonial Development and Welfare; Cabinet Memorandum by the Secretary of State for the Colonies, 15 November 1944, Document 29, *Ibid.*, pp. 208-211.

② *Hansard*, *House of Commons*, Volume 407, Columns 2103—2106.

的 46 个殖民地的 8 100 万人口计,殖民地人口每人每年分得 2 先令半便士。第二,英国银行存有一大笔殖民地的英镑结存,一直在伦敦被"冻结"而没有支付。1952 年 6 月底,这笔殖民地的英镑结存总数达 10 亿多英镑。这实际等于殖民地被迫向英国支付的"贷款"。殖民地开发和福利基金拨出的款项与这笔"强迫贷款"相比,实属微不足道。第三,就在"殖民地开发和福利法"实施过程中,这笔英镑结存的数额仍在增加。仅英属西非一地的英镑结存额在 1948 年就增加了 2 000 万英镑以上,这一年付给所有殖民地的发展和福利基金仅为 568 万多英镑。①

战后的英国受到债务和美元奇缺的困扰。英国是如何通过殖民地开发和福利法案来解决这个问题的呢? 最主要的途径是千方百计地鼓励殖民地生产各种出口商品以换取美元,同时帮助支付英镑区必须进口的商品。如 1946 年 8 月,英国派官员到非洲了解生产可供出口的植物油的可能性,1946 年 11 月开始在东非推行种植花生的计划。马来亚的锡矿和橡胶也成为英国垄断组织高额利润的源泉,同时也是获取美元的重要手段。据统计,1946 年—1951 年期间,出售马来亚的原料为英国赚取了71 300 万美元。

英国开发英属非洲的资源的计划可谓雄心勃勃,从各个方面都表达了这样的意愿。英国外交大臣贝文声称,"如果西欧想使自己的收支相抵并获得世界性的平衡,就必须开发非洲的资源"。工党执委会在其报告中提出,"只有依靠开发非洲丰富的资源,才能真正减少对美元物资的依赖程度"。商务大臣哈罗德·威尔逊在下院发言中指出:"我同意许多议员先生们在许多场合发表的意见,认为开发非洲和其他落后地区是改善国际收支的一个最有效的办法。"②难怪著名学者乔治·帕德莫尔将非洲称为继美洲和印度之后的"英国的第三帝国",而杜德则将这一开发计划称为"遍地黄金的非洲梦"。更重要的是,殖民地在进出口和原料生产上为英国提供了极其便利的条件。如殖民地生产的农产品(如可可、花生、棕榈油、西索麻等)的销售直接为官方的销售管理局控制,其价格往往低于

---

① 帕姆·杜德:《英国和英帝国危机》(苏仲彦等译),世界知识出版社,1954 年,第214—218 页。

② 杜德:《英国和英帝国危机》,第 198—199 页。

世界市场价格。以西索麻为例,坦噶尼喀农民得到的价钱只等于相邻的莫桑比克市场价的一半。

"殖民地开发和福利法"所拨资金还用于有关殖民地开发和管理的训练和研究项目,其中用于研究农业、畜牧业、林业、渔业、医疗、社会科学等方面的项目每年不超过100万英镑。为了使殖民地开发研究项目能充分进行,1949年对1945年的发展和福利法进行了修正,将研究费用提高到每年250万英镑,但1945年法所拨基金的基数并未改变。在1945年的法案通过前后,殖民部先后成立了殖民地研究委员会(1942年)、殖民地产品研究会(1941年)、殖民地渔业顾问委员会(1943年)、殖民地社会科学研究会(1944年)、萃萃蝇与锥虫体病委员会(1944年)、殖民地医学研究委员会(1945年)、殖民地农业、牲畜健康和林业研究委员会(1945年)、殖民地杀虫药剂委员会(1947年)和殖民地经济研究委员会(1947年)。一些科学家任职于这些委员会,为殖民地开发提供各种咨询意见。10年内的12 000万英镑中有2 350万英镑作为中心项目资金。中心项目主要包括高等教育项目,即将殖民地学生送到英国接受大学教育或在殖民地开办大学的项目,培训殖民地管理人员的项目,以及大地测量与地形堪探、航空无线电通讯及气象服务方面的项目。当时为了培养一批殖民政府工作人员或提高殖民政府官员的素质,殖民部定期举行培训班,由剑桥、牛津等校专家学者授课。[①]

(四) 殖民地开发公司与海外粮食公司

为了进一步加强对殖民地人力物力资源的利用,根据1948年的"海外资源开发法",英国成立了殖民地开发公司和海外粮食公司。殖民地开发公司拥有1.1亿英镑的资本,主要任务是从事大规模经济开发计划。该公司还将拥有一笔为数6 800万英镑的额外收入,这笔款项计划通过对殖民地人民增税的办法筹集。海外粮食公司则授权投入5 500万英镑用于殖民地实施大规模增加粮食生产的计划。同时,该公司还在殖民地以强制规定的低价收购粮食和原料,然后在世界市场上出售,以获取巨额利润。连1951年

---

① 英国殖民部档案 CO 537/2573,1947年12月8日杰弗里斯备忘录"在英国的非洲学生的政治意义"。

起担任殖民大臣的李特尔顿也承认殖民地政府和销售管理局靠压低收购价格和生产者生活水平的办法是"没有理由的","在政治上不可行"。①

下面我们将简要考察一下这两家公司的活动情况。早在 1947 年 6 月 25 日,英国殖民大臣克里奇·琼斯就向议会说明了即将成立的殖民地开发公司的三项活动原则,即它将按照商业原则开展业务,补充而不是排挤私营企业,其所属企业将以农业为主。这实际上是一家混合(私人与国家)公司,即在英国政府主要是殖民部和粮食部的监督下,通过各部任命的董事会,使用有限度的由国家控制的资金,去推行各部认可的计划,而这些计划的执行又是有私人企业参与的。公司的董事会由私营垄断组织的巨头担任,如殖民地开发公司的第一任董事长特烈弗盖恩勋爵既是最大烟草托拉斯的经理,又是英国巴克莱斯银行的前董事。公司董事会的其他七位成员也均为企业金融界头面人物。在该公司执行的殖民地开发计划中,有很多是与私营企业合伙的。据 1950 年 1 月的估计,此类合伙的计划占三分之一多。

战后英国工党政府为了摆脱危机,缓解国内困境,改变战争期间在国外投资减少的局面,加紧向各殖民地输出资本,以提高各殖民地英国公司的利润和股息。工党政府的"四年计划"明确规定要从殖民地获取更多原料和提高海外投资的利润,收入要由 1948 年—1949 年度的 3 500 万英镑达到 1952 年—1953 年度的 26 300 英镑。②

这样,殖民地开发公司很自然地将注意力放在农业上,更确切地说,就是放在农产品和原料生产上。该公司 1950 年度的报告书透露,资金的 64％用于农业、畜产、渔业、林业和矿产方面的原料生产,其中包括用于原料加工如罐头业的资金。自公司开办以来所成立的 50 个企业中没有一个是为了发展主要工业的。1951 年的报告书表明该公司核准资金总额达 35 729 294 英镑,其中只有 12.4％是作为"工厂"之用的,而这些工厂又主要是用于原料的初加工。③

与殖民地开发公司同一年成立的海外粮食公司的目的更是如此。《工

---

① CAB129/48,C(51)22,David Goldsworthy, ed., *The Conservative Government and the End of Empire*, *1951—1957*, Part III, Document 361.

② 德伏尔金:《英国右翼工党分子的思想和政策》(李真等节译),世界知识出版社,1957 年,第 259 页。

③ 帕姆·杜德:《英国和英帝国危机》,第 221 页。

党讲演手册》说得很清楚,"海外粮食公司授权投入5 500万英镑用于在殖民地大规模增加粮食生产的计划"。公司的操作则是由粮食部授权的董事会负责。这个董事会由《每日快讯》的原总经理助理赖斯里·普提默领导,其成员为垄断组织的头面人物、银行家和处理过经济事务的殖民官员。①颇值得玩味的是,这个被鼓吹为将给殖民地人民带来福利的海外粮食公司最先隶属于粮食部,后来才转属殖民部。这足以说明它的主要目的不是在于发展殖民地,而是为了利用殖民地资源来解决英国在食品方面严重依赖进口的问题。

然而,海外粮食公司的闻名并非由于它的成功,而是由于它那失败的花生种植计划。这一计划最初是由联合非洲公司的执行董事弗兰克·塞缪尔先生提出的。联合非洲公司是英国托拉斯尤尼莱佛公司属下的子公司。尤尼莱佛公司是一个联合企业,主要控制着中西部非洲。1946年3月28日,塞缪尔向工党政府提出了这项生产花生的发展计划,并建议由政府负担费用。这一建议受到粮食大臣斯特雷奇的欣赏,认为这可以满足英国人对植物油的需求。该计划建议由政府支出2 400万英镑,在坦噶尼喀、北罗得西亚和肯尼亚建立庞大的花生种植场,占地325万英亩,由3万名非洲农业工人进行生产。

建议提出后,工党政府立即接受,并于1946年11月在白皮书里正式公布。工党政府还指定计划执行初期由联合非洲公司管理,以后再由粮食公司接管。英国政府宣称这一计划将成为坦噶尼喀"发展的巨大催化剂",将促进公路、桥梁、港口以及医院和学校等的建设。总之,这一计划将成为这一地区人民走向幸福生活的源泉。然而对国内人民,英国政府的说法是,到1950年这一计划可以在脂肪方面弥补英国缺口的一半,并且使英国每年节省1 000万英镑。

结果如何呢? 第一年用来清除丛林的花费远远高于原来的估计,到1949年费用已经花去2 300万英镑。于是公司提出借款6 700万英镑,用于清理120万英亩土地。这明显超过该公司由海外资源开发法规定的借贷5 000万英镑(外加500万英镑的短期借贷)的限额。这一提议在遭到财政大臣拒绝后又进行了修改。修改的提议要求借款4 760万英镑,

---

① George Padmore, *Africa: Britain's Third Empire*, London, 1949, p. 117.

以便在 1954 年以前清理 60 万英亩的土地用于花生种植。① 这一计划到 1950 年又减为 21 万英亩。最后,人们发现新开垦的土地根本不适合种花生,英国政府只好于 1950 年 8 月下令结束这一计划。正如一位学者指出的,整个花生种植计划在经济上是负担,在生产上是失败。②

工党政府还通过成立另一种国家垄断机构,即殖民地销售管理局来榨取原料,剥削殖民地人民。这一组织由殖民地垄断组织的代表组成,有人宣称它"结束了殖民地剥削的旧形式"。销售管理局的任务是决定统一的农产品收购价格,实际成了官方负责收购和销售的垄断组织。这种销售管理局帮助粮食部和私人垄断组织以远远低于国际市场价格或其他国家同一商品的价格向农民收购农产品,然后拿到国际市场去出售。根据《泰晤士报》的材料,销售管理局在 1947—1948 年度内收购了黄金海岸的全部可可,花了 2 000 万英镑,将其卖出后得了 5 600 万英镑,所得利润为 3 600 万英镑。1949—1950 年度收购可可花费 3 100 万英镑,卖了 6 200 万英镑,利润为 3 100 万英镑。1951 年预定收购可可将花费 4 500 万英镑,可卖得 9 000 万英镑。③ 销售管理局的这种卑劣行径是引起黄金海岸人民 1948 年初反英游行示威的原因之一。

在殖民地开发和福利计划中,非洲是一个主要考虑的对象。如前所述,1945 年殖民地开发和福利法的 10 年拨款金额为 12 000 万英镑,其中 2 350 万英镑为研究方面的经费,1 100 万英镑作为备用。余下的 8 550 万英镑则分配到各殖民地,其中 5 465 万英镑分配到非洲各殖民地(尚不包括毛里求斯)。另外两笔较大份额是,英属西印度群岛 1 550 万英镑,英国在远东的殖民地 750 万英镑。④ 由此看来,英国对它的"第三帝国"情有独钟。1947 年,财政大臣克里普斯承认"热带非洲在提供粮食和原

① CAB129/37, Pt2 CP(49)231, "The East African Groundnuts Scheme": Memorandum by the Minister of Food, 11 November 1949. Document 53. Porter and Stockwell, eds. , *British Imperial Policy and Decolonization*, *1938—1964*, *Vol.* 1(1938—1951), pp. 307-320.

② 转引自西克·安德烈:《黑非洲史》(吴中译),第 4 卷上册,上海译文出版社,1979 年,第 319—322 页。

③ 1951 年 3 月 12 日《泰晤士报》,转引自德伏尔金:《英国右翼工党分子的思想和政策》,世界知识出版社,1957 年,第 260 页。

④ CRC(50)16;CO927/116/3, no. 25, Ronald Hyam, ed. , *The Labour Government and the End of Empire*, *1945—1951*, HMSO, 1992, Part IV, Document 379.

料及赚取美元方面为英镑区做出了很大的贡献",并指出整个英镑区的生存能力依靠迅速而全面地开发非洲资源。英国政府是这样想的,也是这样做的,而且通过垄断公司去实现这一目标。以大名鼎鼎的尤尼莱佛公司为例,它通过联合非洲公司控制着尼日利亚和黄金海岸等地的企业,仅在1950年就共获取利润6 600万英镑。实际上正是西非和马来亚的出口大大补偿了英镑区的美元赤字,帮助英国渡过了战后最艰难的岁月。

1950年,"殖民地开发和福利法"又将基金增加了2 000万英镑,总数达到14 000万英镑,但每年支出以不超过2 500万英镑为限。该法以后又延长数次(1955、1959、1963),成为英国与殖民地战后经济关系的一根纽带。通过比较1929年"殖民地开发法"与1940年和1945年的"殖民地开发和福利法",我们不难看出其中的异同。三项法令的共同点是:首先,由英国出资"援助"殖民地的发展;其次,最终得到好处的多为英国垄断企业。但是,三个法案产生的动机有所不同。1929年法案的主要动机是通过投资殖民地来解决英国本土失业问题。1940年法案则主要是为了调动战时资源并在一定程度上安抚殖民地、平息国际舆论的批评。1945年法案的经济目的更为明显,目的是为了开发殖民地资源,解决战后英国面临的经济困难。

(五) 殖民地开发和福利诸法与殖民统治的关系

英国政界和学术界一些人士常常强调英国制定殖民地开发和福利法是为了促进殖民地的发展,是为了帮助殖民地人民。麦克唐纳在他的《关于殖民地开发和福利及殖民地研究的政策声明》中就宣称1940年的殖民地开发和福利法的主要目的是"促进殖民帝国各族人民的幸福和繁荣"。亦有学者认为英国发展殖民地的计划纯粹是利他主义的,是把英国纳税人口袋中的钱花在殖民地身上。[①] 古普塔认为1940年的"殖民地开发和福利法"可能是"英帝国历史上第一个无私的法案"。[②] 以上考察却使我们得出如下结论。第一,1929年的"殖民地开发法"、1940年与1945年的"殖民地开发和福利法"以及殖民地开发公司和海外粮食公司的主要出发

[①] 　Rita Hinden, *Empire and After*, London, 1948, p. 157.

[②] 　P. S. Gupta, *Imperialism and the British Labour Movement*, Macmillan, 1975, p. 248.

点均是为了英国自身的利益。在有关殖民地开发的计划的实施过程中英国公司和各种垄断组织大获其利。第二,殖民地开发计划绝不是为了促进殖民地的独立,而是为了改善对殖民地的政治控制和经济剥削的方式,加强与殖民地的经济联系。第三,英国的殖民地开发计划和有关的殖民政策的调整是经过精心策划的,在每个不同时期,根据不同形势,制定出有针对性的计划。这些计划有的是为了消除殖民地的不满情绪,有的着眼于统治方式的调整,而有的则是为了利用殖民地资源来解决英国国内问题。所有这些计划的目的只有一个,即维护殖民统治。

六、畸形的"现代化"因素

在非洲,资本主义保留了有助于进行原始积累的一部分因素(如奴隶制的劳动条件),同时也破坏了有碍于殖民掠夺的一部分因素(如自给自足的封闭的自然经济体系)。最为重要的是,它输入了有利于对非洲进行经济剥削特别是资源掠夺的雇佣劳动制。非洲在殖民主义统治时期被置入了畸形的"现代化"因素。

(一) 被扭曲的农业

罗德尼指出:"非洲的殖民主义最具决定性的失败在于没有改变农业生产技术。有关殖民主义对非洲实施'现代化'的表现最有说服力的证据在于,绝大多数非洲人是背着锄头进入了殖民主义,同时还是背着锄头走出了殖民主义。"[①]在殖民主义统治下的非洲,农业的发展遭到了严重的扭曲。加纳学者马克斯韦尔·奥乌苏在分析殖民主义时期的农业及农村发展时认为,这种扭曲有四种表现,即出口优先、侧重城市、国家的集中作用和男性的统治地位。专注于出口实际上就是前面提到的单一经济作物的生产,即"非洲所生产的不是自己要消费的,而所要消费的自己却不生产"。第二种扭曲指殖民政策将农村居民的需要服从于城市居民的要求。第三种扭曲现象是生产过程中政府的干预特别明显,这在经济作物的生产和销售上特别突出。第四种扭曲是殖民统治时期的农业生产导致了妇女地位

---

① Walter Rodney, *How Europe Underdeveloped Africa*, p. 226.

的边缘化,而单一经济作物的生产加重了非洲农业对男性的偏重。①

最为突出的同时也是非洲农业最典型的特征是生产的不是自己要消费的,非洲要消费的却不是自己生产。前面提到的单一经济作物中如咖啡、茶、可可、甘蔗等都不是非洲人所需要的生活食品,而是专门为满足欧洲国家餐后甜点或糖果点心业的需要。棕榈和橡胶的生产也不是非洲人当时所需要的生活必需品,而是为了欧洲的油脂化工业和汽车工业。然而,这些经济作物的生产占有非洲相当一部分的劳动力。他们或是在欧洲公司的种植园服务(如比属刚果),或是为白人移民农场工作(如阿尔及利亚、坦噶尼喀、肯尼亚),或是在自己的农场生产单一经济作物(如黄金海岸等)。更确切地说,殖民政府为国内市场和非洲民众服务的农业确定了新的发展方向——为欧洲殖民宗主国的利益服务,为海外出口服务。

(二) 基础设施的建设

几个非洲殖民地或多或少已经开始了铁路的建设。对于这种基础设施的建设,殖民宗主国有着自己的算盘。1885 年,德耳卡塞在法国参议院的演说中表示:"一旦塞内加尔海岸或法属几内亚与尼日尔之间有了铁路,或者先有水路后铺铁路,我们不但可以遏制任何暴动,而且能够将大部分商队的货物运到海岸来。…… 为法国商业准备永久的运输条件,……这就是我们所要达到的目的。"②1895 年,英国首相索尔兹伯里勋爵向议会提出的还是同样的问题,只不过是从英国的角度:"我们在所有这些新国家中的任务是为不列颠的商业、不列颠的企业、不列颠资本的使用铺平道路,因为现在发挥我们民族商业能量的其他道路和其他出路正由于越来越牢固的商业原则而逐渐堵塞……用不了几年,我们的人民将成为主人,我们的商业将占上风,我们的资本将统治……诸位勋爵,这是一种巨大力量,但它要求有一个条件。你们必须设法把它引进到它即将发挥作用的国度里,你们必须为它开辟道路。"③

---

① 马兹鲁伊主编、旺济助理主编:《非洲通史(第八卷):1935 年以后的非洲》,第 229—260 页。

② 雅克·阿尔诺:《对殖民主义的审判》(岳进译),世界知识出版社,1962 年,第 77 页。

③ R. D. Wolff, *The Economics of Colonialism: Britain and Kenya, 1870—1930*, New Haven: Yale University Press, 1974, pp. 134-135.

这些基础设施建设,有的是为了对付竞争对手,有的则是为了掠夺当地自然资源。例如在法属几内亚,殖民政府于 1900 年—1914 年修建了科纳克里-尼日尔铁路即是为了阻止英国人从塞拉利昂到达尼日尔河上游地区。① 对殖民地经济作物的掠夺可参考加纳。1900 年,可可种植在黄金海岸东部省已经铺开,新朱阿本、阿基姆-阿布阿夸、克罗波和阿夸平等地都种植了可可。可可很快又传到阿散蒂地区及其黄金海岸殖民地的中部省和西部省。随着这一经济作物的引进和广泛种植,与之相配套的基础设施也随之开始建设。1906 年,阿克拉到阿夸平的铁路建设开工。② 到 1927 年,塞康第-库马西和阿克拉-库马西的铁路线开通。此外,还有中部省的铁路连接上述两条铁路线,为阿基姆这一重要的可可生产区服务。③

表格 8-5 非洲各地 1905 年、1920 年和
1945 年的铁路长度(单位:公里)

地　名	1905 年	1920 年	1945 年
黄金海岸(加纳)	270	443	805
象牙海岸(科特迪瓦)	0	316	864
肯尼亚	940	1 032	2 084
尼亚萨兰(马拉维)	48	280	509
莫桑比克	456	818	2 384
尼日利亚	238	1 812	3 063
塞内加尔	819	1 305	1 679
坦噶尼喀	129	1 596[a]	2 181
赞比亚	——	814[a]	1 033
埃塞俄比亚	309	784	784

[a]1921 年—1922 年数据

资料来源:B. R. Mitchell, *International Historical Statistics: Africa and Asia* (London: Macmillan), pp. 498-503。引自 John Sender and Sheila Smith, *The Development of Capitalism in Africa*, London and New York: Methuen, 1986, p. 14。

然而,这种基础建设的畸形发展却十分明显。一切为经济作物开路,

① 威廉·汉斯:《非洲经济发展》(上海市"五·七"干校六连翻译组译),上海人民出版社,1974 年,第 127 页。

② *Census Report*, *1921*, Accra: Government Press,1923, p. 65.

③ 李安山:《殖民主义统治与农村社会反抗——对殖民时期加纳东部省的研究》,第 38 页。

一切为经济作物输出到宗主国服务。这种畸形的经济造成了非洲国家对少数几种经济作物的依附,对国际市场的依附,对宗主国金融制度的依附,对宗主国财政的依附。[①] 当然,这种运输系统的建立完全是为了殖民剥削。在刚果河一带进行过探险的欧洲探险家斯坦利曾公开表白:"没有铁路,刚果就一文不值。"[②]对非洲殖民地的开发,在很大程度上是与建立交通运输网相联系的,这种运输网络除铁路之外,还包括港口、水路和公路。[③]

(三) 教育及其他因素

同样,我们也可以看到,在非洲不同的殖民地,学校的建立、通讯设备和电话网络的铺设也是从殖民统治的角度来考虑的。诚如罗德尼所言:殖民地教育的主要目的是为殖民地的管理培养人才,这种教育不是为了增强非洲青年人作为非洲人一员的自信和骄傲,而是树立他们对欧洲人和资本主义的崇敬和顺从。即使是将从非洲剥削得来的剩余价值的极少一部分用来教育,这种教育在分配上也是极不公平的。以 1959 年的乌干达为例,当地政府为每个非洲学生花费 11 英镑,为每个印度学生花费 38英镑,为每个欧洲学生花费不多 186 英镑。在肯尼亚,这种歧视更为突出。[④]（教育因素将在后章详细论及）

桑给巴尔、乌干达和肯尼亚于 19 世纪 90 年代成为英国的殖民地。英国统治了富饶美丽的东非地区近半个世纪后,发现情况十分糟糕。1935 年到 1940 年任英属乌干达总督的菲利普·米切尔爵士在 1939 年对东非状况的描述令人惊心:"看看现代东非的现实,情况令人不安。人民普遍贫困,受着多种疾病的折磨,大部分人都营养不良。作为雇工,他们领取工资经常意味着吃住条件更差,而工资本身又低,工效水平也不高。除极少数幸运者之外,教育仍处于初步阶段且效率低下。"[⑤]非洲殖

---

① Claude Ake, *A Political Economy of Africa*, Longman, 1981, pp. 43-87.

② 转引自马尔蒂诺夫:《帝国主义压榨下的刚果》(何清新译),世界知识出版社,1963年,第 84 页。

③ 威廉·汉斯:《非洲经济发展》(上海市"五·七"干校六连翻译组译),上海人民出版社,第 80—129 页。

④ Walter Rodney, *How Europe Underdeveloped Africa*, pp. 261-267.

⑤ Sir P. Michell, *Native Administration*, Entebbe: Government Printer, 1939, p. 29.

民地的这种落后状况既是对英国殖民统治状况的真实反映，也是对战争中要求非洲人民加入反法西斯战争动员的一种讽刺。1940 年，经英国殖民大臣麦克唐纳提议，"殖民地开发和福利法案"在议会通过，决定每年将500 万英镑用于殖民地今后 10 年的发展，同时每年将 50 万英镑用于殖民地问题研究。这项计划因为战争而进展不大。①

殖民主义在第二次世界大战后曾对殖民地的工业化有所尝试，但主要是根据当地条件来进行的。例如，英国因国土遭到严重破坏，曾充分利用殖民地的工业原料，通过私人资本的运作，但这种资本运作主要发生在南罗得西亚，因为那里的白人移民一直在实业界占据着绝对的优势地位。法国战后在殖民地的投资主要集中在交通运输和基础设施，但这些努力很快由于宗主国自身的重建而停止。较为突出的是比利时统治下的刚果。在第二次世界大战时期，比属刚果的工业特别是加工工业发展很快，这一方面是因为海上交通在双方交战时被封锁，另一方面是因为当时比利时被希特勒占领，一些人力和财力资源转到比属刚果。1939 年，刚果工业企业的数目只有 2 538 家，1946 年已达 3 701 家，其中冶金企业从 61家增到 94 家，造船厂和船舶修理厂从 140 家增到 183 家，森林工业和木材加工企业从 357 家增到 642 家，化工厂从 10 家增到 15 家，食品厂从422 家增到 628 家。② 战后，工业企业和农业企业均快速增加。1945 年，比属刚果各种工业企业（未包括农业企业）约 3 900 家（原文如此），1950年有工业企业 6 800 家，农业企业 2 800 家；1955 年有工业企业 13 600家，农业企业 4 600 家。1957 年，企业总数为 22 600 家，其中农业企业占7 400 家。③ 这些企业主要与采矿业和农业加工有关系。随着殖民地工

---

① R. D. Pearce, *The Turning Point in Africa：British Colonial Policy 1938—1948*, London：Frank Cass, 1982. 有关这一时期英国殖民政策的演变，参见李安山：《日不落帝国的崩溃——论英国非殖民化的"计划"问题》,《历史研究》,1995 年第 1 期，第169—185 页。

② 马尔蒂诺夫：《帝国主义压榨下的刚果》（何清新译），第 92 页。关于比属刚果的各种企业的情况，可参见比埃尔·约阿、萝西娜·勒纹：《在刚果的托拉斯》，第 50—106 页。

③ 《比利时与比属刚果统计年鉴》第 78 卷，布鲁塞尔，1958 年，第 508—509 页，转引自马尔蒂诺夫：《帝国主义压榨下的刚果》，第 97 页。1945 年数字似乎与前文 1946 年数据有出入。原文如此。

业的扩展,大批的农民成为廉价劳工。[①] 然而,这些采掘业主要是初级形式,不具工业重要性。

总体而言,在殖民统治后期,非洲的工业化标志仍然非常低。

表格8-6 1956年—1960年非洲殖民地工业在国民收入中所占比重
(%)

年份	比属刚果	法属西非	尼日利亚	罗得西亚—尼亚萨兰[②]**
1956	8.0*	2.0	2.0	11.0
1960	14.0	5.5	4.5	16.0

　* 1958年的统治数字。

　** 1960年的统计数字仅指南罗得西亚。

　资料来源:A.A.马兹鲁伊主编、旺济助理主编:《非洲通史(第八卷):1935年以后的非洲》,第270页。

七、小　结

可以说,殖民统治对非洲经济的影响是非洲"现代化的虚拟起步",或是"殖民的非工业化"。殖民主义统治给非洲经济带来的影响具体可以归纳为以下几种。

首先,非洲传统贸易中心的转移及欧洲列强对贸易中心的控制。其次是对原材料的开发和单一经济作物制的形成。第三,传统的村社制度遭到不同程度的破坏,土地被剥夺后,大量的农村劳动力被迫成为经济作物的生产者或矿业公司和开采业的工人,还有的成为现代制造业和服务业的廉价劳工,或流落城市的无业游民。第四,货币经济的引进为后来的发展提供了新的条件,银行活动使非洲的一些城市被卷入现代生活之中。为了殖民统治的便利和保证处于世界生产链低端的非洲殖民地的原材料供应,一些基础设施和通讯设备也建立起来。尽管有布局不合理和主要

---

　① 以比属刚果为例。1915年,黑人劳工人数为5 289人,1945年增至36 080人,1959年达112 759人。参见比埃尔·约阿、萝西娜·勒纹:《在刚果的托拉斯》,第107页。

　② 罗得西亚指今天的赞比亚(北罗得西亚)和津巴布韦(南罗得西亚)。尼亚萨兰指今天的马拉维。均为英国殖民地。

为经济作物出口服务这些因素,但这些基础设施的建设为独立后的经济发展提供了一些条件。必须提到的是,与殖民主义统治时期的城市化相对应的是,政治秩序的相对稳定导致了非洲人口的增加。

确实,正是在殖民主义统治时期,非洲失去了自尊,也失去了自我发展的机会。欧洲的工业革命的拓展和自身现代化条件的成熟正是在这一阶段的主要特征。欧洲人的殖民主义统治打断了而非促进了非洲的技术进步。根据非洲学者的分析,"欧洲传给非洲书面和口头的技能充其量是传播方面的,而不是生产和发展方面的"。[①] 非洲为蓬勃发展的欧洲资本主义提供了足够的作为工资劳动者的廉价劳动力,欧洲贸易公司的出现和对原材料的需求将广大的非洲农民变成了单一农作物的生产者。随之而来的是航运业和银行业的兴盛。殖民机构也为这一政治压迫和经济剥夺过程提供了各种便利,如殖民政府制定的税收制度使历史上以物易物、自给自足的广大农民不得不走上出卖劳动力以换取现金的道路。[②]

非洲经济在殖民主义时期产生的重要变化之一是它成为了殖民宗主国的工具。"非洲国家的经济(和通讯网络)的发展主要是为了配合殖民宗主国的需要。主要的产品——不管是如可可和咖啡等的经济作物,还是像铜和铝矾土等矿产品——都未经加工就出口到了欧洲市场;而相对应地,殖民地则从国外,主要是'母国'进口制成品。"[③]正如东部和南部非洲共同市场秘书长恩格温亚注意到的,"殖民地期间在制造业方面的投资是用于不与宗主国工业竞争的那些制造业"。[④] 即使是宣称为了殖民地的开发或福利的诸法的目的也只有一个,即维护殖民统治。尽管非洲的自然资源极其丰富,以殖民宗主国的工业企业为主的外国资本开办的采矿业发达,却没有冶金工业;有大批的经济作物农场,却很少有本地加工工业。这些说明,垄断资本在这里需要的是殖民宗主国需要的原料,而不

① 马兹鲁伊主编、旺济助理主编:《非洲通史(第八卷):1935 年以后的非洲》,第 675 页。

② Walter Rodney, *How Europe Underdeveloped Africa*, pp. 162-222. 有关中国学者对殖民主义的研究,参见陆庭恩:《非洲与帝国主义(1914—1939)》,北京大学出版社,1987 年;郑家馨主编:《殖民主义史·非洲卷》,北京大学出版社,2000 年。

③ 威廉·托多夫:《非洲政府与政治》(肖宏宇译),北京大学出版社,2007 年,第39 页。

④ 莫列齐·姆贝基编:《变革的拥护者:如何克服非洲的诸多挑战》(董志雄译),上海人民出版社,2012 年,第 294 页。

是将对自己工业品构成竞争威胁的成品；是可供随时调遣随时填补的廉价劳动力，而不是能利用本地资源发展的民族资产阶级。殖民统治的后果之一，是使一部分非洲人从自给自足的状态转入到经济作物生产，仅此而已。随后，最好的发展是量的扩展，而从未有过质的变化。

对东非殖民地经济素有研究的布雷特认为这是一种"殖民地的非工业化"。① 我认为，用非洲"现代化的虚拟起步"来形容这种情况更为适宜。

---

① E. A. Brett, *Colonialism and Underdevelopment in East Africa*, pp. 266-282.

第九章 非洲经济发展:波折与探索

> [非洲]在教育、农业和工业上均十分落后。
> 政治独立之后还必须赢得经济独立,并以此维持
> 政治独立,而这就要求我们的人民付出全部的努
> 力,要求我们发起一场智力和人力资源的总动员。
> 一个曾经的依附性国度要想存活下去,就必须在
> 一代人的时间里完成其他国家花了三百年或更多
> 时间才实现的成就。
>
> 　　　　　　　　　　恩克鲁玛(加纳第一任总统)

> 　　只要老的国际经济秩序在目前的形势下继续
> 存在下去,第三世界国家,尤其是非洲国家,就没
> 有希望从其广泛的贫困状态下摆脱出来。
>
> 　　　　　　　　　　M.奥乌苏(加纳学者)

1947年4月22日,两位捷克青年旅行家杰·汗泽尔卡和米·席克蒙德驾驶着捷克出产的汽车出了海关。"一路平安——不要忘记了你们的祖国!"这是他们离开捷克边境时记住的最后一句话。他们在非洲大陆的北非、东非、中非和南部非洲进行了为期400多天的旅行,经历了诸多事件,行程达3.8万公里,写下了三卷本的旅行游记,真实记载了这些国家或殖民地的情况。在书的结尾,他们写道:

> 也许有一天我们会再到非洲来。那时,我们将会看见她年轻而

健康,和现在同样慷慨,然而比现在自由。人力车夫不再在德班炙热
的柏油路上奔跑;维多利亚瀑布的山谷里建起强大的发电站,祖鲁人
村子里亮着电灯,卡菲尔人(一译"卡佛尔人"或"卡弗尔人")工厂使
用电力;第一座马赛人大学的校长和我们握手言欢;的黎波里的妇女
已经从考利的禁咒下解放出来,站在没有栅栏的窗口自由呼吸;南非
的医生给人输血时也不会再问这是黑皮肤还是白皮肤的血了。……
那时,非洲将终于成为一片和平的土地,成为幸福人民的家园。①

　　20 世纪 50—60 年代的世界充满着对非洲的猜想和憧憬,"巨人已苏
醒"、"非洲将是自由的"、"正在转向光明的黑暗大陆"成为诸多新闻的标
题,《睡狮醒了》《非洲内幕》《非洲的觉醒》等成为当时的畅销书。独立后
仍然与前殖民宗主国法国保持着紧密关系的科特迪瓦首任总统乌弗埃-
博瓦尼与具有社会主义倾向的加纳首任总统恩克鲁玛曾经打赌:究竟科
特迪瓦和加纳的发展哪个更有前途? 这是自 20 世纪 60 年代以来在西非
流传的一个故事。

　　殖民主义统治这一"现代化的虚拟起步"使非洲进入了一个特殊的阶
段。正是在与欧洲人的交往中,非洲失去了政治上的独立从而变成了欧
洲的殖民地;经济上被拖入一种对宗主国和国际市场的依附状态;传统的
社会结构逐渐解体。在这一过程中,西方稳稳地建立了自己在非洲大陆
的强权,非洲进入了一种"欠发达"(underdevelopment,一译"低度发展"
或"不发达")状态。所谓"欠发达",指诸多发展中国家在世界"现代化"进
程中成为一种受害者,这种状态不同于传统的落后状态,也不是生产力未
充分发展的结果。欠发达是"生产力被误导发展"的一种表现。更确切地
说,"欠发达"与"发达"是西方现代化进程这个铜板的两面,发达的西方国
家的发展造就了发展中国家的"欠发达"状态。

　　什么是欠发达? 被奉为世界黑人《圣经》的《欧洲如何使非洲欠发达》
一书直接剖析了这一现象。欠发达在历史上不是一种孤立的现象,其背
后是一种比较的观念,"它表达了一种特殊的剥削关系,即一国被另一国

---

　　① 杰·汗泽尔卡、米·席克蒙德:《非洲——梦想与现实》(施尔乐译),第 3 卷,生
活·读书·新知三联书店,1958 年,第 319 页。

剥削","欠发达是资本主义、帝国主义和殖民主义的产物"。罗德尼进一步指出:"非洲和亚洲社会一直是在独立地发展,直到它们被资本主义所有者直接或间接地接管过去。当这种情况发生后,剥削增加了,剩余的出口随之而来,这些社会的自然资源和劳动力等利益被剥夺。这就是当代意义上的欠发达的主要部分。"[1]保罗·巴兰在著作中指出,第三世界的经济被强制脱离其自然发展的轨道,完全被帝国主义利益集团所控制。发达工业国从根本上反对落后国家的工业化,因为后者长期处于欠发达和依赖地位则有利于它对国际市场、原料、资本和技术的控制。因此,只有打破资本主义体系,将先进国家的进步和社会主义民主相结合才能摆脱依附地位和低度发展的困境。[2]安德烈·冈德·弗兰克认为,在世界资本主义发展过程中形成的从属性依附地位是非洲与其他发展中国家欠发达的根本原因,对资本主义国家的依附性是非洲国家欠发达的原因。[3]

　　从历史角度看,西方资本主义的原始积累主要包括内在的和外在的两种形式。外在形式直接影响到亚非拉地区,包括对这些地区财富的掠夺、大西洋三角贸易、鸦片贸易、不平等贸易、种植园经济等形式。这些形式给亚非拉国家的发展历程打下了深深的烙印。独立后,亚非拉地区的很多国家之所以经济停滞不前或发展缓慢,与从殖民主义统治时期已经确立的世界政治格局和经济体系有很大的关系。我们将在这一章分析非洲国家独立以来的经济发展。

一、独立初期的困境与模仿

　　巴兹尔·戴维逊在《现代非洲史》中用了两章的篇幅阐述"抵制外来模式"这一主题。[4] 虽然他的分析有一定道理,但我们仍然可以看到事物

　　① Walter Rodney, *How Europe Underdeveloped Africa*, p. 14.

　　② Baran Paul, *The Political Economy of Growth*, Monthly Review Press, 1957, pp. 22-43, pp. 134-248.

　　③ 安德烈·冈德·弗兰克:《依附性积累与不发达》,译林出版社,1999年。有关依附理论与历史研究的关系,参见李安山:《依附理念与历史研究》,《历史研究》,1992年第6期,第139—152页。

　　④ 巴兹尔·戴维逊:《现代非洲史:对一个新社会的探索》(舒展等译),中国社会科学出版社,1989年,第338—373页。

的另一面。在独立后相当长的一段时期内，当"现成的模式已失去作用"（戴维逊语）而非洲国家领导人被"传统与现代""西方与东方"等不同的价值观和意识形态搞得不知所从的情况下，他们自觉或不自觉地选择了模仿外来模式：或是引进西方的资本主义发展模式，或是照搬东方的社会主义发展模式。

（一）独立时期的经济状况

尼日利亚资深经济学家阿德德吉主编的《非洲经济的本土化》对独立时的非洲经济状况有颇为形象的描述："独立时，典型的非洲国家的经济包括三个层次：最高层是欧洲人，他们控制了大型工业、主要贸易公司和种植园；中间层是亚洲人和黎巴嫩人，他们控制着中等水平的工业活动和批发及较大的零售点；非洲人则处于最下层，从事农耕、做小买卖及充当劳工。"[1]除了经济的关键部类受欧洲人控制外，非洲经济欠发达状况有两个基本特征：非洲经济呈现为面向殖民宗主国经济的被误导状态，非洲经济严重依赖于国际市场，特别是欧洲。

这种面向宗主国经济的"生产力被误导发展"是非洲经济结构畸形的一种真实写照。这种误导发展正是在从奴隶贸易-殖民主义统治这一过程中逐渐形成的。随着政治上的独立，非洲国家开始了自己艰难的经济非殖民化过程。

杜蒙教授是一位对非洲深有研究的法国人。他因发表批评非洲领导人盲目模仿西方国家经济发展模式的《黑非洲步入歧途》（1969）而受到塞内加尔总统桑戈尔等领导人的指责和抵制。然而，他后来接受坦桑尼亚总统尼雷尔和赞比亚总统卡翁达的诚挚邀请，到他们国家进行经济状况的调查研究。他指出，"西方的发展模式只有依靠输出通货膨胀和污染，依靠对第三世界的加紧掠夺——例如压低赞比亚的铜价，才能继续存在"。[2]这只是一个方面。另一个事实是，弱小的非洲与强大的西方在经济上反差极

① Adebayo Adedeji, ed., *The Indigenization of African Economies*, London: Hutchinson, 1981, p. 29.

② 勒内·杜蒙、玛丽-弗朗斯·莫坦：《被卡住脖子的非洲》（隽永、纪民、晓非译），世界知识出版社，1983年，第57页。

大。正如 1954 年 6 月 14 日华尔特·李普曼在《纽约先驱论坛报》上发表的《论殖民主义》一文中所言:"美国的关税、限额或是囤购政策的改变,就能够完全颠覆……落后国家的经济。"西方经济不仅体量庞大,对世界经济的制度和规则也控制严密,对付落后经济体的手段可谓信手拈来。

我们知道,新独立的非洲国家和一个世纪之前的英美两国处于截然不同的历史背景中。英国和美国启动现代化时能够逐步制定游戏规则,从而在发展道路特别是工业化过程中掌握充分的主导权。同时,它们能够从各自的殖民地榨取财富,虽然并非永远都可以榨取,也不是从所有的殖民地都能榨取,但这种对殖民地的控制保证了它们可获得超额剩余价值,也确立了它们对殖民地的优越地位,而这种地位在殖民地独立后仍然保持。独立的非洲国家则完全不同。它们不得不在逆境中求发展。非洲国家有的选择了资本主义道路,有的选择了社会主义道路。然而,由于这种选择并非从实际国情出发而只是在冷战背景下的一种受到历史局限性制约的选择,其所走的道路崎岖坎坷。

从 1970 年代中后期开始,一些因素影响甚至损害了非洲经济。这主要表现在以下方面。第一,国际市场的不稳定伤害了非洲经济。1973 年和 1979 年的石油危机导致的大幅涨价使相当多的非洲国家因进口石油而大受损失。一些农矿产品的价格下跌也造成非洲国家的损失,如 1977 年铜的价格下跌到 20 年来的最低点。第二,自然灾害严重。1981—1984 年持续 3 年的特大旱灾致使非洲的受灾国达到 21 个。第三,西方国家转嫁危机。1974—1975 年和 1979—1982 年,西方国家两次遭到经济危机的打击。为转嫁危机,西方国家在国际市场蓄意压低农矿产品价格,制造关税壁垒,限制非洲产品进入西方市场。在这种情况下,非洲国家的民族经济逐渐形成。然而,非洲国家经济的不足主要体现在盲目照搬他国模式,一味强调工业化政策,单一经济作物制未得到改善以及过分重视城市化而忽略农村。①

(二) 照搬发达国家的发展模式

什么是"发展"? 在这一点上,独立初期的绝大多数非洲领导人的理

---

① 舒运国、刘伟才:《20 世纪非洲经济史》,第 73—112 页。

解与西方是相同的,那就是"现代化","是把非洲社会变成 20 世纪社会的黑色复制品的过程"。对于这些非洲国家而言,发展被解释为通过"现代化"赶上西方国家。

用著名的法国非洲研究专家卡特琳·科奎里-维德罗维奇的话来说:"现代非洲的主要特点是其对西方前所未有的依附关系。这种依附关系当然是由于贫困造成的,但也源自前不久殖民地的过去,这使非洲国家与前殖民宗主国之间存在着一种极为特殊的关系。毫无疑问,这种依附关系是西方国家的所作所为造成的;但它也是一种内部的、已被接受的、在内部已形成的特征,因为从文化上说其模式是来自欧洲的。……结果是,西方的经济和社会发展模式被认为是世界历史前进的唯一积极的模式;制度的主旨是'进步的思想',但缩小到仅限于科学与技术的进步范围之内;发展被归结为通过'现代化'的方法赶上西方国家,即更紧密地加入到西方的市场中来。这就是由此产生的经济成功的模式……①这样,大部分非洲国家根据西方热衷的"现代化"理论,盲目照搬原宗主国或美国的发展模式,从而一步步陷入了"现代化"的陷阱。

在追求资本主义道路时,这些国家首先要找出可以模仿的目标。由于它们长期在殖民宗主国的统治之下,第一代非洲领导人也多有在英国、法国和美国留学的经历,这些国家的发展模式对他们颇有吸引力。在他们看来,虽然政治上独立了,但文明只能是英国、法国或美国式的,发展模式只能是西方式的,因为这是他们所了解的唯一模式。从政治上摆脱了殖民宗主国的统治并赢得独立后,非洲国家希望的是通过模仿西方经济发展以使非洲人民过上富裕的生活并在国际社会得到应有的尊重,但西方的愿望并非如此。前殖民宗主国希望的是通过传播西方式民主观念和自由主义观点使非洲国家在价值观上依附西方,从而维持西方与非洲的不平等关系。在非洲,这些因素成为西方提供技术合作和经济援助的基础。

被非洲领导人公认的发展处方是按西方发展模式或为了满足西方的需要而制定的,引进发展基金和援助贷款,模仿西方的技术专长,注重出

---

① 马兹鲁伊主编、旺济助理主编:《非洲通史(第八卷):1935 年以后的非洲》,第219 页。

口作物的生产以换取外汇,城市比农村重要的理念等等。最具讽刺意味的是,刚刚独立的非洲国家竟然也在消费风气上模仿西方国家,奔驰汽车、私人飞机或直升机成为炫耀个人财富的标志,通过从西方进口大量的消费品而消耗了国家靠出口初级产品赚取的外汇,这在尼日利亚等靠出口油气的国家尤其明显。这样,非洲国家与殖民宗主国的关系得以维持,并通过向西方国家借贷和消费其产品、向西方提供初级产品、接受西方经济援助等方式得以加强。照搬西方发展模式比较典型的有尼日利亚、肯尼亚、科特迪瓦等国家。

当然,这些国家独立后都注重发展经济,也都进行了相应改革。这些改革涉及外国特别是前殖民宗主国利益的主要是本土化和国有化,即将外国公司所有的工业或金融业实行国有化,对归外国人所有的企业实行本土化,有的给予补偿,有的则是强制执行。[1] 然而,本土化并非包治百病的良方。首先,本土化政策遭到了西方国家特别是前殖民宗主国的强烈抵制。西方国家威胁要进行报复是正常反应,索取重金赔偿则是退而求其次。西方国家(特别是法国)的投资公司依靠政府提供的投资和保险计划来补偿在非洲发生的突如其来的变故所造成的损失,而这些国家与非洲国家又签订了相应的投资保护协定。因此,一旦发生战争、革命或国有化等相关变故,这些外国公司即得到相应的赔偿。更重要的是,本土化在执行过程中确实在某种程度上将对公司、企业或金融机构的控制权转到了非洲人手中,但外国人在这些公司、企业或金融机构的资本、专业知识、技术上仍然占据着支配地位,在企业管理上占据着关键职位。正如阿德德吉所言:"一个过度依赖外贸、依赖少数或几种不可靠的初级出口商品的国家,一个在经济上传统部门与现代部门相互脱离、工业基础受到各种制约且支离破碎的国家是不可能真正实现本土化的。"[2]阿凯也指出,尽管本土化是一个可以实施的手段,但它并不是回答依附问题的答案。[3]

---

[1] I. L. Rood, "Nationalization and Indigenization of Africa", *The Journal of Modern African Studies*, 14:3(1976), pp. 427-447; Adebayo Adedeji, ed., *Indigenization of African Economies*, London, 1981.

[2] Adebayo Adedeji, ed., *The Indigenization of African Economies*, p. 389.

[3] Claude Ake, *A Political Economy of Africa*, Essex: Longman, 1981, pp. 114-129.

(三) 赌局如何——科特迪瓦的"奇迹"

我们可以看到,有的国家为了使发展相对平衡,鼓励产品的多元化,以缓和国际市场突变的冲击。科特迪瓦就是一个很好的例子。在殖民主义经济时期,科特迪瓦的出口农产品主要有咖啡、可可和木材。独立后,由乌弗埃-博瓦尼领导的科特迪瓦政府先后提出了 1960—1970、1970—1980 两个 10 年经济发展目标,并相应制定了 1960—1965、1967—1970、1971—1975、1976—1980 的 5 个发展计划。在第一个 10 年,政府提出的总目标是高速发展国民经济,并特别突出了农业的地位,强调要利用土地资源,优先发展农业,即实现农产品的多样化和鼓励农产品就地加工。这种因地制宜的政策不仅发挥了自身的特长和优势,还解决了国家的粮食安全,也大大保证了就业人口。科特迪瓦政府的主要经济政策是强调大力发展出口作物,除了传统的咖啡、可可和木材外,还大力种植油棕、甘蔗、椰子、香蕉、菠萝和橡胶。它还努力发展加工工业,重视发展民族资本,积极引进国外的资金、技术和劳动力,创造有利于经济发展的社会条件。[①]

在建立进口替代工业方面,科特迪瓦也取得了不小的成就。独立以前,科特迪瓦没有工业,到 1968 年,科特迪瓦已经建立了以农产品加工为主的加工工业,如仪器、油脂、纺织、橡胶和木材等加工厂。1960 年,工业产值在国内生产总值中占 4%,1979 年增至 12%。工业企业在 1960 年只有 50 家,1979 年增至 619 家。1960 年至 1970 年,科特迪瓦的工业产值增加了 9 倍,1970 年 1979 年又增长 3 倍。然而,科特迪瓦并未因为重视工业化而忽略农业。1960 年至 1979 年,科特迪瓦农业产值增长了 4 倍多。以1977 年同 1961 年相比,咖啡的产量增加了 1.5 倍,可可增加了 4 倍。粮食产量也增加不少。1965 年稻米产量 6.2 万吨,1976 年达到 46 万吨。正因为有这种统筹规划,科特迪瓦的经济发展良好,成为非洲的奇迹。1960年,科特迪瓦的国内生产总值只有 1 407 亿非洲法郎,按人口平均的国民生产总值为 153 美元,1979 年增至 19 420 亿非洲法郎,19 年增长了 11.9

---

① 陈宗德、吴兆契主编:《撒哈拉以南非洲经济发展战略研究》,北京大学出版社,1987 年,第 142—164 页。

倍,人均国民生产总值已达 1 169 美元,平均年增长率为 4%。[1]

　　然而,科特迪瓦的经济正是在这一过程中产生了不少问题。其一,经济增长仍然保持着殖民统治后期的模式和势头,主要依赖以外来劳动力支撑的农产品出口。来自上沃尔特的莫西人在 1950 年只有 10 万,到 1965 年达到 95 万。以主要农产品咖啡、可可、香蕉、菠萝和木材构成的出口在 15 年里增加了 4.4 倍。类似的经济增长实际上在殖民时期的塞内加尔、加纳、尼日利亚西南部和比利时殖民地刚果等地区也发生过。这种增长的局限性十分明显,不太具有可持续性。[2] 其二,日益依赖前殖民宗主国法国。工业的发展和农业多样化并未改变出口商品的构成,约四分之三的劳动人口从事农业生产,农产品的出口占出口总额的四分之三。传统的殖民宗主关系使法国在很大程度上控制了科特迪瓦的经济命脉,这表现在科特迪瓦对法国资金、市场和人员的依赖。科特迪瓦经济发展的刺激因素是外来投资,其中相当部分来自法国。1980 年,法国投资占科特迪瓦工业资本的 40% 以上,科特迪瓦欠法国债款高达 1 200 亿法郎。科特迪瓦的出口主要是农产品,其主要市场仍是法国。科特迪瓦进口物质的三分之一至三分之二来自法国,出口商品的四分之一输往法国。由于过于依赖国际市场,国际市场产品价格下跌极大地影响了科特迪瓦的经济。

　　对法国人员的依赖更为突出。独立后在科特迪瓦的法国人甚至多于独立前。据美国报纸 1981 年的统计,独立后居住在科特迪瓦的法国人比独立前增长了 6 倍。1980 年代初在科特迪瓦的法国人数达 52 000 人,其中 30 000 到 35 000 在私人企业工作,主要担任经理、工程师、技术人员或管理人员。此外,6 000 人在科特迪瓦政府任职,他们占据了重要的计划、技术、管理等职位,其工资远高于科特迪瓦人。[3] 尽管有的西方媒体将科特迪瓦的发展称为"奇迹",但有的学者已经认识到这种现象不是非殖民化,"反而已经超殖民化"。[4] 更有甚者,由于西非法郎区的相关规

　　① 陈宗德:《非洲国家三种经济发展类型的比较》,《西亚非洲》,1981 年第 2 期,第 19—26 页。

　　② Samir Amin, *Neo-Colonialism in West Africa*, Penguin Books, 1973, pp. 52-60.

　　③ 杨劲:《在象牙海岸经济"奇迹"的背后》,《西亚非洲》,1982 年,第 23—28 页。

　　④ 勒内・杜蒙、玛丽-弗朗斯・莫坦:《被卡住脖子的非洲》,世界知识出版社,1983 年,第 62 页。

定，金融自由使得资本的流入与流出不受控制。一方面，以巴黎为基地的跨国公司可以借助这一渠道在科特迪瓦投资并享受当地的合理补贴，赚取利润后全身而退。换句话说，法国资本在科特迪瓦赚取的所有利润可以自由汇出。据估计，每年超出 2 亿美元从科特迪瓦流出。[①]

科特迪瓦经济的脆弱性早已被中国学者注意，并被后来的发展所证明。[②] 乌弗埃-博瓦尼总统去世后，其经济开始陷入困境。颇具讽刺意味的是，直到 2014 年左右，这个曾被世界银行奉为"非洲现代化典型"的国家的议会大厦和总统府均为法国人所有，科特迪瓦政府每年要付租金使用这些自己国土上的建筑物。[③]

前面提到的恩克鲁玛与乌弗埃-博瓦尼两位首任总统的赌局的结果如何？正如加纳学者普拉指出的："在 1966 年恩克鲁玛政府被推翻时，加纳的经济处于严重衰退之中。"从当时的角度看，"严重依赖法国并因此被较为好战的非洲民族主义者当作殖民地侍从的乌弗埃-博瓦尼，打赢了这场赌"。然而，到了今天，"在短短几年的混乱以及反叛战士监督民选平民政府过去之后，科特迪瓦的经济相对衰落，且乌弗埃-博瓦尼统治下施建的牢固的基础设施正在退化。而恩克鲁玛的加纳在教育和卫生领域以及相关的基础设施方面取得了显著的进步"。[④] 两个国家正处于改革和发展的进程之中，胜负仍然难以评判。

（四）非洲社会主义制度

对社会主义的模仿也是一样。在刚独立的非洲国家中，一些国家在西方国家的孤立、限制和围困下，看到社会主义阵营的发展，决定模仿社会主义制度。西方对于这些国家的态度或是极度不信任，或是公然反对。在冷战背景下，这些非洲国家往往被看作是苏联集团的跟随者或代言人。

---

① 　Claude Ake，*A Political Economy of Africa*，p. 114.

② 　杨德贞：《象牙海岸民族经济的发展和特点》，《西亚非洲》，1982 年第 2 期，第 17—22 页。杨劲：《在象牙海岸经济"奇迹"的背后》，《西亚非洲》，1982 年，第 23—28 页。

③ 　北京大学的刚果（金）博士生（于 2015 年 7 月获得博士学位）龙刚（Antoine Roger Lokongo）告知我这件事，我无法相信，但他为我提供了资料来源。2013 年 10 月 16 日，我在北京大学为非洲法语国家青年外交官举办的研讨班上发表关于"中非关系史"的演讲时，该消息得到了班上两位来自科特迪瓦的青年外交官的证实。

④ 　普拉：《非洲民族：该民族的国家》，第 46—47 页。

这些国家独立后多希望通过"国有化""本地化"和"计划化"等措施来自己掌握经济命运。它们将原殖民宗主国和外国垄断资本控制的经济命脉和主导权收归国有,由本国政府经营和管理,或是由非洲个人在外国公司中拥有股份。此外,这些国家还大力促进国家的工业化。

在非洲社会主义中,较为突出的有纳赛尔的社会主义,尼雷尔的"乌贾马社会主义",卡翁达的"人道主义的社会主义",桑戈尔的"民主社会主义",塞古·杜尔的"能动的社会主义",恩克鲁玛的"实证社会主义",凯塔的"现实社会主义",布尔吉巴的"宪政社会主义",本·贝拉的"自管社会主义",所谓的"阿拉伯社会主义"以及莫桑比克、安哥拉和埃塞俄比亚等国家奉行的"科学社会主义"等等。[①] 他们强调自己主张的社会主义不同于国际上流行的社会主义,但也力图发现两者的共性。他们欣赏苏联的社会主义,主要原因在于对苏联先进的生产力印象深刻。此外,中国的成功经验主要在于强调农民和农业的作用,这特别适合非洲的情况。当然,不少非洲领导人在鼓吹社会主义时,与西方国家保持着良好关系。肯尼亚总统肯雅塔曾在年轻时多次访问苏联,也是尼格罗工人国际工会委员会(International Trade Union Committee of Negro Workers, ITUCNW)的通讯员。肯尼亚独立后的最初时期,他的部长们(如汤姆·姆博亚)对非洲社会主义十分推崇,但实施的却是典型的资本主义。在独立初期,换言之,非洲领导人对意识形态或"主义"的领会主要建立在实用的基础上。

非洲社会主义的倡导者认为,前殖民主义时期的非洲传统社会就是社会主义或具有社会主义特征,传统的价值体系包含着社会主义因素。因此,对于非洲来说,实现社会主义就是恢复和继承非洲社会的原生特性,对传统社会进行维持和修补。他们特别强调的是传统社会与社会主义相一致的公有制特点。塞古·杜尔认为,非洲从本质上来说是个公社体社会,几内亚的民族民主革命就是建立在非洲社会的公社性质基础之上的。桑戈尔也说过,"在殖民主义来到非洲大陆以前,非洲社会本来就

---

① 关于国内研究非洲社会主义的著作,参见唐大盾、张士智等:《非洲社会主义:历史·理论·实践》,世界知识出版社,1988年;唐大盾、徐济明、陈公元主编:《非洲社会主义新论》,教育科学出版社,1994年。

是一种公有制社会",非洲政治家的任务就是要重新恢复传统非洲的社会主义因素——政治和经济的民主制度。尼雷尔多次在《乌贾马——非洲社会主义的基础》中表示:"我们非洲人既不再需要被说服去'皈依'社会主义,也不需要别人'教'我们民主。这两者都起源于我们的过去,起源于我们的传统社会。"他还一再指出,坦桑尼亚人民的首要任务就是重新启发自己,重新发现自己的基本价值观念,并强调建设非洲社会主义可以也完全应该从传统的遗产中吸取营养。①

如果我们要描述非洲社会主义的共同特征,民族主义、人道主义、实用主义是其主要特征。② 非洲社会主义的平均主义色彩也很明显。这种平均主义既适合落后的以农业经济为主的非洲社会,又是从巩固政权的实用主义目的出发的。这也可以说明为什么非洲的政治领袖都特别注意产品的分配问题。他们认为分配制度直接把劳动产品送到人民手中,这个问题处置不当会导致剥削现象的产生。卡扎菲认为:"造成一切社会弊病的不是生产资料的私人占有制,而是不公平的分配制度。"恩克鲁玛强调社会主义必须遵循下列原则:"主要生产资料和分配应该社会化,以避免人剥削人的现象。"卡翁达的人道主义的社会主义十分强调分配的作用,认为"分配和财富的处置是人道主义思想的基石"。凯塔也是用这种平均主义去吸引群众的:"我们所采取的政治行动的最高目标,就是要建立一个真正富有人性的社会,使人人机会平等,人人从国民收入中得到公允的一份:我指的是社会主义社会。"尼雷尔指出,社会主义与资本主义的根本区别"不在于拥有财富的方式,而在于财产的分配方式"。③ 在尼日利亚独立后的困难时期,社会主义也在工人中间流行。④

---

① Nyerere, "The Basis of African Socialism," in Julius K. Nyerere, *Ujamaa——Essays on Socialism*, Oxford University Press, 1968, p. 12.

② 李安山:《非洲社会主义的理论特点概述》,《当代世界社会主义问题》,1986年第4期。

③ Martin Minogue and Judith Molloy, eds., *African Aims and Attitudes: Selected Documents*, Cambridge University Press, 1974, pp. 64-189;唐大盾、徐济明、陈公元主编:《非洲社会主义新论》,教育科学出版社,1994年。

④ Eddie Madunagu, *Problems of Socialism: The Nigerian Challenge*, Zed Press, 1982.

在采取社会主义经济发展模式方面,尼尔雷在坦桑尼亚的实践最具代表性。

(五) 乌贾马——坦桑尼亚的社会主义尝试

尼雷尔曾在坦桑尼亚努力实现社会主义,这是一种"植根于当地价值观念和发展潜力的社会主义"。1967 年,尼雷尔政府颁布了《阿鲁沙宣言》,其中有关经济社会发展的主要原则走以农村发展为基础的"村社社会主义"道路,被称为"乌贾马"(ujamaa,斯瓦希里语)。其原意是指非洲社会中集体劳动、共同生活的家族关系。这一运动要求建立农村合作社或实行家庭承包,同时要求国家控制工业,防止工业资产阶级的出现,并使农业资源掌握在农民手中,反对通过大量工业投资特别是引进外资来促进发展,等等。作为乌贾马运动政策纲领的《阿鲁沙宣言》可以说是一个坦桑尼亚民族国家的全面发展计划,其内容包括经济、政治和社会三个方面。[①]

宣言对坦桑尼亚的经济作了全面规划:对土地、自然资源、工矿、外贸、金融、交通、运输等实行国有化,建立由国家掌握的经济体系;对城镇的小商业和手工业实行合作化;逐渐消灭外国资本的势力;限制非洲民族资产阶级的发展。一个由国家制定的经济发展规划在全国范围内实施,这对于在一个以家庭和村社为经济单位的社会消灭传统的小生产的自给自足的经济,建立一个较完整的国民经济体系是至关重要的。尽管在农村有公田和私田两种,而且私田在农民生活中占有更为重要的作用,但乌贾马村的建立是一种政府干预的行为(在 1984 年的统计有9 230 个村庄)。各级政府对乌贾马村的建立和发展(从低级村向高级村发展)的关注,以村庄为单位用国家贷款购买农具,村民根据计划指标种植农作物,这一切表明:乌贾马运动对民族经济意识的形成也起到了关键的作用。[②]

尼雷尔明确指出,社会主义的首要目标是关心人,"首先,也是所有

---

① "The Arusha Declaration," in Julius K. Nyerere, *Ujamaa——Essays on Socialism*, pp. 13-37. 此宣言于 1967 年 2 月 5 日用斯瓦希里语正式发表。

② 李长兴:《坦桑尼亚乌贾马村纪实》,《西亚非洲》,1987 年第 3 期。

事物中最为中心的是,在社会主义制度下,人是所有社会活动的目的。为人服务,对人性的促进事实上是社会本身的目的"。① "家族主义是我们非洲人所需要的社会主义。"实行乌贾马的社会将照顾到每一个人,"只要他乐意工作,就不必为明天发愁,也不必去积累钱财⋯⋯这是过去的非洲社会主义,也是今天的社会主义"。② 从其本质而言,乌贾马运动的目的是在非洲传统的村社制度加上新的内容,来实行经济平等和政治民主,改变农村的贫困面貌,从而大大促进坦桑尼亚的社会发展。

乌贾马运动强调自力更生的精神。这种"自力更生"并非以个体或以村社为单位的自力更生,而是在坦噶尼喀非洲民族联盟领导下由国家政权统一组织下全国公民立足于本国资源(包括人力、物力和财力)基础上的自力更生。即使在最超脱的文化教育界,这种自力更生的精神也是十分明确的。尼雷尔曾指出,发展中国家的大学必须将其工作重点放在对它所在的国家最为迫切的科目上。它必须致力于那个国家的人民和他们的人道主义目标上。发展中国家大学的作用做出以下贡献:"为促进人类的平等、人类的尊严和人类的发展提供思想、人力和服务。"③当时,坦桑尼亚缺乏国家建设的思想和规划,在知识分子中存在着严重的与现实和劳动界脱节的现象,知识技术人才奇缺,达累斯萨拉姆大学不仅为国家经济和社会发展计划提供了思想和服务,还培养了一大批专业技术人才。这些知识分子成为国族建构的推动者,在自力更生精神指导下的大学教育也培养了全体公民的国民意识。④

乌贾马运动有模仿社会主义的因素,在村社社会主义实行过程中有强迫的成分,存在着诸多不如人意之处。尼雷尔在后期也认识到乌贾马运动的失误,并于 70 年代中期开始放宽对私营工商业的限制,恢

① Julius K. Nyerere, *Nyerere on Socialism*, Oxford University Press, 1975, p. 30.

② Nyerere, "Ujamaa—The Basis of African Socialism," in Nyerere, *Ujamaa——Essays on Socialism*, pp. 3-4.

③ Nyerere, "The Role of Universities," in Julius K. Nyerere, *Freedom and Socialism*, Nairobi: Oxford University Press, 1968, pp. 183,186.

④ Leslie S. Block, "National Development Policy and Outcomes at the University of Dar es Salaam", *African Studies Review*, 27:1, pp. 97-115.

复乌贾马村运动以前的农村合作社,调整国营企业、外资、外援等等经济政策。① 然而,不可否认的是,在尼雷尔总统 24 年执政期间,将坦桑尼亚从一个贫穷落后的国家改变成经济相对发展的国家,国泰民安,教育水平提高,卫生事业健康发展,国民平均寿命提高。正因为如此,他备受坦桑尼亚人民的爱戴与拥护,被尊称为"国父"。

二、工业化、城市化与单一作物

(一) 作为首要目标的工业化

工业化在相当多的非洲国家成为独立后的首要目标。然而,由于缺乏农业的相应支持,这种工业化有很大的缺陷。这些工业化进程有的是以将国家的重点投资方向放在资源产业上为特征,如尼日利亚和加蓬的石油、赞比亚的铜矿等,从而形成了产业的单一化和对国际市场的过度依赖。铜曾在赞比亚占到出口产品的 90%。1977 年,世界市场上铜的价格大幅下跌,实际价格下跌到 20 年来的最低点。原材料价格的下跌将赞比亚政府带入了极大困境。1975 年以前,赞比亚政府的收入一半来自铜,到 1978 年 1 月,铜所提供的收入等于零。② 有的是发展进口替代工业,兼顾以当地农产品为原料的加工工业,如肯尼亚和博茨瓦纳。独立前的肯尼亚需要从外国进口多种城市用的生活必需品。独立后,肯尼亚政府利用本国原料和从外国进口的原料与中间新产品来生产这些原来需要进口的产品,如纺织品、化学产品、纸张、油漆、肥皂、糖、塑料、汽车装配等。制造业发展迅速,1964 年到 1970 年间年增长率为 7.7%,1970 年到 1982 年的年增长率为 9%。加工工业也主要是为了满足国内市场。③

---

①　Reginald Herbold Green, *Towards Socialism and Self-Reliance*: *Tanzania Striving for Sustained Transition Projected*, Uppsala: Scandinavian Institute of African Studies, 1977; Joel Samoff, "Crisis and socialism in Tanzania", *The Journal of Modern African Studies*, 19:1(1981), pp. 279-306.

②　保罗·哈里斯:《第三世界:苦难·曲折·希望》(钟菲译),新华出版社,1984 年,第 388 页。

③　陈宗德、吴兆契主编:《撒哈拉以南非洲经济发展战略研究》,第 67—71 页。

这种由国家主导的工业化政策无疑对独立后非洲的经济增长产生了积极的影响,但其消极作用也非常明显。第一,工业化发展战略片面强调国民生产总值的增长,广大贫困人口的生活水平未能得到根本改善。第二,片面强调发展工业,忽视农业,使农业生产停滞不前,这种现象促使一种恶性循环的产生。农业落后不仅使粮食短缺,也大大降低了农村的购买力,影响了国内工业产品的销路,反过来又影响了工业发展的后劲。第三,与重视工业相联系的城市化使城乡差距迅速扩大,不仅使农民的生活更加艰难,也促使更多的农民向城市迁移,从而进一步加快了一种畸形的城市化进程。第四,一些国家选择的工业项目,规模和技术水平与本国现有的经济水平相差太大。由于缺乏资金,政府过度依靠借债和外来投资,从而加强了对外国资本的依赖性。第五,在以资源工业为重点的国家,过于依赖石油(矿产)使国民经济围绕资源产业发展。用托因·法洛拉的话来说,在尼日利亚,"来自石油的收入形成了国家发展的'单一经济'模式。石油成为经济的中心,来自石油的收入确保了国家对进口的依赖",这种形成中的资源依赖的格局就是所谓的"资源诅咒"。[①]

几乎所有的非洲政府都将主要精力投入到工业化进程之中,有的继承了殖民主义统治后期的一些工业化设施,有的则由于发现了新的出口资源产品而卷入了新产业,如尼日利亚和加蓬的石油开发,毛里塔尼亚铁矿和博茨瓦纳的铜矿等,都为这些国家提供了工业化的新机会。然而,这些致力于工业化的国家出现了一些失误,从而导致经济发展的不平衡。最明显的失误是因强调工业化而忽略农业。从独立以来,非洲人口的增长率快速增长,这为粮食的供应带来很大的压力。虽然农业生产增长率有所增加,但多国的农业生产增长率却是全球各地区最低的。从1970年到1977年,非洲农业年增长率为1.3%。相当多的非洲国家将发展重点放在工业发展上。

---

① 托因·法洛拉:《尼日利亚史》(沐涛译),东方出版中心,2010年,第134页。关于工业化带来的问题,可参见陈宗德、吴兆契主编:《撒哈拉以南非洲经济发展战略研究》,第14—19页;安春英:《非洲的贫困与反贫困问题研究》,第85—89页。

表格 9-1　非洲国家工业和制造业占国内生产总值的百分比

	工业占比（%）		制造业占比（%）	
	1960 年	1982 年	1960 年	1982 年
埃塞俄比亚	12	16	6	11
马拉维	10	20[a]	5	13
坦桑尼亚	11	15	5	9
加　纳	10	8	2[b]	5
肯尼亚	18	22	9	13
塞内加尔	17	25	12	15
赞比亚	63	36	4	19
津巴布韦	35	35	17	25
尼日利亚	11	39	5	6
科特迪瓦	14	23	7	12

[a] 1980 年数据；

[b] 1959—1961 年的平均值。

资料来源：John Sender and Sheila Smith, *The Development of Capitalism in Africa*, London and New York: Methuen, 1986, p. 96.

工业化失误的另一个表现是鼓励外国资本而忽略了本土资本。在这些国家的工业化过程中，一些非洲政府采取的政策实际上鼓励了跨国资本的渗透，而对本国的民族资本并未提供多少机会。[①] 以埃塞俄比亚、肯尼亚、喀麦隆和塞内加尔为例。从 1959 年到 1970 年，埃塞俄比亚工业实收资本中，外国资本占 43%，由外国控制的股份还不断增长。肯尼亚工业产品中外国公司生产的也占多数。据统计，1971 年肯尼亚的工业产品中，外国分公司生产的至少占百分之 43%。喀麦隆的情况更为严重。从 1974 年到 1975 年，喀麦隆的工业公司中有 71% 属于外国所有。在 20 世纪 70 年代初期，塞内加尔 85% 的现代工业属于外国所有。[②] 著名的《非

---

① 有关非洲民族资本的研究，参见罗建国：《非洲民族资本的发展：1960—1990》，华东师范大学出版社，1997 年。

② 史蒂文·兰登、林恩·默特尔卡：《非洲社会经济结构的历史演变》，《西亚非洲》，1981 年第 3 期，第 13 页。

洲秘闻》在 1979 年 8 月 1 日的报道中引用的一项资料认为,法国资本控制了科特迪瓦现代经济中企业资金的 45%,法国资本攫取了科特迪瓦全部工业利润的 81%。[1]

表格 9-2　非洲国家 1969 年和 1984 年的公路长度

	1969 年(千公里)		1984 年(千公里)	
	总长度	铺设的道路长度	总长度	铺设的道路长度
埃塞俄比亚	23.4	1.76	44.3	3.9
加　纳	33.27	3.94	32.2	6.08
科特迪瓦	34.95	1.3	46.6	3.46
肯尼亚	41.86	3.03	55.35	6.75
马拉维	10.5	0.56	10.78	1.94
塞内加尔	15.42	2.04	13.9	3.46
坦桑尼亚	33.97	1.89	34.22	3.58
赞比亚	34.08	2.43	36.84	5.6

资料来源:John Sender and Sheila Smith, *The Development of Capitalism in Africa*, p. 92.

当然,也有一些国家试图规范或降低外国资本对生产资料的控制。尼日利亚在 1973 年到 1977 年曾多次发布旨在扶持尼日利亚企业的修正案。特别是 1977 年的补充法案将尼日利亚的工业分为三个类别。第一种包括技术含量比较低、要求资本也不多的门类,这一类共有 40 种行业,全部留给尼日利亚人。第二种 57 种行业,外国人可以作为经营伙伴,但尼日利亚人至少要占到股份的 60%。第三种属于高技术类型,共有 39 种,如造船业和机动车制造,这些行业容许外国人经营,但 40% 的股份需由尼日利亚人掌握。在一些关键的行业如石油开采和银行业,尼日利亚股份必须占到 60% 以上。[2] 然而,这种治标不治本的寻求经济独立的努力并不十分奏效,主要因为外国人掌握着技术,对技术的垄断使得尼日利

---

[1]　转引自杨劲:《在象牙海岸经济"奇迹"的背后》,《西亚非洲》,1982 年,第 28 页。

[2]　Claude Ake, *A Political Economy of Africa*, Essex: Longman, 1981, p. 115.

亚的经济独立政策难以贯彻落实。

（二）城市化的快速发展

独立给非洲带来的一个重要变化是人口的增长以及城市化的迅速发展。[1] 据联合国的统计,1950 年非洲的人口为 2.19 亿,1980 年,这一数字增加至 5.6 亿,非洲人口在 30 年内增长了一倍多。人口增长导致了城市化的膨胀。这种情况在独立后的非洲尤其突出。在同一时期,非洲城市人口从 3 200 万增加到 1980 年的 1.33 亿,相当于 1950 年的 5 倍。

表格 9-3　1950 年—1980 年城市人口在非洲总人口中所占的百分比(%)

地　区	1950	1960	1970	1975	1980
东　非	5.5	7.54	10.69	13.20	16.14
中　非	14.57	18.10	25.16	29.66	34.37
北　非	24.51	29.77	36.61	40.12	43.83
南部非洲	37.27	41.70	43.76	44.81	46.49
西　非	10.15	13.48	17.27	19.58	22.29
非　洲	14.54	18.15	22.85	25.67	28.85

资料来源：United Nations,"Patterns of urban and rural population growth", *Population Studies*, 1981:68, p. 159.

可以看出,非洲城市人口呈膨胀趋势。南部非洲的城市化最为突出,但这一情况早在 1950 年代即已存在。虽然后来有所增长,但增长速度比较平缓,其主要原因是从 19 世纪末发现了钻石和黄金以来,矿业的开发将大部分农民转变为廉价矿工。白人农场主对土地的占有和流动劳工的形成是城市化的另外两个原因。北非的城市化有历史的原因,也受生态的影响,因为大部分人口都集中在绿洲地区。中非的城市化主要也是因

---

[1]　关于非洲人口史的研究,参见 Dennis D. Cordell and Joel W. Gregory, eds., *African Population and Capitalism-Historical Perspectives*, The University of Wisconsin Press, 1987。关于中国学者在这方面的研究,可参见舒运国:《非洲人口增长与经济发展研究》,华东师范大学出版社,1996 年,第二章专门论及高速增长的当代非洲人口,第 20—56 页。

为铜矿及其他矿业开采需要大量的劳动力。西非的城市化集中在拉各斯、达喀尔和阿克拉等几个重要城市。东非的主要产品是农产品,因此它的城市化人口比率相对较低。撒哈拉以南非洲一些国家的首都成为世界上人口增长最快的城市。例如,从 1960 到 1970 年,金沙萨的人口每年递增 12%,阿比让每年递增 11%,蒙罗维亚每年递增 10%,达累斯萨拉姆每年递增 9%,内罗毕、拉各斯和洛美每年递增 8%。① 整个非洲的城市人口从 1950 年到 1980 年大约增加了一倍。对发展中国家工人的阶级属性,存在着两种决然对立的观点。他们有时被看作是最典型的无产阶级,受压迫最为严重,但也是革命性最强的阶级,有时则被看作是城市食利者的一部分,也参与了对农民阶级的剥削。这种极端的看法值得商榷。塞拉利昂的码头工人实际上扮演着两种角色。他们一方面是国家机器和统治阶级的受剥削者,承受着不公平的待遇,另一方面,他们又能享受农民所不可能享有的机会和利益,成为现存制度的受益者。② 这种复杂的社会地位使塞拉利昂码头工人的阶级界限和阶级意识相对模糊,也要求我们具体情况具体分析。

伴随着城市化进程公共开支不断扩大。下述表格说明各个非洲国家政府在公共开支方面的投入加大。根据实际情况,一些非洲国家政府在独立后掌握了各个方面的权力,它们一方面用各种手段支持相关企业特别是国有企业或与国家有关的机构,另一方面也通过这种方式来支持本国企业的投资,如补助、保护或是某种刺激手段。我们注意到一些国家的公共开支在 1982 年已经占到国内生产总值的 20%—30%,这从某个角度说明了政府对垄断权力的运用程度。前面提到的过度消费也是弊病之一。按照阿尼昂·尼翁沃的观点,这种消费文化导致公权力的滥用,导致腐败。“我认为,破坏非洲发展机会的事情,并不单单是腐败。腐败是统治精英文化中一种病态特性的最终结果。腐败起始于一种地方性的冲动,那是想利用政治权力,并借着必须在摆阔和消费时所显示的富裕的教养,以求摆脱贫困。谁越是摆阔,那人就越是想改进所夸耀的那些人工仿

---

① 保罗·哈里斯:《第三世界:苦难·曲折·希望》,第 165 页。

② David Fashole Luke, *Labour and Parastatal Politics in Sierra Leone: A Study of African Working-Class Ambivalence*, University Press of America, 1984.

制品,这些物品可能是住宅、汽车、妇人、假日、戒指、公共赠品等。于是,就推动了一种永不止息的消费文化,必然地,这种文化肯定会挪用公共货物,并滥用公权力。"①简言之,这种摆阔和攀比的畸形消费文化对非洲官员产生极大的侵蚀。

表格9-4　非洲国家公共消费占国内生产总值的百分比及增长率

	公共消费占国内生产总值比重[a]		年均增长率(%)	
	1960	1982	1960—1970	1970—1982
埃塞俄比亚	8	16	8.1	7.7
加　纳	10	7	7.2	5.7
科特迪瓦	4	18	10.0	8.4
肯尼亚	11	19	11.8	9.8
马拉维	16	16	4.6	8.0[b]
尼日利亚	6	13	10.0	11.7
塞内加尔	13	20	—0.2	6.4
坦桑尼亚	9	22	—	—
赞比亚	11	30	11.0	1.0
津巴布韦	11	20	—	9.9

[a]公共消费包括所有各级政府购买商品和服务的支出以及用于国防安全的投入。
[b] 1970—1981

资料来源:World Bank 1978 and 1984. John Sender and Sheila Smith, *The Development of Capitalism in Africa*, p. 83.

(三) 单一经济作物的格局

从殖民主义统治继承下来的不公正的国际政治经济秩序是一种直接影响到非洲经济发展的遗产。这一遗产直接威胁到各国人民的生存问题,独立后的国家政权能否存在下去,非洲社会能否稳定发展,非洲与其他国家的关系能否建立在平等的基础上,这些问题与现存的国际政治经

---

① 普拉:《非洲民族:该民族的国家》,第338页。

济秩序紧密相联。单一的商品仍然制约着非洲的经济发展。发达国家对原料和热带产品的要求,使得一些生产特有产品的国家能得到由外国公司提供的大量资金,从而在短期内刺激了一种外向型发展模式。

表格 9-5　法郎区非洲国家的主要出口商品

国　家	年份	产　品	占总出口的百分比
贝　宁	1977	棕榈油及其产品	22.0
		棉花	20.6
		可可	10.8
科特迪瓦	1978	可可及其产品	33.0
		咖啡	25.0
		木材	13.6
布基纳法索	1977	棉花	39.7
		家畜	29.0
尼日尔	1976	铀	64.0
		家畜	15.0
塞内加尔	1977	花生及其产品	48.1
		磷酸盐	9.4
多　哥	1977	磷酸盐	48.7
		可可	25.8
		咖啡	14.1
马　里	1976	棉花	50.4
		家畜	12.6
		花生	16.4
喀麦隆	1978	咖啡	28.7
		可可	34.2
		木材	12.3
中　非	1978	钻石	37.5
		咖啡	29.6
		木材	16.4
刚　果	1977	石油	53.3
		木材	16.5
加　蓬	1977	石油	73.5
		锰	17.4
		木材	7.8
乍　得	1978	棉花	68.6
		家畜	10.1

资料来源:节选自 *West Africa*, No. 3295, 15 September, 1980, p. 1751. Claude Ake, *A Political Economy of Africa* (Essex: Longman House, 1981), p. 90.

从上述表格可以看出以下几点。第一，所有国家的出口商品都是由三个种类构成：主要经济作物、资源产品和家禽。主要经济作物（包括农产品）包括咖啡、花生、可可、棉花和棕榈油及其相关产品。资源产品有矿产品，如石油、铀、锰、钻石、木材、磷矿盐等。① 第二，在这 12 个非洲法语国家中，11 个国家的某一种产品占到了出口产品的三分之一或三分之一以上，只有贝宁例外。这种单一经济作物的特点在加蓬最为显著，石油输出占到总出口的 73.5%，乍得第二，其棉花出口占到出口的 68.6%，刚果（布）位居第三位，它的石油出口占到总出口的 53.3%。第三，三分之二的国家（8 个）都有一种或多种资源产品出口，只有 4 个国家（贝宁、布基纳法索、马里、乍得）的出口产品主要是农产品和家畜。加蓬情况最为突出，其三种主要出口商品均为资源产品（石油、锰和木材），占到出口的 98.7% 之多。刚果（布）的两种也是资源产品，石油和木材占总出口的 69.8%。

表格 9-6　撒哈拉以南非洲出口商品的数量与价格的年均增长

产　品	数　量		价　格	
	1961—1970	1970—1982	1961—1970	1970—1982
铜	2.7	−0.3	9.5	−7.2
咖啡	4.3	1.0	0.3	1.8
可可	−0.4	一变化的 1.2	4.9	3.0
茶	9.5	4.0	−4.5	−2.8
花生油	5.4	−7.1	0.1	−4.0
棕榈油	−9.7	−6.7	−2.3	−3.2

资料来源：World Bank, *Towards Sustained Development in Sub-Saharan Africa: A Joint Programme of Action*, Washington: World Bank, 1984, p. 68.

可以说，不平等的国际政治经济秩序是导致非洲贫困的关键因素，非洲学者也充分认识到这一症结。加纳学者奥克苏指出："据统计，第三世界原料生产国出口产品之所得，即消费国——工业国家所付出的，

---

① Samuel A. Ochola, *Minerals in African Underdevelopment: A story in the continuing exploitation of African resources*, London, 1975.

不超过其实际价值的 15％。只要第三世界原料生产国(非洲国家是其中一些最贫困的国家)仍然作为价格的接受者而不是确定者(确定价格是消费国家的特权):只要这些国家对原料的加工、装运和销售继续没有任何控制权,控制权由工业化国家跨国公司所垄断;只要这些国家继续遭受工业化国家保护模式的歧视,这是直接违反关税及贸易总协定的规定,也就是说,只要老的国际经济秩序在目前的形势下继续存在下去,第三世界国家,尤其是非洲国家,就没有希望从其广泛的贫困状态下摆脱出来。"①

从 1970 年代后期始,非洲经济遇到困难。一些非洲国家的前期政策开始产生负面影响。大部分非洲国家独立后实行的是中央集权制,有的逐渐蜕变为独裁体制;②加之照搬西方(或东方)的发展战略,这些政策的负面影响开始显现,经济发展遭遇困难。此外,多年的自然灾害特别是自 1968 年至 1973 年连续 5 年非同寻常的旱灾对非洲产生了难以估量的冲击,农作物枯死,牲口饿死,大量的难民流离失所,萨赫勒地区受灾特别严重。以马里为例,损失了 40％的牲畜,减产 40％的粮食。破坏性最大的是 1973 年的石油危机。由于 1973 年阿以战争的爆发,原油价格从年初的每桶 3 美元涨到 1974 年的 12 美元。1979 年第二次石油危机使一些非洲的石油进口国雪上加霜,埃塞俄比亚、加纳、肯尼亚、马达加斯加、塞内加尔、苏丹、坦桑尼亚和赞比亚等国进口石油金额在出口收入中所占比例从 1970 年的 4.4％增加到 1980 年的 23.2％。随之而来的是国际贸易环境的恶化。1974 年至 1975 年和 1979 年至 1982 年资本主义世界发生经济危机,发达国家为转嫁危机,蓄意压低农矿产品价格和石油价格,其中铜的跌幅最大,而这正是赞比亚和刚果(金)的主要出口产品。同时,西方国家制造关税壁垒,限制非洲产品进入西方市场。非洲农产品与西方工业品之间的差价日益拉大。1972 年非洲用 38 吨剑麻或 7 吨棉花可换回一辆卡车;1980 年 138 吨剑麻或 28 吨棉花才能换回一辆卡车。非洲领导人不得不承受这种经济震荡。

---

① 马兹鲁伊主编、旺济助理主编:《非洲通史(第八卷):1935 年以后的非洲》,第 259 页。

② Earl Conteh-Morgan, *Democratization in Africa: The Theory and Dynamics of Political Transitions*, Praeger, 1997, pp. 53-72.

三、农业发展的严重滞后

(一) 土地问题的不公正

首先是殖民主义时期遗留下来的观念使人们对农业生产采取一种否定的立场。在非洲的一些国家,白人种植者的定居造成了对土地的第一波掠夺浪潮,例如北非的阿尔及利亚等国,东非的肯尼亚等国,南部非洲的南非、纳米比亚、罗得西亚、莫桑比克和安哥拉等国。在这些国家或地区,白人占有最好的土地,加上较为先进的农业生产技术和廉价的黑人劳动力,这种状况一直持续到独立后的非洲。直到 20 世纪 70 年代,由于这种对土地的占有优势,他们的经营状况远远好于当地黑人。① 一些国家独立后采取措施以减少或消除农村地区的不公正和剥削现象,如阿尔及利亚、摩洛哥、埃塞俄比亚、埃及、坦桑尼亚和津巴布韦。"其中一些措施使农业变成社会主义的农业(坦桑尼亚、莫桑比克、埃塞俄比亚、阿尔及利亚、加纳),改变土地所有权,重新分配土地,取消分成佃农制、地主土地所有制、农村地区的债务等等(摩洛哥、阿尔及利亚、突尼斯、埃塞俄比亚、埃及、肯尼亚)。"②相当一部分非洲国家独立后都进行了土地的再分配。有的在承认原有土地归属的基础上确定对土地的使用权,有的则是国家拿出一部分土地以特别优惠的条件分配给农民,有的国家进行了土地的重新登记。③ 然而,这种方法对促进独立后的农业发展收效甚微。

表格 9-7　非洲国家白人人口与占有土地的比例

国　家	1960 年白人占总人口比例(%)	1958 年白人移民占有土地比例(%)
安哥拉	1.0	6.0
博茨瓦纳	0.3	?

---

① Fantu Cheru and Renu Modi, eds. , *Agricultural Development and Food Security in Africa*, Zed Books, 2013, p. 39;巴兹尔·戴维逊:《现代非洲史:对一个新社会的探索》,第 123 页。

② 马兹鲁伊主编、旺济助理主编:《非洲通史(第八卷):1935 年以后的非洲》,第 250 页。

③ Gavin Ketching, *Class and Economic Change in Kenya:The making of an African Petite-Bourgeoisie*, *1905—1970*, Yale University Press, 1980, pp. 330-364.

（续　表）

国　　家	1960 年白人占总人口比例(%)	1958 年白人移民占有土地比例(%)
莱索托	0.3	5.0
马拉维	8.0	43.0
纳米比亚	19.4	43.3
南　非	2.8*	89.0
斯威士兰	0.2	49.0
赞比亚	3.0	3.0
津巴布韦	7.1	49.0

资料来源:刘海方、刘歆颖:"从津巴布韦到南非:土地改革何为?",[英]约瑟夫·汉隆、[津]珍妮特·曼珍格瓦、[英]特雷萨·斯马特:《土地与政治:津巴布韦土地改革的迷思》(沈晓雷、刘均、王立铎译),社会科学文献出版社,2018 年,第 6 页。

　　从 70 年代起,农业经历了双重农业战略(bimodal farming strategies)。一方面,政策容许培育中等或大型的资本主义农业生产制。另一方面,政府指导农民通过国家市场委员会来从事农业生产以增加生产率,这样,他们农产品赢利的一部分可以用于国家的基础设施建设和工业化。此外,在北非、西非和东非的一些国家,商品生产很快将有钱有势的地主变为资本家农场主,他们利用自己的政治、经济或社会特权剥夺了那些贫苦农民的土地,从而造就了一大批无地的农业劳动者阶级。这样,在非洲农村形成了各种不同阶级或阶层的农业资本集团。最顶层是外国资本或由他们支持的跨国农业资本集团,受着非洲国家政府的保护。与此同时,也有一些由国家支持的大型农业地产公司。这些外国公司和民族资本掌握着大量的土地和一支庞大的农业劳动大军,并可以运用金融武器来为自己赢利。① 食利阶级通过农业生产剥削广大农民的剩余价值,并不断通过各种渠道来增加自身的社会财富,由此造成了小农生产者对土地的

----

① Sam Moyo, "Agrarian transformation in Africa and its decolonisation", in Fantu Cheru and Renu Modi, eds., *Agricultural Development and Food Security in Africa*, pp. 38-56. 山姆·莫约是一位令人尊敬的津巴布韦学者,他创立的非洲农业研究所(African Institute for Agrarian Studies)在国际上享有很高的学术声誉。笔者与他在多次国际会议上交流意见,还曾委托他将 100 美元捐赠款带给一位身处困境的津巴布韦青年。令人心痛的是,他于 2015 年在印度的一次车祸中不幸去世。

过度使用,从而导致生产率下降,对草原地区的过度使用以及对森林的过度采伐。由于土地的使用价值日益增长,各个阶层对土地的争夺日益加剧,小农和无地农民受到的伤害最为直接。这种不公正的局面日益引发农民的反抗。[①]

(二) 忽视农业的现象及其后果

从独立以来,非洲各国由于在模仿他国的发展模式时未考虑到本国实情,在强调工业化时忽略了农业的发展,从而导致了一系列问题。粮食供应成为主要问题。非洲人口的增长率快速增长,这为粮食的供应带来很大的压力。虽然农业生产增长率有所增加,但农业生产增长率却是全球各地区最低的。从 1970 年到 1977 年,非洲农业年增长率为 1.3%。相当多的非洲国家将发展重点放在工业发展上。由于连本国的粮食供应都不能满足,政府的对策或是听之任之,引起群众的不满,最后造成骚乱,或是政府用大量宝贵的外汇从国外进口粮食,出口收入还不够用来购买粮食,入不敷出的结果只能靠借贷度日,从而欠下国际金融机构的巨额。

以尼日利亚为例。尼日利亚是非洲的人口大国,粮食生产至关重要。然而,农业在国内生产总值中所占比重在 1960 年为 63%,到 1976年,下降到 23%。由于忽视了农业在经济发展中的地位,农业在国民经济中所占地位逐年下降,农产品出口值在出口总值中所占的比重大幅度下降,1960 年占 80%,1970 年占 30%,到 80 年代初,出口值仅占 5%左右,主要是可可出口。独立后人口不断增长(2.5%),而粮食增长率却只有 1.8%。由于粮食的增长率远远低于人口增长率,其结果只能是通过进口来解决问题,从而导致进口费用快速增长。1962 年为 1 698万奈拉,1971 年为 8 791 万奈拉,1975 年达到 2.78 亿奈拉,1981 年已超过 20 亿奈拉。食品进口费用在进口总值中所占比例也不断增大,1971 年占 10%,1979 年占 20%,1982 年进口粮食 300 万吨,其中谷物进口量比 1974 年增加了近 6 倍。虽然尼日利亚政府意识到了粮食自给

---

① Fantu Cheru, "The silent revolution and the weapon of the weak", in S. Gill and J. H. Millelman, eds., *Innovation and Transformation in International Studies*, Cambridge University Press, 1997, pp. 153-169.

自足的重要性，并先后于 1972 年实行过"促进全国粮食生产计划"，1976 年也开展过"养活国家运动"，但因缺乏切实可行的措施，收效不大。① 这种过分依赖石油工业的发展战略既给尼日利亚带来了短暂的繁荣，也使其经济陷入了危机。②

在发展过程中，照搬发达国家的发展模式的做法渗透到每一个方面，即使在要求充分反映本土条件的农业上，也经常出现盲目照抄他人耕作方式和耕作模式的情况，包括作物的引进。例如，赞比亚南部的土地适合玉米的生长。然而，北部的土地几乎全部都是受到淋蚀的酸性土，并不适宜种玉米。这里的传统作物是小米、木薯、高粱、甘薯、菜豆。全国农业销售局却不收购农民的传统作物。为了实现"现代化"，推行化肥的使用，政府提供大笔肥料补贴。这样，长期有效的有机肥被忽略，以豆类作物为主的轮作制或是用菜豆、花生和大豆等作物实行轮作的方法都得不到发展。一位赞比亚的年老酋长曾这样抱怨："正是你们白人用自己现代化的农业把我们给毁了。过去我们还有自己世代相传的玉米。起码有饭吃。可是你们说化肥能解决一切问题……现在我们比从前更穷。"③在一味模仿西方的过程中，一些在非洲历史上长期行之有效的本土制度被破坏。

（三）农副产品的比重

非洲农业发展存在着一些矛盾的现象。一方面是农业在非洲国家的国民经济中占有重要地位，另一方面是整个社会对农业的极度不重视。一方面是农村人口占比极大，另一方面是政府将发展重点放到了城市。一方面是政府对农业不重视，缺乏投资和相应政策。另一方面，农副产品在各类商品门类中占的比重很大。从非洲国家的单一商品（主要是矿物和农副产品）的出口可以看出一些端倪。

---

① 吴慎娴、吴兆契：《非洲的农业生产和粮食问题》，《西亚非洲》，1981 年第 1 期，第44—49 页；陈宗德、吴兆契主编：《撒哈拉以南非洲经济发展战略研究》，第 182—586 页。

② 有关尼日利亚的石油经济，参见李文刚：《尼日利亚的现代化模式：石油资源支撑的"贫困"现代化》，李安山：《世界现代化历程：非洲卷》，江苏人民出版社，2013 年，第 518—574 页。

③ 勒内·杜蒙、玛丽-弗朗斯·莫坦：《被卡住脖子的非洲》，世界知识出版社，1983年，第 62 页。

表格 9-8 非洲国家的 20 种出口商品(单位:百万美元)

	1970 年	1971 年	1972 年	1973 年	1974 年	1975 年
原　油	3 925	4 828	6 006	8 788	22 600	19 300
铜	1 473	1 069	1 155	1 680	2 290	1 250
咖　啡	828	793	895	1 193	1 334	1 200
可　可	696	592	563	740	1 100	1 150
磷酸盐	162	170	206	262	1 270	1 150
棉　花	780	848	851	1 039	1 240	1 000
木　材	256	265	340	647	654	560
铁矿石	299	316	331	408	491	560
糖	153	174	214	288	532	480
花生和花生油	230	175	228	248	250	270
钻　石	270	236	252	295	321	260
烟　草	82	102	119	154	188	230
棕榈油和棕榈仁	124	131	89	115	280	190
柑橘类水果	125	128	132	190	156	180
葡萄酒	196	70	89	198	146	150
茶　叶	84	86	108	109	123	135
橡　胶	85	73	63	108	158	100
剑　麻	44	36	44	78	188	95
橄榄油	23	51	124	85	206	90
大　米	92	68	61	75	112	80
总　计	9 927	10 211	11 870	16 700	33 639	28 430

* 表中涉及国家包括阿尔及利亚、贝宁、博茨瓦纳、布隆迪、中非、乍得、刚果、埃及、埃塞俄比亚、加蓬、冈比亚、加纳、科特迪瓦、肯尼亚、莱索托、利比里亚、马达加斯加、马拉维、马里、毛里塔尼亚、毛里求斯、摩洛哥、尼日尔、尼日利亚、卢旺达、塞内吉尔、塞拉利昂、索马里、苏丹、斯威士兰、多哥、突尼斯、乌干达、喀麦隆、坦桑尼亚、布基纳法索、刚果(金)、赞比亚和东非共同体。

资料来源:联合国非洲经济委员会(UNECA), *Survey of Economic and Social Conditions in Africa*, 1976, p. 92。引自 Claude Ake, *A Political Economy of Africa* (Essex: Longman House, 1981), p. 98。

这一表格显示了非洲经济的两个特征:第一,相当多的国家的出口产品集中在一两种产品上。例如,20 世纪 70 年代中期,乍得出口产品的三分之二是棉花,可可占加纳出口产品的三分之二,利比里亚四分之三的出口商品是铁矿石,毛里求斯出口商品的十分之九是食糖,咖啡占卢旺达出口的 43%,埃塞俄比亚的 48%,乌干达的 61% 和布隆迪的 84%。第二,非洲出口商品种类的 75% 是农副产品,资源矿产品种类(只有原油、铜、磷酸盐、铁矿石和钻石)只占出口商品的四分之一。[1]

出口农产品特别是单一作物制产生了多重影响。除了对国家发展战略以及国家经济的结构性影响之外,还存在一些实质性影响。定居农业受到商品经济的刺激得以发展,但却加剧了牧民和定居农民对土地资源和水资源的竞争。由于牧民的活动范围被日益压缩到很小,他们以前自由放牧的生产方式受到侵害,生存日益艰难。这样,畜牧业也逐渐衰落。这种情况在北非和萨赫勒地区尤为显著。在西非地区,由于农产品的商业化,纯粹的土地村社占有制逐渐被私人占有制取代。此外,由于传统的休耕制的缩短甚至废止,土地的生产压力加大,肥力迅速枯竭,农业产量也因此下降。

20 世纪 70 年代后期至 80 年代初期,国际市场的原材料特别是农产品的价格大跌,花生油和棕榈油价格的跌幅也相当大,这两种油料作物都是西非国家的主要出口产品。国际市场价格的这种变化给非洲国家的经济带来巨大的损失。其结果可想而知,首先是许多矿产公司出现巨额亏损。用外汇购买所需进口物资导致赞比亚的国际收支出现巨大赤字。为了节省开支,不得不在预算中对政府开支进行削减,人民的生活质量受到严重影响,食品补贴也被取消。为了应付时局和偿还贷款,赞比亚政府向国际货币基金组织举债,而条件是赞比亚的货币必须大幅度贬值。哈里森指出,赞比亚的问题并非是自身的问题,"当前国际经济秩序的喜怒无常才是真正的原因"。[2] 这种说法是有道理的。

---

① 其他作者也注意到这些特点。参见保罗·哈里斯:《第三世界:苦难·曲折·希望》(钟菲译),新华出版社,1984 年,第 386 页。

② 保罗·哈里斯:《第三世界:苦难、曲折、希望》(钟菲译),新华出版社,1984 年,第 388 页。

(四) 长期困扰的粮食问题

在非洲,粮食问题是一个政治问题。非洲地域辽阔,是粮食生产的发源地之一。然而,农业一直是非洲大陆的棘手问题。虽然有的国家(如肯尼亚等)在独立后一段时期内曾解决了粮食问题,但由于国内外因素的干扰,至今绝大部分国家粮食不能自给,需要援助或进口。从 20 世纪 60 年代一直到 90 年代,人均农业生产指数一直在下降。1961 年到 1964 年为100,1965 年到 1969 年仍是 100,1975 年到 1979 年为 92,1985 年到 1989年为 84,1995 年到 1998 年为 87。[1] 在结构调整计划的干预下,非洲国家的粮食生产持续下降,这表现在人均粮食生产指数上。这种影响直到 90年代仍在继续。以前一些粮食可以自给的国家(肯尼亚、马拉维、塞拉利昂、津巴布韦等),现在都不得不依赖进口。

表格 9 - 9　非洲粮食生产指数
(人均粮食生产指数:1989 年—1991 年为 100)

	1990 年	1991 年	1992 年	1993 年	1994 年	1995 年	1996 年	1997 年
撒哈拉以南非洲地区	100	99	96	96	95	97	95	94
整个非洲	100	99	97	97	94	97	97	92

资料来源:《非洲经济和金融数据》,联合国开发计划署/世界银行,2000。转引自乔治·B.N.阿耶提:《解放后的非洲:非洲未来发展的蓝图》,第 205 页。

非洲的粮食问题十分复杂,主要与高贫困率、农业发展水平低、不公平的贸易规则、气候变化、环境破坏和国家发展战略有着直接关系。一旦主要的农产品依赖进口或援助,不论是价格还是条件上都要受人控制。以加纳为例。世界银行及国际货币基金组织在借贷条件上强迫加纳开放国内稻米市场,加上世贸组织施行不公平的贸易规则,以致大量美国廉价大米进入加纳。尽管加纳农民生产的糙米营养价值较高,但加纳人宁愿选择获美国政府补贴的进口廉价大米。尽管布什政府表示要对非洲农民

---

[1]　The World Bank, *Can Africa Claim the 21ˢ Century?*, Washington, D. C.：The World Bank, 2000, p. 172. https：//issafrica. org/acpst/uploads/Reading％ 20material-World％20Bank_Can％20Africa％20claim％20the％2021st％20century. pdf.

进行援助,但遭到拒绝,他们宁愿要公平贸易。[①] 莫桑比克的腰果以及肯尼亚和布基纳法索的棉花遭遇到同样的命运,在国际金融机构的威逼下,两国政府不得不放开对自己国家产业的保护措施,同时也对国际资本开放市场,从而在激烈的竞争中遭到毁灭性的打击。

2007 年,根据粮农组织的资料,非洲大陆陷入粮食危机而需要外部援助的国家共有 20 个。其中大致可以分为严重和较严重两种。一些国家主要民众在获取粮食方面都有困难,这属于严重缺粮的国家。这些国家有 9 个,莱索托、索马里、斯威士兰、津巴布韦、厄立特里亚、埃塞俄比亚、利比里亚、毛里塔尼亚和塞拉利昂。这些国家有的是因为长期战乱而使农业生产陷入停顿,如索马里;有的处于战乱后的恢复期,如厄立特里亚、塞拉利昂和利比里亚等国;有的是由于自然灾害频繁,如南部非洲和北部非洲连年不断的干旱使莱索托、斯威士兰、津巴布韦和毛里塔尼亚都处于严重缺粮的状态。另一类是局部地区处于粮食安全受到威胁境地的非洲国家,这些国家有 11 个,布隆迪、中非共和国、乍得、刚果(金)、刚果(布)、科特迪瓦、加纳、几内亚、几内亚人比绍、苏丹和乌干达。这些国家出现粮食危机有的是因为难民很多,有的是因为内乱,还有的则是自然灾害所致。一方面人口增长率高,另一方面粮食生产不足,长期如此,必生内乱。

只有实现粮食的自给自足,非洲才有条件稳定发展。近年来,多种因素导致国际粮价飙升,如粮食需求增加、灾害导致减产、生物燃料的消耗、市场投机行为以及金融危机等,从而给非洲造成了极大困难。联合国的一份报告发出警告:非洲环境面临前所未有的威胁。非洲降雨从 1968 年以来因全球变暖一直在减少,从 1990 年到 2000 年,非洲森林面积减少了 5 000 万公顷,因而在近 30 年内遭受了多次旱灾,严重破坏了农业生产,使这一地区的粮食短缺问题更加严重。为了缓解困难,非洲开发银行在 2008 年决定拨款 10 亿美元以促进非洲发展农业基础设施及农业研究等。加纳学者奎西·克瓦·普拉认识到农业对于非洲发展的重要性。他指出:"只有得到农业革命的支持,非洲才会立即前进。为了达到这一目的,我们必须从古老的社会关系中释放土地,要尽快地放弃半封建及封建的土地所

---

① Lucy Bannerman, "The farmers ruined by subsidy," *The Times*, 9 April, 2007. 还可参见《乐施会年报》(2005—2006)上的有关报道。

有制,这样就会释放出可供农业发展的资本,并加速农业生产。不能再允许南部非洲白人移民者占用绝大多数土地的情况继续下去了,但是,这方面的纠正过程必须有序而透明地进行。"①当然,他对非洲土地所有制的定性本人难以苟同,但他对非洲农业重要性的认识是很有见地的。

四、非洲自主意识与国际金融机构的阻击

虽然一个国家的发展有赖于自身的努力,但现存的国际经济秩序对非洲发展的阻碍不言而喻,出路之一是寻求自身发展和自力更生的路径。《1980—2000 非洲经济发展拉各斯行动计划》是非洲国家的集体尝试。

(一)拉各斯行动计划:被扼杀的纲领

在 1970 年代末,非洲领导人开始认识到非洲发展的困境,提出了自力更生的观念。在《蒙罗维亚宣言》中,他们明确表示:共同承担义务促进社会与经济发展和经济一体化,以不断增强自力更生和自足能力;促进和加强社会交往和经济交流;建立国家、次区域和地区机构,以便达到自力更生和自给自足的目标,并有助于人力资源的开发;加强各国科学和技术方面的自主能力;实现粮食生产和供应的自给自足,次区域的和地区内部的工业发展,在自然资源的管理、勘探、开采和利用方面进行合作,并为此目的而建立适当的机构;发展本地企业、技术力量和工艺能力;在保持、维护和改善自然环境方面进行合作;确保发展政策充分地反映非洲的社会文化价值。这一宣言强调了两点:自力更生和地区合作,依靠非洲自身的力量渡过难关。②

1980 年,非统组织和联合国非洲经委会在发展战略上取得一致意见:减少对外部世界的依赖,在非洲实现粮食自给的基础上向内向发展转型。非洲统一组织与联合国非洲经济委员会在强调自力更生方面达成一致,于 1980 年 4 月拉各斯举行的非洲统一组织特别首脑会议讨论通过了切合非洲本土实际的《1980—2000 非洲经济发展拉各斯行动计划》(以下简称《拉

---

① 奎西·克瓦·普拉:《非洲民族:该民族的国家》,第 190 页。

② 《蒙罗维亚宣言》(1979 年 7 月),转引自葛佶主编:《简明非洲百科全书(撒哈拉以南)》,中国社会科学出版社,2000 年,第 774—775 页。

各斯行动计划》),全面阐述了非洲未来 20 年的发展计划,包括粮食与农业、工业、自然资源、人力资源的开发与利用、科学技术、交通运输、贸易与金融、建立与加强经济技术合作的措施、环境与发展、最不发达的非洲国家、能源、妇女与发展以及发展规划、统计与人口等 13 个方面的内容。

为什么会在这个时候提出代表非洲自我意识的《拉各斯行动计划》呢? 主要有内在因素与外来推力两个方面的原因。20 世纪 70 年代后半期国际市场的原材料价格下跌的结果可想而知。首先,这些受到伤害的国家必须面对大量公司和农民巨额亏损甚至破产的局面。其次,由于这些国家政府的岁入一直依赖这些主要出口商品,价格下跌往往使得政府要大幅度削减开支,在公共开支相对比较高的情况下(参见下表),最先受到冲击的往往是文化、教育和卫生方面,或是人民的生活必需品涨价。为了应付局面,政府不得不向国际金融组织举债,而条件往往是本国货币的贬值。这种处理方式往往预示着潜在的新危机。由于国际市场的影响、政策的失误、自然灾害的损失和 70 年代后期原材料价格的下跌,非洲的粮食和农业形势急剧恶化,人均粮食的生产和供应难以自给,而大量进口粮食使非洲国家的财政陷入困境。

表格 9 - 10 非洲国家的对外公共债务及其占国民生产总值的百分比

国 家	对外公共债务(百万美元)		对外公共债务占国民生产总值比重(%)	
	1970 年	1982 年	1970 年	1982 年
埃塞俄比亚	169	875	9.5	19.8
马拉维	122	692	43.2	48.8
坦桑尼亚	248	1 659	19.4	32.7
加 纳	489	1 116	22.6	3.6
肯尼亚	316	2 359	20.5	39.2
塞内加尔	98	1 329	11.6	55.0
赞比亚	623	2 381	37.0	66.3
津巴布韦	233	1 221	15.7	19.1
尼日利亚	480	6 085	4.8	8.7
科特迪瓦	256	4 861	18.3	74.3

资料来源:John Sender and Sheila Smith, *The Development of Capitalism in Africa*, London and New York: Methuen, 1986, p. 89。

外来推力来自联合国。1979 年 8 月 27 日至 31 日,联合国教科文组织在厄瓜多尔的基多召开的会议。会议的主题是新的发展观念。与会者提出了三个概念,即整体的发展、内源的发展和综合的发展。非洲人对这些概念有自己的认识。所谓"内源",实际上代表多层意思。首先,发展应是内源的,不能指望用从他人那里得到的东西来满足自己。西方过度消费已经为人类敲响了警钟。其次,非洲人在发展的规划制定上也应该是内源的,自己制定的规划才是最好的规划,因为只有自己最了解本地的情况。再次,内源的发展还意味着发展的动力和解决方式也要来自内部。如果一味照搬他人的模式,只会走弯路。最后,非洲人而不是国际机构必须在经济发展中起主要作用。非洲国家一方面想要摆脱这种困境,扭转非洲国家经济发展缓慢、停滞甚至倒退的局面,另外在接受了新的理念后也想力争创造自身的发展模式,《拉各斯行动计划》正是在这种情况下提出来的。

为了解决自身的粮食问题,非洲国家实际上早已认识到农业的重要性。《拉各斯行动计划》要求成员国进行制度更新,采取新的农业政策,引导小农和农业合作社提高生产率;减少粮食的浪费,强调农业生产的多样化,促进粮食生产。拉各斯行动计划还要求在 1980 年到 1985 年间应迅速改善粮食形势并为实现谷物、畜产品及渔业生产的自给奠定基础。"优先的行动应该是保证真正养活粮食的浪费,实现明显高水平的粮食安全保障,强调农业生产的多样化,促进粮食生产,特别是热带谷物大量的和持续的增长。"行动计划对各成员国提出了要求。

> 各成员国应该采取必要措施贯彻执行非洲农业部长们制定的非洲地区性粮食计划。近期的主要目标应该是在数量和质量上改进粮食作物的生产(谷物、水果、块茎作物、油籽、蔬菜等等)以便替代当前占相当比例的进口产品。同时,这些粮食品种的生产应该在这些作物有生产潜力的国家受到鼓励。玉米、小米和高粱的种植应受到特别的注意,以便代替对小麦和大麦日益增长的需求。

除了对粮食作物的要求外,行动计划还对家畜生产、渔业生产和林业生产提出了可行性建议,并就收入与价格政策、研究工作、推广工作、农业服务工作、资金来源和实施和监督工作提出了具体建议和规定。①

　　难能可贵的是,非洲摆脱了西方灌输的那种"昂贵的现代化"计划,开始认识到农业在非洲发展中的重要性。"非洲粮食问题的根源在于各成员国尚未给予农业以必要的优先地位,无论在资金分配方面还是在政策上促进提高生产率和改善农村生活方面,均未能给予足够的重视。"在这一划时代的战略制定中,农业被摆到了首位。行动计划强调要在政治意志上重视农业:"为了改善非洲的粮食状况,最根本的要求是要有坚强的政治意志,将已经大大增加的资源引导到农业上去,对社会制度从实质上重新确定方向,实行鼓励小农和农业合作社的社员们提高生产率的政策,以及建立起能够制订恰当的计划并执行这些计划的有效机构。"

　　从根本上看,《拉各斯行动计划》旨在增强非洲国家的自力更生能力。这是联合国非洲经济委员会与非洲统一组织在经历了多年的意见分歧后达成的一致意见。联合国非洲经济委员会成立于1958年4月,致力于加速非洲大陆的经济和社会发展以及通过研究使其上属组织即联合国经社理事会加强对非洲的了解。成立于1963年的非洲统一组织认为自己有能力协调、加强和调和非洲人民在各个领域包括联合国非洲经济委员会在内的合作。1964年,联合国经社理事会宣布它负责管理非洲统一组织与联合国非洲经济委员会关系的原则。1966年,非洲统一组织负责行政事务的秘书长表明了联合国非洲经委会应从属于非统组织的意图。这样,有关组织隶属关系的两种不同意见的冲突、财政问题、由非洲人还是外部人担任相关职务的问题、对非洲问题的不同认识以及个人因素等方面的原因给双方合作带来了巨大的障碍。1980年4月达成的《拉各斯行动计划》是双方合作的良好开端。② 这一计划的目的是减少非洲国家对外部世界的依赖,并在国家一级和全大陆范围内实现粮食自给的基础上实现内向发展。世界银行制定的伯格报告的目的相反,它鼓励非洲经济外向发展,并将重点放在扩大非洲经济作物出口上。这一行动计划的核

---

　　① 《1980—2000非洲经济发展拉各斯行动计划》(徐济明译),葛佶主编:《简明非洲百科全书(撒哈拉以南)》,中国社会科学出版社,2000年,第776—779页。有关这一计划的内容均引自此处,个别译文有改动。

　　② 阿里·A.马兹鲁伊主编、C.旺济助理主编:《非洲通史(第八卷):1935年以后的非洲》,第644—646页。

心内容是强调用适合本土的办法自主解决粮食问题,在工业、交通运输、人力和自然资源以及科学技术方面寻求自力更生的办法。[①]

然而,拉各斯行动计划却不幸成为了一个没有机会实践的行动纲领。[②] 其中最重要的原因是西方金融集团的阻击。

(二) 结构调整计划:国际金融机构的干预

非洲国家这种有意识的行为对现成的国际经济体系形成了严重的挑战。早在 1979 年秋,当时拉各斯行动计划正在起草的最后阶段,作为世界银行非洲部门主管人员的非洲财政部长们将一份备忘录送给世界银行行长,他们要求世行准备一份有关撒哈拉以南非洲经济问题的特别报告,报告应同时包括解决这些经济问题的办法。一份题为《撒哈拉以南非洲的加速发展:行动议程》的报告(后来被称为"伯格报告")应运而生。[③] 实际上,西方不愿意看到拉各斯行动计划得以落实,不愿意看到非洲人通过自强来改变命运。伯格计划即结构调整计划(Structural Adjustment Program, 简称 SAP)正是在这样的背景中产生的。

这份报告表面上看似乎代表了世界银行、国际货币基金组织的观点,但实际上是里根政府将国际金融机构"当作美国对外经济政策的工具"制定的一项重大决策。文安立认为,里根政府热衷于通过经济战来对付它的敌人。20 世纪 70 年代末,里根政府对世界银行和国际货币基金组织的运作方向提出新的要求,"他们的目标是彻底扭转这两个机构的方向,使之奉行货币主义和市场意识形态,同时要尽可能地利用它们的信贷资源为美国的安全目标服务。他们的口号是'条件性'和'调整',前者意味着将受援国国内和国际两方面的市场转向作为援助的前提条件,而后者则意味着受援国在国际货币基金组织专家的指导下终止政府配额和补

① Organization of African Unity(OAU), *Lagos Plan of Action for the Economic Development of Africa 1980—2000*, International Institute for Labour Studies, Addis Ababa, 1981.

② 关于《拉各斯行动计划》没能实施的其他原因,可参见朱重贵:《八十年代非洲经济的调整与改革》,现代国际关系研究所编:《第三世界国家的经济调整(论文集)》,时事出版社,1987 年,第 205 页。

③ World Bank, *Accelarated Development in Sub—Saharan Africa: An Agenda for Action*, World Bank, 1981.

贴,还经常意味着消减社会支出"。[1]

这样,一份以美国政府意愿为主旨的文件成为后来非洲国家结构调整的指导性文件,因艾略特·伯格(Elliot Berg)受命负责组织和起草这份报告而得名。西方国家和国际金融组织对非洲经济发展所遇困难的看法与非洲国家不同。它们认为,非洲经济的停滞不前必须从非洲国家内部找原因,即非洲国家必须放弃对经济的控制,对外开放经济,并对国家体制和经济结构进行调整。在此基础上,将重点放在扩大非洲经济作物出口。[2] 迫于经济危机的威胁和财政的需要,30 多个非洲国家为获得世界银行和国际货币基金组织的贷款,不得不接受"伯格报告",开始结构调整计划。这种做法实际上使本来脆弱的非洲经济对由开放政策引进的西方企业和商品更无防守之力,这一弱势因 1981 年到 1982 年的全球性经济衰退而雪上加霜。在 80 年代,原材料价格大跌,仅在 1980 年到 1982 年间,价格平均下跌 40%。80 年代非洲国家国内生产总值平均下降 8.3%,成为非洲"失去的十年"。[3]

国际金融组织提出的短期稳定经济政策包括改革汇率,实行货币贬值,紧缩信贷,取消物价补贴和控制,撤销最低工资法,税制改革和外债重组。在非洲国家执行了短期稳定经济政策后,世界银行才进一步推出结构调整政策。这一政策的主要目标是改善受援国的国际收支状况,恢复还债能力,"明显地改进公私投资和支出的质量","通过发展人力资源和组织、机构、制度等,尽快提高非洲国家管理国民经济的能力","为健全的经济增长提供一个基础",主要包括政府部门的减缩和公共开支的削减;国营企业私有化;汇率和价格体制的改革;贸易自由化和资本自由流动。[4] 国营企业的私有化是为了减少政府对经济的直接干预,取消国家垄断,推行自由经济;汇率和价格体制的改革是为了加强市场化,其结果

---

[1]　文安立:《全球冷战——美苏对第三世界的干涉与当代世界的形成》,第 373 页。

[2]　A. A. Gordon and D. Gordon, eds. , *Understanding Contemporary Africa*, London, 1996, pp. 100-101.

[3]　舒运国、刘伟才:《20 世纪非洲经济史》,第 113—149 页。

[4]　Kidane Mengisteab and B·Ikubolajeh Logan, eds. , *Beyond Economic Liberalization in Africa: Structural Adjustment and the Alternatives*, Zed Books Ltd. , 1995, pp. 288-295;舒运国:《失败的改革——20 世纪末撒哈拉以南非洲国家结构调整评述》,吉林人民出版社,2001 年,第 94—132 页。

是取消消费补贴和价格控制,本地货币的大幅度贬值。这一计划主要集中在经济方面,还涉及对教育、卫生和社会福利方面经费的大量削减,严重影响了非洲经济发展和社会稳定。工业化战略失败,忽视农业的倾向未得到纠正,货币大幅贬值使遭遇困境的非洲经济雪上加霜,而减少公共开支和社会福利使人民生活水平不断下降造成民怨沸腾,对政府的不信任由此而生。20 世纪 80 年代的这种状况实际上为后来的"民主化"浪潮创造了机会。

(三) 结构调整计划的破坏作用

结构调整计划对非洲各方面都产生了影响。在非洲发展非常关键的减贫方面,它的影响主要是负面的。结构调整的负面效应表现在以下四个方面。首先,是贫困人数的增加。以日均生活支出在 1.08 美元以下的国际贫困线来看,撒哈拉以南非洲贫困人口总数 1981 年为 1.68 亿,1987年达到 2.17 亿,1998 年增加到 2.98 亿。第二,人民的生活质量严重下降,贫富差距扩大。由于结构调整取消了各项社会福利措施如免费医疗、免费教育、失业救济、价格补贴等,居民收入不平等的状况加剧。1980 年到 1997 年,撒哈拉以南非洲小学净入学率下降了一个百分点。第三,就业机会减少,贫困民众生计更加艰难。在 1975 年到 1995 年间,失业率大幅上升,从 10% 升至 20%—22%。在 1980 年到 1986 年间,非洲地区人均国民收入平均每年下降 3.6%。婴儿成活率(即每千例成活率)由115‰下降为 91‰。[1] 坦桑尼亚中央银行的行长恩杜鲁的研究发现,80年代中期,非洲人的寿命增长过程有所减缓。[2] 肯尼亚的棉花产业因结构调整计划而大大受挫,造成了大规模失业。[3] 1984 年,肯尼亚的棉花

---

① 安春英:《非洲的贫困与反贫困问题研究》,中国社会科学出版社,2010 年,第 93—96 页;李小云主编:《中国和非洲的发展与缓贫:多元视角的比较》,中国财政经济出版社,2010 年,第 13—15 页。

② Benno J. Ddulu, et al, *The Political Economy of Economic Growth in Africa*, 1960—2000, Volume 1, Cambridge Unviersity Press, p. 34.

③ 有学者认为结构调整计划时期非正式部门可以缓解失业和贫困问题以及利用家庭劳动力和本土资源。卢加拉对坦桑尼亚的研究否认了这一观点。Joe L. P. Lugalla, "Development, Change, and Poverty in the Informal Sector during the Era of Structural Adjustments in Tanzania", *Canadian Journal fo African Studies*, 31:3(1997), pp. 424-451.

产量为 7 万包,到 1995 年,产量下降到 2 万包。80 年代末,棉花行业的直接雇佣工人为 32 万,10 年后这一数字减少 10 万,只剩 22 万人。90 年代末,肯尼亚的棉花产值大大下跌,不到 80 年代产值的 5%。独立后勃兴的肯尼亚棉花业正是在援助的名义下被摧毁。[①] 正是在这一段时间,一方面,非洲国家在经济结构调整计划的逼迫下不得不放弃原有的保护政策,放开市场以准许外来商品的竞争,另一方面,享受美国政府补贴的棉花大量涌进国际市场,致使全球棉花价格下滑 50%,同时也使非洲每年外汇收入减少 3 亿美元。[②]

　　第四个是债务问题。根据联合国贸发会议报告,非洲国家的外债不断增加,特别在 80 年代和 90 年代初实施的结构调整过程中,非洲的外债形势严重恶化。[③] 1980 年,非洲的外债为 1 110 亿美元,到 1997 年已经达到 3 100 亿美元。[④] 非洲发展报告的统计数字有所出入,但也反映出非洲外债的严峻形势。1980 年非洲外债总额为 1 233.39 亿美元,1990 年达到 2 887.73 亿美元,1996 年上升到 3 385.10 美元。1980 年外债还本付息额为 189.77 亿美元,1990 年为 277.38 亿美元,1997 年上升至 325.30 亿美元。80 年代,非洲外债总额平均年度上升 9.1 个百分点,债务本息支付额平均年度上升 14 个百分点。[⑤] 虽然美国在 1989 年巴黎七国首脑会议后减去了 16 个撒哈拉以南非洲国家的 10 亿美元债务(占其"黑非洲"债务 43 亿美元的小部分),法国也在会前宣布 90 年代减免 35 个国家近 24 亿美元的债务,但 1993 年非洲外债仍然高达 2 004 亿美元,

───────────

　　① Jonathan Glennie, *The Trouble with Aid*: *Why less could mean more for Africa*, Zed Press, 2008, p. 39.

　　② Oxfam, "Cultivating Poverty: The Impact of US Cotton Subsidies on Africa", *Oxfam Briefing Paper* 30, Oxford: Oxfam, 2002.

　　③ 关于非洲债务的统计数目不尽相同。一说是 1970 年为 60 亿美元,1980 年达到 500 亿美元。安春英:《非洲的贫困与反贫困问题研究》,第 88 页。另一种说法是 1970 年非洲债务为 110 亿美元,80 年代初达到 1 200 亿美元。参见杨宝荣:《债务与发展——国际关系中的非洲债务问题》,社会科学文献出版社,2011 年,第 33 页。

　　④ Severine M. Rugumanu, *Globalization Demystified*: *Africa's Possible Development Futures*, Dar Es Salaam University Press, 2005, p. 103.

　　⑤ UNCTAD,"Debt sustainability: Oasis or mirage?", *Economic Development in Africa* 2004, p. 6; AfDB, AfricaDevelopment Report 2000, pp. 225-226. 转引自杨宝荣:《债务与发展——国际关系中的非洲债务问题》,社会科学文献出版社,2011 年,第 33—35 页。

1994 年为 2 107 亿美元,是当年国民生产总值的 82.8%,相当于当年非洲出口总额的 254.5%。根据 1995 年世行报告,1994 年底,28 个非洲国家的债务/出口之比高于 200:1。① 最令人惊醒的是,在这一段时间,非洲国家欠国际货币基金组织/世界银行的债务翻了几番。1980 年,非洲国家欠国际货币基金组织/世界银行的全图占非洲债务的 19%,1992 年,这一比例上升到 28%,到 1998 年,非洲国家所欠这两个金融组织的债务占到总体债务的 32%。②

在进行结构调整的 30 多个非洲国家中,绝大部分经济发展状况不佳。从理论上说,经济自由化应该为那些中央集权国家的经济带来好的效应,但实际情况并非如此。即使是在那些实行所谓社会主义政策的国家如刚果、马达加斯加、坦桑尼亚和莫桑比克,调整和改革的效果也不理想。③ 结构调整要求深化经济自由化和加快私有化进程,加上中央政府简缩编制和下放权力,因而出现了政府职能萎缩、非政府组织涌现和民众参与政治等现象。经济自由化破坏了国家控制(垄断)资源的基础,也刺激了重新分配资源的要求;精简机构和放权可以减少公共开支,但却使政府工作效率降低,加之政府自主能力逐渐丧失,从而大大减少了社会福利和相应的公信度。结构调整带来的生产滑坡使得相当部分的中产阶级贫困化,不少知识分子和专业技能者加入贫困化队伍。在诸多非洲国家,由于国际金融机构直接插手国家计划的制定和国家预算的分配,工厂关闭,工人失业,从而导致了国家经济失控,无法偿还债务的严重后果。国际货币基金组织和世界银行借机篡夺了这些国家的经济决策权(如扎伊尔,即刚果(金))。④ 这种国际债权人对非洲主权国家重要经济职位的接管被

---

① A. A. Gordon and D. Gordon, eds. , *Understanding Contemporary Africa* , p. 116. 非洲局势恶化使粮食危机成为日益严重的问题。参见 P. Lawrence, ed. , *World Recession and the Food Crisis in Africa* , Westview Press, 1986. 有关数据参见《阿德德吉谈八九十年代之交的非洲经济》,《西亚非洲》,1990 年第 2 期,第 60 页。

② Severine M. Rugumanu, *Globalization Demystified : Africa's Possible Development Futures* , p. 104.

③ Jo Ann Paulson, ed. , *African Economies in Transition Volume 2 : Reform Experience* , Macmillan, 1999.

④ T. M. Callaghy, "The Political Economy of African Debt : The Case of Zaire", in John Ravenhill, ed. , *Africa in Economic Crisis* , London : MacMillan, 1986, p. 317.

称为"对非洲的再殖民化"(recolonization of Africa)。[1]　国家经济的失衡和债务危机也引发了民众对政府的抗议。在执行结构调整计划的赞比亚、苏丹、阿尔及利亚、塞内加尔等国都先后出现了反对政府的骚乱。[2]赞比亚因食品短缺而引发的骚动还导致了多人死亡。累积的社会不满既成为非洲经济改革和寻求非洲自我解决办法的动力，也成为非洲民主化的推动力量之一。

　　结构调整给非洲带来的诸多恶果可以通过 1990 年 1 月 15 日联合国副秘书长兼非洲经济委员会执行秘书阿德德吉教授在亚的斯亚贝巴非洲大厦的讲话中看出。他指出公共开支的削减导致非洲的社会发展受到各种影响。教育与卫生费用在 1980 年占总开支的 25.2%，到 1988 年，这一比例下降到 21.9%。1960 年，非洲文盲人数约 1.24 亿，到 1985 年为 1.62 亿。独立以来，非洲曾在儿童入学和医疗卫生方面取得了一些成就，但这些成就"在 80 年代几乎丧失殆尽"。他也通过各种数据抨击了结构调整在经济方面造成的负责效应。1980 年非洲经常项目赤字为 39 亿美元，8 年结构调整之后，赤字已达到 203 亿美元。在 1980 年代，非洲出口额和出口单位价值每年平均下降 1.6% 和 2.3%，进口额年均下降 2%，后半期年平均下降 3.5%，进口单位价值则年均上涨 2%。贸易条件年均下降 4.1%，相当于出口收入每年损失 10%。通货膨胀率从 1980 年的 15.1% 上升到 1988 年的 21.9%。"'正统'结构调整方案据称能够消除国际收支赤字和通货膨胀，但是非洲经验证明恰恰相反。"[3]尼日利亚历史学家费米·阿科莫拉夫认为，结构调整是世界银行和国际货币基金组织为非洲开出的"药方"。这一计划使非洲受到了双重打击：既受到伤害还必须接受责备。[4]

---

　　[1]　Samuel O. Atteh, "The Crisis in Higher Education in Africa", *Issues: A Journal of Opinion*, 24:1(1996), p. 40.

　　[2]　J. Loxley, *Debt and Disorder*, Boulder: Westview, 1986.

　　[3]　《阿德德吉谈八九十年代之交的非洲经济》，《西亚非洲》，1990 年第 2 期，第 62 页。关于结构调整计划在塞拉利昂、加纳、肯尼亚和尼日利亚等国的效果，可参见 Rukhsana A. Siddiqui, ed., *Subsaharan Africa in the 1990s-Challenges to Democracy and Development*, Westport: Praeger, 1997, pp. 157-187,168-171.

　　[4]　Femi Akomolafe, "No one is laughing at the Asians anymore," *New African*, 452 (June 2006), pp. 48-50.

(四) 几内亚:结构调整计划的负面案例

在结构调整计划的实施过程中,几内亚的情况还是相对较好的。然而,这一调整的结果也给几内亚带来了很大的负面效应。几内亚在独立后一直奉行"非资本主义"发展道路。根据第一任总统塞古·杜尔的政策,几内亚政府期望建立一个重视人民利益、使人民在各方面实现平等的"社会主义"社会,主要政策包括实行国有化,确立国家对经济的控制;通过制订经济发展计划,促进国民经济的发展;实行农业集体化和农畜产品征购制;限制私人经济的发展;不同外国资本建立合营企业。经过 20 年的发展,几内亚不仅建立了以国家所有制为主体的经济结构,而且形成了自己的经济体系,除铝土开采业和一些矿业取得一定进展外,几内亚还兴建了纺织、榨油、制糖、制茶、卷烟、火柴、肥皂、印刷、家具、砖瓦等一批企业。运输业也得到发展。然而,几内亚的经济问题也不少。主要表现在经济增长十分缓慢,国营企业长期亏损,粮食和其他农产品不能满足国内需求,通货膨胀,财政困难。为了促进经济发展,几内亚政府试图进行改革。[①] 然而,塞古·杜尔总统于 1984 年 3 月 26 日猝然去世。一周内,军人政变上台。由于经济状况不佳,军政府不得不求助于国际金融组织的援助。正是在这一背景下,几内亚开始了世界银行主导下的结构调整计划。

以孔戴总统为首的军政权经过与世行的几轮谈判后,达成了结构调整的最终方案,并于 1985 年底开始实行结构调整计划,分三个阶段。主要内容涉及调整价格政策、改革金融体系、规范自由市场和国营企业私有化以及制定经济法规,行政改革还包括精简机构、裁减冗员和削减公共开支等。几内亚结构调整还包括币制改革并颁布了汇率政策。汇率贬值是货币制改革的主要内容。几内亚货币名称由西里改为几内亚法郎。汇率改革虽然在反映实际价值、平抑私下交易和引进外汇来源方面有所成效,但贬值带来的负面效应却对几内亚市场产生了很大的影响,特别是物价上涨和通货膨胀。金融改革虽然使中央和专业银行的分工明确并因信誉提高而大大增加了储蓄额,但同样产生了信贷不振和贷款走向不合理等

---

① 　陈宗德、吴兆契主编:《撒哈拉以南非洲经济发展战略研究》,第 123—141 页。

问题。农业改革虽然使农产品价格大大提高,市场机制逐步活跃,但导致了物价大幅上扬,从而造成了社会的不稳定。私营化进程的最大恶果是使一批国营公司被清理或整顿,主要骨干企业和经济要害部门均被外国资本渗透和控制。行政改革裁减了冗员,公职部门的人数从 1985 年的 9 万余人减至 5.2 万人,但政府功能的削弱和数万名被裁减的公职人员成为导致政治不稳定的社会基础。

在世行主导下的几内亚结构调整使经济有所恢复,国力有所增强。经济发展的主要表现为国内生产总值有所增长,外贸也保持增长势头。结构调整也带来了西方官方援助的增加。然而,结构调整方案带来的负面影响不能小视。债务负担在这一阶段不断加重。1985 年几内亚的外债为 12.9 亿美元,1992 年增至 19 亿美元,外债总额占国内生产总值的70%—80%。债务成为几内亚经济发展的沉重负担和严重障碍。国际收支状况持续恶化。1985 年的收支逆差只有 1 500 亿美元,1991 年增至6 700亿美元。财政状况也没有好转,财政赤字巨大。1993 年,虽然几内亚政府实施财政紧缩政策,但财政赤字仍达 2 878 亿几内亚法郎。货币贬值仍在继续,通货膨胀仍高居两位数,对人民生活造成极大的危害,对生产产生了极为不利的影响。[①] 几内亚后来的发展从某种程度上说明了结构调整带来的不良影响。

(五) 毛里求斯:另辟蹊径的成功案例

毛里求斯提供了一个不按国际金融机构的结构调整计划进行改革而取得成功的案例。

如前所述,"现代化"理论的荒谬之处在于它的假设:世界上所有国家都将走一条相同的发展道路,而这条道路已被欧美的发展实践所证明。换言之,西方的药方可以用来治非洲的病症,即西方的发展模式可以搬来非洲,西方的发展战略或西方人根据自己成功经验为非洲人制定的发展战略可以在非洲取得同样的成就。结构调整计划的假设是,只要非洲按照发达国家的路子走,一切问题都会解决。

---

①　张宏明:《几内亚经济结构调整及其效果评估》,《西亚非洲》,1994 年第 1 期,第31—37 页。

20 世纪 80 年代,毛里求斯也同样因陷入困境需要向国际金融组织借款。当时,国际货币基金组织也开出了针对其他非洲国家一样的药方——要求毛里求斯进行结构调整。具体要求是取消在大宗食品上的政府补贴,停止正在实行的国民免费教育(先是小学教育免费,1976 年开始实行中等教育免费),停止对公民的卫生服务(毛里求斯自独立以来一直实行健康服务免费的政策)等一系列相关的社会福利政策。所幸的是,毛里求斯政府在制定政策时根据的不是国际金融机构的要求而是国情,坚持自己的原则,并未对国际货币基金组织的“药方”采取全盘照收的立场。在谈判过程中,毛里求斯政府强调将会集中关注政策的结果,即减少赤字,却拒绝了国际货币基金组织关于停止免费教育和免费健康服务等无理要求。至于用什么方式来减少赤字,政府决定根据自身条件来制定政策。国家政策希望达到的目标是“确保全民就业;确保国民财富的可持续增长;确保尽可能平等的财富分配”。政府通过与私有部门的多方面合作,采取各种措施来减少赤字。

由于毛里求斯是岛国,缺乏自然资源,以前主要靠甘蔗种植园和食糖出口创汇。这种单一经济的结构很难使毛里求斯摆脱困境,只有以特有的方式发展自己的经济特别是工业才能达到可持续发展。20 世纪 80 年代,经济学家林满登爵士(Sir Edouard Lim Fat)根据自己的研究,认为要彻底摆脱单一经济的困境,必须发展自己的工业。他提出设立工业出口加工区(export processing zone,EPZ)的建议得到政府的重视,这一加强制造业的政策为毛里求斯人提供了更多的机会,也是毛里求斯经济多元化(当时主要发展出口加工区和旅游业)的具体措施之一。毛里求斯通过免除生产性物质进口的关税和所得税激励补贴以及放宽劳动力市场管理等措施,为出口加工区内的生产经营者减轻了负担,加强了他们的国际竞争力。[①]

---

① 黛博拉·布劳蒂加姆在 90 年代研究了毛里求斯的经济改革与民主政治之间的联系,并指出了林满登与外国资本的联系。参见 D. Brautigam, "The 'Mauritius Miracle': Democracy, Institutions and Economic Policy", in R. Joseph, ed., *State, Conflict and Democracy in Africa*, Rienner, 1999, p. 148; D. Brautigam, "Institutions, Economic Reform, and Democratic Consolidation in Mauritius", *Comparative Politics*, Vol. 30, no. 1, 1997, p. 57.

在出口加工区建立后的 20 余年里,毛里求斯的经济发展取得了长足进步,逐渐形成了蔗糖加工、出口加工和旅游业三大产业支柱。出口加工区的设立使原来只有单一蔗糖农产品出口的毛里求斯又增加了 60％的工业制成品出口。毛政府在推进出口加工业的同时,也注意大力发展旅游工业。出口加工区采取的各种优惠政策,大大鼓励了毛里求斯国内的投资。在出口加工区的早期阶段,几乎所有的资金都来自于当地,这是毛里求斯经济改革的一个特点。主要原因是剩余资本的客观存在和毛里求斯的政策导向。蔗糖工业长期形成出口优势,主要的出口市场是欧洲共同体(主要是法、德和英三国),其余三分之一主要向美国出口,制糖业获利颇大,形成了既定的资本积累。此其一。政府的双轨制政策使蔗糖工业和 60 年代形成的进口替代工业的企业主看到了出口加工区的发展机会,在渐进双轨制的政策引导下愿意将剩余资金投资到出口加工区。同时,优惠政策也吸引了大量外国投资。在 80 年代中期,香港的投资约占三分之二,其次是法国的投资,占 10％。[①]

在实行符合国情的发展政策时,毛里求斯逐渐形成了一些可供其他非洲国家借鉴的经验。毛里求斯政治学家阿尔迪·达尔嘉根据自己的研究,认为毛里求斯成功的"鲜有关注的最重要的经验"是本土企业家阶级所起的关键作用。在培养企业家阶级的建设性作用中,最重要的是国家的责任。国家应致力于与企业家建立良好的互动关系。国家一方面要提供资本积累的空间,要为企业经营提供各种服务和便利,在适当的条件下提供金融支持;另一方面要多听企业的意见以及对现行政策的反馈,从而在以下两点中达成共识:探求创造财富的新途径和确立发展的目标。只有这样,企业家才能充分发挥积极性,凭借自身的能力(而不是通过法律强制)来获取机会和赢利,同时也为国家做贡献。更多就业机会有利于企业,也使国家获得更多税收;更多就业也意味着更多消费,消费税也为国家经济做贡献。毛里求斯成功地找到了自己的方式来减少赤字。

---

① Rolf Alter：《毛里求斯出口加工区的教训》,《金融与发展》,国际货币基金组织与世界银行季刊网络版, http://www. cfeph. cn/cfeph/finance. nsf/6a8d70d347f50e6f4825672e001b0184/455a2b60646028b74825682300299308? OpenDocument。作者曾在国际货币基金组织非洲局任职。国内相当多的文章都是照抄或引用此文的观点。然而,此文作者对国际货币基金组织强行要求毛里求斯政府进行结构调整的内容避而不提。

毛里求斯工业化成功有四点经验。第一,原料不甚重要,附加值更重要。例如毛里求斯从不生产棉花,但这个国家成为撒哈拉以南非洲最大的纺织品和服装出口国之一。它也不生产钻石,但它却出口竞争力极强的切割加工钻石。这里说明了加工技术的重要性。第二,竞争力不完全取决于定价,而在于一系列因素,例如生产的灵活性以及按时保质保量地为顾客提供服务的能力上。第三,必须兼顾国内和国际两个市场。为本国产品获得优惠的市场准入符合国家利益,也是外交的目标。第四,重视本土的企业家精神。虽然外国直接投资很重要,但"在制造业中没有比本土的企业家精神——包括极端关键的中小企业(SMEs)——更重要的了"。重视本国企业在制造业中的作用是工业化的精髓。①

一方面,毛里求斯与国际金融机构的结构调整计划发生冲突的案例"迄今很少被布雷顿森林体系所引用";另一方面,在 20 世纪 80 年代的后半期,世界银行的经济学家自豪地宣称,"毛里求斯是结构调整计划(SAP)神奇药方功效的生动案例"。这里,世界银行无疑有贪毛里求斯之功为己有之嫌。正如达尔嘉指出的:"事实上,毛里求斯从来没有采用这一许多非洲国家遵循的世界银行 SAP 一揽子计划。这是一个毛里求斯如何另辟蹊径的案例。"②

(六) 结构调整计划的评估与《替代框架》的补救

尽管世界银行开始不愿承认结构调整计划的失败,并尽一切努力来补救,但这一计划的结果未达到预期的效果却是不言而喻的。③ 结构调

---

① L. 阿米迪·达尔嘉:《毛里求斯的成功故事——为什么一个岛国成为非洲政治和经济的成功范例》,莫列齐·姆贝基编:《变革的拥护者:如何克服非洲的诸多挑战》(董志雄译),第 198—201 页。

② L. 阿米迪·达尔嘉:《毛里求斯的成功故事》,第 192、203 页。有关毛里求斯经验的独特性,参见 A. Bheenick, "Beyond Structural Adjustment", Paper presented to seminar studies on Deficit Financing and Economic Management, University of Mauritius, Redult, Mauritius, 1991.

③ 例如,世界银行在 1983 年、1984 年和 1989 年先后发表了三个有关结构调整的报告后,又于 1994 年发表了《非洲的调整:改革、结果和前进道路》,以挽回名誉。参见 World Bank, *Adjustment in Africa—Reforms, Results, and the Road Ahead*, Oxford Unviersity Press, 1994。

整计划为何会失败? 首先,这是一个出自世界银行的报告,由熟悉西方改革并抱有西方中心论的学者完成。由于没有考虑非洲的实际情况,加之存在各种偏见,这一计划的失败不可避免。第二,结构调整计划设想非洲的改革可在真空中完成,即它丝毫未考虑非洲的现实如持续内战、环境恶化、基础设施缺失等内在条件的存在。第三,非洲的政治制度与经济制度的联系非常紧密,因此经济改革在没有政治改革(包括多方面的改革,特别是司法改革)的情况下是不可能成功的。第四,这一计划将复杂的经济改革等同于一种典型的技术改革,似乎只要完成一些可计量的指标即可。这是非常不现实的,因此也是不可能完成的。阿伊特认为这是一个"错误的医生"和"错误的护士"通过"错误的方法"用"正确的"药品去治疗非洲的病症。[1] 不管他的分析是否完全正确,结构调整计划的失败既是不可避免的,也是合情合理的。

　　整个经济结构调整的过程既表现了当代世界经济秩序的不平等,也反映出殖民主义的遗产仍然存在。尼雷尔总统在分析前殖民宗主国与前殖民地之间矛盾时指出:"对殖民国家而言,继续控制殖民地国家,主要是如何尽量保证继续剥削利用其市场和原材料。因此,这种剥削不会受到政治独立的影响。殖民国家或许会同意其政治独立,但同时积极支持本国的经济利益。但是,原来的殖民地国家要求经济独立,也是在要求结束外部剥削。这使得新殖民主义者不能得到同等的利益,如果其国民也通过剥削会有可能的受益,甚至连他们也会受影响。因此,争取经济独立显然会面临更大阻力。"[2]欧洲发达国家几乎都是在殖民统治的基础上发展起来的。这些国家为了保证自身利益,极力维护当代世界经济秩序,这使得非洲国家争取经济独立的斗争更加艰苦。

　　经济结构调整带来的困难在整个大陆随处可见。尼日利亚的遭遇极为悲惨。货币贬值,价格飞涨,内债与外债攀升,生活水平下降,失业率上升,教育水平下滑,腐败增加,从而导致了政局动荡。尼日利亚历史学家托因·法洛拉指出:"结构调整将世界银行和国际货币基金组织的意见与本国政府的计划结合了起来。这是自独立以来,经济改革中最具有深远

---

①　George B. N. Ayittey, *Africa in Chaos*, Macmillan, 1999, pp. 246-259.

②　朱利叶斯·尼雷尔:《尼雷尔文选(第四卷):自由与解放,1974—1999》,第97页。

影响的一次尝试。它导致经济上出现无法想象的灾难、人民遭受了巨大的苦难、抗议与暴力活动盛行。尼日利亚与债权国的关系虽因此得到了改善,但结构调整计划削弱了国家的外交政策,增加了外债,允许资本外流。"尽管尼日利亚政府当时不断吹捧结构调整计划所取得的收益,但"这些政策在医治国家严重的经济病症上彻底失败了"。"经济改革最终失败,尽管政府拒绝承认。"①

　　非洲在忍受结构调整的阵痛时,也经历着边缘化过程,这突出表现在投资减少和债务增加两个方面。在 1980 年到 1990 年间,外资减少或投资撤出。以英国为例,139 家公司中的 43 家开始从非洲撤资;日本对非洲经济也持悲观态度,80 年代驻肯尼亚的日本公司从 15 家降到 2 家。投资减少的问题。正如阿德德吉指出的:"1989 年非洲所获资金注入继续减少,主要是商业银行借贷、私人直接投资和出口信贷逐年减少。虽然各种官方发展援助略有增加,但无论在实际价值和名义额上都不足以扭转资金流入净额下降之势力。"他在综合了国际金融组织的净流出、资本抽逃、实际还本付息额和贸易盈亏的总数并与官方援助净额进行比较后得出结论,1989 年非洲的资金损失总额为 55 亿美元。② 私人贷款和出口信贷严重下降。私人贷款占非洲资金流量的比例从 1980 年的 24.6% 下降到 1989 年的 6.8%。③

　　虽然结构调整计划对经济增长的促进作用极其有限,但它对后来出现的所谓"民主化浪潮"却有所促进。研究表明,尽管新自由主义学派曾预言结构调整将促进非洲的经济增长,但实践证明这一预言并未落实。然而,它对非洲的政治发展有所促进,主要表现在那些接受结构调整计划的独裁国家或军人统治政权。这些国家在 80 年代后期和 90 年代早期的政治气氛的变化与结构调整直接有关。结构调整计划对动员公民社会这一方面的影响也相当明显。④ 因此,对结构调整计划的

① 托因·法洛拉:《尼日利亚史》(沐涛译),东方出版中心,2010 年,第 172—176 页。

② 《阿德德吉谈八九十年代之交的非洲经济》,《西亚非洲》,1990 年第 2 期,第 61 页。

③ 唐宇华:《非洲经济发展面临的挑战及其对策》,《西亚非洲》,1992 年第 3 期,第 49 页。

④ Obioma M. Iheduru, *The Politics of Economic Restructuring and Democracy in Africa*, Westport: Greenwood Press, 1999, pp. 105-144.

间接影响须要从更广阔的角度来认识。非洲结构调整这一过程对非洲的政治现代产生了重要影响。首先,由于国际金融机构和西方势力要求放松国家控制的压力,非洲国家权力在结构调整过程中大大削弱。这种国家权力的削弱既表现在政府公共开支的减少,也呈现为政府管理人员的削减,还有相应政府部门的减少。这种削弱不仅大大削弱了本来就不强的政府管理能力,更重要的是减弱了政府的公信力,使政府在多方面无法施展自己的能力。在这种情况下,老百姓只能通过其他渠道或方式寻求帮助,从而造成了地方民族主义和非政府组织力量的扩展。

十年的结构调整并未为非洲带来国际金融组织所承诺的美好愿景,反而将非洲经济推向更困难的境地。为了纠正结构调整带来的不良后果,联合国非洲经济委员会于 1989 年制定了《替代结构调整计划的非洲方案:变革和复兴的框架》(以下简称为《替代框架》),提出了以人为中心平衡发展的战略原则,强调非洲国家自己在经济中应起主要作用,以取代结构调整计划。这一替代框架的最主要的特点是认识到非洲经济结构、社会政治结构和政治环境有自己的基本特征,因此"不对非洲的政治经济条件进行结构分析,就不可能找到解决这些根深蒂固问题的办法"。经济特征主要表现在自然经济和进出口贸易占据了非洲经济的主导地位;生产基础狭窄导致资金、人才和技术严重依赖国外;生产力水平极其低下;环境不断恶化;畸形发展并存在二元现象;经济存在分割性;开放性与对外依赖的矛盾;缺乏制度化能力。

《替代框架》认为非洲的发展的最终目标是通过持续改善人民的生活水平来保障他们所有方面的福利。要达到这一点,必须实现具有自我持续能力的发展才能达到目的,这由三个分目标相互联系:保持经济持续增长,改造非洲的经济与社会结构,保持一个持久的资源基础。非洲人认识到,根据传统的经济理论制定出的结构调整计划与非洲的现实脱节,其结果证明:"传统的结构调整计划不足以消除非洲经济、财政与社会问题的真正根源,这就急需在非洲找到一种替代当前的稳定计划和高速计划的方针。"《替代框架》认为,新的变革性调整应尽量同时加强收入来源、分配和国民收入支出这三个过程,并就加强非洲的生产能力生产率投资并使其多样化、要素收入分配的类型与水平以及开支格局方面提出了具体政策的方向。[1]

冷战的结束使非洲在国际政治中的战略地位有所降低,加之苏联崩溃后东欧国家的转型大大吸引了西方国家的注意力。西方国家对非洲大陆一度有所漠视。然而,我们不应忘记,弗兰克等人对二战中欧洲国家与拉丁美洲的关系的研究表明:一旦摆脱与西方的关系,发展中国家的依赖程度降低,这种情况反而会促使发展中国家的自身发展。我们需要继续研究这一时期非洲的发展与西方的注意力转移(对东欧的重视)有何关系。不容忽略的是,这种建立在自身基础上的计划开始从宏观上促进了非洲人对经济发展的认识。新兴经济体的刺激和带动效应,特别是对原材料的需求进一步推动了非洲的出口,中国、印度、巴西等新兴国家对非洲的援助和重视从另一个方面提升了非洲的国际地位,这些为非洲发展带来了新的机遇。

从1995年开始,非洲的整体形势开始有所变化,表现在以下方面。首先,经济呈增长趋势。自1995年起,非洲经济开始步入持续增长阶段,1995年到2005年,非洲经济年均增长3.9%,非洲人均收入也从1995年的674美元增至2004年的805美元。2005年全非经济增长率由2004年的5.3%升至5.4%,2006年增长率与2005年持平,2007年经济增长率预计达5.9%。2005年撒哈拉以南非洲国家经济增长率由2004年的5.3%增至5.8%;2006年经济增长速度有所放慢,预计为5.2%,2007年将回升至6.3%。[2]

不容忽略的是,非洲的经济增长是否落实到普通民众的身上? 在相当多的国家,民众的生活质量未能得到根本性的改善。在新的形势下,非洲经济发展面临许多挑战,例如发展援助、资金缺乏、投资环境、粮食安全、经济一体化以及环境与发展的关系等问题。

五、小　　结

非洲自独立以来在经济方面的努力可圈可点,但收效不大。非洲拥

---

[1]　《替代结构调整计划的非洲方案:变革和复兴的框架》(谢健译),引自葛佶主编:《简明非洲百科全书(撒哈拉以南)》,中国社会科学出版社,2000年,第784—788页。中国学者对结构调整计划的批评,还可参见谈世中主编:《反思与发展:非洲经济调整与可持续性》,社会科学文献出版社,第112—139页。

[2]　IMF, *World Economic Outlook*, September 2006, p. 65.

有充裕的自然资源,也有丰富的人力资源,为何经济一直难以实现突破性的增长呢?

殖民主义统治造成的依附性严重影响了非洲大陆独立后的发展。1960 年到 1980 年,尽管非洲的发展一直在持续,并在有些方面取得了不可忽略的成就,政治制度的确立和经济结构的完善方面也取得了一些成绩,但非洲发展进程缓慢而曲折。萨米尔·阿明曾经分析了从 1960 年到 1980 年这 20 年里非洲发展中的问题,特别指出了这种"依附性",并认为这种依附性造成了广大人民的边缘化。这种依附性表现在区域差距日趋不平等,非洲国家间的贫富悬殊在扩大;非洲社会内部的收益不增色的情况更加恶化,占人口极少数的"特权"阶层占有了相当大的一部分财富;公共财政日益困难;国际收支逆差日益增长;在经济管理中"非洲化"程度极有限;农业生产的相对停滞。①

这种依附性在后来的发展中并未被完全克服,反之,非洲的贫困似乎在加剧。如果我们以 1981 年到 2004 年这一段时间为例,非洲日均生活支出在 1 美元以下的非洲人口在 1981 年为 1.675 3 亿,1984 年为 1.997 8 亿,1987 年为 2.228 亿,到 2004 年,贫困人数已达 2.983 亿。② 非洲绝大多数国家的公民并没有享受正当的政治权利,政治利益寡头集团往往与外国势力相勾结,使国内政治演变为国际政治的一部分,从而给国家带来不稳定局面,甚至造成动乱或战乱。非洲人民的经济利益也受到跨国公司的掠夺和本国财团的盘剥。尽管传统社会在努力地调适自己的社会功能,但在外部和内部各种力量的冲击下颇显无力。政治、经济和社会的急剧变化带来各种消极后果。

尼日利亚著名学者克劳德·阿凯曾指出,非洲国家有自己的经济发展目标,有时这种目标还十分清晰,它们也有自己的经济发展政策,有时也是可行的。然而,非洲国家缺乏发展战略。这实际上是这些国家无法按照自己的愿望改善其经济的一个重要原因。③ 我们应该加上一句,大

---

① 萨米尔·阿明:《非洲二十年来的经济变化》,《西亚非洲》,1980 年第 2 期,第 24—26 页

② World Bank Report, 2007. 转引自李小云主编:《中国与非洲:发展、贫困和减贫》,中国财政经济出版社,2011 年,第 93 页。

③ Claude Ake, *A Political Economy of Africa*, Essex: Longman, 1981, pp. 143-144.

多数非洲国家的发展战略是对"西方资本主义道路"或"东方社会主义模式"的简单模仿,这种削足适履的发展战略是难以奏效的。阿德德吉也认为:"真正的积极的非殖民化只有当非洲人成为世界经济的有效参与者并在全球权力中获得相应的份额之时才算达到目的。减少外国在我们经济中的权力确实是不够的,虽然那个阶段也极其重要。与此同时,非洲急切需要找到增加非洲在世界经济中增长力量的办法。非洲人必须从充当别人棋局中的卒子变成争取全球前途棋盘上的真正棋手。"① 另一方面,非洲国家的领导人在制定国家战略、掌握国家主权和良政方面也大有文章可做。将所有责任推给前殖民宗主国或现存国际秩序,这种做法很容易,但却解决不了问题。我们看到在诸多非洲国家,小农、无地农民和采矿工人受到的伤害最为直接。这种不公正的局面日益引发他们对政治变革的要求和直接反抗。② 因此,只有一个负责任的政府和以民生为主要目标的政治制度才能取得人民的信任,也才能上下一致,同心同德。

值得庆幸的是,非洲国家通过半个世纪的发展,日益认识到自我意识和掌握自己命运的重要性。首先应该根据国情,理顺国家内部和地区之间的经济,并采取真正切合实际的经济非殖民化战略。只有在此基础上,包括非洲地区在内的公正的国际经济新秩序才能逐渐建立,非洲才能成为国际社会之中平等的一员。加纳首任总统恩克鲁玛早就在他的自传中说过:"政治独立之后还必须赢得经济独立,并以此维持政治独立,而这就要求我们的人民付出全部的努力,要求我们发起一场对智力和人力资源的总动员。"确实,政治独立只是一种基本的、初步的独立,意识形态的独立也非常重要,而经济的独立才是真正的独立。

---

① 马兹鲁伊主编、旺济助理主编:《非洲通史(第八卷):1935 年以后的非洲》,第 312 页。

② Stephen G. Bunker, *Peasants against the State: The Politics of Market Control in Bugisu, Uganda, 1900—1983*, pp. 163-241; Fantu Cheru, "The silent revolution and the weapon of the weak", in S. Gill and J. H. Millelman, eds., *Innovation and Transformation in International Studies*, Cambridge University Press, 1997, pp. 153-169; Miles Larmer, *Minerworkers in Zambia: Labour and Political Change in Post-Colonial Africa*, Tauris Academic Studies, 2007.

第十章　非洲"失语综合征"：西方的援助

> 如果非洲人有他们自己最坏的敌人，那就是西方世界督导的一种制度，该制度一方面一贯妨碍非洲的经济进步及发展，另一方面一直存在着关于对赤贫的非洲给予"援助"的谈论和某种行动。
>
> 　　　　　奎西·克瓦·普拉（加纳学者）

> 我从来没有见过哪个国家是依靠援助或贷款发展起来的。欧美国家以及像韩国、新加坡、日本这样的亚洲发达国家都是坚信自由市场的。这并没有什么神秘的。非洲自独立之后就走错了路。
>
> 　　　　　阿卜杜拉那·瓦德（塞内加尔总统）

针对西方援助，卢旺达总统卡加梅在 2007 年 9 月接受《时代》周刊的采访中的一段话可谓一针见血："现在，摆在我们的捐赠者和伙伴面前的问题是：已经花了这么多钱，结果有什么不同呢？过去的 50 年，你们已经花费了 4 000 亿美元援助非洲。但是有什么可以展示的吗？捐赠者应该问：我们做错了什么或者我们正在帮助的人做错了什么？显然，有些人没有做对。否则，你花了钱应该有东西拿出来展示。捐赠者也犯了许多错。他们多次假定他们知道非洲国家需要什么。他们想成为那些可以选择在哪里投钱并经营它的人，而不用承担任何责任。在其他情况下，他们只是简单地与错误的人选合作。结果，钱丢了，最后落进了这些人的口袋。我们应该纠正这些情况。"①

确实,对于西方援助这一问题,非洲在很长一段时间患了"失语症"。在国际援助体系中,一切由西方援助者决定:援助谁,在何时援助,援助何物,援助多少,以何种方式援助,如何才能得到,为什么……在诸多问题上,受援者永远是被动的。在对援助项目的解释权上,永远是援助者在说。非洲作为受援者,永远处于失语症的状态。"捐助国开的不良药方通常会失败,因为捐助国对受援国的情况缺乏深入的了解。"这是莫桑比克前总统希萨诺在 2007 年接受采访时对捐助国颇有礼貌的批评。他不得不顾及捐助国的脸面。然而,他的批评是有根据的。1995 年,世界银行莫桑比克国家运作经理告诉该国的政府官员:莫桑比克必须终止对自己国家腰果加工业的保护措施,准许出口毛腰果让国外加工,否则将不向世界银行理事会提交该国的援助战略,这意味着援助资金会被长期冻结。腰果一直是莫桑比克主要的出口产品之一,腰果加工一直是莫桑比克的支柱产业。在这种明目张胆的威胁下,莫桑比克不得不屈服。结果可想而知——到 2001 年,所有的大型腰果加工厂都倒闭了,莫桑比克一万个工作岗位消失了。②

在独立后的半个多世纪里,所谓的"外国援助"或"国际发展援助"一方面始终伴随着非洲经济的衰退和发展,另一方面对非洲社会产生了重大的影响。非洲的谚语说:"接受之手总处于给予之手之下。"这句谚语多少说明了目前在国际发展援助方面非洲与西方的关系。刚果民主共和国学者雅克·德佩尔钦认为,非洲人在讲述非洲故事时仍然是失语模式的,因为压迫体系在过去 500 年的时间里从未有所改变。尽管非洲的诸多问题是西方人带来的,但他们却将自己标榜为问题解决者或是解放者。③虽然德佩尔钦主要是指非洲历史上的奴隶贸易及其废除这一问题,但这

---

①　丹比萨·莫约:《援助的死亡》,第 108 页。伊斯特利认为 45 年里援助非洲金额高达 6 500 亿美元。

②　Paolo de Ranzio and Joseph Hanlon, "Contested Sovereignty in Mozambique: The Dilemmas of Aid Dependence", Managing Aid Dependency Project, Global Economic Governance Programme Working Paper, University College, Oxford, No. 2007.

③　J. Depelchin, *Silence in African History: Between Syndromes of Discovery and Abolition*, Dar es Salaam, 2004, pp. 1-22.

一观点完全可以套用到外来援助上，因为在援助这个问题上，一概由西方人说了算，非洲人没有发言权。

为了增强对国际发展援助（简称为国际援助）的认识，本章主要阐述非洲发展与国际发展援助的关系，内容包括对国际援助及其批判进行历史回顾，并对国际援助效益进行评析。首先有必要对标题中的概念进行界定。本章的"国际（发展）援助"主要来自西方国家。除个别地方外，"国际援助"主要指国际发展研究中的狭义说法，即经合组织发展援助委员会及相关国家向发展中国家提供的各种援助。①

从国际关系或国际政治的角度看，国际发展援助（人道主义援助除外）大致可分为三种，即殖民地开发型援助、地缘政治型援助和发展合作。

殖民地开发型援助是西方传统型援助，这在欧洲国家中较典型，包括三种方式：殖民宗主国对殖民地进行的投资开发是最早的模式，60年代以来前宗主国或发达国家为维护自身优势对前殖民地和发展中国家的援助，以及出于救赎目的实施的慈善援助。这种援助有两个特点，独立前的殖民地和独立后的发展中国家须遵循发达国家制定的发展模式（包括政治制度），须满足一些条件，其主要目的是维持援助国的主导地位或自身利益。第二种为地缘政治型援助，即二战后为地缘政治争夺而实施的援助，美国在冷战时期的援助属于这一典型（有些西方国家的援助也时常带有这种倾向），这种援助的特点与前一种类型一样，即要求发展中国家遵循发达国家的发展模式并满足援助者制定的条件，其主要目的是为击败或孤立对手进行政治结盟。冷战时期苏联和中国的援助既有国际主义理想，也有地缘政治成分。② 冷战后，其他目的（如经济利益、反恐和防止移民等）开始突出。第三种是国际发展合作，既包括经合组织发展委员会对发展中国家的援助，也包括中国、印度、巴西等国为加强与发展中国家的

---

① 有关国际发展援助广义和狭义的两种定义，可参见李小云、唐丽霞、武晋：《国际发展援助概论》，社会科学文献出版社，2009年，第1—2页。中国学者关于国际援助的研究，参见周弘：《对外援助与国际关系》，中国社会科学出版社，2002年；丁韶彬：《大国对外援助：社会交换论的视角》，社会科学文献出版社，2010年；张永蓬：《国际发展合作与非洲：中国与西方援助非洲比较研究》，社会科学文献出版社，2012；周弘、张浚、张敏：《外援在中国》，社会科学文献出版社，2013年。

② Warren Weinstein and Thomas H. Henriksen, eds., *Soviet and Chinese Aid to African Nations*, Praeger, 1980.

发展合作而提供的援助。后者的主要特点是不附加政治条件、不干涉他国内政和互相尊重平等互利,其主要目的是实现合作双赢和共同发展。①第三种形式将在第十一章论及。

一、国际援助的西方典型

在国际援助体系中惯用的"捐助方(施舍者)-受捐方(受施者)"(Donor-recipient),实际上已经明确表达了两者的关系。"捐助方-受捐者"的界定是从慈善和恩赐角度来看待捐助者。西方在定义援助国和受援国时已经确立了双方的不平等地位:一方富裕,一方贫穷;一方趾高气扬,一方卑微在下;一方颐指气使,一方忍气吞声。这种不平等地位使非洲受援国处于受人摆布的境地。

国际援助有多种形式,包括捐款、优惠贷款和借款等,也有多种目的,如政治、外交、经济、文化或人道主义援助等。由于现代国际体系仍以民族国家为单位,每一个民族国家根据自身利益与他国打交道也在情理之中,援助不失为一种有效工具。然而,西方对非洲的援助并未使非洲摆脱贫困,反而使这个丰饶的大陆越来越穷。

对英、法、美、日四国援助的简要历史回顾可促使我们更客观地认识这一问题。

(一) 英国援助:从殖民地开发肇始

早在殖民主义时期,英国为开发殖民地多次颁布法令,如 1929 年的"殖民开发法",1940 年的"殖民地开发和福利法"以及 1945 年的"殖民地开发和福利法"。② 1940 年,经麦克唐纳提议,"殖民地开发和福利法案"在议会通过,决定每年将 500 万英镑用于殖民地今后 10 年的发展,同时每年将 50 万用于殖民地问题研究。1945 年,"殖民地开发和福利法"得

---

① 李小云、王伊欢、唐丽霞:《国际发展援助——发达国家的对外援助》,世界知识出版社,2013 年;李小云、徐秀丽、王伊欢:《国际发展援助:非发达国家的对外援助》,世界知识出版社,2013 年。

② 关于英国的殖民地开发援助诸计划,参见张顺洪等著:《大英帝国的瓦解——英国的非殖民化与香港问题》,社会科学文献出版社,1997 年,第 47—67 页。

以延续,金额增加到每年 1 200 万英镑。这些法案的基本目的在于稳定殖民地人心,更好地利用殖民地资源。① 战后独立浪潮虽使英国失去了大英帝国的疆域,但它利用原宗主国地位加强对原殖民地的各种支配权,援助是重要手段之一。

国际发展部(Department of International Development, DFID)是负责英国对外援助的主要机构。英国对外援助机构的名称和在政府中的地位几经变动。这主要是由于工党和保守党对英国对外援助有不同的看法。一般来说,工党比较重视对外援助,并给予援助部门较大的独立性。保守党一般将对外援助置于外交政策之下,援助机构隶属于海外和联邦事务部。1964 年工党执政,独立的"海外发展部"(Ministry of Overseas Development)成立,部长在内阁有一个席位。1970 年保守党上台,海外发展部改名为"海外发展署"(Overseas Development Administration),并且隶属于国外和联邦事务部,在内阁中没有独立的席位。1974 年至 1979 年工党重新执政,海外发展部及其在政府中的地位恢复。1979 年至 1997 年保守党执政,又回到 1970 年至 1974 年的名称和地位。1997 年工党布莱尔上台,将对外援助机构改名为国际发展部(DFID),这是一个独立机构,并在内阁中占有一席。

自海外发展部成立以来,英国开始较大规模援助非洲,大致经历了三个阶段。20 世纪 70 年代以促进非洲经济发展为目标,主要进行技术援助,体现为大量的技术援助和技术合作项目,且 94％的受援者为前殖民地。② 这一时期,促进非洲当地经济发展是对非援助的主要目标。因此,英国对非主要是进行技术援助(technical assistance),体现为大量的技术援助和技术合作项目。

第二个阶段是 20 世纪 80 年代至 90 年代中期,英国响应世界银行和

---

① 李安山：《不列颠帝国的崩溃——论英国"非殖民化"的计划问题》,《历史研究》,1995 年第 1 期,第 183—185 页。详见本书第八章。

② 值得注意的是,在保守党执政的 70 年代前期,莱索托、博茨瓦纳、加纳、肯尼亚、马拉维、尼日利亚、斯威士兰、乌干达和赞比亚等 9 个非洲国家所得援款分别占到总援助额的 4％以上,肯尼亚高达 24％,9 国所得援款超过总援款的 87％。S. Alex Cunliffe, "British economic aid policy and international human rights: a comparative analysis of Conservative and Labour policies in the 1970s", *Political Studies*, 33(1985), pp. 106-107.

国际货币基金组织的号召,对非洲的援助进行结构性调整,开始大力推行
"条件援助"(condition-based assistance),即对受援国提出一系列的条
件,对援助的使用方式和方向有明确的规定。如果受援国不能履行承诺
或援助资金被滥用,英国有权利取消或暂停援助。这种援助政策一直持
续到90年代中期。它的运行成本比较高,对于援助的效益有很大限制。
冷战的结束使英国援非政策所受的意识形态和两大阵营对抗的影响消
失。但在援非问题上英国也开始更加强调人权、政府治理和消除腐败。
同时,在对一些拥有重要战略地位和丰富资源的非洲国家进行援助时,英
国出于实际国家利益考虑也会对这些国家的人权和腐败问题睁一只眼闭
一只眼。这一时期英国还规定,如果一个国家的进口得到了英国的援助,
那么这些进口的商品和服务必须原产自英国。80年代,几乎一半的英国
双边援助同这一规定相挂钩。这就大大削弱了对外援助的实际效果。直
到1996年,英国大约7%的对外双边援助还与这一规定挂钩。这种援助
受到很大的批评。2001年英国最终废除了这一规定。

　　第三个阶段是20世纪90年代中期至今。英国对非援助政策发生了
重大变化。国际发展部的成立从关注经济发展转向社会发展,从直接生
产部门的经济技术援助转向社会领域援助,主要包括减贫、初级教育、疾
病防控、人道主义援助、政府治理和人权等。80年代末到90年代中期,
英国对非援助总额的56.8%—66.4%用于直接的经济发展援助,而用于
社会领域的援助只占17.2%—23%;90年代末,用于社会领域的援助达
到了36%,到2004年更是上升到53.5%,经济发展援助则下降到了
24.9%。2000年以后,英国对非援助的政策更为具体,其核心就是依据
2000年联合国首脑会议制定的"千年发展目标"(Millennium Develop-
ment Goals,MDGs),开展对非援助并以此来评估援助的效果。"千年发
展目标"对英国援非政策的影响极为深远。这可以从国际发展部2003—
2006年和2005—2008年两个"公共服务协议"(Public Service Agree-
ment,PSA)的宗旨和核心目标上看出来。"公共服务协议"是指导对外
援助工作最重要的规划文件,它设定了某一时期国际发展部对外援助的
核心目标和具体目标,也是用来评估英国实现"千年发展目标"进展的重
要标准。2003—2006和2005—2008两个"公共服务协议"的目标规定:
"在贫穷国家消除贫困尤其是到2015年实现千年发展目标。"对非援助的

具体目标也是依据"千年发展目标"来制定的。英国对外援助与联合国"千年发展目标"的紧密挂钩可以理解为:一是英国积极履行对联合国千年发展目标的承诺;二是试图借此发挥和加强其自己宣称的在援助发展中国家中的领导作用。①

撒哈拉沙漠以南非洲一直是英国对外援助中最重点的地区。1988年至1991年,对非援助额(不计人道主义援助)占英国双边对外援助总额的50%左右,1992年至1998年这一比例有所下降,大约为30%左右,1999年至2001年大幅上升,2001年以后又有所下降,主要是由于亚洲所占的份额上升,伊拉克成为最大的受援国。从援非资金的绝对值来看,1995到2004年间增长了一倍。2005—2006财政年度,对非援助占其对外双边援助总额的52%。从具体的受援国来看,英联邦的非洲成员是英国对非援助的最大受益者。在接受英国援助最多的20个国家中,非洲国家占了12个。②

进入21世纪以来,非洲在英国对外援助中的地位更加重要。布莱尔政府非常重视对非援助事务,参与多边援助的意愿加强,希望发挥某种领导作用的意图更为明显。这主要表现在:一是积极落实联合国"千年发展目标",二是积极推动八国集团共同关注非洲发展,三是积极参与各种国际组织的援非计划,增加对各种多边国际组织和地区组织的捐助。2002年,八国峰会制定了一项"非洲行动计划"(Africa Action Plan,AAP),2004年2月在布莱尔的倡议下,9个非洲国家和G8成员建立了"支援非洲委员会"(Commission for Africa),呼吁发达国家每年给非洲注入至少250亿美元的援助,一直持续到2010年,并提议免除撒哈拉以南非洲国家的全部债务。2005年6月在八国格伦伊格尔斯峰会上又达成了援助非洲的一系列计划,包括到2010年对非洲的援助金额加倍,立即取消世界上最贫穷的18个国家的债务;取消尼日利亚170亿美元的债务;八国承诺逐步取消所有出口补贴等,2005年9月八国与非洲国家共同制定了

---

① Gordon D. Cumming, "British aid to Africa: A changing agenda?", *Third World Quarterly*, 17:3(1996), pp. 487-501;田德文:《国家利益至上——解析英国对外援助政策》,《国际贸易》,2001年第9期,第27—31页;田德文:《英国:对外援助与国家利益》,《欧洲研究》,2002年第6期,第16—24页。

② DFID, UK Progress Report 2005, p. 18.

联合行动计划(Joint Action Plan,JAP)。为了落实这些计划,英国倡议成立了"非洲伙伴论坛"(Africa Partnership Forum,APF),英国作为这一论坛的"联合主席"负责落实"联合行动计划"的具体细节,确定援助非洲的优先方面,协调联合国机构、经济和发展合作组织(OECD)、非洲联盟(AU)等组织的共同合作。无疑,英国在国际社会援助非洲的多边计划中扮演了非常重要的角色。非洲在英国对外双边援助中占较大份额。① 同时,英国与国际货币基金组织、世界银行、世界卫生组织、联合国粮农组织、联合国教科文组织、非洲联盟等国际和地区组织合作密切,捐助较多。

英国一直认为自己在援助发展中国家问题上发挥着某种领导作用,尤其在推动发达国家援助非洲减贫和消减非洲国家债务、促进公平贸易问题上其目标和行动更为积极。英国的援非政策看上去着眼于非洲发展,实际上服务于英国的国家利益,这主要包括三个方面:一是促进和巩固英国在英联邦中的领导地位(53 个联邦成员中有 16 个是非洲国家),二是维护英国公司在非洲的利益,三是在国际事务中获得非洲国家的支持。2000 年以来,英国对非援助依据 2000 年联合国首脑会议制定的"千年发展目标"进行,并确定"在贫穷国家消除贫困尤其是到 2015 年实现千年发展目标"。② 不管英国政府如何自我标榜,对英国援非历史的研究表明:尽管不同时期的不同因素都有对英国国际援助政策起作用,但持续发挥影响的两个重要因素是英帝国的历史和保持对非贸易与投资的优势。

(二) 法国援助:从"父子关系"到"兄弟关系"?

法国与非洲关系特殊。法国在非洲原有 21 个殖民地,占非洲总面积的 37%,相当于 19 个法国。负责援助的法国开发署(AFD)的前身是戴高乐 1941 年流亡英国时建立的"自由法国中央基金"。中央基金在 1958年前主要负责法国海外领地的经济事务。殖民地独立后,该基金更名为

---

①   Tony Killick, "Policy Autonomy and the History of British Aid to Africa", *Development Policy Review*, Vol. 23, Nov 2005, p. 666.

②   Tony Killick, "Policy autonomy and the history of British aid to Africa", pp. 665-681.

"经济合作中央基金"。在非洲国家独立后，国有化成为一个潮流。法国对这种国有化的抵制最为强烈。为了保持前宗主国的地位，它先是通过借款或提供信贷的方式来继续维护其在非洲国家的传统优势，后来又将此发展成为援助的方式，使之成为一种变相地重新控制非洲国家的方法。

在1958年非洲独立浪潮推动下，法国为了保持在原殖民地的利益，设计了具有弹性的政治和经济政策：在政治上启用"法兰西共同体"以挽留独立国家，在经济上设立法郎区以整合与原殖民地国家的关系。1973年创立的法非首脑会议加强了法非关系。1981年至1989年，基金援助注重受援国的结构调整、生产部门和私有企业。1989年至1992年，基金不再限于贷款和参股，开始向最贫困国家提供资助，并更名为"法国开发基金"。1992年至1996年，开发基金改名为法国开发署，成为政府对外援助机构，主要起开发银行的作用，外交部负责引导其公共发展战略的制定，经济财政就业部负责财务的监督指导。前非洲殖民地一直是法国援助的重点，而法国许多重要矿产品及战略物资绝大部分从非洲进口。例如，法国100%的铀和钴、72%的锰、80%的铝矾土、52%的铬、35%的铁、25%的铅、20%的铜和石油及天然气都来自非洲。[1] 1994年卢旺达事件以后，非洲国家对法国表现出强烈不满。法国国内舆论要求改变对非政策。美国在冷战后也加强了对非洲的渗透，挑战法国的传统优势。

从"父子关系"到"兄弟关系"是法国对非政策在20世纪末的一个重要转变，即从依附关系到伙伴关系的变化。此变化经历了一个渐进过程，其主要标志是希拉克总统于1995年5月执政后提出的"法国新非洲政策"——将传统的"托管式"法非关系定位为"新型合作伙伴关系"。1996年7月，希拉克总统访非时指出，西方应寻求一种同非洲发展合作互助的新基础，相互承认和尊重对方特性。他明确提出更新"法非关系的传统框架"，同非洲建立"新型伙伴关系"。若斯潘总理在1997年12月访问马里时对法非关系重新定位。他说："法国与非洲国家是兄弟关系，而不是父子关系。"[2]1998年，法国国际合作与发展部际委员会首次确定了"优

---

① X. Renou, "A new French policy for Africa?", *Journal of Contemporary African Studies*, 20:1(2002), pp. 6—11.

② 赵慧杰：《法国对非洲政策的调整及其战略构想》，第31—36页。

先援助地区"(La *Zone de Solidarité* Prioritaire, ZSP),除了原 37 个"阵营国家"外,又增加了很多撒哈拉以南非洲国家。① 这是法国对非政策的根本性转变,也是一种全球战略调整,法国希望以较小的代价来保持法国在非洲的影响力。概言之,国内外舆论的压力、美国对非政策的挑战和世界形势的变化促使法国对非政策发生了显著变化。②

进入 21 世纪,法国新的援助措施频繁出台。2001 年,第一次访问南非的若斯潘总理宣布将减免 100 亿欧元的非洲债务,并在今后 3 年内向非洲国家提供 1.5 亿欧元的援助,用于对艾滋病、肺结核等传染病的防治工作。2002 年,希拉克总统亲自推动法非关系。11 月,出席法非首脑会议后续行动部长会议的法国外交部代表皮埃尔·安德烈宣布法非合作新政策的 10 项计划,大力加强对非援助。③ 2003 年,希拉克在首届"发展与非洲伙伴关系论坛"上宣布,为了避免发达国家间的竞争损害非洲生产者的利益,法国重申延付农业补贴的建议,呼吁尽快解决 1 500 万非洲棉农在世贸组织墨西哥坎昆会议谈判破裂后遇到的实际问题。2004 年,法国际合作与发展部际委员会决定设立 30 个伙伴框架文件,以加强对实现联合国千年发展目标的集中援助,确保法国对公共援助的战略导向。法国开发署对外援助资金总额为 10.76 亿欧元,其中援助撒哈拉以南非洲地区为 4.34 亿欧元,占总额 40%,援助北非地区为 2.89 欧元,占总额

① 1998 年以前,法国将受援国家分为两类,"阵营国家"(37 个原法国殖民地国家和后来逐渐加入的非洲国家)和"阵营外国家"(其他接受法国援助的国家)。从 1998 年开始,法国政府调整了对外援助地区政策,从"阵营国家"和"阵营外国家"的二元划分转变为"优先援助地区"政策。"优先援助地区"不仅包括低收入且没有进入资本市场的最不发达法语国家,同时也包括非法语国家,从而保证地区行动的更好协调。属于"优先援助地区"的国家可获得更广泛的合作手段和最优惠的援助资金。

② Gordon Cumming, "Modernisation without 'banalisation': towards a new era in French African aid relations?", *Modern and Contemporary France*, 8:3(2000), pp. 359-370.

③ 五项措施如下:5 年内向发展中国家提供的援助将增加 50%,官方开发援助将从 2001 年占法国国内生产总值的 0.32% 提高到 2003 年的 0.39%;增加双边援助额,加快援助速度,进一步简化手续;向撒哈拉以南非洲提供的援助将占援助额的 44%,向北非和中东地区提供的援助占 20%;由伙伴关系代替单纯援助关系;发展多种形式合作;鼓励法国自愿者参与开发援助行动;强化援助的监督机制。《法宣布法非合作新计划》,资料来源:《国际金融报》,2002 年 11 月 6 日,http://lanzhou.china.com.cn/chinese/EC-c/228489.htm,查寻日期 2009 年 3 月 11 日。

27%;法国负责非洲国家结构调整的全部资金。①

21世纪以来,法国开发署增大在非洲的合作与援助力度。表现在三个方面:对传统势力范围加强合作与援助;从传统势力范围扩展到非洲大陆;重视环保、社会发展和文化方面的合作。② 法国双边合作与援助的重点长期以来一直是马格里布地区和撒哈拉以南非洲的前法属殖民地国家。在1986年至1995年间,加蓬和刚果(布)70%的援助以及科特迪瓦和毛里求斯50%的援助均来自法国。对北非和中东地区的援助份额在1995年达到总额的近20%。1996年,法国开发援助的46%提供给人均国民生产总值低于765美元的国家,而在这些国家中,非洲法语国家占了很大比例。援助撒哈拉以南非洲的总额达124.26亿法郎,北非地区为45.81亿法郎,分别占援助额的42.21%和15.56%。1998年,法国的双边官方援助的25%以上提供给撒哈拉以南非洲国家,17%提供给摩洛哥、阿尔及利亚和埃及。③ 近年来,对传统势力范围的援助不断增加。2002年,撒哈拉以南非洲国家接受法国开发署1.53亿欧元的援助,占援助总额的41%,马格里布和地中海国家得到1.31亿欧元的援款,占35%。阿尔及利亚、摩洛哥、马里、科特迪瓦、乍得、几内亚、塞内加尔等法语国家仍是援助重点。2004年法国对外援助有较大增长,增幅达40%。2000年至2004年间,平均每年援助马格里布约2.2亿欧元。2004年,撒哈拉以南非洲从法国开发署得到4.1亿欧元的援助(不包括PROPAR-CO的援助)。④ 2005年,援助非洲的金额也再次增加,达到9.05亿欧元,占援款的54%。⑤

1998年,在美国总统克林顿首次访问非洲6国(加纳、乌干达、卢旺达、南非、博茨瓦纳和塞内加尔)3个月后,法国总统希拉克率团访问纳米比亚、南非、莫桑比克和安哥拉4国。这标志着法国已改变视非洲法

①　AFD, *Annual Report* 2004, Paris:Coordination AFD, 2005, pp.26,86.

②　李安山:《浅析法国对非洲援助的历史与现状——兼谈对中国援助非洲工作的几点思考》,《西亚非洲》,2009年第11期,第13—21页。

③　马胜利:《法国:外援政策与外交战略》,周弘主编:《对外援助与国际关系》,第260—261、274页。

④　AFD, *Annual Report*, 2004, pp.4,28,31.

⑤　AFD, *Rapport Annuel* 2005, Paris:Coordination AFD, 2006, p.12.

语国家为"势力范围"的传统做法。目前,"优先援助地区"的 55 国中 43 个在非洲,远远超出其传统势力范围,这些国家可享受"优先援助基金"。① 从法属前殖民地扩展到整个非洲大陆,这是法国与其他发达国家援助的最大不同点。法国对非洲大陆的开发援助一直占十分重要的地位,特别是加强了与非洲地区大国的合作。南非作为地区大国的地位日益重要,并兼具发达国家和发展中国家两种特点。法国对南非的援助始于 1994 年。法国开发署提供援助,帮助南非黑人争取接受教育、获得医疗和就业等社会福利,从而推动南非改善种族不平等状况。根据"法国-南非开发援助战略文件",双方合作的中期目标是促进社会发展、支持私有部门和文化科技交流。这种合作主要集中在培训,侧重全国范围内的跨领域培训,也包括地区性示范项目,涉及制度框架的改进、干部和技术人员的培训及研究和专门技能的加强、支持经济和社会发展、促进法语和法国文化发展。

重视环境保护与社会发展是法国与南非合作的另一个方面。2004年,作为落实京都议定书的具体行动,法国将 600 万欧元给予德特克温尼市政府,用于从垃圾中回收甲烷气体的计划。这项计划与南非许多城市的活动有关,而这些活动是在法国开发署支持的政制改革的框架下进行的。2004 年,法国开发署与基础设施金融公司一起合作给予南非一些重要市政府期限为 10 到 15 年的贷款,总额达 4 000 万欧元。② 2004 年与 2005 年法国开发署给予南非的援助总额分别为 1.007 亿欧元和 1.3 亿欧元。以 2005 年的主要项目为例,法国对南非的三个项目即索韦托地区的饮用水供应及另外两个分属基础设施与城市发展和生产部门的社会住房各提供 4 000 欧元的援助,共计 1.2 亿欧元。③ 法国开发署还加强了与北非地区大国埃及和东非的肯尼亚的关系,制定了尼罗河流域的长期援助项目,对尼罗河盆地综合治理、水利大坝修建以及水资源合理分配等项目进行援助。由希拉克总统确定的法非新伙伴关系在 21 世纪以"伙伴框

---

① "优先援助基金"是对外援助改革的产物,于 2000 年 9 月 11 日颁布法令创立,主要用于政府(包括司法、经济管理、国家政权、国防和警察)、制度改革和社会发展等领域的合作项目,由法国外交部管理。

② AFD, *Annual Report* 2004, pp. 8, 62.

③ AFD, *Rapport Annuel* 2005, pp. 84-85, 86-87.

架文件"的形式正式确定。2001 年 1 月,第 21 届法非首脑会议在雅温得召开,24 位国家元首、52 个代表团参加了会议。会议的主题是"面对全球化挑战的非洲"。2004 年 7 月,法国的国际合作与发展部际委员会决定设立 30 个伙伴框架文件,目的是通过加强法国对实现联合国千年发展目标的集中援助,更好地确保法国对外开发援助的战略导向。法国政府确定七个部门为重点:教育、水与治污、卫生与抗艾滋病、农业与粮食安全、基础设施、环境与生物多样性保护、发展生产部门。

可以说,法国的对非援助政策在执行过程中的特点是普遍与重点相结合。一方面,撒哈拉以南非洲的国家基本上都属于"优先援助地区"国家,这些国家可获得最优惠的援助资金;另一方面,法国将注意力集中在一些重点国家身上,这既包括那些属于"传统势力范围"的国家,特别是那些资源丰富的国家,也包括像南非这样的地区大国。南非是极少数既属于"优先援助地区"又属于可享受法国政府"新兴国家储备金"的国家之一。这种独占两项优惠的情况在撒哈拉以南非洲尚属首例。近年来,法国在西非法语国家的高调军事介入似乎表明其回归非洲的一种新干涉主义姿态。

(三) 美国援助:为冷战和霸权服务的工具

1947 年"马歇尔计划"开始,该计划被看作国际援助的大手笔。然而,尽管计划对欧洲复兴有贡献,但其目的在于重建而非发展,它在欧洲国家的国内生产总值中所占份额从未超过 2%。① 1949 年杜鲁门的"第四点计划"(即《援助落后地区经济开发计划》)启动了对发展中国家的援助。1953 年,美国政府成立援外事务局;1961 年颁布《对外援助法案》并成立国际发展署(USAID)。罗斯托的经济发展阶段论成为国际发展署制定政策的理论依据。

国际发展署(U. S. Agency for International Development,USAID)是美国首要的对外援助机构。美国国际发展署与国务院一样是独立的联邦机构,但彼此合作,共同接受来自国务卿的外交政策指导。国际发展署

---

① 让-雅克·加巴:《南北合作困局》(李洪峰译),社会科学文献出版社,2010 年,第 6 页。苏联因不愿意接受"马歇尔计划"的政治条件而拒绝援助。

总部设在华盛顿,在全球都设有办事机构,而且与许多政府、国际机构、民间组织、大学以及美国企业有非常密切的联系。① 目前国际发展署主要从事发展援助,其目标是促进发展中国家的经济增长,促进其农业和贸易发展,推动全球健康和医疗事业,推广民主并致力于冲突预防和人道主义援助,同时也要协调军事援助。

国际发展署的经费主要来源是国会所拨的财政年度预算。规划周期开始时,先由国际发展署驻各国的援外代表团根据署长的指示、受援国提出的要求以及上一年度计划的有关情况起草国别援助计划送交大使,经大使审查送交国际开发署总部。这一计划在总部须经联席会议审查。联席会议的成员有国际发展署署长、国防部代表、联邦预算局代表等。国际发展署根据联席会议形成的援助策略说明书和联邦预算局提交给它的计划数字再进行预算调整,然后提交给国会。② 国际发展署主要向四个地区进行援助:撒哈拉以南非洲、亚洲和近东、拉美和加勒比海地区、欧洲和欧亚地区。主要的援助形式有发展贷款和技术援助,此外还有紧急援助。美国国际发展署下设的非洲司统揽美国对非合作事务。③ 2004 年初,布什政府为强化发展中国家所谓"健全的政治、经济及社会发展",设立了一项援外计划,称为"千年挑战账户"(Millennium Challenge Account),以加强与非洲国家的合作。该计划属于附加援助项目,由"千年挑战集团"负责管理,向致力于公民教育和医疗、打击腐败并提倡良好治理的贫穷国家提供资助。2004 年,国会正式决定成立千年挑战集团并拨款 10 亿美元作为启动资金。该集团是一个国有机构,与国际发展署密切合作。

美国与非洲的合作源于二战以后,可谓规模大、范围广、形式多样。④

---

① 国际发展署与 3 500 多个美国公司以及 300 多个志愿者组织有工作关系。

② 罗伯特·沃尔特斯:《美苏援助对比分析》(陈源、范坝译),商务印书馆,1974 年,第 110—111 页。

③ 非洲司又下设 9 个不同的部门:助理行政官办公室、可持续发展办公室、发展计划办公室、西非事务办公室、南部非洲事务办公室、东非事务办公室、苏丹项目办公室、公关和外联部门。具体内容可以参见其官方网站:http://www.usaid.gov/locations/sub-saharan_africa/utility/directory.html。

④ 有关美国对非洲的援助可参见周琪、李枏、沈鹏:《美国对外援助——目标、方法与决策》,第五章,中国社会科学出版社,2014 年。

40 年代末 50 年代初,美国与非洲合作的主要依据是"第四点计划",即《援助落后地区经济开发计划》。在美国的经援中,相当大一部分用于军事目的,服务于美国的全球战略。1953 年,美国对非经济援助为 2 720 万美元(埃及除外①)。《对外援助法案》的颁布表明美国要将援助作为冷战武器。肯尼迪在提交这一法案时表示:"苏联有能力做出长期的投入,这使得它能够利用其援助项目来使发展中国家在经济上依赖于苏联的支持,从而推进世界共产主义的目标。"他明确表示,美国援助将表明"经济增长和政治民主可以携手并进"。② 1963 年,对非援助占美国国际援助的 10%。约翰逊和尼克松政府均减少了对非发展援助(不包括埃及)。为加强反苏同盟,美国不惜与一些"讨厌的国家"结盟。③ 冷战时期美国的国际援助有三个目的:遏制苏联、与欧洲竞争和倾销剩余农产品。梁根成教授和许亮博士较好地阐述了美国对非援助的基本史实。④

1950 年代后期,许多非洲国家独立,美国借助这些国家对资金和技术的需求通过经济援助与欧洲前殖民宗主国进行竞争,同时与苏联进行争夺,以达到遏制苏联和共产主义的目的。这一阶段的援助带有强烈的战略意图。1958 年以后,美国对非经济援助增长很快,1959 年是 1 亿多美元,1960 年突破 2 亿美元,1963 年增至 4 亿多美元,且受援国数目大大增加,原来集中在摩洛哥、突尼斯、利比亚和埃塞俄比亚,60 年代增加了对尼日利亚和加纳的援助,此外还有刚果(金)、阿尔及利亚等国。在 50 年代中期,对非经援占美国对世界经援的 1%,1963 年占到了 10%。经援的增加当然与非洲独立国家的增加有直接关系。美国将剩余农产品作为经援手段,主要是根据《480 号公法》。在 1961—1967 年"粮食用于和

---

① 埃及的援助项目列入美国对近东援助项目中,不列入对非援助项目。

② "Special Message to Congress on Foreign Aid", 22 March 1961, PPP-US, John F. Kennedy, Vol. 1, pp. 204-206. 引自文安立:《全球冷战——美苏对第三世界的干涉与当代世界的形成》,第 157 页。

③ Andrew S. Natsios, "Five debates on International Development: The U. S. perspective", *Development Policy Review*, 24:2(2006), pp. 131-139.

④ 梁根成:《美国与非洲——第二次世界大战结束至 80 年代后期美国对非洲的政策》,北京大学出版社,1991 年;许亮:《美国援助非洲政策评析》,《西亚非洲》,2010 年第 7 期,第 20—25 页。有关美国援助非洲的政策,还可参见:张丽娟、朱培香:《美国对非洲援助的政策与效应评价》,《世界经济与政治》,2008 年第 1 期,第 51—58 页。

平"计划的援助额占对非援助的 36%。① 美国与非洲的合作还包括对非洲进行资本输出。在私人投资方面,南非和利比里亚是两个主要目的地。

1960 年,基辛格在《选择的必要》中明确指出:"经济援助是干涉的一种形式。"他为美国开出的药方是将大规模提升美国外援规模与在受援国建设开明的政治制度结合起来。② 在约翰逊和尼克松执政期间,美国减少了对非洲的官方发展援助,主要是由于越战的压力和国内对援外提出的质疑。然而,美国对多边机构捐款、对地区开发银行和机构的援助有所增加。例如,美国进出口银行对非贷款从 1970 年的 2 680 万美元激增到 1973 年的 2.81 亿美元,1979 年更是达到了 5.988 亿美元。世行和国际发展协会对非洲贷款也从 1966 年的 1.659 亿美元增长到 1974 年的 10.294 亿美元。80 年代,美国将经济援助作为促进非洲国家变革的重要手段,1985 年制定"援助非洲经济政策改革计划",1987 年又提出"粮食用于发展"的援助计划。里根政府对撒哈拉以南非洲的经援明显增多,援助额每年保持在 16—20 亿美元,主要用于支持它所要求的改革,效果并不理想。③ 这一时期,美国对非洲特别是埃塞俄比亚出现的旱灾进行了大量的粮食援助。在南非,美国开始奉行"建设性接触政策",在扩大对南非贸易和投资的同时加强同南非所有黑人和白人的联系,并且积极推动南非政府同黑人领袖进行谈判。④

克林顿当政时期,非洲仍不是美国对外战略的重点。克林顿在其执政的前段时期并没有从根本上改变非洲在美国对外战略中的地位,这主要有两方面的原因。克林顿在两次竞选中都是以国内政治、经济主张而赢得大选。此外,1993 年美国在索马里维和行动的失败⑤直接导致美国

---

①　1987 年通过的"粮食用于发展"援助计划也体现了这一目的。80 年代后期也对埃塞等遭受旱灾的非洲国家进行大量粮食援助。梁根成:《美国与非洲》,第 69—72 页。

②　文安立:《全球冷战——美苏对第三世界的干涉与当代世界的形成》,第 29 页。

③　R. Stephen Brent, "Aiding Africa", *Foreign Policy*, 80(1990), pp. 121-140.

④　梁根成:《美国与非洲》,第 311—313、318—320 页。

⑤　在 1993 年 10 月 3 日的索马里维和行动中,美军死 19 人,被俘 1 人,伤 70 余人,两架黑鹰直升机被击落,3 架被击伤,数辆卡车和"悍马"车被击毁。10 月 4 日,美国电视反复出现了索马里人用绳子在地上拖着一具美国特种作战队员的尸体游街示众的画面,被俘的杜兰特也上了电视。这件事上了世界各大报纸的头版头条,美国舆论更是一片哗然,一致抨击美国政府出兵索马里。

对非洲事务的干预，特别是参与联合国维和行动时采取谨慎的态度。
1997 年，美国财长斯莱特率官方代表团参加苏利文大会，加紧涉足非洲
经济事务。①美国部分议员提出"非洲增长与机遇法案"，主张增加撒哈拉
以南非洲国家的纺织品与服装进入美国的机会。该议案经过多次讨论与
修改，于 1999 年在两院获得通过。1998 年，克林顿总统对非洲 6 国进行
为期 11 天的访问。克林顿在南非演讲时说，希望他的这次非洲之行能帮
助美国人用新的眼光来看待这个新的非洲大陆，并力图针对新的情况对
非洲采取一种新的政策。克林顿的非洲之行标志着美国对非政策的转
变，体现在更重视对非贸易和投资，减少对非直接援助。②美国开始挑战
法国的利益，双方争斗被学者称为"新冷战"。③

　　1999 年 3 月，在华盛顿首次举办"美国-非洲 21 世纪伙伴关系部长
级会议"，规模空前。美国国务卿等 8 位部长及国际开发署、进出口银行、
海外私人投资公司等 4 家官方机构的长官与会。撒哈拉以南非洲 46 个
国家的 83 名外交部、财政部、外经贸部等部长和北非 4 国的驻美大使与
会。联合国非经委、世界银行、国际货币基金组织与非洲开发银行、东南
非共同市场、西非经济共同体等区域组织亦派人出席。克林顿总统、联合
国秘书长安南、非统组织秘书长萨利姆等出席并讲话。会议讨论了美非
在贸易、投资、援助、减免债务、政治经济改革诸方面的合作前景，发表了
《联合公报》。美国国务院还发表了题为《21 世纪美非伙伴关系蓝图》的
会议纪要，宣布将于近期召开美国-南部非洲发展共同体论坛和美非经
济论坛。④ 2000 年，美国正式推出"非洲增长和机遇法案"，对多种非洲

---

① 苏利文大会，即非洲裔美国人和非洲人联谊大会，由苏利文（Reverend Leon Sulli-
van）发起。

② Peter J. Schraeder, "Trends and Transformation in the Clinton Administration's
Foreign Policy toward Africa(1993—1999)", *Issues: A Journal of Opinion*, 26:2(1998), p.
16.

③ 关于美国对法国在非洲利益的挑战，可参见 X. Renou, "A major obstacle to Afri-
can unity: A new Cold War in Africa", in E. Maloka, ed., *A United States of Africa?*, Pre-
toria: Africa Institute of South Africa, pp. 419-444.

④ 夏吉生：《论克林顿政府对非洲政策》，《西亚非洲》，1998 年第 1 期；姚桂梅：《美国
非洲政策重心转移的背景及影响》，《西亚非洲》，1998 年第 3 期；杜小林：《冷战后美国对非
政策的演变、特点和趋势》，《现代国际关系》，2006 年第 3 期。

产品减免关税。至此,美对非政策由冷战时期重政治转向后冷战时期重经济的调整基本成形。① 根据美国援助署的统计,埃及是美国对外援助的第二大对象国(仅次于以色列,约 810 亿美元),从 70 年代到 2002 年达530 亿美元。② 撒哈拉以南非洲国家在 1946 年到 2008 年所获贷款和赠款总数为 701.55 亿美元。③

　　布什政府对非政策再次转变,9·11 事件迫使美国从逐步脱离的做法转为积极干预政策,援助随之跟上。2003 年布什总统访非,2004 年设立"千年挑战账户",负责对非援助。然而,美国援助的附加条件是对非洲国家内政的干涉,往往使受援国难以接受。④ 2005 年 6 月,布什总统宣布美国向非洲提供的官方援助将在 2010 年增加一倍。美国向非洲提供的官方发展援助在 2004 年是大约 43 亿美元,布什政府将致力于在 2010 年增加到 86 亿美元。⑤ 不容置疑,美国对非洲的援助数目非常大,也在不断增加。然而,布什总统在 2005 年八国峰会前与托尼·布莱尔首相举办记者招待会时的说法却遭到质疑。他在 6 月 7 日的白宫记者招待会上表示:"在过去 4 年中,我们向撒哈拉以南非洲提供的援助增加了两倍。"这是为了回避或拒绝两个要求:英国首相布莱尔向发达国家提出的将援助非洲的款项增加一倍;经合组织提出的援助要求和蒙特雷共识签字国确定的标准——发达国家向发展中国家的援助款项应在 2015 年达到自己国民总收入(gross national income)的 0.7%。布什总统不断地提到一个数字,即美国政府在过去 4 年已经将对非洲的援助增加了两倍,援款额达

① 杜小林:《冷战后美国对非政策的演变、特点及趋势》,《现代国际关系》,2006 年第 3 期,第 11—15 页。

② 文安立:《全球冷战——美苏对第三世界的干涉与当代世界的形成》,第 157 页。

③ USAID, "US Loans and Grants and Assistance from International Organization: Obligations and Loans Authorizations, July 1, 1945-September 30, 2008", CONG-R-0105. http://pdf. usaid. gov/pdf_docs/PNADR900. pdf.

④ 有关美国援助的标准,参见美国千年挑战账户网站 http://www. mcc. gov/countries/index. php. 2007 年 10 月底由南非国际事务研究所连续举办了两场研讨会。在 29 日的"新兴国家及其发展援助政策"闭门会议上,印度、巴西和南非的代表和我阐述了各自国家的援助政策。在 30 日的"新兴国家及其在全球经济治理中的作用:改革动力"研讨会上,我向美国与会代表 Colin Bradford 指出,美国国会的千年挑战账户这么多标准,如果哪个国家可以满足其标准,它就不需要任何援助。

⑤ USAID, *Making Progress in Africa*, 2005, Washington, D. C., 2005, p. 2.

到 32 亿美元。

苏珊·赖斯的一份题为《美国对非洲的援助：声称与现实》的研究报告却对这一数字提出了质疑，认为布什政府关于任期内将美国对非援助增加了两倍的说法不对。报告认为，确实，"布什政府大幅增加了对非洲的援助，但这一增幅远远不及总统所宣称的那样。美国对非洲的援助从 2000 年财政年（克林顿政府的最后一个完整年度）到 2004 年财政年（最后结束的布什政府财政年）没有'增加两倍'，甚至没有翻一番。相反，按实际美元计算，它增加了 56%（以名义美元计算为 67%）。增加的大部分是紧急粮食援助，而不是非洲期待的可持续发展所需的援助。……以名义美元计算，美国对撒哈拉以南非洲的援助总额从 2000 财年的 20 亿 3 400 万美元增加到 2004 财政年的 33 亿 9 900 万美元"。① 我们看到，有关美国 2004 年对非洲的援助有三个数字：美国国际发展署的 43 亿美元，布什总统说的 32 亿美元，苏珊·赖斯报告的 33.99 亿美元。这种有关援助的数字游戏对非洲并没有多少意义，重要的是非洲社会发展的实际变化。

奥巴马上台后通过援助加强在非洲的存在（特别是军事存在）。② 他于 2013 年访问非洲的塞内加尔、南非和坦桑尼亚三国时公布了一系列新举措，如电力非洲计划、次区域投资协定及补充和更新贸易法律等。经济问题是美国的当务之急，加强美国企业在非洲的投资是途径之一。在与塞内加尔总统萨勒会面时，奥巴马强调，中国、巴西、印度、土耳其等新兴国家在非洲大力投资，美国不希望错失机会。他表示，此次访非主要目的在于发展对非贸易，寻找投资机会，提供援助以帮助非洲发展，最终使美国获益。在南非，奥巴马宣布美国将投资 70 亿美元帮助非洲解决电力短缺问题。在坦桑尼亚，奥巴马宣布，美国与坦桑尼亚正在寻求一种并非建立在援助基础上的关系，而是建立在双方贸易合作基础上的新型关系模式，并认为坦桑尼亚是最好的合作伙伴之一。此外，美国海外私人投资公

① Susan E. Rice, "U. S. Foreign Assistance to Africa: Claims vs. Reality", Monday, June 27, 2005. https://www.brookings.edu/articles/u-s-foreign-assistance-to-africa-claims-vs-reality/.

② Hakima Abbas and Yves Niyiragira, eds., *Aid to Africa: Redeemer or colonizer*? Pambazuka Press, 2009, pp. 111-112.

司通过贷款、担保和政治风险保险等方式支持在非洲高风险地区进行私人投资,国际开发署下属的发展信用局为小企业主和农场主提供信贷支持,千年挑战公司帮助非洲国家实现政府优先战略和项目等措施。2014年8月召开的美非峰会进一步提升了非洲在美国经济增长中的作用和对外战略中的地位。

(四)日本援助:西方的另类?

为何将日本称为"西方的另类",主要有三个原因。日本在自身定位方面摇摆不定,既自称为"西方国家",又觉得自己是"非西方援助者";①日本从援助接受者转为援助提供者,这种双重身份使日本在援助的理念和方法上有别于西方国家;日本在援助过程中提出了一些与西方不同的说法。日本对非洲的援助以无偿援助为主,国际合作署是日本对非援助的主要实施部门。56个海外办公室中有16个分布于非洲。② 2005年,国际合作署与国际合作银行合并为负责援外事务的机构。

从战后到70年代,日本在外交上以"对美协调"为准则,以发展经济为外交的核心目标。日本对非援助主要有三个目的,经济利益、普通国家待遇和大国地位以及为联合国"争常"获取选票。1961年日本成为向尼日利亚提供援助的10个国家之一。③ 1963年,日本向非洲国家派出日本专家并接受非洲学员来日本培训。④ 1979年,日本对非援助占日本双边官方发展援助总额的10%左右。80年代初,日本政府提出政治大国的目标,对外援助不断加强。1984年日本的官方援助超过法国,成为仅次于美国的第二大援助国。在南非实施种族隔离时期,日本一直与南非进行

---

① Kenichi Ohno and Motoki Takahashi,"Renovating Japan's Aid in Africa: From passivity to action under the tight budget",GRIPS, http://www1gripslac1jp/teacher/oono/hp/documents/Africa7e1doc1.

② *JICA, Annual Report* 2005,pp. 136-138. 分布在撒哈拉以南非洲的分部办公室设在埃塞俄比亚、加纳、肯尼亚、赞比亚、津巴布韦、科特迪瓦、塞内加尔、尼日利亚、坦桑尼亚、马达加斯加、南非、莫桑比克、马拉维。北非的分部办公室设在埃及、突尼斯、摩洛哥。

③ *House of Representatives Debates*,Nov.,20,1961,p. 46,引自 Phillips, Jr.,*The Development of Nigerian Foreign Policy*,1964,p. 101.

④ James Soukup,"Japanese-African relations: Problems and Prospects",pp. 336-338.

贸易，为了消除非洲国家的怨言，加大了对前线国家重要成员坦桑尼亚的经济援助。① 1989 年，日本成为世界第一大援助国。此时，美国为首的西方援助集团对日本的援助提出更多要求。90 年代美欧出现"援助疲劳"，日本却走向援助非洲的前列。② 1993 年以来，日本为非洲提供了100 亿美元的援助，并不断承诺加大援助力度。③

日本通过东京非洲发展国际大会在国际援助领域突出了自身地位。④ 1991 年，日本在联合国大会提出举办非洲发展会议的意向。⑤ 1993 年，日本政府与联合国和全球非洲联盟等国际组织联合举办首届非洲发展会议，提出支持政治改革、经济改革、人才改革和环境保护，提高援助的效果和效率。⑥ 宣言中出现的"自力更生"和"伙伴关系"两个概念对传统援助理念产生了冲击。在美欧对非洲出现"援助疲劳"之际，日本通过举办发展国际会议大大提高了在援助事务方面的地位。第二届非洲发展会议以"减贫与融入全球经济的非洲一体化"为主题，强调"南南合作"及推动民主化和解决争端的必要性，明确宣布"主事权"（ownership）与"伙伴关系"（partnership）是行动计划的根本原则。"主事权"是从上届会议的"自力更生"演变而来，指非洲国家在制定和实施发展计划过程中的自主权；"伙伴关系"强调援助国与受援国的关系。⑦ 第三届会议提出了

---

① Kweku Ampiah, *The Dynamics of Japan's Relations with Africa*, pp. 171-195.

② 张光：《日本对外援助政策研究》，天津人民出版社，1996 年，第 33—46 页。

③ 钟伟云：《日本对非援助的战略图谋》，《西亚非洲》，2001 年第 6 期；吴波：《日本对非洲官方发展援助战略》，《西亚非洲》，2004 年第 5 期。

④ "Keynote Speech by Prime Minister Junichiro Koizumi at the Third Tokyo International Conference on African Development（TICAD III）", 29 September 2003；Ministry of Foreign Affairs, *Diplomatic Bluebook* 2004, p. 127. 非洲新稻谷（NERICA, New Rice for Africa）是日本在西非研发的结合亚洲和非洲稻谷优点的新品种。

⑤ IDCJ, "Thematic Evaluation of Japanese Aid in the fields of Trade and Investment in Africa", MOFA, March 2003, p. 5. http://www. mofa. go. jp/policy/oda/evaluation/2002/africa. pdf.

⑥ "Tokyo Declaration on African Development: Towards the 21ˢᵗ Century", October, 1993, Tokyo.

⑦ "Tokyo Agenda for Action 1998", 1998, Tokyo. 英文的"Ownership"有时翻译成"所有权"。在以援助为主题的上下文中，翻译成"主事权"更为贴切。有关日本对在国际援助体系内推动"主事权"、"伙伴关系"等概念做出的努力，参见李安山：《东京非洲发展国际会议与日本援助非洲政策》，《西亚非洲》，2008 年第 5 期，第 5—13 页。

"以人为中心的发展""通过经济发展减少贫困""和平的巩固"三个要点，承认"创造一种平等的国际贸易制度仍然是对非洲发展面临的主要挑战"；强调"非洲发展会议过程一直鼓吹非洲国家对自身发展进程的'主事权'和国际社会支持这种主事权的'伙伴关系'对非洲的发展至关重要。这些概念在包括非洲国家在内的国际社会里得到广泛认可"。①

第四届非洲发展会议的主题为"朝向活力非洲——充满希望与机会的大陆"，重点是促进经济发展、保证人的安全和应对环境问题/气候变化。为达到目标，会议决定提出4点措施：促进增长、达到千年发展目标、巩固和平与民主化、应对环境问题/气候变化。②《横滨行动计划》将援助重点定在基础设施、贸易投资和旅游、农业农村开发、基础教育和医疗、地区和平以及应对环境与气候变化等领域。日本的援助目的十分清晰，在非洲获取能源特别是石油资源以及在推动联合国安理会改革方面得到非洲国家的支持。2013年召开的第五届非洲发展国际会议宣布，未来五年（2013—2017）日本政府将向非洲国家提供240亿欧元投资，其中官方发展援助108亿欧元。《横滨宣言2013》承诺将促进日本和非洲的私人投资，加快非洲基础设施建设，帮助非洲的粮食自给自足能力等等。

1993年第一届非洲发展会议召开后，联合国秘书长加利于1994年公开表态赞成日本成为联合国安理会成员，这大大鼓舞了日本"争常"的决心。③ 近年来，日本通过主办非洲发展国际会议，将南北会谈引入西方八国集团峰会，使非洲问题纳入联合国的议事日程，起到的作用非同小可。作为回报，日本在国际舞台上得到了非洲的支持。1996年，日本与印度竞争夺联合国非常任理事国地位时胜出，小田滋被选为联合国国际法院大法官，绪芳贞子被选为联合国难民署高级专员。2005年，在国际捕鲸大会上大部分非洲成员国都在捕鲸问题上支持日本的立场；在联合国教科文组织总干事的选举中，非盟一致投票支持原联合国教科文组织总干事日本人松浦晃一郎连任；斋贺富美子以最高票当选《消除对妇

---

① "TICAD Tenth Anniversary Declaration", October, 2003.

② "TICAD Concept Paper", The Fourth Tokyo International Conference on African Development(TICAD IV), 28-30 May, 2008, Yokohama.

③ 肖刚：《冷战后日本的联合国外交》，世界知识出版社，2002年，第183页。

女一切形式歧视公约》委员。日本取得的这些外交成就与非洲国家的鼎力相助分不开。

　　一篇题为《为何要援助？作为援助大国的日本》的文章分析了日本援助，提出了援助的五点理由。第一，援助是一种方便可行的方式，灵活方便。第二，援助能达到目的，是一种非常有效的外交工具。第三，援助可提高日本民族的荣誉感。第四，援助受人欢迎。第五，援助可向日本提供一种理想前景，向世人表明日本是一个对国际做出贡献的非军事国家。[①]这一结论虽有道理，但毕竟是20多年前的分析，同时也忽略了国际环境对日本援外政策的影响。日本在1989年成为世界最大捐助国后，一直对在西方支配的国际援助体系中处于受支配的地位颇为不满，同时也对西方强行在发展中国家推行的结构调整计划提出自己的看法。[②]争当联合国安理会常任理事国成为冷战后日本外交的重要目标，这些都需要非洲的支持，援助成为一种便利工具。日本必须摆脱西方的束缚，才能在国际援助体系中彰显自己的理念和作为最大援助国的地位。通过策划、组织以及在方针上对非洲发展会议的有效控制，日本基本上达到了目的。这表现在以下方面。

　　通过与联合国的合作，日本使东京非洲发展国际会议成为由一个发达国家承办的针对非洲发展问题的国际会议。从90年代以来，日本经济陷入萧条，在这种情况下承办非洲发展会议需要勇气。有人认为，非洲发展会议不设秘书处而由外务省控制会议议程可节省日本政府开支。[③]实际上，日本不设会议秘书处而高举联合国大旗，可使其占领道德制高点。这样既具有号召力，也使与会者平等相处，日本则可以利用东道国地位和组织之便以推行自己的理念。在组织上，日本与联合国等国际组织合作，协调非洲国家与西方援助国之间的关系，从而取得举办这一国际会议的合法性与合理性。在代表性上，日本邀请政府与私营、国际和地区组织与

　　①　Dennis Yasutomo, "Why Aid? Japan as an 'Aid Great Power'", *Pacific Affairs*, Vol. 62, No. 4. Winter 1989/90, pp. 490-503.

　　②　Motoki Takahashi, "Sector Programs in Africa: Devleopment partnership for poverty reduction", *Technology and Development*, No. 16, January 2003, pp. 15-22.

　　③　Howard Lehman, "Japan's foreign aid policy to Africa since the Tokyo International Conference on African Development", p. 436.

非政府组织等多方与会,特别是邀请亚洲国家与会以突出亚非合作的色彩,突出了多方参与的特点。在方针上,日本强调"主事权"和"伙伴关系"两个新概念,将以"自助"为核心的援助新理念引入长期由西方支配的国际援助体系。在机制上,日本通过5年一次的聚会使非洲发展会议成为帮助非洲减贫的重大机会。会议成为整合各种政治力量的平台,为非洲的发展增添了活力。可以说,非洲发展会议在整合力量和多边合作方面优于中非合作论坛。日本表现了高超的外交艺术,可谓一举数得。

东京非洲发展国际会议也对结构调整计划提出了批评。如前所述,80年代在世界银行和国际货币基金组织的推动下,大多数非洲国家进行了经济结构调整。由于调整方案以西方发展模式为蓝本,与非洲国情不符,效果很不理想。尼日利亚历史学家阿科莫拉夫认为,结构调整计划使非洲遭受双重打击。"首先,国际货币基金组织和世界银行开出的药方全面破坏非洲经济;其次,非洲人因为经济上的无所作为而备受指责。那些在非洲捞得盆满钵满的西方顾问心满意足地去银行提钱时,非洲人却不得不收拾残局:基础设施崩溃、教育和医疗保健体系体无完肤、公民忍饥挨饿。"①非洲边缘化使日本认识到结构调整计划之不可行。非洲发展会议的第一份文件《东京非洲发展宣言》对持续多年的结构调整计划提出了含蓄的批评。第一,结构调整计划没有考虑到非洲国家的特殊情况和要求。第二,任何政治和经济改革都应以减贫和提高人民福利为目的。第三,结构调整计划只注意到经济层面,这是不合适的,应注意政治与经济改革同时进行。②

"主事权"和"伙伴关系"是日本援助理念的重要体现。国际援助体系往往只有援助者与受援者这样一种上下关系,"主事"与"伙伴"却意味着平等。"主事权"来源于1995年"开罗行动计划"中关于"非洲经济与社会发展的重点由非洲来决定"的思想。《东京行动计划》用"主事权"表明发展战略从计划到实施都应由非洲人自己决定,援助应以自助为根据的理念。"主事权"明确非洲在制定和落实发展政策的过程中发挥自主权,以

---

① Femi Akomolafe, "No one is laughing at the Asians anymore", *New African*, 452 (June 2006), pp. 48-50.

② "Tokyo Declaration on African Development", October, 1993, Tokyo.

"实施非洲确定的发展重点";通过发展来减贫,这与西方看重援助不同;发展是自身主导的发展和公民的参与,主事权"应建立在政府、私营部门与公民社会之间不断对话的过程中"。① "伙伴关系"是指援助方与受援方的伙伴关系;非洲国家政府与私营部门、公民社会和非政府组织的伙伴关系;亚洲和非洲的伙伴关系;日本与非洲的伙伴关系。日本盼望成为安理会常任理事国,非洲国家也对联合国体制不满,希望改革。日本特别希望在联合国改革问题上加强与非洲的合作。日本明确表示:"在建设一个与日本的原则和思想相符的国际框架过程中,日本将非洲国家视为重要伙伴。以联合国和联合国安理会的改革为例,尽管进行实质性改革已被推到 2006 年,日本一直与非洲国家密切配合以寻求可能的办法完成改革。"②

　　与西方援助集团争夺话语权是日本援非的特点之一。虽然属于发达国家,日本却认为自己是"非西方捐助者"。③ 在援助和发展这两个领域,日本自认最有发言权。日本援助的亚洲国家已先后走上经济发展的快车道;日本在 1989 年成为最大捐助国;对非援助也居领先地位。援助从根本上说是发展问题,而日本是"亚洲第一个发达国家",对发展有一套经验,完全可供非洲参照。然而,在国际援助体系中,日本却要听从西方的支配。对这种从属地位,日本早已不满,但又不能明确反抗。"主事权"将选择权交给非洲人,"伙伴关系"则在联合国框架内提出。日本指望在不得罪西方的情况下将话语权夺过来。在 1993 年《东京宣言》中出现的"自力更生"和"伙伴关系"的提法表达了尊重非洲自主、主张平等关系的理念,是对西方国家那种颐指气使的援助哲学的否定,更是日本援助新政策的宣示。在 1998 年的《东京行动计划》中,"主事权"一词出现 7 次,"伙伴关系"出现 10 次。2003 年的《东京非洲发展国际会议十周年宣言》进一步强调了这两个概念。虽然该文件比《东京行动计划》简短许多,但"主事权"和"伙伴关系"分别出现了 16 次和 13

---

① "Tokyo Agenda for Action 1998", 1998, Tokyo.

② Ministry of Foreign Affairs, *Diplomatic Bluebook*, 2006, p. 122.

③ Kenichi Ohno and Motoki Takahashi, "Renovating Japan's Aid in Africa: From passivity to action under the tight budget", GRIPS, http://www.grips.ac.jp/teacher/oono/hp/documents/Africa7e.doc.

次,这是一种颇具匠心的策略。

"亚非合作"的概念主要强调非洲发展应借助亚洲的经验以及国际社会与非洲新伙伴计划合作。日本认为自身的现代化相当成功,受它援助的东亚国家经济增速,亚非合作可促进非洲的发展。《东京非洲发展宣言》指出,各国情况虽然不同,发展经验不能照搬,"但我们认识到亚洲经验的相关性对非洲发展有利";亚洲诸国经验的多样性表明:非洲可以吸取亚洲的经验与教训。《宣言》用了大量篇幅介绍亚洲经验,并极力说明亚洲与非洲的相关性。① 历届非洲发展会议强调亚非在农业、能力建设、技术转移、贸易与投资方面的合作。《日本与非洲的团结:具体行动》是第三届非洲发展会议后外务省发表的政策文件,强调与非洲分享亚洲经验;促进亚非之间的贸易与投资,并特意强调"非洲新稻谷"的作用。② 日本强调亚非合作还有更重要的原因。亚洲与非洲有同样的殖民地经历,近年来发展迅速,对非洲极具吸引力。亚洲模式通过日本为主导来宣传既有合理性,也有说服力。通过强调亚非伙伴关系来掌握发展问题的主导权,既不会引起西方的反感,又可赢得非洲的尊敬。

日本渴望成为"援非领域的思想领袖"。③ 东京非洲发展国际会议效果显著:会议规模逐步扩大,涵盖议题不断拓展,探讨内容日益丰富,援助数额逐渐增加。最令人印象深刻的是:日本提出的一些新概念已对西方主导的援助理念形成冲击。日本通过组织东京非洲发展国际会议和宣传有关援助和发展的理念,逐步赢得在组织上、代表性上在机制上的发言权。最具影响力的是"主事权"、"伙伴关系"和"亚非合作"的提法对西方主导的援助理念形成冲击。④ 日本不断吸收他人经验,根据中非合作论坛的模式,东京非洲发展国际会议从 2016 年起每三年举办一次,地点也开始选择在非洲国家。

---

① "Tokyo Declaration on African Development", October, 1993, Tokyo.

② "Solidarity between Japan and Africa: Concrete Actions", http://www. mofa. go. jp/region/africa/action. html.

③ Motoki Takahashi, "Sector Programs in Africa: Development partnership for poverty reduction", p. 16.

④ 有关其他各国的国际发展援助,参见李小云、王伊欢、唐丽霞等编著:《国际发展援助——发达国家的对外援助》,世界知识出版社,2013 年。

二、国际援助:质疑与批判

国际援助体系是以一种不平等的方式构建的。国际格局及其主要支柱如政治制度、经济秩序、意识形态等由发达国家主导或设计,发展道路也成为一种固定模式,一种要求所有人接受的"发展"。发展中国家要想走出困境,要想发展,只能靠发达国家的"帮助",而这种"帮助"的重要手段之一是援助。然而,作为受援者的发展中国家"几乎从来就不被视为拥有权利和具有义务的行为体","权力仍然掌握在强国手中,分配援助份额的权力,裁决优先目标的权力,以及决定所有合作形式和确定援助额度的权力"。① 换言之,援助这样一件牵涉施者和受者双方发展的神圣事业,却由几个强权者根据己方利益就决定了。这就是目前在西方或经合组织发展援助委员会流行的方式和决策框架。正是在这一不平等的框架之下,援助的对象、条件、标准、方式、类别、等级都确定了,而所有这些都是由援助方决定的。这种从援助者利益出发制定的援助模式从一开始就受到不少质疑。

(一) 老一辈学者的质疑

保罗·巴兰是新马克思主义的代表人物。② 他直接将不发达国家发展缓慢的原因与发展援助挂上钩。在被称为战后西方最具影响力的马克思主义经济学著作《增长的政治经济学》(1957)及其他著述中,巴兰以"经济剩余"为中心概念,开辟了马克思主义关于不发达政治经济学理论研究的新领域。"经济剩余"是指一个社会所生产的产品与生产它的成本之间的差额,可划分为实际经济剩余(社会现有生产物和社会现有消费之间的差额)和潜在经济剩余(在一定自然环境和技术环境内借助可资利用的生产资源所能生产出来的产品和可能的基本消费之间的差额)。在资本主义世界经济体系中,经济剩余通过贸易、投资与援助这三种方式从不发达国家向发达国家转移。

---

① 让-雅克·加巴:《南北合作困局》,第 6 页。
② 李安山:《依附理论与历史研究》,《历史研究》,1992 年第 6 期,第 140—141 页。

巴兰认为，传统发展经济学之所以发展很快，根本原因是对发达国家和国际机构经济"援助"的增长做出解释。援助国政府需要大批这样的经济学家，他们能为维护现行世界经济秩序及推动发展中国家融于世界资本主义经济体系提供理论上的合理性；他们的政策研究也可带来偿还援款的更大可能性。援助是外交和经济总政策的一部分，其中很大部分通过捆绑援助方式实施，这不仅满足了援助国的外交利益，还可资助援助国的低效率或衰落产业。捆绑援助方式不仅意味着生产商可以获得垄断性市场，也意味着不发达国家需付出比自由采购更贵的价钱。更严重的是，先进资本主义国家将援助和不发达国家出现的大量债务相联系，从而可以对不发达国家的经济、政治政策实行长期控制。"发展援助"包括直接和间接的私人资本流动、私人和官方信贷，包括不发达国家在资本市场筹措的借款，这种援助与私人投资与贸易结合，顺理成章地将受援国的经济剩余转移到发达国家。因此，经济援助是帝国主义控制不发达国家的一种武器。①

60年代也出现了对国际援助体系的各种质疑和批评，一些非洲领导人敏锐地意识到援助的虚伪性和危害性。加纳前总统恩克鲁玛在《新殖民主义》一书中得出的结论发人深省。他将援助看作是殖民宗主国控制新独立国家的一种手段，批判了法国对发展中国家的所谓"援助"，并指责这种援助成为独立国家经济发展的一种障碍。他还指出："这些就是最新采用的阻挠新兴国家真正发展的一些方法。这些就是新殖民主义的随身法宝，它表面上说是要提供援助和指导，骨子里却是以新老各种办法使有关的援助集团和它们所属的国家取得实惠。"②卡翁达非常明智地认为，外来援助是附有条件的，他将来自各方面的援助比喻为"装在一个瓶子里的不同瓦斯"，这些瓦斯不可避免地会最后爆炸。③

---

① 保罗·巴兰：《增长的政治经济学》（蔡中兴、杨宇光译），商务印书馆，2000年，第40—41、57—70页。

② 克瓦米·恩克鲁玛：《新殖民主义——帝国主义的最后阶段》（北京编译社译），世界知识出版社，1966年[1965]，第26—46、60页。

③ K. Kaunda, "Speech on African development and foreign aid", delivered at the opening of the University of Zambia, March 18, 1966. http://www. fordham. edu/halsall/mod/1966kaunda-africadev1. html.

(二) 两部重要著作的批判

海特的《作为帝国主义的援助》从标题可以折射出作者对援助的基本态度。她认为援助是西方帝国主义的工具,因此对援助完全持批判态度。作者本人曾在世界银行管辖的一个援助机构工作,由于她揭露的情况对西方的援助颇具杀伤力,欧洲共同体的海外开发署曾拒绝发表她提交给该组织的关于 60 年代拉丁美洲援助经费发放与使用情况的报告,因为这个报告对援助提出了尖锐的批评。海特指出,作为一种手段,西方的援助对第三世界的经济发展方针施加很大影响,使发展方针最大限度符合资本主义的利益。援助方强迫受援者接受的条件看上去可以振兴受援国的经济,但实际上却是为了保持受援方对外国资本的长期依赖。世界银行和国际货币基金组织等机构是帝国主义的媒介。[①]

1981 年出版的《平等、第三世界与经济幻想》的作者是伦敦经济学院的教授鲍尔,他也是自由贸易理论最有影响的代表人物之一。虽然他的"欧洲中心论"观点在这一著作中比较明显,但他对发展援助的批判值得注意。他有关援助的观点大致可概括如下。首先,作为一名崇尚自由贸易的学者,他认为在一个开放自由的社会,有意去缩小或消除经济差异的政治行动会导致普遍的强迫行为,从而影响甚至终结社会的自由和开放。第二,第三世界拥有西方世界刚起步时没有的一些优势;第三世界如能充分利用外国资本市场和大量过去不曾有的技术和技能,完全有可能靠自身力量发展。"官方援助并非是进步必不可少的东西。"第三,援助会带来各种弊病,援助带来的依赖性将给经济增长造成严重危害。援助本身就是物质增长的障碍。[②] 这种观点有其道理,但似乎并未触及援助所带来副作用的根源。

这两部著作为批判国际援助提供了新的论据。两位先行者一位是理论家,一位是实践者;一位认为援助是资本的无效使用,另一位认为援助是西方资本主义攫取第三世界的一种方式。虽然两人对援助实质的理解

---

① Teresa Hayter, *Aid as Imperialism*, Middlesex, 1971.

② P. T. Bauer, *Equality*, *the Third World*, *and Economic Delusion*, Harvard University Press, 1981.

有所不同,但两派意见具有一个共同点:援助是第三世界发展的障碍。

(三) 20 世纪 90 年代的批判潮

进入 90 年代,对非洲的援助呈下降趋势。这主要是出于以下几个原因,世界经济的不景气;冷战结束导致非洲地缘政治地位丧失;国际社会的援助大量流向苏联东欧地区。① 1993 年在东京非洲发展国际会议上,一些非洲领导人提出了投资优于援助的看法,从而向人们提出了一个新的视角。人们对国际援助的质疑日益加深,国际学术界也开始反思。发展中国家的知识分子对国际援助提出各种批评,发达国家的一些曾经参与策划国际援助的"知名"经济学家也加入批判行列,质疑与批判是从国际援助的一些现象或边缘区域开始的。汉考克在解释贫穷的原因时较早对国际援助界的权力与腐败之间的关系进行了分析。曾任世界银行研究专家的保罗·科利尔对援助过程中加入附加条件的这一做法是否成功表示怀疑。波恩对国际援助中不成功的案例进行了实证分析,坦桑尼亚学者鲁古马姆的著作《致命的援助》对不同类型国际援助的弊病进行了分析,杰普玛对发展援助的有效性提出质疑。利德尔就国际援助在非洲面临的六大挑战发表了自己的观点并提出了针对性建议,为他日后发表批判国际援助的专著做了铺垫。瓦勒认为国际援助的合法性遭遇了危机,因为没有明显证据表明援助帮助了非洲经济发展。② 令人十分诧异的是,所有这些"知名大家"明显都看出了国际援助体系存在的问题,但却无

---

① 坦桑尼亚学者鲁古马姆对这一现象作了很好的分析。S. M. Rugumamu, *Globalization Demystified: African's Possible Development Futures*, Dar Es Salaam University Press, 2005, pp. 88-96;舒运国:《外援在非洲经济发展中的作用》,《西亚非洲》,2001 年第 2 期,第 36 页。

② Graham Hancock, *Lords of Poverty: The Power, Prestige and Corruption of the International Aid Business*, New York: Alantic Monthly Press, 1992;P. Collier, "The failure of conditionality", in C. Gwin & J. M. Nelson,. eds. , *Perspectives on Development*, Baltimore, MD: Johns Hopkins University Press, 1995; P. Boone, "Politics and the effectiveness of foreign aid", *European Economic Review*, 40:2(1996), pp. 289-329; C. Jepma, *On the Effectiveness of Development of Development Aid*, Washington D. C. : World Bank, 1997;R. Riddell, "The end of foreign aid to Africa? Consensus about donor policies"; Nicolas van de Walle, "Aid's crisis of legitimacy: Current proposals and future prospects", *African Affairs*, 98(1999), pp. 309-335, 337-352.

人直接批评这一体系。

（四）威廉·伊斯特利的否定

威廉·伊斯特利在批判发展援助时对制定发展援助或改革计划的人最经典的一句批评是："计划者们最让人不能忍受的就是他们自以为是的态度（通常是无意识的）。"伊斯特利是一位学者兼行动者，在麻省理工学院获得经济学博士学位后，曾在世界银行工作了 16 年。作为熟谙国际金融机构援助方式的学者，他对国际援助提出一系列批评后发表了《白人的负担》，副标题是"为何西方援助他国的努力为害甚多而增益甚少"（中译本译为"为什么西方的援助收效甚微"），①对援助者提出批评，如指手画脚的行为，供养着糟糕的政府，不能为穷人提供及时援助，盛气凌人的态度和自以为是的计划，国际货币基金组织缺乏问责制等，但读起来有隔靴搔痒之感。他在探讨最有效的援助方式时提出五点具体措施。

一、让每位援助者对单独的个人负责，采取具体可行的措施帮助贫困者发展；

二、让援助机构根据以往经验来探索有效的援助；

三、根据探索的结果进行试验；

四、根据目标受益人的反馈和科学检测进行评估；

五、奖惩分明。为有效干预取得更多资金，对无效干预拨回资金。②

能够对以往的经验进行反省当然很好，但为什么除了"从目标受益人群得来的反馈"这一条提到了受援者的作用外（还是一种被动作用），其余都与受援者无关呢？为什么在援助中没有受援者的作用呢？这不还是援助者在自我设计吗？一个与受援者无关的计划是否会成功，我们不得不

---

① W. Easterly, "The cartel of good intentions：The problem of bureaucracy in foreign aid", Washington, D. C.：Institute for International Economics, Center for Global Development, 2002；Easterly, "Can foreign aid buy growth?", *Journal of Economic Perspectives*, 17：3(2003), pp. 23-48；Easterly, "Can foreign aid save Africa?", Clemens Lecture series, College of St Benedict/St John's University, 2005；Easterly, *The White Man's Burden：Why the West's Efforts to Aid the Rest Have Done So Much Ill and So Little Good*, Penguin, 2006.

② 威廉·伊斯特利：《白人的负担——为什么西方的援助收效甚微》（崔新钰译），中信出版社，2008 年，第 22、308 页。

持怀疑态度。很显然,伊斯特利在同一本书中犯了西方援助者习惯性的"自以为是"的错误。

(五)丹比萨·莫约等非洲学者的鞭挞

21 世纪以来,对国际援助的各种批判可谓铺天盖地。由于篇幅问题,我们不能一一提及。然而,非洲学者中最有代表性的著作不得不提。赞比亚学者丹比萨·莫约的《援助的死亡》对西方援助进行了激烈鞭挞,她顿时成为非洲之星。[①] 为什么丹比萨·莫约的书会引起如此大的轰动呢?原因似乎在于莫约的双重身份:在非洲出生,在美国成长;既有在非洲独立后的 70 年代的童年感受,又是在西方著名高等学府接受的高等教育;既有在受援国的成长经历,又有在受西方控制的国际金融组织和援助国的工作经验。这表明了一个事实:一位熟谙国际援助体系的非洲女性挺身而出,揭露国际援助这一长期迷惑非洲民众和国际舆论的"皇帝的新衣"。莫约对援助给非洲带来的负面作用进行了详尽分析。援助在非洲形成了一种恶性循环;援助助长腐败,摧毁希望;援助阻碍正常的公民社会的建立;援助摧毁了一个国家社会资本的基本面——信任;援助催生一个国家内部的战争,并培养了一种军事文化。上述负面影响均不利于经济增长,导致发展停滞,贫困加剧。

这种结果反过来导致对援助的更多需求,援助者进而提供更多援助,从而形成恶性循环。在缺乏监管的资金的侵蚀下,援助导致腐败的滋生和蔓延。"在一个依赖援助的环境里,本可以建立繁荣经济基础的那些有才能、受过良好教育、有原则的人,逐渐会变得不讲原则、不再高效工作,最终侵蚀这个国家的成长希望。"她对现存的援助体系十分失望,将援助称为"发展的杀手"。她指出:"整个援助惨败中最令人沮丧的是:捐赠者、政策制定者、政府、学者、经济学家和研究发展的专家心里明白,援助现在没有效果,过去没有效果,将来也不会产生效果。"西方对非援助已达半个多世纪。然而,结果如何呢?两组数字可说明问题:1970 年至 1998 年,在对非洲的援助资金达到高峰时,非洲贫困率从 11%增长到 66%,即非

---

① 丹比萨·莫约出生在赞比亚,并在那里接受教育。她在哈佛大学和牛津大学接受了系统的教育,获得经济学博士,并先后在巴克莱银行、世界银行和高盛集团工作。

洲约 10 亿人口当中的 6 亿陷入贫困;"1970 年以来有超过 3 000 亿美元的援助流入非洲,但几乎没有什么可以证明这些援助实现了经济增长和社会发展。"(卢旺达总统卡加梅如是说)[①]莫约期待的最终目标是实现一个没有援助的世界。

加纳学者普拉一针见血地指出了西方援助的实质:"如果非洲人有他们自己最坏的敌人,那就是西方世界督导的一种制度,该制度一方面一贯妨碍非洲的经济进步及发展,另一方面不停地存在着关于对赤贫的非洲给予'援助'的谈论和某种行动。在任何情况下,任何西方国家给予的这种'援助',都不超过其国内生产总值的 1‰。所给援助当中,大多为借贷,而不是赠送。若为赠送,往往附带一些条款,这些条款迫使接受国购买来自特定来源的货物。另外,大量此种赠款被用于捐赠国派往非洲的所谓专家们。这些专家被许多人视为来自捐赠国的输出失业劳工。众所周知的事实是,为了偿还债务而流出非洲的资本,远远超过流进该大陆的资本。"[②]

肯尼亚学者希夸提对全球发展援助体系提出了批评:"全球发展援助构架建立在错误的假设上。这种假设认为世界上一些国家具备解决问题的能力,而其他国家则永远是被动地等着别人提供解决方案。这种认识掩盖了一个事实,即由美国、欧洲、澳大利亚、日本及其同盟国主导的援助的目的是为了捐助国自身的利益,从市场准入、担心由于政治、经济和气候变化导致非洲移民的泛滥,到广义的安全担忧、恐怖主义、疾病,再到获得和控制非洲大陆的巨大自然资源以及地缘政治博弈。"[③]这种"方案提供者与方案接受者"的假设非常荒谬,缺乏合理性,不应该继续存在。

此外,西方学者虽然早已意识到援助的弊端,但对此一直遮遮掩掩。最直接的批判来自 2015 年诺贝尔经济学奖得主安格斯·迪顿(Angus Stewart Deaton)。他在《逃离不平等》(2013)一书中写道:"我相信大部

①　丹比萨·莫约:《援助的死亡》(王涛、杨惠等译),世界知识出版社,2010 年,第35—45、34、33、22 页;阿巴斯也指出了这一现象。Hakima Abbas and Yves Niyiragira, eds. , *Aid to Africa*: *Redeemer or colonizer?*, p.79.

②　普拉:《非洲民族:该民族的国家》(姜德顺译),第 53 页。

③　詹姆斯·希夸提:《援助与发展:非洲人为何要有梦想并走出去》,李安山、潘华琼主编:《中国非洲研究评论 2014》,社会科学文献出版社,2015 年,第 239 页。

分外部援助是弊大于利。"在他看来,援助本身可能会消磨贫困者的奋斗意志,掩盖各种制度缺陷带来的不足,从而让不平等长期持续下去。他认为,最好的办法应该是让这些贫困国家提升解决贫困问题的能力。① 虽然他没有提到援助者的目的何在,但与伊斯特利的"为何西方援助他国的努力为害甚多而增益甚少"的评价有相似之处却更为直接,这应该是目前当代西方经济学家对外部援助最严厉的批评。

(六)中国学者的关注

对国际组织与发达国家对非洲的援助,中国学者进行了梳理与分析。张永蓬认为,西方对非洲援助的政策理念集中为三点:自我身份优越性、控制性和强调价值观。这些理念的背后还有深层次的因素,如道义、平等和责任以及文化强权。"尽管援助效果未能尽如人意,但这并未影响西方在非洲持续塑造其作为道义救助者'热心扶助非洲发展者'的形象。"他认为,从目前的情况看,西方仍在非洲延续其在非洲的文化权力或文化强权。每当西方要制裁有违背其价值观利益的非洲国家时(对其他地区国家同样如此),总是首先中断提供援助。这是行使文化强权的又一表现。从这个意义上讲,非洲的非殖民化过程仍未完成,对非援助也需"非殖民化"。②

张海冰的著作标题虽然是关于中国对非洲援助模式研究,但她在著作中对"国际发展援助"的阐述主要是针对发达国家而言。在分析八国集团对非洲援助时指出,"以八国集团为代表的发达国家首先关注的不是非洲的脱贫,而是它们各自在非洲的影响力"。她注意到发达国家对非洲援助的最终目的和利益取向。"八国集团对非洲发展问题的关注,其最终目的并不是为了解决非洲发展中国家本身的问题,主要还是为了解决与发达国家利益攸关的问题,如反恐、能源、环境和移民等。"这种近代以来一直存在的国际关系决定了作为既得利益的发达国家与位于弱势地位的发展中国家的这种不平等的关系。从这一角度看,援助只是维护现存国际

---

① 安格斯·迪顿:《逃离不平等:健康、财富及不平等的起源》(崔传刚译),中信出版社,2014年。

② 张永蓬:《国际发展合作与非洲》,第42—50页。

秩序的一种工具。它不仅是一种单纯的经济活动,"它所反映的是以八国集团为代表的西方国家的对外政策取向、战略意图及其价值观念"。①

李小云等学者一直关注国际发展援助并与中国的对外援助进行对比。其成果不仅阐述了国际发展援助的理论框架、援助方式、管理,对其效果、机构、智库以及对华援助进行了概述,还不断推出作者的主要研究成果,既有对《巴黎宣言》、《阿克拉行动议程》、《釜山宣言》以及《后釜山议程》的评述,也有自己对国际援助的思考,还阐述了千年发展目标(MDGS)进展状况及研究评述,分析了全球千年发展目标进展缓慢的原因并对今年的发展提出了自己的看法。② 李小云提出了中国学者的两点共识:其一,西方主导的大规模援助是失败的;其二,中国等新兴国家为国际发展合作带来了积极因素。然而,一个严酷的事实是:"无论全球发展议程如何改变,西方依然是发展援助的资金主要提供者,同时也是发展知识的主要生产者。"③历史虽然证明发达国家在援助方面已失败,但它们仍要控制话语权。

国际社会曾举办了多次会议专门论及国际发展援助问题,如《哥本哈根宣言》(1990)、联合国《千年宣言》(2000)和《蒙特雷共识》(2002)、《巴黎援助效益宣言》(2005)、《阿克拉行动议程》(2008)以及东京非洲发展国际会议。安春英阐述了这些有关发展援助的会议及其精神,指出了国际社会对非洲减贫问题的关注,分析了国际组织与发达国家对非洲的援助。她认为,国际援助成为大多数非洲国家解决减贫问题的重要补充,可以在一定程度上缓解减贫资金压力;国际援助直接作用于减贫项目,从而产生立竿见影的效果;用于自然灾害、艾滋病、冲突的紧急援助或专项援助使处于困境中的民众及时受益。然而,国际援助存在诸多缺陷,如国际援助的不稳定性与承约的脆弱性、国际援助的欠协调性与管理费用的高成本性、援助机制的无约束性和政治偏向性以及国际援助的附带条件性。④

---

① 张海冰:《发展引导型援助——中国对非洲援助模式研究》,上海人民出版社,2013年,第80、81页。

② 李小云:《国际发展援助概论》,2009年;李小云、王妍蕾、唐丽霞:《国际发展援助》,世界知识出版社,2015年。

③ 李小云:《为何国际发展援助常常无效?》,《东方早报》,2015年11月4日。

④ 安春英:《非洲的贫困与反贫困问题研究》,中国社会科学出版社,2010年,第188—212页。

近年来,不少学者开始从不同学科关注国际发展合作问题,如左常升主编的《国际发展援助:理论与实践》(社会科学文献出版社,2015 年)和赵剑治的《国际发展合作:理论、实践与评估》(中国社会科学出版社,2018年)等。这些著作从国际化视野的角度介入这一专题的研究,注重传统发展援助国与新兴援助国在理念和实践上的差异,梳理不同援助体系对于援助有效性的影响,通过理论阐述和实际研究提出了自己的看法。①

此外,本人长期关注发达国家对非洲的援助问题,并力图对国际发展援助的历史和现实从理论和实践两个方面进行分析和评价。本人的主要观点是,西方国家的援助从总体上说是失败的,然而却企图将中国纳入现存的国际援助体系之中。中国与新兴国家应该积极努力开启一种新的国际合作框架。② 姚帅分析了国际发展援助的新特点,即国际发展合作格局的变化(主要指新兴国家参与国际发展合作)、人道主义成为新的关注点、可持续发展目标发展成为全球新议题以及援助资金渠道向发展融资扩充。③ 郑宇分析了现行国际援助体系的主要缺陷。作者明确指出:"多数实证研究都发现国际援助对推动发展中国家的经济增长基本无效。"他认为援助无效有三个主要原因:援助资源不足因此难以带动经济发展、援助形式不合理从而扭曲了正常的激励机制(主要指援助附加条件),以及援助过于碎片化导致目标分散。然而,这一分析无视了一个基本问题:这些发达国家援助的目的是什么? 由于没有反思失败的根源,其分析看起来主要集中在技术层面。④

---

① 商务部的《国际经济合作》刊登了不少有关国际社会援助非洲的文章。例如毛小菁:《国际社会对非援助与非洲贫困问题》,2004 年第 5 期;王晨燕:《西方国家对非援助新特征与国际协调》,2008 年第 7 期;王金波:《日本对非援助战略研究》,2011 年第 2 期;黄梅波、洪燕秋:《日本对非发展援助的成效与发展趋势——基于非洲发展东京国际会议平台的研究》,2014 年第 4 期;姚帅:《国际发展援助的特点变化及未来趋势》,《国际经济合作》,2017 年第 1 期等。

② 李安山:《国际援助的历史与现实:理论批判与效益评析》(上),《国际援助》,2014年第 1 期;李安山:《国际援助的历史与现实:理论批判与效益评析》(下),《国际援助》,2015年第 1 期。

③ 姚帅:《国际发展援助的特点变化及未来趋势》,《国际经济合作》,2017 年第 1 期,第 27—30 页。

④ 郑宇:《援助有效性与新型发展合作模式构想》,《世界经济与政治》,2017 年第8 期。

三、有关西方援助的数量统计

(一) 西方援助与非洲的依附性

虽然西方对非洲的援助始于独立初期,但援助开始成为一个问题日益为人们所重视则是在 20 世纪 70 年代。在这一时期,一个重要的现象是非洲开始对援助产生依赖。到 70 年代末 80 年代初,这种现象日益严重。撒哈拉以南非洲 1970 年的债务为 60 亿美元,1980 年增至 843 亿美元,1989 年增至 2 500 亿美元,相当于其国内生产总值的 85％。非洲的战略地位因冷战结束受到重大影响,加剧了其边缘化进程。

表格 10 - 1　非洲国家官方发展援助占进口和投资的百分比

	官方发展援助占进口的比重		官方发展援助占投资的比重	
	1974—1975	1979	1974—1975	1979
撒哈拉以南非洲	22	40	31	54
埃塞俄比亚	44	34	47	66
加　纳	10	18	15	24
肯尼亚	12	23	18	24
莫桑比克	3	49	——	——
塞内加尔	25	38	42	61
坦桑尼亚	30	57	44	73

资料来源：John Sender and Sheila Smith, *The Development of Capitalism in Africa*, (London and New York: Methuen, 1986), p. 91。

从总的趋势看,撒哈拉以南非洲国家在 20 世纪 70 年代对外来援助的依赖性提高了,不论是官方发展援助占进口的比重,还是官方发展援助占投资的比重。在以上 6 个国家中,只有埃塞俄比亚在官方发展援助占进口的比重在 1979 年比 1974 年至 1975 年有所下降。坦桑尼亚在依赖外来援助方面特别明显。它接受的官方发展援助占进口的比重在 1974 年至 1975 年为 30％,1979 年为 57％,均高于撒哈拉以南非洲的平均值

（22％和40％）；它接受的官方发展援助占投资的比重在1974—1975年和1979年分别为44％和73％，也大大高于撒哈拉以南非洲的平均值（31％和54％）。根据法国学者卡特琳·科奎里·维德罗维奇的观点，对西方的依附关系是现代非洲的主要特点。

这种趋势在80年代后日益恶化。仅官方援助一项，1975年间年均增长2.7％；1985年至1989年间年均增长6.2％。进入90年代后，外部对非洲的援助呈减少趋势。这主要是由于以下几个原因，世界经济的不景气；冷战结束导致非洲地缘政治地位丧失；国际社会的援助大量流向苏联东欧地区。① 然而，这种下降的趋势又很快回升。以1994年和2002年为例，埃塞俄比亚的外来援助占国民收入的22.2％和21.7％，援助分别占总资本的144.4％和105.2％；在几内亚比绍，这两年援助占国民收入的比例分别为77.7％和30.5％，援助占总资本的比例分别为335.5％和198.7％；在马拉维，这两组数字的增长非常快，前一组数字分别为40％和120.2％，后一组数字分别为135.7％和160％。类似情况也发生在塞拉利昂，两个年度的援助占国民收入分别为33.9％和47％，援助占总资本的比例分别为348.6％、514.7％，这与塞拉利昂国内局势不稳，经济生产陷入困境有很大关系。然而，卢旺达的情况却正好相反。在卡加梅总统的领导下，各方面取得一定进展，经济状况大大好转。②

（二）非洲联盟与经合组织的不同数据

虽然相当多非洲国家的官方发展援助占国民收入的比例逐年下降，但利比里亚却不降反升。在2005年至2008年这四年里，经济组织提供的官方援助已经分别占到其国民收入的53.3％、58.7％、125.2％和185.8％。③ 可以看出，进入21世纪以来，发展援助已经在一些非洲国家的经济成分中占非常重要的地位。

---

① 舒运国：《外援在非洲经济发展中的作用》，《西亚非洲》，2001年第2期，第36页。
② 关于在卢旺达的援助案例，参见张永蓬：《国际发展合作与非洲——中国与西方援助非洲比较研究》，社会科学文献出版社，2012年，第194—217页。
③ World Bank, World Devlopment Indicators, 2004；OECA / DAC Statistics, 2011. 转引自张永蓬：《国际发展合作与非洲——中国与西方援助非洲比较研究》，第23—24页。

表格 10 - 2 2000—2008 年流入非洲的官方发展援助

(单位:10 亿美元,时价)

	2000	2001	2002	2003	2004	2005	2006	2007	2008
ODA 净支付	15.6	16.8	21.8	27.3	29.7	35.5	43.5	39.1	44.0
ODA 总额(除外债)	14.5	15.3	18.6	20.5	25.3	26.6	28.3	35.4	42.0

资料来源:Economic Commission for Africa, African Union, *Economic Report on Africa* 2010: *Promoting high-level sustainable growth to reduce unemployment in Africa*, p. 99。转引自张永蓬:《国际发展合作与非洲——中国与西方援助非洲比较研究》,社会科学文献出版社,2012 年,第 26 页。

表格 10 - 3 2001—2008 年流入非洲的官方发展援助

(单位:亿美元)

	2001	2002	2003	2004	2005	2006	2007	2008
撒哈拉以南非洲	137.15	186.00	245.10	260.43	321.94	400.25	344.78	389.93
非　洲	164.47	213.62	271.27	297.10	355.07	435.02	391.22	440.05

资料来源:DAC, *Development Co-operation Report 2006*, Table 25;DAC, Statistical Annex of 2010 Development Co-operation Report。转引自安春英:《非洲的贫困与反贫困问题研究》,中国社会科学出版社,2010 年,第 189 页。

上面两个不同的表格,一个来自非洲联盟,一个来自经合组织。虽然两个表格的类别稍有不同,但都说明一个问题:国际上对非洲的官方援助在逐年增加(2007 年有所降低)。从上表中可以看出,在 21 世纪的前 9 年里,流入非洲的官方发展援助呈上升趋势,总额从 2000 年的 145 亿美元增加到 2008 年的 420 亿美元。这些援助主要是由西方国家提供。

我们再来看看坦桑尼亚的个案。

(三) 坦桑尼亚接受的援助

虽然坦桑尼亚一直在接受外国援助,但援助有害的认识在非洲学者中比较普遍。坦桑尼亚达累斯萨拉姆大学教授鲁古玛姆早在上个世纪末出版的著作中就将外国援助称为"致命的援助",他详细研究了外来援助的体制、类型和相关观点,分析了坦桑尼亚接受外来援助的状况以及三个案例,明确指出了外来援助对坦桑尼亚主权和经济的危害。一方面,捐助者的压倒性力量决定了他的支配地位,受援国的固有弱点也十分明显。这样,"在大多数情况下,捐助者不仅塑造了援助关系的结构,而且还确定了要为哪些利益服务以及实现这些利益的方式"。另一方面,受援国极其明显的弱势地位不仅决定其对援助的态度,也决定了其立场。"受援国对外国援助的高度需要使其几乎完全放弃了国家主权。"他明确指出,"除非停止这种援助依赖传统,否则坦桑尼亚不可能真正独立发展"。[①]

表格 10 - 4　坦桑尼亚接受的外国援助款项(1967—1992)

单位:百万美元

年　份	贷　款	捐　款	援款总计	捐款(%)
1967	11.5	3.4	14.9	22.8
1970	23.7	27.7	51.2*	54.1
1971	31.8	30.6	62.4	49.0
1972	16.6	44.5	61.1	72.8
1973	35.4	64.9	100.3	64.7
1974	63.1	99.4	162.5	61.2
1975	114.4	187.9	302.3	62.2
1976	71.3	195.7	267.0	73.3
1977	124.7	215.4	340.1	63.3
1978	−32.5	456.6	424.1	107.7
1979	101.2	487.0	588.3	82.8
1980	8.5	657.7	666.2	98.7
1981	193.4	508.5	701.9	72.4
1982	193.8	490.2	684.0	71.7
1983	164.4	429.9	593.9	72.4
1984	128.3	429.5	557.8	77.0
1985	78.9	408.0	486.9	83.8

① S. M. Rugumamu, *Lethal Aid: The illusion of socialism and self-reliance in Tanzania*, Africa World Press, 1997, pp. 258,259.

（续　表）

年　份	贷　款	捐　款	援款总计	捐款（%）
1986	33.8	646.8	680.6	95.0
1987	214.5	667.8	882.3	75.7
1988	172.2	809.5	981.8	82.5
1989	183.7	736.0	919.7	80.0
1990	252.7	897.9	1154.9	77.7
1991	163.1	867.4	1020.5	84.1
1992	304.0	585.5	889.5	65.8

＊原文有误，应为51.4。

资料来源：OECD，Geographical Distribution of Financial Flows to Develping Countries（various years）UNDP，Development Cooperation Report（various years）URT（1968）Background to the Budget 1967—1968，引自 S. M. Rugumamu, *Lethal Aid*：*The illusion of socialism and self-reliance in Tanzania*，Africa World Press，1997，p. 154。

1990 年 10 月 6 日，尼雷尔在东非和南部非洲正式启动南方委员会报告时指出："非洲人民正在受难。在过去的十年里，生活条件整体恶化，大部分是由于他们无法控制的事件的发生。但是我们不能只是一味地坐等和抱怨。呼吁外援是无济于事的。世界上其他的国家有他们自己看重的利益，但是现在那些特惠与利益并不包括非洲。"[1]一些非洲国家近年来依赖外援的情况仍然非常明显。以布隆迪为例，在 2005 年至 2008 年这四年中，它接受的经合组织（OECD）官方发展援助分别占到国民收入的 46.9%、47.3%、48.8%和 43.7%。在利比里亚，这种情况更为严重，由于前些年的战乱影响了国家机器的正常运转，民选政府的任务非常繁重。资金严重不足一方面影响了恢复稳定的工作，另一方面也使依赖外国援助的程度大大增加。

四、西方援助的目的与效益

虽然莫约无情鞭挞了援助给非洲带来的种种弊端，但她对西方援助

---

[1]　朱利叶斯·尼雷尔：《尼雷尔文选（第四卷）：自由与解放（1974—1999）》，第 250 页。

的真实意图却手下留情。然而,只有清楚地认识到西方的真实目的和非洲在援助过程中的遭遇,才能更好地说明为何国际援助在非洲无效,反而有副作用。毋庸置疑,发达国家对发展中国家的援助在形式上是将一些财富(资金和货物)从富国转移到了穷国。各种统计表明,经合组织成员每年援助非洲。然而,受到西方半个多世纪援助的非洲情况如何呢?

我们有必要进一步分析援助的操作过程。

(一) 援助目的的宣示

早在援助体系逐步成型的冷战时期,一些西方领导人就明确表达了发展援助的用意。肯尼迪在 1961 年宣布:"现有的外国援助远不能让人满意,我们要在下一个发展的十年中,改变世界欠发达地区人们的命运,使有朝一日,人类不再需要所谓的外国援助。"[1]这种宣示冠冕堂皇,但他并未掩饰援助的真实意图:"对外援助是美国在全世界保持影响和控制,并且支持许多本来肯定要垮台或落入共产主义集团的国家的一种方法。"尼克松在 1968 年竞选时明言:"让我们记住,美国援助的主要目的不是为了帮助别的国家,而是为了帮助我们自己。"[2]美国国际开发署官员科芬说得更明白:"我们基本的、广泛的目标是一系列政治上的目标,绝不是为发展而发展。一个重要的课题是如何为受援国的私人企业创造尽可能多的机会,从而确保在国外的私人投资,特别是确保美国的投资受到欢迎和优待。……问题在于要估量用哪种方式可以使发展项目给美国的总体利益带来更大的贡献。"[3]

尽管西方援助的意图主要是政治、经济和外交等方面,但这种关系自身利益的目的往往在"援助"的光环下去达到。[4] 英国领导人似乎更具有"道德"感。2005 年 7 月在英格兰举行的八国峰会上,戈登·布朗和托尼·布莱尔将消除非洲贫困的议题列在议事日程首位。戈登·布朗在向非洲人解释他大力推进援助计划时说:"我们不得不说,我们将帮助你们

---

[1] 威廉·伊斯特利:《白人的负担——为什么西方的援助收效甚微》,第 21 页。

[2] 保罗·巴兰:《增长的政治经济学》,第 61 页。

[3] 安德鲁·韦伯斯特:《发展社会学》(陈一筠译),华夏出版社,1987 年,第 111 页。

[4] Roger C. Riddell, *Does Foreign Aid Really Work*? Oxford University Press, 2007, pp. 94-106.

获得开展贸易的能力,这不仅是打开一扇门,更是让你们获得跨进大门的能力。"①这种表态很有意思。布朗显然对非洲经济史一无所知。非洲人开始贸易甚至早于英国的诞生,穿越撒哈拉的贸易商道早已存在。他对英国与尼日利亚之间的贸易史也一无所知。早在英国占领尼日利亚前,尼日尔河河口的贾贾国王不仅控制了当地棕榈油贸易,而且将自己的商船绕开企图充当中介的英国人,直接将货物运往英国。为了消灭这位强大的竞争者,英国人用阴谋将他骗到船上后送到黄金海岸囚禁。布朗也有意忽略了援助给非洲人带来的各种弊端。用英国贸易和工业部首席经济学家的话来说:"他们知道援助的胡话,但他们仍然如此兜售。"②

　　美国国际开发署官员的表达方式更为直接明了。曾担任过国务院负责非洲事务的副助理国务卿和国际开发署副署长的卡罗·兰凯斯特明确指出,各国的外援都有着自身原因和包括政治、经济、外交等各种目的。③2005 年,美国国际开发署署长纳齐奥斯（Andrew Natsios）向英国议员们发表讲话时强调:90 年代国际开发署的失误是没有认识到援助可以在对西方利益的外来威胁中起到纠正作用。国际开发署的任务与冷战时争取同盟军不同,面临全球恐怖威胁和重新强调发展的新形势,向发展中国家开放经济机会和扩大民主国家阵营将是它的新任务。④ 2008 年 12 月 22 日,在一次与非政府组织开会时,美国国际开发署官员明确表示,国际开发署在提供援助时将与五角大楼密切配合。这披露了新的"平民-军事合作政策"（Civilian-Military Cooperation Policy）,表明国际开发署和国防部将在计划、评估、实施、培训和联络等有关外援方面联合行动以推进美国的外交政策。⑤

（二）援助标准的制定

1970 年,发达国家公开承诺:其官方发展援助将不低于国民总收入

---

　　① 威廉·伊斯特利:《白人的负担——为什么西方的援助收效甚微》,第 22 页。

　　② 转引自丹比萨·莫约:《援助的死亡》,第 32 页。

　　③ Carol Lancaster, *Aid to Africa: So Much to Do, So Little Done*, University of Chicago press, 1999, p. 75.

　　④ Andrew S. Natsios, "Five debates on International Development: The U. S. perspective", *Development Policy Review*, 24:2(2006), pp. 131-139.

　　⑤ Hakima Abbas and Yves Niyiragira, eds., *Aid to Africa: Redeemer or colonizer?*, p. 112.

的 0.7％。这一比例是如何得来的呢？大致通过以下步骤。首先估算发展目标或某经济增长目标的实现所需金额，然后对实现相关目标的国内资金储备进行估算，两者之间的差额即是对外部资金的需求，所谓的援助正是要填补这一需求差额。其次，将投资需要与发达国家的国民生产总值相联系，看究竟多少比例用于援助适合于发达国家。这种对援助金额的需求是根据罗森斯坦·罗丹的模式计算出来的。用法国学者加巴的话来说："目前的这个比例只不过是一种精神现象、一种精神产物。0.7％不符合任何金融的需要。它完全是随意确定的，却在自我说服中立住了脚。"[①]即使这样随意，是否有人遵守呢？

2005 年，15 个欧洲国家同意援助额在 2015 年达到国民总收入的 0.7％；2008 年，这一目标列入欧盟文件。现在看来，这只是天方夜谭。2010 年，经合组织发展援助委员会 22 个成员国中只有 5 个国家（挪威、丹麦、卢森堡、瑞典和荷兰）实现了承诺，主要援助国（英国、法国、美国、日本等）均未达标。美国和日本当时的官方援助只占国民收入的 0.18％。有时，发达国家承诺的援助非洲的年度计划，也因种种原因而不能落实。根据一项调查，经合组织成员国所承诺的援助款项中，往往只有三分之一是真正的援助，其余三分之二回到了援助国。美国的比例更低，承诺援款中只有 10％是援助，90％都是虚构的（fictitious）。[②] 各国宣称在援助非洲，都有自己的议程和计划，致使非洲国家应接不暇，特别是自然风光和环境优美的肯尼亚和坦桑尼亚等国。[③] 此外，相当一部分援助经费用于支付外国技术专家的薪金和为专家们配备高级住宅、交通工具及其饮食。"西方援助的 25％耗费在专家们身上。除了工资以外，还有旅游费，子女的学费，各种津贴和高级住房等等，全部由受援国包下来。英国专家平均

---

① 让-雅克·加巴：《南北合作困局》，第 14—17 页；Yash Tandon, *Ending Aid Dependence*, Fahamu Books & South Centre, 2008, pp. 1-2, 130-131。

② Action Aid, *Real Aid: An Agenda for Making Aid Work*, 2005. Hakima Abbas and Yves Niyiragira, eds., *Aid to Africa: Redeemer or colonizer?*, p. 110.

③ 我们在与肯尼亚和坦桑尼亚官员的交谈中，他们也提到这个问题。中非合作论坛后续行动小组评估小组对肯尼亚外交部东非司、经济司和中国司官员的采访，2010 年 5 月 20 日，肯尼亚外交部；评估小组对坦桑尼亚财政部官员的采访，2010 年 5 月 23 日，坦桑尼亚财政部。我平时与一些非洲驻华大使的交谈中，他们也经常抱怨这一问题。

每人一年就得耗费 15 万美元。"①这真是一种成本高昂的援助。这种输出的所谓专家被非洲学者称为"来自捐赠国的输出失业劳工"。②

这种高成本却成为债务，要由受援国承担。难怪战后西方很快形成了一门与发展援助紧密相连的学科领域——发展研究，学校或部门纷纷成立相关院系或机构，各种项目取得资助。这门学问很快成为显学，形成行业，为西方提供了大量资金和就业机会。西方的学术与政治在发展援助的节点上有机地结合。一批通过学校培养的所谓"发展问题专家"被各种发展机构或国际组织派到非洲去制定发展计划或指导发展援助的实施。③ 更可笑的是，尽管这些发展计划无一奏效，援助处于高峰期的非洲看到的是贫困日益加剧，这些人今天仍自诩为"专家"，恬不知耻地到处（甚至到中国来！）举办讲演、发表文章和负责各种援助项目，实在是可怜又可悲。他们很像前面提到的那位无知却自以为是的戈登·布朗先生。

在战后的发展援助中，援助条件大致分为三种。第一，捆绑援助，即受援国必须答应用援款购买援助国的商品和服务或特定国家的商品和服务，并雇佣援助国的人员，即使受援国可提供本国的合格人员。第二，项目定向，即由援助国决定援助项目或领域。第三，附加条件，即受援国在接受援助时必须答应政治、经济或社会等方面的条件。④ 这种援助使受援国完全处于一种受人支配的地位。

捆绑援助是发达国家的一贯政策，近年来经合组织国家有所改变。一般而言，西方援助国的商品和服务成本大大高于非洲国家。这样，援助有时成为援助国向受援国倾销商品和解决就业问题的一种渠道。一些低收入国家如葡萄牙和希腊在 2007 年仍坚持 50％的援款用于购买本国商

---

① 《新国际主义者》杂志，1981 年 6 月号，第 9 页。转引自安德鲁·韦伯斯特：《发展社会学》(陈一筠译)，华夏出版社，1987 年，第 113 页。一位知情者告诉我，她的一位亲属是世界银行的"非洲专家"。在接手任务前对非洲一无所知，匆忙读了几本书后就到非洲去指导工作，其女儿也因为她是世行专家而沾光，每次出国都是乘坐商务舱。后来，这位所谓非洲专家退休后，女儿乘坐普通舱都说不习惯。

② 普拉：《非洲民族：该民族的国家》，第 53 页。

③ George B. N. Ayittey, *Africa in Chaos*, Macmillan, 1999, pp. 269-275.

④ Dambisa Moyo, *Dead Aid, Why Aid is Not Working and How There is another Way for Africa*, Allen Lane, 2009, p. 39.

品或服务。我曾在中国国际扶贫中心/经合组织发展委员会的联合项目会议上指出,所谓"捆绑援助"不能一概而论。从支出成本看,发达国家的产品和服务价格要大大高于受援国的价格,这种捆绑当然不可取。如果援助国的产品比受援国的价格要便宜,这种捆绑有利于受援国在进行基础建设时降低成本,何乐而不为?

第二种情况往往会影响到一个国家的既定规划。美国国会 1994 年通过 PD20 规定,即不容许任何可能导致美国工人丧失工作的对外援助,而"中国没有这种限制"。① 布罗蒂加姆指出,中国在非洲大量投资,而在 2002 年到 2007 年间,世界银行对撒哈拉以南非洲的所有贷款中不足 5% 用于对工业和贸易的投资。传统援助者国家将其援助额不到 1% 分配给工业。② 中国的援助力争解决当地问题,驻外使节重要任务之一是向国内反映驻在国的要求。③ 一位乌干达官员在评论西方附加条件的援助时指出:"一个国家给予你援助使得他们认为他们有权告诉你如何管理你的事务。这些条件可能是好意的,但却是羞辱性的。"④

第三种情况则直接影响到一个国家发展战略的制定和经济发展的速度。由于援助方的强势地位,带有条件的援助导致了一个极不正常的情况。在"现代化"理论的指导下,西方政府及其专家根据发达国家的发展道路制定非洲发展战略,确定重点发展领域,并强加各种与非洲发展阶段并不十分吻合的各种政治条件、经济政策或改革要求。由外来人强加的发展战略或政策带来的只能是失败甚至倒退。最典型的例子是"伯格报告"带来的负面影响。然而,这种失败并不是由那些发达国家的非洲发展战略的制定者来承担,而是由非洲人来承担。非洲国家的领导人或被指责为缺乏能力,或被斥为缺乏良政。我们并不否认非洲国家领导人存在着各种问题,但由于不得不执行他人制定的政策从而受到指责是很不公平的。

---

① Deborah Brautigam, *The Dragon's Gift*, *The Real Story of China in Africa*, p. 93.

② Deborah Brautigam, *The Dragon's Gift*, *The Real Story of China in Africa*, p. 91.

③ 王浩:《难忘的莫桑比克外交生涯》,李同成、金伯雄主编:《中国外交官在非洲》,上海人民出版社,2005 年,第 20—37 页。

④ Deborah Brautigam, *The Dragon's Gift*, *The Real Story of China in Africa*, p. 149.

(三) 援助的经济条件

西方国家对非洲的援助为何失败？卡尔德利斯在分析原因时将主要责任归咎于非洲国家的领导人。[①] 这一观点值得商榷。我认为，西方国家援非失败的主要原因也在于其理念——总是以一种高人一等的态度，将援助看作是一种恩赐。正是这种不平等的关系使得西方国家有可能对非洲及其他受援国施加各种条件。

国际援助附加经济条件引发了非洲国家的诸多怨言。例如贷款时提出的附加条件通常是受援国用这些援款购买援助国的商品。这种情况使得援助国因援助计划而大大增加了就业机会。这种资本流动不仅满足了援助国的外交政策，而且可以帮助援助国效率低下的产业。这可以说明为何美国生产过剩的农业正是要求给予亚洲粮食援助的主要压力集团之一。捆绑援助可使本国获得垄断性市场，也意味着这些产品和服务往往比自由采购的价格更贵（如果援助国商品的价钱更便宜，则另当别论）。"接受援助的国家需要购买援助国的或援助国指定的某一团体的特定商品和服务。这种方式还扩展到工作人员的雇佣；援助者雇佣自己国家的人而不是符合条件的受助国家的穷人作为工作人员。""援助者对他们想要援助的部门和项目享有优先选择权。"[②]

提供援助时援助国往往附加了有利于自己而不利于受援国的条件。例如，世界银行及国际货币基金组织在借贷条件上强迫加纳开放国内稻米市场，加上世贸组织施行不公平的贸易规则，以致大量美国廉价米进入加纳。尽管加纳农民生产的糙米营养价值较高，但加纳人宁愿选择接受美国政府补贴生产的廉价米。[③] 非洲棉农几乎被享受美国补贴的棉花摧毁。非洲共有 33 个国家 2 000 万棉农依靠种植棉花为生。自 2003 年以来，西非的棉花价格逐年下跌。在美国，每英亩棉花地享受政府补贴 230 美元；2004—2005 年度，美国政府共补贴棉农 42 亿美元，同年，布基纳法

---

① Robert Calderisi, *The Trouble with Africa*：*Why Foreign Aid Isn't Working*, Palgrave Macmillan, 2006.

② 丹比萨·莫约：《援助的死亡》，第 27 页。

③ 参见《乐施会年报》(2005—2006)上的有关报道。

索的棉花虽获得丰收，却遭受 8 100 万美元的损失。"华盛顿每年向这些农民提供的补贴仍然高出向非洲提供的援助许多倍"，"他们因此能够轻而易举地击败来自发展中国家的竞争对手"。非洲棉花生产者协会主席弗朗索瓦·特拉奥雷在谈到美国补贴时表示："造成这种局面是在犯罪。那些连美国在何处都不知道的家庭深受其政策之害。我们不是他们的敌人，他们为什么要用自己的财富毁掉我们？有朝一日我们面对同一个上帝的时候，他们如何解释自己的行为？"他谴责了这一行为，"我不愿意追溯历史，但我情不自禁地想起，与美国关系差正是从他们到非洲来将奴隶运到他们自己的棉花种植园开始。现在是改变那种负面形象的机会，从而可以减轻数百万人所遭受的痛苦"。尽管布什政府表示要对非洲农民进行援助，但遭到发展中国家的拒绝，他们宁愿要一种公平的贸易。①

此外，援助国在援助监管、政策执行等方面也设立诸多条件，从而使受援国承受极大的财政负担。由于多方卷入，对援助国、援助流量、援助项目、援助重点以及受益方等多种牵涉面缺乏一种协调机制。援助国的偏好和目的使援助的领域甚至难以纳入受援国的国民经济计划之中。黛博拉·布罗蒂加姆曾引用一位非洲国家前外长的话来说明中国人与其他捐助国的区别："区别有，大着呢。他们想帮助你的，是你所确定的你自己的需要，而英国、美国，则是由他们来确定你的需要。他们说：'瞧，我们认为这里有需要。'德国总统访问了，他们承诺 1 250 万欧元的援助。卡巴总统说我们将会用于农村电气化。然而，几个月后，德国援助署说援款将用于他们的人身安全项目。"②西方怎么可以自认为比非洲人更懂得他们自己的国家以及应该怎么来计划自身的发展？

（四）援助的政治与社会条件

更具杀伤力的是随援助而来的诸多政治和社会条件。这种附加条件是马歇尔计划的三个条件（另外两个为捆绑援助和有息贷款）之一。在冷战时期，援助一直按这一标准实施。法国对几内亚的惩罚和英国对坦桑

---

① Lucy Bannerman, "The farmers ruined by subsidy", *The Times*, April, 9, 2007.

② Deborah Brautigam, *The Dragon's Gift*, *The Real Story of China in Africa*, Oxford University Press, 2009, pp. 139-140.

尼亚的漠视，都与这些国家的社会主义倾向有关。在世界银行推行结构调整时，相当多的非洲国家为了获得援款，不得不放弃自己对政治、经济和社会的自主权，从而对国家的政治稳定、经济制度和社会政策造成了极大伤害。2004年初，布什政府设立了"千年挑战账户"以加强对非援助，由国会拨款10亿美元作为启动资金。千年挑战集团对援助对象国有极苛刻的要求。该集团参照"自由之家"、世界银行、世卫组织和传统基金会等机构的数据制定了17项指标来确定受援国。这些指标分为三类，"公正统治"包括政治权利、公民自由、腐败控制、有效治理、法治、负责任政府；"予民福祉"包括免疫比率、医疗卫生、初级教育、女孩完成初级教育比率；"经济自由"包括监管质量、创业启动、贸易政策、通货膨胀、财政政策、自然资源管理、土地权利和准入。① 很明显，处于发展中的非洲国家要达到这些从发达国家智库里设计出来的指标并非易事。正是这种不平等的地位使受援国承受着各种政治压力。世界银行的非洲副行长在分析非洲能力由于接受援助而受到影响时认为，捐助者和非洲政府事实上一起破坏了非洲的能力，他们破坏这种能力比他们建设这种能力还要快。②

非洲债务的不断增加可以说是援助的直接后果。在对国际援助的批判与质疑部分，我们已提到援助带来的各种弊端。在此有必要提一下与援助直接相关的非洲债务问题。虽然西方的发展援助始于非洲独立初期，但到70年代，非洲开始对援助产生依赖。特别在80年代和90年代初实施的结构调整过程中，非洲的外债形势严重恶化。格里芬指出："债务负担而非经济发展已成为40年对外援助的遗产。"③冷战后非洲债务不仅未减少，反而猛增。非洲发展报告数字表明，1980年非洲外债总额为1 233.39亿美元，1990年达到2 887.73亿美元，1996年上升到3 385.10美元。1980年外债还本付息额为189.77亿美元，1990年为277.38亿美元，1997年上升至325.30亿美元。④

---

① 具体指标参见 http://www.mcc.gov/countries/index.php。

② Roger C. Riddell, *Does Foreign Aid Really Work?*, Oxford University, 2007, p. 206.

③ Keith Griffin, "Foreign aid after the Cold War", *Development and Change*, 22:4 (1991), p. 678.

④ 杨宝荣：《债务与发展——国际关系中的非洲债务问题》，社会科学文献出版社，2011年，第33—35页。

非洲国家为偿还债务,有时要付出远高于本金的利息。有的学者将这种债务称为"非道德的""非法的"和"高利贷",因为这种债务已被非洲国家以利息方式偿还过多次。[1] 这样,资本有时不是从北方流向南方,而是从南方流向北方。"南方国家,或者更确切地说是某些南方国家给所谓援助国的回报实际上超过了它们所得到的。1995 年到 2000 年间,援助受益国仅支付的利息就达每年 1 000 亿到 1 200 亿美元。"[2]根据联合国贸发会的统计,1970 年到 2002 年间,非洲接受了 5 400 亿美元贷款,同一时期,非洲除了向借贷者偿还了近 5 500 亿美元外,在 2002 年底,非洲仍因利息欠有 2 950亿美元债务。[3] 有的非洲学者认为,非洲每年接受不到 130 亿美元的援助,却要偿还约 150 亿美元的利息。非洲国家每收到 1 美元的现款,要付出 13 美元的债务利息。[4]《非洲的可憎债务:外来债务和资本抽逃如何使非洲流血》一书指出:1970 年至 2011 年间,约 7 350 亿美元以非法方式从非洲外流。近几十年里,非洲政府贷款中超过一半同一年流出,其中相当一部分又以私人户头存在提供贷款的同一银行。非洲成了向某些国家或富人提供金钱的"债权人"。作者认为非洲国家应拒付这些贷款。[5]

尼雷尔总统于 1983 年在海牙社会学院的演讲中分析了非洲的穷国与世界上的富国之间的关系,并提出非洲国家和第三世界国家应该在偿还债务的立场上团结一致:

> 非洲的贫穷和不发达与世界其他地方的富裕和科技进步不无关
> 系。整个独立非洲大陆传承了现有的世界财富分配模式,而不是由
> 于非洲自身的行动造就了现有的分配模式。非洲的现状与世界分配

① Hakima Abbas and Yves Niyiragira, eds. , *Aid to Africa：Redeemer or colonizer?*, pp. 68-69, 112-113.

② 让-雅克·加巴:《南北合作困局》,第 18 页。

③ UNCTAD, *Economic Development in Africa：Debt Sustainability：Oasis or Mirage?*, 2004. Jonathan Glennie, *The Trouble with Aid：Why less could mean more for Africa*, Zed, pp. 129-130.

④ Hakima Abbas and Yves Niyiragira, eds. , *Aid to Africa：Redeemer or colonizer?*, p. 80.

⑤ Leonce Ddikumana and James Joyce, *Africa's Odious Debts：How Foreign Loans and Capital Flight Bled a Continent*, Zed Books, 2011.

现状密不可分,即世界上四分之一的人口拥有全世界五分之四的财富。凭借相关投资能力的高低以及与他方关系中的力量悬殊,财富创造财富,贫穷滋生贫穷。……如果非洲所有的国家共同行动,他们本可以构成一定力量,至少可以极大地干扰发达国家。非洲的年均累加偿付债务现在或是很快在不久的将来就会赶上巴西,如果巴西预示将不履行协议,世界金融体系就觉得自身受到威胁。如果第三世界国家团结一致共同行动,发达国家也许会就偿债条款以及现有国际经济体系中的其他不公平的方方面面进行谈判。[①]

对外国援助的害处,非洲人心知肚明。一位肯尼亚国会议员明智地指出:"外国援助给非洲带来的坏处远比我们愿意承认的要大得多。它导致了这样一种局面的形成:非洲无法在没有外来干涉的情况下制定自身的发展速度和方向。今天,非洲的发展计划已经在国际货币金融组织和世界银行的回廊里划了数千英里。令人悲哀的是,国际货币基金组织和世界银行里制定这些发展计划的'专家们'是那些与当地非洲现实毫无接触的人。"[②]他的话可谓一语中的。针对西方援助的金额,有的非洲学者认为,相对于援助国以通过非法债务偿还、资本外流、外资逃税、利润汇回、转让定价等手段获得的大量金额而言,所谓的援助金额只是沧海一粟。[③]

由此看来,国际援助给援助国自身确实带来了无穷利益,援助国基于自身利益的目的均已达到,但它们向非洲国家做出的各种承诺却丝毫没有兑现。

五、小　结

我们要回答两个问题。从形式上看,谁是西方援助最大的受援者?

---

①　朱利叶斯·尼雷尔:《尼雷尔文选(第四卷):自由与解放(1974—1999)》,第 127、134 页。

②　*New Africa*, June 1992, p. 20.

③　Hakima Abbas and Yves Niyiragira, eds., *Aid to Africa: Redeemer or colonizer?*, pp. 114-115; Jonathan Glennie, *The Trouble with Aid: Why less could mean more for Africa*, London: Zed, pp. 125-126.

非洲。然而,有关援助非洲的条件、条款、原则和重点却并非由非洲人决定。从逻辑上看,谁应该是国际援助的最大受益者?非洲。然而,我们看到的不是这种情况。我们在此不是讨论是否应该给非洲国家援助的问题,也不是在讨论非洲国家内部存在的问题。我们讨论的是战后以西方为主导的国际援助体系存在的问题,特别是援助非洲过程中产生的问题。我们必须承认,该体系的主要目的是为了西方的自身利益。作为受援者主体的非洲国家受尽屈辱,其政治主权和经济利益受到极大侵害。国际学术界已认识到现存国际援助体系的弊端,非洲对这种体系怨声载道。一位乌干达人明确表示:从国际援助体系的框架结构和给予方式看,绝大多数非洲人和学术界对国际援助的不工作状态都持悲观态度。看来,从依赖援助到摆脱援助是必经之路。① 国际援助体系是否到了寿终正寝的日子?

怎么办? 这些年来,由于人们对传统西方援助模式的质疑,由于新兴大国逐渐以南南合作的方式进入国际舞台并对传统援助方式产生了有力的冲击,西方大国主导的国际援助体系第一次感到了危机。然而,我们看不到西方的自省,也看不到体系内自我纠正的举动。面对非洲"向东看"的现实,西方处于一种极度焦虑的状态:一方面对新兴国家的援助吹毛求疵,另一方面力图寻找新兴国家在非洲取得成功的"秘方",同时不断变换策略、手法和措辞以维护自身在国际援助体系中的主导权。诚然,"主事权原则"(即受援国在发展政策、战略和协调发展行动中行使高效的领导角色)出现在《巴黎宣言》(2005 年)中,"发展主导权"(即发展中国家政府将加强对其本国发展政策的领导能力,对其发展政策有主导权和实施权)体现在《阿克拉行动议程》(2008)中,《釜山宣言》(2011)中出现了"从有效援助到为了有效发展的合作"的提法,这些无疑都是进步,但只是修修补补。我们看到,西方传统援助方式即不平等的捐助者-受捐者(Donor-Recipient)关系仍是国际援助体系的标志:一方高高在上,一方屈辱在下;一方高傲,一方谦卑;一方裁决,一方受命。我们希望看到改弦易辙,即实质性变化:彻底改变受援方对援助方的依附关系和永远消除援助依赖的具

---

① Jonathan Glennie, *The Trouble with Aid*: *Why less could mean more for Africa*, pp. 4, 133-136.

体措施,而不是力图使国际援助成为一种永久现象的努力。

有关援助及其概念的修辞说法、数据公式、衡量标准、分析方法、行动重点等并非毫不重要,但最关键的是理念和行动。"理念"是指如何看待发展中国家在自身发展中扮演的角色以及发达国家与发展中国家的关系,如何在处理援助事务的过程中将发展中国家放到平等位置;"行动"是指如何早日使援助在人类历史上消失而非使其永存,如何在合作消除贫困上切实努力。既然援助不是免费的,那么它应是双赢的,而绝不应该只是为了援助者的利益。国际援助体系需要的是改弦易辙,而非修修补补。

西方为主导的国际援助带来的负面影响导致了四种结果:受援国对西方援助的质疑,新兴国家援助模式的出现,西方主导的国际援助体系的危机感和国际学术界的反思。2014 年,金砖国家发展银行应运而生。金砖国家发展银行的成立无疑对战后金融体系带来巨大冲击。金砖国家地域代表性强,占世界人口的 42.6%,面积的 29.6%,全球 GDP 的 20%,控制着国际外汇储备的 43%。与此相呼应的是,非洲联盟已批准成立一个实收资本总额为 230 亿美元的非洲货币基金组织,总部位于喀麦隆首都雅温得。非洲货币基金组织将发挥政策监督者和货币清算中心的作用,并向成员国提供融资以帮助平衡收支。这些新型金融机构意味着一种新机制的出现,将为发展提供更为方便和切合实际的援助。

非洲学者普拉直白地指出了非洲与西方的关系,"无论再多貌似真实的西方赠品或带奴性意识的宽宏大量,都将不会使非洲转变。……我们几个世纪里的欧非关系史充满了有待所有人理解的教训,这种几个世纪与西方人的关系当中最为重要的因素,就是令人精疲力竭的剥削。对于那些认为似乎未曾如此,且照此思路行事之人,我要提出一个问题,即'这种剥削史何时终结? 给我一个日期'。此种历史似不平等的贸易议定书,不对称的贸易、关税及补贴条件以及其他保护措施之形式,持续至今"。他认识到:"非洲的进步只能由非洲人建立在非洲的基础上,才会实现。"[1]

---

[1] 奎西·克瓦·普拉:《非洲民族:该民族的国家》,第 32、190 页。

令人不解的是,目前西方千方百计希望将中国纳入现有的"国际援助体系"。既然 40 余年的西方援助并不十分奏效,既然中国的援助正在有效运行,为何要将中国纳入现有的体系呢? 是否有其他目的? 我曾谈到中国在非洲遇到的挑战之一是与大国既得利益的矛盾。[①] 布恩特·伯格的文章表达了这种忧虑:"中国在该地区(指非洲)的卷入与日俱增,这已成为欧盟决策者关注的原因。中国与印度等局外人(external player)的兴起对欧洲的战略形成了一种挑战。"[②]这大概说明了为何西方大国力图通过各种手段使中国(还有印度等新兴国家)遵守它们制定的游戏规则,纳入它们的体系之内。这既不现实,也不可能。

目前,西方国家将国际发展援助纳入"全球共识"的框架。李小云指出:"一方面,西方发达国家可以借助'全球共识'平息国内对发展预算的质疑,同时可以更合法地规范其他国家的资源投入;另一个方面,可以通过对发展中国家执行千年目标的情况进行合法的审查,并作为其获得援助的条件。附加条件下的援助在'全球共识'下更加强化与隐蔽。更为重要的是,只要有这个框架,西方援助有效性差的罪责就有可能被永远地赦免,因为,一旦出现任何进展,那就可以说西方提供的援助是有效的,而忽视了发展中国家自身的努力。同时,如果监测发现没有实现目标,那么就可以将原因归结为发展中国家自身的问题,如有学者认为发展中国家政府开支水平低、家庭开支水平低、市场资本投资低、国家对外贸易不平衡、贫困发生率高以及民主进展缓慢是导致千年发展目标进展缓慢的主要原因。"[③]这种"皇帝的新衣"或国际"道德高地"的伎俩可以得逞一时,却不可能时兴一世。

概而言之,西方自 20 世纪 60 年代以来宣扬的发展模式,遇到了极大的挑战。非洲人开始发问。为什么我们的祖先能够创造奇迹,我们却不行? 为什么我们有这么丰富的资源,却仍在接受他人的援助? 我们如何才能发展自己,而不受外人的干扰? 他们开始寻找其他路径。"向东看"

---

① 李安山:《论中国对非洲政策的调适与转变》,《西亚非洲》,2006 年第 8 期,第 20 页。

② Bernt Berger, "China's Engagement in Africa: Can the EU sit back?", pp. 124 - 125.

③ 李小云:《为何国际发展援助常常无效?》,《东方早报》,2015 年 11 月 4 日。

成为非洲的另一选择，这是非洲自觉的一种表现。[1] 一种代表大多数国家利益的新型国际发展合作体系值得期待。

①　African Center for Economic Transformation(ACET)，"Looking East：A guide to engaging China for Africa's policy-makers"，ACET，Accra，November 2009.

第十一章 "向东看"：非洲与新兴国家的发展合作

> 中国从世界上最穷的国家之一，成为世界舞台上的经济强国。中国是这种转变的模范。这给了非洲希望。让我们知道存在把我们的国家从可怕的贫穷带到发展的道路上去的这种可能。有了正确的政策和正确的行动，有一天我们也会成为那样。
>
> 贾卡亚·姆里绍·基奎特（坦桑尼亚前总统）

> 印度和中国通过财政手段扩大对这些国家的支持，帮助他们重建经济。更重要的是，由于印度和中国的援助与投资不附加任何政治条件，使得这些非洲国家在他们的帮助下得以完善基础设施，根据他们自己的条件制订各自的发展规划。
>
> 阿帕拉吉塔·比斯瓦斯（印度学者）

1992年，著名经济学家、经济政策研究所的创建者和麻省理工学院斯隆管理学院前院长莱斯特·瑟罗教授发表了《二十一世纪的角逐：行将到来的日欧美经济战》，对经济大国以及下一个世纪的经济发展做出分析和判断。该书一出版即引起巨大反响，在日本、欧洲和美国成为非虚构类畅销书。作者对未来的经济巨头日本、欧洲和美国似乎很有信心。他认为，在20世纪中，富人俱乐部只接受了一个国家——日本，如果在21世纪没有任何国家进入富人俱乐部也不足为奇。① 不论瑟罗如何著名，也不管他的学术成就如何辉煌，这一次，他的预测并未应验。金砖四国或其他新兴经济体无一进入他的视野，欧美在新世纪初经历金融危机。他更没有想到，2019 年 1 月 18 日，盖洛普公司《评价世界领袖（2018）》的调查报告发现，全球 134 个国家和地区的民众对中国领导力的认可度达34％，高于美国的 31％。这是中国自 2008 年以来领导力全球认可度第二次超越美国，创下中国 10 年来最高记录。②

瑟罗为什么会忽视新兴经济体？从历史角度来看，他的观点似乎合理：直到 20 世纪 90 年代初，俄罗斯仍在铁幕控制下，中国正在恢复经济发展，印度仍为官僚噩梦萦绕，巴西经济停滞了 10 年。这些国家迷失在全球市场经济以外，经济政策失误，股票市场或是不存在，或是官僚滋生或超级动荡。这些国家都需要经历一场深刻的阵痛才能步入不同的发展道路。③ 这是瑟罗写书时的局势。他的预测表明一件事：他对 21 世纪的国际秩序充满信心。他从未想到形势会有如此巨变，更未想到变化的速度非凡。

二战后，根据布雷顿森林协定建立的国际金融体系主要有三大任务：致力于欧洲重建、监管国际金融变化和为发展提供援助。第一项任务早已完成；监管世界金融变化的任务已由地区银行和国家银行主动承担；援助成了国际金融组织的唯一任务。然而，这并未使发展中国家向国际金融机构申请援助的手续变得容易，而过度干预（如国际金融组织对非洲强加的结构调整和西方国家在援助中附加的政治条件）未能使发展中国家受益。国际援助体系面临着信任危机，世界正经历着前所未有的巨变。

---

① Lester C. Thurow, *Head to Head*：*The Coming Economic Battle among Japan*, *Europe and America*, William Morrow Company Inc., 1992. 此书已有社会科学文献出版社 1999 年中译本（周晓钟等译）。

② Julie Ray, "Image of U. S. Leadership Now Poorer Than China's", February 28, 2019, Gallup. https://news. gallup. com/poll/247037/image-leadership-poorer-china. aspx? g_source = link_NEWSV9&g_medium = TOPIC&g_campaign = item_&g_content = Image％2520of％2520U. S.％2520Leadership％2520Now％2520Poorer％2520Than％2520China％27s.

③ Antoine van Agtmael, "Think Again：BRICS", *Foreign Policy*, November, 2012. http://www. foreignpolicy. com/articles/2012/10/08/think_again_the_brics? page＝0,0.

2014 年 7 月 15 日宣布成立的金砖国家发展银行是一个具有历史意义的事件,它将从根本上改变第二次世界大战以后确立的国际金融体系和国际政治格局。

正是这样一种国际背景之下,"向东看"成为非洲国家近年来的一种新趋势。这主要指非洲国家开始寻求一种新的发展道路,而新兴国家成为其关系日益密切的合作伙伴。根据 2011 年《非洲与新兴伙伴》的数据,由于 2008 年到 2009 年的经济危机,世界经济发展的中心从经合组织分布的国家迅速转移到东方国家或南方国家,非洲与新兴经济体的联系在深度和广度上都迅速拓展。这表现在以下几个方面。第一,贸易额快速增加。新兴国家在非洲对外贸易总量的比重不断上升。第二,非洲国家的吸引力和发展潜力促使外来投资增加,新兴国家尤为突出。研究显示,外国对非直接投资数量从 2003 年的 339 个项目上升至 2011 年的 857 个。新兴市场国家在对非投资中的比重明显增多,它们在 2003 年投资数量仅为 99 个,但在 2011 年达到 538 个,远远超过发达国家的 319 个。①三是中国、印度和巴西大大加强了与非洲国家的经贸关系,各方面的合作将大大推进非洲的经济发展。

一、新型经济体的出现

在国际政治经济领域,人们习惯用专有名称来描述某一群体国家具有的类似特征,尽管这些国家具有不同的历史背景或文化遗产,而首字母缩写词则经常被经济学家和决策者作为一个方便的工具来说明自己对世界事态的概括或各个不同群体聚合的现象。近年来,随着世界经济局势的变化和新兴经济体的崛起,除了奥尼尔创造的"金砖四国"(BRICs)外,多个术语或缩写词被用来描述在全球经济活动中表现令人印象深刻的国家组成的集团。国际领域,人们常会使用一些名称、符号或简称来描述当前具有相似性的国家,却不考虑它们之间不同的历史和文化,首字母缩写尤其为人偏好。

①　"Africa and its Emerging Partners(2011)", African Economic Outlook, 2012, http://www. africaneconomicoutlook. org/en/in-depth/emerging-partners/.

(一) 金砖国家(BRICS)

"金砖四国"由高盛公司首席经济学家吉姆·奥尼尔在 2001 年提出,指巴西、俄罗斯、印度和中国这 4 个近 10 年经济快速增长的国家。然而,奥尼尔在仅仅 8 年之后出版的研究报告再次提出新的预测:金砖四国将在 2027 年超过 G7 国家的 GDP 总和。2010 年,南非成为金砖国家集团的新成员,BRICs 变为 BRICS,金砖国家的地域代表性更加广泛。通过 6 次高峰会议,各方达成了广泛共识以共同应对重大国际和地区问题,改革国际货币和金融体系,促进全球发展事业。金砖国家论坛和金砖银行的成立,标志着金砖国家已从一种投资引导和论坛平台演变成一种具有约束力的机制、一个可与其他国际组织进行对话、合作与协调的组织。

金砖国家对发展有一些共同看法,对世界政治的许多挑战存在共识,并具有对未来前途的理想愿景。值得注意的是,金砖国家已在各个领域特别是经济方面取得了很大成就。[1] 根据国际货币基金组织发布的《世界经济展望 2013 年》,金砖国家在 2013 年仍在世界经济增长中起着引领作用。2013 年,巴西的经济预计将增长 2.5%,俄罗斯的增长预计平均 1.5%,但到 2014 年将增至 3%。在印度,2013 年经济增长预计达 3.75%,中国则可能达到 7.5%。南非的增长进一步放缓,但预计在 2014 将逐步提高。[2] 在国际贸易层面,金砖国家之间的经济联系不断加强。在 2001 年和 2010 年之间,这五个国家之间的贸易额增加了 15 倍。2011 年,各国间贸易持续增长。中国和俄罗斯之间的贸易额为 793 亿美元,中国和巴西之间的贸易额达 842 亿美元,中国和印度的贸易额达 739 亿美元,中国与南非的贸易额达 454 亿美元。[3] 由于存在互补性,其他成员之间的贸易也迅速增长。随着越来越多的双边或多边经济合作,金砖国家的贸易额在最近几年已大大增加。[4]

---

[1]　林跃勤主编:《金砖国家发展报告(2012)》,社会科学文献出版社,2012。

[2]　IMF, *World Economic Outlook* 2013: *Transitions and Tensions*, October 2013, pp. 62-63, 66, 69, 76-77.

[3]　IMF, *World Economic Outlook* 2012: *Growth Resuming, Dangers Remain*, January 2012, p. 10.

[4]　薛荣久:《"金砖国家"货物贸易特点与合作发展愿景》,《国际贸易》,2012 年第 7 期,第 4—8 页。

(二) 新兴经济体:不同的名称

VISTA 五国(VISTA 5)2005 年,日本"金砖四国"研究所提出了一个由 5 个国家英文首字母缩写组成的新概念"VISTA",包括越南、印度尼西亚、南非、土耳其和阿根廷,这些新兴国家都拥有新兴市场、丰富的自然资源、日益增长的青年劳动力、稳定的政治经济形势,并积极引进外国投资,扩大消费。

新钻十一国(Next-11,简称 N-11)2005 年 11 月 12 日,高盛集团提出一个新术语"新钻十一国"(除"金砖四国"外),用来描述 11 个人口庞大、经济增长迅速的发展中国家,包括墨西哥、印度尼西亚、韩国、土耳其、越南、菲律宾、巴基斯坦、尼日利亚、埃及、伊朗以及孟加拉国。①

五国集团(Group of Five)2007 年,德国总理默克尔在八国集团峰会上提出了同巴西、中国、印度、墨西哥、南非等 5 个新兴发展中大国的对话机制,即所谓的"海利根达姆进程"。八国集团希望这 5 个国家能参与到全球问题的讨论中。这五国也通常被称为"扩展五国"(Outreach Five),或简称为"O5"。

加强版"金砖国家"联盟(B[R]ICSAM Constellation)由于俄罗斯加入了八国集团,一些人将它从"金砖五国"中剔除,因此出现了上述的五国集团。加拿大滑铁卢的国际治理创新中心坚持将俄罗斯包括在内,创造出加强版的金砖国家联盟,包括巴西,俄罗斯,印度,中国,南非和墨西哥。②

新兴七国(Emerging 7,简称 E7)2009 年,普华永道会计师事务所提出了七大新兴经济体,包括中国、印度、巴西、俄罗斯、印度尼西亚、墨西哥、土耳其,并预测到 2020 年,E7 经济总量将达到七国集团(G7)的 70%,到 2032 年,E7 将在各领域超越目前的 G7。

灵猫六国(CIVETS/CIVITS)2009 年,《经济学家》提出了由 6 个国家英文首字母组成的"灵猫六国"(CIVETS)概念,包括哥伦比亚、印度尼西亚、越南、埃及、土耳其和南非,这些国家的年轻人口多、经济充满活力,对

---

① Global Economics, Paper 134, 2005.

② Andrew F. Cooper,"The Logic of the B(R)ICSAM Model for G8 Reform", CIGI Policy Brief No. 1. Waterloo Ontario: Centre for International Convernqnde Innovation, 2007.

投资有很大吸引力。后来，哥伦比亚被替换为中国，埃及被替换为印度。由于 CIVITS 与 CIVETS 发音相似，这一称呼沿用了下来。[1]

新兴十一国（Emerging 11） 2010 年 8 月 9 日，在中国海南举行的博鳌亚洲论坛提出了一个新概念"新兴十一国"，包括阿根廷、巴西、中国、印度、印度尼西亚、韩国、墨西哥、俄罗斯、沙特阿拉伯，南非和土耳其。这 11 个国家也是二十国集团（G20）的成员。人们逐渐意识到，应将新兴国家作为一个整体进行研究。

迷雾四国（MIST） 2011 年，吉姆·奥尼尔又提出另一个概念，他将对国外投资最理想的 4 个国家命名为"迷雾四国"，即墨西哥、印度尼西亚、韩国和土耳其，这 4 个国家与孟加拉国、埃及、尼日利亚、巴基斯坦、菲律宾、越南、伊朗等国共同构成了"新钻十一国"。根据投资表现，高盛集团从新钻十一国获利 12％，而从金砖国家仅获利 1.5％。[2]

增长型经济体（Growing Economies） 2011 年 2 月 7 日，吉姆·奥尼尔再次提出"增长型经济体"的概念，包括"金砖四国"和"新钻十一国"：巴西、俄罗斯、印度、中国、墨西哥、印度尼西亚、南非、土耳其、越南、菲律宾、巴基斯坦、尼日利亚、埃及、伊朗和孟加拉国，组成了一个包括 15 个国家的新兴市场，并成为世界经济中一个新的且最大的驱动力。"金砖四国"和"新钻十一国"都拥有庞大的人口、丰富的自然资源和大量消费者，因而成为最好的投资热点。

这些令人眼花缭乱名称还在不断出现。媒体不断用一些术语来形容世界经济发展中的这一新现象，如"全球变革中的亚洲动力"（Asian Drivers of the Global Change）、"货币锚"国家（Anchor Countries）、"新兴经济体"（Emerging Economy）、新兴市场（Emgered Markets）、新兴国家（Emerging Country）、新兴市场国家（Emerging Marketing Country）、未来七国（Future 7）、新兴市场经济体（Emerging Market Economies，EMEs）等。[3] 虽

---

[1]　"CIVITS Replace BRICs as Growth Hotspots"，*The Wall Street Journal*，September 29，2010.

[2]　Udayan Gupta，"MIST，the next tier of emerging economies"，*Institutional Investor*，July 7，2011，http://www. institutionalinvestor. com/Article/2762464/Research/4213/Overview. html.

[3]　有的学者认为有 23 个新兴市场经济体。M. Ayhan Kose and Eswar S. Trasad，*Emerging Markets：Resilience and Growthamid Global Turmoil*，The Brookings Institution，2010.

然一些词是由金融或投资公司提出，但不同的智库、论坛甚至杂志都参与其中。这说明了什么？它表明国际舞台上正在发生着意想不到的变化，这种变化将影响到人类发展的各个方面。

（三）新型经济体：相似的特点

认为上述各种公司、智库、杂志生造这些名词仅是用来捕捉世界的眼球，是毫无意义的。这些新兴经济体的出现和引发世人的注意是一种历史的逻辑。它们一般都具有一些共同特点。

1. 从传统意义而言，它们都是发展中国家，而非发达国家。
2. 其经济都经历了一段时间的稳定增长，其增长幅度高于全球平均水平。
3. 其经济在一个周期内都具灵活性，表现出比其他国家更有活力更上弹性。
4. 其人口较多，从而为经济增长提供了一个重要的消费市场。
5. 有一个合理的经济总量需求，能够对世界经济造成较大的影响。
6. 通常有一个较大的年轻人劳动力队伍，从而为持续和强劲的经济发展提供一种驱动力。
7. 具有合理稳定的政治和社会局势，从而为经济的健康发展提供基础。[1]

胡必亮等学者在近期研究认为，新兴市场国家至少应具备以下基本特征。第一，较大的体量规模；第二，较好的制度环境；第三，较快的经济增速；第四，较好的结构变化；第五，较充足的发展动力。[2]

上述这些条件为经济发展提供了更好的环境，因此比其他国家吸引了更多的外国投资。新兴经济体或新兴国家的出现是对国际体系的一种挑战。金砖国家的形成无疑是对现存秩序的一个重大改变。七国集团（美国，英国，法国，德国，意大利，日本和加拿大）成立于 1975 年，

---

[1]　Li Anshan, "BRICS: Dynamics, Resilience and the Role of China", in Deych Tatiana and Korendyasov Evgeiy, eds. , *BRICS-Africa: Partnership and Interaction*, Mosco: Institute for African Studies, Russian Academy of Sciences, 2013, pp. 122-134.

[2]　关于中国学者的最新成果，参见胡必亮、唐幸、殷琳：《新兴市场国家的综合测度与发展前景》，《中国社会科学》，2018 年第 10 期，第 59—85 页。

代表着世界上最好、最大、最繁荣的经济体。然而,这些传统发达国家的经济形势近些年已发生变化,自从华尔街金融危机发生以来,不仅是发达国家的经济情况不断恶化,其后果也影响到全球经济。旧的平衡正在被,新的平衡正在出现。正如在南非召开的第三次国际团结大会概念文件所指出的那样:"谁会想到有一天,欧洲和美国会屈膝向中国讨钱呢?"①尽管这一说法明显有所夸张,但它发表的意见却是闻所未闻。我们也看到一些意想不到的现象,如前殖民宗主国和前殖民地相互作用的颠倒:安哥拉是葡萄牙以前的殖民地,却有机会向其前殖民宗主国提供财政支持,这是一个很好的例子。② 世界形势确实在改变,发展中国家已经厌倦了与西方的不平等关系。然而,当前的国际体系是建立在列强的利益基础之上,对世界也起到一定的稳定作用,它不会马上消失,还会持续一段时间。

(四) 美好平等的世界愿景

在 2014 年金砖国家峰会上,五国领导人达成广泛共识,共同应对重大国际和地区问题,改革国际货币和金融体系,促进全球发展事业。新的征程开始起航。从横空出世,到西方唱衰,到初具规模。由于南非的加入,金砖国家的地域代表性更强,已不是原有意义上的"金砖四国"。金砖国家目前占世界人口的 42.6%,面积的 29.6%,全球 GDP 的 20%,控制着国际外汇储备的 43%。"金砖国家"已成为事实,也是世界学术界关注的热点。金砖国家只是新兴经济体的一个部分,而新兴经济体的出现正在改变着二战以来的国际政治经济秩序。

新兴国家的出现也标志着一种新的希望:建立一个更好、更平等的世界秩序。虽然平等的理想体现在几乎每一个国家的宪法里,也是各种社会运动和人类发展史上的一大主题,但目前确立的国际政治经济却并没有真正体现这一平等原则,"强权即真理"或"权力最有发言权"是国际政

---

① "Concept Paper for the ANC's 3rd International Solidarity Conference", Tshwana City Hall, South Africa, October 26—28, 2012, p. 3.

② "Angola and Portugal, Role reversal", *The Economist*, September 3, 2011; "Angola Pours Oil Money into Debt-ridden Portugal", http://www.guardian.co.uk/world/2011/nov/18/angola-boom-debt-riddled-portugal.

治中的主要基调。人类历史在国际舞台上见证了各种不平等的事件和局面，不发达现象的产生不仅是由于殖民主义，也与目前不平等的政治经济秩序密切相关。例如，尼日尔是著名的中世纪帝国马里和桑海的所在地，有着丰富的人文资源，而其藏量丰富的铀矿为该国的经济发展提供了良好基础。然而，独立以来，前殖民宗主国法国的能源公司阿海珐一直垄断了这些矿产，尼日尔独立半个世纪以来仍然是联合国最不发达国家之一。当美国经济形势恶化，它仅仅打开机器印刷更多的钞票，因而世界各国为其支付其债务。不平等现象并非仅存在于经济领域。西方可借口民主或人权，利用其权力干涉他国内政，颠覆别国政权。今天的阿富汗、伊拉克和利比亚是最好的例证。

　　毫无疑问，人们渴望有一个公正的世界秩序，一个美好的未来。在新兴经济体不断涌现的形势下，各国都开始注意与非洲大陆的合作。韩国-非洲峰会于 2006 年开办，阿拉伯-非洲峰会创立以来，每三年一次，中东国家在非洲的投资十分活跃；土耳其-非洲峰会已分别在伊斯坦布尔（2008）和马拉博（2016）举行了两次会议，伊朗-非洲峰会也随后成立。下面我们来具体分析非洲与印度、巴西以及中国的发展合作。

二、非洲与巴西的发展合作

（一）"被大西洋分隔的兄弟"

　　巴西与非洲有着深厚的历史渊源。巴西的巴伊尔海岸曾是大西洋奴隶贸易时期奴隶船抵达美洲时最重要的目的地之一。从非洲运到巴西的奴隶数难以确定，最大数与最小数相差达 4 倍之多，今天这里的黑人人口达 100 万。[1] 然而，早在 1820 年，运到巴西的非洲黑人累计数达 294.2 万人。[2] 巴西官方统计认为贩运的黑奴达 400 万之多。这样重要的血缘关系和历史遗产无疑成为开展巴西与非洲合作的重要因素。然而，由于

---

　　① 联合国教科文组织：《15—19 世纪非洲的奴隶贸易》（黎念等译），中国对外翻译出版公司，1984 年，第 224、213 页。

　　② Josoph E. Inikori and Stanley L. Engerman, eds., *The Atlantic Stave Trade: Effects on Economies, Societies, and Peoples in Africa, the Americas, and Europe*, Duke University Press, 1992, p. 208.

长期的种族歧视政策，非洲裔人口在巴西的地位一直很低。随着黑人和混血人口的增加，巴西政府认识到种族平等的重要性。统计表明巴西的非洲后裔至今已达 7 600 万人。[①] 根据 2011 年的巴西人口统计，巴西现有 2 亿人口，约过半数为非洲人后裔或有非洲血统，巴西成为除尼日利亚之外的黑人最多的国家。[②] "巴西认为非洲大陆是兄弟和近邻……我们的共同利益有很多；我们寻求发展，这要求我们推动将人民纳入国家利益和财富中的进程。"[③]

2009 年，卢拉总统在利比亚苏尔特召开的非洲联盟首脑会议发言时指出："我们从非洲继承了一种文化，这种文化浸染了我们的语言、我们的身体、我们的烹饪、我们的音乐、我们的宗教，在巴西人的感受和行动中，它无所不在。正是这种相互真诚的感情和兄弟之爱将我们联在一起。"[④] 卢拉这一动情陈述有三重意思。一是以国家元首的身份表达了巴西对非洲大陆的一种重新认识。二是巴西人承认了自己与非洲人久远的血缘关系，这种渗透在巴西人血液中的基因是巴西文化的精髓。三是巴西决定将非洲作为自己的兄弟，这种关系为未来的巴西-非洲合作打下了基础。由于这种隔不断的血缘关系，难怪有人将巴西与非洲称为"被大西洋分隔的兄弟"。[⑤]

20 世纪前期，巴西与非洲的关系仅限于经贸关系，与巴西联系比较多的是南非。随着亚非拉民族解放运动的推动，巴西从 60 年代起奉行独立自主的外交政策，开始支持殖民地人民的自决原则，率先第一批承认非洲独立国家。巴西外交部于 1961 年正式设立非洲司。1961 年到

[①] 曹升生：《巴西卢拉政府的非洲政策、动力、表现和局限》，《亚非纵横》，2013 年第 3 期，第 41 页。

[②] 吴婧：《巴西和非洲关系及对我国的启示》，《拉丁美洲研究》，2013 年第 3 期，第 17 页；周志伟：《新世纪以来的巴西对非政策：目标、手段及效果》，《西亚非洲》，2014 年第 1 期，第 128 页。

[③] 刘海方、宛如、刘均、柯文卿主编：《非洲农业的转型发展与南南合作》，社会科学文献出版社，2018 年，第 74 页。

[④] Christina Stolte, *Brazil's Africa Strategy Role Concept and the Drive for International Status*, Palgrave Macmillan, 2015, p. 84.

[⑤] Christina Stolte, *Brazil's Africa Strategy Role Concept and the Drive for International Status*, p. 83.

1962 年,巴西与加纳、塞内加尔、尼日利亚、突尼斯、几内亚和多哥建立了外交关系并在安哥拉、莫桑比克、肯尼亚和罗得西亚设立领事馆。1972 年,巴西外长巴博萨第一次踏上非洲大陆,共访问 9 个国家,并第一次以官方身份表达了巴西对自己的"非洲之根"的自豪感。1973 年到 1974 年,因中东战争引发了世界石油危机。1974 年,巴西率先承认几内亚比绍和佛得角的独立,也先于其他国家承认安哥拉人民解放运动政府(1975),成为"巴西与非洲关系的转折点",从而奠定了巴西与非洲日后发展合作关系的基础。石油大国尼日利亚和安哥拉与巴西建立了密切的经贸关系。值得注意的是,非洲石油输出国与巴西的贸易是物物交换,而非用美元支付。非洲国家向巴西输出石油,巴西则以一些工业制成品交换。1983 年,巴西总统菲格雷多先后访问了尼日利亚、几内亚比绍、塞内加尔、阿尔及利亚和佛得角。这是第一位访问非洲的巴西总统。90 年代,巴西积极参与了一系列联合国在非洲的行动,包括联合国在莫桑比克、安哥拉和乌干达的行动。

从卢拉政府开始,在国民教育方面巴西一直加强非洲历史教育,为非洲裔人口提供在教育和就业方面的特殊政策(如就业的配额)。这种政策既着眼于巴西的国际战略布局,也有意改变国民对种族的认同,同时为改善和发展与非洲的合作打下了基础。[1]

(二) 非洲与巴西的合作进展

自卢拉总统 2003 年上台后,巴西一直试图巩固其与非洲在政治、经济、文化和社会领域的关系,并致力扩大其在国际舞台上的影响。卢拉的第二任期期间,巴西不仅增强了与南非的关系,并与非洲重要的产油国和非洲次区域组织加强合作(如为非洲一体化项目提供资金)。巴西在非洲的投资快速增长,非洲也成为巴西对外援助的重要目的地。卢拉在位的 8 年里,巴西不仅恢复了以前在非洲的使馆,还增设了不少,共达 37 家使

---

① 为了推动巴西国民的种族关系教育,2011 年 10 月,联合国教科文组织巴西利亚办事处推出"巴西非洲:跨历史计划",巴西政府专门资助联合国教科文组织《非洲通史》(9—11 卷)的编辑工作。笔者有幸成为联合国教科文组织《非洲通史》第九卷国际科学委员会成员并在巴西萨尔瓦多举行的该委员会第一次会议上当选为副主席。

馆,从而使巴西成为在非洲拥有最多大使馆的国家之一,甚至超过了英国(33 家)和德国(34 家)。[①] 卢拉总统在任时曾访问 29 个非洲国家,罗塞夫总统上任的第一年即访问了 3 个非洲国家。两位总统在免除非洲债务方面都有所贡献。

表格 11-1 巴西免除非洲国家债务统计(万美元)

非洲国家	免除债务数额	非洲国家	免除债务数额
莫桑比克*	31 500	毛里塔尼亚	4 950
尼日利亚*	8 310	刚果(金)	580
佛得角*	400	刚果(布)	3.52
加 蓬*	3 600	圣多美和普林西比	420
科特迪瓦	940	塞内加尔	650
加 蓬	2 700	苏丹	4 320
几内亚	1 170	坦桑尼亚	23 700
几内亚比绍	3 800	赞比亚	11 340

* 卢拉政府免除的债务。其余为罗塞夫政府免除的债务。

资料来源:周志伟:《新世纪以来巴西的对非政策:目标、手段及效果》,第 125—139 页。

斯托尔特认为巴西与非洲发展合作关系是一个新兴大国(Rising Power)为了寻求自己的国际地位采取的一种战略决策。[②] 这种观点有一定道理。巴西对大国地位的向往早已有之。1937 年(一说 1938 年)至 1945 年担任巴西外交部长的奥尔瓦多·阿兰哈曾说过:"我们的国家迟早将不可避免地成为世界经济和政治大国之一。"2008 年巴西外交政策机构进行的一次民调表明:超过 90% 的巴西受访人认为自己国家在未来

---

① Christina Stolte, *Brazil's Africa Strategy Role Concept and the Drive for International Status*, p. 93.

② 有关卢拉时期的巴西-非洲关系,参见周志伟:《新世纪以来巴西的对非政策:目标、手段及效果》,第 125—139 页; Christina Stolte, *Brazil's Africa Strategy Role Concept and the Drive for International Status*。

国际上将起到更重要的作用。[①] 然而,"发展合作是巴西对非政策的重要手段,也是巴西与非洲'南南合作'的核心内容"。[②] 巴西与非洲的发展合作涵盖了各个方面,除了拓展与南非的关系外,巴西加强了与非洲地区组织如非洲联盟与非洲经济委员会的关系,并于 2008 年和 2009 年相继向非洲一体化计划提供超过 6 亿美元的资金支持。在技术合作方面,巴西在非洲共开展了约 150 个技术合作项目,涉及 40 个国家,内容涵盖热带农业、热带医学、职业技术教育、能源及社会管理发展等方面。[③]

巴西与非洲的贸易自 1990 年以来年均增长 16%,2001 年为 42 亿美元,2013 年达 285 亿美元。这使巴西成为金砖国家中居于中国与印度之后与非洲的第三大贸易伙伴。巴西在非洲最重要的贸易伙伴国是尼日利亚、安哥拉、阿尔及利亚和南非,它们分别占巴西对非贸易总量的 32%,16%,12% 和 7%。[④] 农业是巴西与非洲双边经济贸易合作的重要领域。巴西对非农业合作主要表现在四个方面:加强农业合作的机构和机制建设,注重在农业发展能力建设上的合作,重视向非洲农业发展合作提供财政支持。同时,巴西-非洲农业合作还具有以下特点,合作项目的广泛性、合作方式的灵活性、国家和领域各有侧重。例如,自 2002 年开始,巴西已和 18 个非洲国家签署了 50 多个农业合作协议。巴西每年捐助 10 万美元以支持印度-巴西-南非对话论坛。2011 年 7 月,巴西开始向南非出口大米。2012 年,巴西的多个农业研究机构与非洲国家签订有关技术合作的协议。这些合作协议包括与莫桑比克合作的改良土壤的"草原项目",还有与贝宁、布基纳法索、马里和乍得的"四国棉花项目",以及"营养与粮

① Christina Stolte, *Brazil's Africa Strategy Role Concept and the Drive for International Status*, p. 44.

② 有关巴西与非洲关系的研究,可参见 World Bank, *Brazil and Sub-Saharan Africa: South-South Partnering for Growth*, Washington DC: World Bank, 2012. http://siteresources. worldbank. org/AFRICAEXT/Resources/ africa-brazil-bridging-final. pdf; Ana Cristina Alves, "Brazil in Africa: Achievements and Challenges", http://www. lse. ac. uk/ IDEAS/publications/reports/pdf/SR016/SR-016-Alves. pdf.

③ Marcondes Danilo de Souza Neto, "Contemporary Brazilian Foreign Policy in Africa (2003—2012)", Deych Tatiana and Korendyasov Evgeiy, eds. , *BRICS-Africa: Partnership and Interaction*, pp. 76-94.

④ 刘海方、宛如、刘均、柯文卿主编:《非洲农业的转型发展与南南合作》,第 75 页。

食安全计划"和"水稻发展项目"等。2012 年,非洲联盟、世界粮农组织和卢拉研究所三方商定开展致力解决非洲粮食问题的合作项目。① 莫桑比克和马拉维与巴西在农业和基础设施方面的合作得益匪浅,同时也改善了两国的关系。②

由于纬度相近,巴西与非洲大陆在地理方面的相似性比较突出,双方在预防热带病方面的研究合作也非常突出。巴西与非洲的医疗合作约占整个合作领域的 22%,仅次于农业(26%)。2010 年,巴西设立巴西非洲卫生研究网,共享巴西非洲热带病研究的各种资源。2011 年,巴西与非洲国家在医疗卫生方面的合作协议已达 53 个,涵盖了 22 个国家,内容主要集中在艾滋病和其他流行病。巴西与安哥拉在卫生和农业领域的合作尤为突出。③ 巴西还在多个国家开办各种类型的职业培训班,同时传授各种技术。如巴西在安哥拉、佛得角、几内亚比绍、圣多美和普林西比、莫桑比克、刚果(布)、南非设立了职业培训中心,培训内容涉及机械、民用建筑、电力、服装、通信等技术。④

巴西与非洲在能源方面的合作也相当突出。巴西国家石油公司(Petrobras)将安哥拉视为重要的合作伙伴,该国也成为巴西的第四大国际投资目标国。巴西与尼日利亚的石油合作也在加强,2009 年到 2013 年间巴西在尼日利亚的投资额将达到 9 亿美元。巴西在非洲能源开发中起着日益重要的作用,特别是在帮助非洲拓展自身的发电能力建设方面。2012 年 5 月,巴西同莫桑比克共同签订了帮助后者实现"光明计划"的协定,巴西提供技术合作方案帮助边远地区的人们使用电力,并推动清洁能源的发展。巴西一直与非洲国家保持着良好的关系,特别是与一些产油国。2013 年,一次有关巴西企业卷入国际市场的调查表明,30.16% 的公司在非洲有业务。过去 10 年来与非洲国家在技术方面的合作加上其不卷入非洲国家内部事务的原则,既为巴西赢得了声誉,也为其商品打开了

---

① 有关双方的农业合作,可参见徐国庆:《巴西与非洲的农业合作探析》,《西南科技大学学报》(哲学社会科学版),2014 年第 4 期,第 6—14 页。

② 刘海方、宛如、刘均、柯文卿主编:《非洲农业的转型发展与南南合作》,第 100—116 页。

③ 刘海方、宛如、刘均、柯文卿主编:《非洲农业的转型发展与南南合作》,第 85—99 页。

④ 周志伟:《新世纪以来巴西的对非政策:目标、手段及效果》,第 134—135 页。

销路。突尼斯、摩洛哥、佛得角和加纳吸引了不少巴西公司。①

非洲在成为巴西高附加值产品出口市场方面尤为突出。巴西与非洲经贸关系除了石油之外,其侧重点主要在于向非洲地区出口高附加值工业制成品,这正是"与发达国家以及印度等新兴国家的非洲战略的不同之处"。例如,工业产品(含半制成品)占巴西对拉丁美洲和非洲两个地区出口的比重分别达70%(2011年)和84%(2012年)。非洲成为巴西工业制成品的重要出口市场,促进了巴西实现出口产品多样化以及经济的持续增长。② 巴西与非洲的发展合作的125个项目分布在非洲的21个国家,以北非的阿尔及利亚、南部非洲的津巴布韦、东部非洲的肯尼亚和西部非洲的贝宁等国为代表。巴西对非援助金额从2001年的40亿美元增加到2010年的200亿美元,直接投资也由690亿美元增加到2 140亿美元,主要合作领域集中在贸易、矿业、农业科技和基础设施等项目。③

(三) 非洲与巴西的合作机制

目前,巴西和非洲合作存在着主要的三种机制:印度-巴西-南非对话论坛(IBSA)、南美洲-非洲首脑会议和葡语国家共同体。印度-巴西-南非对话论坛于2003年成立以来,三边关系持续发展。由于历史、语言和文化纽带的因素,非洲的葡语国家如安哥拉与莫桑比克是巴西在非洲的主要合作伙伴,莫桑比克成为巴西企业国际化的重要目的地。

2003年1月,卢拉政府上台后,巴西外交部即开始着手组织巴西-非洲政治合作贸易论坛以象征巴西-非洲关系的历史性新阶段。这个论坛希望汇集来自巴西和非洲的学者、政府官员和公民社会,旨在提高双方的互相了解。当时,巴西也在加强与南非的战略合作关系。结果,这个论坛最后加上印度,以印度-巴西-南非对话论坛之名在2003年正式发起,希望通过加强三个地区性大国的战略合作,具体体现为南南合作,以非洲发展为重点。这

---

① 徐国庆:《巴西对非洲关系的演变及其特点》,《西亚非洲》,2012年第6期,第135—152页;曹升生:《巴西卢拉政府的非洲政策:动力、表现和局限》,《亚非纵横》,2013年第3期,第41—45页。

② 周志伟:《新世纪以来巴西的对非政策:目标、手段及效果》,第125—139页。

③ 李小云、徐秀丽、王伊欢编著:《国际发展援助——非发达国家的对外援助》,世界知识出版社,2013年,第16—31页。

一合作论坛以三个方面的具体合作为基础。首先是对联合国改革的共同愿望。巴西、印度和南非均为地区大国,对现存的联合国体系特别是安理会的不合理结构不满,近年来成为推动联合国改革的重要力量。它们都希望联合国能扩大亚非拉地区的席位以更广泛地代表发展中国家的利益,并对自己国家成为联合国安理会常任理事国有明确的诉求。其次,在世界贸易组织中的作用以及在推进发展中国家在南南合作和联合自强过程中凸显三个地区大国的重要性。正如巴西外长阿莫林所言:"没有印度、巴西、南非,就没有20国集团。"卢拉也明确表示:"印度、巴西和南非三方的协调增加了我们在世界贸易组织中的政治分量。"再则,三方还在联合国等框架内推动千年目标的实现以及加强在非洲减贫和可持续发展方面的合作。①

南美洲-非洲国家首脑会议是2005年4月由巴西总统卢拉提出。第一届南美洲-非洲首脑会议于2006年11月底在尼日利亚举行,共有54个非洲国家和12个美洲国家与会。会议签署了《阿布贾宣言》和《行动计划》,并就以下议题达成一致:(1)协调拉美和非洲的立场以推动发展中国家的利益;(2)非洲邀请拉美国家在非洲能源和矿业领域投资,并建立了一个两大洲能源委员会。(3)开辟两大洲直航,使穿越大西洋的海运路线合理化。南美洲-非洲国家首脑会议每三年举办一次峰会。2009年9月,第二届南美洲-非洲国家首脑会议在委内瑞拉召开,20多位非洲国家领导人和8位拉美国家首脑与会,签署了《马格丽塔宣言》和《行动计划》。会议明确了在深入交流地区组织与地区合作的经验以推动可持续经济增长和开展能源领域合作的共识,在具体措施上决定成立一个两大洲间的地区性发展银行——南方银行,由南美洲七国共同投资200亿美元作为启动资金以提供新的国际融资渠道和成立南方广播电台以加强两大洲信息交流与沟通。② 2013年2月,第三届"南美洲-非洲峰会"在赤道几内亚

---

① 中国学者关于这一论坛的研究,参见贺双荣:《南南合作的新动向:印度巴西南非对话论坛》,江时学主编:《2006—2007年:拉丁美洲加勒比发展报告》,社会科学文献出版社,2007年,第218—219页。还可参见江天骄:《从软制衡理论看非正式国际组织在新兴市场国家间的发展——以印度巴西南非对话论坛(IBSA)为例》,《拉丁美洲研究》2015年第3期。

② 王涛、易祥龙:《论当代拉美与非洲关系的发展》,《拉丁美洲研究》,2010年第5期,第20—25页。

的马拉博举行。为了更有效地推进双方合作,此次会议成立了永久秘书处和总统委员会。作为这一机制的核心成员,巴西对促进双方关系起到了重要的推动作用。[1]

葡语国家共同体和南美洲-阿拉伯国家峰会也对巴西与非洲国家的合作起到了促进作用。巴西和非洲联盟及非洲各次区域组织的双边或多边的"战略伙伴关系"或"战略对话机制"使双方的发展合作呈现出强劲的势头。巴西、德国与受援国的三方合作项目特别是抗击艾滋病的项目扩展到了非洲国家。[2]

三、非洲与印度的发展合作

(一)早期交往与移民历史

由于海洋通道为印度与非洲的往来提供了便捷的地缘优势,非洲与印度有着长期的历史交往。古代的非洲人即移民至印度,至今印度在人种和历史传统上仍保留着黑人文化的印记,黑人也曾在印度建立过黑人王朝。[3] 阿拉伯航线的开发使印度次大陆与东非海岸的交往更为便捷,阿拉伯奴隶贸易致使大量非洲黑人被贩运到印度甚至亚洲大陆。沙卡拉伊认为:东非与印度的贸易关系源远流长,"东非远至印度、阿拉伯、波斯湾和红海等市场的奴隶贸易与印度和这一地区的贸易联系一样历史久远","奴隶贸易在公元1—6世纪已发展到孟加拉湾"。他在连载的长篇论文中探讨了印度商人、英国殖民主义者和东非三者之间的关系以及奴隶贸易在东非-波斯湾-印度三角贸易中的地位,其中有的资料来自印度史籍。[4]

---

① Christina Stolte, *Brazil's Africa Strategy Role Concept and the Drive for International Status*, p. 96.

② 李小云、徐秀丽、王伊欢编著:《国际发展援助——非发达国家的对外援助》,第 28 页。

③ Runoko Rashidi and Ivan Van Sertima, eds., *The African Presence in Early Asia*. New Brunswick: Transaction Press, 2007.

④ Lawrence J. Sakarai, "Indian Merchants in East Africa, Part I. The Triangular Trade and the Slave Economy." *Slavery and Abolition*, 1: 3(1980), pp. 292-338; Sakarai, "Indian Merchants in East Africa, Part II. The Triangular Trade and the Slave Economy", *Slavery and Abolition*, 2: 1(1981), pp. 2-30.

第一批被带到南非的印度人多为犯人和奴隶。[①] 19世纪中期,纳塔尔的发展需要大量劳力,共有两批印度人先后抵达。第一批是契约劳工,从1860年开始,他们就一直在甘蔗种植园工作。[②] 从1860年到1866年,共有6 445个印度人从印度各地来到纳塔尔。他们中绝大多数是来自马德拉斯的低种姓的印度人。这批契约劳工在合同期满后,满腹牢骚地乘坐"小红帽"号航船回到印度。他们的抱怨引起印度官方的注意。印度政府开始禁止募集劳工,向南非的移民停止。一个由检察总长加洛威(Attorney-General M. H. Gallwey)为主席的调查委员会向印度政府提交了报告。为了纠正对印度契约劳工的虐待行为并保证稳定的劳工来源,纳塔尔立法机关在1872年专门任命了"印度移民保护官"。印度向南非的移民重新开始,直至1911年印度政府中止纳塔尔移民计划。

表格11-2 甘蔗园中的印度人和非洲人

年 份	印度人		非洲人	
	人数(个)	百分比(%)	人数(个)	百分比(%)
1860—1861	436			
1875—1876	5 292	42	7 457	58
1887—1888	6 043	72	2 387	28
1895—1896	6 632	77	1 989	23
1907—1908	10 924	82	2 484	18
1 910	18 270	88	2 380	12
1 925	11 440	29	27 873	71
1 933	8 020	17	40 263	83
1 945	4 500	7	55 778	93

资料来源: Goolam H. Vahed, "The Making of Indiana Identity in Durban, 1914—1949", PhD. Dissertation, Department of History, Indiana University, 1995, pp. 35, 71.

---

① Richard Elphick and Hermann Giliomee, eds., *The Shaping of South African Society*, 1652—1840, p. 116.

② 废除奴隶制后,印度劳工开始出现在各英国殖民地,例如毛里求斯(1834),英属圭亚那和特立尼达(1844),圣卢西亚(1856),格林纳达(1858)。法属殖民地留尼汪、马提尼克、瓜德罗普和圭亚那以及丹属圣克罗斯和荷属苏里南等殖民地也在1860年以后开始引入印度劳工。

　　印度契约劳工往往以最低工资与雇主签订 5 年合同。表中的数字显示，从 1860 年到 1910 年，甘蔗园中的印度人呈上升趋势，随后则呈下降趋势。1910 年之前，甘蔗园中的印度劳工无论在数量上还是在百分比上都稳定增长。为什么在此期间会出现甘蔗园劳工绝大部分都是印度契约劳工的现象呢？分析起来大致有两个原因。

　　首先，印度契约劳工到南非去即为弥补劳动力缺乏这一问题。第二，印度人逐渐适应了当地环境，那些留下来的移民和新来的人（通常是大家庭的成员）都愿意独立工作，而不是签订一份劳工契约。这种愿望由于另外两个因素而得以实现：古吉拉特商人的到来和当地政府实行的有利政策。从 19 世纪 70 年代末期开始，另外一群印度人来到了南非。他们中的绝大部分都是有着商业贸易传统的古吉拉特商人。他们来到南非主要是受到南非方面的鼓励和当地印度移民的需要。他们通常介入的是三类经济活动。20 世纪初，南非已存在着一个相当大的独立印度社团，他们在纳塔尔的人数最终超过了白人。他们擅长零售业，并与纳塔尔、德兰士瓦和奥兰治自由邦的白人展开了竞争。另外一部分人很快融入当地生活，从事更大范围的经济活动，如鞋匠、制烟、店员、厨师、佣人、消防员、洗衣工、珠宝制造商、矿泉水制造商、水管工、渔民和裁缝。第三部分人则利用获得的土地种植水果蔬菜，到德班和彼得马里茨堡等地出售。①

　　以南非为例，1875 年殖民地约有 1 万名印度人，到 19 世纪末，这一数字增加到 10 万人。② 从 1860 年到 1911 年，有 152 182 名来自印度各地的移民抵达纳特尔，他们当中绝大多数来自南印度。③ 当地政策鼓励他们定居南非。那些希望留下来的印度移民可得到当地政府分配的土地，那些愿意留下来再签 5 年合同的劳工则可得到一间免费的小房子。

　　① Goolam H. Vahed, "The Making of Indiana Identity in Durban, 1914—1949", pp. 37-47.

　　② 根据巴哈对乘船旅客名单的研究，1860 年到 1902 年间从印度抵达纳塔尔的契约劳工为 95 382 名。参见 Surendra Bhana, *Indentured Indian emigrants to Natal*, 1860—1902: *A study based on ships' lists*, p. 20; T. R, H. Davenport, *South Africa: A Modern History*, University of Toronto Press, 1991, p. 105.

　　③ J. B. Brain, *Christian Indians in Natal*, *1860—1911*: *An Historical and Statistical Study*, Cape Town: Oxford University Press, 1983. pp. 202, 247. 其中 2 150 名为基督教徒。

当印度人的合同期满后,他们中有些人留下来,或继续留在甘蔗园中,或分散到上述的三种经济活动中。根据有关统计,选择留在南非的印度人呈上升的趋势。[①] 在殖民主义统治时期,印度的大量移民迁移到英国在非洲的殖民地。[②] 在东部非洲国家,大约有 280 万印度移民。这种持续的移民浪潮使非洲的印度裔不断增加,这一现象在南部非洲、东非和西印度洋群岛尤其明显。

表格 11 - 3 德班市人口的种族构成(1904—1989)

年 份	白 人	有色人种	印度人	非洲人	总 数
1904	31 302	1 980	15 631	18 929	67 842
1 911	31 903	2 497	17 015	17 750	69 165
1 921	46 113	4 000	16 400	29 011	93 515
1931	59 250	4 240	17 860	43 750	125 100
1936	88 065	7 336	80 384	63 762	239 547
1949	129 683	11 280	123 165	109 543	373 771
1989	381 000	69 000	624 000	2 301 000	3 775 000

Sources: University of Natal, *The Durban Housing Survey*, Durban: University of Natal, 1952, p. 35; *Durban Functional Region*, 1989. Quoted from Goolam H. Vahed, "The Making of Indiana Identity in Durban, 1914—1949", PhD. Dissertation, Department of History, Indiana University, 1995, pp. 5, 72.

(二) 非洲与印度的经贸合作

2005 年至 2006 年度,南非共有 110 万印度人/亚裔。[③] 由于印度政府采取鼓励政策,海外印度人对非洲的投资也大大增加。到 2009 年为

---

① Goolam H. Vahed, "The Making of Indiana Identity in Durban, 1914—1949," p. 47.

② J. B. Brain, *Christian Indians in Natal, 1860—1911: An Historical and Statistical Study*, Oxford University Press, 1983; Surendra Bhana, *Indentured Indian Emigrants to Natal, 1860—1902: A study based on ships' lists*, Promilla & Co., 1991; 李安山:《论南非早期华人与印度移民之异同》,《华侨华人历史研究》,2006 年 9 月第 3 期,第 21—34 页。

③ Delien Burger, ed., *South Africa Yearbook* 2005/06, Pretoria, p. 2.

止,投资额已达 1 050 亿美元。① 此外,这种人缘是印度开展与非洲合作的优势,成为英国殖民地的共同经历和历史记忆以及同为发展中国家共同合作的重要基础。

印度从 1947 年独立后就坚决反对南部非洲的种族歧视政策。尼赫鲁政府对非洲的外交政策有三个基本原则:支持南非人民反对种族歧视的斗争;支持非洲各国反对殖民主义,争取民族解放的斗争;主张亚洲和非洲各国人民团结起来,共同维护民族独立和主权。1954 年,印度宣布与南非断绝外交关系,成为第一个向南非种族主义政权发起挑战的国家。② 更重要的是,"潘查希拉原则"③从 20 世纪 50 年代起一直是印度外交政策的基石,后来在万隆会议上成为亚非国家处理国家关系的原则。

从 21 世纪开始,双边合作势力加快。多种机制性合作加强了双边关系。"泛非数据网络项目"(Pan-African E-Network Project)于 2004 年由印度提出,旨在通过计算机网络帮助非洲国家实现网络教育、网上医药、网上贸易、网络管理、网络娱乐以及网上资源地图和网络气象服务等。极力支持非洲的地区整合,印度向"非洲发展伙伴关系"(NEPAD)援助 2 亿美元。"非洲-印度技术经济主动性-9"(The Techno-Economic Approach for Africa-India Movement,TEAM-9),这是 2004 年印度向 8 个非洲国家(布基纳法索、乍得、科特迪瓦、赤道几内亚、加纳、几内亚比绍、马里和塞内加尔)提供 5 亿美元印度的技术设备以帮助这些国家的发展。2002 年到 2007 年,为促进与非洲国家的贸易关系,印度采取的另一个重要措施是"聚焦非洲计划"(Focus Africa Program)。④

由于自身的经济实力不强,印度向非洲国家提供的援助不多。印度对非援助主要体现在两个方面,一是提供贷款,二是对非洲国家进行了债务减免。例如 2003 年印度财政部长宣布实施印度发展规划,据此加纳、莫桑

---

① "India's Development Cooperation: Opportunities and Challenges for International Development Cooperation", German Development Institute Briefing Paper, 2009, p. 3.

② 朱明忠:《印度与非洲(1947—2004)》,《南亚研究》,2005 年第 1 期,第 20—26 页。

③ 和平共处五项原则在印地语中被称为"潘查希拉原则",即互相尊重主权与领土完整、互不侵犯、互不干涉内政、平等互利、和平共处。

④ G. O. I. ,Ministry of Commerce, "Focus Africa Program: a Program for Enhancing India's Trade with the African Region", http://www. pdexcil. org/news/53N0204/focus1. htm.

比克、乌干达、坦桑尼亚和赞比亚从中获益2 400万美元。① 2003年到2008
年间,印度在对非投资国家中名列第六,有130项投资项目,增长率达
42.7%。在汽车行业,马恒达集团和塔塔集团已在南非投资。印度对非投
资的第一波主要来自大企业,中小企业组成第二波。印度不仅促进同南非
的关系,还主张在多边框架下加强经贸合作。非洲近年来为印度企业提供
了一个具有吸引力的商品市场和投资机会。印度也保持与非洲诸石油生
产国的密切关系,从这些国家进口石油约占印度的石油进口总量的20%。
非洲发展银行表示,非洲已成为印度石油进口多元化的地区。印度还承诺
帮助非洲建立5个机构以研究非洲的农业和粮食安全。

表格11-4 印度进出口银行提供的贷款的额度和用途(部分)

受援国	额度(万美元)	用 途
赞比亚	1 000	购买印度设备
吉布提	1 000	购买印度设备
莫桑比克	2 000	补贴从印度进口设备
加 纳	1 500	购买印度产品
苏 丹	5 000	购买印度设备
莱索托	500	购买印度产品
肯尼亚	2 000	铁路项目
塞内加尔	1 500	农村电网和购买农业设备
安哥拉	4 000	铁路安置项目
塞内加尔	1 790	从TATA公司购买350辆大巴

资料来源:ODI,2005。转引自李小云、徐秀丽、王伊欢编著:《国际发展援助——
非发达国家的对外援助》,第39页。

印度在非洲的总投资一直在增长。2009年,在非洲的投资占印度全
国总投资33%。2012年,印非贸易部长级会议举办期间,双方一致同意
成立印度非洲商贸委员会,以确保贸易和投资的大幅增加。据统计,2003
年到2009年的对非投资项目来源国排名中,印度列为第6位,投资项目

---

① UNCTAD, *Economic Report on Africa*, 2010.

共计 130 个,年增长率为 42.7%,远远强于中国。印度企业投资南非第一波浪潮主要是大型企业,制造企业马恒达、塔塔集团等均在南非投资,目前正出现中小企业的第二波投资浪潮。2012 年 5 月,印度总统帕蒂尔访问南非,双方主要围绕如何促进两国经贸合作进行了广泛交流。印度不仅注重在双边框架内推动与南非关系的发展,还倡导在多边合作与框架下发展印度南非双边经贸。近年来,印度与非洲经济关系活跃,非洲成为印度石油进口多元化地区之一。印度与尼日利亚等产油国关系密切,从这些国家进口的石油占印度石油进口总量的 20% 左右。印度还保证帮助非洲建立 5 个研究机构以研究农业和粮食安全问题。2009 年,印度对非投资已占印对外投资总额的 33%。2012 年的印度-非洲商贸部长对话会议充分探讨了印非双方贸易现状以及促进双边贸易的前景,并同意成立印非企业理事会。印度还决定在非洲建立纺织业和民用航空等 10 个合作研究机构。①

(三) 印非高峰论坛及后续行动

为了推进印度-非洲合作,印-非高峰论坛于 2008 年建立。② 论坛的机制与中非合作论坛颇为相似,一般为 3 年一次,轮流在印度和非洲国家举行。印非峰会邀请了阿尔及利亚、布基纳法索民主共和国、刚果(金)、埃及、埃塞俄比亚、加纳、肯尼亚、利比亚、尼日利亚、塞内加尔、南非、坦桑尼亚、乌干达和赞比亚等 14 个非洲国家的元首。印非会议的特点之一是"非洲发展新伙伴关系(NEPAD)"和 8 个次区域集团的领导人获得邀请,其中包括西非经济共同体(ECOWAS)、南部非洲发展共同体(SADC)、东

① 沈德昌:《试析冷战后印度对非洲的外交政策》,《南亚研究季刊》,2008 年第 3 期,第 27—31 页;邱昌情、刘二伟:《政治大国视域下的印度对非洲经济外交探析》,《南亚研究》,2012 年第 1 期,第 30—44 页;Biswas Aparajita, "Changing Dynamics of India-Africa Relations in the 21st Century", Deych Tatiana and Korendyasov Evgeiy, eds., *BRICS-Africa: Partnership and Interaction*, pp. 110-122.

② 有关印非首届峰会的情况,参见徐国庆:《从印非峰会看印对非政策变化》,《亚非纵横》2008 年第 4 期,第 54—60 页;余忠剑:《印度对非洲政策调整的背景、特点及走势》,《亚非纵横》,2009 年第 1 期,第 49—53 页。有关印度对非战略,参见刘二伟:《印度走向政治大国的非洲外交政策研究》,上海师范大学,2010 年硕士论文;杜英:《印度与东非国家关系研究(1964—2000)》,华东师范大学博士论文,2011 年。

南部非洲共同市场(COMESA)、东非共同体(EAC),中部非洲国家经济共同体(ECCAS)和马格里布联盟等重要的区域组织,这表明印度重视发展对非多边合作以及通过多边合作解决发展问题的途径。印非首脑会议结束时发表了两份文件《德里宣言》和《印度非洲合作框架》。印度这一旨在促进与非洲国家之间的国际发展合作的政策受到西方国家的高度重视。德国国际发展研究机构认为,印度在加强双边贸易、推进非洲地区间合作、直接投资、技术转让、积极参与维和以及为非洲国家提供各种教育机会等多个层面快速提升,从而对一直由西方主导的国际发展合作形成了挑战。[1] 第三届峰会本应于 2014 年在新德里举行,因为埃博拉的影响,推迟到了 2015 年 10 月。峰会的机制化大大推进了印度与非洲的经贸合作。[2]

　　2012 年,南南投资已是连续第二年在所公布的绿地投资中占最大份额。印度在 2012 年占非洲的南南绿地投资的第一位,投资额达 520 亿美元,为投资总额的 60%。[3] 印度与非洲在其他方面的经济合作也在不断拓展。2013 年,印度政府官员在与来自 42 个非洲国家的高级官员对话时表示,印度-非洲合作是在双方磋商基础上进行的,印度的援助主要集中在能力建设方面。印度政府正在非洲国家建立 80 个能力建设中心,印度在第二届印非论坛峰会(India-Africa Forum Summit,IAFS)的框架内建立 6 所机构,以帮助非洲的经济社会发展。印度也在次区域范围内对青年进行职业方面的能力培训,例如印度的公民社会正在非洲国家建立另外 10 个职业训练中心。印非经贸关系也在快速发展。2012 年,南非53% 的煤炭和 6% 的铁矿砂出口到印度,印度的汽车在非洲颇为流行,其他出口到非洲的商品包括电讯设备、农机设备、电子机械、塑料制品、钢铁和水泥等。非洲与印度的贸易也在快速发展,2014 年达 740 亿美元,比

---

① "India's Development Cooperation: Opportunities and Challenges for International Development Cooperation", German Development Institute Briefing Paper, 2009. For relevant research, see V. S. Sheth, ed., *India-Africa Relations: Emerging Policy and Development Perspective*, New Delhi, 2008; S. Naidu and H. Hayley, *Africa's Development Partners: China and India: challenging the status quo?*, Stellenbosch University, 2009.

② 唐丽霞、刘鑫淼:《印非峰会:印度的利益诉求和对非战略》,《南亚研究季刊》,2016 年第 3 期,第 33—41 页。

③ *African Economic Outlook* 2013, AfDB, OECD, UNDP, ECA, 2013, p. 47.

2008 年增长 80％。当时,印度与非洲的贸易是非洲-美国的四分之一,是非洲-法国贸易的一半,2014 年印度与非洲的贸易量超过了美国和法国。①

四、非洲与其他发展中国家的发展合作

(一) 非洲与俄罗斯的发展合作

苏联对非洲的援助始于非洲独立以后。为了与美国在非洲展开争夺,苏联花费了诸多努力。② 虽然最后因为苏联的解体而受到挫败,但随后的俄罗斯仍对非洲倾注了大量的精力。在发展合作方面,俄罗斯对非洲的发展援助主要集中在以下方面:债务减免、能源援助、卫生援助、农业与粮食援助和教育援助。对非洲的援助集中在撒哈拉以南非洲国家,旨在帮助非洲国家减贫,实现千年发展目标,同非洲地区组织和各区域组织建立紧密联系,包括非洲联盟、南部非洲发展共同体、西非国家经济共同体等。援助的国家主要有埃塞俄比亚、纳米比亚、莫桑比克等。③

(二) 非洲与阿拉伯国家的发展合作(以科威特为例)

有效协调是阿拉伯援助的一个重要特点。1975 年成立的阿拉伯、伊斯兰和欧佩克发展机构协调小组是阿拉伯国家最重要的援助协调机构。科威特是这一机构最主要的发起者和支持者。科威特发展援助的受援国主要是低收入的阿拉伯国家,在非洲的援助也是如此。科威特在独立初期即建立了自己专门的援助机构,同时保存了从建立以来的援助数据。在科威特基金的网站上有自 1961 年以来完整的机构年度报告,可查阅到机构的资金状况、年度财务收支情况及所有受援国项目的详细数据。

---

① Simon Freemantle, "Trade patterns underline Africa's shifting role", May 25, 2015. http://www. bdlive. co. za/opinion/2015/05/25/trade-patterns-underline-africas-shifting-role. 查询时间:2015 年 5 月 26 日。

② E. A. Tarabrin, ed. , *USSR and Countries of Africa*; R. H. Donaldson, ed. , *The Soviet Union in the Third World*: *Successes and Failures*, pp. 69-149; Warren Weinstein and Thomas H. Henriksen, eds. , *Soviet and Chinese Aid to African Nations*, pp. 34-75.

③ 李小云、徐秀丽、王伊欢编著:《国际发展援助——非发达国家的对外援助》,第 60—78 页。

2011 年 3 月,全世界接受科威特各种形式发展援助的国家总数达 104 个。这些国家大部分是贫穷国家。根据世界银行的统治,截至 2008 年底,科威特的对外援助 39% 分配给国际开发协会(IDA)国家,21.9% 给了重债国家(HIPC)。

表格 11 - 5 科威特发展援助的地区分布金额及比例

(单位:百万美元,2010 年不变价格)

年 份	亚洲	非洲	欧洲	美洲	大洋洲	不确定	总计	
1970—2011	27 647.56	19 488.81	1 865.49	381.42	43.36	609.8	50 036.39	数额
	55.25	38.95	3.73	0.76	0.09	1.21	100	%
1970—1979	8 467.84	9 494.94	6.74	0	5.48	24.82	17 999.82	数额
	47.04	52.75	0.04	0	0.03	0.14	100	%
1980—1989	13 013.2	3 286.14	246.86	2.38	14.68	311.71	16 874.97	数额
	77.12	19.47	1.46	0.01	0.09	1.85	100	%
1990—1999	3 319.51	3 475.53	1 259.36	172	15.74	248.47	8 490.61	数额
	39.1	40.93	14.83	2.02	0.19	2.93	100	%
2000—2011	2 846.01	3 232.2	352.53	207.04	7.46	23.53	6 670.99	数额
	42.68	48.45	5.28	3.1	0.11	0.37	100	%

资料来源:李小云、徐秀丽、王伊欢编著:《国际发展援助——非发达国家的对外援助》,第 195—207 页;Mustapha Rouis, "Arab Development Assistance: Four Decades of Cooperation", Washington, D.C.: World Bank, August, 2010.

从上表看,1970 年到 2011 年间,亚洲和非洲接受的援助金额占科威特官方发展援助总额的 94.2%。以 2011 年为例,在科威特援助最多的 10 个国家中,埃及占第一位,接受援助 1.241 3 亿美元,摩洛哥是第二位,为 5 132 万美元。此外,还有苏丹、毛里求斯和塞内加尔。[1] 科威特的发展援助具有两个极其鲜明的特点。其一,科威特将自己定位为

---

[1] 李小云、徐秀丽、王伊欢编著:《国际发展援助——非发达国家的对外援助》,第 195—207 页;Mustapha Rouis, "Arab Development Assistance: Four Decades of Cooperation", Washington, D.C.: World Bank, August, 2010. http://120.52.51.13/documents. shihang. org/curated/zh/505601468259156390/pdf/567540BRI0Box310QuickNote281 ArabODA. pdf.

南南合作的参与者和提供者,与受援国是伙伴关系而非传统意义上的援助者/受援国关系。其二,科威特基金提供的发展援助贷款不具有捆绑性质,援助项目有关的商品和服务可以全球采购,这一点与诸多的援助国不同。

(三) 非洲与亚洲国家的发展合作(以印度尼西亚为例)

印尼对外援助的战略目标主要有两个。第一,印尼将国际发展的整体目标(即联合国千年发展目标的减贫)作为对外援助的重要目标。第二,作为一个发展中国家,维护国家的整体利益特别是在国际舞台上的形象以及地缘政治的实际利益也是其对外援助的重要目标。亚洲国家是印尼援助的主要对象,占其总受援国比例的 51%,非洲国家排第 2 位,为29%。这进一步体现了印尼援助强调南南合作以促进发展中国家之间的交流与合作。主要受到印尼发展援助的非洲国家有马达加斯加、埃塞俄比亚、肯尼亚、坦桑尼亚、南非、纳米比亚、阿尔及利亚、尼日利亚和苏丹等。其援助方式主要是农业为主的技术援助涵盖农、林、渔三者以及人道主义援助。其援助渠道为双边合作与多边合作。印度尼西亚并不属于经济合作与发展组织发展援助委员会(OECD/DAC)的成员,但其对外援助也开始受到国际关注。[①]

五、非洲与中国的发展合作

(一) 互相支持的历史

中国与非洲关系久远。[②] 非洲国家独立后,中国对非政策以意识形态

---

① 李小云、徐秀丽、王伊欢编著:《国际发展援助——非发达国家的对外援助》,第115—123 页。

② J. J. L. Duyvendak, *China' Discovery of Africa*, Stephen Austin and Sons, 1947;Teobaldo Filesi, *China and Africa in the Middle Ages*, Frank Cass, 1972;沈福伟:《中国与非洲——中非关系二千年》,商务印书馆, 1990 年;Li Anshan, *A History of Overseas Chinese in Africa to 1911*, Diasporic Africa Press, 2012;Li Anshan. "Contact between China and Africa before Vasco da Gama: Archeology, document and historiography", *World History Studies*, 2:1(June, 2015), pp. 34-59;李安山:《古代中非交往史料补遗与辨析——兼论中国早期黑人来源问题》,《史林》,2019 年第 2 期,第 204—219 页。

为主轴,援助也多集中在政治斗争方面。[①] 毛泽东在 1959 年接见非洲朋友时指出:"你们需要支持,我们也需要支持,而且所有的社会主义国家都需要支持。谁来支持我们? 还不是亚洲、非洲、拉丁美洲的民族解放运动,这是支持我们的最主要的力量。……你们可以考虑,中国可以当做你们的一个朋友。我们能牵制帝国主义,使它力量分散,不能集中力量去压迫非洲。"[②]1961 年,他在会见非洲朋友时表示:"非洲是斗争的前线。……我们的斗争你们支持,你们的斗争我们支持。"[③]毛泽东主席的表述带有鲜明的时代特点,他明确表达了中国与非洲互相支持、互相援助的意愿。

1963 年 12 月 3 日至 1964 年 2 月 26 日,周恩来总理和陈毅副总理兼外长先后访问了亚非十三国。[④] 在访问途中,周总理提出了中国政府同非洲和阿拉伯国家关系的五项原则。

1. 支持非洲和阿拉伯各国人民反对帝国主义和新老殖民主义,争取和维护民族独立的斗争。

2. 支持非洲和阿拉伯各国政府奉行和平中立的不结盟政策。

3. 支持非洲和阿拉伯各国人民用自己选择的方式实现统一和团结的愿望。

4. 支持非洲和阿拉伯国家通过和平协商解决彼此之间的争端。

5. 主张非洲国家和阿拉伯国家的主权应得到一切其他国家的尊重,反对来自任何方面的侵犯和干涉。

这些原则宣示了中国与非洲阿拉伯国家关系中的主要立场,受到相关国家的欢迎。[⑤] 在亚非之行期间,周恩来总理利用在阿尔及利亚与突尼斯访问时与双方国家元首建立了互信关系,打开了中国-阿尔及利亚和中国-突尼斯外交关系的新格局。1963 年到 1964 年周总理在访非途中得知加纳发生政变,随行人员从安全角度考虑建议取消对加纳的访问。

---

① Warren Weinstein and Thomas H. Henriksen, eds., *Soviet and Chinese Aid to African Nations*, pp. 117-182.

② 中国外交部、中共中央文献研究室编:《毛泽东外交文选》,中央文献出版社、世界知识出版社,第 370 页。

③ 中国外交部、中共中央文献研究室编:《毛泽东外交文选》,第 467 页。

④ 有时说 14 国,其中包括 1964 年 1 月对欧洲国家阿尔巴尼亚的访问。

⑤ 王泰平主编:《中华人民共和国外交史第二卷:1957—1969》,世界知识出版社,1998 年,第 123—125 页。

周总理认为应按期前往,在恩克鲁玛总统处于困难时更需要支持。

时任中国使节的黄镇回忆,"我们一方面代表周总理对他表示慰问,一方面与他们商量访问的具体安排,并转达了周总理的建议,这次访问免去一切礼节,总统不要到机场迎接,也不要在城堡外面举行会议和宴会。这些安排照顾了恩克鲁玛的困难处境,他听了周总理的这些建议非常高兴,表示完全同意……恩克鲁玛非常感激我们,他原来估计在这么动乱的情况下周总理不会去的"。周恩来与恩克鲁玛举行会谈后,认识到对非援助必须真诚、无私、平等。① 他在加纳提出对外经济技术援助八项原则。② 这些原则有几点值得注意。首先,八项原则针对的不是受援者而是中方,这种从受援国角度考虑问题的态度在国际关系中极为罕见。首先,第一条明确表示:不将援助看作是单方面赐予,援助是相互的,其重要意义十分明显,自始至终奠定了中国国际发展合作的基础。第三,八项原则多是从受援国的角度考虑问题。

非洲对中国的支持表现在以下方面。1971 年,中国在联合国的合法席位得以恢复,投赞成票的 76 国中 26 个是非洲国家。毛主席形象地指出:"这是非洲黑人朋友把我们抬进去的。"③多年来,非洲在台湾、人权、西藏、世卫总干事长人选、奥运会举办权等问题上一直支持中国。1989 年后到中国访问的首位国家元首、政府首脑和外长均来自非洲。"他们表示,之所以在这个时候访问中国,就是要向全世界表明,非洲是中国真正的朋友,即便是在中国最困难的时候也是如此。过去中国帮助了他们,因

---

① 黄镇:《把友谊之路铺向觉醒的非洲》,《不尽的思念》,中央文献出版社,1987 年,第 368 页。

② 1.根据平等互利的原则提供援助,不把援助看作是单方面的赐予,认为援助是相互的;2.严格尊重受援国的主权,绝不附带任何条件,绝不要求任何特权;3.以无息或低息贷款提供经济援助,需要时延长还款期限,尽量减少受援国负担;4.对外提供援助的目的,不是造成受援国对中国的依赖,而是帮助受援国逐步走上自力更生、经济上独立发展的道路;5.帮助受援国建设的项目,力求投资少、收效快,使受援国能够增加收入,积累资金;6.中国提供自己所能生产的、质量最好的设备和物资,根据国际市场的价格议价。如所提供的设备和物资,不符合商定的规格和质量,保证退换;7.对外提供任何技术援助时,保证使受援国人员充分掌握这种技术;8.派到受援国帮助建设的专家,同受援国自己的专家享受同样的物质待遇,不允许有任何特殊要求和享受。参见《人民日报》,1964 年 1 月 18 日。

③ 翁明:《临行点将——"乔老爷"首次率团赴联大》,符浩、李同成主编:《经天纬地——外交官在联合国》,中国华侨出版社,1995 年,第 9 页。

此,在中国最需要支持的时候,他们会不遗余力地表达对中国的声援。"①从1990年起,西方国家借人权问题干涉中国内政,在联合国人权会议上曾七次提出"中国人权状况"的方案。在非洲支持下,中国赢得了这场斗争的胜利。在涉及中国核心利益的问题上非洲均对中国表示坚决支持。

中国始终全力支持非洲人民的反殖斗争;重返联合国以后,中国不断为非洲国家伸张正义,反对外来势力干涉非洲国家内部事务。中国还在联合国秘书长人选问题上旗帜鲜明地支持非洲人连任。除各种工、农业项目外,中国政府还帮助修建了一些象征国家独立的大型建筑,这些里程碑式的标志性项目在非洲国族建构中起到了重要作用。② 中国一直不附带任何条件地向非洲提供力所能及的援助。在1956年以后的50多年里,中国援助非洲的项目涉及农牧渔业、纺织、能源、交通运输、广播通讯、水利电力、机械、公用民用建筑、文教卫生、工艺和手工业、食品加工等多个领域。③

这种发展合作并非单方面的,而是一个双向的过程。事实上,在中国受到西方封锁的时期里,非洲国家曾以各种方式支持中国。中国前驻阿尔及利亚和扎伊尔(今刚果民主共和国)大使周伯萍生动地讲述了两国如何帮助中国解决技术问题的故事。20世纪70年代中期,中国计划修建一条从四川到上海的天然气管道。当时的中国工程师还没有掌握该项目所需的螺柱焊接技术,而当时的阿尔及利亚有一家螺柱焊管厂。周大使与阿尔及利亚国家石油天然气公司的总经理商量,是否可以于1975年派遣中国工程师来到该厂参观学习。这位总经理常热情,为中国访学团预订了最好的酒店,并安排了整个行程。中国工程师从阿尔及利亚同事那里学到很多,包括沙漠公路的防沙问题等,他们被非洲同事的真挚与友好所感动。在周大使任驻扎伊尔大使期间的1978年到1982年间,先后有两支中国访问团参观了扎伊

---

① 钱其琛:《外交十记》,第255—257页。还可参见 Ian Taylor, "China's Foreign Policy towards Africa in the 1990s", *The Journal of Modern African Studies*, 36:3(1998), pp. 446-449。

② 有人过分强调这些建筑的经济效益是不恰当的。我们应考虑其政治文化意义。它既可作为国家领导人对民族国家建构的成就,也是国家的独立标志和国家民族凝聚力的象征。更重要的是,它是文化非殖民化的重要标志。李安山:《非洲民族主义研究》,中国国际广播出版社,2004年,第292—293页。

③ 国务院新闻办公室:《中国的对外援助(2014)》,2014年;国务院新闻办公室:《中国的对外援助(2011)》,2011年。

尔的钻石开采公司。两个访问团由扎伊尔矿业部和世界上最大的钻石公司——米巴公司(Société Minière de Bakwanga,简称 MIBA)接待。经验丰富的专家介绍了成矿理论、钻石勘探和先进的开采经验。中国访问团还被安排参观了不同的钻石矿。在他们的热情帮助下,中国访问团代表认识到了自己在理论和实践上的不足,并从刚果同事们身上获益匪浅。[①]

(二) 平等相待的理念

政治学教科书研究"平等"时强调权利、机会和结果的平等,但在以强权和实力为基础的传统国际关系方面,游戏规则的制定者从未提过"平等"概念。中非关系的平等可谓国际关系的楷模。平等意味着尊重主权、互利合作、磋商协调,历代中国领导人都有所表达。

毛泽东主席 1963 年会见几内亚代表团时说:"我们感到同你们是很接近的,我们两国、两党互相帮助,互相支持,你们不搞我们的鬼,我们也不搞你们的鬼。如果我们有人在你们那里做坏事,你们就对我们讲。例如看不起你们,自高自大,表现大国沙文主义。有没有这种人? 如果有这种人,我们要处分他们。中国专家是不是比你们几内亚专家薪水高,有特殊化的情况? 恐怕有,要检查,待遇要一样,最好低一些。"毛泽东不仅提出双方应该平等,还提到中国应警惕大国沙文主义。他还指出:"我们与你们的情况差不多,比较接近,所以我们同你们谈得来,没有感到我欺侮你,你欺侮我,谁都没有什么优越感,都是有色人种。西方国家想欺侮我们,认为我们生来不行,没有什么办法,命运注定了,一万年该受帝国主义的压迫,不会管理国家,不会搞工业,不能解决吃饭问题,科学文化也不行。"[②]毛泽东回顾历史,提到人种因素,分析了西方歧视下中非的共同特点,并再次强调了平等观念。毛主席在 1964 年接见亚非朋友时表示:"我们之间相互平等,讲真话,不是表面一套,背后一套。""我们之间的相互关系是兄弟关系,不是老子对儿子的关系。"[③]

---

① 周伯萍:《非常时期的外交生涯》,世界知识出版社,2004 年,第 233—238、298—300 页。

② 中国外交部、中共中央文献研究室编:《毛泽东外交文选》,中央文献出版社、世界知识出版社,1994 年,第 490—492 页。

③ 黎家松主编:《中华人民共和国外交大事记》,世界知识出版社,2001 年,第 432—433、438 页。

平等相待还表现为不强加于人。邓小平在 1985 年 8 月 28 日会见津巴布韦民族联盟主席、政府总理穆加贝时表示："我们都是搞革命的,搞革命的人最容易犯急性病。我们的用心是好的,想早一点进入共产主义。这往往使我们不能冷静地分析客观方面的情况,从而违反客观世界发展的规律。中国过去就是犯了性急的错误。我们特别希望你们注意中国不成功的经验。外国的经验可以借鉴,但是绝对不能照搬。"①他在 1988 年会见莫桑比克朋友时强调走合乎本国国情的道路："有一个问题,你们根据自己的条件,可否考虑现在不要急于搞社会主义。确定走社会主义道路的方向是可以的,但首先要了解什么叫社会主义,贫穷绝不是社会主义。要讲社会主义,也只能是符合莫桑比克实际情况的社会主义。""世界上的问题不可能都用一个模式解决。中国有中国自己的模式,莫桑比克也应该有莫桑比克自己的模式。"②1989 年,邓小平会见布隆迪前总统布约亚时非常高兴地说："我年岁大了,快 85 岁了,你才 40 岁,我今天交了个年轻的朋友。"同年,邓小平同志在会见乌干达总统穆塞韦尼时表示："我们非常关注非洲的发展与繁荣。""我们现在还不富裕,在财力上对你们帮助不太,但我们可以把我们的经验教训告诉朋友们,这也是一种帮助。"③

江泽民曾在非洲统一组织发表演讲,就发展面向 21 世纪中非关系提出五点建议。④ 他传递的信息十分明确:中国与非洲是平等的朋友,双方合作是互惠互利。他曾四次以谦卑的态度致函曼德拉总统。⑤ 胡锦涛曾五次访问非洲,表达了与非洲平等相处、相互支持、合作共赢的强烈愿望。2007 年他应邀在比勒陀利亚大学发表讲演,提出中国愿同非洲国家一道在以下四个方面共同做出努力:真诚友好,密切政治上的沟通和协调,增进相互理解和信任;深化合作,扩大经济技术交流,实现互利共赢;加强沟通,促进中非两大文明加强交流,在相互学习和借鉴中共同进步;平等相

---

① 《邓小平文选》,第三卷,人民出版社,1993 年,第 139—140 页。

② 《邓小平文选》,第三卷,第 261 页。

③ 《邓小平文选》,第三卷,第 289、290 页。

④ 钟之成:《为了世界更美好:江泽民出访纪实》,世界知识出版社,2006 年,第 157 页。

⑤ 钱其琛:《外交十记》,世界知识出版社,2003 年,第 259—267 页。

待,加强国际事务中的合作,共同维护发展中国家的正当权益。① 从 1998 年起,中国多次举办中非经济管理官员研修班,探讨中非经贸合作新途径。中国还与非洲国家在政党建设、教育文化、工会妇女、减贫等方面交流经验,促进双方合作。

国际关系中的平等观十分重要,对弱者尤为敏感。双方是否平等直接关系到国家主权问题。毛泽东称中非关系为"兄弟关系",周总理访非时强调自己是去向非洲人民学习的,邓小平将非洲人称为"朋友",江泽民提出互惠互利,胡锦涛强调"中非已成为好朋友、好伙伴、好兄弟",温家宝向非洲学生解释中国交友态度,习近平访非提出了"真、实、亲、诚"的四字方针,均表明了中非之间的平等关系。在援助上是以平等身份相待,还是以援助者或施舍者的身份自居,这是中国与西方的根本区别之一。"中国的发展模式给非洲国家提供了另一种可行且没有附加条件的选择,这些原因使非洲国家亲近中国,反对美国和西欧。"②

(三) 互利双赢的目的

共同发展有各种表述,如"互利合作","合作共赢","互利共赢"或是"双赢"等。这是中非开展发展合作的目的。中非合作过程一直遵循这一理念,这也是国际关系民主化的一种体现。在国际合作中,双方都有自己的利益诉求。这是十分自然的。正如莫约女士论及中非关系时提出的观点:"他们有我们想要的,我们有他们所需的。"只有这样看问题和处理问题,才能真正达到互利共赢。

共同发展体现在中国获取了经济发展需要的原料,非洲将潜在的资源转化为现实的财富,双方从合作中加快了发展步伐。中国与苏丹的石油合作充分说明了这种互利共赢的关系。中国的快速发展需要石油,苏丹也希望发展自己的石油工业。经过多年的合作,苏丹不仅还清了所有的债务,还建立了独立的石油工业体系。中国从苏丹得到了石油,也锻炼

---

① 《胡锦涛在南非比勒陀利亚大学发表重要演讲(友谊之旅合作之旅)》,《人民日报》,2007 年 2 月 8 日。

② Eginald P. Mihanfo, "Understanding China's Neo-Colonialism in Africa: A Historical Study of the China-Africa Economic Relations", in James Shikwati, ed., *China-Africa Partnership: The quest for a win-win relationship*, Nairobi: IREN, 2012, p. 142.

了石油队伍。中非合作的重要内容之一是援助。① 2008 年,世界银行在一份关于中国在撒哈拉以南非洲基础设施建设融资的报告中分析了中国在非洲基础建设中发挥的巨大作用。②

共同发展还表现为通过中非合作努力提高非洲自身发展能力。从援建坦赞铁路到蒙内铁路的投产运营,中国一直致力于技术转让与合作共赢。③ 中国一直力图改变贸易顺差问题,对非洲国家的商品免税从 190 种增加至 4 700 多个税目。中国给予 27 个非洲国家和一个地区中国公民自费旅游目的地国地位,对出口纺织品限额问题进行磋商都是力争互利双赢的表现。非洲对中国的投资在论坛设立后增长近 20 倍。截至 2009 年底,超过 50 个非洲国家的投资者来华投资,投资项目 4 269 个,累计实际投资额达 99.3 亿美元;六家非洲银行在中国设立一家分行和六家代表处。④ 安哥拉总统多斯桑多斯表示:"我们热情赞扬中国对安哥拉的务实态度,这使我们能加快国家的重建。"⑤这一态度颇具代表性。

中国经济结构在转型,国际金融危机在持续。中国企业近年增加了对非投资。华坚集团在埃塞俄比亚投资建厂是一个典型。作为一家鞋业公司,华坚集团于 2011 年底将业务扩展至位于亚的斯亚贝巴的东方工业园。公司在 2012 年 1 月开始生产,3 月开始出口美国和欧洲,10 月开始盈利。2013 年 8 月华坚雇用了 2 500 名当地工人。⑥ 中国公司赢利,非洲国家收税,当地民众

---

① 关于中国对非援助的论述,可参见李安山:《全球化过程中的南南合作:中国对非援助的理念与行动》,http://theory. people. com. cn/GB/136457/8326945. html;贺文萍:《中国援助非洲:发展特点、作用及面临的挑战》,《西亚非洲》,2010 年第 7 期,第 12—19 页。

② Vivien Foster, William Butterfield, Chuan Chen, Nataliya Pushak, *Building Bridges: China's Growing Role as Infrastructure Financier for Sub-Saharan Africa*, The World Bank Report, July 2008. http:// siteresources. worldbank. org/INTAFRICA/Resources/BB_Final_Exec_summary_English_July08_Wo-Embg. pdf.

③ Li Anshan, "Technology Transfer in China-Africa Relation: Myth or Reality", *Transnational Corporation Review*, 8:3(2016), pp. 183-195.

④ 《中国与非洲经贸关系报告·2010》,商务部国际贸易经济合作研究院,2010 年,第 4—5、8—9、13—14 页。

⑤ "Chinese premier boosts trade with seven-nation Africa tour," *The Guardian*, June 22, 2006.

⑥ 林毅夫:《中国的崛起与非洲的机遇》,李安山、林丰民主编:《中国非洲研究评论 2013》,社会科学文献出版社,2014 年,第 27 页。

就业。这是中非发展合作在经济全球化形势下的一种双赢模式。

（四）自主发展的原则

中国"援助时绝不附带任何条件"的原则至今主导着中国的对外政策，也受到西方的责难。中国将援助看作国际合作的一部分。最重要的是自主性原则。从 70 年代后期起，发达国家一致同意在援助时附加条件。这种条件逐渐从经济方面扩展到政治方面。这种西方援助联盟的力量可想而知，你要申请援助吗？请按照这些条件来。这种将附加条件作为首要条件的做法使非洲国家申请援助的过程变得十分痛苦。到 1980 年后期，世界银行在投资贷款时已经列出约 60 个附加条件和水准基点。美国国会的千年挑战基金仍对援助申请国列有 17 条标准。美国学者注意到中国与西方的不同。中国虽然在商业投资时提出前提条件和"一个中国"的原则，但"中国从未附加经济条件"。[①] 目前，英国与挪威已决定放弃附加经济条件的做法。对外援助附加条件是否有效一直是西方发展学界长期争论的问题。

非洲独立以来一直接受外来援助。西方对非援助的数额不小，但效果似乎一直不佳，这一点为西方学界和官方所承认。纽约大学的伊斯特利教授的《白人的负担》的副标题"为何西方援助他国的努力为害甚多而增益甚少"充分说明西方援助的失败。[②] 曾在世界银行任职的卡尔德利斯在《非洲的麻烦：为何外援无效》中坦承失败。[③] 中国向非洲提供的援助有限，但效果较好。重要原因之一是中国从不将援助看作是单方面的赐予，而是一种互相援助。中非合作的快速发展引起西方的不安，他们认为中国的这种"扩张"侵害了西方的传统利益。[④] 西方往往以津巴布韦、

---

① Deborah Brautigam, *The Dragon's Gift*, *The Real Story of China in Africa*, Oxford University Press, 2009, p. 149.

② William Easterly, *White Man's Burden*: *Why the West's Efforts to Aid the Rest Have Done So Much Ill and So Little Good*, Penguin, 2006; Paul Collier, "Africa Left Behind: Editorial: Rethinking Assistance for Africa," *Economic Affairs*(Oxford), 26:4(Dec, 2006), p. 2.

③ Robert Calderisi, *The Trouble with Africa*: *Why Foreign Aid Isn't Working*, Palgrave Macmillan, 2006.

④ Bernt Berger, "China's Engagement in Africa: Can the EU Sit Back?", *South African Journal of International Affairs*, 13:1(Summer/Autumn, 2006), pp. 115-127; Princeton Lyman, "China's Involvement in Africa: A View from the US," *ibid*, pp. 129-138.

安哥拉以及苏丹为例，认为中国为获取能源，对这些国家的援助不带任何条件。非洲联盟和非洲国家在非洲事务上比中国（或其他任何大国）更有资格做出评判。津巴布韦的事件即是明证。[1] 耐人寻味的是，多次对中国大加鞭挞的美国在对待赤道几内亚的政策上似乎开始采取类似政策。[2]

在新的国际环境下，中非合作过程中遵循的自主性原则应该成为国际合作的原则。

（五）非洲国家的评价

关于中非合作有各种争论。[3] 某国际关系学术网站发布过一篇题为《中国在非洲的电讯潮：原因与后果》的文章，文章之下的两则留言很有意思。

其一："就像西方一样，中国利用永远无法还清的贷款攫取非洲的资源和地区影响力。当终端消费者无力偿还贷款时，这很难称之为一个可持续的移动革命。而中国会因其从这些国家资源中获得的利润而最终免除这些贷款。虽然我没有像作者一样花费很多时间来研究中国引领的这一现象，但我只需拿出'法国和欧元没有改变这一地区'的例子，就可以证明我的观点。"（网友：达米安）

其二："在中国之前，西方都在非洲做了些什么？要求民主制度，却忽略教育水平和文化的差异；引发非洲战乱，销售武器，攫取财富。虽然中国也从非洲获得资源和地区影响力，但与西方不同，中国投资基础设施，并且对东道国的政治制度没有任何附加条件，而基础设施正是非洲经济增长的基础。这是中国和西方在非洲的区别。中国人带走资源，在非洲留下了学校、铁路、公路和医院；西方人也带走资源，留给非洲的却是战

---

[1] "African Union defends Mugabe", *The Guardian*, January 25, 2005. "Africa gives Mugabe its blessing to fight West's sanctions", *The Times*, March 30, 2007.

[2] Alex Vines, "The Scramble for Resources: African Case Studies", *South African Journal of International Affairs*, 13:1(Summer/Autumn, 2006), p.72.

[3] Daniel Large, "Beyond 'Dragon in the Bush': The Study of China-Africa Relations", *African Affairs*, 107/426, pp.45-67. 近期研究参见李安山：《中非关系研究中国际话语的演变》，载《世界经济与政治》，2014年第2期，第19—47页。

争。"(网友：詹姆)①

西方对中非关系的快速发展提出了诸多批评，诸如"援助方式有害论"、"对非援助不透明"、"破坏环境论"等。② 然而，对中非合作最有发言权的是非洲人。2015 年皮尤全球民意调查"对中国的看法"中，受访的非洲人表现出对中国的好感。在加纳，80％的受访者对中国持好感，比例最高，75％在埃塞俄比亚和布基纳法索，74％在坦桑尼亚，有塞内加尔、尼日利亚和肯尼亚占 70％，南非达到 52％。③ 突尼斯大使认为，近十年非洲实现的增长率，其中 2％应归因于中国——中非合作论坛成为确定非洲的需求、确定优先项目和达到目标手段的框架，其特点是现实性和重点突出，这些政策针对非洲的实际需求和紧急问题，解决这些问题利于非洲人民的发展与福利。④ 南非学者马丁·戴维斯对快速发展的非洲经济和中非经贸关系两者之间的函数关系进行了研究后认为，两者之间存在着正相关的联系。他的结论如下：尽管还存在着一些不确定的因素，但目前来看，在整个非洲大陆，几乎不存在对中国经济利益明显的政治抵抗。随着'中国公司'走出去的步伐加快，有关中国公司海外投资的争论和政治反对声音会不断增强，但非洲政府不会出现这种政治抵抗。"在大部分情况下，非洲欢迎中国的投资，特别是对其'战略资产'的投资。"中国与非洲的增长轨迹交织在一起，构成了"新型互补"。"一种远离传统经济伙伴、接近东方和中国的转变在非洲的经济关系中出现了。"⑤

非洲人对中非特殊的平等关系有切身体会。塞内加尔前总统瓦德指

---

① Alfred Wong, "China's telecommunications boom in Africa: Causes and consequences", http://www. e-ir. info/2015/09/21/chinas-telecommunications-boom-in-africa-causes-and-consequences/. 查询时间：2015 年 11 月 17 日。

② 李安山：《论"中国崛起"语境中的中非关系——兼评国外的三种观点》，《世界经济与政治》，2006 年第 11 期，第 13—14 页。

③ "Opinion of China", http://www. pewglobal. org/database/indicator/24/. 查询时间：2015 年 10 月 27 日。

④ 采访突尼斯驻华大使，北京，2010 年 12 月 7 日。

⑤ Martyn Davies, "How China is Influencing Africa's Development?", in Jing Men and Benjamin Barton, eds. , *China and the European Union in Africa: Partners or Competitors?* Ashgate, 2011, p. 204. 有关中非经贸合作的宏观研究，参见杨立华等：《中国与非洲经贸合作发展总体战略研究》，中国社会科学出版社，2013 年。

出,中国模式促进了经济的快速发展,传授给非洲很多东西。① 赞比亚总统将中非关系定义为"全天候的朋友"关系。津巴布韦外交官认为,津巴布韦从中非合作论坛中获益良多,这种关系是平等的:在中非合作论坛框架下,中非坐在一起,共商大事。中国经济实力很强,但非洲同样也在论坛中发挥作用。② 摩洛哥大使表示:中非合作论坛是南南合作的一种形式,所有参加国都是发展中国家,各国一律平等。③ 坦桑尼亚驻美国大使赛福曾明确表示:中非双方领袖一直致力于政治和外交接触。"四代中国领导人均非常严肃地致力于这种接触,而且每一代领导都加强高级别访问和接触的层次及频率。"④尼日利亚外交官认为,尼日利亚对中非关系十分自信,因为中非关系将会长期有利于双方。论坛在中非关系中起到了不可替代的作用,已成为多边国际合作的著名模式。⑤ 刚果(金)外交官表示,非洲和刚果(金)十分赞赏中国对非洲伙伴的承诺,"因为中国带来一种新的合作模式",这是前所未有的,也确实带来实在的成果。不论在非洲什么地方,只要有中非合作,你就会看到变化,尤其在基础设施方面。⑥

此外,国际金融机构及多个国际智库的研究项目表明,中非经济合作促进了非洲国家的发展。⑦ 美国对外关系委员会 2015 年的一份报告承认:"中国在非洲的投资有助于刺激经济持续高速增长。"⑧2017 年由麦肯锡发表的《狮龙共舞:非洲与中国如何密切结合,两者的伙伴关系将如

① A. Wade, "Time for the West to Practise What it Preaches", *Financial Times*, February 29, 2008.

② 采访津巴布韦驻华外交官,北京,2010 年 12 月 14 日。

③ 采访摩洛哥驻华大使,北京,2010 年 12 月 10 日。

④ Ombeni Y. Sefue, "China: A Solid Partner", in Sharon T. Freeman, ed., *China, Africa, and the African Diaspora Perspective*, Washington D. C.: AASBEA Publisher, 2009, p. 44.

⑤ 采访尼日利亚驻华外交官,北京,2010 年 12 月 30 日。

⑥ 采访刚果(金)驻华外交官,北京,2010 年 12 月 14 日。

⑦ "Zambia: Chinese Investments Boost Nation's Economy", http://allafrica. com/stories/201104050690. html; ACET: "Looking East: A Policy Brief on Engaging China for African Policy-makers", Volume I, 2009, http://acetforafrica. org/site/wp-content/uploads/2009/10/lookingeastv1. pdf.

⑧ Christopher Alessi and Beina Xu, "China in Africa", Council on Foreign Relations, April 27, 2015. http://www.cfr.org/china/china-africa/p9557. 查询时间:2015 年 10 月 12 日。

何发展?》对八个主要非洲国家(安哥拉、科特迪瓦、埃塞俄比亚、肯尼亚、尼日利亚、南非、坦桑尼亚、赞比亚)的 1 073 家中国企业进行了调研。报告针对一些流行于西方的看法提出了自己的观点。中国在非企业数量已超过 10 000 家,90％是私企;其中 31％从事制造业。企业雇用的 89％是非洲人,64％的企业提供培训,管理层 44％是非洲人。这些企业约 25％能在首年收回投资,74％的受访企业对前景表示乐观。中国企业在基础设施的市场占有率更高,承建近一半的国际工程项目。报告分析了非洲-中国合作的四种类型,预测未来中国对非投资将以更快速度增长。报告指出了中国企业存在的问题(如劳动者待遇与环境污染方面)并提出了中非经济合作可持续发展的建议。①

六、从坦赞铁路到蒙内铁路的技术转移

技术是非洲实现工业化所需要突破的重要瓶颈之一。中非发展合作中是否存在技术转移? 对此有两种相互矛盾的观点:中国很少甚至没有向非洲国家转移技术;②中国企业通过各种方式进行技术转移,并发挥着积极的影响。③ 一位学者在分析埃塞俄比亚的技术模仿经验时,甚至用到了所谓的"中国模式"的概念。④ 事实是怎样的呢? 在论及这一问题之

---

① Irene Yuan Sun, Kartik Jayaram, Omid Kassiri, "Dance of the lions and dragons: How are Africa and China engaging, and how will the partnership evolve?", The McKinsey Global Institute, June 2017.

② Juliet U. Elu and G. N. Price, "Does China Transfer Productivity Enhancing Technology to Sub-Saharan Africa? Evidence from Manufacturing Firms", *African Development Review*, Vol. 22, No. S1(2010), pp. 587-598; Hilary Patroba, "China in Kenya: Addressing counterfeit goods and construction sector imbalance", SAIIA, Occasional Paper, No,110, March, 2012; Frank Youngman, "Strengthening Africa-China Relations: A perspective from Botswana", The Centre for Chinese Studies, Stellenbosch, November 2013, Discussion Paper, p. 11.

③ Jonathan Munemo, "Examining Imports of Capital Goods from China as a Channel for Technology Transfer and Growth in Sub-Saharan Africa", *Journal of African Business*, Vol. 14, No. 2(July, 2013), pp. 106-116;"授之以渔"项目组:《中资企业对非技术转移的现状与前瞻》,《西亚非洲》,2015 年第 1 期,第 129—142 页。

④ Elsje Fourie, "China's example for Meles' Ethiopia: When development 'models' land", *The Journal of Modern African Studies*, 53:3(September 2015), pp. 307-308.

前有必要说明:在中国的表述中,"技术合作"和"技术援助"时常被用来表达相似意思,中国重视促进非洲国家的自我发展能力,涵盖工业、农业、管理、教育和社会等各个领域。[①]

为了客观理解中国对非洲的技术援助和技术转移,坦赞铁路、华为公司和中国公路桥梁建设总公司(简称路桥公司)修建的蒙巴萨-内罗毕铁路(简称蒙内铁路)提供了案例。[②]

(一) 坦赞铁路:技术援助

坦赞铁路已成为中非关系的现代传奇,是中国援外史上最大的一个项目。当坦桑尼亚总统尼雷尔和赞比亚总统卡翁达在争取西方和苏联的援助落空后,他们向中国提出了请求。当中国政府作出承诺后,克服当时的经济困境,同坦桑尼亚和赞比亚一起完成了这项工程,促进了当地经济与社会发展。这是中非发展合作的典型,也是各类技术援助和合作的典范。[③]

铁路运输业是需要高新技术的大型工业。在中国,培养一位合格的机车驾驶员需要 6 年以上的技术培训,包括 3 年技术理论和 3 年辅助驾驶实践,培养一位高级铁路技术人员则需要 10 年以上的时间。正如于子桥(George Yu)所描述的那样,中国的工人、技术员和工程师们有一种培养非洲技术人员的"技术使命感"。[④] 技术援助培训模式有三种方式:在

---

① "技术合作是指由中国派遣专家,对已建成成套项目后续生产、运营或维护提供技术指导,就地培训受援国的管理和技术人员;帮助发展中国家为发展生产而进行试种、试养、试制,传授中国农业和传统手工艺技术;帮助发展中国家完成某一项专业考察、勘探、规划、研究、咨询等。"中华人民共和国国务院新闻办公室:《中国的对外援助》白皮书,2011 年 4 月。还可参见《中国的对外援助(2014)》白皮书。http://www.scio.gov.cn/zfbps/ndhf/2014/document/1375013/1375013_1.htm.

② Li Anshan, "Technology transfer in China——Africa relation: myth or reality", *Transnational Corporations Review*, 8:3(2016), pp.1-13;李安山:《从坦赞铁路到蒙内铁路:中非合作中的技术转移》,《国际社会科学杂志》,2016 年第 4 期,第 171—187 页。

③ 坦赞铁路全长 1 860.5 公里,1970 年 10 月开始修建,1976 年 7 月竣工。非洲人民至今仍然怀着一颗感恩的心。赞比亚驻华大使馆政治与行政参赞莫扶尼·奇白兹(Chibeza Mfuni)在"让我们非洲"(Let's Africa)的主题晚会上的讲话,2011 年 8 月 27 日。中国学者对坦赞铁路的研究,参见沈喜彭:《中国援建坦赞铁路研究》,黄山书社,2018。

④ George T. Yu, *China's African Policy: A Study of Tanzania*, New York: Praeger Publishers, 1975, p.109.

中国院校的技术培训,在坦桑尼亚和赞比亚的培训班,以及在职培训。1972 年 6 月,200 位来自坦桑尼亚和赞比亚的学生进入位于北京的北方交通大学参加培训课程,其中,41 人是交通运输专业,45 人是机车专业,21 人是汽车专业,9 人是通信专业、9 人是信号专业,31 人是铁路工程专业,23 人是财务专业,共有 179 人在 1975 年毕业。回国后,他们在各自祖国的铁路和经济建设中发挥了重要作用。[①]

第二种方式是在坦桑尼亚和赞比亚设立培训学校或培训班来培养非洲技术人员。根据 1967 年 9 月 5 日签署的双边协议,中国政府负责为坦赞铁路培养足够多的建设、管理和维护人员。1971 年 7 月,通讯与路桥专业的培训班在坦桑尼亚的曼古拉(Mangula)成立,1972 年 2 月,交通运输专业的培训班在姆古拉尼(Mgulani)成立。坦赞铁路投入运营以后,特殊培训班在达累斯萨拉姆和姆贝亚(Mbeya)成立。1975 年,坦赞铁路培训学校在赞比亚的姆皮卡(Mpika)成立。[②] 1978 年,两个特殊的内燃机和铁路通信培训班也相继成立。中国专家十年时间培养了 1 257 位特殊人才,占坦赞铁路全部技术人员的六分之一。他们于 1981 年底完成了工作。[③]

第三种方式是在职培训,为非洲的工人和技术人员提供更多的现场指导和实践经验。这是坦赞铁路技术援助中最常见的做法,因为这种方式不需要特殊设施且几乎没有成本。非洲工人在现场学习钻井、装配和拆卸技术,大大提高了工作效率。由于语言障碍,中国人更喜欢"无语教学"。"中国技师会鼓励非洲学徒照着他们的做法,组装和拆卸机械,直到学会正确的步骤。"[④]这一过程涉及了知识传授、技能展示、榜样示范和经

---

① 张铁珊:《友谊之路:援建坦赞铁路纪实》,中国对外经济贸易出版社,1999 年,第 378—379 页。

② Jamie Monson, *Africa's Freedom Railway: How a Chinese Development Project Changed Lives and Livelihoods in Tanzania*, Indiana University Press,2009, p. 44.

③ 张铁珊:《友谊之路:援建坦赞铁路纪实》,中国对外经济贸易出版社,1999 年,第 379 页。更多关于坦赞铁路技术转移的研究请参见 Liu Haifang and Jamie Monson, "Railway Time: Technology transfer and the role of Chinese experts in the history of TAZARA", in Ton Dietz, Kjell Havnervik, Mayke Kaag and Terje Oestigaard, eds., *African Engagements: Africa Negotiation an Emerging Multipolar World*, Brill, 2011, pp. 226-251。

④ Philip Snow, *Star Raft: China's encounter with Africa*, London: Weidenfeld & Nicolson, 1988, p. 163.

验分享等等。

铁路建成后的技术合作分为四个阶段。1976 年到 1978 年间，中国专家扮演了重要角色。中国技术人员不仅向非洲技术人员提供帮助和指导，还会独立完成工作。坦桑铁路运营的一般规则也在这一时期形成。1978 年到 1980 年间发生了两起事件。一场洪水冲毁了坦桑尼亚境内的铁路，南非的种族主义者炸毁了赞比亚境内的两座桥梁。750 位中国专家参与了修复工作。第三阶段的 1980 年到 1982 年间，150 位中国专家参与铁路运营维护，并在工程、电力等方面提供指导。协议被延长一年。第四阶段的 1983 年到 1986 年间，中国政府向 9 家部门共派出 250 位专家，从事坦赞铁路运营在规划、运输、财务和其他技术领域的工作。① 显然，坦赞铁路是中国向非洲提供技术援助的典型案例。毛主席曾告诉非洲领导人，这不是一种完全的利他主义行为，非洲国家对帝国主义和殖民主义的反抗会分散帝国主义者对中国的注意力，从而帮助了中国。更重要的是，中国受到西方的严重孤立，作为政治盟友的非洲国家，将成为中国抗衡西方的重要战略杠杆。

中国在非洲还有其他的技术援助活动。例如，中国为坦桑尼亚友谊纺织厂提供了各种培训，包括印染操作、设计制备、雕刻和筛分机的使用。② 于子桥描述了 1964 年到 1971 年间中国对坦桑尼亚七大领域（农业、文化和社会、教育和培训、医疗、工业、自然资源、交通和通信）的 19 种技术援助。中国在 1966 年为技术和管理人员提供培训，在 1970 年为农机人员提供培训，从 1968 年起又为制鞋人员提供培训。交通和通信领域涵盖广播电台和铁路，中国帮助坦桑尼亚培训施工人员、无线电技术人员和海事人员。③ 中国还在其他非洲国家促进了农业生产，这种发展合作体现在马里的甘蔗种植，索马里的烟草种植等方面，这些都是欧洲人声称不可能的事。④

---

① 张铁珊：《友谊之路：援建坦赞铁路纪实》，第 380—383 页。

② George T. Yu, *China's African Policy: A Study of Tanzania*, New York: Praeger Publishers, 1975, p. 115.

③ Table 5.1, "Chinese Technical Assistance to Tanzania, 1964—1971", George T. Yu, *China's African Policy*, p. 111.

④ 菲利普·斯诺在其著作《星槎》中题为"穷帮穷"的章节中介绍了中国对非洲进行援助的概况。Philip Snow, "The Poor Help the Poor", *The Star Raft*, pp. 144-185.

(二) 知识共享:从政治团结到经济合作

中非合作伊始,技术援助和知识共享就受到高度重视。前面提到了周总理在加纳提出的中国对外经济技术合作的八项原则表明,中国援助的目的是帮助受援国逐步实现自力更生和独立发展(第四项);向受援国提供本国质量最好的设备和材料(第六项);在提供技术援助方面,帮助受援国的相关人员完全掌握技术(第七项)。很明显,这是一个包含技术、设备和人员培训的技术转移过程。

无论是技术援助、技术转移、知识共享、技术合作或是知识转移,中非合作都包含知识共享的元素。布罗蒂加姆研究了中国在利比里亚、塞拉利昂和冈比亚的农业援助项目,包括知识转移。[①] 尽管经历过各种各样的失败,但中国帮助非洲国家发展农业项目产生了非常积极的影响。布基纳法索就是一个很好的例子。20 世纪 80 年代末,布基纳法索的三个水稻种植区成为全国闻名的地区,其中一个还从小村庄发展成了人口超过 8 000 人的小城市。1987 年,每个农民家庭的净收入达到了 40—80 万非洲法郎(约合 1 300—2 600 美元)。其他地区和周边国家的农民迁移到了富裕的水稻种植区。这一成就与中国专家的辛勤劳动密切相关,他们教给当地人民经验、管理技能和组织能力。为感谢中国农业专家,布基纳法索政府于 1988 年授予他们每人一枚国家勋章。[②]

1978 年改革开放以来,中国的战略重点从"战争和革命"转向"和平与发展",与发展中国家的经济合作也发生了巨大的变化,从经济援助发展为多种形式的互利合作。中国将工作重点从意识形态转向经济建设。其结果是,中国根据经济形势调整了对外援助的规模、程序、结构和部门。1982 年,赵紫阳总理在访非期间提出了中国同非洲国家开展经济技术合作的四项原则,即平等互利,讲求实效,形式多样,共同发展。对外援助将以更为多样化和灵活的方式提供。[③] 1995 年,以中国进出口银行为代表

---

① Deborah Brautigam, *Chinese Aid and African Development : Exporting Green Revolution*, Macmillan Press, 1998.

② 江翔:《我在非洲十七年》,上海辞书出版社,2007 年,第 171—174 页。江翔是一位长期在非洲工作的外交官,曾任中国驻布基纳法索大使。

③ 李安山:《论中国对非洲政策的调适与转变》,载《西亚非洲》,2006 年第 8 期,第 11—20 页。

的国家银行开始以向发展中国家提供中长期低息贷款的方式参与对外援助。由于合格的人力资源是技术转移不可或缺的必要条件，中国和非洲国家都非常重视旨在各领域能力建设的培训课程。大部分培训课程的成立都与对外援助的项目有关，企业也开始将技术转移纳入它们在非洲的业务中。[1]

　　布罗蒂加姆在她的书中这样描述中国的培训项目："在我 2007 年到 2009 年间的非洲旅行中，我经常遇到主动告诉我他们曾在中国接受培训课程的人。"塞拉利昂工商业协会执行官罗达·托伦卡（Rhoda Toronka）在谈及她在北京为期三周的商会培训经历时，表示"培训课程非常深入"，并承认向中国学习的重要性。[2] 人力资源开发合作或人才培养已成为中非发展合作的重要渠道。1953 年到 1979 年间，中国与包括非洲国家在内的发展中国家开展了各种各样的人力资源开发合作项目，培养了一大批人才。这些项目涵盖了农业、林业、水利、轻工、纺织、交通和医疗等 20 个部门。为了加强对发展中国家的扶持力度，中国自 1981 年以来，还一直同联合国开发计划署合作，在不同领域开设了不同的培训课程。[3] 20 世纪 90 年代，中国为 2 667 位来自发展中国家的人员开设了 167 个培训项目。[4]

　　众所周知，成功的技术转移依赖于转移国和接受国双方的人力资源。[5] 中非合作论坛本着"为非洲国家培养不同学科人才"的目的设立了非洲人力资源开发基金。[6] 在 2000 年到 2003 年间，中国在特别基金框

---

[1]　周弘、熊厚编：《中国援外 60 年》，社会科学文献出版社，2013 年，第 154—158 页。

[2]　Deborah Brautigam, *The Dragon's Gift: The Real Story of China in Africa*, Oxford University Press, 2009, pp. 119-120. 2011 年，布罗蒂加姆受中国与发展援助委员会项目邀请赴马里首都巴马科参加"中非农业经验分享会"，会上她将此书赠送给我。此书已有中译本。

[3]　人力资源开发合作是指"中国通过多双边渠道为发展中国家举办各种形式的政府官员研修、学历学位教育、专业技术培训以及其他人员交流项目"。国务院新闻办，《中国的对外援助》，2011 年 4 月。

[4]　周弘、熊厚编：《中国援外 60 年》，社会科学文献出版社，2013 年，第 158 页。

[5]　Yejoo Kim, "China-Africa technology transfer: a matter of technology readiness", 17 February, 2014.

[6]　"Programme for China-Africa Cooperation in Economic and Social Development"，第一届中非合作论坛。http://www.focac.org/eng/ltda/dyjbzjhy/DOC12009/t606797.htm，查询时间：2015 年 12 月 28 日。

架内为非洲举办了形式多样的培训课程和项目。第二届中非合作论坛期间,中国进一步增加为非洲人力资源开发基金提供的资金,在各领域为非洲培养1万名人才。在2004年和2005年,中国先后为非洲培养了2 446名和3 868名人才,涵盖了贸易投资、经济管理、电信网络和新农业技术等领域。① 2006年,温家宝总理访问埃及时强调,技术援助同经济援助和经济合作相结合,是为了加强非洲的自我发展能力,中国将帮助非洲培养技术人员和管理人员。②在2010年到2012年间,除了培训非洲人,中国还向50多个国家派出2 000多位专家,"开展技术合作、可应用技术转移、帮助这些国家提高在农业、手工制作、广播电视、清洁能源、文化和体育方面的技术管理能力"。③

　　知识共享也存在于医疗领域。中国医疗队在非洲工作期间,中国医生将专业知识传授给当地的医务人员,帮助非洲国家改善医疗卫生服务。在坦桑尼亚,为了让非洲学员更好地了解针灸,中国医疗队队员让当地学员在自己身体上实践,从而可以直接提供技术指导,并以这种方式培养了大量的医疗人员。中国医疗队充分利用当地媒体宣传自己的医学知识。④ 中国医生还帮忙建立了医疗专业并添置技术设备。针灸现在在突尼斯、喀麦隆、莱索托、纳米比亚和马达加斯加很流行。中国不间断地举办培训项目,在非洲或中国向非洲的医疗专家和政府官员教授预防和治疗疟疾的知识。来自宁夏回族自治区的医疗队员在贝宁提供医疗服务。他们除了日常工作之外,还开办各种各样的医疗培训课程。为了帮助当地的医务工作者,他们还编写了《非洲小儿脑型疟疾防治100例》,供贝宁

---

① 李安山:《论中国对非洲政策的调适与转变》,载《西亚非洲》,2006年第8期,第19页。

② 《温家宝在埃及举行记者会》,中华人民共和国国务院公报,2006,http://www.gov. cn/gongbao/content/2006/content_346289. htm. 查询时间:2015年12月24日。

③ 国务院新闻办,《中国的对外援助(2014)》,2014年7月,北京,http://news. xin-huanet. com/english/china/2014—07/10/c_133474011. htm. 查询时间:2015年12月14日。关于非洲留学生的研究,参见 Li Anshan and Liu Haifang, "Evolution of the Chinese policy of funding African Students and an evaluation of its effectiveness", Draft of UNDP Project, 2014;K. King, "China's cooperation in education and training with Kenya, a different model?" *International Journal of Educational Development*, 30(2010), pp. 488-496.

④ 刘继锐编:《中国医疗队在坦桑尼亚》,山东省卫生局,1998年,第74—78页。

医生参考。截至 2008 年,中国医疗队在阿尔及利亚开设了 20 多个培训课程、举办了 30 多个讲座,培养的 300 多位医务人员已成为当地医疗机构的骨干。凭借着辛勤工作和奉献,中国医疗队赢得了这些国家的政府和人民的尊重和赞扬。[①]

(三) 华为公司:电信业的技术转移

非洲的电信业飞速发展。《聚焦非洲》(*Africa Focus Bulletins*)报道,坦桑尼亚的移动金融服务在五年中实现了前所未有的增长。2008年,只有不到 1% 的成年人有机会接触到移动金融服务,到 2013 年 9 月这一数字已达到 90%。同样,积极使用数据也表现出类似的增长,2013 年 9 月,有 43% 的成年人积极使用这项服务。数据显示,截至2014 年 6 月 30 日,非洲约有 2 亿 9 800 万人使用互联网,相当于人口的 16.5%。渗透水平(level of penetration)最高的国家是马达加斯加(74.7%)、摩洛哥(61.3%)、塞舌尔(54.8%)、埃及(53.2%)、南非(51.5%)和肯尼亚(47.3%)。互联网用户数量占比高的国家是尼日利亚(占整个非洲用户数量的 23.6%)、南非(15.5%)、埃及(8.4%)、肯尼亚(7.1%)和马达加斯加(5.8%)。[②] 非洲互联网用户的快速增长与中国电信公司的作用有着密切的关系。这表明非洲信息和通信技术的未来发展潜力巨大。[③]

中非关系已扩大到各个领域。涉及技术转移的最典型的例子就是华为公司。随着非洲互联网使用量的迅速增加,华为和中兴,这两家中国信息和通信技术公司在非洲大陆变得非常活跃。华为 1998 年进入非洲,2006 年在非洲 40 多个国家的销量突破 20 亿美元,并于 2007 年分别在

[①] 李安山:《中国援外医疗队的历史、规模及其影响》,《外交评论》,2009 年第 1 期;Li Anshan, *Chinese Medical Cooperation in Africa: With special emphasis on the medical teams and anti-malaria campaign*, Uppsala: Nordic African Institute, 2011.

[②] "Africa: Internet Usage Rising Rapidly", AfricaFocus, http://www. africafocus. org/docs15/ict1509. php. 查询时间:2015 年 11 月 14 日。

[③] "The African Internet Effect-Everything it touches turns different", http://www. balancingact-africa. com/news/en/issue-no-795 # sthash. RvtY3yy0. dpuf. 查询时间:2015年 11 月 13 日。

非洲南部、东部和西部设立了地区办公室。① 华为在非洲的成功高度依赖于它对当地情况的适应，包括近几年的技术转移。换言之，华为的技术转移与其经营战略紧密相关。华为在非洲采取的一些技术转移措施与其全球企业社会责任计划紧密相关。现在各种各样的项目在非洲大陆实施。最受欢迎的是"未来种子"计划。作为一项帮助青年远程通信人才的项目，该计划已经在 40 多个国家实施，超过 1 万名来自 100 多所大学的学生从中受益。

肯尼亚的"未来种子"计划自 2011 年推出，合作伙伴包括肯尼亚莫伊大学、乔莫·肯雅塔农业技术大学、内罗毕大学、肯尼亚萨法利通信公司（Safaricom Ltd）、肯尼亚信息通信部（通过肯尼亚信息和通信技术委员会）和高等教育部。该计划包括评估大学课程，培训，以及旨在提高本土化创新的安卓应用挑战组织。在第一阶段，该计划提供奖学金、培训和实习机会。② 2014 年，华为升级了肯尼亚的"未来种子"计划，旨在帮助来自各地高校的掌握基本信息与通信技术的一流工科学生提升技能，并为他们提供学习和应用新技术的机会。被选中的学生将前往中国接受中国文化和语言的培训，并在华为大学接受顶级信息技术专家在创新的信息与通信技术方面的指导。③ 2015 年 10 月，更多的学生被选派到华为总部接受培训。40 名学生参加了为期两个月的实习计划，并将有 100 名学生在未来三年参加该实习计划。该计划的目标是招收来自肯尼亚大学高年级的一流的工程专业学生，并帮助他们掌握必要的行业技能。2014 年 6 月，肯尼亚信息通信技术管理局与华为签署了一份谅解备忘录，以培养本

---

① "Huawei Technologies: A Chinese Trail Blazer in Africa", http://knowledge. wharton. upenn. edu/article/huawei-technologies-a-chinese-trail-blazer-in-africa/; "Huawei going strong in Africa", http://www. oafrica. com/mobile/huawei-going-strong-in-africa/. 查询时间：2015 年 11 月 11 日；Alfred Wong, "China's Telecommunications Boom in Africa: Causes and Consequences".

② "Telecom Seeds for the Future" Program, http://pr. huawei. com/en/social-contribution/charitable-activities/hw-u_202448. htm#. Vkr9tMLotes.

③ "Kenya: Nine Kenyan Students to Benefit From Huawei's 'Seeds for the Future' Program", http://allafrica. com/stories/201412090706. html. 查询时间：2015 年 10 月 25 日；"Huawei Technologies: A Chinese Trail Blazer in Africa", http://knowledge. wharton. upenn. edu/article/huawei-technologies-a-chinese-trail-blazer-in-africa/. 查询时间：2015 年 10 月 25 日。

地的信息和通信技术人才，加强知识转移，促进对信息和通信技术部门更大的理解和兴趣，完善和鼓励数字社区的建设和参与。到目前为止，已有28位工程专业的肯尼亚学生从该计划中受益。这28受益者中，有四人在华为肯尼亚代表处工作，另有两人在肯尼亚教育网和麦肯锡咨询有限公司工作。其余的人已回到大学继续完成学业。[①]

华为也在乌干达和加纳推出了该计划。2012年，华为与乌干达麦克雷雷大学（Makerere University）签订合作协议，为优秀学生提供奖学金和信息通信技术的培训，并为研究项目提供赞助。一个安卓应用挑战组织也建立起来以发展技术创新。该计划为11名学生提供可实习机会，还为10名学生提供了信息和通讯技术的培训。未来预计将有数百名当地学生从该计划中受益。2015年4月2日，新阶段的计划在乌干达实施，10位年轻的学生被"未来种子"计划选中，赴华为总部接受顶级培训。此外，华为还向乌干达卡拉莫贾区的学生捐赠了40台台式电脑。此举受到乌干达政府的高度赞扬。乌干达总统约韦里·穆塞韦尼评价说："华为是一家全球领先的信息和通信技术公司，我们感谢华为在改善信息通信技术发展和弥合数字鸿沟方面为乌干达做出的贡献。展望未来，我希望华为继续投资，为乌干达培养更多的信息和通信技术人才，特别是随着'未来种子'计划的推出，将有助于乌干达信息通信技术产业的长期发展和建设。"[②]华为还在加纳选拔了15名学生参加该计划。现在有3 700名加纳学生在中国留学，近500名接受中国政府的资助。[③]

华为总是强调改善教育条件。2015年10月，华为在埃塞俄比亚推动了一项计划，旨在促进亚的斯亚贝巴的学校之间的资源共享和教育交

---

① "Chinese firm trains Kenyan students on ICT", http：//www. focac. org/eng/zfgx/t1305735. htm. 查询时间：2015年10月25日；"China tour an eye opener for Kenyan engineering students", http：//www. icta. go. ke/china-tour-an-eye-opener-for-kenyan-engineering-students/. 查询时间：2015年11月18日。

② "Uganda：Huawei's 'Seeds for the Future' Program Launched in Uganda",http：//allafrica. com/stories/201504030275. html,查询时间：2015年10月25日。

③ "China's Huawei to offer more training opportunities for African students",http：//news. xinhuanet. com/english/2015—06/28/c_134362929. htm,查询时间：2015年10月25日；及"China's Huawei to offer Botswana's youth technical training", http：//news. xinhuanet. com/english/2015—06/05/c_134301459. htm,查询时间：2015年10月25日。

流。亚的斯亚贝巴校园网项目将通过信息通信基础设施将 65 家教育机构联合起来,包括 64 所中学和 1 所大学。亚的斯亚贝巴市教育局已为该项目的实施投资达 2.4 亿埃塞俄比亚比尔(约合 1 150 万美元)。华为帮助埃塞俄比亚的教育系统成功地实施了该项目。在长期的信息通信技术能力建设合作的基础之上,华为还将在埃塞俄比亚未来的教育能力建设方面提供帮助。①

华为还为客户提供培训。华为在肯尼亚内罗毕的工业区建立了一个完全成熟的培训中心,为购买华为系统的客户提供培训。大多数的培训任务是由肯尼亚工程师前往客户公司完成的,偶尔也会由来自中国的专家负责。同样,华为也会在中国或本地提供现场的培训。华为还在肯尼亚推行了"她带领非洲"计划②和"校园网"计划③,前者是第一个为非洲女性企业家提供机会访问中国,并与业界领袖对话的项目,后者则通过信息通信技术和特殊培训项目等手段把教育机构联合起来。

(四) 蒙内铁路:中国路桥公司的技术转移

肯尼亚蒙巴萨-内罗毕铁路于 2014 年 12 月开工。为了培养本地铁路职工,发展完整的铁路专业教育体系,承建蒙内铁路的中国路桥公司建立了综合性的三级培训体系,包括铁路建设技术培训,铁路运营/管理培训和铁路工程教育体系。整个培训项目与当地机构合作。

第一级包括三个阶段,即各种技术的综合培训,与当地培训机构合办培训基地,如与雷内笛卡尔培训机构(RDTI)的合作,以及在中国的高级培训班。现在约 18 000 人/次的肯尼亚人参加了第一级的培训。第一阶段是为不同领域的人员培训不同的技术。第二阶段是建立了一个具有学徒关系的培训基地,一个中国技术员师傅带一个肯尼亚工人学徒。中国

---

① "China's Huawei boosts schools' connectivity via project in Ethiopia",http://www.focac. org/eng/zfgx/t1305384. htm,查询时间:2015 年 10 月 28 日。

② "5 tech-entrepreneurs chosen for exclusive Huawei She Leads Africa Innovation Visit to China", http://africanbrains. net/2015/07/14/5—tech-entrepreneurs-chosen-for-exclusive-huawei-she-leads-africa-innovation-visit-to-china/,查询时间: 2016 年 1 月 29 日。

③ "Ethiopia School Net Project Builds Desktop Cloud with Huawei",http://www. huawei. com/en/EBG/Home/videos/global/2015/201512111618,查询时间:2016 年 1 月 20 日。

师傅负责肯尼亚学徒的技术技能实践，而雷内笛卡尔培训机构负责学徒的理论学习。培训利用晚上和周末的时间在工地进行。经选拔的优秀学徒将在中国商务部的资助下赴中国深造。2015 年 7 月到 12 月，13 位被送到中国参加"2015 年发展中国家铁路工程建设管理与施工研修班"的肯尼亚人在西南交通大学学习，他们都圆满地完成了学业，并获得了大学颁发的证书。2016 年第二批的 20 位学员的选拔工作已经完成。

第二级是专门针对铁路运营和管理的培训，也包括两个阶段。蒙内铁路计划 2017 年通车运行，需要大量的工程师和技术人员。然而，肯尼亚铁路专业既没有职业技术教育，也没有本科教育。因此，第二级的培训是非常重要的，其第一阶段的培训班于 2016 年 4 月开班。10 位来自肯尼亚铁路局下属培训学校的教师被送往中国的西南交通大学接受铁路技术专业的培训，同时，10 位中国教授已经抵达肯尼亚任教。第一期培训班为期四个月，共有 105 名学生参加交通运输专业、机车专业和通信专业这三个专业的学习。中国路桥公司计划斥资 1 000 万元建立一家铁路技术培训中心，在 7 年内为肯尼亚培养 3 000 名技术人员。现在，中国路桥公司正准备铁路管理第二阶段的培训，包括关键岗位培训、教师职业教育培训和在职铁路职工的适应性培训。关键岗位涉及列车运行、列车维修、管理和技术人员。当地教师的铁路职业教育培训将在五年之内分 7 次在中国完成，目的是使肯尼亚教师可以承担未来的培训任务。在职铁路职工的适应性培训包括安保培训、标准化操作培训、季节性培训以及新技术、设施、规则、流程和应急管理能力的培训等。

第三级还处在帮助肯尼亚建立铁路工程专业的规划阶段。肯尼亚目前没有这样的专业。中国路桥公司希望能够借中国完善的铁路工程教育体系，帮助肯尼亚建立铁路专业。现在，该计划已经得到了内罗毕大学和中国大使馆的积极响应，西南交通大学也已承诺积极参与内罗毕大学铁路管理高层次人才的培养。①

在其他领域，中国国有企业也推动着技术转移。苏丹曾经是石油进口国，但在中国石油天然气集团公司的帮助和自身的努力下，现已拥有完

---

① "CSR Report of Mombasa-Nairobi Railway Project", China Road and Bridge Corporation, 2016.

整的石油"勘探-生产-提炼-出口"体系。在一开始,中石油公司就设立了帮助苏丹建立石油工业体系的目标,它首先实施了一项人才培养计划。从 1998 年开始,中石油公司先后从苏丹喀土穆大学选拔了 35 位教师和专家,赴中国学习石油专业,他们全部获得了博士学位或石油相关专业的学位,回国后成为苏丹石油工业的支柱。自 2006 年起,中石油公司又与苏丹能源矿业部签署多份协议,为苏丹培训石油专家,并为此提供资金支持。苏丹政府表示,帮助苏丹培养了一批石油人才是中石油公司对苏丹人民最重要的贡献。中石油公司对苏丹投资项目的本土化已达到 95%,而苏丹石油工程建设和技术服务的本土化也达到了 75%。[①] 在参观喀土穆北部的喀土穆炼油有限公司期间,我得知新员工进入公司以后,一半时间上班,一半时间参加培训课程。经过十多年的努力,苏丹本国已拥有炼油专业的工程师和技术人员。现在,苏丹的工程师们不仅在喀土穆炼油公司和中石油在苏丹的项目中发挥重要作用,他们也成了苏丹石油工业的支柱。在非洲还有其他的技术转移项目,比如索马里的贝莱特温-布劳公路项目(The Belet Uen-Burao Highway)、喀麦隆的拉格都水电站项目(The Lagdo Hydro-power Station)、毛里塔尼亚的努瓦克肖特友谊港(Nouakchott's Friendship Port)项目、博茨瓦纳的铁路升级项目和埃塞俄比亚亚的斯亚贝巴的戈泰拉立交桥项目(The Gotera Interchange)等等。

(五)中非教育合作

中国还与非洲伙伴联合办学,建立职业学校,培训专业技术人员。中国—埃塞俄比亚联合学校已开设的课程包括工程、电气、电子、汽车、计算机、纺织和服装。[②] 在中国天津职业技术师范大学,已经培养了许多不同领域的年轻的非洲技术人员和工程师。在乌干达和安哥拉也建有同样的培训中心和学校。有超过 6 000 名的非洲学生受到中国奖学金的资助,

---

① 张安平、李文、于秋波:《中国与苏丹石油合作模式的实证分析》,《西亚非洲》,2011 年第 3 期,第 3—11 页。

② "Largest China-foreign joint school to founded in Ethiopia", http://www.china. org.cn/international/news/2008-12/24/content_17003029.htm.查询时间:2015 年 11 月 11 日。

还有更多的学生自费前来学习。他们中的大部分人学习了科学和技术的课程。①

表格 11-6　1996 年—2011 年在华非洲留学生统计②

年　度	中国奖学金人数	自费人数	总　数
1996	922	118	1 040
1997	991	224	1 215
1998	1 128	267	1 395
1999	1 136	248	1 384
2000	1 154	234	1 388
2001	1 224	302	1 526
2002	1 256	390	1 646
2003	1 244	549	1 793
2004	1 317	869	2 186
2005	1 367	1 390	2 757
2006	1 861	1 876	3 737
2007	2 733	3 182	5 915
2008	3 735	5 064	8 799
2009	4 824	7 609	12 433
2010	5 710	10 693	16 403
2011	6 316	14 428	20 744
合计	36 918	47 443	84 361

　　在高等教育和大学设施方面帮助非洲国家是另一种合作的方式。例

---

①　Li Anshan, " African Students in China: Research, Reality and Reflection", *African Studies Quarterly*, 17:4(February 2018), pp. 5-44; Li Anshan, "A place to learn, a place to realize dreams", *China Daily*, 2014/4/11, http://africa. chinadaily. com. cn/africa/2014—04/11/content_17426913. htm. 查询时间:2015 年 12 月 26 日。

②　数据来源:中国教育部《中国教育年鉴》,还可参见 Li Anshan and Liu Haifang, "Evolution of the Chinese policy of funding African Students and an evaluation of its effectiveness"。

如,正在坦桑尼亚达累斯萨拉姆大学进行的基础设施改造,包括建造一个既用作公共图书馆,又用作资源中心的现代图书馆,图书馆内配有一个可容纳 2 100 人的会议室和一个可容纳 500 人的孔子学院中心。该图书馆藏书量将超过 80 万册,并可供 6 000 人使用。整个工程由中国拨款资助。[1] 目前,在中国留学的非洲学生已经超过了在英国和美国留学的数量。[2]

(六)中非发展合作中的技术转移

综上所述,自 1964 年《中国政府对外经济技术援助的八项原则》出台以来,技术转移就以不同形式和名称(比如技术援助、知识转移、知识共享等)存在于中非发展合作之中。

修建坦赞铁路期间,技术援助是中国政府战略规划的一部分。由于"以领导为中心"的特点,技术援助由中国几个部委协作分工,并由高层领导直接协调和领导。在非洲方面,该项目由坦桑尼亚和赞比亚政府计划,并受到周边国家的支持,非洲领导人在谈判商议的同时,也向中国政府发出了邀请和请求。虽然该项目最初被设计成一个经济项目,但突破南非和其他白人政权的封锁有非常重大的政治意义。修建坦赞铁路期间,坦桑尼亚、赞比亚和中国的三边关系及各种形式的技术转移,不仅表现出南方国家的团结,也加强了南南发展合作。

这一时期技术转移的主要特征有三。第一,无论规模大小,技术转移的组织者和协调者是中国政府;第二,技术转移总是与中国政府援助项目相关联,涉及工业、农业、基础设施和医疗等领域;第三,即便知识传播的实施载体是个人企业或机构,技术转移本身也被视为一项政治任务。

随着对外开放政策的实行,中国的战略重点转向经济建设,这也使技术转移的维度、规模和深度发生了变化。中国继续培养非洲青年技术人才,因为人才是技术转移成功的关键。在其他方面,与早期的技术援助不

---

① Silivester Domasa,"Tanzania: UDSM Launches 90 Billion/-State-of-the-Art Multi-Storage Library", *Daily News* (Tanzania), June 3 2016. http://allafrica.com/stories/201606030383.html. 查询时间:2016 年 7 月 18 日。

② Li Anshan,"African Students in China: Research, Reality, and Reflection", *African Studies Quarterly*, 17:4(February 2018).

同,新世纪的技术转移通常由国有企业实施,华为这样的民营企业的参与是一种例外,也是创新。与民营企业相比,国有企业与中国政府有更多的直接联系,因此像中石油公司和中兴公司这样的国有企业,更有义务去履行技术转移的职责。此外,技术转移也是企业开拓非洲市场的途径之一。技术转移与企业社会责任同样重要,并反映在企业本地化过程中。公司所关心的是扩大市场,赢得更多客户。技术转移被视为一种可以吸引更多当地人的战略举措,包括非洲消费者和代理商。企业通过这种做法为当地社区发展提供更好条件,进而为非洲工业化做出贡献。因此它是一个带有政治义务的经济措施。

在中非峰会通过的《中非合作论坛——约翰内斯堡行动计划(2016—2018)》中,"技术转移"受到极大的重视,涵盖农业、工业、民用航空、能源和资源、税收、物流等领域。此外,相似的表达"知识共享"出现了两次,"分享经验"出现了四次。例如,航天领域合作的"分享发展经验"(4.5.3)和加强安全方面的"经验分享"(6.1.4)。此外,行动计划还指出:"双方将重视知识共享和技术转移,将在技术创新政策、科技园区建设等方面开展交流,鼓励科研机构和企业深入合作。"(4.5.2)[1]中非经济合作特别是技术方面的合作不仅为非洲提供了新的机会,也对经济全球化产生了重要的影响。这种合作既是全球产业链变化升级的结果,也将为新的变化创造条件。双方只有顺应时代大潮,才能更好地迎接挑战。[2]

七、小　结

"向东看"——非洲与新兴国家的发展合作已成为国际政治经济的发展趋势。1995年以来,非洲经济持续以每年4%—5%的速度增长。2012年的《非洲发展报告》表明世界上增长最快的经济体中有七个在非洲。非洲的经济持续增长取决于很多因素,其中之一是与新兴国家的经济合作。一些亚洲国家(如中国和印度)和拉丁美洲国家(如巴西)以一种或多种方

---

[1]　4.5.2. of "The Forum on China-Africa Cooperation Johannesburg Action Plan (2016—2018)", 2015/12/25. http://www. focac. org/eng/ltda/dwjbzjjhys _ 1/hywj/t1327961. htm. 查询时间:2015年12月27日。

[2]　唐晓阳:《中非经济外交及其对全球产业链的启示》,世界知识出版社,2014年。

式促进了非洲国家的发展,在非洲经济体和新兴经济体包括金砖国家之间建立了密切联系。

非洲和新兴经济体之间的关系在深度和广度上发展迅速。贸易快速增长;2011年,贸易额达6 734亿美元,这个数字仍在增加。① 非洲国家的发展潜力吸引了外国投资,其中,来自新兴经济体的投资最为突出。近些年来,新兴国家的经济持续发展引发了国际社会的广泛关注。2013年3月26日在南非举办的金砖国家峰会的主题为"金砖国家与非洲大陆:发展、融合与工业化的伙伴关系"。非洲的经济增长仍然依靠大宗商品出口,如油气、矿产等。金砖四国目前占到非洲大陆外贸出口的36%,2012年,非洲对金砖四国的出口额达1 440亿美元,几乎达到非洲向欧盟和美国出口的总和(1 448亿美元)。从非洲近年的发展看,与新兴经济体的合作促进了非洲的经济发展。除中国、巴西和印度外,俄罗斯也在跟进。俄罗斯与非洲的经贸往来也开始升温。俄罗斯的卢克石油公司最近帮助塞拉利昂发现了近海石油资源,将加强与非洲石油生产国的合作。2013年,俄罗斯在南非设立了一个商务处。可以说,非洲经济的持续发展明显受益于与其他新兴经济体的合作,尤其是金砖国家,反之亦然。② 标准银行估计,2014年,非洲与金砖国家的贸易额增长4%,达到3 760亿美元。③

非洲与其他新兴经济体的关系也在加强,中东地区的石油富国如沙特阿拉伯等一直与非洲国家保持着密切的经济关系。阿拉伯联合酋长国和卡塔尔与非洲的发展合作进展很快。例如,阿联酋在过去十年里(2003—2012)是绿地投资额最大的国家,大致投资1 330亿美元,约占这一时期南南投资总额的30%。④ 非洲-东南亚商会的成立意味着非洲与

---

① "Africa and the New Partnership(2011)", *African Economic Outlook 2012*.

② 俄罗斯与非洲的关系历史悠久。然而,近年来,似乎"俄罗斯倾向于将援助置于多边组织框架而非由双边来实施,它也对与非政府组织合作持犹豫态度"。俄罗斯的援助款项最近才开始增加。Anna Brezhneva and Daria Ukhova, *Russia as a Humanitarian Aid Donor*, Oxfam Discussion Paper, July 15, 2013.

③ Simon Freemantle, "Trade patterns underline Africa's shifting role", May 25, 2015. http://www. bdlive. co. za/opinion/2015/05/25/trade-patterns-underline-africas-shifting-role. 查询时间:2015年5月26日。

④ *African Economic Outlook 2013*, AfDB, OECD, UNDP, ECA, 2013, p. 47.

东南亚的经贸关系正在加速,商会的 13 家来自东南亚各国的企业包括金融、商品和油气等公司。有的已经在非洲投资多年,如农产品公司威尔玛(Wilmar)已经在非洲有十多年的历史,在十多个国家投资了 4 亿美元。新加坡与非洲的贸易总额在 2012 年达到 118 亿美元。马来西亚在非洲的投资更为突出。2011 年,它在非洲的投资额仅次于法国和美国,成为亚洲在非洲投资最多的国家。

目前,由于中国、印度、巴西等新兴发展国家的崛起,南南合作呈现出一种新气象。在与非洲国家的合作中,新兴国家除提供力所能及的经济援助外,还向非洲国家介绍自己在发展方面的经验教训,同时提醒非洲国家按国情处理自己的情况。中国从来反对照搬他人经验,因为中国自己有过失败的教训。与发达国家的援助不同,新兴国家对经济脆弱、受冲突影响的国家提供经济和政治支持。由于这些国家局势动荡和缺乏基础设施,西方国家常常忽略甚至制裁它们。例如,中国支持安哥拉、苏丹和津巴布韦,而印度支持安哥拉、苏丹、吉布提、科特迪瓦和尼日尔。"印度和中国通过财政手段扩大对这些国家的支持,帮助他们重建经济。更重要的是,由于印度和中国的援助与投资不附加任何政治条件,使得这些非洲国家在他们的帮助下得以完善基础设施,根据他们自己的条件制订各自的发展规划。"[①]

非洲国家多是能源生产国,西方是非洲能源消费的先到者,中国、印度、巴西、马来西亚等国是非洲能源消费的后来者。三方合作则双赢,对抗则俱损。非洲因新兴国家的卷入已经在以下方面达到了双赢的效果。第一,新兴国家对原材料和能源的需要使非洲的丰富资源得到了充分利用,使买家与卖家双方得利。其次,需求刺激了原材料价格,为非洲国家增加了国民收入,加快了非洲的发展,如尼日利亚已还清所欠贷款,苏丹从原油进口国变为原油出口国。第三,新兴国家企业进入非洲提供了更多投资,推动了非洲的产业,同时在市场选项、投资伙伴和产品价格等方面提供了更多有利于非洲的机会。它们的卷入也打破了西方一统天下的局面,提高了非洲国家在生产、销售和寻求投资等方面的自主性。第四,

---

① 阿帕拉吉塔·比斯瓦斯:《金砖国家与低收入国家之间日益增长的贸易关系——特别参照中国和印度在非洲发展模式中的地位和作用》,《国际政治研究》,2012 年第 3 期。

新兴国家的投资伴随着对非洲伙伴国基础设施的修建，这些项目大大改善了投资环境，为其他国家的企业创造了更好的投资条件，可为非洲吸引众多外资。此外，对能源的大量需求促使人们认识到油气能源耗尽的危险性，从而推动替代能源的研发工作，为新能源的产生提供了可能性。最重要的是，新兴国家让非洲看到了独立自主走自己发展道路的重要性。

非洲与新兴国家的贸易正在不断增长，特别是中国、印度与南非进入非洲十大贸易伙伴国；2014年，非洲前20个贸易伙伴国总计9 400亿美元的贸易总额中一半是与新兴国家进行的贸易。① 然而，明智的非洲学者期待的与新兴国家的合作并非局限于经贸往来，而应是一种新型的伙伴关系："这种伙伴关系应当基于新型的双边义务和团结合作，以期在合作中共同获益，从而彻底抛弃与西方的历史联系中特有的剥削、奴役以及依赖的体系。"他们认识到，这种合作关系应该避免导致腐败和失责的合作关系私人化，应该不仅限于高层对话，同时合作应该扩展到各个领域。非洲学者也意识到，"如果认为没有非洲合作国的监督这些新兴国家也会关切非洲的利益，那便太天真了"。② 新兴国家在开展与非洲国家的合作中必须秉持平等互利的原则。

一位在北欧学习的肯尼亚博士生奥纳·阿克穆回国为自己的论文作实地采访，一位肯尼亚教授在接受采访时回答了中国与西方的不同："西方人的援助往往最终会落到内罗毕的希尔顿旅馆，要价高昂的西方顾问们在那里举办能力建设研讨班，很少或没有钱花费在当地。中国人不是这样。如果你需要一条路，他们就建一条路。如果你是一个想在自己国家看到发展的非洲政府的部长，你觉得哪一种选择更有意义？"③非洲从新兴国家特别是亚洲国家的重新崛起中看到了希望。尼日利亚学者费米·阿科莫拉夫认为，只要具备充满信心、有决心和眼光的人民，万事皆

① Simon Freemantle,"Trade patterns underline Africa's shifting role", May 25, 2015. http://www. bdlive. co. za/opinion/2015/05/25/trade-patterns-underline-africas-shifting-role.

② 阿里·穆萨·以耶：《泛非主义与非洲复兴：21世纪会成为非洲的时代吗？》，《西亚非洲》，2017年第1期，第41页。

③ Ona Akemu,"Beyond China and Africa: Chinese and Western Multinationals in Kenya",ERIM, 2013. http://www. erim. eur. nl/centres/china-business/featuring/detail/3158-beyond-china-and-africa-chinese-and-western-multinationals-in-kenya/.查询时间：2015年5月20日。

有可能。"西方人并非天生高人一等",丢掉"没有西方我们注定灭亡"的心态,走适合自己发展的路。①

① Femi Akomolafe, "No one is laughing at the Asians any more", *New Africa*, June, 2006, pp. 48-50.

第十二章　从"无望的大陆"到"非洲崛起"

11 年前,一幅著名的关于塞拉利昂混乱和战争的场景画面登上了《经济学家》杂志的封面,该杂志讥讽地将非洲描绘为"无望的大陆"。这一做法反映了当时的普遍看法:非洲处于落后、深陷暴力而无法自拔、腐败和失败的境地。"自从 10 年前《经济学家》杂志不无遗憾地将非洲称为'无望的大陆'以来,非洲发生了深刻的变化。"这并非我的说法。《经济学家》杂志出于充分的高尚情怀而自己承认上述说法有误。

易卜拉欣·伊斯马尤·易卜拉欣

(南非国际关系与合作部副部长)

Eni sise jare ise or osise jare ise.

战胜贫困的是那些辛勤工作的人。

约鲁巴谚语

2015 年,牛津大学出版了两本后来引起轰动的著作。一本是长期跟踪研究中非关系的美国学者布罗蒂加姆的《非洲将养活中国吗?》(*Will Africa Feed China*),另一本是长期参与自己国家发展战略规划的埃塞俄比亚学者阿尔卡贝·奥克贝的《非洲制造——埃塞俄比亚的产业政策》(*Made in Africa：Industrial Policy in Ethiopia*)。

布罗蒂加姆在阐述非洲粮食安全与中非农业合作的著作中不仅抨击

了种种指责中国利用非洲土地和粮食来解决自身问题的流言蜚语,还对非洲的现实状况给予了客观评价:"在我写作本书的时候,许多报道都宣称非洲'正在进步'。事实上,非洲各国的经济增长率与幸福指数都在不断提高。尽管索马里、苏丹和南苏丹、尼日利亚的部分地区,以及刚果(金)等仍战乱不断,但非洲大多数国家都处于和平之中。尽管会不时地遇到各种挫折,如西部非洲的埃博拉危机,但与过去相比,非洲当前的这代人身体要更加健康,受教育程度更高,且拥有更加开明与民主的政府。非洲大陆自豪地宣称其中产阶级在不断扩大,其正在进行电信革命,以及其正在经历世界上速度最快的城市化。"①

阿尔卡贝·奥克贝在分析埃塞俄比亚的制造业时对国家政策的指导意义及重要性给予了极高的评价:"经济理论(在特定的传统里)和经济发展历史(在某种程度上更具重要性)都表明非洲国家没有理由不去追求经济赶超。虽然价格和外交流动看似对非洲国家有利,但外部环境缺乏可预测性且充满激烈的竞争。要实现经济赶超,不管外交环境如何,非洲国家必须在根本上依赖国家内部的变化和政策以推动经济结构的调整。……如果非洲国家能够创造更多的政策空间并合理、有效地发挥政策的作用,它们将可以更加信心满满地向那些发展经济学领域的'哈姆莱特'式悲观主义者们证实他们的错误。"②

在当代世界,非洲的分量确实是减弱了,原因很简单。在当今国际舞台上,虽然非洲拥有深厚的文化底蕴和丰富的自然资源,但实力较弱,不仅在工业、农业、科学及军事方面往往容易被人忽略,在各种国际事务特别是在发展合作方面,它一直处于一种相对被动的地位。非洲的著名学者莫列齐·姆贝基指出:"非洲的政府和非政府机构,无论是以盈利为目的的企业,或是非盈利组织,在这个世界上实际是没有地位的,原因就是它们没有力量。"③

---

① ［美］黛博拉·布罗蒂加姆:《非洲将养活中国吗?》(孙晓萌、沈晓雷译),社会科学文献出版社,2017年,第216页。

② ［埃塞］阿尔卡贝·奥克贝:《非洲制造——埃塞俄比亚的产业政策》(潘良、蔡莺译),社会科学文献出版社,2016年,第278—279页。

③ 莫列齐·姆贝基编:《变革的拥护者:如何克服非洲的诸多挑战》(董志雄译),第3页。

然而,非洲有着自己的独特优势,否则它不会在经历了近代以来与资本主义扩张相伴而行的奴隶贸易、殖民统治和不平等的政治经济秩序的磨难后仍能生存并有所成就。2008 年到 2009 年的经济危机促使世界经济发展的中心从经合组织转移到东部和南部国家。2013 年的《世界投资报告》表明:尽管全球经济在走下坡,但非洲吸引的外资高于世界平均水平。外国直接投资流入非洲的增加了 5%,2012 年达到 500 亿美元,而全球的外国直接投资总量下降了 18%。[①] 非洲开发银行发布的《非洲经济展望 2019》更是对非洲的经济发展充满信心。[②] 本章将继续把非洲放在舞台中心,描述非洲近年来的发展以及蕴藏着的巨大潜力。

一、 非洲在崛起:研究与判断

(一) 麦肯锡的结论:狮子在前行

成立于 1990 年的麦肯锡全球研究院(The McKinsey Global Institute)是麦肯锡咨询公司(McKinsey & Company)的研究团队,一直密切关注全球经济发展,并致力于对重要的国家、地区和关键主题进行深度解读和系统研究。在 2017 年 1 月的 2016 年全球智库评选中(2016 Global Go to Think Tank Index Report)该院名列全球私营智库首位,已连续两年获得此誉。该机构首次关注非洲经济的研究报告发表于 2010 年。随后,它连续发表多篇有关非洲经济的报告,引起了国际政界和学术界的高度重视,最有分量的是《狮子在前行:非洲经济体的进步与潜力》(2010 年 6 月)、《狮子在前行 II: 实现非洲经济的潜力》(2016 年 9 月)和《狮龙共舞:非洲与中国如何密切结合,两者的伙伴关系将如何发展?》(2017 年 6 月)等。

2010 年发布的《狮子在前行:非洲经济体的进步与潜力》打破了西方对非洲的一贯悲观看法,对非洲近年来的经济增长给予充分肯定,并对非

---

① UNTCD, *World Investment Report* , 2013. http://unctad. org/en/PublicationsLibrary/wir2013_en. pdf.

② *African Economic Outlook* 2019, African Development Bank, 2019. https://www. afdb. org/fileadmin/uploads/afdb/Documents/Publications/2019AEO/AEO_2019-EN. pdf.

洲未来的发展作了乐观的预测。非洲国内生产总值2000年到2008年增长4.9%,两倍于20世纪80年代和90年代,成为全球发展速度最快的地区之一。非洲的30个大的经济体中有27个发展加速。经济增长的领域不仅是资源行业,电讯、金融和地产也在发展,建筑业繁荣,外资迅速增长。虽然资源行业在经济发展中比例较大,其他行业的增长速度加快,如旅馆业(8.7)、金融(8.0)、交通运输业(7.8)、建筑业(7.5)和公用事业(7.3)的增长率均高于资源行业(7.1)。非洲已经成为全球投资回报率最高的地区之一,比投资中国、印度、越南等亚洲国家的回报率平均要高出60%。非洲大陆在未来十年中综合GDP可能还会增长1万亿美元;2008年,非洲家庭花费了8600亿美元,比印度或俄罗斯的家庭还要多;如果非洲照此发展,其家庭消费在未来十年中将增加1.4万亿美元;到2040年,非洲的劳动力市场将超过中国,预计到时候劳动力市场规模将超过11亿人。非洲在未来发展中占有各种优势,如人口红利和劳动力、城市化、绿色革命等。尽管有困难和问题,但非洲的发展前途无量。①

麦肯锡的第二篇非洲报告《工作中的非洲:创造就业与包容性增长》(2012)对就业问题提出看法。非洲国家应通过密集型产业创造就业以保持经济发展的可持续性。非洲国家既需增长计划,也需创造就业的战略。报告的一个重要观点是:非洲国家应确定一个或多个具有全球竞争优势或是能满足国内强劲需求的劳动力密集型产业。② 2013年,有关非洲数字化潜力的报告认为在撒哈拉以南非洲只有16%(1.67亿人)的民众可上网,网络对经济的贡献仅180亿美元,但互联网发展潜力巨大。预计到2025年,上网人数将达6亿,非洲10%的市场交易额将通过电商平台完成,在线零售总额可突破750亿美元。③

2016年,《狮子在前行II》发表。受北非动乱及世界经济形势的影响,非洲经济增长率从2005年到2010年的5.4%降至2010年到2015年

① Charles Roxburge, et al. , "Lions on the Move: The progress and potential of African economies", McKinsey Global Institute, June 2010, pp. 9-11.

② David Fine, et al, "Africa at work: Job creation and inclusive growth", McKincey Global Institute, August, 2012, p. 49.

③ James Manyika, et al. , "Lions go digital: The Internet's transformative potential in Africa", The McKinsey Global Institute, November 2013.

的 3.3%,人们普遍认为非洲经济黄金期已过。报告指出,除了北非地区的特殊情况以及受石油价格影响的石油输出国外,其他国家 2010 年到 2015 年经济增长率在 4.4%,高于 2005 年到 2010 年的 4.1%。;未来 5 年内非洲仍将是仅次于亚洲的经济增长地区;制造业在 2025 年将翻一番,商业和家庭消费将快速增长。非洲 2015 年家庭消费达 1.4 万亿美元。非洲家庭和商业支出在 2025 年将达 5.6 万亿美元,制造业产出将达 930 亿美元。非洲各国政府需特别关注六大领域:加强利用国内各种资源、拓展经济多样化、加速基础设施建设、深化地区一体化、加快人才培养、确保城市化健康发展。[1]

麦肯锡全球研究所的报告多以特立独行的风格著称,喜欢对未来作用预测,偶尔会出现与预测不符的情况。例如,2010 年的报告预测非洲消费将在 2025 年达到 1.4 万亿美元。[2] 然而,2016 年的报告指出非洲家庭消费 2015 年已达 1.4 万亿美元。[3] 这种情况并非研究的失误,只能说明非洲经济发展比预测的更快。偶尔也出现前后数据不合之处。在 2012 年的《工作中的非洲》报告中,2000 年到 2010 年非洲的国内生产总值增长率平均为 5.1%,在 2016 年《狮子在前行 II》的报告中,这一数字又变为 5.4%。[4] 当然,这一研究机构的权威性已得到公认。其研究结论也往往为其他机构所认可或映证。

(二)《经济学家》的道歉——从"无望"到"崛起"

对非洲经济发展的肯定和对未来发展的乐观判断并非麦肯锡全球研究院的独家结论。2000 年,《经济学家》杂志以《无望的大陆》(Hopeless Continent)作为封面标题,将非洲打入冷宫,表达了对这个大陆现在和未来彻底失望的态度。这一年,中非合作论坛创办。[5] 当然,非洲的发展并

---

① Jacques Bughin, et al. , "Lions on the Move II: Realizing the potential of Africa's economies", September 2016.

② Charles Roxburge, et al. , "Lions on the Move", p. 38.

③ Jacques Bughin, et al. , "Lions on the Move II", p. 8.

④ Jacques Bughin, et al. , "Lions on the Move II", p. 2.

⑤ Li Anshan, Liu Haifang, Pan Huaqiong, Zeng Aiping and He Wenping, *FOCAC Twelve Years Later Achievements*, *Challenges and the Way Forward*, Uppsala: Nordiska Afrikainstitutet, 2012.

未因为这种荒谬预言而停止。非洲经济以每年平均约 5% 的速度增长，并一直保持着相对平稳的状态。2011 年,《经济学家》杂志意识到十年前判断的荒谬,检讨了自身的浅薄,指出:"自从十年前《经济学家》杂志不无遗憾地将非洲称为'无望的大陆'以来,非洲发生了深刻的变化。"为了重新评估非洲的发展,它以《非洲崛起》(Africa Rising) 为封面标题。随着非洲经济的持续发展,一些国际智库和学者、国际机构和组织、国际舆论、学术界对其发展持乐观态度。

撒哈拉以南非洲的经济仍保持平稳发展,在 2012 年和 2013 年两年的经济增长率均为 5% 左右。① 根据国际货币基金组织 2013 年 10 月发表的世界经济年度报告《世界经济展望:过渡与紧张》,北非地区的经济仍然持续增长,但利比亚例外。报告认为 2013 年经济增长率为 4.9%。② 由联合国非洲经济委员会发布的《2014 年非洲经济报告》,主题为"非洲积极工业政策:创新的制度、有效的决策和灵活的机制",对非洲工业化进程的政策与方法等进行了论述,看好非洲的工业发展前景。

2013 年,乔治·弗里德曼提出"后中国 16"的概念,主要指中国低工资高增长的发展模式不可延续,将由亚非拉 16 个国家取代。尽管这一提法有唱衰中国之意,但其关于发展模式的分析有一定道理。③ 作为"中国继承者"的非洲四国(埃塞俄比亚、肯尼亚、坦桑尼亚和乌干达)人口超过220 万,其中三分之二年龄小于 30 岁。埃塞俄比亚经济连续多年以平均10% 的速度增长。因此,非洲的发展前景颇为光明。④

---

① *The Africa Competitiveness Report* 2013, World Economic Forum 2013.

② International Monetary Fund, *World Economic Outlook*, *Transitions and Tensions*, October 2013, pp. 72—75.

③ "后中国 16"(The PC 16)是"后中国新兴经济体"(Post China 16 Emerging Economies)的简称,由乔治·弗里德曼在 2013 年提出,16 国指斯里兰卡、印尼、缅甸、孟加拉国、越南、柬埔寨、老挝、菲律宾、埃塞俄比亚、肯尼亚、坦桑尼亚、乌干达、秘鲁、多米尼加、墨西哥和尼加拉瓜。George Friedman, "The PC 16: Identifying China's Successors", *Geopolitical Weekly* (Stratfor), July 30, 2013. https://worldview. stratfor. com/weekly/pc16-identifying-chinas-successors? utm_source = paidlist-a&%3Butm_medium = email&%3Butm_campaign=%2A%7CDATE%3A%7C%2A&%3Butm_content=Decade%20Forecast%3A%202015—2025. 查询时间:2017 年 5 月 6 日。

④ Christine Mungai, "Latest intelligence report on the next decade ignored Africa, but we tell you the next 10 things to watch for", *Mail and Guardian Africa*, June 17, 2015.

(三) 非洲人的看法:乐观与信心

非洲国家认识到工业化对解决就业和提高国民生活水平的重要性,一直在推进贸易以实现工业化,改变单一出口原材料的经济模式,充分利用丰富的劳动力资源,通过出口加工制成品,推进多元化。这也是联合国非洲经委会致力于推动的目标之一。[①] 联合国非洲经委会的年度报告根据现实需要,从 2013 年起开始强调工业化,每年选择不同的相关主题。2014 年强调机动的工业政策,2015 年着重贸易与工业化,2016 年提出绿色工业化,2017 年聚焦城镇化与工业化。2012 年,联合国前秘书长科菲·安南主持的非洲进步小组发布《非洲进步报告》。报告指出,全球发展最快的经济体中 7 个是非洲国家,70% 的非洲人口生活在过去 10 年来经济增长率超过 4% 的国家。[②]

2013 年,皮尤公司的"全球态度项目"在 39 个国家进行问卷调查,以了解全球民众对总体发展趋势的看法,其中包括 8 个非洲国家(埃及、加纳、肯尼亚、尼日利亚、塞内加尔、南非、突尼斯和乌干达)。结果表明:非洲民众在面临挑战的情况下对前景保持乐观。2015 年,皮尤对 9 个非洲国家 9 062 人的抽样调查再次表明,48% 的非洲受访者对其国家经济发展看好,与发达国家受访者的态度形成强烈反差。在谈到对当地政府的信心时,尼日利亚人信心满满,其他 8 个国家受访者中 78% 对政府表示信心。[③]。2016 年的皮尤民调表明,在南非、尼日利亚和肯尼亚三国,民众对国家经济的看法负面因素增多,主要关注贪污和失业问题。然而,南非人对犯罪和医疗卫生的担忧增加,尼日利亚人对粮食和能源供应有所担心,肯尼亚人更关注经济和贪污问题。不过,大部分民众对国家来充满信心。面对明年经济形势这一问题,62% 的南非人认为会好转,其中年轻人

① United Nations Economic Commission for Africa, *Economic Report on Africa 2015*, *Industrializing Through Trade*, Addis Ababa: Economic Commission for Africa, 2015.

② "Africa Progress Report 2012-Jobs, Justice and Equity: Seizing opportunities in times of global change", http://www. africaprogresspanel. org/en/pressroom/press-kits/annual-report-2012/.

③ Richard Wike and Katie Simmons, "Health Care, Education Are Top Priorities in Sub-Saharan Africa, Most Are Optimistic about Economic Future", September 16, 2015, Pew Research Center. http://www. pewglobal. org/2015/09/16/health-care-education-are-top-priorities-in-sub-saharan-africa/. 查询时间:2017 年 7 月 16 日。

的比例高达 69%,而在 2015 年的民调中,只有 45% 的人持同样看法。尼日利亚人对国家经济和个人经济的看法都更乐观,86% 相信国家经济未来 12 个月将会变好,93% 认为来年个人经济会更好;在肯尼亚,两者的比例分别为 56%(国家)和 69%(个人)。①

2017 年,皮尤研究中心向全球 38 个国家的近 42 000 人提出了以下问题:"你如何描述你今天的日子——这是一个典型的日子,一个特好的日子还是一个特坏的日子?"非洲 6 个国家受访者的回答均比较乐观。其中最好的是尼日利亚,受访者中 73% 认为当天是特好的日子,20% 认为是典型的日子,只有 8% 认为是特坏的日子。平均起来,6 个非洲国家受访者中有 49% 认为当天是特好的日子。然而,此次全球态度调查的平均值在消极得多:认为是"特好的日子"的只占 30%,认为是典型日子的为 62%。欧洲人则更为悲观,认为"特好的日子"的只有 22%,占多数(73%)。② 相比之下,非洲人的满意度高出很多(见下表)。

表格 12-1　皮尤研究中心全球态度调查(2017 年)*

国　　家	特好的日子(%)	典型日子(%)	特坏的日子(%)
尼日利亚	73	20	8
加　　纳	60	18	22
南　　非	49	42	8
坦桑尼亚	49	40	11
肯尼亚	48	41	10
塞内加尔	42	45	13
非洲国家平均值	49	41	11
欧洲国家平均值	22	73	6
世界平均值	30	62	6

* 三种态度的统计中有的少于或超过 100%,原统计数字如此,属正常值。

资料来源:Courtney Johnson, "'Particularly good days' are common in Africa, Latin America and the U. S.", January 2, 2018, Pew Research Center.

① Richard Wike, Katie Simmons, Margaret Vice and Caldwell Bishop, "In Key African Nations, Widespread Discontent With Economy, Corruption-But most are optimistic about future in South Africa, Nigeria, Kenya", November 14, 2016. http://www.pewglobal.org/2016/11/14/in-key-african-nations-widespread-discontent-with-economy-corruption/.

② Courtney Johnson, "'Particularly good days' are common in Africa, Latin America and the U. S.", January 2, 2018, Pew Research Center. 查询时间:2019 年 4 月 5 日。

我们不排除非洲人对世界有自己的理解，也不排除其乐观天性，但他们对自己生活的满意程度还是可以看得出来。这种自信与自主应该是一种正相关。这无疑是好的迹象，表明非洲发展相对稳定。

从以上研究报告和民意调查看，非洲正在经历一个快速发展的阶段。虽然近年来非洲各国经济增长受到国际金融危机及大环境的影响，但总体趋势未变。"从对非洲的'发展悲剧'的悲观总结……急剧转变为对非洲近年来快速发展的歇斯底里的兴奋"，①既说明了非洲经济增长的现实，同时也向非洲的国家和人民提出了诸多问题和挑战：如何使这种快速增长成为可持续的经济发展？如何将快速增长的受益面进一步扩大而使民众受惠？如何从受外部势力（包括国际金融组织）干预和外界舆论干扰的环境中摆脱出来？不可否认，一些非洲国家仍在做着依靠他人发展的美梦。"令人难以置信的是，21世纪，部分非洲国家在实现独立长达50年之后依旧摆脱不了对前宗主国的依赖。"②这是非洲实现自主性的最大障碍。

二、非洲经济现实：发展与成就

不容否认，非洲大宗商品的刺激仍在非洲经济发展中保持着重要作用，特别是石油、天然气、矿产和农产品等。然而，制造业的兴起、多元化的趋势以及大规模基础建设所需产品的推动起到了重要作用。国内消费水平的提高是重要的推动力量。③

（一）经济以较快速度发展

从20世纪90年代中期起，撒哈拉以南非洲经济一直保持较快发展，

---

① ［埃塞］阿尔卡贝·奥克贝：《非洲制造——埃塞俄比亚的产业政策》（潘良、蔡莺译），社会科学文献出版社，2016年，第6页。

② ［埃塞］阿尔卡贝·奥克贝：《非洲制造——埃塞俄比亚的产业政策》，第271页。

③ 以下资料除标注外，主要来自以下报告。African Center for Economic Transformation, *African Transformation Report Growth with Depth*, Accra, 2014; Africa Progress Panel, *Grain Fish Money Financing Africa's Green and Blue Revolutions*, *Africa Progress Report 2014*, Geneva, 2014; International Monetary Fund, *Regional Economic Outlook-Sub-Saharan Africa: Staying the Course*, 2014, Washington, D. C. 2014; United Nations, *The Least Developed Countries Report 2014*, United Nations Conference on Trade and Development, Geneva, 2014.

增长速度超过 5%。近年来,多元化和制造业兴起渐成趋势,受强劲的外来投资的推动,加上日益增长的中产阶级群体的私人消费拉动,撒哈拉以南非洲经济保持着较快增长,其增速仅次于亚洲的地区。2013 年,非洲大陆有 12 个国家的经济增长较快,特别是尼日利亚、安哥拉、科特迪瓦、加纳、埃塞俄比亚、赞比亚、肯尼亚、坦桑尼亚、莫桑比克等国经济持续快速发展。安哥拉 18 个省中 14 个遭严重旱灾,对经济影响较大,但经济增长率仍为 5.6%。尼日利亚虽受北部恐怖袭击与石油盗窃和石油管道遭破坏的影响,但经济发展并未受到严重影响,增长率为 6.2%。此外,科特迪瓦的发展速度最快,经济增长率达 8.0%,其次是加纳,为 7.9%,埃塞俄比亚、坦桑尼亚和莫桑比克的经济保持快速发展,经济增长率均为 7%。南非的发展速度较慢,主要受劳资关系不稳、国内消费刺激不高、提振经济信心不足诸因素的影响。当然,国际金融市场的不利因素对南非的金融造成较大伤害,致使南非经济一直低于非洲平均发展速度。[①] 非洲经济增长率在 2014 年达 5%,与 2013 年的增长速度(4.9%)相当。除油气等采掘业的继续强劲增长外,制造业在经济多元化中所占分量也日益提高。此外,基础建设投资、服务业蓬勃发展及强势的农业生产是另外的动力。

2013 年发表的世界经济年度报告《世界经济展望:过渡与紧张》指出,北非地区的经济仍然持续增长,利比亚例外。摩洛哥除石油生产外,农业也取得丰收,其他行业运行良好,特别是加大了对非洲大陆的投资。摩洛哥经济增长率已达 5.1%。阿尔及利亚一直平稳发展,2001 年开始经济复苏发展计划,重点加强基础设施建设,2010 年到 2014 年间加大了对南部和高原省的建设力度,2013 年上半年获得外国直接投资达 22.8 亿欧元,是 2012 年外国直接投资额的 5 倍。2013 年,外国直接投资主要集中在工业领域,占 94.54%,其次是旅游业(3.28%)和服务业(1.39%)。这是阿尔及利亚经济增长率达到 3.1%的主要因素。苏丹的经济增长率约为 3.7%。突尼斯因阿拉伯巨变动摇了一些外资企业的信心。然而,突尼斯具有与欧洲相邻的区位优势,从而仍保持了竞争力,对

---

① International Monetary Fund, *World Economic Outlook*, *Transitions and Tensions*, October 2013, pp. 77-79.

打算利用突尼斯有利的生产条件提升在欧洲市场的竞争力的企业具有一定吸引力。突尼斯的经济增长率 2013 年为 3%。毛里塔尼亚的增长率约为 2.8%。由于社会动荡、石油生产下降，利比亚经济出现负增长。埃及因政局不稳导致经济滑坡。[1] 塞西上台后形势转好。2014 年，北非经济情况保持良好运行。

表格 12-2 非洲国家实际国内生产总值增长率(2004—2014)(百分比)

国家类型	2004—2008	2009	2010	2011	2012	2013	2014
撒哈拉以南非洲	7.1	4.1	6.9	5.1	4.4	5.1	5.1
石油输出国家	9.9	7.4	9.0	4.7	3.7	5.7	6.0
中等收入国家	5.2	−0.4	4.3	4.9	3.5	3.1	2.4
低收入国家	7.1	5.3	7.9	7.2	6.3	6.7	6.7
脆弱国家	2.4	2.3	4.1	3.1	7.3	5.5	6.0
尼日利亚	9.6	9.6	10.6	4.9	4.3	5.4	7.0
南 非	4.9	−1.5	3.1	3.6	2.5	1.9	1.4

资料来源：International Monetary Fund, *Regional Economic Outlook-Sub-Saharan Africa: Staying the Course*, 2014, Washington, D. C. 2014, p. 63.

(二) 制造业的贡献

非洲自然资源丰富，不仅西方国家一直主要依靠非洲的自然资源发展经济，新兴经济体近年来的快速发展也得益于非洲的油气矿产资源。然而，非洲经济多元化已成趋势。在多元化进程中，制造业的分量日益提高。

非洲经济除能源行业外，制造业、基础设施、电力、运输业、农业、航空业和数字化也在不断推进，对不可再生能源的依赖呈下降趋势。目前，26个非洲国家已制定工业化战略。2014 年末，摩洛哥投资发展局批准了 32个涉及金额达 155 亿迪拉姆[2]的投资项目，这些项目主要集中在工业领

---

[1] *World Economic Outlook, Transitions and Tensions*, International Monetary Fund, October 2013, pp. 72-75.

[2] 阿拉伯联合酋长国货币单位。1 阿联酋迪拉姆约等于 1.770 1 人民币元。

域,金额达 117.6 亿迪拉姆。摩洛哥的汽车组装(标致、雪铁龙、雷诺和福特的落户)将非洲作为出口市场之一。加纳总统的旗舰项目"一区一厂"已选定 51 个地区,坦桑尼亚总统推动现代铁路建设计划与工业化进展。尼日利亚的车辆组装、农业投入和水泥制造,埃塞俄比亚的纺织业和制鞋业,肯尼亚的太阳能、数字革命和花卉生产等都在推进。此外,私有企业在非洲经济持续增长中功不可没。①

以尼日利亚为例,制造业对国内生产总值的贡献率 2013 年提高至 9%,制造业整体增长率为 22%,2014 年更为突出。为了鼓励青年积极创业,2011 年创立了"创新青年企业计划"(YouWin)以扶持 18 岁到 45 岁青年企业家,帮助符合条件的企业扩大经营规模和转化创新成果。2014年,乔纳森总统宣布,第四轮"创新青年企业计划"下设规模为 5 000 万美元的中小企业基金,以扶持 1 500 名创业企业家。此外,为推动尼日利亚汽车工业的发展,尼日利亚政府制定政策,将新车进口税收由 20% 提至 70%,使新车进口量显著下降,不少汽车巨头计划在尼日利亚投资新车组装厂,将催生尼日利亚进口汽车散件的商机。这种经济多元化和制造业的发展,对尼日利亚就业率有所贡献,女性企业家的比例也较高。

(三) 多元化的趋势

2013 年的经济发展有一定增幅,但石油对经济的贡献率为 24%,拥有世界 60% 可耕种土地的非洲农业的农产品加工率仅为 10%。这说明非洲制造业和农业加工业潜力巨大。非洲经济转型中心的研究认为,非洲经济转型有四个路径,首先是劳动力密集型制造业,其次为具有绿色前景的农产品加工,无可持续潜力的资源型产业为第三选项,正在兴起的旅游业为第四路径。② 非洲的经济发展一直依赖资源矿产,国际上往往将非洲持续发展解释为严重依赖油气矿产资源。随着国际市场的变化和大宗商品价格的波动,人们认识到单一经济的危害性,多元化成为诸多国家

---

① United Nations Economic Commission for Africa, *Economic Report on Africa 2017*, p. 9.

② African Center for Economic Transformation, *African Transformation Report Growth with Depth*, Accra, 2014.

发展的方向。非洲开发银行优先考虑的五大目标是光电、粮食、工业化、整合和生活质量。

有的国家的经济发展主要依靠大规模基础建设,如莫桑比克和坦桑尼亚,有的提高了电力能力,如埃塞俄比亚、卢旺达和乌干达,有的致力于运输业的发展,如埃塞俄比亚和尼日尔,还有的加强区域间跨边界合作,如科特迪瓦等国。此外,卢旺达的数字化教育、肯尼亚与塞舌尔就扩大贸易签订协议、塞内加尔创造数字货币,毛里求斯加大对金融业和投资中介服务业的投入等,这些都表明了经济多元化的趋势。高科技也开始在非洲传播。

非洲农业占整个大陆国民生产总值的一半左右,为 60％的劳动人口提供就业,农业产业具有在非洲实现减贫的最大潜力。非洲不少国家认识到农业与国家粮食安全的相关性,不断加强对农业的投资和政策扶持。投资农业产业已成为非洲企业和外国投资的主要方向之一。尼日利亚的丹格特公司大力投资以促进当地农业开发,国际金融公司针对撒哈拉以南非洲日益增长的粮食安全风险做出战略决策,宣布在 2018 年前每年将向非洲农业产业投资 20 亿美元。据估算,非洲农业产业的产值 2030 年前将达 10 000 亿美元。[①] 印度也加大对非洲农业的投资力度。塞内加尔政府制定粮食自给的发展计划以提高农业耕种机械化水平,使塞内加尔减少谷物进口。印度为了配合塞内加尔振兴农业,计划投资 800 亿西非法郎(约 1.6 亿美元)在塞内加尔河谷流域发展水稻种植,首批投入的 310 亿西非法郎已于 2014 年启动。[②]

在埃塞俄比亚,政府鼓励出口作物和服务业,例如花卉贸易、旅游业和航空业都为经济增长做出了贡献。2013 年的经济增长率为 7％。卢旺达政府则保持着政治稳定,制定了国家复苏计划,并成功地通过旅游业和咖啡贸易来推动经济,2013 年经济增长率为 7.5％。莫桑比克在 90 年代后期吸引了大量的官方直接投资及其他外来资本,从而为建设国内资本密集

---

① 《国际金融公司将投资非洲农业》,中国经济网,2014 年 7 月 25 日。http://intl.ce.cn/specials/zxgjzh/201407/25/t20140725_3226710.shtml.

② 驻塞内加尔经商参处:《印度投资塞内加尔水稻种植业》,中国商务部网站,2014 年 9 月 1 日。http://www.mofcom.gov.cn/article/i/jyjl/k/201409/20140900717279.shtml.

型项目创造了条件。2013 年的经济增长率为 7%。坦桑尼亚通过三次连续涉及各个部门的宏观结构改革,为经济发展打下基础,经济增长率达 7%。乌干达同样进行了宏观结构改革,刺激了私人经济,并制定了促使出口商品多样化的政策,从而带动了一些非传统产品的出口。2014 年西非地区的可可生产喜获丰收,产量达 310 万吨,主要生产国是加纳、科特迪瓦和尼日利亚。埃塞俄比亚和卢旺达采取扶持农业的政策也相当突出。

　　国际需求量的变化导致石油等相关产品价格的下降,持续下跌的油价确实对尼日利亚等石油输出国的经济产生了一些负面影响,但从另一方面反而促进了这些国家的经济多元化。国际评级机构穆迪认为尼日利亚较为强劲的经济基本面有利于信用质量稳定,该机构发布的《尼日利亚信用分析年度报告》维持尼日利亚的主权信用评级。报告指出,尽管近期国际油价大幅下挫给尼公共财政带来较大压力,赤字规模预期扩大,但尼日利亚的经济运行总体良好,财政调控空间也有利于维持信用质量稳定。[①]

(四) 非洲第一大经济体尼日利亚

　　2014 年,经过重新计算,尼日利亚成为非洲第一大经济体。[②] 这样,非洲前十大经济体依次为尼日利亚、南非、埃及、阿尔及利亚、安哥拉、摩洛哥、利比亚、苏丹、肯尼亚和加纳。过去十年,尼日利亚经济保持年均 8.3% 的增速。在此期间,尼日利亚吸引外资规模持续扩大,通胀形势大为缓和。尼日利亚的经济发展虽然受到油价下跌和恐怖活动的干扰,但经济发展总体趋势并未受明显影响。除石油等资源产业外,其他企业也在齐头并进,逐渐呈现出经济多元化的理想局面。以电信业为例,2013 年,尼日利亚只有一家控制 3 000 条线路的电信运营商,2014 年则拥有超

---

　　①　驻尼日利亚经商参处:《穆迪:尼日利亚较为强劲的经济基本面有利于信用质量稳定》,中国商务部网站,2015 年 1 月 1 日。http://www.mofcom.gov.cn/article/i/jyjl/k/201501/20150100855457.shtml.

　　②　2013 年,尼日利亚政府经过重新统计,确定其经济规模已达 5 090 亿美元,是实行回溯调整前经济规模的两倍,从而超过南非成为非洲第一大经济体。"Nigeria becomes largest economy in Africa with ＄509.9 billion GDP", African Development Bank Group, August 4, 2014. https://www.afdb.org/en/news-and-events/ nigeria-becomes-largest-economy-in-africa-with-509-9-billion-gdp-12981/.

过 1.2 亿手机用户、数十家电信运营商。尼日利亚也是世界上首先使用非现金交易体系的极少数国家之一。

尼日利亚的金融市场日趋活跃。2013 年底,尼日利亚场外交易市场平台建立。该平台建立以来发展迅速,成交量从 2014 年 1 月份的 6.69 万亿尼日利亚奈拉(约合 400 亿美元)增至 10 月份的 80.38 万亿奈拉(约合 5 000亿美元)。除外汇、国债、回购等常规交易品种外,外汇和固定收益衍生品的各种交易规模也在逐步扩大,成交量从 1 月份的 0.5 万亿奈拉(约合 29 亿美元)增至 10 月份的 1.1 万亿奈拉(约合 68 亿美元)。很明显,这种多样化的金融衍生品极大丰富了金融市场的活力,有力地吸引了外资的注入,有助于提升金融市场的效率,充分发挥市场价值的重要作用。

服务业为龙头已见成效。尼日利亚食品业主导非油气商品的出口。在尼日利亚非油气行业出口商品中,食品业相关商品占绝大多数,出口额达 29.7 亿美元。其中可可及可可制品出口额 7.59 亿美元,占非油气商品出口总额的 26%。其他出口农产品还包括羊、山羊皮与皮制品、芝麻籽、橡胶、烟草制品、奶制品、腰果以及对虾、虾产品、鱼、甲壳类等水产品。包括面条、饼干、西红柿酱、果汁等食品制造业的增长率为 12%。随着尼日利亚西南部电力行业投入的加大,食品制造业等行业将保持强劲增长势头。食品行业的领军企业以尼日利亚本土企业丹格特面粉厂为首,尼日利亚啤酒公司以及一些食品企业在食品出口中也都有突出表现。尼日利亚的食品在国际市场日益具有竞争力。此外,尼日利亚的零售业也有很大发展,表现在零售业新增投资额大大增加、批发零售业态的升级(由传统的露天大市场转变为超市、便利店和网店)等方面。网店普遍得益于网民的增加和国家非现金交易政策的实施,这些措施进一步方便了用户的网上结算。

农村经济在尼日利亚受到重视,这表现在多方面,如政府加大对农业机械化的扶持力度、粮食进口大幅度减少及私营部门加大对农业的投资等。可以说,尼日利亚已进入现代农业发展的新阶段。2012 年到 2014年间,600 万种植谷物的农民获得了经过改良的种子,国内耕种面积累积增加了 2 万公顷,总产量增加了 700 万吨。农业仍面临各种挑战,农业机械化水平低下是一个关键问题。政府的计划之一是用现代农业技术改造尼日利亚农业。2014 年,政府启动 3.4 亿美元的农场机械化计划,通过运用简便适宜的机械代替锄头和砍刀。与此相配套的是,政府还计划让农用拖拉机制造者及服务人员建立 1 200 个农业设备雇用企业,并将通过手机为农民提供机构化资金,以便于他们在自己的机构享用这项服务。非洲与其他大陆一样,农业人口老龄化成为日益严峻的问题。在许多国家,农民的平均年龄为 60 岁。为了防止"农民老年化危机",尼日利亚启动了"青年就业农业项目",其目标是在未来 5 年里发展 75 万新的青年农民企业家干部,国家将建立一个发展系统以支持这些年轻人接受技术和企业培训,提供土地和适当资金以及市场。

尼日利亚是非洲人口大国,粮食安全十分重要。政府正在致力于粮食自给。这些年来卓有成效。尼日利亚的农业部长在参加阿布贾一座粮仓落成典礼活动时指出,尼日利亚的粮食仓储能力有 130 万吨,2014 年在阿布贾落成的粮仓储量为 10 万吨,是西非仓储量最大的一座粮仓。政府的目标是在未来 4 年里将尼日利亚变成一个粮食出口国。2013 年,尼日利亚粮食进口额为 43.5 亿美元,较 2009 年的 69 亿美元下降了 25.5 亿美元,2014 年尼日利亚粮食进口额将进一步下降。[①] 尼日利亚最大的企业丹格特集团总裁丹格特明确指出,投资计划旨在通过发展农业,支持粮食自给自足来推进国家经济发展。

尼日利亚政府明确的政治意愿与切实可行的配套支持政策,不仅取得了可喜成就,也大大激发了国内外私人企业的投资热情。2012 年到 2014 年间,国家粮食生产增产 2 100 万吨,提前两年完成了联合国关于消除饥饿与极度贫困的千年目标第一期计划。国家的鼓励政策吸引了 16 亿美元的私人投资。尼日利亚本土最大的企业丹格特集团与政府签订了 10 亿美元的稻米投资项目备忘录。该集团在尼日利亚的埃多、吉加瓦、凯比和夸拉四个州已获得 15 万公顷的农用土地,初期将先建设两座加工能力为 12 万吨的大型稻米加工厂,随后两年将产能扩大一倍。为了表示政府与私人企业的良好关系,乔纳森总统专门安排在总统府举行项目签字仪式。[②] 这一

---

① 驻尼日利亚经商参处:《尼日利亚粮食进口额大幅下降》,中国商务部网站,2014 年 8 月 27 日。http://www.mofcom.gov.cn/article/i/jyjl/k/201408/20140800712726.shtml.

② 驻尼日利亚经商参处:《尼日利亚丹格特集团与政府签订 10 亿美元稻米投资备忘录》,中国商务部网站,2014 年 8 月 14 日。http://www.mofcom.gov.cn/article/i/jyjl/k/201408/20140800696819.shtml.

投资项目无疑将降低尼日利亚以进口为主的稻米市场价格。未来几年，项目有望以辐射的方式带动区域内大量小农户稻米的种植及相关产业的发展，推动尼日利亚实现稻米净出口，以实现经济的包容性增长。

（五）非油气国家的发展

石油在一些国家经济增长中所占比重较高（如苏丹、安哥拉和尼日利亚）。一些国家开始利用新发现的石油天然气来推动经济发展。例如，到目前为止，国外油气公司在坦桑尼亚天然气行业已投资 47 亿美元，超过了国外直接投资（127 亿美元）的三分之一。[①] 然而，多个国家在缺乏油气资源的情况下发展迅速。国际货币基金组织的报告《地区经济展望：撒哈拉以南非洲-保持速度》分析了非洲大陆一些缺乏油气资源的国家如布基纳法索、埃塞俄比亚、卢旺达、乌干达、坦桑尼亚和莫桑比克等国，它们通过努力取得较快发展。在埃塞俄比亚和卢旺达，农业生产的增长起到了重要的稳定作用。服务业在这些国家均保持快速增长，平均每年的增长率为 8％到 10％。乌干达最为明显，建筑业和服务业为国家经济增长率做出的贡献高于 60％。这些国家大部分进行了宏观经济结构改革，制定了切实可行的中期经济发展计划，保证了稳定的政治秩序，吸引了大量外来投资，加上免除债务，为社会消费和大笔投资（如基础建设）创造了条件。当然，这些国家的经济发展各有特点。[②]

2014 年，乍得实际国内生产总值增长率达 9％，莫桑比克达 8.3％，埃塞俄比亚达 8.2％，低收入国家的平均增长也达到 6.7％。这些国家的经济在 2015 年仍然保持着上升势头。[③] 埃塞俄比亚十余年来保持 10％左右的经济增长速度，2016 年的国内生产总值达 720 亿美元，成为东非第一经济大国。埃塞俄比亚政府持续加大的基础设施投资和国内市场的

---

① 驻坦桑尼亚经商代表处：《坦桑尼亚天然气吸引国外 47 亿美元投资》，中国商务部网站，2014 年 7 月 25 日。http://www.mofcom.gov.cn/article/i/jyjl/k/201407/20140700673940.shtml.

② International Monetary Fund，*Regional Economic Outlook*，*Sub-Saharan Africa*：*Keeping the Pace*，International Monetary Fund，October 2013.

③ Jacques Bughin, et al.，"Lions on the Move II：Realizing the potential of Africa's e-conomies"，pp. 34 -35.

强劲内需是经济快速增长的主要动能。埃塞俄比亚已成为海外资本的理想投资地。2016 年,经济表现较好的非洲国家正是那些自然资源不丰富的国家。[①] 这些国家较少受到国际大宗商品价格下降的影响,经济照常发展。

三、非洲经济持续发展的条件

(一) 政治局势相对稳定

政治局势的相对稳定为经济发展提供了保障。这可以从三个方面来看。首先是非洲大陆这些年的选举局势相对稳定。2012 年共有 25 个国家有国(议)会或总统的选举活动,在 2013 年和 2014 年里,大陆也有多个重要国家举行了选举。除个别国家外(如几内亚比绍、科特迪瓦等),绝大部分国家都顺利举行了选举。有的国家领导人正是由于保持了国家经济的持续发展,从而得到了多数国民的认同,如安哥拉执政党安哥拉人民解放运动(安人运)获得 2012 年选票的 72%,赢得大选,若泽·爱德华多·多斯桑托斯总统获得连任。随后,肯尼亚经受了真正的考验,跳出了2007 年选举的阴影,肯雅塔于 2013 年当选为总统。[②]

2014 年有多个非洲国家举行了总统和议会(人民代表大会)选举,基本上都比较平稳。阿尔及利亚作为北非的重要大国,其选举无疑引人注目。一方面因为这些年来北非因阿拉伯变局动荡多于稳定,阿尔及利亚虽躲过一劫,但何去何从,引人关注。二是总统布特弗利卡 1999 年当选阿尔及利亚总统,此后于 2004 年和 2009 年成功连任。如果当选将开启他第 4 个总统任期,为期 5 年。三是现年 77 岁的布特弗利卡年事已高,但仍宣布要参加选举,国人如何看待此事,后果令人期待。虽然选举数日前曾发生反政府武装的袭击事件,但整个选举在平稳气氛中结束。选举结果表明:布特弗利卡在 6 位候选人中胜出,以 81.53% 的高票赢得选

---

① United Nations Economic Commission for Africa, *Economic Report on Africa 2017*, *Urbanization and Industrialization for Africa's Transformation*, Addis Ababa: United Nations, 2017, p. 77.

② 在 2017 年的总统选举中,肯雅塔再次获胜,得以连任。

举。阿尔及利亚宪法委员会随后发表声明,确认布特弗利卡成功连任。阿尔及利亚的选举普遍获得国际社会的认可。

南非2014年的选举曾经被媒体列为全球十大政治风险之首。其重要性表现在四个方面。一是曼德拉去世后非国大能否在失去曼德拉的光环后保持原有地位。二是非国大已经执政20余年,执政期间所作所为是否能够获得民众的认可和拥戴。三是近年来经济情况不太好,贫富悬殊、社会问题以及高失业率引发民众的不满。四是这几年存在的十分紧张的劳资关系使一些公司停产从而影响了国民经济。更有甚者,非洲第一大经济体的头衔也被尼日利亚夺去。尽管参选的政党有29个,选举过程平稳有序。每位选民有权参加全国和省级选举。全国参与登记的选民有近2 539万人,实际参与数为73.43%,比例相当高。非国大、南非共产党和南非工会大会组成的三方联盟的得票率达62.15%,第5次赢得大选。

埃及、博茨瓦纳、纳米比亚、马拉维和突尼斯等国的选举也顺利进行,选举出新的国家领导人和领导机构。以前西方总是用"逢选必乱"来形容非洲国家的选举。2014年的选举表明:尽管各国的大选竞争激烈,但公正有序地行使宪法赋予的政治权利已逐渐成为一些非洲国家人民的共识。正如有的观察者所言:"逢选必乱并不是非洲政治生态的全部内容,成熟、稳定的政治规则能够在非洲有效运转。"纳米比亚执政党西南非洲人民组织的选票高达87%。2015年,尼日利亚举行选举,平稳完成权力移交。政治权力的平稳过渡无疑为经济持续发展提供了保障。还有一些国家是在政局不稳定的情况下完成了选举,如埃及和索马里均属这种情况。当然,战乱或社会动乱给国民带来的巨大损失还需新政府来收拾残局。

政治稳定的另一个重要表现是领导人物因病去世后国家权力在平稳的情况下完成移交,从而保证了社会稳定和经济持续发展。2012年,马拉维总统宾古·瓦·穆塔里卡因病逝世。执政期间,穆塔里卡在经济、教育和基础设施建设领域业绩颇佳,国民经济连续保持在7%的增长率。他逝世后,乔伊丝·班达接任总统。加纳总统米尔斯因病去世后,副总统马哈马根据1992年加纳宪法继任总统职位,任期到2012年底结束。加纳近年来一直是非洲国家中增速最快的国家之一,过去几年中得到前所未有的发展,成为西非地区经济发展的领头羊,连续保持每年6%的经济增长率,2011 年更是达到 11.4%。埃塞俄比亚总理梅莱斯·泽纳维突然病逝后,副总理海尔马里亚姆·德萨莱尼代行总理职务。梅莱斯对国内经济抓得很紧,埃塞俄比亚也因此成为非洲大陆发展最为迅速的国家之一。非洲政治局势相对稳定的第三个重要表现是非洲联盟于 2012 年选举了新主席——南非的恩科萨扎娜·德拉米尼·祖马,她成为非盟 2002 年成立以来的首位女主席。尽管非洲有些国家担心南非会借机扩大其影响力,但德拉米尼·祖马的支持者认为,这位南非政治家的当选将有助于推动地区一体化进程,引领非洲国家实现经济繁荣。

政治权力的顺利过渡为非洲经济的持续增长提供了保障。

(二) 基础设施的积极推进

在相当多的国家里,基础设施项目建设以及资源产业和电力产业生产力不断扩展。这一因素既构成了非洲发展的亮点,也成为经济持续增长的保证。从未来非洲的经济发展看,在相当长的一段时间内,基础设施仍将成为非洲建设的重点之一。据估计,要完善撒哈拉以南非洲的基础设施建设,今后 10 年内每年需要 940 亿美元的投资。从非洲开发银行和国际金融组织的融资情况看,目前存在着巨大的资金短缺。这种资金短缺实际上为企业投资非洲提供了很好的机遇。基础设施建设的滞后严重妨碍了非洲大陆的经济发展,特别表现在电力供应和交通设施方面。2012 年在埃塞俄比亚举办的非洲联盟第 18 届首脑会议通过《非洲基础设施发展计划》,承诺落实跨国跨区重大项目,加快不同区域之间铁路的联通和港口运力建设,以突破长期存在的制约贸易发展的交通瓶颈。近些年来,多数非洲国家均在加大力度进行基础设施的建设。这种努力已经在一些国家取得成效。

2012 年,以肯尼亚拉穆港连接南苏丹,并延伸至埃塞俄比亚的一个贯穿东部非洲的交通走廊项目举行开工仪式。该项目耗资约 250 亿美元,包括 32 个泊位的深水港,连接港口与南苏丹首都朱巴、埃塞俄比亚首都亚的斯亚贝巴的高速公路、铁路与输油管道,以及 3 个国际机场。亚的斯亚贝巴-吉布提电气铁路已经开通,蒙巴萨-内罗毕铁路开始运营。大西洋沿岸的西非交通网正在逐步规划建设,也可以连接中部非洲。刚果(布)总统萨苏正式宣布启动一项跨国公路建设项目,公路全长 312 公里,将刚果(布)和喀麦隆连接起来,同时也会将加蓬、中非共和国、乍得纳入整个地区的公路网。一条总长达 9 000 公里的西非高速公路网已近完成,包括从尼日利亚首都拉各斯至毛里塔尼亚首都努瓦克肖特的沿海高速公路;从塞内加尔首都达喀尔至乍得首都恩贾梅纳的跨撒哈拉沙漠高速公路。诸多国家的基础设施建设也在加速进行,在尼日利亚、安哥拉、苏丹等国尤其明显。塞内加尔 2015 年启动一批公路项目,如城北交通道延长线、新机场高速公路延长线、坦巴贡达-加拉科托公路整治、芒塔-维兰卡拉-济金绍尔公路修复等项目。2015 年启动 54 公里标准轨道(快车道)项目,连接新国际机场、加米尼亚迪奥新城和达喀尔市郊。

为了给非洲大陆的经济发展提供更好的保障,非洲金融机构都在努力创造条件,加快非洲基础设施建设的速度。2012 年 6 月,非洲开发银行批准了总值为 1 800 万美元的私募股权投资总额,用于撒哈拉以南非洲的基础设施建设。非洲开发银行在 2012 年 8 月宣布,将发起旨在推进非洲大陆基础设施建设的新私募债券项目,筹集资金 400 亿美元。目前,非洲诸国的中央银行现有储备金约 4 500 亿美元,大多存放在保险箱里。如果能从这笔款项中提取 5% 来用于基础设施建设,约 220 亿美元将可从这些中央银行所存现金中提取。加上非洲开发银行计划从其他投资方筹集的 400 亿美元,则共有 620 亿美元,远远超过现在每年由非洲开发银行和世界银行提供的 190 亿美元的款项。

航空运输业是国民经济发展状况的体现,也是基础设施建设的一个重要方面,往往与国民收入水平成正比。2016 年航空评级机构公布新排名,揭晓非洲十大航空公司,8 家跻身该行业全球前 100 名。南非航空公司摘得桂冠,塞舌尔航空和毛里求斯航空居二三位,随后是埃塞俄比亚航空、肯尼亚航空、安哥拉航空、南非库鲁拉航空和芒果航空、摩洛哥皇家航空以及南方航空(留尼旺)。① 埃塞俄比亚航空公司近年经营得当且发展迅速,希望 2025 年开通 180 条航线。7 年前成立的埃航以多哥为基地的分公司阿斯基(Asky)已有 23 条航线。卢旺达航空公司连接非洲和中东

---

① 《英国评级机构评出非洲十大航空公司》,中国商务部网站,查询时间:2016 年 8 月 12 日。http://www.mofcom.gov.cn/article/i/jyjl/k/201608/20160801371256.shtml,查询时间:2017 年 3 月 16 日。

19 个城市,将于近期开通飞往北美、欧洲和印度的航线。尼日利亚有十余家航空公司,最大的是阿里卡航空公司(Arik Air)。肯尼亚航空公司已完成资本重组。撒哈拉以南非洲的航空市场发展很快,预计 2035 年乘客将达 3 亿。非洲航空业也面临两个问题,一是开放航空市场以加强竞争,二是摆脱亏损困境。[①]

(三) 快速增长的中产阶级

经济持续增长的重要原因除了生产力外,消费能力的增加也是因素之一。非洲中产阶级的快速增长与经济的持续发展形成一种互动关系。经济增长培育了中产阶级,中产阶级反过来刺激国内经济发展。从某种意义上说,中产阶级是非洲经济持续发展的顶梁柱。

麦肯锡公司 2010 年发表的《狮子在前行》的报告预测在 2020 年将有超过 1.28 亿非洲家庭的可支配年收入超过 5 000 美元。2011 年,非洲开发银行(AFDB)发布了研究报告《金字塔的中间:非洲中产阶级的动力》,认为非洲的中产阶级为 3.5 亿,约为非洲人口的 34%。该报告使用了 2005 美元购买力平价的人均每日消费 2 美元到 20 美元的绝对定义来描述非洲中产阶级的特征。报告分出中产阶级的三种类型。第一类是"浮动类",人均消费水平在每天 2 美元至 4 美元之间。在这个消费水平的人,这是仅略高于发展中国家的贫困线每人每天 2 美元,即有的研究中提出的"第二贫困线"水平。这些人在外来冲击的情况下很容易陷入贫困。这一类人是至关重要的,因为他们是穷人和下层中产阶级之间的枢纽。这一类型不稳定,处于变动之中,但它反映了人口结构动态和变化趋势。第二类是"中下中产阶级",人均消费水平为每天 4 美元至 10 美元。这一群体生活水平处于维持日常生活以上,能够储蓄和消费非必需品。第三

---

① Neil Ford, "Mixed fortunes for African aviation", *African Business Magazine*, June 8, 2017. http://africanbusinessmagazine.com/sectors/retail/mixed-fortunes-african-aviation/? mc_cid = 8fbdbd999d&mc_eid = 4b84270760; Ezekiel Idabor, "Kenya Airways near completing capital restructuring", *New Telegraph*, May 10, 2017. https://newtelegraphonline.com/2017/05/kenya-airways-near-completing-capital-restructuring/;(no author) "RwandAir begins direct flights from Accra to Lagos", *GhanaWeb*, March 23, 2017. http://www.ghanaweb.com/GhanaHomePage/business/RwandAir-begins-direct-Qlights-from-Accra-to-Lagos-521544,查询时间:2017 年 7 月 20 日。

类是"中上层阶级"每天人均消费水平在 10 美元至 20 美元。除了确定非洲中产阶级的标准外,还研究了他们的消费特征以及产生的原因。① 这份报告探究了中产阶级在非洲经济增长中的作用,同时也对吸引外国资本投资非洲有一定作用。

南非标准银行的经济学家西蒙·弗里曼特尔主持的报告《理解非洲的中产阶级》揭示了非洲中产阶级的标准、规模和发展趋势。这一报告基于南非的生活水平测量法(LSM)来衡量非洲家庭的收入状况,并以此作为中产阶级的标准。根据生活水平(例如对汽车和主要生活设施的所有权)标准,将人们从 1 到 10 类按比例排列。生活水平测量法 5 类以上的人(大约每年消费超过 5 500 美元)可以被视为中产阶级。非洲家庭的收入被分为四个等级,低收入家庭的消费在每天 15 美元以下,中产阶级家庭的日消费介于 15 美元至 115 美元之间,其中,日消费为 15 至 23 美元的为中产阶级下层,日消费在 23 至 115 美元这一幅度的是标准中产阶级,日消费超过 115 美元则为中产阶级上层。由于这一标准远远高于非洲开发银行的标准,他得出的非洲中产阶级数量远比前者少。报告根据经济发展情况,对撒哈拉以南非洲经济表现前 11 名的国家(安哥拉、埃塞俄比亚、加纳、肯尼亚、莫桑比克、尼日利亚、南苏丹、苏丹、坦桑尼亚、乌干达和赞比亚)的 1.1 亿个家庭的收入进行了相应的调研,发现只有 1 500 万个家庭属于中产阶级,其余 86% 的家庭都属于低收入家庭。尽管非洲中产阶级规模尚小,但其数量自 2000 年以来增长了 230%。② 这一调查说明,近年来随着非洲经济的高速发展,中产阶级不断壮大,同时得到世界各界的日益关注。

可以说,非洲经济发展与中产阶级的增长是两个良性互动的因素。中产阶级增长主要得益于以下四个因素:经济持续增长、私营部门活跃、收入稳定安全和相对高等的教育。中产阶级力量的增长从另一方

---

① AfDB, "The Middle of the Pyramid: Dynamics of the Middle Class in Africa", April 20, 2011. https://www. afdb. org/fileadmin/uploads/afdb/Documents/Publications/The%20Middle%20of%20the%20Pyramid_The%20Middle%20of%20the%20Pyramid. pdf.

② Jaco Maritz, "Making sense of Africa's middle class", How We Made it in Africa, September 12, 2014. https://www. howwemadeitinafrica. com/making-sense-of-africas-middle-class/43318/.

面证明了非洲的持续经济增长,减贫和减少收入不平等对中产阶级的培育起着关键作用。非洲开发银行的报告表明,"非洲的中产阶级在那些拥有强大和不断增长的私营部门的国家中是最强的,因为许多中产阶级的人往往是当地企业家。在一些非洲国家,由于私营部门提供的机会,出现了一个新的中产阶级"。报告认为:"过去 20 年强劲的经济增长有助于非洲的减贫,从而使中产阶级的规模增长。""中产阶级也通过对提供更好服务质量的要求,帮助提高公共服务的问责制。""持续促进强劲、持续和共同增长的政策,基础设施的改善,人力资源开发的加强,促进私营部门增长,加强问责制和更好地处理公共事务,这一切也促进了中产阶级的增长。"①

（四）非洲地区一体化

当然,非洲经济的持续增长还有赖于其他因素,地区一体化是其中之一。尽管非洲次区域一体化在诸多方面需要加强,但这一进程与非洲经济发展形成一种良性互动。一方面,这种一体化可为非洲发展扫清诸多障碍,起到一种促进作用;另一方面,非洲经济的发展反过来推动次区域一体化,为这一进程提供更好的条件。西非国家经济共同体、东非共同体、南部非洲发展共同体、东部和南部非洲共同市场都是目前发展比较快的次区域组织。非洲开发银行也为促进这些区域的一体化建设提供了各种帮助。

非洲大陆一体化的进程开始加快。非洲有 16 个内陆国家,大部分又是小国,经济发展和国内市场需求存在短板。尽管非洲国家多,贫富有别,国情各异,但非洲联盟在次区域一体化问题上达成共识,在发展道路上必须坚持"用非洲方式解决非洲问题",并倡导"非洲帮助非洲运动"。2012 年,非洲各国外长会议发布"非洲团结议"(Africa Solidarity Initiative, ASI),呼吁非洲国家发扬泛非主义精神,促进资本、物品、技术、信息共享,以推动非洲的复兴与发展。2013 年,在非洲召开的两个大会都将非洲次区域一体化作为主题。5 月,世界经济论坛非洲峰会在南非开

---

① AfDB, "The Middle of the Pyramid: Dynamics of the Middle Class in Africa", pp. 14-15.

普敦召开,随后发布的《2013非洲竞争力报告》指出,非洲在实现经济增长方面迈出的步伐必须与提升非洲长期竞争力的努力相结合,而区域一体化能提升非洲竞争力。10月召开的第八届非洲经济会议的主题为"非洲区域一体化",显示出非洲国家开始从战略高度积极推动非洲一体化进程。非盟委员会主席祖马、非洲开发银行主席唐纳德·卡贝鲁卡和非洲经济委员会执行副秘书长哈姆多克博士明确表示,有关非洲一体化的争论已经结束,目前应关注非洲一体化的具体实施。非盟委员会指出,东非共同体-东南非共同市场-南部非洲发展共同体三方机制及东非政府间发展组织和东非共同体的实质性合作是非洲一体化的正确方向,非洲一体化面临的挑战集中在非洲次区域经济组织的快速融合,能源、港口和交通等基础设施的加速建设以及各国能源管理部门的能力建设等方面。根据2013年发表的非洲经济报告,西非是非洲大陆经济增长最快的地区,其他依次为东非、北非、中部非洲和南部非洲。非洲一体化的持续推进为经济发展添加了动力。

次区域组织注意到基础设施的重要性,开始将重点放在基础建设方面,如2014年底召开的东非共同体内罗毕峰会宣布,该共同体将在未来10年内投资至少1 000亿美元在该地区建设铁路、能源、港口及通信等基础设施,以带动经济发展,推动该地区一体化进程。[①] 西非国家经济共同体选择区域整体基础设施发展项目并积极筹措资金以支持基础设施的实施,推动基础设施融资领域的公共私营合作;西部非洲经济与货币联盟将开始总计17项基础设施建设项目,包括道路、桥梁、机场等方面的建设,并为项目寻得来自阿联酋和阿曼的投资。[②] 中部非洲电力联营也力促中部非洲国家的经济发展。在第34届南部非洲发展共同体首脑会议开幕式上,非盟委员会主席祖马呼吁在非洲国家首都和主要商业中心间建设高速铁路,促进非洲工业化进程。"通过高铁连接各国首都和主要商业中心,能够加速区域融合速度,促进贸易流通,最重要的是能够加速非洲工

---

① 驻卢旺达经商参处:《东非共同体公布千亿美元基础设施建设规划》,中国商务部网站,2014年12月3日。http://www. mofcom. gov. cn/article/i/jyjl/k/201412/20141200819439. shtml.

② 驻迪拜经商室:《海合会国家加大对西非的投资力度》,中国商务部网站,2014年9月15日。http://www. mofcom. gov. cn/article/i/jyjl/k/201409/20140900730863. shtml.

业化进程。"①

（五）国际发展合作的积极推进

非洲经济的持续发展需要一个良好的国际环境，建立在平等关系基础上的国际合作将继续推进非洲发展。这既包括与新兴经济体的合作，也包括与传统伙伴的合作。全球经济力量逐渐向新兴经济体倾斜。非洲不断产生着新兴经济市场，同时也与其他新兴经济体保持着密切联系。自中非合作论坛（中非峰会）创立以来，印-非高峰论坛、印度-巴西-南非对话论坛、南美洲-非洲首脑会议、韩国-非洲峰会、阿拉伯-非洲峰会、土耳其-非洲峰会、伊朗-非洲峰会相继开办。中东诸国、新加坡、中国等国家主权投资基金将目光投向非洲。如前章所述，亚洲国家（如中国和印度）以及拉丁美洲国家（如巴西等国）的经济增长与非洲国家的持续发展有着密切关系。非洲与新兴经济体国家的合作进一步加强。南非标准银行的研究报告表明，非洲-中国的贸易额已是非洲-美国的三倍；2014年非洲十大贸易伙伴国中三个是新兴国家（中国、印度和南非）；非洲前20个贸易伙伴国总计9 400亿美元的贸易总额中，4 650亿美元是与新兴国家进行的贸易。②

西方主要援助国也在行动。美国的"电力非洲"非洲项目将为非洲注入资金，欧盟国家、日本也加强对非援助和投资。欧盟于2014年在欧盟与非洲峰会上提出"泛非计划"，是欧盟提出的首个覆盖全非洲的计划。该计划实施期限为2014年—2020年，期间欧盟将向非洲提供8.45亿欧元援助资金，旨在进一步促进非洲一体化发展进程。欧盟还将继续通过"欧洲发展基金"向非洲提供其他合作计划。欧盟委员会在8月宣布正式启动第一期"泛非计划"，实施期限为2014年—2017年，援助资金4.15亿欧元，旨在促进非洲粮食安全、区域间贸易与加强地区制度建设。欧盟的第一期"泛非计划"包括五个优先领域，第一个领域为"可持续发展、地

---

① 驻加蓬经商参处：《非盟主席呼吁建设非洲国家间高铁》，中国商务部网站，2014年8月18日。http://www.mofcom.gov.cn/article/i/jyjl/k/201408/20140800701463.shtml.

② Simon Freemantle, "Trade patterns underline Africa's shifting role", May 25, 2015. http://www.bdlive.co.za/opinion/2015/05/25/trade-patterns-underline-africas-shifting-role, 查询时间：2015年5月26日。

区增长与非洲一体化",动用 2.1 亿欧元,占总资金的 51%,旨在加强非洲内部贸易和促进非洲自由贸易区;其次为"和平与安全",动用 1 500 万欧元,占总资金的 4%,旨在打击人口与毒品贩卖、雇佣军和跨境网络犯罪活动;第三个领域为"民主、良治与人权",将动用 4 500 万欧元,占总资金的 11%,旨在打击腐败、洗钱、逃税并促进公共财政的透明化。[①]

由于新兴国家与非洲国家的国际合作的势头强劲,加之非洲国家日益认识并承认在与新兴国家的经济合作中受益,从而引起西方国家的极度焦虑。国际发展合作的新趋势迫使西方主要援助国和国际发展机构的政策发生变化。2011 年,经合组织下属的发展研究中心(OECD Development Centre)发布的研究报告提出了对发展合作重新定义的可能性,"发展合作的理念正在经历着新的变革,新兴援助国把援助放在一个更广阔的大框架中,从本质上不同于传统的以'施舍'为基础的援助观"。在这种新形势下,是否会形成一种"和而不同"的国际发展援助的新格局呢?[②]

四、非洲经济发展的潜力

非洲经济发展面临着双重因素。一方面,它拥有深厚的潜力,人力资源、自然资源、加速的城市化、不断扩大的消费市场等;另一方面,它又面临着政治、经济、社会、文化等方面的困难。

(一) 自主自强的指导思想

长期以来,非洲国家发展的理论和实践均受着西方发达国家的主导。近年来,世界经济形势剧烈动荡,力量对比发生着巨大改变。美国金融危机持续发酵,欧债危机使欧元区经济发展遭遇困境。新兴经济体发展势头良好,成为世界经济的推动力量。不少非洲领袖和知识分子逐渐认识

---

① 驻喀麦隆经商参处:《欧盟委员会启动第一期"泛非计划"》,中国商务部网站,2014年 8 月 8 日。http://www.mofcom.gov.cn/article/i/jyjl/k/201408/20140800690127.shtml.

② 左常升主编:《国际发展援助理念与实践》,社会科学文献出版社,2015 年,第 59—71 页。

到,西方人长期宣扬的发展模式不灵;发展道路应该自己确定。尼日利亚学者认为,亚洲的崛起给尼日利亚提供了经验,"我们可以借鉴的另一条经验是,要想发展本国经济,只能靠本民族的努力和决心。历史上没有哪个国家的经济是靠外国人发展起来的"。[1]

这种对发展道路的自主选择正在非洲领导人中间成为一种主流意识。津巴布韦、坦桑尼亚、肯尼亚、纳米比亚、埃塞俄比亚、南非等国先后提出"向东看"。这种自我觉醒和自我认识的信念正在转化为非洲国家经济发展的指导原则。卢旺达总统卡加梅于2012年11月访问尼日利亚时指出:非洲必须团结才能提高各方面的竞争力;只有非洲人民享有体面的生活并全面掌握自身的发展进程,非洲才能实现上述目标。尽管卡加梅总统是一位备受争议的领导,但在他领导下,卢旺达取得了连续十多年经济快速增长的成就。在短短5年里,卢旺达的100万人口脱贫,贫困率从2005年的56.9%下降到2010年的44.9%,减少了12个百分点。他深刻认识到新型领导人对非洲稳定发展的重要性,指出这种新型领袖必须从本国社会的思想和实践中找到应对各种挑战的办法。[2]

这种本土创制或内源性发展观正在成为共识,同时也表现在实际的经济活动中。一些非洲国家互相依托,形成新型的伙伴关系。例如,内陆国博茨瓦纳蕴藏着大量煤矿资源,它正在与莫桑比克协商,计划通过莫桑比克的港口向急需煤矿资源的亚洲国家出口煤炭。南非正计划与尼日利亚结成伙伴,从上游产业到下游产业的各个方面共同开发尼日利亚丰富的油气资源。尼日利亚的主一海底电缆公司(MAIN ONE)也正在以加纳为中介渠道,开展与西非法语国家的合作,向这些国家出口尼日利亚生产的海底电缆。主一海底电缆是尼日利亚现行的通讯系统之一,新海缆系统的建成将有助于尼日利亚整个通讯行业的发展。最近,尼日利亚决定投资20亿美元建造非洲最大的化肥厂,将解决一万人的就业问题,同时也将化肥出口至非洲其他国家。此外,尼日利亚

---

[1]　Femi Akomolafe, "No One Is Laughing at the Asians Anymore", *New African*, No. 452, June 2006, pp. 48-50.

[2]　Paul Kagame, "Lecture by President Paul Kagame to the Oxford-Cambridge Club of Nigeria", *The New Times*, November 12, 2012.

还决定用其外汇储备的 10％购买人民币,并在拉各斯的所有公共学校进行中文教学。① 这都是建立在对世界发展大势判断基础上的颇具自主意识和战略性的决策。正如东部和南部非洲共同市场秘书长辛迪索·恩德玛·恩格温亚所言:"非洲已经不再处于最后的发展边疆的地位。非洲的自然资源,包括相对年轻的人口,如果处理得当,能够为全球经济提供新的增长动力和持续的繁荣,包括全球的和平和安全。……这个大陆只要能利用全球化进程和全球经济重心向世界其他部分的新兴经济体转移所提供的机会,加以领导拥有远见卓识,能够超越国家自身的考虑并接受世界不欠非洲的理念(the world does not own African anything),相信只要通过自己的努力,非洲就能以平等伙伴的身份跻身于世界民族之林。"②

(二) 蜂拥而至的海外投资

目前,全球经济形势不容乐观。世界金融危机有所缓解,但不少国家的经济仍在痛苦中恢复。美国经济正在复苏,但其债务困境难以摆脱。这些虽然对非洲产生了一定的消极影响,但并未阻止非洲经济继续向前推进。非洲开发银行主席在 2013 年的非洲经济会议上强调:非洲已有三分之一的国家经济增速达到了 6％,标志着非洲发展到了一个转折点,但并不是爆发点,加快基础设施建设和实现市场整合才是非洲腾飞的起点。由于发达国家经济处于萧条之中,国际资本开始转向包括非洲在内的地区。除了官方直接投资外,有的是国家或国际金融组织提供贷款为非洲建设投资,有的大型企业集团不断调整投资战略,开始在非洲拓展天地,有的跨国集团以收购方式在非洲扩大业务,开创市场。2013 年一年来,各种有关投资非洲的消息不断映入眼帘:

　　1. 世界银行承诺向尼日利亚提供 14 亿美元贷款,用于电力建设。世行不仅提供贷款,还将通过"非洲电力计划"引入美国资源,用

---

① "Dangote builds biggest fertilizer plant in Africa", *Economic Confidential*, December 12, 2012. http://economicconfidential. net/new/business/714 - dangote-builds-biggest-fertilizer-plant-in-africa; "Africa Futures: Nigeria Takes the Lead in Foresight", *The African Executive*, November 21—28, 2012.

② 莫列齐·姆贝基编:《变革的拥护者:如何克服非洲的诸多挑战》(董志雄译),第 305 页。

于基础建设。

2. 国际农业发展基金拨款 5.2 亿美元支持、覆盖乌干达东部和北部 50 个地区的植物油生产项目产生积极作用,由芝麻、花生、向日葵和大豆为原料的植物油产量大幅增加。

3. 通用电气公司在内罗毕投资建立巴士车身制造厂,并计划在未来 5 年里在加纳投资建立累计 1 000 兆瓦的发电站。

4. 德国开发银行向摩洛哥发放 6.54 亿欧元贷款建设两个太阳能电站。

5. 加拿大航空巨头庞巴迪公司在摩洛哥投资 2 亿美元用于设厂,发展与航空有关的行业。

6. 日产汽车公司拟在拉各斯投资建厂,建设一个年产 4.5 万辆汽车的工厂。

7. CFD 标准银行准备向肯尼亚投资 1.5 亿美元融资,集中用于风电等类项目。

8. 日本国际合作银行向摩洛哥提供 1 亿美元贷款以促进日本在摩洛哥的投资和贸易。

9. 法国阿尔斯通公司与南非客运铁路局签订 51 亿兰特的合同,用于 2015 年至 2025 年间向南非提供 600 台客运列车。

10. 联合利华拟投资 2 000 万美元在肯尼亚建厂,面向包括埃塞俄比亚在内的东非市场。

11. 瑞士 ORYX 集团决定在塞拉利昂的伊丽莎白港投资 2 600 万欧元建立一座使用寿命为 50 年的石油码头。

12. 保时捷将开拓非洲作为其长期战略,开始锁定非洲中产阶级。

13. 大型超市绍普莱特将在南非开设 500 到 800 家商店,拓展其在非洲的业务。

14. 知名大酒店凯悦(HYATT)大力扩大其在非洲的业务,特别重视东非地区。

15. 希尔顿决定在多国增设酒店和铺位,抢先占驻一些著名景点和自然资源风景区。

16. 以生产冰激凌闻名于世的金石奶业公司在埃及和尼日利亚开设店铺后,又与南非签约开张……

此外,非洲一些国家获得的外国投资也大幅增加,2013年摩洛哥吸收外国直接投资达34亿美元,继阿拉伯联合酋长国、沙特、埃及之后排名第4位;2013年前10个月,突尼斯吸引外资金额约15亿突尼斯第纳尔(按1美元=1.65突尼斯第纳尔折算,约合9亿美元),较2012年同期增长15.3%;根据国际货币基金组织的预计,布隆迪的国外直接投资在2013年将大幅度增加,2012年的国外投资为600万美元,2013年将达到6800万美元,增长幅度达11倍。虽然全球金融危机给非洲带来了不少困难,加之大宗商品价格的低迷,非洲经济遭受了巨大损失,但非洲发展的总体趋势并未改变。2017年至2018年非洲经济延续复苏。2018年10月,国际货币基金组织发布的《撒哈拉以南非洲经济展望》预计非洲经济增长率约为3.1%,略好于2017年的2.7%。

(三) 非洲发展的无限潜力

为什么这些大的跨国公司都将眼光瞄准非洲?非洲凭什么可以吸引这么多外国公司?非洲具有巨大的发展潜力。充沛的自然资源、丰富的人力资源、迅速发展的城镇化、庞大的消费和出口市场以及即将实现的最大自贸区。

1. 自然资源:非洲的黄金和金刚石储量和产量都占世界第一位,包括铂金在内的50余种金属。大量的石油与天然气,森林资源和海洋资源极其丰富。此外,非洲占有世界未开发的可耕地的60%。

2. 人力资源:非洲是老龄化世界中的一片年轻"绿洲",有5亿劳动力人口(15岁至64岁之间),2040年将超11亿。[1] 非洲人80%将企业家看作"良好的职业机会",22%的劳动力正在创业,全球比例最高。[2]

3. 城市化进程:城市人口2014年达到总人口的40%,超过100万人口的城市达52座,城市人口在过去20年中翻了一番,2015年达

---

[1] Charles Roxburge, et al. , "Lions on the Move: The progress and potential of African economies", p. 19.

[2] African Development Bank, OECD-DAC and UNDP, *African Economic Outlook 2017*, pp. 23-32, 158-161; United Nations Economic Commission of Africa, *Economic Report on Africa 2017*, p. 6.

4.72亿;2050年的城市人口将达到总人口的56%。[1] 快速城市化意味着巨大的消费潜力、出口市场和就业问题。

4. 消费市场:对加工食品等必需品及建筑材料及化肥等产品的需求持续攀升,仅就食物和相关产品看,1/3从国外进口。消费者及商业支出已达4万亿美元,2025年将达5.6万亿美元。[2] 进口替代产品的需求给投资非洲制造业带来巨大机会。

5. 出口市场:非洲劳动密集型产品出口仅占全球总量的1%,中国占35%;且非洲增长较缓慢,年增幅仅为3%,而越南为18%,孟加拉国为14%,印度为11%。劳动密集型产品的出口潜力可观,吸引投资并解决就业问题是最佳选择之一。

6. 最大自贸区:非盟54个国家于2015年开始就建立自由贸易区(CFTA)进行谈判。此计划将于2017年10月实施。一旦实施,非洲将成为世界上最大的自由贸易区。建立在区域一体化基础上的大型贸易集团正在组建。[3]

非洲的这些潜力意味着机遇。实际上,诸多国际大公司早已看准了这一机遇,开始在非洲的战略布局。除早已在非洲盘根错节的能源公司外,金融业、零售业、糖酒业、旅馆业、制造业、高科技、新能源、基础设施、交通运输等国际巨头都在非洲抢滩。零售业的世界著名企业英国联合利华公司、瑞士雀巢公司、美国沃尔玛、法国欧莱雅等公司纷纷向非洲投资或加强市场份额,高科技的法国电信、英国沃达丰、德国西门子、美国IBM、微软和谷歌以及中国华为、中兴和传音等公司都在非洲拓展业务。

五、非洲经济的问题与困难

非洲的发展面临着一些困难,除了国际经济秩序不平等和国内治理

---

① Charles Roxburge, et al., "Lions on the Move: The progress and potential of African economies", pp. 18-19; African Development Bank, OECD-DAC, UNDP, *African Economic Outlook 2016*, p. 147.

② Jacques Bughin, et al., "Lions on the Move II: Realizing the potential of Africa's economies", pp. 16-17.

③ African Development Bank, OECD-DAC, UNDP, *African Economic Outlook 2017*, pp. 86-91.

（贪污腐败、效率不高）这些在非洲较为突出的问题外，主要存在以下困难，如一些国家安全与稳定的秩序尚无保障，单一产品出口使非洲经济过于依赖国际市场，金融安全日益成为非洲经济的重点目标，地区间贸易成本过高等。

（一）少数国家政局不稳

威胁和平与安全的问题主要表现为军事政变和恐怖活动。个别国家的军事政变（如最近发生的布基纳法索政变）不仅影响了国家正常的政治秩序，也对地区稳定产生了消极影响。萨赫勒地区的稳定牵涉西部、东部和北部非洲的经济发展。西非国家经济共同体的团结和发展因马里局势的动荡而受到影响。这一地区的不稳定引发了国际社会的注意。联合国维和部队向马里派出维和部队，以帮助马里局势恢复正常。恢复索马里的政治秩序是另一个问题。此外，一些国家因发展带来的贫富不均和腐败等问题可能引发骚乱，这种不稳定肯定会影响国外投资，个别国家的恐怖活动也会阻碍经济发展。恐怖活动主要发生在尼日利亚、肯尼亚和索马里等国，给这些国家民众的生活带来威胁，也打击了外来投资的积极性。

（二）过分依赖单一产品

一方面国际大宗商品价格的下降给那些单一产品出口创汇的国家带来了不少损失，另一方面，某种商品因需求减少而出现供过于求的困境也会影响非洲经济的持续发展。国际油价的下降对非洲各国的影响不一。对产油国带来巨大损失，但对那些处于快速发展中的用油国却是好事。这种情况表明了促进非洲经济多元化是非洲经济持续发展的保障。石油价格下降对一些严重依赖石油出口创汇的国家的负面影响较大，以尼日利亚为例。

第一，国民收入减少。尼日利亚的 80％ 的财政收入依靠石油出口，受国际油价下跌影响，国家的收入直接受到影响。其次，贸易顺差大幅下滑。强劲的贸易顺差一直是尼日利亚经济的亮点之一，且主要靠出口石油获得贸易顺差。国际油价的下跌导致尼日利亚出口收入大幅下降 36％。2013 年二季度至 2014 年二季度间，季均贸易顺差达 236 亿美元，尼日利亚贸易顺差受到极大冲击。第三，外汇储备减少。尼日利亚 90％

的外汇储备靠石油出口。目前外汇储备 365 亿美元,在石油输出国组织 12 个成员国中排名第十;其外汇储备占国内生产总值比重为 7%,在成员国中排名第八。作为非洲最大经济体,尼日利亚外汇储备规模及在国内生产总值中占比例明显偏低,说明政府抗风险能力不足。第四,货币急速贬值。非洲大陆的产油国远不只尼日利亚一国。中非经济货币共同体(喀麦隆、刚果、加蓬、赤道几内亚、中非和乍得)中多为产油国,面临国际油价的大幅下挫,财政收入明显低于预期。如何协调经济发展重点领域的财政支出也成为各国政府面临的巨大挑战之一。

(三) 金融与债务问题

由于发达国家的经济处于困境,这些国家可能提高贷款利率从而使非洲国家陷入困境。此外,一些国家由于快速发展而大肆举债可能会导致债务问题。金融市场面临巨大压力也是非洲经济的问题之一。从 2014 年以来,非洲大部分国家的货币贬值,其中受影响最大的有乌干达的先令、加纳的塞地、赞比亚的克瓦查、尼日利亚的奈拉、肯尼亚的先令、南非的兰特、突尼斯的第纳尔、卢旺达的法郎、马拉维的克瓦查、毛里塔尼亚的乌吉亚、马达加斯加的阿里亚里、安哥拉的宽扎等。以尼日利亚为例。自 2013 年尼日利亚场外交易市场平台建立后,尼日利亚与国际金融市场联系更为紧密。然而,国际油价的持续下跌对尼日利亚的金融市场特别是货币产生了严重威胁。尼日利亚货币奈拉兑美元的汇率多次下调。由于外汇储备减少,导致尼日利亚央行维持汇率稳定的能力受到限制。为了维持奈拉汇率稳定,尼日利亚央行消耗了过多的外汇储备,而油价持续下跌进一步蚕食外储规模,制约了央行捍卫币值的能力。为了应对危机,尼日利亚央行在 2014 年多次召开货币委员会会议,商讨对策。央行被迫打出加息和贬值组合拳,以应对油价下跌的冲击。会议宣布,为应对国际原油价格持续下跌导致的奈拉大幅贬值以及外汇储备缩水的压力,决定将货币政策基准利率由 12% 提高至 13%,将商业银行吸收的私营部门存款的存款准备金率由 15% 上调至 20%,将奈拉对美元汇率的目标区间由 155:1 上下浮动 3% 调整为 168:1 上下浮动 5%。除上述措施外,政府还采取多项应对措施,如缩减财政支出、增加非石油收入等,努力维持经济总体稳定。目前看来,采取更灵活的浮动区间汇率制度是更为可行的选择。

（四）贸易壁垒和交通障碍

大陆内部的边界通关、人口流动、基础设施等方面的障碍极大妨碍了非洲大陆内的贸易现状。非洲联盟将非洲大陆内部建立自由贸易区的时间表原定于 2017 年，但并未完成。可以说，实现非洲联合自强是非洲国家的共同理想，这一目标达成的主要条件之一是经济一体化。然而，联合自强之路之崎岖也首先表现在经济上。非洲大陆的区域内贸易状况非常落后。虽然自由贸易区在一些次区域组织覆盖的国家进展顺利，但非洲内部贸易壁垒问题仍十分严重。在世界其他发展中国家或地区，出口商品成本中交通运输的费用大致只占 17% 左右，在非洲，这一比例约为30%—50%，有的高达 75%。非洲国家之间的贸易额只占非洲贸易总额的 12%，基础设施落后是主要原因。当然，出境贸易困难，旅游程序烦琐，法律不甚完善，针对外商人的敲诈和暴力事件频发等现象也阻碍了非洲国家之间的正常贸易交往。①

为了推动非洲内部贸易，非盟强调要消除区域内的贸易壁垒。加强区域间贸易可推动区域内部的就业和商品流通，促进区域间的制造业生产和优势互补。这种受内需拉动的经济增长可防止国际贸易带来的各种负面影响，减少对外援的依赖。非洲有识之士日益认识到，相对于资金的缺乏，国家间合作的不足已成为非洲地区重大基础设施建设计划实施的主要障碍。例如在西非的冈比亚河上，连接冈比亚和塞内加尔两国的桥梁修建是非洲开发银行的项目，但因两国的各种政治原因迟迟未动工。刚果（金）与刚果（布）是近邻，不但两国间的贸易量很小，处于两个国家之间的刚果河上尚缺乏便利的桥梁。贸易壁垒的负面效应更是明显。从日本进口一辆汽车到科特迪瓦的阿比让需要 1 500 美元，然而，要将车从阿比让运到埃塞俄比亚的亚的斯亚贝巴要花费 5 000 美元。从这一例子可看出非洲大陆内部的贸易壁垒的严重性。贸易壁垒与地区间基础设施建设密切相关。

（五）公共卫生问题突显

埃博拉病毒的泛滥无疑对非洲特别是几内亚、塞拉利昂和利比里亚

---

① 《非洲媒体呼吁非洲各国采取措施消除内部经贸交往不足问题》，网易转自国际在线，2013 年 8 月 22 日。http://news.163.com/13/0822/09/96SG30C100014JB5_all.html.

三国影响较大。埃博拉病毒暴发所带来的"经济溢出效应正在开始实体化"。自从 2013 年底疫情爆发以来,埃博拉病毒已在几内亚、利比里亚和塞拉利昂造成一万多人死亡。国际货币基金组织指出,"在受到埃博拉疫情影响的国家,财政状况可能恶化,而在公共债务可以被控制的国家,财政赤字应该被允许暂时扩大"。埃博拉病毒在西非地区蔓延致使世界卫生组织及各国政府纷纷发出预警与出行建议,加深了全球各地人们的恐惧感。从实际情况看,世界各国对非洲大陆地理的总体情况特别是其多样性和差异性缺乏足够了解,同时对埃博拉病毒的认识过于夸大,加之新闻媒体的炒作,导致埃博拉病毒对非洲经济发展产生了颇为不利的影响。埃博拉病毒除了对非洲相关国家的人力资源和物力资源造成巨大损失外,还从其他方面造成了伤害。各类旅游出行活动减少,这对正在兴起的西非旅游业和航空业造成了实实在在的损失。与非洲大陆的商业活动、投资活动或推介活动相关的国际会议和地区行业会议纷纷被取消或推迟。远离疫区的其他非洲国家的商业与投资活动都受到一定的影响。除此之外,各种热带病及公共卫生设施建设的滞后是非洲可持续发展的一个严重障碍。

表格 12-3　三类最不发达国家使用卫生设施所占比例,1990—2015

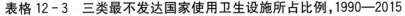
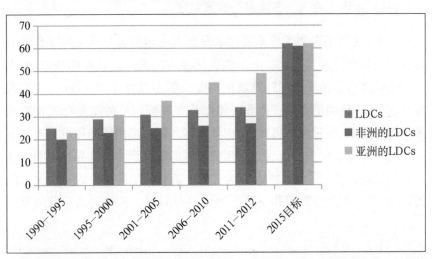

来源:United Nations, *The Least Developed Countries Report 2014*, p. 32.

非洲的经济发展仍然面临其他挑战,比如严重依赖外援的不可持续性,行业、产品和管理模式缺乏竞争力,贸易规模较小,科技水平较低,发展资金不足,一些国家的战乱仍在持续等等。此外,国际政治经济秩序的不平等、国家治理上的问题(贪污腐败、行政效率等)、外来投资仍嫌不足、非法资金外流(每年达50亿美元),各种流行性疾病等,都给非洲发展带来了各种困难和问题。

六、非洲自主性的振兴

2015年,埃塞俄比亚学者阿尔卡贝·奥克贝的《非洲制造——埃塞俄比亚的产业政策》的出版具有重要的历史意义。埃塞俄比亚作为一个不以矿产资源为主要发展动力的国家,十余年来保持10%左右的经济增长速度并已成为海外资本的理想投资地。[①] 这个国家的持续发展为非洲国家提供了可资借鉴的经验和教训。最重要的一点:它证明了非洲可以实现经济赶超。为什么说这部著作对于非洲的发展具有历史意义?它实际上是反映埃塞俄比亚在政策制定和实践行动中坚持自主权的典型案例。

(一)本国专业人士直接参与政策制定

首先,这本书表明了埃塞俄比亚专业人士和知识分子对国家政策的具体谋划和直接参与。正是由于能直接参与国家产业政策的制定,奥克贝才能颇为自信地分析国际发展机构以及学术界对非洲发展政策的"误导性影响"。他明确指出:"产业政策能够在非洲国家的工业化进程中发挥积极的作用,尽管发展机构、经济学家和国际金融组织的传统观念并不认同这一观点。这些传统观念对相关领域的研究产生了误导性影响。这点必须得到纠正。"[②]他还指出了埃塞俄比亚工业化过程中的一些关键问题,特别是一些产业政策和实践上的成绩与问题。他深刻认识到国家产

[①]　United Nations Economic Commission for Africa, *Economic Report on Africa 2017*, *Urbanization and Industrialization for Africa's Transformation*, Addis Ababa: United Nations, 2017, p. 77.

[②]　[埃塞]阿尔卡贝·奥克贝:《非洲制造——埃塞俄比亚的产业政策》,第269页。

业政策指导意义的重要性,也认识到政策举措和机构的不平衡性表现在水泥、花卉和皮革三个行业上,如激励机制在运用上的不一致性,政治举措的兼容性与一致性以及协调能力和机制能力的不足等。他还意识到发展不可能一蹴而就,有一个"边干边学"的阶段和从模仿到创造的过程。正因为参与了国家政策的制定,他才能客观地分析埃塞俄比亚产业政策的经验和利弊。

(二) 政策制定过程拒绝外来干涉

其次,标志着埃塞俄比亚的国家产业政策是在拒绝外来干涉的情况下自主制定的。"在埃塞的产业政策决策过程中,埃塞政府顶住了包括国际金融机构和其他捐赠团体施加的多重压力(这种压力通常以经济威胁的形式出现),坚持了难得的政策独立性。政府拒绝向外资银行开放其金融产业、私有化通信产业、改革土地所有制的决定以及拒绝冻结公共投资和扩张高等教授等决定都是政策独立性的体现。"[1]虽然诸多非洲国家在独立后受到各种外来干扰的影响,但这种自主自立的情况也在不同时期不同国家出现过。[2] 这是自主性的具体表现。埃塞俄比亚也在发展过程中顶住了来自国际金融机构的压力,维持了国家对关键经济部门的领导地位。奥克贝在这部著作中分析了埃塞俄比亚的发展导向是由诸多因素造成的,他指出:"埃革阵在这一历史进程中形成的价值理念、政治担当、领导智慧以及长久以来以联邦制度作为政治挑战的解决机制的历史抉择,对埃塞政治经济的发展产生了关键的影响。此外,对独立和决策自由的强烈愿望也是领导层意志的重要体现。"[3]

国际学术界和舆论界也充分认识到埃塞俄比亚政府的这种政策独立性。美国学者布拉蒂加姆指出:"尽管在中国看来,埃塞是一个充满商机

---

① ［埃塞］阿尔卡贝·奥克贝:《非洲制造——埃塞俄比亚的产业政策》,第270页。

② 以坦桑尼亚为例,坦噶尼喀非洲民族联盟早在1967年2月5日正式公布的《阿鲁沙宣言》就明确提出:"独立意味着要自力更生。如果一个国家的发展要依赖别国的赠款和贷款,那就不可能有真正的独立。即使有那么一个国家或几个国家愿意向我们提供我们发展项目所需的所有的钱,我们就贸然接受而不考虑这样做是否会影响我们的独立和我国的生死存亡,那是不恰当的。"《阿鲁沙宣言》,中共中央对外联络部四局,1984年6月,第9页。

③ ［埃塞］阿尔卡贝·奥克贝:《非洲制造——埃塞俄比亚的产业政策》,第68页。

的土地……这个非洲国家并没有失去对经济合作的主导能力。"经济学家情报中心的一篇文章也承认:"埃塞正以在非洲领先的速度快速发展,但拒绝接受国际货币基金组织及其他国际金融组织关于进一步开放其经济的建议。"①诺贝尔经济学奖获得者约瑟夫·尤金·斯蒂格利茨(Joseph E. Stiglitz)曾在著作中描写了他1997年在埃塞俄比亚的经历。当时,梅莱斯总理(Meles)与国际货币基金组织之间产生了激烈的争论。梅莱斯出于国家发展的需要拒绝了国际货币基金组织关于开放银行系统的要求,国际货币基金组织则暂停了埃塞俄比亚的借款项目。② 埃塞俄比亚的这种政策独立性对所有的非洲国家具有启迪意义。

(三) 非洲自身的产业化

这部著作还说明:非洲除了资源行业外,开始有了自己真正的产业化。这种产业化不仅有自己的发展战略和产业构想,自己的原料基地和技术人才,自己的生产基地和销售市场,也具备了其他国家在产业化过程中产生的各种能力和意识(如竞争意识和危机意识),并对自身的产业充满信心。目前,尼日利亚的英诺森汽车(Innoson Motors)等本土汽车制造商和非洲最大的电商平台朱米亚(Jumia)等已经在国际上享有一定名声。

虽然奥克贝的著作写的仅是埃塞俄比亚,但他针对的是整个非洲。首先,他的著作证明,产业政策在非洲国家的工业化进程中发挥积极的作用。其次,他进一步说明,只有实行独立的政策才能摆脱对前宗主国的依赖。此外,他还分析了埃塞俄比亚相关部门的作用以及三个典型产业(水泥业、花卉业和皮革业)的具体优势、劣势和发展趋势。例如,国家出口协调委员会和工业部承担的重大责任,已成为埃塞政府用于领导和发展关键产业的主要机制的独立研究机制的作用,水泥业生产由于国际竞争、环境要求和非洲市场需要而产生的不均衡发展,迎头赶上的花卉产业的利(显著的就业创造能力)与弊(空运、价格驱动与竞争强度)及其发展前景,

---

① [埃塞]阿尔卡贝·奥克贝:《非洲制造——埃塞俄比亚的产业政策》,第4—5页。

② Joseph E. Stiglitz, *Globalization and its Discontent*, London: Allen Lane/Penguin, 2002, p. 32.

如何振兴已经出现疲软势头的皮革业……他的一些结论也是着眼于非洲产业化。

(四)《非洲制造》的指导意义

这部著作为非洲国家指出了发展的方向。首先是作者对非洲发展的特点与趋势的认识:"尽管非洲经济发展不平衡且缺乏持续性,近年来,越来越多的非洲国家保持了较长时间的增长。"[①]其次是埃塞俄比亚政策制定方面对非洲国家的启示:"本书着重强调了非洲国家在政策学习方面应该注意的三个方面:应重视政策独立在政策学习中的重要,'边干边学'是国家在政策学习过程中进行能力建设的主要方法,应科学地使用信号和机制(如低绩效宽容度、隐形之手和关联效应)以引导和促进政策学习。"作者在前言中明确指出:本书与"非洲复兴"这一主题有关,"本书反驳了关于工业化路径的传统观点,主张工业化实现需要一个强有力的以发展为导向的国家政府。这一国家(政府)必须有长远的结构转型战略,高度尽责的国家领导核心以及有效的发展转型机制。从结构主义和政治经济学的视角,本书证明了产业政策可以在低收入非洲国家发挥重要作用,并指出国家政府能够也应该扮演一个积极主义的发展型角色。在这一过程中,国家的政策独立性是一个必要的前提"。[②] 这些论述表明:非洲国家不要受消极的宿命论的干扰,非洲国家完全可以做到经济赶超。

七、小　结

由于在多个国家发现新的油矿资源(如坦桑尼亚、乌干达等),加之资源产业的收益相对较快,非洲的资源国家仍会将采掘业(油气、矿产等)作为国家经济的主打行业,但经济多元化已成为各国的长期目标。由联合国非洲经济委员会发布的《2014年非洲经济报告》提出了一系列旨在促进非洲工业化发展的建议,呼吁非洲国家根据本国国情来采取相应的工业化政策,使更多民众从经济增长中获益。非洲经济的发展有两个关键

---

① [埃塞]阿尔卡贝·奥克贝:《非洲制造——埃塞俄比亚的产业政策》,第6页。
② [埃塞]阿尔卡贝·奥克贝:《非洲制造——埃塞俄比亚的产业政策》,第5页。

方面需要加强,可耕地开发和工业化进程。2014年非洲进步小组的报告指出,非洲每年在食物进口方面的花费达350亿美元,非洲的可耕地有巨大潜力可以利用。作为非洲大陆第一大经济体的尼日利亚在经济多元化方面取得了较大的成就,特别是对农业的重视会产生一定的示范效应,一些小国也在通过各种方式投资于其他产业。非洲的旅游业也在快速兴起,必将推动经济发展。

非洲国家特别是撒哈拉以南非洲经济的脆弱性也十分明显,主要表现在财政收入依然偏低;金融部门仍十分脆弱;抵御外部冲击能力较弱。与此同时,全球经济正进入政策不确定性异常升高的时期;一部分发达经济体增长已经放缓,直接影响在非洲的投资;地区部分重要国家的政治局势和外资政策不确定。这种情况的产生或是因为新政府上台后的新政策导致投资者观望,或是正进入大选期而产生不确定因素。2018年,国际货币基金组织发布最新一期《撒哈拉以南非洲经济展望》,预计其经济增长在2018年将达到3.1%。①《世界经济展望》(2019)指出撒哈拉以南非洲2019年经济的增长率为3.5%。国际货币基金组织认为该区域内各国经济差异明显,安哥拉和尼日利亚的增长预测受到石油价格下跌影响而被下调;而三分之一以上的撒哈拉以南非洲经济体2019年至2020年的增长率将超过5%。②

总体而言,非洲经济持续增长与地区政治相对稳定有直接关系。大部分国家将国家重心放在经济建设上,多个国家的选举正常进行。经济环境的改善有很大关系。摩洛哥、尼日利亚、加纳、安哥拉、肯尼亚等国的经营环境有所改善。非洲国家为吸引外资,都在采取一些优惠政策(如享受关税和增值税免除待遇)。经营环境的改善为进一步吸引国外投资创造了条件,融资的可能性加强,投资收益高且稳定。一些跨国公司或是扩

---

① 有关信息可参见国际货币基金组织中文网站:https://www.imf.org/zh/Publications/REO/SSA;《国际货币基金组织发布最新一期〈撒哈拉以南非洲经济展望〉,预计2018年地区经济增速将加快至3.1%》,中国商务部,2018年10月29日。后来在2019年1月份发布的《世界经济展望》中降低到2.9%。http://www.mofcom.gov.cn/article/i/dxfw/gzzd/201810/20181002800795.shtml.

② IMF, *World Economic Outlook Update*, January 2019, IMF. https://www.imf.org/en/Publications/WEO/Issues/2019/01/11/weo-update-january-2019.

展在非洲的业务,或是开始将目光转向非洲。东部和南部非洲共同市场秘书长辛迪索·恩德玛·恩格温亚的话有其道理:"在经济的前沿,非洲已经见证了意义深远的经济改革。这些改革通过良好的宏观经济政策改善了经济的治理。这就是为什么全球的金融和经济危机对非洲经济的影响与发达国家不同。投资已经实现自由化,各个经济体已对跨国和外国直接投资开放。全球化的进程再加上经济重心从后工业化经济体向新兴工业化经济体的转移,为非洲国家创造了可以利用的健康竞争的机会。"①

----

① 莫列齐·姆贝基编:《变革的拥护者:如何克服非洲的诸多挑战》(董志雄译),第298页。

非洲现代史 _下

A History of Modern Africa

李安山 著

华东师范大学出版社

·上海·

华东师范大学出版社六点分社　策划

下卷目录

第三部分　文　　化

第四部分　民　　族

下　卷

第三部分　文　化

第三編 物权

第十三章　现代非洲文化源流

> 谁赐我耳朵使我可以聆听，谁赐我理性，谁带我来到这个世界？我来自何处？如果我在造物主之前即已存在，我应该会探知我生命之源和自我意识。谁创造了我？我是由自己的双手创造的吗？
>
> 泽拉·雅各布（埃塞俄比亚哲学家，1599—1692）

> 任何可感知的东西或是物质，或是感觉，或是思维活动。……认知发生之原因是事物本身。真正的学习是对事物本身的认知，因此它有一个确定性的基础，即已知的事物本身。
>
> 安东·阿莫（加纳哲学家，1703—1758）

非洲人有自己的传统和对知识的理解。现代非洲学者蒂埃诺·博卡尔·萨利夫（Tierno Bokar Salif）指出："撰述是一回事，知识是另一回事。撰述是知识的真实记载，但并非知识自身。知识是人类的一盏明灯，是我们祖先在认识方面的全部遗产，正如波巴布树潜伏在种子里一样，在萌芽之时，我们祖辈就把它传给了我们。"①这里的"知识"包括对自然和社会的认识、人际关系的伦理以及有关自身历史的知识。非洲大陆孕育了博

---

① J. 基-泽博主编：《非洲通史（第一卷）：编史方法及非洲史前史》，中国对外翻译出版公司/联合国教科文组织，1984/1985年，第121页。

大精深的本土文化。正如肯尼亚国父、第一任总统肯雅塔在著名的人类学著作《面对肯尼亚山》中所言："一个人所继承的文化赋予了他人格的尊严。"古埃及的文化传统自不待言,非洲大陆其他地区的历史文化不容忽略。随着埃塞俄比亚承认基督教,基督教文化已在非洲深深扎根。大批阿拉伯人迁入非洲大陆,从而使阿拉伯文化的独特魅力在非洲文明史上占据重要地位。在非洲历史上,这三重文化遗产交相辉映,产生了埃塞俄比亚文明、斯瓦希里文明、大津巴布韦遗址、刚果王国、加纳、马里和桑海的西非帝国以及豪萨城邦等不同文明。

世人对非洲文化的知识十分贫乏。康德(1724—1804)和黑格尔(1770—1831)这些欧洲哲人的名字为众人熟悉,但我们却从未听到过早于这些哲学家提出启蒙思想的埃塞俄比亚学者泽拉·雅各布(Zera Yacob,1599—1692)或对笛卡尔提出质疑的加纳哲学者安东·阿莫(Anton Amo,1703—1758)。我们对德国的兰克(Leopold von Ranke,1795—1886)、英国的汤因比(Arnold Toynbe,1889—1975)和法国的布罗代尔(Fernand Braudel,1902—1985)这些欧洲历史学家的名字耳熟能详,但我们对早在 14 世纪就为世界社会科学做出巨大贡献的突尼斯历史学家和社会科学大家伊本·赫勒敦(Ibn Khaldun,1332—1406)却知之甚少。

奴隶贸易对非洲文化的破坏是不言而喻的。然而,非洲文化以其特有的内聚力得以保存下来,甚至在全球各地传播。联合国教科文组织前总干事长阿马杜-马赫塔尔·姆博指出:"尽管有强制的分离,各种文化的真正结合持续下来。这一奇迹就是文化的内聚力,文化的共同性。共同的价值与信念,以及宗教、精神和艺术的表达方式把他们联结起来,这样就有可能形成一种共源感和积极的团结感。就这样,虽然离乡背井,但文化上的共同体又重新建立起来,虽然他们在使用其他民族的语言,但仍然为集体的意识和觉悟打下了基础,这本身就是共同行动意愿的根基。"[①]从另一种意义上说,奴隶贸易使非洲文化在美洲大陆得以重生。这种凤凰涅槃式的重生表现了非洲文化的强大生命力及其

---

① 《联合国教科文组织总干事阿马杜-马赫塔尔·姆博的介绍性发言》,《15—19 世纪非洲的奴隶贸易》,中国对外翻译出版公司/联合国教科文组织,1984 年,第 7—8 页。

韧性。

殖民主义统治带来了对非洲本土文化的摧残,但书写文字的确立又给一些非洲地区的文化带来了新的活力,使非洲文化有机会吸收欧洲文化的成分。本章主要描述现代以来非洲的学术传统,包括欧洲启蒙主义运动前的非洲启蒙哲学家斯肯兹、泽拉·雅各布和安东·阿莫及其思想,阿拉伯大师伊本·赫勒敦对世界学术的影响,北非国家的现代学术传统以及埃及学的本土化,殖民统治时期的非洲学者特别是布莱登和霍顿两位颇具影响力的学者及其贡献。

一、非洲启蒙思想及启蒙思想家

除了古代的埃及哲学家和早期北非的阿拉伯哲学家之外,早在欧洲启蒙运动之前,近现代非洲也出现了自己的哲学家。

16 世纪埃塞俄比亚的斯肯兹(Skendes)是较早提出一些相关概念的哲学家。他在 12 岁时被父母送往雅典和贝鲁特学习,以接受贤智哲学的教育。在他离家期间,父亲去世。24 年后,他回到埃塞俄比亚,但因为一件永远使他蒙羞的事,他发誓不再写一个字。[①] 后来他被阿克苏姆国王聘用,以智者的身份在宫廷里工作,他的经历和思想以《斯肯兹的人生与学说》的文本方式记录下来。该书包括作者的生平和 55 个系列问答,还有另一个系列包括 108 个问题及答案。他的思想用问答的形式表达出来,包括自然现象,如什么是太阳、月亮、星辰、天空、风、雷、电等;也有社会现象,如什么是正直、饥饿、友谊、气愤、仇恨、诅咒等;还有人的各种行为,如睡眠、哭泣、死亡等。第 26 问"什么是正直之德?",回答:"正直是值得褒扬之举,理想之举,它驱除对金钱的奢爱,将其从心中赶走,正直是趋善避恶,它预示着欢乐。"(第 115 页)他对第 49 问"悲伤"的解释非常中肯:"悲伤是灵魂的火焰,它摧毁肠胃。这是一种持久的痛苦,一种使人陷

---

① 他读到一位智者关于妇女著作的一个命题:"妇女皆为妓女,智女不识男人。"为了证实这一命题,他企图诱奸自己的母亲。虽然他幡然悔悟,认识到自己做儿子的身份从而并未越轨,但其母却因知道实情而自杀。他为自己罪孽深重而自责,发誓不再写一个字。Claude Sumner, *The Source of African Philosophy*: *Ethiopian Philosophy of Man*, "The Life and Maxims of Skendes, Section I", Stuttgart, 1986, pp. 100-109.

入困境的思想，一种将人从行动拉回记忆的思想。"（第 119 页）他对第 51
问"睡眠"的回答颇有哲理："睡眠是最好的医生；它是死亡的投影，是激情
渴求的不幸，是一切生命力的喜悦，是昏暗的相似性，一种对于日间的回
忆。"（第 119 页）①他的思维敏捷，观点睿智，体现了这位早期埃塞俄比亚
哲学家的渊博知识和高度智慧。

另外两位重要的非洲思想家对启蒙哲学做出了贡献，一位是 16 世纪
末出生的埃塞俄比亚人雅各布。挪威学者赫尔卓恩斯卢德这样形容他：
"在埃塞俄比亚的一个山洞里，有一个人在 1630 年到 1632 年的两年时间
里就已经提出了许多后来欧洲启蒙时代的最高理想。"②另一位是加纳的
阿莫，当代非洲哲学家维雷杜指出："在他那个时代的德国哲学传统中，他
的研究富有成效。他对非洲的承诺显而易见且不断重复。他最后回到加
纳并在那里终老。他的研究工作吸引了非洲人的探索。"③值得注意的
是，这两位非洲哲学家的观点出现在欧洲启蒙运动前期。

（一）埃塞俄比亚的泽拉·雅各布的时代及其遭遇

挪威学者达格·赫尔卓恩斯卢德在 2016 年出版的《全球知识：新启
蒙运动的复兴在路上》中系统揭示了埃塞俄比亚哲学家雅各布早在 17 世
纪就提出的启蒙思想，这一思想后来被归功于一批欧洲学者身上。当然，
这一真相不是这位挪威学者的新发现。实际上，亚的斯亚贝巴大学哲学
系系主任萨姆纳（Claude Sumner）早有定论。这位早在 1953 年就定居在
埃塞俄比亚的加拿大学者 40 年前已将泽拉·雅各布和他的学生瓦尔
达·海瓦特（Walda Heywat）两人的论文从埃塞俄比亚的盖兹文翻译成

---

① Claude Sumner, *The Source of African Philosophy*：*Ethiopian Philosophy of Man*, "The Life and Maxims of Skendes, Section II", pp. 109-122.

② Dag Herbjørnsrud, "The African Enlightenment：The highest ideals of Locke, Hume and Kant were first proposed more than a century earlier by an Ethiopian in a cave", December 13, 2017, AEON. 挪威奥斯陆大学的李树波博士和该文的作者全球比较历史学中心（SGOKI）创始人、挪威学者达格·赫尔卓恩斯卢德为我提供相关信息，在此表示衷心感谢。https://aeon. co/essays/yacob-and-amo-africas-precursors-to-locke-hume-and-kant. 查询时间：2018 年 6 月 18 日。

③ Kwasi Wiredu, *A Companion to African Philosophy*, Malden, MA：Blackwell Pub., 2006, p. 24.

英文,并对这两位非洲哲学家进行了深入研究。① 我们有必要阐明泽拉·雅各布所处的时代以及他的主要观点。

非洲早期文明的代表之一是埃塞俄比亚的阿克苏姆。罗马作家曾将阿克苏姆王国与同时代的中国、罗马和波斯并列为世界四大强国。阿克苏姆兴起于公元前 5 世纪。埃塞俄比亚与南阿拉伯隔海峡相望,考古发掘已证明:这两个地区的交往早已开始。以阿克苏姆为代表的埃塞俄比亚文明虽然在早期受到南阿拉伯地区的影响,但它的本土特征不容置疑。早在公元前 4 世纪,库施的努比亚人就与居住在后来兴起的阿克苏姆王国这一地区的古代民族有过交锋。麦罗埃的铭文记载:库施的两位国王哈西奥蒂夫(Harsiotef,公元前 404—前 369 年)和纳斯塔森(Nastasen,公元前 335—前 310 年)曾与阿克苏姆王国的创建者之间发生过战争。后来,双方保持着贸易关系。

普林尼(Gaius Plinius Secundus,公元 23—79 年)曾指出,阿杜利斯港是红海最重要的停泊港之一,是"埃塞俄比亚最大的商业中心"。成书于公元 1 世纪的《红海回航记》(*Periplus of the Erytharean Sea*,公元 59—62 年,一说公元 40—50 年)提到了阿杜利斯港,说它是"根据法律建立起来的港口"。阿克苏姆从公元 3 世纪起成为热带非洲第一个铸造金属货币的国家。发行金属货币不仅体现了国家物质的丰富,也表明政治的稳定,还向邻国宣示阿克苏姆是一个主权独立国家。恩迪比斯(Endybis,公元 227—235 年)是埃塞俄比亚第一位将金属货币投入流通的国王。阿克苏姆国王埃扎纳(Ezana,公元 325—355 年)在约公元 350 年左右一举攻克古代苏丹的麦罗埃王国,并以"众王之王"的身份在麦罗埃留下了自己的印记。阿克苏姆早在公元 333 年就宣布基督教为国教,与亚美尼亚一样成为世界上最古老的基督教国家之一。公元 337 年去世的罗

---

① Claude Sumner, *Ethiopian Philosophy*, *Volume II The Treatise of Zera Yacob and of Walda Heywat. Text and Authorship*, Addis Ababa: Commercial Printing Press, 1976; Claude Sumner, *Ethiopian Philosophy. Vol. III The Treatise of Zera Yacob and of Walda Heywat. An Analysis*, Addis Ababa: Commercial Printing Press, 1978; Claude Sumner, Classical Ethiopian Philosophy, Addis Ababa: Commercial Printing Press, 1985(US edition, Los Angeles: Adey Publishing Company, 1994). 上文斯肯德兹的著作也是他发现并翻译的。

马皇帝君士坦丁曾表示,阿克苏姆的公民有资格和罗马公民享受同等待遇。阿克苏姆帝国因控制红海贸易而发达兴盛,同样,它也因为这一优势的旁落而从 7 世纪起开始衰落。英国历史学家吉本曾说过:"埃塞俄比亚人被自己宗教的敌人包围着,足足沉睡了一千年,他们忘记了世界,世界也忘记了他们。"①他说这句话时根本不知道埃塞俄比亚学者泽拉·雅各布对世界哲学的贡献。

泽拉·雅各布于 1599 年 8 月 28 日出生在帝国首都阿克苏姆市郊的一个农民家庭。他天资聪慧,学生时代就给老师留下了深刻的印象,曾经学习修辞学、诗歌和批判思维,4 年后转到另一所学校研习《圣经》。经过 10 年,他学习了天主教、埃及科普特基督教以及埃塞俄比亚的主流正教。国王苏森约斯(Susenyos)于 1606 年上台执政。当时,耶稣会在埃塞俄比亚传教,佩德罗·帕兹·贾拉米洛(Pedro Páez Jaramillo,1564—1622)等人甚为努力。② 一位名叫阿丰索斯·孟德兹(Alphonsus Mendez)的传教士在 1626 年获得苏森约斯国王的赏识。"从那个时候起,国王接受了外国人的信仰,迫害所有不同意这一宗教的人。"③苏森约斯国王后将天主教定为国教,并为统一宗教信仰迫害那些追求思想自由的知识分子。正是这位国王的镇压政策使雅各布有机会在逃难过程中产生了自己的哲学观点。

现存的雅各布的著作是其论文《探索篇》(Hatäta)。这部著作是雅各布在学生瓦尔达·海瓦特(Walda Heywat)的建议和请求下完成的。海瓦特自己创作的《探索篇》倾向于实用主义。雅各布的《探索篇》包括十六章。第一章雅各布主要描述了自己的童年以及受教育的过程,最后以苏森约斯国王上台对异教人士的迫害结尾。第二章是他在当老师时的一些想法以及他因受到迫害而不得不逃亡的经历,并叙述了逃难过程中的

---

① E. Gibbon, *The History of the Decline and Fall of the Roman Empire*, London, 1862, Vol. Vl. p. 64.

② Claude Sumner, "The Light and the Shadow: Zera Yacob and Walda Heywat: Two Ethiopian Philosophers of the Seventeenth Century", in Kwasi Wiredu, *A Companion to African Philosophy*, Malden, MA: Blackwell Pub., 2006, p. 173. Claude Sumner, *Ethiopian Philosophy*, Volume II, Addis Ababa: Commercial Printing Press, 1976, p. 3.

③ "The Treatise of Zera Yacob", in Claude Sumner, *Ethiopian Philosophy*, Volume II, p. 5.

一些史实。第三章是雅各布关于造物主的存在及其创造人类的思考。在第四章,他提出了自己对不同宗教的怀疑,因为各种宗教都宣称自己是对的,其他宗教不对,信徒亦如此,往往认为自己对,别人不对。第五章主要是他对各种宗教或教义中一些不合理智的法律与规定(如婚姻)的批判。第六章揭示了如何辨别虚假的真理。第七章阐明了有关上帝的法律与人类的法律的观点。第八章是关于他对知识的理解。第九章是以自己在被举报后因祈祷而受到国王召见并未受伤害的例子,说明祈祷的必要性和有效性。第十章是关于祈祷者的身心努力。第十一章是他因为遇见恩人哈布图(Habtu)而定居在恩佛拉兹(ənfəraz)以及开始正常生活的情况。第十二章是关于他的婚姻生活。第十三章是关于埃塞俄比亚遭遇的一场灾难及导致的饥荒。第十四章描述了哈布图的去世及其他两个儿子的故事。第十五章是雅各布自己故事的结束。最后是学生瓦尔达·海瓦特写的全书结尾(并作为海瓦特自己的《探索篇》的前言)。①

当时,雅各布毕业后在阿克苏姆当了 4 年教师。他关于宗教平等的主张被密报给国王。为了逃避迫害,雅各布在觐见国王后,于 1630 年的一个晚上带着少量黄金和大卫的《诗篇》逃离了阿克苏姆。他来到谢瓦(Shewa)地区并在特克泽河谷发现了一个幽静杳无人迹的山洞,并在那里住下来。"人们不知我栖身何处,我独居岩洞,犹如天堂。"②整整两年,雅各布都待在山洞里,除偶尔到附近市场买东西,他一直学习和沉思,过着隐居生活。直到苏森约斯国王去世后,他才于 1632 年 9 月走出山洞。正是在这个山洞里,雅各布形成了自己新的理性主义至上的哲学。

(二) 泽拉·雅各布的理性主义

雅各布的观点可以概括为以下三点。一是质疑权威,对一切违背自然或人类发展的现象提出挑战。二是理性至上,一方面认为造物主的存在具有主观性,另一方面主张人们应自身保持良好品质。三是人道主义,

---

①　雅各布在书中表明:"我在这本书里写得很少,但我在山洞里时冥思苦想了很多其他的事物。""The Treatise of Zera Yacob", in Claude Sumner, *Ethiopian Philosophy*, Volume II, p. 17.

②　"The Treatise of Zera Yacob", in Claude Sumner, *Ethiopian Philosophy*, Volume II, p. 5.

主张公平正义,人人平等和互助互爱。

雅各布对权威的质疑表现在两个方面。一是他敢于怀疑那些对宗教经典做出解释的权威。早在雅各布的 10 年学习《圣经》的日子里,他就对宗教开始产生怀疑。"我从外国人和我们自己的学者那里学习[对《圣经》的]各种解释。他们的解释经常与我自己的理性并不相符。然而,我克制住自己的想法,将我所有的想法深深藏在心里。"①这表明,早在求学时期,他已经开始怀疑那些著名外国传教士和本国学者并通过思考形成了自己的想法。在后来的研究或实践中,他也多次直接对一些宗教圣人(如摩西或穆罕默德)的行为或传教士的各种解释提出疑问。其次,质疑宗教条文,即直接对各种宗教律法中的不符合人类发展的相关陈述或规定提出质疑。雅各布用理性精神探究不同宗教教法。他用批判精神公平地审视了基督教、伊斯兰教、犹太教和印度教等各种宗教及其法律。例如,雅各布指出,一方面,造物主以其智慧让血液每个月从女性子宫流出,只有这样妇女才能生育孩子。然而,摩西和基督教徒却蔑视造物主的这一智慧的创造,摩西律法甚至认为经期中的女性不纯洁。因此,摩西律法的观点既违背自然,也违背造物主本意,它"妨碍了婚姻和女性的整个人生,同时也践踏了互助原则,妨碍育儿,摧毁爱情"。他也同样质疑穆罕默德赞成伊斯兰教的多妻制,认为这种制度会打破男女平衡,不利于人类的自然发展。②

雅各布崇尚理性,并据此对当时一些有悖常识或人类发展的宗教及其信条提出质疑和批评。在《探索篇》第四章开头提出了一个相当勇敢甚至有些叛逆的问题:"《圣经》里的每一个细节都是真的吗?"他针对事物和人类社会包括人的起源提出了诸多问题。"如果上帝是人的保护者,为什么人的本性会如此严重地被腐蚀?"在当教师的时候,他往往主要是复述耶稣会士的看法或科普特基督教的解释,但并不针对这些观点做出评判,只是加上自己的说法:"只要我们自己好,所有的事物都是好的。"③他认

---

① "The Treatise of Zera Yacob", in Claude Sumner, *Ethiopian Philosophy*, *Volume II*, p. 4.

② "The Treatise of Zera Yacob", in Claude Sumner, *Ethiopian Philosophy*, *Volume II*, pp. 9-10.

③ "The Treatise of Zera Yacob", in Claude Sumner, *Ethiopian Philosophy*, *Volume II*, p. 4.

为,诸多宗教人士宣称自己的行为由上帝告知,但却毫无证据可以证明这一点。他明确表白:"我通过对现存的各种法律的仔细研讨,例如《摩西五经》、基督教教法和伊斯兰教法等,发现很多事情与我们的智力所揭示的造物主的真相与公正不相符合。"①他还明确指出了人类社会的一个共同现象,对自身的肯定与对他人的否定并存。每一种宗教人士都表白:"我的信仰是真的,那些持不同信仰的人均陷入谬误之中,是上帝的敌人……"每种宗教如此,每个人亦如此。人们会认为自己的信仰是真理,其他人也有相似的自信。然而,真理却只有一个。②

雅各布虽然强调理性,但并不否认造物主的存在。"谁赐我耳朵使我可以聆听,谁赐我理性,谁带我来到这个世界? 我来自何处? 如果我在造物主之前即已存在,我应该会探知我生命之源和自我意识。谁创造了我? 我是由自己的双手创造的吗?"他接着问道,如果说自己是由父母创造的,父母又是由谁创造的? 父母的父母以至最早的父母又是如何出现的?③他的结论是造物主必然存在,否则就不会有人的创造。达格·赫尔卓恩斯卢德认为,"雅各布显出一种不可知的(agnostic)、世俗的和探询的方法——对无神论的观点也更开明。……这样,雅各布虽然仍相信某种全人类造物主的存在,却就宗教的主观性开启了一种启蒙话语。他对于上帝是否存在这一问题的讨论比笛卡尔更加开放,而且应该更容易被现代读者所接受,因为还包含了存在主义的视角。"④他的分析很到位。雅各布针对造物主的这种怀疑态度是一种启蒙思想,也表明他对理性的崇尚。如果说雅各布试图以一种世俗的态度去探讨《圣经》的真实性和准确性,这是有道理的,说他的质疑中含有无神论的成分也无可厚非。如果将这种怀疑态度或力图找出真相的努力形容为"不可知论",则有些牵强。

---

①　"The Treatise of Zera Yacob", in Claude Sumner, *Ethiopian Philosophy*, *Volume II*, p. 10

②　"The Treatise of Zera Yacob", in Claude Sumner, *Ethiopian Philosophy*, *Volume II*, p. 7.

③　"The Treatise of Zera Yacob", in Claude Sumner, *Ethiopian Philosophy*, *Volume II*, p. 6.

④　Dag Herbjørnsrud, "The African Enlightenment: The highest ideals of Locke, Hume and Kant were first proposed more than a century earlier by an Ethiopian in a cave", December 13, 2017, AEON.

他在著作中多处表达了人道主义思想。有的人想统治他人,有的人想靠他人致富,有的人对他人产生妒忌,有的人对他人产生仇恨。雅各布批评了这些不当行为,认为人在现世的所有行为在去世后都会得到报应。他希望人人能公平相处、平等相待。虽然他意识到不同宗教都以他者为敌,但他还是主张宗教自由,对那些独尊天主教的传教士甚至国王都不愿苟同。他表示,造物主希望让每个人都完美,但不能做到这点。人只能在实践中使自身更完美。那些行为不当的人最终将会因为自己的作为而受到惩处。在人的一生中,要爱护别人。"博爱于人,犹如爱己。""子所不欲,勿施于人;子所欲者,必施于人。""我们希望别人宽容自己,因此我们也应宽容别人。"[1]他对奴隶买卖提出了质疑,"将人像动物一样买卖"绝不会是造物主的意愿。雅各布认为,每个人在造物主面前平等,造物主教育所有的人,引导所有的人。[2] 同时他认为犹太教、基督教和伊斯兰教宣扬斋戒(或禁食)的规定时并未理解造物主的意思,因为造物主赐给我们食物是让我们维生,而不是禁止我们享用。[3] 他在传播一种抛弃仇恨、弃恶从善、互助互爱、顺从自然的理念。

雅各布对婚姻、爱情和妇女的观点也反映出他的人道主义。前面谈到他批判了摩西歧视妇女的态度,他也批判了穆斯林娶多个妻子的习俗,认为这违背了造物主的意愿。[4] 他认为,爱情必须是合法的和自愿的,两相情愿,男女平等,这在他的实践中反映出来。雅各布在恩佛拉兹遇到了恩人哈布图并在此定居下来。当时,哈布图希望他能成家,长住下来。哈布图家庭富裕,有佣人服务。雅各布看上了在哈布图家里工作的贫穷少女希鲁特(Hirut),便向哈布图提出这一要求。哈布图以为雅各布想要希鲁特当女仆,便爽快地同意了。当雅各布提出要与她结婚时,哈布图大为惊讶,认为雅各布是知识分子,与一个女佣结婚并不合适。雅各布明确表

---

[1]　"The Treatise of Zera Yacob", in Claude Sumner, *Ethiopian Philosophy*, *Volume II*, pp. 13-15.

[2]　"The Treatise of Zera Yacob", in Claude Sumner, *Ethiopian Philosophy*, *Volume II*, p. 11.

[3]　"The Treatise of Zera Yacob", in Claude Sumner, *Ethiopian Philosophy*, *Volume II*, p. 11.

[4]　"The Treatise of Zera Yacob", in Claude Sumner, *Ethiopian Philosophy*, *Volume II*, p. 10.

示了自己的态度,最终说服了作为主人的哈布图。希鲁特也欣然同意。雅各布对她说,她不再是一个女佣人了,而是一个与他地位平等的人,因为"夫妻在婚姻中是平等的"。虽然希鲁特的形象一般,但为人聪慧、理智而耐心。两人的生活平和而幸福。"因为她这么爱我,我暗自下定决心,一定要尽可能让她快乐。我认为我们的婚姻是世界上最具爱情和最为幸福的。"后来这一对夫妻盖了房子,养了牛羊,还生了一个儿子,过着快乐的生活。[①]

雅各布的一个重要学术遗产是将他的朋友兼主人哈布图的儿子瓦尔达·海瓦特培养成为哲学家。海瓦特不仅极力鼓励雅各布将自己的思想整理成册,还用理性的语言整理自己的思想。他指出,不要过于相信教师的传授,"不要相信人们教给你的知识,直到你对其所教内容进行检查并已经将真理与谬误区分开。因为人可以说谎,你也不知道他们教给你的内容是真理还是谬误。"同样的道理,人也不要盲目相信书本知识,因为写书的人告知的内容可能是错误的而不是真实的。所有内容都需要经过证实后才可相信。"将你的思想提升到用智慧创造你的完美本质上,用你的智慧之眼来看待它,并认识造物主向你展示的科学之光。"[②]与他的导师一样,海瓦特强调人们之间"团结友爱,互相帮助",宣扬有理性的人之间的平等,同时也崇尚家庭原则——鼓励结婚,反对离婚。[③]

(三) 加纳的安东·阿莫的成长过程

在泽拉·雅各布出生约一个世纪后,另一位非洲哲学家安东·阿莫于 1703 年诞生在几内亚湾的阿克西姆地区(Axim)一个叫阿乌肯努(Awukenu)的小村庄,在现今加纳的西部。阿莫之所以引起人们注意是因为他在德国发表的哲学思想。法国学者在 19 世纪翻译过阿莫的著作,

---

① "The Treatise of Zera Yacob", in Claude Sumner, *Ethiopian Philosophy*, *Volume II*, pp. 20-21.

② "The Treatise of Walda Heywat", in Claude Sumner, *Ethiopian Philosophy*, *Volume II*, p. 28.

③ "The Treatise of Walda Heywat", in Claude Sumner, *Ethiopian Philosophy*, *Volume II*, pp. 27-59; Claude Sumner, "The Light and the Shadow: Zera Yacob and Walda Heywat: Two Ethiopian Philosophers of the Seventeenth Century", in Kwasi Wiredu, *A Companion to African Philosophy*, pp. 172-182.

德国学者较早开始研究阿莫。① 20 世纪 50 年代到 60 年代，一些有关阿莫的论文刊载在加纳历史学会的会刊上，随后陆续出现了一些相关研究。② 有关他如何去到欧洲有三种说法。一说是海盗劫持；二是他被作为奴隶贩卖到欧洲；第三种说法是荷兰传教士将他带到欧洲。达格·赫尔卓恩斯卢德赞成第二种说法，认为阿莫很可能是在童年时代就作为奴隶被掳到阿姆斯特丹，然后带到一位公爵家中。③ 然而，3 岁离开加纳的阿莫不可能在外生活了约 40 年后仍能回到故乡阿克西姆与家人团聚。如果是前两种情况，他的加纳姓名不可能保持，他的相关记录不可能保持得如此完整以致他可以找到自己的出生地。因此，很有可能是传教士在征得他父母的同意后将他带往欧洲的。④

　　阿莫在大约 3 岁时被荷兰西印度公司的船带离加纳。船只抵达阿姆斯特丹后，他被转交给布伦瑞克-沃尔芬比特尔的安东·乌尔里希

---

①　Henri Abbe Gregoire, *De la litte'rature des Negres*, Paris, 1800 (translated into German in 1809 and into English in 1826); W. Suchier, "A. W. Amo, Ein Mohrals Student und Privatdozent der Philosophie im Halle, Wittenberg, und Jena, 1727/40," *Akademische Rundschau* (Leipzig), 4 Jahrg. H 9/10, 1916,; W. Suchier, "Weiteres uber den Mohren Amo," in *Altsachen Zeitschrift des Altsachsenbundes und Heimatkiunde* (Holzminden), 1918, pp. 7-9.

②　Norbert Loghner, "Anton Wilhelm Amo: A Ghana Scholar in Eighteenth Century Germany", *Transactions of the Historical Society of Ghana*, Vol. 3, No. 3(1958), pp. 169-179; William Abraham, "The Life and Times of Anton-Wilhelm Amo", *Transactions of the Historical Society of Ghana*, Vol. 7(1964), pp. 60-81; P. J. Hountondji, *African Philosophy: Myth and Reality*, Bloomington: Indiana University Press, 1976, pp. 111-130; B. Brentjes, "William Amo, An Eighteenth-Century Ghanaian Philosopher in Germany," *Universitas: An Inter-faculty Journal of the University of Ghana*, 1977; Christopher S. Nwodo, "The Explicit and the Implicit in Amo's Philosophy," in P. O. Bodunrin, ed., *Philosophy in Africa: Trends and Perspectives* Ile-Ife, Nigeria: University of Ife Press, 1985; Justin E. H. Smith, *Nature, Human Nature, and Human Difference: Race in Early Modern Philosophy*, Princeton University Press, 2015, pp. 207-230.

③　Dag Herbjørnsrud, "The African Enlightenment: The highest ideals of Locke, Hume and Kant were first proposed more than a century earlier by an Ethiopian in a cave", December 13, 2017, AEON. https://aeon. co/essays/yacob-and-amo-africas-precursors-to-locke-hume-and-kant. 查询时间：2018 年 6 月 18 日。

④　Norbert Loghner, "Anton Wilhelm Amo: A Ghana Scholar in Eighteenth Century Germany", p. 169; William Abraham, "The Life and Times of Anton-Wihelm Amo", pp. 61-64.

(Anton Ulrich)公爵。公爵去世后,公爵的儿子威廉·奥古斯都(Augustus Wilhelm)成了他的监护人。1708 年,阿莫以安东·威廉(Aton Wilhelm)的教名在萨尔茨塔尔城堡教堂(the Saltzthal Castle Chapel)受洗。1721 年,阿莫在同一个教堂的仪式上被正式命名为"安东·威廉·鲁道夫·莫尔"(Anton Wilhelm Rudolph Mohre)。路德维格·鲁道夫(Ludwig Rudolph)接替威廉·奥古斯都成为公爵领地的首领。我们看到,三位庇护者的名字都出现在阿莫的姓名里面。① 为什么"阿莫"(Amo)没有出现在正式名字里? 威廉·亚伯拉罕认为,这很可能是因为教士认为"阿莫"这个名字表示异教徒,因而用"莫尔"(Mohre)取代,而德语的 Mohr 表示"黑人"(black man)。然而,阿莫在学术界喜欢用自己的非洲名字"阿克西姆的非洲人安东·威廉·阿莫"(Antonius Gvilielmus Amo, Afer of Axim)。他后来到德国接受高等教育,并先后在哈勒大学和耶拿大学工作过。

在 1717 年到 1720 年,阿莫为大学教育做准备,随后进入赫姆斯塔德大学学习。这是一所新教正统派的大学,十分保守。他在该校只待了三年(1721—1724)。1727 年,他被哈勒·维腾贝格大学(简称哈勒大学)录取。然而,作为德国启蒙运动的中心,哈勒大学的风气完全不同,在当时的几位宗教人士包括奥古斯特·赫尔曼·弗兰克(August Hermann Francke,1663—1727)和克里斯蒂安·沃尔夫(Christian Freiherr von Wolff, 1679—1754)等人的倡导下,学风自由,崇尚理性。沃尔夫堪称莱布尼茨和康德之间德国最著名的哲学家,他将德国的启蒙运动推向高潮,同时也是经济学和公共管理的学科奠基人之一,却在 1723 年 11 月被普鲁士国王腓特烈·威廉一世逐出哈勒。这一段时间正是虔敬主义(Pietism)②与理性主义的激烈辩论时期。虔敬主义派由于普鲁士国王对沃尔夫哲学的禁止而暂时得势。然而,哈勒大学的自由风气并未因之受到压制。这种学术氛围有助于阿莫的学习和研究。

---

① 　P. J. Hountondji, *African Philosophy*: *Myth and Reality*, p. 115.

② 　虔敬主义是指 17—18 世纪德国新教路德宗内虔敬派的观点。该派提倡攻读圣经,主张行为重于教义,反对死板地奉行信条;主张追求内心虔诚和圣洁生活,注重积德行善。

（四）安东·阿莫的研究成果

阿莫在哈勒大学成功进行了第一篇论文答辩。他的论文标题是《论在欧洲的非洲黑人的权利》(*On the Right of the Black Africans in Europe*)。他首先回顾了宗教历史，从基督教的教义、传教及烈士名单方面探讨了非洲对基督教发展的重要贡献。随后，他通过对世俗历史的探究，提到康斯坦丁的定居地条款和《查士丁尼法典》对非洲的影响，因为非洲诸国王当时是罗马皇帝的诸侯并享有帝国的专利权，这种情况直到查士丁尼统治为止。阿莫从法律和历史角度提出了自己的论点：那些被基督徒买到欧洲的非洲人的被奴役状态与普遍接受的法律存在冲突，因为罗马法律规定罗马帝国的所有公民都是自由的，包括那些居住在非洲的公民。他有关"非洲"的概念，既是论文中提到的从康士坦丁到查士丁尼皇帝的罗马诸省份，也包括整个非洲大陆。他为非洲对人类的贡献呐喊，通过让欧洲人知道奴隶贸易和黑人奴隶的存在而要求给予非洲人应有的人权。他还对非洲人在欧洲受到的不公正待遇表示义愤。这是他作为社会科学家为人道主义做出的一大贡献。

论文答辩由路德维格(Johann von Ludewig, 1668—1743)教授主持，这是一位著名的反权威人士，他成为阿莫的保护者。这篇论文的主要观点是反对教会和现存社会秩序的，但其学术意义却在路德维格的主持下得到肯定。哈勒大学校刊于 1729 年对此事进行了专门报道并给予高度评价："由于他之前已经彻底掌握了拉丁语，加上他非常勤奋，他在这里的司法学校成绩优异。这样，他在这一领域取得了最骄人的成绩。"论文的反教士和反建制的论点引发了学术界的争辩，这可能是阿莫在路德维格教授的建议下成功答辩后很快离开哈勒大学的主要原因。他后来再次出现，路德维格教授的好友勒舍尔(Gotthelf Loescher)教授成为阿莫新的保护人。阿莫于 1730 年 10 月 10 日获得哲学硕士学位，并在 1730 年到 1734 年间在哈勒大学教书。

1734 年 5 月 29 日，勒舍尔教授主持了阿莫的第二篇论文的答辩。"此场哲学答辩是关于我们所属事物的分类，即那些属于我们的心灵的东西和我们的有机生命体的分类。"答辩委员会由颇具声誉的哲学家组成。这是一篇心理学与医学的交叉学科论文，题目是《人类心灵的冷漠，即人类心灵感觉和感官功能之缺失及其在有机生命体中之存在》(*The Apatheia of the Human Mind*, *namely*, *the absence of sensation and the faculty of sense in the Human Mind and their Presence in our Organic and Living Body*)。[1] 当时的报道说明了此场哲学答辩是关于人的心灵和人的有机生命体的分类,答辩地点在维滕贝格大学的哲学礼堂。遗憾的是,阿莫对笛卡尔二元论的批判未能成为非洲与欧洲哲学对话的起点,而仅限于德国学术界。勒舍尔教授以其客观的人文主义态度对阿莫的论文给予了高度评价,将阿莫称为非洲的"天才"。[2] 阿莫获得哲学博士学位。阿莫掌握了拉丁语、希伯来语、古希腊语、法语、高地德语和低地德语,并能熟练地使用英语和荷兰语。他先后在多所大学任教,并曾于 1739 年在哈勒大学讲授沃尔夫的政治思想。这一举动是需要勇气的,因为普鲁士国王曾下令禁止在哈勒大学传播沃尔夫的哲学。哈勒是在 1740 年在德皇威廉二世的允许下得以重返哈勒大学。

阿莫于 1737 年用拉丁文完成了有关逻辑学的论文《论严肃准确地进行哲学推理的艺术》(*Treatise on the Art of Philosophizing Soberly and Accurately*)。这部著作旨在讨论心灵的实质和界限,知识的分类及其主要规则,哲学与其他智力追求的关系以及人们呈现的作为逻辑、本体论、心理学、道德和政治等相关哲学的思辨问题。全书分为一般部分和特殊部分,一般部分共六章,分别阐述了意图(包括实质定义、效果、学习等概念),哲学(一般定义与相关部分等),逻辑思维的事物,逻辑思维的感觉,心灵的三种功能(智力行为、意志和有效行为),事物的真理与谬误。专论分为三部分。第一部分分析了心灵思考前的瞬间智力行为,共五章,分别论及陈述与想法,感官观念,意向性观念,心灵思考前的剩余瞬间智力行为及注意、幻想和想象,心灵思考前后和思考过程的瞬间智力行为与陈述、比较、重复或记忆以及计数或回顾、分开和对照。第二部分专门论及心灵的反省行为及其模式和实质,分为六章,阐述了思考(包括概论和瞬间沉思),特殊

① William Amo, *The Apatheia of the Human Mind*, trans. William Abraham in *Antonius Gviliemus Amo*, *A fer of Axim*, *Translation of his Works*, Halle: Martin Luther University, 1968.

② Norbert Loghner, "Anton Wilhelm Amo: A Ghana Scholar in Eighteenth Century Germany", pp. 172-173; William Abraham, "Anton-Wilhelm Amo", in Kwasi Wiredu, ed., *A Companion to African Philosophy*, Malden, MA: Blackwell Pub., 2006, pp. 193-195.

的心灵沉思行为,心灵的深思行为及其效果和深思,最佳思考的二次模式,有关思考的简要复述等。第三部分涉及诸教条,一是思考效果的教条,二是心灵思考后的行为行为模式以及与逻辑相关的其他事物,共分八章,分别论及思考的效果,心灵思考后的瞬间行为模式,心灵思考后瞬间行为的其他模式,心灵思考后明确的智力行为,三段论,谬误与诡辩,条件,演讲或语言,批判、诠释学和方法等议题。专论的第四部分包括两篇论文,即驳斥犯错者和辩论的艺术,分为三章。第一章是驳斥犯错者或驳慎,第二章是反驳,第三章是辩论的艺术。① 这部长达 200 余页的论文"涵盖了逻辑学的所有领域",1738 年在哈勒出版。原存大英博物馆的这部著作在 1941 年伦敦大火中被毁,现存在埃朗根大学图书馆的著作成为孤本。②

（五）安东·阿莫的学术贡献

阿莫对人文学科的贡献表现在多个方面。首先,他用历史事实说明非洲为世界文明做出的贡献,用法律知识反对蓄奴制,用人道主义为非洲人争取权利。虽然我们难以肯定阿莫是从法律角度向欧洲的黑奴制度打响第一枪的人,但他的论文对后来出现的提倡平等和普选权的启蒙思想应该有所影响。其次,他于 1737 年就最先提出了"物自体"的概念。在欧洲哲学史上,康德以其《纯粹理性批判》(1781)中的"物自体"(das Ding an sich)概念而得名。根据韦氏词典,"物自体"这个术语"在 1739 年首次使用"。然而,阿莫在 1737 年就将这篇哲学论文提交到哈勒大学。论文的第一章分析了人们的意图以及自然的、理性的、符合规则的三种人类行为。阿莫提出:"任何可感知的东西或是物质,或是感觉,或是思维活动。"随后他进行了解释:"认知发生之原因是事物本身。真正的学习是对事物本身的认知,因此它有一个确定性的基础,即已知的事物本身。"③根据挪

---

① Aton William Amo, *Aton William Amo's Treatise on the Art of Philosophizing Soberly and Accurately*, edited by Dr. T. Uzodinma Nwala, Enugu: Hillys Press NIG. LTD., 1990, pp. 34-157.

② Norbert Loghner, "Anton Wilhelm Amo: A Ghana Scholar in Eighteenth Century Germany", p. 175.

③ Aton William Amo, *Aton William Amo's Treatise on the Art of Philosophizing Soberly and Accurately*, p. 39.

威学者达格·赫尔卓恩斯卢德的解释,阿莫的原话是"Omne cognoscibile aut res ipsa",用拉丁文的概念"res ipsa"来表达康德的"物自体"。换言之,非洲学者阿莫远早于康德提出了"物自体"的概念。①

他还对笛卡尔二元论的主要观点提出质疑。他认为,唯心主义陷入了矛盾之中。唯心论认为,心灵(mind)是一种纯粹的、活跃的、未扩展的物质。理念(idea)——这一被称为自然物体的要素,被认为只存在于头脑中,而不能存在于它之外。阿莫由此提出一个问题:这些作为自然物体的理念——许多是不断扩展的想法——是如何在头脑中生存的? 因为这些自然物体实际上是不断扩展的,如果它们真的是理念,那么一些理念必然是外延的。如果所有的理念都必须存在于头脑中,那么就很难抗拒这样的结论,即头脑本身是扩展的,以便成为扩展思想的空间容器。他认为,事实与笛卡尔的观点相反。他首先分别从一般和个体层面分析了心灵的表征。心灵的一般表征是"精神"(spirit),即"无论是纯粹主动和无形的物质,它总是通过自我获取理解(即通过直接作用),它意识到自己的终点和目标并通过自运动来行为"。就个体而言,人的心灵是无形存在于人体的物质,并作为一种工具和媒介。② 人的心灵里既无感官功能也无感官现象,这些只是与人的身体相适应。他确认:"人对物体的感觉不是与心灵(mind)有关,而是与有机生命体(organic living body)有关。"夸西·维雷杜(Kwasi Wiredu)认为,阿莫反对笛卡尔二元论中关于意识和身体关系的看法,更偏向于阿肯人有关身体和心灵的看法,感受痛苦的是肉体(honam),而不是心灵(adwene)。③

我们可以注意到阿莫的两个特点。其一,尽管阿莫在三四岁时就离开了非洲,但他在各种场合总在自己的名字后加上"Afer"(African)以保

① Dag Herbjørnsrud,"The African Enlightenment:The highest ideals of Locke, Hume and Kant were first proposed more than a century earlier by an Ethiopian in a cave",December 13,2017,AEON . https://aeon. co/essays/yacob-and-amo-africas-precursors-to-locke-hume-and-kant.查询时间:2018 年 6 月 18 日。

② William Amo,*The Apatheia of the Human Mind*,trans. William Abraham in *Antonius Gviliemus Amo*,*Afer of Axim*,*Translation of his Works*,pp. 66,69. Kwasi Wiredu, "Amo's Critique of Descartes' Philosophy of Mind",in Wiredu, ed. ,*A Companion to African Philosophy*,pp. 200-201.

③ Kwasi Wiredu,"Amo's Critique of Descartes' Philosophy of Mind",in Wiredu, ed. , *A Companion to African Philosophy*,pp. 201,204.

持着自己的非洲人身份,那么从精神分析的角度来看,他的身上是否保持着某种属于非洲的灵魂(psyche)?其二,虽然阿莫受到当时流行的笛卡尔二元论的影响,但他却提出了自己有关身体与心灵的观点,认为心灵中感觉功能的缺失这一看法与阿肯人文化有着某种联系,因为阿肯人从来都认为心灵的功能是智力而非感觉。① 在这一基础上,维雷杜提出了一个推论:"如果阿莫的哲学思想部分或全部地有意或无意带着非洲文化的痕迹,他的非洲身份应该能够被相称地验证。"②

阿莫的现存著作题为《加纳阿克西姆的非洲人安东·威廉·阿莫》(*Antonius Gvilielmus Amo Afer of Axim in Ghana*),该书的副标题介绍了作者:"学生,哲学博士,德国哈勒·维腾贝格大学(简称哈勒大学)的讲师,1727年到1747年间客居耶拿。"③1740年后,他曾一度受到对学术持开放态度的国王腓特烈·威廉二世之邀到访过柏林。德国哲学家戈特弗里德·威廉·莱布尼茨(Gottfried Wilhelm Leibniz,1646—1716)也曾拜访过阿莫。此后有关阿莫在德国的资料很罕见,只有1747年的一部讽刺剧提到他的名字。他似乎在1747年到1748年回到阔别40余年的故乡加纳。④ 1753年,在船上工作的瑞士/荷兰籍的医生温克尔曼(Winkelman)访问阿克西姆时曾拜见了阿莫。根据他的回忆:"他当时约50岁,

---

① Kwasi Wiredu, "The Concept of Mind with Particular Reference to the Language and Thought of the Akans", in G. Floistad, ed., *Contemporary Philosophy*, *A New Survey*. Vol. 5, *African Philosophy*, Boston: Kluwer Academic Publishers, 1987.

② Kwasi Wiredu, "Amo's Critique of Descartes' Philosophy of Mind", in Wiredu, ed., *A Companion to African Philosophy*, p. 203.

③ A. W. Amo, *Antonius Gulielmus Amo*, *Afer of Axim in Ghana*, edited by D. Siegmund-Schultze, translated by L. A. Jones and W. E. Abraham, Halle: Martin Luther University Halle-Wittenberg, 1968. 位于恩苏卡的尼日利亚大学哲学系的威廉·阿莫非洲哲学研究中心专门出版了阿莫的哲学论文:Aton William Amo, *Aton William Amo's Treatise on the Art of Philosophizing Soberly and Accurately*, edited by Dr. T. Uzodinma Nwala, Enugu: Hillys Press NIG. LTD., 1990。

④ 这一推断基于以下事实:加纳学者卡皮登(J. E. Capitein)曾于1742年从荷兰返回加纳。他大部分时间住在埃尔米纳,但有时也去查马,并于1747年去世。如果这段时间里阿莫回到了加纳,他们俩肯定会见面。然而,卡皮登在他的笔记中丝毫未提及阿莫。由此看来,阿莫最早只能是1747年返回加纳。William Abraham, "The Life and Times of Anton-Wihelm Amo", p. 80;维雷杜推测是1748年:Wiredu, ed., *A Companion to African Philosophy*, p. 200。

父亲和一个姐妹仍健在,住在有 4 天路程的内地村庄。他的一个兄弟在苏里南殖民地当奴隶(威廉·亚伯拉罕认为不是当奴隶,而是在荷兰人招募的加纳志愿兵中服役)。他后来离开了阿克西姆,去了圣塞巴斯蒂安要塞——西印度公司在查马的要塞。"阿莫于 1758 年去世。①

(六) 非洲启蒙思想家的意义

泽拉·雅各布和安东·阿莫这两位非洲启蒙思想家对世界的贡献至今极少为人所知。

首先,率先提出相关启蒙概念。他们或是先于欧洲启蒙哲学家提出某些概念,或是对欧洲早期启蒙学者的观点提出质疑。我们对启蒙运动的一般理解是欧洲启蒙主义思想家提出了一些理论,例如用自由、平等、博爱、天赋人权来反对封建专制和特权,用无神论、自然神论或唯物论来反对宗教迷信。康德似乎认为女人的作用主要是保持魅力。"辛苦的学习或艰难的思考,哪怕一个女性在这方面有高度的成就,也会消灭她那女性本身所固有的优点……削弱了女性能用来对于男性施加巨大威力的那种魅力。""女性就不要去学习几何学",对历史学和地理学也不要太精通:"女性的伟大的学问,其内容更多的是人,而且是人类之中的男人。""一个女性不必由于她没有能把握到一种高瞻远瞩,或者是她很怯弱而没有能从事繁巨的工作等等感到有什么惶惑不安;她是美丽的,并且她接受这一点,这就够了。"②黑格尔在启蒙运动高潮过去后的 19 世纪仍坚持妇女不如男人的观点。他在重要著作《法哲学原理》(1821)中表达对妇女的看法。他认为男女的区别犹如动物和植物的区别。男人像动物,女人像植物。他对妇女的歧视表现在三个方面:男女关系、职业差别和从政方面。他认为,在男女关系方面,"女子委身于人就丧失了她的贞操;其在男子则不然,因为他在家庭之外有另一个伦理活动范围。女子的归宿本质上在于结婚"。女人"天生不配研究较高深的科学、哲学和从事某些艺术创造……她们

---

① William Abraham, "Anton-Wilhelm Amo", pp. 197-198.
② [德]康德:《论优美感和崇高感》(何兆武译),北京:商务印书馆,2012 年,第 30—31,44 页。

不能达到优美理想的境界"。"如果妇女领导政府,国家将陷于危殆。"①然而,雅各布早在 17 世纪就提出了男女平等的观点,远远早于欧洲启蒙思想家。这一观点是他自己的原创,未受到欧洲思想的影响。安东·阿莫不仅在较严峻的形势下仍然坚持讲授自己推崇的哲学观点,他还远早于康德提出了"物自体"的概念,并对笛卡尔的观点提出质疑。

其次,他们崇尚理性,鼓吹人性。雅各布在隐居过程中逐渐形成了自己的哲学观点。他信奉理性至上,对各种当时宗教中不合理的信条进行批判。如前所述,雅各布的人道主义表现在三个方面:爱憎分明,讲究公平,宗教自由和人人平等(男女平等)。他敢于将一些社会不公的现象提出来并进行批判,希望世界以公平的方式存在。他将对自己的出生和人的存在等诸多不解以设问的方式公布于众,并以质疑的方式将这些看法和造物主存在的信仰结合。他认为,造物主是存在的,世界秩序会做出最合乎理性的判断;人类具有智识,人人价值平等。阿莫与雅各布一样,主张人人平等。他在第一篇论文中明确了三点:他自己的非洲人身份、奴隶制度的各种问题以及黑人在欧洲的社会环境。值得注意的是,阿莫用古罗马的法律依据、历史传统和理性思辨作为反对欧洲蓄奴制的论据。

第三,这两位学者对振兴非洲民族文化有着不可估量的积极意义。埃塞俄比亚学者认为,雅各布已经隐约感觉到外国意识形态对埃塞俄比亚的渗透,有必要尽到自己的责任。"正是由于这些强大的力量,泽拉·雅各布才以独立阅读《圣经》作为回应。他在《圣经》中寻求对哲学启发的使命的支持,即拯救埃塞俄比亚免受外国知识分子的入侵。"②当时,另一位埃塞俄比亚妇女瓦纳塔·佩特罗斯(Walatta Petros,1592—1642)也强烈反对那些在本国传播天主教的耶稣会士,她甚至因为自己的丈夫支持皈依天主教而离开了他,率领群众进行了顽强的斗争,虽死犹荣,表现出了强烈的民族主义精神。③ 加纳前总统恩克鲁玛对安东·阿莫在欧洲的

---

① [德]黑格尔:《法哲学原理》(范扬、张企泰译),北京:商务印书馆,1982 年,第 182—183 页。

② Teodros Kiros, "Zera Yacob and Traditional Ethiopian Philosophy", p. 183.

③ Galawdewos, *The Life and Struggles of Our Mother Walatta Petros: A Seventeenth-Century African Biography of an Ethiopian Woman* (translated by Wendy Laura Belcher and Michael Kleiner), Princeton University Press, 2015.

工作及其学术贡献十分重视,他专门建议加纳学者好好研究阿莫的观点。在他的鼓励和支持下,威廉·亚伯拉罕(William Abraham)和夸西·维雷杜两位加纳学者专门赴欧洲相关国家收集并研究安东·阿莫的资料。此外,恩克鲁玛本人在论及非殖民化和非洲革命的重要著作《良知主义》中提到非洲哲学的独立性并对唯心主义展开批判时提到阿莫,他也注意到阿莫对唯心主义的质疑。①

雅各布与阿莫两人也有不同点。雅各布的观点完全是一种原创,是自己在埃塞俄比亚的山洞里冥思和研读各种经典的感悟,未受到任何当时欧洲哲学思想的影响。阿莫是在欧洲的社会环境中长大,接受的是欧洲经典教育。他是在充分了解欧洲哲学家的情况下提出自己的看法或反驳他人的观点。②

长期在埃塞俄比亚的斯亚贝巴大学任教的哲学教授克劳德·萨姆纳认为,雅各布对哲学的不同表述使埃塞俄比亚成为"现代思想的发源地"(birthplace of modern thought)。③ 张宏明指出:"阿莫之所以被非洲学术界尊奉为非洲历史上第一位哲学家和思想家,一方面是因为他是最先意识到黑人权利和黑人种族命运的近代非洲知识分子,另一方面则在于他本人的成功,特别是在哲学方面的造诣,它向世俗证明了黑人的智慧和能力,这本身就是对种族主义的最好回击。"④虽然将阿莫界定为"非洲历史上第一位哲学家和思想家"并不准确,但他的分析有一定道理。挪威学者达格·赫尔卓恩斯卢德对两人的贡献给予高度评价:"早在 1630 年至 1632 年,有一个人在埃塞俄比亚的一个山洞里待了两年,已经提出了许多后来欧洲启蒙时代的最高理想。……这两位启蒙哲学家,雅各布和阿

---

① Kwame Nkrumah, *Consciencism*, *Philosophy and Ideology for Decolonization and Development with Particular Reference to the African Revolution*, London: Heinmann, 1964, pp. 18-19, 87.

② 也有非洲学者对他的观点提出质疑。P. J. Hountondji, *African Philosophy: Myth and Reality*, pp. 118-126.

③ Claude Sumner, "Ethiopia: Land of Diverse Expressions of Philosophy, Birthplace of Modern Thought", in Claude Sumner, ed. , *African Philosophy*, Addis Ababa, 1980, pp. 393-400.

④ 张宏明:《近代非洲思想经纬——18、19 世纪非洲知识分子思想研究》,社会科学文献出版社,2008 年,第 71—72 页。

莫,让我们不得不从哲学和思想史角度重新审视'理性时代'。"①欧洲的第一位黑人诗人胡安·拉蒂诺(Juan Latino,1518—1596)、②埃塞俄比亚哲学家泽拉·雅各布、加纳的哲学家安东·阿莫、1742 年从荷兰学成回到加纳的卡皮登(J. E. Capitein)等非洲知识分子也在不断通过自身的能力来证明非洲大陆是他们精神和智慧的文明之源。

二、近代以来的北非学术传统

(一) 厚重的历史传承

北非学术传统是一个博大精深的领域,从埃及法老时期至迦太基时期,并一直延续到阿拉伯帝国时期,其影响至深且远。阿拉伯文化的发展除了自身的学术贡献外,还有对希腊古籍的保存、翻译和诠释以及在自然科学方面的创新。阿拉伯学术在公元 800 年至 1100 年间达到了鼎盛期。阿拉伯文化对欧洲中世纪产生了重大影响,当时的阿拉伯语成为学术的经典语言,凡是用阿拉伯语写成的东西都是权威的,而最初将阿拉伯书籍有系统地翻译成拉丁语的是一位名叫康斯坦太因(Constantine,? —1087)的非洲人。正是由于他的工作,"拉丁国家才吸收了阿拉伯人的学术"。③ 正如丹皮尔所言:"欧洲从阿拉伯人学到不少的东西","欧洲接受了并且慢慢地吸收了阿拉伯知识","那时的科学文献的通用语言是阿拉伯语,从阿拉伯语译出的书籍,即使作者是希腊人,也见重于当时。当时,说阿拉伯话的民族以及杂居于其间的犹太人对于科学感到真正的兴趣。中世纪欧洲正是由于同伊斯兰国家接触,才从早期的观点过渡到一个比较富于理性主义的心理习惯"。④

根据中国学者的研究,阿拉伯文化为欧洲中世纪文化输入了以下三

① Dag Herbjørnsrud, "The African Enlightenment: The highest ideals of Locke, Hume and Kant were first proposed more than a century earlier by an Ethiopian in a cave", December 13, 2017, AEON.

② Elizabeth Wright, *The Epic of Juan Latino*, *Dilemmas of Race and Religion in Renaissance Spain*, University of Toronto, 2016.

③ W. C. 丹皮尔:《科学史及其与哲学和宗教的关系》(李珩译),商务印书馆,1975年,第 127—128 页。

④ 同上书,第 108、130、137 页。

种新要素。第一,给欧洲社会带来了经过阿拉伯化的希腊哲学,尤其是亚里士多德哲学思想中的理性思想和逻辑意识。第二,带来了阿拉伯-犹太文化中那种可以自由解释《圣经》的思想意识,从而为西欧社会特别是神学家们提供了重新阐释《圣经》、解释基督教教义和重新构筑基督教新体系以适应时代发展的榜样。第三,阿拉伯文化给中世纪西欧文化带来的第三种新要素是阿拉伯文化中关注世界规律、关注人自身的研究的思想。[①] 刘建军得出结论:"假如没有阿拉伯人文化对亚里士多德哲学的保存和翻译研究,假如没有阿拉伯-犹太人对自身古代文化的伊斯兰解释,同样,假如也没有阿拉伯人创造的以对自然进行的科学研究所得出来不同于西方基督教文化的哲学思想,也就没有重新解释基督教的庞大体系的形成。"[②]

阿拉伯文化正是通过大学教育、移民融合、翻译阐释和贸易经商等多种方式在古典哲学、基督教义和阿拉伯-犹太文化三个方面对中世纪的西欧文化产生了重要影响,从而为欧洲后来兴起的文艺复兴和启蒙运动奠定了基础。阿拉伯文化在这一传播过程中表现出强大的影响力。正是由于这一原因,基督教十字军东征期间的欧洲学者将伊斯兰教描述为"伟大的敌人和更高的物质和智力文化的源泉"。[③] 换言之,十字军东征将摧毁阿拉伯帝国和吸收伊斯兰文化这样看似互相矛盾的双重目标融合在一起。

伊斯兰教随着穿越撒哈拉的商道和其他途径传入加纳、马里和桑海等西非帝国。[④] 曼萨·穆萨的统治时期(1312—1337)被认为是马里帝国的黄金时代。他著名的麦加之行不仅使开罗的金价下跌,也让他成为第一位上了欧洲地图(1375 年)的非洲国王。然而,最重要的是,跟随他出访的学者增加了对外部世界的了解,他从麦加带回马里的穆斯林学者和

① 刘建军:《阿拉伯文化对欧洲中世纪文化的影响》,《北方论丛》,2004 年第 4 期,第98—102 页。

② 刘建军:《阿拉伯文化对欧洲中世纪文化的影响》,《北方论丛》,2004 年第 4 期,第102 页。

③ W. Montgomery Watt, *The influence of Islam on Medieval Europe*, Edinburgh University Press,1972, p. 172.

④ [美]戴维·C.康拉德:《中世纪西非诸帝国》(李安山译),商务印书馆,2015 年。

阿拉伯建筑师阿布·伊萨克·萨希利(Abu Ishaq al-Sahili)使马里与伊斯兰世界建立起学术上的联系。廷巴克图也因桑科雷清真寺的建造成为这一地区的学术中心,被称为"廷巴克图国际学者"的艾哈麦德·巴巴(Ahmad Baba,1556—1627)出生于此地。他后来成为了埃及和中东地区的学术泰斗,他的名声"从苏斯地区传到阿尔及尔城"。①

摩洛哥军队在摧毁桑海帝国后占领了廷巴克图,艾哈麦德·巴巴与其他学者被带往摩洛哥。在软禁期间,他仍然著书立说,编成逊尼派马立克法学派的教法学辞典,系统地汇集了该派的法学理论、实体法规、律例、著作及著名法学家传略。1603 年他获释后返回廷巴克图,从事伊斯兰学术研究。他编写的阿拉伯语法书被列为宗教学校的教科书。艾哈麦德·巴巴共完成了 56 部著作,其中 32 部被保存下来。这些著述中包括西苏丹地区穆斯林各民族的历史及伊斯兰文化的论著,记载了有关廷巴克图伊斯兰学术文化的第一手珍贵资料。廷巴克图学者阿卜德·拉赫曼·萨迪('Abd al-Rahman B. al-Sa'di, 1596—1656)编写的《苏丹史》(*Tarikh as-Sudan*)被称为廷巴克图官方历史。该书引用了艾哈麦德·巴巴多部著作中的资料。②

(二) 近现代学术的转型

可以看出,阿拉伯文化对西方的影响涵盖面包括具有诸多自然科学知识和哲学知识的伊斯兰文化、被遗忘的古典希腊文化、具有重新解释基督教经典的勇气和自信以及富有创新精神的犹太文化。这种学术传统又进一步在欧洲文艺复兴中得以传承。③ 近代以来,阿拉伯学术传统受到极大的挑战。主要表现在研究框架、研究内容、研究规范及研究载体等几个方面。

归纳起来,学术转型主要表现在两个方面:以民族国家为主题和以西

---

① B. A. 奥戈特主编:《非洲通史(第五卷):十六世纪至十八世纪的非洲》,中国对外翻译出版公司/联合国教科文组织,2001 年,第 235 页。

② 埃比戈贝里·乔·阿拉戈:《非洲史学实践——非洲史学史》(郑晓霞、王勤、胡皎玮译,张忠祥、郑晓霞译校),上海社会科学院出版社,2016 年,第 61—62 页。

③ 刘苏华:《阿拉伯-伊斯兰文化对文艺复兴的影响》,《湖南师范大学社会科学学报》,2000 年,29:5(2000),第 122—128 页;周放:《伊斯兰文化与近代实验科学——兼论伊斯兰文化对文艺复兴运动的贡献》,《自然辩证法研究》,24:3(2008),第 103—106 页。

方学术为标准。帝国体系分崩离析,民族国家成为政治实体,研究者所处的历史环境和研究框架发生了根本的改变。从阿拉伯帝国到奥斯曼帝国,再到欧洲列强瓜分世界的时代,北非地区经历了巨大的变迁。随着这一发展,民族国家开始出现。民族知识分子的民族国家认同日益明显。这一趋势无疑对阿拉伯学术传统产生了深远的影响。当然,这一转向对学术传统的影响需要深入探讨。

正是由于民族国家的崛起和西方帝国主义瓜分以及殖民主义统治的历史经历,以民族国家和爱国主义为主要内容的研究更为急迫且更具现实性。在这一历史背景下,北非学者开始转向对自己民族或国家的研究。例如,突尼斯历史学家哈桑·阿卜杜·瓦哈卜(Hasan H. 'Abd al-Wah-hab, 1884—1968)在 1913 年出版的《突尼斯简史》(*Klulasat tarikh Tunis*)40 年后仍在修改出版。埃及史学大师古尔巴尔的学位论文成为研究"埃及问题"的肇始。[1] 1931 年成立的阿尔及利亚乌拉玛协会的宗旨是"伊斯兰教是我的宗教,阿拉伯语是我的语言,阿尔及利亚是我的祖国"。作为该协会的成员,穆巴拉克·米利(Mubarak al-Mili,1880—1945)与他的同事艾哈迈德·马达尼(Ahmad al-Madani, 1899—1977)出版了两卷本的国家史,并用整整一卷来叙述阿尔及利亚这个民族国家的前伊斯兰时期的历史。摩洛哥的著名历史学家拉鲁伊的博士论文探讨的是摩洛哥民族主义的社会文化根源。[2]

由于欧洲列强的崛起以及近代西方对国际学术规范(语言、学科、概念、用语及学术组织等)的确立,阿拉伯学术研究在诸多方面受到这些规范的约束和影响。由于西方国家对学术话语权的控制,加上多数阿拉伯学者均以赴西方学习为重要途径,西方语言特别是法语和英语开始在阿拉伯学者中间盛行,学术传统的载体产生了根本的变化。[3] 在研究中,这

---

[1]　Shafiq Ghurbal, *The Beginnings of the Egyptian Question*, London, 1928.

[2]　A. Laroui, *Les origins sociales et culturelles du nationalism Marocain* (*1830—1912*), Paris, 1977.

[3]　关于近现代阿拉伯史学的研究,可参见 Youssef M. Choueiri, *Modern Arab Historiography: Historical discourse and nation-state*, RoutledgeCurzon, 2003; Yoav Di-Capus, *Gatekeepers of the Arab Past: Historians and History Writing in Twentieth-Century Egypt*, University of California Press, 2009。

些学者多以西方的经典理论或作家来证实自己的观点,尽管有的北非学者——如突尼斯的政治活动家卡伊尔·丁(Khayr al-Din,1823—1889)、埃及的民族主义领袖穆斯塔法·卡米勒和摩洛哥的传统历史学家伊本·哈立德·纳西里(al-Shaykh Ahmad Ibn Khalid al-Nasiri,1835—1897)仍在用阿拉伯文写作,但使用法语或英语为社会所推崇,也成了一种学术时尚。

当然,我们不会忘记历史。虽然伊本·赫勒敦所处的时代在 14 世纪,但他的著作和学术贡献对现代学术领域的多个学科的影响不可估量,我们实有必要给予他应有的评价。

(三) 伊本·赫勒敦持续的学术影响

北非学术传统的重要代表之一是出生于突尼斯的伊本·赫勒敦。中国学者对英国历史学家汤因比十分熟悉,但对被汤因比誉为"历史形态学研究中的杰出天才"的社会科学大师伊本·赫勒敦却知之不多。[①] 伊本·赫勒敦出身显贵,从小受到学术熏陶。在阿拉伯人征服伊比亚半岛的过程中,他的祖先是派往西班牙的占领军军官。他的父亲虽然当过兵,但也是一位有学问的人,阿拉伯文知识很好,精通不同形式的诗歌。由于他的显赫出身和聪慧才能,加上他所处的年代正是阿拉伯帝国的动乱时期,伊本·赫勒敦得到了为多个王朝服务的机会。伊本·赫勒敦从青年时期起就在突尼斯宫廷任职,后又被任命为摩洛哥素丹的秘书。宫廷里的尔虞我诈使他身陷囹圄,他虽然被释放却一直未能得到重用。在

[①] Arnold Toynbee(revised and abridged by the author and Jane Caplan),*A Study of History*,Oxford University Press,1972,p. 490. 汤因比还将伊本·赫勒敦称为"法学家、历史学家和哲学家":Arnold Toynbee,*A Study of History Volume XII Reconsiderations*,Oxford University Press,1961,p. 205. 此小节参考了本人发表在《世界史研究动态》(1985 年第 7 期)上的文章《阿拉伯史学大师伊本·赫尔东》(笔名静水)。国内研究近年来成果不断。李振中教授除翻译了《历史绪论》外,还撰写了有关这位学者思想的长篇论文。参见李振中:《社会历史哲学奠基人伊本·赫勒敦》(译者自序),伊本·赫勒敦著:《历史绪论》(李振中译),宁夏人民出版社,2015 年,第 9—36 页;王新中:《阿拉伯世界的孟德斯鸠——突尼斯经济思想家伊本·赫尔敦的贡献》,《西亚非洲》,2001 年第 1 期。此外,《回族研究》近年来发表了多篇相关论文,较新成果参见冯杰文:《伊本·赫勒敦的文明形态史观研究》,《回族研究》,2015 年第 1 期。有关研究综述,参见冯杰文《19 世纪以来伊本·赫勒敦社会历史哲学思想研究综述》,《西亚非洲》,2012 年第 2 期。

后来的岁月里,他在阿拉伯帝国的征服地以及北非各王国服侍过多位君主。他曾多次为摩尔人在西班牙的最后要塞格拉纳达王国素丹当过外交使者,得到过塞维利亚佩德罗一世的赏识,曾为贝贾亚、特累姆森、比斯克拉、非斯等地的君王服务。[①] 1382 年,他访问开罗,当时的埃及国王授予他法学教授职位,任命他为爱资哈尔大学马立克派大法官。他还曾随军出征,并身陷敌营,但始终忠实于马木鲁克王朝。伊本·赫勒敦晚年仍钻研学术,留下了重要的学术著作。[②]

　　伊本·赫勒敦著述甚多,涉及伊斯兰教义、逻辑、诗歌、哲学和历史。为世人所称颂的巨著《阿拉伯人、外国人、柏柏尔人历史大纲》是他为国际学术界留下的精神遗产。这部著作简称《史纲》,共包括七卷。第一卷为绪论和人类发展史,其他各卷主要记述阿拉伯人自远古到 14 世纪的历史发展,其他国家和民族的历史,北非柏柏尔人的历史以及伊本·赫勒敦的游记。其中最有影响力的当属第一卷绪论和人类发展史,即后人所说的《历史绪论》。《历史绪论》包括六个部分,相互联系又自成一体。根据一位当代阿拉伯学者的阐释,这六个部分包括:第一部分为社会学概论(人类社会文明、部落及野蛮民族),第二部分(沙漠游牧社会文明、部落及野蛮民族)和第三部分(王朝、哈里发、权力及其等级)为政治社会学,第四部分为城市生活社会学(城市社会文明、国家及地区),第五部分为经济社会学(工艺、生活及谋生之路),第六部分为知识社会学(知识、求知与学习)。这一著作的内容包罗万象,被誉为最早的社会学、人口学、经济学、生态学研究,也被认为是最早研究文化史、伊斯兰神学、史学理论、历史哲学、政治理论、冲突理论、军事理论、社会达尔文主义的著作。换言之,《历史绪论》始终围绕着人类社会发展的主题,从人类起源到自然条件和地理环境对人类发展和政权建立的影响,国家机构及各种社会关系,从人类社会的劳动分工和各种职业到人类知识的各门学科。《历史绪论》是真正意义上的世界史,从方法论的角度为人文社会科学做出了极大的贡献。这部著

---

　　① 有的学者根据他易主频繁这一点指责他的为人。这是另说。

　　② 有关他的生平和所处时代,可参见 D. T. 尼昂主编:《非洲通史(第四卷):十二世纪至十六世纪的非洲》,中国对外翻译出版公司/联合国教科文组织出版办公室,1992 年,第 93—94 页。

作引起奥斯曼帝国执政者和学术界的重视,18 世纪出版了《历史绪论》的土耳其文节译本。19 世纪 60 年代,《历史绪论》全书被译成法文。

伊本·赫勒敦阅历丰富,知识渊博。他将人们对神和精神世界的关注转到对现实世界的关注上来。他认为,对现实世界相互关系的了解非常重要。他对人类社会发展的思考为后来者提供了有益的精神食粮。他的思想观点为历史学、社会学和政治学都留下了宝贵的遗产。他对历史学的贡献表现在他对历史哲学和社会经济史的探讨上。他对人类社会发展规律的推论为历史哲学提供了思想源泉,他关于文明和人口相关性以及劳动分工必要性的阐述启发了社会经济史的研究,他对社会集团的划分、不同政治制度的建立和国家机构的研究为其他学科如社会学和政治学提供了启示。他认为历史学家的素质要求除了史识之外,还有史德:"对一个写史的人要求是多方面的,他需要了解各种知识,他需要有眼光和原则,这样才能找到真理,避免犯错误。"他认为,对事物的研究要穷根究底,涉及多个方面,包括人类社会和风俗习惯产生的基础,制定各种政策的原则和社会发展的规律,将现实情况与过去情况进行比较。[①] 在阐述政风与民风的关系时,他指出了历史学家的作用:"一个明智的评论家,他的眼力就是标准,就是天平,可以用它来检验和称量他的研究工作和学术追求。"[②]

伊本·赫勒敦认为一个社会的发展有起有落,有盛有衰。他将国家发展分为五个阶段。他认为,国家的发展过程和人的生命过程是相似的,必须经过诞生、生长、鼎盛、衰老和灭亡五个阶段。这一过程长达三代,约120 年时间。其次,伊本·赫勒敦是最早从人口统计学的角度研究历史的社会经济史学家。他率先提出了文明衰落与人口锐减的关系,关于游牧民在军事上比定居者更占优势的观点,构成了他的社会历史观的基础。第三,他指出历史不能只记载表面的东西。在研究对象上,他将社会分成两个主要集团——农业-畜牧地区和城市地区,与之相对应的是平等主义团结精神与国王的独裁统治。他同时认为游牧生活先于定居生活,游牧民族团结一致,忠于集体利益,其道德品质比腐化堕落的市民高尚。

---

① 伊本·赫勒敦:《历史绪论》(李振中译),宁夏人民出版社,2015 年,第 11 页。

② 伊本·赫勒敦:《历史绪论》(李振中译),宁夏人民出版社,2015 年,第 32 页。

　　最重要的是,伊本·赫勒敦率先提出了历史唯物主义的命题:环境造成了人的性格。不同民族在习惯和制度上的差异取决于该民族提供其生存资料的方式;人类社会并非一成不变,而是不断发展演进的。"人的性格是由环境习惯养成的,不是由他的性格爱好决定的,他所熟悉的某种环境,养成了他的某种性格和习惯,成了他的秉性和天性。"①他注意到世界上存在着沙漠地区和肥沃地区。人们最初过着不断迁移的游牧生活,后来才转入定居,农业生产应运而生,直至最后才出现了城镇、城镇经济和市民生活。他认为,社会和民族间的差异是生物和地理因素造成的,生活方式的不同导致了各族人民发展的路径各异。

　　根据人类发展的轨迹,他认识到从游牧到定居似乎是一种自然趋势,但他指出了城镇生活给民族性带来的变化,从社会发展的不同途径来分析游牧人与城镇人的行为方式和性格特征的差别。他的两点结论颇值得我们注意:游牧人比城镇人善良,游牧人比城镇人勇敢;骄奢出淫逸,安乐致虚弱。他指出,虽然城镇人和游牧人都追求生活享受,但"城镇人由于具备种种物质享受的条件,养成了享乐、挥霍的习惯,放荡、纵欲,他们的灵魂沾染上了许多丑恶的习惯和品质";而游牧人则"根据需要和可能性,一点也不挥霍、浪费和放荡、纵欲,所以他们在与人们交往中养成的习惯也是这样,在他们身上看到的坏品行和坏习惯,比起城镇人要少得多"。②其次,"城镇人贪图享受,自己要过舒服日子,就把保护自己生命财产安全的事务交给了别人……久而久之,男子汉变成了妇孺之辈,事事都要依靠别人,慢慢成了他们的习惯和本性"。此外,城镇人依赖法律,从而丧失了力量和勇气。相反,游牧人只有靠自己来保护自己,"他们也敢单独行动,依靠的是他们自身的力量,他们充满了信心,实力和勇敢已成为他们的本性。只要需要,只要有人向他们求救,他们就会勇敢地冲上去"。③ 虽然这些结论还有待进一步研究,但由于他强调用生产方式作为解释社会性质的基础,有的学者认为他早于马克思提出了历史唯物主义的思想方法。

---

① 伊本·赫勒敦:《历史绪论》(李振中译),宁夏人民出版社,2015年,第156页。
② 伊本·赫勒敦:《历史绪论》(李振中译),宁夏人民出版社,2015年,第154页。
③ 伊本·赫勒敦:《历史绪论》(李振中译),宁夏人民出版社,2015年,第156—157页。

由于伊本·赫勒敦对国际学术界的重要贡献,他得到了诸多耀眼的头衔,如社会科学家、历史哲学家、社会学家、经济史学家等。他也受到了很多赞誉,有的人认为他是介于亚里士多德和马基雅维利两个时代之间的"社会科学界的重要人物",有的人将这位学术天才称为"阿拉伯的孟德斯鸠",汤因比对他创立的历史哲学给予高度评价。伊本·赫勒敦被认为是一千年来最有影响的经济思想家之一。同样,我们可以从不少后起的欧洲思想家的著述里找到伊本·赫勒敦的思想遗产。意大利思想家维柯(1668—1744)曾提出了社会科学的几个重要观点,如社会发展的必然性、人类发展分为三个阶段以及人的共同意志是历史发展的原动力等观点,而这些观点在300多年前已由伊本·赫勒敦提出。孟德斯鸠的地理环境对人类社会发展产生影响这一观点也在《历史绪论》中系统分析过。斯宾格勒和汤因比有关不同文化的兴起、繁荣、衰落和灭亡的阶段论或是"历史循环论"最早也由伊本·赫勒敦阐述过。

胡德拉·贾瓦德博士指出,"他早于塔尔德(G. Tarde,1844—1904)提出了'模仿就是创新'的论点;他早于涂尔干(E. Durkhein,1858—1907)提出'社会压迫'的学说;他早于维柯(G. Vico,1668—1744)主张研究各民族的民族特性,确定历史发展的总规律;他早于孔德(A. Comte,1798—1857)和凯特尔(A. Quetelet,1796—1874)对社会学进行探讨和研究;他早于马基雅维利(N. Machiaveli,1469—1527)研究政权形式和种类;他早于卢梭(J. J. Rousseau,1712—1778)认识到艰苦的生活是一种幸福,文明的生活必然导致道德的败坏;他早于孟德斯鸠(Montesquieu,1689—1755)和拉采尔(F. Ratzal,1844—1904)认识到地理因素的重要性及其对人类的影响……"①伊本·赫勒敦贡献巨大,他为阿拉伯、非洲和全人类留下了丰硕的学术遗产。

(四) 埃及学的本土化

古埃及学博大精深。② 近代以来,拿破仑对埃及的征服打开了欧洲

---

① 胡德拉·贾瓦德博士:《〈历史绪论〉阿拉伯文版序言》,伊本·赫勒敦:《历史绪论》(李振中译),第3页。

② 王海利:《法老与学者:埃及学的历史》,北京师范大学出版社,2010年。

人的眼界,人类文明摇篮之一的埃及成为欧洲殖民列强掠夺文物的主要场所。法国人商博良(Jean François Champollion,1790—1832)在这场不公平的学术交流中成为"埃及学之父"。正是在与西方学术的接触和碰撞中,埃及产生了像穆斯塔法·卡米勒(Mustafa Kamil,1874—1908)、穆哈默德·萨布里(Muhammad Sabri)和沙菲克·古尔巴尔(Shafiq Ghurbal,1894—1961)等具有强烈民族主义意识的新一代学术的奠基者,具有本土意义的埃及学应运而生。这是一门以解读古埃及文字和文献为基础,研究古代埃及的政治经济、社会文化及宗教信仰等方面的综合性学科。"由于特殊的历史、宗教以及其他方面的原因,长期以来,埃及学发展成为一门主要是由西方国家,如法国、英国、德国、美国等国学者研究的学问,并被西方国家所操控。相反,埃及学在埃及本土的起步与发展却滞后得多。"①

穆哈默德·阿里将选派学生到西方留学作为改革的重要内容。塔哈塔维(Rifa'a Rafi'al-Tahtawi,1801—1873)是其中之一。他在爱资哈尔清真寺接受过系统的宗教和学术熏陶,深受导师阿塔尔(Shaykh Hasan al-'Attar,1766—1835)影响。他在巴黎学习期间,对西方文化、古埃及和前伊斯兰教的阿拉伯历史文化进行研究和比较。他5年后回到埃及,在翻译、教育、新闻、埃及学等方面成就斐然,成为由穆哈默德·阿里创办的专门培养翻译人才的语言学校的校长。穆哈默德·阿里在他的影响下大量吸收西方的知识和技术。1869年,在他的倡议下,埃及政府创办了古埃及语学校,成为埃及学人才的培养机构。塔哈塔维应是近现代第一位著述并出版埃及古代史的埃及人。他原来希望撰写多卷本埃及史,从古代写到他自己的年代,但未能如愿。著作的第一部分于1868年到1869年出版。第二部分在他去世后出版,主要研究先知穆罕默德的一生以及早期伊斯兰国家及其制度。②

穆斯塔法·卡米勒主要是作为民族主义领袖而为人所知。他的著作

---

①　王海利:《本土埃及学发展探析》,《西亚非洲》,2013年第4期,第144—145页。这是一篇相当不错的有关本土埃及学研究轨迹的史学文章。

②　Youssef M. Choueiri, *Modern Arab Historiography*：*Historical discourse and nation-state*, Routledge Curzon, 2003, pp. 17-38.

(例如 al-Mas'ala al-sharqiyya,1898)对 20 世纪前 20 年的爱国宣传和民族主义运动起到了极大的鼓舞作用。他创立了埃及第一个同时也是阿拉伯世界的第一个现代政党。[①] 穆哈默德·萨布里是另一位具有现代民族主义思想的知识分子,曾作为秘书参加了 1919 年巴黎和会的埃及代表团。他的两卷本著作《1919—1921 年的埃及革命》虽然在埃及史研究上有着重要的意义,有的学者甚至认为这代表着"专业的埃及史学的出现"。[②] 这种提法引起其他学者的质疑。这主要是因为他的作品具有强烈的倾向性,体裁也类似记者报道或政治宣传。然而,他一直致力于推动类似法国革命的社会运动在埃及重现。

沙菲克·古尔巴尔在埃及史学上具有重要地位。他的硕士论文是在伦敦历史研究所完成的,其导师是英国著名历史学家汤因比。他的第一部历史学著作有关埃及问题的肇始,在他的硕士论文基础上完成,并于 1928 年出版,这标志着"埃及史学进入了一个新的阶段"。[③] 这是因为这一著作具有方法论的创新意义,具体表现在写作内容和体裁以及史料上。首先,自伊斯兰教传入后,阿拉伯史学的传统体裁是编年史(ta'rikh)和传述世系(isnād),即记录穆斯林在穆罕默德精神感召下的战绩以及对穆罕默德本人及其主要信徒事迹的传颂。古尔塔尔的历史研究在内容和体裁上是一种突破,对埃及历史学或是阿拉伯史学来讲,是一种全新的视角和领域。该著作在资料的使用上也别具一格。他将自己的著作称为"建立在爬梳英国和法国档案研究基础之上对拿破仑时代的外交研究"。换言之,这是一位埃及的阿拉伯学者在使用外国政府档案的基础上完成的著作,这对于传统史学而言同样具有划时代的意义。

他在第二次世界大战中出版的穆哈默德·阿里的传记(Muhammad'Ali al-Kabir,1944)多少反映了他对这位埃及早期民族主义

---

① 国内对他的研究不多。参见麦尔旺:《穆斯塔法·卡米勒(1874—1908)》,《阿拉伯世界》,1986 年第 2 期。

② Jack Crabbs, Jr. , "Politics, history, and culture in Nasser's Egypt", *International Journal of Middle East Studies*, Vol. 6(1975), p. 389. 关于埃及民族主义史学的兴起,还可参见他的专著,Jack Crabbs, *The Writing of History in Nineteenth Century Egypt: A Study in National Transformation*, Cairo and Detroit, 1984。

③ Youssef M. Choueiri, *Modern Arab Historiography: Historical discourse and nation-state*, p. 77.

领袖的崇拜。古尔巴尔的生活和研究经历了不同的时代,他也希望如实地从不同角度研究并反映埃及所经历的时代,即穆哈默德·阿里开始的西方化进程以及随后在伊斯兰教大环境下仍在不断吸收西方因素的时代,随之而来的殖民动乱和王权交织的时代以及纳赛尔时代。汤因比在为古尔巴尔的著作《埃及问题的肇始》写的序言中,专门评价过古尔巴尔,指出他有在东方和西方生活的经历——出生在东方,东方是他的家乡;生活和学习在西方。汤因比认为古尔巴尔著作的最大特点是没有加入情感和偏见。[1] 然而,有的学者对这一观点却不能认同。他的作品标志着一种阿拉伯文化认同与埃及现代国家崛起的结合。[2] 王晴佳认为,古尔巴尔是埃及大学第一位埃及人近代史教授,其学术影响十分深远。[3]

在埃及学本土化方面,更是出现了在国际学术界颇有名望的艾哈迈德·卡米勒(Ahmad Kamal,1851—1923)、塞里姆·哈桑(Selim Hassan,1987—1961)和扎西·哈瓦斯(Zahi Hawass,1947—)这样的优秀学者。艾哈迈德·卡米勒毕业于古埃及语学校,是一名专业的埃及学学者。他用法语撰写大量的论著,从而跻身于国际埃及学学者的行列。最难能可贵的是,为了在埃及同胞中普及有关古埃及的知识,并使他们认同古埃及文化,他用阿拉伯语撰写了大量作品。他的学生、埃及学埃及化运动的先驱塞里姆·哈桑领导了马斯塔巴墓、狮身人面的清理工作和包括胡夫金字塔在内的重大项目的考察和发掘工作,并成为担任开罗大学埃及学教授的第一位埃及人。

扎西·哈瓦斯虽然是在美国获得的埃及考古学博士学位,但他决心为埃及的考古事业贡献自己的力量。他于 1987 年学成回国后,担任了重要的职务,并主持了多项埃及境内的重大考古工程和对古埃及著名人物的身份检测工作,如巴哈里耶绿洲的发掘工作,修建金字塔的工人墓区的发掘,胡夫大金字塔"机器人探索之旅"的大型考古活动,对图坦哈蒙国王木乃伊的检测,对哈舍普苏特女王木乃伊的确认等重要活动。通过一系

[1]　Shafiq Ghurbal, *The Beginnings of the Egyptian Question*, London, 1928, p. xiil.

[2]　Youssef M. Choueiri, *Modern Arab Historiography*: *Historical discourse and nation-state*, Routledge Curzon, 2003, pp. 77-124.

[3]　王晴佳:《论民族主义史学的兴起与缺失——从全球比较史学的角度观察(下)》,《河北学刊》,24:5(2004 年),第 174 页。

列大型的考察活动,他提出了金字塔的建造者是古埃及平民而非奴隶的观点,解释了图坦卡蒙的死因,从而推翻了一些长期流行但十分陈旧的有关古埃及历史的观点。"哈瓦斯以一系列重要的考古发现,独到的学术观点和丰富的专业论著,被世界考古界公认为埃及学研究的权威之一。哈瓦斯作为一名本土埃及学者,领导的本土埃及学者们所进行的诸多努力,反映了埃及学者向西方发达国家争夺国际埃及学话语权的决心,也彰显了本土埃及学者跻身于国家埃及学前沿的信心。"①

(五)摩洛哥历史学家阿卜达拉·拉鲁伊

处于急剧变革中的北非产生了各种学派与学者。以摩洛哥为例,有以宣传自己的政治观点为特征的政治领袖本·巴尔卡(Ben Barka),有热衷于政治体制研究的穆哈默德·拉巴比(Mohammed Lahbabi),还有成为国际著名学者的历史学家阿卜达拉·拉鲁伊(Abdallah Laroui)。这里我们主要阐述拉鲁伊的学术贡献。

拉鲁伊出生于卡萨布兰卡西南部的一个海边小镇,在拉巴特接受了早期教育,并在巴黎政治学院接受了高等教育。拉鲁伊著述甚多,如《当代阿拉伯思想》(1967)、《马格里布史》(1970)、《阿拉伯知识分子的危机》(1973)、由博士论文补充修改而成的《摩洛哥民族主义的社会文化起源,1830—1912》(1977)等。他的多种著作被出版社重印,有的则从法文翻译成阿拉伯文或英文。② 通过梳理伊斯兰世界的知识分子近代以来的成长过程,他得出的有关历史与文化之关系的理论和阿拉伯学术困境的观点受到国际学术界的广泛重视。

他于 1960 年到 1963 年期间在政府外交部任职,随后被任命为穆罕默德五世大学的历史学教授。由于卷入政治活动,拉鲁伊与哈桑二世国

---

① 王海利:《本土埃及学发展探析》,《西亚非洲》,2013 年第 4 期,第 155 页。

② A. Laroui, *L'idéologie arabe contemporaine*, Paris, 1967(Repirnt 1982); A. Laroui, *L'histoire du Maghreb, un essai de synthèse*, Paris, 1970(Repirnt 1982); A. Laroui, *The History of the Maghrib*, Princeton University Press, 1977; A. Laroui, *La crise des intellectuels arbes*, Paris, 1974(Reprint, 1978); A. Laroui, *The Crisis of the Arab Intellectual*, California, 1976; A. Laroui, *Les origins sociales et culturelles du nationalism Marocain (1830—1912)*, Paris, 1977(Reprint, 1980).

王之间不时产生一些冲突。他的第一部著作《当代阿拉伯思想》表达了他作为摩洛哥知识分子的担忧和期望。他对当时的摩洛哥民族领袖本·巴尔卡①十分敬佩，称之为"摩洛哥人民最纯洁的英雄之一"。他希望为这位民族领袖的政治纲领注入文化历史的方法。这种强烈的政治情结一直纠结于他的著述之中，从历史的角度为现实政治提供方法成为其研究的一个重要特点。他在 1973 年用阿拉伯文出版的《阿拉伯人与历史思想》（此著作的较短版本后来译成法文，以《阿拉伯知识分子的危机》为书名于 1974 年出版）仍然坚持为新一代的摩洛哥民族主义领袖提供一种社会历史的方法论。他试图用马克思的观点以及辩证法来分析阿拉伯社会，将这种方法称为"客观的马克思主义"，并认为这是一种不断进化的观念。他将现代阿拉伯思潮分为三个派别：伊斯兰的、自由的和民族的，并将最后一个阶段与"科学"和"官僚"特点联系起来。②

他在《阿拉伯人与历史思想》一书中提出了一个重要观点。他认为，很多阿拉伯人被困在一座思想牢狱中：一边是历史的阿拉伯文化，一边是当代的西方文化。他们处于一种两难境地；选择前者就不是当代人了，选择后者就不是阿拉伯人了。实际上，这一观点从他自己的研究中也反映出一位阿拉伯学者的困境，一方面希望摆脱西方学术的束缚以争得独立平等的地位，另一方面又不断地用西方理论来解释阿拉伯世界的现象。他的一个最重要的观点是应该采取尊重历史的态度，要用历史解释文化，而不是用文化解释历史。这种看法影响较大，得到了如德里克等著名学者的认同。

当然，北非还有不少杰出的学者。囿于篇幅，不一一介绍。我们注意到，近现代阿拉伯学术经历了三个阶段：从翻译推介西方著作开始，进而乐于屈从西方学术思想并用西方理论解释自身社会，到现今的阶段——渴望得到与西方平等的学术地位。这是当代北非或整个阿拉伯学术面临

---

① 本·巴尔卡曾在摩洛哥政坛风云一时，但后来受到国王的猜忌，担心他威胁君王政治，被流放在法国，1965 年失踪。目前一般看法是他被法国、摩洛哥和美国、以色列方面绑架并杀害。法国和摩洛哥担心他威胁君主权，美国和以色列担心他与苏联和中国靠近。北大国际关系学院摩洛哥博士生李杉（Erfiki Hicham）的电子邮件，2015 年 7 月 28 日。

② Youssef M. Choueiri, *Modern Arab Historiography: Historical Discourse and Nation-state*, Routledge Curzon, 2003, pp. 174-196.

的困境,也必将经历一个艰难的过程。

三、受基督教影响的非洲学术传承

(一) 早期知识精英的代表人物

由于奴隶贸易和殖民统治,非洲早期知识精英主要有两个分支。一是因奴隶贸易流落在海外的知识分子,二是殖民时期在本土或国外受过教育的非洲知识精英。这些早期代表具有两个特点,一是他们绝大部分都信奉基督教,二是他们多少都接受过西方教育。

在18世纪到19世纪前期,一批获得自由身份的非洲人开始出现在美国、英国或英属西印度群岛。这些获得解放的奴隶开始为非洲人的权利大声疾呼。奥劳达·伊奎亚诺(Olaudah Eqiuano,1745—1797)和奥托巴赫·库戈亚诺(Ottobah Cugoano,1757—1800)是其中两位佼佼者。伊奎亚诺的家乡是尼日利亚,却在西印度群岛长大。1759年伊奎亚诺跟随主人到了英国。在服侍格林姐妹的过程中,他有机会接受教育,皈依了基督教并赎回了自由,这为他日后投身于英国废奴主义运动打下了基础。他后来更名为古斯塔夫斯·瓦萨(Gustavus Vassa),并成为18世纪非洲著名的废奴主义者、社会活动家和作家。[1] 库戈亚诺出生在黄金海岸,被带到位于西印度群岛的格林纳达。两年后,他被主人带到英国,随后他皈依基督教并获得自由。18世纪80年代中期,他加入废奴运动,并积极为拯救黑人奴隶奔走呐喊。他的重要著作《对奴隶制罪恶的思考与看法》成为质疑美洲奴隶制与跨大西洋奴隶贸易的最早文献之一。[2] 这些最早与欧洲接触并有机会发表自己意见和参与废奴运动的黑人知识分子代表了近代非洲精英的一个特殊群体。"正是这一小部分在知识和精神方面处于非洲与欧洲交汇点的第一批'新非洲人'开了近代非洲思想之先河,他们在近代非洲思想的孕育、发展过程中所起的作用是不容低估的。"[3]

---

① Olaudah Equiano, *Equiano's Travels: His Autobiography: The Interesting Narrative of the Life of Olaudah Equiano or Gustavus Vassa, the African*, Heinemann, 1967.

② Quobna Ottobah Cugoano, *Thoughts and Sentiments on the Evil of Slavery*, Penguin Classics, 1999.

③ 张宏明:《近代非洲思想经纬:18、19世纪非洲知识分子思想研究》,北京:社会科学文献出版社,2008年,第87页。有关伊奎亚诺和库戈亚诺的研究,参见第73—88页。

　　另一批受过教会教育的非洲知识分子为恢复非洲在世界历史上的应有地位而大声呐喊,他们中有利比里亚的爱德华·威尔莫特·布莱登(Edward Wilmot Blyden,1832—1912),尼日利亚的塞缪尔·克劳德(Samuel Crowther,1806—1891)、塞缪尔·约翰逊(Samuel Johnson)、伊加瑞巴(Jacob Egharevba),黄金海岸(今加纳)的莱因道夫(Carl Reindorf)、约翰·曼萨·沙巴(John Mensah Sarbah)和阿尔玛托(Raphael Aemattoe),塞拉利昂的霍顿(J. A. Horton,1835—1883)、西伯索普(A. Sibthorp)和塞缪尔·刘易斯(Samuel Lewis,1843—1903),塞内加尔的阿贝·布瓦雅(Abbe Boilat),布干达(今乌干达)的阿波罗·卡格瓦(Appolo Kaggwa)等。1949 年诺贝尔奖提名者、才华横溢的加纳医生、作家和诗人阿尔玛托曾指出:"在整个中世纪,西非比欧洲具有更稳固的社会和政治组织,达到更大的团结一致,对科学的重要性的认识也深广和成熟得多。"[①]莱因道夫曾力主黄金海岸的历史应由黄金海岸的人来写,"还必须带着真正的土著爱国主义来写"。[②] 这种呼吁在缺乏政治独立的情况下,响应者寥寥。这种重新认识非洲历史的要求正是到了 60 年代才真正成为新一代非洲史学家和部分欧洲进步史学家(如徐雷-卡纳尔、巴兹尔·戴维逊和 T. O. 兰格等)的共识。

　　尼日利亚的知识分子表现较为突出。他们从 18—19 世纪开始以各种方式撰写自己民族的历史。这些著作主要分为两类:一是记述个人的亲身经历(奴隶贸易的遭遇和生活经验),其中最著名的是第一位黑人主教塞缪尔·克劳德的作品;二是通过口头传说将本民族的历史记录下来。从 20 世纪 30 年代始,一批民族主义者开始追溯和复兴尼日利亚的文化,以此作为民族自决的武器。他们中在学术上最有成就的是伊加瑞巴,在政治上最有声望的是阿齐克韦。伊加瑞巴先后发表 20 多部著作(有些用埃多语写成),被称为"经典著作"的《贝宁简史》(拉各斯,1934 年)最为著名。阿齐克韦从美国留学归来并发表了《复兴的非洲》(拉各斯,1937年),此举对尼日利亚及整个西非的民族主义影响极大。这些先驱者为尼

---

　　① Raphael Armattoe, *The Golden Age of Western African Civilization*, Londonderry: Lomeshie Research Center, 1946, p. 35.

　　② Robert W. July, *The Origins of Modern African Thought*, London, 1968, pp. 254-278.

日利亚的历史研究保存并提供了极富有史料价值的著作。虽然这些著作
多为作者本人的叙述或本民族的记录,有些只是一些叙述,游记或信件,
除个别外都不是严格意义上的学术著作,但为后来的研究提供了重要的
社会学或人类学资料。这些作者已具有民族意识,但他们大部分受的是
欧洲文化的教育,对本土文化不免带有某种偏见。①

由于我们后面要专门介绍尼日利亚的伊巴丹学派(Ibadan school),
在此不详细论及。

(二) 非洲民族主义之父爱德华·威尔莫特·布莱登

非洲一体化的先驱爱德华·威尔莫特·布莱登是一位具有传奇色
彩的人物,他也被称为"非洲民族主义之父"。他出生在美洲的圣托马
斯岛,后来移民到利比里亚,被称为"世界闻名的学者和作者"、"19世纪
黑人最伟大的战士"、"对西非命运有影响的政治家"。他也是西非早期
教育家,后成为利比里亚国务卿。令人诧异的是,布莱登最早的一篇学
术文章发表在北美。他深信,具有埃塞俄比亚人高贵血统的非洲民族
有一股内在的生命力,②这种非洲民族自强的思想至今影响着非洲一体
化运动。③

布莱登为非洲民族意识的培养和民族主义思想的传播做出了卓越贡
献。他的童年在西印度群岛度过。1851年,他来到当时已独立的利比里
亚,通过自学掌握了七八种语言,而且积极参加政治活动。他的首部著作
《流血中的非洲的呼声》提出黑人应为自己种族的历史和成就而自豪。由

---

① 对这一特点的精彩分析,可参考菲利普·扎奇鲁克有关殖民时期尼日利亚知识分
子的著作。Philip S. Zachernuk, *Colonial Subjects: An African Intelligentsia and Atlantic
Ideas*, University Press of Virginia, 2000.

② Edward W. Blyden, "The Negro in Ancient History," *Methodist Quarterly Review*,
Vol. Ⅱ, fourth series, Vol. xxi(January 1869), p. 93. 着重号为原作者加。记得我在多伦
多大学求学时,曾经从文献目录上发现了非洲民族主义之父爱德华·威尔莫特·布莱登
于1869年发表的这篇文章。由于我在撰写硕士论文时接触过布莱登的资料,读过霍利
斯·林奇(Hollis Lynch)撰写的有关布莱登的论文和主编的布莱登的资料集,对这位非洲
民族主义先驱非常敬仰,决心一定要找到这篇文章。最后,我终于在多伦多大学的伊曼纽
尔学院图书馆找到了此文,如愿以偿。

③ 关于布莱登,参见张宏明:《近代非洲思想经纬:18、19世纪非洲知识分子思想研
究》,第249—349页。

于他卓越的语言才能,美国语言学会聘请他为会员,汉密尔顿学院授予他名誉文学硕士学位。他毅然放弃了当时英国财政大臣格莱斯顿为他提供的上大学的机会,决心投身于非洲民族斗争。1864 年,他出任利比里亚国务卿。在随后的 50 年里,他在西非各地进行宣传鼓动。他在塞拉利昂创办《尼格罗人报》,并为《拉各斯星期纪录报》和其他西非知识分子办的报刊杂志撰稿,讨论非洲古代文明、伊斯兰教的影响、非洲的教育事业和黑人独立的前途等社会问题,为西非的民族独立运动在舆论上作了重要的准备工作。

他首先提出了以"非洲个性"(African Personality)为中心的民族主义思想。他倾向于将黑人看作一个整体。他对古埃及的研究就在于证明埃及文化源于撒哈拉以南非洲,认为狮身人面像的面貌特征"很明显是非洲人或尼格罗人类型"。他由狮身人面像谈到孟斐斯,由孟斐斯联系到埃及国王,"难道这还不可以清楚地推论国王是属于特殊的类型或种族?"①

布莱登特别注重恢复和培养非洲人的自尊和自信。他指出,"我们必须对黑人充满信心",只有这样才能"培养黑人的自豪感";种族之间的不同并不意味着在体质特征和智力道德上有高下之分,各个种族有自己的特点。欧洲种族长于科学和政治,个人主义是其社会的基础;非洲黑人是"精神种族",在社会生活中强调公共的、合作的精神,他们的天赋不是政治生活而是精神发展。② 他深信,具有埃塞俄比亚人高贵血统的非洲民族有一股内在的生命力,经历了 400 年的奴隶贸易后仍坚强地生存着就是一个明证。在 1891 年的一次演说中,他说:"你们首先的责任是恢复本性,……你们是非洲人,不是欧洲人,是黑人,不是白人。"如果丢掉自己的本性,"就像失去了咸味的盐一样被他人抛弃、践踏"。③

对待西方文明,布莱登的态度也很明确。他在 1881 年就提出警告,

---

① Hollis Lynch, *Black Spokesman*, *Selected Published Writings of Edward Wilmot Blyden*, Frank Cass, 1971, pp. 145-157.

② Spitzer, *The Creoles of Sierra Leone*, p. 12.

③ Philip D. Curtin, *Africa and the West*: *Intellectual Responses to European Culture*, The University of Wisconsin Press, 1972, p. 110.

不要被西方文明所同化,非洲人必须开辟自己的道路,以自己的方式前进。作为一个敏感的民族主义者,他已认识到殖民文化的威胁。他对殖民主义的教学方式很反感,认为那是荒谬的,根本不注意非洲人的智力文化因素,照搬宗主国的一套。他一直希望能建立一所西非大学,主张在保持非洲个性的前提下合理地利用西方文明。"要求欧洲人的帮助,但不要使自己欧化,而是要求他们帮助我们满足自己的需要,实现自己的行动。"①他认为,教育有利于非洲学生,可以激发他们的感情,激发他们对崇高事业的追求,从而加速非洲民族道德精神的进步。② 这一切的目的,在于恢复和培养非洲民族的尊严。

两种文明一经接触,先有冲突,继而融合,文明历史多是如此。至于孰为主,孰为辅,则又视不同条件而论。布莱登所处的时代正是非洲文明遭到西方文明挑战的时代。两者区别明显,又各有所长。殖民主义者希望的"文明教化"绝不可能,传统酋长的一味抵抗亦属徒劳。正是在这种情况下,布莱登才提出"非洲个性"的思想。作为一个时代产物,他又是一种矛盾的体现,是融合两种文明为一身的实践者。他既希望引进欧洲文化,又对非洲内地的传统文明推崇备至;他既对英法殖民统治表现出极大热情,又认为非洲有能力自己发展并赢得应有的世界地位;他既赞成基督教义,又赞赏伊斯兰教的内在活力;他有意于创新,又徘徊于守旧。当然,这并不影响他作为非洲民族主义启蒙者的地位。作为非洲早期民族主义者,他为一代人开启先河。"非洲个性"的思想也在泛非主义和"黑人性"(Negritude)中得到体现,并在 20 世纪 50—60 年代被重新提出。布莱登的杰出才能和贡献不仅使西非人民对他深怀敬意,一些白人学者也对他表示钦佩,赞扬他不仅是"一位世界闻名的学者和作家,19 世纪黑人最伟大的战士,而且是一位对西非命运有影响的政治家"。③

---

①   Hollis Lynch, *Black Spokesman*, pp. 223-229.

②   Hollis R. Lynch, "The native pastorate controversy and cultural ethno-centrism in Sierra Leone,1871—1874", *The Journal of African History*, 5:3(1964), p. 401.

③   Robert W. July, "Ninettenth-century Negritude: Edward W. Blyden", *The Journal of African History*, 5:1(1964), pp. 73-86; Hollis R. Lynch, "Edward W. Blyden: Pioneer West African nationalist," *The Journal of African History*, 6:3(1965), pp. 373-388. 关于国内的研究和介绍,还可参见徐济明:《西非现代民族主义的先驱者布莱登》,《西亚非洲》,1988 年第 1 期;静水:《非洲民族主义思想先驱布莱登》,《外国史知识》,1986 年第 8 期。

（三）西非民族主义的早期代表阿非利堪纳斯·霍顿

另一位民族主义的先驱是阿非利堪纳斯·霍顿。他于 1835 年出生于塞拉利昂，10 岁时进了由英国人在当地办的教会学校。1855 年，他受英国教会推荐到英国留学，后获得爱丁堡大学医学硕士学位，曾担任英国皇家部队军医，在西非服役多年。除了在医学上很有造诣并先后出版了 6 本关于西非地理气候条件及地方病的专著外，他潜心研究了西非的历史与现状，发表了《英属西非的政治经济》（伦敦，1865 年）、《西非的国家和人民》（伦敦，1868 年）和《关于黄金海岸政治状况的信件》等政治著作，有针对性地批驳了种族主义谬论，就西非的行政管理与文化教育等问题向殖民政府提出了一系列建议。他认为，必须将提高人民的物质生活作为目标；一旦殖民地的经济发展，安全有保障，"独立的日子必将到来"。①

霍顿于 1868 年出版了他的重要著作《西非的国家和人民》。在序言里，他谈到写这本书的目的，"我希望下述内容（尽管我担心很不完善）将使他们信服：非洲人不是没有能力发展的；借助于友好和有能力之辈的帮助，他们定能在一定时间内崛起，在文明世界的历史上取得显著的地位"。② 他用大量已掌握的史料证明，非洲在古代文明中所取得的非凡成就，引用一些欧洲人在非洲的亲身经历来驳斥"非洲人天生落后"的谬论，并且真诚地希望英国人能帮助非洲人前进，使一个落后民族成为文明世界的一员。在第三部分《各个殖民地和定居点的需要》中，他分章节叙述了塞拉利昂、冈比亚、黄金海岸和拉各斯等殖民地的需要，详尽地提出了改革措施，要求"扩大公民权"和"促进教育"。③ 他的这些主张对殖民政府的一些改革起了很大作用，同时也为西非民族主义思潮提供了早期的精神食粮。

在英国留学时，霍顿并未为自己是一个非洲人而感到苦恼；相反，他宣称，作为非洲人，"我热爱我的祖国"。他的成就、思想与著作对西非后

---

① James Africanus Horton, *West African Countries and Peoples*, Edinburgh University Press, 1969, pp. 81-86,226-241.

② James Africanus Horton, *West African Countries and Peoples*, Preface, pp. 9-10.

③ James Africanus Horton, *West African Countries and Peoples*, pp. 181-182.

来兴起的民族独立运动产生了很大的影响。在他逝世时,一位非洲学者写诗悼念这位西非近代民族主义的先驱:

> 你的英名将成为人民的歌声,
> 你的价值必将为人民所传颂,
> 你的著作将引导你的种族前进……①

四、小　结

我们注意到,这批早期学者的一个特点是他们中几乎全部都信奉宗教,或是基督教,或是伊斯兰教。这说明了三点。其一,埃塞俄比亚接受基督教远远早于欧洲大陆。对基督教的自愿接受与后来伴随着殖民入侵而来的欧洲传教士的渠道有所不同。第二,基督教和伊斯兰教的广泛存在说明宗教在非洲社会的影响力极其深远,并已渗透到学术研究与日常生活之中。第三,不论是在早期还是殖民主义统治时期,非洲人接受教育的主要途径是宗教学校。在这个意义上,基督教和伊斯兰教已经在非洲人中间深深扎根,与非洲本土宗教一起,成为了非洲文化非常重要的组成部分。有意思的是,殖民主义者带来的基督教虽然影响力颇深,但它却孕育了一批致力于传播非洲本土文化的民族主义知识分子。这不能不说是历史辩证法的一种呈现。

著名的肯尼亚学者阿里・马兹鲁伊曾提出非洲文化三遗产(triple heritage)的观点。② 我们可以引申,非洲学术传统可大致分为非洲本土文化、基督教文化和伊斯兰教文化三个源流。从这些早期非洲知识分子的特点看,马兹鲁伊的这一观点是有根据的。非洲学者普拉指出:我们必

---

① Christopher Fyfe, *Africanus Horton: West African Scientist and Patriot*, Oxford, 1972, pp. 81, 156. 也有的学者认为他是非洲资产阶级的代表,但他为唤醒非洲人的民族意识所作的贡献则是不言而喻的。参见 I. L. Markovitz, *Power and Class in Africa*, New Jersey: Prentice Hall, 1977, pp. 216-217. 还可参见张宏明:《近代非洲思想经纬:18、19世纪非洲知识分子思想研究》,第222—248页。

② Ali Mazrui, *Towards a Pax Africana: A Study of Ideology and Ambition*, London: Weidenfeld & Nicolson, 1967; Ali Mazrui, *The Africans: A Triple Heritage*, New York: Little Brown and Co., 1986.

须尽快地学会让西方的支配及其有关的心理影响成为历史,非洲人必须为自身利益和取得对自己未来的控制权而努力。① 正是在这种意义上,非洲在独立后面临着文化非殖民化的艰巨任务。

---

① ［加纳］奎西·克瓦·普拉:《非洲民族:该民族的国家》,第166页。

第十四章　非殖民化概念及其在文化领域的实践

> 非洲在当代世界政治中的重要性日益明显，……非洲注定要成为本世纪的大陆。今天在那儿发生的一切对世界历史的未来发展必将具有重大影响。
>
> 阿齐克韦（尼日利亚首任总统）

> 除亚里士多德、托马斯·阿奎那式的推理法或黑格尔式的辩证法以外，通往真理的道路还有许多条。然而，社会科学和人文科学本身包括必须要实现非殖民化。
>
> 恩格尔贝特·姆文（非洲学者）

被标榜为"人道主义者"的法国哲学家勒南（Ernest Renan，1823—1892）在《理智和道德的改造》一书中明确表述了欧洲人统治其他民族的意愿："主宰人类是我们的天职……上天创造出一种劳作的种族——华人，他们具有绝妙的劳动技巧，而几乎没有什么荣誉感。……上天创造出土地的耕作者——黑人。待他们以慈善与人道，则一切就会适得其反。上天创造出了主人和军人的种族——欧洲人。若令这种高贵的种族降低身份像黑人和中国人一样去做奴隶的劳动，他们就会造反。"① 勒南希望

---

① Ernest Renan, *La Réforme intellectuelle et morale*, Michel Lévy Frères, 1871, p. 93.楷体的部分为本书作者加注。感谢刘天南博士核实法文出处。

这种由欧洲人主宰世界的理念能成为永久的现实。欧洲人对于其他民族的歧视建立在我族中心主义基础之上。这种种族歧视不仅根深蒂固,而且以"科学的进化论"和"哲学的理性主义"的名义得以合理化。

不论是中国人还是非洲人,对这种不平等的身份和地位是不可能接受的。在取得政治独立后,非洲国家致力于文化领域的非殖民化。本章主要探讨"非殖民化"的概念及其在非洲文化领域的实践,包括"非殖民化"概念的传播、对这一概念的话语之争、非洲国家在文化领域里的非殖民化及结论。

一、"非殖民化"概念的提出与传播

在"非殖民化"这一概念的传播过程中,世界上的各种政治势力的态度不一。有的专业,有的随意,有的拒绝,有的热衷。在有关"非殖民化"的话语争论中也存在着不同观点。非殖民化的内涵是什么? 什么因素导致了非殖民化? 非洲国家在独立后,采取了各种措施,希望用非洲国家的民族文化取代在非洲民众中逐渐泛滥的殖民主义文化。如何理解非殖民化? 非殖民化一词内涵丰富,在时空上比"殖民体系崩溃"更广泛;作为一个历史过程,非殖民化既包括殖民地人民的独立斗争,也包括殖民宗主国的活动,这也是一个摒弃殖民主义价值观的过程,亦即文化的非殖民化。非洲文化的非殖民化任重道远,需要长期努力。

(一) 谁最早提出"非殖民化"?

哈格里夫斯认为,M.波恩最早于 1932 年使用此词。[①] 其实不然。布哈林于 1927 年就提到了这一概念。[②] 然而,最早对"非殖民化"进行理论概括的是印度共运领导人马·纳·罗易。1927 年,他受共产国际的委托,在《关于印度问题的决议草案》中正式提出"非殖民化"理论。他认为:第一次世界大战后的经济危机迫使英国抛弃旧的殖民方式,采取新的剥削方法,印度正处在"非殖民化"的过程中,将从附属国上升到自治领,将

---

① John Hargreaves, *The End of Colonial Rule in West Africa*, Macmillan, 1979.

② 《共产国际第六次代表大会文件》,中国人民大学出版社,1991 年,第 913 页。

从农业殖民国变成现代工业国,成为"英联邦自由国家"的一员。印度的非殖民化得益于两个因素:战后经济危机和印度群众的觉醒。罗易并未将"非殖民化"作为已完成的事实,而只是作为一个正在进行的过程。他指出:"非殖民地化孕育着英帝国解体胚胎。"①

1928 年 7 月,共产国际六大就殖民地问题展开激烈辩论。最后,大会通过《殖民地和半殖民地的革命提纲》,共产国际领导人库西宁全面否定了"非殖民化"理论,罗易因此受到批判。② 我不想否认罗易的某些错误观点(如夸大印度工业化的程度和否定印度资产阶级在民族解放斗争中的作用),但他的理论比较客观地分析了印度的实际情况,明显含有合理成分。首先,"非殖民化"理论表明罗易适时地看到英帝国被迫改变殖民统治方式,并提出了相应对策。其次,他从这一变化认识到帝国主义走向衰落这一历史趋势。更重要的是,这一理论运用马克思主义辩证法,体现了资本主义为自己创造了掘墓人的观点。"非殖民化"这一理论可以说是罗易对现代社会科学的贡献。

1932 年,"非殖民化"出现在《社会科学百科全书》。在"帝国主义"词条中,M. 波恩指出,除撒哈拉以南非洲以外,几乎所有的欧洲殖民地都出现了争取民族独立的起义,"在全世界一个反对殖民化的时代已经开始,非殖民化正在迅速展开"。很明显,他将"非殖民化"看作一种顺应历史潮流的运动和过程。1934 年,他在《国际事务》上进一步指出,"殖民化作为一个伟大的世界运动正面临末日……帝国崩溃正以前所未有的规模不断进行",认为非殖民化不仅反对政治依附,也反对经济依附。"非殖民化"表明欧洲殖民化时代已终结,殖民体系开始动摇,民族独立的曙光正在出现。③

———————————

① S Ray, ed. , *Selected Works of M. N. Roy*, Oxford: Oxford University Press, Volume 3, Oxford, 1990, pp. 84-112; S. Gupta, *Comintern, India and the Colonial Question*, Calcutta: K. P. Bagchi & Co, 1980, pp. 117-118; G. D. Overstreet and M. Windmiller, *Communism in India*, University of California Press, 1959, pp. 102-121.

② R. A. Ulyanovsky, ed. , *The Comintern and the East*, Central Books Ltd, 1980, Moscow, 1981, p. 200. 关于我国学者对罗易"非殖民化"理论的研究,参见陈峰君:《共产国际与罗易的四次交锋》,《世界史研究动态》,1981 年第 8 期,第 14—17 页;锋钧、薛燕:《罗易的"非殖民地化"的理论述评》,《南亚东南亚评论》第 2 辑,1988 年版,第 43—66 页。

③ *Encyclopedia of the Social Sciences*, Vol. 7, Macmillan, 1932, p. 612; M. Bonne,"The Age of Counter-colonization Period", *International Affairs*, 13:6(1934),pp. 845-847.

(二)"非殖民化"概念的传播与歧见

在传播和使用过程中,"非殖民化"一词可谓命运多舛。它面对各种不同的待遇:联合国的拥抱和原殖民地的复杂态度、法国人的多情和英国人的冷漠。

1960 年作为"非洲年"载入史册。这一年 17 个非洲国家取得独立,英国首相哈罗·德·麦克米伦发表了题为《变革之风吹遍了非洲大陆》的著名演说。联合国大会的 15 届会议发表《关于准许殖民地国家及民族独立之宣言》(即 1960 年 12 月大会第 1514[15]号决议,简称为《非殖民化宣言》),表达了对殖民地独立问题的关注和期望。这一宣言是亚非独立国家要求正义的体现,也是亚非民族主义运动斗争的结果。

宣言的导因是赫鲁晓夫的发言。他认为联合国秘书长哈马舍耳德在刚果行动不力,并提出制定结束殖民统治新宣言的倡议。倡议包括三方面内容:第一,所有殖民地领土、国家和非自治领土必须立即给予独立,并根据人民的愿望建立自己的民族国家。第二,所有在别国的租借地及其他形式的殖民主义必须彻底铲除。第三,所有成员国必须严格遵守联合国宪章,尊重他国的主权和领土完整。[①] 这一倡议使与会的 43 个亚非国家深受鼓舞,它们提出另一个草案。该草案共有七点,主要内容如下:外来的征服、统治和剥削是对基本人权的否定,与《联合国宪章》相违背;所有国家和地区的人民都享有自主权;政治、经济、社会或教育不足不能成为拖延独立的理由;停止用武力或镇压方式反对殖民地人民,使他们自由行使完全独立的权利;在托管地、非自治领土及一切尚未独立的国家采取措施,将一切权力迅速无条件地移交给人民。[②] 大会以 89 票赞成、零票反对和 9 票弃权通过了《关于准许殖民地国家及民族独立之宣言》。这一宣言是对《联合国宪章》第 11 章"关于非自治领土之宣言"的解释:人民享有自决权,使人民遭受外国统治与剥削就是妨碍世界和平;应采取步骤无条件地将所有权力移交给托管地和非自治领土人民,使他们享有完全的

---

① 联合国文件,A/4502,Yassin El-Ayouty, *The United Nations and Decolonization*:*The Role of Afro-Asia*,Springer Netherlands,1971,pp. 208-209.

② 联合国文件,A/L323/Add 1-6,*ibid.*, pp. 209-210.

独立和自由。① 这一精神为殖民地人民提供了法律依据,使他们可以自愿决定其政治地位,自由发展经济、社会和文化。

1961 年第 16 届联大通过了 1654 号决议案,批准成立一个 17 人委员会(1962 年增至 24 人,后称"24 人委员会"),负责检查和督促《关于准许殖民地国家及民族独立之宣言》的执行情况。决议注意到"某些国家在非殖民化过程中出现的一些部分或整个地破坏民族团结和领土完整的现象"并要求这些国家忠实执行非殖民化宣言。② 1965 年,联合国专门发表《联合国与非殖民化》,总结 24 人委员会的工作。这是"非殖民化"一词第一次出现在联合国文件中。作为一个国际组织,联合国正在推动世界范围内的非殖民化运动。

1960 年 12 月,塞内加尔等 12 个法语非洲国家在刚果首都布拉柴维尔举行会议,通过了《布拉柴维尔宣言》。宣言指出:"签字各国在向开始执行法国非殖民化并给予马达加斯加在内的 13 个非洲国家独立的戴高乐将军致敬的同时,面对继续带来死亡、毁灭和种族仇恨的阿尔及利亚战争的持续进行,不能不表示它们的痛苦心情。各签字国坚持它们为之进行了长期斗争的非殖民化原则;但是它们知道长期延续的阿尔及利亚战争对非洲的危险,它们采取的唯一态度是通过谈判能够诚实而民主地实行戴高乐将军庄严宣布的自觉原则。"③

第三届全非人民大会于 1961 年 3 月在开罗举行,大会代表共 205 名。大会通过了"关于附属国人民解放"等决议。"关于改组机构和消除殖民主义残余的决议"指出:大会考虑到殖民统治阻碍了非洲国家的正常发展,不消除殖民政权的残余和改组行政、司法、经济和社会结构就不可能真正实现独立;因此大会"要求所有的非洲独立国家毫不延缓地着手使

---

① D. J. Djonovich, *United Nations Resolutions Series I*, *Resolutions Adopted by the General Assembly*, Volume 8(1960—1962), New York, 1974, pp. 188-189.

② Assembly Resolution 1654 (XVI). *Yearbook of the United Nations*, New York, 1961, p. 56. 关于我国学者对联合国与非殖民化问题的研究,参见王文:《论联合国在推动世界非殖民化进程中的历史作用》,陈鲁直、李铁城主编:《联合国与世界秩序》,北京语言学院出版社,1993 年,第 341—354 页;李铁城主编:《联合国的历程》,北京语言学院出版社,1993 年,第 228—260 页。

③ 唐大盾选编:《泛非主义与非洲统一组织文选》,华东师范大学出版社,1995 年,第 127 页。

一切机构完全非殖民化"。① 很明显，这里提出的"非殖民化"的主体是"所有的非洲独立国家"。

1961 年 4 月 27 日—29 日，加纳、几内亚和马里共和国总统在阿克拉开会，决议建立几内亚-马里-加纳联盟。1961 年 7 月 1 日发表的《非洲国家联盟宪章》的"总则"列出了联盟的活动领域。关于经济的原则如下："规定一套共同的关于制定经济计划的指示方针，目的是使从殖民制度继承下来的体制非殖民化，并为人民的利益组织成员国的财富开发。"同样，这里"非殖民化"的主体是"非洲国家联盟"。1963 年 5 月，在亚的斯亚贝巴举行了非洲独立国家首脑会议。会议发表的第一个决议是"关于非殖民化的决议"。决议考虑了非殖民化的各个方面，"重申全体非洲独立国家应把支持非洲尚未独立国家的人民争取自由和独立的斗争作为自己的义务"。决议还提出了一些切实可行的措施。② 这次大会宣告了非洲统一组织的成立。

法国政府对"非殖民化"一词使用较早，态度相对开放。法国前殖民官员亨利·拉波瑞 1952 年出版的《殖民化、殖民主义和非殖民化》使"非殖民化"一词更为普及。③ 法国总统戴高乐经常使用这个词。在 1960 年 9 月 5 日的记者招待会上，他谈及"关于世界范围内的整个非殖民化问题"时指出：各国人民的解放既符合法国的精神，也符合世界上正发生的不可抗拒的运动。1961 年 9 月 23 日他又指出："我们面前的重大问题是非殖民化问题。殖民地的时期已经结束……今天，这一页已经翻过去了。马达加斯加、非洲已经亲自掌握了它们的命运"，"我们还要完成在阿尔及利亚的非殖民化工作"。④ 作为殖民宗主国的法国频繁使用这个词，主要是希望掌握舆论的主导权，使殖民统治崩溃这一不可避免的历史趋势看上去更像法国

---

① 《第三届全非人民大会文件选编》，世界知识出版社 1962 年版，第 317—318 页。

② 唐大盾选编：《泛非主义与非洲统一组织文选》，第 147、152—155 页。

③ Henri Labouret, *Colonisation, Colonialisme, Decolonisation*, Paris, 1952.

④ 国际关系研究所：《戴高乐言论集，1958 年 5 月—1964 年 1 月》，世界知识出版社，1964 年，第 183—185、294 页。关于法国非殖民化的研究也有一定成果。Jacques Thobieetal, *Histoire de la France coloniale 1914—1990*, Paris, 1990；Raymond Betts, *France and Decolonization*, 1900—1960, London：Macmillan, 1991；A．Clayton, *The Wars of French Decolonization*, London：Longman, 1994；李维：《试论戴高乐的阿尔及利亚非殖民化政策的两重性》，《世界历史》，1996 年第 6 期，第 39—47 页；陈晓红：《戴高乐与非洲的非殖民化研究》，中国社会科学出版社，2003 年。

政府的主动行为。然而,历史的发展并不依个别人的主观意志为转移。

"非殖民化"一词的流行在英国并不顺畅,它几乎同时遭到两个方面的抵制。与法国政府完全不同,英国官方在相当长的一个时期内对"非殖民化"一词讳莫如深。《牛津大辞典》直到 1975 年还未列入该词(1972 年补编除外),1974 年出版的《大英百科全书》也未将"非殖民化"列入条目。① 直至 1978 年,原殖民部官员希尔顿·波因顿在《殖民时期的非洲——非殖民化年代的殖民官员》一书中仍然极力否认英国政府正式使用"非殖民化"一词。英法两国政府对"非殖民化"一词的态度反映了各自对这一概念的不同理解。此外,少数学者亦对"非殖民化"一词提出异议,认为"非殖民化"意义含混,既可表示一种中性的意义,即殖民地摆脱宗主国独立,亦可隐含另一种意义:帝国主义国家突然改变政策而有意让殖民地独立;或认为"非殖民化"暗示着各殖民帝国在二战后的解体是有准备有步骤的,从而主张用"独立"或"自治"等词取代"非殖民化"一词。②

(三) 不结盟国家的统一认识

1961 年 9 月,第一届不结盟国家和政府首脑会议举行。与会者庄严重申支持联合国的《非殖民化宣言》,"并且建议立即无条件地、彻底地和最后废除殖民主义"。1964 年 10 月举行的第二届不结盟国家会议对《非殖民化宣言》未在所有地方得到实施感到遗憾;并请联合国非殖民化委员会注意波多黎各问题。1970 年 9 月,第三次不结盟国家首脑会议通过了"关于非殖民化的总决议"。决议遵照联合国《非殖民化宣言》的精神,对殖民种族剥削政权的统治表示了强烈的关注,并采取各种行动对葡萄牙和南非进行制裁;决议要求法国和西班牙政府尽可能在最短时间内容许

---

① A. Kirk-Greene, "Decolonisation in British Africa", *History Today*, 42:1(1992), p. 45. 牛津大学与英帝国的关系复杂。F. Madden, *Oxford and the Idea of Commonwealth*, London: Routledge Kegan & Paul, 1982; R. Symonds, *Oxford and Empire*, Oxford University Press, 1993.

② J. Suret-Canale, "From Colonization to Independence in French Tropical Africa: The Economic Background", P. Gifford and W. Louis, eds., *The Transfer of Power in Africa: Decolonization* 1940—1960, pp. 445-482; A. Boahen, "Ghana Since Independence", P. Gifford and W. Louis, eds., *Decolonization and African Independence: The Transfer of Power, 1960—1980*, pp. 199-224.

其殖民地国家的人民获得自治的权利。① 联合国为反对殖民主义提供了讲坛,非统组织的成立(1963 年)加速了独立运动的进展,多次亚非会议壮大了民族独立运动的声势。这些历史事件推动了殖民帝国的崩溃,构成了一曲非殖民化的主旋律。②

如果说,在 70 年代中期以前,不结盟国家会议在使用"非殖民化"一词时还有所保留的话,在以后的会议上,不结盟国家完全是从积极的意义上使用这一概念。1976 年,第五次不结盟国家会议指出:"非殖民化的过程已进入其最后的、决定性的阶段","呼吁不结盟运动成员国做出一切努力来加速波多黎各人民的非殖民化过程,并声援和支持他们争取自决与独立"。1979 年,第六次不结盟国家会议"注意到非殖民化进程所取得的巨大进展"。1983 年,第七次不结盟国家会议认为:"不结盟国家正加紧努力推动在公正、裁军、普遍实行和平共处各项原则基础上实现国际和平与安全,完成非殖民化进程。"1986 年的第八次不结盟国家和政府首脑会议一致认为:必须加强联合国系统内的协调,并同意支援联合国新闻部,使其加强公众对不结盟国家所关心问题的认识;"非殖民化"与"国际和平与安全"、"裁军"和"维和"等被列入不结盟国家最关心的问题。当不结盟国家首脑会议于 1989 年召开时,会议给予非殖民化问题以极大的关注,并专门为"非殖民化"发了一个文件。会议强调,充分有效地执行《非殖民化宣言》仍然是消除殖民主义斗争的基础。《贝尔格莱德宣言》郑重指出:"非殖民化的重要进程已进入了一个决定性的阶段。在这一进程中产生了一大批主权国家——今天,其中的大部分国家已成为不结盟运动的成员国……全面消除殖民主义和各国人民获得经济解放是维持和加强它们政治独立的一个必不可少的先决条件,它仍然是不结盟运动的一个优先考虑的任务。"③

---

① 中国国际问题研究所编辑部:《不结盟运动主要文件集》,中国对外翻译出版公司,1987 年,第 23、35、39、72—73 页。

② Rudolf von Albertini, *Decolonization*, New York, 1971; J. Hargreaves, *Decolonization in Africa*, London, 1976; R. F. Holland, *European Decolonization*, Macmillan, 1985; John Darwin, *Britain and Decolonisation*, London, 1988.

③ 中国国际问题研究所编辑部:《不结盟运动主要文件集》第 2 集,世界知识出版社,1992 年,第 75、189、232—233 页。

二、"非殖民化"之因的话语之辩

有关"非殖民化"的话语之争主要牵涉互相关联的两个方面。一是如何理解"非殖民化",其内涵是什么? 二是非殖民化的缘由是什么,什么因素导致了非殖民化? 学术界对此有不同理解,主要有四种观点。一,殖民政策论:非殖民化指殖民宗主国在第二次世界大战以后(甚至更早)或主动给予殖民地独立或自治地位的行为,或被迫撤出殖民地过程中采取的旨在维护自身利益的行动。二,民族主义论:非殖民化指殖民地国家争取民族独立运动的意愿和过程,是民族主义运动推动的结果。三,新殖民主义论:非殖民化是殖民宗主国的阴谋,是专为维持自己在前殖民地的利益而设计的。四,外部因素论:这一观点认为亚洲等地的民族解放运动和美国的立场和举动等外部因素对非洲的非殖民化运动起到了重要作用。

(一) 殖民政策论

一部分英帝国史学家认为,英国的非殖民化政策是持续的、有序的,从杜尔海姆报告(*Durham Report*,1839)[①]后就开始有计划逐步实行;英帝国的统治对殖民地而言利大于弊,是发展和进步的体现。所有殖民政策都与传播欧洲文明、提高教育程度、加强经济建设与加快宪制改革有关,而这一切都是为非殖民化作准备。一旦非殖民化完成,英帝国的目的即告完成。[②] 虽然持这种观点者的主要论点一致,但对非殖民化的原因则有多种具体解释。

一种观点认为非殖民化是英国民主制度的一种体现,这不是撤退,而是英帝国使命的完成。用英国前首相麦克米伦的说法,英帝国的解体不

---

① 即 1839 年由杜尔海姆伯爵发表的《关于英属北美事务的报告》(*Report on the Affairs of British North America*, from the Earl of Durham)。该报告就加拿大的魁北克和安大略与英国的关系提出了重要意见,成为加拿大和英帝国历史的重要文件。

② L. Gann and P. Duignan, *Burden of Empire*, Stanford, 1967, pp. 360–382; J. M. Lee, *Colonial Development and Good Government: A Study of the Ideas Expressed by the British Official Classes in Planning Decolonization 1939—1964*, Oxford, 1967.

是软弱和衰落的表现;英国人并未失去统治的意志和力量,他们的责任只是将文明传播给其他民族。① 一部分英帝国史学家认为,非殖民化是英国政府主动实行的一种政策,持续有序;所有殖民政策都是为非殖民化作准备。一旦非殖民化完成,英帝国的目的即告完成。他们将"非殖民化"与"权力转移"互相等同,交替使用。② 弗林特于 1983 年首次明确提出了"有计划的非殖民化"的观点。他认为,在二战爆发前后的几个月里,英国殖民部的政策发生了一场革命。这种政策转变表现在两方面:经济上的非自由化和政治上的"非部落化"。皮尔斯进一步发挥了弗林特的观点。③ 罗宾逊认为英国非殖民化计划的标志是 1945 年工党执政后采取的一系列措施;殖民部负责非洲事务的安德鲁·科恩的所谓"非殖民化计划"是其核心。1947 年 2 月,殖民大臣格里奇·琼斯向各地总督发出了关于非洲殖民政策改革的电文,主张殖民统治不能固守"间接统治"的教条而应进行改革,并强调殖民政府必须做到"有效率、民主化和本地化"。科恩的改革计划分为四个阶段。一,非直接选举的非洲人将在立法议会上占多数,其中一至二名非洲人可选入行政议会;与此同时地方各级的选举可积累经验,以推进民主化进程;并注意将受过教育的非洲人纳入各级文官位置。二,非洲的立法议员以政府各内务部门首脑的资格向总督负责。三,立法议会的非洲成员应开始掌管除财政、安全或外务以外的政府各部。四,代表多数党的非洲各部长将组成内阁议会,集体负责立法,以建立一个威斯敏斯特模式的政府。④ 菲尔德豪斯指出,非殖民化是对英

---

① H. Macmillan, *Pointing the Way*, London, 1972, pp. 116-117.

② M. Crowder, ed., *The Cambridge History of Africa*, Cambridge University Press, 1984, pp. 1,815; P. Gifford and W. Louis, eds., *The Transfer of Power in Africa: Decolonization 1940—1960*, Yale University Press, 1982; P. Gifford and and W. Louis, eds., *Decolonization and African Independence: The Transfer of Power, 1960—1980*, Yale University Press, 1988.

③ John Flint, "Planned Decolonization and Its Failure in British Africa", *African Affairs*, 82(1983), pp. 389-411; R. Pearce, "The Colonial Office and Planned Decolonization in Africa", *African Affairs*, 83(1984), pp. 77-93.

④ CO847/36/47238/1(47). L. H. Gann and P. Duignan, eds., *African Proconsuls: European Governors in Africa*, New York, 1978, pp. 353-364; R. Robinson, "Andrew Cohen and the Transfer of Power in Tropical Africa, 1940—1951", Morris-Jones and G. Fisher, eds., *Decolonisation and After*, London, 1980, pp. 50-72.

帝国经济困境的一种积极反应。二战结束后,英国千方百计地利用殖民地的资源来补偿英镑区的美元赤字,在 50 年代经济回升后迅速组织殖民撤离,这是承认现实急流勇退的表现。法国精心策划的殖民政策将殖民地与宗主国和欧洲的经济有机地结合在一起。因此,法国的"非殖民化似乎完全可以看作仅仅是向已计划好的道路上迈出一步"而已。①

并非所有的历史学家都同意非殖民化是一种有计划的主动行动。塞尔虽然在实践上同意罗宾逊的观点,但他认为英国制定非殖民化计划不是主动的,而是为殖民地兴起的民族主义所迫。② 研究英帝国思想史的权威桑顿指出:"非殖民化与其说是一种政策,不如说是对已无法控制的事件的一种反应",将它称为政策只是一种委婉的说法。英帝国在世界舞台上一直扮演着一个公认的角色,非殖民化的作用相当于指出这一舞台的出口。③ 约翰·达尔文也指出:"如果我们力图从英国非殖民化过程中找出某种逻辑,我们可能大失所望。"他认为,从 1945 年到 60 年代英帝国发生的根本不是有计划的撤退,也不是经过考虑的从英帝国到英联邦的转型,只能说是无法预言的形势的一步步恶化,据点的一个个丧失。英国所做的只能是尽一切力量维持其地位和影响,④与对法国非殖民化的解释相似。一种观点认为:"非殖民化"是指殖民宗主国在殖民地走向独立进程中的活动,将它归于殖民主义的专有词汇。法国学者雅克·阿尔诺在 1958 年指出:"最近在殖民主义的词汇表里出现了一个新术语:'非殖民地化'这个术语会是'左派'的术语吗? 我们曾经搞过'殖民地化',现在我们搞'非殖民地化'——'殖民地化'也罢,'非殖民地化'也罢,主动权反正操在殖民主义者手中。归根结底,'非殖民地化'无非是使'殖民地

① D. K. Fieldhouse, *The Colonial Empires*, Macmillan, 1982, pp. 404 - 407; D. K. Fieldhouse, *Black Africa 1945—1980*, London, 1986, pp. 1 - 54; David Fieldhouse, "Decolonization, Development and Dependance", P. Gifford and W. Louis, eds., *The Transfer of Power in Africa: Decolonization 1940—1960*, p. 491.

② J. Cell, "On the Eve of Decolonization: the Colonial Office's Plans for the Transfer of Power in Africa, 1947", *The Journal of Imperial and Commonwealth History*, 8:3 (1980), pp. 235 - 257.

③ A. P. Thornton, *Imperialism in the Twentieth Century*, Minnesota, 1980, p. 280.

④ John Darwin, "British Decolonization since 1945: A Pattern or a Puzzle?", *The Journal of Imperial and Commonwealth History*, 12 (1984), pp. 187 - 209.

化'神圣化。而且它会使人们忘掉基本的事实——人民在争取他们自由的斗争中起决定性的作用。"①

　　虽然对诱因或时间起点解释不同,但观点基本一致:非殖民化是英国的计划,并非英国的撤退,而是英帝国使命的完成。②"计划论"为非殖民化提供了体面的解释,同时因为它师承殖民史学之遗脉,所以在西方史学界颇为流行,影响面极广。在学界的相关辩论中,殖民地改革是一个重要方面,因为这直接牵涉非殖民化是否是殖民地改革的结果。综上所述,我们可以得出以下结论。第一,殖民地改革计划绝不可等同于非殖民化计划。英帝国没有制定过系统的非殖民化计划。法国更是在几内亚明确拒绝留在法兰西共同体后开始了被迫退出非洲的行动。第二,与法国不同,英国对殖民地政策进行改革是经过精心策划的。在这方面,一些知识分子也做出了贡献。约翰·弗林特在评价南非自由主义史学创始人麦克米伦时指出,他在历史与政治的关联上超过任何历史学家,因为他对英帝国殖民政策进行直接批评并提出改革建议。③第三,虽然这些计划经过周密策划,却并非协调一致上下连贯。第四,这些计划在起因上是消极的、被动的,多为民族主义或国际因素所推动;但在考虑退路上是积极的、主动的,从而说明了英国殖民政策的灵活性和可塑性。④

---

　　①　雅克·阿尔诺:《对殖民主义的审判》(岳进译),世界知识出版社,1962年,第4页。

　　②　关于英帝国史学派对这一观点的著述介绍,可参见张顺洪等著:《大英帝国的瓦解——英国的非殖民化与香港问题》,社会科学文献出版社,1997年,第7—12页。

　　③　Hugh Macmillan and Shula Marks, eds., *Africa and Empire: W. M. Macmillan, Historian and Social Critic*, pp. 212-231; Bruce Murray, "The Wits Years and Resignation, 1917—1933", *South African Historical Journal*, 65:2(2013), pp. 317-331. 颇为讽刺的是,麦克米伦的这份苦心并未得到英国政府的理解。他曾申请担任《非洲概览》的编写工作,但伦敦政府方面担心"如果我们给他这份工作,我们将会受到南非联邦政府和所有东非定居者的反对"。最后,这部著作的编写工作交给了对非洲一无所知的海利勋爵。W. M. Macmillan, *My South African Years*, Cape Town, 1975, p. 244. Christopher Saunders, *The Making of the South African Past: Major Historians on Race and Class*, Cape Town, 1988, p. 79.

　　④　有关英国非殖民化的"计划"问题的历史探讨,参见李安山:《日不落帝国的崩溃——论英国非殖民化的"计划"问题》,《历史研究》,1995年第1期,第169—186页。

（二）民族主义论

民族主义论者认为非殖民化是殖民地民族主义崛起的结果，而非宗主国的计划使然。殖民政府从未甘心放弃殖民地，是民族主义组织和政党的有效组织和反抗终结了殖民主义统治。西非各殖民地的独立运动，马来亚、肯尼亚和塞浦路斯的武装斗争及中非联邦、西印度联邦的持续反抗成为这种观点的主要论据。[①]

民族主义论认为在非殖民化过程中，殖民地人民表现了巨大的主动性，各殖民帝国只是对此做出消极反应。殖民地的民族主义组织和政党在非殖民化过程中起了巨大作用，这是关键因素，而其他因素（宗主国或外部推动）只是决定了非殖民化的时间、速度和不同方法。非殖民化并不是帝国主义将权力移交给殖民地人民的平稳过程，相反，争取民族独立的斗争往往充满暴力和流血。非殖民化是殖民地人民经过长期不懈的斗争才取得的成果。加纳史学家博亨用黄金海岸争取独立的史实说明："英国没有做出任何计划。她所做的不过是在每一个阶段对每一个殖民地的压力和变化的形势做出反应。"他认为只有这样才能解释英国殖民地在不同时间取得独立的这一历史事实。尼日利亚史学家阿贾伊通过分析民族主义运动的发展得出结论："从尼日利亚看，英国有意识地主动放弃帝国的意图并不明显。"[②]

著名的民族独立运动理论家法农指出："民族解放阵线的目的不在于阿尔及利亚的非殖民化或压迫制度的缓解。民族解放运动要求的是阿尔及利亚的独立。一种让阿尔及利亚人民掌握自己全部命运的独立。"很明显，当时法农不喜欢"非殖民化"这个词，他对这一概念的理解是消极的。值得注意的是，在法农 1961 年出版的《全世界受苦的人》一书中，"非殖民

---

①   T. O. Ranger, "Connection between Primary Resistance Movement and Modern Mass Nationalism in East and Central Africa", Part I, *The Journal of African History*, 9:3 (1968), pp. 437-453; Part II, *The Journal of African History*, 9:4(1968), pp. 631-641. John Iliffe, "The Organization of the Maji Maji Rebellion", *The Journal of African History*, 8:3(1967), pp. 495-512.

②   Boahen, "Ghana Since Independence"; J. Ajayi and A. Ekoko, "Transfer of Power in Nigeria: Its Origins and Consequences", Gifford and Louis, eds., *Decolonization and African Independence*, pp. 199-224, 245-270.

化"成了一个完全中性的概念。他指出：非殖民化是人类的一些种类取代另一些种类，是被殖民者的最低要求；非殖民化是两种力量的碰撞，是名副其实的创造新人。① 法农的论点虽有偏颇，但他提出的文化和心理的非殖民化却反映了殖民地人民的强烈愿望。

殖民地民族主义的崛起对殖民政策的制定起作用吗？ 罗宾逊认为：科恩计划"并不是由于害怕民族主义而产生的；相反，这一改革方案使西非沉睡的民族主义得以觉醒"，因而科恩"在分解英国殖民统治和热带非洲的民族主义崛起方面比大部分非洲政治家做得更多"。② 这种观点是与基本史实相违背的。首先，海外非洲知识分子特别是西非留学生的活动对第二次世界大战后兴起的民族独立运动起到了重要作用。在伦敦留学的西非学生早在 20 年代就成立了一些进步组织。1925 年，西非学联成立，它的目标包括"培养自助、团结、合作的精神"，"在其成员中培养一种民族意识和种族自豪感"。西非学联从成立到 1945 年一直是西非留学生中最活跃的政治组织，它不仅和欧洲的民主组织（费边社、反帝人民大会）保持联系，还直接在西非开展活动，在阿克拉、弗里敦、拉各斯、伊巴丹等 30 多个城市建立了支部。大西洋宪章公布后，西非学联在递交给克莱蒙特·艾德礼的一份备忘录里责问："英国已宣传它决心恢复和支持欧洲国家、埃塞俄比亚和叙利亚的独立，但对西非怎么办呢？"1942 年，西非学联在交给副殖民大臣的备忘录指出："为了自由、正义和真正的民主，……西非学联强烈要求英国政府给予英属西非殖民地和保护国以立即内部自治的权利，并切实保证在战后五年内准许其完全自治。"西非学联的这些活动对促进殖民地的反帝反殖斗争起了一定的作用。自从尼日利亚留学生阿齐克韦学成回国后，赴美留学在西非知识分子中掀起了一个小小的高潮。以尼日利亚为例，赴美留学者在 1938 年前有 20 名，1938 年到 1945 年为 12 名，1953 年到 1954 年达到 318 名。③

---

① F. Fanon, *Toward the African Revolution*, New York: Grove Press, 1967, p. 101; F. Fanon, *Les Damnés de la Terre*, La Découverte, 2004 [1961], pp. 29-30.

② Robinson, "Andrew Cohen and the Transfer of Power in Tropical Africa, 1940—1951", Morris-Jones and G. Fisher, eds., *Decolonisation and After*, p. 59.

③ James S. Coleman, *Nigeria: Backgound to Nationalism*, University of California Press, 1960, pp. 239-240, 246.

1941 年,美加非洲学生协会成立,协会创办了月刊并和伦敦的西非学联建立了联系。为了使人们对非洲有更进一步的了解,他们举办各种讲座,巡回演讲,发表文章和著作。在战时留美的 28 名非洲学生中,我们从其中 7 名学生此后的经历就可以看出,美国留学生在西非战后的民族独立运动中起到了极其重要的政治作用。有人说:"为尼日利亚 2 100 万人民的政治自由而进行的斗争中最先几次小规模战斗是在今天的美国大学里打响的。"①这话不免有些夸大,但确有道理。难怪到加纳调查的沃森先生在讯问恩克鲁玛时,当得知恩克鲁玛在美国攻读的科目后,无可奈何地预言:"先生们,我担心我们在这里有陷入困境的危险。"②

表格 14 - 1　英属西非殖民地回国任职的部分留学生

姓　名	国　籍	经历和职务
阿科·阿杰伊	加　纳	律师,人民大会党政府商业部长
阿克帕比奥	尼日利亚	大学校长,尼日利亚喀麦隆国民会议党、政府东部地区副总理兼教育部长
菲茨约翰	塞拉利昂	教授,塞拉利昂人民党执委员会委员
琼斯-凯提	加　纳	加纳大学学院院外研究系副主任
阿·姆巴迪	尼日利亚	尼日利亚联邦政府工商部长
恩克鲁玛	加　纳	总理,人民大会党创始人,终身主席
卡瑞法-斯玛特	塞拉利昂	医生,塞拉利昂政府土地矿业劳工部长

在巴黎的法属西非留学生也很活跃,从一次大战后就成立了一些学生组织,尤以 1933 年成立的西非学生协会影响最大。协会的文化宗旨是"同化欧洲文化,与你们的人民保持紧密的联系"。协会每月举行座谈,"由于经常交换意见,西非学生可以逐渐培养一种共同的思想意识"。西非学生协会的一些主要领导人后来都成了民族独立运动的风云人物,如

---

① James S. Coleman, *Nigeria: Background to Nationalism*, pp. 243-244.

② 恩克鲁玛:《恩克鲁玛自传》(国际关系研究所翻译组译校),世界知识出版社,1960年,第 89 页。

主席桑戈尔,后来成为塞内加尔民主党和独立党的创始人和塞内加尔第一任总统;副书记奥斯曼·索塞·迪奥普后任塞内加尔驻美国大使和驻联合国大使;司库伊萨姆贝后任加蓬大使。[1] 西非在欧美的留学生之所以能在战后的民族独立运动中起重大作用,主要因为他们充分利用西方国家的资产阶级民主,广泛联系各种左翼组织,汲取有利于民族解放斗争的经验,提高自己的政治素质,加强内部团结,从而在思想上和组织上进行了充分准备,以便战后回国投入到民族独立运动中去。

非洲大陆本土的民族主义运动对民族独立起到了决定性的作用。举例说,英属非洲的工会组织在二战中即已成立并展开活动,如较早成立民族劳工组织的有冈比亚(1938 年),塞拉利昂(1943 年),尼日利亚(1943年),加纳(1945 年),北罗得西亚(今赞比亚,1946 年)等。一些地域性或全国性的政治组织和政党在二战前即已成立,如黄金海岸土著权利保护协会(1897 年),英属西非国民大会(1920 年),尼日利亚民族民主党(1923年)等。尼日利亚青年运动在 1938 年即有 10 000 名成员。在苏丹、尼亚萨兰(今马拉维)等地,地方群众组织早在一战前后即已出现,甚至提出过"自治"的口号。这些组织或政党在战后的民族主义运动中已直接或间接地担负着领导作用。1945 年以前非洲民族主义运动的存在已毋庸置疑,这是西方学者公认的。[2]

民族主义运动对殖民政策的影响不言而喻。1942 年 1 月,黄金海岸总督伯恩斯认识到:反对英国的愤怒浪潮和种种骚乱的根本原因,在于殖民政策的让步往往太迟而不起作用。他为此不顾海利勋爵的反对而任命两名非洲人进入行政议会。他的看法得到了尼日利亚总督的认同。[3] 负责东非事务的殖民部助理次官道伟在 1942 年也谈到英国殖民地的危机,认为殖民地人民对政治权利的要求是很难用一点点卫生或教育条件的改

---

[1]　Jacques Louis Hymans, *Léopold Sédar Senghor: An Intellectual Biography*, pp. 80,81.

[2]　T. Hodgkin, *Nationalism in Colonial Africa*, London, 1956; J. S. Coleman, *Nigeria: Background to Nationalism*, Los Angels, 1963; D. Kimble, *Political History of Ghana The Rise of Gold Coast Nationalism 1850—1928*, London, 1963; R. Rotberg, *The Rise of Nationalism in Central Africa*, Harvard, 1965.

[3]　伯恩斯在他的自传中专门提到此事。Alan Burn, *Colonial Civil Servant*, London, 1949, pp. 194-195.

善来取代的。英国面临的问题是找到一种方法使这些殖民地"继续站在大不列颠一边",否则,"大英帝国将在 20 世纪失去另一个大陆"。[①] 1945 年,为要求增加生活补贴,尼日利亚 17 个工会举行了为期一个半月的大罢工。尼日利亚和喀麦隆国民会议党的主席麦克莱宣称:"毫无疑问,这个国家的解放已指日可待。"[②]这次罢工给殖民政府和伦敦以很大震动。1946 年,在民族主义政党组织下,尼日利亚掀起了一场反对殖民政府的宪政改革运动。科恩自己也不得不承认,虽然非洲农村人口对自治没有什么要求,"但在西非,受过教育的少数人和相当多受其影响的人通过新闻媒介要求以更快的速度走向自治,这一要求会随着时间的推移而日益明显"。他的这段话正是出现在他草拟的"非洲的宪制发展"这一文件中。[③] 由此可见,殖民政策的制定在很大程度上受到了民族主义运动的影响。

(三) 新殖民主义论

第三种解释是新殖民主义论或依附论,这主要是新马克思主义学派对非殖民化的解释。"新殖民主义的实质可以简要地表述如下:对前殖民地给予最低限度的政治自由,而殖民主义者则获得在经济上对它们进行剥削的最大限度的机会。"[④]新殖民主义论者一般认为,非殖民化有两个前提条件。第一,本土资产阶级的存在。在长期的殖民经济活动中,一个本土的买办阶级(阶层)逐渐形成。这个集团的力量不断扩大,从而使殖民主义者可以在不损害自身利益的前提下将政权交给这个集团。第二,原始积累的形成让位于资本主义积累。在后一过程中,市场对劳动力的自然调节已足以保证剩余价值为资本家阶级占有,对殖民地的直接控制

---

①   CO967/57/46709,July,1942.

②   W. Oyemakinde,"The Nigeria General Strike of 1945",*Journal of Historical Society of Nigeria*,2:4(1975), p. 698;R. D. Pearce, "Governor, Nationalists and Constitution in Nigeria,1935—1951",*The Journal of Imperial and Commonwealth History*,9:3(1981), pp. 289-307.

③   CO847/36/47238,Encl. 3. 他在后来发表的著作中也强调了这一点。Andrew Cohen,*British Policy in Changing Africa*,London,1959,pp. 34-36.

④   [苏]波切加里阿夫:《法国新殖民主义在非洲的实践》,《亚非译丛》,1964 年第 7 期,第 23 页。

已不十分重要,为了避免政权落入更激进的民族主义者手中,殖民主义者将权力移交给温和保守的民族主义者。同时,新殖民主义论认为,独立国家建立自主的工业化在多方面受到阻碍:国内市场相对狭小;新工业主要为外资建立并拥有,其出口型和外向型特点对本地工业帮助不大;外资企业集中在资本密集的行业,对地方产品的生产刺激不大,而剩余价值则源源不断流向国外。换言之,国际资本对出口贸易的垄断权由于他们对国际市场技术的垄断而得以保持。这样,西方殖民主义者在非殖民化过程中完成了政权的移交,同时又保住了自身利益,而独立国家仍然处于低度发展和依附的地位。概言之,非殖民化的结果是新殖民主义的建立。[1]

实际上,殖民宗主国确实是想尽办法,企图通过发展援助和军事援助以及外交等各项协定将前殖民地国家牢牢控制在自己手中。以法国与非洲国家的"军事合作"为例。从军事协定上看,这些协定似乎无可非议,包括防务方面的合作,在互惠的基础上设立军事基地,在遭到侵略时互相援助以及提供军事和技术援助。然而,事实却是所有这些权利都掌握在法国一方。难道有任何一个非洲国家在法国设有基地吗?法国在诸多非洲国家设立军事基地,例如达喀尔(塞内加尔)、拉密堡(乍得)、黑角(刚果共和国)、杜阿拉(喀麦隆)、艾蒂安港(毛里塔尼亚)、迪戈-苏亚雷斯(马达加斯加)等地。由于这些条约的签订,法国可以在任何它认为自己利益遇到危害时对这些国家的事务进行"直接干涉"。这样,所谓的"互惠"只可能是使用法国军队在前殖民地"维持法律和秩序"。这些协定中的一项条款规定:"签字国在战略原料、主要是原子战略原料方面奉行共同政策。但在这里,负有的义务实际上同样也是片面性的。有战略原料的是非洲国家,而且不论出口条件如何,它们必须把这些战略原料卖给法国。"[2]1961年,除马里和几内亚外,法国与前法属殖民地都签订了共同防御协定。这样就产生了非洲-马尔加什联盟。虽然目的是所谓保护撒哈拉以南非洲

---

① Colin Leys,*Underdevelopment in Kenya*:*The Political Economy of Neo-colonialism*,London,1975,pp.1-27,207-253;S. Amin,*Neo-colonialism in West Africa*,Harmondsworth,1973; P. Gutkind and T. Wallerstein,*The Political Economy of Contemporary Africa*,London,1976.

② [苏]波切加里阿夫:《法国新殖民主义在非洲的实践》,《亚非译丛》,1964 年第 7 期,第 22 页。

前法属殖民地的政权,但法国却将这种协定作为一个政治工具。在有的国家,这种关系至今仍然维持。

然而,用新殖民主义来解释非殖民化论存在着明显的理论缺陷。首先,这种观点虽然在政治宣传上颇有效果,但却存在资料不足和简单化的倾向。它不但暗示殖民地在独立后没有什么变化(显然与事实不符),同时亦成为某些独立国家经济不成功的推诿之词。其次,这种观点实际上承认欧洲帝国主义对非殖民化是精心策划、有长期准备的,其政策非常成功。这也与史实相违。再次,这种理论既否定了各个国家在前殖民主义时期文化传统的创造性,同时亦为独立国家的发展前景披上了一层决定论的悲观色彩。这种理论已引起了一些新殖民主义者的自我批判。[①]

(四) 外部因素论

第四种观点为外部因素论或国际条件论。安东尼·罗认为非洲的民族主义者在很大程度上得益于印度和东南亚民族主义运动的推动,亚洲的独立运动使欧洲帝国在非洲的统治松动,同时为非洲的非殖民化提供了先例和条件。[②] 也有学者突出联合国对战后非殖民化的贡献,但更多的则是强调美、苏,特别是美国的作用。路易斯的研究即是一例。他通过对二战后期美国的反殖民主义思潮和扩张主义的态度,美国对英属殖民地问题的看法以及英国的反应等问题的研究,得出结论:"美国的反殖民主义态度给予欧洲殖民帝国的非殖民化以强有力的推动。"[③]

外来因素论强调的是国际关系的变化和两个超级大国崛起这两个事实,力图证明英国(或欧洲)的非殖民化是外部条件使然。不过,近年来这

---

① Colin Leys, "Accumulation, Class Formation and Dependency: Kenya", M. Fransman, ed., *Industry and Accumulation in Africa*, London, 1982, pp. 170-192. 关于依附论,可参见李安山《依附理论与历史研究》,《历史研究》,1992 年第 6 期。

② D. A. Low, "The Asian Mirror to Tropical African's Independence", Gifford and Louis, eds., *Transfer of Power in Africa*, pp. 1-30.

③ W. R. Louis, *Imperialism at Bay 1941—1945: The United States and the Decolonization of the British Empire*, Oxford, 1977, p. 3.

些结论已日益受到修正。如安东尼·罗后来认为在非洲的权力移交过程中，非洲人的不满反抗和当地精英分子的领导努力都是重要因素。① 路易斯也明显修正了他的立场。1985 年他在《国际事务》上撰文，通过对美国三任总统（罗斯福、杜鲁门、艾森豪威尔）处理三个地区（印度、利比亚、苏伊士运河）非殖民化的个案分析，得出结论："美国对英帝国解体的影响很难估量，但肯定是很小的。"②

（五）中国学者的研究

我国世界历史学界一直较少使用"非殖民化"这一词，相关研究直到 20 世纪 80—90 年代才出现。③ 究其原因，主要有三点。第一，研究角度的不同。从 60 年代起，我国的世界史学者主要将研究重点放在民族解放运动史上。这无疑加深了我们对遭受殖民压迫的国家和人民历史的了解，同时给予正在争取独立的民族道义上的支持。但是，殖民地人民的斗争和殖民宗主国的反应应该是一个过程（暂且将这一过程称为"非殖民化"）的两个方面。更通俗地说，是一个硬币的两面。前者的斗争可以用"民族独立运动"或"民族解放运动"来表达；后者的反应可以用"殖民撤退"（在被动或被迫的情况下）或"权利转移"（含有计划和力争主动的成分）来形容。

研究角度的不同影响了研究的内容和研究的效果。从内容上说，我们长期忽略了殖民宗主国在非殖民化过程中的作用，这包括其被动和主动的反应，过渡性措施和长远性安排，短期的政策调整和长期的战略目标

---

① Low,"The End of British Empire in Africa", Gifford and Louis, eds., *Decolonization and African Independence*, pp. 33-72.

② W. R. Louis, "American Anti-colonialism and the Dissolution of the British Rule", *International Affairs*, 61:3(1985), pp. 395-420.

③ 陈峰君：《几种"非殖民地化"理论评析》，《世界史研究动态》，1984 年第 4 期，第 11—18 页；陈才林：《争取非殖民化斗争的彻底胜利》，《西亚非洲》，1985 年第 5 期，第 1—7 页；陆庭恩：《关于非洲非殖民化的几个问题》，《铁道师院学报》，1992 年第 3 期，第 1—7 页；李安山：《日不落帝国的崩溃——论英国非殖民化的"计划"问题》，《历史研究》，1995 年第 1 期，第 169—186 页；张顺洪：《论英国的非殖民化》，《世界历史》，1996 年第 6 期，第 2—10 页；李安山：《论"非殖民化"：一个概念的缘起与演变》，《世界历史》，1998 年第 3 期，第 2—13 页。

等,也忽略了殖民地民族主义运动与殖民统治者的相互妥协和它们之间的"互动"作用,从而未能将非殖民化作为一个整体来进行研究。更重要的是,从研究效果上看,我们一方面认为殖民地人民的民族解放斗争直接摧毁了旧殖民体系,另一方面又强调新殖民主义是原殖民宗主国阴谋策划的结果。我们难以令人信服地解释:这两个论点之间的逻辑关系是什么?为什么殖民地人民的斗争最后又导致了新殖民主义的产生?

第二,研究资料的缺乏。非殖民化的高潮始于第二次世界大战结束以后。原殖民宗主国的有关政府档案自 20 世纪 80 年代才逐步公开。国际学术界对这一问题的系统研究也在 80 年代才开始。中国学界接触相关欧洲国家的政府档案相对较晚。

第三,在认识上仍然受共产国际传统看法的影响。罗易的"非殖民化"理论遭到批判,他本人也被共产国际开除。在我国,虽然研究共产国际的学者也从批判的角度探讨了他的理论,但世界史学者囿于理论上的禁区,直到 80 年代初一直没有人对"非殖民化"理论进行过全面的讨论。

陈峰君和陈才林是较早涉及这一问题的学者。有的学者将"非殖民化"等同于民族解放运动以及反对殖民统治、建立民族独立国家。① 张顺洪的观点相反,他认为:非殖民化"强调殖民国家在殖民帝国瓦解过程中的活动"和"强调西方殖民国家给予殖民地独立的主观能动性";②"'非殖民化'主要是指殖民国家在被迫撤出殖民地的过程中采取的旨在尽可能地维护自身利益的各种行动,包括殖民撤退战略、策略和手段。这样的一种以维护自身利益为目的,在被迫撤出殖民地的过程中的主动行为与活动就是'非殖民化'的真正的含义。"③有的学者提出了学术(包括历史)的非殖民化问题。余绳武指出:西方历史著作中仍有某些殖民主义的思想残余,这是中西关系研究中的障碍。④ 笔者曾对非殖民化的计划论提出

---

① 陈才林:《争取非殖民化斗争的彻底胜利》,《西亚非洲》,1985 年第 5 期,第 1—7 页;陆庭恩:《关于非洲非殖民化的几个问题》,《铁道师院学报》,1992 年第 3 期,第 1 页。

② 张顺洪:《论英国的非殖民化》,《世界历史》,1996 年第 6 期,第 2 页。

③ 张顺洪等著:《大英帝国的瓦解——英国的非殖民化与香港问题》,社会科学文献出版社,1997 年,第 3 页。

④ 余绳武:《殖民主义思想残余是中西关系史研究的障碍》,《近代史研究》,1990 年第 6 期,第 20—44 页。

质疑。① 其次,笔者强调了非洲历史的非殖民化问题,认为对非洲历史的曲解是与种族歧视和殖民统治相联系的,重修客观的非洲历史需要国际非洲史学家的共同努力。② 进而,笔者提出非殖民化包括两个方面(殖民地人民的独立斗争和殖民宗主国的活动)和两个层面(狭义的殖民统治终结和政治层面殖民机构解散,以及广义的消除殖民主义消极遗产)的观点。③ 笔者的观点引起了学术界的兴趣和争论。④ 中国学者对这一问题的研究正在逐步深入,有的与英国和法国的非殖民化有关,有的重点探讨美国或中国在非殖民化过程中的作用以及非殖民化与冷战战略的关联。⑤

三、非洲文化领域非殖民化的必要性

(一) 独立国家文化的重要性

在世界历史的进程中,现代国家的建立往往是以资本主义经济、统一的政治体系和民族文化的一体化为先导。近代资本主义经济的兴起与全国市场的形成为现代国家创造了物质条件,统一的政治体系(包括政体、国体、政权和边界等)使现代国家有一个躯体,民族文化的一体化为现代国家提供了一种精神。以德国民族为例,普鲁士确实是通过铁血政策和

---

① 李安山:《日不落帝国的崩溃——论英国非殖民化的"计划"问题》,《历史研究》,1995 年第 1 期,第 169—186 页。

② 李安山:《论黑非洲历史的非殖民化》,《亚非研究》,1994 年第 4 辑,第 66—86 页。

③ 李安山:《论"非殖民化":一个概念的缘起与演变》,《世界历史》,1998 年第 3 期,第 2—13 页。

④ 张顺洪:《关于殖民主义史研究的几个问题》,《河南大学学报》2005 年第 1 期;李庆:《21 世纪中国学术界关于英国非殖民化研究的新进展》,《科教导刊(中旬刊)》,2011 年第 8 期;刘明周:《英国退出印度的官方心态调整》,《安徽史学》,2012 年第 3 期。

⑤ 陈晓红:《戴高乐与非洲的非殖民化研究》,中国社会科学出版社,2003 年;潘兴明:《丘吉尔与大英帝国的非殖民化》,东方出版中心,2018 年;孙建党:《美国在战后东南亚非殖民化过程中的政策》,《南洋问题研究》,2005 年第 2 期,第 16—23 页;孙建党:《从"委任统治"到"非殖民化"——美国殖民地问题的政策变化》,《历史教学》,2005 年第 7 期,第 25—30 页;陈兼:《将"革命"与"非殖民化"相连接——中国对外政策中"万隆话语"的兴起与全球冷战的主题变奏》,《冷战国际史研究》,6;1(2010),第 15—46 页;姜帆:《非殖民化与冷战策略:战后初期美国对缅甸政策的动因和影响》,《东南亚研究》,2014 年第 3 期,第 40—46 页。

一系列的战争在关税同盟的经济基础上建立了德意志帝国。然而,如果没有从 18 世纪就与渗透德意志骨髓的法兰西文化进行的斗争,没有在这种冲突和斗争中逐渐形成的自己的民族文化和民族精神,没有歌德、莱辛、赫尔德等一批致力于创立德意志民族精神的知识分子,德意志帝国能够诞生吗?每个国家都有值得骄傲的民族文化一体化的推进者。

大多数非洲的国家形成过程有所不同。在非洲,绝大部分国家是殖民统治的催生物;现代国家的构成虽然也有传统政治的成分,但殖民主义遗产是主要因素。换言之,大多数非洲现代国家是在缺乏现代经济政治体制和民族文化的母体上由殖民统治这一助产婆催生的"早产儿"。然而,非洲殖民地的民族解放运动取得胜利,独立国家得以建立。非洲国家领导人只能运用国家政权的力量来加速实现国家民族文化的一体化。独立后,非洲国家采取了旨在促进国族建构的多项文化措施。我们之所以强调文化非殖民化政策的重要性,主要是因为这些政策不仅代表了非洲政治领袖们促进民族一体化的意志,也在普通民众中起到了立竿见影的效果。

(二) 文化和心理的非殖民化

对于非洲国家而言,文化和心理的非殖民化举步维艰。殖民宗主国并不限于在殖民地建立自己的政治统治,它以傲视一切的态度将种族文化优越感带到殖民地,力图抹杀殖民地文化中一切有价值的东西,然后用自己的文化和价值观取而代之,从而建立了一种"文化霸权"地位。这种殖民主义统治集团的思想文化和意识形态在前殖民地人民的心灵上留下了深深的烙印。殖民统治者力图将自己的价值观强加给殖民地人民:宗主国代表至高无上的法律、文明进步与和平秩序;殖民地人民只能是法律的违反者,代表野蛮和落后。白色代表善良和美丽,黑色代表邪恶和丑陋。阿拉伯学者赛义德的《东方主义》批驳了西方对东方的歪曲,从文化的角度分析了东方主义的缘起。从近代以来,虽然也有所谓的"东方学研究",但其研究对象始终处于任人臆想、任人塑造而无权过问的地位。结果,东方主义成了西方和东方交往的一种既定的模式。他尖锐地指出:不论在学术著作还是文学作品中,西方对东方的描述都充满着扭曲和丑化,野蛮化和女性化。东方主义成了西方支配、重组和施权威于东方的一种方式。①

殖民主义统治建立在白人文化的种族优越感之上。为了驳斥非洲人天生低下的谬论，非洲知识分子首先提出了"黑人性"（Negritude）的理论，强调黑人的特点及其与欧洲人的区别。在 20 世纪 30 年代的巴黎出现了"黑人性"文化运动。桑戈尔（Léopold Sédar Senghor，1906—2001）和塞泽尔（Aimé Césaire，1913—2008）等留学巴黎的黑人学生崇尚非洲文明，以黑人为骄傲，"寻找非洲血统之根源"，他们的诗歌著作中充满了火一般的激情。"黑人性"学说认为欧洲人重物质，非洲人重精神；欧洲人重个人主义，非洲人重集体合作。作为一个精神种族，黑人强调"公共的、合作的"，而不是"私人的、竞争的"，他们的天赋不在于政治生活，而在精神发展。从根本上说，精神的东西高于物质的东西。既然如此，就"没有任何理由说我们西非人民，黑色人种，不应该在 25 年内赶上雅利安人和蒙古人"。② 他们力图从各方面证明：非洲各民族有自己的历史，自己的文明，自己的个性，自己的精神。民族自信心的恢复大大推动了独立运动。

（三）非洲国家领袖对文化的重视

针对法国的同化政策，塞内加尔的第一任总统列·塞·桑戈尔早在 1937 年就提出了他的著名口号："同化，不要被同化。"他认为，"同化"这个词有双重意义，"主格的与宾格的，被动的和主动的"。他用生物学上吸收食物转化为血肉的例子来证明主体对客体的吸收并不能导致自己变为客体，从而得出结论说："只有一种同化是有意思的，那就是主动的同化，去吸收同化。这是一个同化而不是被同化的问题。"③有些学者把列·塞·桑戈尔的"文化思想"归纳为两个内容：文化的杂交和主动的同化。④

————————

　　① E. Said, *Orientalism*, New York: Vintage, 1978, pp. 1-28; E. Said, *Culture and Imperialism*, New York: Vintage, 1993. 赛义德的"东方"原来主要指阿拉伯地区，在第二部著作中，赛义德涉及范围扩大到亚非地区，他也是在中性意义上使用"非殖民化"。这两本书均已出版李琨翻译的中译本。

　　② Immanuel Geiss, *The Pan-African Movement*, London, 1974, p. 120.

　　③ J. L. Hymans, *Léopold Sédar Senghor: An Intellectual Biography*, Edinburg, 1971, p. 90.

　　④ J. L. Hymans, *Léopold Sédar Senghor: An Intellectual Biography*, p. 114.

实际上这是一个主题,即怎样处理非洲文化与外来文化的关系。塞内加尔总统桑戈尔提出的"积极同化"思想和"黑人性"理论至今仍鼓舞着非洲人民。①

非洲民族知识分子不仅使人民认识了非洲文化的真正价值,而且给他们指出了现实斗争的重大意义。阿齐克韦 1950 年访问美国时曾经预言:"非洲在当代世界政治中的重要性日益明显,……非洲注定要成为本世纪的大陆。今天在那儿发生的一切对世界历史的未来发展必将具有重大影响。"②这是一种民族自信心的体现。历史正在证实他的预言。非洲学者恩格尔贝特·姆文在 1978 年曾写下一篇题为《从屈服到继承》的文章。他认为,有过殖民地经历的非洲面临着全面非殖民化的艰巨任务,这包括文化的非殖民化。他指出:"除亚里士多德、托马斯·阿奎那式的推理法或黑格尔式的辩证法以外,通往真理的道路还有许多条。然而,社会科学和人文科学本身包括必须要实现非殖民化。"③非洲知识分子正视时代潮流,对西方文明采取了明智的态度:以非洲文化这一母体去积极主动地吸收外来文明的精萃,化为自己的养料,希望由此产生一种崭新的非洲文化。

加纳总统恩克鲁玛也表达过同样的思想。他认为非洲教育要培养一批谙熟西方文化而又不脱离非洲环境的知识分子,他们应该要求民族自决权,以决定本民族文化的发展和进步,他们必须把西方文明的精华与非洲文明的精华结合在一起。④ 居住在阿尔及利亚的马提尼克人弗兰兹·法农通过研究殖民主义给非洲人留下心理创伤,提出了文化民族主义的诉求,他的观点也成为后殖民主义研究的重要思想源泉。⑤ 南非的多位

---

① 桑戈尔的著述甚多,最著名的有 Léopold Sédar Senghor, *Negritude et humanisme*, Paris, 1964; Léopold Sédar Senghor, *Liberte II : nation et voie africaine du socialisme*, Paris, 1971. 桑戈尔在思想上也受到德国人种学家弗罗贝纽斯的影响,参见张宏明:《弗罗贝纽斯的非洲学观点及其对桑戈尔黑人精神学说的影响》,《西亚非洲》,2005 年第 5 期。

② N. Azikiwe, *A Selection from the Speeches of Nnamdi Azikiwe*, Cambridge University Press, 1961, p. 52.

③ 转引自华勒斯坦等著:《开放社会科学》(刘锋译),生活·读书·新知三联书店, 1997 年,第 60 页。

④ Immanuel Geiss, *The Pan-African Movement*, p. 373.

⑤ Frantz Fanon, *Les Damnes de la Terre*, Paris, 1961; F. Fanon, *Pour la Revolution Africaine*, Paris, 1964; F. Fanon, *A Dying Colonialism*, New York, 1965; F. Fanon, *Black Skins, White Masks*, New York, 1967.

著名黑人领袖（如曼德拉、坦博、索布克韦和比科等）都注意到重视黑人文化的重要性，祖鲁人哲学家安东·M.伦比德提出的非洲主义哲学鼓舞了整整一代黑人民族主义者。尊重本土价值观，重振非洲文化，树立民族自信，这些成为非洲国家独立后进行文化非殖民化的重要任务。

四、非洲文化领域非殖民化的实践

（一）教育领域的非殖民化

教育制度是非殖民化的一个重要领域。在诸多非洲国家，教育的本土化成为独立后的首要目标，加纳、塞内加尔等国家尤为突出。1948 年，加纳大学的前身"黄金海岸大学学院"（The University College of the Gold Coast)成立，这是殖民政府在二战后加强教育策略的反映。然而，殖民时期的教育后果之一在于，由于教育政策是为殖民统治培养管理人员，实用技术人员很少，因而上过学的失业者日益增多。① 加纳独立后，恩克鲁玛对大学教育非常重视。他在就任加纳大学校长的演说中指出：加纳人民对大学有很高的期望，希望学者要想民众之所想，急民众之所急，将大学的资源和自己的聪明才智运用到解决加纳和非洲的实际问题上。"这应该是我们中那些享有我们国家所能承受的最好教育特权的人的荣誉和责任，他们应该尽一切努力使我们这一代人比我们所发现的更好。我们不仅要感受到我们这个时代发生的伟大非洲革命的脉搏和强度，而且要为它的复兴、进步和发展做出贡献。"②一方面加强基础教育，另一方面加纳大学和新成立的恩克鲁玛科技大学也加强培养科技人才。③

① Philip J. Foster, *Education and Social Change in Ghana*, London, 1965, pp. 292-304. 还可参见阿里·A.马兹鲁伊主编、C.旺济助理主编：《非洲通史（第八卷）：1935 年以后的非洲》，第 116,469—470 页。

② Kwame Nkrumah, "The Role of a University", L. Gray Cowan, James O'Connell and David G. Scanlon, eds., *Education and Nation-building in Africa*, New York: F. A. Praeger, 1965, p. 316.

③ Philip J. Foster, *Education and Social Change in Ghana*, pp. 260-291.

塞内加尔总统桑戈尔十分重视教育与文化事业对国族建构的作用。1952年,桑戈尔为了确立非洲文化的自主性而着手组建达喀尔高等研究院,8年后改名为达喀尔大学,并确定这所大学的首要目标是非洲黑人既要将自己的根基牢牢扎在非洲大地上,又要与新时代的文明进步保持一致。他提出:要对非洲研究课程和经典课程一视同仁,要设立专门的非洲系和非洲课程。桑戈尔还多次领导了对达喀尔大学的调整,以便使学校的课程安排面向非洲,与非洲社会和教育的发展相适应,历史课程要使非洲人民了解自己大陆的悠久历史。[①] 为了发展教育和文化事业,政府每年度的预算支出中,文化教育方面的支出经常占据首位。同时,政府实施了"文化分散"政策,鼓励地方发展文教事业,政府在人力、物力和财力上给予大力支持。为了推动国族建构,发展非洲文化和艺术事业,先后创建了高等艺术师范学校、国立美术学校、音乐舞蹈戏剧学院和建筑城市规划学校等艺术院校,为国家培养了大批文化艺术人才。与此同时,政府还大力发展博物馆事业,注意收藏和保存有价值的文物和艺术品,积极发掘民族艺术宝库。这些政策对铸造民族文化、培养民族自豪感起到了重要作用。[②]

埃及、埃塞俄比亚、尼日利亚、坦桑尼亚、肯尼亚、博茨瓦纳、突尼斯、毛里求斯等大多数非洲国家都出现了振兴教育的举措。

(二) 民族性建筑物

绝大多数非洲国家在独立后修建了具有里程碑性质的大型建筑物,如索马里国家剧院(1967年11月竣工)、苏丹卡土穆友谊厅(1976年5月)、扎伊尔人民宫(1979年5月)、喀麦隆会议大厦(1981年10月)、刚果(布)会议大厦(1984年6月)、埃及开罗国际会议中心等。由中国援建、帮助建成或承建的体育场就有塞拉利昂体育场(1978年10月竣工)、坦桑尼亚桑给巴尔阿曼尼体育场(1970年代末)、索马里摩加迪沙体育场

---

① 陈公元、唐大盾、原牧主编:《非洲风云人物》,世界知识出版社,1989年,第201页。

② 唐大盾、徐济明、陈公元主编:《非洲社会主义新论》,教育科学出版社,1994年,第234—235页。

(1970 年代末)、贝宁友谊体育场(1982 年 6 月)、摩洛哥综合体育设施
(1983 年 6 月)、毛里塔尼亚奥林匹克体育中心(1980 年代初)、塞内加尔
友谊体育场(80 年代初)、肯尼亚莫伊国家体育中心(1987 年 4 月)、扎伊
尔体育场(1993 年 1 月)、利比里亚综合体育场、布基纳法索体育场、塞舌
尔国家游泳馆、卢旺达国家体育场、吉布提哈桑古莱德体育场、冈比亚国
家独立体育场、津巴布韦国家体育场等。

如果仅将这些举动看作是非洲领导人好大喜功的表现,那是十分肤
浅的。这种做法具有更深层的政治和文化意义:它既可作为国家领导人
的成就,也是非洲国家的独立标志,同时是新的民族象征物。更重要的
是,这是文化上的非殖民化的重要表现,也是非洲国族建构的具体行动。
当外国人赞美索马里国家剧院时,他们绝不会说:"瞧! 英属(或意属)索
马里的国家剧院多漂亮!"而会说:"索马里共和国的建筑多漂亮!"当索马
里人看到这一剧院时绝不会说"这是萨马勒人的建筑"或"这是萨卜人的
建筑",而只会说,"这是我们索马里人的建筑"。同样,当全国各族人民来
到塞拉利昂国家体育场参加比赛时,他们可能会想到要与其他民族比赛,
但更重要的是,他们亲眼看到自己国家的体育场,从而感到作为塞拉利昂
人的骄傲。这是国家民族心理与国族意识形成的过程,也是国族建构的
过程。

(三) 地理名称的民族化

殖民者自称"发现"了非洲,殖民统治者自称"治理"了非洲。在这种
"发现"和"治理"中,非洲地名的民族语称呼被抛弃,代之以殖民宗主国的
名称,如城市、街道、河流、湖泊、港口、瀑布等,均换上了非洲人陌生的殖
民名称。有的是以殖民宗主国的统治者(国王、女王、王朝)的名称命名
的,如津巴布韦的维多利亚瀑布(以英国女王命名)、萨达班代拉(以葡萄
牙总理命名)、伊丽莎白港(以英国女王命名)、波旁岛(以法国王朝命名)
等;有的是以殖民者或探险者的名字命名的,如纳米比亚的吕德里茨(以
德国的殖民商人命名)、安哥拉的席尔瓦波尔图镇(以葡萄牙殖民商人命
名)、刚果的斯坦利瀑布(以英国探险者命名)、赞比亚的小镇利文斯敦(以
英国探险者命名);还有的是以殖民总督或行政官的名字命名的,如罗得
西亚(以英国殖民主义者、开普殖民地总理命名)、木萨米迪什(以葡萄牙

驻安哥拉总督命名)等。①

这些非洲地名原来均有自己的名称,例如津巴布韦人将"维多利亚瀑布"称为"曼吉昂多尼亚",赞比亚人将其称为"莫西奥图尼亚",意思均为"声若雷鸣的雨雾"。用西方语言和殖民者命名的这些殖民统治的消极遗产就像留在非洲独立国家脸上的疤痕,一些非洲国家独立后相继对这些地名进行了更改。以安哥拉为例。从 1977 年起,安哥拉政府逐步废除葡萄牙殖民者留下的地名,用本民族语言和文字规范地名,以实现全国地名的"安哥拉化"。1977 年到 1980 年间,安哥拉更改了上百个葡萄牙殖民者留下的地名。② 这种改变殖民统治遗产的做法在其他国家也比较普遍,如乍得的拉密堡被改成了恩贾梅纳,阿尚堡改为萨赫尔。这既是进行文化非殖民化的一个重要内容,也是国族建构的具体措施。

(四) 民族文化运动

在一些国家,民族文化运动即"民族化运动",(也有的国家称为"文化革命运动")成为很多国家独立后的一项主要运动。当然,这种运动有极强的政治含义,但这种政治含义却是以文化形式表现出来的。在这一运动中,殖民主义统治的各种象征物被摧毁,代之以民族主义的各种象征。非洲各民族宝贵的文化艺术遗产被发扬光大,一直在非洲知识界中流行的西服和领带让位于被重新推崇的民族服装,一直在非洲人中间颇为引以为傲的西方姓名被非洲民族姓名所取代。一些国家组织各级宣传机构,建立新的音乐美术学校,利用民族歌舞和非洲美术进行民族感的培养。大学开设了研究本地文化的科目,一些国家开始修建国家博物院,以弘扬民族文化遗产。

非洲的民族服装是很有特色的。然而,长期的殖民统治使非洲人丧失了对自己民族服饰的自豪感。独立后的非洲领袖在这方面的表率

---

① 孙恒忠:《非洲地名的殖民起源》,《贵阳师院学报》,1980 年第 3 期;田伯平:《殖民侵略者与非洲地名》,《地名丛刊》,1987 年第 5 期;周定国:《纳米比亚地名的语言类型》,《地名知识》,1990 年第 2 期。

② 沈世顺:《安哥拉主要地名的起源与更改》,《西亚非洲》,1983 年第 5 期;周定国:《安哥拉地名的更改》,《地名知识》,1985 年第 4 期。

作用相当重要。有的领导人认识到,非洲民族服装也可以成为民族文化一体化的工具。为了推动坦桑尼亚的国族建构进程,总统尼雷尔在衣着上煞费苦心。他喜欢经常戴一种桑给巴尔地区居民称为"科菲阿"的阿拉伯便帽。1966 年他在塔波拉视察时戴着这种便帽,并自豪地称之为"坦桑尼亚便帽"。当时,坦噶尼喀和桑给巴尔合并才两年,坦桑尼亚的国族整体意识并不强。很明显,尼雷尔戴桑给巴尔便帽既是为了对桑给巴尔的文化传统表示尊重,也是为了传达一个信息:作为一个整体的坦桑尼亚民族将吸收各个地方民族文化的优秀成分。几乎所有在西方受过教育的非洲知识分子都喜欢西装革领,他们一方面以穿西服为荣,一方面也以此作为地位的象征。尼雷尔则与众不同,他喜欢穿一件无领的外套式衬衫,配上一条用自挺衣料裁剪的裤子。这是种制服穿着既方便又凉爽,很适合坦桑尼亚的气候条件。由于尼雷尔的亲自推广,达累斯萨拉姆有地位的人都学着自己总统的样子穿起了这种被称为"坦桑尼亚服装"的制服。①

　　在推进本民族文化方面比较突出的是在刚果民主共和国(曾称为"扎伊尔")推行的"真实性运动"(Authenticité)。这一运动于 20 世纪 60 年代后期至 70 年代前期由蒙博托总统发起,主要盛行于 1971 年到 1972 年,旨在消除殖民主义的残留,抑制西方文化的影响,确立自身民族文化的地位。蒙博托在 1972 年 3 月欢迎罗马尼亚总统的宴会上曾对"真实性"运动做了说明:"我们采取真实性政策,绝不是闭关自守的民族主义,并不仇视外国有价值的东西,而是经常研究我们自己的特点,以扎伊尔的方式探讨目前的问题。"②"真实性运动"主要表现在以下五个方面。第一,将所有用外国名字命名的人名和地名改为扎伊尔名称。蒙博托率先将自己的天主教名字"约瑟夫·德西雷"改为"蒙博托·塞塞·塞科·恩关杜·瓦·扎·邦加",意为"扎伊尔河边一位不可战胜的勇士"。第二,拆除殖民主义者留下的建筑物,包括铜像和纪念碑,代之以民族主义者的铜像和纪念碑。第三,打击基督教教会势力,将教会学校的领导权收归政

---

　　①　威廉·埃杰特·史密斯著:《尼雷尔》(上海国际问题资料编辑组译),上海人民出版社,1975 年,第 4—6 页。

　　②　马武业:《蒙博托评述》,中国社会科学院西亚非洲研究所(无出版年代),第 22 页。

府;大力扶持民族宗教金班古教。第四,禁止西方黄色文艺,提倡民族文艺,收集整理民族文化遗产。第五,禁止西方服装,提倡民族服装"阿巴科斯",并佩戴蒙博托像章。此外,在正式场合的祝酒中不说"干杯",而是洒几滴酒在地上,祭奠祖先在天之灵,以乞求祖先的保佑。[1] 然而,在这一运动中,政府的一些做法导致了民众的不满。一是逐渐将"真实性"运动演变为"蒙博托主义",使扎伊尔的意识形态近乎教条和专制。二是将基督教名字作为外国名字加以禁止,同时强行要求天主教神学院的学生参加人民革命运动党青年团的活动,这种过激行为适得其反。这使得国家与或许是非洲大陆上数量最多的天主教会产生了冲突。天主教会成为反对蒙博托政权的重要力量。[2]

这种探讨非洲民族的自身文化价值的做法在非洲产生了较大的影响。几内亚总统塞古·杜尔称"真实性"是"非洲人民的一个重要原则";乍得总统托姆巴巴耶在乍得开展"文化革命运动",并在服饰上效法蒙博托总统;多哥总统埃亚德马也以扎伊尔为样板,在自己国家开展名为"回归真实性"的文化革命运动。此外,布隆迪的总统米歇尔·米孔贝罗和上沃尔特(今布基纳法索)的总统阿布巴卡尔·桑古尔·拉米扎纳等人也采取了类似蒙博托"真实性"的制度。

客观地说,这一运动具有强化个人权力的实用主义因素,为蒙博托加强自身的统治地位创造了条件;同时由于对西方文化的否定,这一运动进一步刺激了扎伊尔的排外情绪。然而,这一运动的积极作用是应该给予充分肯定的。第一,蒙博托总统在真实性学说的指导下,树立了扎伊尔人的国民意识,增强了扎伊尔的民族自信心和民族自豪感。第二,这一思想在非洲产生了较为深远的影响,扎伊尔在世界政治舞台上的地位因之大大提高。第三,这种对非洲文化价值观的重新探讨为非洲的文化非殖民化指出了一条道路。可以说,"真实性运动"在发掘民族文化遗产、整合国民意识、推进国族建构方面的作用是不可否认的。

---

① 关于"真实性运动",参见马武业:《蒙博托评述》;陈公元、唐大盾、原牧主编:《非洲风云人物》,世界知识出版社,1989 年,第 311—313 页;张宏明:《多维视野中的非洲政治发展》,第 116—154 页。

② [刚果]乔治·恩荣格拉·恩塔拉耶:《刚果史:从利奥波德到卡比拉》(沈晓雷译),民主与建设出版社,2015 年,第 226—227 页。

（五）文化非殖民化的挑战：以语言为例

对非洲国家而言，独立国家已建立，政治目标已达到，但并未完全实现其理想。独立后的非洲国家面临着更为艰巨的任务。在文化和心理领域进行非殖民化，提倡精神独立和文化复兴，这将是一个艰巨而长期的任务。尼日利亚著名历史学家阿贾伊指出，殖民主义只不过是非洲历史上的一个插曲。[1] 尽管这一观点是为了强调非洲历史的延续性，但却明显低估了殖民统治的影响。[2] 殖民主义对非洲的影响是深远的，最重要的莫过于文化和心理上的影响。在殖民统治时期，欧洲人的"种族主义"和"欧洲文化至上论"对非洲历史与文化的影响呈现出多重性。

语言的两个基本功能是文化载体和交流工具。在独立后的非洲，用英语作为官方语言的有 22 个国家，用法语的有 21 个国家，用葡萄牙语的有 5 个国家，用西班牙语的有 1 个国家。英语、法语、葡萄牙语和西班牙既是欧洲国家强加给非洲人民的殖民语言，也是非洲人民在反殖民族独立运动中使用的政治语言，还是这些国家独立后进行社会交流的文化语言。因此，非洲语言并不仅仅是一个文化现象，同时也是一个政治现象和社会现象。

在殖民主义时期，宗主国的语言成了传播西方价值观的工具。英属东非的殖民官员曾在 30—40 年代提出过将东非海岸地区普遍使用的斯瓦希里语发展成通用语，但遭到了英国殖民部的反对。其理由是官方语言的作用不在眼前，而在于输入殖民宗主国的文化，英语在"树立持久的价值观念"以实现文化渗透上所起的作用是非洲本地语言所难以比拟的。[3] 1977 年，肯尼亚的著名作家恩古吉·瓦·提昂哥在发表他的《血

---

① J. F. A. Ajayi, "The continuity of African institutions under colonialism," in T. O. Ranger, ed., *Emerging Themes of African History*, Nairobi, 1968, pp. 189 - 200; Ajayi, "Colonialism: an episode in African history," in L. H. Gann and P. Duignan, eds., *Colonialism in Africa*, Vol. 1, *The History and Politics of Colonialism*, 1870—1914, Cambridge University Press, 1969, pp. 497 - 509.

② 阿贾伊在 1993 年的美国非洲学会年会上对这一观点作了修正。J. F. A. Ajayi, "On being an Africanist," *ASA News*, 27:1(1994), pp. 27 - 28.

③ A. 阿杜·博亨主编：《非洲通史（第七卷）：殖民统治下的非洲》，中国对外翻译出版公司，1991 年，第 649 页。

之花瓣》时郑重声明:他以后写的长短篇小说不再用英语发表,而只用基库尤语发表。1986 年,在题为《精神的非殖民化》的讲演中,他再次宣布:他的任何作品不再用英语而只用基库尤语和斯瓦希里语出版。[①] 尼日利亚学者旺达·阿比姆博拉在强调非洲思想的非殖民化时强调:"如果非洲要知道自己的心灵,开辟自己的道路,这只有通过促进本地口述文学和使用本地语言的著述才能达到。一个民族如果没有自己的文学,则难以宣称有自己独立的个性。"[②]很明显,语言的非殖民化也提上了议事日程。

独立后的非洲国家有些宣布原宗主国的语言为国语,有的是用本地语言(主要有使用斯瓦希里语的东非国家、使用阿拉伯语的北非国家和使用各民族语言的新南非)作为国语。以非洲语言为国语的情况在撒哈拉以南非洲并不多见,这种政策成为团结各族人民的纽带。确定一种(或两种)语言作为国语的做法无疑对民族的一体化有着积极的作用。在有的国家,政府极其重视国语的作用,专门成立政府机构负责国语的研究、发展和推广。坦桑尼亚是较好的例证。

坦桑尼亚语言繁多,存在着 150 种语言(分属尼罗特语、库希特语和科伊桑语)。除外来的英语(还有德语)、阿拉伯语和南亚语言外,主要人口(占总人口的 90%)说斯瓦希里语。[③] 坦噶尼喀于 1961 年独立后,在第二年即宣布斯瓦希里语为国语。1964 年与坦噶尼喀合并的桑给巴尔的母语也是斯瓦希里语。坦桑尼亚政府采取了一系列政策以使斯瓦希里语成为民族一体化的工具。文化部文化艺术司下属的"国语处"在各级政府均有相应机构。在教育文化部下设有"国家斯瓦希里语委员会"(简称BAKITA),负责斯瓦希里语的推广、发展和完善;该委员会还负责协调全国的斯瓦希里语科研机构,出版各种刊物,主办各种有关斯瓦希里语的会议。毫无疑问,斯瓦希里语成为国内各民族进行文化交流与融合的便利工具,同时也有利于促进坦桑尼亚国民意识的形成,对消除地方民族主

---

① Ngugiwa Thiong'o, *Decolonising the Mind: The Politics of Language in African Literature*, James Currey, 1986, xiv.

② UNESCO, *Tradition and Development in African Today*, Paris, 1990, pp. 15-22.

③ 阿里·A. 马兹鲁伊主编、C. 旺济助理主编:《非洲通史(第八卷):1935 年以后的非洲》,第 390 页。另一种说法是坦桑尼亚存在 120 多种语言。Rodger Yeager, *Tanzania: An African Example*, Westview Press, 1989, p. 35.

义、推动坦桑尼亚国族建构起到了极重要的作用。斯瓦希里语成为国内各民族进行文化交流与融合的便利工具。①

值得注意的是,非洲各个国家的语言呈多样性。根据联合国教科文组织 20 世纪 80 年代对 46 个非洲独立国家的语言进行的统计,极少国家的语言种数只有 1 种,有的国家使用的语言多达 394 种(尼日利亚)。喀麦隆当时人口只有 800 万,但语言达 237 种。乍得人口为 550 万,语言多达 250 种。② 从国家整合的角度看,单一语言为国语在一定程度上有利于国家民族的一体化。换言之,使用地方语言会阻碍国家民族的统一。然而,强制性地在学校和其他部门(如司法部门)实行国语的政策会带来一些意想不到的消极后果。联合国教科文组织早在 1953 年的报告中就针对那种要求一个民族无条件地使用非本民族语言的做法提出过警告:这种做法有可能导致“地方集团将不参与民族生活”。③ 这只是消极后果之一,更为严重的后果则是地方民族集团拒绝认同国家民族,从而为地方民族主义的发展提供了条件,前面提到的埃塞俄比亚的语言政策即是一例。

在一些用英语或法语作为国语而某一本土语言又相对发达的国家,具有优势的本土语言有可能取代英语或法语而成为国语。例如,加纳存在着 46 种语言,但国语却是英语,这与加纳一些语言(如阿肯语)的使用情况相矛盾。为了解决这一问题,加纳教育中实行了有区别的语言教育政策。在民族成分较为复杂的地区,从一年级开始英语作为教学工具,而在民族成分相对单纯的地区,开始的三个年级以当地语言作为教学工具。从一次调查的结果看,会讲阿肯语的人多于会讲英语的人,选择阿肯语作为未来国语的人大大多于选择英语的人。④

在塞内加尔,虽然独立后的教学语言一直是法语,但迪乌夫执政后,

---

① 葛公尚:《初析坦桑尼亚的民族过程一体化政策》,《民族研究》,1991 年第 2 期。

② 阿里·A. 马兹鲁伊主编、C. 旺济助理主编:《非洲通史(第八卷):1935 年以后的非洲》,第 387—398 页。

③ K. B. 巴赫尼扬:《发展中国家少数民族语言的地位》,《民族译丛》,1992 年第 1 期,第 12 页。

④ 马兹鲁伊主编、C. 旺济助理主编:《非洲通史(第八卷):1935 年以后的非洲》,第 391 页。另一种说法是加纳存在 47 种到 62 种语言。[苏]舍维亚科夫:《论加纳的语言政策》,《民族译丛》,1988 年第 6 期,第 31—33 页。

开始在小学采用本国通用的民族语言授课。当然,用非洲本土语言取代原宗主国语言并非一件易事,特别是在民族成分复杂的国家。由于各个文化民族并存这一客观事实,全国通用一种语言往往意味着忽视说其他语言的民族,这很可能引起其他民族的不满。因此,国家政策对于政局的稳定至关重要。在实施新的语言政策前,必须清楚用非洲语言取代英语(或法语)的优势及将产生的社会后果。莫桑比克作家科托(Mia Couto)注意到葡萄牙语使用在自己国家独立后的变化。"莫桑比克是一个广袤的国度,既广且新。这里有 25 种不同的语言。自 1975 年独立伊始,葡语便成了官方语言。30 年前,只有极少数的人可以说葡语,而讽刺的是,这门语言借自殖民者,却最终否定了殖民历史。30 年前,几乎没有莫桑比克人的母语是葡萄牙语。现在,12%的莫桑比克人将葡语作为第一语言。相当多的人能听懂或会说葡语,只是在葡语的规范之中深深打下了非洲文化之根的烙印。"①

在非洲,宗教的作用不可忽略。诚如恩克鲁玛所言,"宗教是一切非洲文化的基础"。本土宗教具有持续的生命力,伊斯兰教从其创立起即在北非、东非、中非、西非和南部非洲地区传播,基督教传教士从奴隶贸易时期就开始向非洲大陆渗透。如前所述,宗教的感召力和凝聚力极大,在反对殖民统治的斗争中曾起过十分重要的作用。独立以来,由于宗教信仰而引发的民族矛盾导致不少国家政局动荡。尼日利亚之所以经常爆发较为激烈的冲突,一个重要的因素是宗教信仰的不同。② 同样,在苏丹和埃塞俄比亚,宗教因素也明显影响着民族一体化过程。反之,在有的国家,宗教则起着相对正面的作用。③

在赤道几内亚,绝大多数居民在语言和文化方面比较接近,又都信仰天主教,其国族建构的过程明显较快。俄国学者普奇科夫认为,北非地区的宗教因素显然影响同化速度。摩洛哥的柏柏尔人占全国人口的比例逐

---

① 米亚·科托:《我们不知道我们会说这些语言》,米亚·科托:《梦游之地》(闵雪飞译),北京:中信出版集团,2018 年,第 250—251 页。

② 李文刚:《尼日利亚宗教问题对国家民族建构的不利影响》,《西亚非洲》,2007 年第 11 期,第 31—36 页。

③ 田逸民、杨荣甲:《伊斯兰教在塞内加尔的影响》,《西亚非洲》,1983 年第 5 期,第47—50 页。

渐减少。他排除了语言的作用,十分有把握地认为"柏柏尔人之所以能够较快地被阿拉伯人同化,基本原因之一就是宗教信仰的同一性"。①

五、"非殖民化"概念的重新定位

(一) 非殖民化:如何界定?

"非殖民化"一词含义中性,内涵丰富,涵盖面广。作为一种过程,它既包括殖民地人民的独立斗争,也包括殖民宗主国的活动。在表达上,既可以说"英国的非殖民化"或"法国的非殖民化"也可以说"亚非国家的非殖民化"或"第三世界的非殖民化"。弗兰克·菲雷迪明确指出:"非殖民化不能作为单纯的帝国政策或反殖斗争的结果来理解。基本的逻辑表明关系中的每一种因素在戏剧中都扮演一种重要的角色。"②尼日利亚著名历史学家阿贾伊主编的《西非史》在第2卷中专门用两章对英属西非和法属西非的非殖民化过程进行了叙述,内容既包括非洲人的独立斗争,也包括殖民宗主国政策的变动。③ 有的学者干脆用"非殖民化"作为著作中一个章节的标题,而具体内容既包括殖民地的民族主义运动,也包括殖民宗主国的政策调整。④

为了让世界了解非洲的真正历史,联合国教科文组织花了近30年的时间,召集了国际上著名的非洲学家编写了八卷本《非洲通史》。在"序言"中,联合国教科文组织总干事阿马杜-马赫塔尔·姆博指出:非殖民化和建设国家的进程"大大激发了当代人民的聪明才智和激情"。⑤

① 普奇科夫:"宗教在民族过程中的结合与分解作用",《民族译丛》,1993年第3期,第17页。

② Frank Furedi, *Colonial Wars and the Politics of Third World Nationalism*, London and New York: I. B. Tauris, 1994, p. 7.

③ J. F. A. Ajayi and M. Crowder, eds., *History of West Africa*, Columbia University Press, 1970, Longman, 1987, pp. 693-735, 736-773. 前加纳总统恩克鲁玛在《良知主义》中也将"非殖民化"包括在副标题中:Kwame Nkrumah, *Conscienism, Philosophy and Ideology for Decolonization and Development with Particular Reference to the African Revolution*。

④ T. Ranger and O. Vaughan, eds., *Legitimacy and the State in Twentieth Century Africa*, London: Macmillan, 1993, pp. 135-161.

⑤ 基-泽博主编:《非洲通史(第一卷):编史方法及非洲史前史》,"序言",中国对外翻译出版公司/联合国教科文组织,1984年,第11页。

《非洲通史》第八卷的主编、肯尼亚著名学者马兹鲁伊在"导言"中给"非殖民化"下的定义如下："我们将'非殖民化'界定为殖民统治结束、殖民机构解体和殖民地的价值观与特性被摒弃的过程。从理论上讲,非殖民化行动既可以由帝国主义国家,也可以由殖民地人民采取主动。事实上,非殖民化通常在被压迫者的斗争压力下得以完成。"①尼日利亚学者阿德巴约·阿德德吉的理解如下："我们将'非殖民化'界定为废除多种殖民制度并把外国的控制和权限缩小到最小程度。非殖民化不是帝国主义大国的恩赐。非殖民化需要被压迫人民采取主动行动。"②其他学者也作了类似阐述,认为"非殖民化的主要后果之一,无疑是非洲以外对非洲研究的大幅扩展","完成非洲政治非殖民化的运动最终削弱了北大西洋公约组织维护经济合作与发展组织霸权地位的作用"。有的学者指出中国对非洲非殖民化过程的支持,认为坦赞铁路是"中国对非洲非殖民化的第一个重大贡献",非洲政治家"赞扬中国在非洲整个非殖民化过程中所起的作用"。③

　　一些世界著名学者在世界史著述中使用"非殖民化"一词时也注意到它的中性意思。深深认识到世界历史撰述中存在着"欧洲中心论"的知名学者巴勒克拉夫和斯塔夫里亚诺斯即在自己的著作中使用了这种中性表达。保罗·肯尼迪认为,"非殖民化问题"和"要求结束'不发达状况'的呼声"在50年代和60年代占了主导地位。沃勒斯坦认为第二次世界大战以后的世界秩序有四根支柱,其中一根支柱是"第三世界的非殖民化"。④

　　① 阿里·A.马兹鲁伊主编、C.旺济助理主编:《非洲通史(第八卷):1935年以后的非洲》,第6页,注释1。

　　② 阿里·A.马兹鲁伊主编、C.旺济助理主编:《非洲通史(第八卷):1935年以后的非洲》,第286页,注释1。

　　③ 阿里·A.马兹鲁伊主编、C.旺济助理主编:《非洲通史(第八卷):1935年以后的非洲》,第399、561、583、585页。

　　④ 杰弗里·巴勒克拉夫:《当代史导论》(张广勇、张宇宏译),上海社会科学院出版社,1996年,第174页;[美]斯塔夫里亚诺斯:《全球分裂:第三世界的历史进程》(迟越、王红生译),商务印书馆,1995年,第672页;[美]保罗·肯尼迪:《大国的兴衰》(陈景彪等译),世界知识出版社,1990年,第441页;沃勒斯坦:《冷战后的世界体系》,《国外社会科学》,1993年第8期,第1页;还可参见沃勒斯坦:《进退两难的社会科学》,《读书》,1998年第2期,第100页。

（二）非殖民化的深层含义

我认为，"非殖民化"具有两层意义。从狭义上说，它指殖民统治终结、殖民机构解散这一历史过程。这是政治层面上的意义。在这一过程中，殖民宗主国和殖民地国家的政治关系得以改变。非殖民化的结果及其主要标志是原殖民地国家政治地位的改变：从外国统治下解放出来成为独立国家。虽然"非殖民化"本身没有绝对的褒义或贬义，但在这一过程中却存在着主动者和被动者。在这层意义上，"非殖民化"和"殖民体系崩溃"相近。

然而，非殖民化还有更深的含义。从广义上说，它指全方位地摆脱殖民主义的遗产。这主要是指前殖民地和半殖民地国家及其人民在取得政治独立以后必须在经济、历史和文化心理上摆脱殖民统治的消极影响，从而获得真正意义上的独立。政治上的独立并没有带来经济上的解放。一些殖民宗主国利用殖民地的资源渡过了战后的经济危机后，才在殖民地民族主义和世界民主势力的压力下开始考虑非殖民化问题。英国在这方面表现得特别明显。[①] 独立后，在殖民统治下形成的依附关系阻碍着新独立国家的经济发展。这种殖民遗产在经济上表现在各个方面。从狭义上看，殖民地的单一经济以及随此形成的出口原料生产区和生活必需品生产区的不合理划分；经济结构及基础设施的不合理配置等。从广义上看，国际市场为少数大国所垄断；原料价格不合理，附带极苛刻的条件甚至政治条件的经济援助等。经济的非殖民化需要一个相当长的时期，这实际上是一个重组世界经济秩序的过程。一些持依附论的学者认为应该通过激烈的方式达到这一目的。[②] 对这一问题我国学术界已有讨论。有些外国学者提出要对一些经济和社会发展概念进行"非殖民化"，需要重

---

① A. E. Hinds, "Sterling and Imperial Policy, 1945—1951", *The Journal of Imperial and Commonwealth History*, 15:2(1987), pp. 148-169; A. E. Hinds, "Imperial Policy and Colonial Sterling Balances 1943—56", *The Journal of Imperial and Commonwealth History*, 19:1(1991), pp. 24-44.

② 萨米尔·阿明:《不平等的发展》(高铦译)，商务印书馆 1990 年版，第 271—285 页；[巴西]特奥托尼奥·多斯桑托斯:《帝国主义与依附》(杨衍永译)，社会科学文献出版社，1992 年。可参见李安山:《依附理论与历史研究》，《历史研究》，1992 年第 6 期，第 139—152 页。

新认识"发展"和"对话"等基本概念。①

(三) 非洲历史的非殖民化

历史的非殖民化可谓任重道远。这表现在以下几个方面。首先,基本概念的纠正。这包括系统地纠正对人类文明史的一些有意无意的曲解。如对"非洲有没有历史"的看似无知而幼稚的疑问,认为"印度从来就没有历史"的观点,对东方社会几近无知的偏见,对印第安人古代文明的忽略。印度学者克罗德·阿尔瓦雷斯在其书名为《历史非殖民化》的著作中对从 15 世纪以来的印度、中国和欧洲的技术和文化进行了比较研究,批驳了"欧洲中心论"的世界史观。② 其次,主题的突破。这应该表现在研究对象和题材上。非洲和印度的历史不应写成"探险者史"或"殖民统治史",而应成为真正的"非洲人民史""印度人民史"。这并非耸人听闻。例如,1993 年一位英国人写的加纳史著作中就表现出一种强烈的欧洲中心论。③ 再次,观点和方法的突破。在历史的非殖民化这一点上,印度学者已走在前面。印度史学家一反剑桥学派重政治史和精英史的史学传统,对农民、妇女等长期受到忽略的社会集团进行研究,从而被国际学术界称为"庶民学派"(subaltern school)。④ 依附理论则是拉美学者力图突破欧洲学术传统的一种尝试。

著名的历史学家、特立尼达和多巴哥前总理艾里克·威廉斯一直十分重视历史的非殖民化。他的博士论文曾希望在英国出版却遭到拒绝,理由是与英国主流观点不符,最后以《资本主义与奴隶制》为标题在美国出版,这是世界历史非殖民化的开创性著作。⑤ 1971 年,芝加哥大学出

① F. Apffel-Marglin and S. A. Marglin, *Decolonizing Knowledge*: *From Development to Dialogue*, Oxford University Press, 1996;吉尔伯·李斯特:《发展的迷思:一个西方信仰的历史》(陆象淦译),社会科学文献出版社,2011 年。

② Claude A. Alvares, *Decolonizing History*: *Technology and Culture in India*, *China and the West*, *1492 to the Present Day*, Other India: Apex, 1991.

③ John Carmichael, *African Eldorado*: *Gold Coast to Ghana*, London: Duckworth, 1993; Li Anshan's book review, *The Journal of Modern African Studies*, 32:3(1994), pp. 539-541.

④ Ranajit Guha, ed., *A Subaltern Studies Reader*, *1986—1995*, Minneapolis, 1997.

⑤ 李安山:《资本主义与奴隶制度——50 年西方史学论争述评》,《世界历史》,1996 年第 3 期,第 76—84 页。

版了他的自传《内心的渴望：一个总理的教育》。在这部著作中，他郑重地提出了"学术非殖民化"的问题。同时，他将尼赫鲁的《世界史一瞥》称为"学术非殖民化文献中的一部杰作"，认为这部著作有两个目的：第一，说明亚洲文化和历史在世界上的地位；第二，要把印度的历史摆在恰当的地位。①

近年来，西方一些世界史（或全球史）学者已经注意到西方之外的历史必须引起重视。麦克尼尔尝试着从全人类的角度写出一本真正意义上的"世界历史"——《西方的兴起：人类社会的历史》；斯塔夫里亚诺斯的《全球通史》和《全球分裂：第三世界的历史进程》均被译成中文；巴勒克拉夫的《当代史学主要趋势》更是从方法论的角度论述了对世界历史进行非殖民化的重要意义。虽然他们没有直接使用"历史的非殖民化"这一概念，但其意思却十分明确：殖民主义历史学的时代已经过去，把殖民主义的史学颠倒过来。②

六、小　结

非殖民化是一个摒弃殖民主义价值观的过程，也是一个历史文化的非殖民化过程。这一过程较政治经济的非殖民化更为艰难，它不仅需要前殖民地国家人民的努力，也需要前殖民宗主国有良知的学者有意识的配合。客观地说，从近代以来，西方国家一直占据着世界舞台的中心。然而，在文明社会的发展长河中，这一段时间只能算作人类历史的一个插曲。"欧洲中心论"正是近代以来西方列强取得政治和经济支配地位过程中形成的价值观，尽管我们不能简单地将"欧洲中心论"等同于"殖民主义价值观"，但"欧洲中心论"既是殖民主义的因，也是殖民主义的果，这种观点对殖民地人民的历史、文化和心理的影响是再强调也不为过的。

---

① 艾里克·威廉斯：《内心的渴望：一个总理的教育》（杭州大学外语系英语组译），上海人民出版社，1976年，第422、426页。

② 杰弗里·巴勒克拉夫：《当代史学主要趋势》（杨豫译），上海译文出版社，1987年，第208、226—227页。

荷兰历史学家威斯林曾指出:"非殖民化已经结束。它肯定属于过去。然而它却拒绝成为历史。"历史、文化和心理的非殖民化却还有一段艰难的路程。

第十五章　现代非洲史学:什么历史?

> 很多关于非洲的书是由欧美作者写的,在这些
> 书中,关于非洲的真实写照被有意无意地歪曲了。
>
> 西索尔(津巴布韦学者)

> 我们没有打算要写殖民地统治机构。因为我
> 们主要关心的是非洲人自己。非洲人在社会变革
> 中的反应和首创精神,是本书的主题。因为这是
> 非洲历史中过去受到忽视的一个方面。
>
> I. N. 基曼博、A. J. 特穆(坦桑尼亚历史学家)

"可能在将来会有非洲历史可以讲授,但目前还没有,只有在非洲的
欧洲人的历史。其余是一团漆黑,……而黑暗不是历史的题材。"[1]这是
英国历史学家特雷沃尔-罗珀 1963 年的断言。当时,尽管非洲国家独立
的浪潮汹涌澎湃,但这位牛津大学现代史钦定教授仍然信口开河,这不能
不说是一种成见,抑或根深蒂固的偏见。著名的尼日利亚作家阿契贝在
一篇批驳康拉德的小说《黑暗的心》的论文里表示:这种欧洲人对非洲人
的偏见"也许是一种本能的反应,而不是蓄意的"。[2] "本能的反应",这样

---

[1] Hugh Trevor-Roper, "The Rise of Christian Europe", *The Listener*, 70:1809(28 November, 1963), p. 871.

[2] 齐努瓦·阿切贝:《非洲的一种形象:论康拉德〈黑暗的心灵〉中的种族主义》,[英] 巴特·穆尔-吉尔伯特等编撰:《后殖民批评》(杨乃乔等译),北京大学出版社,2001年,第 192 页。阿切贝,一译"阿契贝"。

的评论非常中肯。面对这种对非洲历史文化的漠视,非洲人作何反应?加纳第一任总统恩克鲁玛指出:"在新的非洲复兴中,我们十分强调对历史的展示",这是因为"历史可以指导和支配非洲的行动"。[1]

正本清源,重新认识被种族主义和殖民主义所否认、篡改和强加的历史绝不是一件轻而易举的事。在欧洲人眼里,甚至在比较严肃的欧洲史学家笔下,非洲大陆从来就是"黑暗的大陆",是一个没有历史的地方。"什么是历史?""非洲有没有历史?"面对这些其意义已超越学术研究范围的理论问题,非洲史学家不能保持沉默。在对非洲文化进行非殖民化的过程中,历史的非殖民化十分重要。本章主要探讨这一主题。

一、现代非洲历史学派形成之因

(一) 重构非洲历史的必要性

古埃及的灿烂文明彪炳于世界历史是不争的事实。然而,努比亚国王卡希塔(Kashta,约公元前 760—前 747 年在位)被称为"埃及法老",在埃及发现了不少有关他的纪念碑,有的上面明确刻有"上下埃及之王"("King of Upper and Lower Egypt")。据记载,约公元前 750—前 666 年来自库施的苏丹人征服了埃及,并建立过第二十五王朝。[2] 尼日利亚诺克文化(公元前 1000—300 年)的赤陶艺术和贝宁铜雕艺术对欧洲艺术史产生巨大影响;非洲石雕的久远历史未能引起学术界的充分注意。[3] 阿克苏姆(埃塞俄比亚)国王埃扎纳(Ezana)在 4 世纪宣布皈依基督教,埃塞

---

[1] Kwame Nkrumah, *Consciencism: Philosophy and Ideology for Decolonization*, London: Panaf, 1970, p. 63.

[2] Edna R. Russmann, "Egypt and the Kushites: Dynasty XXV", in Edwin M. Yamauchi, *Africa and Africans in Antiquity*, Michigan State University Press, 2001, pp. 116-126.

[3] J. J. Sweeney, *African Negro Art*, New York: Museum of Modern Art, 1935; Sir Michael Ernest Sadler, *Arts of West Africa*, London: Oxford University Press, 1936; Leo Frobenius, *Histoire de la Civilisation Africaine*, translated from German by D. H. Back and D. Ermont, Paris: Gallimard, 1936; Phillips Stevens, Jr., *The Stone Images of Esie*, *Nigeria*, Ibadan University Press and The Nigerian Federal Department of Antiquities, 1978.

俄比亚成为世界上最早承认基督教的国家。① 大津巴布韦遗址是一个占地约 40 公顷的复合体,包括防御工事、王宫、椎形塔和排水系统,其中最古老的部分建于 8 世纪以前。② 欧洲人无法解释,将其归之于外来影响。考古学家科纳通过研究考古遗址的资料后认为,将大津巴布韦归于外来影响则是欧洲殖民统治否认非洲文化的最典型例证。③ 中世纪西非诸帝国(加纳、马里、桑海)留下了历史印记。④ 刚果河流域的人们早就掌握了炼铁和纺织技术。1483 年前后,刚果王国已统辖着 6 个省份,约 200 万人。法国非洲史学家科纳万(Robert Cornevin)指出:"在葡萄牙人来到时,刚果王国的中央集权制似乎实行得很好。各省总督由国王任免,每年在国都举行一次盛大仪式,国王接受这些总督所征收来的贡物,或为用棕榈叶纤维织得很精致的纺织品,或为象牙,或为奴隶。"⑤

然而,有的人对非洲历史或是视而不见,或是抱有偏见。西方学者的这种偏见表现在三个方面:非洲历史"空白论"、非洲文明"外来论"和殖民统治有贡献的观点。黑格尔对非洲历史的无知在非洲研究学界已广为人知。⑥ 当 19 世纪的西方学术界确立了所谓文明的标准后,文字史料成为历史研究的重要条件。据此,英国历史学家牛顿在 1923 年认为,"非洲在欧洲人进入之前没有历史,因为历史是伴随着人类对书写技能的掌握而

---

① Frank Ching, Mark M. Jarzombek, Vikram Prakash, *A Global History of Architecture*, John Wiley & Sons, 2007, p. 213; Brendan Pringle, "Ethiopia the First Christian Nation?", 04/03/2013. https://www. ethiogrio. com/news/ 3640-ethiopia-the-first-christian-nation. html. 有人认为亚美尼亚是第一个基督教国家。

② P. J. J. Sinclair, I. Pikirayi, G. Pwiti and R. Soper, "Urban Trajectories on the Zimbabwean Plateau", in Thurstan Shaw, Paul Sinclair, Bassey Andah and Alex Okpodo, eds., *The Archaeology of Africa: Food, Metals and Towns*, London and New York: Routledge, 1993, pp. 705-724.

③ Graham Connah, *African Civilizations-Precolonial cities and states in tropical Africa: an archaeological perspective*, pp. 183-213.

④ [美]戴维·C.康拉德:《中世纪西非诸帝国》(李安山译),商务印书馆,2015 年;肯·沃尔夫:《大历史视野》(包慧怡、李韵译),上海社会科学院出版社,2016 年,第 115—122 页。

⑤ 罗贝尔·科纳万:《刚果(金)历史》(上册)(史陵山译),商务印书馆,1974 年,第 62 页。

⑥ 黑格尔:《历史哲学》(王造时译),生活·读书·新知三联书店,1956 年,第 135—144 页。

产生的。"①这一观点对非洲研究影响颇大。"非洲没有书面语言,因而也不存在历史。"②这是英帝国时期著名的非洲学者伯厄姆 1951 年的观点。她从牛津大学毕业后,长期关注英帝国的殖民政策,卷入有关非洲的政策咨询,所写的有关非洲的著作等身,特别是有关英国驻尼日利亚殖民总督卢加德的传记,在英国影响很大。③ 尽管她意识到非洲独立已成趋势,但对非洲历史的认识却带有偏见。史学大家汤因比在 1966 年仍坚持:由于地理环境的制约,非洲是文明渗透最晚的一个大陆,比其他地方晚了五千年。他认为,撒哈拉沙漠与沙漠平行的高原、沼泽和森林是使"黑暗的大陆"与世界文明隔绝的原因;虽然这两条障碍地带可以通过东面的印度洋和西面的大西洋来克服,但是从入海口进入非洲内陆又甚艰难。他认为这也是西方人推迟了三百年进入非洲内陆,和非洲人未能在欧洲人到来以前获得(acquiring)文明的原因。④ 这种将文化传播视为文明产生之唯一方式的解释缺乏说服力,也是对非洲古老文明的漠视,可以说是"空白论"的翻版。

其次,用"含米特理论"来解释一切非洲文明成就。在发现非洲历史文化成就后,将其解释为受含米特人(Hamite)影响的结果。英国人类学家塞利格曼曾认为"非洲的文明是含米特人的文明,非洲的历史是含米特各族的记录以及他们与两个较原始的非洲人群即尼格罗人和布须曼人相互影响的记录……";"含米特人是高加索人种,即与差不多所有的欧洲人同属于人类一个大支派"。⑤ 这种论点直到今天仍然有市场,并不时在非洲历史与文化的研究中表现出来。一些知名学者也表达了这种"非洲文明外来论"的观点。一些造诣颇深的欧洲史学家也直接间接地受到含-闪

---

① A. P. Newton, "Africa and Historical Research", *African Affairs*, 22:88(July, 1923), p. 267.

② Margery F. Perham, "The British Problem in Africa", *Foreign Affairs*, 29:4 (1951), p. 637.

③ C. Brad Faught, *Into Africa: the Imperial life of Margery Perham*, London and New York: I. B. Tauris Books,2012.

④ Arnold Toynbee, *Change and Habit*. Oxford, 1996, pp. 94-95. 在 1972 年出版的《历史研究》(*A Study of History*, a new edition revised and abridged)中,汤因比的这一观点有所改变。

⑤ 塞利格曼:《非洲的种族》(费孝通译),商务印书馆,1982 年,第 69—114 页。

理论的影响。英国的非洲史专家罗兰·奥立弗即认为"埃及向马格里布和撒哈拉以南非洲提供了文明、学术、奢侈品和世俗权力的标准",而这一切均为非洲人模仿。[1] 另一位非洲史专家费奇虽然在 1969 年第三版的《西非简史》对其 1955 年版的观点作了一些修正,但他仍然坚持含米特理论对非洲历史的解释并非无稽之谈,认为尼格罗人非洲王国的神圣王权是起源于埃及和含米特人而扩展至整个非洲的。东非史专家英厄姆明显地受含-闪理论影响。在他的著作中,班图人似乎是只能服劳役的农民,而统治阶层则是来自北方的含族人,他们把"复杂的王权制度强加于居住在维多利亚(湖)西北岸的班图人"。[2] 这种理论的弱点在于它极力为非洲文明提供一种外来解释;更重要的是,它缺乏足够的史料证据,这是史学研究的大忌。[3] 非洲史学家阿拉戈明确指出,塞利格曼的这一著作"将对非洲历史带有种族歧视的偏见推向高潮"。[4]

第三种观点夸大奴隶贸易、合法贸易和殖民主义的进步作用,认为前殖民主义时期的非洲社会落后保守,而奴隶贸易、合法贸易和殖民统治对非洲发展有所贡献。杰默里等人对 18 世纪西非卷入大西洋奴隶贸易的经济损失拟了一个模式,初步估计 18 世纪西非的经济损失(仅就奴隶输出而言)至少为 5 460 万英镑,最多为 8 180 万英镑。其统计方法大致为:以 1700 年至 1800 年西非奴隶输出数 467 万人乘以每个奴隶的平均年生产损失(根据生产资料的产量数据计,估计每年为 0.8 到 1.2 英镑之间),再乘以每个奴隶的平均工龄(估计为 15 年),耐人寻味的是,作者还将奴隶输出数乘以奴隶的平均离岸价格(以每 10 年为 1 档),从而得出西非奴

① R. Oliver, ed., *The Cambridge History of Africa*, Vol. 3, Cambridge, 1997, pp. 1-2.

② J. D. 费奇:《西非简史》(于珺译),上海人民出版社,1977 年,第 20—21 页;肯尼斯·英厄姆:《现代乌干达的形成》(钟丘译),商务印书馆,1973 年,第 10—12 页。

③ 对"含米特理论"批判最有力的为塞内加尔历史学家安塔·迪奥普,他对体质人类学、经典作家的记述、文化和语言等四个方面进行了比较分析,得出了埃及和非洲同根同源,"古埃及属于非洲文化"的结论。见"古埃及人的起源",G. 莫赫塔尔主编:《非洲通史(第二卷):非洲古代文明》,第 20—61 页。还可参见宁骚:《西非古代文明与"含米特假设"》,《非洲论文集》,生活·读书·新知三联书店,1982 年,第 127—154 页;李继东:"论黑非洲上古文明的世界历史地位",《世界历史》,1993 年第 3 期。

④ 阿拉戈:《非洲史学实践——非洲史学史》(郑晓霞、王勤、胡皎玮译,张忠祥、郑晓霞译校),上海社会科学院出版社,2016 年,第 90 页。

隶贸易的总收入为 7 980 万英镑。① 概言之,在这期间,奴隶贸易对西非地区而言,其收入高于损失! 当然,这种研究不像奴隶贸易的人数统计,不论从哪种角度出发均只涉及到一种货物——奴隶,它牵涉很多方面,不仅有数量统计,还包括看问题的角度、不同的价值判断,甚至道德判断的因素在内。

一些学者认为合法贸易和殖民统治为非洲社会注入了活力,促进了非洲的历史发展。早在 1926 年,一位英国学者就宣称:"英国资本进来,修建铁路,建造港口,清除水道,同时还介绍了新的文化,改进了旧的文化——它修建道路城镇,建立了市场;它引进了银行和方便的货币,它开辟了矿场。更有甚者,英国政府带来了和平和安全,废除了奴隶制,其结果是贸易的大发展。在此过程中,土著们起了作用,获取了报酬。"②此种观点在当时西方极为流行,在盖恩的著作《帝国的负担》中表达得最为完善。他似乎有意回避殖民主义的消极作用,认为殖民事业为殖民地带来了文明、进步,而对英帝国来说,殖民地只是一个沉重的包袱,帝国为此耗资惨重,在人力和物力资源上入不敷出。概言之,殖民主义是一项利他主义的事业。③

这一观点被伦敦政治经济学院研究发展经济学的敏特教授进一步发挥。他认为,殖民主义的进步意义在于使殖民地的闲置劳动力和土地得到了充分利用,体现在三个方面。第一,大量劳动力和闲置的土地被引入农产品或原材料的出口生产;第二,殖民统治建立后,出口商品一直呈稳步增长的趋势;第三,新的机会和欧洲的廉价商品刺激了非洲农民的需求,进口的扩大是促进出口生产的一个主要的能动力量。敏特的结论是:由于出口商品的生产是通过以前未利用的劳动力和闲置的土地来进行的,因而,随殖民统治建立起来的国际贸易关系只能是帮助殖民地开发生产增加商品交换,从而使殖民地走向进步。敏特甚至

① H. A. Gemery and Jan S. Hogendorn, eds. , *The Uncommon Market*: *Essays in the Economic History of the Atlantic Slave Trade*, Academic Press, 1979, pp. 146-161.

② Alan Mcphee, *The Economic Revolution in British West Africa*, London, 1926, p. 104.

③ L. H. Gann, *Burden of Empire*: *An Appraisal of Western Colonialism in Africa South of the Sahara*, London, 1968.

认为已独立的欠发达国家应坚持与殖民时期相同的出口政策,即以原材料为主的出口政策。①

概言之,非洲没有历史,殖民统治为非洲人带来了文明和进步。尼日利亚历史学家在第一届国际非洲学家大会上指出:"非洲历史编纂学当前的问题,就是要揭穿这些神话。"②面对非洲历史被篡改和抹杀的现实以及在殖民教育制度下非洲民众已形成的各种偏见,非洲史学家任务艰巨。诸多非洲史学家在殖民宗主国完成学位后,投身于这场重构非洲历史的运动之中。③ 为了重振民族信心,必须重构自己的历史。随着非洲一个个历史学会先后成立,历史学杂志纷纷出现。本章将展示非洲史学殖民化的努力,分别阐述非洲现代历史学派的形成、非洲现代史学的贡献及其局限。

(二) 现代非洲史学传统

非洲历史学具有独特的传统,对此殖民主义者出于无知或偏见一直讳莫如深。二战以后,新一代非洲史学家致力于文化遗产的发掘,使非洲史学传统得以继承和发扬。非洲史学在理论和实践上都具有其内在的特征。概而言之,它在文化渊源上受到三个方面的影响。

一是本土文化,包括丰富的口述资料和历史悠久的文献记录及编年史传统,它是非洲史学传统的根本。尽管口述传统是每个民族或国家在发展过程中的必由之路,但 19 世纪形成的西方史学传统确立了书写文字在历史研究和文明标准中的重要地位,从而使得口述传统从殖民统治时

---

① Hla Myint, "The 'Classical Theory' of international trade and the underdeveloped countries", *Economic Journal*, 68(June 1958), pp. 317-337. 直至 1980 年,他仍未改变他的观点,只是将"殖民统治"一词用"国际贸易"取而代之: Hla Myint, *The Economics of the Developing Countries*, 5ᵗʰ edition, London, 1980, pp. 32-43.

② 迪克:《非洲历史的研究》(佐海译),《第一届国际非洲学家会议专题报告选辑》,《亚非译丛》,1963 年第 3 期,第 13 页。

③ 他们中间的代表为迪克(K. O. Dike)、比奥巴库(S. O. Biobaku)、阿贾伊(J. F. A. Ajayi)、阿严德拉(E. A. Ayandele)、安塔·迪奥普(C. A. Diop)、阿卜杜拉叶·莱(A. Ly)、阿辛(K. Arhin)、博亨(A. Boahen)、基曼博(I. N. Kimambo)、基-泽博(J. Ki-Zerbo)、奥戈特(B. Ogot)等。有关非洲历史非殖民化的研究,参见李安山:《论黑非洲历史的非殖民化》,《亚非研究》,第 4 辑(1994),第 66—86 页。

期开始成了一种不受重视甚至被人歧视的史料来源。然而,这仍然是研究非洲历史的重要史料来源。古埃及有着深厚的文献记录传统,埃塞俄比亚文化是非洲本土文化与犹太教—基督教的结合,其影响有待进一步研究。此外,在非洲大陆还存在着其他文字,这些文字或有待进一步破译,或使用范围有限。①

第二种文化来源是伊斯兰文化,其影响扩展到整个非洲,尤以北非、东非和西非为最,这一点在前章有关北非学术传统中已有所叙述。

第三是欧洲文化的影响。这种影响伴随着与西方的交往而至。到19世纪,注重文字记录的欧洲史学传统为殖民统治提供了合法的借口:非洲没有可记载的历史,非洲人是落后的民族。使用欧洲语言作为官方语言和欧洲历史作为殖民地教材使欧洲史学传统及其偏见得以在非洲广泛传播。这种根植于殖民制度的史学传统很难不成为奴隶贸易、种族主义和殖民统治的辩护士。

阿拉戈将非洲史学与西方史学的碰撞分为三个阶段。第一个阶段为前殖民时期和殖民早期。这一阶段出现了"少数试图借鉴西方技能对非洲口述传统进行记录的知识分子"。第二阶段是殖民时期,许多非洲民族主义者对信奉种族主义和欧洲中心论的西方人写成的非洲史进行批判。第三阶段是后殖民时期。这一阶段有两个特点,一是出版了大量以非洲历史非殖民化为目的研究著述,二是出现了一批努力寻求新研究范式的学者,他们希望可以用这种新范式替代当时占支配地位的西方研究范式。②

在第一阶段中,殖民主义入侵以前,非洲史学传统有多种形式,口述传统是其中最重要的一种,在此基础上构成了氏族史或王国史。在非洲,这种形式主要通过统治者手下的说书人或吟唱诗人(称为格里奥,griot)

① 尼日利亚历史学家阿拉戈列举了埃及的象形文字及努比亚王国的麦罗埃文字、古迦太基文字和利比亚文字、埃塞俄比亚文字、科普特文字、索马里文字、塞拉利昂的门迪文字、瓦伊文字及相关文字、喀麦隆的巴蒙文字及尼日利亚文字等:[尼日利亚]埃比戈贝里·乔·阿拉戈:《非洲史学实践——非洲史学史》(郑晓霞、王勤、胡皎玮译,张忠祥、郑晓霞译校),上海社会科学院出版社,2016年,第26—28,41—44页。

② [尼日利亚]埃比戈贝里·乔·阿拉戈:《非洲史学实践——非洲史学史》(郑晓霞、王勤、胡皎玮译,张忠祥、郑晓霞译校),上海社会科学院出版社,2016年,第93—94页。

传承下来。通过游记记录下来的资料为另一种,摩洛哥著名旅行家伊本·白图泰的游记是典型代表。① 此外,一些历史著作流传下来,以北非和西非地区的伊斯兰学术传统特别是编年史为多,又以伊本·赫勒敦的《史纲》(其中以《历史绪论》最为著名)、廷巴克图地区的阿杜勒·拉姆·萨迪于 17 世纪完成的《苏丹史》和另一位历史学家伊本·穆赫塔尔·昆布鲁 1664 年完成的有关伊斯兰教在西非传播发展的《探索者史》(多人著述修订)为代表。

除了在"非洲的学术传统"一章中提到的非洲学者外,还有不少努力记录自身历史的非洲人。以尼日利亚为例。早在 18、19 世纪,尼日利亚的知识分子就开始以各种方式撰写自己民族的历史。这些著作包括各种形式。有的是记述个人的亲身经历(奴隶贸易的遭遇和生活经验),除了前章提到的多位释奴的著述外,最著名的是语言学家和第一位黑人主教塞缪尔·阿贾伊·克劳德(Samuel Ajayi Crowther, 1809—1891)的作品。② 此外,海外的非洲人特别是美洲的非洲黑奴后裔希望寻找自己民族的历史,马克斯·加维和前面提到的爱德华·布莱登是典型。还有一些非洲人通过口头传说将本民族的历史现状用文字记录下来。③

(三) 现代非洲史学的起源

从 20 世纪初开始,一批具有自觉意识的非洲早期民族主义者开始以追溯和复兴非洲历史为己任。他们中有布干达王国的阿波罗·卡格瓦,乌干达布尼奥罗-基塔拉的涅卡图拉(Nyakatura, 1895—1979),黄金海岸的莱因道夫(Carl C. Reindorf)、凯斯利·海福德(Casely Hayford)和约翰·曼萨·沙巴(John Mensah Sarbah),利比里亚的布莱登(W. Blyden),塞拉利昂的霍顿(J. A. Horton)、西索尔普(A. Sibthorp),塞内加尔的阿贝·布瓦雅(Abbe Boilat)等。莱因道夫力主黄金海岸的历史应由黄金海岸的人来写,"还必须带着真正的土著爱国主义来写"。④ 这种呼吁

---

① 伊本·白图泰的游记(伊本·朱甾笔录)《异境奇观:伊本·白图泰游记》(李光斌译)的全译本于 2008 年由海洋出版社出版。

② Samuel Ajayi Crowther, *Vocabulary of the Yoruba Language*, London, 1843.

③ S. Johnson, *The History of the Yorubas*, edited by O. Johnson, London, 1921.

④ Robert W. July, *The Origins of Modern African Thought*, London, 1968, pp. 254-278.

在缺乏政治独立的情况下,响应者寥寥。这种重新认识非洲历史的要求正是到了 60 年代才真正成为新一代非洲史学家和一部分欧洲进步史学家(如徐雷-卡纳尔、巴兹尔·戴维逊和 T. O. 兰杰等)的共识。

南非历史一直由布尔移民和英帝国史家撰写。随着民族意识的觉醒,也出现了一批黑人作家,如马吉玛·福泽(Magema M. Fuze,1840—1922)、普拉吉(Soloman Plaatje,1876—1932)、约翰·腾戈·贾巴武(John Tengo Jabavu,1858—1921)和他的儿子戴维逊·唐·腾戈·贾巴武(Davidson Don Tengo Jabavu,1885—1959)等(有关南非史学将在下一章叙述)。此外,一批海外非洲裔作者也对非洲历史进行探索,最为典型的是杜波依斯。他既是一位泛非主义运动先驱,又致力于非洲历史文化的发掘与研究。他生前发表的学术著作很多,重要的有 20 余本,相当一部分内容涉及非洲历史和黑人现状。①

在这批作者中,尼日利亚的最为突出,如前面提到的约鲁巴的塞缪尔·约翰逊、提夫的阿基加·萨伊(Akiga Sai,1898—1959)、贝宁王国的雅各布·伊加瑞巴(Jacob Egharevba,1893—1981)等。在学术上最有成就的是伊加瑞巴,发表了 20 多部著作(有些用埃多语写成),被称为"经典著作"的《贝宁简史》最为著名。他们通过口述传统收集有关自己民族和王国的资料,将政治史和社会史相结合,为恢复民族的历史做出了贡献。②

随着民族主义运动的发展,非洲学者逐渐意识到重新认识本民族历史的重要性。摆脱殖民主义的包袱,撰写自己民族的历史势在必行。从 50 年代起,一批非洲史学家脱颖而出。民族的独立呼唤着文化的复兴。众多的非洲历史学派正是在这种历史背景下形成的。我们必须理解非洲国家的民族主义史学与民族主义运动或民族独立运动的相关性,两者往往互相作用。这些民族主义史学(家)本身就是民族主义运动的产物,其

---

① 例如他的《非洲:非洲大陆及其居民的历史概述》中译本由世界知识出版社出版。有关杜波依斯的介绍,参见吴秉真:《杜波依斯和他的非洲史学著作》,《西亚非洲》,1985 年第 3 期;吴秉真:《我所认识的杜波依斯》,《西亚非洲》,1994 年第 1 期。

② Jacob Egharevba, *Ekhere vb Itan Edo* (A Short History of Benin), CMS Press, 1933; Jacob Egharevba, *A Short History of Benin*, Third edition, Ibadan University Press, 1960.

存在又促进了民族主义运动的展开和深入。非洲国家独立后,伴随着一批新的历史学家,非洲历史学的诸种流派开始出现。①

二、非洲诸历史学派的形成

独立后的非洲面临着各个领域的全面重建,包括政治制度、经济生产、意识形态、社会生活。作为对自身民族过去的认识与文化价值观的传递者,历史学家担任着极其重要的任务。正是在 20 世纪 60 年代和 70 年代初期,一些非洲国家的历史学派开始出现。

(一)"漂白过程"及其印记

在非洲,以欧洲中心主义为特征的意识形态灌输的最重要的手段是对非洲各殖民地或各民族进行以殖民宗主国知识体系为中心的历史教育,而这种教育是在殖民政府的支持下精心策划的,包括语言、教材、教员、教育制度和意识形态等诸多方面,这成为支撑殖民统治的一个极其重要的手段。其具体目的是努力使殖民地人民失去对自身历史的记忆,再通过灌输与宗主国的历史和理念相关的知识,从而使殖民地人民变成俯首帖耳的臣民。我将这一过程称作"漂白过程"。这一过程持续了数十年并留下了难以磨灭的印记。这种印记必须根除。非洲国家在政治上取得独立之后,政治精英和知识分子开始呼唤重新认识自己民族的历史。如果将非洲国家独立作为具有自主意识的非洲史学形成的重要条件,我们可以列出主要非洲历史学派形成的重要标志:人才、机构、成果(包括著作或杂志)以及重要观点。

当然,一个学派的形成是有条件的。最重要的是历史条件,包括两个方面,历史遗产和现实需要。非洲国家在前殖民主义时期有自己丰富的历史记忆和留存。在殖民主义时期,欧洲宗主国往往通过各种手段企图否认非洲人民自己的文化遗产,澳大利亚考古学家科纳指出这是"整个非洲的殖民化经历中最有破坏性的一面"。② 殖民地确立统治者的意识形

---

① 张忠祥:《20 世纪非洲史学的复兴》,《史学理论研究》,2012 年第 4 期,第 31—39 页。

② Graham Connah, *African Civilizations-Precolonial Cities and States in Tropical Africa: An Archaeological Perspective*, p. 183.

态(当然也包括历史)。这种以欧洲中心主义为特征的意识形态灌输需要一整套体系来维持。布劳特对"欧洲中心主义"的实质进行了分析,他指出:"在许多讨论中它被认为是一种偏见,一种'态度',因此可以像清除其他过时的态度如种族主义、性别主义和宗教盲从一样在开明的思想界把它清除掉。但是'欧洲中心主义'的真正重要的部分并不是在价值观或偏见意义上的态度问题,而是一个科学问题,一个学术问题,一种训练有素的专家意见。确切地说,欧洲中心主义包括一整套信条,这些信条是经验主义现实的说明,教育者和不带偏见的欧洲人把这些说明看作是真理,看作是得到'事实'支持的命题。"[①]

(二) 非洲历史学派形成的条件

从 20 世纪 60 年代起,国际学术界开始承认非洲历史学科的存在。1960 年在莫斯科举办的东方学家联合大会上,非洲研究从东方学中分离出来,从而改变了欧洲人将非洲当作东方的一部分,而东方人将非洲当作西方的一部分的旧有观念,非洲研究在国际学术界有了自己的位置。更重要的是,联合国教科文组织进一步支持非洲文化事业。1960 年,在联合国教科文组织的支持以及阿利乌内·迪奥普(Alioune Diop)[②]负责的"非洲文化协会"和昂武卡·迪克负责的伊巴丹大学的推动下,国际非洲学家大会在加纳首都阿克拉诞生。这一机构从一开始就受到美国著名学者梅尔维尔·赫斯科维茨(Melville Herskovits)和苏联学者伊万·波铁辛(I. I. Potekhin)的鼓励,为推动对非洲的研究和"在非洲人中间唤起对本民族文化的深刻意识"做出了贡献。[③]

为了推进非洲历史的非殖民化,联合国教科文组织于 1964 年通过了《非洲通史》的项目。相对《剑桥非洲史》而言,其"最大的不同在于《非洲通史》更愿意站在非洲的立场,尽可能用非洲的声音向世界诠释非洲"。随着

① J. M. 布劳特:《殖民者的世界模式:地理传播主义和欧洲中心主义史观》(谭荣根译),社会科学文献出版社,2002 年,第 10 页。

② 阿利乌内·迪奥普是塞内加尔人,他于 1947 在巴黎出版了《非洲存在》(*Présence africain*)杂志,以维护非洲文化个性和挑战殖民主义意识为己任。

③ 阿里·A. 马兹鲁伊主编、C. 旺济助理主编:《非洲通史(第八卷):1935 年以后的非洲》,第 385 页。

《非洲通史》相关会议的召开以及资料准备工作的推进,《非洲通史》项目国际科学委员会于 1971 年正式成立。国际科学委员会的主席由肯尼亚历史学家奥戈特(Bethwell Alan Ogot)担任,《非洲通史》(八卷本)的 8 位主编均为非洲学者。经过 20 余年 300 多位专家的努力,联合国教科文组织《非洲通史》(八卷本)在 1995 年正式完成。其他方面构建非洲历史的工作也在进行。1960 年《非洲历史杂志》(*Journal of African History*)在英国创刊,八卷本《剑桥非洲史》开始撰写并于 1975 年到 1986 年陆续出版。《非洲历史研究》(*African Historical Studies*)于 1968 年在美国波士顿大学创刊,1972 年更名为《国际非洲历史研究杂志》(*The International Journal of African Historical Studies*,IJAHS)。发达国家纷纷成立非洲历史研究机构。"非洲史才作为一门学科被逐渐正式接受。"①

杰弗里·巴勒克拉夫受联合国教科文组织的委托为"社会科学和人文科学研究主要趋势"丛书撰写的《当代史学主要趋势》明确将非洲史列为历史学的新领域。他进一步指出,那些根据不充分的证据建立起来的有关非洲史的推理和假设,在 K. O. 迪克等非洲史学家的努力下逐步让位于科学研究,"迪克亲自撰写的早期著作在某些方面标志着非洲史研究的分水岭"。② 需要说明的是,非洲诸历史学派的形成也包括一些在非洲各大学工作过的西方学者的努力,如早期到非洲进行调研和教学的英国非洲史学家罗兰·奥利弗(Roland Oliver)和约翰·费奇(John Fage),担任过加纳非洲研究中心主任的托马斯·霍季金(Thomas Hodgkin)③以及范西纳(Jan Vansina)、兰杰(T. O. Ranger)和艾利夫(J. Illife)等人。这些西方学者一方面"使西方传统源源不断地流入了非洲",另一方面,他们对非洲历史研究和诸学派的形成也做出了贡献。④

意识与存在的辩证关系无所不在。学派形成本身就是历史的产物和

---

① [尼日利亚]埃比戈贝里·乔·阿拉戈:《非洲史学实践——非洲史学史》(郑晓霞、王勤、胡皎玮译,张忠祥、郑晓霞译校),上海社会科学院出版社,2016 年,第 92 页。

② [英]杰弗里·巴勒克拉夫:《当代史学主要趋势》(杨豫译),上海译文出版社,1987 年,第 176 页。

③ 他学的是古典学和哲学,后来负责牛津大学校外课程,与非洲交往甚多,从而对非洲产生了兴趣。

④ 李鹏涛:《特伦斯·兰杰及其非洲史研究》,《史学理论研究》,2016 年第 3 期,第 93—102 页;刘伟才:《范西纳的非洲史研究》,《世界历史》,2016 年第 6 期,第 84—93 页。

社会政治的必然反映;反过来,它通过影响各种社会力量来对现实发生作用,伊巴丹学派和达累斯萨拉姆学派(Dar es Salaam school,简称 Dar school)以及非洲研究史学流派也不例外。在如何处理历史与现实的关系上,对任何一个学派而言都是一个十分艰巨的任务。这批 60—70 年代渐露头角的学者用自己的学术武器为非洲呐喊,为非洲正名,引起了国际社会的共鸣。

人才是一个关键因素。历史为非洲国家准备了一批有专业素养的历史学家。根据 1945 年《殖民地开发和福利法》,10 年内的 12 000 万英镑中有 2 350 万英镑作为中心项目资金,其中的高等教育包括将殖民地学生送到英国接受大学教育或在殖民地开办大学以培训殖民地管理人员。据 1950 年统计,当时共有 1 713 名殖民地学生在英国大学学习,另外还有 2 480 人在大学以外的研究机构学习,其中 1 500 人是由殖民地政府或殖民地发展和福利基金资助的。[①] 这批学生中从事历史学、人类学和社会学等人文学科专业的较多。例如,在尼日利亚,1965 年前毕业的 7 位历史学博士都是在英国取得的学位。然而,培养出来的非洲学生是否能按殖民宗主国的意志行事呢?

尽管非洲新一代史学家主要是接受西方特别是殖民宗主国的高等教育,他们的教育环境可以说是一种为种族偏见和殖民主义意识所主宰的学术氛围。然而,一种使命感使他们认识到历史非殖民化的重大意义。非洲有无历史? 非洲在世界历史中的地位如何? 对非洲历史如何解释? 对这许许多多的疑问,光靠义愤填膺的谴责或理直气壮的质问是无济于事的。发生在非洲的这场史学革命对诸多问题提出了自己的看法,从而对非洲历史或者说世界历史做出了重要的贡献。无怪乎有人将非洲史的非殖民化称为"一场新的哥白尼式的革命"。

正是在这场非洲历史非殖民化的过程中,一批非洲的大学纷纷成立历史系,史学机构也相继设立。伊巴丹大学的前身——伦敦大学伊巴丹学院于 1948 年正式成立,随后就成立了历史系。1961 年 10 月,达累斯萨拉姆学院作为东非大学的一个分院正式成立。1964 年,历史系成立并

---

① CAB 129/41,CP(50)171,Ronald Hyam, ed. , *The Labour Government and the End of Empire* , *1945—1951* , Part III, Document 356.

开始招收学生。随后,思想活跃和观点多元的达累斯萨拉姆学派成为非洲最有影响力的学派之一。1965 年,刚果(金)的鲁汶大学成立了历史系,该国所有的历史教学和科研工作在 1970 年集中到卢本巴希,从而大大推动了卢本巴希历史学派的形成。1966 年,以内罗毕大学为支撑的肯尼亚历史协会成立并于次年举办了首届年会。在奥戈特教授的主持下,内罗毕学派创立。① 喀尔大学成立后,其历史教学和科研受制于法国学者。达喀尔作为前法属西非殖民中心及相关科研机构的所在地占有独特的地利,1966 年非洲史学家西索科(Sékéné Mody Cissoko)的加盟使塞内加尔达喀尔历史学派开始形成。② 此外,还有埃塞俄比亚学派、塞拉利昂学派和加纳的勒贡学派等。

非洲历史在国际学术界的地位逐渐确立。在众多现代非洲历史学派中,尼日利亚的伊巴丹学派和坦桑尼亚的达累斯萨拉姆学派最为突出。下面我们分析一下伊巴丹学派和达累斯萨拉姆学派的形成。③

(三) 伊巴丹历史学派的形成

1948 年,伊巴丹大学的前身——伦敦大学伊巴丹学院正式成立。作为最早设立的几个系之一,历史系为尼日利亚自主培养第一批历史学家创造了条件。1955 年,尼日利亚历史学会成立,1956 年《尼日利亚历史学会杂志》第一期发行,伊巴丹历史学派在非洲起到排头兵的作用。20 世纪 50 年代中期,两位尼日利亚史学家先后发表了两部具有开拓性的著作。迪克教授的《尼日尔三角洲的贸易和政治,1830—1885》(牛津,1956

---

① 本人曾委托在北京大学国政系留学的玛丽亚女士将拙著《非洲华侨华人史》(北京,2000 年)带给奥戈特教授。后来,奥戈特教授来华参加中国-非洲校长研讨会时提及此事,并与我进行了交流。玛丽亚女士后来在肯尼亚外交部任职。本人 2010 年 5 月访问肯尼亚时与她在外交部会面。

② B. Jewsiewicki and D. Newbury, eds., *African Historiographies What History for Which Africa*, Sage Publications, Ltd., 1986, pp. 189-234,249-260. 有关上述诸国历史学派的概况,还可参见阿拉戈:《非洲史学实践——非洲史学史》(郑晓霞、王勤、胡皎玮译,张忠祥、郑晓霞译校),上海社会科学院出版社,2016 年,第 96—102 页。

③ 李安山:《论伊巴丹历史学派——其形成、发展及批判》,《世界史研究动态》,1990 年第 3 期;李安山:《论达累斯萨拉姆历史学派的形成与发展》,《世界史研究动态》,1990 年第 4 期。

年)是在他的博士论文基础上修改而成。他在此书中既强调了非洲人对欧洲商人经济渗透的抵抗,也叙述了非洲中间商与奴隶贩子和殖民者的合作。他仔细研究了从奴隶贸易到合法贸易的转变及沿海贸易到内地贸易的发展,分析了政治和经济的相互作用,从而得出结论:到 19 世纪后期,各种非正式条约已不具有"有效占领"的效力,殖民统治成为必要;因而殖民统治的建立是为经济掠夺提供保证的。这部著作有两个鲜明的特点。第一,"故事的中心是尼日尔三角洲,而不是威士敏斯特"。迪克在伦敦大学的导师格拉汉姆是英帝国史大家,而当时的非洲史只是英帝国史的一部分,其研究也是唯宗主国马首是瞻。迪克却独辟蹊径,从非洲人的角度,以尼日尔三角洲为突破点,开创了以非洲人为主角的非洲史研究。第二,作为英国史学传统的学生,他充分利用了伦敦的官方档案资料,而作为一个对非洲史学传统有深刻了解的学者,他突破了仅以文字记录作为史料的禁区,结合尼日利亚本地的实际,开始使用口头传说作为史料。这不能不说是一个大胆的尝试。①

比奥巴库的著作《伊格巴及其邻邦,1842—1872》(牛津,1957 年)是他在 1951 年向伦敦大学提交的博士论文。此书在选题和研究方法上与迪克的著作有异曲同工之妙。比奥巴库探讨了约鲁巴人的起源及伊格巴国的发源地,并以伊格巴国为轴心,详细研究了它对各种外来因素(特别是奴隶贸易和传教士)的反应。他发现,禁止奴隶贸易以后,其他贸易活动向内地的渗透从多方面刺激了对奴隶的需求;奴隶可作农业劳力、搬运工甚至一般商品的等价物使用。在他的著作中,各种政治、经济、外交活动的展开都是以非洲人为主角。他在口头传说的使用方面比迪克更为大胆。② 迪克和比奥巴库在选题和方法上的突破使他们当之无愧地成为"新一代非洲史学家"的带头人。他们承先启后,为伊巴丹学派的形成奠定了基础。

1955 年尼日利亚历史学会成立后马上着手发行期刊。1956 年,《尼日利亚历史学会杂志》的创刊号声明:"本杂志的目的是激发对尼日利亚历史的研究兴趣,并为与这个国家的历史问题和历史教学有关的论文提供一个发行阵地。"杂志自创刊以来,陆续发表了一批有价值的学术论文。

---

① K. O. Dike, *Trade and Politics in the Niger Delta*, *1830—1885*, London, 1956.

② S. O. Biobaku, *The Egba and Their Neighbours*, *1842—1972*, London, 1957.

1965 年,在迪克教授的组织下,"伊巴丹历史系列"丛书开始出版。在"导言"中,迪克教授批判了将文字档案等同于历史的欧洲史学传统和把非洲史写成在非洲的欧洲人的历史的殖民史学倾向,明确提出要继承古代及 19 世纪以来的非洲史学传统,把口头传说和多学科研究引入非洲史学。"伊巴丹历史学派"的名称也正式出现在"导言"中,可以说,这篇导言是伊巴丹历史学派的宣言书。①

这套丛书由美国西北大学与人文出版社联合发行,影响颇大,以非洲学者博士论文为主,其中涉及民族主义的专著有十多种。有的论及基督教对现代知识分子的影响,如阿贾伊和阿扬德拉的经典著作被收入这一系列。有的涉及非洲近代王国的兴起及对西方殖民入侵的抵抗,如库柏的《祖鲁的后果》、拉斯特的《索科托哈里发王国》和奥罗伦蒂梅亨的《塞古的图库洛尔帝国》等。有的是关于殖民主义入侵后非洲社会的演变,如伊凯姆的《尼日尔三角洲的竞争》、阿德勒耶的《尼日利亚北部的权力和外交,1804—1906》、阿肯托耶的《约鲁巴兰的革命与权力政治,1840—1893》和阿坦达的《新奥约帝国》。对尼日利亚古代史的发掘和研究,伊巴丹学派也下了很多功夫,尽管举世皆知的诺克文化以及伊费的雕刻和贝宁的青铜器文化已雄辩地证明了尼日利亚灿烂的古代文明,他们并未忽略更深入系统的研究,如迪克教授领导的"贝宁计划"和比奥巴库教授主持的"约鲁巴计划"。这两项科研项目均取得了丰硕的成果。

伊巴丹历史学派从非洲人自身的角度写出了非洲历史的演进和发展。他们对 19 世纪西非各王国的政治结构和殖民政治的影响作了系统的分析和研究,从而勾画出西非历史发展的总轮廓,完成了重建尼日利亚历史编年的任务。伊巴丹学派的成就主要体现为大量学术著作的出版,理论观点上的突破和研究方法上的开拓。但是,这一学派本身就是历史的产物,是尼日利亚文化民族主义的具体表现,难免有其局限性。我们认为,伊巴丹学派的缺陷表现在选题在时空上过于狭窄,研究方法有待进一步拓展和史学理论与方法论的不足。

---

①　"导言"出现在"伊巴丹历史系列"早期发表的每一本著作的扉页。丛书现由美国西北大学和人文出版社联合发行。著者大部分是尼日利亚历史学家或由尼日利亚大学培养的历史学家。

伊巴丹学派的第一个弱点是选题的局限性。在"伊巴丹历史系列"丛书中,政治史占了极大的比重。政权演变,王国兴替,政治事件或殖民统治是伊巴丹学派最感兴趣的课题,时限则主要集中在 19 世纪到 20 世纪前期。经济史、社会史和思想史几乎无人问津。换句话说,他们热衷于建立政治、军事和外交的编年而忽略了对社会结构和经济演变的研究,有的还对历史发展的经济动因提出质疑。这种选题的局限性是伊巴丹学派最大的弱点。这大致可以归结于两个原因。其一,英国史学传统的影响。70 年代发表的一大批著作均为 60 年代提交的博士论文。这批研究生接受的是英国史学传统的正规教育(1965 年以前毕业的 7 位历史博士生都是在英国取得的学位)。尽管他们极力想摆脱英国史学的保守传统,但在选题和研究角度上还是不免受正统史学的束缚。其二,历史的需要。政治独立带来了文化非殖民化的可能性。史学家的首要任务是纠正殖民史学带来的偏见和谬误,重建历史。这样,政治史的研究(古代国王历史的发掘,历史人物的评价,政治事件的重构等)自然而然地摆到了首位。对正统史学结构本身的批判尚未引起足够重视。

从政治史角度选题带来了两个后果。第一,强调英雄史而忽略人民史。对贾贾、纳纳、谢赫·阿赫马德等著名历史人物的研究带有明显的理想化成分:他们英勇不屈、抵抗侵略的一面得到渲染拔高,其残暴狡诈、欺凌弱小的一面却被忽略掩盖。更重要的是,人民大众的社会史无人研究。第二,强调沿海地区,忽略内地社会,强调大的王国,忽略小的酋邦。这种倾向无疑给历史研究带来很大局限性。有人将这种研究称为"象牙塔里的研究",不是没有道理。

伊巴丹学派的第二个弱点是研究方法不够多样化。欧洲正统史学强调档案和文件,迪克和比奥巴库打开了口头传说的大门,勇敢地迈出了离经叛道的第一步,但"追随者寥寥无几"。有些甚至视口头传说为旁门左道,认为口头传说很难为历史研究提供有用的资料。研究方法的单一还表现在不善于吸收其他学科的方法与研究成果上。非洲社会的特殊性使交叉学科研究的前景十分乐观,但伊巴丹学派似乎未能充分利用这一长处。在阿贾伊和克劳德主编的《西非史》第一卷中,三分之二的篇章由与伊巴丹学派有关的学者撰写,但只有两位使用了多学科的研究方法。对口头传说和综合研究的忽略,根本上说是对非洲历史研究的特征缺乏足够认识。其后果是研究流于表面,对非洲社会结构及其变化的研究很难深入。有的著作将原生的社会组织放在第一章作为一种背景或点缀,缺乏系统生动的描述,以致很难看出这些原生的社会结构与社会发展的有机联系。有的则将经济和社会变化拼成一章,在结尾之前塞进去,或是为了全书结构的平衡,或是为了对"殖民主义统治的得失"作一补充交代,给人一种明显的刀劈斧凿的痕迹。

选题局限和方法单一从根本上说是由于理论上的欠缺所致。这是伊巴丹学派的另一个弱点,具体表现在两个方面。首先是史学理论的研究不足。谈及方法论的著作很少,多是早期论文的汇编,还谈不上系统的概括和总结。口头传说是非洲史学的特点之一,但其收集、整理、辨伪和使用必须理论化、系统化。历史学的多学科综合是一种趋势,从某种意义上看,"只有当历史与所有的人类科学结合一起时,历史才是人的科学"(布鲁戴尔语)。非洲历史学在这方面占有优势。交叉学科研究的深入为伊巴丹学派创建自己的史学理论提供了机会,但这种研究不仅需要实践,更重要的是理论上的概括与升华。

伊巴丹学派在专题研究方面也反映出理论不足。如果仅仅从双方的冲突去理解欧洲人的入侵与非洲人的反应,似乎过于简单。第一,这种冲突是国际经济体系形成过程中的产物,具有普遍性意义,因此必须将其置于世界资本主义形成发展的历史过程中去考察。第二,非洲人的反应并不是单一的,不同的社会集团对外来挑战采取了不同的态度。只有对社会结构本身进行细致分析,才能得出正确的结论。第三,虽然殖民主义只是非洲历史发展中的"一个事件",但这一事件的后果决不能低估,精神和物质上的殖民主义遗产至今还在影响着非洲国家的命运。第四,民族国家的巩固有赖于国民意识的培养,历史学可以为此做出贡献,但绝不能为此牺牲历史作为一门科学的相对独立性。民族主义理论可以解释(或部分解释)"入侵与反应"这一主题,但绝不能解释一切;否则有陷入"辉格派对历史的解释"的谬误之中的危险。第五,对非洲社会内部结构的分析,是不能用"入侵与反应"的观点来概括的。不同社会集团的经济地位,他们之间的斗争与调和、冲突与妥协,各种社会关系的相互作用——对这些社会结构和内部因素应该进行深入的研究。

就这样,一个学会,一份杂志,一套丛书和以迪克、比奥巴库、阿贾伊、阿严德拉、阿费格博、塔默诺、阿尼纳、阿肯卓宾和伊凯姆为首的一批历史学家成为伊巴丹学派形成的标志(一些在伊巴丹大学任教的外籍历史学家,如麦凯尔·克劳德、A. 史密斯等也为学派的形成做出了贡献)。这些学者不仅著书立说,还培养了一大批研究生,他们已分布在尼日利亚各大学历史系。因此,从广义上说,伊巴丹学派已成了尼日利亚史学界的代名词,并获得了世界非洲史学界的承认和赞誉。①

(四) 达累斯萨拉姆学派的形成

早在 20 世纪 30 年代,已有一些英帝国史学家开始研究东非的文化和历史,最著名的有柯普兰教授。② 作为一种英帝国史学或殖民主义史学,其偏见十分明显。对坦桑尼亚历史比较客观和系统的研究是在其取得独立以后才真正开始的。1964 年达累斯萨拉姆学院历史系开始招收学生,兰杰是该系的第一位教授,他和两位刚从北美学成回国的坦桑尼亚学者一起,为达累斯萨拉姆学派的创立奠定了基础。第二年,历史系作为东道主组织了国际非洲历史学家会议,对非洲史研究起了重要的推动作用。随后,坦桑尼亚历史学会成立,并开始出版论文丛书。这一系列组织上的进展为学术研究创造了条件。1969 年,由坦桑尼亚历史学家主编的第一部《坦桑尼亚史》正式出版。这部著作由 10 位学者编写,始自奥都维文化(200 万年前),终至阿鲁沙宣言(1967 年)。③ 此书的出版从根本上确立了达累斯萨拉姆学派的研究主题和方向,在国际非洲史学界引起反响。

1970 年,两位在乌干达任教的南非学者德龙和库柏在《非洲事务》上发表了他们的著名文章,④对达累斯萨拉姆学院历史系的学者进行了评价和批判。"达累斯萨拉姆学派"的称呼也正式出现。他们认为,达累斯萨拉姆学派包括坦桑尼亚历史学家和兰杰等在该学院历史系执教的外国

---

① E. J. Alagoa,"Nigerian Academic Historians" and P. E. Lovejoy, "Nigeria: The I-badan School and Its Critics", in B. Jewsiewicki and D. Newbury, eds., *African Historiographies*, pp. 189-196, 197-206.

② R. Coupland, *East Africa and Its Invaders*, Oxford, 1938.

③ 伊·基曼博、阿·特穆:《坦桑尼亚史》(钟丘译),商务印书馆,1976 年。

④ D. Denoon and A. Kuper, "Nationalist Historians in Search of a Nation: The 'New Historiography' in Dar es Salaam", *African Affairs*, 69(1970), pp. 329-349.

学者,这些学者有共同关心的课题和相对一致的研究方法。他们将达累斯萨拉姆学派共同关心的课题归为五种。第一,恢复被殖民主义者歪曲的前殖民地非洲的历史;第二,殖民统治时期的初级抵抗;第三,救世主运动和非洲独立教会史;第四,新的受教育者的形成与发展;第五,民族主义运动的根源。

他们对达累斯萨拉姆学派的批判可以概括为研究方法和理论两个方面。他们认为,在研究方法上,课题的选择导致了研究的片面性。达累斯萨拉姆学派忽略了坦桑尼亚以外的各种非洲本土的因素,如长期以来存在的地区间的贸易关系,东非和南部非洲的初级抵抗和反殖运动对坦桑尼亚历史发展的影响。同时,忽视"非洲以外因素"(主要指欧洲殖民制度)的影响也是其缺点之一。强调非洲主动性的观点带来的后果之一是达累斯萨拉姆学派对殖民统治机制、白人定居者的活动以及殖民经济政策的研究十分薄弱。他们还认为达累斯萨拉姆学派对各种发行物及官方报告十分感兴趣,而对人类学家的研究资料则很少采用。更重要的批评是在理论方面。他们指出,达累斯萨拉姆学派的根本弱点是将民族主义作为理解坦桑尼亚史的关键,把坦桑尼亚史等同于坦桑尼亚民族主义史,进而忽略很多其他的历史因素。这种错误观点的根源是采用当今非洲的民族主义政治哲学来指导历史研究。[①]

当时已转往美国执教的兰杰毫不迟疑地做出了回答。他首先否认了达累斯萨拉姆学派的存在,并认为德龙和库柏的指责断章取义、不合事实。他认为,无论是他自己或其他坦桑尼亚历史学家都并没有将研究仅仅局限于坦桑尼亚的范围内,而是将坦桑尼亚的历史置于东部非洲甚至整个非洲的历史背景之中。他们也不是将民族主义作为唯一的研究课题,他们强调的是"非洲的适应,非洲的选择和非洲的主动权"。兰杰教授虽然否认了达累斯萨拉姆学派的存在,却认为在达累斯萨拉姆学院历史系从事教学的历史学家有两个基本的共同点。第一,他们都相信历史研究对坦桑尼亚的历史需要有可能做出反应。第二,他们都在努力探讨非洲人的能动作用这一概念。

---

① T. O. Ranger, "The New Historiography in Dar es Salaam: An Answer", *African Affairs*, 70(1971), pp. 50-61.

这两篇文章各有道理。但这场争论的意义并不在其内容,不在于批评是否有据或反驳是否得当,而在于争论所带来的影响。首先,达累斯萨拉姆学派这一名称的正式提出标志着达累斯萨拉姆学院历史系的学者们的研究成果已引起国际非洲史学界的注意。由于具有相对一致的理论指导(并不局限于政治思想)、研究课题和研究方法,这一学派的存在已为非洲史学界所公认。通过争论,学派的影响进一步扩大,达累斯萨拉姆学派促使非洲史学界从政治学家手里接过民族主义这一课题,其研究也步步深入。这场争论还引发了一系列理论问题,如非洲人的主观能动作用,殖民统治的影响和非洲历史的延续性,独立非洲对历史遗产的继承等。更重要的则是历史研究的方向以及理论与现实的关系,这些问题激发了达累斯萨拉姆学派和其他非洲史学家对非洲史学理论的兴趣。

在分析达累斯萨拉姆历史学派的特点时,亨利·斯拉特将达累斯萨拉姆学派的发展划为三个阶段,分别称之为"民族资产阶级的民族主义史学"、"小资产阶级的过渡史学"和"无产阶级的社会主义史学",并将兰杰、罗德尼和德佩尔钦三位史学家分别列为三个阶段的学术带头人。[1] 这种划分在时限上有一定道理,但其教条主义痕迹却非常明显。虽然历史研究与社会政治状况密切相关,但是,将存在不到 30 年的达累斯萨拉姆学派插上 3 个不同阶级的标签,显然缺乏严密的科学分析。再者,斯拉特给艾利夫戴上小资产阶级史学家的帽子,随意将他排除在达累斯萨拉姆学派之外,这也是不合适的。公正地说,达累斯萨拉姆学派在坦桑尼亚独立后的不同时期提出不同的研究重点,发表了不少重要专著,推动了非洲史学的发展,这是达累斯萨拉姆学派的主要成就。

如果说 60 年代达累斯萨拉姆学派是受民族主义思想支配的话,70 年代的主导思想则是依附理论。当时国际学术界加强了对发展中国家的理论研究,安德鲁·弗兰克的依附理论很有影响力。依附理论形成于战后的拉美,它力图从不平等的世界经济秩序中去寻找对第三世界贫困根源的解释。其主要论点是:发展的主要障碍不是缺乏资金或技能,而是既

---

[1]　Henry Slater, "Dar es Salaam and the Postnationalist Historiography of Africa", B. Jewsiewicki and D. Newbury, eds., *African Historiographies*, pp. 249-260.

定的国际分工;这种分工导致剩余额从边缘区转到中心区;由于边缘地区与中心的关系,边缘区的命运必然是低度发展。① 70 年代初,依附理论逐渐流行并为第三世界的学者用来解释本国的历史与现状,非洲史学家也不例外。这一理论促使他们将注意力从政治史转到经济史。在坦桑尼亚,政治上的独立并未带来经济上的繁荣,民族主义的热情开始减退,达累斯萨拉姆学派的研究方向也相应发生变化。在这一时期,达累斯萨拉姆学派最有代表性的是沃尔特·罗德尼。

罗德尼是圭亚那人,毕业于伦敦大学亚非学院,1967 年到达累斯萨拉姆学院任教,1968 年返回牙买加,因卷入政治活动而被驱逐。重返坦桑尼亚后,他在历史系一直待到 1974 年。1973 年他出版了《欧洲如何使非洲不发达》一书,这是继威廉斯的《资本主义与奴隶制度》后对非洲和黑人社会最有影响力的著作。他研究了欧洲资本主义与奴隶贸易、合法贸易和殖民统治的关系,得出了欧洲的长期剥削使非洲陷入不发达境地的结论。他认为殖民主义不是一个偶然事件,而是欧洲自封建社会向重商主义及资本主义转变这一历史发展的逻辑结果;资本主义的发展是剥削非洲的结果,但殖民主义并未在非洲创造资本主义。除了探讨非洲落后的原因外,他还批判了费奇等西方史学家关于非洲奴隶制的观点。②

首先,他用上几内亚海岸的历史说明这个地区的非洲人对奴隶制一无所知,是欧洲人把这种罪恶带到了非洲。其次,他认为在非洲一些地区存在奴隶制这一事实并不能为欧洲人进行了 400 年的大西洋奴隶贸易开脱罪责。第三,同样是贸易,出口黄金促进了非洲生产力的发展,而输出奴隶则导致了非洲生产的衰退。学界对这位政治倾向性很强的学者评价不一,有的认为他的研究受地区性局限或缺乏学术性,有的称他为马克思主义历史学家,有的则认为他只是小资产阶级学者。不过,他对达累斯萨拉姆学派的发展和非洲史研究所做的贡献不可否认。在他发表的 58 篇著作和文章中,论述非洲的达 45 篇之多。在他不幸被害后,一些大学分

---

① 参见李安山:《依附理论与历史研究》,《历史研究》,1992 年,第 6 期。
② 本人有幸受罗德尼夫人之托翻译这部被非洲人称为“圣经”的著作。为了保证翻译质量,罗德尼夫人专门来到中国并在圭亚那驻华大使馆会见本人。我们进行了交流并欣喜得知同为多伦多大学校友。该书的中文译本出版后,圭亚那大使馆专门托人转达对本人翻译罗德尼著作的谢意。

别举行了纪念会和专题学术会。①

在依附理论或欠发达理论的影响下,一批历史硕士论文在达累斯萨拉姆学派的指导下完成,大部分研究殖民时期坦桑尼亚农村发生的结构性变化。从 70 年代后期起,非洲社会主义的实践令人失望,有人提出要全盘恢复资本主义的市场经济,也有人提出要放弃非洲社会主义走科学社会主义的道路。与此相适应,达累斯萨拉姆学派开始了对自身史学传统的批判,并尝试用马克思主义理论来指导史学研究。这种转向首先表现在研究重点从酋长转到了人民,从精英转到了普通民众。很有意思的是,曾在达累斯萨拉姆大学工作的马姆达尼描述了 20 世纪 70 年代初发生在作为激进知识分子的罗德尼和自由主义知识分子阿里·马兹鲁伊之间有关殖民主义遗产和坦桑尼亚未来道路的唇枪舌剑。他认为两人都是出于民族主义的立场——罗德尼根据自己对非洲历史的研究,强调非洲对欧洲国家的依附,即民族主义遭受的外来压力;马兹鲁伊根据他所在的乌干达的伊迪·阿明的专制统治,强调非洲政权的内在因素,即民族主义侵蚀民主的趋势。②

曾在坦桑尼亚从教的英国历史学家艾利夫的多部著作为达累斯萨拉姆学派做出了贡献。《现代坦噶尼喀的农业变化》(1971 年)也是他的一篇重要的论文。作者艾利夫不同意尼雷尔总统对前殖民主义时期坦噶尼喀农村的分析。他认为,殖民统治之前的 19 世纪,坦噶尼喀农村已发生重大变化,各种分化已经开始;20 世纪内的人口增长,白人种植园经济较发达地区对落后地区的剥削等因素也是当前坦桑尼亚贫困的根源。1973年,艾利夫指出,历史研究不能光集中在"英雄"身上,人民大众的作用比起英雄来更具普遍意义,因而也更重要、更复杂。"如果讲授或研究的历史所带来的理解是片面的,所激发的行动将是非人文的。"他著述甚多,《非洲的穷人:历史》就是一部比较研究非洲各国穷人的社会史著作。"非

---

① E. A. Alpers and Pierre-Michel Fonaine, eds. , *Walter Rodney Revolutionary and Scholar: A Tribute*, UCLA, 1982. 此书后面所附沃尔特·罗德尼发表的著述目录对研究罗德尼有重要参考价值。

② Seifudein Adem, ed. , *Public Intellectuals and the Politics of Global Africa*, *Comparative and Biographical Essays in Honour of Ali A. Mazrui*, Adonis & Abbey Publishers Ltd. , 2011, p. 296.

洲历史上的英雄主义不是存在于国王的事迹中,而是存在于普通人民反对自然和人类的残暴力量的斗争之中。"艾利夫考察了埃塞俄比亚、西非、东非和南非近 600 年以来的贫困现象,分析了贫困与权力、贫困与各种生产方式的关系。他认为,非洲人的贫困是一种历史现象,但大批人口死亡则只有在管理体制崩溃以后才会出现。①

达累斯萨拉姆学派在这一时期的另一成果是对非洲历史现状的批判。这种批判既来自达累斯萨拉姆学派内部,也来自已经移居海外的学者。特穆和斯瓦伊宣称"非洲历史陷入危机",他们系统批判了独立以后的非洲史学:题材以英雄为主;方法论是经验主义,且极其表面化;对人民史的研究分散而不系统;对现实的美化已不能解释社会现象。他们认为,只有将理论与实际重新结合,充分认识思想与行动的辩证关系,非洲史研究才会有生命力。然而,这些著作本身的问题也很明显,主要在于教条地使用马克思主义的标签。达累斯萨拉姆学派集中批判了民族主义史学和非洲中心论。他们认为,殖民主义史学的许多论点无疑是错误的,但民族主义史学则从另一个极端出发,其论点仅仅是为了反对已存在的论点。前者认为非洲人没有自己的历史,后者则强调非洲人有自己创造的历史;前者认为殖民时期宗主国主宰一切,非洲人是劳动的承受者,后者则认为非洲人有其主动性和积极作用;前者的观点是欧洲中心论,后者的立足点则是非洲中心论。总之,民族主义史学缺乏学术主动性和自主性。②

从 20 世纪 70 年代后期起,达累斯萨拉姆学派对史学理论的探讨大大加强。他们力图从认识论的角度分析历史知识与社会现实的辩证关系。他们提出,知识的生产直接和知识生产者的研究角度和研究方法有关,而这种角度和方法又为研究者的阶级地位所影响。因此,历史知识的生产从来就是一个政治问题,它产生于社会现实,又反过来作用于社会现

①　J. Iliffe, *The African Poor: A History*, Cambridge, 1987.

②　A. J. Temu and B. Swai, *Historians and Africanist History: A CritiquE. Post-Colonial Historiography Examined*, London: Zed, 1981; J. Depelchin, "Towards a Problematic History of Africa", *Tanzania Zamani*, 18, 1976; J. Depelchin, "African History and the Ideological Reproduction of Exploitative Relations of Production", *Africa Development*, 2, 1977; J. Depelchin, "The Coming of Age of Political Economy in African Studies", *The International Journal of African Studies*, 11, 1978.

实。受批判理论的影响，他们反对经验主义，强调史学与理论的对话，将史学抽象化并上升为理论，在各种因素之间建立内在联系。达累斯萨拉姆学派在运用历史唯物主义和阶级分析方法上日趋成熟。这种史学理论的提高无疑将推动学术研究的深入，但教条主义的危险始终存在，特别是对阶级分析观点的采用。前殖民时期的非洲一派和谐的观点受到挑战。伯恩斯坦和德佩尔钦认为应该运用马克思主义关于生产关系的分析，对氏族和阶级这两种结构里的内部矛盾和争斗进行研究。① 德佩尔钦强调对前殖民主义时期和随后的资本主义生产结构中的普通人进行研究。② 他们的观点以及斯拉特的相关观点受到了学者的挑战，批评的声音聚焦于他们过于教条地套用马克思主义或阿尔都塞的概念，对于在无产阶级并未完全成型的非洲国家产生"无产阶级历史"的可能性表示怀疑。③ 作为一种分析方法，阶级观点在考察社会结构和历史发展时的作用不容否认，但绝不能生搬硬套，例如对前殖民主义时期的某些非洲社会或各地方民族之间关系的研究，就不宜简单地套用阶级分析方法。

突出非洲人主观能动性的研究取向亦提出了一些新问题。此外，强调非洲人的同一性而导致忽略对各民族（村社）或各社会集团（阶级）差异性的研究；对非洲历史光明面的夸大容易掩盖其阴暗面；过分强调民族主义则有可能牺牲历史作为一门独立学科的客观性和科学性。④ 同样值得注意的是，在追溯先人的丰功伟绩时容易忽略人民大众的创造性，这一点

---

① H. Berstein and J. Depelchin, "The Objective of African History: A Materialist Perspective", *History in Africa*, 5(1978), pp. 1-20; 6(1978), pp. 17-43.

② J. Depelchin, "African History and the Ideological Reproduction of Exploitative Relations of Production", *African Development*, 2:1(1977); J. Depelchin, "The Coming of Age of Political Economy in African Studies", *The International Journal of African Historical Studies*, 11:4(1978), pp. 711-720; J. Depelchin, "Towards a reconstruction of precolonial central African history", *Ufahamu*, 9(1979), pp. 138-164.

③ E. Wamba dia Wamba, "Brief Theoretical Comments on the Quest for Materialist History: Concerning the Article 'The Objective of African History'"(Unpublished paper), Dar es Salaam, 1980; Wamba dia Wamba, "Concerning Henry Slater's Paper 'Africa and the Production of Historical Knowledge': Further Considerations on the Issue of History"(Unpublished paper), Dar es Salaam, 1981.

④ Caroline Neale, *Writing "Independent" History: African Historiography, 1960—1980*, Greenwood Press, 1985, pp. 103-124.

已引起一些非洲学者的重视。如艾利夫在他主编的《现代坦桑尼亚人》的前言中指出:"这是一本关于人民而不是关于英雄的书。……类似这些人的普通民众有时比英雄较少为人羡慕,却比英雄要复杂得多。他们需要的是理解而非奉承,而理解比奉承要困难得多。"[1]只有将非洲人的主动性置于帝国主义体系和现代世界经济的框架中去研究,才能更好地理解两者之间的关联性。

三、现代非洲历史学派的贡献

非洲历史学派的贡献主要包括三个方面。首先是研究方法的突破。非洲历史研究将口述传统作为历史研究的资料来源之一,从而大大拓展了历史研究的史料来源渠道。其次是非洲史观的确立。主要表现在从非洲人的角度看待非洲历史,非洲人在历史进程中的主动性和非洲历史的连续性等三个主题。第三是研究主题的拓展。从古代非洲王国到民族迁移和定居,从殖民主义统治到非洲人民的反抗,从非洲精英的作用到内部各种因素的互动,等等。在这些主题中,非洲民族主义相关的议题最为突出,从探讨古老非洲文明到研究现代非洲精英,从初始抵抗到民族独立运动。这是非洲历史研究与现实密切互动的结果。

(一) 研究方法的突破

现代非洲历史学家在方法论上的突破表现在研究方法的拓展,主要指非洲的历史学家将口述传统作为获取史料的途径,将口头传说作为正式史料运用于历史的研究。从口头叙述中寻找资料,这作为历史研究中的一种方法,早在古希腊时即已采用。[2] 然而,把口头传说作为正式史料甚至作为历史来处理,这不能不说是一种根本性的突破。在历史研究注重文字史料的学术环境中,非洲历史学家的努力推进了传统研究方法的

---

① John Iliffe, *Modern Tanzanians*, East African Publishing House, 1973, Introduction.

② 《希罗多德历史》(王以铸译),商务印书馆,1959 年版,第 2 卷,第 5、12、14 节,第 277、279—281 页。

拓展。"在非洲,每当一位老人死去,就等于一座图书馆化为灰烬。"这种意识逐渐成为非洲学界和政府机构的共识,口述传统得到了应有的重视。①

欧洲正统史学历来就认为撰写历史只能依靠文字记录,历史也只能是纸载笔写的。德国历史学家兰克在《关于历史科学的特点(1830年的一份手稿)》中认为,"文件愈多,研究愈精确,成果愈多"。法国近代正统史学家兰格洛瓦和塞略波在其被奉为史学理论经典的《史学研究导论》(1898年)中认为,"历史学家借助文件工作。文件是以前时代人们留下的思想和行为的痕迹"。英国近代史学家阿克顿则更极端,他在《近代史讲稿》中明确指出:文件档案可以为历史学家提供一切。面对这些欧洲史学家的定论,非洲史学家提出了挑战。首先是由非洲历史学家在自己的著作中大胆使用口头传说作为资料,其次是在联合国教科文组织的支持下对口述传统的保持、整理和发扬。口头传说作为历史资料的价值也被国际学术界肯定。②

之所以称其为"突破",是因为这一过程并非一帆风顺。早在50年代后期,在英国伦敦大学攻读历史学专业的非洲学生为博士论文的答辩颇费心思,其中最重要的是要考虑如何说服大学评议会接受口头传说作为正式史料。客观地说,尽管口头传说最早是由欧美人类学家开始使用,尽管口头传说的理论化应归功于范西纳等西方学者,但率先系统开拓这一领域的正是非洲历史学家。尼日利亚的迪克与比奥巴库在自己的博士论文中均采用了口头传说作为史料;马里学者A.哈姆帕特·巴穷十多年工夫,广泛收集口头传说写成了《18世纪马西纳富拉尼帝国史》。最突出的则是肯尼亚的奥戈特。作为肯尼亚的第一代史学家,奥戈特表现了非凡的史学才干。他的博士论文对口头传说的收集和运用可以说是最出色的。尽管今天可以批判其方式有这样或那样的毛病,但在口头传说尚未

---

① 国内相关研究参见高崚:《非洲口头传说中的史料分析刍议》,《世界历史》,1990年第6期,第91—94页;李保平:《试论非洲口头传说中的史实与非史实》,《非洲历史研究》,1997年第1期;张忠祥:《口头传说在非洲史研究中的地位和作用》,《史学理论研究》,2015年第2期;刘伟才:《范西纳的非洲史研究》,《世界历史》,2016年第6期。

② [英]杰弗里·巴勒克拉夫:《当代史学主要趋势》(杨豫译),上海译文出版社,1987年,第177—179页。

争得史学的一席之地的当时,像他这样几乎全部使用口头传说来探讨一个民族的历史是需要极大勇气的。[①]

迪克和比奥巴库对口头传说的大胆使用不仅是一种方法上的突破,也是对历史、史料和研究方法这些概念的重新认识。迪克批判欧洲史学家把文件资料看得至高无上,以致将历史等同于文献,他认为"本地档案和历史传说必须用来补充欧洲宗主国的档案,……口头传说必须在历史重建中成为有用的资料"。比奥巴库在《伊格巴及其邻邦,1842—1872》(1957年)的"序言"中宣称,"没有文字的民族的历史主要是记忆的历史,这种历史一代传一代"。他认为,非洲的历史是通过口头传说这种独特的方式延续保存下来的,因此,"在非正式的场合下对知识渊博的人进行采访可以取得宝贵的口头资料"。当然他也十分强调对口头史料的多方核实和严格查对。

传统的非洲史学在很大程度上将历史、神话和一般处世哲学融为一体。在19世纪之前的欧洲,情况也是一样,哲学和史学的分界并不明显。阿拉戈指出:"口述传统是所有民族在各个时期都有的传统,差异在于各民族在各个时期依赖口述传统的程度不同,或者是在特定文化中所使用的口述传统的本质不同。"口头传说主要指对过去发生的事件进行描述的口头记录,信息提供者或讲述者本身并非事件的参与者、见证人或同时代人。"口述历史是指由事件的参与者讲述的对历史的口述见证,或者由事件的见证者或事件发生的同时代人所讲述。""非洲的口述传统,既包括讲述近期或遥远时代事件的口头传说,也包括记录同时代事件的口述历史。"[②]概言之,口述传统的用途可以分为两类。其一,作为史料。从口头传说(发言演说、故事、历史流言等)中收集提炼所需资料用于历史研究。其二,作为历史。一些集体的叙述、关于民族与国家起源的传说与世系表、史诗等本身就构成了历史。确实,非洲历史研究特别是对古代史的研究中必须依靠口述传统。

更重要的是,口述传统进入历史圣殿是对传统史学的反叛。口述传统在历史研究中的不可替代性表现在以下四点。其一,虽然文字的发明

---

① B. A. Ogot, *A History of the Southern Luo, 1500—1900*, Nairobi, 1967. 有关对奥戈特史学研究的评论,参见刘鸿武、王严:《非洲实现复兴必须重建自己的历史——论B. A. 奥戈特的非洲史学研究与史学理念》,《史学理论研究》,2015年第4期。

② 阿拉戈:《非洲史学实践——非洲史学史》(郑晓霞、王勤、胡皎玮译,张忠祥、郑晓霞译校),上海社会科学院出版社,2016年,第6—7页。

减少了对口述证据的信赖程度,但口头交流(不论是久远的历史时期还是当代各种人物对世事的表述)及记录下来的文字资料永远具有史料价值。其二,虽然文字逐渐成为人类社会的一种重要交流工具,印刷术的发明和互联网的通用加强了文字在人类沟通中的重要性,但相当部分的文字资料都是从口述传统中发展而来,不论是人类的早期阶段,或是最新的历史纪录。其三,文字资料的存在有赖于口述传统,而口述传统却可以独立于文字而存在。其四,不论是口述资料,还是文字资料,不论这些资料是通过直接还是间接渠道所得,均不可全信,在历史研究中需要多方佐证。从这些特点看,口述传统在历史研究中仍然非常重要。

联合国教科文组织对非洲口述传统也给予了极大的重视。1968 年对充分利用口述传统订立了一个地区协调研究计划。1972 年,联合国教科文组织筹划并开始执行《系统研究口头传说和推广作为文化媒介和终生教育工具的非洲语言十年规划》,并设立和启动了位于马里廷巴克图的"艾哈迈德·巴巴中心"(主要研究萨赫勒和西苏丹的阿拉伯和阿贾米手稿),同时对研究口头传说和非洲语言的各地区中心提供支持。这一规划的落实包括在尼亚美为西非设立"研究口头传说历史和语言中心"、在雅温得为中非设立"口头传说及非洲语言文献地区中心"、在桑给巴尔为东非设立"口头传说及非洲民族语言东非研究中心"。在新的历史环境下,口述传统被赋予了新的价值。"跨学科研究和口述传统被认为是还原历史原貌的非常适合的技术及资料来源。"[①]

虽然在 20 世纪晚期曾出现对过度依赖口述史料的批判,这是一种正常现象。然而,我们无法据此否认口述资料是历史研究的重要史料来源之一。在历史研究中,文字资料固然重要,但因为视野、思想、知识等方面的局限,导致文字资料中存在着片面性甚至是谎言,其局限性也十分明显。[②]

---

① 阿拉戈:《非洲史学实践——非洲史学史》(郑晓霞、王勤、胡皎玮译,张忠祥、郑晓霞译校),上海社会科学院出版社,2016 年,第 95 页。

② 西非尼日尔河流域早期历史过于重视黄金贸易即是一例。主要原因是阿拉伯商人高度重视这方面的内容,致使文献过分注重黄金贸易。麦肯托希夫妇马里杰内地区的考古发掘证明,这里的生产支撑着大批人口和城市化,本土自给自足的生产占据重要地位: S. K. McIntosh and R. J. McIntosh, *Prehistorical Investigations in the Region of Jenne*, *Mali*, 2 Volumes, Cambridge Monographs in African Archaeology, Oxford, 1980。

口述传统在历史撰写中由来已久。从口头叙述中寻找资料作为历史研究中的一种方法,早在古希腊时即已采用。希罗多德的历史多采用口述资料。[1] 在对奴隶贸易史的撰写中,大量的口述资料被采用并最后形成自述文字或传记。仍然存在着主要通过采访来撰写社会史的历史学家,南非的昂塞伦即是一位。他的《种子是我的》(1996 年)成为研究南非佃农的重要社会史著作。他充分利用了金山大学(Witwatersrand University)高级社会研究所的"口述史收藏"(M. M. Molepo Oral History Collection)的口述资料。这些通过采访记录下来的口述资料占了他研究史料的绝大部分,包括对主人公卡斯·梅因的 66 次采访(1979—1983),对梅因同伴的 41 次采访(1983—1985),对梅因家庭成员的 55 次采访(1980—1991),对农场主的采访以及昂塞伦本人对医生、地主、佃农、商人等相关人士的采访(1984—1989)。这部著作因功力深厚而多次获奖。[2] 由此看来,文字资料、口述资料、考古资料以及岩画等实物资料均可成为历史研究的资料,它们无高下之分,只是互相补充。

　　非洲史学方法上的突破的另一表现是多学科方法的采用。考古学、语言学、人类学、社会学、政治学都被用来为非洲历史研究服务。迪克主持的"贝宁计划"和比奥巴库主持的"约鲁巴计划"就是多学科研究的典范。

(二) 非洲史观的确立

　　所谓"非洲史观",主要是指三个方面,从非洲人的角度看待和研究非洲历史;强调非洲人在历史进程中的主动性;认识非洲历史的连续性。非洲历史学家提出并力图用史实论证"非洲人有自己的过去,有光辉的历史"。同时提出了一系列与此相关的观点。

　　首先,从非洲人的角度研究非洲史,力图对非洲的历史文化做出正确的描述和评价。

---

　　[1]　《希罗多德历史》(王以铸译),商务印书馆,1959 年版,第 2 卷,第 5、12、14 节,第 277、279—281 页。

　　[2]　Charles von Onselen, *The Seed is Mine The Life of Kas Maine, a South African Sharecropper 1894—1985*, Happer Collins, 1996. 有关昂塞伦的研究成果,参见下一章。

恩克鲁玛指出："我们的历史需要写出我们社会的历史,而不是欧洲冒险家的历史。"[1]这正是非洲史学家孜孜以求的。基曼博和特穆在《坦桑尼亚史》前言中也指出："我们没有打算要写殖民地统治机构。因为我们主要关心的是非洲人自己。非洲人在突出的社会变革中的反应和首创精神,是本书的主题。因为这是非洲历史中过去受到忽视的一个方面。"[2]非洲历史一改往日面目,从"探险者的历史""在非洲的欧洲人的历史"转而成为真正的非洲人的历史,它既包括非洲人创造文明的历史,又包括非洲人反抗殖民统治的历史。非洲史学家认为:非洲历史应该是关于非洲人的历史,因而他们的博士论文多以地区研究为突破点。迪克的博士论文分析了尼日尔三角洲地区从奴隶贸易到合法贸易这一转型期的历史,指出殖民占领从本质上是为了保证经济掠夺。比奥巴库的论文探讨了约鲁巴人的起源和埃格巴人的发源地,以及埃格巴人对欧洲人的各种反应,认为禁止奴隶贸易以后,商业活动进一步从沿海向内地渗透并从多方面刺激了对奴隶作为劳动力的需求。奥戈特在他导师的精心指导下,其博士论文研究了肯尼亚的卢奥人迁徙和定居的历史。基曼博则探讨了坦桑尼亚帕雷人的社会结构以及他们在向现代转型时的政治活动。[3]

考察非洲古代国家的起源与发展,恢复被歪曲的历史的本来面目,是非洲史学家的主要贡献。以阿散蒂帝国的研究为例。在 1700 年到 1820 年期间,阿散蒂对周边地区发起了一系列战争。对这些战争的传统解释是阿散蒂发动战争为了夺取通往海岸的欧洲商站和北部的穆斯林贸易通道,战争的目的在于更好地组织奴隶掠夺和奴隶贸易。如瓦德认为阿散蒂"有意变成了一个贩运奴隶的国家",而费奇则认为阿散蒂是一个巨大的"奴隶掠夺和贸易的组织"。[4] 加纳学者克瓦米·阿辛和阿杜·博亨通

[1] Kwame Nkrumah, *Consciencism: Philosophy and Ideology for Decolonization*, London: Panaf, 1970, p. 63.

[2] 伊·基曼博、阿·特穆:《坦桑尼亚史》(钟丘译),商务印书馆,1976 年,第 5—6 页。

[3] I. N. Kimambo, *A Political History of the Pare of Tanzania*, c. 1500—1900, Nairobi, 1969.

[4] 威·恩·弗·瓦德:《加纳史》(彭家礼译)上册,商务印书馆,1972 年版,第 228 页;J. D. Fage, *A History of West Africa: An Introductory Survey*, Cambridge, 1962, p. 97。在 1969 年第三版中,费奇似乎放弃了这一观点。

过对阿散蒂政治结构的分析,将构成阿散蒂帝国的诸国分为三类:第一类为属于阿散蒂政治结构的省份;第二类是作为联盟或被保护的所谓"保护地";第三类是作为阿散蒂扩张的经济和人力基地的附属国。阿辛指出,欧洲人对阿散蒂战争的解释是对 1700 年以前即已开始的阿散蒂扩张这一事实的忽略,同时也是对阿散蒂力图将周围地区并入"大阿散蒂"国家这一政治企图的无知。①

其次是强调非洲人的主动性。非洲史学家突出了非洲在历史发展进程中的作用。欧洲人的研究或是强调外来因素对非洲的影响(如基督教会的贡献或殖民教育的功劳),或是突出殖民统治者的作用。迪克对尼日尔河三角洲地区的研究揭示了非洲近代商人在与殖民者争夺经济利益时表现出强烈的主动性;《坦桑尼亚史》的主编在阐明该书的目的时宣称,作者的兴趣是在非洲人本身、他们的反应和主动性以及对社会所起的影响。② 依附理论虽然指出了非洲对发达国家依赖的起源,但其理论弱点在于一味强调资本主义体系的强大而忽略非洲方面的主动性。换言之,依附性不能取代对非洲人主动性的认识。欠发达理论将外围的力量描绘得十分可怕,无法抗拒,这样就排除了西方殖民统治下的非洲与宗主国互动的可能性,这一点也与事实不符。邦迪对南部非洲农民的研究表明:农民可以适应不同环境并能够创造出不同生产方式。③ 突出非洲人主观能动性的研究取向亦提出了一些新问题。

虽然非洲国家各地区或酋邦之间早已存在着经济和文化的联系,但民族国家的建立毕竟是一个新的历史阶段的开始,一项重要的政治任务就是"打破部落意识"、"培养民族意识",达累斯萨拉姆学派在其中也尽了一份力。不容否认,从根本上说,史学的功能是为现实服务。民族独立为

①　Kwame Arhin, "The Structure of Greater Ashanti(1700—1824)," *The Journal of African History*, 8:1(1967), pp. 65-85; A. Adn Boahen, "Asante and Fante AD. 1000—1800" in J. F. A. Ajayi and Ian Espie, eds. , *A Thousand Years of West African History*, Ibadan, 1965, pp. 165-190.

②　T. O. Ranger, "The New Historiography in Dar es Salaam: An Answer", *African Affairs*, 70(1971), pp. 50-61.

③　Colin Bundy, "The Emergence and Decline of a South African Peasantry", *African Affairs*, 71(1972), pp. 369-387; Colin Bundy, *The Rise and Fall of the South African Peasantry*, Berkeley, 1979.

重写非洲历史和培养民族意识提供了可能性。但如果在追溯民族文化的同时忽略文化批判，抱着"非洲有一个光荣的过去"的先验观点去美化历史，甚至为了迎合现实需要而寻找历史根据，则有可能牺牲历史作为一门独立科学的客观性和科学性，从而使历史沦为某一政权的工具。这是达累斯萨拉姆学派应防止的倾向。

第三，非洲历史具有连续性，这是非洲历史学家强调的重要观点。毋庸置疑，殖民统治对非洲历史的发展产生了深远的影响，但这是否意味着非洲文化历史传统的中断呢？这涉及到两个问题。第一是非洲历史文化的生命力，第二是作为历史插曲的欧洲殖民统治的影响程度。非洲历史的生命力存在于对生活的连续性的信仰。这种信仰将一个社会里已去世的祖先，正活着的众人和将出生的后代的共同利益联系在一起（如村社的每个成员均享有土地的使用权但无占有权，因为土地不属于任何个人，它属于整个村社）。这种连续性成为一种宗教、社会和政治生活的基础。换句话说，关于历史连续性的概念是生活的一个组成部分。对连续性的普遍认识成为将整个社会团结在一起的凝聚力。这种对历史和传统的意识是非洲人的生命哲学。阿加基作为提夫族的普通一员早在 30 年代出版的著作中提到，他写提夫史"是为了使那些开始学习新知识的新一代知道父辈的事"，是为了使属于提夫人的每一件事不至于被人遗忘。正是这种对历史连续性的普遍认识转化为一种责任感，使整个民族的历史得以延续和发展。阿贾伊认为，殖民主义并未造成非洲历史的中断，它与班图人大迁徙、伊斯兰教的渗透一样，不过是众多历史事件中的一件。殖民主义的影响程度不宜估计过高。非洲历史从古至今，并未因奴隶贸易而突变，亦未因殖民统治而断裂，"殖民主义只是非洲历史的一个插曲"。尽管阿贾伊提出此观点时强调的是非洲历史的延续性，但此观点容易导致对殖民统治影响的低估。对此，阿贾伊后来对自己的观点作了适当的补充和修改。[①]

对殖民统治的影响历来有两种对立的观点。殖民官员和英帝国史学家认为现代非洲社会出现的所有积极因素均应归功于殖民统治，而一些非洲政治家和文学家则将所有罪恶的东西归咎于殖民统治。这样两种根

---

① J. F. A. Ajayi, "On being an Africanist," *ASA News*, 27:1(1994), pp. 27-28.

本对立的观点却有一个共同点:殖民时期是非洲历史的一个转折点,标志着一切正常发展的中断;在殖民统治下,非洲人是一群不能支配自己命运的可怜儿,他们只能听任殖民政权的摆布。针对这种观点,阿贾伊提出了"殖民主义只是非洲历史的一个事件"的著名观点。他认为,应将帝国主义瓜分和殖民统治置于非洲历史发展的长河中来分析,和班图人大迁徒、伊斯兰教的渗透、奴隶贸易和非洲各王国的争斗一样,殖民统治的建立只是一次历史事件,是两个民族之间的一次冲突。即使在殖民统治下,非洲人的生活还是像历来一样照常进行,殖民统治前与独立后的非洲还是一个历史发展的连续体,并没有因为殖民统治而突然中断。当然,提出"非洲历史的主要政治运动并非一定由欧洲人的活动激发"并不意味着否定外来影响的重要性。这里强调的是非洲人的主观能动性。

(三) 研究主题的拓展

主题的突破不仅表现在研究对象的不同,还表现在研究题材的改变上。从 20 世纪 50 年代以来,非洲学者辛勤耕耘,发表了不少有影响的著作和论文。为了纠正殖民主义史学的谬误,政治史——即王朝的兴替,国王的伟绩,政权的改革,制度的变革等,成了第一代非洲史学家的研究重点。这在尼日利亚的伊巴丹学派的研究中极为明显。他们认识到历史在国家独立时培养国家观念和国民意识的重要作用,在研究中强调新独立国家的历史凝聚力。《坦桑尼亚史》在这一点上非常突出。这是撒哈拉以南非洲独立后第一本由非洲学者主编的国别史,在观点上有很大创新。书中大部分作者都有意识地把历史与现实结合起来,力图说明坦桑尼亚作为一个民族的存在有其历史根源。[①] 因为他们力图从非洲的过去寻找辉煌业绩,以此来鼓励群众,培养国民意识,他们的史学被称为"民族主义史学"。

在政治史方面,这些著作探讨了古老王国的兴衰,国王酋长的英雄伟绩,政治制度的变迁,对殖民统治的反抗,以及民族主义的兴起。经济史包括前殖民时期内地的经济活力,奴隶贸易时期非洲人对各种机会的反应,农民作为一个阶级兴起和衰落的过程,非洲如何成为依附欧洲的外围

---

① 基曼博、特穆:《坦桑尼亚史》(钟丘译),商务印书馆,1976 年,第 83、125、174、229、301—302 页。

地带以及非洲在世界体系中的地位和作用。在社会史方面,基督教在非洲传播的历史被写成了非洲人对基督教的反应和基督教对非洲的影响,原始宗教第一次有了理性的解释,其跨越氏族或酋邦界线,调动组织群众的功能,亦第一次引起了注意。概言之,非洲人作为主体和客体第一次同时走进了历史的殿堂。在出版的各种专著中,有的着眼于贸易与政治的关系,有的研究伊斯兰教和基督教的传播及其对现代政治的影响,有的探讨非洲王国的兴衰或对殖民入侵的反应,有的着重殖民政权的类型和运行机制。总的说来,"欧洲人的扩张和非洲人的反应"可以说是伊巴丹学派的研究主题,其成果令人瞩目。迪克教授曾自豪地宣称:"当前非洲历史研究的成就是世界各地许多学者个人与合作的结果。但我想这样说是公正的:非洲的各大学,特别是伊巴丹大学已经并正在为这一开拓性事业做出贡献。"

"欧洲人的扩张与非洲人的反抗"是非洲史学家研究的一个主题。一些欧美非洲学家习惯将非洲人对殖民统治的反抗看作是落后反对进步、传统反对现代的表现,是愚蠢而疯狂的倒退行为。[1] 迪克一反传统史学的观点,通过对口头传说和历史文件的综合考察,对奥波博国王贾贾在与欧洲竞争对手的角逐中表现出来的策略和胆识作了详细的描述,并将其置于尼日尔河流域的非洲人反对欧洲人的渗透这一背景中去考察。[2] 坦桑尼亚学者艾利夫通过对马及马及起义组织结构的研究,认为宗教作为一种意识形态,在打破"部落"观念、团结起义群众的过程中起了关键作用;这种用旧的效忠意识来武装群众的办法亦在后来兴起的民族主义运动中被采用,从而,艾利夫指出了初级抵抗与民族主义的关联与非洲政治的延续性。[3] 格瓦萨通过研究坦桑尼亚人民对欧洲殖民统治的反应这一课题,将这种反应归纳为四种:积极抵抗、消极抵抗、自我适应和谋利手段,这比迪克的分析又进了一步,因为他指出不同的社会集团对殖民统治

---

① R. E. Robinson and J. Gallagher, "The Partition of Africa" in *The New Cambridge Modern History*, Vol. 11, Cambridge, 1962, p. 640; J. S. Coleman, *Nigeria; Background to Nationalism*, Berkeley, 1963, p. 172.

② Dike, *Trade and Politics*, pp. 193—216.

③ John Iliffe, "The organization of the Maji MAji rebellion," *The Journal of African History*, 8:3(1967), pp. 495—512.

的反应各不相同。[①]

"基督教在非洲的传播与非洲人的反应"是第一代非洲史学家着意研究的另一主题。与记载传教士琐事日志的基督教传播编年史不同,这些著作强调三个方面。第一,正视传教士关于人类平等博爱的说教与他们对非洲人的种族歧视这两者之间的矛盾,这为基督教皈依者的文化觉醒提供了条件。第二,指出基督教在非洲的客观历史作用是其教育活动,客观评价了传教士对培养非洲受教育精英的贡献。第三,揭示了基督教教育的双重作用:促进了非洲传统生活方式和社会结构的崩溃,并对非洲民族主义意识的产生起了催化作用。基督传教士培养出来的现代知识分子熟悉西方文化和语言,这种优势使他们成为殖民政府和广大群众之间的沟通者。这种社会地位又决定了他们反对殖民主义的态度,从而成了现代民族主义的领导者。在非洲历史学家的研究中,着笔更多的是现代精英。阿贾伊和阿严德拉的两部著作分别探讨了基督教对非洲社会的影响以及受教育阶层的形成过程。[②]

精英(elite)的作用也是一个重要的主题。精英分为传统精英和现代精英。传统精英主要指酋长、国王、宗教首领和长老理事会等传统阶级。对于他们的作用,史学家多从正面的角度去分析,把他们看成欧洲殖民统治和现代资本主义的牺牲品。对传统酋长和国王的作用,大部分学者多从正面积极的角度去分析,把他们最终被卷入殖民体系和世界经济的轨道看作是一种悲壮的失败,迪克对贾贾崛起的讴歌和伊凯姆对纳纳失败的痛惜都反映了这种观点。[③] 在非洲历史学家的研究中,着笔更多的是现代精英。阿贾伊和阿严德拉的两部著作分别探讨了基督教对非洲社会的影响以及受教育阶层的形成过程。阿贾伊从对基督教的皈依研究受教育精英阶层的形成,阿严德拉则从对基督教的抵抗中追溯民族主义的起

① 吉尔伯特·格萨瓦:《德国人的入侵和坦桑尼亚非洲人的抵抗》,伊·基曼博、阿·特穆主编:《坦桑尼亚史》(钟丘译),商务印书馆,1976 年,第 123—174 页。

② J. F. A. Ajayi, *Christian Missions in Nigeria*, 1841—1891: *The Making of a New Eíte*, London, 1965 E. A. Ayandele, *Missionary Impact on Modern Nigeria*, 1842—1914, London, 1966.

③ K. O. Dike, *Trade and Politics in the Niger Delta*, pp. 182‐202; Obaro Ikime, *Merchant Prince of the Niger Delta*: *The Rise and Fall of Nana Olomu Last Governor of the Benin River*, London, 1968.

源。他们都认为基督教对尼日利亚最重要的贡献就是培养了一批民族主义精英。他们认为,受教育阶层在尼日利亚社会发挥一种指导甚至领导作用是历史的必然。从殖民时期起,这些人就充当非洲人的代表,或为调解者、谈判者,或是"现代化"的推动者。他们的来源有两种:一种是传统统治阶级的后代,一种是殖民者或美洲释奴的后代。作为民族主义者,他们旗帜鲜明地反对殖民主义者,而作为现代受教育者,他们理所当然地反对传统势力,这种特殊的历史地位使他们责无旁贷地担负起民族主义运动的领导重任。奥英研究了尼日利亚报刊新闻业的兴起。他认为,报纸不仅是为人们提供知识,更重要的是形成了一种殖民政府不可无视的公众舆论,这是报人对传播民族主义思潮的重大贡献。[①] 这种对精英阶层的一味鼓吹掩盖了其弱点,传统统治阶级对普通臣民的政治压迫和经济剥削无人研究,而对现代精英的两重性的研究也比较薄弱。[②] 还有的学者则从其他角度探讨了知识精英的形成及其作用。这种对知识精英的"英雄史观"已引起一些伊巴丹学者的反省和其他学者的批判。

非洲经济史是另一个主题。非洲学者在研究经济史时,主要着重四个专题。第一,前殖民主义时期非洲的经济活动;第二,奴隶贸易的规模和影响;第三,废奴运动与合法贸易对非洲社会的影响;第四,殖民统治对非洲经济造成的后果。

此外,欧洲学者一般认为前殖民主义时期的非洲经济缺乏活力,或是主要建立在长途贸易的基础上。通过对一些地区的微观考察,非洲史学家认为传统非洲经济有自己的特点:农业生产稳定,手工业生产呈多样化,商业组织严密,商品市场活跃,贸易分短途与长途,集市分定期与不定期。在东非沿岸地区,国际贸易十分繁荣;在西非,通货类别已达 6 种以上,如贝壳、珠子和金属货币。欧洲人贸易(主要是黄金、象牙、奴隶等)在货源、组织、人力和市场等方面破坏了原有的农产品和手工业品的生产,在一定程度上侵蚀了传统社会结构。有的学者还对传统的经济史观点进行了修正。如对市场的兴起一般有两种解释。其一,市场应经济交换的需要在当地居民社区中自然产生;其二,市场只能受外来刺激而产生,换

[①] F. I. A. 奥英:《尼日利亚政治与新闻出版》,伦敦 1978 年。

[②] 关于非洲知识分子两重性的讨论,参见李安山:《论西非民族知识分子的特点及其在民族独立运动中的作用》,《世界历史》,1986 年第 3 期。

言之,长途贸易导致了地方市场的产生。通过对东非布约奥罗-基塔拉地区的研究,乌卓伊格韦认为市场可以由国王批准而建立,如扩张中的王国在征服的土地上开放市场,或是衰落的王国增加地方市场以适应政治版图的缩小。他的研究表明,在非洲,政治对经济的某种干预在古代即已普遍存在。①

奴隶贸易是人类历史的肮脏一页。作为一场跨大陆、跨世纪和跨人种的经济活动,它是通过牺牲非洲的利益来完成的。1969 年,美国历史学教授柯廷发表了关于大西洋奴隶贸易的统计数字,认为大西洋贸易中的奴隶抵岸数为 9 566 100 人,并相当自信地认为其误差在 10% 左右。②1976 年,尼日利亚学者伊尼科里对此提出质疑。他的研究表明:英属西印度群岛的实际奴隶数目大大高于税收名单的统计;英国实际参与贩奴的船只大大多于从英国离港开往非洲的注册船只;18 世纪英国贩奴船主为逃税往往低报船只吨位;对法国奴隶贸易的估计未能将当时盛行的非法贸易包括在内,这是不合适的。据此,他认为柯廷未考察原始材料,加上统计方法上的失误,从而大大低估了奴隶抵岸数。③ 1978 年,非洲学者估计非洲出口的奴隶人数达 1 540 万人,即将柯廷估计的数目提高了 40%。④

对于奴隶贸易的影响,非洲学者是十分敏感的。有些史学家如吉莫利和霍根多恩认为奴隶贸易对非洲的发展有某种好处,如引进了木薯、白薯、玉米、花生等美洲农作物;同时,非洲奴隶商人的收益亦用于投资非洲。费奇认为:"在西非奴隶输出所造成的人口损失率的直接影响可能并不严重","输出相当于人口自然增长率的奴隶,比把他们留在家里也许较为有利"。⑤ 对这些观点,非洲学者是很难同意的。他们认为,奴隶贸易

①　G. N. Uzoigwe, "Precolonial Market in Bunyoro-Kitara," in B. A. Ogot, ed. , *Economic and Social History of East Africa*, Nairobi, 1976, pp. 24–66; C. Meillassoux, ed. , *The Development of Indigenous Trade and Market in West Africa*, Oxford, 1971.

②　P. Curtin, *The Atlantic Slave Trade: A Census*, Madison, 1969, p. 268.

③　J. E. Inikori, "Measuring the Atlantic Slave Trade: an assessment of Curtin and Anstey", *The Journal of African History*, 17:2(1976), pp. 197–223.

④　联合国教科文组织:《15—19 世纪非洲的奴隶贸易》(黎念等译),中国对外翻译公司,1984 年,第 248 页。

⑤　J. D. 费奇:《西非简史》(于珺译),上海人民出版社,1977 年,第 173—174 页。

的影响除了使非洲损失了大量劳动力外,在政治经济上、社会结构上、文化心理上和科学技术上的消极影响比一般认为的要严重得多。这场贸易使大西洋经济圈得以形成并充分发展,而这是"在牺牲非洲经济的条件下实现的"。概言之,奴隶贸易使非洲陷入了欠发达的依附地位。[①]

霍普金斯在《西非经济史》中的一个著名观点是对合法贸易的评价。他认为,以农产品为主的合法贸易对非洲的影响极其重要,引起了传统权力结构的变化(19世纪末的约鲁巴战争即由此引起),甚至将合法贸易看作是非洲现代经济史的起点。[②] 传统观点也认为,欧洲人在非洲的传教活动、废奴运动和合法贸易是联系在一起的。废奴与合法贸易削弱了掌握在国王酋长手中的贸易垄断权,一批自由农民和商业阶级乃至工业阶级由此而产生,而这一开放又导致了大批非洲人皈依基督教。总之,19世纪欧洲人的活动引起了非洲经济、社会和政治结构的改变。

一些著名的西非学者对这种观点持批判态度。阿贾伊等认为,到1870年为止,废奴主义者在改变西非面貌上并不成功。虽然欧洲人在沿海地区影响增大,但绝未达到威胁周边非洲国家政治和经济制度的地步。同时,"这一时期棕榈油和花生产量的增长没有导致社会革命",因为西非的政治经济和社会制度完全有能力通过协调而非革命来适应沿海贸易带来的变化。阿辛等人的研究也表明:19世纪由奴隶贸易转向柯拉果贸易并未导致阿散蒂王国家权力的削弱和转移。[③]

殖民统治给非洲带来的灾难不容置疑。怎样看待其后果呢? 对这一问题的分析,非洲史学家明显地受依附论的影响。概要地说,他们将殖民主义时期的非洲划为三大区域。西非为传统的殖民地贸易经济区域。在这一地

---

①　W. Rodney, *How Europe Underdeveloped Africa*, Howard U. P., 1974, pp. 93-146; J. E. Inikori, ed., *Forced Migration: The Impact of the Export Slave Trade on African Societies*, London, 1982,特别是伊尼科里本人写的长篇导言。还可参见李安山:《国外对奴隶贸易和非洲奴隶制的研究(1968—1988)》,《世界史研究动态》,1989年第2期。

②　A. G. Hopkins, *An Economic History of West Africa*, London, 1973, pp. 124, 127.

③　J. F. A. Ajayi and B. O. Oloruntimehin, "West Africa in the anti-slave trade era", in John E. Flint, ed., *The Cambridge History of Africa*, Vol. 5, Cambridge, 1976, pp. 200-221; Kwame Arhin, "Aspects of the Ashanti northern trade in the nineteenth century", *Africa*, 40:4(1970), pp. 363-373.

区,欧洲人的长期渗透和商品活动摧毁了村社制度,非洲人成了农产品和原材料的生产者。中非的刚果河流域为特许权公司区域,这一地区地形复杂、环境恶劣,殖民政府将其大部分租给欧洲大公司,以便于开采。东非和南非为劳动力后备军区域。这里或矿产丰富,或存在着白人经济区,两者都需要众多的劳动力,而非洲黑人充当了劳动力后备军。对非洲农产品、矿产和原材料的掠夺不仅造成了极度贫困和两极分化,同时摧毁了传统的内陆贸易,使原有的贸易取向不得不让位于外向经济的特殊要求。①

对殖民统治给非洲经济带来的消极后果,揭露最深刻、批判最有力的是沃尔特·罗德尼。虽然他是圭亚那人,但作为一名黑人学者和达累斯萨拉姆历史学派的主要代表人物之一,他对非洲历史研究所做的贡献是不可磨灭的。②他认为,除了私人资本以外,殖民政府亦卷入了对非洲进行经济剥削的过程。首先,殖民统治的根本目的在于维护宗主国的民族利益,因而保护本国私人资本的利益成了殖民政府的当然职责。无论是在本国资本与外国资本的矛盾中,还是在本国资本家与非洲酋长或非洲劳工的冲突中,殖民政府责无旁贷地站到本国资本家一边。其次,在本国资本家之间出现纠纷而影响殖民统治或超额剩余价值的榨取时,殖民政府作为中间人协调裁决此种分歧。再次,殖民政府必须为私人资本更好地剥削非洲提供各种便利条件。这体现在各种社会设施的建设以及对非洲人民的各种强制性条令和法律的实施。

总而言之,在殖民统治时期,非洲被强行纳入世界经济的轨道,在外国资本的剥削下,日益贫困化。非洲被剥削了实行工业化的条件,因而丧失了发展的机会,成为处于依附地位的外围地区,这种地位影响了独立后的正常发展。③ 从本质上说,强调非洲人的主动性和非洲历史的连续性

---

① S. Amin, "Underdevelopment and dependence," *The Journal of Modern African Studies*, 10:4(1972), pp. 503-524; S. Amin, *Neocolonialism in West Africa*, Penguin, 1973. Ogot, *Economic and Social History of East Africa*, pp. 130-179, 198-220; E. S. Atieno-Odhiambo, "The Rise and Decline of the Kenya Peasant, 1888—1922," in P. Gutkind and P. Waterman, eds. , *African Social Studies: A Radical Reader*, London, 1977, pp. 233-240; O. Nnoli, *Path to Nigerian Development*, Dakar, 1981.

② 关于罗德尼的评介,参见吴秉真:《殖民统治是非洲不发达的最重要原因——黑人非洲史学家 W·罗德尼及其著作评析》,《西亚非洲》,1991 年第 4 期;李安山:《论达累斯萨拉姆历史学派的形成与发展》,《世界史研究动态》,1990 年第 4 期。

③ Rodney, *How Europe Underdeveloped Africa*, pp. 149-238.

是为了突出非洲人民在遭遇欧洲人之后所表现出来的能动性。这正是非洲民族主义要表现的主题——非洲文化有其独特的价值,面对欧洲入侵和殖民统治,非洲人民仍然力图保留自身特点,非洲历史仍然在逆境中继续发展。非洲民族主义是非洲史学研究的另一个重要主题。

(四) 对非洲民族主义的研究

将民族历史与民族主义结合起来是非洲第一代专业历史学家的特点。"在 1948 年,尼日利亚的肯尼斯·迪克(Kenneth O. Dike)开始在尼日尔河三角洲收集口述资料用于自己的博士论文。同一时期,肯尼亚的巴斯维尔·奥戈特(Bathwell A. Ogot)也在着手搜集并运用口述资料撰写罗人(Luo,一译"卢奥人")的历史。'一西一东'开展的这两项工作,可以说是非洲民族主义史学研究的标志性事件。"①

早在 20 世纪 50 年代后期,对非洲民族主义的研究即已开始。津巴布韦学者西索尔的《非洲民族主义》(1959 年)是最早论及这一主题的非洲学者著作。英国学者托马斯·霍季金 1958 年曾是加纳大学学院的访问学者,后来成为加纳大学非洲研究中心的第一任主任。他的经典著作《殖民地非洲的民族主义》从殖民地的社会发展变化入手,从城市化、新的社会成分以及新的社会组织等方面分析了非洲民族主义的根源。② 他的另一篇关于非洲民族主义的重要论文提出了三个主要观点:殖民地人民构成了一个形成中的民族;殖民地人民需要一个具有广泛基础的民族解放运动;殖民地社会精英具有双重合法身份——前殖民社会的继承者和大众意志的代言人。③ 他于 1961 年又发表了《非洲的政党》,不仅对非洲大陆在非殖民化期间的政党情况进行了概述,还对一些现象(为什么一党制在非洲一些国家盛行? 非洲政党是以何种方式获得了广大群众的支持)提出了自己的看法。他对非洲独立国家存在的两种政党即群众政党

---

① 刘伟才:《范西纳的非洲史研究》,《世界历史》,2016 年第 6 期,第 84—93 页。

② Thomas Hodgkin, *Nationalism in Colonial Africa*, Frederick Muller Ltd., 1956. 他在大学的专业是古典学和哲学,由于他负责牛津大学校外课程,与非洲交往甚多,从而对非洲产生了兴趣。

③ Thomas Hodgkin, "A Note on the Language of African Nationalism", William John Hanna, ed., *Independent Black Africa*, Chicago, 1964, pp. 235-252. 原文发表于 1961 年。

和精英政党的区分为后来的研究提供了一种分析框架。

在 20 世纪 60 年代,达累斯萨拉姆学派着重研究了民族主义的起源和发展。兰杰教授认为民族主义是一个"活生生的题材"。在这个题材中,初级抵抗又是达累斯萨拉姆学派最注意的问题。在《南罗得西亚的反抗:1896—1897》及他的著名长文中,兰杰批驳了英帝国史学传统将初级抵抗看作反动的、落后的这一流行观点。通过分析比较罗得西亚、肯尼亚和坦桑尼亚等地的各种抵抗运动,他认为,非洲人民对殖民主义者的初级抵抗不仅使殖民政府在一定程度上做出妥协和让步,而且为后来兴起的大规模民族主义运动做了思想、心理和组织上的准备。[1] 他的这一论点对非洲史学家影响很大。格瓦萨认为,坦桑尼亚人民对德国殖民主义的反应有四种:积极抵抗、消极抵抗、自我适应和谋利手段。[2] 他比兰杰又进了一步,通过分析非洲的社会结构,他认为,不同的社会集团对殖民主义者采取了不同的态度。兰杰和格瓦萨的研究引发了 70 年代非洲史学界关于"抵抗与合作"的主题争论。

围绕马及马及起义这一专题,达累斯萨拉姆学派广泛收集口头传说和原始资料,做了详尽的研究。艾利夫在他的著作中系统地研究了起义的前因后果。他认为只有对德国和非洲两方面深入了解,才能解释这一事件。他分析了宗主国和殖民地,白人移民、亚洲移民和非洲移民当时的情况,德国政府、殖民政府与殖民官员等各种矛盾的相互作用,从而得出结论:德国在东非的改革不是由柏林政府主动发起的,而是对马及马及起义的一种反应。这就从史学上论证了阶级抵抗对殖民政策的制定所产生的影响。《德国统治下的坦噶尼喀:1905—1921》已成为研究马及马及起义的权威著作。[3]

这一代史学家最明显的特征之一是对非洲历史的民族主义解释。首先,他们力图证明非洲有一个光辉的过去。在古代史方面,以塞内加尔学

---

① T. O. Ranger, *Revolt in Southern Rhodesia*, *1896—1897*, London: Heinemann, 1967;《南罗德西亚的反抗》,伦敦 1967 年;T. O. Ranger, "Connections Between 'Primary Resistance' Movements and Modern mass Nationalism in East and Central Africa", *The Journal of African History*, 9:3(1968), pp. 437-453; 9:4(1968), pp. 631-641.

② G·格瓦萨:《坦桑尼亚的德国入侵和非洲抵抗》,《坦桑尼亚史》,第 85—122 页。

③ J. Iliffe, *A Modern History of Tanganyika*, Cambridge, 1968.

者安塔·迪奥普和刚果历史学家奥本加的"尼罗河谷"学派最为突出。其主要观点是坚持非洲是唯一的人类发源地,所有其他大陆的居民均由非洲迁移过去。同时,尼罗河谷学派认为埃及与非洲同根同源,古埃及文明是一种非洲文明。① 在近现代史方面,非洲史学家通过个案分析,指出非洲很多地区在殖民统治以前即已建立了王权或酋长制等符合自己民族特点的政治制度,力图说明:那种把非洲所取得的每项成就都归因于外界影响的时代已经过去了。②

对民族主义特别是抵抗运动的研究为非洲史研究开拓了新的领域,强调非洲人的能动作用则是研究角度上的一个创新。从殖民史学对非洲史的完全漠视到尼日利亚学者阿贾伊强调"殖民主义只是非洲历史的一个事件",这是非洲史学认识论上的一个突破,而从阿贾伊的观点到达累斯萨拉姆学派强调非洲人的主动性又是一个突破。另外,将依附理论运用到非洲史研究,把奴隶贸易、种植园经济视为国际资本主义发展的必要条件,把坦桑尼亚殖民史置于经济体系的形成中去考察,这无疑扩大了研究的视野。然而,依附理论在强调外部作用时忽略内部因素,在强调国际资本主义剥削时忽略对不发达国家进行阶级分析,或以种族因素取代阶级因素,这是达累斯萨拉姆学派应该也必须克服的。

这一时期对非洲民族主义及相关问题的国别研究可谓硕果累累。在第一届国际非洲历史学家大会上,莫斯科大学的 A. B. 戴维逊第一次提出了民众反抗历史的重要性。③ 非洲学者的研究集中在两个方面:对殖民统治的反抗和现代知识分子的作用。非洲人民的反抗大致可以分为三种类型:对殖民侵略的反抗、殖民统治下的反抗(包括城市

---

① Cheikh Anta Diop, *The African Origin of Civilization*: *Myth or Reality*, Lawrence Hill, 1974; Chris Gray, *Conceptions of History in the Works of Cheikh Anta Diop and Theophile Obenga*, London, 1989. 有关介绍可参见李安山:《国外对撒哈拉以南非洲古代史的研究(1960—1990)》,《世界史研究动态》,1991 年第 5 期。

② J. F. A. Ajayi and M. Crowder, *History of West Africa*, Vol, 1, Longman, 1971, pp. 269-343, 485-530; B. A. Ogot and J. A. Kieran, *Zamani*: *A Survey of East African History*, Nairobi, 1971.

③ A. B. Davidson, "African Resistance and Rebellion Against the Imposition of Colonial Rule," in T. O. Ranger, ed., *Emerging Themes of African History*, Nairobi, 1968, pp. 177-188.

里的反抗)、具有要求自治这一明确目标的民族主义运动。希贝尔的博士论文对代表独立苏丹的马赫迪运动及其所建立的国家进行了深入细致的分析;拉西姆对英国的殖民统治和苏丹民族主义的兴起进行了深入的探讨;扎西尔·库莱西对埃及自由民族主义进行了探讨;阿贾伊和阿严德拉对基督教在尼日利亚的影响和知识分子作用的研究表明:19世纪的非洲知识分子已在可能的范围内用自己的武器对西方统治者提出了挑战。①

关于民族主义的个案研究在20世纪70年代虽有所减少,却不断深入。有的是对早期民族主义者或某一运动进行了研究,如阿严德拉的《神圣的约翰逊》(1970年)和西拉·马克斯的《犹豫不决的起义:1906—1908年的纳塔尔骚乱》(1970年);有的是对某一国家或殖民地民族主义的探讨,如贝希尔的《苏丹的革命和民族主义》(1974年);有的是对某地区武装反抗殖民侵略的个案分析,如克劳德主编的《西非的抵抗:对殖民占领的军事反应》(1971年)。有的是对民族主义反抗、政治和社会演变及民族一体化的综合研究,如沃尔什的《南非非洲民族主义的兴起:非洲人国民大会,1912—1952》(1971年),马科维兹的《非洲的权力与阶级》(1977年),马兹鲁伊的《非洲的政治价值观与知识精英》(1978年),斯莫克和班兹-恩吉尔的《非洲寻求民族一体化》(1979年)。关于南非民族主义的研究较为突出,如格哈特探讨黑人政治的《南非的黑人权力:一种意识形态的演进》(1978年),斯塔尔茨的《南非的阿非利卡人政治,1934—1948》(1974年),莫迪的《阿非利卡王国的兴起:权力、种族隔离制与世俗宗教》(1975年),吉里奥米和托瓦特的《阿非利卡人的政治思想》(1978年)等。

80年代的研究开始集中在国家民族一体化过程中的民族问题和南

---

① K. O. Dike, *Trade and Politics in the Niger Delt*; Mekki Shibeika, *The Independent Sudan: The History of a Nation*, New York, 1959; Al-Rahim, *Imperialism and Nationalism in the Sudan*, Oxford University Press, 1969; John Illife, "The Organization of the Maji Maji Rebellion," *The Journal of African History* 8(1967), pp. 495-512; Zaheer Quraishi, *Liberal Nationalism in Egypt*, Allahabad, 1967; J. F. A. Ajayi, *Christian Missions in Nigeria*; E. A. Ayandele, *The Missionary Impact on Modern Nigeria*. 关于埃及和阿拉伯民族主义的研究目录,参见王锁劳:《埃及民族主义研究》,北京大学博士研究生学位论文,2000年。

部非洲的研究。学者对一些国家内部存在的各地方民族的不同要求、国家的民族政策及民族的自治问题进行了探讨,如罗斯奇尔德和奥罗伦索拉合著的《国家与民族的要求:非洲的政策困境》(1983 年),本杰明·纽尔伯格的《后殖民非洲的民族自治》(1986 年),约翰·马卡基斯的《非洲之角的民族与阶级争斗》(1987 年)。马兹鲁伊和泰迪的《非洲的民族主义与新生国家》(1985 年)则是对二战以来的非殖民化、民族主义的发展和非洲国家独立以来的各种政治现象进行了系统梳理,是一部较全面的政治史。

对国别和个案的研究仍在继续,如布里奇曼的《赫雷罗人的起义》(1981 年)研究了 1904 年到 1907 年德属西南非洲的赫雷罗人的反抗斗争,兰杰的《津巴布韦的农民觉悟与游击战争》(1985 年)以比较的方法探讨了津巴布韦和肯尼亚的农民反抗。作者探讨了殖民统治和世界经济对农民的影响及农民意识的形成,分析了农民意识与游击战思想的关系,通过对津巴布韦、肯尼亚和莫桑比克的比较研究,得出了一个颇有启发性的结论。大卫·兰的《枪和雨:津巴布韦的游击队和神灵巫师》揭示了民族独立运动中传统宗教领袖的作用;贝纳特和邦迪在《南非农村的隐蔽斗争》(1987 年)中研究了 8 例个案,批评了白人政权将黑人之间的冲突称为"部落冲突"的说法,并就农民反抗问题提出了自己的观点。斯坦的《马库斯·加维的世界:现代社会的种族和阶级》(1986年)从历史的角度研究了加维这位特殊人物对非洲特别是对泛非运动的影响。

国际非洲历史学界对民族主义的研究集中在殖民主义时期。20 世纪 80 年代后期开始,民主化浪潮席卷整个非洲。对非洲民族主义的研究兴趣有增无减。90 年代的有关研究成果多与民主化中的民族冲突这一问题相关联。有的学者探讨在民主化浪潮中日益突出的民族主义与民族认同问题。在诸多关于非洲民主化的研究中,涉及民族问题的代表作是由哈维·格利克曼主编的《非洲的族际冲突与民主化》。这是一部相当有分量的论文集,收集了关于南非、津巴布韦、肯尼亚、索马里、贝宁、加蓬、刚果、喀麦隆、坦桑尼亚、尼日利亚、扎伊尔等国的个案研究,探讨了族际冲突的形成、类型、特点及与民主化的关系等问题,学者们还就解决族际冲突提出了看法。毋庸置疑,非洲民主化一方面刺激了各国的族际冲突,另一方面也为解决民族冲突提供了新的机会。[①]

四、非洲史学与现实的关系

(一) 现代非洲历史学派的特点

对自身文化传统的挖掘和重建仍应是当前非洲史家的重要任务之一。对自己民族历史的重新发现和恢复,对西方殖民遗产这一负担的反思,对非洲民族主义运动先驱者思想的回顾,对独立后民族-国家危机的分析,以及非洲在全球化过程中的地位和作用,这些都是非洲历史学家要面对的课题。第一代非洲史学家形成了自己的特点。第一,选题的精心考究、史料的充分考证和论证的严密慎重使其著作经得起时间的考验。同时,探幽入微的地区研究促进了对宏观历史和发展规律的考察。如果没有对坦桑尼亚内地古代史的微观研究,基曼博就无法从宏观上批驳"含米特理论"的神话。[②] 而阿贾伊关于"殖民主义只是非洲历史的一个插曲"的著名论断也只能从繁多的个案研究中抽象出来。[③] 第二,所有这些研究均使用了口头传说作为史料来源。这是一种方法论的改革。第三,他们中的绝大部分还积极参与社会活动,展现了很强的行政能力,或兼任杂志和丛书主编,或创建历史学会,同时还对高校或中学的历史课程设置提出自己的看法。第四,他们在选题上注重政治史和国民意识的培养。

最重要的是他们的研究与现实密切相关。"社会的心理适应于它的经济。"(普列汉诺夫语)从这种意义上说,历史学家的研究心理和研究兴趣必然受当时的社会现实的影响。如果说,在 60 年代非洲史学家主要致力于政治史的非殖民化的话,从 70 年代起,他们开始研究非洲经济落后的根源。这主要是因为独立后十年来的经济发展并不理想,急需剖析其

---

① H. Glickman, ed., *Ethnic Conflict and Democratization in Africa*, African Studies Association Press, 1995.

② 基曼博:《1800 年以前的内地》,见基曼博、特穆编:《坦桑尼亚史》(钟丘译),商务印书馆,1976 年,第 24—52 页。

③ J. F. A. Ajayi, "Colonialism: An Episode in African History" in Gann and Duignan, eds., *Colonialism in Africa*, Vol. 1. Cambridge, 1969, pp. 479-509; J. F. A. Ajayi, "The Continuity of African Institutions under Colonialism" in T. O. Ranger, ed., *Emerging Themes of African History*, Dar es Salaam, 1968, pp. 169-200.

原因并提供理论上的解释。可以说,这一学术研究的转向从根本上说源自非洲现实的呼唤。同时,另外两个因素也促成了这一转向。英国的非洲经济史学家霍普金斯在 1973 年发表了他潜心研究了多年的《西非经济史》。此书旁征博引,结构紧凑,论证严密,概括大胆,堪称研究非洲史的上乘之作。这部书引起了学术界的赞赏,但由于宏观概括难以持平,一些具体结论亦引起了非洲学者的不满,从而激发了非洲史学家对经济史的深入探讨。①

他们对欧洲殖民主义与非洲的关系提出了自己的观点。他们认为,这种关系并非如一些殖民主义史家(如盖恩)所说的是利他性的,亦非如一些古典主义学派(如敏特)所强调的具有互利性。这种关系在将非洲变为殖民地的同时,亦使其成为欧洲宗主国的外围地区,这一依附地位的确立使非洲的发展受到极大的制约。非洲沦为欠发达地区的历史过程是通过奴隶贸易、合法贸易和殖民统治三个阶段来完成的,而每个阶段对不同地区的影响亦不相同。在此过程中,非洲人不是消极被动地承受各种压力,而是尽可能地去适应新形势。非洲人的主观能动性在很多情况下影响甚至制约了殖民政策的制定和实施。但是,在强调依附地位的同时,往往容易忽略非洲内部的差异:如内部的阶级分化以及不同阶级的不同策略等。这是非洲史学面临的一个非常重要的理论课题。

非洲历史学在 60 年代到 70 年代初期经历了短暂的辉煌时期之后,开始进入低潮。这主要有以下几个原因。第一,非洲国家独立后的短暂光辉开始失去,多数国家的经济从 20 世纪 70 年代中期起开始经历了艰难的时期。经济困境无疑影响到非洲国家独立时确立的民族文化复兴计划。第二,西方国家对非洲学术研究的兴趣开始减弱,诸多国家的非洲研究项目经费被削减。② 第三,由于本国经济状况不理想,加上西方国家高

---

① 如奥戈特在他主编的《东非经济社会史》的导言中明确表示,该书是受霍普金斯的启发,"为了填补非洲研究中的这一空白"而编:B. A. Ogot, ed., *Economic and Social History of East Africa*, Introduction。

② Esperanza Brizuela-Garcia, "African Historiography and the Crisis of Institutions", Paul Tiyambe Zeleza, ed., *The Study of Africa*, *Vol. I*, *Disciplinary and Interdisciplinary Encounters*, Dakar: Council for the Development of Social Science Research in Africa, 2006, pp. 135-167.

校和科研机构的高薪招聘,非洲国家的学术人才流失严重。

确实,伊巴丹学派、达累斯萨拉姆学派及诸非洲史学派给非洲史研究带来过辉煌。然而,随着非洲经济的持续滑坡,政治局势在民主化浪潮中日趋动荡,历史研究成为非洲严峻局势的一个表征。"在 20 世纪的最后 10 年中,非洲史学家完全被西方传统支配。西方学者源源不断地访问非洲,不是为了向非洲学习,而是为了把自己的传统教给非洲。与此同时,一些非洲史学家洪水般地移民西方,成为全球性的第三世界人才外流的一部分。"①然而,正是这批移民国外特别是移民美国的非洲历史学家构成了国际非洲历史研究的一支强大的学者队伍。旅居美国的非洲历史学家 J. E. 伊尼科里(J. E. Inikori)、马马杜·迪乌夫(Mamadou Diouf)、托因·法罗拉(Toyin Falola)、保罗·蒂亚姆贝·泽勒扎(Paul Tiyambe Zeleza)和伊曼纽艾尔·阿昌庞(Emmanuel Akyeampong)等,继续为非洲历史研究做出自己的贡献。

(二) 现代非洲历史学派的责任

独立后的非洲学者在文化的非殖民化方面取得了可喜的成绩。第一代非洲历史学家可以说完成了三个突破:主题的突破、观点的突破和方法的突破。然而,非洲文化的非殖民化仍然任重道远。这主要包括两个方面:对非洲历史文化的发掘和重新肯定以及在新的形势下创造具有本国特色的民族文化。在改革政治和发展经济的同时,只有在扬弃旧的文化与价值观的基础上吸收世界文化的优秀成果,才能形成一种符合本国国情的国民文化。这是非洲历史学可以为国族建构做出贡献的重要方面。直到 20 世纪 70 年代中期,历史见证了民族主义反对殖民主义这场巨大的政治运动,汹涌澎湃。然而,这股力量在随后的时间里迅速衰落,这也是不可否认的事实。非洲史学成为这一场较量的舞台。然而,这并不意味着非洲史学的没落。相反,非洲历史学家在其他舞台上重新站立起来,开始以泛非主义史学的形式探讨自己民族的历史和非洲社会的发展。

人文社会科学的中立性不是绝对的,对有的学科特别是人类学、政治

---

① 阿拉戈:《非洲史学实践——非洲史学史》(郑晓霞、王勤、胡皎玮译,张忠祥、郑晓霞译校),上海社会科学院出版社,2016 年,第 93 页。

学、社会学和历史学等来说，中立甚至是不可能的。非洲国家的历史学从独立的那一天起，就承担着对原来在西方殖民过程中形成的观念、传统、规范和话语进行非殖民化的艰巨任务。只有清除殖民主义的影响，重建自身的历史和文化，国族认同、国族建构和国民自信心才得以建立。非洲历史学面临着艰巨的任务。尼日利亚历史学家迪克博士曾指出："每个民族将其未来建筑在其历史之上。"我们应该清醒地认识到，任何一个国家的历史最好由自己来书写，因为这种历史文化与国族建构有着直接关系，特别是非洲历史曾被殖民主义者歪曲和抹杀。非洲历史的研究不必满足其他人确立的所谓标准。实际上，诸多民族主义先驱已经在撰写自身民族历史的过程中，以及在民族斗争的画卷中表现了非洲人的独特性。

由于西方近代以来确立了国际学术界的诸多规范，同时掌握着各种话语权，所有发展中国家的历史学乃至整个学术体系几乎处于相同的困境。目前，这些地区的知识分子一方面力图在西方掌握着话语权的学术舞台发表自己的观点，赢得以西方为代表的国际学术界的认可。另一方面，他们又致力于研究自己民族的文化传统，尽力挖掘自身文化的长处和特点，为了在国际舞台争得一席之地。尼日利亚历史学家阿贾伊在总结非洲历史时指出："作为人类的摇篮，非洲一直是历史世界的一部分，非洲人与其他人一样有历史并珍爱自己的历史；新国家的存在归功于她的历史，而非殖民国家的偶然行为……；在前殖民地的群际关系史上，没有任何迹象表明，人民不能像现在的德国和英国等民族国家内战斗民族（the warring people）那样和平共处地生活在一起并组成一个国家，更不用说美国和苏联了；尼日利亚的前殖民历史充分显示了其建立和管理主要政治机构的非凡能力。"[1]

确实，一个时代决定着学者们的研究取向。非洲史学在经历了60—70年代的辉煌、80年代的批判评估以及90年代的衰落后，正在重新崛起。一大批移民海外的非洲学者一直致力于非洲历史的探讨，他们的影

---

[1] J. F. Ade Ajayi, "National History in the Context of Decolonisation: The Nigerian Example", in Erik Lönnroth, Karl Molin, Ragnar Björk, eds. , *Conceptions of National History* (Proceedings of Nobel Symposium 78), Walter de Gruyter, Berlin, New York, 1994, p. 65.

响力在欧洲和北美日益显现。2003年，非洲联盟决定将非洲海外侨民（African diaspora）作为除东部、西部、南部、北部和中部非洲之外的第六大组成部分。海外非洲的历史学家构成了非洲史学的重要力量。通过对研究视野的拓展、对各种思想和学科的吸收以及对各个学派和不同观点的融合，"泛非主义史学"脱颖而出，这是"史学家们试图创造非洲大陆及其与其他大陆间关系的史学知识的产物"。①

（三）全球史语境下的非洲史学

全球性议题在人类历史的发展过程中并非首次出现，对世界史研究者而言也不新鲜。以非洲史为例，早期的奴隶贸易，贸易关系涉及欧洲、非洲和美洲三大洲，劳动力的被迫迁移、金融资本的投放和利润所得以及原材料的跨洋供应早已开启了横跨三大洲的生产贸易联系。同样，殖民主义统治几乎遍布世界各地，这也是一种全球范围内的活动，涉及欧洲、美洲、非洲、亚洲和大洋洲。历史的作用即是将这种人类活动如实地记载下来。

全球史正在拓展自己的地盘。如何在全球化时代进行民族历史的研究？"全球史最终是与全球化相联系，民族史则将通过创造认同和民族主义来应对，以此来保护本土利益并防止对多种（甚至不同）声音的泯灭。……民族主义史学将非洲的现在与过去相连，过去存在于现在的记忆之中，而现实为未来奠定了基础。在民族主义史学的概念中，民族史成为了一种'政治宪章'，将历史与民族联结起来，将民族与民族主义联结起来。……他们应该对历史进行非殖民化，对他们学生的心灵进行非殖民化。"②

在全球化不断推进的情况下，以民族主义为主要基调的非洲历史是否还有价值呢？我们的回答是肯定的。从本质上看，民族主义正是在受到外部压力下的一种本能反应。全球化进程有可能迫使民族国家让渡主

① 阿拉戈：《非洲史学实践——非洲史学史》（郑晓霞、王勤、胡皎玮译，张忠祥、郑晓霞译校），上海社会科学院出版社，2016年，第103—106页。
② Toyin Falola, "Writing and Teaching National History in Africa in an Era of Global History", pp. 170-171.

权甚至丧失主权,这激起在国际政治经济舞台上处于劣势的民族国家的反弹,它们以各种方式进行抗争。这是民族主义产生的主要原因。换言之,在当今世界,如果没有受到全球化压力,民族主义就不会产生。

全球化问题的突出在于目前资本、技术、劳动力的全球流动比以往任何时期都更为突出,表现出一种前所未有的趋势。由于全球化是人类历史特别是二战以来的国际政治经济秩序发展的逻辑结果,西方对世界其他地区的优势是一种既得利益的延续。这种优势是西方国家希望保持的,而发展中国家也力图在这一趋势中争得自己的位置以改变既定的政治经济秩序。两者的冲突在所难免。这种冲突也表现为一种全球性的冲突。

没有一种意识形态既对富国有利,也对穷国有利。

如何在全球化时代进行民族历史的研究与教学,尼日利亚历史学家托因·法罗拉提出了自己的看法。随着全球化的推进,全球史也在拓展自己的地盘。然而,纵观历史,全球化并不是新现象,奴隶贸易即是一种表现。

全球史之所以有它的存在意义,除了上述的现实情况外,还有一个重要的原因。全球化不仅是物质的流动,也是精神或意识形态的流动。意识形态是具有阶级性的,它是特定阶级意志的表达形态。意识形态也是具有继承性的,在殖民主义时期产生的种族歧视和西方优越论等意识形态仍然顽强地存在下来,在非洲独立后的战略制定和发展过程中通过国际力量(包括西方国家的干涉和国际组织的干预)体现出来。在这种情况下,全球史的提出有它的现实意义和意识形态意义。在顺应全球化而兴起的全球史的研究中,对话语权的争夺是必然的。从人类历史看,没有一种意识形态会在同一时间既有利于统治者,又有利于被统治者;既有利于富人,又有利于穷人。在话语权争夺中,非洲研究的地位至关重要。跨大西洋奴隶贸易的研究是对历史的真实反映,对非洲移民裔群的研究是对现实的真实反映,对非洲人民历史主动性的研究与发展问题相关。这些应该是全球史研究的重要内容。

五、小　结

现代非洲史学就是民族主义史学。既然是为自己民族而写,就不必在意他国的学者是否满意。实际上,诸多民族主义先驱已经在撰写自身民族的历史和民族斗争画卷中表现了非洲人的独特性。法罗拉指出,非洲历史的研究者对于历史撰写的程序和普遍规则不必质疑,"但他们希望在历史的撰写和教学中以一种与其民族关注的事物相联系的方式来进行。实际上,他们接受差异的观念:非洲历史可以在诸多方面不同于其他历史,不同于其他的历史学家如何定义和撰写非洲历史。先驱者面对的'全球史'和帝国主义的问题,正如我们今天所面对的一样。他们想要创造'民族'(nation),而我们今天也在全球化世界里面对着民族-国家的危机"。① 对自身文化传统的挖掘和重建仍应是当前非洲史家的重要任务之一。对西方殖民遗产这一负担的反思,对非洲民族主义运动先驱者思想的回顾,对独立后民族-国家危机的分析,以及非洲在全球化过程中的地位和作用,这些都是非洲历史学家要面对的课题。

由联合国教科文组织主持的《非洲通史》(1—8 卷)的出版和《非洲通史》(9—11 卷)的相继完成称得上是非洲历史非殖民化的一大壮举。独立后的非洲政治的非殖民化已告一段落,但文化重建的任务还任重道远。可以说,重修科学的非洲史实有赖于全世界有良知的非洲史学家的共同努力。

---

① Toyin Falola, "Writing and Teaching National History in Africa in an Era of Global History", Paul Tiyambe Zeleza, ed. , *The Study of Africa*, *Vol. I*, *Disciplinary and Interdisciplinary Encounters*, Dakar: Council for the Development of Social Science Research in Africa, 2006, p. 170.

第十六章　变化中的南非史学:谁的历史?

> 一个世纪来,南非历史上最大的社会经济事实既不是黄金,也不是钻石,甚至也不是农业,而是对黑人劳动力的全盘依赖。
>
> 德·基维特(南非自由主义史学家)

> 南非历史在线(SAHO)是注册于 2000 年的非营利组织,旨在解决南非和非洲大陆的历史文化遗产在我们的教育和文化机构中被殖民主义和种族隔离所代表的方式上的偏见。……该网站已成为促进研究和人们讲述自己故事、加强欧洲大陆历史教学的场所。
>
> 南非历史在线主页

在非洲史的研究中,南非史几乎成了一门独立的学科分支。[①] 这种独特地位的产生有多种原因。第一,由于南非特殊的历史发展进程所致,特别是多民族和多元文化使南非的历史研究具有自己的特点。第二,长

[①]　这种独特性可能是一些有关非洲史学史的著作较少提及南非史学的一个原因。参见埃比戈贝里·乔·阿拉戈:《非洲史学实践——非洲史学史》(郑晓霞、王勤、胡皎玮译,张忠祥、郑晓霞译校),上海社会科学院出版社,2016 年,第 100—102 页;L. M. Thompson, "Afrikaner Nationalist Historiography and the Policy of Apartheid", *The Journal of African History*, 3:1(1962), pp. 125-141; Shula Marks, "African and Afrikaner History", *The Journal of African History*, 11:3(1970), pp. 435-447。

期的种族隔离制度以及复杂的现实政治和国际舆论的关注使它有别于其他非洲国家,从而对其史学产生了重要的影响。第三,南非史学与英、荷、美史学的紧密结合。由于英国对南非的长期统治以及存在着同时具有两地工作经历甚至国籍的学者,英国史学传统在这里可谓根深蒂固,多种史学流派各显其能。荷兰早期移民传统使荷兰史学对南非也有影响。此外,一些南非学者因种族隔离制移民美国(例如 20 世纪 50 年代在开普敦大学教书后来到美国教书的利奥纳德·汤普森,原在纳塔尔大学后来转到耶鲁大学教书的利奥·库柏),南非与美国学界关系密切。第四,南非史家面临的诸多问题如种族主义、边疆精神以及阶级与种族、黄金与国家、资本与劳力等各种因素在世界历史过程中均具有普遍意义。囿于篇幅,作者不可能完全呈现丰富复杂的南非史学,只能列出大致脉络。本章分为五个部分,分别对 19—20 世纪之交、20 世纪上半叶、20 世纪下半叶以及新南非等四个阶段的史学研究进行阐述,分析每个阶段的特点,最后是小结。

一、19—20 世纪之交:南非官方史学的初建

这一时期的南非史学是英帝国南非史学与白人殖民者史学的结合。这种特性与南非当时的地位相吻合。当时南非的三个主题相互交错:英国开普殖民地的设置、布尔人共和国的建立和英帝国的扩张,最终导致南非联邦的成立。所谓的"殖民者"包括两方面,英国移民和荷兰移民即布尔人。两者的意识形态一致——建立在伪科学基础上的种族主义;两者的心态一致——定居者心态;两者的目的一致——侵占土地以求发展。他们之间确实存在冲突。19 世纪时一些阿非利卡人为抵制英帝国史学而开始撰写历史。双方日益意识到他们的共同敌人是黑人,黑人问题是"出现的所有困难中首位的、最大的和最紧迫的问题"。①

(一) 英帝国史学的影响

津巴布韦学者恰内瓦认为,南非研究中英帝国史学传统的主要特

---

① A. R. Colquhoun, *The Africander Land*, London, 1906, p. xiv.

征是它的"欧洲取向"。① 应该说,"英帝国取向"是更合适的字眼。这一学派的明显特征是从英国的角度来分析南非史:南非是英帝国版图的一块,南非史是英帝国史的延伸,英国在南非的使命是传播文明。这一史学传统与英帝国的扩张密切相关。这一时期较早研究南非历史的是一些英国学者。他们将南非各地作为英帝国的殖民地进行考察和研究,例如早期出版的霍尔登的《纳塔尔殖民地史》与威尔莫特和恰斯的《好望角殖民地史》等著作。② 恰斯还出版过其他著作,如《纳塔尔文件》等。③ 这些著作对荷兰移民即布尔人没什么好感,虽然也有同情,但对其举止或可怜,或鄙视,或批判。④ 第一次英布战争⑤后,海格德的《塞茨瓦约和他的白人邻居》(1882年)和约翰·尼克松的《德兰斯瓦的完整故事》(1885年)对布尔人的揭露毫不留情,批评英国首相格莱斯顿的自由主义政策,为兼并德兰斯瓦寻找合理依据。威尔莫特的《我们时代的历史》(四卷本,1897—1899)不仅明显带有英布战争的印记,且为英帝国扩张大唱赞歌。这些成为英帝国史学传统的早期代表作。第二次英布战争前后,英帝国史学充满了仇视布尔人的气氛,这种情况一直持续,一方面将布尔人描述为"野蛮的""落后的"民族,指责他们对非白人的态度是非人道的,另一方面为英帝国在南非的扩张

---

① David Chanaiwa, "Historiographical Traditions of Southern Africa", *The Historiography of Southern Africa*, The General History of Africa: Studies and Documents(4), Proceedings of the Experts Meeting held at Gaborone, Botswana, from 7 to 11 March 1977, 1980, p. 25.

② W. B. Boyce, *Notes on South African Affairs*, London, 1839; W. Holden, *History of the Colony of Natal*, London, 1855; A. Wilmot and J. C. Chase, *History of the Colony of the Cape of Good Hope*, Cape Town, 1869; John Noble, *South Africa Past and Present*, London, 1877.

③ J. C. Chase, *Natal Papers*, Grahamstown, 1843; J. C. Chase, *The Cape of Good Hope and the Eastern Province of Algoa Bay*, London, 1843.

④ W. Holden, *History of the Colony of Natal*, p. 349; A. Wilmot and J. C. Chase, *History of the Colony of the Cape of Good Hope*, pp. 157, 367, 419; John Noble, *South Africa Past and Present*, pp. 15, 169, 173.

⑤ 第一次英布战争是指1880年12月16日至1881年3月6日英国与南非布尔人之间的一次小规模战争。双方于1881年3月6日签订停战协定。8月3日双方又签订《比勒陀利亚协定》。英国同意德兰士瓦布尔人成立自治政府,享受有限的独立。为了区别于1899年到1902年的英布战争,史称"第一次英布战争"。

辩护。①

这一传统注重英帝国扩张史，研究集中在南非的国际战略地位，英帝国的南非政策以及南非与帝国的关系。英国的南非扩张或被解释为对布尔人和非洲人之间战争的制止，或被解释为对其他欧洲对手干涉入侵的防范。这种"不列颠文明使命"是英帝国史学传统的主要基调。没有提及非洲人在南非这块土地上的发展，他们在南非历史上没有任何地位。

（二）殖民者史学与官方史学家

与此相对应的是阿非利卡人对自己历史和传统的记录和研究。19世纪中期，一些阿非利卡人为抵制"英帝国史学"而开始撰写自己的历史。1877 年，第一部用阿非利卡语写成的历史书，书名强烈反映了阿非利卡人的民族意识：《用我们民族的语言写的我们国家的历史》。当时的评论是，"它是照亮我们眼睛的南非光芒"；有人提议"将这本小小的历史书印几千册，让每一个真正的阿非利卡人人手一册，这样每个人都知道他们的祖先为南非付出的代价"。② 然而，这类历史既不系统亦无专业水平可言。

真正为殖民者史学奠基的是加拿大移民乔治·麦考尔·蒂尔（1837—1919）。蒂尔虽未受到过专业历史训练，但穷其一生致力于南非史的资料整理和研究，著作等身，促成了殖民者史学的形成。他的祖父母于 1783 年从加拿大的新斯科舍移民至南非，他在 18 岁时来到开普殖民地，开始关注南非的政治和社会发展。在 1875 至 1880 年间，他一直是传教士，随后被任命为地方治安法官。1877 年，他妥善解决了当地一起与盖卡卡佛尔人（the Gaika Kaffirs）的争端事件，后来被招聘到开普殖民地政府的土著部工作。由于他对早期南非有过研究，因而被任命为档案保管员。1895 年，他被当时的开普殖民地总理罗得斯派往欧洲，整理和搜索葡萄牙、丹麦和

① L. S. Amery, *The Times History of the War in South Africa*, 7 volumes, London, 1900—1909；A. M. S. Methuen, *The Tragedy of South Africa*, London, 1901；W. B. Worsford, *Lord Milner's Work in South Africa*, London, 1906；E. B. Iwan-Muller, *Lord Milner and South Africa*, London, 1902.

② F. A. van Jaarsveld, *The Afrikaner's Interpretation of South African History*, Cape Town：Simondium Publishers, 1964, pp. 39-40.

英国的档案,以收集与南非相关的资料。通过对这些资料的利用,他完成了有关南非历史的著述,如十卷本《南非史,1505—1884》和《南非布尔人史》等,为殖民者史学奠定了基础。蒂尔的贡献主要是整理了一大批有关南非和南部非洲的史料,便于以后的专业史学研究参考。①

蒂尔在南非史学史上的重要性表现在三个方面。第一,他开始系统整理有关南非的历史资料,广泛收集欧洲各国所存的有关南非的官方档案并整理出版;他还同时收集了一些非洲人的口头传说和民间故事。这些资料为后人研究南非史提供了宝贵文献。第二,他撰写的南非史着重叙述了英国对开普殖民地的控制以及荷兰人对英国移民的反应,探讨了多个布尔人共和国建立的政治后果以及祖鲁人势力的壮大,从而不仅提供了南非政治的一些细节,也揭示了当代人对这些政治发展特别是殖民过程及其观念的态度。他的著作成了当时的权威读物,成为英国议会辩论南非问题时经常引用的论据,曾长期被牛津大学作为参考书使用。第三,南非政府和学界对其学术地位的承认和他的国际认可度。他在 1891—1895 年成为开普殖民地政府的"殖民历史学家",后又成为官方历史的整理者。南非大学理事会在他去世前通过决议,肯定他为南非史学所做贡献,其生平和学术成就成为学界研究的对象或学位论文的题目。②《大英百科全书》(第 13 版)提到"在后来的历史研究工作者中,蒂尔的名字显著地突出了他为留下原始记录而付出的不懈的努力,这些成果正是那些未来历史学家的工作所赖以建立的基础"。③

---

① G. M. Theal, *Kaffir Folk Lore*, London, 1882; G. M. Theal, *Basutoland Records, copies of official documents of various kinds, accounts of travels, etc.*, 3 volumes, Cape Town, 1883; G. M. Theal, *Records of Cape Colony from 1793 to 1827*, 36 volumes, London, 1897—1905; G. M. Theal, *Records of South Eastern Africa from 1895 to 1903*, 9 volumes, Cape Town, 1898—1903; G. M. Theal, *History and Ethnography of Africa, South of the Zambesi, from 1505 to 1795*, 3 volumes, Cape Town, 1907; G. M. Theal, *History of South Africa since September 1795*, 5 volumes, London, 1908—1910. 蒂尔的著述甚多,这里列出的是他的主要著作。

② W. A. Norton, "Dr. Theal and the Records of South-East Africa", *South African Journal of Science* (1922); Merle Babrow, "A Critical Assessment of Dr. George McCall Theal" (M. A. thesis, University of Cape Town, 1962); Christopher Saunders, "George McCall Theal and Lovedale", *History in Africa*, 8(1981).

③ 早在 1932 年就出现了对他的研究专著。I. D. Bosman, *Dr. George McCall Theal as die Geskiedskrywer van South Africa*, Amsterdam, 1932.

　　蒂尔的研究成果带有双重性——英帝国史学与殖民者史学。他所处的正是英帝国扩张时代,他是从英帝国在南非的开拓先锋罗得斯手上接受的整理史料的任务,他的研究也是从英帝国的立场出发。因此,他的研究被学术界理解为"英帝国历史研究"的一部分。然而,他的南非史学的色彩十分明显。他的著作被阿非利卡人和非洲人广泛应用,也成为南非史学的开山之作。他出生于移民家庭,自己是一位南非移民;他又被开普殖民政府委任为"殖民历史学家"。南非学界还对他的贡献加以肯定。正是由于这种双重特征,他被称为"作为殖民地民族主义者的帝国史学家"。① 虽然蒂尔的著作有很强的种族偏见,但有一点不容否认,即他收集和采用了大量的口头传说,同时非洲人在其书中占了较大篇幅。蒂尔在研究南非早期白人移民史的同时,注意到了非洲人的因素。尽管这种转向并非根本性的,但他的努力使后来的研究者注意到本土因素的存在。

　　与蒂尔同时代的乔治·爱德华·科里(1862—1935)的著作也充满了种族意识和白人优越感,虽然书名为《南非的兴起》,但他写的主要是东部省的历史。他出生在英国一个并不幸福的家庭,生活经历丰富,求知欲极强,曾自学希腊语、拉丁语、化学、物理、电子学等,最后有机会有剑桥大学接受教育。后来,求职生涯将他带到南非,先后在南非多个学校教授化学,最后在罗兹大学创立了化学系并一直工作到 1926 年退休。他对南非特别是东开普历史的兴趣始于 1906 年。当时,他为了通过摄影保留当地的历史遗迹先后两次申请到各 100 英镑的资助,便决定留下一些文字成果。1910 年,六卷本的《南非的兴起》的第一卷完成。从此,他对南非历史的研究工作一发不可收拾,一直到他逝世为止。② 他继蒂尔之后成为南非政府的官方历史学家,后来又成为南非联邦政府的"荣誉档案保管

　　① D. M. Schreuder, "The Imperial Historian as 'Colonial Nationalist': George McCall Theal and the Making of South African History", in G. Martel, ed., *Studies in British Imperial History*, Palgrave Macmillan UK,1986, pp. 95-158. 这是有关蒂尔的学术成果及其研究与时代关联的较全面的阐述。

　　② George Cory, *The Rise of South Africa*, 5 volumes, London, 1910—1930. 南非政府每年给他 500 英镑的资助以鼓励他进行历史研究。Graham Botha to Cory, 24. 1. 1925 (Cory Library MS 1403), J. M. Berning, ed., *The Historical "Conversations" of Sir George Cory*, Maskew Miller Longman, Rhodes University, 1989, pp. 1-18.

员"(Honorary Archivist)。在 1916 年和 1919 年,他先后完成了第二、三卷,第四卷和第五卷分别完成于 1926 年和 1930 年。直到他于 1935 年 4 月 28 日逝世时,第六卷尚未完成,直到 1939 年才出版。①

在殖民者史学著作里,南非只存在"两个同源的民族"——英国人和阿非利卡人。② 他们认为布须曼人不可能进步,也不可能与其他种族和平共处,对班图人更是恶毒咒骂,称有色人种为"败类"、"恶棍"。总而言之,白人统治是"完全必要的",欧洲人完全有权力夺取那些被黑人占用的土地,而这种"夺取"不可能不使用暴力。③ 这种殖民者史学完全无视非洲人的存在,缺乏道德感和同情心,鼓吹的是基督教的神职观和欧洲文化优越感。这种带有强烈种族歧视和文化偏见的历史却成了南非的官方史学。

(三)非洲人的视角

所谓"非洲人的视角"主要包括两个方面,一是指在南非出生或成长的非洲人对自己历史的叙述和认识;二是指一些白人传教士或学者从非洲人的角度撰写的有关非洲人社会的早期历史或资料汇编。后者的著述虽然带有一些偏见,但却保存了有关非洲社会的原始资料。

南非大学历史教授范贾尔斯维尔德曾认为:"只是在第二次世界大战以后,南非的非白人才对史学做出了他们的初次贡献。"④这一结论似乎忽略了一些基本史实。一些南非人接受了基督教教育,认识到要书写自己的历史。较早撰写非洲人历史的是弗兰西斯·佩雷格里诺(Francis Peregrino),他父亲来自加纳。《南非本土部落简史》(1899 年)虽然大部分资料取自蒂尔的著作,但他的叙述远比蒂尔的更为公允平衡。有的非洲作者因各种原因致使著作未能出版,如阿兰·克尔克兰·索加(Alan Kirkland

---

① C. G. A. Cory, "Sir George Cory: Eastern Cape Historian", *Annuals of the Grahamstown Historical Society*, 1:3(1973), pp. 65-69.

② G. M. Theal, *Progress of South Africa in the century*, Toronto, 1902, p. 510; G. M. Theal, *History of South Africa under the administration of the Dutch East India Company 1652 to 1795*, London, 1897, pp. 15-16.

③ G. M. Theal, *History of South Africa since September 1795*, Volume 2, p. 492; George Cory, *The Rise of South Africa*, Volume 4, p. 299.

④ F. A. Van Jaarsveld, *The Afrikaner's Interpretation of South African History*, p. 151.

Soga)对有关南非白人与非洲人关系的历史的书写长达 500 页,包括"古老的布须曼人"、"霍顿督人或科伊科伊人"和"卡佛尔人爱国者"等章节。沃尔特·卢布萨纳(Walter Rubusana)也完成了一部"从土著人角度看南非历史"的著述,他用科萨语于 1906 年出版了一部有关当地历史的著作。①这些著作有一些共同特征。非洲学者对自己种族的敏感和对西方文明的崇拜使他们在黑人意识和精英主义之间摇摆不定;对现状的不满激起了他们对历史的兴趣,但研究又往往停留在殖民政策的实质或影响方面;他们接受的是传教士影响或西方教育,对白人的财富和技术羡慕不已,导致对自己种族和文化的自卑感;他们依靠的是蒂尔或其他受欧洲中心论影响的学者编辑的史料和宗教发行机构,加上主要受知识欲或宗教感的驱使,缺乏一种自觉的意识。这种状况直到二战后才有所改变。

南非一些白人业余历史学家如移民、传教士或殖民官员也试图为南非本土社会留下记录。客观地说,有关非洲社会的早期资料离不开一些欧洲人的收集和整理。毋庸置疑,蒂尔著述中也有不少关于南非本土民族的资料,特别是他对当地口头传说的收集为保留这些民族的历史起到了重要作用。此外,约翰·菲利普(1775—1851)和詹姆斯·斯图亚特(1868—1942)为南非本土民族留下了十分宝贵的资料。菲利普是伦敦传教团的一位传教士,长期在南非黑人中从事传教工作。由于他对非洲人抱有同情心并力图阻止欧洲移民的一些非人道行径,引起当地白人的忌恨。② 他在 1828 年发表的《南非的调查》中指出,过去的历史是白人压迫黑人的历史。他逝世后,家人拒绝将他长期保存的一批原始资料交给外界。他的后代在了解了自由主义史学家麦克米伦的观点后,将这批资料委托给麦克米伦。麦克米伦正是通过阅读这些文件重新认识了南非土著民族和有色民族的生存状况,他的重要论著主要取材于这批资料。③

---

① Christopher Saunders, *The Making of the South African Past: Major Historians on Race and Class*, Cape Town: David Philip, 1988, pp. 105-110.

② Andrew Ross, *An Enlightened Scot——John Philip (1775—1851): Missions, Race and Politics in South Africa*. Aberdeen: Aberdeen University Press, 1986.

③ W. M. Macmillan, *My South African Years*, Cape Town: David Philip, 1975, pp. 162-192; Christopher Saunders, *The Making of the South African Past: Major Historians on Race and Class*, pp. 19-20, 25-26, 66-68.

　　詹姆斯·斯图亚特是纳塔尔的一名官员,他对南非史学的贡献有两点。一是他书写了1906年的班巴塔人的反抗斗争的官方历史并于1913年正式出版。二是他收集了有关祖鲁人的资料,主要是涉及第一批在纳塔尔进行贸易活动的亨利·弗朗西斯·芬(Henry Francis Fynn)的资料,这批被称为"斯图亚特文件"(Stuart Papers)的资料对了解祖鲁人的历史有所帮助。这些资料于1944年由英国交给南非收藏,从而在白人中引发了对祖鲁人历史的兴趣,当时的纳塔尔大学还因此设立了祖鲁历史教席。然而,"斯图亚特文件"的真正价值直到1976年出版后才开始引起学术界的重视。

　　一些欧洲人或传教士记录下南非本土民族的传说、风俗习惯及其生存和发展的历史。例如,19世纪的奥尔朋和卡萨里斯到20世纪初的马丁以及艾伦伯格和麦格里戈尔,他们都对巴苏陀的历史、传说和习惯进行了记录和研究。[1] 此外,还有吉布森对祖鲁人历史和社会的记录和布洛克对绍纳人的研究以及布里安特对祖鲁人社会的探讨,[2]斯托对南非各种族的概览。[3] 麦西上校(R. H. Massie)在南非战争后为英国政府编辑了《德兰斯瓦地区的土著部落》(1905年)等。这些著作的偏见不言而喻。祖鲁人领袖恰卡在"斯图亚特文件"中被称为"嗜血的暴君",艾伦伯格将桑人描述为"完全不负责任的野蛮人","索托人长期以来在巫术的奴役下呻吟"。然而,这些白人作者的价值并不在于他们对非洲民族的描述或研究,而是他们在那个时代保存下来的当地民族的原始历史记录。

　　这个时期的史学具有叠加的双重性,主要体现为英国移民与荷兰移民(布尔人)观点的对立,英帝国意识与殖民地意识的互动以及英帝国南

---

　　① 　J. M. Orpen, *History of the Basuto of South Africa*, Cape Town, 1857; E. Casalis, *The Basutos, or Twenty-Three Years in South Africa*, London: Nisbet, 1861; M. Martin, *Basutoland, its Legends and Customs*, London, 1903; D. F. Ellenberg and C. J. MacGregor, *History of the Basuto Ancient and Modern*, London, 1912.

　　② 　J. Y. Gibson, *The Story of the Zulus*, London, 1911; C. Bullock, *The Mashona*, Cape Town: Juta, 1927; A. T. Bryant, *Olden Times in Zululand and Natal, Containing the Earlier Political History of the Eastern Nguni Clans*, London, 1929; A. T. Bryant, *The Zulu People: As They Were Before the White Man Came*, Pietermaritzburg: Shuter & Shooter, 1949.

　　③ 　G. W. Stow, *The Native Races of South Africa*, London, 1905.

非史学与殖民者史学的结合等双重因素的相互作用。由于英帝国的扩张直接影响到非洲特别是导致南非地位的转变,即从英国殖民地与布尔人"独立共和国"的并存到作为英帝国自治领南非联邦的成立(1910 年),英国移民观点受英帝国因素的影响随处可见。从意识形态看,南非史学也反映出英帝国和殖民地这两种因素。这种叠加的双重性既是南非这一政治体的特征,也是当地殖民者的特征。毫无疑问,这一特征在南非史学的研究上留下了深深的印记。另一个特征是,这些史学家未受过系统的史学训练。蒂尔从新闻界转入史学研究,其著作多为史料堆砌和编年系列,少综合分析和系统概括。科里也是一名化学教授,历史研究是其业余爱好,亦缺乏客观公正的治史态度。一些非洲学者的著述也为这一时期的南非史学做出了贡献,虽然成果不多,但应该在早期史学中占有一席之地。

二、20 世纪上半叶:自由主义史学与社会现实批判

1910 年,南非联邦成立并成为英帝国的自治领。南非史学受这一属地因素变化的影响,其研究主题与意识形态取向也有相应变化。英帝国史学仍然从帝国扩张和治理的角度探讨帝国与南非的关系。1913 年,南非政府颁布《土著土地法》,禁止非洲人在"非洲人保留地"之外占有或购买土地。由于南非政府对非洲人土地的掠夺而产生的各种社会问题导致自由主义观点的出现。自由主义史学的出现成为本时期最重要的现象,对南非历史和现状的解释产生了很大影响。

(一) 自由主义史学

南非的自由主义史学受欧洲大陆自由主义政治思潮的影响,形成于20 世纪 20 年代。大致说来,南非自由主义史学可以二次大战结束为界粗略分为两个阶段。从 20 年代到 40 年代为第一阶段。麦克米伦(1885—1974)及其弟子德·基维特是这个学派的早期代表。他们从南非的现实问题着手,开始寻找其历史根源。他们的研究表明,种族问题是南非社会政治问题的症结,要解决"贫苦白人"这一社会问题,只有改善黑人的境况,使他们在自己的土地上从事农业劳动,从而减少黑人为寻找工作

而形成的对白人的竞争。麦克米伦的《土地、土著和失业》(1924年)、《开普肤色问题》(1927年)和《班图人、布尔人和不列颠人》是具有开拓性的著作,德·基维特的《南非社会经济史》(1941年)则进一步分析了问题的实质。在这些著作里,土地和劳动力构成了两个最重要的主题。① 二次大战后自由主义史学进入第二阶段,《牛津南非史》是代表作。②

蒂尔和科里的著述被麦克米伦称为"钦定版本"的历史,这种殖民者史学激起了自由主义者的强烈反感。麦克米伦公开宣称,其研究正是为了向这种"钦定版本"宣战,他的著述中存在的强烈反对蒂尔和科里的观点为后人所注意。③ 马瑞斯的著作也在不少地方对殖民者史学提出了批判。④自由主义史学的形成也与南非的社会现实密切相关。19世纪末兴起的金矿钻石业吸引了国际资本和欧洲移民的涌入,随之而来的英布战争给南非留下了一堆烂摊子。移民浪潮在继续,仅仅在英布战争结束后的两年里,就有11.4万人移居南非。金矿业的深层采掘对劳动力的需求增大。为此,南非高级专员(1897—1906)和开普殖民地总督米尔纳(1897—1901任职)甚至不远万里从中国引进劳工。1906年,在16.3万矿工中,有1.8万白人,9.4万非洲人和5.1万中国人。⑤ 为进一步发掘南非本地的劳动力资源,政府发布了一系列法令,尤以《土著土地法》最为重要。⑥ 土地买卖

---

① Ken Smith, "W. M. Macmillan, A Long History but a Short Life", *South African Historical Journal*, 22(1990), pp. 158-170. 对学派的划分存在争议。例如,克里斯托夫·桑德斯在1988年出版的著作中不同意将麦克米伦划入自由主义学派。朗斯代尔认为麦克米伦是费边社会主义者,将他划为自由主义学派不恰当。

② 学者已注意到自由主义史学两个阶段的差别。M. J. Legassick, "The Frontier Tradition in South African History", *Institute of Commonwealth Studies*, 2(1971), pp. 1-33, S. Marks and A. Atmore, eds., *Economy and Society in Pre-industrial South Africa*, Longman, London, 1980, pp. 44-79; John Lonsdale, "From Colony to Industrial State: South African historiography as seen from England", *Social Dynamics*, 9:1(1983), pp. 67-81.

③ J. S. Marais, *The Cape Coloured People 1652—1937*, London: Longmans Green, 1939, p. 8.

④ J. S. Marais, *The Cape Coloured People 1652—1937*, pp. 27, 29, 93, 102.

⑤ Monica Wilson and Leonard Thompson, *The Oxford History of South Africa*, Volume II, Oxford: Clarendon Press, 1971, pp. 13-15.

⑥ Monica Wilson and Leonard Thompson, *The Oxford History of South Africa*, Volume II, pp. 126-133.

被禁止，分成制佃农的谋生手段被堵死，非洲人被圈在保留地里维生。这样，大量破产的黑人农民涌入城市，投入无产阶级产业大军队伍。[①]

黑人变为雇佣劳动力是南非政策之目的所在。同样的现象也发生在白人农民中。从 19 世纪末期起，特别是在重建过程中，大批白人抛弃土地，涌入约翰内斯堡和其他城市。政府力图用"回到土地去"的口号和各种措施来提高贫苦白人的竞争能力，如对白人农民的援助、福利措施、增加教育设施等，但未能从根本上解决问题。白人阶级分化日趋严重，贫苦白人问题日益尖锐。[②] 1923 年，贫苦白人已达 16 万人，占白人总数的十分之一。用德·基维特的话说，一个"贫苦白人"种族和一个"贫苦黑人"种族已经并存。[③] 这一紧迫的社会危机引起了政府和传教士的严重关注，也激发了学术界的研究兴趣。自由主义史学家麦克米伦从欧洲史转向非洲史的第一个研究课题正是"贫苦白人"问题。[④]

作为一种政治思潮，自由主义在南非的具体主张是反对用种族、肤色或信仰对人加以区分，鼓吹成年人的平等政治权利和合法权利。自由主义者认为虽然黑人和有色人种比白人要落后，但应给予适当机会来达到白人的文明水平，白人有责任促使黑人同化。自由主义者还主张民主的基本信条，如公民自由、法律、新闻自由、司法独立等，并认为议会政治是改变南非政治现状的有效途径。[⑤] 这种思潮在 19 世纪后期和 20 世纪初在南非特别是开普敦地区有一定影响。然而，种族主义思潮日渐盛行，特别是代表阿非利卡人利益的国民党执政后，种族主义在意识形态和政治领域占据统治地位。[⑥] 不过，自由主义思想对争取自由和平等权利的黑

---

① W. M. Macmillan, *Complex South Africa*, London: Faber and Gwyer, 1930, pp. 123-129; Colin Bundy, "The Emergence and decline of a South African Peasantry", *African Affairs*, 71(1972), pp. 369-387.

② C. W. De Kiewiet, *A History of South Africa*, *Social and Economic*, Oxford University Press, 1941, pp. 178-207.

③ C. W. De Kiewiet, *A History of South Africa*, *Social and Economic*, pp. 181-182.

④ W. M. Macmillan, *My South African Years*, pp. 119-123.

⑤ Gail M. Gerhart, *Black Power in South Africa: The Evolution of an Ideology*, Berkeley: University of California Press, 1978, pp. 7-9, 36-38.

⑥ J. Butler, et al, eds., *Democratic Liberalism in South Africa: Its History and Prospect*, Cape Town, 1987, pp. 21-115.

人解放运动仍有一定影响。① 在 20 年代,麦克米伦等史学家一反殖民者史学只认欧洲白人存在的传统,堂而皇之地将黑人和有色人种作为自己的研究对象,不能不说是受了自由主义思潮的影响。②

这一时期最重要的著作是自由主义史家的经典作家麦克米伦与德·基维特的作品。麦克米伦虽然出生在英国,但 6 岁时即随父母来到开普敦。他是第一批牛津大学的罗德奖学金获得者(Rhodes Scholars),1911年到罗德大学学院教授历史与经济学。1917 年,他出任金山大学的前身——南非矿业学校的历史系主任。他决心选择一个现实社会问题作为研究课题,最后确立了格雷厄姆斯敦的公共卫生问题。这一研究将他引入了一个更广泛、更尖锐的社会问题——"贫苦白人"问题。经过大量的实地考察和调查研究,他于 1919 年发表了有关南非农民问题的系列讲座。③他说:"《南非的农民问题》标志着我的生活和工作的一个转折点:从贫苦白人转到了贫苦黑人。迄今为止,我的研究仅仅挨着了冰山的尖顶。"④

导致麦克米伦学术兴趣转变的原因有以下几点。首先,针对贫苦白人问题进行的乡村实地考察使他有机会接触到人数更多处境更艰苦的贫苦黑人。其次,约翰内斯堡的广大黑人矿工的贫困及斗争进一步激发了他的研究兴趣。1920 年,他有幸获准使用约翰·菲利普文件。他在此基础上完成的重要著作成为现代南非史学中研究土著问题和种族问题的权威著作。⑤ 另外,种族隔离的思想在社会上逐渐形成,为了反对这种趋势,他加紧钻研贫困现状及历史根源,以便更有力地反对种族隔离政策的实施。此前,政治家或史学家一般认为南非社会的主要矛盾是英国人和

① Gail M. Gerhart, *Black Power in South Africa: The Evolution of an Ideology*, pp. 39-41, 261-268. 作者也指出存在着反对自由主义的倾向。

② 有关这方面的分析,参见李安山:《论南非早期自由主义史学》,《西亚非洲》,1993年第 1 期。

③ W. M. Macmillan, *The South African Agrarian Problem*, Johannesburg: Central News Agency, 1919.

④ W. M. Macmillan, *My South African Years*, p. 146.

⑤ W. M. Macmillan, *The Cape Colour Question*, Faber & Gwyer, London, 1927; W. M. Macmillan, *Bantu, Boer and Briton*, London: Faber and Gwyer, 1929; W. M. Macmillan, *Complex South Africa*, London: Faber and Gwyer, 1930; Hugh Macmillan and Shula Marks, *Africa and Empire: W. M. Macmillan, Historian and Social Critic*, London: University of London, Institute of Commonwealth Studies, 1989.

布尔人的矛盾。麦克米伦认识到南非问题的症结是黑人的地位以及黑人与白人的关系。他在题为《土著土地和 1913 年土著土地法条款》的论文中指出:"南非的病根在于过去对这个国家土著地位的忽略。"①

麦克米伦的主要观点可以用三个词来概括:肤色、土地和劳力。他认为:肤色问题是世界种族问题的一部分,"白人文明的辩护者必须在世界的道德良知这一最高法院面前申诉"。② 他注意到金矿业和商品生产对农村的影响,并将土地和劳力结合起来考察。他提出,农村的商品化生产使地主加强了对土地的直接控制,很多分成制农民不得不离开土地。南非的历史既是白人对黑人的征服过程,也是白人强占黑人土地的过程。大迁徙就是"土地饥饿"的一种表现,班图人最后被迫成为只能劳动而无政治权利的无产者。他认为,应该将更多的土地分给非洲人,改善保留地的耕作方法,非洲人可以生产更多的粮食以维持更多的人口。这样,流入城市的黑人必定减少,从而减轻对城市里白人就业机会的竞争。③

如果说麦克米伦是南非自由主义史学的奠基人的话,他的学生德·基维特则是自由主义史学家中最出类拔萃的一位,阿非利卡史学家范贾尔斯维尔德称他为"闪耀在南非史学天空中最灿烂的星"。④ 德·基维特 1902 年出生于荷兰,1903 年即随父母来到南非。他在麦克米伦指导下完成了硕士论文,后在伦敦大学师从牛顿教授,完成了题为《英国殖民政策和南非诸共和国,1848—1872》的博士论文。他认为,南非史研究不能脱离英国及其殖民地研究,如南非东部边疆政策的破产与英国在新西兰地位的动摇、克里米亚战争和印度兵变密切相关。南非问题不能简单归于

---

① W. M. Macmillan, *My South African Years*, pp. 162-192;Christopher Saunders, *The Making of the South African Past*: *Major Historians on Race and Class*, pp. 19-20, 25-26, 66-68.

② W. M. Macmillan, *The Cape Colour Question*, pp. 10-11; W. M. Macmillan, *Bantu, Boer and Briton*, p. 5.

③ W. M. Macmillan, *The South African Agrarian Problem and its Historical Development*, pp. 63, 78-81;W. M. Macmillan, *Complex South Africa*, London: Faber and Gwyer, 1930, p. 120; W. M. Macmillan, *The Cape Colour Question*, Faber & Gwyer, London, 1927, p. 288.

④ F. A. van Jaarsveld, *The Afrikaner's Interpretation of South African History*, p. 141.

英国政府与阿非利卡人的冲突,因为黑人在南非局势中起了决定性作用。在《在南非的帝国因素》中,他继续研究 1872 年以后的英国对南非政策。他发现,英国占领开普以及后来的政策与经济有直接关系,他的相关著作中专列章节对"战争经济学"与"政治和经济学"进行探讨,并指出布尔人大迁徙、钻石矿的开采以及对土地和劳动力的要求,是保留地制度的根本原因。①

1937 年,应牛津大学邀请,德·基维特开始撰写《南非社会经济史》。与前两部著作不同,他在此书中着重探讨了南非社会和经济问题,并将白人与黑人之间的互动作为 19 世纪到 20 世纪南非史的主题。他重点研究了黑人如何逐渐成为白人统治的南非经济的一部分,认为"南非史的主题是一个新社会的成长。在这个社会里,白人和黑人相互依存,被紧密地维系在一起"。② 他不仅分析了英国统治开普殖民地的思想观念及土地政策,白人和黑人劳动力也构成了他的重要主题。他的主要贡献是将金矿业的发展与黑人的贫困化联系在一起。这一著作成为极重要的南非史读本,从 1941 年到 1968 年多次重印。桑德斯认为,这本书流传最广,是"迄今南非史的最伟大的著作"。③

德·基维特认识到资本主义工业给南非带来的巨大变化,这包括大量资本的投入和农业的商品化以及不断增加的无地现象和贫困化。钻石和金矿业占用大量土地,同时城市的兴起和新市场的产生导致传统的自给自足经济已不能满足需要,农业必须走上资本主义和商业化的道路。在分析贫苦白人问题时,他甚至提出了种族观点:"在 19 与 20 世纪之交,白人社会逐渐产生了令人头痛的不平等现象。……白人中间的种族平等并未阻止他们中经济不平等的发展。"④他在 1981 年 4 月 25 日致《华盛顿邮报》的信中说:"在 20 年代初期,我们在约翰内斯堡将土著问题……变为一个可信的历史、经济和社会的重点,我是这群人中活下来的最后一

---

① C. W. De Kiewiet, *The Imperial Factor in South Africa*, Cambridge University Press, 1937.

② C. W. De Kiewiet, *A History of South Africa*, *Social and Economic*, p. 79.

③ C. Saunders, "The Writing of C. W. de Kiewiet's 'A History of South Africa, Social and Economic'", *History in Africa*, 13:5(1986), pp. 323, 329.

④ C. W. De Kiewiet, *A History of South Africa*, *Social and Economic*, p. 181.

位成员。这是一项孤独的、对于我们中有些人甚至是代价极高的事业。我们写出了将非洲人作为主体并将其置于南非社会恰当位置的历史。我们为这种展示非洲人在社会上的作用和条件的经济、社会观奠定了基础。"这表明，他们力图将黑人遭受的厄运与白人的扩张和南非工业的发展联系起来。他的探索角度之新、研究范围之广、综合能力之强，在南非史学史上是颇为突出的。

　　自由主义史学家还包括马瑞斯(1898—1969)等人。马瑞斯是阿非利卡人，从小受到蒂尔等人著作的熏陶。麦克米伦的著作使他认识到南非种族问题的严重性。他的《开普有色人种，1652—1937》是对南非只存在英国人和阿非利卡人这种说法的直接挑战。他在书中考察了荷兰人来到南非后的历史，探讨了有色人种的起源，认为他们是四种人的混合产物：布须曼人(桑人)、霍顿督人(科伊科伊人)、欧洲人和早期奴隶(其中包括东非人和亚洲人)。他认为，从文明的标准看，有色人与欧洲人没有什么差别，有些有色人甚至比一些欧洲人更加文明，"对他们的歧视不仅是因为其贫穷，更是因为他们的肤色"，从根本上否认了蒂尔关于有色人种低下的传统看法。① 他的其他著作也对殖民者的南非史学进行批判，力图客观地分析南非各种现实问题的历史根源。②

　　自由主义史学家考察了边疆地区种族矛盾的逐渐发展过程，更加注意不同种族的经济交往、文化交流及其相互依存的关系。德·基维特明确指出，南非最重要的历史现象既不是布尔人与英国人的斗争，也不是白人与黑人或欧洲文化与当地黑人文化的矛盾，"实际上，白人与土著的历史的最突出的特点不是种族或肤色，而是经济的密切结合"。③ 马瑞斯也认为南非的历史是不同的种族和文化不断交流融合，各种不同因素汇合成一个单一的社会的过程。但他对有色人种的前途则持悲观态度。④ 麦克米伦甚至极力反对班图研究系的设立，认为这样做只能扩大种族之间

　　① J. S. Marais, *The Cape Coloured People 1652—1937*, pp. 281-282.

　　② J. S. Marais, *Maynier and the First Boer Republic*, Cape Town: Maskew Miller, 1944; J. S. Marais, *The Fall of Kruger's Republic*, London, 1961.

　　③ C. W. De Kiewiet, *A History of South Africa*, *Social and Economic*, p. 179; C. W. De Kiewiet, *The Imperial Factor in South Africa*, p. 1.

　　④ J. S. Marais, *The Cape Coloured People 1652—1937*, pp. 7, 282.

的鸿沟,而不利于白人与黑人之间的相互融合。①

自由主义史学家都受过正规的历史学训练,其学术造诣是早一辈殖民者史学家无法比拟的。自由主义史学家受传统欧洲史学精神的陶冶,强调以客观科学的态度治史。麦克米伦明显地受克罗齐“每一真正的历史都是当代史”的思想影响,立足于社会现实找研究课题,强调研究普通人的日常生活的意义。② 德·基维特对社会、经济等大量史料的综合显示了精湛的理论概括能力,同时他治史的客观态度也令人钦佩。在写《南非社会经济史》之前,他告诉麦克米伦:“我将会如实地叙述土著民族,正如他们确实是整个社会不可分离的一部分那样。”③马瑞斯宣称他要写的是科学的历史,“我的目的一直是建立事实并从中得出有效的结论,其他考虑都只能有意识地从属于这一目的”。④ 正是这种科学态度,使这位阿非利卡历史学家得出了实事求是的结论:所谓的“肤色问题”实源于欧洲统治者内心对非洲人的歧视态度。

(二) 英帝国与殖民者史学的立场

沃克是这一时期的重要历史学家之一,其学术倾向比较复杂。他的著作有英帝国史学的传统,有些观点(如对祖鲁人的扩张问题)又受到蒂尔的影响。他在1928年发表的《南非史》多次再版,直至70年代仍为大学读本。沃克受美国历史学家特纳的“边疆学说”影响,将毕生精力倾注在这一课题上,特别重视“边疆传统”对南非历史的影响,认为这是南非史上持续时间最长、影响最大的因素,甚至比资本这一因素更重要。特纳认为美国的民主精神源于边疆传统,沃克则认为南非的种族主义源于边疆传统。⑤ 过分强调边疆传统必然导致对其他因素的忽略,后来的史学家未能对南非资本主义与种族主义的关系进行透彻的分析,这与沃克重文

---

① Christopher Saunders, *The Making of the South African Past: Major Historians on Race and Class*, p. 56.

② W. M. Macmillan, *The Cape Colour Question*, p. 1.

③ De Kiewiet to Macmillan, March 14, 1938. Quoted from Saunders, "The Writing of C. W. de Kiewiet's 'A History of South Africa, Social and Economic'", p. 326.

④ J. S. Marais, *The Cape Coloured People 1652—1937*, p. 9.

⑤ E. A. Walker, *The Frontier Tradition in South Africa*, London, 1930; E. A. Walker, *The Great Trek*, London, 1934.

化轻经济、重种族轻阶级的研究取向有关系。

沃克对大迁徙的研究以及对现实问题的探讨在南非史学界产生了一定影响。他认为，大迁徙是南非史的一个重要事件，它是导致南非各种冲突分裂的主要原因。由于布尔人将"边疆传统"引进内地，这次迁移从根本上说是一场悲剧，是一次大灾难。[①] 沃克又与麦克米伦和德·基维特关系密切，曾多次对麦克米伦的学术帮助表示谢意。他既是德·基维特硕士论文的校外指导教师，又推荐他撰写英国领地系列南非史丛书。他与麦克米伦和德·基维特在《剑桥英帝国史》第八卷（南非卷）的学术合作（三人各自撰写三章）在一定程度上反映了他们学术观点的默契。他的研究资料和各种著作笔记以"沃克文件"命名存于开普敦大学。

南非学者仍在对大迁徙这一重要历史事件进行研究，内森的著作即是研究大迁徙中的布尔人的著作。[②] 有的学者对南非经济史问题进行了综合，《南非现代经济史》也是这一时期的重要著作。[③] 有的著作从历史和心理学的角度对南非种族问题进行研究。[④] 一些得到出版的讲座集对当时的殖民政策和种族关系进行了分析，但总的基调是为南非的种族政权辩护。[⑤] 一些英国学者开始反思英帝国的南非政策，表露出对布尔人的亲善，他们从党派利益出发反对英国保守党的战争政策，支持布尔人的反抗。[⑥] 有趣的是，不论是支持英国出兵还是支持布尔人抵抗，这些作者

[①]　E. A. Walker, *A History of South Africa*, London, 1928; E. A. Walker, *The Frontier Tradition in South Africa*, London, 1930; E. A. Walker, *The Great Trek*, London, 1934; E. A. Walker, *The Cape Native Franchise*, Cape Town, 1936.

[②]　M. Nathan, *Voortrekkers in South Africa*, London, 1937.

[③]　M. H. de Kirk, *Selected Subjects in the Economic History of South Africa*, Cape Town, 1924; D. M. Goodfellow, *Modern Economic History of South Africa*, London, 1931.

[④]　I. D. MacCrone, *Race Attitudes in South Africa: Historical, Experimental and Psychological Studies*, Oxford University Press, 1937.

[⑤]　Edgar H. Brookes, *The Colour Problems of South Africa: Being the Phelps-Stokes Lectures, 1933, Delivered at the University of Cape Town*, Lovedale, 1934; R. F. Alfred Hoernlé, *South African Native Policy and the Liberal Spirit, Being the Phelps-Stokes Lectures, Delivered Before the University of Cape Town, May, 1939*, Cape Town, 1939.

[⑥]　Cecil Headlam, *The Milner Papers*, 2 volumes, London, 1931—1932; E. Crankshaw, *The Forsaken Idea: A Study of Lord Milner*, London, 1952; E. Wrench, *Lord Milner*, London, 1958; Edgar Holt, *The Boer War*, London, 1958.

的出发点基本上是为了维护英帝国的利益。

　　阿非利卡人的史学仍保持着一定势头。作为移民或殖民者,他们缺乏一种属于南非本土的合法性,必须以依靠强调自己的历史来获得某种心理支撑。这样,史学的作用表现在力图通过对带领他们在南非这块土地上打拼的精英人物的缅怀来提升日益强烈的民族意识,特别是大迁徙和英布战争。[①] 以大迁徙的研究为例,从 1906 年到 1949 年,有关领导大迁徙的阿非利卡人领袖传记以及重要年表就有 10 多部。[②] 另一位阿非利卡人历史学家雷兹博士(W. J. Leyds)专门对英布战争进行研究。他声称,他的研究是为了使自己的民族了解过去,更好地理解当今局面的来源。他的著作《德兰士瓦的第一次吞并》(1906 年)得到了奥兰治自由邦斯泰恩总统(Martinus Theunis Steyn,1857—1916)的肯定:"您的著作必须成为每一位阿非利卡人的手册。"他自己宣称:"我们的领袖们都对我最近出版的著作表示首肯,他们都希望这本书能分发到我们的人民手上。"[③]二战前,殖民者史学家普雷勒(G. S. Preller)撰写的《雷拉夫传》风行一时,在阿非利卡人中广为流传,重印 10 多次。他认为大迁徙是阿非利卡人的民族运动。他还广泛利用媒介将历史普及化,对阿非利卡人民族主义的发展起了重要作用。

　　殖民者史学的缺陷十分明显。早期作者多不是专业史家,对历史事件的处理多以编年为体例,重资料堆积,多繁文缛节,少分析概括。这些著作多以地方档案为资料来源,加上作者的狭隘眼光,没有将南非置于宏观构架中去考察。题材狭窄是另一缺陷,主要集中在宗教神职感、内地迁徙、边疆征服和对英国人的反抗上。研究主题亦局限于大迁徙、丁干战争、詹姆斯袭击、英布战争等几个突发事件或雷提夫、比勒陀利乌斯等几个民族英雄上。更重要的是,其治史目的明确:写一部白人定居者的历

————————

　　① F. A. van Jaarsveld, *The Afrikaner's Interpretation of South African History*, pp. 73-75. F. A. van Jaarsveld, *The Awakening of Afrikaner Nationalism*, 1868—1881, Cape Town, Human and Rousseau, 1961.

　　② F. A. van Jaarsveld, *The Afrikaner's Interpretation of South African History*, pp. 71-73.

　　③ F. A. van Jaarsveld, *The Afrikaner's Interpretation of South African History*, p. 94.

史。这种强烈的种族意识和文化偏见既局限了研究者的视野,又影响了对史料的客观处理。因而,他们的历史或是对阿非利卡人的赞扬,或是对英国政府和传教士的攻击,或是对非洲人的肆意贬低。

(三) 有关非洲人的历史著述

20 世纪前期出版了几部非洲人的历史著作。虽然非洲作者寥若晨星,但却在南非人民史中留下了自己的记录。[①] 金伯利地方报纸《人民之友》的编辑、南非土著国民大会的第一任总书记索尔·普拉吉(Sol Plaatje,亦作索罗门·普吉拉)的《欧战和布尔人起义前后的南非土著生活》是一部经典著作,不仅对 19 世纪当地非洲人的生活进行了描述,对奥兰治自由邦在 1913 年颁布的《土著土地法》之后果和影响的分析也颇有参考价值。[②] 普拉吉在南非历史上的地位颇高,有人认为他至少可以与曼德拉齐名。他对非洲的出版传媒行业有极大的贡献,他有关南非本土民族生活的著作也受到推崇,被认为是南非人的必读书。[③]

南非知识分子西拉斯·莫迪里·莫勒玛(1891—1965)是一位医生,面对大部分南非历史著作是由殖民者撰写的这一事实,他决定为自己的民族写出真实的历史。他的著作一方面使用了蒂尔的资料及其观点,同时也为后来的研究者提供了当代黑人对南非历史的理解。作为一位非专业的历史学家和人类学家,他对传教士持肯定态度,此立场引起一些非洲人的不满。他参与了非国大并投身于反对种族主义的斗争中。莫勒玛在50 年代出版了一本酋长的传记,主要资料也是来源于蒂尔的著作。[④] 黑人亨德逊·索加(1859—1941)的著作对东南部的班图人进行了探讨。[⑤]

---

① C. Saunders, *The Making of the South African Past: Major Historians on Race and Class*, pp. 105-111.

② S. Plaatje, *Native Life of South Africa before and since the European War and the Boer Rebellion*, London, 1916.

③ 他的传记已出版。B. Willan, *Sol Platje A Biography*, London: Heinemann, 1979.

④ Silas Modiri Molema, *The Bantu, Past and Present; An Ethnographical and Historical Study of the Native Races of South Africa*, Edinburgh, 1920; S. M. Solema, *Chief Moroka*, Cape Town, 1951.

⑤ Rev. J. Henderson Soga, *The South-Eastern Bantu (Abe-Nguni, Aba-Mobo, Ama-Lala)*, Johannesburg, 1930; J. H. Soga, *The Ama-Xosa, Life and Customs*, Lovedale, n. d. [1932].

南非国家学生联合会(National Union of South African Students)的创建者和前主席利奥·马尔夸德十分关注奥兰治自由邦的农民困境,曾在以假名"约翰·伯格"出版的《黑人的负担》中表达了激进的行动派观点。①

戴维逊·唐·腾戈·贾巴伍(D. D. T. Jabavu, 1885—1959)是早期一位受人尊敬的南非知识分子。他是在南非和英国受的教育,是第一批获得英国学位的非洲人之一。他发表了多篇文章,如《黑人问题》(1920年)、《本土议案之批判》(1935年)和《南非的本土障碍》(1935年)等,后来结集出版。② 他从学生开始,经历了老师、卫理公会教徒和政治家的成长过程,对南非政治发展的影响引起学术界的重视。③ 马吉玛·福泽是祖鲁人,他的著作不仅叙述了自己民族的历史,也描写了"布须曼和霍顿督人"(即桑人和科伊科伊人)及其他民族的起源。他的著作虽然出版很早,但直到1979年被纳塔尔大学出版后才引起学术界的重视。④ 姆恩戈尼的《三百年》(1952年)系统考察了1652年荷兰人在桌湾登陆后的历史,认识到"南非的历史是压迫者和受压迫者之间三百年斗争的历史"。此外,还有托马斯·莫科普·莫福洛(Thomas Mokopu Mofolo)的《东方旅行者》和《恰卡》。⑤ 在这些非洲知识分子的笔下,对恰卡、丁干、莫泽利卡齐和莫谢希等南非历史上的黑人领袖虽然存在着不同意见,但大多数著作将他们描绘成非洲人的英雄。第二次世界大战以后,受非洲民族主义的影响,黑人历史学家开始形成独立的历史意识。深沉的痛苦感和与现实斗争的紧密联系成了二战后非洲人史学的基本特征。

另一个非洲视角指白人对非洲本土社会的资料收集与关注。一些白人学者或传教士对非洲人的关注或同情使他们对非洲本地社会进行研

---

① John Burger, *The Black Man's Burden*, London: Gollancx, 1943.

② D. D. T. Jabavu, *The Black Problem*, Lovedale, 1920; D. D. T. Jabavu, *The Life of John Tengo Jabavu, Editor of Imvo Zabantsundu, 1884—1921*, Lovedale, 1922; D. D. T. Jabavu, *The Segregation Fallacy and Other Papers: A Native View of Some South African Inter-Racial Problems*, Lovedale, 1928.

③ W. M. Tsotsi, "Gallery of African Heroes Past and Present: Davidson Don Tengo Jabavu", *Inkundla ya Bantu* (The Bantu Forum), June 1941.

④ Magema M. Fuze, *Abantu Abamnyama*, Pietermaritzburg, 1922.

⑤ 埃比戈贝里·乔·阿拉戈:《非洲史学实践——非洲史学史》(郑晓霞、王勤、胡皎玮译,张忠祥、郑晓霞译校),上海社会科学院出版社,2016年,第101页。

究,如佩拉对科伊桑人的研究和利特尔对恰卡的祖鲁帝国的探讨。[1] 传教士布里安特在收集和保存非洲人特别是祖鲁王国和恩古尼人的相关资料方面做出了贡献。[2] 布里安特意识到保存当地非洲人相关资料的紧迫性,收集了不少有关祖鲁王国的史料,为后来的研究提供了非常重要的基础。[3] 他还发表了不少有关祖鲁王国的文章,这些研究资料终于在1964年结集出版。[4]

不言而喻,自由主义传统为这一阶段的南非史学留下了深深的印记。自由主义史学的最大贡献则是将南非金矿业与土地、劳动力及其贫困化现象联系起来,从而开始了对南非资本主义发展及其弊病的分析研究。他们认为,大量土地的掠夺,“贫苦白人”和“贫苦黑人”的产生,劳动力的分工,无产阶级的出现以及土著社会制度的崩溃,这些无一不和南非工业的发展水平相关。这些观点实际上为70年代以来兴起的南非激进派史学提出了具有启发性的理论课题。[5] 由于英国殖民统治的确立,这一时期的南非史学的最大特点在于自由主义史学与英帝国传统的结合。有的学者既有英帝国史学的传统,也表现出自由主义的倾向,麦克米伦、德·基维特或马瑞斯等人的著作都清楚地表明这一点。

这些作者一方面研究土地、当地人、肤色与就业等民生问题,另一方面又强调英帝国要以传播文明作为自己在非洲的使命。[6] 麦克米伦到约

---

① I. Schapera, *The Khoisan People of South Africa*, London, 1930; E. A. Ritter, *Shaka Zulu The Rise of the Zulu Empire*, London, 1955.

② S. Marks, "The Traditions of the Natal 'Nguni': A Second Look at the Work of A. T. Bryant", in L. Thompson, ed., *African Societies in Southern Africa*, Historical Studies, London: Heinemann, 1969.

③ A. T. Bryant, *Olden Times in Zululand and Natal*, Containing the Earlier Political History of the Eastern Nguni clans, London, 1929.

④ Alfred T. Bryant, *A History of the Zulu and Neighbouring Tribes*, Cape Town: C. Struik, 1964.

⑤ S. Marks and A. Atmore, eds., *Economy and Society in Pre-industrial South Africa*, "Introduction", pp. 1-43; S. Marks and R. Rathbone, eds., *Industrialisation and Social Change in South Africa*, African class formation, culture, and consciousness, 1870—1930, Longman, 1982, "Introduction", pp. 1-43.

⑥ W. M. Macmillan, *Africa Emergent* (revised and expanded edition), Penguin Books, [1938], 1949.

翰内斯堡贫民窟进行调查研究,还前往西开普、格雷厄姆斯敦和东部省农村进行了实地考察,并遵循"仔细倾听人们说的和想要说的,注意控制不让自己表达意见或卷入争论"的原则。[1] 他多次向政府官员阐述自己的观点,企图影响政策的制定。1924 年赫尔佐格竞选胜利后,麦克米伦要求马上会见并通报了自己对非洲保留地拥挤状况的调查。他后来因为批评政府而受到警告。[2] 1932 年,麦克米伦对赫尔佐格制定的土著和白人劳工政策极为不满,写信批评司法部长,最后不得不离开南非。尽管他离开了南非,他与南非政府的关系仍然影响着他的学术生涯。颇为讽刺的是,他的这份苦心并未得到英国政府的理解。他曾申请担任《非洲概览》的编写工作,但伦敦政府方面担心"如果我们给他这份工作,我们将会受到南非联邦政府和所有东非定居者的反对"。[3] 最后,这部著作的编写工作交给了对非洲一无所知的海利勋爵。德·基维特则因为与麦克米伦的关系而受到歧视,不得不一直留在美国。[4] 为了纪念麦克米伦,他的儿子与舒拉·马克斯主编了《非洲与英国:作为历史学家和社会批评家的麦克米伦》。英帝国史专家约翰·弗林特认为麦克米伦在将历史与政治结合起来这一方面的成就超过任何历史学家,因为他从自己的研究中得出结论后,对英帝国殖民政策进行批判并提出殖民政策的改革建议。[5] 德·基维特认为,英帝国不仅是一种政治制度或经济结构,也是一种表现在各方面的精神成就。[6]

　　我曾在分析南非早期自由主义史学时指出其突出的两个特点,一是这些历史学家均受过正规的史学训练,二是他们善于将理论与实际相结合,表现在选题紧密联系社会现实和自己亲自参加社会实践。自

[1]　W. M. Macmillan, *My South African Years*, p. 146.

[2]　Hugh Macmillan and Shula Marks, *Africa and Empire: W. M. Macmillan, Historian and Social Critic*, pp. 212-231.

[3]　Macmillan, *My South African Years*, p. 244.

[4]　Christopher Saunders, *The Making of the South African Past: Major Historians on Race and Class*, p. 79.

[5]　Hugh Macmillan and Shula Marks, *Africa and Empire: W. M. Macmillan, Historian and Social Critic*, pp. 212-231; Bruce Murray, "The Wits Years and Resignation, 1917—1933", *South African Historical Journal*, 65:2(2013), pp. 317-331.

[6]　C. W. De Kiewiet, *A History of South Africa, Social and Economic*, Vl.

由主义史学家一方面希望摆脱对南非历史解释的唯白人论,从当地非白人的角度来分析问题,另一方面则希望英帝国能更有效地制定殖民政策,对南非的非白人特别是黑人表现出某种同情,从而使英帝国殖民政策更为有效。黑人作者一方面为非洲民族主义的发展提供了养分,另一方面也引发了学术界的关注。他们的贡献主要是在社会实践方面。

三、20 世纪下半叶:种族隔离制下修正史学的兴起

(一) 英帝国史学的留存与阿非利卡人的史学

1948 年,南非国民党上台执政,这意味着种族隔离制开始系统实行。种族隔离制是以种族为划分基础的经济、政治和社会结构的等级制度;以对非洲黑人(也包括其他有色人种)的歧视并剥夺他们的一些基本权利为特征。种族隔离制度在 1948 年正式成为南非国民党种族关系政策的核心,极力制止各种族之间的交流和融合,并通过政府法律得以强化。20 世纪 50—60 年代可以说是南非种族主义政权最为疯狂的时代,任何企图改变种族隔离制的人都被裁定为"共产主义者"。1959 年,南非知名教授杜·特瓦特明确警告:将选举权扩大到非白人无异于白人的自杀。[①] 在严酷的社会氛围里,客观的学术研究难以存在,更不可能繁荣。

20 世纪 60 年代的非洲民族独立运动推动了非洲民族主义史学的兴起,一批从欧洲国家留学归来的非洲学者不仅先后开始非洲国家历史和民族历史的教学,也成立了历史学会并启动了各种研究项目,一些进步的欧洲学者也在非洲大学中帮助建立非洲国家的民族史学。多个非洲大学的研究机构、历史研究计划(如"贝宁计划"和"约鲁巴计划")和非洲史研究杂志(如《尼日利亚历史学会杂志》)相继产生。尼日利亚的伊巴丹学派、坦桑尼亚的达累斯萨拉姆学派、加纳的勒贡学派(Legon school)和塞内加尔、扎伊尔(今刚果民主共和国)和肯尼亚等国的民族主义史学应运

---

① F. A. van Jaarsveld, *The Afrikaner's Interpretation of South African History*, p. 23.

而生。非洲史学可谓欣欣向荣。①

20 世纪 50 年代以后,南非史学仍然因袭原来的传统,产生了一些学术成果,主要集中于早期殖民者在南非的活动,英国移民与荷兰移民的争斗与妥协以及英帝国与南非的关系或是南非政治精英等主题。② 也有学者开始探讨阶级与种族的关系。③ 牛津大学出版社在 60 年代仍继续出版南非史研究系列丛书,有的探讨南非政治,有的研究南非的土著问题,有的与英国的殖民政策相关,其中马尔夸德、汤普森、马瑞斯和麦克米伦等人的著作成为名著或再版者众多。④ 加尔布雷斯的《犹豫不决的帝国》(1963 年)专门分析英帝国在 19 世纪前期对南非的政策。⑤

---

① 参见阿拉戈:《非洲史学实践——非洲史学史》(郑晓霞、王勤、胡皎玮译,张忠祥、郑晓霞译校),上海社会科学院出版社,2016 年,第 93—106 页。中国学者的相关研究参见王建华:《当代非洲史学及其民族主义流派》,《西亚非洲》,1988 年第 6 期;李安山:《论伊巴丹历史学派——其形成、发展及批判》,《世界史研究动态》,1990 年第 3 期;李安山:《论达累斯萨拉姆历史学派的形成与发展》,《世界史研究动态》,1990 年第 4 期;李安山:《论黑非洲历史的非殖民化》,北京大学亚非研究所编:《亚非研究》,北京大学出版社,1994 年;张忠祥:《20 世纪非洲史学的复兴》,《史学理论研究》,2012 年第 4 期;刘鸿武、王严:《非洲实现复兴必须重建自己的历史——论 B. A. 奥戈特的非洲史学研究与史学理念》,《史学理论研究》,2015 年第 4 期。

② Sidney Welch, *Portuguese and Dutch in South Africa*, *1641—1806*, Cape Town: Juta Press, 1951; J. J. McCord, *South African Struggle*, Pretoria, 1952; E. Robbins, *This Man Malan*, Cape Town, 1953; G. B. Pyrah, *Imperial Policy and South Africa*, *1902—1910*, Oxford University Press, 1955; John Bond, *They Were South Africans*, Oxford University Press, 1956; D. W. Kruger, *The Age of Generals*, Johannesburg, 1958.

③ H. Jack Simons and Ray E. Simons, *Class and Colour in South Africa*, *1850—1950*, Harmondsworth, 1969;

④ G. B. Pyrah, *Imperial Policy and South Africa*, *1902—1910*, Oxford University Press, 1955; John Bond, *They Were South Africans*, Oxford University Press, 1956; Leo Marquard, *The Peoples and Policies of South Africa*, Oxford University Press, 1962(Third Edition); L. M. Thompson, *The Unification of South Africa*, *1902—1910*, Oxford University Press, 1960; J. S. Marais, *The Fall of Kruger's Republic*, Oxford University Press, 1961; W. M. Macmillan, *Bantu, Boer, and Briton*: *The Making of the South African Native Problem*, Oxford University Press, 1965(Second edition); G. Le May, *British Supremacy in South Africa*, Oxford University Press, 1965; Alan Paton, *Hofmeyr*, Oxford University Press, 1965; T. R. H. Davenport, *The Afrikaner Bond The History of a South African Party*, Oxford University Press, 1966.

⑤ John S R. Galbraith, *Reluctant Empire*: *British policy on the South African frontier 1834—1854*, Berkeley, 1963.

剑桥大学的鲁宾逊和加拉格尔合著的《非洲与维多利亚时期的人》(1962 年)成为论述英帝国对瓜分世界的卷入及其南非政策的经典著作。作者分析了南非金矿的发现和德兰斯瓦的兴起,认为这一地区危机(与埃及赫提夫倒台造成的危机一起)影响了欧洲各国与非洲的战略关系,最后导致了瓜分非洲的浪潮。两人在《新编剑桥近代史》(第十一卷)中合著的"非洲的瓜分"章节重新阐述了这一观点。南非的历史成为英帝国扩张的历史。首先,作者认为,南部非洲"是由白人开拓的"。"自从金矿发现后,殖民地化的进程在深度和广度上更有了显著的增长。"其次,由于钻石矿的发现和铁路的修建,英国人在南非的扩张"明显地具有帝国色彩",布尔人(即阿非利卡人)的民族主义油然而生。第三,面对阿非利卡人的强烈反抗,英国政府在南非活动的目的在于保证:英国最终在此建立联盟时,"帝国的成分可占优势"。最后,英国人对黄金和钻石矿的占有、投资和扩张以及铁路的修建,这些活动在阿非利卡人中间产生了针锋相对的情绪,伦敦政府"从外交上把南非再一次拉回到帝国路线上来"的企图未能实现。英国人与阿非利卡人最后只能通过一场战争来解决问题,即英布战争。①

阿非利卡人历史学家范贾尔斯维尔德是南非 20 世纪最杰出的历史学家之一。他的著述多用阿非利卡语。在有关阿非利卡人民族主义的起源的分析中,他指出,导致这种民族主义产生的相关因素包括对不公正待遇的感受、受到冒犯的尊严、对民族(volk)和祖国的依恋以及自我民族意识的觉醒等。与有关民族主义应强调文化和智力因素的观点不同,他认为民族主义是一种政治现象,强调政治因素在民族主义起源和发展中的作用。奥伯霍尔兹(J. J. Oberholzer)和斯库尔(M. C. E. van Schoor)等南非荷兰语历史学家认为,阿非利卡人民族主义的起源可以追溯到 19 世纪初,范贾尔斯维尔德提出,阿非利卡人的民族主义起源于 1868 年至 1888 年期间,这是一种对英帝国主义在南非扩张的反应。② 1969 年,由南非大学历史系教授主编的《五百年的南非史》则是殖民者史学在当代的代表作。作者毫

---

① Robinson and J. Gallagher(with Alice Denny), *Africa and the Victorians*, London: Macmillan, 1962; F. H. 欣斯利编:《新编剑桥世界近代史》第十一章(中国社会科学院世界历史研究所组译),中国社会科学出版社,1987 年,第 875—884 页。

② F. A. van Jaarsveld, *The Awakening of Afrikaner Nationalism*, *1868—1881*.

不掩饰地宣称这是一部关于"南非白人发现南非、移民南非的历史"。

由于阿非利卡人移民南非已有三个世纪左右,加之南非成为英国殖民地,这些人犹如荷兰政府的"弃儿",他们对自己的历史需要重新认知,对自己的命运需要重新解释。在这种意义上,他们对自己的历史——抵达南非后的奋斗史和领袖人物的精英史特别看重。① 范贾尔斯维尔德的另一部著作研究了阿非利卡人对南非历史的解释。这是他以前用阿非利卡语所做的讲座和发表的研究文章,内容涉及两个方面,一是阿非利卡人对历史的理解,包括阿非利卡人关于感召与使命的观念,民族意识的觉醒及对历史的认知,阿非利卡人的历史形象,英布战争及其历史著述,历史与政治的关系,对南非史的解释与趋势。二是历史教学中的相关主题,如历史教学的目的和意义,历史教学的潜在危险,南非学校中一般史与民族史的讲授等。他敏锐地意识到,随着学术界注意力从传统的英国人-布尔人的冲突中转移开来,研究重点将集中到白人-非白人以及一般的种族关系。②

(二) 自由主义史学的延续

二战以后,特别是罗斯托的《经济增长的阶段》发表以来,大部分研究发展经济学和"现代化"理论的学者认为,在发展中国家存在着一种普遍现象:双重经济的并存。一方面是现代的资本主义工业经济,另一方面是传统的农业经济;前者是能动的、蓬勃向上的,后者是静止的、阻碍经济发展的。这种观点对南非史学界很有影响。自由主义史学在一些领域延续,他们的研究着重于南非经济和种族隔离制的关系。

南非自由主义学者的主要观点着重于对种族主义的强调和对资本主义本质的推崇。自由主义史学家认为种族歧视对工业经济的发展起的是反作用;限制黑人劳动力的流动性、将就业机会保留给白人的政策没有经济意义。对种族隔离制的起源解释繁多,有的追溯到布尔人的边疆传统,有的归结于传教士设立保留地,有的归咎于开普殖民地,有的则追根到南

---

① "Biographies of Voortrekker Leaders" in F. A. van Jaarsveld, *The Afrikaner's Interpretation of South African History*, pp. 71–93.

② F. A. van Jaarsveld, *The Afrikaner's Interpretation of South African History*, p. 156.

非金矿业。概括起来,一种认为南非问题的症结是其历史和种族的复杂性,布尔人成了种族隔离制的罪魁祸首;另一种则认为资本主义的发展特别是 19 世纪末的钻石金矿业是种族隔离制的滥觞。自由主义史学习惯于将种族隔离的起源追溯到种族主义的阿非利卡人边疆传统,有的甚至认为,种族隔离制的根源是"前工业社会的纳塔尔"的政策。① 他们倾向于认为种族隔离与资本主义经济制度存在着本质矛盾;资本主义的发展除钻石和金矿的发现外,还得益于南非的诸文化因素,主要是大批白人的存在。他们对于黑人遭受的超经济剥削和非人道待遇分析不多,认为经济发展将导致社会和政治一体化。

《牛津南非史》是自由主义史学的代表作,为学术界带来了新视角和新观点。南非开普敦大学的社会人类学家莫尼卡·威尔逊和著名历史学教授利奥纳德·汤普森任此书主编。② 第一卷的时限是古代到 1870 年。由于南非历史往往被写成白人移民者的历史,桑人、科伊科伊人和班图人成了历史上的"问题";他们成为人类学的研究对象,与南非历史没有多少关系;非洲社会被认为或是一成不变,或是原始落后。《牛津南非史》力图改变这种刻板印象。对白人移民者到来之前的历史用早期考古发现进行实证说明,莫尼卡·威尔逊从人类学角度对各个民族进行了描述。③ 第二卷的时限是 1870 年到 1966 年。这一卷体现了多学科的合作,历史学家的贡献相形见绌。作者中社会人类学家、社会学家和报刊编辑各一位,加上两位经济学家和两位政治学家。只有主编之一的汤普森是历史学家。④ 一

①　D. Welsh, *The Roots of Segregation*, Cape Town, 1969.

②　"Monica Hunter Wilson", http://www. sahistory. org. za/people/monica-hunter-wilson; T. Davenport, "Leonard Thompson and South African History", *South African Historical Journal*, 24:1(1991), pp. 224-228; C. Saunders, "Leonard Thompson's Historical Writing on South Africa: An Appreciation", *South African Historical Journal*, 30:1(1994), pp. 3-14.

③　M. Wilson and L. Thompson, eds, *The Oxford History of South Africa*, Volume I, *South Africa to 1870*. New York: Oxford University Press, 1969.

④　L. Thompson, *A History of South Africa*, Yale University Press, 1990; L. Thompson, *Survival in Two Worlds: Moshoeshoe of Lesotho, 1786—1870*, Oxford: Clarendon Press, 1976; L. Thompson, *The Political Mythology of Apartheid*, Yale University Press, 1985.

些反对南非种族隔离制的学者参与了写作,如利奥·库柏有关非洲民族主义的论述等。[1]《牛津南非史》体现了自由主义史学的基本观点:南非史的主题是民族之间的互动;南非的冲突、暴力和极度不平等的原因是种族主义,根源于早期布尔人的固步自封和停滞不前;问题的症结是种族主义,解决办法是恢复建立在人道主义基础上的自由主义经济;工业化是一个进步的现代化过程,这一过程需要新的社会关系;如果工业化顺利发展,它将建立一个合理的、自由的社会秩序。虽然《牛津南非史》对非洲人历史的研究尚有一定欠缺,[2]但威尔逊和汤普森具有公认的学术水平,其研究方法也具有一定的独创性。达温波特的重要著作《南非现代史》对南非各种社会力量的历史综合得到了学术界的认可。[3]

另一位重要的自由主义学者是利奥·库柏,曾被称为纳塔尔大学自由主义学者的领军人物。他是社会学家,但其著作不仅具有历史视角,对南非学术界也影响颇大。他于 1952 年在伯明翰大学获得社会学博士学位,来到南非纳塔尔大学教书。他支持反对南非种族主义政权的斗争,了解南非种族隔离制和非洲人的社会生活,因参与反对种族隔离制的集会而受到指控,不得不去美国教书。[4]《南非的被动抵抗》深入探讨了各种形式的被动抵抗。他从社会学的角度认为"被动抵抗"是为"通过减少互动(interaction)来推进变化","减少互动"是为表达意愿而不遭遇野蛮镇压。除了描述当时存在的非白人对种族隔离制进行的被动反抗外,他还揭示了另一个被人们忽略的事实:当非白人开始改变其种姓与社会制度时,白人却开始拥抱这些制度;当非白人逐渐倾向于普世伦理时,白人却

---

① M. Wilson and L. Thompson, eds., *The Oxford History of South Africa*, Volume II, *South Africa 1870—1966*, Oxford: Clarendon Press, 1971.

② A. Atmore and N. Westlake, "A Liberal Dilemma: A Critique of the Oxford History of South Africa", *Race*, 14(1972), pp. 107-136; Shula Marks, "Liberalism, Social Realities and South African History", *Journal of Commonwealth Political Studies*, 10 (Nov. 1972), pp. 243-249.

③ T. R. H. Davenport, *South Africa: A Modern History*, University of Toronto Press, 1977.

④ Jeffrey butler, Richard Elphick and David Welsh, eds., *Democratic Liberalism in South Africa: Its History and Prospect*, Middletown: Wesleyan University Press/Cape Town and Johannesburg: David Philip, 1987, p. 122.

宣告了他们的排外伦理。[1] 他的《非洲资产阶级——南非的种族、阶级和政治》主要通过采访所获资料,对非洲人中间较高阶层从事的较体面职业与所处的低级社会地位的矛盾进行了深刻的分析。他认为,这种不相称状况的出现令人不能容忍。如果这种情况长期存在,种族间的内战很难避免。然而,他提出的解决办法有些理想化——联合国可以通过和平和非种族的方式来解决这一矛盾。[2]

(三) 修正派史学的兴起

从 70 年代开始,日益兴起的工人运动暴露了南非史学研究的一些缺陷,激发了学者对工人阶级的研究,南非史学出现了新气象。修正派史学(revisionist historiography)应运而生。比较突出的学者有约翰斯顿、拉盖西克和特拉彼多等人。此外,被戏称为"四人帮"(Gang of Four)的罗伯特·戴维斯(Robert Davies)、大卫·卡普兰(Dave Kaplan)、迈克·莫里斯(Mike Morris)和丹·奥梅拉(Dan O'Meara)也十分突出。这四位学者同在萨塞克斯大学受过研究生教育,其历史著述均具有社会学的方法,又深受结构主义的马克思主义的影响。他们从内部角度书写南非史,分析资本塑造国家政策的逻辑,力图反映真实的南非。这批学者被冠以各种名号,如"马克思主义学派"、"新马克思主义学派"、"激进学派"或"修正派史学"。[3]

1971 年,拉盖西克在英联邦研究学院宣读的开拓性论文不仅对边疆在南非历史上的作用进行了精辟的分析,同时对南非史学界关于"边疆传统"的流行观点提出质疑。自由主义史学认为阿非利卡人到 1800 年已形

---

① Leo Kuper, *Passive Resistance in South Africa*, New Haven: Yale University Press, 1957, p. 210. eo Kuper, "African Nationalism in South Africa, 1910—1964", M. Wilson and L. Thompson, eds., *The Oxford History of South Africa*, *Volume II*, *South Africa 1870—1966*, pp. 424-476.

② Leo Kuper, *An African Bourgeoisie: Race, Class, and Politics in South Africa*, New Haven: Yale University Press, 1965.

③ F. Johnstone, "'Most Painful to Our Hearts': South Africa Through the Eyes of the New School", *Canadian Journal of African Studies*, 16:1(1982), pp. 1-26. D. E. Kaplan, "Class, Conflict, Capital Accumulation and the State: An Historical Analysis of the State in Twentieth Century South Africa", (PhD Dissertation, University of Sussex).

成了一种排外的文化和社会以及一种反对进步的种族态度。在东部边疆地区,他们遇到了比桑人和科伊科伊人强大得多的班图文化,因而导致了一连串的战争及贸易和文化的互动。1806年英国人带来的是崭新的工业社会及思想和制度;为抵制英国人带来的政治与法律平等的原则,布尔人进行了大迁徙。白人种族主义实源于布尔人向内地扩张的边疆传统。① 拉盖西克认为这种解释受美国奴隶制史学家吉诺维斯的影响,过分强调了边疆的作用,从而忽略了对阶级关系的分析。拉盖西克的论文拉开了向自由主义史学全面论战的序幕。②《牛津南非史》第二卷的出版,使修正派史学对自由主义传统的批判更为激烈。仅在1972年一年中,就有4篇极有分量的评论文章问世。③ 修正派史学强调用唯物主义观点来分析阶级和种族的关系,反对以文化差异或种族主义来解释南非现状。他们将矛头指向南非资本主义,认为种族隔离制度并非种族主义使然,而是资本主义发展的恶果。

自由主义史学认为资本主义发展是理性的,是自由的选择,任何文明人都有公平竞争的机会;他们谴责种族隔离制,因为种族隔离制否认一部分人的权利,是一种非人道、非理性的制度;资本主义与种族隔离制的并存是奇特的、不正常的。修正派史学认为阶级和种族是两个根本不同的概念,但在南非这两者联系紧密。种族之间的差距是南非资本主义发展的结果,资本主义的畸形发展又得益于种族隔离制。经济发展决不会给种族隔离制带来根本变化。种族隔离制会日益强化,而白人统治会趋于灵活,要根本废除种族隔离制,只有通过不断地斗争。历史的发展已证明

① 对布尔人大迁徙的分析,可参见拙文《布尔人大迁徙的经济因素浅析》,载《西亚非洲》,1988年第1期。

② M. J. Legassick, "The Frontier Tradition in South African History", Institute of Commonwealth Studies, 2(1971), pp. 1-33, S. Marks and A. Atmore, eds., *Economy and Society in Pre-industrial South Africa*, Longman, London, 1980, pp. 44-79.

③ Shula Marks, "Liberalism, Social Realities and South African History", *Journal of Commonwealth Political Studies*, 10(Nov. 1972), pp. 243-249; Colin Bundy, "The Emergence and decline of a South African Peasantry", *African Affairs*, 71(1972), pp. 369-387; H. Wolpe, "Capitalism and Cheap Labour Power in South Africa: From Segregation to Apartheid", *Economy and Society*, 1:4(1972), pp. 425-456; A. Atmore and N. Westlake, "A Liberal Dilemma: A Critique of the Oxford History of South Africa", *Race*, 14:2(1972), pp. 107-136.

了这一论点。实际上,资本主义并未创造种族主义,而是利用和扩大了种族主义意识,通过建立种族隔离制而使其剥削合法化。在南非的历史和现实中,资本与种族主义是一种互动关系;资本的积累和扩张需要种族主义,种族隔离制通过资本而得到强化。两者的并存并非理性或非理性的问题,而是南非特殊历史发展带来的一种社会现实。

19 世纪末,兰德金矿的深层开采吸引了大批国际资本,同时需要大量的劳动力,这对南非社会的转变产生了根本性影响。金矿工业资本家是种族隔离制的始作俑者。为了降低劳动力成本,他们制定了种种政策:建立在通行证制度基础上的流动劳工制度;为减少社会福利而又可达到劳动力再生产目的的保留地政策,将工人阶级分为有技术的高薪白人阶层和无技术低工资的黑人工人,这些政策成为后来实行的种族隔离制的起源和基础。国家的干预和以种族为基础的劳动分工,不仅没有阻碍生产,反而是南非工业化的关键因素。约翰斯顿从 1970 年起就发表了有关南非白人的经济统治与种族优越地位两者结合的论文,他的著作探讨了保留地与金矿工业的关系。自由主义历史学家未能将经济的发展与种族统治制度的演变联系起来,也未能探讨工业化的历史意义。这是修正派史学开始承担的任务。约翰斯顿提出了一个论点:工业资本主义对种族隔离制度的许多关键要素负责。[1] 戴维斯运用历史唯物主义和阶级分析方法,通过研究资本、国家和劳动力三者的互动考察了南非工人阶级分裂的过程。约尔德曼则通过考察金矿劳动力的运作分析了国家、资本和劳工的关系。[2] 利普顿则对白人农业资本、矿业资本和制造业资本以及白人劳动力等各方利益进行了分析,揭示了白人寡头地位与种族隔离制的关系。[3] 与自由主义学派

---

① F. A. Johnstone, "White Prosperity and White Supremacy in South Africa", *African Affairs*, 69(1970), pp. 124-140; F. A. Johnstone, *Class, Race and Gold: A Study of Class Relations and Racial Discrimination in South Africa*, London: Routledge and Kegan Paul, 1976.

② R. Davies, *Capital, State and White Labour in South Africa, 1900—1960. An Historical Materialist Analysis of Class Formation and Class Relations*, Brighton: Harvester, 1979; David Yudelman, *The Emergence of Modern South Africa: State, Capital, and the Incorporation of Organized Labor on the South African Gold Fields, 1902—1939*, Greenwood Press, 1983.

③ Merle Lipton, *Capitalism and Apartheid, South Africa, 1910—1984*, Rowman & Allanheld, 1985.

不同,修正派史学家逐步放弃了那种将黑人看作资本主义制度被动的受害者的简单化解释,转向对黑人主动性的研究,开始探讨黑人社会本身的阶级分化以及保留地内部对劳动力的控制。①

自由主义学派一般认为,南非存在着双重经济:白人的现代资本主义经济和黑人落后的农民经济。黑人的"部落经济"不能适应日益发展的工业经济。邦迪的研究从根本上否定了这种观点。他考察了四个省农民的历史发展,发现南非农民在1870年到1886年期间对南非经济形势的变化相当敏感,并做出相应调整。结果,黑人农民远远强于白人农民,生产发展很快。但在1886年到1913年期间,由于资本主义的发展和南非政府超经济手段的干预,黑人农民受到极大打击,生产随之下降。他的结论是:南非黑人农民对市场经济的反应比一般学者想象的要积极得多。少数农民经过调整,从传统的自给自足的农业经济中分离出来,成功地与白人农民展开竞争。然而,白人统治政权运用强迫的非经济手段迫使黑人农民在竞争中处于劣势地位,导致了黑人农民生产利润的下降。他认为,黑人农民衰落并转化为雇佣劳动力是资本主义发展的结果。②

修正派史学的另一个重要贡献是对国家的作用进行唯物主义分析。他们认为南非的国家机器从根本上说是南非资产阶级压迫、剥削和控制南非人民的工具,其作用体现在以下几个方面。第一,在阶级形成中的双重作用。一方面,国家通过立法剥夺了黑人农民的土地,使其不可能继续从事自给自足的农业经济,从而将其转化为无产阶级。另一方面,通过给予白人工人优越的待遇,它将一大批白人工人变为自己的社会基础,从而模糊了无产阶级的阵线。第二,作为资本家阶级的代表,南非国家机器长期以来运用超经济手段来剥夺和镇压敌对阶级,立法是经常采用的手段之一。首先是对非洲农民土地的剥夺,继而是对

① S. Trapido, "South Africa in a Comparative Study of Industrialization", *Journal of Development Studies*, 8:3(1971), pp. 309-320; M. Legassick, "South Africa: Capital Accumulation and Violence", *Economy and Society*, 3(1974), pp. 253-291; D. O'Meara, "The 1946 African Miners Strike and the Political Economy of South Africa", *Journal of Commonwealth and Comparative Politics*, 13:2(1975), pp. 146-173.

② C. Bundy, *The Rise and Fall of the South African Peasantry*, Berkeley, 1979.

黑人工人阶级的压迫,最后是种族隔离制的确立。第三,南非政权利用种族主义来巩固自己的统治,资本家阶级通过国家机器来使种族主义合法化和制度化。①

(四) 南非史学的成就

从 20 世纪 70 年代以后,南非史学致力于为普通民众服务,表现在两方面。一是作为成年黑人识字项目的一部分,在报刊上出现了一系列的通俗历史文章,以启发民智并重新认识自己的历史。二是一些出版社如拉文出版社(Raven Press)出版了一批历史著作,这些著作以平装廉价出版,帮助普通民众学习自己的历史。此外,1977 年开办的"金山大学历史工作坊"(Wits History Workshop, Johannesburg History Workshop)推动了南非历史认识和研究,成为一个以社会科学为主要研究对象的跨学科研究群体。以金山大学历史系为中心的历史学家群体为南非史学贡献了一大批优秀的著作,如揭示南非农民主动性的《南非农民的兴衰》,研究 19 世纪德兰斯瓦地区佩迪人与布尔人和英国人关系的《土地属于我们》,探讨南非农村反抗的著作《南非农村的隐蔽斗争》等。② 南非的学术杂志如开普敦大学的著名社会科学杂志《社会动力》(*Social Dynamics*)不时以专刊刊登具有方法论意义的文章,这些著述不仅推动了南非史学的发展,也对国

---

① H. Wolpe, "Capitalism and Cheap Labour Power in South Africa: From Segregation to Apartheid", *Economy and Society*, 1:4(1972), pp. 425-456; M. Legassick, "Legislation, Ideology and Economy in Post—1948 South Africa", *Journal of Southern African Studies*, 1:1(1974), pp. 5-35; Merle Lipton, *Capitalism and Apartheid*, South Africa, *1910—1984*.

② C. Bundy, *The Rise and Fall of the South African Peasantry*, Berkeley, 1979; Peter Delius, *The Land Belongs to Us: The Pedi Polity, the Boers and the British in the Nineteenth-Century Transvaal*, Johannesburg, 1983; Peter Walshe, *The Rise of African Nationalism in South Africa: The African National Congress, 1912—1952* Johannesburg, 1983. William Beinart and Colin Bundy, *Hidden Struggle in Rural South Africa: Politics and Popular Movements in the Transkei and Eastern Cape, 1890—1930*, London: James Currey, 1987; C. Bundy, *Remaking the Past: New Perspectives in South African History*, University of Cape Town, 1987; C. Bundy, *History, Revolution, and South Africa*, University of Cape Town, 1987.

际社会科学研究产生影响。① 南非的资本、种族与国家三者的关系成为学者们重点注意的主题,阶级分析成为主要研究方法之一。他们强调用唯物主义观点来分析阶级和种族的关系,反对以文化差异或种族主义来解释南非现状。

70—80 年代南非史学的另一个突出成果是在社会史方面。查尔斯·范·昂塞伦是南非著名的历史学家,他于 1976 年出版的专著《赤巴洛》对 1900—1933 年南罗得西亚的非洲矿工进行了深入研究。他除了描述矿工的恶劣生产条件外,还分析了矿工在住宿地围场的封闭性、流动性以及矿主的控制手段,并展示了矿工对强迫劳工经济制度的反抗。② 昂塞伦的《威特沃特斯兰德社会和经济史》包括主题不同但相互关联的两卷《新巴比伦》和《新尼尼微》。第一卷不仅分析了作为南非社会经济基础的矿业经济和矿工阶级,还在分析矿山资本对矿工进行社会控制方面展现了独特的视角。他研究了专为矿工服务的酒类销售和妓女(包括白人和黑人)行业的目的——为了驯化和麻痹工人并从他们手上榨取所剩无几的工钱。他还剖析了该地区公共交通的控制,这一行业在 1889 年到 1899 年间被农业资本家控制,在 1900 年到 1914 年被矿业寡头所控制。第二卷主要探讨了为白人中产阶级服务的家庭佣工的工作环境,白人无产者为保持自己的生活条件所付出的努力以及最后沦为流氓无产者的黑人的谋生方式。③ 他的著作涵盖了黑人和白人工人阶级的构成、矿业资本对矿工的控制手段、白人中产阶级的生活以及当地犯罪团伙的成因等重要内容,为社会经济史研究开拓了新的观察视角和研究领域。

南非历史学家卡里尼科斯的父母是希腊人,出生在约翰内斯堡,早年

---

① R. Elphick, "Methodology in South African Historiography: A defence of idealism and empiricism", *Social Dynamics*, 9:1(1983); Deborah Postel, "Rethinking the 'Race-Class-Debate' in South African Historiography", *Social Dynamics*, 9:1(1983); John Lonsdale, "From Colony to Industrial State: South African historiography as seen from England", *Social Dynamics*, 9:1(1983).

② Charles Van Onselen, *Chibaro: African Mine Labour in Southern Rhodesia*, *1900—1933*, London, 1976.

③ Charles Van Onselen, *Studies in the Social and Economic History of the Witwatersrand 1886—1914 Volume 1*, *New Babylon*, *Volume 2*, *New Nineveh*, Longman, 1982.

积极参加反对种族主义的斗争。她是最早提出要重视研究南非民众即
"普通"南非人（"ordinary" South Africans）的学者，研究重点是社会经济
史。卡里尼科斯有关南非工人的三部曲《黄金与工人》（1980 年）、《劳碌
的生活》（1987 年）和《城市之地》（1993 年）对研究南非工人阶级及下层民
众的历史具有重要的学术价值。《黄金与工人》分三个部分阐述了这一经
济史主题，并分别研究了华工（第 14 章）、白人矿工和黑人矿工，指出了造
成工人之间分歧的诸种因素。《劳碌的生活》曾获非洲出版业的诺玛奖
（Noma Award）。[①] 她也完成了其他历史著作如兰德的城市史和与曼德
拉成长的社会环境有关的历史等。

　　90 年代突出的研究成果仍然是社会史。范·昂塞伦有关卡斯·梅
因这位南非佃农的个人传记在南非史学界引起极大反响，被列为 20 世纪
非洲 100 本最佳读物之一，受到国际学术界的高度评价。[②] 南非学者阿
特金于 1986 年在金山大学历史系取得博士学位，目前在密歇根大学历史
系教书，其研究集中在南非的社会史研究。她曾发表过有关祖鲁人的社
会史论文，研究纳塔尔洗衣工协会的历史和所谓的"卡佛尔人时间"观
念。[③] 她有关纳塔尔非洲工人道德的文化起源的著作获得了美国非洲研
究会 1994 年赫斯科维兹奖，并被《选择》（*Choice*）推荐为 1995 年度的杰
出学术著作。[④] 开普敦大学历史系的高级讲师帕特里克·哈里斯对莫桑
比克和南非流动劳工在工作、文化和认同方面进行比较研究，揭示了两个
地方的流动工人如何在新的环境中对原有的仪式、传统、信仰和价值观进

　　① Luli Callinicos, *Gold Workers*, *1886—1924*, Johannesburg, 1981；L. Callinicos,
Working Life 1886—1940：*Factories*, *Townships*, *and Popular Culture on the Rand*, Ravan
Press, 1987；L. Callinicos, *A Place in the City*：*The Rand on the Eve of Apartheid*, Cape
Town；Ravan Press, 1993.

　　② Charles von Onselen, *The Seed is Mine The Life of Kas Maine*, *a South African
Sharecropper 1894—1985*, Happer Collins, 1996.

　　③ Keletso E. Atkins, "Origins of the AmaWasha：The Zulu Washerman's Guild in Na-
tal, 1850—1910", *The Journal of African History*, 27（1986）；K. E. Atkins, "'Kafir
Time'：Preindustrial Temporal Concepts and Labour Discipline in Nineteenth Century Coloni-
al Natal", *The Journal of African History*, 30(1989).

　　④ Keletso E. Atkins, *The Moon Is Dead*！*Give Us Our Money*！*The Cultural Origins
of an African Work Ethic*, *Natal*, *South Africa*, *1843—1900*, Portsmouth, Heinemann/
London；James Currey, 1993.

行改造和调整,以更恰当地面对自己和他人,从而更好地适应新的环境。① 有关妇女史的主题集中在她们的生存环境和应对策略以及对种族隔离制的反抗。②

曼德拉于 1990 年 2 月 11 日被南非当局宣布无条件释放。这无疑宣布了南非新时代的到来。1990 年冬季,《激进历史评论》出版主题为《来自南非的历史》的专刊,作者通过对在农加乌斯灾难(Nongqawuse Catastrophe)③中出现的自杀与大屠杀的细致分析,来折射对科萨人的看法,也包括修正派史学对南非农业资本主义转型的研究,兰德地区 1944 年到 1952 年黑人占地者运动(Black Squatter Movement)的分析、美国和南非历史的比较、南非文学与历史的关系、非国大及其史学传统、团结运动的历史觉悟及遗产、对南非劳工办的史学评价、知识分子与历史的关系等众多的话题。除了论文之外,专刊还有 9 篇关于各种学术活动的简讯,涉及南非史学的多个方面。此专刊于 1991 年由天普大学用原标题出版,说明了美国学界对南非历史研究的推崇和借鉴。④

南非史学既有对荷兰殖民统治、大迁徙等传统主题的研究,也有对种

---

① Patrick Harries, *Work*, *Culture*, *and Identity-Migrant Laborers in Mozambique and South Africa*, *c. 1860—1910*, Portsmouth: Heinemann/London: James Currey/Johannesburg: Witwatersrand University Press, 1994.

② Hilda Bernstein, *For their Triumph and for their Tears——Conditions and Resistance of Women in Apartheid South Africa*, International Defense and Aid Fund, 1975; C. Walker, *Women and Resistance in South Africa*, Onyx Press, 1982; Cherryl Walker, ed., *Women and Gender in Southern Africa to 1945*, Cape Town: David Philip, 1990; Julia Wells, *We Now Demand*! *The History of Women's Resistance to Pass Laws in South Africa*, Johannesburg: Witwatersrand University Press, 1993; Belinda Bozzoli with Mmantho Nkotsoe, *Women of Phokeng*: *Consciousness*, *Life Strategy*, *and Migrancy in South Africa*, *1900—1983*, London, James Currey, 1991. Penelope Hetherington, "Women in South Africa: the Historiography in English", *The International Journal of African Historical Studies* 26:2 (1993), pp. 241-269.

③ 这是指 19 世纪中期在南非科萨人中发生的一次由于本土宗教所导致的灾难。农加乌斯是南非一位 15 岁的科萨姑娘,她在 1856 年的时候自称三位祖先之灵告诉她,如果科萨人通过摧毁他们的庄稼和杀死他们的牛来表达其信仰,那么在指定的日子里,精灵将会让死者复活,慷慨地还原所有的财富,并将英国人冲进大海。数以千计的人相信这个预言,从而造成了极大的灾难。

④ J. Brown, B. Bozzoli, et al., eds., *History from South Africa*: *Alternative Visions and Practices*, Temple University Press, 1991.

族与阶级以及政治经济的关系、城镇黑人反抗以及资本与阶级关系的探讨。① 南非的历史往往被描述成白人的历史。桑人和科伊科伊人永远是沉默的。其他非洲人则要根据他们自己的历史学家的记忆,而这些记忆往往被忽略、歪曲和删除。《法罗之屋》的作者突破了这一禁忌。科萨人一直在查维(Tshawe)后人领导下,在 18 世纪分为两支,一支为现今特兰斯凯的卡勒卡人(Gcaleka),另一支是西斯凯的人。作者希望还科萨人历史的本来面目,通过书面档案和口头资料(系谱、赞歌和传说),描述了历史上七次边疆战争的缘由、过程和结果,力图从整体上把握科萨人的历史。该书是第一部从科萨人角度研究科萨人的历史著作,这也是作者用"科萨人独立时期的历史"作为副标题的原因。②

这一时期,英帝国史学在 50 到 60 年代仍对南非史学有所影响,特别体现在对瓜分非洲及英布战争的解释上。阿非利卡人史学注重民族意识形成中的重大事件和重要领袖,范贾尔斯维尔德的两部英文著作对南非史学产生了一定影响,揭示了史学在阿非利卡人民族形成中的作用。自由主义史学因《牛津南非史》的出版达到高峰,也因此成为激进的南非史学即修正派史学崛起的重要原因之一。自由主义学派与修正派史学在对种族与阶级的关系、种族隔离制起源的解释、国家与资本的关系和资本主义的影响以及黑人农民的作用等问题上产生了严重分歧。

这一时期的南非史学有三个特点。第一,在方法论上的突破以修

---

① Rowland Raven-Hart, ed. , *Cape Good Hope*, *1652—1702*: *The First Fifty Years of Dutch Colonisation as Seen by Callers*, 2 volumes, Cape Town: A. A. Balkema, 1971; Thomas Pakenham, *The Boer War*, Weidenfeld and Nicolson, London 1979; Shula Marks, *Reluctant Rebellion*: *The 1906—1908 Disturbances in Natal*, Oxford University Press, 1970; F. A. Johnstone, *Class*, *Race and Gold*: *A Study of Class Relations and Racial Discrimination in South Africa*, London: Routledge and Kegan Paul, 1976; B. Bozzoli, *Labour*, *Township and Protest*, Johannesburg: Ravan, 1978; S. B. Greenburg, *Race and State in Capitalist Development*: *Comparative Perspectives*, New Haven: Yale University Press, 1980; B. Bozzoli, *The Political Nature of the Ruling Class*: *Capital and Ideology in South Africa*, *1890—1933*, London Routledge, 1981; W. Beinart, *The Political Economy of Pondoland*, *1870—1930*, Cambridge University Press, 1982; Tom Lodge, *Black politics in South Africa since 1945*, Johannesburg: Ravan Press, 1985.

② J. B. Peires, *The House of Phalo History of the Xhosa People in the Days of Their Independence*, Jonathan Ball Publishers, 1981.

正派史学为代表,他们注重唯物史观的分析方法。修正派史学的出现为南非史学增添了新的活力。这表现在一批新学者、新观点和具有新方法的历史著述的出现,学者们注重资本与国家的关系,强调非洲人在历史中的主观能动性,为学术研究提供了新视角。第二,在研究领域的开拓以范·昂塞伦为领军人物,社会史研究为这一时期的南非史学拓展了新的空间,为后来的研究打下了基础。一批社会(经济)史著作得到世人及国际学术界的认可。第三,历史知识的普及化以金山大学历史工作坊为楷模。在致力于历史知识的平民化方面,金山大学历史工作坊功不可没,各种论坛、讲座和平民读物给历史知识的普及带来了便利。

四、新南非的史学:百花齐放的局面

新南非的成立使史学得到了充分的发展,这表现在多个方面:重构历史的需求、对民族史和地方史的重视和研究领域的拓展。

(一) 重构历史的需求

新南非的成立使重构历史的要求骤然提升。首先是将面向高雅读者的需求转向为大众服务,历史研究呈现出大众化与多元化的趋势,出版了一大批雅俗共赏的历史著作。一些长期被人忽略的社会边缘的地区(城市)、民族(族群)和机构组织及黑人政治领袖被纳入历史研究的视野。[①]南非黑人领袖索尔·普拉吉、阿尔弗雷德·B.苏玛和贾巴伍,非国大领导人奥立佛·坦博和曼德拉,以及叛国罪辩护基金(Treason Trial Defence Fund,1956—1961)主席、南非辩护和援助基金(SA Defence and Aid Fund,1960—1964)主席、南非劳工党领袖亚力克斯·赫普尔等诸多著名

---

① C. Glaser, Bo-Tsotsi, *The Youth Gangs of Soweto*, *1935—1976*, Portsmouth NH: Heinemann, 2000; Sampie Terreblanche, *A History of Inequality in South Africa*, *1652—2002*, University of Natal Press, 2002; Robert Ross. *The Borders of Race in Colonial South Africa*: *The Kat River Settlement*, *1829—1856*, Cambridge University Press, 2014; Tshepo Moloi, *Place of Thorns*: *Black Political Protest in Kroonstad since 1976*, Wits University Press, 2015.

人物也成为历史学和传记学的研究对象。[①]

有的学者对种族隔离制时期的工会组织进行了深入探讨。[②] 非洲大陆上最早成立的民族主义组织非国大(ANC)在 2012 年 1 月 8 日举行了百年庆典,这一历史事件在非国大和南非社会中引起了广泛的辩论。南非和国际历史学家对这一政党的历史轨迹以及它长期反对殖民主义和种族隔离的斗争历史进行了批判性反思,并试图在历史与现实的关系之间进行历史思考,为未来的研究提出新的议程。[③] 以前对非国大历史的许多研究主要集中在国家层面或城市区域。安德鲁·曼森等人集中研究非国大在南非西北省这一重要战略区域的活动。该书使我们更好地了解非洲人国民大会在地方上寻求政治自由的历程。三位作者都是专门从事历史研究的专家,对非国大有较深入的了解。[④] 此外,美国历史学家保罗·兰道目前正在研究非国大及曼德拉的历史。他注重研究南非历史上大众政治问题,曾两次获得美国非洲研究的殊荣——"赫尔斯科维茨奖"(Herskovits Award)。[⑤]

以前的历史多为教育者或知识阶层服务,这一现象得到根本改变。这

[①]　Luli Callinicos, *The World that Made Mandela*: *A Heritage Trail*: *70 Sites of Significance*, Real African Publishers, 2000; Luli Callinicos, *Oliver Tambo*: *Beyond the Engeli Mountains*, Claremont: David Philip, 2004; Seetsele Modiri Molema, *Lover of his People*, *A Biography of Sol Plaatje*, Other Publication, 2012(由茨瓦纳语读本首次译成英语); Catherine Higgs, *The Ghost of Equality*: *The Public Lives of D. D. T. Jabavu of South Africa*, *1885—1959*, Cape Town: David Philip, 1997; Steven D. Gish, *Alfred B. Xuma*: *African*, *American*, *South African*, SAHO Publication, 2012; Bob Hellpe, *Alex Hepple*: *South African Socialist*, SAHO Publication, 2011.

[②]　Kally Forrest, *Metal That Will Not Bend*: *The National Union of Metal Workers of South Africa*, *1980—1995*, Johannesburg: Wits University Press, 2011.

[③]　Arianna Lissoni, et al., eds., *One Hundred Years of the ANC*: *Debating Liberation Histories Today*, Johannesburg, South Africa: Wits University Press, 2013.

[④]　Andrew Manson, Bernard Mbenga and Arianna Lissoni, *A Short History of the ANC in the North West Province from 1909*, UNISA, 2016. 安德鲁·曼森是南非大学历史系的研究员和历史学教授,伯纳德·姆本加是西北大学历史学教授,阿里安娜·利索尼是金山大学历史讲习班研究员,也是南非历史杂志的编辑之一。

[⑤]　Paul S. Landau, *The Realm of the Word*: *Language, Gender and Christianity in a Southern African Kingdom*, Portsmouth: Heinemann, 1995; Paul S. Landau, *Public Politics in the History of South Africa*, *1400—1948*, Cambridge University Press, 2010.

一时期的历史研究继承了 70 年代以来的传统，表现出大众化和多元化趋势。除了继续金山大学历史工作坊这种学术沙龙外，还设立了一些历史普及教育系统，如"南非历史在线"项目注重民众教育，设置了历史档案、专题讲座、在线教育、研究项目、荣誉奖励等栏目，使感兴趣的一般民众获得学习自己历史的机会。① 南非历史项目(The South African History Project)是在时任教育部长的卡德尔·阿斯马尔(Kader Asmal)教授和威尔莫特·詹姆斯(Wilmot James)教授领导的"价值观、教育和民主工作组"于2000 年提交报告后建立的。这份报告强调了历史教学对于促进人类价值，包括宽容的巨大价值。该报告建议成立一个历史学家、教育家和学者小组，就如何加强南非学校的历史教学向政府提出建议。这一项目为普及南非历史知识做出了巨大的贡献，也培养了一批南非历史学家。② 南非遗产资源局(the South African Heritage Resources Agency, SAHRA)等机构在保存、发掘、研究南非各民族文化历史方面也做出了贡献。

(二) 对民族史和地方史的重视

南非各民族史的研究得到重视，这包括本土的非洲民族以及各种移民的历史。格里夸人在现代南非是一个几乎被遗忘的民族。爱德华·卡瓦纳《格里夸人的过去与南非历史的缺陷，1902—1994》在硕士论文基础上修改而成，对有关格里夸人的学术研究进行了全面梳理。虽然格里夸人在 1820 年到 1870 年间的南非西部高地政治史上举足轻重，后来却无人关注。当时很多地图只标出了格里夸人，却未标出布尔移民或其他民族。然而，这一民族在 1870 年以后却逐渐消失在历史记录中。种族隔离制试图将格里夸人划入"有色人"(Coloured)。"这似乎很不寻常，在一个时间点，格里夸人的祖先、南非白人、索托人和茨瓦纳人在德兰斯奥兰治

---

① 南非历史在线(South Africa History Online, SAHO)是一个无党派的人民历史项目，注重于批判、开放和民主的南非历史。它由奥马尔·巴夏创立并于 2000 年 6 月注册为非营利部门(注册号:033—117NPO)。

② 卡里尼科斯博士、乌玛·杜佩利亚-梅斯特里教授、恩德罗伍博士(Sifiso Ndlovu)、蒂桑尼博士(Nomathamsanqa Tisani)、格伦宁教授(Albert Grundlingh)、盖伊教授(Jeff Guy)、皮埃雷斯教授(Jeff Pieres)、埃斯特胡森(Amanda Esterhuysen)、恩琴基(Lindi Nqon-ji)等历史学家和知识分子参与此项目。

(Transorangia)有各自的政治共同体，在权力和影响力方面大致相等，然而，在下一个世纪，一种巨大的史学分歧重新调整了格里夸人的历史位置，使它们处于'啄食顺序'的底部。"①这意味着民族认同与流逝的时间和政治相匹配。作者的另一本有关格里夸人历史的著作随后出版。②

　　南非对西北部茨瓦纳人的历史研究较少。曼森和姆本加的著作从种族、土地和矿产这三个因素的互动中分析 300 年来这一地区的发展历程。历史告诉我们，在茨瓦纳人社会，土地不属于任何个人，它已经确定了自然、酋长与人民之间的关系。然而，采矿活动的出现增加了对土地所有权的利用以及相关的经济利益，从而激化了外来资本、当地酋长和普通民众的关系并催生了各种社会矛盾。作者分析了资本的进入、土地的征用、酋长的角色、民众的利益以及农村反抗与解放斗争等诸因素之间的关系。本书不仅使我们更好地理解该地区的社会冲突与历史发展，也为进一步研究矿业经济地区拓宽了视野。③

　　有关移民群体的研究成果不断出现。关于阿非利卡人的历史著述很多，但对其历史的系统综合由吉里奥米完成。他的《阿非利卡人的民族传记》连续两年获奖。④ 西蒙尼从 80 年代起研究犹太人在南非的历史，有关南非犹太人历史的著作不断出版。⑤ 印度人是南非的重要民族，有关

---

① Edward Cavanagh, *The Griqua Past and the Limits of South African History*, *1902—1994*, New York: Peter Lang, 2011, p. 104. 啄食顺序是美国经济学家梅耶(Mayer)提出的有关公司融资的原则，即优先考虑使用内部的盈余，其次是采用债券融资，最后才考虑股权融资。

② Edward Cavanagh, *Settler Colonialism and Land Rights in South Africa: Possession and Dispossession on the Orange River*, Palgrave Macmillan, 2013.

③ Andrew Manson and Bernard K. Mbenga, *Land, Chiefs, Mining: South Africa's North West Province Since 1840*, by Wits University Press, 2015.

④ Hermann Giliomee, *The Afrikaners-Biography of a People*, Tafelberg, 2003. 该书 2004 年获历史科学斯托尔斯奖，2005 年获非小说类雷切特·马兰奖。吉里奥米是政治学教授和历史学教授，他对南非学术研究影响很大。

⑤ Gideon Shimoni, *Jews and Zionism: The South African Experience 1910—1967*, Cape Town: Oxford University Press, 1980; Gideon Shimoni, *Community and Conscience: The Jews and Apartheid South Africa*, Hanover: University Press of New England, 2003; Mendel Kaplan and Marian Robertson, eds., *Founders and Followers: Johannesburg Jewry 1887—1915*, Cape Town: Vlaeerg Publishers, 1991; Margot W. Rubin, *The Jewish Community of Johannesburg*, *1886—1939*, University of Pretoria, 2006.

其社会和宗教的著作不少。70 年代发表过通过圣雄甘地在南非的活动来批评英帝国南非政策的著述。著名历史学教授、甘地家庭成员乌玛·杜佩利亚-梅斯特里后来撰写了南非印度人从农场劳工到自由者的历史。① 《肤色、迷茫与让步:南非华人史》是一项南非华人历史研究计划的结晶,这项计划由德兰士瓦中华公会提出,1988 年开始由南非中华总公会全力推动,耗时 9 年之久。作者使用了大量的政府档案、华人社区资料和华人组织文件,采访了众多华人,参考文献包括数十种报刊,像南非比较著名的报刊《星报》(*The Star*)、《兰德每日邮报》(*Rand Daily Mail*)、《礼拜天时报》(*Sunday Times*)、《礼拜天快报》(*Sunday Express*)、《比勒陀利亚新闻》(*Pretoria News*)等都在其列。作者希望纠正南非华人祖先是 19 世纪末 20 世纪初来南非开采金矿的华工这一错误观点。本书揭示了南非华人 300 年的遭遇,涉及南非华人的经济、社会、宗教、文化及其在种族隔离制松动后表现出来的政治热情。②

地方史(城市史)成为这一时期的研究重点之一。菲尔·邦纳是当代南非最有影响的历史学家之一,他的代表作是有关斯威士国王的研究。③ 邦纳 1971 年就在金山大学历史系工作,任历史系主任(1998—2003)。他是金山大学历史工作坊的创建者之一,从 1980 年代后期起一直担任工作坊的负责人,直到 2012 年退休为止。④ 他和诺尔·尼夫塔戈迪恩合著的《亚历山德拉的历史》充分展现了这个城镇的历史。亚历山德拉是南非历史上最古老的乡镇之一。这部著作探讨了这座城镇从 1912 年建立后直到后种族隔离时代的社会生活史,平民百姓的故事是这一乡镇历史的核心。作者通过访谈和记录,生动描绘了各种政治组织的艰苦斗争和各

---

① Robert A. Huttenback, *Gandhi in South Africa: British Imperialism and the Indian Question*, *1860—1914*, Cornell University Press, 1971; Uma Dhupelia-Mestrie, *From Cane Fields to Freedom: A Chronicle of Indian South African Life*, Kwela Books, 2000.

② Melanie Yap and Dianne Leong Man, *Colour Confusion and Concessions*, *The History of the Chinese in South Africa*, Hong Kong University Press. 1996. 作者为两位华裔女性叶慧芬和梁瑞来,第三代华人。叶女士毕业于金山大学,曾任南非中华总公会秘书长和杜省(德兰士瓦)中华公会副会长。梁女士毕业于金山大学。

③ Phil Bonner, *Kings, Commoners and Concessionaires*, Cambridge University Press, 1983.

④ "Obituary: 'Comrade Professor—Phil Bonner Emeritus Professor, 31 March 1945—1924 September 2017", *South African Historical Journal*, 69:4(2017), pp. 639-644.

阶层民众的苦难日子。作者突出了政治抵抗的历史,也通过描写乡镇生活的社会复杂性和不同阶层之间的紧张关系,展现了亚历山德拉人的社区精神和居民对这个城镇的热爱。①

两人合作的另一部著作是约翰内斯堡东部的艾库尔胡勒尼的形成史。从 19 世纪末到 21 世纪之交,该地区有许多独特的城镇,都有自己的历史。这些城镇于 2000 年合并成一个大都市区。作者通过大量的具有原创性的研究,对以前称为"东兰德"地区的历史线索进行了追踪和分析。尽管种族隔离制造成了不同区域或城镇之间的重要差别,但该地区的历史具有显著的共同特征。南非重要矿业工程的中心地带赋予了艾库尔胡勒尼这一地区显著的经济特征。② 除了对城市史的回顾和梳理外,也对种族隔离制后的城市形成进行了探讨。③

索韦托的西奥兰多是一个有着重要历史意义的城区。维拉卡兹街(Vilakazi St)是两位诺贝尔奖得主曼德拉和图图的家庭所在地。对于南非人而言,西奥兰多在 1976 年学生起义中扮演了十分重要的作用,它成为反对种族主义斗争史的代名词。诺尔·尼夫塔戈迪恩和高尔的著作为索韦托和约翰内斯堡的历史研究做出了重大贡献。著作分为两部分,第一部分是奥兰多的历史,第二部分由人物和风景照片及散文组成。该项目还催生了一部关于奥兰多历史的纪录片。尼夫塔戈迪恩后来对索韦托起义进行了专项研究。④ 开普敦历史也是重点研究领域之一。⑤

① 　P. Bonner and N. Nieftagodien, *Alexandra——A History*, Wits University Press, 2008.

② 　P. Bonner and N. Nieftagodien, *Ekurhuleni——The Making of an Urban Region*, Johannesburg: Wits University Press, 2012.

③ 　Richard Tomlinson, et al. *Emerging Johannesburg: Perspectives on the Postapartheid City*, New York, 2003.

④ 　Noor Nieftagodien and Sally Gaule, eds., *Orlando West, Soweto: An Illustrated History*, Johannesburg: Wits University Press, 2012; Noor Nieftagodien, *Soweto Uprising*, Athens, Ohio: Ohio University Press, 2015.

⑤ 　Nigel Worden, Elizabeth van Heyningen, Vivian Bickford-Smith, *Cape Town: The Making of a City*, Cape Town: David Philip, 1998; "Artisan conflicts in a colonial context: the Cape Town blacksmith strike of 1752", *Labor History* 46:2(May 2005), 155-184; Nigel Worden, "After Race and Class: Recent Trends in the Historiography of Early Colonial Cape Society", *South African Historical Journal*, 62(2010).

(三) 研究领域的大力拓展

新南非史学发展既表现出对黑人历史的重视,也呈现出百花齐放的学术风格,一批颇有造诣的南非黑人历史学家应运而生。伯纳德·姆本加是其中之一。对南非本土居民的专门研究也不断增多。姆本加和曼森的两部著作都是研究与采矿业联系紧密的南非社区。巴佛肯是南非众所周知的社群,因为巴佛肯人的主要财富源自铂矿开采和直接投资采矿业。姆本加和曼森通过使用书面、口头和考古学资料,追溯了巴佛肯人的早期历史、他们在西部高地的定居以及在 18 世纪 30 年代到 20 世纪初白人统治时期的各种活动,他也特别提到了非洲人的主动性。除这些话题外,他们还探讨了巴佛肯人与传教士的历史、土地征用及他们与白人少数民族的争执。这部关于巴佛肯人的著作为两人的合作研究打下了基础。①

作为金山大学的非洲文学教授,霍夫梅尔是一位文化史专家。她通过口头故事、文字以及历史叙事三者的关系探讨了口头历史叙述对研究南非王国的重要意义。② 开普敦大学历史教授安妮·凯尔克·马杰注重社会史特别是历史上性别因素的研究。她对西斯凯班图斯坦形成过程中的性别因素进行了分析,她还对南非社会里啤酒与男性的关系进行了研究。③ 在 18—19 世纪开普殖民地有关社会地位与责任之关系的文化史研究中,作者通过对服饰、建筑、饮食、语言、礼仪和习俗的关注研究这一时代的家庭关系、性别、教育和宗教,通过挖掘社会各阶层的思想价值和思维方式,分析了这些文化因素、社会身份与政治发展的关系,揭示了开普殖民地从荷兰到英国统治的过渡,以及白人种族主

---

① Bernard K. Mbenga and Andrew Manson, eds., *People of the Dew*: *A History of the Bafokeng of Rustenburg District*, *South Africa*, *from Early Times to 2000*, Jacana Media, 2011.

② Isabel Hofmeyr, *"We Spend Our Years as a Tale That is Told"*: *Oral Historical Narrative in a South African Chiefdom*, Witwatersrand University Press, 2001.

③ Anne Kelk Mager, *Gender and the Making of a South African Bantustan*: *A Social History of the Ciskei*, *1945—1959*, London: James Currey, 1999; Anne Kelk Mager, *Beer*, *Sociability*, *and Masculinity in South Africa*, Indiana University Press, 2010.

义和反抗白人统治思想的历史发展。[①] 有的学者继续对早期开普的奴隶制进行研究。[②]《南非经济史》被认为是自德·基维特以来最优秀的一部经济史著作，它不注重于各种统计数据，而是一本面向一般读者的通史著作。[③] 南非宗教史以及历史上传教士和基督教的作用继续受到重视，[④]还有学者从新角度对祖鲁国王恰卡进行研究。[⑤]

沃尔登(1955—)兼有英国和南非双重国籍，任开普敦大学历史学教授和历史系主任，他在南非接受了大学教育，在剑桥大学获历史学硕士和博士学位。他的研究领域广泛，除了研究荷兰统治时期的南非奴隶制，并善于将当地奴隶制放在全球史的框架中进行分析之外，他还从事奴隶史料的编撰。[⑥] 他剖析开普法律档案记录中有关奴隶的反抗行为后指出："这些来自开普的司法记录显示，奴隶的抵抗绝不仅仅是公开的身体力行的暴力行为。当我们通过文化象征的角度进行阅读时，这些记录展示了来自印度洋和大西洋世界的全球力量是如何与当地环境相互作用的，从而在这个'革命时代'中促使奴隶意识的重大转变。相对他们的主人而

---

① Robert Ross and David Anderson, *Status and Respectability in the Cape Colony*, *1750—1870*: *A Tragedy of Manners*, Cambridge University Press, 1999.

② Karel Schoeman, *Early Slavery at the Cape of Good Hope*, *1652—1717*, Pretoria: Protea Book House, 2007; Karel Schoeman, *Portrait of a Slave Society*: *The Cape of Good Hope*, *1717—1795*, Pretoria: Protea Boekhuis, 2012.

③ Charles H. Feinstein, *An Economic History of South Africa*: *Conquest*, *Discrimination*, *and Development*, New York: Cambridge University Press, 2005.

④ Jonathan Neil Gerstner, *The Thousand Generation Covenant*: *Dutch Reformed Covenant Theology and Group Identity in Colonial South Africa*, *1652—1814*, Leiden: E. J. Brill, 1991; Henry Bredekamp and Robert Ross, *Missions and Christianity in South African History*, Witwatersrand University Press, 1995; Henry Bredekamp and Robert Ross, eds., *Missions and Christianity in South African History*, Witwatersrand University Press, 1995.

⑤ Carolyn Hamilton, *Terrific Majesty*: *The Powers of Shaka Zulu and the Limits of Historical Invention*, Harvard University Press, 1998.

⑥ Nigel Worden, *Slavery in Dutch South Africa*, Cambridge: Cambridge University Press, 1985, reprinted 2010; N. Worden and G. Groenewald, eds., *Trials of Slavery*: *Selected Documents Concerning Slaves from the Criminal Records of the Council of Justice at the Cape of Good Hope*, *1705—1794*, Cape Town: Van Riebeeck Society, 2005; N. Worden, "Cape Slaves in the Paper Empire of the VOC", *Kronos* 40(2014), pp. 23-44; N. Worden, "Indian Ocean Slaves in Cape Town, 1695—1807", *Journal of Southern African Studies*, 42(2016): pp. 389-408.

言,开普奴隶不是更少(可能是更多)地受到当时席卷全球的意识形态力量的深刻影响。"①他有关近代南非史的著作多次再版。②

21世纪最重要的史学研究成果之一是《剑桥南非史》(两卷本),主编和作者中均包括非洲学者,两卷分别完成于2009年和2011年。第一卷时限从早期历史到1885年,第二卷从1885年在威特沃特斯兰德发现黄金到1994年第一次民主选举。这部著作汇集了四年的研究成果,涵盖了南非的政治、经济、社会和文化等各方面的发展及其互动方式,也是对南非各个时期发生的重大历史事件的阐述与反思。无疑,《剑桥南非史》是从新角度了解南非的一次尝试,成为国际非洲史学界的重要参考书。③

在新南非成立后的20余年里,历史研究变化很大。首先,历史为民众服务不仅成为历史学家的愿望,也通过国家政策得以落实。广大民众希望了解自己的历史,他们在历史学家的帮助下通过各种渠道熟悉甚至研究自己地区和民族的历史。第二,由于扫清了种族隔离制这一破坏性因素,历史研究的领域和视野大大拓展。除民族史和地方史得到重视外,政治史、经济史、社会史、文化史、性别史、个人传记等领域得到拓展,对一些以前受到忽略的内容也开始探索,史学展现出百花齐放的局面。第三,随着对黑人历史研究的重视,不仅涌现出了一批黑人学者,白人与黑人历史学家合作的现象不断增多。这不仅表现在对新领域的开拓上,也表现在《剑桥南非史》这种大型项目的撰写上。

五、小　结

20世纪南非史学题材丰富,内容复杂。第一个特征是与现实的密切

①　Nigel Worden, "Between Two Oceans: Slave Resistance at the Cape of Good Hope in the Age of Revolutions", in "FORUM: Indigenous Peoples in the Global Revolutionary Era", *World History Connected*, 15:2(June, 2018), http://worldhistoryconnected. press. uillinois. edu/15. 2/forum_worden. html. 查阅日期:2018年6月23日。

②　N. Worden, *The Making of Modern South Africa: Conquest, Apartheid, Democracy*, Blackwell, 2007.

③　Carolyn Hamilton, Bernard K. Mbenga and Robert Ross, eds., *The Cambridge History of South Africa*, Volume 1, *From Early Times to 1885*, Cambridge University Press, 2010; Robert Ross, Anne Kelk Mager and Bill Nasson, eds. *The Cambridge History of South Africa: Volume 2, 1885—1994*, Cambridge University Press, 2011.

联系。无论是早期的殖民者史学对英帝国史学的承继和攻讦,或是自由主义史学的话语,还是修正派史家的辩论,无一不是围绕着南非的现实而展开。同时,每个时期的史学课题也带有强烈的现实政治色彩。如果说,南非的史学研究基本上是受现实社会政治问题的激发,这并不夸张。蒂尔、麦克米伦、邦迪和吉里奥米的研究直接针对南非的现实,有的直接参与社会实践。以吉里奥米为例,他的研究直击种族力量的动员、南非国家建构问题以及南非政治力量的谈判等问题。[1] 他既是开普敦大学的政治学教授,也是斯泰伦博希大学的历史学教授。由于他对种族问题的客观研究,他在南非新政府成立后担任南非种族关系研究所的所长(President of the South African Institute of Race Relations,1995—1997)。著名的历史学家菲尔·邦纳不仅在学术上注重那些与南非政治相关的主题,还直接参与南非的现实斗争,人们在悼念他时称他为"教授同志"。

南非史学的另一个特征是交叉学科的研究方法。除了历史学家纷纷利用相关学科的研究成果和方法外,一大批相关学科的学者亦加入了历史研究的行列。如社会人类学家的贡献是历史学家公认的。汤普森指出:"我们对白人统治建立以前的非洲社会的有关知识应归功于社会人类学家;往往是社会人类学系而不是历史系为一代南非学生提供了学习非洲社会的机会。"[2]《牛津南非史》体现了多学科的合作,作者包括不少历史学科以外的其他学科的学者,如社会学家利奥·库柏撰写了有关非洲民族主义的章节。[3] 经济学

---

[1]　Heribert Adam and Hermann Giliomee, *Ethnic Power Mobilized——Can South Africa Change?*, Yale University Press, 1979; Hermann Giliomee, *The Parting of the Ways: South African Politics 1976—1982*, David Philip, 1982; Hermann Giliomee and Lawrence Schlemmer, eds., *Up Against the Fences: Poverty, Passes, and Privilege in South Africa*, St. Martin Press, 1985; Richard Elphick and Hermann Giliomee, eds., *The Shaping of South African Society, 1652—1840*, Wesleyan University Press, 1988; Hermann Giliomee and Lawrence Schlemmer, *From Apartheid to Nation-building*, Oxford University Press, 1989; Hermann Giliomee and Lawrence Shlemmer, *Negotiating South Africa's Future*, Palgrave Macmillan, 1989; Hermann Giliomee, Lawrence Shlemmer and Sarita Hauptfleish, eds., *The Bold Experiment: South Africa's New Democracy*, Southern Book Publishers, 1994; Hermann Giliomee and Charles Simkins, *The Awkward Embrace: One-party Domination and Democracy*, Routledge, 1999.

[2]　L. Thompson, ed., *African Societies in Southern Africa*, p. 1.

[3]　M. Wilson and L. Thompson, eds., *The Oxford History of South Africa, Volume II, South Africa 1870—1966*, Oxford: Clarendon Press, 1971, pp. 424-476.

家和经济史学家霍维兹和豪顿是二战后用"现代化"理论解释南非历史的主要学者,对史学界影响也很大。[1] 政治学家对阿非利卡人和南非黑人的民族主义研究也正在成为南非近现代史的主要课题之一。1979 年,金山大学正式设立了"口头历史项目",以调查从 19 世纪中叶到 20 世纪中叶南非农村的无产阶级化过程。到 1987 年为止,该校非洲研究所已收集整理了 500 件口头史料的磁带和抄本。

与意识形态相关的主题论争是南非史学最显著的特征。在南非近代史上,非洲人土地被掠夺、国家机器的建立、英帝国与殖民者的冲突、金矿的发现和资本的投入、贫苦白人和贫苦黑人的产生、对劳动力的需求和分工、无产阶级的出现、土著社会制度的崩溃和种族隔离制的设立等实际问题成为各个时期各个学派研究的重点。[2] 应该强调的是,南非各个学派都有其局限性。对这种局限性不应该用今天的观点来求全责备,而应将其置于历史背景中考察,以求客观公正的评价。

从 19 世纪末到 20 世纪,史学研究涵盖了英帝国的殖民统治、种族主义的话语、平等人道的观点、种族隔离制的来源、国家与资本的关系。20 世纪 20 年代以前,执南非史学之牛耳的是以蒂尔和科里为首的官方殖民者学派。殖民者史学简单地接受现实,认为南非社会存在着的不同种族定义明确、等级分明,强调边疆战争和种族冲突,白人天生就是征服者和统治者。自由主义史学对这个似乎不容置疑的命题提出了疑问:一个种族主义的南非社会是如何形成的? 自由主义史学正是在批判这种官方史学的过程中逐渐奠定了自己的学术地位。

麦克米伦认为这种现象绝非蒂尔所说的那样天经地义,而是必然经历了一个历史过程;布尔人扩张的边疆传统与种族主义的形成有关。自由主义史学家认为南非是一个整体,包括各人种和各地域(殖民地和自由邦)。他们批判蒂尔等人对非洲民族的歧视,揭露布尔人侵占黑人土地和

---

[1] H. Houghton, *The Economy of South Africa*, Cape Town: Oxford University Press, 1964; R. Horowitz, *The Political Economy of South Africa*, London, 1967.

[2] S. Marks and A. Atmore, eds., *Economy and Society in Pre-industrial South Africa*, "Introduction", pp. 1-43; S. Marks and R. Rathbone, eds., *Industrialisation and Social Change in South Africa*, *African Class Formation*, *Culture*, *and Consciousness*, *1870—1930*, "Introduction", pp. 1-43.

奴役黑人,强调非洲民族在这块土地上的合法生存权利。他们认为白人比黑人文明进步,但应该给非洲人机会以帮助他们达到文明境界。具有道义力量以及欧洲中心论的家长式口吻和屈尊态度是自由主义史学的一个特点。德·基维特注意到边疆地区白人与黑人之间不仅经常发生战争,经济交往也很频繁。虽然他承认 19 世纪末的钻石金矿业标志着南非历史的新纪元,但坚持认为种族隔离制度根源于白人在南非建立统治,并指出了这种对立的种族关系的实质:"一个世纪以来,南非历史上最大的社会经济事实既不是黄金,也不是钻石,甚至也不是农业,而是对黑人劳动力的全盘依赖。"①自由主义史学家指出,欧洲人的殖民过程不是一个启蒙和解放土著的过程。欧洲人对土地的占有将土著民族变成了无产阶级。政策是他们研究的主要内容,正是对土著政策的研究才引发了对贫苦白人、贫苦黑人、土地和劳力的注意。② 他们揭露布尔人给非洲人带来的灾难和痛苦,同时赞赏英帝国统治,认为英国政府代表进步力量,在南非的成就不可否认。他们的著作为英帝国的殖民统治起到了辩护作用。

修正派史学强调用唯物主义观点分析阶级和种族的关系,反对以文化差异或种族主义解释南非现状,其观点受到依附理论的影响。③ 这一学派拒绝承认存在着现代的白人与落后的黑人这样两个经济体的观点,认为黑人"边缘"的不发达是以白人为中心的南非资本主义发展的结果。他们研究国家与资本的联姻、资本主义对劳动力的需求以及白人和黑人之间不平等的结构性关系,解释了种族隔离制的经济根源。对非洲农民主观能动性的研究是修正派史学的另一成就。邦迪的研究激发了对南非农民在工业化进程中地位转变这一课题的探讨。黑人农民在面对环境和社会挑战时远比白人农民应对能力强,这表现在他们的竞争能力上,也向人们展现了国家政策及其超经济力量在将黑人农民转变为流动劳工以巩固白人资本在农业和采矿业方面的优势起到的重要作用,从而对南非史

---

① C. W. De Kiewiet, *The Imperial Factor in South Africa*, pp. 1-2.

② 这种忽略南非本地民族的研究倾向直到 60 年代末期才被逐渐纠正。L. Thompson, ed., *African Societies in Southern Africa: Historical Studies*, London: Heinemann, 1969.

③ 关于依附理论与历史研究的关系,参见李安山:《依附理论与历史研究》,《历史研究》,1992 年第 6 期。

学研究具有方法论的意义。

随着新南非的诞生,南非史学的研究范围日益拓展。农村在工业化转型中的地位和作用、都市化,以及犯罪、酗酒、色情、大众文化等现象与流动劳工和政治控制成为新的研究课题,有的学者着重研究黑人反抗的各种形式,如爵士音乐与种族意识,妇女斗争与种族隔离等。新南非的发展将促使史学家进一步通过研究历史来思考南非的前景。[①]

---

① Peter Joyce, *The Making of a Nation: South Africa's Road to Freedom*, Zebra Press, 2004; Hermann Giliomee and Bernard Mbenga, *New History of South Africa*, NB Publishers, 2010; R. W. Johnson, *South Africa's Brave New World: The Beloved Country Since the End of Apartheid*, Overlook Press, 2011; Carolyn Hamilton and Nessa Leibhammer, *Tribing and Untribing the Archive*, Volume I & II, University of KwaZulu-Natal Press, 2016.

第十七章　国际视野中的非洲社会科学与文化教育

> （殖民地）这种不充分、不平衡并有方向性错误的教育对非洲社会的影响是深远的，几乎是永久性的。首先，它给非洲留下了巨大的文盲问题，这一问题的解决需要很长的时间。其次，它所培养的受过教育的社会精英总的说来是一种疏远了非洲的人物。这些精英崇拜欧洲的文化与文明而看不起非洲文化。
>
> 阿杜·博亨（加纳历史学家）

> 诺莱坞还只是个孩子，请等它长大成人。到那时，批评我们的人会回过头来向我们学习。
>
> 奥凯丘库·奥贡约佛尔（尼日利亚制片人）

在1962年举行的第一届国际非洲学家会议上，尼日利亚历史学家迪克觉得给"非洲研究"下定义比较困难，只能勉强为之："我以为，如果我们要给非洲研究下一定义，我们只好最广义地说，它主要是研究人文和社会科学。"他同时提出了一个重大问题："非洲的学者们，如何才能使我们行动起来，组成一支巨大的队伍，为了非洲研究的目的而协调我们的各方面力量？我们的人数并不多，不允许我们做不必要的重复的努力。我们的任务非常紧迫，我们必须保证一切有关非洲研究的机构，无论是在非洲本地的或是海外的，能有最大限度的合作。"①这一愿望后来通过编撰联合国教科文组织《非洲通史》体现出来。非洲社会科学理事会的成立既可以统领和协调非洲社会科学研究，也为研究提供了更便利的条件。②

尼日利亚学者法罗拉谈到民族历史及其先驱研究者的目的不是被外来者所消费，也不是寻求全球的接受，而是将本民族及其人民作为研究的语境，赋予被剥夺了历史的非洲人以力量；既然是为自己民族而写，就不必在意他国的学者特别是西方学者是否满意。③ 法罗拉所表述的观点适用于所有的非洲社会科学家。随着非洲独立国家的建立，人文社会科学与文学教育等方面也在发展，有起有伏。非洲总是不断给世人带来惊喜与忧虑，失望与振奋。独立后的非洲国家在文化诸领域进行非殖民化，有破有立，其科学和文化事业一直在发展，并逐渐跻身于世界文化之林。世间存在着对非洲社会科学"西化"或"抱残守缺"的指责与对非洲文学艺术"错位"或"投人所好"的批评。然而，我们必须承认：非洲的人文社会科学和文学艺术已经在世界学术之林中享有一席之地，这在殖民统治时期不可想象。

本章主要探讨现当代非洲的人文社会科学与文化教育的发展，分为四部分：人文社会科学、文学艺术与科技教育，最后是小结。

一、非洲人文社会科学的发展

（一）非洲人类学/民族学

从学科产生的时代背景看，人类学（社会人类学/文化人类学）/民族学是殖民主义在全球进行扩张的产物。欧洲人类学/民族学的研究任务来自殖民政府，其研究成果为殖民政策所采用。正因为如此，英国和法国

---

① 迪克：《非洲研究的重要性——第一届国际非洲学家会议主席开幕词》，《第一届国际非洲学家会议专题报告选辑》，《亚非译丛》（卢继祖译），1963 年第 3 期，第 9、11 页。

② 非洲社会科学研究发展理事会成立于 1973 年，是一个泛非研究机构。它的目标是在整个非洲推广、促进和传播社会科学领域内的相关研究，并建立一个使其成员可以在语言、国家、年龄或性别等方面不受限制地开展工作的研究平台。

③ Toyin Falola, "Writing and Teaching National History in Africa in an Era of Global History", Paul Tiyambe Zeleza, ed., *The Study of Africa*, Vol. I, *Disciplinary and Interdisciplinary Encounters*, p. 170.

的人类学家的研究重点有所不同,其研究重点与两国的殖民政策直接相关。英国人类学主要关注社会结构,习惯于对亲属集团或部落等级进行研究,因为英国的殖民政策是间接统治,必须摸清非洲社会的传统等级关系才能更好地制定政策。这种研究取向可以说是间接统治的自然结果。法国的同化政策将自身官僚制度强加于殖民地各个层级,直到村庄。法国殖民官员对谁属于哪个民族不感兴趣,因为地方官员都由他们指派。他们对谁接受了多少法国教育更为关注。因此,法国人类学家的研究重点不在当地人如何组织或管理自己,而在物质文化方面——传说、艺术、宗教和象征等。西方对人类学的垄断不仅加深了这一学科的政治特性,也加固了西方对"部落"的歧视态度。然而,非洲学者致力于纠正西方人类学的这种研究态度和研究取向。肯尼亚的乔莫·肯雅塔的《面对肯尼亚山》于 1938 年出版,随后出版的一系列研究对重新按非洲人的方法进行人类学研究做出了重要贡献,也打破了欧洲学界的一些陋见。① 加纳的布西亚在 1950—1958 年领导加纳大学社会学系并对阿散蒂人的酋长制度进行了细致入微的研究。②

在对人类学这一学科进行重新定义的过程中,海外的非洲学者的研究固然重要,但非洲本土的人类学家做出了巨大的贡献,如南非人类学家阿齐·马费杰(Archie Mafeje, 1936—2007)和尼日利亚人类学家巴塞·安达等。马费杰一生致力于批判人类学及建设非洲社会科学。③ 他在开普敦大学获得硕士学位后,一方面卷入反对种族主义的斗争,另一方面从事教学工作。1966 年,他从剑桥大学获得人类学博士学位后回到南非继续从事与人类学相关的教学与研究。由于种族隔离制,他的任命受到阻碍。1969 年到 1971 年,他曾担任达累斯萨拉姆大学社会学系的系主任,后来

① Jomo Kenyatta, *Facing Mount Kenya*, Secker and Warburg, 1938; Jomo Kenyatta, *My People of Kikuyu and the Life of Chief Wangombe*, United Society for Christian Literature, 1944; Jomo Kenyatta, *Kenya: The Land of Conflict*, International African Service Bureau, 1944.

② K. A. Busia, *The Position of the Chief in the Modern Political System of the Ashanti*, Oxford University Press, 1951.

③ Alexactus T Kaure, "Namibia: Archie Mafeje——His Intellectual Legacy", 27 April 2007 https://allafrica.com/stories/200704270516. html. Dani W. Nabudere, *Archie Mafeje: Scholar, Activist and Thinker*, Africa Institute of South Africa, 2011.

又到海牙工作。他认为,人类学与种族主义和帝国主义相关,提出了"彻底摧毁作为一门学科的人类学"的主张,与反对这一观点的批评者展开对话,同时直接挑战"非洲例外论"以及非洲知识生产的基础。最难能可贵的是,他认为不应将人类学单独挑出来处理,而应该放在"资产阶级"社会科学体系里进行批判,因为这一体系实际上是牵涉帝国主义计划的一部分。这样,非洲人类学成为一种普遍的而并非特殊的殖民主义产物,具有全球一般性而非非洲例外性。① 马费杰同时也对非洲的发展问题提出了自己的见解,并就非洲社会结构提出了适合自身特点的民族学解释。②

　　非洲另一位人类学博士安达长期担任尼日利亚伊巴丹大学考古系主任,并对非洲早期文化成就进行深入研究,发表了诸多成果并提出了各种学术建议,如对上沃尔特东北部地区史前史勘查、尼日利亚的本土技术、西部和中部非洲的农业起源和早期耕作社区、有关班图人起源项目的民族考古学研究、约鲁巴地区的石雕等,其研究成果大部分发表在《西非考古学杂志》(*West African Journal of Archaeology*)和《非洲研究评论》(*African Studies Review*)上。他还承担了联合国教科文组织《非洲通史》(八卷本)第二卷和第三卷有关章节的撰写工作。1987年,他和奥坡科两人主编《西非考古学杂志》专刊《热带非洲文明的基础》,汇集了有关热带非洲考古和古代史研究的重要成果。专刊的内容如此重要,以致2009年在增加了两篇文章(有关环境和冶炼的内容)的情况下再版,内容包括热带非洲(主要是西部非洲和中部非洲)早期的自然环境、金属冶炼、植被变化、人口语言、最早定居、食物采集、农业起源、金属使用、知识转

---

① A. Mafeje, "The Problem of Anthropology in Historical Perspective: An Inquiry into the Growth of the Social Sciences", *Canadian Journal of African Studies*, 10:2(1976), pp. 307-333; A. Mafeje, "Anthropology in Post-Independence Africa: End of an Era and the Problem of Self-Redefinition", *African Sociological Review*, 2:1(1998), pp. 1-43; A. Mafeje, "Conversations and Confrontations with My Reviewers", *African Sociological Review*, 2:2(1998), pp. 95-107.

② Archie Mafeje, *Science, Ideology and Development: Three Essays on Development Theory*, The Nordic Africa Institute, 1978; Archie Mafeje, *The National Question in Southern African Settler Societies* (Southern Africa Political Economy), Southern African Pr., 1997; Archie Mafeje, *The Theory and Ethnography of African Social Formations. The Case of the Interlacustrine Kingdoms* (Codesria Book Series), Dakar: Council for the Development of Social Science Research in Africa, 2002.

移、考古研究和早期城镇等章节。①

他的重要著作《非洲人类学》对社会/文化人类学进行了审视，明确提出用非洲人的方法研究非洲人类学的重要性。他在前言中阐明了这部著作的目的："通过恰当地定位非洲人的思想和价值体系，他们的制度及其表现业绩等诸方面的动态和进程，以及这些因素之间在时间上和生态上的关系，试图从社会历史学的角度捕捉非洲文化的精髓。"②他对欧洲人类学的方法（即他们研究非洲人和社会的经典方法）进行了激烈的批判，将那些在非洲和亚洲从事研究的欧洲人类学家与殖民人类学家等同，认为他们对人类行为的研究是出于自身兴趣和经历，其观点并非其所研究的文化的不证自明的真理，而是充满了主观、偏见和我族中心主义。安达认为，社会/文化人类学应该关心的是"人们如何看待和整理自己的经历"。③

这里，安达阐明了非洲人类学的目的和方法。只有破除殖民统治下建立的神话，才能重新发现非洲社会各方面的遗产，并在这一基础上建立自己新的教育制度。他在书中首先阐明了非洲人类学研究文化和社会的方法和角度，并描述了非洲的地形、气候、环境资源以及民族和语言，从意识形态、宗教制度及其运作、社会化和教育、艺术等方面分析了非洲人的世界观，并对家庭氏族和社会秩序、政治与政治生活、科学技术和经济生活、乡村-城镇生活与政治的历史视角分门别类进行了展现。纪念安达教授的专集肯定了他对非洲人类学的重要贡献。④ 当代非洲著名学者基-泽博、马兹鲁伊、旺济和博亨曾提出了国家民族建构的"6C 理论"，即不同文化或民族在国族建构中需经历的 6 个阶段：共处（co-existence）、接触（contact）、竞争（competition）、征服（conquest）、妥协（compromise）、聚合（coalescence）。这是非洲学者在非洲历史与现实的基础上形成的民族学理论，是

① Bassey W. Andah and A. Ikechukwu Okpoko, eds., "Foundations of Civilization in Tropical Africa", *West African Journal of Archaeology*, 36:1-2(2009).

② B. Andah, *African Anthropology*, Ibadan: Shaneson Limited, 1988, iv. 由于当时尼日利亚经济情况十分困难，本书的印制较粗糙，但却是安达对这门学科的重要贡献，表现了非洲人类学家对人类学的重新认识。

③ B. Andah, *African Anthropology*, p.4.

④ T. Shaw, P. Ucko and K. MacDonald, *Bassey Wai Andah, First Memorial Lecture: A Tribute to the life and work of Professor Bassey Wai Andah*, Ibadan: Textflow Limited, 1999.

对非洲一个国家内各种文化和不同地方民族关系的最好概括。①

南非是人类学的重镇。这里既有对"殖民人类学"（colonial anthropology）进行严厉批判并坚称人类学对非洲的研究是"与种族主义和帝国主义相连"的阿齐·马费杰，也有著名社会人类学家莫尼卡·威尔逊（Monica Hunter Wilson）。我们在前章提到过南非人类学家莫尼卡·威尔逊对南非历史研究的贡献。《非洲人类学纵深》汇集了多位人类学家对这位南非著名社会人类学家的学术生平、研究论著做出的高度概括与全面分析。该书追随威尔逊的科研脚步，从南非东开普敦到英国剑桥大学，再到南非姆蓬多人（the Mpondo）居住地。学者们利用大量私人信函及学术资料，探究了 20 世纪 20—60 年代威尔逊在南非从事的主要实地调研和学术项目，为了解这位非洲人类学家的个人和学术生涯提供了帮助。威尔逊之后的田野调查重心移至坦桑尼亚。随后，威尔逊返回南非，开始了在福特哈尔大学的教师生涯。20 世纪 60 年代，威尔逊与南非人类学家阿齐·马费杰开启了新的都市民族志研究。② 多名已移民海外的南非人成为人类学的著名学者，如出生在约翰内斯堡的犹太学者格拉克曼。他 23 岁时获罗得奖学金去牛津大学，引领曼彻斯特学派以位于赞比亚的罗德·利文斯敦研究所（Rhodes-Livingstone Institute）为基地，对处在非洲中南部的前英国殖民地地区（British Central Africa）进行了深入研究。③ 出生在南非开普敦的约翰·科马罗夫（John Loinel Comaroff）也是非洲研究的著名人类学家，他与夫人毕业于开普敦大学，一直坚持对南非茨瓦纳人的研究。④

---

① 马兹鲁伊主编、旺济助理主编：《非洲通史（第八卷）：1935 年以后的非洲》，第 360—361 页。6C 中的 coalescence，原译文为"结合"，本人认为译成"聚合"更贴切。有关 6C 理论的详解，参见本书第二十五章。

② Andrew Bank and Leslie J. Bank, eds., *Inside African Anthropology：Monica Wilson and Her Interpreters*, Cambridge University Press, 2013.

③ Max Gluckman, *Custom and Conflict in Africa*, Oxford, 1956；Max Gluckman, *Politics, Law and Ritual in Tribal Society*, London, 1965. 有关格拉克曼及曼彻斯特学派的研究，参见夏希原：《马克斯·格拉克曼的社会人类学》，中央民族大学硕士论文，2010 年；张晓辉、王秋俊：《论曼彻斯特学派对人类学的理论贡献》，《思想战线》，38：6（2012），第 101—104 页。

④ Jean and John Comaroff, "Ethnography on an Awkward Scale：Postcolonial Anthropology and the Violence of Abstraction", Zeleza, ed., *The Study of Africa*, Vol. I, *Disciplinary and Interdisciplinary Encounters*, pp. 75-100.

时至今日，"在非洲大学的校园里，'人类学'这个名称还没有恢复声誉。过去，它是所谓'研究原始社会的科学'，许多非洲大学宁愿用'社会学'来表示关于工业化和工业化前社会的研究，但是由于非洲社会现实提出的挑战，社会科学当中的这一整个领域的研究范围都得到了扩展"。[①]虽然我们有可能对"殖民人类学"进行解构，但改造人类学学科的任务远不只如此。其一，如果只是将其作为对"他者"的研究，这个学科的生命力是否能够持续？其二，在研究中，能否做到非种族化（deracialised），即不谈其种族、种族化和种族主义的过去？这可能是非洲人类学家面临的重任。

（二）经济学领域

在非洲，经济学主要是关于经济活动和经济发展的学问。早在 20 世纪初，在世界各地的黑人中间流行着各种有关黑人发展的观点。《非洲时代与东方评论》的编辑杜斯·穆罕默德·阿里（Duce Mohamed Ali）认为，非洲人要想"赶上"欧洲人，必须照搬（copy）欧洲的科学、技术和文明，这也是受奴役的非洲人在这个世界上生存的唯一办法。[②] 杜波依斯主张精英教育。他认为，"黑人种族与其他种族一样，必将被其杰出人物拯救"，必须注重教育和学术成就，利用一切可以利用的条件，培养一小群美国非洲人精英，他们将通过自己的能力领导黑人走向政治和经济自由。[③] 马克斯·加维对黑人解放和发展的观点是"非洲人的非洲"和"回到非洲去"。为此，他建立了"全球黑人促进协会"（Universal Negro Improve-

① 马兹鲁伊主编、旺济助理主编：《非洲通史（第八卷）：1935 年以后的非洲》，第 480 页。

② Editorial Notes, *African Times and Orient Review*, August, 1917. Quoted from Kofi Baku, "Towards a Purposeful African Development: An Early Twentieth Century View", *Discussion Papers in the African Humanities*, African Humanities Program, African Studies Center, Boston University, AH No. 18(1991), p. 2; Ian Duffield, "Pan-Africanism: Rational and Irrational", *The Journal of African History*, 18:4(1971), pp. 602-607.

③ W. E. B. Du Bois, "The Talented Tenth", September 1903, TeachingAmericanHistory. org. http://teachingamericanhistory. org/library/document/the-talented-tenth/. 查询日期：2018 年 11 月 22 日；Joy James, *Transcending the Talented Tenth: Black Leaders and American Intellectuals*, New York: Routledge, 1997.

ment Association),推行各种社会-经济和政治项目,身体力行地进行泛非贸易,并尽力用自己"黑星"公司的船只将美洲的非洲人送回非洲大陆。①

黄金海岸学者科比纳·萨基(Kobina Sekyi,也称为 William Esuman-Gwira Sekyi)却提出了有关非洲人的发展理论。萨基(1892—1956)出生在海岸角,先在位于海岸角的西非里奇蒙学院(Richimond College of West Africa)学习,后来又到伦敦大学和伦敦四大律师学院学习,先后获得文学学士、文学硕士(哲学)和法律学士等学位。他的主要观点集中在人类进化。他并不反对进化论,但反对依据达尔文社会进化论推出的适者生存的理论。他认为,任何社会只有在其自身的地理和制度环境中逐渐发展才是最好的选择。他提出三个假设。第一,每个社会互不相同,都有自己的特点。强迫诸多社会沿着一个模式发展是危险的。第二,欧洲和北美社会的文明的建造和维持建立在侵略的基础之上。如果非洲照此模式发展,必然会导致冲突。第三,欧洲和北美文明正在衰落,不值得非洲模仿。西方的学术失败体现在两个方面,一是西方哲学思想未能确切定义社会与自然的关系,二是西方对文明进步的理解仅仅局限在促进物质、科学和技术,这是学术混乱的表现。对于萨基而言,非洲的发展道路是明确的:任何变更安抚必须根据非洲自身的发展路径。②

非洲独立国家从殖民地继承下来的经济结构有三个主要特点:受到殖民宗主国控制或依赖于西方国家的不发达或欠发达状态、与国家需要相脱节的生产体系和单一经济作物制。这些特点使诸多非洲国家形成了一种为出口而生产、国内市场需要狭小、严重依附于国际市场的经济结构。非洲因此成为研究 20 世纪欠发达社会经济增长的各种数据和指数的主要目标和各种有关经济增长理论的试验场所。威廉·阿瑟·刘易斯是经济学界的泰斗,也是发展经济学的领军人物。作为海外非洲人,他对经济学的贡献是提出了二元经济发展模式,其中著名的"刘易斯拐点"理论即劳动力从过剩逐渐变为短缺的转折点,具体指在工业化进程中,农村

---

① E. D. Cronon, *Black Mose*, Madison, 1962.

② Kofi Baku, "Towards a Purposeful African Development: An Early Twentieth Century View", pp. 1-5.

劳动力向非农产业(工业和服务业)逐步转移,农村富余劳动力逐渐减少,最终达到瓶颈状态,从而产生劳动力短缺的现象。这种理论解释了一个国家向工业化过渡时两个不同阶段的劳动力需求和供给之间的辩证关系。这一理论使他声名鹊起。① 1979年,他与美国人西奥多·W.舒尔茨一起获得1979年的诺贝尔经济学奖。

非洲另一位著名的发展经济学家萨米尔·阿明将资本主义"外围地区"的撒哈拉以南非洲大致分为四个部分,"老殖民地经济的非洲"、"拥有租借地的公司的非洲"和"劳动力后备军的非洲"及一个特殊地区。

一、以贸易经济为特点的"老殖民地经济的非洲",由"传统的西非"(包括加纳、尼日利亚、塞拉利昂、冈比亚、利比里亚、几内亚比绍、多哥、前法属西非)、喀麦隆、乍得以及苏丹等国构成。

二、"拥有租借地的公司的非洲"主要指传统的刚果河流域地区,包括扎伊尔(即刚果(金))、刚果(布)、加蓬和中非共和国。

三、"劳动力后备军的非洲"主要指非洲的东部和南部,包括肯尼亚、乌干达、坦桑尼亚、卢旺达、布隆迪、赞比亚、马拉维、安哥拉、莫桑比克、津巴布韦、博茨瓦纳、莱索托、斯威士兰和南非等国。

四、特殊地区。他认为,埃塞俄比亚、索马里、马达加斯加、留尼汪、毛里求斯和佛得角群岛均不属于上述三大地区。尽管这些国家(地区)可找到与以上三个部分相似之处,但这些地区却受到其他因素的影响,即奴隶重商主义(佛得角群岛、留尼汪和毛里求斯)和拟封建主义(埃塞俄比亚和马达加斯加)。②

萨米尔·阿明的地区分类并不能说十分准确地反映了非洲各国的特点,但他从资本主义体系形成的世界角度做出的概括多少刻画了这块大陆各种类型的国家受到的世界现代体系的不同影响。中国学术界比较重视他有关中心-边缘关系的表述。然而,他有关当代世界经济的分析是一个整体,包括阶级、国家和全球三个层面。第一个层面是最基本的。如果

---

① 阿瑟·刘易斯:《经济增长理论》(周师铭、沈丙杰、沈伯根译),商务印书馆,1983年;阿瑟·刘易斯:《增长与波动》(梁小民译),华夏出版社,1987年。

② 萨米尔·阿明:《不平等的发展——论外围资本主义的社会形态》(高铦译),商务印书馆,2000年,第271—272页。

没有国内阶级结构的改变,就不会有国际上中心-边缘关系的改变。正是底层的阶级斗争改变了权力结构关系,进而改变那些因变的关系层面,这为改变全球体系创造了条件。当然,由于全球或国际层面牵涉最广,也最引人注意。①

此外,非洲的经济学家对于非洲社会现状也在做出自己的解释。非洲农业研究院(AIAS)创始人和非洲社会科学研究发展理事会(CODESRIA)前主席、津巴布韦学者萨姆·莫约(Sam Moyo,1954—2015)对非洲农业特别是土地问题提出了自己的见解,被学界称为"农业研究的巨人"、"受压迫者的代言人"。马拉维学者姆坎达韦里和尼日利亚学者索卢多指出,结构调整给非洲造成了 30 年的困境,尽管非洲人自己要负责,但布雷顿金融体系难辞其咎。② 尼日利亚的阿德德吉(A. Adedeji,1930—2018)和赞比亚的丹比萨·莫约(Dambisa Moyo)等人对国际金融机构有关非洲陷入欠发达状态诸原因的传统观点提出了挑战,认为仅指责非洲国家内部的"政策失误"或"治理不善"远远无法解释非洲的落后状态,应该强调全球体系对非洲发展的制约因素。③ 阿德德吉在担任联合国非洲经济委员会的执行秘书期间,非洲经济委员会与非洲统一组织一起制定了"拉各斯行动计划",试图为非洲经济发展摸索出一条适合自身发展的道路。然而,这一自力更生的尝试遭到国际金融组织的阻击。艾略特·伯格为世界银行制定的结构调整计划一方面鼓吹放弃政府对经济的干预,另一方面却将实施这一调整计划作为向非洲国家提供援助的条件,这种政治干预经济的做法不仅效果颇差,给非洲社会各方面带来了巨大伤害,也使结

① 萨米尔·阿明:《世界规模的积累——不平等理论批判》(杨明柱、杨光、李宝源译),社会科学文献出版社,2008 年(2017 年新版书名变为《世界规模的积累——欠发达理论批判》);萨米尔·阿明:《全球化时代的资本主义:对当代社会的管理》(丁开杰等译),中国人民大学出版社,2013 年。

② Thandika Mkandawire and Charles C. Soludo, eds., *African Voices on Structural Adjustment A Companion to Our Continent*, *Our Future*, Codesria/IDRC/Africa World Press, 2003, pp. 1-15.

③ A. Adedeji, *The Indigenization of African Economics*, London: Hutchinson, 1981; A. Adedeji, *Towards a Dynamic African Economy*, London: Frank Cass, 1989; Dambisa Moyo, *Dead Aid*, Farrar, Straus and Giroux, 2009; Dambisa Moyo, *How the West Was Lost*, Farrar, Straus and Giroux, 2011; Dambisa Moyo, *Winner Take All*(2012); Dambisa Moyo, *Edge of Chaos*, 2018.

构调整计划的失败成为非洲发展史上的反面教材。①

(三) 政治学与相关领域

政治学是非洲社会科学中深受西方影响的一个学科,研究主要集中在民主化、良政治理、国际关系、防止冲突和反恐策略等实际问题上。由非洲学者姆瑞蒂(Tim Murithi)编辑的《非洲国际关系手册》一书综合了非洲学者对非洲在国际政治舞台各方面的研究,包括一些之前很少涉及的内容如"非洲与美国非洲司令部的关系"、"伊朗-非洲关系"等,为这一新兴的学科方向提供了最新的研究成果。② 马兹鲁伊是非洲政治学学者中的翘楚,曾任美国纽约州立大学全球文化研究所主任,被誉为"非洲最有原创性的思想家之一",并被选为历史上 100 位最伟大的非洲人之一。③ 他注重研究非洲政治与社会,在美国公共广播公司和英国广播公司播出的纪录片中,他指出非洲文明是本土文明、基督教文明和伊斯兰文明的结合,这一观点对国际学术界产生了重大影响。然而,美国前副总统切尼的夫人林恩·切尼(Lynne Cheney)对这部纪录片提出了最严厉的批评,认为马兹鲁伊没有遵守捐赠基金资助的条件,并要求将国家人文科学基金会的名称从节目中删除。马兹鲁伊在声明中表示:"我受到美国公共广播公司和英国广播公司的邀请,从非洲内部向美国和英国人民讲述非洲人民。我很惊讶——有人由于没有得到一种美国人的观点感到失望。我努力做到公平,但未能对美国人产生吸引力。"④他明确表示不存在没有价值判断的社会科学,力推"非洲之和平"(Pax Africana)和"全球非洲"

---

①　Thandika Mkandawire and Charles C. Soludo, eds., *African Voices on Structural Adjustment A Companion to Our Continent*, *Our Future*, Codesria/IDRC/Africa World Press, 2003. 每年约有 10 万外国技术专家花费 40 亿美元在制定非洲的发展计划或战略,甚至直接参与这些计划的运作,效果却极其糟糕。

②　Tim Murithi, ed., *Handbook of Africa's International Relations*, Europa Publications Ltd, 2013.

③　Seifudein Adem, ed., *Public Intellectuals and the Politics of Global Africa*, *Comparative and Biographical Essays in Honour of Ali A. Mazrui*, Adonis & Abbey Publishers Ltd., 2011, p. 128.

④　Herbert Mitgang, "Looking at Africa Through an African's Eyes", *The New York Times*, 5 October 1986. 林恩·切尼时任国家人文科学基金会(the National Endowment for the Humanities,NEH)主席,该基金为拍摄这一节目捐赠了 60 万美元。

(Global Africa)等概念。①

尼日利亚的克劳德·阿凯(1939—1996)长期从事社会科学研究，对政治一体化、政治经济发展等方面有深入研究。他是尼日利亚独立后较早获得政治学博士学位(1966年)的学者，曾在哥伦比亚大学、耶鲁大学、内罗毕大学和达累斯萨拉姆大学以及尼日利亚的哈尔科特港大学任过教，在尼日利亚和国际上享誉甚高，被称为"非洲最重要的政治哲学家"。② 他从辩证唯物主义出发，认为物质条件是社会生活的关键因素，也是发现人类社会发展规律的出发点。他将殖民主义在非洲的统治分为三个阶段(1930年以前、1930年到1945年和1945年到20世纪60年代)，研究了殖民经济对非洲的影响，认为殖民经济中断了非洲社会生产关系，给社会结构带来了各种复杂因素。阿凯认为，殖民统治给非洲社会带来了四种矛盾——殖民资本与非洲小资产阶级的矛盾、资本与劳动力的矛盾、资本与农民阶级的矛盾以及殖民意识形态的矛盾。殖民统治充满着矛盾，殖民者鼓吹给殖民地带来文明，但他们带来的却是政治镇压、经济剥削和社会统治的野蛮行径，既有在东部非洲进行战争和镇压(如殖民主义者在马及马及[Maji-Maji]和茅茅运动[Mau Mau]中的行径)，也有对劳动力的强征，还有对非洲生产资料的剥夺。如果是为殖民地带来文明，殖民主义者理应在殖民地投资搞建设，而实际情况却是他们对殖民地进行了疯狂的物质掠夺。③ 阿凯对非洲政府存在的贪污腐败一直持公开批评态度，他曾认为非洲并不是发展不快或是没有发展，而是发展这一问题从未出现在非洲政府的议程之中。

---

① 他一生著述甚多，共有30余本著作。Ali Mazrui, *The Anglo-African Commonwealth : Political Friction and Cultural Fusion*, Oxford: Pergamon Press, 1967; Ali Mazrui, *Africa's International Relations : The Diplomacy of Dependency and Change*, London: Heinemann, 1977; Ali Mazrui, *Political Values and the Educated Class in Africa*, London: Heinemann, 1978; Ali Mazrui, *The African Condition : A Political Diagnosis*, Cambridge University Press, 1980; Ali Mazrui, *Cultural Forces in World Politics*, London: James Currey; Ali Mazrui, *The African Predicament and the American Experience : a Tale of two Edens*, Westport, CT and London: Praeger, 2004.

② Jeremiah O. Arowosegbe, "The Making of an Organic Intellectual: Claude Ake, Biographical and Theoretical Orientations", *African and Asian Studies*. 11: 1-2(2012), pp. 123-143.

③ Claude Ake, *A Political Economy of Africa*, Longman, 1981.

遗憾的是,他死于飞机失事。①

乌干达麦克雷雷大学社会研究所主任、哥伦比亚大学人类学和政治学教授马姆达尼(Mahmood Mamdani)是国际著名学者。《公民与臣民》(*Citizen and Subject:Contemporary Africa and the Legacy of Late Colonialism*)是他对殖民主义遗产的分析。他认为,殖民主义的不同统治方法——直接统治、间接统治或种族隔离——都是殖民政府专制统治的不同形式。这些统治方式从根本上剥夺了非洲人民自身的治理权利,将一种适合宗主国的统治方式强加给非洲人民。英国实施的间接统治制度从根本上说是一种权力下放的专制制度。他在《救星与幸存者:达尔富尔、政治与反恐战争》(*Saviors and Survivors;Darfur,Politics and the War on Terror*)中指出,达尔富尔危机主要来源于殖民主义、生态危机和冷战的负面影响,而所谓"拯救达尔富尔运动"夸大了当地的暴力局面。他在《好穆斯林与坏穆斯林:美国、冷战与恐怖之源》(*Good Muslim,Bad Muslim:America,the Cold War,and the Roots of Terror*)中指出,对穆斯林区分好坏是一种误读,冷战时期美国对穆斯林尤其是对阿富汗的政策是本·拉登崛起的原因之一。他在《当牺牲者成为屠杀者:殖民主义、本土主义与卢旺达的种族屠杀》中认为,卢旺达的种族仇视源自殖民主义造成的政治认同,而民族主义运动也未能消除这种认同。② 他曾在 2008 年英国《展望》和美国《外交事务》杂志举办的全球具有影响力的知识分子年度评选中位列第九。

(四) 其他社会科学领域

针对西方学术界的一些标准或概念,非洲学者提出了挑战。早在

---

① 他著述颇丰。Claude Ake, *A Theory of Political Integration*, Homewood, 1967; Claude Ake, *Revolutionary Pressures in Africa*, Zed Books Ltd, 1984[1978]; Claude Ake, *Social Science as Imperialism*, *The Theory of Political Development*, Ibadan, 1979; Claude Ake, *Democracy and Development in Africa*, Brookings Institution Press, 1996; Claude Ake, *The Feasibility of Democracy in Africa*, Dakar: CODESRIA, 2000.

② Mahmood Mamdani, *Citizen and Subject:Contemporary Africa and the Legacy of Late Colonialism*, Princeton University Press, 1996; M. Mamdani, *Saviors and Survivors; Darfur, Politics and the War on Terror*, Cape Town HSRC Press, 2009; M. Mamdani, *Good Muslim, Bad Muslim:America, the Cold War, and the Roots of Terror*, Three Leaves Press, 2004.

1906 年 4 月 5 日,非洲学者伊萨克·塞姆获得哥伦比亚讲演比赛首奖。他在讲演中以古埃及和埃塞俄比亚的伟大创举为例证,对"在某种平等的基础上"进行种族比较这种做法提出异议:"我选择'非洲的再生'这个题目来同大家谈谈。我是一个非洲人,我在一个对非洲怀有敌意的舆论面前保持着我的种族的骄傲。人们曾经尝试在某种平等的基础上来进行种族比较。如果我们把平等理解为相同,那么在一切自然的创造物中,这种平等是不可能的梦想!请看宇宙吧:你找不出两个相同的单质。科学家告诉我们说,没有两个完全相同的原子。自然赋予每一个物体——从森林中的巨物到最柔弱的叶片——一个特殊的个性。……依据平等的基础去比较人类的种族,是不会令人感到满意的。每一个人是一个个体。这就是我主张的真理依据。……我要求你们不要把非洲拿来与欧洲或任何其他大陆相比较。我做出这个请求,并不是因为我害怕这样的比较会使非洲受辱。我的理由正是我已经指出的:不可能有一个共同的标准……"①他对非洲的独特性提出了自己的看法。

从人文学科来看,迪奥普(Cheikh Anta Diop)是一位百科全书式的学者,研究领域涵盖历史学、考古学、人类学、语言学、政治学甚至物理学。他的前期研究主要涵盖人类起源问题和殖民前的非洲文化,是非洲中心主义思想的一位代表人物。他的《文明的非洲起源:迷思与真实》(*The African Origin of Civilization: Myth or Reality*)从历史学、民族学、语言学和考古发掘等方面考察了撒哈拉以南非洲与埃及的关系,指出撒哈拉以南非洲是古埃及文明的诞生地,埃及人属于非洲民族,起源于非洲。他在后期对撒哈拉以南非洲的政治经济一体化提出了自己的看法,指出非洲只有组成一个团结统一的联邦国家才能实现工业化,并成为世界上的强大力量。② 坦桑尼亚的著名法学家西乌吉(Issa Gulamhussein Shivji, 1946—)从伦敦政治经济学院获得博士学

---

① 《加纳总统恩克鲁玛在第一届非洲学家大会上的致词》,1962 年 12 月 12 日于加纳大学,《第一届国际非洲学家会议专题报告选辑》,《亚非译丛》,1963 年第 3 期,第 4 页。

② Cheikh Anta Diop, *The African Origin of Civilization: Myth or Reality*, Lawrence Hill, 1974. 他著述甚多。

位,他不仅专注对宪法的探讨,对坦桑尼亚国父尼雷尔总统的思想和非洲发展诸问题都有精深的研究。[1]

坦桑尼亚达累斯萨拉姆大学的卢古马姆(Severine M. Rugumamu)致力于探讨非洲发展的路径。他明确表示,来自大国的援助不仅没有使非洲国家正常发展,反而使其在经济、社会和环境等方面不如 30 年前。其主要原因是施援方虽然在口头上声称外援是为了非洲国家的发展或减贫,但在实际操作过程中却使援助成为实现自己目标的外交或内政的工具。他对国际学术界广泛鼓吹的新自由主义观点进行批判并明确指出,在国际政治经济不平等的情况下,资本主义的全球化使非洲国家机构和组织的谈判能力受到损害,自身受到剥削和边缘化,不仅没有减少贫困,反而使广大民众的生活水平受到影响。卢古马姆就非洲发展提出了自己的看法,认为三种途径将有助于非洲摆脱困境:国家与地区一体化、和平与安全和民主化。他认识到,非洲的发展一方面要靠非洲自身的努力,另一方面国际政治经济秩序需要改革和重组。[2]

加纳哲学家夸西·维雷杜(Kwasi Wiredu)对当代的党派政治提出了不同意见。"请注意,在这里出现了一个具有相当普遍兴趣的概念性问题,即民主,民主就其本意而言,是否必须要有一种多党制政体。然而,无论是就民主在非洲的特殊性还是在民主普遍适用性方面,这个问题都未得到太多关注。"[3]鉴于党派政治给非洲带来了无穷无尽的麻烦和困境,非洲国家可以通过运用自己的传统智慧来解决政治生活中的问题。非洲

　① Issa G. Shivji, *The Concept of Human Rights in Africa*, Codesria, 1989; Issa G. Shivji, *Pan-Africanism or Pragmatism. Lessons of the Tanganyika-Zanzibar Union*, Mkuki na Nyota Publishers, 2008; Issa G. Shivji, *Where is Uhuru? Reflections on the Struggle for Democracy in Africa*, UFAHAMU Books, Pambazuka Press, 2009; Issa G. Shivji, *Pan-Africanism in Nyerere's Thoughts*, Fahamu Books, Pambazuka Press, 2009.

　② Severine M. Rugumamu, Lethal Aid: The Illusion of Socialism and Self-Reliance in Tanzania, Africa World Press, Inc. , 1997; Severine M. Rugumamu, *Globalization Demystrified: Africa's Possible Development Futures*, Dar es Salaam University Press, 2005. 感谢卢古马姆教授 2013 年在坦桑尼亚参加达累斯萨拉姆大学"中国梦、非洲梦:携手实现中非共同梦想"研讨会期间送给我的两本著作。

　③ Kwasi Wiredu, *A Companion to African Philosophy*, p. 21; Kwasi Wiredu, "Democracy by Consensus: Some Conceptual Considerations", *Philosophical Papers* 30: 3 (2001), pp. 227-244.

诸多社会中"长老们在大树下谈到大家同意为止",从某种意义上说明了非洲人通过和平方式解决争端的社会习俗和政治规矩。他在《文化的普遍与特殊:非洲的视角》(*Cultural Universals and Particulars*, *An African Perspective*)一书"民主与共识:呼吁'无党派政治'"的章节中指出:阿肯族有句谚语"任何人际关系的问题都可以通过对话解决",共识在政治生活中十分重要,"因为对共识的依赖不是一种特殊的政治现象。在非洲,共识是政治决策的特征,它是社会互动的即时方法的体现"。谈判、协商都是达成一致的途径,和解就是共识。在半个世纪的政治生活中,非洲统治者不得不在西方的压力下选择多党制,这种制度给非洲带来各种弊病。① 虽然不是绝对,但从传统角度看,非洲人一般通过共识来解决问题。用"无党派民主"(Non-Party-Policy)处理政治事务是非洲的一种选择。无党派民主不是有组织的政治党派参与决策过程,而是其他有群众基础的社会力量,这些社会力量会从自身利益出发维护社会稳定和团结。这些社会力量在政治决策过程中不可或缺。②

对于西方主张的"国家"概念,非洲学者提出自己的理解。恰波尔(P. Chabal)和达罗兹(J. P. Daloz)认为,西方的国家过于笼统抽象,没有意义。欧洲的国家是一种非人性的系统(impersonal system),建立在"抽象的"个人基础上,不讲究身份只强调平等的权利和责任。在非洲,政治共同体强调的并非地理界限,而是与祖籍关系、习俗和宗教信仰相关的集体意识(collective consciousness),不能随意谈平等。政治活动主要通过非正式渠道来管理。③

(五) 海外移民裔群中的非洲学者

从国际学术界的角度看,因为海外非洲人移民裔群的存在,针对英语世界和法语世界分别出现了"大西洋世界"(Atlantic world)和"地中海世

---

① Kwasi Wiredu, *Cultural Universals and Particulars*, *An African Perspective*, Indiana University Press, 1996, pp. 182-183,188-189.

② Kwasi Wiredu, *Cultural Universals and Particulars*, *An African Perspective*, pp. 182-190.

③ P. Chabal and J. P. Daloz, *Culture Troubles*: *Politics and the Interpretation of Meaning*, London: Hurst & Company, 2005.

界"(Mediterranean world)的概念,从而将非洲大陆与英国和美国以及非洲与法国连接起来。后来,从"大西洋世界"又演变出了"黑色大西洋"(Black Atlantic)的概念,意指因奴隶贸易而散布在大西洋沿岸美洲国家的非洲人后裔与非洲大陆的关系。①

　　20世纪60—70年代起,英国各大学的非洲研究优势明显,重要原因之一是这些学校吸引了因南非种族歧视而移民至此的一大批非洲知识分子。比较著名的非洲学者还有法国的喀麦隆考古学家奥古斯丁·霍尔(Augustin Holl)、德国法兰克福大学的马里人类学家马马杜·迪阿瓦拉(Mamadou Diawara)、牛津大学的尼日利亚学者瓦利·阿德班韦(Wale Adebanwi)等。然而,从20世纪80年代起,非洲学者主要移民目标国转向美国,有的甚至是从欧洲再移民美国,如刚果哲学家姆丁贝(Valentin-Yves Mudimbe,1941—)、来自塞内加尔的历史学家马马杜·迪乌夫(Mamadou Diouf)、马里文学批评家曼西尔·迪阿瓦拉(Manthia Diawara,1953—)及喀麦隆哲学家和历史学家阿基利·姆奔贝(Achille Mbembe,1957—)等。这种移民趋势有诸多内因和外因,但既定的国际政治经济秩序是关键因素。这种国际环境决定了世界劳动力分工和发展中国家的"脑力外流"(brain drain)。非洲知识分子移民的欧洲国家主要集中在英国、法国、德国、比利时和北欧国家,人数相对较少。

　　这些非洲移民学者遍布各个学科,如历史学家中有来自尼日利亚的伊尼科里(Joseph E. Inikori)和法罗拉(T. Falola)、来自马拉维的泽勒扎(Paul Tiyambe Zeleza)、来自加纳的阿昌庞(Emanuel Acheampong)、来自刚果(金)的德佩尔钦(Jacques Depelchin)等人。此外,还有来自肯尼亚的政治学家马兹鲁伊、乌干达的社会学家马姆达尼、马拉维的发展研究专家姆坎达韦里(Thandika Mkandawire),以及尼日利亚的人文学者阿比奥拉·伊瑞勒(Abiola Irele,1936—2017)和人类学家伊费·阿玛迪乌梅(Ife Amadiume)等。来自非洲法语国家的学者也有不少,有些在法国

① P. Gilroy, *The Black Atlantic Modernity and Double Consciousness*, Cambridge University Press, 1993; Alan Cobley, "'Returning to the Caribbean by way of Africa': African Studies in the Caribbean in Historical Perspective" in P. T. Zeleza, ed., *The Study of Africa*, *Vol. II*, *Global and Transnational Engagements*, Dakar: Council for the Development of Social Science Research in Africa, 2006, pp. 280-283.

受教育后来到美国,如前面提到的姆丁贝、迪乌夫、迪阿瓦拉、姆奔贝等（移民美国的非洲哲学家将另章论及）。

如何看待或划分在美国各个学科的非洲知识分子以及非洲移民学者？可以从学科上对他们进行分类,如人文学者和社会科学学者（细分则有历史学、人类学、社会学、经济学、政治学等）、科学家和专业学者,也可以从机构上进行分类,如"历史上的黑人学院与大学"（"historically black colleges and universities", HBCUs）、"历史上的白人大学"（"historical white universities", HWUs）和科研机构。当然,还可以从意识形态上进行分类,如种族主义论者、自由主义者、现代化论者、新自由主义者、马克思主义者、依附论者等。很明显,社会人文学科的学者一般是独立工作,而自然科学依赖团队合作。泽勒扎综合各方面因素后提出了一种新的分类。他认为,在美国的非洲移民学者可以根据其研究、发表和教学的组织和内容分为三类:泛非主义者（Pan-Africanists）,美国主义者（Americanists）和全球主义者（Globalists）。泛非主义者的研究议题、研究工作、成果发表以及教学实践（传统教学或电子教学）均在非洲和美国进行。美国主义者的研究、发表和教学主要集中在美国。全球主义者的学术活动范围超出了非洲和美国,他们的活动半径延伸到全球多个地方。①

二、现代非洲文学的发展

非洲的文学艺术有着深厚的历史传统。正如尼日利亚历史学家迪克所言:"非洲有它的传统,它的音乐,它的诗歌,它的仪式艺术和舞蹈。这些并不是所谓'原始的'和'落后的'社会的产物,而是真正的成就,是对世界文化的贡献,其中,如大家都知道的,在艺术和音乐方面,对欧洲文化的再生有相当的影响。"②非洲国家独立以来,在文学方面取得了长足的进步,已跻身于世界文学之林。

---

① Zeleza, "African Diasporas and Academics: The Struggle for a Global Epistemic Presence", p. 102.

② 迪克:《非洲研究的重要性——第一届国际非洲学家会议主席开幕词》,《第一届国际非洲学家会议专题报告选辑》,《亚非译丛》（卢继祖译）,1963 年第 3 期,第 8—9 页。

（一）现代非洲文学的崛起

现代非洲文学的崛起虽然是 20 世纪上半叶的现象，却已在世界文学界展现出其独特魅力。在世界上重要的高校里多设有非洲（国别）文学的系所、课程、项目或培养方向。① 不言而喻，在殖民主义统治时期，诸多非洲作家和诗人由于在主题、内容甚至表现形式上触犯了殖民主义秩序而遭受厄运且受到殖民政府的迫害。由坎特·法塞里（Kante Faceli）用吉他伴奏的凯塔·福代巴的诗歌录音被认为具有颠覆性而遭禁止。② 殖民主义的淫威未能阻止非洲文学所表达的生命力。这种生命力甚至感染了欧洲学术界。例如，法属西非殖民地的桑戈尔（后成为塞内加尔的第一任总统）1951 年在德国法兰西研究所做了一场有关非洲新诗（la nouvelle poésie nègre）的讲座，听众中有一位名叫简柏恩兹·雅翰（Janbeinz Jahn）的德国学生。讲座激起他对非洲诗歌的兴趣，成为他研究黑人文学与非洲文化的转折点。③

从殖民主义时期到独立后的一段时间内，非洲文学始终处于一种帝国主义的欧洲现代性之中。这样一种国际环境催生了非洲文学，同时也为它的发展和创新设置了诸多障碍。置身于这种困境使现代非洲文学的主题和写作陷入各种矛盾之中。非洲作家及其国家或大陆面对的现实问题构成了他们文学创作的主题，如何处理好这些矛盾成为他们日常思考的要务，同时也成为他们文学创作的源泉。

表格 17-1　非洲著名文学家 1935—2000（不完全统计）

原　名	中译名	国　籍	备　注
Obafemi Awolowo	奥巴费米·阿沃卢瓦	尼日利亚	作家、政论家
Chinua Achebe	钦努阿·阿契贝	尼日利亚	作家
Donatus Nwoga	多纳图斯·恩沃加	尼日利亚	文学评论家

① 最新关于中国高校对非洲文学研究的评介，参见李安山主编、蒋晖执行主编：《中国非洲研究评论 2016：非洲文学专辑》，社会科学文献出版社，2018 年。

② 阿里·A.马兹鲁伊主编、C.旺济助理主编：《非洲通史（第八卷）：1935 年以后的非洲》，第 130 页。

③ Peter Probst, "Betwixt and Between: African Studies in Germany"", in Zeleza, ed., *The Study of Africa*, Vol. II, *Global and Transnational Engagements*, pp. 167-168.

（续　表）

原　名	中译名	国　籍	备　注
Adebayo Adedeji	阿德巴约-阿德德吉	尼日利亚	政论家
Chinweizu	辛维祖	尼日利亚	政论家
Christopher Okigbo	克里斯托弗·奥基格博	尼日利亚	诗人
Wole Soyinka	沃利·索因卡	尼日利亚	作家、诺贝尔奖获得者
Molara Ogundipe-Leslie	莫拉拉·奥贡迪珀-莱斯利	尼日利亚	作家
Femi Osofisan	费米·奥索费桑①	尼日利亚	剧作家
Jomo Kenyatta	乔莫·肯雅塔*	肯尼亚	作家、政论家
Jonathon Kariara	乔纳森·卡里阿拉	肯尼亚	诗人
Joe Mutiga	乔·穆蒂加	肯尼亚	诗人
Atieno-Odhiambo	阿蒂诺-奥德希安博	肯尼亚	政论家
Ali A. Mazrui	阿里·A.马兹鲁伊	肯尼亚	作家、政论家
Ngũgĩ wa Thiong'o	恩古吉·瓦·提昂哥	肯尼亚	作家
Joseph Waiguru	约瑟夫·韦古鲁	肯尼亚	诗人
J. Craveirinha	克拉韦里纳	莫桑比克	诗人
Marcelino dos Santos	马塞林诺·多斯桑托斯	莫桑比克	诗人、政论家
Orlando Mendes	奥兰多·门德斯	莫桑比克	诗人
Noemia de Sousa	诺埃米亚·德索萨	莫桑比克	诗人
Fonseca Amaral	丰塞斯卡·阿马拉尔	莫桑比克	诗人
Mia Couto	米亚·科托	莫桑比克	作家
Tawfik al-Hakim	陶菲克·哈基姆	埃及	作家
Yahya Hakki	叶海亚·哈克	埃及	作家

①　费米·奥索菲桑是北京大学外国语学院的客座教授和非洲研究中心的访问学者。他曾指导北大学生排演过多部非洲戏剧,他指导排演的《狮子与宝石》曾于2012年在索因卡先生访问北大时进行专场演出。他还将曹禺先生的《雷雨》改编成尼日利亚版。作为作家和戏剧评论家,他于2016年获得国际戏剧评论家协会年会塔利亚奖(Thalia Prize from the International Association of Theatre Critics)。

（续 表）

原 名	中译名	国 籍	备 注
Muhammad Haykal	穆罕默德·海卡尔	埃及	政论家
Nagib Mahfuz	纳吉布·马哈福兹	埃及	作家、诺贝尔奖获得者
Muhammad Sid-Ahmed	穆罕默德·锡德-艾哈迈德	埃及	记者、作家
Euphrase Kezilahabi	尤弗雷斯·凯齐拉哈比	坦桑尼亚	诗人
Tom Mboya	汤姆·姆布亚	坦桑尼亚	作家、政论家
Issa Shivji	艾萨-希维吉	坦桑尼亚	政论家
Shaaban Robert	夏班·罗伯特	坦桑尼亚	诗人
Julius Kambarage Nyerere	朱利叶斯·K·尼雷尔*	坦桑尼亚	政论家
Peter Abrahams	彼得·亚伯拉罕	南非	作家
Lewis Nkosi	刘易斯·恩科西	南非	作家
Dennis Brutus	丹尼斯·布鲁特斯	南非	诗人
Andre Brink	安德雷·布林克	南非	作家
Ayikwei Armah	阿伊奎伊·阿赫马赫	加纳	作家
Kofi Awonoor	科菲·阿沃诺尔	加纳	诗人
Abena Busia	阿贝纳·布西亚	加纳	作家
Meshack Asare	梅塞克·阿萨雷	加纳	作家
Cheikh Anta Diop	谢克·安塔·迪奥普	塞内加尔	历史学家、哲学家
Ousmane Sembene	乌斯曼·桑贝纳①	塞内加尔	作家
Leopold Sedar Senghor	利奥波德·桑戈尔*	塞内加尔	诗人、政治家
Mariama Bâ	玛丽亚玛·芭	塞内加尔	作家
Dan Nabudere	丹·纳布德雷	乌干达	政论家
Christine Obbo	克里斯廷·奥博	乌干达	作家

① 有人译为乌斯曼·塞姆班或奥斯马内·森贝内。

（续　表）

原　名	中译名	国　籍	备　注
Okot p'Bitek	奥科特·普比泰克	乌干达	作家、诗人
AntónioAgostinhoNeto	阿戈斯蒂纽·内图*	安哥拉	诗人、政论家
Mario de Andrade	马里奥·德安德拉德	安哥拉	诗人、政论家
Bernard B. Dadie	贝尔纳·达迪	科特迪瓦	作家
Cofi Gadeau	科菲·加多	科特迪瓦	剧作家
Keita Fodeba	凯塔·福代巴	几内亚	诗人
Camara Laye	卡马拉·莱	几内亚	作家
Amilcar Cabral	阿米卡尔·卡布拉尔*	几内亚比绍	诗人
Vasco Cabral	瓦斯科·卡布拉尔	几内亚比绍	诗人
Assia Djebar（笔名，本名叫 Fatima-Zohra Ima-layen）	阿西娅·杰巴尔	阿尔及利亚	作家
Mongo Beti	蒙戈·贝蒂	喀麦隆	作家
Aguinaldo Fonseca	阿吉纳尔多·丰塞卡	佛得角	诗人
Tchicaya U. Tam'si	奇卡耶·乌·坦西	刚果（布）	作家
Tsitsi Dangarembga	泽泽·丹加雷姆加	津巴布韦	作家
Thomas Mofolo	托马斯·摩弗洛	莱索托	作家
Jean-Joseph Rabearivelo	让-约瑟夫·拉博利维洛	马达加斯加	作家
Yambo Ouologuem	亚博·乌奥洛盖梅	马里	作家
Davidson Abioseh Nicol	戴维森·阿比奥塞·尼科尔	塞拉利昂	诗人
Nuruddin Farah	努鲁丁·法拉赫	索马里	作家

　　说明:此表综合自马兹鲁伊主编、C.旺济助理主编:《非洲通史(第八卷):1935 年以后的非洲》第 19 章"1935 年以来现代文学的发展"提到的非洲作家与"20 世纪非洲百佳图书"中的 12 部最佳作品的作者。https://www.ascleiden.nl/content/webdossiers/africas-100-best-books-20th-century.

　　* 为该国独立后第一任总统。

　　以上名单基本上代表了 20 世纪前期至 1990 年非洲作家在非洲大陆及世界文学界的认可度。① 此外，两位南非作家戈迪默（Nadine Gordimer）和库切（John Maxwell Coetzee）先后于 1991 年和 2003 年获得诺贝尔奖。当然，还有诸多著名的非洲英语作家，如 1948 年出版了小说《哭吧！亲爱的祖国》的南非作家佩顿（Alan Paton，1903—1988），南非最重要的白人剧作家富加德（Athol Fugard，1932—）以及小说家和历史学家卡雷尔·斯库曼（Karel Schoeman，1939—2017），被《约翰内斯堡书评》称为"被严重低估了的""非洲小说中未被歌颂的英雄之一"的加纳作家科卓·莱恩（Kojo Laing，1946—2017），获得过英联邦（非洲地区）诗歌奖和尼日利亚作家协会诗歌奖等大奖的诗人和作家塔努瑞·奥贾德（Tanure Ojaide），被认为是当代最有才华的女作家之一、1976 年发表《彩礼》而引起世界注目的尼日利亚女社会学家、诗人和作家布基·埃梅切塔（Buchi Emecheta，1944—2017）等。

　　值得注意的是，在英语、法语、阿拉伯语、葡萄牙语以及非洲本土语言如斯瓦希里语、豪萨语、基库尤语和阿姆哈拉语的代表性上存在着明显的不平衡。例如，表格里只有 5 位埃及作家，然而，一批以艾萨·奥拜德为代表的现代作家在短篇小说、长篇小说和戏剧创造上取得了巨大的成就。② 非洲的著名作家还有其长篇小说《大房子》《火灾》和短篇小说集《在咖啡店里》均被译成中文的阿尔及利亚的当代作家穆罕默德·狄普（Mohammed Dib）和《埃米尔》的作者、曾获得多项国内和国际大奖的沃希尼·爱阿拉吉（Waciny Laredj，1954—），因创作小说《北徙时节》（1969 年）而闻名的苏丹阿拉伯语小说家萨利赫（Tayeb El-Salih，1928—2009），摩洛哥诗人穆罕默德·阿齐兹·拉巴比（Mohammed Aziz Lahbabi），其戏剧《牧羊的黎明》在 1973 年法国国际电台组织

---

① 中国翻译的有关非洲文学的研究著作包括伊·德·尼基福罗娃等著：《非洲现代文学（北非和西非）》（上）（刘宗次、赵陵生译），外国文学出版社，1980 年；伊·德·尼基福罗娃等著：《非洲现代文学（东非和南非）》（下）（陈开种等译），外国文学出版社，1981 年；伦纳德·S. 克莱因主编：《20 世纪非洲文学》（李永彩译），北京语言学院出版社，1991 年等。

② 艾哈迈德·海卡尔：《埃及小说和戏剧文学》（袁义芬、王文虎译），上海译文出版社，1998 年。

的"非洲剧作比赛"中获奖的马里作家加乌苏·迪阿瓦拉(Gaoussou Diawara),在喀麦隆独立前即因创作《童仆的一生》(*Une vie de boy*,1956年,1966年翻译成英文版 *Houseboy*)、《老黑人和奖章》(*Le Vieux Nègre et la médaille*,1956年,1969年翻译成英文版 *The Old Man and the Medal*)和《欧洲的道路》(*Chemin d'Europe*,1960年,1989年翻译成英文版 *Road to Europe*)而闻名于世的喀麦隆著名作家费迪南·利奥波尔德·奥约诺(Ferdinand Léopold Oyono,1929—2010),塞内加尔的著名小说家布巴卡尔·鲍里斯·迪奥普(Boubacar Boris Diop,1946—),创作《时间之墙》(*Wakati Ukuta*,1970)和《金杰凯迪莱》(*Kinjeketile*,1969)等剧作并坚持用斯瓦希里语创作的坦桑尼亚著名剧作家易卜拉欣·侯赛因(Ebrahim Hussein,1943—)等。

以上列出的多少仍是成功人士。然而,成功的标准是什么呢?这种情况多少反映出世界文学的话语权及语言权力分配的不平衡状态。正如莫桑比克作家米亚·科托所言:"今天的这个系统仅以收益与成功便捷来做出选择,它否定了多样性。非洲人又一次成为'他者',卖得不多,买得更少。无法用英语写作的非洲作家(尤其是以葡语书写的作家)置身于边缘的边缘,在那里,词语唯有斗争,才不至于湮于沉默。"①实际上,被置于"边缘的边缘"的岂止葡语,西部非洲的通用语豪萨语、中部非洲的林加拉语、东部非洲的通用语斯瓦希里语和南部非洲的祖鲁语更是在这种与西方语言环境的竞逐中几乎被忘记了。当然,这丝毫不会降低广大非洲作家在自己人民中间的声望和影响力。

(二) 正在兴起的非洲文学新潮

从20世纪30—40年代的桑戈尔等人关于黑人性的诗歌到随后50—70年代注重文化与政治民族主义的小说创作,这两个时期的非洲文学虽然均留下殖民统治的印记,但却为后来非洲一代文学新潮的崛起奠定了基础。当今的非洲文学已非昔日可比,特别是海外非洲作家如雨后春笋。从20世纪90年代以来,一批新人渐露头角。彼乌斯·阿德桑米

---

① 米亚·科托:《我们不知道我们会说这些语言》,米亚·科托:《梦游之地》(闵雪飞译),中信出版集团,2018年,第249页。

(Pius Adesanmi)将这些非洲文学的新兴力量称为第三代。[1] 他们中间有津巴布韦作家丹加雷姆加(Tsitsi Dangarembga)、维拉(Yvonne Vera)和布拉瓦约(NoViolet Bulawayo，1981—)，加纳作家达尔科(Amma Darko)和加纳后裔塞拉西(Taiye Selasi，1979—)，乌干达作家伊塞加瓦(Moses Isegawa)，埃塞俄比亚作家门格斯图(Dinaw Mengestu，1978—，一译"蒙舒")，分别获得非洲文学凯恩奖的肯尼亚作家奥乌尔(Yvonne Adhiambo Owuor，1968—)和瓦奈纳(Binyavanga Wainaina，1981—)，苏丹的阿布勒拉(Leila Aboulela)和马赫卓卜(Jamal Mahjoub)。杰出的非洲法语和葡萄牙语作家也不少。非洲法语文学作家有伯亚拉(Calixthe Beyala)、瓦贝里(Abdourahman Waberi)、贝索拉(Bessora)、恩加朗(Patrice Nganang)、比亚乌拉(Daniel Biyaoula)、艾弗伊(Kossi Effoui)、恰克(Sami Tchak)、马班科(Alain Mabanckou)和迪奥梅(Fatou Diome)等。

尼日利亚作家群可谓众星璀璨，包括小说家和诗人。他们中的小说家有阿塔(Sefi Atta，1964—)、阿巴尼(Chris Abani，1966—)、班德勒(Biyi Bandele，1967—)、哈比拉(Helon Habila，1967—)、奥圭因(Ike Oguine)、恩迪贝(Okey Ndibe)、阿德索坎(Akin Adesokan)、奥克奎(Promise Okekwe)、阿祖瓦(Unoma Azuah)、科尔(Teju Cole，1975—)、阿迪契(Chimamanda Ngozi Adichie，1977—)、奥耶耶美(Helen Olajumoke Oyeyemi，1984—)，以及凭借小说《钓鱼的男孩》进入 2015 年非洲文学凯恩奖候选名单的尼日利亚后起之秀欧比奥马(Chigozie Obioma，1986—)。尼日利亚诗人也是人才辈出，有恩杜卡(Uche Nduka)、阿克(Afam Akeh)、坎卡拉(Victoria Sylvia Kankara)、艾贞纳(Chiedu Ezeanah)、奥提奥诺(Nduka Otiono)、伊弗沃多(Ogaga Ifowodo)、阿德瓦勒(Toyin Adewale)、肖纳因(Lola Shoneyin)、奥圭贝(Olu Oguibe)、拉吉(Remi Raji)、艾德(Amatoritsero Ede)等。[2]

新一代非洲作家的经历与父辈不同，绝大部分都拥有在非洲的成

---

[1]　Pius Adesanmi, "Third Generation African Literature and Contemporary Theorising", Paul Tiyambe Zeleza, ed. , *The Study of Africa*, Vol. I, *Disciplinary and Interdisciplinary Encounters*, pp. 101-116.

[2]　Brenda Cooper, *A New Generation of African Writers：Migration, Material Culture and Language*, Boydell and Brewer, 2008.

长经历和在西方生活或受教育的经历。这些人对世界有自己的理解，可谓才华横溢。这些作家中绝大部分都获得了各种国际大奖。以阿迪契为例，她出生于尼日利亚伊博族的一个知识分子家庭，在尼日利亚大学读了一年半的大学后来到美国。从 2002 年获得英国广播公司"世界服务短篇小说奖"并进入非洲文学凯恩奖经过筛选后的候选人名单起，她已获得 37 项各种大奖，包括 2018 年的品特奖。她获奖最多的是在 2007 年，共获得 6 项奖。她在 2013 年出版的小说《美国佬》（*Americanah*）叙述了一位移民美国的尼日利亚女孩在这两个国家之间的选择，这种选择和摇摆表现在心灵、语言和爱情层面。2010 年获得非洲文学凯恩奖的奥鲁费米·特里（Olufemi Terry）出生在塞拉利昂，在尼日利亚、英国和科特迪瓦长大，在纽约求学，曾在肯尼亚、索马里和乌干达生活过，目前定居开普敦。他写作的一大主题是非洲的移民裔群，这与他个人的经历不无关系。"四处漂泊的生活，无论西方还是东方，面临一系列全新的挑战与问题，我觉得这些挑战和问题并没得到适当的探讨和关注。'非洲作家'这个标签起不到特别的帮助……无论是纪实性还是虚构性的作品，都过于将重心放在贫穷或疾病的题材上，我觉得，'非洲写作'这个标签进一步恶化了这一趋势。我希望看到更多不止把背景局限在非洲大陆的作品，更多地去探索移民裔群这个议题。"①2013年因《奇迹》获得非洲文学凯恩奖的尼日利亚作家托普·弗拉林（Tope Folarin）出生并成长于美国，他曾在尼日利亚和开普敦生活，目前定居华盛顿。这也让他成了第一个在非洲之外定居的获奖作家。弗拉林认为自己既是尼日利亚人，也是美国人，"两种身份才促成了一个完整的我，得奖让我觉得自己获得了一种认可"。

　　另一位正在上升的新星是尼日利亚后起之秀欧比奥马。他旅居美国，其作品《钓鱼的男孩》（*The Fishermen*）曾入围 2015 年布克奖的候选名单。故事发生在尼日利亚。一个家庭有四个男孩，他们的父亲必须离家工作，父亲离家后，这四个男孩变成了钓手，成天就在城里的大河边钓

---

　　① Alison Flood, "Olufemi Terry wins Caine prize for African writing", 6 July 2010, *The Guardian*. https://www. theguardian. com/books/2010/jul/06/olufemi-terry-wins-caine-prize.

鱼。一天,他们在河边遇见了疯人阿布鲁,这个疯人向他们预言:四兄弟里的大哥阿凯纳有一天将会被其中一个弟弟所杀。此话如毒液渗入了大哥的心中,从此他视兄弟为敌人,处处与他们结仇,个性日益乖张,最后导致了悲剧的发生,一个和乐安然的中产阶级家庭分崩离析。这实际上是一个探讨尼日利亚过去与现状的寓言故事。四个兄弟象征尼日利亚存在的语言、宗教和习俗不同的主要民族(约鲁巴人、伊博人和豪萨人),疯子阿布鲁象征英国殖民主义者,其毁灭性预言是指尼日利亚1960年独立建国。殖民地设立后被随意统一的三个民族缺乏建国的基础。这一预言以及人民在建国之初对此预言的相信,导致了尼日利亚政局混乱的局面。寓言的悲剧在于:即使杀了疯人阿布鲁,一旦预言的毒液渗入参与者的内心,悲剧就无法避免。寓言的潜台词是:英国统治已成历史,殖民梦魇已被消灭,但尼日利亚的悲剧短时间仍不会结束。欧比奥玛认为:"我相信一点点超自然的、形而上学的和未知的东西被放在已知的领域里,世界就是这样运作的,至少对西非人来说是这样。"①欧比奥玛的作品究竟是受阿契贝写作手法的影响,还是尼日利亚文化传统积淀而成,见仁见智。然而,有一点是明确的:英国殖民统治在尼日利亚人民心中留下了挥之不去的印记。

表格 17-2　非洲的诺贝尔奖得主(1960—2011)

序号	年份	奖项	英文姓名	中文译名	国别
1	1960年	诺贝尔和平奖	Albert John Lutuli	艾伯特·约翰·卢图利	南非
2	1978年	诺贝尔和平奖	Mohamed Anwar el-Sadat	穆罕默德·安瓦尔·萨达特	埃及
3	1979年	诺贝尔经济学奖	William Arthur Lewis	威廉·阿瑟·刘易斯	圣卢西亚共和国(非洲裔)

---

①　Blair Austin, "An Interview with Chigozie Obioma", *Fiction Writers Review*, October 24, 2016, https://fictionwritersreview.com/interview/an-interview-with-chigozie-obioma-2/.查询时间:2018年11月24日。

（续　表）

序号	年份	奖　项	英文姓名	中文译名	国别
4	1984 年	诺贝尔和平奖	Deomond Mpilo Tutu	德斯蒙德·姆皮洛·图图	南非
5	1986 年	诺贝尔文学奖	Wole Soyinka	沃莱·索因卡	尼日利亚
6	1988 年	诺贝尔文学奖	Naguib Mahfouz	纳吉布·马哈福兹	埃及
7	1991 年	诺贝尔文学奖	Nadine 'Gordimer	纳丁·戈迪默	南非
8	1993 年	诺贝尔和平奖	Nelson Rolihlahla Mandela	纳尔逊·罗利赫拉赫拉·曼德拉	南非
9	1993 年	诺贝尔和平奖	Frederik Willem de Klerk	弗雷德里克·威廉·德克勒克	南非
10	1999 年	诺贝尔化学奖	Ahmed H. Zewail	艾哈迈德-泽维尔	埃及、美国
11	2001 年	诺贝尔和平奖	Kofi Atta Annan	科菲·阿塔·安南	加纳
12	2003 年	诺贝尔文学奖	John Maxwell Coetzee	约翰·马克斯韦尔·库切	南非
13	2004 年	诺贝尔和平奖	Wangari Muta Maathai	旺加里·马塔伊	肯尼亚
14	2005 年	诺贝尔和平奖	Mohamed M. El Baradei	穆罕默德·巴拉迪	埃及
15	2011	诺贝尔和平奖	Leymah Gbowee	莱伊曼·古博韦	利比里亚
16	2011 年	诺贝尔和平奖	Ellen Johnson-Sirleaf	埃伦·约翰逊-瑟利夫	利比里亚

从 1960 年到 2011 年间非洲人（包括非洲裔）获得诺贝尔奖的情况来看，他们除一人获得经济学奖、一人获得化学奖之外，主要集中在两个方面，和平奖（十人）与文学奖（四人）。索因卡在获奖后接受法国《晨报》记者采访时说："这不是对我个人的奖赏，而是对非洲大陆集体的嘉奖，是对非洲文化和传统的承认。"非洲文学继续在全球范围内快速扩展。著名的海因曼出版社（Heinmann）于 1962 年设立"非洲作家系列"丛书，当年发表了阿契贝的《瓦解》等著作，这一系列在 70 年代和 80 年代上半叶出版

了大量非洲作家的著作,从 20 世纪 80 年代下半叶遭遇困难而陷入停顿,直到 2000 年又出版了奥圭因描写移民美国的非洲人经历的《占地者的故事》(*A Squatter's Tale*)。① 2011 年,英国出版机构培生教育集团(Pearson Education)决定重启"非洲作家系列"。

非洲文学的重新崛起得益于以下因素。第一,从索因卡和马哈福兹获得诺贝尔文学奖以后,世人的注意力开始投向非洲大陆。戈迪默和库切的获奖增加了对非洲文学的关注度。第二,20 世纪 60 年代非洲国家独立后受民族主义教育的非洲一代文学家逐渐崛起,他们不仅受过系统教育,也经历了经济困境的年代,对非洲有自己的理解,开始表现出自己的实力。第三,非洲大陆政局的变化特别是一些国家生存环境的恶化,催生了非洲作家更深入的思考,所谓"愤怒出诗人"或"苍生不幸文坛幸"。第四,大批非洲人移民海外(主要是欧美国家),拓展了眼界,为非洲文学家提供了比较的视角。随着海外非洲移民迅速增长,从事写作的人也大大增加。这种体现真实生活的作品远比那些靠魔幻来做广告的欧美文学更吸引读者。第五,不同奖项设置刺激了作品市场。较为突出的是成立于 2000 年的凯恩奖,②斯瓦希里语文学也有了自己的奖项,如 2015 年设立的斯瓦希里语非洲文学奖(the Mabati-Cornell Kiswahili Prize for African Literature)。

(三) 现代非洲文学的主题与特点

人们所继承的文化既反映了所属民族或国家的文明遗产和历史积淀,也赋予了个人以人格尊严。根据非洲学者的研究,现代非洲文学反映的各种题材中表现了 7 个互相关联又各自独立的矛盾主题,非洲过去

---

①　James Currey, *Africa Writes Back*: *The African Writers Series and the Launch of African Literature*. Oxford: James Currey, 2008; Peter J. Kalliney, *Commonwealth of Letters*: *British Literary Culture and the Emergence of Postcolonial Aesthetics*, New York: Oxford University Press, 2013, pp. 178-217.

②　凯恩奖旨在奖励非洲作家原创的短篇小说,作者是否生活在非洲不限,但其小说必须已用英语出版。一年颁奖一次,奖金 10 000 英镑。该奖赞助者包括布克公司等许多大公司,四位非洲的诺贝尔文学奖得主沃莱·索因卡、纳吉布·马哈福兹、纳丁·戈迪默和约翰·库切均为凯恩奖的赞助人。有关 2000 年到 2016 年非洲文学凯恩奖得主名单,参见《卫报》网站:https://www.theguardian.com/books/caineprize。

与现在的矛盾；传统性与现代性的矛盾；本土传统与外来传统的矛盾；个人与社会之间的矛盾；社会主义与资本主义的矛盾；自力更生缓慢前进与信徒外援迅速发展的矛盾；非洲特性与人类共性的矛盾。[①] 在这些主题中，与白人殖民统治者的种族矛盾贯穿于诸多矛盾之中。对白人统治者的揭露和对殖民主义的记忆往往成为文学作品的主要内容。1986 年索因卡获得诺贝尔文学奖后，《美国黑人文学论坛》专门发行了一期《索因卡专刊》，在世界黑人特别是尼日利亚人中间引发一场针对非洲文学的讨论，有的甚至提出了"在白人自己的游戏中打败白人"的命题。[②]

现代非洲文学反映的题材有历史，也有现实，包括非洲各民族丰富的文化历史和价值观与殖民主义带来的沉重负担，非洲人民对真善美的追求以及对统治者充满智慧的反抗，他们的善良、智慧、痛苦和从绝望中产生的希望。不容置疑，殖民主义遗产成为非洲作家取之不尽的写作题材，因为它赋予非洲人民太多的苦难和艰辛，留下了太多的歪曲和蔑视，以及欧洲人深入骨髓的偏见和对非洲人民的伤害。正是这种歪曲、蔑视、偏见和伤害激起了非洲人的极度愤怒，迫使他们对各种西方传播媒介表达出来的种族主义进行谴责。阿契贝动情地指出："我想利用我处在非洲和西方文化之间的有利条件，建议西方文化可以从非洲吸收一些优点，建议他们摆脱旧的偏见，不用歪曲的眼光和庸俗的神秘感来看非洲，而是把非洲人当作是一块大陆上的人——不是天使，也不是没有进化的人——仅只是人，他们常常极其聪慧，在生活和社会发展中经常创造出巨大成功。然而，就在我反复思考那个被歪曲了的形象时，想到它的吸引力和渗透力，想到西方人心里的顽固不化和刚愎自用，想起西方的电影、电视和报刊，学校里学校外供学生读的书，在教堂里牧师们对着空空的座位祈祷，要给非洲的异教徒送去帮助等，我于是认识到我无法乐观起来。而且，为了让欧洲人对非洲抱着美好的看法，便去讨好他们，

① 阿里·A. 马兹鲁伊主编、C. 旺济助理主编：《非洲通史（第八卷）：1935 年以后的非洲》，第 411—421 页。

② Bernth Lindfors, "Beating the White Man at his Own Game: Nigerian Reactions to the 1986 Nobel Prize in Literature", *Black American Literature Forum*, Wole Soyinka Issue, Part 1(22:3, Autumn 1988), pp. 475-488.

这无论如何也是错误的。最终,只能是搬起石头砸自己的脚。虽然,在描述欧洲人对非洲人的观点时,我几次用了'刚愎自用',但是,实际上,他们的态度也许是一种本能反应,而不是蓄意的。如果是这样,那并不使形势更乐观,而是更糟糕。"①

从谴责帝国主义和殖民主义的统治罪行到鞭挞非洲国家新权贵的恶劣行径,从歌颂前殖民主义村社的和谐场景到揭露当代贫民窟的可悲状况,从专注种族问题到注重发展问题,从描述非洲城市化及二元经济的怪现象到关怀海外非洲移民社会的各种困境……由于非洲大陆面临着各种严峻挑战,特别是国际政治经济秩序对其发展带来的影响,非洲作家们始终关注着自己的土地。他们的题材从普通民众的生活到官场的各种现象,从现实展示到理性批判。近年来,泛非主义运动中出现了各种思潮,非洲人对海外非洲移民的关注日益增加。这样,相当多的非洲文学作品开始表现非洲移民裔群的生活、情感和社会关系。这些作品的主题为世人所关注:真、善、美的价值观以及有关移民、肤色、女性、自由、认同等主题。非洲文学在以其特有的方式反映着如万花筒似的现实变化。这些主题反映出一个真理:历史和现实给予文学存在的真实意义。

埃塞俄比亚作家迪诺·门吉斯图(Dinaw Mengestu)将这种现象归纳为"错位的灵魂"(the dislocated soul)。尼日利亚小说家恩迪贝解释了这种情感:"我的反应能力主要是由尼日利亚的生活塑造的,但我的许多方面都处于美国模式。"②赵白生在评价非洲文学现状时指出,非洲文学的一个特点是"彼岸情结"。这里的"彼岸",虽然主要指欧美发达世界,但也不尽然。"此"与"彼"互相对应。诸多优秀作家或成名后远走彼岸,或在彼岸一举成名;或从此岸寄情彼岸,或从彼岸描述此岸;或被迫出走,或自由移民;或主题,或感悟,或人物,或构思,"彼岸情结"凸

①　齐努瓦·阿切贝:《非洲的一种形象:论康拉德〈黑暗的心灵〉中的种族主义》,[英]巴特·穆尔-吉尔伯特等编撰:《后殖民批评》(杨乃乔等译),北京大学出版社,2001 年,第192 页。

②　Felicia R. Lee, "New Wave of African Writers With an Internationalist Bent Image", *The New York Times*, June 29, 2014: https://www.nytimes.com/2014/06/30/arts/new-wave-of-african-writers-with-an-internationalist-bent.html.

现。"非洲老辈作家具有深厚的彼岸情结,新锐作家又何尝不是如此呢?阿迪契、布拉娃友、柯尔哈比隆等后起之秀,一旦书成名就,也一窝蜂离开非洲这块是非之地,侨居大洋彼岸。……非洲作家如此,非洲作品如此,非洲文学的奖项也是如此:彼岸情结,根深蒂固。"①这里,既有大量非洲知识分子移民西方的社会现实,又有这些移民作家对西方环境的切身感受及对自己祖国的各种牵挂,还有投西方文学及读者市场之所好的写作趋势,等等。

尼日利亚的埃梅切塔是一个典型例子。她被认为是当代最有才华的女作家之一,在纽约公共图书馆为100周年馆庆举行的规模盛大的书展中,埃梅切塔的书荣列最具影响力的作品之一。② 埃梅切塔的书之所以入选,最主要原因在于其作品表现的是大家共同关注的主题。这些主题在全球化的今天日益突出。她之所以在描写这些主题时得心应手,与她的亲身经历不无关系。埃梅切塔1944年出生于尼日利亚拉各斯的伊博人家庭,从小就显露才气,10岁时曾获得教会女子中学的奖学金。17岁时,她离开学校并结婚生子,之后随在英国读书的丈夫移民英国。因为丈夫反对她写作,所以埃梅切塔22岁时离开了她的丈夫,带着5个孩子开始了她的职业写作生涯。之后,她发表了20多部作品,包括小说、自传、儿童读物、剧作等,并多次获奖。其中的《二等公民》(1974)、《彩礼》(1976年)、《月色新娘》(1976年)、《女奴》(1977年)、《母爱之悦》(1979年)、《终点比夫拉》(1982年)、《新部落》(1999年)等作品使她在世界各地拥有广泛的读者。作为一名尼日利亚移民、黑人女性和5个孩子的母亲,埃梅切塔对移民在英国社会的生活颇多感触。她最熟悉的题材与最重要的作品与非洲移民裔群的生活密切相关。她希望以作品表达移民裔群的心灵处境:移民可以在物质生活、社会行为、衣着时尚方面融入当地社会,但在精

① 赵白生:《非洲文学的彼岸情结》,乐黛云、钱林森主编:《跨文化对话》,2016年第35期,生活·读书·新知三联书店,第258、260页。

② 在此次评选中,非洲大陆的作品有四本入选,包括1948年南非作家佩顿(Alan Paton,1903—1988)的小说《哭吧!亲爱的祖国》(*Cry, the Beloved Country*)、尼日利亚作家阿契贝(1930—2013)1958年发表的小说《瓦解》(*Things Fall Apart*)、1969年苏丹阿拉伯语小说家萨利赫(Tayeb El-Salih,1928—2009)的小说《北徙时节》(*Mawsin al-Hijra ila al-Shamal*,英译 *Season of Migration to the North*)和1976年尼日利亚作家埃梅切塔的《彩礼》(*The Bride Price*)。埃梅切塔的作品获得这一荣誉当之无愧。

神生活上却难以融入。

《新部落》(*New Tribe*)通过黑人小孩切斯特的亲身体验和心路历程,描写了黑人移民在白人国家的生活。作为移民后代的切斯特被白人家庭领养,生活在一个白人国家的白人社区,是社区里唯一的黑人小孩。这种环境和身份使他从小就感受到了无穷压力。随着时间的推移,切斯特的异己感日益加深。他不希望当局外人,但又总认为自己是局外人,而外界也很难不将他作为局外人,这或许正是移民的困境。即使在多元文化已经成为常态的国家,移民的异己感也会长期存在。这种异己感作为一种主观认同上的困惑,可能来自于肤色的差异,也可能由于宗教信仰甚至生活习惯所致。在经济全球化与移民全球流动的今天,这已经成为一种普遍现象。除了主观认同上的迷茫之外,客体认同的问题亦不容忽视。所谓客体认同即移民群体以外的社会是否将移民作为公民看待。移民群体的少数性特征使客体认同显得尤其重要。客体认同受多方面因素的影响,这些因素与权力和利益有着直接联系。移民身份在平时可能与当地人并无二致,但是当社会遭受经济危机、政治斗争或对外战争时,社会往往会将矛头指向移民或者某种弱势群体,把他们当作转移社会矛盾的"替罪羊"。① 即使是在以移民国家著称的美国,黑人、拉美裔、亚裔和阿拉伯移民,均在不同历史阶段成为社会矛盾的焦点甚至牺牲品。虽然《新部落》中的切斯特并未遇到过这种情况,但他在日常生活中却真切地体会到社会对移民的这种看法。

"错位的灵魂"这种非洲文学现象的出现有诸多原因,教会学校和殖民教育实为滥觞,随后殖民宗主国语言成官方书面语言,还有独立后的西方话语统治权,欧美国家创立并由欧美专家们主持评选的英语、法语或葡语的文学奖项(如诺贝尔文学奖、非洲文学凯恩奖、布克奖、法国电台非洲剧作奖、葡萄牙卡蒙斯文学奖)等。② 当然,最重要的原因是当今仍然是以欧美或西方为中心的世界文学主流学派以及这些非洲作家的经历。从

---

① 李安山等著:《双重国籍问题与海外华人的利益保护》,江苏人民出版社,2016年,第3—6页。

② 近年非洲设立的奖项目益增多,如爱多-斯奈德妇女写作奖(Aidoo-Snyder Book Prize)、2015年设立的斯瓦希里语非洲文学奖等。

辩证法的角度看,"错位的灵魂"是非洲新一代作家所处的境地,所谓"彼岸情结"正是非洲作家对现实世界的一种客观和理性的反映。经济的全球化也是社会和文化的全球化。身处全球化时代,无论哪个社会都难以避免要吸纳外来成员与其他文化。唯有实现文化融合基础上的社会认同,才能更好地适应全球化与现代社会。新一代非洲作家的作品为了解非洲移民文学打开了一扇窗子,也为如何认识现代社会的身份认同,促进文化融合与社会和谐提供了有益的思考。

(四) 非洲艺术及其表现形式

非洲艺术纷繁复杂,范西纳将其分为视觉艺术、形体艺术和表演艺术三种。视觉艺术分为四大类:传统艺术、旅游观光艺术、城市大众艺术和学院艺术。然而,这种分类在多种意义上互相重叠,互相贯通,互相影响。形体艺术包括有关人体的(如文身、服饰)的艺术。表演艺术有音乐和舞蹈,还有演出艺术,包括赛会、芭蕾、戏剧、电影和电视等。我认为此外还应加上立体艺术,指建筑(包括宫殿、住宅和宗教场所)以及日常用品(加纳的黄金衡器是一种典型的艺术品)和各种家具。

非洲的艺术涵盖面极广。可以从形式和内容两个方面看。非洲艺术形式包括赤陶雕塑、石器画像、木雕、牙雕、编织、黄金及青铜制品,建筑、绘画、音乐、歌舞、乐器、影像、服饰等多种表现形式。有的艺术表现形式早在远古时期就已经相当成熟。对尼日利亚诺克地区的赤陶雕塑的碳 14 测定表明,这些艺术品是公元前 4 世纪至公元 2 世纪制作的。贝宁王国的铜雕曾使欧洲艺术家深受震撼。尼日利亚石雕的久远历史和丰富蕴藏引起了世界的注意。[1] 就木雕而言,中部非洲(喀麦隆、加蓬和刚果河流域)与东非的风格并不一样。一个地区的内部也有所不同,以东非为例。肯尼亚和坦桑尼亚的坎巴人雕刻艺术品、马孔德人雕刻艺术品与新一代雕刻家恩纳简达(Francis Nnaggenda,1963—)的作品迥然相异,还有乌干达的艺术家马罗巴(Gregory Maloba,1922—)、恩蒂罗(Sam Ntiro,1923—1993)和恩乔(Elimu Njao,1932—)以及一批妇女

---

[1] Phillips Stevens, Jr. , *The Stone Images of Esie* , *Nigeria* , Ibadan University Press and The Nigerian Federal Department of Antiquities, 1978.

艺术家。① 近现代以来,非洲艺术表现形式不断与时俱进,继承与创新相结合,与欧洲艺术相互影响。殖民统治从政治、经济和社会等方面对非洲艺术影响颇大,既有对大众文化的限制和侵蚀,也为其与外来文化的交流融合提供了机会。殖民时代对非洲艺术品的商品化也起到了催化作用。索因卡指出:"很难估计殖民贸易对艺术创作力所产生的质的影响。"②非洲艺术以其特有的本质,在摧残中重生,在破坏中持续,在交流中复兴。

在殖民主义时期,非洲人民在努力保持传统艺术的同时,从外部世界引进新的艺术表现形式。艺术成为他们日常生活的娱乐消遣方式,也成为发泄其心中不满或讽刺鞭挞统治者的工具。然而,殖民主义对非洲艺术形式的影响并非普遍一致。以服饰为例,在东部非洲和南部非洲,欧洲人的西服开始代替当地服装,尽管传统服饰在南非祖鲁人或东部非洲的游牧民中间仍然保持。在北非,本地服饰和人体装饰(如指甲花彩绘)仍然流行,但城市里的妇女开始接受欧式服装。西非和赤道非洲的人们拒绝接受西式服饰。然而,在各地的上层社会或受教育阶层中,欧式服装开始受到青睐,在妇女中特别明显。③ 服装艺术的变化也打下了时代的烙印。独立后,欧式服装曾一度遭到民族主义思潮的抵制。在西非,非洲长袍成为时兴服装。加纳总统恩克鲁玛在 1957 年确定了民族服装的式样,扎伊尔总统蒙博托更是采取"打倒西服"的极端措施,穿西服特别是结领带成为违法行为。④ 历史流传下来的民族服装在民众中十分普遍,几乎每个非洲民族仍然以自身民族服装为美。在东非海岸,坎嘎(*kanga*)长期以来一直是斯瓦希里妇女喜爱的服装,这种传统始于约 1860 年左右。⑤ 坎嘎上的花纹

---

① Geogre Kyeyune, "Pioneer Makerere Master"; Margaret Nagawa, "The Challenges and Successes of Women Artists in Uganda", Marion Arnold, ed., *Art in Eastern Africa*, Dar es Salaam: Mkuki na Nyota Publishers, pp. 133-150, 151-173.

② 沃利·索因卡:《殖民统治时期的非洲文艺》,博亨主编《非洲通史(第七卷):殖民统治下的非洲,1880—1935》,第 436 页。

③ 马兹鲁伊主编、C. 旺济助理主编:《非洲通史(第八卷):1935 年以后的非洲》,第 424—462 页。

④ F. S. B. Kazadi, "Mobotu, MPR and the Politics of Survival", *African Report*, 23: 1(Jan. 1978), pp. 11-16. MPR 是扎伊尔人民革命运动(Mouvement Populaire de la Revolution)的缩写。该政党由蒙博托于 1967 年创立。

⑤ 在斯瓦希里城邦国,国王继承王位时,必须先将布料分给城里的自由家庭,然后人们才确认他上台执政。在执政期间,他在臣民出生和逝世时必须送上布料作为纪念标志。

表示不同的主题、格言或谚语。新娘的坎嘎上没有谚语,却有着特殊图案。坎嘎上甚至出现了某些政治符号或组织标志。① 进入 21 世纪以来,多种因素大大促进了非洲的服装设计。全球化浪潮与自由贸易带来了物质和意识的交流,文化复兴不仅使非洲有机会充分欣赏外来设计,也使非洲服装设计师可以引进不同的文化因素。充满创造性的企业家精神带来了市场的活跃。与外界的接触加强了非洲服饰艺术家关于发掘和保护传统文化的意识,大大丰富了非洲的服饰艺术。②

从 20 世纪初开始,非洲雕塑曾引起欧洲艺术的一场革命。由乔治·布拉克(Georges Braque)和毕加索(Pablo Picasso)建立的立体主义和德国表现主义是在非洲雕塑的影响下产生的,又反过来对非洲艺术产生影响。范西纳形象地描绘了人类艺术的互相影响和借鉴:"古典非洲艺术的原则以这种方式进入了国际艺术形式的宝库。这种影响经常反馈到非洲,因而贝宁(尼日利亚)的一位民间艺术家仿制了本森·奥萨韦的一件作品,奥萨韦则是受到莫迪利亚尼(Amedeo Modigliani,1884—1920,意大利画家)的启发,莫迪利亚尼却得益于扎伊尔东部勒加面具的造型。表现主义对留学欧洲的非洲艺术家颇有影响,而表现主义恰恰又是受到非洲艺术的影响而产生的。"③帆布画是流行在非洲各地的一种艺术形式,它的最大特点是贴近生活却又不失夸张。不论是动物还是人物、场景还是物件,给人以鲜活的印象。涂鸦画是一种新艺术形式,在都市中较为普遍,其特点是使用简便、便宜的材料和丙烯油画棒的结合,通过看似杂乱无章的笔触反映出各种社会现象和批判意识。④ 现居纽约的肯尼亚现代派绘画创新者、非洲未来主义者(Afrofuturist)穆图(Wangechi Mutu)近乎荒诞的绘画从形式上揭示了西方现代派的影响,在内容上却表达了画

---

① Farouque Abdela, "Mimi Kama Kanga, Nafa Na Uzuri Wangu(I am like a Kanga Cloth, I die in all my Beauty)", Marion Arnold, ed., *Art in Eastern Africa*, pp. 99-104.

② Ndesumbuka Lamtane Merinro, "Costume Design in Tanzania: A Historical Perspective and its Implications for Contemporary Design Practice", Marion Arnold, ed., *Art in Eastern Africa*, pp. 105-122.

③ 马兹鲁伊主编、C.旺济助理主编:《非洲通史(第八卷):1935 年以后的非洲》,第459 页。

④ 著名美国黑人艺术家巴斯奎特(Jean-Michel Basquiat,1960—1988)是代表人物之一,但他自己不愿意被称为"黑人艺术家"。

家的关切：欧洲殖民宗主国的影响至今仍然铭刻在非洲人的语言行动、思维想象、时尚服饰、生活方式、饮食习惯之中。[1]　穆图指出："历史上，非洲被看作殖民和混血通婚的历史文化丰腴之地。妇女形象可以代表这一切。"[2]她的《美女照片》揭示了深受西方影响的一代非洲青年妇女。非洲艺术家的作品表现出巨大的创造力。有关非洲艺术是"原始艺术"的偏见不仅日益遭到学术界的批判，也在非洲艺术形式的不断演进和创新中不攻自破。

对于非洲艺术内容表达的研究存在着一种政治化倾向，特别是对殖民时期非洲艺术的研究者倾向于简化的演绎，认为这一时期的非洲艺术表现的内容主要是对欧洲殖民统治的反抗。[3]　毋庸置疑，有的非洲艺术的现实含义颇为明显，反抗殖民统治的意味也十分强烈。然而，将艺术内容局限于政治分析这一点并不客观。非洲艺术的表达非常丰富，其内容远比反抗殖民统治更为广泛——对自身文化的赞美，对物质生活的期盼，对自然环境的欣赏，对社会局势的抱怨，对统治者的鞭挞等。在约鲁巴文化中，讽刺主要用于两种目的——改革和娱乐。一些反社会的行为被嘲笑挖苦，民族的重要人物或文化英雄被抽象化，用面具或其他艺术形式来突出其荣誉。对于约鲁巴人而言，"殖民主义他者"(colonialist other)在早期是受尊重的。1887 年，英国维多利亚女王庆祝登上王位 15 周年，她的照片传播到各个殖民地。约鲁巴的伊杰布地区(Ijebu)出现了人们用木雕刻成的女王像，看上去像一位带着小小的皇冠胸部丰满的母亲，穿着有动感的拖地长裙。[4]　在殖民统治时期，各种艺术形式体现了殖民统治的成分，如神色傲慢而陷入沉思的殖民官员或挎着长枪的士兵的各种形态的木雕，带有英帝国徽章图案的布匹设计等，都反映出殖民时代的特征。在 20 世纪 40 年代，具有典型的"殖民主义的他者"特征的各种木雕艺术品成为畅销的旅游纪念品。这

[1]　"Wangechi Mutu: A Fantastic Journey", Brooklyn Museum, October 11, 2013-March 9, 2014, https://www.brooklynmuseum.org/.

[2]　Binyavanga Wainaina, "Wangechi Mutu: the Extent of Your Citizenry", Marion Arnold, ed. , *Art in Eastern Africa*, pp. 174,176.

[3]　J. Lipps, *The Savage Hits Back*, New York, 1966.

[4]　R. F. Thompson, *Black Gods and Kings*, Los Angeles, 1971, Cha. 17/2, plate 12.

些人物艺术品通过造型或神情表现出他们的职业或等级,奇特的人物表情则透漏出对殖民官员的嘲弄,如长胡子的殖民总督,戴着白色假发的法官,鼻子夸张的殖民秘书等。长着鹰钩鼻、长头发的用山羊皮或马尾巴做成的魔鬼形象,戴着假面具,操着英语腔调,甚至学着欧洲的华尔兹或狐步舞的演员们往往会引起观众的哄堂大笑。① 不同艺术表现形式与社会现实的结合是非洲艺术的特点之一。

歌谣也成为非洲人表达自己对殖民制度不满的工具。20 世纪 20 年代,殖民政府曾经要求纳税者将交税收据作为证据挂在脖子上。任何没有挂交税收据的成年人往往会被警察毒打一顿。虽然民众不得不遵照规定,但他们通过歌谣来表达自己的强烈不满。在第二次世界大战爆发后,非洲青年被强征入伍。一位名叫"阿拉罗·阿帕"(Alaro Apa)的非洲人戴着假面具唱着带有反抗意味的歌谣:

> 第一场战争宣布,阿拉罗·阿帕被征入伍为他们打仗。
> 第二场战争宣布,阿拉罗·阿帕又被征入伍为他们打仗。
> 难道是我使得希特勒打仗?
> 难道是我要阿道夫发动战争?
> 我不去!
> 如果我去世,我将死在自己的家乡。
> 我不会参加更多的战斗。②

这表达了参加过两次世界大战的约鲁巴老战士的心情——非洲人不应该卷入两次世界大战,因为希特勒的帝国主义野心与那些将非洲变为欧洲殖民地的恶作剧没有什么区别。非洲人怎么能够站在他们

---

① Babatunde Lawal, "Oyibo: Representations of the Colonialist Other in Yoruba Art, 1826—1960", Discussion Papers in the African Humanities(AH Number 24, 1993), African Humanities Program, African Studies Center, Boston University. "Oyibo"是当地人用来形容白人的泛指,特指欧洲人。

② A. I. Asiwaju, "Efe Poetry as a Source for Western Yoruba History", in W. Abimbola, ed., *Yoruba Oral Tradition*, Ile-Ife, 1975, 209‑256. Quoted in Babatunde Lawal, "Oyibo: Representations of the Colonialist Other in Yoruba Art, 1826—1960", pp. 13‑16.

的殖民者一边去作战？艾扎克曼夫妇的研究表明，中南部非洲特别是葡属殖民地的棉农用歌声表达自己对不合理的殖民剥削制度的不满。[①]

几内亚诗人凯塔·福代巴(Keita Fodeba)在1950年创立了以他名字命名的非洲芭蕾，从而创造了一种建立在非洲文化基础之上的新表达方式。然而，由坎特·法斯里(Kante Faceli)用吉他伴奏的凯塔·福代巴的诗歌录音，却被认为具有颠覆性而在法属西非遭到禁止。[②] 如果分析当代非洲那些令人瞠目结舌的艺术新潮的来源，我们可以追溯到殖民统治后期。正是一些讽刺嘲笑、发泄不满和反抗统治阶级的艺术表现形式得以在民间流传，随后继承下来。近年来，大众文化艺术以各种形式进入我们的视野。专门从事非洲大众文化研究的凯琳·巴伯指出：大众流行艺术是当下非洲文化活动的主体，反映的是社会群体最热切的关注、最当下的挣扎与体验，是塑造大多数人生活方式、情感结构与价值观念的基础，深刻地改变着现代人的日常生活。[③] 一些传统艺术手段适时地随着现代生活节奏而变化，并成为民众喜闻乐见的娱乐形式。[④] 马里歌手阿里·法尔卡·杜尔(Ali Farka Toure,1939—2006)成功将非洲音乐引入美国，从1976年起共录制了17个专辑。1994年，他与美国歌手莱·库德合作的《谈论廷巴克图》获得格莱美奖。专辑《尼亚方凯》于1999年发行后，他继续在世界各地演唱。他与马里的科拉(kora，西非竖琴)演奏家图马尼·迪亚巴特合作的专辑《在月亮的心中》再次获得格莱美奖。专辑《萨凡尼》在他去世后于2006年发行，又一次得到格莱美的当代世界音乐专

① Allen Isaacman, *The Tradition of Resistance in Mozambique : Anti-colonial Activity in the Zambesi Valley 1850—1921*, Berkeley: University of California Press, 1976; Allen Isaacman and Barbara Isaacman, "Resistance and collaboration in Southern and Central Africa, 1850—1920", *The International Journal of African Historical Studies*, 10: 1(1977), pp. 31-62.

② 阿里·A.马兹鲁伊主编、C.旺济助理主编：《非洲通史(第八卷)：1935年以后的非洲》，第130页。

③ 程莹：《"日常的政治"：非洲文学研究与大众文化的视角》，李安山主编、蒋晖执行主编：《中国非洲研究评论2016非洲文学专辑》，第78页。

④ Ying Cheng, "'Naija Halloween or wetin?': Naija superheroes and a time-traveling performance", *Journal of African Cultural Studies*, 28:3(2016), pp. 275-282.

辑提名。一些出生在美国或美洲国家的黑人歌手也蜚声歌坛。①

(五) 非洲大众传媒及电影事业的发展

大众传媒(广播、电影和电视)传入非洲是近代的事。电影大约在 19 世纪末或 20 世纪初出现在开罗和亚历山大(一说 1896 年,一说 1905 年),当时是无声电影。20 世纪 20 年代,电影出现在撒哈拉以南非洲地区。20 世纪 30 年代,非洲出现了广播,但直到 60 年代半导体收音机才使广播得到普及。1959 年伊巴丹开设电视节目,随后电视在非洲大陆开始铺开,直到 1985 年,非洲各国几乎都设立了电视网络,并开始覆盖整个国家。埃及是非洲大陆第一批出产电影的国家,也一直是非洲制作电影最多的国家之一。根据统计,到 1972 年,埃及已出产了大约 1 400 部电影,而当时撒哈拉以南只出产了 50 部电影。② 近年来,随着影视片(video film)在非洲的流行,非洲电影的特点除了与现实密切结合外,非洲导演对电影语言的贡献还表现在长镜头的使用上。例如,桑贝纳在《局外人》的开头对国王宫廷的长镜头处理,苏莱曼·西塞(Sulayman Cisse)在《光之翼》(*Yeelen*,马里,1987 年)中展示科姆仪式的长镜头,萨非·法耶(Safi Faye)在《农民来信》(*Peasant Letter*,塞内加尔,1975 年)中对村民种植花生和水稻的多个长镜头真实表现了非洲人的时间观念。

非洲的电影大致经历了 4 个互相重叠的阶段。首先是外国电影在非洲放映。这时,活动的电影画面引起大众的好奇,尽管他们看不懂,但对各种新奇的画面和演员的表演却很感兴趣,故事情节多以教育为目的。其次是外国人拍摄的非洲电影,如法国人拍摄的《穿越黑非洲》(1926 年)和《刚果之旅》(1927 年)。再次是非洲人拍摄的在国外非洲人的电影,例如《塞纳河上的非洲》(*Afrique sur Seine*,1955 年)反映一群在巴黎的非洲人的生活。最后才是非洲人拍摄的非洲人的电影。由非洲人自己拍摄

---

① 世界闻名的黑人歌手迈克尔·杰克逊(Michael Jackson,1958—2009)是其中之一。出生在巴巴多斯的黑人女歌手蕾哈娜(Robyn Rihanna Fenty,1988—)多次获得各种奖项,蝉联格莱美奖、全英音乐奖和 MTV 音乐大奖等奖项,入选《时代周刊》2018 年全球最具影响力人物榜。

② 马兹鲁伊主编、C.旺济助理主编:《非洲通史(第八卷):1935 年以后的非洲》,第 456 页。

的电影最早出现在北非,如突尼斯影片《迦太基的女孩》(La Fille de-Carthage,1924 年,一译《迦太基姑娘加扎勒》)、埃及电影《莱拉》(Laila,1926 年)和《扎伊纳卜》(Zainab,1926 年)。虽然埃及在 1934 年建立了米斯尔制片厂,但非洲国家较大规模出产自己的影片只能是在独立以后。塞内加尔的乌斯曼·桑贝纳(Ousmane Sembene,1923—2007)不仅是作家,也是伟大的非洲导演,还是世界上最优秀的电影艺术大师之一,被称为"非洲电影之父"。① 他的首部电影《马车夫》(*Borom Sarret*,1963 年)是一部用沃洛夫语拍摄的短片。他的第一部达到电影正片长度的《黑女孩》(*La Noire de ……*)完成的这一年发生了另外两件事。非洲制片人成立了泛非制片人联合会,同年,突尼斯设立迦太基电影节,每两年举办一次。这些重要事件标志着非洲电影开始走向世界舞台。1969 年,两年一次的瓦加杜古电影节设立,旨在促进非洲电影在非洲各地和世界的传播,加强电影专业人士之间的交流。非洲人用电影表现自己历史和现实的时代已经到来。

桑贝纳创作了大量经典名作。② 他的最后一部电影《摩拉德》(*Moolaadé*),在 2004 年戛纳电影节和布基纳法索的瓦加杜古电影节上获奖。这部电影由多个非洲法语国家合作拍摄,以布基纳法索的一个非洲小村庄为背景,探讨了女性生殖器切割这一有争议的话题。桑贝纳的电影有两个特点。第一,具有强烈的价值判断,特别是反殖民主义色彩。他曾表示:"我是用魔鬼的钱,但不许魔鬼插手我的电影。"③他拍摄的《艾米泰》(*Emitaï*,1971 年)反映了迪乌拉妇女反抗法国殖民政府拒交谷物的故事。这一反映殖民统治时期的故事却在非洲法语国家被禁演 5 年,前宗主国政府的幕后操纵手段昭然若揭。另一部电影《第阿诺亚营地》(*Camp de Thiaroye*,1987 年)真实描绘了 1944 年非洲士兵为抗议法国

---

① Dennis McLellan, "Ousmane Sembene, 84; Sengalese hailed as 'the father of African film'", *Los Angeles Times*, June 14, 2007. http://articles.latimes.com/2007/jun/14/local/me-sembene14.《莫拉德》(2004)。

② Françoise Pfaff, *The Cinema of Ousmane Sembène*, *A Pioneer of African Film*, Greenwood Press 1984.

③ 转引用潘华琼:《非洲影像:非洲人文研究的新视角》,《非洲研究》,2010 年第 1 卷,第 228 页。

未能信守承诺而发动兵变惨遭镇压的"第阿诺亚"事件。这部电影在法国被禁演 10 年,在塞内加尔也被审查删节。第二,他的多部电影是用母语沃洛夫语拍摄的,如《汇票》(*Mandabi*,1968)、《阳痿》(*Xala*,1973 年)、《局外人》(*Ceddo*,1977)、《第阿诺亚营地》和《戈瓦尔》(*Guelwaar*,1992)等。这种语言本土化对后来非洲电影的取向产生了重大的影响。

电影既是一种具有高度感染力的艺术现象,也是一种与商品生产紧密相连的经济行为,从生产、发行到影院的建立等方面与市场有千丝万缕的关系。电影也是一种社会现象。① 特别是近年来,随着非洲影片的出口和尼日利亚电影业的异军突起,电影拍摄不仅可以解决一部分就业问题,还能反映真实的社会问题以及影响观众情绪甚至社会局势。它也受到非洲国家甚至前宗主国的控制。例如,桑贝纳的多部电影由于涉及揭露法国殖民统治而在法国、非洲法语国家遭到禁演,有的则在塞内加尔遭到删剪。1979 年,14 个非洲国家成立了非洲国家电影发行联合会和非洲国家制片联合会。诸多非洲国家先后建立了自己的电影产业和发行渠道,在非洲法语国家,这一点比较突出,如摩洛哥、塞内加尔、阿尔及利亚、突尼斯、马里、科特迪瓦等国,但这些国家主要资助宣传片和教育片,并不资助故事片。到 20 世纪 90 年代,由于新传媒方式的出现,非洲的电影业逐渐崛起。② 非洲电影在美国的传播也成为学术界讨论的话题,有的看到了这一媒介对于宣传非洲传统价值观的作用。"非洲故事片有助于建立自豪感并欣赏非洲传统价值观,尤其是对年轻人而言。"③21 世纪以来,由于广大民众的喜爱,电影行业在诸多国家发展较快,埃及、尼日利亚、南非、坦桑尼亚等国比较突出。津巴布韦虽然独立较晚,但它的电影事业发展得比较快。④ 坦桑尼亚的电影产业向传媒影视的转变创造了新的风格,私人影视团体表现了很强的能动性。影视集团与东非艺术集团

---

① 参见:张勇、强洪:《"非洲的十年":2010—2019 年撒哈拉以南的非洲电影发展》,《北京电影学院学报》,2020 年 3 期。

② [南非]姆比亚·查姆:《九十年代非洲电影》(古小倩译),《电影艺术》,2001 年第 4 期,第 116—119 页。

③ C. Moore, "African Cinema in the American Video Market", *Issue: A Journal of Opinion*, 20:2(1992), p. 40.

④ [美]柯德蒙·尼亚沙·洪圭:《叙事与意识形态:津巴布韦电影制作 50 年》(朱嫣然、谢温柔译),《北京电影学院学报》,2016 年第 2 期,第 89—97 页。

具有自己的历史,独立商业制作的影视片与以往流行的艺术生产有区别也有延续,它们自负盈亏,与政府形成了一种微妙的合作关系。[①]

尼日利亚电影行业近年来可谓突飞猛进,特别是表现在用摄像机制作的一些大众可以参与和享受的影视片。[②] 由于尼日利亚影视片在服装、道具、演员、场景和制作方式上日益成熟以及高产的特点,它获得了"诺莱坞"(Nollywood)的名称。这样,尼日利亚的诺莱坞成为与美国的好莱坞(Hollywood)和印度的宝莱坞(Bollywood)并列的世界三大电影产地。[③] 这些影片因场地和演员要求不高,成本低(平均每部电影为1.5万美元),制作简单,加上网络通讯的发达,传播很快,观众面极广。诺莱坞电影先在尼日利亚、加纳和其他非洲国家的民众中播放,继而在海外非洲移民裔群中广为流传。[④] 诺莱坞影视的成功对其他非洲国家是一种鼓舞,乌干达的影视业希望复制诺莱坞模式。由于大量的加纳演员加入了诺莱坞的影视行业,这也激发了非洲影视界的良性竞争。[⑤] 研究表明,诺莱坞的影视片由于内容贴近普通民众的日常生活,制作过程简单快捷,不仅在非洲大陆有广泛的市场,在海外也赢得了广大非洲移民裔群的喜爱,将尼日利亚或非洲与海外非洲移民裔群联接在一起。通过这些电影,非洲人加深了对自己的文化艺术和历史遗产的珍爱与自豪感。[⑥] 目前,尼日利亚每年要生产2 000部左右的影视片,电影成为文化产业的重要支

---

① C Böhme, "Film Production as a 'Mirror of Society': The History of a Video Film Art Group in Dar es Salaam, Tanzania", *Journal of African Cinemas*, 7:2(2015), pp. 117-135. 坦桑尼亚达累斯萨拉姆的"白象"(White Elephant)影视艺术团体的历史表明,影视电影的制作是如何生存,如何在激烈的竞争和压力下逐渐发展。

② J. Haynes, ed., *Nigeria Video Films*, Ohio: Ohio University Center for International Studies, 2000.

③ "诺莱坞"这一名称产生于21世纪初,很可能是2002年。Norimitsu Onishi, "Step aside, L. A. and Bombay, for Nollywood", *The New York Times*, September 16, 2002.

④ S. Grey, "Nigeria on-screen 'Nollywood' films popularity rising among émigrés", *The Washington Post*, November 8, 2003.

⑤ Juliet Ebirim, "Are the Ghanaian Actors Taking Over Nollywood?", *Vanguard* (Nigeria), March 22, 2014. https://www.vanguardngr.com/2014/03/ghanaian-actors-taking-nollywood/. 查询时间:2018年12月10日。

⑥ Uchenna Onuzulike, "Nollywood: The Influence of the Nigerian Movie Industry on African Culture", *Human Communication*, 10:3(2007), pp. 231-242.

柱。2005 年由尼日利亚电影制片人皮丝·安妮亚姆-奥西格维（Peace Anyiam-Osigwe）创立的非洲电影学院奖（African Movie Academy A-wards，AMAA 或 AMA）每年颁发奖项，以表彰在非洲电影业工作的专业人员的卓越贡献。2011 年，乔纳森总统决定提供 2 亿美元的政府贷款以支持电影工业，这笔钱帮助电影发行商建立起合法的销售渠道。电影行业在 2014 年已占到了尼日利亚国内生产总值的 1.4%，就业人口超过100 万人。[①]

三、非洲的教育与科技

（一）殖民主义时期的教育与科技

自古以来，非洲人就有自己的教育方式。伊斯兰文化带来了新的教育方式，也引发了传统教育方式与阿拉伯方式的融合。非洲最早的大学出现在摩洛哥（卡拉维因经学院，859 年）、埃及（爱资哈尔大学，975 年）和马里（廷巴克图桑科雷大学，1327 年）。马达加斯加的现代教育在非洲比较突出。最早的欧式教育是 1820 年由传教士开始的，当年 12 月伦敦传教士在塔拉拉利佛设置了一所学校。拉达马一世随后开办了 30 所学校并招收了 200 多名学生。1828 年，马达加斯加已经开办 100 所学校，学生达 5 000 人。学校成为培养士兵、公职人员和技术专家的机构。从1827 年到 1835 年，从学校毕业的识字者人数从 4 000 人增加到 15 000人。[②] 随着塞拉利昂的福拉湾学院（Fourah Bay College，1827 年，1876—1967 年是英国杜伦大学的附属机构）的建立，西方式的大学开始出现，主要经历了两个阶段。19 世纪建立的高等院校有南非学院（1829 年，即后来的开普敦大学）、格雷学院（Grey College，1855 年，即后来的南非自由州大学）、利比里亚学院（1863 年，1951 年改名为利比里亚大学）、斯泰伦

---

① Matthias Krings and Onookome Okome, *Global Nollywood: The Transnational Dimensions of an African Video Film Industry*, Indiana University Press, 2013; "Nigeria's film industry: The rise and rise of Nollywood", THE WORLDFOLIO. http://www.theworldfolio.com/news/the-rise-and-rise-of-nollywood/3570/. 查询时间：2018 年 12 月 10 日。

② Gwyn Campbell, *An Economic History of Imperial Madagascar*, *1750—1895*, *The Rise and Fall of an Island Empire*, Cambridge University Press, 2005, pp. 85-87.

博希大学(1866 年)、金山大学(1896 年)等。①

　　然而,二战后即殖民统治临近结束之前,殖民政府有意识地进行高等教育,目的是培养代理人。这样,宗主国的名牌大学在殖民地建立了自己的分校,如伊巴丹大学(1948 年,前身是亚巴学院②)、加纳大学(1948 年,即伦敦大学黄金海岸大学学院)、麦克雷雷大学(1949 年)、喀土穆大学(1952 年)相继建立。法属殖民地的高校也开始出现,如 1954年成立的达喀尔大学,1954 年天主教在金沙萨建立的鲁汶大学(Luva-nium University,独立后更名为金沙萨大学),1955 年比利时殖民当局为比属刚果、卢旺达和布隆迪创办了"刚果官方大学"(L'Université offi-cielle du Congo,即卢本巴希大学),次年正式开学。以 1896 年法国驻马达加斯加殖民政府成立的塔那那利佛医学院为基础的塔那那利佛高等研究院于 1955 年成立(独立后先后更名为马达加斯加大学和塔那那利佛大学)。③ 随后,在科特迪瓦、喀麦隆、多哥和刚果(布)等法属殖民地建立了高校。

　　为什么非洲的高等教育机构建设在二战后的几年内会出现一个小高潮呢? 这与殖民宗主国的局势有密切关系。

　　第二次世界大战使欧洲陷入危机。1941 年,英美发表《大西洋宪章》。宪章的第三条表达了战后殖民地自治的可能性——尊重所有民族选择他们愿意生活于其下的政府形式之权利,希望看到曾经被武力剥夺其主权及自治权的民族重新获得主权与自治。一方面是美国的要求,另一方面也为了摆脱困境,各殖民宗主国将目光投向非洲。以英国为例。殖民官员注意到英国的非洲留学生们在未来政治中的潜力,即他们将成为非洲的"统治阶级",主张从社会、教育和政治三方面对其施加影响,并建议组织非洲学生参观以学习英国地方政府运作,发行留英非洲学生名册,邀请他们到有教养的英国家庭做客,组织殖民地总督与留学生进行

---

　　① 　Jerry Komia Domatob, "Policy Issues for African Universities", *Issues: A Journal of Opinion*, 24:1(1996), p. 29.

　　② 　亚巴学院隶属于伦敦大学,是一所全男性寄宿学院(1934 年)。类似的还有塞内加尔的威廉·庞蒂学院(1903 年)和黄金海岸的阿奇莫塔学院(1927 年)。

　　③ 　有关殖民时期一些非洲大学建立的时间有多种说法,如黄金海岸 1949 年,塞内加尔 1950 年,塔那那利佛高等研究院 1956 年。

交流,并强调这些活动应尽量保持低调和非官方性质。① 1945 年法案曾专门拨款 100 万英镑作为殖民地学生来英国学习的奖学金。据 1950 年统计,在英国大学和研究机构学习的 1 500 人是由殖民地政府或殖民地发展和福利基金资助的。② 从这一项目的设计看,英国殖民政府确定是煞费苦心。这种教育的目的十分明显,为未来的殖民政府培养管理人才。正如非洲统一组织秘书长萨利姆·阿赫迈德·萨利姆所指出的那样:"殖民地政府是为确保和维持将要独立国家的从属地位而量身定做的……殖民教育,仅限于培训极少数低级官员,并没有使非洲人为最终承担现代国家事务的领导和管理做好准备。"③这些高等教育机构为殖民政府培养了服务者,而这些人中的大部分加入了反对殖民主义统治的民族主义运动。

在科学技术方面,殖民统治对非洲科学技术方面的影响是多重的,主要的干预手段是破坏、剥夺和利用。"随着殖民统治的确立,欧洲人明确表示他们要利用其优势主宰和剥削非洲,不仅要在技术方面而且要在经济方面拉开差距。他们显然毫不急于制订发展非洲科学技术的计划,以便保持他们在科技方面的优势。他们不仅不想推动和发展非洲原有的科学和技术,反而不相信和不鼓励发展,同时秘密地窃取一些思想用以发展西方的科学。例如,预防接种、冶金、发酵和可以用来同西方制造厂商竞争的其他技术都受到诋毁,被列入非法或以其他方式遭到迫害。"④受西方教育的知识分子往往不仅从前宗主国"主人"那里继承了权力,而且还继承了主人对非洲人民的偏见、神话和误解。这样,非洲人民实际上仍然受着西方"文化上的奴役"。"非洲人民确实需要重新发现自己及其文化遗产。这意味着要找出并消除关于他们自己的神话,摒弃自我仇恨的因

---

① 英国殖民部档案 CO 537/2573,1947 年 12 月 8 日杰弗里斯备忘录"在英国的非洲学生的政治意义"。

② 英国内阁档案 CAB 129/41,CP(50)171,1950 年 7 月 17 日格里菲斯的内阁备忘录。Ronald Hyam, ed. , The Labour Government and the End of Empire, 1945-1951, London, 1992, Part III, Document 356.

③ Victoria Brittain, "Africa, The Lost Continent", *New Statesman and Society*, London, April 8, 1994, p. 8.

④ 阿里·A. 马兹鲁伊主编、C. 旺济助理主编:《非洲通史(第八卷):1935 年以后的非洲》,第 467 页。

素,重新发现自己的宗教、技术、政治、科学和社会遗产,并利用这些作为重建非洲各国教育制度的基础"。①

　　殖民主义对非洲科技创新的直接干预表现在诸多方面,主要通过殖民教育来实施。首先是推行教育的目的,"非洲殖民地的正式教育是为了推广宗教而不是传播科学"。《圣经》成为主要教材。其次是法属和英属殖民地学校教育中的文学教育倾向。西方文学人物成为非洲受教育者的崇拜对象,科学技术既无专门课程,也无相关设施。再次是向非洲人民灌输历史健忘症,使他们忘记自己的历史和创造。在殖民教育下,非洲人对埃及文明、拉里贝拉整石教堂和大津巴布韦遗址一无所知。"这种在技术方面的集体健忘症导致在科技方面的集体无所作为,而且还在遭受殖民奴役方面的大多数新一代非洲人当中形成技术方面根深蒂固的自卑感。"政策的干预十分明显。在"法律与秩序"的口号掩护下,殖民政府对非洲人的创新活动进行压制。"在这种情况下,创新者被认为是'目中无人',辩论者是'蛊惑人心',自信是'厚颜无耻'。"这种制度上的强制措施从根本上打压非洲人的自主能动性。最后是对非洲经济的直接控制并千方百计地阻止其工业化进程。最为明显的是纺织业和采矿业。"非洲各地的传统染料和图案式样被拿到欧洲研究,随后模仿这些图案和染色的廉价织物向非洲输出,将手工织布挤出了大众市场,成为典礼和宗教仪式上偶尔采用的奢侈品。"这样,非洲人在自己土地上的采矿活动成了非法经营。"恰恰在非洲创新遭到蓄意破坏的时期,欧洲继续在火箭、原子物理与核物理、通讯、计算机、电子和高科技领域大力发展。"②

　　可以说,殖民时期确实为非洲带来了西方教育制度,并建立了5种类型的教育设施:小学、中学、师范、技校与大学。然而,不论是在教学语言、价值观、教育方针,还是教学内容、课程设置、学校分布等方面,都是为了便于殖民统治,而不是为了当地需要或非洲人民的利益。这种教育体制对非洲社会的影响极其深远。

---

　　①　B. Andah, *African Anthropology*, pp. 5-6.
　　②　马兹鲁伊主编、C. 旺济助理主编:《非洲通史(第八卷):1935年以后的非洲》,第468—469页。

（二）独立后教育事业的起伏

1962 年，第一届国际非洲学家会议在加纳大学召开。尼日利亚代表团由各个学科的专家组成，包括一位生物化学家，一位儿科专家，还有历史学家、农学家、经济学家和政治学家。这充分体现了尼日利亚政府对非洲研究的深刻认识。独立后的非洲教育事业取得了巨大的进展。一方面是小学和中学生人数迅速增加，另一方面是高等教育异军突起，发展很快。1960 年，非洲大学共有约 21 000 名学生，1983 年增加到 437 000 人。此外，在独立后的 25 年里，还有 100 000 名非洲学生在国外学习。大学的数目从 1981 年的 80 所，增加到 1992 年的 150 所。大学的分布并不平衡，有 10 个国家没有大学，14 个国家只有一所大学。[①] 很多非洲国家独立后将建立健全的教育体系作为主要任务。

为了促进国家的快速发展，科技人才教育成为非洲国家高校的重要任务。科技人才的培训主要依靠高等教育机构，并因之形成了一些有特点的高校。例如，尼日利亚、加纳、喀麦隆和科特迪瓦的科技大学都具有相当不错的团队，内罗毕、伊巴丹和贝宁的高校具有优秀的医疗师资，他们为国家的需要和公民的福祉辛勤工作，也培养了一批批科学技术人员。为了加强和协调教育，独立后的非洲国家举办过多次有关教育的会议。1962 年在马达加斯加首都塔那那利佛举办了有关高等教育的会议。随后，非洲教育部长在内罗毕（1968 年）、拉各斯（1976 年）、哈拉雷（1982年）相继举行会议，探讨非洲独立后的教育问题。

20 世纪 70—80 年代，非洲经济陷入困境，在教育和科技方面体现出来。经济困境使这些院校机构的设备陈旧而得不到更新，资金短缺也导致很难保留固定的科技人才，"脑力外流"成为非洲国家高等教育的重要障碍。首先，教育经费的减少使教育设施老化，教育质量下降。第二，由于老师日常工资都得不到保障，致使一大批非洲知识分子移民发达国家特别是美国或周边国家。1987 年，约三分之一的熟练技术人才移民欧洲。苏丹在 1978 年失去了 17％的医生和牙医、20％的大学教师、30％的

---

① Chucks Iloegbunam, "In Deep Crisis", *West Africa*, No. 3977, December 13, 1993, p. 2248.

工程师和45％的勘探人员。① 前面提到的移民美国的非洲知识分子也说明了这一问题。第三，由于学校教职人员待遇持续恶化，引发学校与政府的冲突，罢工和怠工事件层出不穷。因政治、经济和社会原因而引发的学生抗议活动也颇为普遍。1989年，莱索托军人政权因国内因素关闭了莱索托大学。经济下滑导致教育条件恶化，一些国家的义务教育形同虚设，同时家长负担加重，学生辍学现象严重。劳动力素质的下降反过来影响国家经济的发展。

90年代的发展喜忧参半。一方面，各种矛盾激化，引发学生与政府的对立。1991年，在喀麦隆的雅温得和刚果（金）（当时称扎伊尔），对学生运动的镇压导致学生死亡；在加蓬、多哥、斯威士兰、尼日利亚和科特迪瓦，一些学生因举行抗议活动而遭到逮捕、殴打和囚禁。诸多非洲国家的高校发生了罢工、抗议活动，导致学校关闭。另一方面，儿童教育有所改进，入学率大幅度增长。根据联合国教科文组织的统计，1990年至1998年期间，撒哈拉以南非洲的男生净入学率增加了9％，达到56％，女生净入学率增加了7％，达到48％。东部非洲和南部非洲在儿童入学率增加方面尤为突出，男童净入学率增加了27％（至60％），女童净入学率增加了18％（至50％）。在南部非洲，女童净入学率增加了27％（至60％）。② 进入新世纪以来，非洲儿童入学率仍在增长。

南非拥有较完备的教育系统。然而，种族隔离制使大部分非洲人失去受教育的机会，对黑人的歧视导致整个社会在每个黑人学生身上的教育投资仅是每个白人学生的20％。1986年，在每个白人学生身上所花费的教育投资是境遇最差的班图斯坦学生的9倍。③ 非国大1994年执政后，积极推行全民教育理念，实行免费教育，为广大黑人提供了各种教育机会。由于沿袭原有的教育体系，教师年薪仅次于香港和新加坡，南非民

---

① United Nations Development Programme（UNDP）, *Human Development Report 1992*, New York: Oxford University Press, 1992, pp. 56—57.

② "Education for All A Framework for Action in Sub-Saharan Africa: Education for African Renaissance in the Twenty-first Century Adopted by the Regional Conference on Education for All for Sub-Saharan Africa." http://www. unesco. org/education. Dec. 1999. 查询时间：2018年12月22日。

③ 《南非：全民教育——2005国家状况报告》，《2005中非教育部长论坛论文集》，北京大学出版社，2006年，第140—150页。

主教师工会(SADTU，South African Democratic Teachers' Union)拒绝对教师进行相应的监督，教育质量得不到保障。2016 年，斯泰伦博希大学社会经济政策研究组提出的一份题为《认清南非教育中的约束因素》的报告指出："高等教育与培训部正在引入让教师承担责任的方法，包括测试教师和校长的能力，定期评估教师，校长的绩效合同，监测教师来去的计时系统，与绩效挂钩的工资，使教育成为一项基本服务，以及引入检查员监督课程的实施等措施。南非民主教师工会一直拒绝所有这些倡议。"[1]国家的教育预算也开始减少。[2] 这样，一方面是教育体系成本高昂和经费减少，致使学校只能靠增加学费来维持运转，另一方面则是教学质量得不到应有的保证。这样，高学费加上经济不景气引发学生不满，造成了近年来此起彼伏的校园抗议示威。[3]

下面我们看看两个前英国殖民地(尼日利亚和加纳)、前法国殖民地马达加斯加和前葡萄牙殖民地莫桑比克独立后教育事业的发展情况。尼日利亚独立后不仅建立了完整的小学到中学的教育体系，高等学校也发展很快。就高等教育机构而言，尼日利亚独立时只有伊巴丹学院，这是 1948 年建立的附属于伦敦大学的学校。独立初期，尼日利亚的大学教育主要遵循以下原则：教学质量先于学生数量，充分认识到政治现实与文化多元的状况，注意地区和民族平衡。这样，西部建立了伊费大学(1962 年)和拉各斯大学(1962 年)，东部建立恩苏卡尼日利亚大学(1960 年)，北部建立阿赫马杜·贝洛大学(1962 年)。然而，多年的动乱导致教育发展停顿。到 20 世纪后期，尼日利亚已建立了 40 所大学、69 所理工学校。其中 20 所高校和 17 所理工学校为联邦地方政府管理，其余为国家公办。这些高校均由尼日利亚

---

① Sipho Masondo，"Education in South Africa：A system in crisis"，*City Press*，May 31，2016.

② 2016 年和 2017 年，南非政府的教育经费已连续下降，26 所高校的资本开支也连续下降。"Higher education continues to cut capital spending"，STATS SA(Statistics South Africa)，http：//www. statssa. gov. za/？p＝11681；"Key findings：P9103. 1-Financial statistics of higher education institutions，2017"，30 October 2018. http：//www. statssa. gov. za/？page_id＝1856&PPN＝P9103. 1&SCH＝7163. 查询时间：2018 年 12 月 24 日。

③ 蒋晖：《2016 年南非全国性学生运动观察》，李安山主编、蒋晖执行主编：《中国非洲研究评论 2016 非洲文学专辑》；蒋晖：《南非"学费必须下降"运动和"人民教育"道路的失败》，汪晖、王中忱主编：《区域》，2016 年第 2 辑(总第 6 辑)。

人管理,学生人数不断增加。大学生人数已达 40 万人,还有少数非洲学生和来自非洲以外的学生。[①] 21 世纪以来,尼日利亚教育发展很快。2008 到 2012 年的统计数字表明,小学毛入学率已达 87.1％和 79.3％,净入学率达 60.1％和 54.8％。男子青年(15—24 岁)识字率分别为 75.6％和 58％。接受中学教育的男女比率均高于 54％。[②] 然而,尼日利亚失学率不容忽略。[③]

　　加纳独立后,总统恩克鲁玛十分重视教育。然而,在 20 世纪 70 年代和 80 年代,加纳经历了多次军事政变、政局动荡和经济衰退,对教育有极大影响。[④] 这种困难局面导致人才外流。在 20 世纪 80 年代前期培养的医生中,60％在 90 年代初已经移民。在 1985 到 1990 年间,整个非洲有约高达 6 万的中高层管理人员移民国外。[⑤] 知识分子因为国内工资减少或生活水平下降而不断外流,有的直接流向附近国家。例如加纳的专职人员(教师、医生、工程师和公务人员等)大量流向尼日利亚。加纳水务和污水处理公司 1979 年有工作人员 90 人,到 1984 年只剩下 20 人。同一时期,加纳教育部失了约 1 万公务员,主要是教师。与此相适应的是,尼日利亚政府在 1983 年驱逐了 100 万加纳移民。[⑥] 90 年代以来,加纳政治局势趋于稳定,政府加大教育投资。21 世纪以来,年度预算中的教育经费多达 30％—40％。目前,加纳提供学位和国家高等技术学校毕业证书(Higher National Diploma)课程的大专院校达 212 所,其中包括 10 所公立大学。[⑦] 加纳

　　① 　Festus Eribo,"Higher Education in Nigeria: Decades of Development and Decline", *Issues: A Journal of Opinion*, 24:1(1996), p.64.

　　② 　"UNICEF global education statistics database, 2011". https://www. unicef. org/infobycountry/nigeria_statistics. html. 查询时间:2018 年 12 月 30 日。

　　③ 　Danjuma Abdullahi, John Abdullah, "The Political Will and Quality Basic Education in Nigeria", *Journal of Power*, *Politics*, *and Governance*, 2:2(June, 2014), pp.75-100.

　　④ 　Niels-Hugo Blunch and Jeffrey S. Hammer, "The Last of the Lost Generations? Formal and Non-Formal Education in Ghana during Times of Economic Decline and Recovery", Global Labor Organization Discussion Paper Series 208.

　　⑤ 　United Nations Development Programme(UNDP), *Human Development Report 1992*, New York: Oxford University Press, 1992, pp.56-57.

　　⑥ 　Stephen D. Younger, *Successful Development in Africa: Case Studies of Projects*, *Programs and Policies*, Washington D. C. : World Bank, 1989, p.138.

　　⑦ 　*Authors Construction Using data from Ghana National Accreditation Board*, June, 2018. 作者在此感谢中南财经政法大学的加纳博士生尹卉(Lucy Anning)提供的资料。

于 2007 年制定了新的教育计划,目标是逐渐实现千年发展目标。大多数加纳人相对容易获得初等和中等教育。从 2017 年 9 月起,在首都阿克拉正式开启了高中免费教育政策。

马达加斯加政府独立后在教育方面有一定发展。第一共和国(1960—1975)期间,法国对马达加斯加的教育保持着较强的影响。第二共和国(1975—1992)期间,教育虽然受到重视,但也成为意识形态灌输的工具。第三共和国(1992—2010)期间的教育发展较快,一是因为政府的高度重视,二是国际合作带来了大量的对外援助。马克·拉瓦卢马纳纳(Marc Ravalomanana,2002—2009)实行"教育优先"政策,努力提高正规和非正规教育的入学率和质量,开展大规模的学校改造和扩建,对数万名教师进行招聘和培训。马达加斯加设有三个部门管理教育:高等教育部、基础教育部和职业教育部。塔那那利佛大学的一些专业已有相当高的水平,对外交流活跃,与数十个法国大学和科研机构签订了不同学科的合作协议。远程教育大大推进了教育发展,私人高校和职业学院纷纷成立。马达加斯加共有综合大学 6 所(一省一个),除塔那那利佛大学之外,5 所大学是于1988 年由全国 6 个大学中心(1975 年成立)升格而成的独立的综合性大学,以保持高等教育在全国平衡发展。① 1966 年,只有 39% 的人识字,到20 世纪 80 年代,识字人口增加到 50%,2010 年,识字人数达到 64%。②

莫桑比克独立后,政府曾一度大力抓中小学教育,并取得一定成效。然而,内战不仅造成民不聊生,教育也受到严重破坏。③ 莫桑比克政府制定了 1999 年至 2003 年期间实施的教育战略计划 I(ESSP I),强调优先发展基础教育,确定了全面推选基础教育、提高教育服务质量、加强和改善

① 李安山:《马达加斯加的教育近况——中国教育部考察团访非报告之二》,《西亚非洲》,2001 年第 1 期,第 64—66 页。

② "UNICEF global education statistics database, 2011". https://www. unicef. org/infobycountry/madagascar_statistics. html. 查询时间:2018 年 12 月 30 日。

③ 根据莫桑比克教育部提供的资料,1983 年的 5 886 所学校到 1992 年被摧毁了3 402所,破坏率达 57.8%。Servaas van der Berg, Carlos da Maia and Cobus Burger, "Educational inequality in Mozambique", Table 1: Impact of the civil war on the destruction of the school network, United Nations University, WIDER Working Paper 2017/212, p. 2. 还可参见李安山:《莫桑比克的教育近况——中国教育部考察团访非报告之一》,《西亚非洲》,2000年第 6 期,第 63—66 页。

机构建设三个重点。此后，政府又制定了 2005 到 2009 年期间实施的教育战略计划Ⅱ（ESSPⅡ）。计划提出了提高教学质量和教育平等两个目标。政府必须优先考虑教育，并就政府关于国内教育资源和国外援助资源的分配提出了决策框架。这些计划产生了实效。在 2008 到 2012 年间，男女儿童的净入学率分别达到 92.1％和 87.6％，在校读书的男女儿童均超过 77％。蒙德拉纳大学于 1962 年建校，是全国最大的综合性大学。① 为了提高教育质量，全国高等教育质量评估委员会于 2011 年成立。② 然而，莫桑比克教育存在的辍学和性别歧视等问题比较普遍，在农村学校尤为严重。2010 年莫桑比克有 21 万女孩因各种原因辍学。一些女孩虽有机会入学，却因为歧视、虐待、未婚早孕等原因被迫辍学，从而不仅影响到女孩的健康成长，也对国家教育事业的发展造成危害。③ 根据联合国大学的工作报告，在莫桑比克，男女不平等也反映在教育上。④ 这一情况为联合国儿童基金会的统计所证实。2008 到 2012 年间统计数字表明，男女儿童入学率虽然很高，但辍学率也相当高，其中女孩特别明显。小学生能够坚持上完最后一年的男生约 60.2％，女生只有 30.6％。⑤

（三）非洲教育制度的改进

1962 年，在扎里亚阿赫马杜·贝罗大学的开学典礼上，北尼日利亚

---

① Mouzinho Mario, Peter Fry and Lisbeth A. Levey, *Higher Education in Mozambique*, James Currey, 2003. 蒙德拉纳大学原名综合研究大学，1968 年改名为洛伦索-马格斯大学。1976 年为纪念莫桑比克民族解放运动领袖埃德拉多·蒙德拉纳而更名为蒙德拉纳大学。

② 莫桑比克的高校评估工作主要分为三个层次：学校根据委员会所列指标进行自我评估、全国高教质量评估委员会对录入的相关信息进行评估、委员会参照国际通用标准对评估进行再评估。

③ 刘大龙：《莫桑比克女孩辍学现象严重》，2011 年 12 月 1 日。资料来源：新华网，http://news.163.com/11/1201/08/7K660ICN00014JB5.html. 查询时间：2018 年 12 月 25 日。

④ Servaas van der Berg, Carlos da Maia and Cobus Burger, "Educational inequality in Mozambique", United Nations University, WIDER Working Paper 2017/212. https://www.wider.unu.edu/sites/default/files/Publications/Working-paper/PDF/wp2017-212.pdf. 查询时间：2019 年 1 月 5 日。

⑤ "UNICEF global education statistics database, 2011". https://www.unicef.org/infobycountry/mozambique_statistics.html. 查询时间：2018 年 12 月 30 日。

首任总理阿赫马杜·贝罗指出：大学应该同时具有民族性和国际性，大学的职责是对知识的寻求和传播并确立普遍真理。大学同时必须在生产劳动力及对本土文化和传统机构的保持和促进方面为民族的需要服务。①非洲国家在多方面继承了殖民宗主国的遗产，教育制度为其一。首先是人才教育的取向。独立后的非洲高校确实培养了一批文学家、律师、工程师、医生、会计和银行家以及其他专门技术人员，但国家需要的具有文化素养和基本训练的劳动者却奇缺。相当多的大学生毕业后找不到工作，只能在街头叫卖、闲逛或寻找工作。这种状况揭示了非洲国家在教育制度上存在着问题，即学校供给与社会需求的严重不对称。由于非洲大学都是以英国的伦敦大学和剑桥大学以及法国的索邦大学和波尔多大学等模式建立，这种从殖民体系继承下来或根据西方模式建立起来的高等教育体系并不能很好地满足非洲独立国家的实际需要。

教育不平等是值得注意的另一个问题，这包括男女、贫富、城乡和种族之间的教育不平等。虽然在一些国家（如南非、卢旺达等）男女平等做得比较好，但在大多数非洲国家，教育不平等在性别上表现比较明显，特别在高等教育方面。这种性别上的不平等对非洲发展产生着持久的消极影响，并导致妇女被排斥在一些有吸引力的工作机会之外。尽管莫桑比克的教育战略突出了教育平等的问题，但大学教育仍然表现出强烈的以马普托为代表的城市居民的优越性，拥有特权的家族与优势课程的关联，从而表现出现存社会经济不平等关系的再生产以及传统精英阶层在高等教育和整个社会的统治地位。② 贫富、城乡和不同种族之间在教育上的不平等日益成为非洲教育面临的问题。

除北非国家外，绝大部分非洲国家在教育体系中仍然使用殖民宗主国的语言，只有很少国家（如坦桑尼亚、新南非）同时使用本土语言作为教学语言。一些国家加大了民族语言在日常生活和教学过程中的作用（如加纳、尼日利亚、肯尼亚等国）。此外，另一个倾向不容忽视。在加纳（及

---

① John Paden, *Ahmadu Bello: Sardauna of Sokoto: Values and Leadership in Nigeria*, London: Hodder and Stoughton, 1986, p. 507.

② Mouzinho Mario, Peter Fry and Lisbeth A. Levey, *Higher Education in Mozambique*, p. 31.

其他非洲国家），由于国语是原宗主国的语言，因此家长在孩子教育上重视国语而轻视本土语言，有的甚至不愿意教授孩子本土语言。[1] 当然，对教学语言的选择既要满足社会的需求，也要切合实际。对于那些民族众多、语言繁杂的国家，用民族语言来取代前殖民宗主国的语言，不仅需要巨大的社会成本，还可能会带来意想不到的弊端。

非洲国家独立后教育取得了长足进步，也面临诸多问题，主要表现在四个方面。首先，青年人口的快速增长与教育基础设施建设相对落后的矛盾，这一点不容置疑。第二，教学人员人数不足与质量不高，主要因为培养的进度较慢及不少知识分子移民发达国家。第三，教育不平等影响着国家的发展，主要表现在性别歧视、贫富不均、城乡区别和种族差异等方面。第四，国家层面对教育不够重视。学校既培养人才，也提供思想。从这个意义上看，国家对教育的倚重是必然的。然而，诸多非洲国家似乎对这一点认识不够。每当国家经济遇到困难时，教育领域往往在经费削减上首当其冲。在国家与教育方面的问题表现不一，如政府对教育的认识和投入不够，教师的低工资和艰苦条件，对学校的过度干预以及官员的不良作风导致学生的反政府活动等。最后，也是关键的一点，非洲教育的目的与标准问题。非洲的教育是为非洲社会培养人才和提供服务，因而在教学理念、行为规范和处事标准上不必要满足他国特别是西方或前宗主国的要求。非洲国家应该在教育上逐渐摸索出自己的经验。

非洲联盟的《2063年议程》的第14条指出："非洲的人力资本将通过在普及幼儿发展和基础教育基础上的持续投资，在高等教育、科学、技术、研究和创新方面的持续投资，以及消除各级教育中的性别差异来得到充分发展，因为它是非洲最宝贵的资源。将扩大和加强研究生教育的机会，以确保世界一流的学习和研究基础设施，并支持助力非洲大陆转型的科学改革。"[2] 从人类历史看，学校不仅是培养人才的地方，也为民众提供了产生伟大思想和展开辩论的场所，知识分子成为社会发展的推进器，教育

---

① Lucy Anning's email to Li Anshan, 2019-01-07 21:41:36(星期一)。作者在此感谢中南财经政法大学的加纳博士生尹卉(Lucy Anning)提供的资料和所做解释。

② *Agenda 2063：The Africa We Want* (Popular Version)，African Union Commission, September 2015, p. 3. https://au. int/sites/default/files/pages/3657-file-agenda2063_popular_version_en. pdf. 查询时间：2019年1月2日。

因之成为民族强盛的关键因素。

四、小　结

非洲大陆产生了许多优秀的社会科学家,他们或是立足非洲,或是散布在其他大陆。他们知识渊博,视野开阔,立足于人类知识的构建并关注人类社会的发展。西方对非洲文明存在根深蒂固的偏见,它既建立在种族歧视和西方中心论的基础之上,也是帝国主义扩张的直接产物。随之而生的非洲历史"空白论"或非洲文明"外来说"对非洲社会科学产生了巨大影响。因此,非洲社会科学家面临的任务十分艰巨——破与立,即解构与建构。他们必须清除与奴隶贸易伴生并成为殖民主义统治合法性之思想基础的种族主义知识建构,恢复非洲文明应有的地位,并建立新型的非洲知识体系。

非洲社会科学有自身的特点。首先,它既属于非洲,也属于世界;既与西方学术关联密切,又对西方知识体系多有批判。多次访问中国的萨米尔·阿明在对现代资本主义体系的批判中分析了殖民主义的遗产,也说明了当代世界不平等的结构所在。非洲学者的研究与西方学术领域有千丝万缕的联系,对占统治地位的西方学术有着矛盾的心情。他们既有出生于非洲并在本土学习和工作的经历,也在欧美受过教育或从事教育工作。他们既对西方学术抱批判态度,又一直在学理和观点上深受西方学术的影响。这看似矛盾,但既有历史背景,也有现实答案。奴隶贸易和殖民主义统治与西方学科建构几乎同步;而当代国际学术仍以西方学者为主力。像萨米尔·阿明那种对西方霸权抱有强烈反感的知识分子不多。

其次,是非洲社会科学与现实联系紧密。非洲社会科学面临各种现实问题,大到不平等的世界经济秩序与国际关系,小到村社权力或个人行为。国族建构是非洲学术与政治现实紧密相连的典型例证,基-泽博、马兹鲁伊、翁吉等人认为,存在于一个国家的不同文化和民族在处理相互关系时经历六个层次或阶段:共处、接触、竞争、征服、妥协、聚合。这是对非洲国家内各种文化和不同地方民族关系的最好概括。经济学家的研究则既有如萨米尔·阿明对当代资本主义体系的宏观分析,也有丹比萨·莫约对西方国家与非洲不平等关系的深刻揭露,还有对某个行业(如花卉行业)的个案研究。其他学科如历史学、人类学、政治学等多从现实政治问题入手。

多学科的融合和学术观点的包容是非洲社会科学的另一个特点。我们从非洲学者的学术经历和研究成果可以看出，他们善于吸收不同学科的视角、观点和方法，以一种多学科和整体的视野进行学术探讨，这当然也与国际学术界的发展趋势有关。从方法论上看，经过各个学科或各个方面的交流和融合达到一种新的融合和平衡，各种观点和不同流派有机会重新去审视其他学科、方法、流派和观点。由于强调相互交流和相互妥协，多个学科、不同领域以及各种知识形态与价值观念在互相吸收的过程中趋于一种"非他非我"的新的意识形态和价值观念。在这种情况下，各学科和新思想或价值观往往以一种更为宽阔的容量和空间及更大的认同感来容纳不同观点。

非洲社会科学为世界文化宝库做出了卓越的贡献，这在文学、艺术、电影等其他领域都有体现。目前，非洲社会科学研究发展理事会（CODESRIA）对非洲大陆的社会科学研究起着重要的协调作用。非洲的社会科学对人类发展的意义在于它对自身社会独特性（而非普适性）的理论解释和实际运用。它不是为西方人所消费，因而不必契合外来标准。非洲社会科学面临着各种纷繁复杂的问题。在研究领域方面，选题重点是民族主义还是民族-国家建设？关注兴趣是个人权利还是集体利益？道路选择是"现代化"、发展主义还是包容性的可持续发展？理论解释是自由主义、结构主义、马克思主义还是新自由主义？在研究方法上，是重理论探讨还是偏实际运用，是强调非洲社会的特殊性还是倾向于人类社会的普世性？是满足于杂志发表还是专注于实际问题？在实际操作层面，如何选择既对非洲当地有意义又能为学术领域做出贡献的课题？如何在非洲学界与国外学界之间建立平等而富有成效的桥梁？是习惯于为西方学者提供案例和采访结果（以便他们推理或提出结论），还是自己探索理论问题？在加强国际合作的同时如何坚守非洲的关切？[1]　这些都是

---

[1]　联合国社会发展研究所主任、马拉维学者姆坎达韦里曾在1996年非洲研究年会上发表过有关非洲社会科学的讲演。Thandika Mkandawire, "The Social Sciences in Africa: Breaking Local Barriers and Negotiating International Presence. The Bashorun M. K. O. Abiola Distinguished Lecture Presented to the 1996 African Studies Association Annual Meeting", *African Studies Review*, 40:2(September, 1997), pp. 15-36.

非洲社会科学界需要面对的挑战。

近代以来，由于西方确立了国际社会科学及学术的诸多规范，同时掌握着各种话语权，所有发展中国家的学术体系几乎处于一种相同的被制约的境地，不论它们曾经有过多么辉煌的历史。目前，这些地区的知识分子一方面力图在西方掌握着话语权的学术舞台发表自己的观点，赢得以西方为代表的国际学术界的认可；另一方面，他们又致力于研究自己民族的文化传统，尽力挖掘自身文化的长处和特点，试图在国际舞台争得一席之地。这必然是一个艰难而漫长的历史过程。

第十八章　非洲哲学、乌班图精神与"全球非洲"观念

> 乌班图很难译成西方语言。它谈到了人的本质。当我们想高度赞扬某人时,我们会说,"你,你乌班图","某人有乌班图",表明你是慷慨的,你是好客的,你是友好的、关心他人的、富有同情心的。你分享你所拥有的。也就是说,"我的人性与你的人性密不可分"。我们同属于生命之整体。
>
> 　　　　　德斯蒙德·图图(南非
> 　　　　　大主教、诺贝尔奖得主)

> 我肯定将自己定义为一位世界公民,但无论如何,我也是一个非洲人。我观察我的同胞和解释他们的想法的行为都是根据融合的"非洲性"(Africanness)观点(或者,如果你愿意的话,这种新的黑人性)来进行的。
>
> 　　　　　塞勒斯汀·孟加(喀麦隆经济学家、
> 　　　　　非洲开发银行副行长)

1900 年,泛非运动领袖杜波依斯先生指出:"20 世纪的问题,就是肤色界线的问题——即亚洲、非洲、美洲和大洋诸岛上深色皮肤和浅色皮肤人种之间的关系。"①他的这一预言虽然有些简单,却形象地概括了 20 世

---

① Colin Legum, *Pan-Africanism*, London: Pall Mall Press, 1962, p. 25.

纪的历史特点——南北问题。

1962年,尼日利亚历史学家迪克先生在第一届国际非洲学家会议主席开幕词中指出:"今天大多数非洲国家领袖都决心要促进非洲大陆的统一。但是,只有通过对我们自己更多的认识,通过对我们非洲大陆多种多样文化的性质的了解,我们才能取得统一。没有这些知识,我们就无法消除不利于进一步相互了解的文化障碍。……除了由于纯学术的需要而更加注重研究非洲外,对非洲的研究还将使非洲获得更大的自尊心,将在现代世界面前创立更坚定的非洲人格。"①这里,迪克先生表达了他对非洲大陆及其人民独立后的心愿:非洲统一的理想、互相了解的愿望、民族自尊的决心和非洲人格的创立。

2015年,联合国前秘书长科菲·安南先生在北京大学的演讲中表示:"我知道,孔子的《论语》中有一种说法:礼之用,和为贵。在非洲,我们同样也有一句谚语:和谐,万事皆成。从这些典故中,我们可以看出,和谐是人类永恒不变的追求,但是往往被人类对金钱和权力的渴望左右。……我认为和谐的秩序源于三大根基,这三大相互促进的根基分别是:(1)和平与安全;(2)可持续发展和包容性发展;(3)人权与法制。"②这是安南先生对处于世界动荡中的非洲大陆建立和谐秩序的期盼。

经济全球化使机遇与挑战并存。本章将分析非洲国家独立后特别是在新形势下的文化战略抉择,主要分三部分:作为价值观基础的非洲哲学、乌班图伦理及全球非洲的愿景。

一、我觉我思故我在:作为价值观基础的非洲哲学③

非洲哲学是否存在,对此一直有各种质疑。④ 然而,对于绝大多数非

①　迪克:《非洲研究的重要性——第一届国际非洲学家会议主席开幕词》(卢继祖译),《第一届国际非洲学家会议专题报告选辑》,《亚非译丛》,1963年第3期,第9页。

②　科菲·安南:《构建更和谐的世界秩序》,李安山主编、刘海方执行主编:《中国非洲研究评论2015》,社会科学文献出版社,2017年,第21页。

③　参见李安山:《当代非洲哲学流派探析》,《国际社会科学杂志》,第2期(2020年6月)。

④　Innocent C. Onyewuenyi, "Is There an African Philosophy?", *Journal of African Studies*, 3:4(1976—1977), pp. 513-528; Campbell S. Momoh, "African Philosophy: Does It Exist?", *Diogenes*, 130(1985), pp. 73-104; Henri Maurier, "Do We Have (转下页注)

洲学者而言,这从来不是问题,他们思考的是如何确立非洲哲学的世界地位,使其进一步发展。[1] 实际上,对非洲哲学的分析和研究存在着多种不同的理解和流派。有的学者将一个民族的哲学演化成非洲哲学。[2] 肯尼亚学者奥卢卡则将非洲哲学分为四种学派,即人种哲学(ethnophilosophical)、贤智哲学(sage philosophy,philosophical sagacity,另译"智人哲学")、民族-意识形态哲学(nationalist-ideological philosophy)和批判哲学或专业哲学("critical" philosophy or Professional philosophy)。[3] 伊姆博将非洲哲学分为三支——人种哲学、普世哲学(universalist)和诠释哲学(hermaneutical)。[4] 还有学者将非洲哲学分为四支:文化哲学、意识形态哲学、批判哲学和非科学哲学。其列出"非科学哲学",认为这是以谢克·安塔·迪奥普为代表的"浪漫的赞美学派"——强调非洲在欧洲人到来之前已有自己的文明;将埃及文明看作非洲文明,强调埃及为古希腊文明做出了贡献;作为一种哲学倾向,这一学派拒绝西方价值观念,强调非洲的科学与技术在历史上的成就。[5] 德国哲学家海因兹·基姆勒将非洲哲学划分为五种:政治哲学、民族哲学(ethnic philosophy,有人译为"部族哲学")、大学哲学、智者哲学(本人认为译作"贤智哲学"为宜,理由容后解释)和移民哲

(接上页注)an African Philosophy?", translated by Mildred M. McDevitt, in Richard A. Wright, ed., *African Philosophy: An Introduction*, Lanham, Md.: University Press of America, 1984, pp. 25-40; T. Carlos Jacques, "Is There an African Philosophy? The Politics of a Question", *Sapina Bulletin: A Bulletin of the Society for African Philosophy in North America*, 8:1-2(1995), pp. 103-122.

　　① Kwasi Wiredu, ed., *A Companion to African Philosophy*, pp. 4-5.

　　② Placide Tempels, *Bantu Philosophy*(trans. Rev. Colin King), Paris: Présence Africaine, 1959.

　　③ Henry Odera Oruka, "Four Trends in Current African Philosophy", Paper presented at the William Amo Symposium in Accra, Ghana, July 24—29, 1978; Henry Odera Oruka, ed., *Sage Philosophy: Indigenous Thinkers and Modern Debate on African Philosophy*, Leiden: E. J. Brill, 1990, pp. 1-10.

　　④ Samuel O. Imbo, *An Introduction to African Philosophy*, Oxford: Rowman & Littlefield Publishers, 1998.

　　⑤ 阿里·A. 马兹鲁伊主编、C. 旺济助理主编:《非洲通史(第八卷):1935 年以后的非洲》,第 484—489 页。有关谢克·安塔·迪奥普的研究,参见张宏明:《非洲中心主义——谢克·安塔·迪奥普的历史哲学》,《西亚非洲》,2002 年第 5 期。

学。他在书中另列一类移民哲学家,主要包括移民美国的非洲哲学家,如斯坦福大学的姆丁贝(刚果(金))、加利福尼亚大学(圣克鲁兹)的伊曼纽尔·亚布拉罕(W. Emmanuel Abraham,加纳)、南佛罗里达大学的夸西·维雷杜(加纳)、哈佛大学的克瓦米·安东尼·阿皮亚(加纳)、佛罗里达大学的奥拉比伊·亚伊(Olabiyi B. Yai,贝宁)、俄亥俄大学的阿比奥拉·伊雷勒(F. Abiola Irele,尼日利亚)、威斯康星大学的塞古恩·巴德哥辛(Segun Gbadegesin,尼日利亚)、波士顿学院的特西纳·塞雷奎伯翰(Tsenay Serequeberhan,厄立特里亚)等。[1]

　　哲学既是有关社会实践的高度理论概括,也是人类社会生活的解释工具,同时还有重要的指导作用,因而具备意识形态的政治功能。哲学同时也是自然科学的结晶,其理论思维的科学性质及其与具体科学的联系显而易见。西方哲学从思想开始,"我思故我在",非洲哲学从感觉开始,"我觉我思故我在",即"我们有所感觉,因而我们思索,因而我们存在"。[2] 非洲哲学既带有普遍性,又有特殊性,既有理论概括,又有实用功能。为了更好地理解非洲哲学,我们可根据其研究领域和功能大致分为文化哲学、政治哲学和批判哲学三种。文化哲学与非洲传统哲学相似,但也涵盖那些用非洲传统哲学解释世界的当代哲学家的思想。这种哲学可谓"非洲特殊论",习惯从传统主义方面诠释非洲文化,强调非洲及其民族的特点,并以此角度解释世界,包括那些早期贤人的智慧和思想。政治哲学是一种实践哲学,主要指将非洲价值观和文化作为动员非洲民族独立运动的武器,通过对世界秩序的解释来达到非洲民族独立的目的。批判哲学局限在学术范围内,又分为两个支流,一派虽然坚持"普世哲学",但仍对西方哲学持批判态度,坚持非洲哲学可以融入世界哲学。一派批判文化哲学,力图将非洲哲学整合到世人习以为常的"普世哲学"范畴里。这里的"普世哲学"指欧洲学术界在近代创立的哲学体系。"普世哲学"的体系看似全面,但它与欧洲中心论在

---

　　[1]　海因兹·基姆勒:《非洲哲学——跨文化视域的研究》(王俊译),人民出版社,2016年。

　　[2]　阿里·A. 马兹鲁伊主编、C. 旺济助理主编:《非洲通史(第八卷):1935 年以后的非洲》,第 485 页。

其他学术领域的表现一样,偏见颇多。① 非洲哲学的类型在论述上颇有重叠,在观点上多有交叉甚至融合。

(一) 文化哲学:民众的哲学

文化哲学根植于非洲社会之中,颇像是"没有哲学家的哲学"。② 文化哲学具有集体性(如班图人哲学、祖鲁人哲学、柏柏尔人哲学),并可以通过口述传统传播,它包括传统哲学(traditional philosophy)、人种哲学(ethnophilosophy)以及贤智哲学(sage philosophy,一译"智慧哲学"③)。这种哲学产生于欧洲人到来之前,结合了外来者的哲学(将伊斯兰教融合至非洲哲学之中,在殖民主义期间融合基督教),独立后仍然存在。文化哲学流派主要着重对非洲某一或某些民族传统及其人生观和价值观的研究,将民族文化的各种因素整合为哲学。对非洲哲学的讨论曾一度集中在探讨传统生与死的关系、非洲人的思维共性、哲学实践与哲学理论的关系以及心理、道德、宗教、巫术与哲学的关系等问题。文化哲学流派的代表人物颇多,例如最早对非洲文化作为整体进行研究的爱德华·布莱登、马科斯·加维和泛非运动早期领袖杜波依斯等。较早将"班图哲学"引入哲学范畴的有神父坦普尔斯、卢旺达的非洲基督教哲学家卡加梅、肯尼亚神学家和哲学家姆比迪以及近年来进入哲学研究视域的贤智哲学家。

普拉西德·坦普尔斯(Placide Tempels,1906—1977,有时译成坦佩尔斯或唐普尔)《班图哲学》中表达的"人种哲学"(也称为"传统主义哲学")是这种哲学的典型。这一著作代表了早期西方世界对非洲本土思想的理解,虽然具有启发性且富有同情心,但基本上是欧洲基督教的观点。坦普尔斯当时在现今刚果(金)地区传教,调研卢巴人(Baluba)的宗教仪

---

① Kwasi Wiredu, ed., *A Companion to African Philosophy*, p. 15. Kwasi Wiredu, *Cultural Universals and Particulars: An African Perspective*, Indiana University Press, 1996, p. 137. 他在书中提出了对 57 个概念进行非殖民化的必要性。对欧洲中心论的批判,参见 Samir Amin, *Eurocentrism*, Monthly Review Press, 1989; J. M. 布劳特:《殖民者的世界模式:地理传播主义和欧洲中心史观》(谭荣根译),社会科学文献出版社,2002 年。

② A. Kagame, *La Philosophie bantu comparée*, Paris: Présence Africaine, 1976, p. 286.

③ 张宏明:《非洲智慧哲学解析》,《西亚非洲》2002 年第 3 期。

式和物质文化。其著作特点是将卢巴人的神话传说、习俗及谚语作为卢巴人哲学思想的来源。他确实借助班图语的符号对卢巴语言进行了较全面的分析。其研究成果成为班图人的哲学，甚至被看作非洲人的哲学。他的研究引起了非洲学界（特别是那些推崇西方哲学为普世哲学的非洲哲学家如霍恩通吉等）的批判。然而，不能忽略这部著作的历史意义。坦普尔斯在研究中发现，非洲人实际上拥有一种条理清晰的哲学，这种哲学支配着他们的日常生活。他曾经这样评论说："毫无疑问，任何人都能指出他们推理方式中所存在的问题，但必须承认，他们的各种观念都是基于理性。"①一些非洲基督教学者也可列入这一学派，他们习惯于用基督教中心论的观点来描述和研究本土文化遗产。

卢旺达专注于语言民族史和人种哲学研究的亚历克西斯·卡加梅（Alexis Kagame，1919—1981）是一位非洲基督教学者，也是卢旺达最重要的历史学家，被称为"当代非洲思想的巨人"。② 他是坦普尔斯的学生。1950年，他成为比利时皇家殖民研究所（即后来的皇家海外科学研究院）的第一位非洲成员。在罗马的格列高利大学学习期间，他获得哲学博士学位，并成为非洲神学学生的"黑人牧师"组织成员。他们希望将基督教作为激起非洲民族主义愿望的基础。独立前，他回到卢旺达并在天主教神学院教书，同时积极参加民族解放运动。他于1963年成为卢旺达大学的第一批教授和卢本巴希大学的访问教授。他倾向于认为班图哲学是整个民族的集体哲学，一个没有个体哲学家和哲学文本的哲学。他在非洲哲学方面的最大贡献是建立了班图语语言结构与哲学之间的联系。通过对卢旺达语进行构词研究，他发现有11种词类均可根据限定词（determinative）分别列入4种基本的哲学范畴：人（单数与复数）、事物（单数与复数）、空时（即地方和时间）和方式。这些类别最常见的类型是"-ntu"，因此可以归纳为人类（Umuntu）、非人类（Ikintu）、空时（Ahantu）和亚里士多德的数量范畴（Ukuntu）。他发现"-ntu"从不独立出现，每次只是作为一个词根出现。

---

① Placide Tempels, *Bantu Philosophy*, p. 77. 著作于1945年用弗拉芒语写作，并于1949年、1956年和1959年分别出版了法文版、德文版和英文版。

② Liboire Kagabo, "Alexis Kagame（1912—1981）：Life and Thought", Kwasi Wiredu, *A Companion to African Philosophy*, p. 231.

因此,人们就不能从一种普遍的本体论出发去把握班图人的思想,而是说,这种思想与多重本体论发生关系。班图人思想涉及的并非单一的静态的存在关系,而是多种力组成的能动关系。这一观点的推论是"与其将关于存在的本体论或学说视为哲学最普遍的科目,不如说它是关于多种力的一种学说"。① 张宏明认为,卡加梅的班图哲学从方法到概念均受到欧洲哲学(特别是亚里士多德)的影响。更重要的是,"卡加梅的研究成果是一个土生土长的非洲人对一个外国人所涉及的非洲哲学言论的检验。从卡加梅著述的结论性观点中可以看到,他基本上赞同并在许多方面承袭了坦普尔在《班图哲学》一书中的观点"。然而,他对坦普尔的有些观点也做出了修正,既不同意坦普尔将欧洲人和班图人的存在观完全对立起来的观点,对坦普尔关于生命力可以长消的观点亦持异议,不同意坦普尔过分强调和突出班图哲学的特殊性。卡加梅认为:"在所有文明实体即人类群体中,形式逻辑都是相同的,班图人的形式逻辑与西方人和东方人并无二致。"②张宏明对卡加梅的这种分析和评价是客观的。

肯尼亚神学家和哲学家姆比蒂(John Mbiti)的观点具有代表性,其代表作《非洲诸宗教与哲学》(1969年)多次重印,被译成多种外文版(包括日文和荷兰文)。姆比蒂在乌干达、美国和英国受教育,在剑桥大学取得博士学位。他将非洲宗教与哲学一起探讨,认为宗教渗透在非洲人生活的方方面面。"非洲人有自己的本体论,但它是一种宗教本体论,要理解他们的宗教,我们必须渗透到其本体论之中。"他将非洲本体论划为5种类型:神祇、精灵、人类、动植物、缺乏生命的现象和物体。③ 他对神祇、精灵、自然和人的现实社会(包括生死、亲属、成年仪式、婚姻、魔法与巫

① 海因兹·基姆勒:《非洲哲学——跨文化视域的研究》(王俊译),人民出版社,2016年,第29—30页。卡加梅的著作均用法文出版。A. Kagame, *Les Organisations socio-familiales de l'ancien Rwanda*, Bruxelles: Académie Royale des Sciences Coloniales, 1954; A. Kagame, *La Philosophie bantu rwandaise de l'être*, Bruxelles: Académie Royale des Sciences Coloniales, 1956; A. Kagame, *La Philosophie bantu comparée*, Paris: Présence Africaine, 1976.

② 张宏明:《非洲"人种哲学"研究的先驱——卡加梅哲学思想解读》,《西亚非洲》,2002年第4期。

③ John S. Mbiti, *African Religions and Philosophy*, London: Heinemann, 1969, pp. 15-16.

术、道德、公正、价值观、国王等)以及非洲的基督教、伊斯兰教和其他宗教等因素进行了分析。他将"非洲人的时间观"及相关因素作为研究的核心内容,认为"非洲人的时间观"是理解其宗教和哲学的关键。他指出:对于非洲人而言,"时间是那些已经发生的、正在发生的以及即将要发生的各种事件的复合体。那些没有发生或不可能立即发生的事件归为非时间(No-time)一类。那些将要发生或归于在自然规律的循环往复中必然要发生的属于不可避免的类型,或潜在时间(potential time)。……实在时间(actual time)是现在和过去的"。姆比蒂认为:"在传统非洲思想中没有那种历史是'向前'朝着未来的顶点或世界末日而移动的观念。因为,超过几个月以后的未来其实并不存在,我们无法期望未来会引领我们进入一个黄金时代……在传统的历史观念中,救世主的希望或世界最终将要毁灭的观念并不存在。因此,非洲人并没有'进步的信仰',即人类行为和成就是从一个低级向高级进展的这一想法。人们不为遥远的将来打算,也不会去'构建空中楼阁'。"他认为非洲人对未来的构想不超过两年,基督教及西方教育和现代技术为非洲人开启了未来时间这一维度。[1] 虽然他的理论颇具启发性,但有关非洲人对未来构想不超过两年的观点明显与历史相悖。如果没有长远计划和战略构想,非洲人不可能建立各种帝国,如阿克苏姆、姆纳姆塔帕、刚果、加纳、马里、桑海等。

近年来兴起的"贤智哲学"也是一个非洲哲学学派。[2] 作为非洲哲学的一个专有名词,"贤智哲学"于 1980 年由内罗毕大学教授亨利·奥德拉·奥卢卡(Odera Oruka,1939—1995)在哈佛大学召开的非洲哲学国际研讨会上提出。他认为,既然哲学在古希腊文中的本意就是追求智慧,哲学即是关于智慧的学问。非洲社会存在着诸多具有智慧的贤人,其文化蕴涵着大量富有哲理的智慧。经过 20 年的采访调研,奥卢卡对肯尼亚各民族中的贤智学说进行学术分类,这种分类包括人类与自然的关系和人与人的关系。第一种关系包括宗教与神的问题,人与动物的区别,有关时

---

[1] John S. Mbiti, *African Religions and Philosophy*, pp. 17-19, 23, 27-28.

[2] 本人之所以将"sage philosophy"译为"贤智哲学",是因为这种人不仅具有极高的智慧,还乐于用这种智慧服务于他所在的共同体,并得到众人的认同和拥戴。如果只强调一个人的智慧而不讲究他的为人,这对于非洲社会既不适用也不恰当。参见 Henry Odera Oruka, ed., *Sage Philosophy*, xvii - xviii.

间的问题等。第二种是关于人类社会的问题,如对共同体的重视(如"我们哲学"、"我们思想"和"我们的存在"等概念),生与死、男性与女性、自由与幸福、法律与惩罚等各种关系。为了保持智慧学说的哲学特性,奥卢卡将那些符合分析式哲学严格标准的人称为"哲学贤人"(philosophical sages),认为不仅其观点或学说与哲学相似,用理性解释自己的文化,而且经常批评自己所属的那个社会的共同思想,用批判的眼光指出自己社会文化的不足之处。他把其他的智者称为"民间贤人"(folk sages),他们只是将自己的文化和信仰呈现出来。他根据对卢奥族和肯尼亚其他民族的 7 位民间贤人和 5 位哲学贤人学说的分析,认为贤智哲学在非洲长期存在。① 这种从各个方面表达哲学观点的贤人在其他非洲民族中也不鲜见,如由阿马杜·哈姆帕特·巴(Amadou HampatéBâ,1900—1991)记录的马里贤者蒂尔诺·博卡尔(Tierno Bokar,1875—1939),②埃塞俄比亚的早期哲学家斯肯兹和雅various布,③以及以马歇尔·格里奥尔(Marcel Griaule,1898—1956)代为表述的多贡贤人奥格特梅里(Ogotemmeli)和尼日利亚约鲁巴族的贤人等。④

　　加纳哲学家维雷杜认为奥卢卡在这方面的工作为非洲哲学做出了卓越的贡献,他的研究证实了这样一种信念:"各个传统民族当中有一些本土哲学家,我们可以从他们那里学到很多东西……"⑤德国哲学家基姆勒认为奥卢卡的理论发现"具有一种极为广泛的重大意义"。"它说明了在这些共同体中存在哲学以及如何存在的问题。这一点是在世界范围的哲学背景下被考虑的。"⑥这些评价说明贤智哲学构成了世界哲学的有机部

①　Henry Odera Oruka, *Sage Philosophy*; Henry Odera Oruka, *Ogingo Odinga*, *His Pholosophy and Beliefs*, Nairobi, 1992.

②　Amadou Hampaté Bâ, *A Spirit of Tolerance: The Inspiring Life of Tierno Bokar*, Bloomington: World Wisdom Books, 2008.

③　参见本书第 13 章。

④　Marcel Griaule, *Conversations with Ogotemmeli: An Introduction to Dogon Religious Ideas*, London: Oxford University Press, 1965(originally published in 1948 as *Dieu d'Eau, Entretien avec Ogotemmeli*); Barry Hallen and J. O. Sodipo, *Knowledge, Belief, and Witchcraft*, Stanford: Stanford University Press, 1997 [1986].

⑤　Kwasi Wiredu, ed., *A Companion to African Philosophy*, p. 8.

⑥　海因兹·基姆勒:《非洲哲学——跨文化视域的研究》(王俊译),人民出版社,2016年,第 74 页。

分。在讨论贤智哲学以及文化哲学时面临的一个问题是其生命力,我们切忌将其看作一种静止不变的哲学。作为一种哲学或非洲哲学的分支,其生命力存在于其对时代和环境的适应和调整。贤人是存在的,如果研究者与贤人保持互动,不论他们是传统的还是现代的,识字的还是文盲,这种贤智哲学的智慧将不仅服务于哲学领域,使世界哲学更加完美,它还能为社会经济提供更好的治理办法,更好地服务人类。①

(二) 政治哲学:战斗者的哲学

政治哲学是一种强调意识形态的实践哲学,崇尚黑人性(Negritude,一译"黑人传统精神"或"黑人精神")、非洲主义(Africanism)和非洲性(Africanity),希望通过调动整个非洲或黑人世界的积极性,将其投入到民族独立运动之中。政治哲学被有的非洲学者称为"意识形态哲学"或"民族主义-意识形态哲学"。这种哲学具有政治性,将解放与泛非主义联系或是将解放与黑人创造能力联系。由于政治运动需要领袖,因而殖民地和殖民地之后非洲的意识形态哲学强调个人,使个人成为思想的源泉,如阿米卡尔·卡布拉尔和贾迈勒·阿卡德·纳赛尔等领导人的思想往往成为人们感兴趣的研究对象。"换言之,意识形态哲学的源泉比文化哲学的源泉显得狭窄(个别思想家取代了集体智慧),意识形态哲学的论题则常常更加宽阔(关注整个非洲或是黑人总体,而不是某个特定的种族群体)。"②这一流派的主要代表是非洲民族主义的领袖,包括塞内加尔的桑戈尔、埃及的纳赛尔、加纳的恩克鲁玛、坦桑尼亚的尼雷尔、赞比亚的卡翁达以及被殖民主义者谋杀的刚果(金)的卢蒙巴和几内亚的卡布拉尔等。③ 这里主要阐述提倡"非洲主义"的草根代表伦比德和几位早期非洲民族主义领袖的思想。

安东·M.伦比德(Anton M. Lembede,1914—1937)的"非洲主义"

---

① Kibujjo M. Kalumba, "Sage Philosophy: Its Methodology, Results, Significance, and Future", Kwasi Wiredu, ed., *A Companion to African Philosophy*, pp. 274-281.

② 阿里·A. 马兹鲁伊主编、C. 旺济助理主编:《非洲通史(第八卷):1935年以后的非洲》,第485页。

③ 海因兹·基姆勒:《非洲哲学——跨文化视域的研究》(王俊译),人民出版社,2016年,第11—26页。

思想有时也被称之为哲学。虽然他的思想被认为具有很强的实践性（称为"实践哲学"可能更贴切），但从根本上说却是人种哲学的类型。伦比德是南非祖鲁人，信奉天主教。这种宗教信仰对他后来反对共产党的行为有直接影响。然而，他关于"非洲主义"的哲学思想影响了包括曼德拉在内的整整一代南部非洲的民族主义者。伦比德指出，一个民族需要统一的思想和意志；阿非利卡人的统一决心和坚守纪律跟非洲民族运动领袖的优柔寡断和游移不定形成了鲜明的对照。因此，向非洲人提供一种全新的思想和哲学至关重要。这种思想不仅可以武装黑人群众，还成为了沟通民族主义领袖和非洲普通民众的桥梁。非洲主义由两个核心思想组成：非洲人的自尊和非洲大陆的统一。由于长期忍受白人政权的压迫和种族歧视政策的摧残，很多黑人产生了一种自卑感。伦比德认为这是非洲民族的致命伤。他将这种现象称之为"道德的沦丧"，其主要症状是自我信心的丧失，低人一等的表情，受挫失意的感觉，对白人事物的刻意模仿和对外来思想的一味崇拜。这些都是一种心灵的病态，非洲领导人的首要任务是教导黑人不要为自己的肤色而感到羞耻。他明确指出：我们必须发展一种种族骄傲，从而创造出一种全新的、积极的自我形象。他的非洲主义主要包括以下内容。

第一，非洲人深受种族歧视的心理创伤，必须重整信心。非洲领导人的首要任务是教会非洲人不要自惭形秽。非洲人有自然赋予的力量、高贵和创造性，有自己光荣的过去，决不应为那种低人一等的陋见教条束缚。"非洲人必须为我们过去伟大英雄的光荣业绩树立丰碑以资纪念。"第二，非洲是一个黑人的国家，他们是非洲的主人；非洲人从远古时代就在此繁衍。"将所有的非洲人在非洲主义的旗帜下团结起来的纽带是对非洲——我们的祖国和她的自由的充满激情的炽热之爱。"第三，非洲人必将成为一个民族，"民族团结的基础是非洲人的民族主义感情，那种作为非洲人的感情——而不管何种部落联系、社会地位、教育程度或经济阶级"。[①] 在鼓励非洲人信心时，伦比德用非洲种族优越论来回击盛行的种族歧视论。他强

---

① Lembede, "Some basic principles of African Nationalism," in T. G. Karis and G. M. Carter, *From Protest to Challenge*, Stanford University Press, 1973, pp. 314-316, 317-318.

调非洲有适应不同环境的优势,优于那些生活在温带的民族。欧洲人重科学知识,但最终大规模武器导致自我毁灭;东方人重精神,产生了各种宗教,但宗教的等级制度却成为他们的消极因素。非洲可吸收东方的精神与西方的知识,避免极端,从而成为更均衡的非洲人。他历数非洲人为世界文明做出的贡献,并强调了产生于各个时代的非洲伟人。[①]

他认为,所有非洲人应放弃各自的部落主义,皈依民族主义,而这种非洲民族主义就是非洲主义。他提出了非洲民族主义的各种原则和基础,即科学基础、历史基础、经济基础、民主基础和道德基础,并认为这是自我表现和自我实现的一个更高层次。在他看来,所有的非洲人团结成一个民族是争取解放和进步的必要条件。非洲人必须自立自强。他指出,要生存,求发展,非洲人民必须彻底丢掉那种低人一等的心理综合征。他意识到,长期的白人种族优越论和种族隔离制度不仅在政治和经济上统治和剥夺了非洲人的权利,而且摧毁了非洲人的道德与精神——丧失自信,充满自卑感和挫败感,将白人作为偶像,崇拜外国人的意识形态。[②]他对这种反常病理学现象的揭示为法农等思想家提供了分析的论据。[③]"我们必须坚信,我们绝不比地球上的其他种族低级,非洲和我们自己融为一体,我们肩负着团结和解放非洲的神圣使命,使她能在世界民族之林占有她应得的光荣地位。我们必须发扬种族荣誉感。"[④]伦比德的非洲主义思想鼓舞了非洲特别是南非的民族主义者,艾伯特·卢图利、斯蒂夫·比科和纳尔逊·曼德拉等人都受到伦比德的影响。[⑤]

---

① Robert R. Edgar and Luyanda ka Msumza, eds., *Freedom in Our Lifetime: The Collected Writings of Anton Muziwakhe Lembede*, Athens: Ohio University Press, 1996, pp. 84,101.

② Robert R. Edgar and Luyanda ka Msumza, eds., *Freedom in Our Lifetime: The Collected Writings of Anton Muziwakhe Lembede*, pp. 85-86, 92.

③ 法农分析了在法国有色人和非洲人身上存在的这种自卑情结。参见法农:《黑皮肤白面具》(万冰译),译文出版社,2005年;法农:《全世界受苦的人》(万冰译),译林出版社,2005年。

④ Gail M. Gerhart, *Black Power in South Africa: The Evolution of an Ideology*, University of California Press, 1978, pp. 61-62.

⑤ Robert R. Edgar, Luyanda Ka Msumza, eds., *Freedom in Our Lifetime: The Collected Writings of Anton Muziwakhe Lembede*;沈晓雷:《浅析伦比德的非洲主义思想》,《西亚非洲》,2014年第6期。

　　第一代非洲民族主义领袖亲自领导了民族独立运动,也是非洲政治哲学的代表。桑戈尔既是非洲民族独立运动的先驱,又是非洲民主社会主义的代表人物;既是第一位当选法兰西学术院院士的非洲人,又是社会党国际和非洲社会党的主要领袖;既是塞内加尔的首任总统,又是20世纪非洲最重要的知识分子之一。他的思想有多种表述,包括黑人性和主动同化的理论。20世纪30年代在巴黎出现了"黑人性"文化运动。"黑人性"(Negritude)一词是来自法语(英语类似)称呼黑人的贬义词"nègre"。黑人性文化运动使用这个词的变体意在给黑人赋权,给予黑人以正面力量。"黑人性"运动表达了一种黑人身份哲学。桑戈尔谈到自己在巴黎的经历时说:"我们是种族主义者,我们在黑人性的标记下欣喜若狂。那时,与欧洲对话是不可能的。""我们黑人深感不同于白人同学,这样就养成了每星期碰头的习惯。"①这种共同经历及初步形成的民族国家观念使他们走到一起。由于桑戈尔钟情于非洲传统文化,他也被归入"人种哲学家"之列。② 不容否认的是,桑戈尔的政治哲学具有强烈的跨文化的色彩,他不仅受到欧洲古典文化的熏陶,对西方文明表现出某种崇拜,同时与萨特等法国哲学家保持着一种建设性的合作和交流。

　　其他的第一代非洲国家领袖表达了类似思想。他们所追求的黑人自我意识的奋斗范围,既具有理论-实践的意义,又超越了民族国家的定义,是一种涵盖世界范围内黑人解放的运动。他们的哲学思想往往先是被殖民统治者加上"共产主义"的帽子,后来又被冠之以"社会主义"。这种政治哲学基本上反映了这些政治领袖对非洲文化遗产的理解,"有时候也结合了他们对西方政治思想中某些元素的认识",如民主、平等、自由、多党制、社会主义等。他们中有的认同非洲传统社会的村社性质以及集体主义和人道主义(如肯尼亚的肯雅塔和赞比亚的卡翁达),有的将非洲村社的这种性质等同于社会主义(如坦桑尼亚的尼雷尔和加纳的恩克鲁玛)。他们中的不少人得出了这样的结论:社会主义是最适合于非洲状况的社会组织形式。对社会主义的偏好以及将非洲村社制度与社会主义等同使

---

　　① J. L. Hymans, *Leopold Sedar Senghor An Intellectual Biography*, Edinburg University Press, 1971, pp. 72, 149.

　　② Samuel O. Imbo, *An Introduction to African Philosophy*, p. 38.

得不少非洲国家第一代领袖提出了各种社会主义主张,主要包括以下几种:尼雷尔的乌贾马社会主义,卡翁达的人道主义的社会主义,桑戈尔的民主社会主义,塞古·杜尔的能动的社会主义,恩克鲁玛的实证社会主义,凯塔的现实社会主义、伊斯兰社会主义等等。

这些非洲国家领袖对社会主义有自己的理解,主要强调非洲社会与社会主义的关联,重视社会的民主和平等。桑戈尔说过,"在殖民主义来到非洲大陆以前,非洲社会本来就是一种公有制社会",非洲政治家的任务就是要重新恢复传统非洲的社会主义因素——政治和经济的民主制度。桑戈尔是民主社会主义的创始者,他指出:"在'民主社会主义'这个词中,最重要的不是'社会主义'这个词,而是'民主'这个修饰语,民主尤其是非洲社会的基础。"社会主义是靠民主来体现的,"没有民主,就没有真正的社会主义"。非洲不存在阶级,在塞内加尔"实现社会主义的政治道路不是专政,而是民主"。尼雷尔在《乌贾马——非洲社会主义的基础》一书中说得更清楚:"我们非洲人既不再需要被说服去'皈依'社会主义,也不需要别人'教会'我们民主。这两者都起源于我们的过去,起源于我们的传统社会。"恩克鲁玛认为,有很多道路可以通向社会主义,"每一个国家必须寻找自己的道路"。他分析了欧洲和非洲的历史与现实,认为这两种社会结构完全不同,因而实现社会主义的方式也应不同。欧洲资本主义的社会结构与社会主义诸原则是根本对立的,"革命是通向社会主义的必由之路",而非洲传统的村社制度与社会主义制度基本相同,"过渡到社会主义则依靠改良"。①

这样,他们怀着一种特有的民族主义感情将传统社会与社会主义联系起来,认为非洲社会对社会主义有特殊的适应性,甚至将两者等同起来。"这种西方的输入通常(尽管并不总是)来自于马克思和列宁的思想;这种结合体就是非洲社会主义。无论是否具有一种马克思主义的倾向,

---

① Leopold Sedar Senghor, *On African Socialism*, trans. by Mercer Cook), London: Pall Mall Press,1964; Julius Nyerere, *Ujamaa: Essays on Socialism*, Dar es Salaam: Oxford University Press, 1968; Julius Nyerere, *Freedom and Socialism/Uhuru na Ujamaa*, Dar es Salaam: Oxford University Press, 1969; Kwame Nkrumah, *Consciencism: Philosophy and Ideology for Decolonization*, London: Panaf, 1970. 参见李安山:《非洲社会主义的理论特点》,《科学社会主义》,1986年第3期。

理论建构中的非洲部分都总是包含了对非洲社群主义的解释,作为早期的或质朴的社会主义。"①这样,非洲政治哲学将非洲的社群主义与西方输入的社会主义或是等同,或是结合。难怪塞姆勒指出:"在这个关联整体中,很多哲学构想被作为马克思主义的社会主义的理论工具,这完全是可以理解的。在一个阶级被另一个阶级压迫的理论中,以及在指明他们能够自我解放的理论中,可以找到很多关联点,对被殖民状态的情形以及改变这种情形的努力和争取独立的努力做出澄清。"②

(三) 批判哲学:哲学家的哲学

批判哲学重视学术成分,甚至认为"只有在哲学家(们)个人献身于理性研究的地方才有哲学"。③ 难怪肯尼亚哲学家奥卢卡将其与专业哲学相提并论。批判学派强调严格的理性主义,力求使哲学回归科学精神。如果说政治哲学要解放的是非洲人民,那么批判哲学要解放的则是哲学本身。有的主张将非洲哲学从民族学或传统主义的禁锢下解放出来,有的要将哲学从西方哲学(包括所谓经典哲学和马克思主义哲学)的统治下解放出来。有的学者对强调非洲传统的文化哲学与具有欧洲中心论和殖民主义色彩的西方哲学均持某种批判态度。例如,厄立特里亚哲学家塞雷奎伯翰(1952—)认为应该从非洲传统中汲取养分,既要摆脱人种哲学被传统文化束缚的困境,也要避免普世哲学的抽象。④ 这一学派包括多位当代著名的非洲哲学家,如托瓦(Marcien Towa, 1931—)、凯塔(Lansana Keita)、哥耶克耶(Kwame Gyekye)、马索洛(D. A. Masolo)、伊泽(Emmanuel Chukwudi Eze)、阿皮亚(Kwame Anthony Appiah)等人。这里主要分析加纳哲学家维雷杜(Kwasi Wiredu, 1931—)、贝宁哲学家霍恩通吉(Paulin Hountondji, 1942—)和刚果(金)人文学者姆丁贝(V. Y.

---

① Kwasi Wiredu, ed., *A Companion to African Philosophy*, pp. 18-19.

② 海因兹·基姆勒:《非洲哲学——跨文化视域的研究》(王俊译),人民出版社,2016年,第 12 页。

③ 马兹鲁伊主编、C. 旺济助理主编:《非洲通史(第八卷):1935 年以后的非洲》,第 487 页。

④ Tsenay Serequeberhan, *African Philosophy: The Essential Readings*, New York: Paragon House, 1991. 塞雷奎伯翰鼓吹质疑权力关系,认为哲学是致力于非洲民族解放运动的武器,也是恢复非洲历史、打破殖民神话等现实问题的需要。

Mudimbe,1941—)的主要观点。当然,这一学派的哲学家们并非观点完全一致,但不论他们是支持还是反对非洲哲学作为一个思想体系,他们都认为非洲哲学之所以是非洲的,并非由于它的真理、概念或问题,而是与普世哲学融合在一起。

批判哲学学派中相当多的哲学家致力于批判西方哲学中的一些概念。前章提到的加纳早期哲学家阿莫对笛卡尔的相关概念提出了自己的看法。维雷杜是由加纳总统恩克鲁玛派往欧洲寻找加纳早期启蒙哲学家阿莫留学欧洲的遗迹及其文献的加纳哲学家。他著述甚丰,研究领域涵盖现象学、逻辑学、伦理学、辩证法、社会与政治哲学等领域。他的主要贡献是将学界的注意力从非洲文化转到非洲哲学上来。他最早提出非洲文化并不能等同于非洲哲学,但前者为后者提供了重要的思想资源;通过批判性的重构口述传统,可以从中发现非洲哲学思想的痕迹;不是非要使非洲文化独特才能让世界接受非洲文化。桑戈尔等人突出非洲特性,认为欧洲人重理性和逻辑,非洲人重精神和感情。维雷杜不赞成这种观点,认为非洲人并不缺少理性:"相反,应当注意的是,传统非洲人的思维并不完全缺乏理性证据原则。事实上,如果一个社会的日常活动大部分不是建立在从证据中获得的信念之上,它就没办法生存。没有对土壤、种子和气候的一些理论知识,就不能耕种;如果缺乏用客观调查的方法评估索赔和指控的基本能力,没有一个社会可能在人际关系中实现合理程度的和谐。这样,事实是,理性知识不是现代西方的专利,迷信也不是非洲的特色。"[1]

维雷杜从不避讳自己的哲学观点受到阿肯人思想的影响,但他不赞成人种哲学和贤智哲学流派对非洲哲学的研究方法,特别是那种认为非洲文化独特的观点。在题为《如何不将非洲传统思想与欧洲传统思想进行对比?》的论文中,他阐明了自己的观点:"理解每一种思维方式特别是传统思维方式在其社会的整体语境中的作用是十分重要的。由于非洲社会是现代世界中最接近前科学发展阶段的社会之一,人类学家对非洲思想表现出的兴趣在很大程度上是可以理解的。然而,西方人类学家和其

---

① Kwasi Wiredu, ed., *Philosophy and an African Culture*, Cambridge University Press, 1980, pp. 42-43.

他一些人并没有将非洲传统思想的基本非科学特征视为一般传统思想的典型,而是错误地将其视为一种特殊的非洲思维方式,从而产生了不幸的影响。"①很明显,他认为每个社会都有自己的非科学发展阶段,每个社会也存在着传统思维方式。每种文化都有自己的民间信仰和世界观,但这应该与哲学区分开来。这样,维雷杜的主要贡献是从文化中筛选出哲学,既要批判性地发掘口述资料以发现其哲学思维,也要充分利用现代资源。非洲思想必须通过正确途径与世界其他民族的思想一起在逻辑和理性的程序中找到自己的位置。

维雷杜于 1980 年参加联合国教科文组织的会议时提出了"思想的非殖民化"或"概念的非殖民化"的计划,这种必要性是他在研究加纳阿肯人哲学时发现的。他认为,外来思想通过三种途径影响非洲思想体系——语言、宗教和政治。非洲哲学的非殖民化非常重要,可以通过正面和反面两种方法进行。所谓正面,是指将自己的哲学尽量解释出来。反面的方法指非洲哲学家应该通过概念自我意识(conceptual self-awareness)避免自己的思想被已经渗透到非洲并对社会生活产生影响的外国哲学传统中的概念框架所同化。他列举了一些需要重新认识的概念:现实、存在、实在、对象、实体、物质、属性、品质、真理、事实、意见、信念、知识、信仰、疑虑、确定性、陈述、命题、语句、观念、意志、心灵、精神、思想、感知、物质、自我、自己、个人、个性、共同体、主观性、客观性、原因、偶然性、理性、阐释、意义、自由、责任、惩罚、民主、正义、上帝、世界、宇宙、自然、超自然、空间、时间、虚无、创造、生命、死亡、死后、道德、宗教。② 非洲人需要通过使用自己的语言来思考这些概念的真实意思以及相关性。

概念上的非殖民化对非洲哲学可谓无处不在,非常重要。然而,在非洲思想与宗教的相关问题上,也存在着两个事实。一个事实是,西方的早期殖民者(如探险家或传教士)和殖民主义者认为非洲思想和文化在某些重要方面或是不成熟的,或是低劣的,因此当时对去非洲化有一些系统化

---

① Kwasi Wiredu, ed., *Philosophy and an African Culture*, Cambridge University Press, 1980, p. 39.

② Kwasi Wiredu, *Cultural Universals and Particulars: An African Perspective*, pp. 136-144.

的制度安排。这种行为最典型的例证发生在宗教领域。"传教士们耗费了极大心力来拯救非洲人的灵魂；认为非洲人的灵魂被困在'异教'的黑暗之中。"①另一个事实是人类学家所给出的关于非洲思想的阐释中，早已暗含着评价性的内容，而西方人类学家的评价往往是负面的。因此，维雷杜认为："在所有非洲哲学的领域中，宗教领域可能最需要从概念上去殖民化。"②

在非洲法语国家的哲学家中，"人种哲学"（ethnophilosophy）一词带有贬义。霍恩通吉可以说是"普世哲学"的代表，其学术声誉主要来自他关于非洲哲学本质的代表作《非洲哲学：神话与现实》对人种哲学的批判。他对坦普尔斯、卡加梅和桑戈尔的相关学说进行了激烈批判。他认为人种哲学的方法混淆了人类学的方法与哲学的方法，产生了"一个在理论界没有可识别地位的混合学科"。人种哲学是一种伪哲学（pseudophilosophy），主要有两点依据。其一，人种哲学缺乏文字书写和理性探究。其二，他不认同人种哲学方法上所暗示的一致性——所有非洲人后裔拥有的同一性，即统一的集体意识和一种团结感。他指出："就我们对集体遗产的态度而言，问题在于如何使我们不要在陷入与欧洲进行一种假想对话的情况下应对文化帝国主义的挑战，如何在不将自己变成文化的奴隶的情况下重新评估我们的文化，如何在不给悲观主义态度以任何余地的情况下恢复我们过去的尊严。对于我来说，与其盲目地用理性来谴责我们的传统，或是用我们的传统来反对理性，或是给予这些传统以绝对的内在合理性，更为合理的应该是超越任何神话和扭曲，尝试和了解我们的传统的真实情况。这样做不是为了自我认同或为了正当性，而是为了帮助我们今天来应对挑战和面对问题。"③在他看来，非洲传统哲学使自己成为文化的奴隶，用传统文化来反对理性，通过神话和歪曲来证实非洲文化的内在合理性。

霍恩通吉否认存在着特别的非洲真理或非洲哲学。人种哲学家往往

---

① Kwasi Wiredu, ed., *A Companion to African Philosophy*, p. 1.

② Kwasi Wiredu, ed., *A Companion to African Philosophy*, p. 16.

③ Paulin Hountondji, "Reason and Tradition", in H. Odera Oruka and D. A. Masolo, eds., *Philosophy and Cultures: Proceedings of the Second Afro-Asian Philosophy Conference*, *Nairobi*, *October/November 1981*, Nairobi: Bookwise, 1983, pp. 136-137.

将非洲人统一的文化和精神作为自己学说的起点,这种统一的非洲文化是独特的,是所有非洲人共有的价值观的总和。然而,人种哲学家并不能准确地定义"种族"(race)和"非洲个性"(African personality)等概念,因此他们也就不能对非洲后裔的差异及其文化的多样性做出合理的解释。霍恩通吉既不认可那种认为非洲人拥有共同信仰的看法,也对将这种共同信仰看作哲学的观点持否定态度。他为什么如此反对认为非洲文明完全不同于欧洲文明的观点呢? 他指出了自己立场的根本点:"我从价值观不是一个人的财产这一假设出发,认为价值观在不同文明之间的分布或相互关系的重要性变化背后不存在内在的必要性。例如,如果科学今天在欧洲比在非洲发展得更突出,这不是因为白人特殊和独特的素质,而是由于一种特别有利的环境……"这种立场使他担心过分强调非洲文化的独特性会迎合白人优越论——非洲文明必须要他人即白人来认可,这种被他人接受的独特性成为尊重和尊严的条件;声称独特性并未质疑殖民环境,而后者正是导致这种独特性产生的条件;关于这种独特性的著作过于倾向于面向非洲以外的读者,力图说服他们承认非洲也有哲学和尊严;这种声称独特性的做法采取一种危险的向后看的方式,似乎非洲最紧要的任务是发掘、重建和保护一种停滞的过去;卡加梅和姆比蒂关于每一种语言即一种完整的思想的看法接近于一种语言相对主义,其危险的结论是一种语言陈述一种真理;传统的非洲思想被表现为对群体想法的一种促进,这种想法在共同体社会政治生活中是高度一致的。① 他的真正担忧在于:这种强调非洲独特性的观点可能导致一种对非洲不利的结论——非洲落后的根源在于非洲文化,在于其文化的独特性。霍恩通吉在批判过程表现出来的辩证法并未阻碍他对自己的观点做出修正。他意识到理解传统价值观的重要性,但并不将传统价值观等同于非洲哲学,而认为这种认识只是第一步,并认为非洲哲学与其他哲学一样,其目标和方法具有普世性。②

---

① S. Walker and J. Hountondji, "The Pitfalls of Being Different", *Diogenes*, 131 (1985), pp. 46-56.

② J. Hountondji, *African Philosophy*: *Myth and Reality*, Bloomington: Indiana University Press, 1983, p. 177.

　　如果将刚果(金)学者瓦伦丁·姆丁贝称为哲学家,可能有些屈才,因为他的著述范围广博,包括小说、诗歌、文学评论、思想史、现象学、结构主义等。他关于这些主题的著作具有广度和深度,深受读者的青睐。作为一名非洲学者,他首先接受的是本土文化的教育。随后他在比利时取得了博士学位,接受的是欧洲大陆的经典教育,曾在巴黎跟随福柯学习。姆丁贝后来到美国大学,浸染着美国分析和实证学术传统。他任教于美国杜克大学和斯坦福大学,担任过伦敦大学亚非学院非洲哲学委员会主席和国际非洲研究会主席。他知识渊博,思想深刻,同时也是一位多产作家,出版过不少小说和诗歌。他曾经在回答"你是谁"的问题时将自己描述为"自己的时间、空间和良心或觉悟的产物",认为这三者是对一个人的心理和身份的最好理解。① 姆丁贝于 1988 年出版的《非洲的发明:灵知、哲学和知识的秩序》打破了对传统非洲哲学的理解。他在书中提出了一个观点:现代非洲思想主要是西方的产物,非洲传统思维体系从严格意义上说不包括哲学。姆丁贝认为非洲现代哲学的概念由西方世界建构,表现为将事物分为正常的和病态的两种,欧洲的或与欧洲相联的是正常的,非欧洲的则是不正常的或病态的。西方人类学家和传教士不仅扭曲了外界对于非洲的理解,还扭曲了非洲人对于自身的认知。他试图对由西方的非洲学家建立起来的非洲话语进行解构,并在此基础上建构属于非洲人自身的知识体系。②

　　1992 年,姆丁贝主编了一部论文集,以纪念阿利乌内·迪奥普(Alioune Diop, 1910—1980)1947 年在巴黎创办的非洲存在出版社(Présence Africaine)成立 40 周年。论文集的标题《私密的讲演——非洲存在与他者的政治(1947—1987)》颇有意味。③ 非洲存在出版社由非洲知识分子创办,是关注黑人历史文化的出版社,在欧洲大陆存在了 40 年,并一直充当黑人世界与外部世界的媒介,向世界传达黑人对非洲文化和

　　① Gaurav Desai, "V. Y. Mudimbe: A Portrait", *Callaloo*, 14:4(Autumn, 1991), pp. 931-943.

　　② V. Y. Mudimbe, *The Invention of Africa: Gnosis, Philosophy, and the Order of Knowledge*, Bloomington: Indiana University Press, 1988.

　　③ V. Y. Mudimbe, *The Surreptitious Speech: Présence Africaine and the Politics of Otherness, 1947—1987*, Chicago and London: The University of Chicago Press, 1992.

自身命运的观点，成就了一大批具有世界影响力的黑人知识分子。然而，这个出版社的作品似乎一直是黑人"私密的讲演"(surreptitious speech)，这场有关非洲和黑人问题的讨论并未引起国际学术界的重视。难道是因为这场持续了 40 年的讨论是一种边缘化的'他者的政治'(politics of otherness)吗？"有别于欧洲-西方文化的另一种文化，即黑色-非洲的文化，应当在法国的权力心脏中重新赢得它的尊严，这种尊严此前在殖民主义中遭到了否定。由此，一条通往'文化间对话'的道路就被开辟了出来，这场对话对于双方均有得益。"①姆丁贝不仅揭露了殖民主义欧洲制造的非洲形象和非洲话语，也认识到西方在国际话语中的主导地位，一直致力于不同文化的对话，表达一种对非洲现存哲学和意识形态的非殖民化的观点。正是由于这一点，他有时被学界称为"非洲的赛义德"。

概而言之，非洲哲学大致存在三个学派：文化哲学、批判哲学和政治哲学。文化哲学可以说是"没有哲学家的哲学"，批判哲学是"哲学家的哲学"，而政治哲学是"战斗者(或革命者)的哲学"。三个学派虽然主张不一，方法各异，但目的相当一致：非洲人民的解放与非洲文明的复兴。下面我们再谈谈其共同点以及与之相关联的非洲共享价值观。

（四）非洲哲学：包容、韧性和定位

从非洲哲学不同流派的立场看，我们会发现，尽管这些流派的观点和方法不同，但表现的人文关切和非洲情怀基本一致。第一，各学派竞争激烈，但立场并非针锋相对。文化哲学、政治哲学和批判哲学这三种类型在观点和取向上甚至有重合之处，一些代表人物也存在着多种倾向。例如，政治哲学的代表桑戈尔既崇拜西方文化，又强调非洲文化的独特地位。人种哲学的代表卡加梅既从班图语言分析的角度理出非洲哲学的要素，又坚信"亚里士多德哲学和经院哲学忠实地代表了全人类"，还希望基督教能成为民族主义的工具——一种典型的政治哲学的观点。批判哲学的代表霍恩通吉一方面激烈批评人种哲学的各种观点，另一方面又对自己的观点做出修正，承认非洲哲学的应有地位。这种善于向其他文化学习

---

① 海因兹·基姆勒：《非洲哲学——跨文化视域的研究》(王俊译)，人民出版社，2016年，第 96—97 页。

的多重取向反映了非洲文化的一种包容性。

第二，非洲哲学各学派面临同样的挑战。在世界文化的殿堂，很少有非洲文化的地位。西方哲学体系的语言、概念、范畴及其理论框架都是在没有亚非人民及其他被排除的种族直接参与的情况下由欧洲人创立的（尽管其中的一些思想来自亚洲或非洲①），具有极强的欧洲中心论的色彩。这种哲学一直被理解为带有普世性。非洲哲学各种流派的产生与这种现实挑战密切相关。文化哲学强调非洲文化和思想的特殊性，批判哲学力图将语言和思维方式异于西方哲学的非洲哲学纳入"普世哲学"，政治哲学力图通过强调非洲思想的一致性来动员非洲人民重建非洲在国际舞台上的独立地位。这些流派产生的条件与面临的挑战一样。非洲哲学处于一种不为世人所知和不被学界认可的环境之中，这种困境使得非洲哲学家在为非洲哲学的地位而奋斗的情况下要寻求突破口。非洲哲学要在世界哲学之林立足并赢得自己的地位需要一个艰难的论证过程。这种敢于挑战的斗争精神体现了非洲文化的韧性。

第三，非洲哲学各学派的手段不一，但目标相同。各个学派都在论证非洲哲学的地位，或是用"非洲特殊论"，或是用"普世论"。各派均有自己的优势和缺陷。"黑人性"或非洲传统哲学等特殊论虽然可以鼓舞黑人和动员黑人，但它不仅忽视了各种黑人（大陆的不同黑人民族以及非洲黑人与黑人移民裔群的不同）的相异之处，还有使黑人处于不利地位的危险，很容易掉入殖民主义预设的陷阱——他们的落后正是因为其特殊性所致。普世论意识到这种特殊论的理论陷阱，力图将黑人纳入现有的世界哲学体系，但面临的是欧洲中心论的障碍。文化哲学强调的是非洲本土哲学，希望为非洲哲学寻求合法地位。批判哲学不论是对欧洲哲学的批评，还是对非洲哲学的褒扬，都是为了确立非洲哲学的学术定位。

---

① Martin Bernal, *Black Athena : The Afroasiatic Roots of Classical Civilization : The Fabrication of Ancient Greece, 1785—1985*, Vol. 1, Rutgers University Press,1987; Martin Bernal, *Black Athena : The Afroasiatic Roots of Classical Civilization, The Archaeological and Documentary Evidence*, Vol. 2, Rutgers University Press, 1991; Martin Bernal, *Black Athena : The Afroasiatic Roots of Classical Civilization, Volume III : The Linguistic Evidence*, Vol. 3, Rutgers University Press, 2006. 有关中国文化对欧洲的影响，参见［法］维吉尔·毕诺：《中国对法国哲学思想形成的影响》（耿昇译），商务印书馆，2000年；［法］安田朴：《中国文化西传欧洲史》（耿昇译），商务印书馆，2000年。

正是从各位哲学家的分析辩论中,可以看出非洲哲学各学派的真正意图和努力方向:客观评价非洲思想和文化的历史和现实作用,还非洲哲学一个客观公正的地位,为非洲文明在世界舞台上赢得应有的尊严。这一共同点构成了非洲共享价值观的哲学基础。非洲哲学也表达出一种深沉的非洲伦理。下面我们来看一看体现非洲哲学内涵的乌班图伦理精神。

二、乌班图的伦理精神

(一)乌班图的精髓

除了非洲哲学这种基础外,以乌班图为代表的伦理精神及其价值体系也是重要的文化基础之一。乌班图(Ubuntu)哲学存在于南部非洲,是恩古尼人形容人性或美德的词汇,这种伦理价值观强调,每一个个体的存在都建立在集体或社会的存在之上,个人与集体是一种共存的关系。这一概念在整个非洲相当普遍。乌班图精神有两层意思:"人道待人"(对别人仁慈)和"天下共享,连接众人"(人的共同体)。两层意思互相关联,互为表里。一方面,人之所以为人,是因为他/她存在于社会之中,存在于与众人的关系之中。个人的人格只有在与众人的关系中才能体现,其存在价值只能是通过与众人的关系来体现。乌班图的另一层含义是,所有人处于一个共同体之内。别人的健全存在是共同体存在的标志之一。因此,大方、平和、谦卑、尊重别人是一个人的优秀品质。[1] 共同体关系中的"和"与家庭关系中的"孝"是重视个人与共同体关系的表现。核心内涵就是"人之所以为人,是因他人的存在"。[2] 在人

---

[1] Thaddeus Metz, "Toward an African Moral Theory", *The Journal of Political Philosophy*, 15:3(2007), pp. 321-341;例如,阿肯人认为,拥有仁(virtue)比拥有金子更好,只要有仁,社会即会繁荣。Thaddeus Metz, "Confucianism and African Philosophy", in Adeshina Afolayan and Toyin Falola, eds., *The Palgrave Handbook of African Philosophy*, Palgrave, 2017, pp. 207-221.

[2] 祖鲁语"Umuntu ngumuntu ngabantu", Umuntu:人(单数);abantu:人(复数);ubuntu:词根与 umuntu 和 abantu 相同,ubu 是表示抽象感念的名词前缀;Ubuntu,英文译为 humanity。因此,"Umuntu ngumuntu ngabantu"直译为"A person is a person through people",中文翻译为"人之所以为人,是因他人的存在"。另外,与祖鲁语同属恩古尼语的科萨语(Xhosa)和恩德贝莱语(Ndebele)中也有同样的说法,科萨语的拼写:"Umntu ngumntu ngabantu"。感谢北京外国语大学亚非学院南非语言专家马秀杰博士的解释和翻译。

与共同体之关系的这一点上,虽然非洲人与中国人有共同之处,但非洲学者注意到中国文化传统与非洲文化传统的不同,特别是对"和"这一境界的实现。儒家的和谐是建立在等级制度的基础上,通过君子或其他上层等级的引导,而非洲人的和谐是"通过集团内部的紧密和同情的关系来达到的"。①

在审视当代南非的思想史时,伊泽将"乌班图"作为一种话语,以取代已成为南非整体历史叙事的殖民意识。这样,乌班图作为一种包容性意识,为南非提供了一个新的国家想象,其中容纳了不同的、相互竞争的甚至是互相对立的历史记忆。乌班图成为转化历史以及对现在和未来充满希望的象征,一种充满积极意义的意识形态。伊泽认为乌班图的中心思想可以归纳如下:"一个人通过其他人而成其为人。"承认一个人的人性是通过"他人"对其独特性及差异性的认可来确定的;是一种对于"他者"成为我的主观性反映这样一种创造性主体间构成(a creative intersubjective formation)的要求;这种理想主义暗示我的人性并非仅是置入作为个人的我身上,而是被共同赋予在他者和我身上;人性是我们相互拥有的一种禀性;我们互相创造,也需要保持这种创造;如果我们互相所有,我们参与了我们的创造;我存在因为你存在,因为你存在,因此我存在;这种"我存在"是一种依靠关系和距离的他者创造的能动的自我构成(dynamic self-constitution)。② 换言之,乌班图的精髓是:一个人的存在只有在他人存在的情况才能体现,个人的价值只有在与众人的诸种社会关系之中才能实现。

(二) 乌班图的行为方式

在新南非处理种族主义时期所犯下的罪行时,人们最终选择了宽恕而不是要求赔偿,选择了宽宏大量而不是复仇。图图大主教在《没有宽恕就没有未来》中对乌班图作过精辟的阐释:

> 乌班图(Ubuntu)很难用西方语言表达。它表述的是人之为人

①　Yvonne Mokgoro,"Ubuntu and the Law in South Africa", *Potchefstroom Electronic Law Journal*, 1(1998), pp. 15-26.

②　Michael Onyebuchi Eze, *Intellectual History in Contemporary South Africa*, 2010, Palgrave Macmillan, pp. 190-191.

的精髓。当我们高度赞扬一个人时,我们说,"你,你乌班图",即"他或她有乌班图",意思是说这个人慷慨、好客、友好、体贴和热情。他把自己的所有与他人分享。这也意味着我的人格与他的人格紧紧相连。我们同属于生命之整体。我们说"一个人的为人是通过他人表现出来的"。不是"我思故我在",而是"我之为人因为我有归宿"。我参与,我分享。具有乌班图精神的人心胸开阔,乐于助人,见贤思齐而不忌妒贤能,因为他或她拥有适度的自信,而这源自如下认识:自己乃是属于一个更大的整体。当他人受到伤害或死去时,当他人受到折磨或压迫时,这个整体就会消失。①

乌班图"意味着他们慷慨大方,热情好客,友善,富有爱心和同情心",着眼于人们之间的忠诚和联系与人类同为共同体的概念,被视为非洲人的价值共识,是建立新南非共和国的基本原则之一,与非洲复兴的理想密切相关。与他人建立联系的适当方法都是通过美德,即以某种态度为榜样的性情和根据这些性情而产生的行为。要发展一个人的人性,仅仅在与他人相关的行为当中遵循某种关于正确行为的原则,是不够的;有着传统特点的非洲人,"都是和谐、友好、合群的大好人。对于我们来说,社会和谐是至高无上的——最大的善。对于两种伦理传统来说,和谐最重要的实例应存在于家庭之中"。②

纳尔逊·曼德拉曾指出,非洲伦理的一个决定性特点,是对那些不属于家庭成员的人友好的倾向。2006年,当南非记者姆迪斯(Tim Modise)采访曼德拉时问及如何定义"乌班图",曼德拉用十分浅显的例子解释了乌班图的概念:"在我们年轻的时候,一个穿越国家的旅行者会停在一个村庄,他不必要求食物或水。一旦他停下来,人们给他食物,招待他。这是乌班图的一个方面,但是它有很多方面。乌班图并不意味着人们不应该充实自己。因此,问题在于你打算这样做是为了让你周围的社区变得

---

① [南非]德斯蒙德·图图:《没有宽恕就没有未来》(江红译),上海文艺出版社,2002年,第34—35页。(译文根据原文有个别改动)

② John Allen, *Rabble-Rouser for Peace: The Authorised Biography of Desmond Tutu*. London: Rider, 2006, pp. 347-349; Michael Battle, *Reconciliation: The Ubuntu Theology of Desmond Tutu*, 2009, Pilgrim Press.

更好吗？这些是生活中重要的事情。如果有人能做到这一点，你已经做了一些非常重要的事情，这将受到赞赏。"①这种助人为乐或乐善好施的举动反映的是一种谦虚与和谐的处世原则。

这种宽容、善良和友好的乌班图精神在非洲很普遍。在非洲，宽容是一种传统、一种人生哲学，也是一种处事方式。非洲很多谚语表达了这一观念，如"应当宽恕请求原谅的人"，"谁损人利己，谁就会失去友谊"，"千万不能向朋友提出过分要求"，"在吵架的房间里，啤酒会变得酸苦难咽"等。② 在处理政治问题时，非洲人的原则是协商和妥协，即通过协商和调解的灵活方式达成共识。③ 这种方式与西方那种从政治上消灭对手的零和游戏大相径庭。种族隔离制存在了几个世纪，白人种族主义政权对黑人和其他族裔犯下了滔天大罪，但以曼德拉为代表的非国大和广大黑人群众却以博大的胸怀和宽容的态度，通过和平方式解决了极其尖锐的种族矛盾，实现了民族和解。这是当今世界的奇迹，也是为什么曼德拉成为当代世界唯一一位既受到东方人敬仰，也受到西方人推崇的伟人。一位非洲酋长告诉我：非洲人可能是世界上唯一会邀请自己的敌人赴宴的人民。④ 非洲人民深深认识到，只有通过践行宽容这一原则，非洲大陆才能保持其"社会凝聚力和包容性社会"。⑤

乌班图精神既可以从日常生活中找到例证，也可以从政治对立后的处理方式中得到印证。德斯蒙德·图图大主教在他的书中举出了肯尼亚、津巴布韦和纳米比亚的例子。

> 当肯尼亚迎来自由和独立时，很多人都认为茅茅（MauMau）将发起运动，通过疯狂的复仇把肯尼亚变成白人的坟墓。然而，肯雅塔总统那么受人爱戴，以致他的去世引起了不小的担忧。人们担心肯

---

① "Interview with Nelson Mandela by Tim Modise", 24 May 2006, File: Experience ubuntu. ogv.

② 李保平：《传统与现代：非洲文化与政治变迁》，北京大学出版社，2011 年，第 27、32 页。

③ 阿里·穆萨·伊耶：《非洲新的政治挑战——再论非洲内生式民主体制》，《国际社会科学杂志》，第 33 卷第 4 期（2016 年 12 月），第 86—95 页。

④ 笔者与非洲酋长访华团成员的交流，2013 年 11 月 29 日，于北京万寿宾馆。

⑤ African Union Commission, *Strategic Plan 2009—2012*, May 19, 2009, p. 31.

雅塔之后肯尼亚会变成什么样子。独立后的肯尼亚乌班图无所不在。在津巴布韦,经过极为残酷的丛林战后,穆加贝在 1980 年赢得大选前夕,大谈和解、恢复和重建,让众人大为惊异。这也是乌班图在起作用。在纳米比亚,当西南非洲人民组织在第一次民主选举中取胜后,努乔马用他迷人的笑脸讨好每一个人。对白人没有复仇。这是乌班图在显形。①

(三) 乌班图的精神及其在南非的实践

曼德拉的反抗与宽容两者的结合使他成为伟人。"乌班图精神的驱动力是与同胞团结在一起,使自己成为更全面的、真正的人。乌班图的活性使其并未被局限于静态状态,获得乌班图的能力成为每个人的要务。如果所有人类个体都具有曼德拉所描述的一个共同的'正派内核'(descent core),那么每个人都必须有能力获取这一内核:'如果他们的心被触动了,他们就有能力改变。'"②在种族隔离制的统治下,"受害者与施害者均被剥夺了人性"。③

这种道德伦理逻辑的推论是:种族隔离的支持者也是种族隔离制的受害者,因为在以非人道的方式对待他人、给他人施加无以名状的痛苦时,施行者必然失去了人性,不再是一个人。随着南非和解政策的实践,通过真相与和解委员会的渠道,乌班图被引入政治和法律领域,承担起促进南非社会内部和解与重建的重任。这种方式也随之得到非洲国家的重视并相继引用。尽管这种方式引起一些人的不满,也引发了学术界的讨论,但它在南非和平过渡中所起的作用不言而喻。④ 为了更好地解决种族隔离制留下的消极遗产,南非宪法也明确了处理种族关系的基础原则。

---

① [南非]德斯蒙德·图图:《没有宽恕就没有未来》(江红译),上海文艺出版社,2002年,第35—36页。

② Claire E. Oppenheim, "Nelson Mandela and the Power of Ubuntu", *Religions*, 3:2 (2012), pp. 369-388.

③ N. R. Mandela, *Long Walk to Freedom. The Autobiography of Nelson Mandela*, New York: Hachette Book Group, 1994, p. 624.

④ Steven D. Roper and Lilian A. Barria, "Why Do States Commission the Truth? Political Considerations in the Establishment of African Truth and Reconciliation Commissions", *Human Rights Review*, 10(2009), pp. 373-391.

"本宪法的通过,将奠定一个稳定的基础,使南非人民超越引起过严重违反人权行为,在暴力冲突中践踏人道主义原则并遗留下仇恨、恐惧、悔疚和复仇的分裂而紧张的过去。现在可以提出这一切的基础是:我们需要的是理解,不是复仇;是补偿,不是报复;是乌班图精神(ubuntu),不是牺牲。"[1]这种妥协与宽容的政治和解方式得到国际社会的关注,乌班图思想也成为非洲社会推崇的价值观。这种人生哲学并非像人种哲学家解释的那样一成不变,而是根据形势变化不断丰富和充实自己。[2]

1993年11月南非通过的《临时宪法》在附言中明确指出:我们需要的不是复仇,而是理解;不是报复,而是补偿;不是牺牲,而是"乌班图精神"。南非政府在种族和解过程中强调乌班图这种以人与人之间社会关系为重点的价值观。非洲本土价值观认为,与他人建立联系的适当方法是通过美德——以某种态度为榜样的性情和根据这些性情而产生的行为,每个人负责任的行为方式构成了一个共同体存在的基础。这种重视相互关系的原则是乌班图的主要精髓。这种社会价值体系包括了"人与自然的和谐"、人道主义、仁爱、平等、共享、宽容、和解、合作等精神内涵,它认为个人的存在价值只有在与他人的关系之中实现,大方、平和、谦卑、尊重他人是人的优秀品质。它重视人的道德责任,对年龄的重视表现为尊老及重视家庭责任,重视照顾陌生人的义务,因为他们是人类成员。[3]

乌班图精神的遗产构成了非洲共享价值观的伦理基础,也是提出"全球非洲"这一观念的文化基础。

三、全球非洲的观念及其实践

正是非洲哲学和包容性、乌班图关切他人的伦理精神和历史造成的

---

① [南非]德斯蒙德·图图:《没有宽恕就没有未来》(江红译),上海文艺出版社,2002年,第45页。

② Christian B. N. Gade, *A Discourse on African Philosophy: A New Perspective on Ubuntu and Transitional Justice in South Africa*, New York: Lexington Books, 2017.

③ Daniel Bell and Thaddeus Metz, "Confucianism and Ubuntu: Reflections on a dialogue between Chinese and African tradition", *Journal of Chinese Philosophy*, Supplementary to Vol. 38(2011), pp. 78-95.

事实与现实社会的需求造就了非洲联盟的新战略。2003 年,非洲联盟正式将非洲移民裔群作为除南部非洲、东非、西非、中非和北非之外的第 6 个构成部分。很明显,这既是非洲联盟继续为实现泛非主义理想采取的一个重要战略举措,也是为了调动海外非洲移民裔群的积极性,促使海外非洲人从政治、经济和社会文化上关心非洲大陆,为建设这个大陆贡献自己的力量。

(一) 全球非洲移民裔群的真实含义

"移民裔群"(diaspora)原意是"分散",从希腊语演变而来,起源于希腊语"sporo"(种子)和"speira"(撒开)。它在古代传统中被用来指"地中海周围希腊建筑的分散"。[①] 后来,在圣经的传统中,它被用来讨论犹太人的分散。原用来特指在其他国家的犹太人群体,后来逐渐用于其他国家或民族散居在外的群体。20 世纪末,这一术语开始用于描述非洲在世界各地的移民。[②] 根据非洲联盟,非洲移民裔群被定义为"生活在非洲大陆以外的非洲人,不论其公民身份和国籍如何,愿意为非洲大陆的发展和非洲联盟的建设做出贡献"。[③] 哈佛大学历史系的加纳教授伊曼纽尔·阿昌庞对"移民裔群"这一用语与非洲海外移民的关系进行了学理探讨。[④] 对非洲海外移民的研究集中在这些人在世界上的分布模式及其与

---

① J. Gaillard and A-M. Gaillard, "Fuite des cerveaux, retours et diasporas", *Futuribles*, No. 228, 1998, p. 41.

② 最早用 Diaspora 研究非洲人应该是勒梅勒和凯利。Sidney Lemelle and Robin D. G. Kelley, eds., *Imagining Home: Class, Culture and Nationalism in the African Diaspora*, London: Verso, 1994. R. Segal, The Black Diaspora: Five Centuries of the Black Experience Outside Africa, New York, Farrar, Straus and Giroux, 1995.

③ African Union, Diaspora Division, https://au.int/diaspora-division; K. Tölölyan, "Rethinking Diaspora(s): Stateless power in the transnational moment", *Diaspora*, Issue 5, No. 1, 1996, p. 3.

④ Emmanuel Akyeampong, E(2000). "Africans in the Diaspora: The Diaspora and Africans", *AfricanAffairs*, 99:395(2000), pp. 183-215. 1992 年,我在阿克拉的加纳国家档案馆里与伊曼纽尔·阿昌庞相识,我们当时都在为自己的博士论文收集英国殖民档案资料。后来,我在北京大学国际关系学院的学生许亮博士决定到美国攻读第二个博士学位,就读于哈佛大学历史系。许亮有幸成为伊曼纽尔·阿昌庞教授的学生并在他的指导下完成了历史学博士学位,于 2017 年回北京大学任教。

非洲保持的联系。① 1972 年,中国历史学家、北京大学教授周一良先生在加纳杂志上提出了一个有趣的问题:"[研究]发现非洲对东南亚的一些音乐传统有重要影响,为什么不进一步向北呢?"②关于非洲人在不同时期移民美洲、亚洲和欧洲的历史、模式或联系等方面均有研究成果面世。③

　　每当谈到非洲在世界各地的移民裔群时,学术界往往强调这是大西洋奴隶贸易或"三角贸易"的历史结果,这是一个误解。如前所述,三角贸易确实导致了大量的非洲人被贩卖到美洲为奴,他们为欧洲和美国的资本主义原始积累做出了巨大贡献。然而,非洲人散布在世界各地经历了一个相当长的时期。有的学者将这一移民历史分为 4 个阶段。④ 然而,如果将非洲移民放在人类历史的长时段,我们至少可以将这一历史分为7 个时期:远古人类从非洲迁至其他大陆;从古罗马时期开始北非人迁入欧洲;阿拉伯人从事的奴隶买卖将非洲人送往北非和西亚;大西洋奴隶贸易将非洲人贩卖至美洲以及欧洲农场主将一些黑人奴隶或释奴从美洲带到欧洲;在欧洲殖民统治时期,一些非洲人由于传教活动、商贸交往、士兵招募和出国留学等缘由出现在法国、英国、葡萄牙、荷兰、比利时、意大利、德国和西班牙等殖民宗主国;从 20 世纪 50 年代开始的非殖民化过程促

---

① Joseph E. Harris, ed., *Global Dimensions of the African Diaspora*, Washington, D. C.: Howard University Press, 1993 [1982]; Patrick Manning, *The African Diaspora: A History through Culture*, New York: Columbia University Press, 2009; Paul Tiyambe Zeleza, "Rewriting the African Diaspora: Beyond the Black Atlantic", *African Affairs*, 104: 414(2005), pp. 35-68.

② Chou Yi Liang, "Early contacts between China and Africa", *Ghana Notes and Queries*, 12:6(1972), p. 3.

③ 以亚洲为例,可参见以下著述。Runoko Rashidi and Ivan Van Sertima, eds., *The African Presence in Early Asia*, New Brunswick: Transaction Press, 1995; Shihan de Silva Jayasuriya and Richard Pankhurst, eds., *The African Diaspora in the Indian Ocean*, Trenton: Africa World Press, 2001; Li Anshan, "African Diaspora in China: Reality, Research and Reflection", *The Journal of Pan African Studies*, 7:10(May, 2016), pp. 10-43; Li Anshan, "African Students in China: Research, Reality, and Reflection", *African Studies Quarterly*, 17:4(February 2018), pp. 5-44; 李安山:《古代中非交往史料补遗与辨析——兼论早期中国黑人来源问题》,《史林》,2019 年第 1 期。

④ Joseph E. Harris, "Introduction" In Joseph E. Harris, ed., *Global Dimensions of the African Diaspora*, pp. 8-9.

使非洲人移民其他大陆特别是欧洲国家;80 年代由于非洲政局变动和经济困境而开始的大规模向外移民。① 联合国教科文组织《非洲通史》(第9—11 卷)国际科学委员会认为,非洲人从最早走出非洲到当代移民共经历了 5 个阶段。② 人类的迁徙不仅使自身得以繁衍,也使各种文化相互交汇。迁徙使非洲人遍布全球。

(二) 非洲移民裔群在美国

美国一直是非洲移民的主要目标国。根据美国《高等教育年鉴》,2003年秋季的美国高校和学院共有黑人(包括美国公民和外国移民)专职教学人员(faculty members)33 137 人,占总人数 631 596 的 5.2%,远远低于他们在全美所占人口比例(12.8%)。黑人教授占全美教授职位的 3.2%,5 343 名黑人教授占到黑人教学人员总数的 16.1%,副教授职位为 21.7%,助理教授占 28.6%,专职讲师占 20.4%,兼职讲师和其他教辅人员约13.2%。黑人妇女在这一教学人员群体中略占多数,为 16 867 人(男性为16 270 人)。她们占教授职位的 35.9%,副教授职位的 46.4%。③

美国的非洲人在移民结构上的两个特点值得注意。第一,他们中很多是近年来移民美国的。根据美国 2000 年的人口调查,非洲出生的居民(African-born residents)在 2000 年共有 861 000 人,到 2005 年达到 150 万人。他们平均在美国居住的年限为 10.2 年,入籍美国的比例为 37%。第二,在美非洲移民社群是受教育程度最高的。在 25 岁以上的非洲出生的

---

① T. Patterson and D. G. Kelley, "Unfinished Migrations: Reflections on the African Diaspora and the Making of the Modern World", *African Studies Review*, 43:1(2000), pp. 11-45; K. Omeje, "The Diaspora and Domestic Insurgencies in Africa", *African Sociological Review*, 11:2(2007), pp. 94-107.

② 即公元 10 万年前人类走出非洲,公元前 3000 年班图人的迁徙,公元 5 世纪的商业迁徙,1500 年到 1900 年的大西洋奴隶贸易和当代非洲人的全球移民。

③ *The Chronicle of Higher Education*, Almanac, August 26,2005, p. 26. 这一统计按照 3 种不同的标准划分,即种族(非洲)、区域(亚洲)和语言(美洲),从而有以下缺陷。一些说西班牙语的拉美移民也是"黑人",被包括在此项;虽然大部分非洲移民包括在"黑人"一项,但那些来自北非的非洲移民和来自欧洲和亚洲的非洲移民后裔则被排除在外。Paul Tiyambe Zeleza, "African Diasporas and Academics: The Struggle for a Global Epistemic Presence", in P. T. Zeleza, ed., *The Study of Africa*, Vol. II, *Global and Transnational Engagements*, Note 5 and 6, p. 105.

居民中,94.9%受过高中以上的教育,这一比例高于所有其他外国移民群体(67%),甚至比美国土生土长的人(86.6%)还高。这些受过教育的非洲出生的居民中,49.3%具有学士以上学位,而出生在美国的人只有25.6%的比例,外国出生的居民比例只有25.8%。可以看出,非洲出生的居民在美国是教育程度最高的群体。"非洲,这个世界上受教育最少又最不发达的大陆,却为这个世界上最发达的国家提供了受过最高教育的人群。"[1]

受教育程度最高这一因素使非洲出生的居住者群体在美国的就业情况相对较好。2000年,他们中36.5%从事经理层和专业性的工作,22.1%从事技术、销售和管理支持方面的工作,19.6%从事服务行业,4.2%从事精密生产、工艺和修理行业,其余17.1%为工人、制造者和操作员。然而,他们的收入却与其受教育程度并不相配。2000年,他们的年平均收入为36 371美元,比外国出生者的平均收入(36 048美元)稍高,却远低于欧洲出生的居民(41 733美元)和亚洲出生的居民(51 363美元)。就贫困人口比率而言,这一群体为13.2%,高于北美出生居民(7.4%)、欧洲出生居民(9.3%)、南美出生居民(11.5%)和亚洲出生居民(12.8%)。泽勒扎认为这一点充分说明在美国社会,虽然有人权法案等相应法律,但对黑人的种族歧视现象仍将长期存在。[2]

(三) 全世界的非洲移民裔群

有关非洲的海外移民裔群的人数,见仁见智。目前,比较公认的说法是约1.4亿非洲移民裔群分布在世界各地。[3] 近年来,非洲向其他大陆的移民日益增长。根据2007年的全球移民来源统计,非洲海外移民人数为24 975 261。移民北方国家(欧洲、北美和大洋洲)的约为880万,移民南方国家的约为1 600多万,其中包括移民非洲本土的1 300余万。[4] 这

① Paul Tiyambe Zeleza, "African Diasporas and Academics", p. 99.

② Paul Tiyambe Zeleza, "African Diasporas and Academics", Note 15, pp. 92,106.

③ Bodomo, Adams "African Diaspora Remittances Are Better than Foreign Aid Funds: Diaspora-driven Development in the 21st Century", *World Economic*, 14:4(Nov-Dec. 2013), p. 23.

④ The African Diaspora, http://www. experience-africa. de/index. php? en_the-african-diaspora.

与非洲地区的政治经济局势密切相关。从 2010 年以来,约 100 万非洲人移民欧洲。[1] 以法国和美国为例。法国的黑人移民裔群约 230 多万人,主要来自非洲法语国家和法国的海外领地。阿尔及利亚移民达 73 万人,其次是摩洛哥人,达 67 万人。他们中有的是在殖民统治时期或非殖民化期间来到法国,相当部分是 20 世纪 60 年代以后移民法国。[2] 从某种意义上说,非洲是"脑力外流"最严重的受害者。下面表格列出了主要国家的非洲移民裔群人数。

表格 18 - 1　非洲移民裔群数量及主要分布国家

国　家	人　数	资料来源	占人口%
巴　西	55 900 000[3] 包括混血或多种族人口	Flavia C. Parra, et al. , "Color and genomic ancestry in Brazilians", Proceedings of the National Academy of Sciences of the United States of America, 100(1), 2003, pp. 177 - 182.	27. 44% 6. 84%黑人+ 20. 6%混血
美　国	53 000 000	"US Census Bureau"(PDF). Census. gov.	13. 6%
海　地	10 114 378	"People and Society: HAITI", CIA, June 2018.	92%
哥伦比亚	4 944 400	Visibilidad Estadistica Etnicos (PDF). Censo General 2005 (in Spanish). Departamento Administrativo Nacional de Estadistica	10. 52%

---

[1]　Philip Connor, "At Least a Million Sub-Saharan Africans Moved to Europe since 2010. Sub-Saharan Migration to the United States Also Growing", Pew Research Center, March 18, 2018.

[2]　The African Diaspora. http://www. experience-africa. de/index. php? en_the-african-diaspora. "体验非洲"(EA, Experience Africa)是总部设在美国的文化外交研究所的项目网站,由德国经办。

[3]　一说 96 587 036。占巴西总人口的 50. 64%。Table 2 Africa Diaspora by Countries, African Diaspora, http://www. experience-africa. de/index. php? en_the-african-diaspora. 查询时间:2019 年 1 月 24 日。

（续　表）

国　家	人　数	资料来源	占人口%
牙买加	2 679 200	Table 2 Africa Diaspora by Countries，http：//www. experience-africa. de/index. php? en_the-african-diaspora	92.1%
英　国	2 497 373	"2011 Census：Ethnic group, local authorities in the United Kingdom". Office for National Statistics. 11 October 2013	3.3%
法　国	2 362 099	Table 2 Africa Diaspora by Countries，http：//www. experience-africa. de/index. php? en_the-african-diaspora	3.63%
墨西哥	1 386 556	«Principales resultados de la Encuesta Intercensal 2015 Estados Unidos Mexicanos» (PDF). INEGI. p. 77.	1%
秘　鲁	1 200 000	Erwin Dopf. "Composición étnica y fenotipos en el Perú" (in Spanish). Espejodelperu. com. pe.	3.7%
加拿大	1 198 540	Census Profile，2016 Census Statistics Canada	3.5%
多米尼加共和国①	1 029 535	Frank Moya Pons，*Historia de la República Dominicana*，2. Editorial CSIC，2010.	10%

———————

　　①　多米尼加共和国（The Dominican Republic）与多米尼克（The Commonwealth of Dominica）是两个国家。多米尼加共和国人口为 1 083.53 万，官方语言为西班牙语。多米尼克是加勒比地区的共和国之一，人口为 7.5 万，官方语言为英语，非洲移民裔群占总人口的 86.6%。

（续　表）

国　家	人　数	资料来源	占人口%
古　巴	1 034 044	"En Cuba: resumen de resultados definitivos del Censo de Población y Viviendas 2012" (in Spanish). Radioprogreso. cu. 8 November 2013.	35%
委内瑞拉	953 000	"Resultados Basicos: Censo 2011" (PDF). Ine. gov. ve	2.9%
意大利	871 000	2011 Census in Italy by the National Institute for Statistics(Istat)	1%
德　国	817 150	SPIEGEL ONLINE, Hamburg, Germany. "Germany". Spiegel Online	1%
巴拿马	477 494	«Panamá: Cultura y Etnias». Embassy of the Republic of Panama to the United Spain	14%
特里尼达-多巴哥	452 536	"Trinidad and Tobago 2011 Population and Housing Census: Demographic Report", Government of the Republic of Trinidad and Tobago, Central Statistical Office. 2012	34.2%
巴巴多斯	256 706	The World Factbook—Central Intelligence Agency. www. cia. gov	90%
圭亚那	225 860	http://www. statisticsguyana . gov. gy/pubs/Chapter2 _ Population_Com	36%
葡萄牙	201 200	Table 2 Africa Diaspora by Countries, http://www. experience-africa . de/index. php? en_the-african-diaspora	2%

（续　表）

国　家	人　数	资料来源	占人口％
苏里南	200 406	"Censusstatistieken 2012". Algemeen Bureau voor de Statistiek in Suriname.	37％
西班牙	200 000	Table 2 Africa Diaspora by Countries，http：//www. experience-africa. de/index. php? en_the-african-diaspora	0. 5％
格林纳达	101 309	The World Factbook. Central Intelligence Agency. www. cia. gov	82％
挪　威	88 764	Table 2 Africa Diaspora by Countries，http：//www. experience-africa. de/index. php? en_the-african-diaspora	1. 8％

　　除了表上的国家外，非洲移民在加勒比地区和南美洲的多个国家的人口比例都在 80％以上，例如安提瓜和巴布达（90％）、巴哈马（90. 6％）、多米尼克（87％）和圣卢西亚（85％）等国。非洲移民也分布于亚洲、澳洲、欧洲的诸多国家。[①] 从爱德华·布莱登提出"非洲个性"到马库斯·加维发起的"回到非洲去"运动以来，有关非洲一体化的概念不断出现，从而在散布于全球的非洲人中间形成了一个颇具凝聚力的磁场。

四、"全球非洲"与"非洲中心主义"

　　从广义上说，"全球非洲"的概念源于非洲人迁移的历史。非洲人的迁徙构成了"全球非洲"这一概念的内涵。1980 年，阿里·马兹鲁伊在《非洲的境况》中提出了"全球非洲"概念，其背景和意图与"非洲中心

----

　　① 　Joseph E. Harris, ed. , *Global Dimensions of the African Diaspora* ；R. Segal, *The Black Diaspora：Five Centuries of the Black Experience Outside Africa* , New York：Macmillan, 1995.

主义"如出一辙。"全球非洲"既反映了非洲移民裔群对非洲这块大陆的眷恋,也表明了非洲知识分子认识到必须团结起来才有希望。尽管他并未详细地阐述这一概念,但另一位非洲裔美国学者哈里斯在两年后使用了类似的提法,用"全球层面"(global dimensions)来形容非洲的海外移民裔群,这种全球范围非洲移民的提法在学术界开始普遍流行。①

(一)"全球非洲"的认同困惑

非洲联盟联系和整合海外移民的努力确实具有独创性,但非洲移民裔群是一个复杂的社会群体。移民的不同身份不仅影响着国家认同,也决定其政治取向。"尽管非洲人自殖民前时代就一直在协商多重身份,但深入了解移民是如何通过不同身份标记在大陆内外不同的分生空间内进行协商的,这一点尤其具有指导意义。全球化是一个令人着迷的过程,它鼓励非洲人向非洲大陆及世界的其他地区进行更大的流动,但也鼓励不同的个人和社区建立或再现身份围栏(identity fences)。"②实际上,这种多重身份与身份认同并不是一种仅限于当代的现象。杜波依斯在 19 世纪末就注意到美国黑人的双重意识(double consciousness)。"双重意识是一种奇特的感觉,一种总是通过别人的眼睛看自己的感觉,一种用旁观者世界充满嘲笑和怜悯的尺子来衡量一个人灵魂的感觉。人总感觉到自己的两种特性——美国人和黑人;两个灵魂,两个思想,两种不屈不挠的努力;一个黑人躯体里两个交战的理想,只有顽强的力量才能使其不至于分裂。美国黑人的历史就是这场斗争的历史——这种渴望获得自我意识的男人气概,将其双重自我融合成一个更好更真实的自我。他不希望在这种融合中失去原有的自我。他不希望使美国非洲化,因为美国有太多

---

① Joseph E. Harris, ed., *Global Dimensions of the African Diaspora*, Washington D.C.: Howard University Press, 1982; Hansjorg Dilger, Abdoulaye Kane and Stacey A. Langwick, eds., *Medicine, Mobility, and Power in Global Africa: Transnational Health and Healing*, Indiana University Press, 2012.

② Francis B. Nyamnjoh, "Concluding Reflections on Beyond Identities: Rethinking Power in Africa", in Souleymane Bachir Diagne, Amina Mama, Henning Melber and Francis B. Nyamnjoh, *Identity and Beyond: Rethinking Africanity*, Discussion Paper 12, Uppsala: Nordiska Afrikainstitutet, 2001, p. 30.

的东西要教给世界和非洲。他也不会在美国白人主义的洪流中漂白他的
黑人血统,因为他知道黑人血统有一个信息需要向世界传达。他只是希
望一个人既能成为黑人,又能成为美国人,而不会受到同胞的诅咒和唾
弃,机会之门不会因此在他面前粗暴地关闭。"①他的观点明确:美国黑人
既要保存自己的特点,又要融入美国人之中;他希望黑人在美国享有平等
待遇。

　　肯尼亚学者弗兰西斯·恩朱比·纳斯比特(Francis Njubi Nesbitt)
分析了海外(主要是美国)非洲学者的另一种双重困境——在学术研究上
的高成就与在美国种族等级上的低地位,因为离开或"放弃"自己的国家
而被非洲大陆疏远和他们与非洲性(Africanity)的结合及与非洲妥协的
需要。这种复杂矛盾的社会生存环境促使这一群体分为三类:买办知识
分子(comprador intelligentsia)、后殖民批评家(postcolonial critics)和进
步的流放者(progressive exile)。买办知识分子接受了国际金融机构有
关新殖民主义和新自由主义的观念,借着自己的非洲人身份一方面维护
全球秩序,另一方面在贪污、"部落主义"和愚笨等方面对非洲进行指责,
充当了国际资本的代言人。后殖民批评家扮演着协调者的角色,以权威
中间人的身份向西方解释非洲经验,同时向非洲人传输不断变换的欧洲-
美国万花筒似的现代理论(自由主义、现代化、马克思主义、依附论)和各
种"后"思潮(后现代主义、后结构主义和后殖民主义),并以此来解释非洲
人的经历。进步的流放者通过他们自己被流放的身份,传播非洲知识,参
与海外非洲与他们所属国的各种解放运动,竭尽全力地发展一种有尊严
的泛非主义认同感。他认为,买办知识分子的代表是加纳的经济学家乔
治·阿伊蒂(George Ayittey, 1945—),后殖民批评者的代表是加纳哲学
家克瓦米·安东尼·阿皮亚,进步的流放者的典型是肯尼亚作家恩古
吉·瓦·提昂哥(Ngũgĩ wa Thiong'o)。② 经济学家阿伊蒂的主要观点是
非洲的贫困落后并非殖民主义统治所为,而是近代以来非洲自身的独裁统

---

　　① W. E. B. Du Bois, "Strivings of the Negro People", *The Atlantic Monthly*, August
1897. https://www. theatlantic. com/magazine/archive/1897/08/strivings-of-the-negro-
people/305446/. 查询时间:2018 年 12 月 1 日。

　　② Njubi Nesbitt, "African Intellectuals in the Belly of the Beast: Migration, Identity,
and the Politics of Exile", *African Issues*, 30:1(2003), pp. 70-75.

治者和自身管理不善所致。① 后殖民哲学家阿皮亚认为："后现代文化是所有后现代主义在其中运作的文化,有时是协同的,有时是竞争的。由于从某种意义上说,当代文化是跨国的,所以后现代文化是全球性的,尽管这并不意味着它是世界上每一个人的文化。"②作家恩古吉·瓦·提昂哥的主要论点是坚持使用非洲本土语言,认为本土语言在"非洲记忆复活"中能起到重要作用。他曾经宣布,他将用基库尤语写作而不再使用英语写作。③

(二) 强调以非洲为中心的各种概念

人类的发展使非洲人主动或被动地出现在全球各个地区。然而,由于大西洋奴隶贸易对非洲人民的摧残和殖民主义统治对非洲的压迫,非洲在人类历史上的地位以及对社会发展的贡献却被人有意无意地抹杀了。一个有趣的例证是圣经上有关非洲的记录。费尔德揭示了欧洲中心论者有关"欧洲人的耶稣和基督教"诞生的叙事方式:"一部古老宗教戏剧,曾在埃及旅居的欧亚希伯来人……逐渐演变成古迦南……最终导致了欧洲的耶稣和基督教的诞生。"④他为受到不少人指责的"非洲中心主义"正名:"非洲中心主义是指非洲人和非洲人后裔必须被视为历史上的主动主体,而不是西方历史上的被动客体。非洲中心主义意味着重新建立非洲及其后裔的价值中心,而不以任何方式贬低其他人及其对世界文明的历史贡献。"⑤

---

① George Ayittey, *Africa Betrayed*, St. Martin's Press, 1992; George Ayittey, *Africa in Chaos*, St. Martin's Press, 1998; George Ayittey, *Africa Unchained: The Blueprint for Development*, Palgrave/MacMillan, 2004.

② Kwame Anthony Appiah, "Is the Post-in Postmodernism the Post-in Postcolonial?", *Critical Inquiry*, 17:2(Winter 2009), pp. 336-357; K. A. Appiah, *In My Father's House: Africa in the Philosophy of Culture*, Oxford University Press, 1992; K. A. Appiah, *Cosmopolitanism: Ethics in a World of Strangers*, W. W. Norton, 2006.

③ 提昂哥的主要著作是文学作品,但他也写了不少政论著作。Ngũgĩ wa Thiong'o, *Writers in Politics: Essays*, Heinemann Educational, 1981; Ngũgĩ wa Thiong'o, *Decolonising the Mind: The Politics of Language in African Literature*, Heinemann Educational, 1986; Ngũgĩ wa Thiong'o, *Moving the Centre: The Struggle for Cultural Freedom*, London: James Currey, 1993.

④ Cane Hope Felder, "Afrocentrism, the Bible, and the Politics of Difference", *The Journal of Religious Thought*, 50:1/2(Fall 1993/Spring 1994), p. 46.

⑤ Ibid.

　　长达 400 年的奴隶贸易和随之而来的殖民主义统治对非洲不仅造成了政治经济和社会发展的破坏,还从思想意识和历史文化上带来了极大的伤害。一方面,欧洲近代以来在意识形态领域建立了文化霸权,"非洲和亚洲被归入欧洲等级制度的不同类别","这种对欧洲文化的自信感与贸易、宗教和军事力量齐头并进",只有破除这种强加在亚非人民身上的欧洲中心论,恢复非洲和亚洲的历史地位和文化自信,其发展才有希望。① 另一方面,集体无意识的种族认同与相似的历史遭遇在非洲人中间逐渐产生了适合自身共同体的意识形态共同体概念——爱德华·布莱登的"非洲个性"(African Personality)和早期非洲民族主义者提出的"泛非主义"(Pan-Africanism),塞泽尔、桑戈尔等人的"黑人性"(Negritude),非洲移民裔群中的杜波依斯、莫勒菲·阿散蒂(Molefi Asante)、玛扎玛(Ama Mazama)、克托(C. Tsehloane Keto)等人先后提出"非洲中心主义"(Afrocentrism)和"非洲中心性"(Afrocentricity)等概念。

　　如前所述,从美国返回非洲并曾担任利比里亚政府官员的爱德华·布莱登是一位作家、思想家和外交家。他也被认为是"泛非主义之父",同时是第一批阐明非洲种族独特性的非洲学者之一。② 布莱登首先提出了"非洲个性"这一概念或共同命运说,主张世界各地的黑人联合起来。他在 1869 年发表的《古代历史上的尼格罗人》一文中提出黑人应该回到非洲去建立一个"基督教非洲帝国"。这大概是最早设想非洲一体化的文字表达。③ 他认为,非洲民族有自己的个性,即自己的同一性和价值观、自己的能力和成就、自己的历史和前途。他通过发掘历史来向全世界展示非洲民族和真实面貌,指出《圣经》上的埃塞俄比亚人就是黑人种族,他们为人类文明做出了巨大贡献。"埃塞俄比亚就是指非洲大陆;埃塞俄比亚人就是居住在这块大陆上的伟大种族。"尽管发达民族物质文明发展很快,但他们的精神世界变得模糊阴暗,感受性

---

　　① Molefi Kete Asante, "De-Westernizing Communication: Strategies for Neutralizing Cultural Myths", in Georgette Wang, ed., *De-Westernizing Communication Research: Altering Questions and Changing Frameworks*, Routledge, 2010, pp. 21-27.

　　② G. Martin, *African Political Thought*. New York: Palgrave Macmillan, 2012.

　　③ Edward W. Blyden, "The Negro in Ancient History", *Methodist Quarterly Review*, Vol. II, fourth series, Vol. xxi(January 1869), p. 93.

也因之迟钝。他们必须向非洲民族学习信仰和同情心。[①] 这种将世界各地的黑人看作一个整体的思想应该是"全球非洲"概念的滥觞。布莱登的思想影响了许多对非洲历史发展产生重大影响的人物，包括马库斯·加维、杜波依斯、乔治·帕德摩尔、桑戈尔、阿齐克韦、恩克鲁玛和谢克·安塔·迪奥普等。

"黑人性"首先出现在来自马提尼克的塞泽尔主编的《黑人学生》(*L'Étudiant noir*)杂志第 3 期(1934—1935)，这是他与来自塞内加尔的桑戈尔和来自圭亚那的达马斯(Léon Gontran Damas,1912—1978)在巴黎共同创办的黑人杂志。他们之所以用"nègre"来生造"Negritude"这个词，明显带有挑战白人至上主义的含义。塞泽尔对海地革命非常自豪，认为"海地是黑人性第一次出现的地方"。他们倡导的"黑人性"认为黑人有一种特别的认知方式，这由他们的精神生理学所决定，又可以被描述为"通过参与而认知"。他们认为，西方的认知方式是将对象加以分析并将其分解，而非洲人的认知则可以说是接纳对象，这种认知过程是将对象融合而不是分解。"黑人性"的概念集中体现了"黑非洲"文明，是撒哈拉以南非洲文化价值的总和。他们力图从各方面证明：无论是在非洲还是别的地方，所有黑人是一个整体；黑人民族既有自己的历史和文明，也有创造文明的条件和能力；黑人民族有着与白人不同的个性和精神。[②]

"黑人性"这一政治-文化理论激起了非洲的民族自尊心和对非洲文明的自豪感，为二战后非洲民族独立运动的兴起提供了思想武器，也成为团结全世界黑人的旗帜。萨特认为"黑人性"是黑人第一次利用法语来反抗法国殖民统治的做法。这有别于其他民族主义用自己语言反对殖民统治的表达方式，是借用殖民统治者的语言来反抗殖民统治者，这是一种反种族主义的种族主义，其最终目的是达到种族平等。[③] 这一理论因遭遇

---

① E. W. Blyden, *Christianity, Islam and the Negro Race*, University of Edinburgh Press, 1967[1888], pp. 130-149.

② Aimé Césaire, *Discourse on Colonialism*, New York: Monthly Review Press, 2000; Leopald Senghor, *Liberté, Négritude et humanisme*, Volume 1, Paris: Editions du Seuil, 1964.

③ Jean-Paul Sartre, "Orphée Noir", in Léopold Senghor, ed., *Anthologie de la nouvelle poésie nègre et malgache*, Paris: Presses Universitaires de France, 1948, p. xiv.

到批判而沉寂了一段时期。21 世纪以来，一些学者包括美国黑人社会活动家、创立了非洲裔美国人节日"宽扎节"①的莫拉纳·卡伦加（Maulana Karenga，1941—）教授继续探讨"黑人性"理论。历史学家阿契里·姆贝姆贝提出了"非洲公民主义"（Afropolitanism）这一概念，即"了解这里和那里的相互交织，其他地方在这里的存在以及这里在其他地方的存在，人之原籍、所属以及包容方式的相对化，对事实、陌生感、外国特性和遥远性的完整知识，从一个外国人的面孔认识自己的能力，从近处来寻找遥远痕迹的能力，对不熟悉的事物进行驯化的能力，以及与看似对立者一起工作的能力"。塞勒斯汀·孟加认为这种观点"为一种新的文化、历史、审美情感的出现而定名"。② 这些学者还包括一些非洲本土的知识分子，如非洲文学的泰斗、《剑桥非洲和加勒比文学史》（2004 年）主编之一、尼日利亚的著名学者阿比奥拉·伊瑞拉（Abiola Irele）和塞内加尔哲学家苏莱曼·巴希尔·迪阿涅（Souleymane Bachir Diagne）。谢赫·蒂阿姆（Cheikh Thiam）着重研究"黑人性"的哲学意义。③ 喀麦隆经济学家孟加一方面不相信种族同质性的神话，对"黑人性"提出了批判："在一个黑人与白人肤色有如调色板的世界里，生物学的意义是什么？黑人世界的种族同质性的神话以及由此产生的世界观的同一性是经不起推敲的。"然而，另一方面，他又不得不承认"非洲性"在自己身上的存在。"我肯定将自己定义为一位世界公民，但无论如何，我也是一个非洲人。我观察我的同胞和解释他们的想法的行为都是根据融合的'非洲性'（Africanness）观点（或者，如果你愿意的话，这种新的黑人性）来进行的。"④

（三）非洲中心主义

学术界对谁最先使用"非洲中心主义"这一术语没有定论，但此概念包

---

① 宽扎节创立于 1966 年，是非洲裔美国人的节日，该节日名来自斯瓦希里语，意为"丰收的第一批果实"。节日从 12 月 26 日持续到 1 月 1 日。

② ［喀麦隆］塞勒斯汀·孟加：《非洲的生活哲学》（李安山等译），北京大学出版社，2016 年，第 27 页。

③ Cheikh Thiam, *Return to the Kingdom of Childhood: Re-envisioning the Legacy and Philosophical Relevance of Negritude*, The Ohio State University Press, 2014.

④ ［喀麦隆］塞勒斯汀·孟加：《非洲的生活哲学》（李安山等译），北京大学出版社，2016 年，第 26、28 页。

含的思想早在爱德华·布莱登、谢克·安塔·迪奥普和杜波依斯等人的著述中已有所表达。1954年,谢克·安塔·迪奥普在《黑人民族与文化》中提出了著名观点:黑人是古埃及主体民族;非洲是古埃及文化起源地;在古埃及文化的基础上诞生了古希腊文化和阿拉伯文化;非洲因而是古埃及文化及人类文化和历史之源。① 他的学生、刚果(金)学者奥本加对这一观点进行了研究和论证。② 非洲裔美国学者马丁·贝尔纳的《黑色雅典娜》三部曲有力地支持了他的论点。1961年到1962年,杜波依斯在《非洲百科全书》的建议稿中使用了这一词汇。③ 尽管后来出现了"非洲中心性"或"非洲性"等相似词汇,但主要观点基本一致,即非洲人的所有历史现象和叙述都应该以非洲人的中心性为特征,必须以非洲人为中心来展示非洲的历史经验,而不是以任何其他人为中心。20世纪60年代的非洲民族独立浪潮风起云涌,马丁·路德·金(Martin Luther King, 1929—1968)领导的美国黑人民权运动如火如荼,1970年到1980年后殖民批判理论风靡美国,这些为美国黑人知识分子的觉醒提供了社会条件和精神力量。

出生在美国乔治亚的莫勒菲·阿散蒂原名小亚瑟·李·史密斯(Arthur Lee Smith Jr.),他的专业是跨文化传播研究。④ 1972年,他作为加州大学洛杉矶分校非洲裔美国研究中心主任首次访问加纳。当地人对他作为黑人却用英国名字表示奇怪,阿散蒂意识到自己名字的来源是黑奴。1976年,他决定改用非洲姓名,用苏陀语"莫勒菲"(Molefi)作名字,意为"一个给予和保持传统的人",用特维语"阿散蒂"(Asante)这个加纳历史上的帝国名字作姓氏。无独有偶,另一位对"非洲中心观"这一概念做出重大贡献的阿玛·玛扎玛(Ama Mazama)也有同样经历。她出生

---

① Cheikh Anta Diop, *Nations negrés et culture*, Paris, 1954. 有关中国学者对他的研究,参见张宏明:《非洲中心主义——谢克·安塔·迪奥普的历史哲学》,《西亚非洲》,2002年第5期。

② Théophile Obenga, "Egypt: Ancient History of African Philosophy", in Kwasi Wiredu, *A Companion to African Philosophy*, pp. 31-49.

③ Wilson J. Moses, "Introduction", *Afrotopia: The Roots of African American Popular History*, Cambridge University Press, 1998.

④ 季芳芳:《"非洲中心性"(Afrocentricity):概念缘起及其意涵演化》,《新闻与传播研究》,2017年第6期,第117—124页。莫勒菲·阿散蒂的网站如下 http://www.asante.net/.查询时间:2019年1月20日。

于加勒比地区,当意识到自己是非洲女人后决定采用这个能表达身份的名字。莫勒菲·阿散蒂和阿玛·玛扎玛的经历表明:对于那些美洲的黑人而言,奴役和殖民过自己祖先的欧洲人强加的殖民身份实在难以忍受,两位黑人知识分子宁愿改变自己的名字以确定自己的身份认同。①

1980 年,莫勒菲·阿散蒂的《非洲中心性:社会变迁理论》梳理了非洲裔美国人的政治理论,对非洲裔美国人避免欧洲中心论的教育提出看法,揭示了努比亚和埃及文明在人类历史上的重要地位。他不断出版有关非洲中心论的著作,包括 1987 年出版并多次修订的《非洲中心性思想》及《非洲中心性宣言》等。根据阿散蒂的观点,非洲中心性是一场时间上跨代际、空间上跨大陆的心智运动,旨在将非洲人重新聚集在海外和非洲大陆的文化中心。② 非洲中心主义主张恢复非洲人和非洲文化在人类历史上的地位,任何叙事应以非洲人为主体而不是被动的客体,强调非洲人在非洲裔美国文化或世界文化中的重要作用。用费尔德的话说:"非洲中心主义意味着重新建立非洲人及其后裔作为价值中心。"③非洲中心主义的理论、视角和观点既引起学界的重视并运用于学术研究,也受到了一些学者的批判。④

---

① Molefi Kete Asante, "Racism, Consciousness, and Afrocentricity," in Gerald Early, ed. , *Lure and Loathing: Essays on Race, Identity, and the Ambivalence of Assimilation*, Allen Lane: The Penguin Press, 1993; Francis Kwarteng, "Ama Mazama: An Intellectual Warrior", *NewsGhana*, Dec 5, 2013. http://www. spyghana. com/ama-mazama-intellectual-warrior/. 查询时间:2019 年 1 月 20 日。

② Molefi Kete Asante, *Afrocentricity: The Theory of Social Change*, Amulefi Pub. Co. , 1980; Molefi Kete Asante, *The Afrocentric Idea*, Temple University Press, 1998 [1987]; Molefi Kete Asante, *Kemet, Afrocentricity and Knowledge*, Trenton: Africa World Press, 1990; Molefi Kete Asante, *An Afrocentric Manifesto: Toward an African Renaissance*. 他著述甚多,共出版了 80 部著作。

③ Cane Hope Felder, "Afrocentrism, the Bible, and the Politics of Difference", *The Journal of Religious Thought*, 50:1/2(Fall 1993/Spring 1994), pp. 45-56.

④ C. Tsehloane Keto, *Africa Centered Perspectives on History*, New Jersey: K A Publishers, 1989; Marimba Ani, *Yurugu: An Afrikan-centered Critique of European Cultural Thought and Behavior*, Trenton: Africa World Press, 1994; Dhyana Ziegler, ed. , *Molefi Kete Asante: In Praise and Criticism*, Nashville, TN: Winston Derek, 1995; Ama Mazama, ed. , *Essays in Honor of an Intellectual Warrior, Molefi Kete Asante*, Paris: Editions Menaibuc, 2008; Molefi Kete Asante, "Afrocentricity Toward a Critical Bibliography of a Concept", in Molefi Kete Asante and Clyde E. Ledbetter Jr. , eds. , *Contemporary Critical Thought in Africology and Africana Studies*, Lanham: Lexington Books, 2016, pp. 31-63.

在《非洲中心性宣言》中,阿散蒂提出符合非洲中心性的 5 个特征:对由象征、图案、仪式和符号决定的心理位置的强烈兴趣;致力于在任何社会、政治、经济或宗教现象中对性、性别和阶级问题的暗示中寻找非洲人的主体地位;在历史上有效存在的艺术、音乐、文学等方面捍卫非洲文化元素;以[非洲]中心或机构的颂扬,致力于消除对非洲人或其他人的贬义词汇;致力于修订非洲人的集体历史文本。① 从非洲中心主义或非洲中心性又演化出"非洲中心愿景"、"非洲中心方法"(Afrocentric method)和"非洲中心的思想与实践"(Afrocentric thought and praxis)等概念,并影响到哲学、历史、社会学、政治学以及非洲研究、非洲裔美国研究以及跨文化传播研究等多个学科领域。② 2001 年,玛扎玛将"非洲中心观"作为一种范式提出来,随后出版了由她主编的专题论著。③ 阿散蒂说明了使用"非洲中心性"这一概念的真实意图:"我选择非洲中心性(Afrocentricity)这个词想强调一个事实:非洲人民在过去的 500 年里已经被排除在任何词语之外。换句话说,非洲人不是简单地从非洲被迁移到美洲,而是被人从哲学、语言、宗教、神话和文化中分离出去。分离是暴力的,通常伴随着个体和群体的许多变化。找到一种重新定位或重新调整思维的方法,对于展示非洲文化现实至关重要。事实上,如果没有这样的重新定位,除了最初将非洲人从社会、文化和心理的词语里排除出去的那些欧洲人的经历之外,非洲人在人文学科目录上就没有发言权。"④

---

① Molefi Kete Asante, *An Afrocentric Manifesto: Toward an African Renaissance*, Cambridge: Polity Press, 2007.

② Terry Kershaw, "Afrocentrism and the Afrocentric method", *Western Journal of Black Studies*, 16:3(1992), pp. 160-168;Janice Hamlet, ed. , *Afrocentric Visions: Studies in Culture and Communication*, Sage Publications, Inc. , 1998; Cecil C. Gray, *Afrocentric Thought and Praxis: An Intellectual History*, African World Press, 2001; Molefi Kete Asante, "Afrocentricity towards a Critical Bibliography of a Concept", in Molefi Kete Asante and Clyde E. Ledbetter Jr. , eds. , *Critical Thought on Africology and Africana Studies*, Lanham: Lexington, 2016.

③ Ama Mazama, "The Afrocentric Paradigm: Contours and Definitions", *Journal of Black Studies*, 31:4(Mar. , 2001), pp. 387-405; Ama Mazama, ed. , *The Afrocentric Paradigm*, Africa World Press, 2002.

④ Molefi Kete Asante and Yoshitaka Miike, "Paradigmatic Issues in Intercultural Communication Studies: An Afrocentric-Asiacentric Dialogue", *China Media Research*, 9:3 (July 2013), p. 4.

当然,非洲中心主义主张的重新定位不是简单的"去西方化"。"非殖民化不仅仅是去西方化,而是在知识发现和传播过程的中心对非洲的全面重申。……一种解构的行为,但它不是破坏一切的行为。"①由于长时期被排除在世界文化之外,长期被置于由欧洲人统治的话语之下,非洲文化与历史被忽略甚至被否认,非洲人民被排除在身份认同、世界文化和人类历史之外,这种由欧洲人依靠暴力和文化霸权建立的学术、思想和社会藩篱必要打破,还非洲一个公正的地位。可以说,非洲中心主义有四个层面的表达。首先,肯定非洲在历史上的地位和为人类做出的贡献。其次,揭露和批判欧洲殖民主义种族主义对非洲的歪曲,恢复非洲人的主体地位以及各民族文化的客观定位。第三,破除欧洲中心论在学术领域里的影响,确立国际人文社会学科包括非洲研究的客观公正性。第四,鉴于非洲中心主义产生的地点和条件,它强调对海外非洲人进行有关非洲人心灵的非殖民化并提供适当的教育途径。

有的学者认为非洲中心主义是一种排他的概念。② 这并非事实。在阿散蒂的第一篇有关非洲中心观的论文中就明确指出:"非洲中心性不是欧洲中心性的反面,而是一种特殊的分析角度,它并不寻求像欧洲中心主义所做的那样占据所有的空间和时间。……非洲中心主义者从哲学观点力主一种没有等级的多元主义,应该尊重所有的文化中心。这是非洲中心主义者的根本目的。"③虽然他对"非洲中心性"的定义不断充实,但这种包容性从未改变。霍普也强调:"非洲中心观是指非洲人及其后裔必须被视为历史上的积极主体,而不是西方历史上的被动客体。非洲中心观意味着重新建立非洲人及其后裔的价值中心,而不以任何方式贬低其他人及其对世界文明的历史贡献。"④

① Molefi Kete Asante and Clyde E. Ledbetter Jr., eds., *Contemporary Critical Thought in Africology and Africana Studies*, Lanham: Lexington Books, 2016, p. 4.

② Stephen Howe, *Afrocentrism, Mythical Pasts and Imagined Homes*, London & New York: Verso, 1998; Tunde Adeleke, *The Case Against Afrocentrism*, University of Mississippi Press, 2009.

③ Molefi Keto Asante, *Afrocentricity: The Theory of Social Change*, http://ishare. iask. sina. com. cn/f/15240823. html.

④ Cane Hope Felder, "Afrocentrism, the Bible, and the Politics of Difference", *The Journal of Religious Thought*, 50:1/2(Fall 1993/Spring 1994), pp. 45-56.

可以肯定的是,非洲中心主义强调的是恢复历史的原貌,将非洲人民和非洲文化置于其应该属于的位置。这是非洲中心主义者力图推动的思想运动。当然,学界对非洲中心主义存在着诸多疑问:如何处理非洲裔美国文化与非洲文化的关系? 如何客观评价美洲本土文化在非洲裔美国文化形成中的作用? 如何将非洲文化置于世界文化的适当地位? 如何克服非洲中心主义者过于强调非洲文化在人类历史发展中的作用这一问题? 如何处理非洲文化与欧洲文化、亚洲文化及其他文化的关系问题? 这些都是非洲中心主义尚需厘清的问题。最为关键的是,非洲中心主义认为,非洲人民应将自己视为行为主体而不是边缘的被动者,同时提出了一个更人性和更民主的人际关系框架。这种视野对世界的其他民族是一种激励,对重建人类文化的真实历史具有重要的启示意义。

(四) 包容的海外非洲战略

海外非洲战略是非洲联盟为调动全球非洲移民裔群的一种国际统一战线,它实际上是非洲主义加上大陆主义的具体体现。

可以说,泛非运动经过了三个阶段:20世纪初以第一届泛非大会为标志开启了运动的第一阶段;60年代起以独立国家为中心的泛非运动为第二阶段,以非洲统一组织成立(1963年)为标志,完成了非洲国家的独立过程;非洲联盟成立(2002年)以来,运用"泛非统一"的理念,一方面宣布非洲侨民作为非洲的第六个组成部分,另一方面推出"非洲共享价值观",致力于将海外非洲移民裔群整合到"非洲"这一概念之中,开启了泛非运动的第三个阶段。非盟创造性地利用泛非主义进行动员,以重建全球的"非洲世界观",从而扭转其处于世界政治舞台边缘的困境,以一种自决的姿态参与全球治理。如前所述,这种战略建立在长期的历史积累和广博的知识背景之上,并以世界各地的海外非洲移民裔群为基础。几乎所有的非洲领袖都呼吁非洲统一。布莱登提出过统一的非洲国家,谢克·安塔·迪奥普花费了大量精力来论证非洲建立一个联邦国家(Federated State)的必要性,恩克鲁玛提出过"非洲必须统一",尼雷尔甚至警告过:"没有统一,非洲没有前途。"由于现实条件并不成熟,这一目标只是以一种愿景的方式出现,对一些具体问题并未进行过详细的讨论。以何种形式将哪些人统一在一起? 这本身就是一个引起分歧的问题。

实际上,在泛非主义运动中一直存在着"非洲主义"(Africanism)与"大陆主义"(Continentalism)之争。大陆主义者认为非洲的统一应该是整个非洲大陆的统一,非洲主义者认为非洲的统一是非洲人民的统一,应该包括海外非洲人。大陆主义者与非洲主义者的根本分歧在于是否应该将非洲的阿拉伯国家团结在泛非主义的旗帜之下。① 非统组织/非盟一直主张将非洲大陆的所有国家团结在一起,纳赛尔的三个同心圆理论(即埃及属于非洲/阿拉伯/穆斯林三个范畴之内)也一直是埃及以及非洲的阿拉伯国家奉行的原则。然而,非洲主义者认为,历史上阿拉伯世界与非洲有过冲突,现在的阿拉伯联盟又是阿拉伯世界一体化的表现。因此,泛非运动没有必要将非洲大陆的阿拉伯国家包括在内。普拉认为,"如果每个人都是非洲人,则没有谁是非洲人"。② 可以说,非洲联盟决定将海外非洲作为第六个构成部分的政策将"非洲主义"与"大陆主义"有机地结合在一起。这不是什么权宜之计,而是一种具有创造性的战略举措。

"全球非洲"正是希望将以上两种意识统一起来为非洲的未来服务。与"非洲中心主义"的概念一样,其含义在早期非洲民族主义者的思想中表露出来。实际上,海外非洲与非洲大陆的联系一直十分紧密。除了早期的布莱登、加维和杜波依斯等人外,二战后在欧美活跃的非洲留学生为二战后在非洲兴起的民族独立运动提供了丰富的人力资源。著名的非洲独立国家的第一代领导人如肯雅塔、恩克鲁玛、阿齐克韦等人都有在国外留学的经历。西非学生协会的一些主要领导人后来都成为民族独立运动的风云人物。③ 从 20 世纪 60 年代以来,非洲的民族独立运动与美国的黑人运动遥相呼应,互相支持,海外非洲裔知识分子也不断为非洲民族解放提供思想武器。

---

① *Africanism or Continentalism*:*Mobilizing Global Africans*,*for Renaissance and Unity*(*Selected Documents of the 8ᵗʰ Pan-African Congress*(Compiled by Kwesi Kwaa Prah),CASAS Book Series,No. 110,Cape Town:The Centre for Advanced Studies of African Society(CASAS),2014. 有关这一问题的论据均引自此书。

② Ibid.,p. 70.

③ J. L. Hymans,*Leopold Sedar Senghor An Intellectual Biography*,Edinburg University Press,1971,pp. 80-81.

五、小　结

2003 年,非洲联盟创造性地将非洲定义为六个构成部分,即东非、西非、北非、南部非洲、中非和海外非洲。非洲联盟将非洲移民裔群定义为"由居住在非洲大陆以外的非洲裔人民组成,不论其公民身份和国籍如何,并愿意为非洲大陆的发展和非洲联盟的建设做出贡献的人"。非洲联盟移民裔群处(Diaspora Division)宣布成立,与移民裔群公民社会处(Civil Society Division for the Diaspora)合作,其主要任务是充当在非洲大陆发展和一体化议程服务过程中重建全球非洲家庭的推动力量,将"邀请和鼓励作为非洲大陆重要组成部分的非洲侨民充分参与非洲联盟的建设"。[①]

从辩证法的观点看,在发达国家的非洲移民特别是学者可以从多个方面为非洲的发展和利益服务。姆丁贝直言美国的优越条件可以使他的研究更好地服务于非洲。其他在美国的非洲学者也持同样观点。[②] 纳斯比特曾从国际关系的角度考虑,非洲移民在发达国家的政策网络中可以成为非洲的说客(lobbyists),为非洲利益工作。[③] 然而,他们的工作远远不止这一点。首先,他们可以借助发达国家的先进设备和优越条件通过各种方面(留学、培训、联合培养)为非洲本国培养人才。其次,他们可以通过合作教学和研究为非洲国家提高教学质量。第三,他们可以在欧洲或美国传播非洲文化和提升非洲在国际舞台上的重要性。第四,他们的工作也间接地为提高非洲的国际地位打下了基础。问题的关键有两点:非洲国家政府吸引人才的宽松和优惠政策与非洲移民知识分子的道德归属和自觉性。换言之,如果条件允许,这种人才外流可以使非洲受损害的

---

① 有关 2003 年非洲联盟将"非洲移民裔群"纳入建设非洲大陆的重要力量的这一决策,可参见非洲联盟网站的有关定义:"The Diaspora Division", https://au. int/diaspora-division。

② 海因兹·基姆勒:《非洲哲学——跨文化视域的研究》(王俊译),人民出版社,2016年,第108—109页。

③ Francis Njubi Nesbitt, "Brain Gain Politics Embedded in the North", Quantara. de, 14. 03. 2005. https://en. qantara. de/content/analysis-francis-njubi-nesbitt-brain-gain-politics-embedded-in-the-north.

现象转变为使非洲得利的局面。借助在发达国家各方面的优势,他们可以成为非洲国家文化发展的优势。

倡导非洲共享价值观和对非洲移民的新政策代表着非洲联盟的全球非洲战略。这一战略旨在整合散布在全球的力量,在政治经济和社会文化上统一非洲,充分利用非洲移民裔群的优势是其中重要的一环。从政治上看,这种战略布局是努力消除非洲边缘化并确立非洲正面形象的举措;从文化上看,反映了非洲联盟的多元主义和变革主义,以一种跨越代际的全球共享经验的记忆为前提,是从泛非主义观念中汲取而来并重新表述的非洲经验。[1] 从经济上看,将海外非洲列为"第六个构成部分"是学习发展中国家(如中国、印度、埃塞俄比亚)经验的结果,充分利用海外侨民的经济资源对非洲经济发展能起到一定的促进作用。[2]

法罗拉曾经指出非洲国家在全球化中面临的挑战:"先驱者面对的'全球史'和帝国主义的问题,正如我们今天所面对的一样。他们想要创造'民族'(nation),而我们今天也在全球化世界里面对着民族-国家的危机。"[3]如何应对这种危机?非洲第一代领导人以创建非洲统一组织的方式面对当时的危机。加纳总统恩克鲁玛在《非洲必须统一》中乐观地说,非洲统一将带来一个全新的局面:"就可能出现一个巨大而强大的非洲⋯⋯在一个统一的政治方向下为经济计划组织进行全面总动员而工作⋯⋯我们的目标是确保非洲的尊严、进步和繁荣。"[4]非洲联盟以新的

---

① Rita Kiki Edozie, "The Sixth Zone: The African Diaspora and the African Union's Global Era Pan Africanism", *Journal of African American Studies* 16:2(June 2012), pp. 268-299.

② Chukwu-Emeka Chikezie, "Reinforcing the Contributions of African Diasporas to Development", Sonia Plaza and Dilip Ratha, eds., *Diaspora for Development in Africa*, World Bank, 2011, pp. 261-282; Adams Bodomo, "African Diaspora Remittances Are Better than Foreign Aid Funds: Diaspora-driven Development in the 21st Century", *World Economic*, 14:4(Nov-Dec. 2013), pp. 21-28.

③ Toyin Falola, "Writing and Teaching National History in Africa in an Era of Global History", Paul Tiyambe Zeleza, ed., *The Study of Africa*, Vol. I, *Disciplinary and Interdisciplinary Encounters*, Dakar: Council for the Development of Social Science Research in Africa, 2006, p. 170.

④ Kwame Nkrumah, *Africa Must Unite*, London: Panaf Books, 1963, p. 221.

方式面对新的危机,泛非主义从政治价值观逐渐演变为一种融非洲历史、政治经济和社会文化为一体的世界观。在充分调动非洲广大民众的社会参与,形成对大陆层面一体化进程的保障的同时,如何摆脱非洲在世界政治经济体系中的"边缘/半边缘"地位? 既要适应世界政治环境特别是西方推广所谓"普世价值观"的影响,又要坚持"用非洲人的方法解决非洲问题"的原则,这是非盟面临的重要问题,也是非洲人民未来的艰巨任务。

我们有理由对非洲的未来充满信心。

第四部分　民　族

第十九章　非洲国家的民族与民族政策

> 如有可能，"部落"（tribe）这一词，除了北非的某些地区的情况而外，在这本书里将不再使用，因为这个词含有诬蔑和许多错误的思想内容。
>
> 基-泽博（布基纳法索历史学家）

> 尼日利亚不是一个民族国家。它只是一个地理名称。世上根本没有"英国人"、"威尔士人"或"法国人"意义上的"尼日利亚人"。"尼日利亚人"这个词无非是一个特有的名号，用来区分那些生活在尼日利亚边界之内以及之外的人们。
>
> 奥巴费米·阿沃洛沃（尼日利亚政治家）

1992 年夏天，我在加纳进行博士论文的实地考察。当我往来于勒贡（Legon）的加纳大学和位于首都阿克拉的国家档案馆时，我看到了面临1992 年选举时各政党运用多种手段进行动员的情形，街头不时有政党组织的游行，群众敲锣打鼓以壮声势，以政党为背景的报纸宣传自己的主张，加纳大学里贴满各政党学生支部的通告。我亲身感受了非洲民主化进程的气氛。颇有意思的是，当时负责接待我的加纳大学历史系的系主作阿杜·博亨教授也是 1992 年的总统候选人之一。[1]

---

[1]　阿杜·博亨是国际知名的非洲史专家，他也是联合国教科文组织主编的《非洲通史（第七卷）：殖民统治下的非洲 1880—1935》的主编。

民主选举是当时非洲国家的一个比较常见的政治现象。进程在哪些方面对非洲的国族建构产生了影响呢？哈维·格利克曼在他主编的著作《非洲的族际冲突与民主化》第一章中收集了《非洲报道》1992 年 3 月—4 月到 1993 年 7 月—8 月间关于非洲民族问题或民族冲突的有关消息。其中有几条很值得注意：

1. 埃塞俄比亚：新的联盟建立在"多民族"的基础之上（1992 年 3 月—4 月）；在登记和投票时须出示民族身份证明，14 个政府地区建立在民族的基础上，从解放阵线来看，参加 1992 年 6 月竞选的政党建立在"多民族"的基础之上（1992 年 9 月—10 月）。

2. 多哥和刚果（布）：军队的高级职位由各自国家的总统所属的民族把持；而民主化和改革的职务则由其他民族掌握，例如多哥的埃维人（1992 年 4 月—5 月）。

3. 塞内加尔：卡萨芒斯省出现一次由卡萨芒斯民主力量运动（Movement of Democratic Forces of Casamance，MFDC）领导的骚乱，主要由塞内加尔的少数民族迪阿拉人为主（1993 年 3 月—4 月）；迪阿拉人分离主义者虽然继续在卡萨芒斯省进行斗争，但这并未阻止 30％—40％ 的人参与在受影响地区的全国选举（1993 年 5 月—6 月）。

4. 布隆迪：1993 年的新宪法禁止鼓吹部落主义的政党组织，政党必须代表胡图人和图西人两个民族……（1993 年 7 月—8 月）。

5. 厄立特里亚：一项新的法令禁止在宗教和"部落"基础上组成的政党（1993 年 5 月—6 月）。

6. 乌干达：在一次采访中，穆塞韦尼总统说他赞成无党派民主因为非洲的政党总是根据诸如宗教或"部落"的宗派界限而走向极端（1993 年 7 月—8 月）。

7. 加纳：报刊指责罗林斯新政府偏向埃维人反对阿肯人的民族歧视（1993 年 7 月—8 月）。[①]

由此看来，在非洲民主化进程中，地方民族问题非常突出。

---

① Harvey Glickman, ed., *Ethnic Conflict and Democratization in Africa*, African Studies Association Press, 1995, pp. 1–3.

　　非洲民主化浪潮中多党制选举的存在为地方民族主义提供了土壤和条件。各个政党（特别是具有地方特色以及以地方利益为诉求的政党）在竞选过程中利用地方民族主义是完全可以理解的。这种情况是现代国家中普遍存在的政治现象。前面探讨了"国家建构"这一问题，认为"国家建构"是指一个国家承认存在多民族和不同文化的事实，致力于建设统一的现代国家的过程。本章的"国家民族"简称为"国族"。"民族一体化"是指国家内各人民共同体（包括氏族、酋邦和地方民族）逐渐融合为一个国族的过程，其结果是形成具有实质意义并逐渐巩固下来的"国族"。非洲的国族建构是现代国家发展过程中的一个极其重要的方面，民主化与国族建构的关系十分密切。

　　从近代以来国际流行的国家建构的角度看，这一过程主要包括三个内容：政治秩序和稳定机制的建立、国家机构和联系网络的建设和国家认同与国民意识的培养。政治秩序以及相伴相随的稳定机制并未随着共和国宣布成立而一蹴而就，这一点从诸多国家建国后经历了多次内战、政变、内乱和反复即可看出，这一过程往往是长期而曲折的。国家机构和网络联系的建设包括涵盖政治、经济、军事、外交、社会宗教和文化教育等事务的政府各部门的创立、基础设施的建设、交通枢纽及通讯网络的完善。由于这直接关系到国家机制的运转和人民生活的安定，因此占有非常重要的地位。国家认同和国族意识缺乏具体标准，是民众对于国家的一种认可度和忠诚感。

　　至于国家的认同与国族的认同，这两者往往是同一的过程。虽然每个非洲国家的公民都有某种相似的历史遭遇、文化记忆、心理感受、反抗殖民统治的经历以及各种经济联系，但这种对国家的认同意识仍需要在独立后的长期发展中逐渐形成。值得注意的是，在非洲国家存在着各种类型的共同体（种族、地方民族、酋邦、氏族等）的认同感，对国家的认同并不排斥对其他共同体的认同。国家认同的过程可以是主动的，也可以是被动的，它指一个国家承认存在多个民族和不同文化的事实，在自己的疆域范围内致力于建设统一的共同体的过程，它包括国家荣誉感和政治经济的一体化以及文化心理的一体化、国民性格的培养、国族的心理孕育等方面。

　　在诸多非洲国家，国家建构与国族建构齐头并进，成为独立后的一个极其重要的任务，也成为国际学术界关注的问题，加之民族政策对解决一个国家的民族问题和加速国族建构至关重要,我们有必要对非洲国家的民族政策作一些个案分析。我们所指的"民族政策"是"政治主体为规范国家范围内的民族事务而采取的策略、准则和措施"①;特指一个政府为解决多个民族存在所产生的相关问题的应对策略、机制和方法。历史悠久的中国中央集权制度发展出一套行之有效地处理民族关系的策略和机制,当代中国政府极重视民族问题。有的学者提出了"民族政治学"的概念。② 这种观念既包含具有中国特色的政治文化积淀,也是学界为应对民族问题而提出的策略思考。可以说,从中国政治文化的角度看,中央政权的民族政策往往对国家的政治稳定、经济发展和社会和谐起着至关重要的作用。一些非洲国家的政策促进了国族建构,有的则刺激了地方民族的滋生或膨胀。本章将探讨非洲的民族和在非洲被形容为社会共同体的类似称呼(如"部落"、"酋邦"、"地方民族"等),以及民族政策问题,并以坦桑尼亚为个案,分析国族建构过程中各种因素的作用。

一、非洲的民族和"部落":主题与概念

(一) 为什么要讨论这一主题?

为什么要将民族问题作为一个主要内容来分析,这是基于诸多非洲国家的特殊情况。无论从非洲国家、西方舆论还是国际学术界而言,非洲民族的复杂性和多元性是一种公认的现象。在一次针对尼日利亚大学生的政治信仰的问卷调查中有这样一个问题:"对发展中国家而言何者更为重要?(在下列两种回答中标出其一)",两个选项分别为"经济发展"和"民族团结"。这意味着被调查的尼日利亚大学生要在经济问题和民族问题上选出他们认为更重要的一个。结果如下:在阿赫马杜·贝勒大学,选择经济发展的只有 11.9%,而选择民族团结的占88.1%。伊巴丹大学和恩苏卡大学的情况也是一样。前者选择经济发

---

① 沈桂萍、石亚洲:《民族政策科学导论:当代中国民族政策理论研究》,中央民族大学出版社,1998 年,第 20 页。

② 周星:《民族政治学》,中国社会科学出版社,1993 年;吴松主编:《民族政治学论文集》,云南大学出版社,2000 年。

展的只有14％,而选民族团结的为85.9％,后者对两种选项的百分比分别为12.3％和87.7％。① 可见民族问题在尼日利亚是一个极其重要的问题,其重要性甚至大大超过经济发展。

虽然我们不能将尼日利亚等同于非洲,但对民族问题的曲解几乎是任何一个曾被肆意瓜分的非洲大陆的国家里存在的普遍问题。著名的肯尼亚政治学家马兹鲁伊认为:"后殖民非洲的民族和政治地理构成了这个大陆冲突框架的一部分。"同时,他也认识到,对民族问题和政治边界的互动这一问题的研究非常缺乏,同时不得不提出这一问题:"每个非洲国家内部的民族混杂的情况究竟有多么不稳定?"②牛津大学经济学教授、长期从事非洲问题研究的保罗·科利尔和另一位教授奥康奈尔在分析"非洲的机会与选择"这一问题时明确表示:非洲社会具有不同于其他地区的两个特点,其中之一是高度多元化的民族构成,另一个特点是非洲社会倾向于专制制度。③ 对前者我们大家都有共识,对后者则存在不同意见。

讨论"民族"问题的另一个重要原因在于在中国学者中存在的一个普遍倾向——对于非洲一些国家出现的各族之间互相争斗的社会政治现象,他们喜欢用"部族冲突"或"部族主义"来形容。在我国非洲研究中,对是否应该用"部族"(tribe)来形容非洲的一些社会共同体这一问题始终存在着分歧。④ "部族主义"实际上是"部落主义"(tribalism,有时应译作

---

① 阿尔蒙德、小鲍威尔主编:《当代比较政治学——世界展望》(朱曾汶、林铮译),商务印书馆,1993年,第760页。在尼日利亚从事研究多年并于1959年帮助建立了伊巴丹大学社会学系的彼特·劳埃德认为尼日利亚的大部分问题都是源于这个国家存在着占全国人口三分之二的三个民族这一事实,即豪萨族、伊博族和约鲁巴族。Peter C. Lloyd, *Classes, Crises and Coups, Themes in the Sociology of Developing Countries*, Paladin, 1973, p. 172.

② Ali A. Mazrui, *The African Condition*, London: Cambridge University Press, 1980, p. 107.

③ 参见 Paul Collier and Stehen A. O'Connell, "Opportunities and choices", Benno J. Ndulu et al, eds., *The Politcal Economy of Economic Grouwth in Africa, 1960—2000*, Vol. 1, Cambridge University Press, 2009, p. 118.

④ 1983年发表的两篇文章分别代表了两种不同的观点。顾章义:《评非洲"部族"说——兼谈斯大林的民族定义》,《中央民族学院学报》,1983年第4期;宁骚:《试论当代非洲的部族问题》,《世界历史》,1983年第4期。关于不同观点的综述,可参见吴增田:《黑非洲部族问题研究综述》,《西亚非洲》,1996年第5期;阮西湖:《关于术语"部族"》,《世界民族》,1998年第4期。

"部落性")的误译。① 对于这一问题,本人曾著文讨论,也在《非洲民族主义研究》中专章论及,分析了"tribe"、"ethno"和"ethnicity"等词的误译过程、对"部落"和"部族"的含混理解、中国古籍中的"部族"等相关问题。② 此处,我应该再次强调非洲人的观点和国际学术界的看法。

（二）国际学术界对"Tribe"的理解

我国有的学者以为,"西方学者对非洲的族体既不称 Nation,也不称 Tribe,而称 Ethnic Group"③,这种概括不够全面。实际上,国际学术界已基本抛弃了"部落"(tribe)一词。英国法律史学家亨利·梅因在《古代法》(1861)中确定了"部落"的特征。④ 路易斯·亨利·摩尔根在《古代社会》(1877)中通过对印第安人社会的实证研究,提出了有关部落的更系统的理论。⑤ 摩尔根关于亲属关系的研究和社会进化的综合理论为美国人种学和人类学奠定了基础,其重要贡献是以另一种方式发现了唯物主义历史观。⑥ 然而,现代人类学的大量个案分析已证明了摩尔根早期社会发展理论的缺陷。⑦ 在殖民统治时期,各欧洲殖民宗主国为了实施更有

----

① "部落"(tribe)一词源于拉丁文的"tribus",表示早期罗马人的三个民族(卢塞里斯人、拉姆尼斯人和蒂提斯人)。Louis L. Snyder, *Varieties of Nationalism: A Comparative Study*, Illinois: The Dryden Press, 1976, p. 170. 中国社会科学院世界史所所长廖学盛先生向我提供了这三个民族的译名,在此表示感谢。

② 李安山:《论中国非洲学研究中的"部族"问题》,《西亚非洲》,1998 年第 4 期;李安山:《非洲民族主义研究》,中国国际广播出版社,2004 年,第六章。

③ 徐济明:《国内非洲政治学科研究的回顾与展望》,陈公元主编:《21 世纪中非关系发展战略报告》,北京:中国非洲问题研究会,2000 年,第 250 页。

④ 诸如部落是许多氏族的集合体,强调以共同血缘为基础等。梅因:《古代法》(沈景一译),商务印书馆,1984 年,第 74 页。

⑤ 路易斯·亨利·摩尔根:《古代社会》(张东荪、马雍、马巨译),商务印书馆,1981 年,第 109—117 页。关于他对希腊、罗马和非洲诸民族发展过程中部落特征的描述,可参见第 241—242、305—306、367—369 页。

⑥ 恩格斯:《家庭、私有制和国家的起源》,人民出版社,1972 年,第 3 页,第 88—91 页。

⑦ 童恩正:《摩尔根模式与中国原始社会史研究》,《中国社会科学》,1988 年第 3 期。此文作为"附录"放在他的《文化人类学》一书中。童恩正:《文化人类学》,上海人民出版社,1989 年,第 315—354 页。谢维扬:《中国早期国家》,浙江人民出版社,1995 年,第 137—144 页。

效的统治,加强了对殖民地民族的研究,人类学正是产生于这一历史背景。西方学者在殖民政府的庇护下,对所属殖民地各民族进行实地考察,他们将非洲的社会共同体均称为"部落"。①

现代人类学家逐渐发现,"部落"一词在很多情况下难以解释早期人类的发展。1961 年 4 月 24 日,在宾夕法尼亚大学举行了题为"非洲的部落主义"的学术讨论会。这次会议对普及和传播"部落主义"这个概念起到了推波助澜的作用。也正是在这次会议上,一些学者对"部落主义"提出了质疑。例如,梅·埃德尔在研究乌干达的民族问题时曾提出,用"部落主义"来形容乌干达的干达人与其他族的矛盾并不合适;用"民族的"甚至"帝国的"这种形容词可能更为恰当。他指出:"作为非洲人今天最大问题的'部落主义'似乎并不是来自非洲内在的环境,而是来自属于我们西方世界自身的'部落'冲突。"②美国的非洲史专家保罗·博安南和菲利普·柯廷早在 1964 年即指出,制造"野蛮非洲人的神话"的表现之一是"部落"和"部落主义"在新闻媒体上的使用,"他们用'部落主义'这一词来分析非洲事务,但对世界的其他地区却不采用这一词语"。③

1964 年,联合国教科文组织开始《非洲通史》的准备工作,这是文化非殖民化的一个重大举措。经过 1965 年到 1969 年的资料收集工作和 1969 年(巴黎)和 1970 年(亚的斯亚贝巴)的两次会议后,撰写工作于 1972 年开始,集世界一流的非洲史专家并全部以非洲学者为主编。第一卷主编、非洲史学家基-泽博在"总论"中指出:有些人认为部落表示一个生物学上特殊的群体,他们大肆渲染"部落战争"的恐怖,而忽略历史上正是通过生物、技术、文化、宗教和社会政治方面的正常交流使非洲各民族共同体联在一起。他郑重宣布:"如有可能,'部落'这一词,除了北非的某些地区的情况而外,在这本书里将不再使用,因为这个词含有诬蔑和许多

① 关于人类学与"部落"一词的关系,可参见 Aidan Southall, "The Illusion of Tribe", in Peter C. W. Gutkind, ed. , *The Passing of Tribal Man in Africa*, Leiden, 1970, pp. 28-50。

② May Edel, "African Tribalism: Some Reflections on Uganda", *Political Science Quarterly*, 80:3(1965), pp. 357-372.

③ Paul Bohannan and Philip Curtin, *Africa and Africans* (Third edition), Illinois: Waveland Press, 1988[1964], p. 8.

错误的思想内容。"①这一点在《非洲通史》第一卷的简写本中写得更加明确。② 由知名学者组成《非洲通史》国际科学委员会撰写的历史公开宣称摒弃"部落"这个术语,这充分体现了国际学术界的严肃态度。

在 1985 年由中国大百科全书出版社与不列颠百科全书公司联合出版的中文版《简明不列颠百科全书》(本书用为 1984 年英文版)中在关于"部落"的词条中明确指出:"现代许多人类学家都用种族集团(ethnic group)这个术语代替部落。"③为什么会有这种替代方式呢? 这是因为很多人类学家对"部落"这一概念越来越不满意。有的人认为"部落"难以确切定义;有的人则认为这个词在殖民主义时期被赋予了特定的歧视含义,因而已失去了它作为学术用语的中性意义。④

1988 年的《格罗利尔学术百科全书》在列举了部落的一般特征后指出,"部落"这一术语已不再流行,主要因为以下四个因素:它具有落后的含义;作为划分标准的特征有时互不相符;部落存在着政治边界;在大的部落内部又分独特的集团。"当前,通常是用'民族'(ethnic group)和'民族性'(ethnicity)来取代'部落'和'部落性'。"⑤1993 年出版的《新不列颠百科全书》在"部落"的释文中也有同样的意思:"作为一个人类学术语,'部落'一词在 20 世纪后期已不再流行。一些人类学家摒弃这个词本身,认为不能精确地对'部落'下定义;其他的人类学家则反对此词在殖民主义时期附加的消极含义。特别是非洲学者,他们认为此词含义轻蔑,也不

---

① J. 基-泽博主编:《非洲通史(第一卷):编史方法及非洲史前史》,中国对外翻译出版公司/联合国教科文组织,1984 年,第 16 页。

② J. Ki-Zerbo, *General History of Africa* (*Abridged Edition*), Vol. 1, London: James Currey, 1989, p. 9.

③ 《简明不列颠百科全书》,第 2 卷,第 180 页。将"ethnic group"译作"种族集团"不妥。在我国学术界还有其他译法,如"族体"、"族群"、"族类"、"族裔"等。根据阮西湖的看法,应译为"民族"。阮西湖:《对当前社会人类学几个术语的认识》,2011—05—14 21:22:55,来源:中国民俗学网。https://www. sinoss. net/2011/0514/32787. html。查询时间:2018 年 8 月 8 日。本书除引用原文外,均用"民族"译法。

④ 关于这一点学者有很多著述,较早的可参见 A. Southall, "The illusion of tribe", pp. 28-50;近期的可参见 Peter P. Ekeh, "Social anthropology and two contrasting uses of tribalism in Africa", *Comparative Studies of Society and History*, 32:4 (1990), pp. 660-700。

⑤ *Grolier Academic Encyclopedia*, Grolier International Inc, 1988, Vol. 19, p. 295.

准确。因此,很多现代人类学家用'民族'(ethnic group)这一名称取代了'部落'……"①

在 1997 年《撒哈拉以南非洲百科全书》中"部落性"的词条这样解释:"'部落'一词多已从非洲或其他地区的学者的论著中消失,但在关于非洲的很多非学术性话语(non-scholarly discourse)中仍然存在……这一现象在非洲大陆以外和非洲人中间都存在。"②这里的"非学术"主要指政界和新闻界。国际学术规范要求在研究中谨慎使用一些专门术语,以避免不必要的误会。③ 例如法语的"race"(种族)以前用来指根据肤色和其他生物学特征来划分的人种群,尽管这一词仍在使用,但学术界已基本达成共识:"race"不再是生物科学中一个有意义的标准。④ 1995 年,由提出"世界体系论"的著名学者沃勒斯坦担任主席,由国际杰出学者组成"重建社会科学委员会",以探求社会科学的现状和前景。委员会的报告提到:为了避免混淆,"race"一词已被弃之不用。⑤

既然存在着对各种误译和对"部落(部族)"一词的含混理解,既然国际学术界已基本摒弃"tribe"这一术语,既然非洲人不喜欢这一词,我们还有什么理由继续使用"部落(部族)"这个词呢?用"民族"或"××人"、"××族"是完全可以解决这一问题的。

(三) 非洲学界对"部落"(Tribe)一词的反感

我认为"部落(部族)"一词不宜继续使用的另一个重要理由是:由于"部落"的概念增加了种族主义的内容,失去了其本身的学术含义,非洲人对"tribe"一词的反科学含义十分抵触。由于遭受殖民统治的经历和一

---

① *The New Encyclopedia*,*Britannica*, Encyclopedia Britannica Inc., 1993, Vol. 11, p. 918.

② John Middleton, ed., *Encyclopedia of Africa*, *South of Sahara*, Vol. 4, New York: Charles Scribner's Sons, 1997, p. 289.

③ 阮西湖:《对当前社会人类学几个术语的认识》,2011—05—14 21:22:55,来源:中国民俗学网。https://www.sinoss.net/2011/0514/32787.html。查询时间:2018 年 8 月 8 日。

④ H. L. Gates, ed., *"Race"*, *Writing and Difference*, Chicago: Chicago University Press, 1986, pp. 4-6.

⑤ 华勒斯坦等:《开放社会科学》,生活·读书·新知三联书店,1997 年,第 22 页。

些西方学者对"部落"一词赋予的非科学意义,非洲人对"部落"这一词极为反感。早在民族独立运动的高峰期,一些受过教育的非洲民族主义者就对随意用"tribe"作为非洲人们共同体的称谓提出质疑。他们反对的理由主要有三点:这一术语不适于用来形容非洲的人们共同体;这一词汇概念不明、含义不清;这一词汇已失去了描述人类社会组织的原有含义,而被赋予生物学上落后、低级和原始的含义。一位尼日利亚的民族主义者指出:"尽管'部落'这一词在罗马时期可能是高雅体面的,但是在现代社会它已声名狼藉。"①在 1956 年 4 月的《西非》杂志上,一位非洲人质问为什么"tribe"这一词仅仅用来形容非洲的民族。②

不容否认,一些非洲政治家在执政时期对本国存在的"部落主义"进行了谴责,并有针对性地制定了一些民族一体化的政策。在一些宪法或政党纲领及领导人演说中也使用过"tribe"(部落)和"tribalism"(部落主义)。③这一方面是针对当时的现实情况,另一方面在相当大的程度上也是受西方殖民统治下的话语影响。学者没有理由去重复这种殖民话语。然而,中国方面在翻译中均将其译作"部族"和"部族主义"。1968 年在《国际社会科学百科全书》的"非洲史学"词条中,非洲著名历史学家迪克和阿贾伊谴责了殖民主义御用文人对非洲历史和非洲社会组织的歪曲。迪克和阿贾伊指出:"他们主要关心的是描述部落的离奇古怪,这是为了推进殖民统治的建立并使其合法化。"④尽管"部落"曾是人类学家和民族学家普遍使用的一个专门术语,但大部分非洲学者对该词持否定态度。在牛津大学受过专业系统训练的非洲人类学家奥克特·比特克对这一词深恶痛绝,认为"部落"所含的贬义实源于殖民主义时期的人类学家对这一术语的滥用。⑤

---

① *West Africa*, June 23, 1956, p. 42.

② *West Africa*, April 14,1956, p. 180.

③ 《赞比亚联合民族独立党章程》(1985 年 2 月译本),第 34—35 页(选自中共中央对外联络部四局译本。以下有关非洲政党的党纲文件中译本除有特别注明外,均出自此处,不再标明);《刚果劳动党文件选编》(中共中央联络部九局,无翻译日期)第 52 页;《卢旺达全国发展革命运动文件选编》(1982 年 8 月译本),第 10 页。

④ David L. Sills, ed., *International Encyclopedia of the Social Sciences*, New York:MacMillan and Free Press, Vol. 6, 1968, p. 398.

⑤ Okot P'bitek, *African Religion in Western Scholarship*, Nairobi:East African Literature Bureau, 1970, pp. 6,13-14.

　　加纳著名的历史学家博亨在 1974 年的一次演说中谈到非殖民化问题。他指出了对学术研究中所使用词汇进行非殖民化的必要性，列出的第一个例子就是"部落"（tribe）一词。他指出："约鲁巴人，或是伊博人，就像苏格兰人或爱尔兰人一样，有他们自己的文化、自己的语言、自己起源的传说，并占据特定的区域，在数量上甚至比苏格兰人还多。然而，欧洲历史学家却将约鲁巴人称为部落（tribe），而将苏格兰人称为民族（nation）。美国的历史学家和社会学家也不会谈论爱尔兰人、意大利人和犹太人的部落，而只会说爱尔兰人、犹太人和意大利人民族（ethnic groups）；他们决不会将美国的爱尔兰人和意大利人之间的冲突像他们描述尼日利亚的伊博人和约鲁巴人之间的冲突那样称为'部落主义'的证据，而只会作为我族中心主义的例子。这完全是因为'部落'这一词现在已具有轻蔑贬低的含义：这些历史学家因而不愿意将这一词用于欧洲人集团。"博亨做出决定：将"部落"从他的历史著作中永远消除。[①]　在学术著作中，也有个别学者将西方的这种我族中心主义称为"部落主义"。[②]

　　1983 年 4 月在弗吉尼亚大学召开"南部非洲部落性的创造"学术研讨会，探讨殖民政府、历史学家、非洲政界和本地社区如何通过主观努力强化甚至创造了"部落性"。尽管会议组织者勒鲁瓦·韦尔教授在会前向非洲学术界广泛征集论文，但无一位非洲学者愿意撰写这种"对民族建设的目标起破坏作用"的论题。[③]　1994 年 5 月在北京举行的"中美非洲政治发展国际研讨会"上，一位中国学者在分析非洲现代政治文化的论文中多处使用"tribe"而引起肯尼亚学者的强烈反应。1996 年 6 月在北京举行的"南非政治经济发展前景"国际研讨会上，南非学者詹姆

　　①　A. Adu Boahen, *Clio and Nation-building in Africa*, Accra: Ghana Universities Press, 1975, pp. 20-21. 少数非洲学者认为用"ethnic group"来代替"tribal"并无实质意义，仅仅是欧洲学者出于忏悔心理和礼貌的原因。Masipula Sithole, "Ethnicity and democratization in Zimbabwe: From confrontation to accommodation", Harvey Glick, ed. *Ethnic Conflict and Democratization in Africa*, Atlanta: African Studies Association, 1995, pp. 132-145. 肯尼亚的姆波亚则认为"部落主义"有其积极的一面。参见 Louis L. Snyder, *Varieties of Nationalism: A Comparative Study*, p. 170.

　　②　Louis L. Snyder, *Varieties of Nationalism: A Comparative Study*, p. 170.

　　③　Leroy Vail, ed., *The Creation of Tribalism in Southern Africa*, London: James Currey, 1989, xii. note 3.

斯对"tribe"一词也提出了类似看法,他指出这一词在"政治上是错误的"。在 1996 年的《南非年鉴》上,我们找不到用"tribe"来称呼任何民族(如祖鲁人、科萨人或斯威士人)的现象。① 相反,根据南非宪法规定:南非各民族使用的 11 种语言都享有平等的地位。正如《南非新闻》指出的那样:"这也是南非宪法保护每一个少数民族(national minority)利益的具体例证。"②

二、民族的概念与问题的产生

(一) 有关民族和民族政策的理解

意大利的民族主义先驱马志尼曾提出"一个民族,一个国家"的理想。如果"民族"在这里指的是政治民族,这种国家可以说是现代国家的典型;但如果他指的是文化民族,那么一个国家的全体居民均属同一文化民族的情况实在太少。根据英国历史学家霍布斯鲍姆的统计,全世界 170 多个国家中仅有 12 个为单一民族国家。③ 在欧洲资产阶级革命胜利时期,荷兰有 2 至 3 个民族,英国和爱尔兰有 8 个,法国也有 8 个,丹麦王国有 6 个,撒丁王国和西西里王国各有 2 至 3 个,西班牙有 5 个。④

民族的概念引发了各个学科的热烈讨论,例如汉斯·科恩的《民族主义的观念》、埃里克·霍布斯鲍姆的《民族与民族主义》、埃里·凯杜里的《民族主义》、安东尼·D. 史密斯的《全球化时代的民族与民族主义》、厄内斯特·盖尔纳的《民族和民族主义》、本尼迪克特·安德森的《想象的共同体——民族主义的起源与散布》等,学者们根据自己的理解从语言、历史、种族、领土、传统、文化心理、政治组织、经济生活甚至宗教信仰等客观标志,以及对这一集团的认同感、效忠精神、排他性等主观标志进行分析,做出各种判断。实际上,民族用来形容人类集团,确实可以有多种解释。首先,也是我们最常表示的,是指统一在一个国家领土之上的人群集团,

---

① The South African Communication Service, *South Africa Yearbook 1996*.

② 南非驻华使馆:《南非新闻》(*Tswelopele*),第 2 期,1998 年 3 月。

③ E. J. Hobsbawm, "Ethnicity and Nationalism in Europe Today", *Anthropology Today*, 8:1(1992), p. 4.

④ 转引自[苏]柯毕夏诺夫:《非洲的民族、宗教和语言》,《民族译丛》,1985 年第 1 期。

也可以称为"国家民族"(或"国族")。尼日利亚、南非、坦桑尼亚、埃及之为民族,有别于那些在某个国家民族范围内的各个民族(或地方民族)。这是我们在本书中集中讨论的"民族"。

其次,民族也可以指一个稳定的、在历史上逐渐形成的集团,他们居住在共同的土地上,有着共同的经济生活、文化语言和社会结构。这一定义指的是尼日利亚的约鲁巴人、伊博人和豪萨-富拉尼人,南非的祖鲁人和恩德贝莱人,卢旺达的胡图人、图西人和特瓦人是民族。由于这些民族往往居住在一个国家的特定区域,我们称之为"地方民族"。有的学者习惯将这种人们共同体称为"部落"。然而,如前所述,"部落"这一特定名词已受到非洲历史学家和国际学术界的摒弃(北非地区除外)。当然,民族还可以指一个有着共同历史经历的人类集团或是被认为是一个集团,如"非洲民族"。①

(二) 殖民政策的影响

殖民政策在非洲留下了诸多遗产。这些遗产几乎都与民族问题有关系,民族被分割,强行划定的边界,分而治之的制度等。在非洲大陆,单一民族的国家很少。有时,一个民族被殖民主义时期确定的边界分割在多个国家。作为殖民主义的遗产,跨界民族对独立后的非洲国家形成了极大的负面影响。殖民瓜分将一个民族分割在不同的殖民地,如刚果人被分割在安哥拉、比属刚果、法属刚果和加蓬;索马里人被分割在索马里、埃塞俄比亚、肯尼亚和吉布提;埃维人被分割在加纳、多哥、贝宁;塞努福人被分割在马里、科特迪瓦和上沃尔特。由于非洲独立国家边界是对殖民主义遗产的继承,很多历史上生活在一起并具有共同文化心理的民族被固定到不同的国家。此外,分而治之也是非洲国家民族问题产生的另一个因素。在同一个殖民地,有的民族被重用或被武装起来成为殖民政府实施压迫的工具。这种现象成为非洲国家独立后民族问题的根源。②

---

① 除了一般的用法外,泛非主义者一般持这种观点。Kwesi Prah to Li Anshan 电邮,2018 年 3 月 13 日。

② 李安山:《非洲民族主义研究》,中国国际广播出版社,2004 年,第五章。

表格 19-1 殖民政府分而治之政策例证

殖民地	受重用民族	受歧视民族
法属几内亚	富尔贝人	盖泽人、托马人、科尼来吉人、巴萨里人
英属乌干达	巴干达人(即干达人)	尼奥罗人、阿乔利人
英属肯尼亚	坎巴人	基库尤人
德属卢安达-乌隆迪	图西人	胡图人
比属卢安达-乌隆迪	图西人	胡图人
法属喀麦隆	富拉尼人	杜阿拉人、芳人
英属北罗得西亚	巴罗策人、洛齐人	鲁瓦勒人、隆达人
英属南罗得西亚	恩德贝莱人	绍纳人
英属尼日利亚	富尔贝人	
英属黄金海岸	芳蒂人	阿散蒂人

此表系本人在阅读中总结绘制。

虽然非洲各国的民族形成的进展不一,却有一个共同点。除了个别国家外,对于大部分前殖民地的非洲国家而言,国家独立先于民族的形成。"许多人群被任意塞到一个领土里,然后构成一个地缘政治实体,被称之为国家。对于这些国家的许多人来说,国家同作为一个民族的象征和一个政治社团之间本无共性。"[1]非洲国家独立后,要克服各民族之间的偏见,消除各民族之间的分歧,任务艰巨。

在殖民统治时期,殖民政府为了维护秩序,在保证自身权威的前提下尽量保持原有的传统政治机构。英国的间接统治不言而喻,法国直接统治在挑选地方殖民机构的服务人员时仍然偏向于那些传统的统治者。在有的情况下,殖民统治者由于不熟悉非洲当地的政权机制而忽略传统权力结构中的其他势力。例如,在黄金海岸,他们对传统权力结构中的宗教

---

[1] 马兹鲁伊主编、旺济助理主编:《非洲通史(第八卷):1935 年以后的非洲》,第 317 页。M. Rejai and C. Enloe, "Nation-states and State-nations", *International Studies Quarterly*, 13:2(June, 1969), pp. 140-158.

首领缺乏认识,从而导致了后者的剧烈反抗。① 有时,殖民政府为了树立酋长的权威而不惜得罪在原有权力结构中占有一席之地的民众组织,如黄金海岸的阿萨夫团队用废黜来惩治那些受英国殖民政府授权却滥用权力的酋长。② 常用手段是为了分而治之而有意识挑动不同政治势力互相争斗,如德国驻西南非洲的洛伊特魏茵总督挑起土著人自相残杀以"尽可能地使那些部落为我们的事业服务并使之互相争斗"。③

(三) 历史原因:"部落精神"的培养与部落的创造

基督教传教士成为殖民政府在培养"部落精神"方面的助手。1900年7月在伦敦举行的第一次泛非会议通过了《致世界各国呼吁书》,提出"不要让非洲土著成为黄金贪欲的牺牲品,不要让他们的自由被剥夺、他们的家庭生活被败坏、他们的正义愿望被压制、他们的发展和文明的道路被堵死"。④ 随后,泛非主义开始在美洲、欧洲和非洲传播。1911年的第一次世界种族大会、1912年创刊的《非洲时报与东方评论》(月刊,共发行6年)及1914年由加维发起的世界黑人促进运动开始对非洲产生影响。⑤ 为了巩固殖民统治并及早防范可能兴起的非洲民族主义,英国殖民部力求确定各殖民地范围,并希望在此基础上培养一种"部落精神"。

现存马拉维国家档案馆一份编号为 GOA2/4/12 的文件表明:英国殖民部曾利用基督教传教士对殖民地进行所谓"部落精神"的培养。1917年,伦敦的情报部门将一份备忘录密电发送东非和中非的所有殖民地总督,要求殖民总督警惕泛非主义对非洲的影响,并催促各殖民地"民族精神,或更为准确地说,部落精神,应该加以培育。在这一点,没有哪个地区比英属东非和乌干达有更好的机会取得成功,因为在这些地区相当多的

---

① Li Anshan, "Aberiwa: A Religious Movement in the Gold Coast", *Journal of Religious History*, 20:1(1996), pp. 32-52.

② Li Anshan, "Asafo and Destoolment in Colonial Southern Ghana, 1900—1953", *The International Journal of African Historical Studies*, 28:2(1995), pp. 327-357.

③ [法]路易·约斯:《南非史》(史陵山译),商务印书馆,1973年,第216页。

④ 唐大盾选编:《泛非主义与非洲统一组织文选(1900—1990)》,华东师范大学出版社,1995年,第4页。

⑤ P. Olisanwuche Esedebe, *Pan-Africanism, The Idea and Movement 1776—1963*, Washington D. C.: Howard University Press, 1982, pp. 48-71.

部落在人种上迥然相异。建议在每一个人种特殊的地区,学校应尽可能地成为部落整体的一部分及民间传说和传统的中心……应该找到一种方法可以使传教士的努力也可以用来帮助培养民族精神。这似乎可以通过以下办法达到:只允许一个宗教派别到一个人种地区工作,不允许同样的宗教派别到相邻的地区工作"。① 最有效的途径之一即是通过传教士来"培养"殖民统治所需要的"部落精神"。从这一段文字,我们可以看出殖民政府与基督教会在政治上的联姻。

这个例子说明了殖民政府为了维持自己的权威,以特别的方式来保持甚至培养对殖民统治有利的"部落精神"。在那些不存在传统部落的地方,殖民当局可以创造部落。殖民时期的坦噶尼喀就经历了"部落的创造"这一过程。

> 部落的概念是坦噶尼喀间接统治的核心。净化种族思想在德国统治时期是普遍的,殖民官员们相信每一个非洲人都属于一个部落,就像每一个欧洲人都属于一个民族一样。这一观念毫无疑问在很大程度上是由于旧的、有关以等级为基础的部落社会与以契约为基础的现代社会之学术区分,以及战后人类学家更愿使用"部落"一词而不是更带贬义的"野蛮人"一词。部落被看作是"拥有共同语言、单一社会制度和已确立的习惯法的"文化单位。它们的政治与社会体系依赖于亲属关系。部落成员资格是世袭的。不同部落是有血缘关系的……正像为数较少的一些见多识广的官员所知道的那样,这种成见与坦噶尼喀的充满变化的历史基本不符,但是卡梅伦和他的信徒们就是在这一流沙之上"利用部落单位"来确立间接统治的。他们拥有了权力,并创立了政治地理学。②

在这种策略的驱使下,保持"部落"的分散和对立成为殖民政府的统

---

① Leroy Vail, "Introduction", in Leroy Vail, ed., *The Creation of Tribalism in Southern Africa*, p. 13.

② John Illife, *A Modern History of Tanganyika*, Cambridge University Press, 1979, pp. 323-324.

治手段。这样做不仅可以避免民族主义在当地的传播，也可以使这些部落互相敌对。因此，在部落不存在的地区，他们尽可能地创造"部落"。

三、"一个国家–多种民族主义"

（一）殖民统治的复杂遗产

尼日利亚学者维克托·奥罗伦索拉指出："'一个国家–多种民族主义'这一短语可能是用来描述很多发展中国家政治制度的恰当名称，但用它来形容新生的非洲国家特别适用。"[1]多民族并存于一国是人类发展中的自然现象。非洲的特殊之处在于，这种局面并非自然演进的结果，而是殖民统治的恶果。殖民主义的间接统治政策的后果在不同民族的政治参与度中表现出来。以乌干达为例，在1956年的调查中，乌干达国民大会党40个支部主席中，50％为巴干达人，9％为阿乔利人，11％为兰吉人，7％来自布索加和特索地区；中央委员会中有17名巴干达人，还有1名蒙尼奥罗人、1名穆索加人。[2]

在非洲，有些国家比较幸运，殖民瓜分并未从根本上破坏原有的政治地理，原民族仍留在一个殖民地内。这样，独立后的民族国家内大部分居民语言文化同一或比较接近，宗教信仰又基本相同，民族一体化过程较为顺利。这些国家主要有三类：一为北非国家，其主体民族是阿拉伯人。二为岛国，如科摩罗、圣多美和普林西比及塞舌尔等国。三为在殖民地瓜分过程中幸运地保留了一个主体民族的国家，包括赤道几内亚、博茨瓦纳、莱索托、斯威士兰等国。以上国家约占非洲国家的四分之一多。

其余国家继承下来的殖民遗产要复杂得多。"国家"与"民族"形成的两个过程并不协调。以尼日利亚为例，尼日利亚民族是指由西部约鲁巴族、东部伊博族、北部豪萨–富拉尼族和其他民族构成的国族。独立前夕，"分而治之"的后果充分体现出来。一些民族教育程度较高，政治上相对活跃。[3] 英

---

①　Victor A. Olorunsola, ed., *The Politics of Cultural Sub-Nationalism*, New York: Anchor Books, 1972, xiv.

②　Vicor A. Olorunsola, ed., *The Politics of Cultural Sub-Nationalism*, p. 120.

③　Vicor A. Olorunsola, ed., *The Politics of Cultural Sub-Nationalism*, p. 120.

国学者安东尼·史密斯和俄罗斯非洲学者伊斯玛基洛娃等人同意非洲存在着"一个国家,多种民族主义"的现象,认为除了尼日利亚民族主义,还有伊博人和约鲁巴人的民族主义;除了肯尼亚民族主义,还有基库尤人的民族主义和卢奥人的民族主义。[1] 对于后一种"民族主义",有的学者用"部落主义"(tribalism)来描述,而我国学者多用"部族主义"来形容,本人不主张使用"部族主义"这一用语,认为将这种"民族主义"定义为"地方民族主义"为宜。[2] 地方民族主义是指在一个国家范围内占据(或曾经占据过)某一特定地理疆域的民族为维护和促进本民族的自身利益和提高本民族在权力中心的地位而表达出来的一种心理情感、思想意识和实践活动。[3]

　　非洲各国民族问题的复杂性毋庸置疑,如民族问题与宗教问题交织,民族问题的多样性(或一个主体民族与多个少数民族,或几个主要民族,或跨界民族,或迁移民族与定居民族共存等),民族问题与阶级关系的交叉与重叠,地方民族、民族、种族等多种人们共同体的共存等。唯其如此,非洲民族问题与民族政策的研究更显重要。

表格 19 - 2　非洲部分国家民族语言情况

国　　家	人口(万)	民族语言数	主要民族
尼日利亚	8 000	394?	豪萨-富拉尼族、约鲁巴族和伊博族
乍　得	550	250	柏柏尔族、瓦达伊族、图布族、巴吉尔米族、萨拉族、马萨族、科托科族、蒙当族
喀麦隆	800	237	富尔贝族、巴米累克族、芳族、贝蒂族、俾格米族、杜阿拉族

---

　　[1]　Anthony D. Smith, *Theories of Nationalism*, New York, 1976, p. 176;伊斯玛基洛娃:《现代黑非洲的民族偏执与民族一体化问题》,《民族译丛》,1994 年第 2 期,第25 页。
　　[2]　李安山:《论中国非洲学中的"部族"问题》,《西亚非洲》,1998 年第 4 期;李安山:《试析非洲地方民族主义的演变》,《世界经济与政治》,2001 年第 5 期。
　　[3]　李安山:《非洲民族主义研究》,中国国际广播出版社,2004 年,导言。有关地方民族主义可参见该书第七章和第八章。

（续　表）

国　　家	人口(万)	民族语言数	主要民族
扎伊尔,即刚果(金)	3 000	220	巴刚果族、阿赞德族、孟格贝托族、俾格米族、阿卢尔族
坦桑尼亚	1 800	150	苏库马族、尼亚姆韦奇族、查加族、赫赫族、马康迪族、哈亚族、阿拉伯人、印巴人和欧洲人后裔
埃塞俄比亚	3 000	70	奥罗莫族、阿姆哈拉族、提格雷族、索马里族、锡达莫族
科特迪瓦	730	60	阿肯族、曼迪族、沃尔特族、克鲁族
布基纳法索	700	60	莫西族、古隆西族、古尔芒则族、博博族、洛比族、萨莫族、马尔卡族、布桑塞族、塞努福族、迪乌拉族
贝　　宁	350	52	丰族、阿贾族、约鲁巴族、巴利巴族、奥塔玛里族、颇尔族①
多　　哥	230	50	埃维族、米纳族、阿克波索族、阿凯布族

资料来源:联合国教科文组织(1985 年)《推广非洲语言策略解说》,1981 年 9 月21—25 日在几内亚科纳克里举行的专家会议文件。转引自马兹鲁伊主编、旺济助理主编:《非洲通史(第八卷):1935 年以后的非洲》,第 387—398 页。

一个值得注意的现象是:在非洲这一具有民族多样性特点的大陆,相当多的国家既无特有的处理民族事务的政府行政部门,也无具体的民族政策。这种现象的出现有多种原因。具体分析大致有四种情况。

其一,有的国家一个主体民族占人口的绝大多数,如博茨瓦纳的民族主要为茨瓦纳族,民族问题并不构成国家社会生活中的重要因素。这是例外。

其二,有的国家的政治文化趋向于弱化而非强化民族问题。例如,南非长期存在的种族隔离制剥夺了黑人的权利,黑人与白人这两大民族的矛盾处于极尖锐的状况。1994 年成立的民族团结政府努力消除种族隔

---

①　颇尔族又称为富拉族、富拉尼族、富尔贝族,下同。他们主要生活在西非和中非的十余个国家,集中在撒哈拉大沙漠边缘即"萨赫勒"至苏丹草原之间的狭长地带。

离制的恶劣影响,注重从保障平等权利与解决社会经济问题的层面来解决民族问题。

其三,有的国家的民族问题的实质更多体现为地域和政治权利分配问题。尼日利亚的约鲁巴族(西部)、豪萨-富拉尼族(北部)和伊博族(东部)等三个主体民族之间及其他小民族的关系问题往往反映在政治权利的分配之中。这样,民族问题的解决逐渐融入到政治问题之中。

其四,有的国家的民族问题的症结在于经济问题。例如,在津巴布韦,黑人与白人的矛盾与冲突主要表现为土地占有方面,可以这样说,津巴布韦的民族问题突出反映在土地问题上,并逐渐转化为城市与农村的矛盾。

曾在世界银行长期从事发展研究的牛津大学非洲研究中心主任保罗·科利尔有两个断言与我们所涉及的主题相关。其一,一个国家的民族越多,爆发内战的可能性越大;其二,存在民族差异的国家进行改革非常困难。科利尔这里提到的民族明显是指一个多民族国家内部存在的那些民族,也就是我所提到的"地方民族"。由于历史的原因,非洲绝大多数国家都是多民族国家,那么就注定不能发展了? 答案是否定的。实际上,坦桑尼亚给我们提供了一个较好的例证。这个国家有众多民族,却一直处于较稳定的发展过程。

赞比亚经济学家丹比萨·莫约提出了解决非洲民族问题的希望和办法。"谁都不能否认非洲存在颇多的种族争执。但是从某些方面也表明了大多数非洲国家设法更好地和平共存,例如博茨瓦纳、加纳和赞比亚。在寻求打破非洲经济发展的桎梏时,不能将民族间的差异当作借口。……事实上,非洲人比其他地方的人都更紧密地生活在一起——这里没有贝尔法斯特、伦敦和纽约的民族区域存在。此外,一旦陷入民族争执,没有一条公认的处理政策。这是一条'死胡同'。最好的解决办法就是团结起来,所有的公民都摈弃民族差异并参与国家的经济建设。"[1]

(二) 民族问题的现实表现:尼日利亚

尼日利亚是非洲民族问题现实表现的例证之一。尼日利亚的创立与殖

---

[1] 丹比萨·莫约:《援助的死亡》(王涛、杨惠等译),世界知识出版社,2010 年,第23 页。

民主义直接相关。这个地区历史上曾有过灿烂的文明,孕育了以诺克史前赤陶文化和伊费青铜器文化,也出现过以纺织品著称的豪萨城邦国。这里有善于经商的精明的伊博人,也产生过约鲁巴人的具有政治扩张性质的奥约帝国。英国商人戈尔迪被称为"尼日利亚的创建者"。他于 1877 年来到尼日尔河地区,当时法国人已在下游地区设立了公司。在非洲其他地区的经验使他认识到,要想和法国人竞争,只有将各商行联合起来。在他的鼓动下,这一带的英国公司(西非公司、中非公司、米勒兄弟和詹姆斯·平诺克公司)都同意合并,于 1879 年成立了"联合非洲公司"(三年后改组为"国民非洲公司")。后来,"法国赤道非洲公司"成立,募资 60 万英镑,想和英国人在尼日尔河对抗,"国民非洲公司"把资金提高到 100 万英镑。这样,法国公司在 1884 年 10 月被收买了。8 个月后,《伦敦报》发表通告,宣布在尼日尔河地区成立了一个保护国。① "尼日利亚"(Nigeria)这个名称是由英国记者弗洛拉·肖(Flora Shaw)在 19 世纪 90 年代建议的。当时,她是根据尼日尔河(the Niger River)的名称泛指这一带地区。② 在帝国主义瓜分非洲的浪潮中,英国对这一地区的侵占遇到当地人民的激烈抵抗。直到 1914 年,英国才建立了尼日利亚殖民地和保护地。在这里产生了反对殖民统治的民族独立运动,人们在"尼日利亚民族独立运动"的旗帜下团结起来。

1960 年 10 月 1 日,尼日利亚从英国殖民统治下独立。全国 250 多个民族中除了最大的 3 个地方民族即北部的豪萨-富拉尼族(占全国人口的29%)、西南部的约鲁巴族(21%)和东部的伊博族(18%)之外,还有卡努尼族、伊比比奥族、蒂夫族、伊贾族、埃多族、安南族、努佩族、乌罗博族、伊加拉族、伊多马族等地方民族。独立后,尼日利亚民族主义的激情消退,地方民族的利益诉求开始出现。③ 1966 年 7 月底,伊龙西(1924—1966)④政权被推翻后,先后发生了两次屠杀伊博人的浪潮,数以百万计的伊博人被赶

---

①　K. O. Dike, *Trade and Politics in the Niger Delta*, *1830—1885*, pp. 209-214.

②　"Niger"在拉丁语中表示"黑色"。

③　K. W. J. Post and Michael Vickers, *Structure and Conflict in Nigeria*, *1960—1966*, London, 1973.

④　全名约翰逊·托马斯·乌穆纳奎·阿吉伊-伊龙西少将(Major General Johnson Thomas Umunnakwe Aguiyi-Ironsi),尼日利亚伊博人,1966 年 1 月 16 日东区的伊博族青年军官发动军事政变后上台,任国家元首兼联邦军政府首脑。1966 年 7 月 29 日被北区的豪萨族军官发动政变推翻并杀害。

回东区。由于日益加深的地方矛盾,军事政变导致的民族冲突和分区引发的经济资源分配不均,1967 年 5 月 30 日东区军事长官伊博人奥朱古(O. Ojukwu)宣布脱离尼日利亚联邦,成立"比夫拉共和国"。同年 7 月,政府军向比夫拉进攻,内战爆发。在内战持续的两年半里,"比夫拉共和国"有自己的政府、军队和驻外代表,有代表国家的各种现代标识。最后,比夫拉战败,国家重新统一。① 作战双方都认识到,这是一场民族浩劫,用一位大主教的话来说:这场战争是"愚蠢的"。② 然而,从国族建构的角度看,这场内战不仅给独立的尼日利亚民众带来了各种灾难,也是一个极好的教训。"尼日利亚内战的结束不仅标志着公民重新接受了尼日利亚国家,而且还标志着尼日利亚人接受其中央政府成为新兴的尼日利亚民族的象征。"③

1974 年 6 月 14 日,尼日利亚高原学生联合会在致尼日利亚国家元首戈翁将军的信中提出在尼日利亚国土内建立单独的高原国(源于前贝努埃高原国)的要求时明确表示:蒂夫人和伊多马人的社会结构与高原上其他各群体所共有的社会结构完全不同,南贝努埃人之间并无文化上的联系。"我们直到最近才知道他们的存在。"④尼日利亚经过多次行政区划改革。1996 年 10 月重新划分行政区域,全国划分为 1 个联邦首都区、36 个州以及 774 个地方政府。换言之,在一个根据殖民地领土建立的国家里,人们缺乏认同感和共同的价值观。这意味着国族建构的道路还很长。不仅尼日利亚如此,许多非洲国家独立后,在没有先例的情况下,国家建设与国族建构开始同时进行。这样,国族建构将是一个漫长的阶段,需要领导人的睿智和公平,国家政策的宽容和平衡,普通民众的理解和主观的努力。

---

① Ntieyong Udo Akpan, *The Struggle for Secession*, *1966—1970 A personal account of the Nigerian Civil War*, London, 1972; Alfred Obiora Uzokwe, *Surviving in Biafra*: *The story of the Nigerian Civil War*, New York, 2003. 还可参见托因·法洛拉:《尼日利亚史》(沐涛译),东方出版中心,2010 年,第 107—128 页。

② Sir Rex Niven, *The War of Nigerian Unity*, *1967—1970*, Evans Brothers, 1970, p. 149.

③ 马兹鲁伊主编、旺济助理主编:《非洲通史(第八卷):1935 年以后的非洲》,第 317 页。

④ Plateau Students Association, "Our stand for a Plateau State", a letter to His Excellency General Yakubu Gowon, HFMG, dated 13 June 1974.

(三) 民族问题的现实表现:乌干达

在殖民统治下,有的地方民族曾受到殖民政府的某种优待。这些民族在独立后往往希望保持原来对其他地方民族的优势,这为国家民族的整合带来一定的困难。国家的宪法必须适当处理这种不平等的关系。与大多数非洲国家一样,乌干达是一个多民族国家。全国有 65 个民族。根据传统的语言划分,共分为班图人、尼罗人、尼罗-闪米特人和苏丹人四大集团,各个语言集团包括若干民族。班图语有 20 个民族,包括全国最大的民族巴干达族,还有巴尼安科莱族、巴基加族和巴索加族等。尼罗语共有兰吉族、阿乔利族等 5 个民族,尼罗-闪米特语言集团包括伊泰索族和卡拉莫琼族等 7 个民族,苏丹语包括卢格巴拉族和马迪族等 4 个民族。官方语言为英语和斯瓦希里语,通用卢干达语等地方语言。

米尔顿·奥博特(Apollo Milton Obote,1924—2005)出生于兰戈族的一个酋长家庭。1959 年他开始领导乌干达人民党,并与布干达王族等政治势力结成联盟。1962 年,在他的领导下,乌干达从英国殖民统治下独立,他成为总理。1966 年 2 月 4 日当奥博特总理在兰戈视察时,在首都发生了一场威胁到他的权力基础的"叛乱"。2 月 22 日,奥博特在内阁开会时逮捕了 5 名部长。3 月 2 日,他宣布已控制局势。巴干达族是乌干达最大的一个民族,占总人口的 18%。1966 年发生的"布干达叛乱"使奥博特开始了对巴干达族的限制。1966 年临时宪法从根本上限制了巴干达人的特权,加强了中央政府特别是总统的权力,对地方民族主义是一次打击。1966 年宪法在对付地方民族主义方面具有三个明显的特点。第一,地区和各州政府的自治权力被大大削弱。第二,布干达政府失去了多项自独立以来拥有的特权——间接选举当地国民议会成员的特权、将官方土地作为赠品给予任职酋长和布干达各部长的特权以及卡巴卡与其他国王不同的特权。第三,宪法大大加强了中央政府首脑的权力。[①]1966 年宪法继承了 1962 年宪法中关于总统权力的大部分条款,但通过赋予总统实权大大加强了他的权力。以前仅具有立宪意义的总统现在开

---

① Nelson Kasfir, "Cultural Sub-nationalism in Uganda", pp. 112-113.

始与总理职权融为一体。同时，他可以在议会休会期间行使立法的权力。1966 年宪法对遏制巴干达人的地方民族主义起到了重要作用。作为过渡性宪法，它也为 1967 年正式通过的宪法奠定了基础。这一宪法的公布激起了布干达政府的不满，他们拒绝了这一新宪法。卢基科（布干达王国议会）于 5 月 20 日命令中央政府撤出布干达。经过一段时间的对峙，战斗于 5 月 24 日爆发。政府军很快击败了卡巴卡的手下，占领了王宫。卡巴卡逃到英国，直到 1969 年逝世。

　　1967 年 6 月，乌干达政府针对新宪法草案在全国进行公开讨论。这场讨论本身即说明了乌干达政治力量的重心已从倾向地方民族的集团转到了赞成民族统一的集团。1967 年通过的新宪法在限制地方民族主义加速国族建构方面更进了一步。宪法规定，乌干达境内的王国全部废除，由政府向所有国王（除卡巴卡外）提供一笔养老金。布干达王国被划分为四个行政区。与其他地区一样由地区行政部长（Minister of Regional Administrations）管理。中央政府对地区行政的管理权进一步加强。国民议会有权决定地区管理的形式。同时，以前的地区官员均由地区议会（District Council）成员选举担任，现在由国民议会任命。此外，中央政府对地区的金融管理政策也变得更加严格，特别表现在对地区行政费用的控制上。废除对议会议员选区的要求可以说是清除地方民族主义滋生土壤的最重要的改革措施。以前的宪法规定，议员所属的选区边界由地区边界限定，这实际上为地方民族主义提供了条件。这一规定废除后，如果议员要争取选票，他必须对两个以上的地方民族的成员进行宣传鼓动。这样，在竞选活动中，他必须尽可能避免那些引起民族纠纷或民族矛盾的问题。可以看出，乌干达的 1967 年宪法为消除地方民族主义奠定了基础。尽管奥博特政府遇到了多重阻碍，但是他的政策很明确：乌干达坚决反对地方民族主义，国族的建构是建立在团结和统一的基础之上。[①] 遗憾的是，奥博特的政权在 1971 年被陆军司令伊迪·阿明推翻，乌干达的民族一体化进程遭受到严重的挫折。

　　经过长期的冲突和战争，穆塞韦尼领导乌干达走上了稳定发展的道路。他在 1986 年 1 月 29 日就职演说中表示："我们的党之所以强大是因

---

① Nelson Kasfir, "Cultural Sub-nationalism in Uganda", pp. 114-117.

为解决了分裂的问题。我们不能容忍党内的宗教和部落分裂,其他党也是如此。要在平等的基础上对待每一个人。"很明显,他希望尽量淡化不同地方民族这一因素在政治生活中的影响。① 当时,乌干达实行的是以"全国抵抗运动"为核心并兼顾各方利益的独特的"运动制"无政党体制。1988 年,穆塞韦尼政府任命了宪法咨询委员会,并于第二年任命了一个 21 人的乌干达宪法委员会。1995 年 9 月,乌干达的制宪议会通过新宪法。宪法包括 19 章 287 款,其中第 71 款指出了政党存在的条件和活动范围,规定政党的成员不能以性别、民族和宗教或是其他具有分裂倾向的宗教为基础组建。"新宪法有望在乌干达这个政治和经济都欠发达的国家,能促成新的民族主义,建立一个多民族和多种宗教和谐相处的统一国家,促进平等公正的发展,培养公民的包容性和民主的意识与习惯,保证和规范政府行为。"②

四、小　　结

非洲国家的民族问题虽有共性,但在本质上和表现形式上千差万别。各个国家的民族政策也大不一样。下一章将探讨坦桑尼亚的民族政策特别是社会运动"乌贾马"对国族建构的作用,以此来进一步理解非洲国家的民族与民族政策。

非洲的独立国家是多种因素互动的产物。既有非洲传统政治的成分,也包含着殖民主义的遗产;既是非洲历史长期发展的产物,也是非洲近一个多世纪与殖民主义斗争的成就,同时也包括殖民宗主国政策演变的结果。正是由于各种因素的相互作用,独立后的非洲国家的民族一体化经历了十分复杂甚至痛苦的过程。

最典型的国族建构类型只有两种。一种是"无中心"类型,以坦桑尼亚为典型。这种整个国家没有一个或几个主要民族的国家,政府指定一种本土语言为官方语言,并通过各种手段来保证国族建构的顺利完成。

---

① 沐涛、俞斌主编:《穆塞韦尼总统与乌干达》,上海辞书出版社,2013 年,第 111 页。
② 沐涛、俞斌主编:《穆塞韦尼总统与乌干达》,上海辞书出版社,2013 年,第 123—125 页。

另一种是"多中心"类型，以尼日利亚为典型，以约鲁巴族、伊博族和豪萨族为主要民族，国家设立多级政府，并以联邦共和国的形式将整个国家整合在一起。当然还有其他形式，如毛里求斯坚持多元文化政府，以制度的方式将不同民族的代表整合到中央政府，同时对各个民族文化保持相对开放的态度。为了更全面地理解非洲国家独立以后遭遇到的民族问题，我们再梳理五个国家（坦桑尼亚、卢旺达、南非、津巴布韦和利比亚）的民族政策及其实践，以帮助我们了解非洲国家的国族建构历程。

第二十章　坦桑尼亚的民族政策及其经验

> 我们的新民族是建立在马及马及运动的灰烬之上的。
>
> 尼雷尔(第一任坦桑尼亚总统)

> 坦桑尼亚民族不是一夜之间凭空出现的。它不单单是民族主义斗争和取得独立的结果,也不是殖民主义者的创造。它是一个可以追溯到几百年甚至是几千年的悠久历史过程的产物。
>
> 伊·基曼博、阿·特穆(坦桑尼亚学者)

> 自独立以来,坦桑尼亚为统一国家而大力推广斯瓦希里语——这一目标在很大程度上得到实现。
>
> 凯法·M.奥蒂索(坦桑尼亚学者)

坦桑尼亚由大陆上的坦噶尼喀和桑给巴尔岛两部分组成。坦桑尼亚是一个典型的多民族国家,共有 126 个民族。斯瓦希里语为国语,与英语同为官方通用语。帝国主义瓜分导致坦噶尼喀成为德国的殖民地,第一次世界大战后才成为英国委任统治地(第二次世界大战后,改为英托管地)。桑给巴尔成为英国保护国。1964 年,独立后的坦噶尼喀与桑给巴尔合并为坦桑尼亚联合共和国。

一、民族政策诸因素

(一) 坦桑尼亚主要民族构成

坦桑尼亚的 126 个民族中人数最多的 15 个民族所占总人口的比例也未超过 50%。人口超过 100 万的有苏库马族、尼亚姆韦齐族、查加族、赫赫族、马康迪族和哈亚族,这些民族主要居住在坦噶尼喀。此外,还有阿拉伯人、印巴人和欧洲人后裔。坦桑尼亚民族关系比较和谐。这既有其客观条件,也有主观因素的努力。语言是一个重要的因素。坦噶尼喀和桑给巴尔两个地区的语言和文化有一定差异。坦桑尼亚语言繁多,除外来的英语(还有德语)、阿拉伯语和南亚有关语言外,主要民族(占总人口的 95%)说班图语,此外存在着 120 多种语言(分属尼罗特语、库希特语和科伊桑语)。[①] 坦噶尼喀于 1961 年独立后,在第二年即宣布斯瓦希里语为国语。桑给巴尔 1963 年独立。1964 年与坦噶尼喀合并,其母语也是斯瓦希里语。在坦桑尼亚 1 300 万人口中,桑给巴尔人只有 35 万人,但由于斯瓦希里语被定为国语,减少了诸多不利于国族建构的负面因素。

表格 20 - 1　1957 年坦噶尼喀主要民族占总人口比重表

民　族	民族(中译)	百分比(%)
Sukuma	苏库马族	12.6
Nyamwezi	尼亚姆韦齐族	4.2
Makonde	马康迪族	3.9
Haya	哈亚族	3.8
Chagga	查加族	3.7
Gogo	戈戈族	3.5
Ha	哈　族	3.3
Hehe	赫赫族	2.9

资料来源:莱恩·贝里主编:《坦桑尼亚图志》(南京大学地理系非洲地理组译),商务印书馆,1975 年,第 236 页。

---

① Rodger Yeager, *Tanzania: An African Experiment*, p. 35.

（二）桑给巴尔的独特历史与地位

从自然条件、历史经历与文化民族的角度看，桑给巴尔地区（包括桑给巴尔和奔巴两个岛屿）是一个有自己特点的共同体，确实具有成为一个单独政体的潜力。两个岛都有足够的降雨量和肥沃的土地，适合于各种粮食和经济作物。从历史上看，桑给巴尔一直享有独特的地位。1503年，葡萄牙人占领了桑给巴尔和奔巴岛，附近的重要港口均落入葡国人之手。葡萄牙在这里设立总督进行殖民统治。1643年，已经衰落的葡萄牙人被新兴的阿曼苏丹国赶出了阿拉伯半岛。

17世纪末，阿曼将葡萄牙彻底赶出了东非海岸的城邦国家以及帕特、奔巴、桑给巴尔和马林迪等地，并宣称对德尔加多角以北地区拥有主权。尽管在后来的日子里有所反复，但阿曼人对东非海岸的控制保持了相当长的时间。阿曼人对这段历史颇为自豪，认为他们将葡萄牙人赶出马斯喀特并结束了葡萄牙人在东非的统治，"这一胜利开创了一个力量和繁荣的时代。在此后的50年间，阿曼的舰队恢复了元气，阿曼作为一个非欧洲国家将其势力扩展到非洲大地，并在那里持续了250年之久。"[1]

18世纪中期，阿曼人试图在桑给巴尔建立政权。然而，阿曼对东非海岸诸城邦国的控制并不稳固，蒙巴萨自17世纪末从葡萄牙的统治转手到阿曼人的统治后，多次尝试脱离阿曼的控制，在马兹鲁伊家族的领导下于1741年宣告独立。阿曼在东非海岸地区的政权延续到19世纪，在击败当地各种地方势力后，赛义德素丹（Seyyid Said, 1804—1856）在桑给巴尔巩固了自己的势力。赛义德·本在统治期间大力发展海军力量，促进本土生产和贸易。同时，阿曼的势力已经扩展至东非海岸以及西印度洋海面。大约在1830年，赛义德素丹在桑给巴尔海边建造了两座王宫。从1832年到1837年，他时而住在马斯喀特，时而住在桑给巴尔的王宫。然而，到1840年，他基本上将王宫整个挪到桑给巴尔。他在桑给巴尔的最大业绩是将丁香变成了桑给巴尔的第一大产业，使其成为丁香之岛。当时，一方面赛义德王朝通过原有的贸易通道在东非海岸经营象牙等当地特产以及奴隶贸易。[2] 另一方面，

---

①　阿曼苏丹国新闻部：《阿曼苏丹国》，世界知识出版社，1990年，第18页。

②　Michael F. Lofchie, *Zanzibar: Background to Revolution*, Princeton: Princeton University Press, 1965, pp. 23-51.

阿拉伯人在东非沿岸以及西印度洋群岛（如留尼汪）引进了丁香。赛义德在桑给巴尔和奔巴岛大力鼓励种植丁香。1834 年，丁香的种植尚处于开始阶段，但到赛义德统治末期，每年的总产量已达到 700 万磅，出口价值已经超过了象牙和奴隶。[1] 正是在他的精心经营之下，阿曼取得了巨大的成就，他在历史上被称为"赛义德大帝"。[2]

1890 年，阿曼素丹将此岛置于英国人的保护之下（英属桑给巴尔保护国包括桑给巴尔和奔巴岛）。在反对殖民主义统治的斗争中，桑给巴尔的阿拉伯政治家在传播激进的民族主义思想方面起到了十分重要的作用；而这里众多来自非洲各地的劳工又构成了民族主义的良好群众基础。95％以上的桑给巴尔人是穆斯林，从文化上构成了一个相对和谐的社会。[3]

（三）关于坦桑尼亚民族形成的不同意见

关于坦桑尼亚民族的形成问题存在着不同意见。

美国雪城大学的政治学教授弗雷德·伯尔克在 1965 年出版的《坦噶尼喀：预先计划》中专门列出一个章节论述"计划中的民族建构"（Nation-building as Planning）。他认为，必须对"国家"和"民族"两个词严加区别。大众媒体使用"新国家"（new nations）、"国家计划"（national planning）和"民族主义"（nationalism）来形容非洲的政治进程，与其说是清楚解释不如说是制造困惑。他认为："无论如何，坦桑尼亚还不是一个民族，因为它没有一种集体或认同的意识。正如 1951 年联合国访问团所报告的那样，完全缺乏一种领土观念的意识（sense of territorial consciousness）。目前在坦桑尼亚正进行的可以准确地称为'民族建构'；其发展计划可以被看作是为了构建一个'民族'而进行的国家计划。"[4]这是一种决

---

① R. Coupland, *East Africa and Its Invaders From the Earliest Times to the Death of Seyyid Said in 1856*, London: Oxford University Press, 1938, p. 314；Carol J. Riphenburg, *Oman Political Development in a Changing World*, Westport: Praeger, 1998, pp. 36-39.

② 袁鲁林、萧泽贤：《赛义德王朝的兴衰与当代阿曼的复兴》，《西亚非洲》，1992 年第 6 期，第 65—71 页；Coupland, *East Africa and Its Invaders*, pp. 108-153, 195-360。

③ Rodger Yeager, *Tanzania: An African Experiment*, Boulder: Westview Press, 1989, pp. 52-53.

④ Fred G. Burke, *Tanganyika Preplanning*, Syracuse University Press, 1965, p. 42-43.

然否定的观点。

坦桑尼亚国父尼雷尔先生在争取民族独立的运动中已认识到民族正在形成。他在 1959 年 3 月向英国人力争坦噶尼喀人民的自治权利时表示："我们在谈论的是一个怎样的坦噶尼喀？先生，是一个不同的坦噶尼喀。我们有强劲的、由所有部落支持的民族运动。这不是一场一个部落吞并另一个部落的民族运动。不是的，先生。这是一场真正的民族主义运动，完全不等同于某一部落，而是由所有部落、所有酋长都支持的一场民族主义运动。"①他也意识到"国家"与"民族"的区别。他在 1962 年 9 月 28 日表示："必须意识到坦噶尼喀并不是一个民族(nation)"，"我们正在努力建构一个民族"。② 请注意，这个讲话是在坦噶尼喀与桑给巴尔合并之前。后来，当他明确表示"我们的新民族是建立在马及马及运动的灰烬之上"时，他已经认识到反抗殖民统治的独立运动在坦桑尼亚民族形成过程中的作用。③ 确实，马及马及以及所有针对殖民统治的抵抗运动构成了"坦桑尼亚历史发展的一个因素，它们也就成为坦桑尼亚民族主义重要的基本主题之一"。④

由坦桑尼亚历史学家伊·基曼博和阿·特穆主编的《坦桑尼亚史》在第一章阐述了在现今的坦桑尼亚这块土地上生存繁衍着的各种不同的人类共同体的长期融合的历史，以及斯瓦希里语的形成过程，"这种种族和部落之间的区别经常被种族同化和文化融合所抵消。同样地，目前我们可以看到，

---

① 朱利叶斯·尼雷尔：《尼雷尔文选(第一卷)：自由与统一(1952—1965)》(韩玉平译、沐涛译校)，华东师范大学出版社，2015 年，第 39—40 页。

② "Statement in defense of the Preventive Detention Act of 1962", *Daily Nation*, Sept. 28, 1962, p. 1. Quoted from Fred G. Burke, *Tanganyika Preplanning*, pp. 43-44.

③ 尼雷尔先生曾在《1956 年在联合国第四委员会上的声明》中谈到自己对马及马及运动的看法："1905 年，在著名的马及马及起义中，他们最后一次试图赶走德国人，但再次失败。德国人用一贯的无情镇压了起义，屠杀了大约 12 万人。没有民族主义运动，没有民族主义鼓动者，没有西方化的煽动者，也没有颠覆的共产党人在这里鼓动人民反抗德国人。人们反抗是因为他们不相信白人统治和教化黑人的权力。他们的反抗不是通过恐怖主义运动或迷信的誓言，而是出于本能的召唤，这是一种一直萦绕在所有人心中的精神呼唤——不管他们受过教育还是未受过教育，召唤他们反抗外国统治。……民族主义运动的作用不是创造反抗精神，而是用语言把这种精神表达出来，用一种新的方式把它表示出来。"参见朱利叶斯·尼雷尔：《尼雷尔文选(第一卷)：自由与统一(1952—1965)》，第 15—16 页。联合国第四委员会又称"特别政治与非殖民化委员会"。

④ ［坦桑］伊·基曼博、阿·特穆：《坦桑尼亚史》(钟丘译)，商务印书馆，1976 年，第 124 页。有关德国人的入侵和坦桑尼亚人民的抵抗，参见第 123—174 页。

随着斯瓦希里语作为国语得到发展,一个更为广泛的文化上全面融合的过程正在发生。斯瓦希里语本身就是一种班图语。它早期的发展是在沿海一带。由于沿海地区与阿拉伯、印度和印度洋沿岸其他地区有着长期通透和贸易联系,这里逐渐'非部落化'了,需要一种通用的混合语言"。① 斯瓦希里语由此形成。经过历史考察后得出的结论与上述作者的完全不同:"坦桑尼亚民族不是一夜之间凭空出现的。它不单单是民族主义斗争和取得独立的结果,也不是殖民主义者的创造。它是一个可以追溯到几百年甚至是几千年的悠久历史过程的产物。这个过程包括曾在非洲这一地区定居的各种民族的文化、经济、社会和政治的发展,以及他们之间的相互融合。"②

实际上,两种说法都有一定的道理。一方面,历史文化的积淀与主要语言的使用在坦桑尼亚民族形成过程中起到了重要作用,另一方面,两个独立的国家于 1964 年合并,国族建构确实需要一定时间。在这种意义上,坦桑尼亚的国族意识在独立后仍在不断加强。诸多因素加速了坦桑尼亚国族建构的过程,这些因素包括国家的民族政策、确定斯瓦希里语为官方语言的举措、尼雷尔的领袖个人因素等。此外,乌贾马运动某种意义上对坦桑尼亚国族意识加强起到了不可忽略的重要作用。

二、坦桑尼亚的民族政策

坦桑尼亚自从建国以来采取了一系列的措施,以加强国家民族意识的培养。

(一) 民族政策及相关法规

为了防止一族专权,坦桑尼亚宪法明文规定:国家总统和内阁总理不能来自同一个地区,必须由坦噶尼喀和桑给巴尔各出一人。③ 根据宪法

---

① [坦桑]伊·基曼博、阿·特穆:《坦桑尼亚史》(钟丘译),商务印书馆,1976 年,第22 页。原文的"tribe"被译者翻译成"部族",本人改成了"部落"。特此说明,下同。

② [坦桑]伊·基曼博、阿·特穆:《坦桑尼亚史》(钟丘译),商务印书馆,1976 年,第 7 页。

③ 葛公尚:《初析坦桑尼亚的民族过程一体化政策》,《民族研究》,1991 年第 2 期,第48 页。关于坦桑尼亚宪法原件可参见,William Tordoff, *Government and Politics in Tanzania*, East African Publishing House, 1967, pp. 205-235.

第 24(D)条和(E)条,总统有权任命最多 32 名桑给巴尔革命委员会的成员和 20 名其他非革命委员会成员的桑给巴尔人为议会成员。[①] 尽管桑给巴尔与坦噶尼喀地区的任何专区相比都要小,人数也少很多,但从 1967 年起,22 名内阁成员中有 7 名桑给巴尔人;在 183 名议会成员中,有 40 名桑给巴尔人。按尼雷尔传记的作者史密斯的说法:尼雷尔一直努力使桑给巴尔人深信他们可以从联合共和国中得到好处。[②] 坦桑尼亚没有出现民族冲突,桑给巴尔未提出分离的要求,与尼雷尔制定的包括重要政治职务的分配等内容在内的优惠政策有重要的关系。

坦噶尼喀与桑给巴尔联合后,尼雷尔并不急于从各方面进行民族一体化。直到 1977 年,坦噶尼喀和桑给巴尔使用的还是两部不同的宪法。国民议会中桑给巴尔席位采取非选举的方式获得。为了推进国族建构的进程,坦桑尼亚政府实行了一系列有利于民族一体化的政策,如前面提到的国家总统与内阁总理不能同时来自坦噶尼喀或桑给巴尔,必须各出一人;议会席位的"平衡"和"周全"原则;在县级以上实行"他族主政"(即县长和省长避免由当地民族的人来担任)的干部政策;对各民族的文化习俗和传统采取一视同仁的政策;有助于民族团结的宗教政策。[③] 在国族建构的过程中,大的民族集团并未构成一种分离因素,这与尼雷尔领导下的坦桑尼亚政府明智的民族政策是分不开的。

坦桑尼亚革命党曾经是坦桑尼亚唯一的执政党,于 1977 年 2 月 5 日由原坦噶尼喀非洲民族联盟和桑给巴尔和奔巴非洲-设拉子党合并而成。自 1995 年 10 月坦桑尼亚举行首次多党大选以来,革命党一直是稳操胜券。1982 年 1 月 21 日,革命党举行全国特别代表大会,通过了党的章程。党章在第一章"名称、宗旨和目标"中明确规定:"党的信仰是(一)人人平等;(二)人人生来有权受到尊重,并享有人的尊严;(三)社会主义和自力更生是建设人人平等、自由的社会的唯一途径。""党的目标是:……(十五)保证政府及一切公共机构向全体公民不分性别、肤色、种族、部落、

① "The Interim Constitution of Tanzania", William Tordoff, *Government and Politics in Tanzania*, p. 214.

② 威廉·埃杰特·史密斯:《尼雷尔》(上海《国际问题资料》编辑组等译),上海人民出版社,1975 年,第 205 页。

③ 周泓:《坦桑尼亚民族过程及其民族政策》,《民族理论研究》,1994 年第 3 期。

宗教和社会地位提供平等机会；……（十七）继续同殖民主义、新殖民主义、帝国主义和一切形式的种族歧视做斗争。"①

（二）语言与宗教政策

坦桑尼亚政府采取了一系列政策以使斯瓦希里语成为民族一体化的工具。"斯瓦希里语自然吸收了许多外来语，特别是阿拉伯语。但是它的基本结构和词汇仍然完全是班图语，沿海一带的斯瓦希里语的每一种方言都反映着同内地的联系，这些联系有助于使斯瓦希里语保持着必要的坦桑尼亚风格。"经过各民族的通婚和不同文化的融合，"采用斯瓦希里语作为超越坦桑尼亚历史上语言和部落差异的国语就更为适当了。它不再仅仅是沿海地区的语言，它正在吸收内地各种方言的词汇，以适应发展中的现代国家的需要"。② 文化部文化艺术司下属的"国语处"在各级政府均有相应机构。在教育文化部下设有"国家斯瓦希里语委员会"（简称BAKITA），负责斯瓦希里语的推广、发展和完善；该委员会还负责协调全国的斯瓦希里语科研机构，出版各种刊物，主办各种有关斯瓦希里语的会议。毫无疑问，斯瓦希里语成为国内各民族进行文化交流与融合的便利工具，同时也有利于促进坦桑尼亚国民意识的形成，对消除地方民族主义、推动坦桑尼亚国族建构起到了极重要的作用。斯瓦希里语成为国内各民族进行文化交流与融合的便利工具。③

（三）领袖的个人因素

尼雷尔的领袖作用不可忽视。④ 坦桑尼亚之所以没有出现一些其他非洲国家频发的现象如政治动乱、军事政变或民族冲突，尼雷尔的个人因素是不可忽略的。首先，他来自一个小的民族扎纳基族（Zanaki），其父为

---

① 《坦桑尼亚革命党党章》(1984 年 9 月译本)，第 1—2 页。

② ［坦桑］伊·基曼博、阿·特穆：《坦桑尼亚史》(钟丘译)，商务印书馆，1976 年，第22—23 页。

③ 参见葛公尚：《初析坦桑尼亚的民族过程一体化政策》，《民族研究》，1991 年第 2 期。

④ 有关对尼雷尔的研究，参见付吉军：《尼雷尔及其遗产》，《西亚非洲》，2001 年第 3期，第 57—62 页。还可参见姜玉峰：《论尼雷尔对坦桑尼亚民族整合的贡献》，浙江师范大学硕士论文，2009 年。

扎纳基族的酋长,扎纳基族的人数只占全国人数的 0.5%。这样,由他担任坦桑尼亚的总统对其他几个大的民族并未构成威胁。一位大部落酋长说:"他来自一个无足轻重的部落,这个事实使他同大部落很少有关系,因此,没有一个大集团自动地同他对抗。还有一个有利条件是,这个领导人平易近人,他能够轻而易举地使别人接受他和他的思想。"①

他"用人唯能"的政策也避免了很多不必要的指责和猜疑。60 年代末,坦桑尼亚有人提出"部落主义"的问题。尼雷尔在庆祝坦桑尼亚独立 9 周年的广播讲话中说到:"我已经开始听到关于部落主义的流言;刚独立时我们听到一些抱怨,认为被任命到政府工作的人是以部落为依据的。我们立即委任了一个委员会调查这一传言。委员会毫无疑问地证明在政府职位的任命上不存在部落主义。"有的人对很多哈亚人、查加人担任需要较高文化的职务有看法,尼雷尔毫无忌讳地回答:"他们是那些在殖民早期受过较高教育的人。"②

他对白人种族主义态度的厌恶也十分明显。他曾表示:"多少年来,我们非洲人在我们自己的国土上受人侮辱,现在我们不再受人侮辱了。"后来,他指出独立后的人民要经历的两个阶段:"其中一个阶段是深夜来临之后,晨钟齐鸣,你们独立了。多么美好啊。便此后就开始一段改变环境和改变人的整个过程。我早就对人民讲过,告诉他们这第二段过程不是那么容易的。"然而,他对第一阶段必然带来的种族之间的深刻变化是坚信不疑的。"黑夜之后,有一件事必须改变,那就是殖民者的态度,他们把非洲人不当人的那种做法。这是在黑夜以后必须改变的。现在是殖民地人民当家作主了,这一点必须反复讲解,务使深入人心! 如果过去白人在他们脸上吐唾沫,现在就不准再这样做! 黑夜已经过去了!"③

其次,他在民族独立运动中的卓越表现(最突出的是他在独立前两次前往联合国为坦噶尼喀的独立争取国际进步力量支持的举动)、独立后领导坦桑尼亚人民取得的巨大成就以及他在国际政治舞台上的卓越表现赢

---

① 威廉·埃杰特·史密斯:《尼雷尔》,第 76 页。

② Colin Legum and John Drysdale, eds., *African Contemporary Records: Annual Survey and Documents 1968—1969*, London: Rex Collings, Reprint 1975 [1969], pp. 216-217.

③ 威廉·埃杰特·史密斯:《尼雷尔》,第 116 页。

得了很高的声誉。这也是他后来成为不结盟运动领袖的重要原因。更重要的是,他以其辉煌的施政业绩表明了他的价值,他的政治智慧和人格魅力成为每个坦桑尼亚人的骄傲。尼雷尔在执政时期的一系列政策大大促进了坦桑尼亚民族认同感和民族精神的培养。

1962 年 1 月,坦噶尼喀的缔造者尼雷尔以他独特的方式使国内外震惊:"今天,我辞去了总理的职务。我在这样做以前,我自己挑选了内阁的新班子,由拉希迪·卡瓦瓦任总理。"据当时担任不管部部长(Minister without Portfolio)的卡瓦瓦回忆:"尼雷尔说'注意,拉希迪,从现在起你就是总理了。你就上任吧。'我大吃一惊! 是的,前天晚上,我们已给他开了绿灯(辞职)。那天夜里他和我们辩论了四个小时,但没有告诉我们什么时候他要这样做。这一次,每个人都吃了一惊。你知道他的行动总是戏剧似的。"他宣布辞掉总理职务的消息使西方世界一时充满了各种疑虑和谣言,但这并不能动摇他决心致力于重建坦噶尼喀民族联盟的努力。尼雷尔认为,除了一个有能力的政府外,坦噶尼喀还需要"一个活跃于每个乡村的强大的政治组织,像一条双向的全天候公路那样,一方面把政府的目的、计划和各种问题传达给人民,同时又能把人民的思想、要求和争论直接传达给政府。这就是坦盟的任务"。这是实现"我们新目标"——创造一个国家的重要步骤。①

为了推动坦桑尼亚国族建构进程,尼雷尔在衣着上煞费苦心。他经常戴一种桑给巴尔地区居民称为"科菲阿"的阿拉伯便帽。1966 年他在塔波拉视察时戴着这种便帽,当人家对他戴着这种"桑给巴尔的便帽"表示奇怪时,他解释说:"不,这是一顶坦桑尼亚的便帽。"当时,坦噶尼喀和桑给巴尔合并才两年,坦桑尼亚的国族意识并不强。几乎所有在西方受过教育的非洲知识分子都喜欢西装革领,他们一方面以西服为荣,一方面也以此作为地位的象征。坦桑尼亚总统尼雷尔则与众不同,他喜欢穿一件无领的外套式衬衫,配上一条用自挺衣料裁剪的裤子。这种制服穿着既方便又凉爽,很适合坦桑尼亚的气候条件。由于尼雷尔的亲自推广,达累斯萨拉姆有地位的人都学着自己总统的样子穿起了这种被称为"坦桑尼亚服装"的制服。② 很明显,尼雷尔戴桑给巴尔便帽既是为了对桑给

---

① 威廉·埃杰特·史密斯:《尼雷尔》,第 119—121 页。

② 威廉·埃杰特·史密斯:《尼雷尔》,第 4—6 页。

巴尔的文化传统表示尊重,也是为了传达一个信息:桑给巴尔是坦噶尼喀平等的伙伴,尽管它比坦噶尼喀 17 个专区中的任何一个都小。作为一个整体的坦桑尼亚国族将尊重并吸收各个地方民族文化的优秀成分。

三、乌贾马运动在国族建构中的作用

有的学者认为:在坦桑尼亚,"部落主义不是问题"。[1] 这与坦桑尼亚在国族建构方面所取得的成绩是分不开的。为了向其他非洲国家提供一个范例,同时有利于我们研究非洲领导人及其发起的运动在非洲国族建构进程中的作用,我将在考察坦桑尼亚各种政策的同时重点分析一下乌贾马运动在国族建构中所起到的重大作用。[2]

乌贾马是什么? 乌贾马是"由其成员间的亲情和团结维系起来的村社,他们为了丰富共同的遗产而劳作,并通过这种劳作来满足个人的需要"。我国学者指出:乌贾马运动对坦桑尼亚的发展有以下重要影响。第一,乌贾马运动强调独立自主、自力更生地建设本国经济文化,表现出强烈的民族自强、民族复兴的民族主义信念。第二,乌贾马运动消灭了传统的酋邦或村社制度,使广大的农民摆脱了酋长的统治;使广大农民长期以来根深蒂固的传统私有观念受到冲击,不同程度地受到集体化思想的影响。第三,乌贾马缓和了非洲国家独立后出现的阶级分化现象。第四,它建立了一批具有一定生产能力的民族工业企业。第五,它在向公民提供社会福利方面取得了一些成绩。[3] 这些结论固然不错。然而,乌贾马运动对国家民族的建构所起的作用是不容忽略的。

---

① 　Esmond Bradley Martin, *Zanzibar*: *Tradition and Revolution*, London: Hamilton, 1978, p. 133.

② 　中国学者的研究,参见张士智、蔡临祥:《坦桑尼亚的"乌贾马运动"》,《西亚非洲》, 1981 年第 5 期;南文渊:《坦桑尼亚乌贾马社会的理论与实践》,《西亚非洲》,1987 年第 1 期;刘鸿武:《论当代黑非洲的部族文化整合与国民文化重构——兼论"非洲社会主义"的评价问题》,《西亚非洲》,1997 年第 3 期;唐大盾、徐济明、陈公元主编:《非洲社会主义新论》, 第 158—179 页。

③ 　参见南文渊:前引文;张士智、蔡临祥:前引文。

(一) 促进国民经济的发展

首先,乌贾马运动促进了国家经济及其文化的形成。作为乌贾马运动政策纲领的"阿鲁沙宣言"可以说是坦桑尼亚民族国家的一个全面发展计划,其内容包括经济、政治和社会三个方面。[1] 宣言对坦桑尼亚的经济做了全面规划:对土地、自然资源、工矿、外贸、金融、交通、运输等实行国有化,建立由国家掌握的经济体系;对城镇的小商业和手工业实行合作化;逐渐消灭外国资本的势力;限制非洲民族资产阶级的发展。一个由国家制定的经济发展规划在全国范围内实施,这对于在一个以家庭和村社为经济单位的社会消灭传统的小生产的自给自足的经济,建立一个较完整的国民经济体系是至关重要的。尽管在农村有公田和私田两种,而且私田在农民生活中占有重要的作用,但建立乌贾马村是一种政府干预行为,1974 年全国有 5 000 个乌贾马村,1979 年已有 8 299 个。[2] 1984 年,建成的乌贾马村已达 9 230 个。各级政府对乌贾马村的建立和发展(从低级村向高级村发展)给予足够的关注,以村庄为单位从国家贷款以购买农具,村民根据计划指标种植农作物,这一切表明:乌贾马运动对国家经济意识的形成也起到了关键的作用。[3]

(二) 消除地方民族意识

有助于消除地方民族意识是乌贾马运动的另一个重要作用。"乌贾马"的原意是指非洲社会中集体劳动、共同生活的家族关系。尼雷尔明确指出,社会主义的首要目标是关心人,"首先,也是所有事物中最为中心的是,在社会主义制度下,人是所有社会活动的目的。为人服务,对人性的促进事实上是社会本身的目的"。[4] "家族主义是我们非洲人所需要的社

[1] "The Arusha Declaration", in Julius K. Nyerere, *Ujamaa-Essays on Socialism*, Oxford University Press, 1968, pp. 13-37. 此宣言于 1967 年 2 月 5 日用斯瓦希里语正式发表。

[2] Meta K. Townsend, *Political-economy Issues in Tanzania*, New York, 1998, pp. 57, 63.

[3] 李长兴:《坦桑尼亚乌贾马村纪实》,《西亚非洲》,1987 年第 3 期。

[4] Julius K. Nyerere, *Nyerere on Socialism*, Oxford University Press, 1975, p. 30.

会主义。"实行乌贾马的社会将照顾到每一个人，"只要他乐意工作，就不必为明天发愁，也不必去积累钱财……这是过去的非洲社会主义，也是今天的社会主义"。① 从其本质而言，乌贾马运动的目的是给非洲传统的村社制度加上新的内容，来实行经济平等和政治民主，改变农村的贫困面貌，从而大大促进坦桑尼亚的社会发展。

虽然乌贾马运动的基本单位是村社，但它已大大超越了村社的范围。这表现在两个方面。第一，尼雷尔反复强调，他所谓的"家庭（或家族）"，是扩大了的"家庭（或家族）"，可以超越"部落"、"共同体"、"民族"，甚至非洲大陆。第二，运动的规模、范围、动员和组织，都是在全国范围内展开。通过广泛的宣传和讨论以及在各级领导中层层传达和落实，乌贾马成为一个尽人皆知和广泛投入的运动。一个乡政府主席说："我们乡有 9 个乌贾马村，查尼卡是搞得最好的一个，现在它是省里挂号的模范村。"②当这位乡主席考虑如何增加乌贾马村时，他并不是以自己所属的氏族、酋邦或地方民族为参照系，而是以坦桑尼亚全国范围内其他的省作为自己的参照系。

（三）激发对坦桑尼亚文化的热爱

乌贾马运动从文化层面上激发了坦桑尼亚人民对自身文化的热爱。奴隶贸易使非洲人的心理受到严重摧残，殖民主义几乎将非洲文化贬低到一无是处的地步。非洲要重新崛起必须首先重新认识自己的传统。乌贾马运动力图将非洲传统的平等和民主的成分利用起来，在坦桑尼亚实行非洲人理解的社会主义。从某种意义上说，这是对非洲传统价值观的重新肯定。尼雷尔多次在《乌贾马——非洲社会主义的基础》中表示："我们非洲人既不再需要被说服去'皈依'社会主义，也不需要别人'教'我们民主。这两者都起源于我们的过去，起源于我们的传统社会。"他还一再指出，坦桑尼亚人民的首要任务就是重新启发自己，重新发现自己的基本价值观念，并强调建设非洲社会主义可以也完全应该从传统的遗产中吸取营养。③

---

① 　Nyerere, "Ujamaa-The Basis of African Socialism", in Nyerere, *Ujamaa-Essays on Socialism*, pp. 3-4.

② 　转引自李长兴：前引文，第 62 页。

③ 　Nyerere, "Ujamaa-The Basis of African Socialism", in Nyerere, *Ujamaa-Essays on Socialism*, p. 12.

重新认识非洲文化价值观对加强坦桑尼亚民族自豪感起着重要的作用。

(四) 推动国民意识的形成

最后,乌贾马运动推动了国民意识的形成。作为一场涉及整个国家的社会运动,乌贾马进一步加强了坦桑尼亚民族一体化的进程。乌贾马运动的基本原则是:没有剥削现象;基本的生产资料为全体成员所有;人人必须参加劳动,按劳分配;每个成员的权利是平等的,成员之间发扬民主互助的精神。乌贾马村的管理基本上是一种村民自治的方式,"村管理委员会"由村民选举产生,但主席和书记由坦盟任命。国家对乌贾马村的资助包括兴建学校、医疗站、俱乐部和商店等社会福利设施。[1] 一位在乌贾马村教书的青年教师说:"我们实行小学义务教育,学生不缴任何学杂费,教师从国家领取工资,校舍也是政府资助建的……"一位从省医学院毕业的医生谈到自己在乌贾马村的工作时说:"我是唯一的医生,已来这8年,另有四名助产士、两名护士和一名看护,负责全村的医疗卫生工作。……近几年来药物缺乏,现在已大为缓解,因为从7月起我们成为卫生部实行'常用药物计划'的试验点,县里从优分配常用药物。"[2]通过乌贾马运动,坦桑尼亚人民在生活中对国家和政府有了切身感受,对国家政府在自己日常生活中所起的作用十分清楚。

乌贾马运动的一个重要方面是强调自力更生的精神。这种"自力更生"并非以个体或以村社为单位的自力更生,而是在坦噶尼喀非洲民族联盟领导下,由国家政权统一组织,全国公民立足于本国资源(包括人力、物力和财力)基础上的自力更生。即使在最超脱的文化教育界,这种自力更生的精神也是十分明确的。由国家培养的知识分子不仅成为国族建构的推动者,在自力更生精神指导下的大学教育也培养了全体公民的国民意识。[3] 这一运动对坦桑尼亚国民意识的形成、国民精神的培养和国民文化的熏陶所起的作用是显而易见的。

---

[1]　Nyerere, "Socialism and Rural Development", in Nyerere, *Ujamaa-Essays on Socialism*, pp. 106-144.

[2]　转引自李长兴:前引文,第63页。

[3]　Leslie S. Block, "National Development Policy and Outcomes at the University of Dar es Salaam", *African Studies Review*, 27:1, pp. 97-115.

四、小　结

从上述分析可以看出,坦桑尼亚的民族政策相对成功,特别是乌贾马运动的作用不可小视。虽然以乌贾马运动来发展经济(特别是农业)的尝试并不十分成功,但对坦桑尼亚民族一体化的贡献功不可没。这一运动从非洲本土的文化传统出发,自上而下调动了坦桑尼亚人民的热情,将全民族各个层次的积极性引导到一场试图创立一个符合坦桑尼亚实际情况的社会制度的运动之中。乌贾马运动涉及经济、政治、文化和社会各个层面,对坦桑尼亚人民的影响是深远的。从国家范围内调动人力、财力和管理资源,对全国人民的生产活动和社会福利进行统一管理,这种做法无疑加速了坦桑尼亚的民族一体化进程。正如长期从事坦桑尼亚研究的学者马丁指出的:通过强调打破民族界线的各种非洲人的象征,坦桑尼亚在进行民族一体化方面的努力是相当成功的。[①]

---

① Joel D. Barkan, ed. , *Beyond Capitalism vs. Socialism in Kenya and Tanzania*, Boulder: Lynne Rienner, 1994, p. 83.

第二十一章　卢旺达的民族政策与对大屠杀的反思

> 我在印甘杜学到的最重要的教诲是：卢旺达人民是卢旺达最重要的资源。印甘杜给予我们的每一样，我们确实都需要。知道每一个人都是我们的兄弟——我们确实需要。
>
> 印甘杜①学员

> 2020 年远景目标体现了卢旺达人在经历这么多年的集权和排斥统治之后，渴望建设统一、民主和包容的卢旺达认同的意愿和决心。我们希望通过远景目标，将卢旺达建设成一个中等收入国家，卢旺达人民能够更加健康，接受更好的教育，生活更加繁荣。我们期待一个统一、拥有地区和全球竞争力的卢旺达。
>
> 卡加梅（卢旺达总统）

"镇上的每个人都很害怕。尚塔尔的母亲和侄女与一位家庭的朋友躲在一起，他是一个胡图人，但他们认为这对尚塔尔来说也太危险了。这样，她藏到附近的灌木丛里。不久之后，她被另一个叫伊迪丝的胡图邻居收养了。伊迪丝的丈夫认为这样做太危险了，但伊迪丝坚持说，'她哪儿也不去'。当民兵靠近时，尚塔尔又躲到灌木丛里去，而伊迪丝的孩子们

---

① 即卢旺达团结和解营。

一直在观察情况。这时，她说：'我们已经放弃了生存的希望。当我躲起来的时候，我不知道白天或晚上是什么，只是坐在那里等着被杀掉。'"①卢旺达国际刑事法庭对在卢旺达大屠杀中犯有各种罪行的卢旺达人进行审判。在审理一名叫坎班达的人的案卷中指出："坎班达承认，在1994年5月3日，他被要求采取措施保护在医院屠杀中幸存下来的儿童，但他却没有采取任何行动。就在同一天会议之后，这些人遭到了杀害。他承认他没有尽到自己的责任，来保护卢旺达儿童与人民的安全。"此案成为卢旺达种族大屠杀中一个不作为的犯罪案例。②

如果说，乌贾马运动对坦桑尼亚的国族建构起到了积极作用的话，卢旺达种族大屠杀则为卢旺达的国族建构提供了一个反面例证。由于卢旺达政府在独立后实施民族歧视政策，导致了这一人类历史上罕见的惨剧。卢旺达政府在种族大屠杀和内战结束后吸取这一教训，在政策制定、新宪法颁布、价值观灌输和公民教育等方面采取各种措施，从而在民族和解的道路上取得了一定的成效。

《民族主义与民族政治》杂志创刊时，威廉·萨福兰提出有关国家、民族和民族政治的56个论点，或是关于政治独立与民族建构的关系，或是国家与民族的异同，或是国家建构对民族存在的影响，或是关于民族意识的产生等，并提出了28个需要进一步思考的课题，从而对民族主义的研究范式提出了自己的看法。③ 本章拟通过分析卢旺达种族大屠杀这一个案来解释民族问题、民族与政治权力的互动以及国家与国际政治之间的关系，可以看作是对萨福兰先生的一个回应，内容包括探讨卢旺达的民族政策以及产生的后果，特别是对"种族大屠杀"的内在原因的分析，揭示了民族政策对国族建构的重要作用。④

---

① Marie Chantal Uwamahoro, "Read Chantal's Story", Holocaust Memorial Day Trust, https://www.hmd.org.uk/resource/marie-chantal-uwamahoro/.

② 洪永红：《卢旺达国际刑事法庭研究》，中国社会科学出版社，2009年，第96页。有关种族大屠杀中出现的"灭绝种族罪"、"反人道罪"和"战争罪"三种罪行的界定，参见上引书，第84—129页。

③ William Safran, "Nations, Ethnic Groups, States and Politics: A Preface and an Agenda", *Nationalism and Ethnic Politics*, Vol. 1, No. 1. 1995, pp. 1-10.

④ 中国学术界对此问题的主要研究包括刘海方：《十周年后再析卢旺达"种族"大屠杀》，《西亚非洲》，2004年第3期，第34—38页；于红：《手足相残的悲剧——卢（转下页注）

一、卢旺达大屠杀事件的回顾

(一) 卢旺达大屠杀事件:起因与过程

卢旺达大屠杀有其历史根源,但与该事件最直接的联系,应该是1990年底流亡在乌干达的图西族难民组成的卢旺达爱国阵线(Rwandan Patriotic Front,RPF)发动了对卢旺达本土的攻击。在随后的三年多时间里,卢旺达政府与卢旺达爱国阵线的冲突一直持续,谈判也在进行,双方就权力分享达成妥协。1994年1月,哈比亚利马纳就任新总统。哈比亚利马纳政府也推出一些民族和解政策,如在内阁接纳图西人担任部长,甚至任命图西人阿加特·乌维琳芝吉伊马纳女士(Agathe Uwilingiyimana)为总理。

1994年4月6日,在出席关于解决卢旺达和布隆迪民族冲突的中、东部非洲国家首脑会议后,回国途中,总统座机在首都基加利机场上空遭3枚火箭袭击,哈比亚利马纳总统同搭机的布隆迪总统恩塔里亚米拉及随行人员和机组人员共12人全部遇难。迄今为止,没有任何组织或个人宣布对此事负责。由胡图族强硬分子组成的卢旺达总统卫队指责以图西人为主的卢旺达爱国阵线武装是凶手。总统去世成为卢旺达种族大屠杀的导火线。屠杀完全是按预先策划好的步骤进行的。然而,有些迹象表明胡图族强硬分子卷入了这一事件。首先,胡图人强硬派反对1993年8月哈比亚利马纳同爱国阵线达成的和平协议,反对同图西人组成联合政府。其次,哈比亚利马纳总统遇难30分钟后,总统卫队即向驻扎在议会大厦的爱国阵线发动进攻,似乎一切均有预谋。再次,卢旺达总统卫队一直阻挠联合国方面前往出

(接上页注)旺达种族冲突》,《中国民族》,2005年第3期,第45—47页;李安山:《论民族、国家与国际政治的互动——对卢旺达大屠杀的反思》,《世界经济与政治》,2005年第12期,第7—15页;庄晨燕:《民族冲突后的和解与重建——以卢旺达1994年大屠杀后的国族建构实践为例》,《中央民族大学学报(哲学社会科学版)》,2014年第3期,第77—87页;庄晨燕:《民族冲突的建构与激化——以卢旺达1994年种族屠杀为例》,《西北民族研究》,2017年第2期,第58—68页;舒展:《卢旺达民族和解探究与思考》,《西亚非洲》,2015年第4期,第114—132页;侯发兵:《卢旺达的民族身份解构:反思与启示》,《西亚非洲》,2017年第1期,第139—160页。

事地点进行调查。① 哈比亚利马纳总统遇难的消息传来，由胡图族组成的总统卫队马上包围了爱国阵线驻基加利议会大厦的 600 名武装人员，开始了长达 3 个月的内战和民族冲突。

胡图族人对图西族人格杀勿论，小孩和妇女都未能幸免于难，一些妇女惨遭强奸。遇难的国家领导人有总理阿加特·乌维琳芝吉伊马纳女士。事件发生后，她首先要求联合国提供援助，以保护图西族居民的生命财产。4 月 7 日，她在联合国援助团士兵的保护下离开总统府后，被一群军人堵住，护送她的联合国士兵被缴械。当她逃到联合国开发计划署驻基加利办事处后，胡图族武装军人无视国际法，强行将她从联合国机构内押走，随后在总统府附近将她活活打死。当时，官方电台公开号召胡图人去杀图西人。胡图族强硬分子守卫街头，并挨家挨户搜查图西族人和支持同情过图西族的胡图族人。在短短的 3 个月里，大批图西族人惨遭杀害。胡图族军人还打死了 3 名反对党内阁成员和 10 名联合国援助团的比利时士兵。

卢旺达爱国阵线的增援部队于 4 月 9 日从位于北部边境地区的基地出发向首都进军。其主要目的有二：支援被围困在基加利的 600 名士兵；制止胡图族政府军对图西族无辜平民的屠杀。这一军事行动使冲突升级为内战。4 月 12 日，爱国阵线抵达基加利市中心，4 天前成立的以议长德奥多尔·辛迪古布瓦博为代总统的临时政府撤退到基加利西南 40 公里处的吉塔拉马。冲突双方于 6 月 14 日在突尼斯签署停火协定，但不久双方又重新开火。6 月中旬，临时政府撤至布西部边境的吉塞尼。6 月 23 日，"绿松石行动"开始，2500 名执行任务的法国干预部队进入卢旺达西部。爱国阵线于 7 月 4 日完全攻占首都基加利和南部城市布雷塔，至此爱国阵线已控制全国三分之二以上的地区。法国干预部队将吉孔戈罗周围占卢旺达约五分之一面积的地区划为"人道主义安全区"，禁止任何武装力量进入。7 月 17 日，爱国阵线军队攻克临时政府所在地吉塞尼；胡图族难民大批逃往扎伊尔，扎伊尔边境城镇戈马的难民超过 100 万人。爱国阵线武装部队总司令卡加梅于 7 月 18 日宣布卢旺达爱国阵线取得

① Rene Lemarchand, "Rwanda: The Rationality of Genocide", *Issue: A Journal of Opinion*, 23:2(1995), pp. 8–11.

胜利,并立即实行停火。7 月 19 日,以爱国阵线为主的多党派新政府在基加利宣誓就职。

卢旺达大屠杀的一个基本事实是:主要受害者是图西人,超过 70% 的图西人在事件中身亡。可以说,卢旺达种族大屠杀是一起由卢旺达官方精心策划并经过严密组织的由胡图人施加于图西人的民族迫害事件。为什么会出现这种从民族歧视演变为民族迫害的事件呢? 这里既有历史的根源,也有现实的原因。①

(二) 卢旺达大屠杀事件:有关罹难人数的估算

有关大屠杀死亡人数一直没有确切统计。我们不得不承认,统计(更准确地说应是估计)是一件非常困难的事。研究者和民间组织提供了各种估计数字。最早拿出估计数字的是人权观察组织,该组织在屠杀发生 20 天后认为受害者有 10 万人。随后,无国界医生提出的数字翻了一番。1994 年 5 月,卢旺达爱国阵线的广播电台(Radio Muhabura)播出了死亡者为 50 万这一数字,但随后几天又降至 30 万。根据学者杰拉德·普鲁尼耶的说法,这些数字缺乏系统的调研方法,既非估计,更不是统计,只是一些猜测。② 联合国建立的卢旺达专家委员会经过调查后提出了一个相对模糊的估计数字,受害者介于 50 万到 100 万之间,包括受害的图西人和胡图人。③ 普鲁尼耶将各种数字进行了综合后认为,受害者在 50 万到 80 万人之间。④ 卢旺达政府认为 107.4 万人在 1994 年大屠杀中丧生。⑤

---

① Andre Guichaoua, *From War to Genocide Criminal Politics in Rwand 1990—1994* (Translated by Don. E. Webster), The University of Wisconsin Press, 2015. 此书的法文版于 2010 年出版。

② Gérard Prunier, *The Rwanda Crisis: History of a Genocide*, London: Hurst & Company, 1998, p. 262. 卢旺达的学生组织大屠杀幸存者学生会(Association des Etudiant et Elèves Rescapes du Génocide)2008 年发布的报告甚至认为在大屠杀中的死亡人数近 200 万。

③ United Nations, *United Nations Commission of Experts Established to Security Council Resolution 935 on Rwanda*, *Final Report*, Geneva, 25 November 1994.

④ Gérard Prunier, *The Rwanda Crisis: History of a Genocide*, p. 264.

⑤ National Commission for the Fight against Genocide, http://cnlg. gov. rw/genocide/background/#. WOqNvaJBrIU. 还可参见 *The New York Times*, February 14, 2002.

　　人口统计数据为更准确地推算图西族的死亡人数提供了一些依据。种族大屠杀前的最后一次人口普查是在 1991 年进行的。这次普查报告表明,共有 596 400 名图西族人居住在卢旺达,占总人口的 8.4%。如果没有发生大屠杀,基于每年 3% 的人口增长率,图西族的人数在 1994 年 7 月末应达到 650 900。然而,在 1994 年 7 月末,在难民营只发现了约 105 000 名图西族幸存者。如果加上大约 25 000 名没有去难民营的图西族幸存者,以及逃往扎伊尔(今刚果民主共和国)和坦桑尼亚的约 20 000 名图西人,共有 150 000 名图西族幸存者。这样,从 1994 年 7 月末民族灭绝未发生的情况下的图西人估计数中,减去幸存者的数量,可以得出 500 900 名图西人在大屠杀中死去,占卢旺达的图西族人口的 77%。然而,人们对 1991 年的统计数是否准确存在着诸多怀疑。图西族的一些人为了避免民族歧视,在登记时注册为胡图人。此外,哈比亚利马纳政府为了降低图西人在教育资源和就业人口分配上的比例,有意缩小了图西人的数字。基于这些原因,图西人在卢旺达总人口中的比例由 8% 提高到 12%。这样,图西族的死亡数字提高到 50 万到 80 万人之间,相当于 1994 年卢旺达的图西族总数的 84%。[1]

　　目前,只有韦尔普尔登对卢旺达的吉孔戈罗辖区(Gikongoro Prefecture)进行了较为详尽的研究。这一研究报告比较了该地区大屠杀前(1990 年和 1991 年)的人口普查数,还查实了各个民族在事件前的人口统计数。这一报告在提高卢旺达大屠杀的人数估计的准确性方面做出了贡献。通过对比 1990 年和 1991 年的卢旺达人口统计,得出了 1991 年图西族的统计人数有所降低的结论。根据 1991 年的人口普查,吉孔戈罗的图西族占人口的 12.8%。然而,当地 1990 年的人口数据显示,图西族占人口比例至少达到 17.5%,比 1991 年的 12.8% 要高得多。这说明,1991 年图西人的统计数远比实际的要低得多。如果其他地区的漏报率相似,在大屠杀爆发时图西族人数要比 1991 年人口普查推算的数字高出 40%。吉孔戈罗只是卢旺达的 11 个区之一,全区人口占全国总人口的 7%,该区图西族占全国图西族人口的 10%。如果将这一研究结果运用到整个卢旺达,卢旺达在大屠杀中的死亡图西人达到 60 万到 80 万之间。

---

①　Gérard Prunier, *The Rwanda Crisis: History of a Genocide*, p. 264.

换言之,只有 25% 至 30% 的图西族人在 1994 年的大屠杀中幸免于难。[1]
当然,我们还要考虑其他的遇难者,包括那些希望阻挡或劝诫屠杀的善良
的胡图人等。

(三) 卢旺达大屠杀事件:研究与思考

民族冲突已过去 20 多年,人们对它的记忆不会消失。学者对卢旺达
事件的反应从愤怒、谴责转变为冷静后的思考。除了研究大屠杀中的罹
难人数外,人们更倾向于探讨卢旺达大屠杀的原因和影响。为什么会出
现这种人类悲剧?民族问题何以演变为互相屠杀?民族与国家之间究竟
有什么联系,与国际政治的关系又如何?

这些年来,学术界对导致这一惨案发生的历史、思想、民族、政治、经
济、社会等各种因素进行了大量的研究,力图找出其主要原因。这些观点
大致可以分为两种:"外因论"与"内因论"。"外因论"认为殖民时期的相
关政策是根源,20 世纪 80 年代中期国际市场咖啡价格的急剧下降,西方
强加的"民主化"进程,对军火的蔓延和对屠杀计划无动于衷是惨案发生
的主要原因。[2]"内因论"则主要从卢旺达国内的各种因素入手,如人口
密度大,耕地面积少,两个民族的历史积怨,卢旺达人民的屈从心理,国家
权力的强化等。[3] 民族问题从根本上说是政治问题,它与国家权力有着

[1] Marijke Verpoorten, "The Death Toll of the Rwandan Genocide: A Detailed Analysis for Gikongoro Province", *Population*, 2005/4 (Vol. 60), pp. 331-367.

[2] M. Chossudovsky, "Economic shock therapy in Rwanda", *African Agenda*, Vol. 1, No. 2, 1994, pp. 24-26; G. Prunier, *The Rwanda Crisis: History of a Genocide, 1959—1994*, London: Hurst, 1995, p. 157; Robert I. Rotberg and Thomas G. Weiss, eds., *Massacres to Genocide, The Media, Public Policy, and Humanitarian Crises*, Massachusetts: The World Peace Foundation, 1996, p. 98. 有的记者也认为西方对大屠杀负有重要责任。参见 Linda Melvern, *A People Betrayed: The Role of the West in Rwanda's Genocide*, New York: Palgrave, 2000; Wayne Madsen, *Genocide and Covert Operations in Africa, 1993—1999*, Lewiston: The Edwin Mellen Press, 1999。

[3] Peter Uvin, "Prejudice, Crisis, and Genocide in Rwanda", *African Studies Review*, Vol. 40, No. 2, 1997, pp. 91-115; Helen M. Hintjens, "Explaining the 1994 Genocide in Rwanda", *The Journal of Modern African Studies*, Vol. 37, No. 2, 1999, pp. 241-286; Mahmood Mamdani, *When Victims Become Killers: Colonialism, Nativism, and the Genocide in Rwanda*, Princeton: Princeton University Press, 2001.

密切联系。如果一味将这次事件的原因归根于外来因素将有失偏颇。同样,如果忽略历史因素,也不是唯物主义的客观态度。① 值得注意的是,在一定条件下,一个国家的民族问题与国际政治之间将产生重要的互动关系。

卢旺达事件在三个方面具有典型性。第一,在相当多的发展中国家,殖民地经历干扰了民族的形成过程,民族整合往往滞后于国家的建立,这是与西方的最大不同点。② 卢旺达事件充分表明了这一特点。殖民统治时期对胡图族和图西族两个民族的鉴定区别、分而治之的政策留下了极为负面的遗产。遗憾的是,这一负面遗产在独立后不仅没有消除,反而被胡图人政府继承下来,反其道而用之。第二,近 30 年来,不少非洲国家经历了民族冲突(这种冲突往往与宗教矛盾纠合在一起),卢旺达的胡图族政府利用民族矛盾来维持自身统治的做法颇有代表性。第三,跨境民族的复杂化。由于胡图人和图西人的矛盾是大湖地区的特点,跨境民族的存在使国内矛盾转化为地区政治,布隆迪、乌干达、坦桑尼亚和刚果(金)都卷入冲突,这表现在三个方面:首先是民族冲突的直接影响,其次是难民问题,再次是非洲国家的调解。③ 这些将在后文详述。

二、民族:"想象的共同体"抑或"制造的共同体"

1994 年,与西方媒体用"部落战争"(tribal war)形容卢旺达大屠杀一样,中国报刊也多以"部族大仇杀"、"部族大灾难"为标题来报道这一事件。④ 对"部族"一词的误用且不论,⑤用"部族灾难"来形容大屠杀是否

---

① 侯发兵:《卢旺达的民族身份解构:反思与启示》,《西亚非洲》,2017 年第 1 期,第 141—142 页。

② Mostafa Rejai and Cynthia H. Enloe, "Nation-states and State-nations," *International Studies Quarterly*, Vol. 13, No. 2, 1969, pp. 140-158.

③ 李安山:《论民族、国家与国际政治的互动——对卢旺达大屠杀的反思》,《世界经济与政治》,2005 年第 12 期,第 7—15 页。

④ 才林:《卢旺达部族大灾难》,《民族》,1994 年第 11 期,第 11—14 页;李敬臣:《卢旺达:罕见的部族大屠杀》,《半月谈》,1994 年第 12 期,第 62—64 页。

⑤ 参见李安山:《非洲民族主义研究》,北京:中国国际广播出版社,2004 年版,第 184—219 页。

反映惨案的实质？看看卢旺达的历史与现实。

（一）胡图人与图西人：历史起源

在定义"民族"时，语言、地域、经济生活、历史文化特征均为重要标志。卢旺达主要由两个民族构成，胡图族（占人口 85％）和图西族（占人口的 14％），此外还有特瓦族（Twa），仅占全国人口约 1％。[①] 胡图人和图西人这两个民族是怎样形成的呢？它们属于文化共同体、经济共同体，抑或政治共同体？研究表明，狩猎的特瓦人最早于公元前 8000 年至公元前 3000 年来到这块土地，随后是农耕的胡图人，他们于公元 700 年—1500 年来到卢旺达定居，从事畜牧业的图西人何时到达此地尚无定论（一说 15 世纪左右）。15—17 世纪，胡图人、图西人和特瓦人逐渐混居并互相通婚。他们一起生活在这片土地上。各自社会分工有所不同，在政治地位上也有所差异。

卢旺达王国建立于 16 世纪，当时图西人借助其较强的机动力建立了中央集权封建王朝，19 世纪后期卢旺达领土大肆扩张。1884 年到 1911 年，德国等欧洲列强在瓜分过程中制定边界，使卢旺达国土损失过半。[②] 在国家形成过程中，各个民族的祖先生活在一块土地上，创造了单一的文化，说着共同的语言（即卢旺达语，Kinyarwanda），信仰同一种宗教，拥有同样的神话体系和礼仪法典（乌布维鲁，Ubwiru）。两个民族长期生活在一起，互相通婚，不断交流。概言之，他们具有共同的地域、经济生活和历史文化背景。

对这些民族在历史上共处的描述有两种截然对立的观点，舒展进行了很好的梳理。一种观点认为，胡图人、图西人和特瓦人在 19 世纪末成为德国殖民地以前一直和谐相处，属于一个民族（nation）；虽然社会分工不同，但不断跨群流动。另一种观点认为，三者在殖民统治建立前就是截然不同的民族（ethnic group）。非洲学者认为，殖民统治建立

[①]　Virginia Morris and Michael P. Scharf, *The International Criminal Tribunal for Rwanda*, New York: Transnational Publishers, 1998, Vol. 1, p. 48.

[②]　舒展：《卢旺达民族和解探究与思考》，《西亚非洲》，2015 年第 4 期，第 116—118 页。

之前,卢旺达存在着不同民族的区别与认同,殖民政府将胡图人和图西人的区分贴上了种族标签。[①] 范西纳指出:"今天整个国家在语言和文化方面的统一在 17 世纪时并不存在,卢旺达不是一个'自然'形成的国家(nation),而是整个 19 世纪和 20 世纪早期恩营基瓦王国文化扩张的结果。卢旺达真正成为一个国家是在 20 世纪。"[②]哥伦比亚大学著名社会学家、乌干达学者马穆达尼指出:对民族进行辨识和认同本身就是一种主观判断。[③]

可以说,从未有过持续一贯的关于胡图人和图西人的定义。这种定义随着卢旺达主权的变更以及权力的转移而变化。殖民统治期间,为了实施分而治之的策略,比利时殖民政府制定了民族识别登记制度,并根据三种依据即教会信息、体质特征和财富标准对图西人和胡图人进行民族区分和识别。独立后,胡图人/图西人的矛盾被新政权继承下来。胡图人政府通过意识形态灌输,将图西人"妖魔化",从而为自身统治和政治行为提供合法依据。民族身份被当权者作为达到政治目的的工具,卢旺达事件是这种政治运作的极端表现。虽然名义上是图西人对胡图人的屠杀行动,但实质上是一次由国家机器策划、资助和操控的针对本国公民的恐怖行动,也是对当时正在进行的民主改革的一种反动。作为大湖地区的地缘政治特点,民族问题影响到周边国家。国际政治诸因素的参与及国际社会对卢旺达局势的干预直接影响到大屠杀的产生、演变及其结果。

(二) 民族身份的建构:牛群为决定因素?

可以肯定的是,图西人上层在卢旺达国家建立的扩张过程中曾一直占据统治地位。为什么会出现这种现象呢?

---

①　舒展:《卢旺达民族和解探究与思考》,《西亚非洲》,2015 年第 4 期,第 115—118页。舒展为中国前驻卢旺达大使。此篇论文引用了诸多著述,对卢旺达民族冲突的缘由和性质作了较有说服力的论证。

②　J. Vansina, *Antecedents to Modern Rwanda: The Nyiginya Kingdom*, University of Wisconsin Press, 2004, p. 198. 转引自庄晨燕:《民族冲突后的和解与重建——以卢旺达 1994年大屠杀后的国族建构实践为例》,第 80 页。范西纳这里的"国家"应该定义为现代国家。

③　Mahmood Mamdani, *When Victims Become Killers*, pp. 99-101.

有人认为这是种族差别所致。早期殖民官员建构了一种印象:卢旺达存在两个主要共同体:从东北部迁来的图西人与属班图人的胡图人。[①]种族主义解释非洲文明现象的理论根据是"含米特理论"。[②] 为使这一观点更具说服力,他们将两者外表差别夸大。他们强调属于班图尼格罗人种的胡图人身材中等,皮肤黝黑,头发卷曲,鼻梁较低,属于苏丹尼格罗人种的图西人身材高大,皮肤褐色,头发浓密,鼻梁较高。这样,褐色/黑色皮肤,高大/中等身材,优美/粗笨体态被用来强调图西人与胡图人的体质特征。然而,人体特征并非民族识别的唯一依据。"当代遗传学'Y'染色体(Y-DNA)研究表明,图西人基本是班图人血统,仅 1‰ 的基因与非洲之角、北非、西亚、东南欧人相同,更多的则与周边地区原住民班图人,特别是胡图人,有着共同的遗传起源。许多代人的通婚导致基因流通(Gene Flow),在很大程度上逐渐抹去两个班图群体之间的身高、体型和相貌等体质区别。"[③]

由于长期混居,民族差别已不明显。有的胡图人因具有所谓的图西人特征(高个头,高额头,高鼻梁)在大屠杀中受到迫害,尽管他们持有胡图人的身份证。[④] 一位参加国际会议的尼日利亚学者曾表示,他可以闭上眼睛通过聆听对方对图西人与胡图人是否存在差别的表述来判断其是图西人还是胡图人。认为两者无差别的是图西人;声称两者有差别的是胡图人。这种表述虽有些极端,但却从侧面反映了一个事实:两者体质特征并不明显。这与双方普遍通婚也有关系。[⑤] 两个明显的例证是,独立后很多图西人通过各种途径将自己重新登记为胡图人;大屠杀的死亡人

①　Helen M. Hintjens, "Explaining the 1994 Genocide in Rwanda", p. 252.

②　关于含米特理论的经典论述,参见塞利格曼著,费孝通译:《非洲的种族》,商务印书馆,1989 年版,第 69—114 页。对这一理论批判最有力的是塞内加尔学者安塔·迪奥普。关于中国学者的观点,参见宁骚:《西非古代文明与"含米特假设"》,载《非洲史论文集》,生活·读书·新知三联书店,1982 年,第 127—154 页;李安山:《论黑非洲历史的非殖民化》,载《亚非研究》,第 4 辑,1994 年,第 66—86 页。

③　舒展:《卢旺达民族和解探究与思考》,《西亚非洲》,2015 年第 4 期,第 118 页。

④　Villia Jefremovas, "Acts of Human Kindness: Tutsi, Hutu and the Genocide", *Issue: A Journal of Opinion*, Vol. 23, No. 2, 1995, p. 28.

⑤　Mahmood Mamdani, *When Victims Become Killers*, p. 41; David Newbury, "Understanding Genocide", *African Studies Review*, Vol. 41, No. 1, 1998, pp. 83-88.

数难以确定,因为图西人与胡图人的尸体难以从身体特征上区分。

有的则认为图西人确立其统治地位是因为他们是游牧者,拥有牲畜,胡图人是农耕者;图西人富有,胡图人贫穷。然而,以游牧者与农耕者来划分图西人与胡图人的观点不能成立。因为胡图人早在图西人出现前已拥有牲畜;胡图人与图西人同时占有牲畜和土地的现象确实存在。[①] 在殖民统治初期,两个民族的劳动分工并非一种永恒的、长期历史发展形成的职业,而是在卢旺达国家形成过程中由政治权力强加的分工。[②]

就经济地位而言,有的胡图人富裕程度并不比图西人差,而图西人中也有穷人。一旦富裕或有权势的胡图人威胁到图西人酋长的权力,其家族便被吸收到统治集团,其胡图族身份则被"遗忘",他们就成了图西人。[③] 此过程称为"奎胡图拉"(kwihutura,即抛弃"胡图族性"),指那些胡图人通过积敛财富(主要是牛群)来提高社会经济地位,最后取得图西人的政治身份。相反的社会演变也存在于图西人中间,失去财产也会失去图西人地位而成为胡图人,这一反向社会过程称为"古普皮拉"(gupupira)。在卢旺达国家的建立过程中,图西人上层占有了统治权。可以得出这样的结论:占有财富资源的统治集团成了图西人,而非因为是图西人才成为统治者。

(三)"制造的共同体":民族身份的政治化

安德森认为,民族"是一种想象的政治共同体,它被想象为本质上有限且享有主权"。[④] 国家政权的集权化与社会演进过程相同步,图西人和胡图人成为一种政治身份,"想象的共同体"逐步形成。图西人占有统治权;胡图人是被统治者。殖民主义的到来不仅认可了这种权力分配,并通过一系列政策使这种政治身份制度化。当德国人建立殖民统治时,他们利用已形成的卢旺达国家体制和官僚结构,借助图西人酋长进行统治,而

---

① David Lee Schoenbrun, "Cattle Herds and Banana Gardens: The Historical Geography of the Western Great Lakes Region", *African Archaeology Review*, Vol. 11, 1993, pp. 39-72.

② Mahmood Mamdani, *When Victims Become Killers*, p. 51.

③ 勒内·勒马尔尚:《卢旺达与布隆迪》(钟槐译),商务印书馆,1974 年,第 60 页。

④ Benedict Anderson, *Imagined Communities: Reflections on the Origin and Spread of Nationalism*, London & New York: Verso, 1983, p. 15. 此书对民族主义的兴起提出了自己的解释,已有中译本。

白人殖民者的种族主义思想进一步加固了图西人原有的政治身份。比利时殖民当局接管卢旺达后，于 1933 年进行人口统计，决定通过登记来实施身份证制度，以确定卢旺达人的身份。由于缺乏任何标准，殖民当局凭借以下三种根据来判定一个人的民族。

首先是基督教会提供的相关信息。基督教在卢旺达渗透较广，大部分卢旺达人都信奉基督教。教会根据其对卢旺达基督教徒信息的了解，向殖民政府提供的口头资料成为殖民当局识别身份的依据。第二种依据是卢旺达人的身体特征。比利时人根据欧洲人所谓的"科学的"人种学理论，将对象的各种所谓科学测量结果（身高体重、鼻梁高低、鼻翼宽窄）进行综合分析后得出结论。第三种以占有牛群数量来决定身份，该方法被称为"10 头牛标准"，即占有 10 头牛的人被划为图西人，其余的人再根据其职业分为胡图人和特瓦人。[1] "10 头牛标准"虽十分牵强，却从一个侧面说明从体质特征上难以区分图西人与胡图人。然而，正是这种划分强化了因传统政治身份带来的经济差别：相对富有的图西人和相对贫困的胡图人。为了培养忠于比利时政府的统治地精英，殖民当局将酋长几乎全部换成图西人。这样，民族身份（按殖民政府的说法是"部落身份"或"种族身份"）的凝固使"奎胡图拉"和"古普皮拉"的现象不可能再出现，取而代之的是民族身份的政治化。

这样，原本互相共处，互相融合和互相通婚的两个民族在这种强行区别和认同的制度下被强分为两个互相对立的民族。更有甚者，德国人和后来的比利时人都采取了分而治之的政策——用图西人统治胡图人。当时酋长职位多由图西人担任。根据 1959 年的统计，图西人在 45 个酋长管辖区中占有 43 个，其余两个空缺。在 559 个小酋长辖区里，图西人占有 549 个，胡图人仅占 10 个。大部分殖民政府辅助人员也由图西人担任。[2] 图西人在殖民统治中的重要地位一直维持到 1959 年的"社会革命"。[3] 在殖民

---

[1]　Mahmood Mamdani, *When Victims Become Killers*, pp. 98-99. 有的卢旺达人认为这种标准是一种历史的虚构。

[2]　勒马尔尚：《卢旺达与布隆迪》（钟槐译），第 223 页。

[3]　指 1959 年 11 月爆发的反对殖民统治和图西人的胡图人农民暴动。具体情况可参见 Mahmood Mamdani, *When Victims Become Killers*, pp. 103-131；勒马尔尚：《卢旺达与布隆迪》（钟槐译），第 164—209 页。

统治后期,比利时殖民政策有所改变。殖民政府开始倾向于支持胡图人及其反对图西人统治的斗争。有学者将这一政策变化归于比利时殖民官员地区身份的改变。① 我们认为,这种改变的直接原因是胡图人独立运动不可阻挡,比利时力图通过制造民族矛盾为以后的调解角色留下余地,从而保留自己的影响力。

表格 21-1 卢安达-乌隆迪殖民地图西族和
胡图族任行政职务统计(1959 年)

职 位	图西族		胡图族		总 计	
	总数	%	总数	%	合计	%
酋 长	81	98.8	1	1.2	82	100
小酋长	1 050	95.5	50	4.5	1 100	100
全国最高咨询会议						
卢旺达	31	94	2	6	33	100
布隆迪	30	91	3	9	33	100
地区咨询会议						
卢旺达	125	80.7	30	19.3	155	100
布隆迪	112	81.2	26	18.8	138	100
行政辅助人员	284	67	122	33	406	100

资料来源:勒内·勒马尔尚:《卢旺达和布隆迪》(钟槐译),商务印书馆,1974年,第149页。

将殖民地人民分为"受重用民族"和"受歧视民族"分而治之,是惯用的殖民统治方式,这在非洲表现得特别明显。殖民政府通过殖民教育和意识形态的灌输以及一系列的具体政策,使"种族集团"(这一用词在官方文件中正式采用)的界线进一步明确:它包括"种族"身份的法律化、政治地位的制度化和经济地位的标准化。民族身份的转变再也不可能出现,占统治和被统治地位的民族划分成为殖民制度的有机部分,两者在经济

① 韩特琼斯(其父为比利时驻卢旺达外交官)认为二战后派驻卢旺达的殖民官员多为比利时的少数民族弗莱明人,他们对胡图人的处境有同感,因而支持"社会革命"。Helen M. Hintjens, "Explaining the 1994 Genocide in Rwanda", p. 254.

上的区别日益明显。自我"想象的共同体"在这里变成了他人"制造的共同体"。

三、卢旺达的民族矛盾:从继承到恶化

非殖民化是 20 世纪最重要的历史事件之一。卢旺达的非殖民化有其特征,它包括了两个内容:结束比利时的殖民统治,摆脱图西人一统天下的局面。1994 年的种族大屠杀只是民族矛盾最极端的体现。实际上,胡图族为主导的政府针对图西族的迫害从独立后一直在持续。这种民族迫害以及因之引发的民族冲突大致可以分为以下三个阶段。第一个阶段是从 20 世纪中叶到 1962 年胡图人针对图西人实施反暴力——"社会革命"。这次革命以发表《胡图人宣言》为标志,确立了胡图人为主导的政治统治,并将打压图西人的政策列为国家主要的政治方向之一。第二个阶段是 1960 年至 1990 年,以胡图政权通过国家机器对图西人进行压迫为主要特征。第三个阶段是 1990 年至 1993 年图西人和受压迫的(南方)胡图人对卢旺达政府的武力反抗,以 1990 年 10 月内战爆发为标志。这三个阶段可谓 1994 年种族大屠杀的准备阶段。

(一) 从社会革命到赢得自治(1950—1960)

从 1950 年代开始,卢旺达的胡图人开始为从根本上改变自己的处境而抗争,而图西族上层统治阶级却为了维护自己的地位采取了强硬的立场。在 1957 年至 1958 年的社会改革运动中,卢旺达中部吉塔拉马的胡图族知识分子进行了各种形式的宣传鼓动,鼓吹民主和平等。1958 年 5 月,一批国王宫廷侍臣即图西族元老针对胡图族的攻击发表了一项声明:图西人是作为征服者来到此地:"既然我们的国王征服了这个国家和胡图族,杀死了他们的一些小君主,他们怎么能够自称为我们的兄弟呢?"这一声明不仅提出了图西人在卢旺达这块土地上的历史权利,而且不啻于向胡图人发出的宣战书。对于胡图人而言,这是不可忍受的。这一点在 1957 年 3 月 24 日以格鲁戈瓦・卡伊班达(Gregoire Kayibanda)为首的胡图人精英发表的《胡图人宣言》(请注意,并非"卢旺达宣言")中已表现出来。虽然宣言的立场温和,也承认了贫穷的图西人和特瓦人的权利,却

坚持在身份证上注明身份。同时,宣言认定胡图人与图西人的冲突是卢旺达问题的核心。[1] 占人口85％的胡图人的这种反图西人的立场来自现实体验:图西人酋长在胡图人眼里成了殖民统治者的帮凶。

1959年发生的农民暴动向图西族的统治地位提出挑战。虽然农民要求恢复君主制,但暴动中表现出的对图西族酋长的憎恨是不言而喻的。与此同时,两个具有全民族色彩的政党——卢旺达民族联盟和卢旺达民主联盟先后成立。讽刺的是,前者虽然宣称致力于"联合一切卢旺达人以达到在各方面实现真正进步的目的",而且由一位胡图人弗朗索瓦·卢开巴担任名义上的主席,但它被普遍认为是作为维护图西人统治地位的组织。后者虽然旨在"努力实现一个以卢旺达各个组成部分之间的真正民主与和谐为基础的社会、经济、政治和文化秩序",但领导者图西人布瓦纳克韦利只在图西族学生中间得到少数支持。1959年的"社会革命"加快了第一目标的实现,也为后来的冲突留下祸根:图西人遭到迫害,其后裔中相当一部分被迫逃到邻国,正是这些成为难民的卢旺达人后来成为入侵卢旺达的主力。真正对整个殖民体系构成直接威胁的是由胡图人领袖卡伊班达将穆胡图社会运动改组成的胡图解放运动党(即帕梅胡图党)。在这个相当强大和有战斗力的政党的领导下,卢旺达于1960年1月取得自治地位。

(二) 从政治独立到民族压迫(1960—1990)

随后发生的社会政治革命的目标进一步明确。农民反对外来统治,要求变革社会结构,追求民主自由和平等,对殖民统治的合作者图西人的君主制提出了全面挑战。1961年1月,卢旺达中部城市吉塔拉马发生政变,宣布废除君主制,成立共和国,胡图解放运动党控制了临时政府和议会,推翻了图西人君主政体,胡图族领袖卡伊班达宣布成立共和国。1962年7月1日,卢旺达宣布独立,卡伊班达就任总统。尽管这是值得庆贺的事,但约2万图西人在这场革命中死亡。更为严重的是,大量图西族难民

---

[1]　Mahmood Mamdani, *When Victims Become Killers*, pp. 103,116. 宣言承认贫穷的图西人和特瓦人的权利,但坚持在身份证上标明民族,以此作为独立后的一种保护措施。这一做法在种族大屠杀发生后的种族和解过程中已被废除。

逃离卢旺达,分布在乌干达、布隆迪、坦桑尼亚和扎伊尔等国。这些难民对后来局势发展具有重大影响,也成为后来民族冲突的主要因素之一。

1963年底和1964年初,卢旺达又发生了反图西族的大屠杀。在一次讲话中,卡伊班达总统对图西族难民表示:如果他们再次希望夺回政治权力,他们"可能会发现整个图西种族将被消灭殆尽"。卡伊班达政府对大部分图西族政治领袖进行囚禁、追捕,甚至杀害。同时还对少数胡图族反对派领袖进行迫害。根据官方统计,到1965年初,布隆迪收容了72 977名难民,其中大约有52 000名来自卢旺达,绝大多数是图西族。民族纠纷一直持续到1972年。国内的经济困难,加上民族冲突不断,使人民的生活难以为继。① 1973年7月5日,哈比亚利马纳将军发动政变成功后成为国家元首。他出生于胡图族,1963年任卢旺达军队参谋长,曾受政府委托平息图西族叛乱。上台后,他一度实行民族和解政策,许多逃亡的图西族人重返家园,两族关系有所改善。虽然掌权者中以胡图族人为多,但图西族也有人出任高级官员和部长。

哈比亚利马纳将军执政后,卢旺达的经济形势一直比较乐观,这一方面是由于政局相对稳定,另一方面是因为国际金融组织的支持。虽然胡图人贵族政权日益腐败,但经济持续发展的状况一直持续到80年代中期。当时,国际市场上的咖啡价格急剧下降,以咖啡为主要出口经济作物的卢旺达受到沉重打击,卢旺达从一个经济发展最有希望的国家变成负债最多的国家之一。由于卢旺达以前借贷的信誉较好,国际资本继续提供援助,但要求卢旺达必须进行经济结构调整。这对生活水平正在逐渐下降的普通老百姓无疑是雪上加霜。卢旺达的人均国内生产总值(GDP)从1983年的355美元降到1990年的260美元;根据世界银行的统计,卢旺达的贫困率从1985年的40%增加到1992年的53%。

1990年,哈比亚利马纳政府面临着空前的压力。东欧巨变和冷战的结束也意味着卢旺达作为大湖地区砝码重量的减轻,西方的支持和援助也随之减少。人民生活水平急剧下降。与此同时,西方势力不断要求卢旺达政府尽快实行民主化。不仅图西族人表现出怨恨情绪,就是胡图族

---

① Peter Uvin, "Prejudice, Crisis, and Genocide in Rwanda", *African Studies Review*, 40:2(1997), p. 99.

人也开始对哈比亚利马纳政权日益不满,他们强烈要求改革。境外图西人也受国际形势的影响,力图东山再起。特别是流亡在乌干达的图西人抓紧机会,行动迅速。他们早在 1979 年便成立了卢旺达全国统一联盟,后来改名为卢旺达爱国阵线,此时也开始进行打回老家的准备。流亡在相邻国家的卢旺达难民约有 40—60 万人,①如果加上殖民统治时期因边界划分而被划出去的卢旺达人,这一数字更为可观。已经执政 17 年的哈比亚利马纳总统认识到自己正在逐渐失去原有的社会基础,必须为自己的政权寻求新的合法性。图西族人的计划无疑为他提供了一个绝好的机会。

(三) 从难民进攻到停火协议(1990—1993)

流亡在乌干达的难民有以下几个特点。首先,他们大部分曾属于"统治"民族,其统治地位在卢旺达持续了数百年。由于是贵族流亡,身份的变化使其处境变化的反差极大。其次,图西人流亡在外,人数众多,不光在自然资源上成为居留国的负担,在就职等方面也对居留国人民构成了竞争威胁。因此,他们总是受到居留国人民的歧视。再次,由于其待遇类似"二等公民",生活在他国并不舒服,他们从未放弃回国重新掌权的希望,并一直在为此目标而努力。最后,他们回国的愿望得到了相邻国家的默许或支持。一是他们在邻国均有自己的同族人。19 世纪后期,卢旺达征服了周围的 7 个王国,远远超出今天的版图。这样,在周边国家如刚果(金)、乌干达和布隆迪,均有图西族。图西族占布隆迪人口的 15%。二是卢旺达爱国阵线总部设在乌干达首都坎帕拉。三是爱国阵线不仅招募了图西族难民,也招募了在乌干达军队中服役的图西族士兵。

1990 年 10 月 1 日,流亡在乌干达的 2 000 余名卢旺达图西族人趁哈比亚利马纳总统去联合国参加会议,在乌干达前国防部副部长卢维基耶马少将(乌籍卢旺达人)的领导下,在现代武器装备的掩护下从乌干达南部进入卢旺达。由于得到国内图西族人的配合,反政府军在 10 月 3 日便占领了距首都基加利不到 65 公里的比加罗镇。卢旺达政府军紧急调集

---

① Catharine Newbury, "Background to Genocide: Rwanda", *Issue: A Journal of Opinion*, 23:2(1995), p. 13.

部队进行反攻。最后,在比利时、法国、扎伊尔等国家的援助下,哈比亚利马纳总统的军队才控制了局势。1991 年,哈比亚利马纳总统宣布实行多党制,反对派立即成立了多个新政党。1992 年 4 月组成了包括卢旺达爱国阵线在内的五党联合政府。从 1992 年 6 月至 1993 年 1 月,政府当局与爱国阵线举行了三轮谈判,决定自 1992 年 7 月 31 日午夜开始停火。

然而,支持总统的全国民主和发展共和运动及保卫共和联盟两党在 1993 年初多次举行游行和抗议活动,反对与图西人和解,并在全国掀起反对图西族人的运动,致使两个民族的矛盾和冲突愈演愈烈。1993 年 2 月 8 日,卢旺达爱国阵线为报复胡图族,在卢旺达北部发起大规模军事行动,致使大批卢旺达人无家可归。1993 年 8 月,哈比亚利马纳政府与卢旺达爱国阵线达成了《阿鲁沙和平协议》。阿鲁沙协议的具体条款引起了胡图族强硬派的抗议,他们对协议中的三点表示了强烈不满。第一,阿鲁沙协议规定,爱国阵线将担任政府 21 个部中的 5 个部的部长,其中包括极其重要的内务部长;他们还将占据国民发展议会中 70 个席位中的 11 个。第二,政府军与爱国阵线军队的合并使图西人占到普通士兵的 40% 和军官的 50%。这实际上意味着大量的胡图族士兵将面临复员。第三,协议明确了难民回国的权利。这引起了极大的恐慌。

无数的问题将随之而来:如何安置这些从周边国家返国的图西人难民? 如果他们要求取回 30 年前失去的土地,如何处理? 这些问题加速了胡图族阵营的分裂。此时,胡图族中的极端分子加速准备针对图西族的大屠杀。枪支发给了那些胡图族极端分子信得过的人,民兵加紧训练,并不断招募新人。有的地方还将手榴弹发给平民。[①] 冲突迫在眉睫。1994 年针对图西人的种族大屠杀正在拉开序幕。

四、民族政治与国家权力的互动

这场悲剧表明,民族问题可以转化为政治问题。如果国家权力参与运作,民族问题本身就成为政治问题。民族矛盾可以转化为民族冲突,亦

---

① Alison L. Des Forges, "Genocide in Rwanda", in Harry G. West, ed. , *Conflict and Its Resolution* , pp. 129-130.

可升级为民族屠杀。

(一) 民族问题转化为政治问题

卢旺达于 1960 年取得自治地位,并于 1962 年独立。胡图人成为新国家的主导力量。随着胡图族精英登上统治舞台,民族问题成为政治的一部分。国家权力有意识地将民族问题上升到政治问题,这是通过一种看似自相矛盾的做法来实现的——在否定殖民主义政治制度的同时继承了殖民主义"种族"划分的意识形态。从 1959 年持续到独立的革命推翻了比利时殖民统治。卢旺达成为主权国家,赢得了国际社会应有的尊重;建立了自己的国家机器(包括军队);胡图人的掌权可以说是从少数人统治转到多数人统治;进行了重要的社会改革,如废除强迫劳动制,土地分配等。然而,在处理民族问题这个重要方面,新政权却继承了殖民遗产:种族主义与国家主义。

对种族主义的继承从两个方面体现出来。通过确立胡图人的统治地位,卢旺达政权承认了殖民政府确定的图西人/胡图人这种二元体制,即卢旺达社会是由两个互相对立的"种族"集团组成。这是对种族主义划分标准的继承。在对胡图族/图西族关系的处理上,胡图人集团将政权建立在对图西人的统治之上,这种模式并未彻底否定殖民主义制度,而只是将其倒置过来。被统治者与统治者的地位互换。这是对种族主义统治理念的继承。

对国家主义的继承表现在三个方面。第一,胡图人对图西人的统治继承了殖民主义民族压迫政策,而这种压迫正是建立在有效的国家机器之上。国家政权从统治到镇压,再到直接策划、制造、操控大屠杀。第二,任何人都必须为国家利益服务,连教堂都成为贯彻国家意志的工具,卢旺达的大主教竟然成为执政党的中央委员。[①] 第三,培养对国家权力的崇拜成为胡图人上层集团维持统治的重要手段,也使政府将图西人作为替罪羊的策略得以实现。对胡图人民众而言,他们认为自己的命运不再由图西人掌握,他们可通过国家权力体会到民族优越感。领导者体会到权力的重要性,他们可以利用国家机器来维持和巩固自己的地位。

---

① Mahmood Mamdani, *When Victims Become Killers*, p. 232.

从统治图西人到屠杀图西人这一演变过程主要通过两条渠道来完成：理论与实践。

(二) 作为权力的意识形态

一个政权必须具备合法性。这种合法性是指一种政治秩序被人民认可的价值，政权能对民众进行有效、持久和稳定的统治。[1] 世界上任何政权要确立其合法性，需要英明的领袖和领导团队、合乎人民需求且切实可行的政策以及坚定的执行力或统治技能，还有一个重要途径是进行意识形态的灌输。麦凯尔·曼认为作为权力的意识形态是从社会学中的三个概念中衍生出来，即意义（meaning）、规范（norms）和美学/仪式的实践（aesthetic/ritual practice）。[2] 如果我们将意识形态理解为一种权力。这种权力源于三方面：认知体系的定义、价值观的确定与宗教或思想的实践。

在卢旺达，意识形态权力的实施表现在以下方面。

第一，如何理解和定义"图西人"和"胡图人"？ 如前所述，"图西人"与"胡图人"在前殖民主义时期与殖民主义时期有不同的定义；卢旺达的新政权对两者的理解基本上继承了殖民统治时期"制造的共同体"概念。

第二，价值观的定位。殖民主义者是官方意识形态的制定者，而"含米特理论"是殖民政府的主要理论支柱：与外来的白人相似，图西人也是外来者，他们高人一等。这是殖民主义者为了重用图西人和维护其世袭地位的一种虚构的合法性。独立后，这种殖民遗产正好成为将图西人赶走的理由：胡图人是大湖地区的原住民，是真正的主人；图西人是外来者，应该回到埃塞俄比亚去。由欧洲人制造的神话成了胡图人新政权建立"种族"压迫的理论依据。在国家政治的发展过程中，社会演变同步进行。胡图人掌握政权后导致了一些图西妇女与胡图族男子结婚，以避免不必要的麻烦；[3]随之出现了一个新名词：胡西人（Hutsi），指胡图人和图西人

---

① 马克斯·韦伯将合法统治概括为三种：合理型统治、传统型统治与魅力型统治。马克斯·韦伯著，林荣远译：《经济与社会》，商务印书馆，1997 年，第 238—283 页。

② Michael Mann, *The Sources of Social Power*, Volume I, *A History of Power from the Beginning to A. D. 1760*, Cambridge University Press, 1986, p. 22.

③ 约有三分之一的图西人妇女与胡图人结婚。Aryeh Neier, *War Crimes: Brutality, Genocide, Terror, and the Struggle for Justice*, New York: Times Books, 1998, p. 219.

通婚产生的后代。然而,这种民族融合的现象却被用作攻击图西人的证据。胡图人报纸《坎古拉》(*Kangura*)在冲突中扮演了重要的角色。1990年第6期发表的《胡图人十诫》将图西人妻子们比喻为胡图人伊甸园里的"含米特"夏娃,指责图西人利用妇女引诱胡图族精英为奴。十诫要求胡图人与图西人划清界限,不要怜惜图西人;胡图人争取全面解放可得到大湖地区所有胡图人的帮助;任何不同意十诫的胡图人都会被视为内奸。①卢旺达国家电台也竭力传播民族仇恨。1993年,胡图人极端派的"米勒·科林斯解放电台电视台"开播,它与政府关系密切,在大屠杀前后起了极重要的宣传和煽动作用。

　　意识形态的灌输通过各种手段进行。在历史上,卢旺达人通过举行类似宗教仪式的活动来表达对神圣王权的敬仰。这种方式也被运用到卢旺达的现实生活中。为了加强国家精神和忠诚意识,人们组成各种小团体,通过歌舞形式来颂扬国家、哈比亚利马纳总统和执政党发展革命运动(1973—1989年间的唯一政党)的成就。比较流行的是每星期三下午的"激励"(animation)活动,国家工作人员和私企职工以脱产方式参加这种文娱活动以表达忠诚。②将图西人"妖魔化"是官方广播的惯用手法。1990年,卢旺达电台不断将图西人形容为"蟑螂"(Inyensi)或"英科坦尼"(Inkotanyi),即在殖民统治时期协助比利时人用暴力将胡图人置于被压迫地位的图西人民兵组织。这种手法在1994年再次使用,对图西人的攻击愈演愈烈。③谣言也成为意识形态宣传的武器。卢旺达电台曾报道:一个总部设在内罗毕的人道主义组织发现了图西人流亡组织卢旺达爱国阵线阴谋杀害胡图人著名政治家并准备对胡图人进行种族灭绝的证据。调查表明,这一消息与所谓的人道主义组织都是捏造的。④这种通过杜撰、捏造和人身攻击将图西人"妖魔化"的手

————————

　　① Helen M. Hintjens, "Explaining the 1994 Genocide in Rwanda", p. 265.

　　② Christopher Taylor, "The Cultural Phase of Terror in the Rwanda Genocide of 1994", in Alexander Laban Hinton, ed., *Annihilating Difference: The Anthropology of Genocide*, Berkeley: University of California Press, p. 143.

　　③ Harry G. West, ed., *Conflict and its Resolution in Contemporary Africa*, Maryland: University Press of America, 1997, pp. 10-11,129; Aryeh Neier, *War Crimes*, pp. 216-217.

　　④ Helen M. Hintjens, "Explaining the 1994 Genocide in Rwanda", p. 266.

法在宣传中不断使用。

这种意识形态宣传有多种意图——以此来加强执政者的合法性,表明政府行动的正义性;增加胡图人的信心,从而达到动员民众的目的;通过宣传对图西人产生震撼力,使对手在心理上处于劣势;向国际社会传达信息:作为一场"社会革命",它具有社会基础。它也反映出执政者的肆无忌惮,毫不顾及国际社会的干预。

(三)作为实践的国家意志

思想或学说通过国家政策转化为物质力量。独立后,新政权的民族歧视政策开始显现。在第一共和国时期(1962—1973),图西人被作为一个外来的"种族",1963 年到 1964 年图西人流亡者的入侵为政府的歧视政策提供了依据,图西人被迫退出政治领域。总统卡伊班达警告图西族难民:如果他们还想寻求政治权力,那么,"整个图西人种族将被消灭"。[①] 胡图人认为卡伊班达政权对图西人在教育、工商、宗教等方面保持优势未采取有效政策进行遏制,政权内部存在南北矛盾和贫富差距,以及相当一部分受过教育的胡图人找不到工作,这些危机引发了军事政变,第一共和国于 1973 年被哈比亚利马纳推翻。1972 年邻国布隆迪发生的胡图人大屠杀也是促成政变的因素之一。第二共和国对图西人的限制政策从政治延伸到公务员领域,一系列政策打着"公正"的幌子,在侵犯图西人权利的基础上实施对胡图人的优待。当然,军队的介入为卢旺达带来了暂时的稳定。在 80 年代中期,卢旺达有"非洲的瑞士"之称。然而,80 年代世界市场上咖啡价格的急剧下降、世界金融组织对卢旺达结构调整的不合理要求使各方面矛盾激化。80 年后期的民主化浪潮带来了新闻自由和多个政党的出现。哈比亚利马纳政府的合法性开始受到质疑。

1990 年,乌干达的图西人难民已达 20 万。鉴于卢旺达已向多党制发展,卢旺达爱国阵线(1986 年成立)决定向国内进军。虽然卢旺达政府军很快击败了入侵者,但爱国阵线在北部建立了基地。入侵为现政权提供了更好的借口,它不惜以制造假象来动员群众。10 月 4 日晚,政府军

---

① Peter Uvin,"Prejudice, Crisis, and Genocide in Rwanda", p. 99.

在基加利导演了一场"开枪进攻"的闹剧,从而在国民中制造一种对潜伏敌人的极度恐惧,并乘机逮捕了近万名图西人。① "图西人威胁"成为动员胡图人的口号。在哈比亚利马纳夫人阿加斯周围逐渐形成了一个被称为"阿卡祖"(akazu)的小团体,主要由西北部胡图人高级干部和军官组成。他们在 1990 年代初期已占据中央和地方绝大部分关键职位。各地先后发生极端派胡图人对图西人的清洗惨案。② 这些是政府策划冲突行动的步步升级,也是 1994 年大屠杀的预演。

民主化带来的局势变化、爱国阵线的步步逼近和国际社会的压力促使哈比亚利马纳总统与爱国阵线于 1993 年 8 月 4 日签署了《阿鲁沙协议》。主要涉及以下内容:爱国阵线占有内阁 21 个席位中的 5 个,70 个过渡性国民议会席位中的 11 个;爱国阵线将在军队人数中占 40%,军官人数中占 50%;哈比亚利马纳同意将所有的难民遣返回国,多余的胡图族士兵复员,并许诺在签署协议 22 个月后举行多党选举。③ 这一协议激起了极端派胡图人特别是以阿卡祖为代表的核心集团的极度不满。他们将协议看作是对军队权力集团的致命打击。1993 年,布隆迪胡图人总统恩达达耶的当选意味着掌握政权 28 年之久的图西人统治的结束。然而,这位民选总统四个月后即被图西族军人杀害。④ 这一事件为卢旺达的极端派胡图人提供了极好的机会,成为他们拒绝与图西人合作的理由,也为"图西人威胁"的提法提供了例证,更为大屠杀创造了适宜的气氛。极端主义组织"胡图人权力"应运而生。

(四) 作为国家行为的民族屠杀

除意识形态的宣传作用和国家的直接行动外,国家政权在大屠杀中所起的关键作用还表现在以下方面。第一,民族身份的认定。这既是歧

① Peter Uvin,"Prejudice, Crisis, and Genocide in Rwanda",pp. 109-110.

② 1990 年 10 月在基比里拉,1991 年 1 月在鲁亨盖里,1992 年 3 月在布盖塞拉,1992 年 8 月在基布耶,1992 年 12 月在基塞尼。Guy Martin, "Readings of the Rwanda Genocide",*African Studies Review*, Vol. 45, No. 3, p. 19.

③ Alison Des Forges, *"Leave None to Tell the Story"*, *Genocide in Rwanda*, New York: Human Rights Watch, 1999, pp. 123-126.

④ Réne Lemarchand, "Rwanda: The Rationality of Genocide", *Issue: A Journal of Opinion*, Vol. 23, No. 2, 1995, pp. 8-11.

视政策的表现,也是大屠杀的依据。通过身份证来辨别民族身份,所有胡图人必须依此对大屠杀做出道德选择。第二,屠杀一旦成为国家行为,则不许任何人提出疑问。在短短 100 天杀害约百万国家公民,这既需要中央政权的领导,也依靠地方政权的效率。第三,在整个过程中,现政权的批评者和人权运动者都受到攻击,不论属哪个民族。国际调查委员会在 1993 年发现,针对政权反对者的迫害是由总统属下的保安机构领导。屠杀开始后,反对民族清洗的胡图族官员遭到迫害。军队参谋长被撤换,反对大屠杀的地方干部或被替代,或被处死,或全家被谋杀。[1] 可以看出,大屠杀并非民族冲突,一切以所谓的"国家利益"即执政集团的利益划线。

"国家政权的滥用和国家政权的削弱均可导致地方民族主义的加强。"[2]卢旺达民族冲突的爆发正是国家权力的滥用所致。这种滥用是就权力的合法性而言,并非无理性的滥用。胡图人领导人穆杰塞拉指出,必须将所有图西人送回他们"在埃塞俄比亚的家"。[3] 尽管大屠杀的执行者大部分是普通农民,但无论城乡、首都或内地,任务是由"中央政府的公务员即县长、乡长和地方议员控制和指导的"。[4] 正如一位学者指出:事件的可悲之处在于"它是理性计划的一部分,而非一次非理性事件"。[5] 这是一次精心策划的国家权力的"滥用"。

不可否认,胡图人与图西人既有共同点,又有不同点,关键在于强调哪一面。我们发现一个矛盾的现实:两个民族既共生共存又互相对抗。这与国家权力的运作分不开。将卢旺达大屠杀说成是一场因历史形成的"种族"或"部落"冲突的延续,这如果不是蓄意掩盖真相,就是无知。[6] 这是一次由国家机器策划、资助和操控的针对本国公民的恐怖行动。

---

① Alison Des Forges, *"Leave None to Tell the Story"*, *Genocide in Rwanda*, p. 7.

② 李安山:《试析非洲地方民族主义的演变》,载《世界经济与政治》,2001 年第 5 期,第 49 页。

③ Helen M. Hintjens, "Explaining the 1994 Genocide in Rwanda", *The Journal of Modern African Studies*, Vol. 37, No. 2, 1999, p. 255.

④ Aryeh Neier, *War Crimes*, 1998, p. 220.

⑤ David Newbury, "Understanding Genocide", p. 96.

⑥ 有的胡图人因公开反对或不愿意执行命令而被处决,有的帮助图西人脱离危险,还有的与图西人和特瓦人联合抵抗政府行动。参见 Mahmood Mamdani, *When Victims Become Killers*, pp. 220-221。

五、民族、国家与国际政治的关系

在相当多的发展中国家,殖民地经历干扰了它们的民族形成过程,民族的整合往往滞后于国家主权的建立,这是与西方国家很大的不同点。[1]然而,民族问题仍是一个棘手的世界性问题,大致分为三类。在比利时、加拿大、英国、西班牙、塞浦路斯、巴基斯坦、马来西亚、黎巴嫩、尼日利亚等国,因文化、宗教、资源或民主化引发的民族问题困扰着国家的团结统一,民族冲突不断引起国际社会的关注,[2]东欧中欧国家也属此类;[3]有的国家虽以民族凝聚和政治稳定引为自豪,但移民的大量涌入产生了民族认同的困惑,亨廷顿在其著作中质疑美国的民族认同并对此提出严厉警告;[4]在一些热点地区,外国军队的占领引发了新问题,旧的民族矛盾激化,支持或反对外来势力成为冲突的新聚焦点,如阿富汗和伊拉克。从某种意义上看,民族问题成为国际政治问题。这些民族问题都从某个角度成为国际政治的一部分。有的本身即国际问题,有的从国内影响到国际,有的是某民族本身就遍布世界。[5]当然,并非所有的民族问题都会演变为暴力冲突,亦非所有存在民族问题的国家都需要国际干预。然而,全球化的趋势使民族问题的国际化日显突出。

卢旺达大屠杀如何牵涉国际政治呢? 需要从三个层次理解这一问题,即地区政治、大国因素和联合国干预。

---

[1] Mostafa Rejai and Cynthia H. Enloe, "Nation-states and State-nations", *International Studies Quarterly*, Vol. 13, No. 2, 1969, pp. 140-158.

[2] Rita Jalali and Seymour Martin Lipset, "Racial and Ethnic Conflicts: A Global Perspective", *Political Science Quarterly*, Vol. 107, No. 4, 1992—1993, pp. 585-606.

[3] Ray Taras, ed., *National Identities and Ethnic Minorities in Eastern Europe*, London: Macmillan Press, 1998.

[4] 他认为美国公民的他国身份、亚民族身份和跨国身份正在威胁着美国特性和民族身份。塞缪尔·亨廷顿著,程克雄译:《我们是谁?——美国国家特性面临的挑战》,新华出版社,2005年。民族认同问题同样存在于加拿大、澳大利亚和法国等发达国家。

[5] 唯一的犹太人国家以色列的犹太人只占犹太人总数的 16%,44% 的犹太人住在美国。同样,阿拉伯人至少分布于 37 个国家,马来人分布于 7 个以上、库尔德人分布于 6 个以上的国家。Rita Jalali and Seymour Martin Lipset, "Racial and Ethnic Conflicts: A Global Perspective", p. 586.

（一）地区政治的角度

跨境民族的存在使国内矛盾转化为地区政治。胡图族/图西族问题是大湖地区的突出问题。布隆迪、乌干达、坦桑尼亚和刚果（金）等国都卷入冲突，这表现在三个方面。第一，民族冲突的直接影响。布隆迪曾多次出现民族冲突，其中两次对卢旺达影响至深。1972 年，10—20 万胡图人被杀害，几乎所有受过教育的胡图人都逃离布隆迪。1993 年，胡图人恩达达耶在当选为布隆迪总统 4 个月后被图西人掌握的军队杀害，40 万胡图人逃到卢旺达。[1] 布隆迪政府对胡图人的迫害成为卢旺达政权进行反图西人宣传的最好范例。

第二，难民问题。从卢旺达"社会革命"开始，图西族难民就源源不断地流向周边国家，大致有三次高潮（1959—1961，1963—1964，1973）。大部分图西人难民在 1959 年至 1964 年间逃离卢旺达。1961 年至 1966 年间，难民游击队不断从邻国发动袭击，1972 年至 1973 年的政治危机引发了另一次难民潮。1983 年，卢旺达与乌干达签订协议，前者同意安置 3万难民，后者同意再建一个难民营。1990 年代初，卢旺达难民已达 50万。[2] 在乌干达，图西人成为穆塞维尼夺取政权的重要力量；1993 年，乌干达居民中有 100 万为卢旺达人，多为 60 年代的难民及后裔。[3] 60 年代和 1990 年对卢旺达的入侵都是由图西族难民发动的。由于卢旺达政府不容许难民回国以造成资源紧张，它与邻国的关系比较紧张。

第三，非洲国家的互动。在胡图人/图西人的冲突中，我们可以看到非洲国家的介入。伊迪·阿明于 1972 年通过政变上台，他将卢旺达已废黜的国王带到乌干达，扎伊尔总统蒙博托也卷入了两者的冲突。穆塞维尼于 1986 年通过武装斗争成为乌干达总统，图西人难民大受鼓舞，将原

---

[1] Réne Lemarchand, "Genocide in the Great Lakes: Which Genocide? Whose Genocide?", *African Studies Review*, Vol. 41, No. 1, 1998, pp. 3-16; Léonce Ndikumana, "Institutional Failure and Ethnic Conflicts in Burundi", *African Studies Review*, Vol. 41, No. 1, 1998, pp. 29-47.

[2] Catharine Newbury, "Background to Genocide: Rwanda", *Issue: A Journal of Opinion*, Vol. 23:2, 1995, p. 13.

[3] Charles David Smith, "The Geopolitics of Rwandan Resettlement: Uganda and Tanzania", *Issue: A Journal of Opinion*, Vol. 23:2, 1995, p. 54.

来的难民组织"卢旺达民族团结联盟"改名为"卢旺达爱国阵线",吸收胡图人和特瓦人以扩大社会基础。1990 年,爱国阵线向卢旺达发动进攻后,乌干达、扎伊尔和坦桑尼亚出于对大湖地区安全的考虑,均对卢旺达政府表示支持。在调解矛盾的过程中,布隆迪、扎伊尔、塞内加尔和乌干达积极参与,坦桑尼亚大使姆蓬格维在阿鲁沙谈判中贡献良多,尼日利亚驻联合国大使甘巴里在惨案发生后竭力制止大屠杀。1994 年 5 月底,7 个非洲国家出兵 1 200 人听从联合国援卢使团的派遣,由于资金缺乏,未能及时行动。

(二) 大国因素的介入

民族问题国际化的一个重要因素是大国的介入。法国对非政策的主要特征有两点:保护亲法政权和追求大国地位。[①] 法国一直支持哈比亚利马纳政府。1993 年,在卢旺达爱国阵线的军队逼近基加利时,法国立即派遣伞兵部队以保护卢旺达政权,并力劝哈比亚利马纳与爱国阵线谈判。然而,法国在大屠杀发生后并未采取任何行动,直到 6 月底才开始"绿松石行动",2 500 名执行任务的法国干预部队人员进入卢旺达西部,将吉孔戈罗周围占卢旺达约五分之一面积的地区划为"人道主义和平区",禁止任何武装力量进入。[②]

最引人深思的是美国的行动。美国应是最早得到有关卢旺达大屠杀的情报的国家,却也是一直不愿意干预并极力阻止联合国进行干预的国家。这非常明显地表现在以下几个方面。舆论的漠视、定调与控制显而易见。大屠杀发生后,美国难民委员会主任罗杰·温特的一篇关于卢旺达种族灭绝的专稿被美国各大媒体拒绝,最后在 1994 年 4 月 14 日的《多伦多全球邮报》上登载。国务卿克里斯托弗决定不用"种族灭绝"(genocide)一词来形容卢旺达大屠杀,理由很简单:如果将其定义为"种族灭绝",美国和国际社会即有责任根据 1948 年联合国关于"防止和处罚种族

---

① Deniel Bourmaud, "France in Africa: African Politics and French Foreign Policy", *Issue: A Journal of Opinion*, Vol. 23:2,1995, pp. 58-62.

② Alison Des Forges, "Leave None to Tell the Story", *Genocide in Rwanda*, pp. 17-24,116-122.

灭绝罪行公约"采取援救行动,而美国并不准备这样做。1994 年 5 月 3 日,克林顿签发了第 25 号总统令,对维和行动的范围、人数、期限、资金及危险程度都有严格规定。参议员西蒙和杰福兹于 5 月 13 日与联合国负责卢旺达事务的官员通话讨论卢旺达局势,随后要求美国政府敦促联合国安理会批准派兵阻止正在发生的大屠杀。克林顿总统竟然在 27 天后才正式回函,此时大屠杀已近尾声。联合国曾要求美国提供装甲运兵车帮助援卢使团的行动,美国国防部表示:联合国可用 400 万美元租用美国存放在德国的 48 部运兵车,但须先签约再运输;美国将运兵车送到乌干达机场,再向联合国追加 600 万美元运费。①

一些西方学者认为美国之所以不出兵干预是害怕索马里事件重演。② 我们并不想排除这种因素,但地缘战略和地缘政治的需要始终左右着美国的外交行动,特别是在维和事务上。该国的紧急情况是否对美国的商业利益有重大影响? 它是否设有美国的军事基地? 是否控制着美国海上运输线的通道? 它是否在一个欠稳定地区是美国的重要伙伴? 这些都是美国政府首先要考虑的问题。卢旺达缺乏可利用之处的战略考虑对解释美国的行动似乎更有说服力,否则我们难以解释为何美国在同年 9 月 19 日出兵海地。

(三) 联合国干预的局限性

很多学者谴责国际社会对卢旺达大屠杀没有进行干预。可真如此吗? 只是干预的方式不同。国际社会的干预可分为负面干预与正面处理。③ 凯瑟琳·纽伯利指出了卢旺达大屠杀的四个教训,其中三个与国际因素有关:军火在非洲的蔓延;"民主化"进程的危害;出现类似事件威胁时国际社会应采取坚决行动。④ 军火的大量流入使卢旺达局势更趋严

---

① Guy Martin, "Readings of the Rwanda Genocide", p. 22. 由于缺乏与之配套的重型武器和电台,加上没有卡车运送,直到 1994 年 8 月,这些运兵车仍停在乌干达的恩特贝。

② Alison Des Forges, "Leave None to Tell the Story", *Genocide in Rwanda*, p. 623. 也有中国学者持这种看法。参见刘海方:《十周年后再析卢旺达"种族"大屠杀》,载《西亚非洲》,2004 年第 3 期,第 36 页。

③ 李安山:《非洲民族主义研究》,第 368—373 页。

④ Catharine Newbury, "Background to Genocide: Rwanda", pp. 12-17.

重。一方面,卢旺达政府通过正常渠道购买军火,另一方面,军火在其邻国难民营蔓延,这不仅加剧了胡图族/图西族冲突,而且使大屠杀成为可能。琳达·默文认为,国际社会不仅未能及时制止大屠杀,它向卢旺达提供的援助资金意在帮助其经济,实际上却为大屠杀创造了条件。"在种族灭绝的计划过程中,整个国际社会也参与其中。"①然而,在调动资源或出兵维和的过程中,国际社会的态度十分消极。

实际上,不论是主权国还是联合国,都不愿国际干预发生。换言之,国际干预是一种迫不得已的办法。不容否认,在处理卢旺达危机时,联合国未尽到责任。② 首先,得到情报后,联合国未采取行动。阿鲁沙协议签订后,联合国于 1993 年 10 月成立了援卢使团,负责人是达莱尔将军。他于 1994 年 1 月 11 日向联合国报告了胡图族在囤积武器准备大屠杀的情报,要求授权收缴这些武器,但维和部队以超出权限为由拒绝。达莱尔又将情报通告比利时、法国和美国。然而,没有一方采取行动以制止惨案发生。其次,大屠杀开始后,各国使馆忙于撤走侨民。4 月 21 日,联合国安理会通过 912 号决议,将原驻卢旺达的 1 500 名士兵减少到 217 名,并授权他们调解停火和提供人道主义援助。③ 再次,5 月 17 日,安理会通过918 号决议,将援卢使团兵力增至 5 500 人。④ 由于美国方面的阻挠,这一计划始终未能落实。

可以说,联合国在处理民族冲突问题上存在五大局限。第一,名称的局限。联合国虽被称为"United Nations",但实际上是一个主权国家(states)联合体,维护各成员国的利益成为联合国的主要目标之一。从组

---

① Guy Martin, "Readings of the Rwanda Genocide", p. 19.

② 关于卢旺达维和失败已有多项研究。参见 Alan J. Kuperman, *The Limits of Humanitarian Intervention: Genocide in Rwanda*, Washington, D. C.: Brookings Institution Press, 2000; Bruce D. Jones, *Peacemaking in Rwanda: The Dynamics of Failure*, Boulder: Lynne Rienner, 2001; Michael Barnett, *Eyewitness of a Genocide: The United Nations and Rwanda*, Ithaca: Cornel University Press, 2002。

③ "Security Council Resolution 912(1994)", Virginia Morris and Michael P. Scharf, *The International Criminal Tribunal for Rwanda*, New York: Transnational Publishers, 1998, Vol. 2, pp. 238-244.

④ "Security Council Resolution 918(1994)", Virginia Morris and Michael P. Scharf, *The International Criminal Tribunal for Rwanda*, Vol. 2, pp. 247-262.

织的名称与实质看,联合国存在"亲国家"和"排民族"的倾向。

第二,宪章的局限。《联合国宪章》一方面将"不分种族、性别、语言或宗教,增进并激励对于全人类之人权及基本自由的尊重"作为其宗旨之一,但它也明确指出:宪章的任何规定均不得授权联合国干涉在本质上属于任何国家国内管辖之事项。这些约束使联合国在其成员国发生民族冲突时实施干预行动受到严格的限制。

第三是方式的局限。如何选择? 何种方式? 这是对联合国的严峻考验。一般认为,联合国在介入民族冲突时有四种方式:维持和平、调解和平、建构和平、避免冲突。① 实际上还存在一种方式:惩罚暴力,"在有的国家发生的民族冲突中,一方实施的行动明显地违背了人类良知和基本道德,引起世界人民的一致谴责。在这种情况下,联合国采取的行动带有鲜明的立场。为谴责和制止种族隔离制而对南非实施的制裁禁运和为伸张正义设立的'卢旺达国际法庭'属于这种方式。这可以说是联合国介入民族冲突的第五种方式"②。为审判大屠杀的罪犯,联合国在坦桑尼亚设立了国际法庭,法官来自多个国家;比利时、喀麦隆、赞比亚和肯尼亚等国将逃到自己国家避难的、已被起诉的大屠杀组织者交给国际法庭。③ 然而,这一法庭的局限性显而易见。④

第四,组织结构的局限。联合国组织复杂,事务繁多,各部门有自己的管辖范围和行动重点。如无特殊命令,各部门难以对其他事务发挥作用。卢旺达危机是联合国面对的一种新范式,遏制骚乱成为紧迫任务,既要维和,又要调解;既要军事支持,又要人道援助。值得注意的是,联合国的作用在无战略意义和经济利益的地区尤显重要,因为大国对这种地区不感兴趣。

第五,资金的局限。维和行动除了需要各成员国的良知和共识外,还需要经费(每年维和经费约 30 亿美元)。经费的缺乏使联合国很难在处理民族问题上有所作为。更重要的是,联合国在卢旺达的维和行动受到

---

① 斯蒂芬·瑞安:《民族冲突与联合国》,载《民族译丛》,1992 年第 6 期,第 1—14 页。

② 李安山:《非洲民族主义研究》,第 371—372 页。

③ Aryeh Neier, *War Crimes*, 1998, pp. 220.

④ Virginia Morris and Michael P. Scharf, *The International Criminal Tribunal for Rwanda*, Vol. 1, pp. 117-157.

美国的阻挠。①

六、卢旺达的民族和解:政策与措施

卢旺达事件表明,民族与政治关系密切。一旦权力介入,民族认同可变为煽动民族主义情绪的话语,少数民族可成为政权合法性危机的替罪羊。同样,在国际关系层面,民族情感可成为排外主义的利器,民族文化可成为对外扩张的工具。

卢旺达种族大屠杀是国家内部一个民族对另一个民族的灭绝。这一惨案从另一个角度说明了卢旺达在国族建构这一问题上认识和实践的缺失。有鉴于此,卢旺达政府在大屠杀后采取了各种措施,从多方面进行改革,加速国族建构的过程。首先,从政策上取消民族标识,废除歧视性的措施,保障全体公民的平等权利;其次,从宪法上确定各民族的平等地位,从法理上消除民族歧视;再次,从价值观上厘清各民族的关系,通过卡恰恰民间法庭对大屠杀中的施暴者和受害者进行沟通;最后,在教育方面,客观书写民族历史,在尊重国民文化的基础上推行公民教育。②

(一) 政策与规定:民族识别的废除与政治权力的分配

如前所述,比利时殖民当局于 1933 年进行人口统计时决定通过登记来确定卢旺达人的"部落"身份。1962 年卢旺达独立后,卡伊班达政府盲目继承了殖民遗产,将民族身份和民族身份登记政策保留下来。当时,胡图人坚持以前的身份证上有一项明确的"民族归属"(Ubwoko)。该项目对卢旺达公民的民族身份有 4 个排他性选项:胡图族、图西族、特瓦族以及归化卢旺达的外国人。这种规定从主观上加强了卢旺达公民对地方民

① 参见 Linda Melvern, *A People Betrayed* ; Wayne Madsen, *Genocide and Covert Operations in Africa*, *1993—1999*。还可参见布特罗斯·布特罗斯-加利著,张敏、钟天祥等译:《永不言败:加利回忆录》,世界知识出版社,2000 年版,第 131—145 页。

② 有关卢旺达政府相关政策的改进,主要参见庄晨燕:《民族冲突后的和解与重建——以卢旺达 1994 年大屠杀后的国族建构实践为例》,《中央民族大学学报(哲学社会科学版)》,2014 年第 3 期,第 77—87 页;舒展:《卢旺达民族和解探究与思考》,《西亚非洲》,2015 年第 4 期,第 114—132 页;侯发兵:《卢旺达的民族身份解构:反思与启示》,《西亚非洲》,2017 年第 1 期,第 139—160 页。

族概念的固化,为后来的民族歧视提供了政策依据。1994 年 7 月成立的过渡时期民族团结政府取消了卢旺达人身份证上的民族标识。这项延续了 60 余年的做法不仅与历史不符,而且也成为现实中民族歧视的依据。新政府还废除了独立以来所有针对图西人的歧视性政策。

卢旺达全国团结与和解委员会执行秘书巴蒂斯特指出,民族识别在某种意义上是人为地定义和固化民族之间的区别,不利于民族融合。[①]这是卢旺达根据自己国家的历史总结出来的经验。为了公正地对待各个民族,1994 年 7 月夺取政权的以图西人为主导的卢旺达爱国阵线决定,仍然按照 1993 年双方达成的《阿鲁沙和平协议》为原则组建民族团结政府,总统和总理都由胡图族政治家担任。虽然原执政党全国民主和发展共和运动被排斥在新政府之外,但新政府的总统比齐蒙古(Pasteur Bizimung)和总理特瓦吉拉蒙古(Faustin Twagiramungu)均属胡图族温和派。实权掌握在副总理兼国防部长、爱国阵线武装司令卡加梅手上。新政府宣称代表所有卢旺达人的利益,同时在教育、医疗、住房、卫生等公共服务领域强调所有卢旺达公民一律平等,不再有民族优劣之分。由于按比例合理分配政府职务和一切公职部门的职位,政府权力和职能部门避免出现全部由一个民族担任职务的情况。

(二) 意识形态的定位:"卡恰恰法庭"与传统价值观

意识形态是任何一个政权必须重视的领域,它直接牵涉政权的合法性。卢旺达新政府认识到,必须"反对种族屠杀意识形态及其一切表现形式"。为了达到这一目的,新政府采取了多种本土创制的项目,以达到和解与宽容的价值观的传播。这些项目有"伊托雷罗"(Itorero,传统学校)、"乌穆甘达"(Umuganda,传统集体劳动)、"卡恰恰法庭"(Gaçaça,一译"盖卡卡")和"印甘杜"(Ingando,团结和解营)等。这里主要谈卡恰恰法庭和团结和解营的作用。

新政府成立后,当即宣布将起诉那些策划或参与种族大屠杀的罪犯。国家社会生活重新恢复的一个重要前提是伸张正义以达到民族和解,这必须建立在全面审判罪犯的基础之上。当时,新政府在这一问题

---

① 舒展:《卢旺达民族和解探究与思考》,《西亚非洲》,2015 年第 4 期,第 132 页。

上面临两个困境，一是面临人手短缺的困境。在卢旺达司法系统基本瘫痪的情况下，由 10 名法官组成的卢旺达国际刑事法庭于 1996 年 1 月在坦桑尼亚的阿鲁沙正式开庭。[①] 2001 年，约 120 000 名大屠杀嫌疑人被关押在卢旺达监狱，每年耗资 2 000 万美元。自 1994 年以来，已有 10 000 多人在拘留中死亡。[②] 全国如此多的嫌犯面临审判，这是一个在现有条件下无法完成的使命。二是胡图人和图西人面临"末日审判"感到恐惧和亢奋。大批胡图人由于担心报复而逃到邻国，而受尽迫害的图西人在审判中可能导致以暴易暴的惨剧。这样，卢旺达政府决定于 2001 年 3 月借用传统中的民间仲裁体制卡恰恰法庭。"卡恰恰"在卢旺达语中意为"小片草坪"，指的是村落长者召集全村居民开会调解裁决偷盗、婚姻、土地和财产等家族或邻里纠纷的场所和制度。卡恰恰法庭有多重目的。首先，任何参与屠杀的嫌疑犯不论其身份或年龄，都应该得到公正的审判，这是卢旺达社会开始重建的前提。其次，任何亲历大屠杀的受迫害者都有机会在审判过程中揭露嫌疑犯的罪行，通过倾诉来宣泄心中的积怨，并最终达到心理的平衡。第三，每一个大屠杀的亲历者通过回顾这一事件中每一阶段的体验，反思这种民族迫害给个人、家庭、民族和国家带来的损害。国家法律明确规定，职业法官、政府官员和教会人员都没有资格担任卡恰恰的法官，这一职务由当地居民选出的当地受尊敬的人员担任。[③]

　　卡恰恰法庭与国际法庭的司法判决的区别颇大。除了经济意义上的节省开支外，最重要的区别是在强化民族和解的意识形态方面做出了重要贡献。这表现在以下三点。第一，审判的目的不是惩罚，而是和解。与一般意义上的审判不同，卡恰恰的判决并不只是惩罚，而是更注重修复和补偿。罪犯可以用参与社区劳动来代替服刑，"被判的社区劳动可能就是

---

①　有关卢旺达大屠杀后成立的卢旺达国际刑事法庭的研究，参见洪永红：《卢旺达国际刑事法庭研究》，中国社会科学出版社，2009 年。

②　Phil Clark, *How Rwanda Judged its Genocide*, Africa Research Institute, April 2012, p. 3 http://allafrica. com/download/resource/main/main/idatcs/00031653：aa79a6e-809976265a4af5ada222045e2. pdf. 查询日期：2018 年 3 月 15 日。

③　P. Clark, *The Gaçaça Courts*, *Post-Genocide Justice and Reconciliation in Rwanda*：*Justice without Lawyers*, Cambridge University Press, 2010; P. C. Bornkamm, *Rwanda's Gaçaça Courts*：*Between Retribution and Reparation*, Oxford University Press, 2012.

帮助受害者修理房屋"。这种结果不仅有利于罪犯的悔罪,也有利于社区在经受灾难后的心理弥合。第二,全民接受意识形态教育的机会。卡恰恰法庭让所有的社区民众参与审判。这种全民参与的形式不仅颇具草根民主特色,也是一个全民受教育的过程,既达到了惩恶的目的,也对维护社区团结起到了重要作用。第三,培育共同价值观。由于法官和民众在控诉和交流过程中也逐步学会了宽容与调解,增强了责任感,卡恰恰法庭在培育共同价值观方面做出了贡献。卡恰恰法庭于 2012 年正式结束使命。①

传统法庭在审判中的运用充分发挥了卢旺达的民间传统,将社会公正与民族和解连接在一起。"盖卡卡不仅仅是一种法律工具,还为社会互动与社会参与开创了新的可能性。这一制度的创立,改善了卢旺达人民之间、民众和政府之间的关系。不管国际舆论如何质疑和猜忌,盖卡卡法庭是使不同族群的人可持续地和解共生的工具,是愈合大屠杀创伤的工具,是可以实现富国梦想的相对完美的途径。"②

(三) 法律的保障:新宪法与民族平等

为了从法律上保障各民族的平等,使所有国民认同卢旺达的历史、语言、文化和制度,卢旺达新政府于 2003 年通过了新宪法。新宪法对民族问题和国家民族认同方面做出了新的规定。序言部分明文规定:"考虑到我们拥有一个国家、一种共同的语言、一种共同的文化以及一段共同经历的悠久历史,这应当促使我们对自身的命运产生一致的想法。"(第 7 条)新宪法第一编第二章基本原则规定:"卢旺达国家承诺遵守下列基本原则并促进和加强这些原则的实施:1. 反对种族屠杀意识形态及其一切表现形式;2. 根除民族、地区以及其他形式的分裂,促进国民团结……"(第 9 条)宪法第二编的第一章基本人权规定:"所有卢旺达人自出生起享有自由和平等的权利和义务。禁止任何基于民族出身、部落、宗族、肤色、性

---

① 庄晨燕:《民族冲突后的和解与重建——以卢旺达 1994 年大屠杀后的国族建构实践为例》,《中央民族大学学报(哲学社会科学版)》,2014 年第 3 期,第 83—84 页;舒展:《卢旺达民族和解探究与思考》,《西亚非洲》,2015 年第 4 期,第 126—127 页。

② 刘海方:《卢旺达的盖卡卡传统法庭》,《西亚非洲》,2006 年第 3 期,第 62 页。

别、地区、社会出身、宗教或信仰、观点、经济地位、文化、语言、社会地位、身体或精神残疾以及其他形式的歧视,并将依法惩处。"(第 11 条)

我们知道,哈比亚利马纳总统任职期间,虽然推行了一系列的民族和解政策,但在流亡国外的图西族难民回国问题上却态度坚定。这种立场成为其执政后期的污点。新宪法规定:"每个卢旺达人都有权拥有自己的国家。任何人都不能被驱逐出境。"(第 24 条)新宪法还强调每个政党及每个公民必须遵循维护统一、反对分裂的原则,惩处一切可能导致分裂的行为。第二编第一章基本人权规定:"……传播民族、地区、种族歧视或其他形式的分裂的行为将依法惩处。"(第 33 条)第三编规定:"严禁以种族、族群、部落、宗族、地区、性别、宗教或其他可能造成歧视的类别为基础建立政治组织。在招募成员、建立领导机构以及机构运行和组织活动方面,政治组织必须始终体现卢旺达人民的团结以及性别平等和互补的原则。"(第 54 条)在整个宪法行文中,没有任何一处出现胡图族、图西族和特瓦族字样,民族只是作为诸种分类形式的一种,与部落、宗族、地区等并列。① 新宪法有关民族问题的条款,既表达了政府对各民族平等相待的明确态度,也为民众提供了法律上的保护,同时为国族建构提供了依据。新宪法经过 2008 年增补后,进一步明确要消除一切民族、地域和其他方面的差别,并对违犯相关政策的人进行惩罚,宪法规定:"凡宣传或从事任何形式歧视或分裂社会的个人或政治组织都视同犯罪。"②

（四）教育领域的措施:重写历史与"团结和解营"

新政府组成后,强调推行非歧视的全民教育。我们注意到,独立 30 多年以来,无论是胡图人还是图西人,均是学习着被扭曲的历史教科书长大的。胡图族政府为了牢牢掌握政权,以误解的历史、歪曲的事实和恐惧心态来煽动民族仇恨。例如,当时政府通过学校教育煽动民族仇恨,强调胡图人是土著民族,图西人是外来民族,胡图人遭受图西人的压迫和奴役。1994 年前小学数学教科书中就有类似"20 个图西人,杀死 10 个,还

---

① 庄晨燕:《民族冲突后的和解与重建——以卢旺达 1994 年大屠杀后的国族建构实践为例》,第 81—82 页。

② 舒展:《卢旺达民族和解探究与思考》,第 128 页。

剩几个"这样的习题。"经历了大屠杀的卢旺达人绝大多数都是从殖民时期到第一、第二共和国时期民族分化政策的亲历者,他们从小接受的教育深深地烙上了时代的印迹。而大屠杀的发生以及相关的社会动员都与歪曲事实的历史教育有关。"新政府上台后,组织本国历史学家与美国历史教育学会合作,重新编写历史教育课程大纲。2011 年,由卢旺达国立大学最知名的历史学家共同撰写的《卢旺达历史:从起源到 20 世纪末》正式出版。卢旺达国立大学校长在前言中写道:"不存在没有历史的人民,也不存在没有人民的历史。1994 年针对图西人的大屠杀结束后,卢旺达民众要求并焦急地期待对卢旺达的历史进行书写。今天的卢旺达社会迫切需要正确地了解过去,以便更好地面对当下和未来的挑战……由卢旺达人书写、供卢旺达人阅读的卢旺达历史是国民身份重建进程迈出的重要一步。"①卢旺达人的真实历史教育从此开始。

新政府的另一个措施是建立印甘杜(团结和解营)以进行全民教育。② 团结和解营最早设立于 1996 年,旨在帮助 1959 年后被迫流亡的图西难民尽快融入卢旺达社会。这也是一种根植于卢旺达民间的传统。根据当地老年人的解释,"团结和解营"的概念被用在军事领域包含着以下几种意思:1. 一个部队准备战斗的空间;2. 士兵在军事远征时的临时休息地;3. 国王及其随行人员在巡视过程中的临时住地。另一种相关的解释是,这是士兵在战斗开始前接受指示的地方。据此推论,在前殖民统治时期,印甘杜的显著特征有两点:短暂性的宿营地,具有军事特点的地点。③ 当然,这种军事化的特点在当代的团结和解营已经失去了意义,更多的是将人们聚合一起学习政治和讨论问题。

这一项目是由卢旺达政府青年文化体育部于 1996 年发起的。最初的目的是为了帮助那些脱离卢旺达多年的图西人更好地适应回归后的生

---

① 庄晨燕:《民族冲突后的和解与重建——以卢旺达 1994 年大屠杀后的国族建构实践为例》,第 81—82 页。

② 各地有不同名称。在恩昆巴,印甘杜被称为"团结领袖研究院"(Peace and Leadership Academy)。

③ Andrea Purdeková, *Rwanda's Ingando Camps: Liminality and the reproduction of power*, Working Series Paper 80, Refugee Studies Center, University of Oxford, September 2011, p. 9.

活。随着活动的展开,政府开始鼓励或要求来自不同阶层的卢旺达公民包括政治家、教会领袖、学生、前士兵或参与了大屠杀的战斗人员以及卡恰恰的法官等各种人士参加此项活动。时间从几天到几个月,系统学习政府的计划、卢旺达历史或民族团结与和解的内容。民族团结与和解委员会的项目官员卢萨卡拉(Alex Rusagara)指出,"我们认为,如果我们能将这些人从他们的日常生活中解脱出来,与大家分享一道普通菜,一起吃饭睡觉——我们将在这些归国的多元卢旺达人中间建立信心,相信我们事实上可以生活在一起"①。以卢旺达爱国阵线为主的新政府开展此项工作主要希望通过政治教化,使民众树立正确的价值观,在不同民族中播下和解的种子,戮力同心加快民族和解进程。对卢旺达政府的这一做法有各种批评和指责,如"洗脑"或"再教育"。② 然而,作为民族和解和建立互信的一种国族建构举措,团结和解营有其独特之处。

民族团结与和解委员会的卢萨卡拉表达了他对这一项目的理解:"政府决心加强国家机制,创造一个能够为所有卢旺达国民提供医疗、市场、教育和其他服务的社会,不管他们认同自己是胡图族、图西族还是特瓦族。对于人们选择认同胡图族、图西族或特瓦族,我们[民族团结与和解委员会]没有问题,只要这种认同和民族信念不会剥夺任何人的权利。我们的目的并非因为这些认同曾被用作政治弹药而力图摧毁这种认同。即使在民族团结与和解委员会也存在着关于民族问题的非正式辩论。我们绝非告诫团结和解营的参与者不要认同自己的胡图族、图西族或特瓦族身份,我们的目标是创建一个这样的社会,即这些身份由于没有特权而失去真正的意义。"③作为爱国阵线的一种从历史吸取营养并带有创造力的举措,团结和解营为整合一个受伤的民族,锻造一种共同的价值观起到了

---

①　Chi Mgbako, "Ingando Solidarity Camps: Reconciliation and Political Indoctrination in Post-Genocide Rwanda", *Harvard Human Rights Journal*, 2005(18), p. 209. http://hei-nonline. org/HOL/LandingPage? handle=hein. journals/hhrj18&div=12&id=&page=.

②　Andrea Purdeková, *Rwanda's Ingando Camps: Liminality and the reproduction of power*, Working Series Paper 80, Refugee Studies Center, University of Oxford, September 2011, p. 7.

③　Chi Mgbako, "Ingando Solidarity Camps: Reconciliation and Political Indoctrination in Post-Genocide Rwanda", *Harvard Human Rights Journal*, 2005(18), p. 219.

应有的作用。① 当然,卢旺达政府还采取了诸多措施以促进民族和解,如尽量坚持卢旺达文化和价值观念体系"本土创制",不搞进口移植,保留不同民族混居的文化传统,重建国防军,妥善安置回国难民等。②

七、小 结

在卢旺达历史上,关于胡图人和图西人的定义随着卢旺达主权的变更及权力的转移而变化。独立后,胡图人/图西人的矛盾被继承下来。统治者与被统治者的民族身份互换及政治地位的变化引起社会经济地位的变化。民族身份被当权者作为达到政治目的的工具,大屠杀是这种政治运作的极端表现。在解决民族问题时是强调民族识别,还是淡化民族特性?"在卢旺达有关民族身份识别和登记的历史实践中,不难看到民族身份明确化、固定化和制度化带来的悲剧和恶果。卢旺达的例子也说明,政府对排他性的民族身份的识别和强制登记有一定的政治风险,其未来产生的政治后果可能是最初制度和政策设计者始料未及的,多民族国家在解决民族问题的各项工作实践中有必要在身份和认同可变和可选的范围内承认和尊重公民个人身份的多重性或多样性以及不同群体共享的特性,而不能无条件地突出和强化某一种身份。"有鉴于此,解决民族问题还有另一条路径:"在身份问题上有意识地淡化民族间的差别和区隔,更多地强调人们共同的公民身份和国族认同。"③

20 世纪的人类历史目睹了各种类型的大屠杀,如对美洲和澳洲原住民的绞杀、对犹太人的灭绝、南京大屠杀、柬埔寨的惨案、波黑战争中的种族清洗。不管行凶者冠之以何种借口,他们犯下的都是反和平罪和反人类罪,受害者总是处于弱势的民族。从这个意义上说,卢旺达大屠杀不是一个国家的惨剧,也非大湖地区或非洲的悲哀,它是人类的耻辱。大屠杀

---

① Andrea Purdeková, *Rwanda's Ingando Camps: Liminality and the reproduction of power*, Working Series Paper 80, Refugee Studies Center, University of Oxford, September 2011, p. 45.

② 舒展:《卢旺达民族和解探究与思考》,第 127—129 页。

③ 侯发兵:《卢旺达的民族身份解构:反思与启示》,《西亚非洲》,2017 年第 1 期,第 158—159 页。

中断了卢旺达的发展进程,使卢旺达在多方面出现倒退现象。虽然大屠杀发生后,卢旺达人民以惊人的勇气面对自己的困境,国际社会在事后也对卢旺达给予了足够关注,但通过民族和睦相处寻求发展的道路还需要卢旺达人民自己来开辟。

第二十二章　南非的民族问题与民族和解政策

> 过去的一切不是消失了，而是令人尴尬地顽固存在着，它将不断回过头来纠缠我们，除非我们彻底地解决一切。
>
> 南非智者

> 当我们的领袖终于从狱中释放出来时，令人堪虑的是，过渡到民主会不会演变为报仇雪恨的大屠杀。奇迹似的，我们选择了另一种未来。我们选择宽恕。在当时，我们知道说出真相、抚平历史的伤痛是拯救国家免于毁灭的唯一办法，但我们还不知道这个选择会引领我们去到何方。通过真相与和解委员会，我们历经了一段痛苦不堪却也无比美妙的过程，就像所有成长蜕变的过程一样。
>
> 德斯蒙德·图图（诺贝尔和平奖得主、南非真相与和解委员会主席）

"他有很多伤。"她以验尸官般的精准在陈述，"光是上腹部就有五道伤口，这些伤口显示，用来刺伤他的凶器有很多种，或刺伤他的是一群人。"姆兰乌丽太太对"真相与和解委员会"（Truth and Reconciliation Commission）提出她惨痛的证词，她说的是丈夫西塞罗失踪与遇害的经过。"他的下腹部也有伤，全身总共有四十三处伤。他们往他脸上泼硫酸。他们从手腕下缘把他的右手砍下来。我不知道他们把那只手怎么样了。"这是真相与和解委员会主席德斯蒙德·图图在《宽恕》中描述他亲耳听到的情景。

在总统就职仪式上,曼德拉总统起身致辞欢迎来宾。他首先介绍来自世界各国的政要,然后满怀深情地说:虽然为能接待这么多尊贵的客人而深感荣幸,但最高兴的还是罗本岛监狱的三名前狱方人员也能到场。随后,他请三位特殊的来宾起身,以便他能介绍给大家。当年迈的总统缓缓起身并恭敬地向三个曾关押他的狱方人员鞠躬致敬时,全场一片肃静。残酷虐待他 27 年的白人羞愧得无地自容,所有在场的人对他肃然起敬。

在以上两个例证中,我们看到了在种族隔离制白人统治下黑人所遭受的残酷经历和新当选的黑人总统曼德拉的宽容精神。更重要的是,这位总统以自己的行动向所有的白人传达了一个信息——南非黑人的宽恕与种族和解的意愿。

南非的民族问题与大部分非洲国家不尽相同,其主要特点反映在黑人与白人这样的种族矛盾上。然而,有一点是共同的,即由于歧视政策,民族问题成为当代发展进程中的一个巨大障碍。为了有利于国家发展,合理明智的国家民族一体化政策直接关系到国家各民族间的和谐与团结;利用各种办法和途径加速国家民族的一体化进程至关重要;充分利用本地健康的文化、传统、风俗、习惯以加强对民族的整合作用。只有这样,才能完成国族建构,并有利国家的整体发展。本章主要探讨南非的民族问题与民族团结政府成立后的一系列政策和措施。真相与和解委员会的做法与卢旺达的卡恰恰法庭有异曲同工之妙。

一、南非的民族与民族问题

南非共有 11 种官方语言。这对于中国这样有着统一语言的国家而言实在是难以想象。南非又被称为"彩虹之国"。为什么会获得这样一个美称呢? 主要原因在于它是一个多民族的国度。

(一)南非的民族

根据 2011 年南非政府的统计,南非有 5 177 万人(2017 年已达 5 652

万),其中非洲黑人为4 100万(79.2％),白人45.86万(8.9％),有色人46.15万(8.9％),印度/亚洲人12.86万人(2.5％),其他2.8万(0.5％)。① 黑人主要包括科伊桑人(Koisan)和班图尼格罗人。南非最早的居民为科伊桑人,分为科伊人(Koikoi,亦称霍屯督人,其东界为乌姆齐姆布河)和桑人(San,亦称布须曼人,分布在奥兰治河以北)两个支系。② 2016年的南非社区调查表明,说祖鲁语(isizulu)的人口为南非最大的群体,占全国人口的24.6％,说科萨语(isiXhosa)的为第二大群体,占人口17％,说南非荷兰语(Afrikaans)的有12.1％,9.5％说佩迪语(Sepedi),8.8％说茨瓦纳语(Setswana),8.3％说英语,8％说苏陀语(Sesotho),说聪加语(Xitsonga)、斯瓦蒂语(Siswati)、文达语(Tshivenda)和恩德贝莱语(isiNdebele)的分别为4.2％、2.6％、2.4％和1.6％。③

班图尼格罗人从非洲中部移民到南部非洲,经过长期的融合和演化,逐渐形成以下9个主要民族。其中最大的为祖鲁族和科萨族。祖鲁族(Zulu)系恩古尼人的北支,是南非第一大族,人口约1 000万,现主要分布于夸祖鲁/纳塔尔省、姆普马兰加省及豪登省。科萨族(Xhosa)系恩古尼人的南支,为南非第二大族,人口约800万。现主要分布于东、西开普两省。有人将苏陀族(Sotho,一译"索托族")分为南部的苏陀人和北部的佩迪人(Sepedi)。苏陀人与莱索托王国的巴苏陀人同族,主要分布于自由州省和豪登省。佩迪人主要分布于北方省和姆普马兰加省。茨瓦纳族(Tswana)是苏陀族南迁的西支,现主要分布于西北省和北开普省。聪加族(Tsonga)是恩古尼人的北支,与莫桑比克境内的聪加人同族,主要分布于北方省。斯威士族(Swazi)为恩古尼人的北支,与斯威士兰王国的斯瓦茨人同族,主要分布于姆普马兰加省。恩德贝莱族(Ndebele)属祖鲁人支系,现主要分布于姆普马兰加省。文达族(Venda),文化传统与苏陀人

---

① https://www.brandsouthafrica.com/people-culture/people/south-africas-population.

② 布须曼人(Bushmen,"丛林人"之意)是欧洲殖民者对桑人的蔑称。关于科伊桑人,见G.莫赫塔尔主编:《非洲通史(第二卷):非洲古代文明》,中国对外翻译出版公司/联合国教科文组织,1984年,第500—521页。

③ *2016—2017 South Africa Yearbook*, https://www.gcis.gov.za/sites/default/files/docs/resourcecentre/yearbook/LandPeople2017.pdf.

相通,主要分布于北方省.

阿非利卡人(Afrikaners)占白人人口约 57％,英裔非洲人(Anglo-Africans)约占白人的 39％。现今阿非利卡人中,荷裔占 40％,德裔 40％,法裔 7.5％,英裔 7.5％,其他欧裔 5％,操阿非利卡语(以古荷兰语为基础),信奉基督教,传统上多事农牧业。现大都居住在北方、姆普马兰加、豪登、西北及自由州五省。英裔非洲人操英语,信奉英国国教(圣公会),经营矿业和工商业为主,现主要分布于西、北和东开普三省以及夸祖鲁/纳塔尔省。此外,南非白人还包括希腊人、意大利人、葡萄牙人和犹太人等。

有色人主要分为格里夸人(Griquas)和开普马来人(Cape Malays)。前者为早期布尔人与霍屯督人的混血后裔;后者系霍屯督人与荷兰东印度公司从马达加斯加、爪哇岛等地运来的奴隶(印度人、华人、僧加罗人、印尼人、马尔加什人)的混血后裔。现多分布于开普三省,是西开普省第一大族。此外,还有纳塔尔有色人(欧非混血人、圣赫勒拿人和毛里求斯人)。有色人 87％集中于开普半岛,75％居住在城市,80％讲阿非利卡语,其余操英语,90％以上信奉基督教,7％为穆斯林(多为开普马来人)。亚裔绝大多数为印度人,故南非人一般将两者互用。南非印度人 85％聚居于德班和彼得马里茨堡地区,10％居住在比陀-约堡地区。印度教徒约占 68％,20％为穆斯林,大都操英语,老一代用印地语、泰米尔语、泰卢固语、古吉拉特语和乌尔都语等。还有少数华人。[①]

(二) 种族隔离制剖析:以班图斯坦为重点

南非白人种族主义政权执行的种族隔离制(Apartheid)为 1948 年至 1991 年间在南非共和国实行的一种制度,其原则是白人至上。种族隔离制对白人与非白人(包括黑人、有色人和印度人)进行分区隔离并在政治、经济和社会等方面给予差别待遇。1948 年被以法律方式确立,1994 年废止。由于这一制度涵盖面极大,不在此详述。[②] 班图斯坦是这一制度中

---

① 关于南非的民族与宗教,参见杨立华:《南非》,社会科学文献出版社,2010 年,第 11—31 页。

② 有关南非历史,参见郑家馨:《南非史》,北京大学出版社,2010 年。

的主要内容。班图斯坦虽然在南非 1959 年的"班图自治法"中才正式出现，但却经过了长期的发展和演变，从通行证制度、特居地、教会保留地到保留地制度，最后才以班图斯坦即黑人家园的形式趋于完备。剥夺非洲黑人的土地和政治权利是贯穿始终的主线。因此可以说，班图斯坦的起源和发展是与白人殖民侵略、征服和统治南非的全过程相同步的。

自 1652 年荷兰人建立开普殖民地后，虽殖民地几经易手，但白人殖民者侵占土地的活动却从未停止过。在剿灭桑人并奴役了科伊人之后，欧洲人又极力否认科萨人（班图人的一支）对南非这块土地的占有权，将他们看作外来者。英国在开普殖民地的统治确立以后，殖民政府与早期来此定居的布尔人的矛盾不断加深。英国人也在以各种方式侵夺土地。早在 1801 年，英国伦敦教会就在敦达斯总督的鼓励下在斯沃特科普斯河边建了一个保留地，收容了几百名霍顿督人（即科伊科伊人）做工，随后，科尔等人又在菲利普敦教会和凯河定居点收纳了近三千名非洲人，让他们干活，后来，开普总督在传教士的怂恿下又在开普和纳塔尔交界处建了一些保留地，对班图人和格里夸人进行"基督教化"和"文明化"①。

1833 年英国宣布废除奴隶制激化了与布尔人的矛盾，导致布尔人"大迁徙"。大迁徙领导人彼得·雷提夫于 1837 年 2 月 2 日发表声明，提出迁徙是为了继续"保持主仆之间的正常关系"。② 雷提夫的妹妹安娜说得更明白，她把解放奴隶称作"可耻的不公正的做法"，同时直截了当地指出，"与其说是他们的自由迫使我们如此行动，不如说是将他们置于与基督教平等的地位——这是与上帝的法律和种族及宗教的自然差别相违背的"。③ 1845 年，开普总督梅特兰德召集奥兰治河一带的酋长开会，提出了一个种族隔离的方案："惩罚法令"。④ 生效地区的每个酋长都将自己的管辖区一分为二，一块作为保留地，另一块则由欧洲人租用，名义上由酋长管辖整个地域，实际上由一个英国居民来控制所在地的欧洲人。绝

---

① E. A. Walker, *A History of Southern Africa*, Longman, 1959, pp. 173, 753.

② Jordan K. Ngubane, *An African Explains Apartheid*, New York, 1973, p. 35.

③ R. Oliver and A. Atmore, *Africa since 1800*, Cambridge University Press, 1981, p. 60.

④ 指 1836 年通过的"开普惩罚令"，法令规定在纳塔尔及南纬 25°以南地区的英国臣民如有违法者，应接受开普法庭的裁决。

　　大部分酋长识破了这种蚕食诡计,只有一个酋长接受了这个方案。在1846 年到 1847 年间,殖民政府的土地委员会曾打算划出占地 1 168 000英亩的八个保留地,但这一计划因经费缺乏而告吹。①

　　在 1910 年以前,由于科萨人的反抗和英布之间的殖民争夺,种族隔离政策未能全面实行。在这段时间里,祖鲁人反对殖民侵略的斗争也未停止,从恰卡到丁干的抗击布尔人的战斗,从塞茨瓦约的抗英斗争到1906 年班巴塔领导的武装起义,这一系列斗争使得英布殖民者首尾不能相顾。同时,为了争夺南非的统治权,英国殖民政府和布尔殖民者一直明争暗斗,最后导致了两次英布战争。第二次英布战争后,英布双方都看到了非洲人是危及其殖民统治的共同敌人,他们就在牺牲非洲人利益的基础上结成了"神圣同盟",这个同盟终于在 1910 年以南非联邦的形式固定下来了。这样,全面实行种族隔离政策的条件已经具备,直接运用国家权力,采取立法和行政手段奴役和掠夺南非黑人,成了白人殖民者的首要任务。

　　20 世纪初,在南非盛行的租佃制是对分制。白人农场主将田地交给代理人管理或交给非洲人耕种,一些勤奋的非洲人逐渐有了自己的土地和农场。"对于阿非利卡民族主义者来说,这是一把悬在他们头上的达摩克利斯剑。"②更重要的是,这些黑人农民很快就成为白人农场主的强劲竞争对手。③ 白人认识到,长此以往,不仅将产生劳动力的短缺,而且会破坏白人与黑人之间传统的主仆关系。一旦非洲人能靠自己的土地维生,谁还愿意给白人当苦役呢? 正如博蒙特委员会后来被告知的那样,"对分制是致命的制度,因为它把那些应该是奴仆的邻近土著全给夺走了"。④ 这样,19 世纪后期的"黄金热"带来的南非工业的发展及其对劳动力和商品市场的要求与日益增多的非洲人自己占有土地的现象形成了

---

①　 E. A. Walker, *A History of Southern Africa*, pp. 224, 273.

②　 Jordan K. Ngubane, *An African Explains Apartheid*, p. 85.

③　 Colin Bundy, "The Emergence and Decline of a South African Peasantry", *African Affairs*, 71:285(October, 1972), pp. 369 - 388; Colin Bundy, *The Rise and Fall of the South African Peasantry*, London: Heinemann, 1979.

④　 T. R. H. Davenport, *South Africa A Modern History*, Macmillan, 1977, p. 335. 该委员会是在 1914 年由政府任命去调查由 1913 年"土著土地法"所引起的纠纷问题的。委员会的报告于 1916 年公布。

尖锐的矛盾。非洲人主要通过两种办法占有土地。一是直接从欧洲人手里买地,这种现象在比勒陀利亚的西北部特别突出。这里很多农场在英布战争中被烧毁,白人由于经济原因急于使这些农场脱手。① 第二种办法是所谓"擅自占地"。一些非洲人回到被白人殖民者强占而尚未垦殖的土地上,这些人被南非政府称为"擅自占地者"。

　　为了阻止事态的发展,1913 年南非政府议会通过"土著土地法"以使保留地制度化。政府划出 9 562 380 公顷土地为保留地归非洲人使用,非洲农民还取得 858 346 公顷土地的耕种权,作为保留地以外的私有财产。这些土地占全国土地面积的 8.5%,分布在贫瘠落后的地区。土地法禁止非洲人购买、租佃或用其他办法取得保留地以外的土地,禁止他们在欧洲人的地产上进行任何独立的经济活动,非洲人只许当劳役佃农,不能当对分制佃农。为了迫使非洲人出卖劳力,南非政府还强征茅屋税或人头税。这样,班图农民被强行纳入了资本主义的生产轨道。当时,保留地人口密度是每平方英里 82 人,而整个南非的人口密度是每平方英里 21 人。博蒙特委员会 1916 年的调查报告指出,非洲人迫切需要土地,建议在原有保留地之外再增加 15 500 000 英亩。② 由于非洲人的不断斗争,南非当局于 1936 年进行了一次土地调整,颁布了"土著信托土地法"。法律规定政府在 5 年内收买价值一千万英镑的土地作为"土著所有地",保留地制度进一步得到了巩固。这一法律规定那些"擅自占地者"是非法的,这对那些已在这些地区定居的非洲人来说是一种灾难性的判决。1913 年和 1936 年的两个土地法通过使保留地制度化、合法化逐步实现了对非洲黑人土地的剥夺。班图斯坦制度就是在保留地的基础上建立起来的。

　　1948 年,南非国民党上台执政,这意味着种族隔离制开始系统实行。种族隔离制是以种族为划分基础的经济、政治和社会结构的等级制度;以对非洲黑人(也包括有色人种)的歧视并剥夺他们的一些基本权利为特征。种族隔离制度在 1948 年正式成为南非国民党种族关系政策的核心,极力制止各种族之间的交流和融合,并通过政府法律得以强化。20 世纪 50—60 年代可以说是南非种族主义政权最为疯狂的时代,任何企图改变

---

① T. R. H. Davenport, *South Africa : A Modern History*, p. 334.

② E. A. Walker, *A History of Southern Africa*, p. 642.

种族隔离制的人都被裁定为"共产主义者"。1959年,南非知名教授杜·特瓦特明确警告:将选举权扩大到非白人无异于白人的自杀。①在严酷的政治氛围里,黑人在南非社会的生存空间日益受到挤压。班图斯坦制度应运而生。

班图斯坦制度由南非土著保留地制度演变而来,是南非白人政权为推行种族隔离政策对班图人实行政治上彻底分离,强制其建立黑人家园的制度,亦称为"黑人家园制度"。如前章所述,班图斯坦计划的实施大体可分为三个阶段,1957年开始部落自治阶段;1959年开始班图斯坦自治阶段;1976年以特兰斯凯宣布独立为标志的班图斯坦独立阶段。

1961年,南非总理维沃尔德曾明确声称,让班图斯坦独立是迫不得已:"这种使南非变成好多个国家的支离破碎的局面,倘使我们力所能及的话,我们显然是宁愿予以避免的。然而,为了白人在这个归他们所有的国家里,换取他们所要求的自由和权利,(允许黑人独立)这是唯一的办法"。很明显,将占地不到13%的保留地变为班图斯坦,再让其独立,主要是为了保证白人在87%的国土上"所要求的自由和权利"。维沃尔德的助手也公开承认:"在行政自治方面,议会所可能准备给予这些地区("班图"地区)的,充其量将限于欧洲托管人不至实际交出主权的地步为止。"②随着一个个班图斯坦的独立,南非黑人的"国籍"划属班图斯坦,他们成了"南非的外国人"和"临时居住者"。为了实行班图斯坦计划,南非政权强迫非洲人迁出长期居住的地区,搬到偏僻贫瘠的地区。如1957年到1958年间,南非政权决定征用纳塔尔省的昂维尔瓦希特农场,在此地居住了一百多年的241户非洲人请愿无效,拒绝搬迁者被指控为"擅自占地",法庭下驱逐令,军警来到农场,烧掉房屋,逼他们搬迁。③ 1967年,400户马马多拉人被政府军警以同样方式搬迁,只有189户分配了土地。1968年,马赞格的433户非洲人被命令搬迁,政府甚至动用推土机摧毁

① F. A. van Jaarsveld, *The Afrikaner's Interpretation of South African History*, Cape Town: Simondium Publishers, p. 23.

② [南非]耳·累格瓦:《"班图斯坦"计划的一些情况》,载《亚非译丛》,1963年第6期。

③ Muriel Horrell, et al., *A Survey of Race Relation in South Africa 1957—1958*, South African Institute of Race Relations, 1958, p. 143.

房屋,强迫搬迁。

1967 年 12 月政府规定三类人可以移居黑人家园:(一)老人、病人及不符合"都市区法案"中居住条件的人(主要是妇女儿童);(二)在白人农场或白人地区中黑人定居点的"多余的班图人";(三)那些"在黑人家园比在白人地区作用更大"的有技术的黑人。① 从这些成分中我们可以看出,城市工业资产阶级需要的是那些廉价的黑人强劳力,老弱病残不要;有技术的也不欢迎,因为技术工种必须留给那些不齿于干粗活的白人。这样,班图斯坦的成年男子大部分在外做工,成了白人资本家榨取剩余价值的对象。据统计,1970 年,九个班图斯坦外出人口为 631 200 人,其中特兰斯凯就占 224 500 人。②

(三)南非的民族问题

正是在白人至上的种族隔离制及不公正的班图斯坦制度下,南非的黑人民族被剥夺了自己的土地和权利。南非团结政府成立后面临的民族问题或民族矛盾主要有三种:黑人与白人的种族矛盾、祖鲁人的民族要求和一些弱小民族对自身利益的诉求。

种族隔离制度以白人排斥和剥夺非洲黑人民族的生存和发展权利来维护欧洲移民后裔对南非土地与资源的控制。前面提到的班图斯坦不仅意味着白人和黑人的分离,同时也是黑人和黑人的分离,这表现在两个方面。一方面,班图斯坦计划把各部族(落)圈在不同区域,用复杂繁多的过境手续来阻止各部族(落)的接触交往;另一方面,为了巩固白人政权,南非政权在班图斯坦培植了一批上层阶级,作为统治黑人的基层代理人。这些都给反对白人种族主义政权的斗争带来了极大的困难。

班图斯坦各级官员的选举或任命均由南非政府一手操纵,特兰斯凯1963 年的立法议会选举最能说明问题。当时,反对实行种族隔离制的维

---

① T. R. H. Davenport, *South Africa A Modern History*, Macmillan Press, 1977, p. 338.

② G. M. Carter, P. O. Meara, *Southern Africa in Crisis*, Indiana University Press, 1977, p. 118.

克托·波托赢得了 30 个席位,赞成种族隔离制的凯泽·马坦齐马只赢得
15 个席位,但在 12 月立法会议推选首席部长时,马坦齐马却当选了。[①]
各个班图斯坦的立法议会中超过半数的成员是由上面指定。在特兰斯
凯,109 个议员中指定的成员占了 64 人;在西斯凯,50 人中占 30 人;博普
塔茨瓦纳的 72 人中占了 48 人;莱博瓦(一译"利布华")的 100 人中占 60
人;文达的 60 人中占 42 人;加桑古鲁的 68 人中占了 42 人。[②] 1971 年,
特兰斯凯宪法修正案规定,部长(以前由议员选举)由首席部长任命,首席
部长如果要撤销部长职务必须呈报国家总统批准。这样,南非白人政权
在各班图斯坦培植了一批上层官僚,他们秉承白人政权的旨意,执行着一
条反民主的路线。非洲人国民大会、南非工会大会等群众组织在所有的
班图斯坦都被宣布为非法组织,难怪南非非洲人国民大会主席奥立弗·
坦博将这种班图斯坦称为南非政权的"黑人防线"。

　　在南非历史上,祖鲁人起到了非常重要的作用。恰卡、丁干和塞茨瓦
约等祖鲁民族英雄奋力反抗白人侵略的事迹不仅一直鼓励着南非黑人反
对种族主义的斗争,也成为非洲民族主义运动中的精神力量。祖鲁人的
民族意识在这一时期有很大程度的发展,但由于当时的客观情况,推翻白
人种族主义政权的首要任务暂时掩盖了祖鲁人的民族主义,所以这种民
族主义的表现直到 1993 年后才开始突出。后来,在新南非的民族团结政
府成立时,在黑人中间曾一度出现祖鲁族要求独立的情况。此外,一些相
对弱小的民族的诉求也日益明显,主要是因为黑人与白人在历史上存在
的统治与被统治、占有者与无产者以及富裕与贫困的这种不平等的关系
在新南非建立后的现实中表现出来。这些矛盾造成黑人内部的不团结。
对于这种倾向,曼德拉十分警惕。他为了解决黑人内部的分歧和冲突,
曾奔走于纳塔尔等地,呼吁黑人群众加强团结,实现和平。在德班的一
次群众集会中,他动情地说:"我给你们中间参加了兄弟争斗的那些人的
信息是:拿起你的枪、刀和大砍刀来,将它们扔到海里去。关闭那些死亡
工厂。现在就结束战争!"他发出号召,要致力于建立一个单一的民族。

---

　　① 苏联科学院:《非洲史 1918—1967》,第 979—980 页。

　　② 尤里·什维特索夫:《班图斯坦——比勒陀利亚的"黑人防线"》,转引自《今日亚
非》英文版 1979 年第 4 期。

"我们新的民族将包括黑人和白人，祖鲁人和阿非利卡人，以及说其他任何一种语言的人们。""要达到这一目的，我们必须消灭一切形式的派别活动和地方主义。"①

然而，在南非三种民族问题中，最突出的是白人与黑人之间的矛盾和冲突，这当然与持续了近百年的种族隔离政策有直接的关系。一方面，长期的种族隔离制造成的黑人处于劣势的情况一时难以改变，另一方面，白人对以非国大为代表的黑人的胜利以及可能出现的报复或激进情绪忧心忡忡。曼德拉早在监狱里就在考虑南非存在着的民族问题应如何解决。他在 1989 年 3 月从监狱中写给白人总统博塔的信中要求政府在与非国大谈判中必须重视的两个中心问题。其一，在一个统一国家实行多数统治的要求；其二，白人对这一要求的关注及多数统治不意味黑人对白人施加统治的结构保证。② 概言之，统一而不分裂，多数统治而非黑人专制。在曼德拉与南非司法部长及其他有关官员进行了长达三年的秘密会谈后，博塔决定于 1989 年 7 月 5 日邀请曼德拉到官邸会谈。为了使博塔更明确非国大的谈判立场，曼德拉准备了一封长信。在信中，曼德拉批驳了南非政府为谈判设置的三个前提条件，即非国大放弃武力、与南非共产党断绝关系和放弃多数统治的要求，并阐述了非国大的政治主张。在与博塔会见时，曼德拉表示，黑人反对白人种族主义政权的斗争可看作是"一场不同肤色的兄弟之间的斗争"。③ 南非确实面临着分裂的可能性，白人与祖鲁人都有某种独立的意愿，曼德拉开始考虑政治解决的前景。他希望看到一个统一的南非，黑人摆脱白人少数政权的统治而当家作主，白人与黑人并肩管理国家。新政府成立后，曼德拉正是这样做的。

二、南非的民族和解政策

新南非成立后，政府在保证国内政治稳定和经济发展的同时，从各个方面努力消除种族隔离制的影响，并取得了可喜的成绩。曼德拉为新南

---

① Greg McCartan, ed., *Nelson Mandela: Speeches 1990*, New York, 1990, pp. 31-34.
② Greg McCartan, ed., *Nelson Mandela: Speeches 1990*, pp. 9-18.
③ Nelson Mandela, *Long Walk to Freedom*, Boston, 1994, p. 480.

非成立后的民族和解政策作了大量的前期准备工作,特别是在宣传南非国民意识方面可谓未雨绸缪。南非民族团结政府在机构设置上也煞费苦心,对南非众多语言做出特殊规定。新政府将南非每个公民享有平等权利作为宪法原则确定下来,并就土地问题、就业问题以及相关社会问题制定了相关政策,以保障公平合理的民族政策得到落实。曼德拉作为民族团结政府的第一位总统,也是南非历史上第一位黑人总统,他反复告诫南非人民:解放斗争并不是一个民族反对另一个民族的斗争,而是反对一种压迫制度的斗争。"全南非人现在必须团结起来,我们是一个国家、一个民族、一个种族,我们要携手并肩走向未来。"这正是一种国家民族建构的过程,它包括政治、经济、社会以及思想意识等方面。

(一) 新政府的最大压力

政局危机真是南非新政府直接面临的最大压力,因为当时要面对来自三个方面的威胁:作为种族隔离制下既得利益者的白人特别是白人极右派、由因卡塔自由党领袖布特莱奇(Mangosuthu Buthelezi)领导的满心希望拿下南非政治最大蛋糕的祖鲁人和有意甩开白人单独执政的黑人激进派。黑人内部出现的不同意见甚至冲突同样对政局稳定构成了威胁。

在南非民族团结政府成立时,黑人中间一度出现祖鲁族要求独立的情况。祖鲁人大酋长布特莱奇认为他在新政府中应有一个重要位置,因为他领导的因卡塔是以祖鲁人为基础的政党,其影响力远远大于除非国大之外的大部分黑人政党或组织。因卡塔在谈判中坚持扩大地方权力,要求实行地方高度自治的联邦制,因此与非国大的对抗变成了骇人听闻的杀戮。当曼德拉代表非国大与白人政权达成共识并准备于 1994 年 4 月 27 日举行全民选举之前,因卡塔自由党仍在进行抵制。"在南非历史上这一具有划时代意义的事件前夜,暴力变成了一种瘟疫。直到那传奇般的 11 点之前,M. 布特莱奇的因卡塔自由党仍在扮演着主角,威胁着不参加选举。……万幸的是,在某个神秘的肯尼亚人的斡旋之下,布特莱奇终于同意放弃抵制,避免了一场令人不寒而栗的血腥杀戮。"①种族血腥冲突的警报在最后一刻解除。

---

① [南非]德斯蒙德·图图:《没有宽恕就没有未来》(江红译),上海文艺出版社,2002年,第 2 页。

以泛非大会为代表的黑人激进派在政治过渡阶段并未宣布停止武装斗争,仍坚持"一个殖民者,一颗子弹"的口号。由于白人军警恶劣对待黑人群众的事时有发生,泛非大的口号对激进的黑人青年很有吸引力。黑人与白人在历史上存在的统治与被统治、占有者与无产者以及富裕与贫困的关系在现实中也表现出来。就在 1993 年 7 月开普敦圣詹姆斯教堂发生的屠杀事件正是这种激进派的实际行动。两名泛非大会成员冲进星期天礼拜仪式,用机关枪杀死了 11 名教徒,另有 56 人受伤。用德斯蒙德·图图大主教的话说:"在这场城市游击战中,似乎已经无所谓神圣可言。"①

然而,最大的威胁来自白人极右派。这种威胁在曼德拉上台之前就存在。他们在储备武力,伺机进行武装暴动;他们随心所欲、肆意妄为地进行破坏;他们甚至在南非境内建立了自己的国家。白人极端派的危险动作随处可见:

> 1993 年 5 月,1.5 万名荷兰裔白人在约翰内斯堡附近武装集会,并进行了阅兵。现场氛围就像 30 年代的纳粹德国。集会确定了斗争目标:从南非现行领土中切分出一个"独立布尔人共和国"。退役的南非国防军总司令康斯坦德从乡下的农场应召而来,他带了 4 名退役将军作为助手,在各地举行了超过 100 次秘密会议,招募了 15 万名分离主义分子,10 万人是退役军人。6 月底,上万名白人武装者衣着像英布战争时的布尔人民兵,从全国各地来到非国大和白人改革派政府的谈判场所—约翰内斯堡世界贸易中心。最后,30 名身着特种部队制服和防弹衣的突击队员带着武器率领数百名农场主突破白人警察防线进入大楼。由于楼里的关键人员都已撤离,这批人在大楼里"留下涂鸦和尿渍后扬长而去"。8 月,曼德拉与康斯坦德将军进行了一次长谈。康斯坦德坦承,"他长期形成的顽固成见开始崩溃",特别是曼德拉关于布尔人苛刻而又富有人情味的观点与他自己的看法完全吻合。②

---

① [南非]德斯蒙德·图图:《没有宽恕就没有未来》(江红译),上海文艺出版社,2002年,第 24 页。

② 《南非黑与白》,《瞭望东方周刊》,2010 年 6 月 10 日。http://www. taihainet. com/news/txnews/gjnews/sh/2010-06-10/540762. html。

很明显,当非国大在与白人改革派进行谈判并同时开展全国竞选活动时,白人极端派认识到种族隔离制的结束日益迫近,他们有一种恐惧感。同样,一些对种族隔离制深恶痛绝的黑人对这种通过种族和解来解决南非问题的前景也感到不可接受。

(二) 曼德拉为民族和解所做的准备

南非执政党非国大的民族政策实际上源于曼德拉的民族和解思想。曼德拉的民族主义思想的演变经历了形成、成熟和充实三个阶段。这一演变过程有两次飞跃:从非洲主义即狭隘排外的民族主义转变到吸收黑人(非洲人、有色人和亚裔/印度人)的非洲民族主义;从仅容纳黑人的非洲民族主义转变到吸收所有南非人(包括白人)的南非民族主义。在他早期进行民族主义活动时发生的三件事使他改变了对白人的态度。他认识到,南非也有正义的白人在支持黑人为争取自己的权利展开斗争。① 在最后这一阶段,曼德拉竭尽全力致力于南非国民意识的传播、建立和巩固。

早在监狱里,他就开始了与白人狱警的沟通。他曾在自传《漫漫自由路》中写过一件小事。当时有的狱警开始与囚犯对话,但曼德拉自尊心非常强,从不主动与狱警对话。然而,一旦他们问曼德拉什么问题,他总是竭尽全力地解答。他认为:"当一个人要学习的时候,对他进行教育是比较容易的。"每当这种情况发生时,曼德拉总是耐心而平静地向狱警说明非国大的政策,"目的是解除他们对南非非洲人国民大会的神秘认识,消除他们对南非非洲人国民大会的偏见"。他获释后立即投入到建立新南非的斗争。他明确表示:"当我从监狱走出的时候,同时解放被压迫者和压迫者成为我的使命。"②形势发展表明历史将把他推到新南非领导人的地位。

他深深懂得,与政府的谈判固然重要,但更关键的则是民心。南非的主体是非洲黑人,他毕生为之奋斗的目标也是建立一个代表多数人的

---

① 关于曼德拉民族主义思想的演变,参见李安山:《曼德拉民族主义思想的缘起与演变》,《北京大学学报(哲学社会科学版)》,1997 年第 6 期。

② Nelson Mandela, *Long Walk to Freedom*, p. 544.

公平合理的政权。不论是电视讲话或记者采访，还是群众集会或外交场合，他一方面强调必须推翻种族隔离制，将颠倒的历史重新颠倒过来，黑人必须成为自己国家的主人；另一方面他始终把黑人的要求与白人的担忧并列，强调非国大必须注意两方面的问题。在获释那天，他即在开普敦市政厅的群众集会上重申了自己的一贯主张：反对白人统治，亦反对黑人统治。[①]

他亦十分重视团结南非白人，力争获得他们的支持。他反复强调非国大必须竭尽全力消除白人对黑人统治的恐惧，尽管这一恐惧毫无根据。[②] 他赞扬白人主教科伦索和他的女儿们在反对种族隔离制的斗争中所作的贡献。[③] 他也抨击白人右翼保守党领导人特鲁尼赫特离间非国大与广大白人的阴谋。很多南非白人消除偏见，加入非国大，他欣喜地指出："这个国家的很多白人正在加入非国大，因为他们已认识到非国大的政策是我国种族之间和平与和谐的保证。我们呼吁白人反对右翼势力分化我们人民的一切努力。我们要使我们的南非白人兄弟姊妹们放心，我们的政策没有什么值得害怕。"[④]

如何团结白人反对派始终是曼德拉着重考虑的问题。这些人有自己的意识形态，有组织，有武器，如果处理不好，极有可能变成一支危险的破坏力量。为了培养白人反对派的南非民族主义感情，他开始使用"同胞"（Compatriots）来称呼他们。在对欧洲议会的演讲中，他指出："我们不要忘记我们的白人同胞中很多还不能接受白人少数统治制度必须完结，他们中很多人都有武器。"在对联合国反对种族隔离制特别委员会的讲话中，他强调，"我们白人同胞中很多人还致力于维持白人少数统治这一罪恶制度，有些人是因为种族主义思想作怪，还有些则是对多数人民主统治的恐惧。这些人中有些有武器并在军队和警察中任职。"在对美国参众两院的讲话中，他在提到南非贫富不均的问题时再次使用此词，"我们的白人同胞的富裕和为了达到富裕而有意扭曲经济的做法"加剧了这种贫

①　Greg McCartan, ed. , *Nelson Mandela*：*Speeches 1990*，p. 23.

②　E. S. Reddy, *Nelson Mandela*：*Selected Speeches since His Release*，New Delhi，1990，p 17.

③　Greg McCartan, ed. , *Nelson Mandela*：*Speeches 1990*，p. 33.

④　Greg McCartan, ed. , *Nelson Mandela*：*Speeches 1990*，p. 34.

富悬殊。在英国工业同盟会议上,他重申了白人反对派的问题,"我们白人同胞中很多人反对民主变化",因而必须正视困难。① 将"同胞"一词用于白人反对派,不能不说是曼德拉独具匠心的创造。这既表现了他宽阔的政治家胸襟,也表明了他民族和解的思想。这无疑为曼德拉扫清谈判道路上的障碍打下了基础,同时也进一步赢得了国际社会的支持和南非白人的理解。

(三) 法律的保障:公民享有平等权利

南非民族团结政府上台后,立即着手制定新宪法。1996 年 5 月 8 日,南非议会以 421 票赞成、2 票反对、10 票弃权通过了《南非共和国宪法法案》(1996 年第 108 号法令)。经过初审和修改,宪法法院最终在 1996 年 12 月 4 日通过宪法法案。1996 年 12 月 10 日,曼德拉总统签署新宪法,1997 年 2 月 4 日开始生效并分段实施。新的宪法申明了宪法的宗旨 (1)治愈过去的分裂,建立一个基于民主价值、社会公正和基本人权的社会;(2)改善所有公民的生活质量,解放每一个人的潜力;(3)为民主和开放的社会奠定基础,在这个社会中,政府根据人民的意愿,每一个公民都得到法律的平等保护;(4)建设一个统一民主的南非,使其在世界民族大家庭中得到主权国家的应有地位。新宪法详尽规定公民享有的权利,包括平等权、人格尊严权、生命权、自由与人身安全权、不受奴役与强制劳动权、隐私权、宗教信仰权与观念自由权、言论自由权、集会示威请愿权、结社权、政治权利、公民权、行动及居住自由权、择业自主权、劳动权、享受无害环境权、财产权、住房权、享受医疗及社会保障权、儿童权益、受教育权、语言与文化自择权、社区受保护权、获取信息权、公共管理与被管理权、诉讼权、被拘起诉权等。

国家统一原则是最重要的原则之一。1994 年以前的南非实际上并不是一个统一的国家。1994 年新南非的成立以及 1996 通过的南非宪法才第一次确立了南非国家的统一。这条原则不仅改变了南非以前没有统一性的缺陷,也从法律上制止了分裂。当然,国家统一的价值还包括人的

---

① E. S. Reddy, *Nelson Mandela : Selected Speeches since His Release*, pp. 77, 80, 85, 94.

尊严和对平等、人权和自由的尊重以及消除种族主义和性别歧视等一系列内容。南非宪法第二章规定了基本人权,包括保障公民权利、人格尊严、平等和自由的民主价值,该条款适用于一切法律并约束立法、行政和司法机构。宪法保护公民的政治权利,即(1)公民有政治选择的自由,包括组织政党、参加政党的活动、为政党吸收成员、为某个政党或事业进行竞选活动;(2)公民有权参加依据宪法建立的任何立宪机构的自由、公正和定期的选举。同时,南非《选举法》(1998)也明确规定,禁止任何政党或候选人在选举期间以语言或行动煽动暴力、威胁候选人、政党的代表和选民,公布对其他政党和个人的虚假指控,或种族、性别歧视行为,禁止在公共集会携带武器等。该法还专门强调了媒体的作用,规定尊重和保护记者的职业权利。

在国家政策层面,宪法规定了民族和种族关系的基本原则:"本宪法将在一个以不和、冲突、无以言状的痛苦和不公正为特征的深刻分裂的社会的过去和一个建立在承认人权、民主、和平相处以及不论肤色、种族、阶级、信仰和性别而使每个南非人都有发展机会的未来之间建立一座历史桥梁。对民族团结的追求、全体南非人民的幸福与和平,要求南非人民实现和解,重建社会。"①

(四) 针对种族迫害罪行的政策

如何创造一种既能为广大黑人伸张正义,平反冤屈,将种族隔离制造成的心理创伤抚平,又能使白人承认罪责,放开胸怀,不至于抱着一颗内疚之心活下去的环境?如何既能达到惩恶扬善、平息怨恨、了结冤仇,又能使国家共和、民族团结?这成为摆在新政权面前的一大难题。真相与和解是一种新的选择,这是在非洲人的生存哲学、知识分子的智慧、领导人的英明和南非的现实情况的互动下产生的以宽恕为原则的道路。

真相与和解委员会在多个国家出现过,而又以非洲国家为多。在20世纪70年代,乌干达是首先建立真相与和解委员会的(1974),80年代有两个国家,即津巴布韦(1985)和乌干达(1986)。90年代,设立真相与和

---

① [南非]德斯蒙德·图图:《没有宽恕就没有未来》,第45页。

解委员会的国家大大增加,有乍得(1991)、卢旺达(1993)、埃塞俄比亚(1993)、南非(1995)、布隆迪(1995)。21 世纪的前三年,采取类似做法的已达六个非洲国家,即尼日利亚(2001)、加纳(2002)、中非共和国(2002)、刚果民主共和国(2002)、利比里亚(2003)。南非真相与和解委员会的特殊之处不言而喻。有的学者在研究真相与和解委员会的起因,特别是政治因素时,还以南非真相与和解委员会作为一种分期的界线,甚至效率的标准。①

正是在既要弄清真相以追求公平和正义,又要达到民族和解的双重诉求下,南非新政府决定成立真相与和解委员会。委员会被赋予历史性的任务,包括:(1)促进民族团结与和解,以理解的精神超越过去的冲突和分裂,通过调查与听政,对 1960 年 3 月 1 日至种族隔离制度废止期间发生的粗暴侵犯人权的罪行进行认定。(2)对于彻底坦白全部相关犯罪事实者给予赦免,但其行为必须是出于政治动机,其坦白符合法令要求。(3)确认并公布受害者的下落,通过给予受害者机会讲述自己受害的情节以恢复其人格和公民尊严,并对给予他们的赔偿措施提出建议。(4)编写一部报告,记述"真相与和解委员会"在履行上述三项职责时的活动和结论,包括对今后避免发生侵犯人权问题的措施建议。

我们注意到,尽管"真相与和解委员会"处理的是种族问题,但委员会在审理过程中是以人性、人权和人格为原则,并未刻意强调种族或民族问题。关于对认罪者的大赦也是有条件的。如果犯罪行为是严重违反人权的行为,即涉及绑架、杀害、酷刑或严重虐待的行为,申请必须通过公开听证予以处理。事实上,几乎所有向"真相与和解委员会"提出的重要申请都是在电视中公开审理的。因此,认罪者也经受了公开亮相和受辱的考验,这也是对犯罪者的一种心灵惩罚。"真相与和解委员会"的工作始于1995 年 12 月 16 日(南非和解日),报告完成于 2003 年 3 月 21 日(南非人权日)。从 1996 年到 2003 年,"真相与和解委员会"共审理 212 万多个案

---

① Steven D. Roper and Lilian A. Barria, "Why Do States Commission the Truth? Political Considerations in the Establishment of African Truth and Reconciliation Commissions", *Human Rights Review*, 10:3(2009), pp. 373-391.

例。到 2003 年 3 月"真相与和解委员会"提交最终报告时,共有 1 200 人获得大赦,当时大赦的申请与审定仍在继续。[①]

(五) 对白人极端主义者的宽容

白人种族隔离制在南非存在了 300 多年,这种制度以排斥和剥夺原住民族及其他"非白人"民族的生存和发展权利来维护欧洲移民后裔对南非土地与资源的控制。这种排他性的制度是以不平等为特征,以"白人是上帝的选民"为价值判断的种族歧视制度,它建立在压制人口的多数这一基础上,因而是不可能持续的。然而,白人顽固派对局势的发展与时代的进步毫无感觉,他们仍然梦想着保持他们的白人优越地位并企图与黑人为主导的新政府对抗。白人极右派的存在确实让曼德拉的新政府面临着巨大的心理压力,因为他们掌握着南非的军队和警察。除南非当局的军事力量外,白人极右派准军事组织大约有 1—2 万人,其中大部分是前军警人员,拥有大批枪支,有很大的破坏性。伦敦政治经济学院的詹姆斯·普策尔教授向《新京报》记者叙述了一件事:"我还记得那个时候,我遇到了一位南非白人。他直视着我的眼睛,告诉我,他宁愿向南非投下一颗原子弹,也不愿意让南非沦为多数黑人统治的国家。"[②]这是白人极端派的真实写照。

新政府成立后,对于一些白人极端主义者的做法并未一味抵制,而是采取宽容的政策。临时政府成立后,一些坚持白人种族高于黑人种族的阿非利卡人根据临时宪法成立了阿非利卡人"民族国家理事会"(Volkstaat Council),为以后建立所谓的"阿非利卡人家园"作准备。新政府建立后,为保障这些白人的权利,专门制定了《民族国家理事会法》(1994 年 30 号法令),使按照临时宪法成立的"民族国家理事会"成为正式的法定机构,其职责是向政府提供有关"阿非利卡人家园"的合理性和现实性。该理事会在 1996 年初也未得出任何有意义的结论。[③] 尽管如此,1996 年

---

① 该委员会的工作报告于 2003 年出版。*Truth and Reconciliation Commission of South Africa Report*,Volume Six Formeset,Cape Town,2003,该报告共分六个部分,是对种族隔离制下的反人道行为的控诉。

② 高美:《曼德拉的"完美秘诀"》,《新京报》,2013 年 6 月 30 日。

③ 杨立华:《新南非十年:多元一体国家的建设》,《西亚非洲》,2004 年第 4 期,第 43 页。

南非新宪法仍然保留了有关阿非利卡人对"民族国家"问题继续探求的条款。

阿非利卡人保守势力并未放弃建立"民族国家"这一企图。一些白人极端主义者甚至买下北开普省的一块不毛之地,建立一个排斥黑人的阿非利卡人"敖兰尼亚村"(Orania),600多村民(包括妇女儿童)在铁丝网围绕的村庄生产、生活、学习。这些人的目的是保存阿非利卡人的文化和特征,并打算将敖兰尼亚扩大和发展为一个"民族国家"。这种试验虽然缺乏现实可行性,但是它成为一些固守阿非利卡民族主义的人们的精神寄托和文化象征。南非政府采取宽容的态度,容许敖兰尼亚存在,并鼓励它参与地方政府的选举。[①]

三、民族和解的关键之举:真相与和解委员会

南非民族团结政府成立后,面临的最重要的任务之一是如何处理数百年的种族歧视带来的历史遗产。种族对立情绪在持续,在发酵。如果新政府处理不当,这个彩虹之国上空的彩虹随时都有破灭的危险,但人们仍在作最后的努力。曼德拉始终认为,既然黑人政权最后是通过非暴力手段获得,解决种族主义问题亦应如此;要解决新南非存在着的种族对立,必须除去其根源,对已犯有的罪行进行彻底清算。如何清算种族隔离制下的罪责? 这一问题直接摆到了新政府当权者的面前。如果不清算种族隔离制下的统治者和执行者的罪行,正义不可能得到伸张,受尽政治压迫和经济剥削的黑人民众不可能摆脱心中的积怨和阴影,新南非的共同价值观不可能形成。这样,新南非的民族凝聚力就没有根基。

(一) 二战后处理民族犯罪的两种模式

可以说,区分种族隔离制时白人所犯下的罪责成为新南非独立后的当务之急。在这一点上,种族隔离制被推翻后的南非白人与第二次世界大战后的德国民族有某种相似之处。在区分罪责问题上,

---

① 杨立华:《新南非十年:多元一体国家的建设》,第46页。

德国最重要的思想家之一雅斯贝尔斯提供了可资借鉴的著作和观点。

二战后存在着两种极端的思潮,一种是全盘否定德意志文化及对整个德国民族兴师问罪的倾向,另一种是德国民族中普遍存在的对"集体罪责"的抵触情绪。《罪责问题:关于德国的政治责任》(1946)可谓有关罪责定义的最优秀的政治哲学著作之一。在这一著作中,雅斯贝尔斯将罪责区分为四种,即刑事罪责、政治罪责、道德罪责与形而上学罪责。在对这四种罪责的区分及其关联性进行系统论述的基础上,他批评了二战刚结束后国际社会全盘否定德国民族和德国民族精神史的舆论潮流,从而避免了因追究战争罪责导致对整个德国民族的彻底否定。另一方面,他严厉批评了战后初期德国人中存在的对"集体罪责"的普遍抵触和拒绝情绪,批判了那种缺乏责任感、盲目服从权威为特征的德国传统政治文化倾向,敦促德国人进行反省,承担起作为德国民族一员对这场战争中所犯罪责的共同责任。这样,整个德国民族对德国在二战中犯下的罪责负有责任。对纳粹德国进行的纽伦堡审判的一个特点是将"胜者-败者"这一传统战争史范畴用"加害者-被害者"的法律范畴替代,从而具有更广泛的意义。从以上四种罪责的角度看,德国民族坐上了"加害者"的审判席。

当我们对种族隔离制下的罪责进行声讨时,整个南非白人群体何尝不也是这种情况?

这种建立在"惩处"方法基础上的纽伦堡模式并不适合南非。

因为,当时二战审判参与者是战胜者和战败者的关系,盟军彻底打败了纳粹及其轴心国,在纽伦堡审判实施所谓的"胜利者的正义",被告一方毫无发言权。审判完毕后,盟军代表可以挺着胸抬着头骄傲地以"胜利者"的姿态一走了之,对德国及其轴心国产生的影响与战胜者无关,其社会后果则由战败者及其所属民族国家来消化。正如德斯蒙德·图图所言:"纽伦堡审判后盟军可以打起铺盖回家,我们南非人可是要朝夕相处的!"然而,新南非的情况完全不同。这个国家属于世世代代在此生长繁衍的黑人种族,也属于长期在此定居生根的白人种族。如果类似审判出现,审判留下的苦果将由整个社会消化,被审判撕裂的社会将长期陷入动荡甚至战乱之中。因此,可以说,如果要进行这场审判,南非社会将没有胜者。

当然,也可以用大家熟知的"遗忘"方法,即大赦模式,最典型的例子是针对佛朗哥政权所犯罪行的处置方式。佛朗哥是西班牙前国家元首,法西斯军人独裁者,西班牙长枪党党魁。在他统治时期(1936—1975),长枪党成为唯一合法政党,他逮捕、枪杀共产党以及进步人士。二战中,他帮助希特勒侵略苏联。1947年,佛朗哥宣布西班牙为君主共和国,他成为终身摄政王。佛朗哥逝世后,西班牙人并未追究他统治时期滥杀无辜等劣迹,为什么? 由于内战和佛朗哥专制政权的残酷清洗已经过去40多年,而西班牙民众当时大多数或是支持过佛朗哥政权的暴政,或是选择逃避且默认旧体制的合法性。在这种情况下,如果真正追究罪责,几乎每个西班牙公民都难辞其咎。西班牙以这种被称为"西班牙集体健忘症"的遗忘方式实现了民主与和平转型,但这种方式使法律天平上失去了"公平"和"正义"。①

沉默不可能,遗忘更不可能。这种方式明显也不适合南非。"我们国家的谈判者选择了'第三条道路',避免了纽伦堡审判和一揽子大赦(或全民遗忘)的两个极端。这第三条道路就是赦免具体个人的罪责,以换取对与赦免相关的罪行的完全披露。以可能获取自由之胡萝卜换取真相,而大棒则是已捉拿归案的将面临长期监禁,仍逍遥法外的则面临着被捕、起诉和牢狱。"②"当我们的领袖终于从狱中释放出来时,令人堪虑的是,过渡到民主会不会演变为报仇雪恨的大屠杀。奇迹似的,我们选择了另一种未来。我们选择宽恕。"德斯蒙德·图图对以曼德拉为领袖的非国大决定用真相与和解为原则解决南非问题仍然心怀感恩。

(二) 真相与和解委员会的历史任务

南非真相与和解委员会的想法早在1994年的第一次民主选举前就已提出。1992年5月25日,西开普敦大学的卡德尔·阿斯玛教授在其被授予人权法教授时萌发了这个想法。他表示"我们必须严肃对待过去,

① [南非]德斯蒙德·图图:《没有宽恕就没有未来》,第25—32页。
② [南非]德斯蒙德·图图:《没有宽恕就没有未来》,第33—34页。

因为它是我们未来的关键。除非大家对过去有一个清醒的认识,否则,我们不可能正确处理结构性暴力问题,不公正、不合理的经济社会安排以及未来的均衡发展。"①1995 年 11 月 29 日,根据曼德拉总统于 7 月 19 日签署的 1995 年 34 号法令《促进民族团结与和解法》,南非政府决定建立"真相与和解委员会",委员会由各界著名的中立人士 17 人组成,享有重望的诺贝尔和平奖得主、南非圣公会德斯蒙德·图图大主教担任真相与和解委员会主席。委员会将自己的宗旨确立为"在弄清过去事实真相的基础上促进全国团结与民族和解"。

德斯蒙德·图图是一位伟大的人文主义者。他于 1931 年出生在南非,曾在班图师范学院、南非大学、英国伦敦大学学习,先后担任约翰内斯堡英国圣公会教长(1975 年)、莱索托王国主教(1976 年)和南非教会理事会秘书长(1978 年)。他致力于反对南非的种族隔离政策,1984 年被授予诺贝尔和平奖。1985 年 2 月,德斯蒙德·图图就任南非第一位黑人大主教。他是一位和平主义者,但他也是一位反对种族隔离制的斗士。他曾用一种诙谐的语言表达了他对白人至上主义的厌恶:"我五十二岁了。我是英国圣公会的一位主教,一些人可能有所保留地说我有合理的责任感。在我出生的土地上,我不能投票,而十八岁的年轻人则可以投票。为什么?因为他或她拥有那种奇妙的生物属性——白皙的皮肤。"②作为诺贝尔和平奖得主,德斯蒙德·图图深知什么是人类和平,什么是互相宽恕。"善待白人,他们需要你重新发现他们的人性。"③

南非新政府成立后,面临着是以纽伦堡模式(将所有严重违反人权的罪犯送上法庭)还是以全民遗忘的模式来处理种族隔离制带来的痛苦这一问题。然而,南非人民最后选择了第三条道路:以宽恕之心来处理数百年的种族歧视的历史遗产。④ 正是在这种背景下,真相与和解委员会成立。1995 年 11 月 29 日,根据曼德拉总统于 7 月 19 日签署的《促进民族

---

① 李武洋:《南非真相与和解委员会探析》,湘潭大学法学院硕士论文,2011 年,第 6 页。

② *Guardian Weekly* [London],8 April,1984.

③ *The New York Times*,19 October 1984.

④ [南非]德斯蒙德·图图:《没有宽恕就没有未来》,第 11—36 页。

团结与和解法》,南非政府建立了"真相与和解委员会"(Truth and Reconciliation Commission,简称 TRC),委员会由各界著名的中立人士 17 人组成,享有重望的诺贝尔和平奖得主、南非圣公会德斯蒙德·图图大主教担任委员会主席。真相与和解委员会将自己的宗旨确立为"在弄清过去事实真相的基础上促进全国团结与民族和解"。委员会被赋予的历史性任务包括:

1. 促进民族团结与和解,以理解的精神超越过去的冲突和分裂,通过调查与听政,对 1960 年 3 月 1 日至种族隔离制度废止期间发生的粗暴侵犯人权的罪行进行认定。

2. 对于彻底坦白全部相关犯罪事实者给予赦免,但其行为必须是出于政治动机,其坦白符合法令要求。

3. 确认并公布受害者的下落,通过给予受害者机会讲述自己受害的情节以恢复其人格和公民尊严,并对给予他们的赔偿措施提出建议。

4. 编写一部报告,记述"真相与和解委员会"在履行上述 3 项职责时的活动和结论,包括对今后避免发生侵犯人权问题的措施建议。①

1995 年 12 月 16 日,16 名南非人权活动家、律师和宗教领导人聚集在南非大主教图图位于开普敦的家中,举行了真相与和解委员会第一次会议。真相与和解委员会的成员深深知道自己肩负的责任:揭开南非历史上这段黑暗时期的真相及埋葬种族隔离制罪恶的使命。在真相与和解委员会执行这一艰巨任务的过程中,听取了 21 000 名证人的陈述,他们中既有种族隔离制度的受害者,也有推行种族歧视和种族隔离政策的实行者。在真相与和解委员会面前,各种罪行被悉数曝光,包括对黑人普通民众的迫害,对非国大领袖及反种族主义人士的抓捕和残杀,在监狱中所使用的令人毛骨悚然的审讯方式。例如,有的警员坦白他们非常习惯于采取"窒息拷打法"。这种方法是将衣服包在被拷打者的头上,令对方出现窒息的痛苦,并以此来反复拷打和折磨。全体国民在这一过程中经历了心灵的折磨,重新燃起了对种族隔离制的仇恨,但同时也学会了宽恕。这种建立在乌班图精神之上的被称之为第三条路

---

① [南非]德斯蒙德·图图:《没有宽恕就没有未来》,第 59—73 页。

的"真相与和解"避免了两个极端(既"惩罚"和"忘记"),它通过赦免具体个人的罪责,以换取对于赦免相关的罪行的完全披露,"必须宽恕,但绝不忘记"。

如前所述,真相与和解委员会被赋予的历史性任务包括为促进民族团结与和解认定侵犯人权的罪行;在符合法令的基础上对坦白和认罪者给予赦免;确认受害者的下落、尊重其人格和公民尊严,并就赔偿提出建议;编写"真相与和解委员会"工作总结报告并就避免发生侵犯人权提出建议。真相与和解委员会工作的最终目的是在南非建立人权文化,实现民族和解,以使过去因社会不正义所发生的种种灾难不再重演。为上述目的建立的真相与和解委员会下设三个工作委员会:违反人权工作委员会、赦免工作委员会、赔偿与修复工作委员会,并赋予委员会及其工作委员会特别的权力、职能和责任。获得大赦是有条件的,要在尽力寻求正义、对受害人最大补偿和防止国家分裂之间做出平衡,具体做法如下:

1. 请求予以大赦的行为,时间必须发生在 1960 年沙佩维尔大屠杀到 1994 年曼德拉当选南非第一任民选总统之间;

2. 行为必须是政治行为,单纯出于个人贪婪而杀人的刑事罪犯没有资格申请;

3. 申请人必须如实披露所有与寻求大赦行为相关的事实;

4. 忏悔不能被作为大赦的条件,因为满口道歉和忏悔的申请人很可能在装模作样;

5. 如果犯罪行为是严重违反人权的行为,即由绑架、杀害、酷刑或严重虐待的行为,申请必须通过公开听证予以处理——而事实上,几乎所有向"真相与和解委员会"提出的重要申请都是在电视中公开审理的,因此,罪犯也经受了公开亮相和受辱的考验……

6. 大赦要求承担责任,而非澄清责任,大赦条款具有期限,南非的司法机构不可能永远照此办理。①

----

① 德斯蒙德·图图先生在《没有宽恕就没有未来》这部著作中详细描述了真相与和解委员会的工作以及他对宽恕精神的理解。他引用了大量自己以及周围黑人所经历的各种歧视和虐待,在种族隔离制下侵犯人权的白人在真相与和解委员会面前坦白的各种折磨黑人的罪行、黑人从愤怒转变为宽恕的例证以及白人对自己所犯罪行的忏悔。

（三）真相与和解委员会的运作过程

1995 年 12 月 16 日，被赋予重任的南非人权活动家、律师和宗教界的领导人举行了真相与和解委员会的第一次会议。真相与和解委员会的成员肩负着揭开一段黑暗历史的真相、埋葬旧时代幽灵的使命。

尽管"真相与和解委员会"处理的是种族问题，但委员会在审理过程中是以人性、人权和人格为原则，并未刻意强调种族或民族问题。委员会在揭示真相、促进和解的过程中并没有突出种族和民族属性，而是使用"受害者"（victim）、"责任人"（perpetrator）等中性概念，强调所有受害者、责任人，不分种族民族，一律平等对待。

可以这样说：在以曼德拉为首的新南非政府的领导下，真相与和解委员会改变了南非的历史，让南非人看清了自己和自己的国家。委员会抚平了大部分南非人心中的怨恨，也消除了一部分南非人心中的恐惧，从而为南非的稳定与和解奠定了基础。南非经验可以概括为平等、尊严、包容、责任这四个重要内容。真正为长期形成的南非惨痛历史疤痕疗伤的正是真相与和解委员会。

真相与和解委员会的设立是曼德拉和与他同时代的南非伟人留给全人类的遗产。除了曼德拉总统之外，对南非平稳过渡做出重要贡献的前总统德克勒克、诺贝尔和平奖获得者德斯蒙德·图图大主教以及诸多直接参与这一制度设计的南非人，他们共同创造了南非著名的真相与和解委员会。这一制度的创立实现了惩治罪恶的效用，也体现了非洲人的宽恕之心。当然，宽恕并不意味着不追究，也不意味着忘记。加害者只有深刻忏悔，洗心革面，才能摆脱内心的恐惧，才能过正常人的生活。说明真相意味着直面曾经的种族隔离暴行，加害者面对着自己的所作所为必须忏悔，必须谴责自己的恶行，对自己曾经的罪行不依不饶，面对公众的道德审判。受害者对自己所经历的惨痛过去进行回忆，回忆自己在种族隔离制下所受到的各种虐待和磨难，在回忆中坚强起来并得到正义的伸张。①

最后，经过这场具有历史意义的特别审判，不仅加害者和受害者在民

---

① ［南非］德斯蒙德·图图：《没有宽恕就没有未来》，第 74—145 页。

族和解的旗帜下团结起来,新南非也为世界人民和法律中惩治罪恶提供了除惩处和忘记之外的第三条道路。因为这一举措,南非避免了分裂,国家避免了内战。罪恶得到惩罚,正义得到伸张。在这场血与泪的洗礼中,新南非的公民意识得到升华,民族精神得到加强,国家凝聚力得以提升,国家民族建构得以加强。曼德拉总统以其智慧和勇气,带领着彩虹之国的人民完成了当代政治史上一次独特而艰难的转型。

(四) 真相与和解委员会的非洲理念

德斯蒙德·图图大主教在解释"是什么驱使这么多人选择了宽恕而不是要求赔偿,选择了宽宏大量而不是复仇"时,提到了非洲人民的"乌班图精神"(Ubuntu),它代表了和谐、友谊。"任何颠覆或破坏这一为人神往的善行的事,都应该像躲避瘟疫一样加以避免。气愤、反感、复仇的渴望,都会侵害这一善行。""乌班图"是恩古尼人(Nguni)形容人性或美德的词汇,"意味着他们慷慨大方,热情好客,友善,富有爱心和同情心",是南部非洲人共同体的人生理念,着眼于人们之间的忠诚和联系。与人类同为共同体的概念,被视为非洲人的价值共识,是建立新南非共和国的基本原则之一,与非洲复兴的理想密切相关。要发展一个人的人性,仅仅在与他人相关的行为当中遵循某种关于正确行为的原则,是不够的。图图认为,有着传统特点的非洲人,"都是和谐、友好、合群的大好人。对于我们来说,社会和谐是至高无上的——最大的善。对于两种伦理传统来说,和谐最重要的实例应存在于家庭之中"。① 图图大主教在《宽恕》的前言中坦言:"'乌班图'(Ubuntu)是我们理解世界的方法。这个字眼在字面上是'人性'的意思,它是一种主张,一个人只有通过他人才成其为人的哲学与信念。换言之,唯有和别人有所关联,我们才成为人。我们的人性是与彼此相系的,这张人际之网的任何裂痕都必须修复,才能让我们归于完整。这种一体相连的特性,是构成我们的根源。"这种以集体和社区为人之成长环境的哲学,或曰人之所以为人是因为他人的存在,使南非人决定在宽恕中寻找人生的意义。②

---

① Desmond Tutu, *No Future without Forgiveness*, New York, 1999, pp. 34-35.

② Jane Taylor, *Ubu and the Truth Commission*, University of Cape Town Press, 2007.

在真相与和解委员会的工作中,在处理施害者与受害者之间的关系时,宽恕显得至关重要。德斯蒙德·图图大主教说得十分明白:"在南非,我们选择宽恕,而不谋求报复。这个选择避免了血腥屠杀的结果。面对任何的不公不义,我们都拥有选择。如同我们已经谈过的,你可以选择宽恕,也可以选择报复,但选择报复的代价总是很高。选择宽恕而不选择报复,最后将让你成为一个更强大也更自由的人。得到平安的总是选择宽恕的人。"[1]有的学者注意到,真相与和解委员会特别是和解的工作对南非的国族建构起到了重要作用。[2] 当然,对于这种做法并非没有异议。有的学者认为,真相与和解过程中的修复式正义(restorative justice)并非像声称的那样贴切,也未达到应有的效果。[3]

四、旨在全面消除种族隔离制遗产的社会政策

由于种族隔离制长期统治的现实,种族歧视在新南非各方面均有所表现。根据《南非官方年鉴》的数字,20 世纪 70 年代末,南非人均国民收入为 1 250 兰特,白人的人均国民收入相当于平均收入的 2.5 倍,应为 3 300 兰特,而占南非人口多数的 10 个黑人家园的人均国民收入仅为 360 兰特。根据世界银行的统计,1990 年白人人均国民收入相当于黑人人均国民收入的 10 倍。南非白人在享受超经济因素支持下的第一次分配的收益的同时,还得到白人政府在社会福利方面如教育、医疗和社会保障等方面的照顾,使南非白人在非洲大陆上保持着欧洲的生活水平。为了根治这些社会顽疾,提高受压迫民族的社会地位,新政府采取了一系列政策以保持宏观经济稳定的政策,取得了积极的成果。

---

① 德斯蒙德·图图、默福·图图:《宽恕》(祁怡玮译),华夏出版社,2015 年,前言。有关"乌班图"精神的阐释,可参见本书第十八章。

② Heribert Adam and Kanya Adam, "The Politics of Memory in Divided Societies", in James Wilmot and Linda van de Vijver, eds., *After the TRC: Reflections on Truth and Reconciliation in South Africa*, Cape Town: Philip, 2000, p. 33.

③ Christian B. N. Gade, "Restorative Justice and the South African Truth and Reconciliation Process", *South African Journal of Philosophy*, 32:1(2013), pp. 10-35.

(一) 机构设置与语言政策

1994 年 4 月,非国大在南非首次不分种族的大选中获胜,曼德拉成为南非历史上首位黑人总统。曼德拉当选后即开始致力于培养南非人的国家民族意识。他充分认识到,从历史确定由非洲人国民大会组成政府起,他的使命就从为南非黑人赢得自由变成了促进各民族、各党派之间的合作,推进制宪过程,以尽早完成民主过渡。他在自传中表示:"自从统计结果明确显示将由非洲人国民大会组建政府的那一刻起,我就把呼吁和解、包扎这个国家的伤口、加强信任和信心作为自己的使命。"他在 1994 年 6 月接受英国《独立报》记者采访时明确表示:在今后五年里,他的主要任务是转变所有南非人的思想,使他们建立一种新的民族特性、对南非民族的忠诚和统一南非的意识。当然,要消除种族隔离制留下的痕迹、建立一个新的南非民族的任务不可能一蹴而就。

尽管南非存在多种民族,但从政府的构成以及相应的政策文件看,南非官方对多民族这一事实采取的是低调处理的方式。

从政府部门的设计看。首先,政府并未设置主管民族事务的部门,有关民族事务由文化艺术部(Ministry of Arts and Culture)处理。其次,官方一般避免使用"多民族"这一提法,在政策文件中也较少提及这种现象。再次,针对多民族存在的客观事实,政府文件或网站一般用"文化多元性"(cultural diversity)或"多语言"(multilinguistics)来描述或解释多民族或各民族的相关现象。用"彩虹之国"来形容南非就是一个非常典型的例子。在对各民族的描述中,南非政府非常谨慎,特别对小民族开始使用"少数"(minorities)这一概念。

语言是一个民族的重要文化特征。"由于地方民族从根本上说是一种文化民族,即以自身的语言文化和传统习俗为其主要标志,因此,国家文化教育政策的制定对地方民族主义的演变至关重要。学校使用何种语言教学,学校教材和课程设置以什么为主,学校招生的各民族比例等等,这些因素对国民文化的建构和地方民族文化的取向是十分关键的。"①为了真正落实民族平等的原则,同时满足各族人民的需要,南非

---

① 李安山:《非洲民族主义研究》,中国国际广播出版社,2004 年,第 262 页。

宪法规定了 11 种官方语言：祖鲁语、科萨语、佩迪语、索托语、阿非利卡语、英语、茨瓦纳语、斯瓦提语(一译"斯威士语")、文达语、聪加语、恩德贝莱语。

根据 1996 年的统计数据，在 11 种官方语言中，祖鲁语和科萨语最为流行。占全国人口 22.9％的人的母语是祖鲁语，说科萨语的有 17.9％，说阿非利卡语的 14.4％，说佩迪语的有 9.2％，说英语的 8.6％。① 2001 年，说祖鲁语的已达 23.8％，科萨语的比例下降为 17.6％，阿非利卡语的有 13.3％，也下降了 1 个百分点，说佩迪语的有 9.4％，说英语的有 8.2％。②《南非年鉴 2016—2017》表明，在南非通行的 11 种官方语言中，最常用的家庭语言有祖鲁(24.6％)，其次是科萨语(17％)和阿非利卡语(12.1％)。其后排列为佩迪(9.5％)、茨瓦纳语(8.8％)、英语(8.3％)、索托语(8％)、聪加语(4.2％)、斯瓦提语(6％)、文达语(4％)和恩德贝莱语(1.6％)。③

为了尊重南非公民的权利，满足各族人民的需要，宪法除规定了 11 种官方语言外，还对不同民族使用不同语言有以下具体保障。

第一，语言的使用受到宪法保障。南非宪法规定，每人都有权根据自己的选择说某种语言或参加某种文化生活，但任何人都不许在行使这些权利时违背《权利法案》的有关规定。政府专门为保持多种语言成立的泛南非语言委员会可根据自己的创议或收到的书面投诉对任何违反语言权利、语言政策或语言实践的行为进行调查。④

第二，教学语言受到宪法保障。宪法规定，每一个人都有权在任何可实施的条件下自己选择用某种语言教学。使用某种特定教学语言必须遵守国家有关保持多元文化的政策。

第三，政府部门使用语言享有宪法保障。宪法规定，国家和省份可使用任何官方语言来进行工作，但必须考虑到使用情况、可行性、成本、地区

---

① *South Africa Yearbook*, *2000—2001*, (Originally published as *South Africa Official Yearbook*), Formeset, Cape Town, on behalf of the Government Printer, Pretoria, p. 1.

② http://www. southafrica. info/ess_info/sa_glance/demographics/population. htm. 此数据为 2001 年的统计数据，系南非政府网站提供。

③ *South Africa Yearbook 2016—2017*, p. 2. https://www. gcis. gov. za/sites/default/files/docs/resourcecentre/yearbook/LandPeople2017. pdf.

④ 泛南非语言委员会可以传唤任何个人、团体或国家组织来提供证据。到 2000 年 2 月，泛南非语言委员会收到了 70 件违反语言权利的投诉，其中 5 件已经审结。

环境以及对整个民族或特有省份人民喜好与需要的平衡。政府至少必须使用两种官方语言。所有的官方语言都应该享有同等地位,受到尊重,并在使用中受到平等待遇。

然而,一些当地语言由于长期缺乏行政上的支持已呈现出消亡的迹象。为了保护这些文化传统与文化遗产,政府采取了一些积极可行的政策以加强这些语言的使用度,同时也力求平等和公正的政策。尽管存在着关于多种语言的规定,但在公共社会生活中开始出现转向一种语言的趋势。在多个政府部门,英语开始成为交流的主要工具。[①] 这种趋势也出现在政府发行的对全国具有某种重要性的出版物和文件中。记录南非议会每场辩论并定期出版的《议会议事录》(HANSARD)保持着议员发言使用的即时语言,但在必要处往往附有英文翻译。议会也准备以其他语言发行《议会议事录》,并正在考虑有关语言的各种政策取向。南非政府于 2012 年通过《官方语言使用法》(Use of Official Languages Act),作为促进社会凝聚力和国族建构的努力。立法鼓励国家政府部门和公共实体使用官方语言加强与公众的沟通,以改善他们的生活质量。

新南非自 1994 年成立以来,其发展从根本上解除了白人的忧虑,使南非的民族和解政策得到落实。在民族问题上,南非过渡政府的主要挑战曾经来自两个方面:因卡塔自由党代表的祖鲁族传统势力要求实行联邦制[②]与阿非利卡人中的白人保守势力要求建立"民族国家"。面对这些复杂的局面,曼德拉领导的非国大通过谈判和合理的权力分配,逐渐化解了因卡塔自由党的强硬要求,并使白人极端派的力量日渐削弱。

(二)"黑人经济振兴法"与"肯定性行动"

种族隔离制亏欠黑人如此之多,黑人与白人在社会服务方面的距离如此之大,新政府要付出巨大的努力才能逐渐改善黑人的经济地位。为了改善黑人在经济领域的发展条件,南非新政府采取的一个重要措施是

---

① 南非政府在改革法规中还将英语列入优先考虑的课程之列,各校先后将英文教学作为与今后工作相联系的重点课程来抓。常永才、李红记:《试论新南非语言政策的演变及其对教育的影响》,《西藏大学学报》,21:1(2006 年 3 月),第 110 页。

② 关于因卡塔自由党及其领袖布特莱齐的要求,参见韦祎红:《南非因卡塔自由党主席布特莱齐》,《现代国际关系》,1995 年第 4 期,第 72—74 页。

"黑人经济振兴法"(一译"黑人经济支持法",Broad-Based Black Eco-
nomic Empowerment,简称为 BEE 计划),即强调资源(包括生产资料)
的分配,从而使黑人获得发展的机会与条件。具体目标包括七个方面:
促进经济改革以使黑人有实质意义地参与经济活动;使所有权和管理结
构的种族构成实现实质性变化;扩大社区、工人、合作社和其他集体企业
拥有和管理企业的权限;扩大黑人妇女拥有和管理企业的权限;推动投
资项目,使黑人参与基础广泛和有意义的经济活动;通过获得经济活动
能力、土地、基础设施所有权和技术来帮助农村和基层社区;为支持黑人
经济发展争取资金。① 政府颁布了一系列的法案来促进南非经济向黑
人参与的转型;其次设立了黑人经济振兴委员会,推动公司混合所有制
和黑人进入公司董事会,使得黑人参与到公司的利益分配和决策管
理等。

　　这些措施的实施虽然取得了一定效果,但由于没有明确具体操作细
则,黑人并不能够行使股东权利,在公司治理中更是参与有限,结果是
90%的经济仍然主要掌握在不到 10%的白人手中。在姆贝基政府的推
动下,黑人经济振兴计划在广义上得到了推动。当然,对这一法案的制定
及其实施,确实存在着不同意见。南非政治评论家莫列齐·姆贝基认为,
这一计划对于南非政治实力集团而言是一场费时费力的硬仗,"这是由于
私营企业具有反对资产被剥夺的能力",这样,在这场"以没收南非现在私
有企业所有者的财富为目的的艰巨斗争中,谁将会胜出"将由时间来做出
定论。②

　　与黑人经济振兴计划相联系的是"肯定性行动"(Affirmative Action,
一译"纠正行动")。南非非国大政府为了消除种族隔离制长期积累下来的

---

① "Broad-Based Black Economic Empowerment Act 2003", Act No. 53, 2003. Vol.
463, No. 25899(English text signed by the President. Assented to 7 January 2004), *Govern-
ment Gazette Republic of South Africa*, Cape Town, 9 January 2004. http://policyresearch.
limpopo. gov. za/bitstream/handle/123456789/345/local%20act21. pdf? sequence=1.
　　② 莫列齐·姆贝基:《贫穷的设计师——为什么非洲的资本主义需要改变》(董志雄
译),上海人民出版社,2011 年,第 58 页。他甚至提出:黑人经济振兴计划是南非经济寡头
发明的,其旗舰是 1992 年成立的新非洲投资股份有限公司。这一计划的目的是"将黑人抵
抗运动的领导人吸收进董事会,以表面看来是无偿转让给他们巨额资产的方式,收买他
们"。上引书,第 59 页。

影响,纠正白人政权历史上对黑人实施的不公正待遇,力图通过法律途径实施"肯定性行动"。1994 年宣布的"肯定性行动"强调的是纠正就业机会方面的不平等,其本质在于"采取特别举措保证黑人、妇女以及在过去受到不公正歧视的群体在生活中能够有真正的机会。它意味着采取协调措施使他们得以克服一直横亘于前的障碍,充分发展其能力,收到与努力相适应的效果"。非国大的政策文件明确指出:"肯定性行动不仅仅是做正确的事情,而且是一个事关生死存亡的问题。"正是在这一政策的引导下,新政府实施了一系列有关扶助黑人、重振南非经济的计划。① 新政府除了在历年财政预算中不断增加资金用于贫困群体的公共服务。据南非财政部2004 年的预算数字,此前的 10 年,在改善黑人基本经济社会需求方面的业绩如下:建成 160 万套住房,新建 700 所卫生所,900 万人得到罐装饮用水供应,为 640 万人提供了新的卫生设施,社会救济款项覆盖人群从 290 万增加到 740 多万。随之而来的是占全国人数绝大多数的黑人的经济地位的提高。新政府为了改善绝大多数黑人的经济地位,先后实施了多个计划。②

对于黑人经济振兴计划与"肯定性行动"和其他计划的设计及其效果可谓见仁见智。南非著名政治评论家莫列齐·姆贝基是最激烈的批评者。他认为,这些计划是白人实力集团为了保持自己的优势地位而与黑人实力集团结盟的产物。这些计划"从一开始就是经济寡头们为保护他们的资产而创造出来的防卫工具,迄今更是完全异化了。它们不仅已成为黑人政治实力集团的核心意识形态,同时,又是通过将汇聚到这一实力集团的赔偿收益最大化,从而获取他们物质财富的行动计划。"这些行动计划对南非是灾难性的结果。③

(三) 宪法对黑人土地权的保障

殖民主义分子罗得斯早在 1894 年就宣称,"土著应该留在'土著保留

① African National Congress,"Affirmative Action and the New Constitution",http://www. anc. org. za/node/159875. 关于中国学者的研究,参见于红:《南非的肯定性行动评析》,《世界民族》,2014 年第 6 期,第 10—21 页。

② 张忠祥:《非国大引领南非走向复兴》,《当代世界》,2013 年第 10 期,第 63—66 页。

③ 莫列齐·姆贝基:《贫穷的设计师——为什么非洲的资本主义需要改变》(董志雄译),第 61 页,关于他的论证,参见第 57—83 页。

地',根本不能同白人混在一起。……我们就要做这里居民的统治者,而把他们放在被统治的地位。"①南非总理史末资则说得隐晦一些:"我们已经习惯于为土著提供他们自己的单独机构,这种机构和我们的机构是平行的……在我们的土地所有制和管理形式中,我们的政策包括种族隔离……"②白人种族主义者十分清楚,要剥夺非洲人在南非的政治权利,最好的办法是首先剥夺其对南非土地的所有权,种族隔离制的实质是对黑人土地的剥夺。最后,南非政权通过班图斯坦制度,用放弃不到13%的土地的微小代价换来了对87%的南非土地的合法占有,以图长期维持种族主义政权的统治。

南非新政府力图给予长期受压迫的黑人各种新的机会。新宪法对公民财产权利有如下规定(第一章第25条):除非依据普遍适用的法律,为了公共利益的目的,并给予赔偿之外,任何人的财产不可被剥夺,任何法律不可强制剥夺财产。"公共利益"是指国家对土地改革的承诺,以及为平等获取南非所有自然资源而进行的改革。该条款特别规定对1913年6月19日《土著土地法》颁布后被剥夺土地的个人和团体有权恢复对该土地的财产权或问题得到合理的解决。《土著土地法》所造成的后果是广大黑人土地权的丧失,该条款是对这一种族歧视法令的否定,是将颠倒的历史重新颠倒过来。然而,南非由白人占有大量土地而黑人缺少土地的状况一直没有得到改善,这将成为南非以后的一个政治难题。

(四) 改善黑人生活条件

在种族隔离制度下,黑人的就业受到各种限制和歧视。改善黑人的生活条件的首要任务是解决他们的就业问题。

民族团结政府规定,单位(主要是公共部门)雇员比例要逐渐反映南非的种族构成。这使非洲人在寻找工作时处于某种优势地位,而白人中缺乏专业技能的人失去种族隔离制度的保护,处在就业竞争的弱势地位。当然,长期遗留的问题不可能立即解决。黑人和白人对失业等问题都有

---

① 　理查德·吉布逊:《非洲解放运动——当代反对白人少数统治的斗争》(复旦大学国际政治系编译组译),上海人民出版社,1975年版,第34页。

② 　John Wellington: *South West Africa and its Human Issues*, Oxford, 1967, p. 344.

失望和抱怨。黑人认为就业的机会不多,白人的不满主要针对新的就业政策,即政府鼓励雇佣黑人和妇女的照顾性计划。虽然黑人的生活有了很大改善,但黑人与白人的差距仍然十分显著。以就业为例。据 2005 年 9 月的统计,失业率在黑人中为 31.5%,亚裔/印度人为 22.4%,白人仅为 5.1%。住房、用电及其他各种生活指数的差别也很大。①

南非经济之所以长期停滞不前,除了国际社会的制裁外,主要是占人口绝大多数的黑人群众的工作没有保障,收入没有保障,更谈不上创造力。这些生产力的要素不仅没有得到发挥,而且往往在生产过程中遭到各种不平等条件的压制。这是一个庞大的劳动力市场和消费市场,只有充分调动这一力量,南非的经济才能进入可持续发展的良性循环。1998 年《就业平等法》通过禁止不平等歧视和实施肯定行动措施来实现工作场所中的平等,从完善体系方面着手,不仅制定了程序性制度,其实体性内容包括就业歧视的概念、就业歧视的形式、旨在减轻特定人群在工作中劣势的肯定行动措施。该法律明确规定,当雇员与雇主发生纠纷时,被指控有不公平歧视行为的雇主必须拿出一定证据来证明其行为是公平的。如果雇员之间存在着不成比例的报酬差距,雇主应该采取措施逐步减少这种差距,政府有权向指定雇主派出视察员进行实地视察,违反《就业平等法》的雇主将被处以 50 万至 90 万兰特的罚款。这种针对雇主的"有罪推定"的原则,对维护作为"指定群体"的弱者(主要包括黑人、妇女和残障人士)的权益起到一定的保护作用。②

针对黑人城镇各方面远远落后于白人的局面,新政府对黑人城镇地区在住房、电力供应、供水、教育、公共卫生和社会保障方面进行了巨大的投入。同时,新政府取消了对白人农场主的补贴,社会救济也面向全体人民。仅养老保险和贫苦儿童救济金等社会救济款项,十年间南非政府支出增加 315 倍,受益人口从 260 万增加到 680 万。

南非政府也切实注意保护白人的应得权益。新政府就业政策的受益

---

① *A Nation in the Making : A Discussion Document on Macro-social Trends in South Africa* , The Presidency, 2006, pp. 28-29.

② 于红:《南非的肯定性行动评析》,《世界民族》,2014 年第 6 期,第 13—14 页。还可参见周严:《论南非反就业歧视法》,湘潭大学法学院硕士论文,2008 年。

者并非只有黑人。依照政府规定，旧政府白人公务员的权益得到保护，不能随便辞退。他们如果提前退休，可有两个选择，领取退休金或一次性补偿。亚裔/印度人因文化程度较高，他们在政府部门的职位也有所增加，在各种高层的任职比率也在增加。①

　　（五）宪法对不同宗教信仰的保护

　　南非作为一个多民族国家，宗教的多元化也是一种必然现象。根据2000 年的统计数，南非约四分之三的人（3 250 万）信仰基督教，约占总人口的 75.49%，其中又分为十余个教派。其他宗教的信仰者约有 148.1万，占总人口的 3.44%。其中穆斯林约有 59.8 万人，占 1.39%，印度教徒有 58.1 万，约占 1.35%，犹太教徒有 7.3 万，占 0.17%，持非洲传统信仰者约有 1.7 万人，占 0.04%，还有其他信仰者 20.7 万。无宗教信仰者和不确定者共有 907 万人，所占比例相当大，约为 21.07%。从南非不同民族看，白人、大多数有色人和 60% 的黑人信奉基督教新教或天主教；亚裔中约 60% 信奉印度教，20% 信奉伊斯兰教；部分黑人信奉原始宗教。概言之，多于四分之三的南非人口信仰基督教。其他主要的宗教人口为印度教信徒、穆斯林和犹太教信徒。其他很少一部分人不属于任何主要宗教，他们将自己界定为传统主义者或没有明确的宗教信仰。②

　　在一个多民族、多宗教的国家，宗教矛盾既不可能避免，也不可能永远消除；只有正确认识和妥善处理宗教矛盾，才能构建和谐宗教关系，促进国族建构。否则，很容易引起政局动荡、族际关系紧张甚至导致内乱。南非宪法在第一章基本权利第 15 款保证宗教、信仰和主张的自由，但是规定宗教活动必须遵循自由和自愿的原则，必须符合宪法有关条款的规定。这样，信仰自由受到宪法保护，官方政策不干涉宗教实践。

五、小　结

　　这些与黑人生活密切相关的政策和措施不仅使南非人认识到新政府

---

　　① *A Nation in the Making：A Discussion Document on Macro Social Trends in South Africa*，pp. 29-30.

　　② *South Africa Yearbook 2000—2001*，p. 5.

为国家做出的努力及成效,也使南非人民的国民意识逐渐加强。南非总统办公室(the Presidency)公布了《一个正在形成的民族:关于南非宏观社会发展趋势的讨论文件》,这份 109 页的报告使用了广泛的资料,对各种调查、统计资料和许多独立机构的研究进行了综合。它关注不带倾向性的事实与数字,用一种清晰和不带偏见的方式来阐述这个国家的现实。① 这一报告描绘了南非社会动态变化的图景,揭示了迅速的社会流动以及生活条件和种族关系的巨大改善。报告并未一味赞扬南非现状,而是强调南非经济的分化依然同种族隔离制度造成的断层线保持着重合。

值得注意的是,南非的国家民族意识正在提高。2007 年发表的调查结果表明:53%受调查的人认为自己是南非人,18%的人认为自己是非洲人,14%的人按照他们的母语来定义自己的身份,只有 4%的人按种族来定义自己的身份。另一项研究显示,57%的南非人相信种族关系已经得到了改善,虽然这集中于南非最穷的省份。西北省和林波波省认为种族关系已改善的人比例最高,豪登省和西开普最低。导致这种差异很可能是因为较穷的省份发展的基础较差,种族间的互动较少;而较富裕省份由于人口的高密度和更高程度的种族互动导致了人们更为消极的看法。1999 年的调查表明,大部分黑人和亚裔/印度人对种族关系改善持肯定态度,33.4%的白人和 19.9%的有色人认为种族关系有所恶化。2003 年的调查表明,有色人(61%)、黑人(59%)、亚裔/印度人(58%)和白人(42%)对种族关系的改善均持肯定态度。② 可以看出,新南非政府实行的民族和解政策不仅加强了国家民族的凝聚力,同时也促进了社会经济的发展。新南非的实践证明了多民族国家的活力。

曼德拉领导的新南非摧毁的不是一个南非的白人政权,而是世界性的种族主义制度。他们挑战的不仅是白人种族隔离制度,而且是一种反人类的种族主义思想。这一胜利并非曼德拉个人的胜利,也不仅仅是非

---

① *A Nation in the Making*: *A Discussion Document on Macro Social Trends in South Africa*, pp. 3-4.

② Figure 12 "Opinions on race relations by province", *A Nation in the Making*: *A Discussion Document on Macro-social Trends in South Africa*, p. 31.

洲人国民大会一个政党的胜利，更是一种正义思想的胜利。南非新政府努力促民族团结的决心和勇气，用非洲黑人的传统智慧，将迫在眉睫的南非分裂的危机逐渐化解。

　　一个新的南非民族在逐渐形成。

第二十三章　津巴布韦的民族关系与土地问题

> 在罗得西亚,非洲民族主义的种子正是在移民从非洲人那里夺过去的土地上播下的。非洲人失去了土地,就等于失去了尊严和经济遗产,失去了扎在自己祖先的土地上的家庭根子。像该隐①一样,非洲人成了游离飘荡的人。把他们的土地拿走,这是挑衅,白人就是挑衅者。
>
> 姆恰利(南非学者)

> 我们要明确地告诉他们:在这个国家里,种族主义者将会吃尽苦头……今天,非洲人民领导着国家。倘若还有一些白人不接受这一政治秩序现实,那么,他们就必须离开这个国家。对于那些愿意与我们合作的白人,我们会同他们携手合作。其他人都请自便,另外寻找自己的新家园吧。
>
> 穆加贝(津巴布韦总统)

德斯蒙德·图图大主教1984年冬天在美国纽约的一次宗教仪式上演讲时用平和的语言揭露了白人如何剥夺了非洲黑人的土地:"当传教

---

① 该隐是种地的,因杀死亲兄弟亚伯,遭耶和华驱逐而游离飘荡。见《旧约·创世记》第4章。

士来到非洲时，他们有《圣经》，我们有土地。传教士说："让我们祈祷吧!"于是我们闭目祈祷。可是到我们睁开眼睛时，我们有了《圣经》，他们有了土地。"①真是一种奇妙的转移术。津巴布韦的民族问题与南非的相似，主要是黑人与白人之间的种族矛盾。这种矛盾又因土地问题而日益尖锐。

对于白人与黑人的区别和矛盾，南罗得西亚（今津巴布韦）总理(1933—1956)戈弗雷·马丁·哈金斯爵士在 1938 年发表的声明中说得十分露骨："在黑人地区，应该允许土著人上升到他们能胜任的任何地位并保护他们，使他们不受白人的竞争。这个工业社会的金字塔的每一个阶梯都必须向他们开放，只有顶峰除外，而且永远除外。在白人地区，土著人应该受到欢迎，但条件是他们只能给予帮助，而不得与白人竞争。"②

津巴布韦独立后一直发展平稳，并一度被视为发展中国家的典范。然而，近些年来，津巴布韦政局的变化引发了国际社会的广泛关注。一方面，西方社会指责穆加贝政府的种种政策，并对其实施制裁。另一方面，非洲国家多次表态支持津巴布韦政府，呼吁西方放弃制裁措施。由于积累下来的矛盾未能及时化解，加上英国政府拒绝兑现曾经做出的许诺，津巴布韦政府难以应对各种经济问题（特别是土地问题）和政治困境。这样，解决土地问题成为当务之急。然而，相对激进的土改政策使一部分白人的利益受到威胁，黑人的根本利益也未得到相应提高。政策的失误致使民族问题逐渐转为政治问题。③

① "Desmond Tutu", https://www.brainyquote.com/authors/desmond_tutu.
② ［南非］本·武·姆恰利:《罗得西亚:冲突的背景》(史陵山译)，商务印书馆，1973年，第 250 页。
③ 本章在李安山的论文《新南非与津巴布韦的民族问题及民族政策的比较》(《西亚非洲》，2011 年第 7 期)的基础上修改增补而成。有关论述，还可参见沈晓雷:《土地与政治:津巴布韦土地改革研究》，北京大学国际关系学院博士学位论文，2016 年。有关津巴布韦土地改革的著作很多。《土地与政治:津巴布韦土地改革的迷思》批判了西方人的观点，指出了穆加贝政府的困境，也较客观地分析了土地改革政策。参见 Joseph Hanlon, Jenette Manjengwa and Teresa Smart, *Zimbabwe Takes Back Its Land*, Jacana Media(Pty) Ltd., 2013。作者之一的珍妮特·曼珍格瓦(Jenette Manjengwa)既是研究者，也是被重新安置的农民。此书中文版已出，参见［英］约瑟夫·汉隆等《土地与政治:津巴布韦土地改革的迷思》(沈晓雷、刘均、王立铎译，刘海方审校)，社会科学文献出版社，2018 年。

一、津巴布韦文明史略

(一) 津巴布韦:移民与铁器文化

根据语言学研究和考古发现,占非洲人口三分之一的班图人 (Bantu)起源于尼日利亚和喀麦隆的交界处或雨林带的西北部,随后扩展至非洲大陆的东北部和西南部。津巴布韦的一部分居民很有可能是从东非南下迁徙而来的班图人。他们已经具有较为先进的铁器文化。津巴布韦的马布韦尼(Mabveni)遗址和戈科梅雷/济瓦(Gokomere/Ziwa)遗址都属于早期铁器时代。以马布韦尼发现的陶器为例,其特点为器物有颈,口部加厚边缘处有梳状斜纹花饰,还有各种敞口大碗;而在赞比亚和马拉维北部也发现了多个早期铁器文化遗址。例如,马拉维北部福波山 (Phopo Hill)遗址发现了公元 2—5 世纪的早期铁器文化,代表这一文化的实物有陶器碎片、动物骨头、炼铁遗物和贝壳盘形圆珠等。这些文化遗址为联系东非陶器文化和在津巴布韦的班巴拉陶器文化的中间环节提供了证据。

比奇经过考证后认为,绍纳人主要是位于西南高原地区的那些说中南部班图语的属晚铁器时代的民族,这一名称是后来从南非迁移到津巴布韦的恩德贝莱人和其他南部民族对他们的称呼。绍纳人包括罗兹韦人 (Rozvi,一译"罗兹维人")等民族。可以这样概括,早期铁器时代发掘的实物表明了津巴布韦遗址的创造者与东南非班图人文化的相似性,而语言研究表明绍纳语虽然具有某种本土性,但绍纳人是迁移而来的东南非班图人中的一部分。[①] 口头传说已表明所谓"豹地文化"(Leopard's Kopje culture)的代表既是大津巴布韦遗址的建造者,也是津巴布韦政治文化的主要创造者之一。他们是较早来到津巴布韦高原地区的定居者。津巴布韦高原及其南部相近地区曾是帝王称雄、王朝更替的舞台。马庞古布韦、大津巴布韦、托尔瓦、昌加米尔、姆塔帕帝国(一译"莫塔帕帝国",也有人称王国)等如走马灯似的,一个接着一个。还有一些小王国,如马尼卡、犹特乌等。

---

① D. N. Beach, *The Shona and Zimbabwe 900—1800*, London: Heinemann, 1980.

（二）大津巴布韦遗址的内涵

津巴布韦地区的早期居民已开始融入印度洋贸易圈，此地的采掘业和冶炼业的产品（特别是黄金制品）也成为当地对外贸易的一部分。当时，铁制品主要有刀、箭镞和矛头等，用于当地的经济和社会生活。铜制品一般被认为是奢侈品，主要有铜珠和细铜条绕成的镯子等供人佩带的饰物。经由索法拉向外输出并主要出现在基尔瓦市场上的黄金制品产自南方。公元 10 世纪，南部的林波波河流域出现了一个以马庞古布韦为中心的王国，它从津巴布韦的黄金贸易中获利，很可能是津巴布韦地区的第一个文化中心。11 世纪后，大津巴布韦兴起于高原南部，大津巴布韦遗址于 13 世纪建成。从 15 世纪起，大津巴布韦逐渐衰落，继之而起的是托尔瓦王国（15 世纪—17 世纪）和昌加米尔王国。后者一直存在到 19 世纪40 年代。北部的姆塔帕帝国存在时间最长，从 15 世纪一直延续到 19 世纪。

20 世纪初，考古发现表明，大津巴布韦遗址是当地非洲人的创造，这是曾经在津巴布韦高原兴盛过数百年的非洲国家的首都。初步的考古发现表明，在这一地区存在着大约 200 处类似这一遗址的建筑物，其中约 50 处从 19 世纪末以来已被逐渐摧毁。大津巴布韦遗址的规模以及复杂性从一个侧面说明了生产力的发达、集权力量的存在和对外交往的程度。从经济上看，这个地区必须有剩余劳动力来从事采掘、制造、搬运以及垒建这些大型建筑物的活动。在各个遗迹或墓葬，奢侈品和外来随葬品既表明了该地区的发达经济和外贸程度，也说明了统治者的奢华生活。[1]

这种需要大量劳动力来完成的建筑活动并非一种简单的经济活动。在各种政治社会的运作中，决策机构和组织能力的复杂化是评价政治体制发展程度的重要指标。大津巴布韦遗址的建造说明了绍纳人社会复杂的统治机制。虽然在大津巴布韦地区到处都有"自然剥落成 50 厘米到100 厘米厚的花岗岩石块"，用这些石块作为建筑材料并非一件轻而易举的事；要将这些石块加工后运到既定地点并一层一层垒叠起来，需要巨大

---

[1]　Graham Connah, *African Civilizations-Precolonial Cities and States in Tropical Africa: An Archaeological Perspective*, Cambridge University Press, 1987, pp. 183-213.

的劳动力和组织大批人劳作的权威、才能、制度和技术。欧洲人的到来打破了津巴布韦高原地区历史的自然演进。

（三）欧洲人的到来

葡萄牙人在 1506 年抵达索法拉后，开始尝试着接触姆塔帕帝国。早期葡萄牙商人须向姆塔帕国王交纳贡赋，称库尔瓦(curva)。1540 年，沿岸的葡萄牙人社区与姆塔帕帝国形成了正式的纳贡关系，姆塔帕王宫里设立了一个葡萄牙人外交贸易使团，任务是充当绍纳人帝国与葡萄牙沿岸社区之间的中间人，传达相互的交易需求和不满情绪。当时，驻莫桑比克的葡萄牙要塞的每一位新任长官"有责任在其任职的三年里向莫诺姆塔帕交纳价值 3 000 克罗查多(cruzados，葡萄牙旧金币)的布匹和珠子"。葡萄牙人的到来打破了正常的节奏，他们的行为宗旨是一切为了黄金。正如一位欧洲人指出的："所造成的损失是巨大的，因为除了黄金以外，一切都遭到了最粗暴的对待。"研究津巴布韦的学者哈弗曼甚至认为："津巴布韦文化可以被形容为一种对外来刺激的本土反应，即对东部海岸黄金贸易的反应。"①

恩德贝莱人是 19 世纪从南非迁移到津巴布韦高原地区的另一个民族。随着英国南非公司(British South Africa Company)的进入，英国人开始蚕食这块土地。国王洛本古拉(Lobengula，1845—1894)曾用变色龙捕苍蝇来形象地描绘了英国人和自己的关系，从而影射欧洲殖民主义者给非洲带来的厄运。1894 年，洛本古拉去世，英国颁布敕令，英国南非公司对马塔贝莱兰占领合法化，王国灭亡。英国人取代葡萄牙人成为津巴布韦的殖民者。津巴布韦成为英属中非殖民地的一部分，被称为南罗得西亚。

二、津巴布韦的民族与民族关系

（一）津巴布韦的民族

津巴布韦是一个多民族国家，共有约 15 个民族，人口总数为 1 615

---

① T. N. Huffman, "Zimbabwe: Southern Africa's First Town", *Rhodesian Prehistory*, 7(15), p. 9.

万。主要有绍纳人（Shona，占 84.5%）和恩德贝莱人（Ndebele，占
14.9%）。官方语言为英语、绍纳语和恩德贝莱语。白人不足 10 万，有色
人约 2.5 万，亚洲人 1 万人，小民族包括通加人、文达人和尚加尼人。恩
德贝莱人集中在南马塔贝莱兰和北马塔贝莱兰，绍纳人集中在中部和东
部的五个省。绍纳人又分为六大支系，都有自己的方言，互相均可听懂。
卡兰加人占 21%，分布在津巴布韦的中南部；泽祖鲁人占 17%，分布在中
部；马尼卡人约占 13%，分布在东部；科雷科雷人占 12%，主要集中在津
巴布韦的北部；恩达乌人占 3%，分布在东南部；罗兹韦人占人口 9%，分
布在中部与他族混杂居住。官方语言为英语，绍纳语和恩德贝莱语是广
泛使用的当地语。津巴布韦的宗教呈多样化。混合宗教（即基督教与本
土宗教的融合）信仰者占 50%，基督徒为 25%，信奉本土宗教的为 24%，
穆斯林与其他宗教信仰者占 1%。[1]

　　津巴布韦的民族问题分为两个方面。一是绍纳人与恩德贝莱人之间
的矛盾，二是广大黑人与占人口极少部分的白人之间的矛盾。一方面是
多民族共存，另一方面是长期的殖民主义与种族主义的统治，这些矛盾和
特点在津巴布韦的历史和现实中不时反映出来。这种情况使津巴布韦领
导人深深认识到处理好国内民族问题的重要性，只有建立不分种族的社
会，消除种族偏见和种族歧视，津巴布韦才有希望。在独立前后，穆加贝
曾多次向国内外媒体表明了态度：对种族主义的憎恶。他指出："我们从
不憎恨白人，我们憎恨的是白人的种族至上哲学……我们的社会是建筑
在所有的人享有同等权利义务的基础上的。""无论是黑人还是白人的种
族主义都不能接受。……在津巴布韦，我们不允许将肤色作为判断事物
的基础。"同时，穆加贝也明确希望津巴布韦人民采取宽容和解的态度，
"要求大家采取协调精神，互相接受，无论过去是盟友还是敌人，都应该宽
恕和不咎既往""白人要接受改革，黑人要承认这个国家不全是他们
的"。[2] 新的津巴布韦只有在不分种族的基础上才能建立起来。

---

　　[1]　Christine Sylvester, *Zimbabwe: The Terrain of Contradictory Development*, Boul-
der: Westview, 1991, pp. 137-164. 20 世纪 80 年代，绍纳人占人口比率为 75%，恩德贝莱
族为 19%，现分别占 84.5%和 14.9%。统计数来源为中国外交部网站。

　　[2]　何丽儿：《南部非洲的一颗明珠——津巴布韦》，当代世界出版社，1995 年，第 113
页。

（二）绍纳人与恩德贝莱人的关系

绍纳人与恩德贝莱人均有过辉煌的历史。对绍纳人建立的津巴布韦晚铁器文明有各种解释，但其影响力不言而喻。绍纳人曾建立过高原南部的津巴布韦国家（12—15 世纪）；北方的姆塔帕国家（约 1420—1884年）；高原西南部的托尔瓦国家（15 世纪末—17 世纪末）以及在托尔瓦之后存在到 1860 年的昌加米尔国。恩德贝莱人是从祖鲁王国中分离后移民而来的。1866 年，从南非迁来的恩德贝莱人灭亡了昌加米尔国，征服了其他绍纳人。恩德贝莱人沿用祖鲁王国的军团体制，战斗力大大超过其他非洲人，其统治维持了约 50 年。恩德贝莱人在当地一直占少数，但他们努力保持着自己的语言和民族特性。19 世纪后期白人移民至此，占领了非洲黑人的土地，开始了长达一个多世纪的白人种族主义政权。

白人政权一直希望将非洲人禁锢在土著保留地里以维持原有民族关系，经济上处于自给自足的自然经济状态，使非洲人的身份认同保持在原有的社会基础之上，从而阻碍了独立后国家民族意识的形成。1961 年，殖民政府建立了非洲人酋长委员会，由 26 名酋长组成，归内务部管辖。1963 年，"中非联邦"寿终正寝，正式宣布解散。白人种族主义政权为了达到单方面脱离英国独立的目的，对非洲人采取严厉镇压的措施。政府通过各种限制和逮捕来打击民族主义运动，如查禁非洲民族联盟和非洲人民联盟，将恩科莫和西托莱等民族主义领袖逮捕后送到邻国或遥远的限制营地。据统计，1963 年共逮捕了 1 168 人，1964 年前 6 个月就逮捕了 1 449 人。此外，政府召集了 600 名酋长参加讨论选举和独立问题的所谓"协商会议"。"为了防止协商期间发生麻烦，公众和报界被排除在外，并调来军队清除周围的'讨厌分子'。酋长们唯命是从地拒绝'一人一票'的号召，要求罗得西亚根据宪法实现独立。"[①]

随着津巴布韦人反对种族隔离政策斗争的深入，白人政权在政治治理方面有所让步，但采取了区别对待的政策。为了达到分而治之的目的，史密斯政府还力图利用恩德贝莱人与绍纳人之间的不和，挑起争端以坐

---

① Christine Sylvester，*Zimbabwe：The Terrain of Contradictory Development*，pp. 44-56；［南非］本·武·姆恰利：《罗得西亚：冲突的背景》，第 169—175 页。

收渔翁之利。在 1969 年制定的宪法提案中,规定占非洲人人口总数不到 20％的恩德贝莱人在参众两院的议席均同占人口总数 75％的绍纳人一样多,企图将黑人对白人统治的不满和反抗转化为恩德贝莱人与绍纳人之间的冲突。1978 年,白人政府撇开拥有武装力量的民盟和人盟,而同温和的黑人组织达成所谓“内部解决”协议,成立过渡政府。参与政府的有恩德贝莱族酋长恩迪威尼和绍纳族酋长奇劳领导的津巴布韦统一人民组织,恩迪威尼还担任了该政府的内政、地方政府和住房工程部部长。这一政策遭到酋长们的反对。恩德贝莱族 100 多名酋长与头人要求两族在过渡政府执委会中应享有同等代表,还提出要恩科莫回国代表恩德贝莱人参加过渡政府。这些要求遭拒绝后,恩迪威尼宣布退出过渡政府和津巴布韦统一人民组织,另组恩德贝莱政党统一民族联邦党,并提出在恩德贝莱人、绍纳人和白人各自成立自治政府的基础上建立联邦。①

在争取独立的斗争中,非洲人先成立津巴布韦非洲人民联盟(简称“人盟”,ZAPU),后来从这一组织又分出津巴布韦非洲民族联盟(简称“民盟”,ZANU),这两个组织一直不和。虽然两个政党的政治路线有所不同,但民族矛盾是重要因素之一。恩科莫领导的非洲人民联盟的主要成员为恩德贝莱人,穆加贝领导的非洲民族联盟的主要支持者为绍纳人。② 随着民族独立运动的胜利,两个非洲黑人民族的矛盾也在变化。在 1980 年的第一次大选中,以恩德贝莱人为主体的有三个政党,除恩科莫领导的人盟之外,“统一民族联邦党”和“马塔贝莱兰统一人民协会”均主张实行联邦制、建立马绍纳兰和马塔贝莱兰两个国家的主张。③ 政治学家马斯普拉·西索尔明智地提出过警告:解放运动中的民族矛盾与地区冲突成了一种趋势,也不会自行消亡。④

---

① 何丽儿:《南部非洲的一颗明珠——津巴布韦》,第 120—121 页。

② 关于两个组织从严重对立到妥协合并的情况,参见 Masipula Sithole, “Ethnicity and Democratization in Zimbabwe: From Confrontation to Accommodation,” in Harvey Glickman, ed., *Ethnic Conflict and Democratization in Africa*, African Studies Association Press, 1995, pp. 132–145。

③ 关于民盟和人盟两个组织的情况,参见 Masipula Sithole, “Ethnicity and Democratization in Zimbabwe: From Confrontation to Accommodation”, pp. 132–145。

④ Masipula Sithole, *Zimbabwe: Struggles Within the Struggle*, Salisbury: Rujeko, 1979.

在 1980 年与 1985 年两次以一人一票为基础的大选中,恩德贝莱人
与绍纳人基本上都投了本族政治领袖的票。在第一次大选中,在恩德贝
莱人集中的南北马塔贝莱兰,民盟只获得 10％和 6.8％的选票,人盟获得
86％和 79％的选票。在两个族混居的中部省,民盟获 59.7％的选票,人
盟获 27％的选票。在其他五个绍纳人集中的省份,民盟所得选票最低也
有 71％,最高达到 87％,而人盟得票最多的才有 13％,最低的只有
1.59％。在第二次大选中,在绍纳人聚居的五个省,民盟均获 90％以上
的选票,在中马绍纳兰省,民盟所获票数高达 98.3％。然而,在恩德贝莱
人集中的南北马绍纳兰,民盟分别只获得 12.9％和 14％的选票。大选
后,以恩德贝莱人为主体的人盟领导人恩科莫敏锐地意识到,根据本族利
益而投票的选举是危险的。[①] 然而,以本族利益为出发点是自然的历史
现象,地方民族主义的表现在非洲的其他国家也比较普遍。需要有智慧
的领导人去克服,通过培育国家民族意识去引导。

非洲民族联盟主席穆加贝于 1980 年出任总理后,采取了一系列措
施,注意协调各民族之间的关系。他在改组内阁时,注意保留一定名额
给代表恩德贝莱族的非洲人民联盟。在享受福利待遇方面,民盟和人
盟的残疾游击队员均可享受抚恤金。新政府甚至废除了殖民统治时期
的普遍做法——用民族来辨别人们的身份,希望以此消除地方民族意
识,努力营造民族和解的气氛,并不惜手段坚决打击少数极端的民族分
裂者。[②] 由于积怨甚深,两党的矛盾不断加剧。1984 年,穆加贝在针对
异己分子的整肃运动中镇压了不少恩德贝莱人。在 1985 年的选举中,
在马塔贝莱兰发生了激烈的民族冲突。1987 年 12 月,非洲民族联盟和
非洲人民联盟两个政党达成"合并协议"(Unity Accord),组成"津巴布
韦非洲民族联盟(爱国阵线)",其政治局的 12 名成员中,有 4 名为前"人
盟"党员,其中 3 名为恩德贝莱人。[③] 两党合并后,津巴布韦国族建构的
过程明显加快。

---

① 何丽儿:《南部非洲的一颗明珠——津巴布韦》,第 121 页。

② 何丽儿:《津巴布韦的部族矛盾和穆加贝的部族政策》,《西亚非洲》,1982 年第 1
期,第 9—13 页。作者此处将"tribe"译成"部族",特此说明。

③ Masipula Sithole, "Ethnicity and Democratization in Zimbabwe: From Confrontation
to Accommodation", p. 146.

(三) 津巴布韦黑人与白人的关系

黑人与白人的关系是一种种族关系。然而,在一个国家进行国族建构的过程中,我们往往将这种关系视为民族关系。如前所述,虽然葡萄牙人在 16 世纪初就来到南部非洲的姆塔帕帝国所在区域,但英国人最终侵占了这一地区。1888 年 10 月 30 日,塞西尔·罗得斯(Cecil Rhoes)的代理人查尔斯·拉德(Charles Rudd)以欺骗手段与恩德贝莱国王洛本古拉签署"拉德租让书"(Rudd Concession),获得了对该国的政治控制权与矿山租让权。① 洛本古拉明白上当后,曾通过信件和派遣代表向维多利亚女王要求废弃条约或宣布马塔贝莱兰和马绍纳兰为英国保护国,并于 1889 年 2 月在《贝专纳新闻》上发表声明,宣布废除"拉德租让书",但英国女王已承认英国南非公司在该地的管辖权。1894 年 7 月 18 日,英国政府颁布"马塔贝莱兰敕令",正式承认英国南非公司对马塔贝莱兰的占领,给予它征收茅屋税和建立"土著部"的权力。1898 年 10 月,英国政府颁布"南罗得西亚敕令",承认"南罗得西亚"为殖民地名称,英国南非公司开始其在南罗得西亚的殖民统治,直至责任政府于 1923 年成立。当时,分配给白人的土地达到约 3 158.8 万英亩,而非洲人则只有 2 159.5 万英亩。英国南非公司通过鼓励白人移民和实行种族隔离制等方式,加紧对南罗得西亚的土地剥夺。在白人占领与黑人反抗的过程中,既有绍纳人民族起义被镇压,也有殖民政府《土地分配法》等相关法律的颁布,还有土著保留地和种族隔离制的实施。1962 年,欧洲白人移民已占领了南罗得西亚 50%以上的土地。②

白人政府极力鼓励白人移民到南罗得西亚,并通过各种措施保护欧

---

① "拉德租让书",一译"拉德特许权",包括两个分开又互相关联的部分。书面英文部分是关键,对特许权持有人有利;口头部分则对洛本古拉有利。英文版本称给予罗德斯集团对于洛本古拉所有领土的全部金属和矿藏资源的独占性权力,英国人有权否决未来恩德贝莱人的其他租让权,而口头版本则是只会有很少的人在有限的地区进行开采。参见:Steven C. Rubert and R. Kent Rasmussen, *Historical Dictionary of Zimbabwe*, Third Edition, Lanham: Scarecrow Press, 2001, pp. 283-284. 有关罗德斯获取特许权的过程,参见巴兹尔·威廉姆斯:《塞西尔·罗得斯传》(刘伟才译),上海社会科学院出版社,2017 年,第 75—90 页。

② 参见沈晓雷:《土地与政治:津巴布韦土地改革研究》,第一章第二节。

洲人利益,更重要的是,它还必须防范黑人农民在农业生产领域与欧洲人竞争。"根据罗得西亚政府在 1930 年颁布的《土地分配法》,土地问题被明确种族化。它规定:全国土质和水质最好的那一半土地是'欧洲人的',同时禁止将白人的这些土地转卖给非白人。剩下的那部分土地留给占人口 95％的当地黑人。"①这样,划出来的土著保留地土地质量差、降雨量少,还远离市场和交通线。许多非洲黑人最终被迫搬入这些土著保留地,其中 1915 年到 1920 年间,大约 6 万多黑人被驱赶到土著保留地。② 令人不能容忍的是,大部分白人所占土地处于闲置状态。

表格 23-1   1930 年南罗得西亚《土地分配法》规定的土地分配

类　别	面积(百万公顷)	占比(％)
欧洲人地区	19.9	51
土著保留地	8.5	22
土著购买地	3.0	8
其　他	7.5	19
总　计	38.9	100

资料来源:Joseph Hanlon, Jenette Manjengwa and Teresa Smart, *Zimbabwe Takes Back Its Land*, p. 32.

　　1952 年,时任南罗得西亚总理的哈金斯(Godfred Huggins)说过:"土地的最终拥有者是那些最会使用土地的人们。"③然而,情况并非如此。马绍纳兰三省所占耕地占津巴布韦可耕地的 75％,也是最好的耕地。农村土地董事会主席 1965 年曾指出,这里的白人土地大部分都被闲置。他表示:如此多的土地无人耕种处于荒芜状态是"一个民族的耻辱"。十多年后,这种情况没有改变,在马绍纳兰三省的 190 万公顷的耕地中,只有 44 万公顷(23％)被耕种。在 70—80 年代里,土地荒芜无人耕种的

　　①　Joseph Hanlon, Jenette Manjengwa and Teresa Smart, *Zimbabwe Takes Back Its Land*, p. 2.

　　②　Robin H. Palmer, *Land and Racial Domination in Rhodesia*, University of California Press, 1977, p. 149.

　　③　*Rhodesia Herald*, May 22, 1952. Joseph Hanlon, Jenette Manjengwa and Teresa Smart, *Zimbabwe Takes Back Its Land*, Jacana Media(Pty)Ltd., 2013, p. 218.

情况已成为一个非常严重的问题,对已耕土地的各种估计数字都有,如15％、18％、21％和34％。① 一方面是人数远远超过白人的黑人农民,他们需要土地养活家人,但所占土地日益减少;另一方面是人数不到1/16的白人移民,他们的务农人数少,占有的土地自然条件好,且有大量土地闲置。这种土地剥夺与土地隔离成为津巴布韦黑人和白人矛盾冲突的根源。

津巴布韦成为英国殖民地之后,大部分土地被白人侵占。白人的种族歧视制度也是在占领黑人土地的基础上建立起来的。从这个意义上看,津巴布韦黑人与白人的矛盾和冲突也是围绕土地问题展开的。津巴布韦人民针对土地问题进行的反抗可分为三个阶段,对殖民侵占土地的反抗(1890年—19世纪末)、殖民统治下围绕土地问题的抗争(20世纪初—20世纪50年代末)和以土地为核心要求的民族主义运动与解放战争(20世纪60年代—1980年)。② 白人政权对维持自己的特权的决心也非常坚定。随着津巴布韦民族独立运动的推进,史密斯政权通过各种手段来维护自己的统治。伦敦的《观察家报》在1965年10月31日指出:"真正的争端是权力问题,是少数人在政治上和经济上的巨大特权在未来年代里是否保留的问题。史密斯先生提出的不是'独立'宣言,而是拥有种族独裁权利的宣言。"③

三、津巴布韦独立后的民族政策

津巴布韦独立后采取的是民族(种族)协调政策。何丽儿在分析为何津巴布韦采取民族协调政策时提出了四点原因。一是白人的经济力量的强大和莫桑比克强制政策失败的教训。有鉴如此,津巴布韦民盟从开始就决定采取较为现实的经济政策与社会政策,"种族协调政策正是服务于这种现实主义改造计划的"。二是为了争取多数白人。因为白人除了具

---

① Joseph Hanlon, Jenette Manjengwa and Teresa Smart, *Zimbabwe Takes Back Its Land*, Jacana Media(Pty)Ltd., 2013, p. 40.

② 沈晓雷:《土地与政治:津巴布韦土地改革研究》,第一章第三节。

③ 转引自[南非]本·武·姆恰利:《罗得西亚:冲突的背景》(史陵山译),商务印书馆,1973年,第274页。

有强大的经济力量外,还具有政治和军事实力,而且有英美和南非的支持。为了防止军事政变并争取白人支持黑人领导的新政权,这种协调政策符合执政党和民众的利益。三是从树立符合社会正义的黑人与白人平等的新秩序考虑,因为对白人进行报复的后果不堪设想。四是1979年制定的"兰开斯特大厦协定"对白人的权利有明确的条款,内容包括政治、经济与社会权利以及有关土地的相关规定。津巴布韦民盟"不得不实行种族协调政策"。①

(一) 独立后的政治发展

津巴布韦独立至今大致经历了三个时期。津巴布韦的民族与其政治发展紧密相连。

在第一个时期(1979—1990)津巴布韦新政府面临着各种困难:种族歧视制度带来的种族不和,白人强硬派的各种宣传活动和抵制行为,绍纳族与恩德贝莱族由于民盟执掌政权后出现的不和甚至对抗状态,长期战乱留下的废墟、面临崩溃的经济等。"兰开斯特大厦协定"对穆加贝政府有各种限制。② 根据协定,英国同意在"愿买愿卖"原则的基础上为土地改革提供资金支持,那些不愿意留在津巴布韦的白人农场主,其土地将通过津巴布韦政府由英国出资购买。同时,津巴布韦政府承诺在独立后10年内不进行大规模土改,因而土地问题为后来的各种矛盾留下隐患。③

在1980年选举中,穆加贝领导的民盟获得多数票。白人对新政府十分担心,认为穆加贝的社会主义思想会在实践中通过剥夺白人财产表现出来。恩德贝莱人的政治领袖恩科莫及其领导的人盟担心被边缘化。然

---

① 何丽儿:《南部非洲的一颗明珠——津巴布韦》,第114—115页。

② "兰开斯特大厦协定"是在兰开斯特大厦会谈的结果,于1979年12月21日签署。会谈(1979年9月10日—12月15日)由英国外交大臣卡林顿主持,津巴布韦各派政治力量代表参加了会谈。会谈就三个问题达成协议:独立宪法大纲、独立前期的安排以及各方停火协议。具体参见"Lancaster House Agreement", http://en. wikipedia. org/wiki/Lancaster_House_Agreement。

③ International Crisis Group, "Blood and Soil: Land, Politics and Conflict Prevention in Zimbabwe and South Africa", Africa Report N°85, 17 September 2004, pp. 26-29, 44-45. 1981年,英国在召开津巴布韦重建与发展会议上曾承诺提供6.3亿英镑的资助。然而,布莱尔的工党政府上台后,拒绝向津巴布韦政府提供资助。

而,穆加贝领导的新政府奉行民族团结与种族和解政策,注意协调各民族之间的关系。在随后的日子里,人盟中的一些激进分子一方面不服从政府有关上交武器的协议,制造了一些骚乱;另一方面鼓吹分离主义活动。1981 年 2 月,人盟强硬派在布拉瓦约附近的恩塔巴内挑起流血冲突,穆加贝不得不派出军队进行镇压。此时,津巴布韦官方报纸报道了关于马塔贝莱兰发现 70 个可装备 5 000 人的武器库的消息。一些人盟的游击队员脱离已组建的新国民军,再次进入丛林从事非法活动。同时,有情报显示恩科莫在与南非方面联系以打探与政权更替相关的事宜。穆加贝随即采取措施,逮捕了人盟的前领导人,并将包括恩科莫在内的大部分人盟成员开除出政府。

这些举动引起了一部分恩德贝莱人的武装叛乱。更有甚者,这些叛乱得到了南非白人政权在武器和培训等方面的支持。穆加贝对这一叛乱行为给予坚决镇压。这一系列的局势变动导致两个政党的矛盾加剧。直到 1983 年中,这场叛乱才逐渐平息。20 世纪 80 年代中期两党发生暴力冲突后,成立民族团结政府的决定是一个理性而受欢迎的主张。"它将恩德贝莱人纳入支撑民族建构的社会契约中。非洲人民联盟在国家发展的核心问题上,与非洲民族联盟的政策并无二致。这与穆佐雷瓦主教(Abel Muzorewa)领导的由白人政权赞助的政党不同,它是以阻碍社会经济转型为目的。"[①]1987 年 12 月 22 日,民盟与人盟合并为非洲民族联盟-爱国阵线(Zanu-PF,简称"民盟-爱国阵线")。独立后十年,政治相对稳定,据非洲发展银行的发展报告,津巴布韦国内生产总值的年均增长率在 1980 年到 1990 年间为 3.5%。

1990 年到 2000 年为第二个时期。民盟-爱国阵线在 1990 年的选举中赢得胜利,获得 120 个议席中的 116 个席位,穆加贝赢得 78%的选票。1990 年,政府不再受"兰开斯特大厦协定"的约束,进行了修宪,规定土地在全国范围内重新分配。同时,津巴布韦政府接受了国际货币基金组织和世界银行的"经济结构调整计划",以偿还 80 年代的借债并进一步引进外

---

① Yusuf Bangura, "Government of national unity should be rejected", *The Herald*-Zimbabwe News Online, http://www. unrisd. org/unrisd/website/newsview. nsf/0/455776F48F8CD19EC1256C1C003F2BBE? OpenDocument.

资。1991 年 1 月推出《经济改革框架(1991—1995)》文件,规定了结构调整计划的内容、目标和如何实施等各方面的内容。结构调整计划的范围主要包括三个方面:调整宏观财政、货币政策并整顿国营企业;实行贸易自由化;降低政府干预,全面放开投资、价格、分配及农产品和劳务等市场。由于放宽政府的控制,加之社会福利政策的取消,失业人数增加,物价急剧上涨,人民生活水平下降。更重要的是,由于政治放开,反对党应运而生,对民盟-爱国阵线的统治地位提出挑战。1992 年,南部非洲发生大旱,有南部非洲"粮仓"之称的津巴布韦不得不进口粮食。这两家机构提出的贷款条件是放宽国家干预,削减政府开支,减少福利补贴,裁减冗员。根据津巴布韦农业改革非洲研究院的主任萨姆·莫约的研究,许多津巴布韦人认为国际货币基金组织的结构调整计划是导致粮食价格增高和失业的原因。随着民众不满增加,这种情绪被民盟-爱国阵线中更激进派别利用。[1]

1999 年 9 月,以工会为依托的争取民主变革运动(简称"民革运")成立。该党利用选民求变心理和土改等问题,逐渐扩大影响,成为第一支对民盟-爱国阵线构成威胁的政治力量。津巴布韦在南部非洲共同体的支持下出兵刚果引起国内民众的反对,也引起了西方大国的不满。这十年的经济发展遇到困难,据非洲发展银行的 1999 年发展报告,1991 年到 1998 年的经济发展为负增长,年均增长率为负 2.6%。根据津巴布韦学者的近期研究,20 世纪最严重的干旱迫使津巴布韦政府接受了国际金融组织的结构调整计划,其后果是极具破坏性的——6 万人失业,贫困率上升,政府大幅削减医疗和教育预算并重新收费,社会压力明显增加。津巴布韦政府面临两方面的压力:一方面是西方援助者施加的压力——坚决反对津巴布韦政府按预定阶段进行土地改革,另一方面是贫困者的压力——老兵们直接推动了占领土地的行动,对津巴布韦民主联盟(爱国阵线)的统治形成挑战。"结构调整引发了占地运动。"[2]

第三个时期始于 2000 年。2000 年,政府就无偿征用白人农场土地

① Sam Moyo, "The Land Occupation Movement and Democratisation in Zimbabwe: Contradictions of Neoliberalism," *Journal of International Studies*, 30:2(2001), pp. 311-330.

② Joseph Hanlon, Jenette Manjengwa and Teresa Smart, *Zimbabwe Takes Back Its Land*, p. 78.

的修宪条款举行全民公决,结果投票率未过半数。在随后的议会选举中,民盟-爱国阵线以高出 3 个百分点的微弱优势险胜民革运。政府开始实行"快车道"土改计划(Fast Track Land Reform,FTLR),强行征收白人土地,引发冲突。大批白人出走或撤资,使作为津巴布韦经济支柱和主要外汇来源的烟草业以及玉米生产遭到重创。经济出现两位数的负增长。在 2002 年的选举中,民盟-爱国阵线再次推举穆加贝为候选人,遭到国内反对派和西方的指责。穆加贝获胜后,西方国家纷纷指责大选不公。2005 年,穆加贝从治安和卫生角度对哈拉雷的棚户区进行整顿(一些人认为是为了清除反对派)。由于措施不到位,一些贫困户无处居住,此举再次引发国际上的批评。[①] 由于土改、出兵刚果(金)和对国内政治反对派采取压制手段等多方面的原因,西方大国对穆加贝极为不满。它们对津巴布韦实施制裁措施,国际组织又停止经援,津巴布韦陷入政治、经济和外交的严重危机。

(二) 保障各民族的基本权利

第一次选举胜利后,穆加贝曾发表电视讲话,声明将在新的津巴布韦实现平静、团结与和解,呼吁津巴布韦的白人与黑人一起重建国家,并让原来领导过镇压游击队的种族战争的白人将军沃尔斯中将继续留任。他明确表示:"我们不想把任何人赶出这个国家去。"他确实也是这样做的。概括起来,独立后,特别是在第一个阶段,津巴布韦采取了以下政策来缓和民族矛盾,加强津巴布韦国家民族的凝聚力。1979 年宪法用《权利宣言》的形式规定,不分种族、部落和性别,每个人都享有基本的权利和自由。执政党津巴布韦非洲民族联盟代表了在白人统治下所有弱势群体的共同期望。尽管存在资金问题,它还是向农村地区的选民提出土地改革的前景。穆加贝在独立后不久即召集主要民族的酋长开会,呼吁他们当好人民与政府之间的桥梁,一起建设津巴布韦。他还分别从绍纳族和恩德贝莱族中各任命五名酋长担任政府参议员。宪

---

① Zimbabwe Catholic Bishops Conference, Evangelical Fellowship of Zimbabwe and Zimbabwe Council of Churches, *The Zimbabwe We Want*: "*Towards a National Vision for Zimbabwe*", September 18, 2006, p. 50.

法规定,按《酋长与首领法》,酋长和首领保留一定的行政权力,在省级酋长议会以咨询者资格行事。① 酋长制度是非洲的传统政治制度。这种保留酋长制是在尊重历史传统以保持稳定的基础上促进国家统一。

近年来,政府在极困难的条件下仍在实行一些照顾少数民族的政策。津巴布韦教育体育文化部和津巴布韦土著语言促进会正致力于制定少数民族本土语言课程大纲,以便将这些语言纳入学校的考试计划。津巴布韦土著语言促进会成立于 2000 年,一直致力于游说政府将六种地方少数民族语言纳入本国的教育体系中。土著语言促进会秘书长伊弗里姆·马可瓦提表示,此课程纲要涵盖六种土著语言,即文达语、卡兰加语、通加语、索托语、纳姆比亚语和尚加尼语。通过不同地区的酋长、地方社区、议员以及教育体育文化部官员的合作,政府已通过决定,同意在使用少数民族语言的地方小学里教授这些语言。这无疑是一种建设性政策,既可保护少数民族的利益,也可维护多元文化。② 2009 年,政府通过"本土语言法案"(Indigenous Language Bill),以保障土著语言的存在和津巴布韦的文化多元性。

(三) 整合民族矛盾的合作与宽恕政策

这种政策涵盖两个方面,与绍纳人加强合作与权力分享,对白人采取"宽恕和既往不咎"以及"赎买"政策。

穆加贝自己出生于绍纳人家庭,并一直担任曾以绍纳人为主体的津巴布韦非洲民族联盟主席。在组建内阁时,他安排了五名人盟成员担任部长职务。在享受福利待遇方面,民盟和人盟的残疾游击队员均可享受抚恤金;新政府甚至废除了殖民统治时期的普遍做法——用"民族"来辨别人们的身份,希望以此来消除地方民族意识;不惜采取任何手段坚决打击少数极端的民族分裂者。③ 在 1985 年的选举中,民盟在绍纳人占统治

① 维克托·纳普主编:《各国法律制度概况》,法律出版社,2002 年,第 1708 页。

② "Zimbabwe: Promote Minority Languages", *The Herald* (Harare), OPINION, March 7, 2007. http://allafrica. com/stories/200703070130. html;"Ministry works on indigenous languages syllabus", http://www. chronicle . co. zw/inside . aspx? sectid = 1368&cat=1.

③ 何丽儿:《津巴布韦的部族矛盾和穆加贝的部族政策》,《西亚非洲》,1982 年第 1 期,第 9—13 页。

地位的五个省的得票率都在 90％以上,而在恩德贝莱族居住的南北马塔贝莱兰,民盟只获得 12.9％和 14％的选票。① 同时,在马塔贝莱兰还发生了激烈的民族冲突。冲突之后,津巴布韦决定成立民族联合政府。这一明智之举将恩德贝莱人纳入到建构民族国家的社会契约中。实际上,津巴布韦非洲人民联盟在有关民族发展等核心问题上的政策与执政党津巴布韦非洲民族联盟是一致的。1987 年 12 月,津巴布韦非洲民族联盟和津巴布韦非洲人民联盟两党达成"合并协议"。人盟的原领导人恩科莫曾表示:"我们以两党合并作为民族统一和国家统一的基础。"②这种从顶层设计带来的国族建构,其效果比较明显。

新政府对白人实施的"宽恕和既往不咎"以及"赎买"政策包括以下几个方面。首先,宪法在保障白人的权利上有特殊规定(这些规定在兰开斯特开会协商期间确定)。议会分众议院与参议院,众院共 100 个议席,其中 80％经普选产生,20％由白人单独选举。参院共 40 个席位,其中 10个由白人选举产生。其次,吸收原罗得西亚政府总理史密斯参加议会工作,穆加贝与史密斯保持工作联系。此外,政府还保留原白人政府军队司令沃尔特并任命他为国家军队最高指挥官。③ 再次,白人农场主一直享受着大笔低息贷款的优待,补助多达 6 905 万罗得西亚元,"而且还允许他们当中的钱以后拖欠不还"。根据农业资金公司 1979 年的报告,倒账和令人怀疑的债务达到其收入的 24.6％。如果按照正常的经营规则,相当多的白人农场主会因为经营不善而陷入破产的境地。最后,穆加贝的新政府还包括两名白人领袖:任工商部长的罗得西亚阵线党的戴维·史密斯和任农业部长的丹尼斯·诺曼(经济作物农场主联合会主席)。内阁的这种人员安排保证了白人的利益,使掌握着国家经济命脉的白人集团松了一口气。④ 1987 年 9 月,津巴布韦议会通过宪法修正案,取消了白人在众议院与参议院享有保留席位的规定。政府在 1988 年又增补了白人部长,致使政府内共有三名白人正副部长。这种制度安排的意图十分明

①　何丽儿:《南部非洲的一颗明珠——津巴布韦》,第 121 页。

②　Elsie B. Washington and Valerie Vaz, "Zimbabwe Building a Nation," *Essence*, October, 1989. http://findarticles.com/p/articles/mi_m1264/is_n6_v20/ai_7943681

③　津巴布韦政府后来发现沃尔特将军策划政变,将他驱逐出境。

④　*The Times*(London), March 13, 1980.

显：津巴布韦既需要白人的管理技能、科学技术和私人资本，也需要一个稳定的局面，还需要以此来吸引西方政府的援助。

（四）传承与创新——酋长制与国防军

津巴布韦独立后，对现有的体制进行了适合自身特点的继承或调整。酋长制是津巴布韦的本土传统制度，具有深厚的社会基础，在绍纳人和恩德贝莱人中间一直存在。[1] 在白人政权统治下，酋长也受到史密斯政府的利用。1965 年，酋长委员会中的 10 名酋长进入参议院。1967 年制订交流活动，恢复酋长分配土地的权力。1976 年，几名酋长又被提名进入内阁。[2] 非洲民族联盟执政后，穆加贝亲自召开两族的酋长开会，向他们表示将继续保留酋长制，并希望他们当好政府与当地民众之间的桥梁。穆加贝还邀请绍纳族和恩德贝莱族的酋长参与国家政治，委任包括恩迪威尼在内的酋长们担任参议员。[3] 根据兰凯斯特大厦协议，参议院的议席有 40 个，其中 4 个议席由众议院产生，10 个议席 7 年内由白人众议员选举产生，6 个议席由总统根据总理的建议任命，10 个议席由酋长委员会选举产生（其中绍纳族和恩德贝莱族分别选举 5 名议员）。虽然参议院曾在 1990 年废除，但 2005 年又决定增设参议院。2007 年，参议院议员人数增加到 93 名，其中除两个省级直辖市外的 8 个省各有两个酋长名额，再加上酋长委员会主席和副主席占 2 席。[4]

虽然国家领导人是穆加贝，但他继承的属于津巴布韦的军事力量却是多支分属于不同阵营的约 15 万名战斗人员。根据 1980 年的协议，英国陆军训练人员负责训练，将游击队员整合为统一的国防军。[5] 这支接受过军事训练或具有实战经验的武装力量包括由专业军事人员组成的原罗得西亚政府的正规武装部队、津巴布韦非洲民族联盟领导下的津巴布

---

[1] Christine Sylvester, *Zimbabwe: The Terrain of Contradictory Development*, pp. 6-7.

[2] 何丽儿：《南部非洲的一颗明珠——津巴布韦》，第 226—228 页。

[3] 何丽儿：《南部非洲的一颗明珠——津巴布韦》，第 122—123 页。

[4] 陈玉来：《津巴布韦》，社会科学文献出版社，2011 年，第 165—166 页。

[5] 对这方面的研究不多，克里格的研究较为详尽。Norma J. Kriger, *Guerrilla Veterans in Post-war Zimbabwe: Symbolic and Violent Politics, 1980—1987*, Cambridge University Press, 2006.

韦非洲民族解放军(ZANLA),约 3 万人,以及津巴布韦非洲人民联盟领导下的津巴布韦人民革命军(ZIPRA),约 1.5 万人。[1] 穆加贝政府本着团结和平等的精神,在整编中坚持对等原则,吸收三支武装部队的领导人参加军事最高司令部工作,以人数相对平均的方式实行军队合并。[2] 在国防军组成的前一段时间里曾实行过一段时间的平衡政策。如果长官是来自津巴布韦非洲民族解放军,那么这位长官的副手是表现最好的津巴布韦人民革命军候选人,反之亦然。这确保了指挥员系统中两个组织(民族)之间的平衡。[3] 然而,从 1981 年初开始,该系统被放弃,取而代之的是政治任命。1981 年 10 月,整编重建军队的工作完成,建立起了一支统一的津巴布韦国防军。国防军的组建无疑对国族建构具有正面效应。

(五) 土地问题上的权宜之计

土地问题是独立时的津巴布韦面临的最棘手的问题。20 年代初,平均每个白人占有的土地是黑人的 30 倍,40 年代是 37 倍,70 年代是 19 倍。根据统计,在罗得西亚单方面宣布独立时,黑人与白人的比例是二十比一,到 1980 年,两者比例是二十五比一。在人口比例如此悬殊的情况下,将总数为 9 640 万英亩的土地划给白人和黑人各 4 500 万英亩。[4] 这种不合理的安排并非出于经济考量,而是一种政治经济学的安排。当时的白人农场主仅有 6 000 名,他们占有的土地却远比黑人的土地多。更有甚者,这些农场主的根本不在津巴布韦,只是挂名的土地所有者。这些土地包括大批外国人拥有的庄园,属于英美公司、伦敦-罗得西亚公司和利比格斯公司之类的英国和南非的公司。兰开斯特谈判历时 3 个月,在土地问题上几乎失败了。英国最后同意在"愿买愿卖"原则的基础上为土地改革提供资金

①　W. H. Morris-Jones, ed., *From Rhodesia to Zimbabwe: Behind and Beyond Lancaster House*, Frank Cass, pp. 121-122.

②　陈玉来:《津巴布韦》,第 263—264 页。

③　K. Chitiyo and M. Rupiya, "Tracking Zimbabwe's political history: the Zimbabwe Defence Force from 1980—2005"in M. Rupiya, ed., *Evolutions and Revolutions: A Contemporary History of Militaries in Southern Africa*, Pretoria: Institute for Security Studies, pp. 331-363.

④　Larry W. Bowman, *Politics in Rhodesia: White Power in an African State*, Harvard University Press, 1973, p. 12.

支持。这种政策安排为后来的矛盾与动乱埋下了种子。

尽管白人控制了经济命脉,种族矛盾尖锐,由于新政府采取相对宽容的民族协调政策,不仅避免了国家经济的崩溃,也未出现莫桑比克独立时大量白人外逃的局面。然而,正确地分配土地对新政府来说是重要的。这一工作只能留待以后来做。由于"愿买愿卖"这一条规定的约束,政府无力面对白人农场主的抵抗。在 1980—1990 年间,只有 71 000 户家庭分到了土地,而计划目标是 162 000 户。毋庸置疑,津巴布韦独立后的民族政策带来种族和谐、政局稳定和经济发展的良好局面。教皇也对津巴布韦的政策大加赞赏。他指出,津巴布韦制订种族协调政策,既让白人参与政治,制止了种族冲突的发生,又给予白人充分的宗教自由,这些都堪称非洲楷模。①

经济结构调整不仅对津巴布韦的经济发展带来了巨大的损害,更重要的是延滞了津巴布韦的土地重新安置进程。同时,人民生活水平的下降导致了对土地需求的进一步增加。沈晓雷认为,津巴布韦经济结构调整延滞了 20 世纪 90 年代的土地重新安置进程,具体表现在三个方面:资金不足、对象调整和政策转向。② 首先,经济结构调整导致政府在土地重新安置领域的资金投入不足。调整使津巴布韦的经济受到重创。即使在经济形势略有好转的 1997/1998 财政年度,政府用于购买土地的预算也只有 6 300 万津元(360 万美元),占当年预算总额的 0.01%,仅够购买 10 个商业农场用来重新安置。③

首先,政府不得不采取市场方式来解决土地问题,然而以"愿买愿卖"为基础的市场方式显然不利于土地的重新安置,结果是土地集中的现象更加突出。第二,经济结构调整导致了重新安置对象的调整。土地重新安置计划曾在 20 世纪 80 年代遭到广泛批评并被指为不利于农业生产,其重要原因之一是认为获得土地的人大多是缺乏农业经验也无投资能力的贫困无地者。90 年代初,由于经济困难和结构调整的双重压力,津巴布韦政府不得不调整安置的对象,"在政府看来,下一阶段重新安置的目

---

① 何丽儿:《南部非洲的一颗明珠——津巴布韦》,第 119 页。

② 沈晓雷:《土地与政治:津巴布韦土地改革研究》,第三章第二节。

③ EIU, *Country Report: Zimbabwe*, 1st quarter 1998, p. 12.

标应该主要是那些拥有必需的农业经验和工具，从而能够正确地利用土地的人。"①结果，安置对象向拥有一定经验、资金和技术的人倾斜。1997年，约有 800 个黑人农场主包括专业技术人员、企业家或政府官员获得了10％的大型商业农场。② 第三，津巴布韦政府为了克服经济困难，对土地政策进行了相应调整，从加强粮食生产以应对粮食安全问题转向重点支持出口导向型的农业增长。重视大型商业农场和出口经济作物的农业政策限制了土地重新安置的步伐。③

表格 23－2　用于重新安置土地的购买数量

年　　份	面积(公顷)	金额(百万美元)	价格(美元/公顷)
1979—1980	162 555	4.9	30
1980—1981	326 972	5.3	16
1981—1982	819 155	18.8	23
1982—1983	807 573	21.2	26
1983—1984	173 848	3.5	20
1984—1985	74 848	2.0	26
1985—1986	86 187	2.1	24
1986—1987	133 515	2.3	17
1987—1988	80 554	1.6	20
1988—1989	78 097	3.5	45
总　　计	2 743 304	65.2	

资料来源：Joseph Hanlon, Jenette Manjengwa and Teresa Smart, *Zimbabwe Takes Back Its Land*, p. 57.

1998 年，民盟-爱国阵线坚持还地于民政策，召开土地改革与重新安置国际捐助会议。政府专门邀请对津巴布韦土改进行过金融支持的国际

---

① Jocelyn Alexander, "The Unsettled Land: The Politics of Land Redistribution in Matabeleland, 1980—1990", *Journal of Southern African Studies*, Vol. 17, No. 4, 1991, p. 606.

② Moyo, "The land occupation movement and democratisation in Zimbabwe", p. 317.

③ Sam Moyo, "Changing agrarian relations after redistributive land reform in Zimbabwe", *The Journal of Peasant Studies*, Vol. 38, No. 5, 2011, p. 953.

捐助国参加有关政府征用土地的会议。这些国家制定了一整套原则以指导津巴布韦第二阶段的土地改革。这些原则包括尊重法律、透明、减贫、连贯性以及确保能征到土地并分配补偿金。然而,津巴布韦政府与国际捐助国的关系并不稳定,津巴布韦指责后者试图维持殖民时期的财富分配状态。启动第二阶段土地改革计划赢得农民的支持,但也引起反对党、工会和右翼势力及西方大国的不满。

四、土地:从民族问题转化为政治问题

(一) 黑人老战士的要求

进入 90 年代后,政治开放带来不稳定因素,经济进入困难时期,民盟-爱国阵线执政以来一直未能解决土地问题。90 年代初,大批参加过独立战争的黑人老战士已届退休年龄,纷纷向政府提出"分地"要求,解决大部分黑人的土地问题成为政府迫在眉睫的重大任务。1992 年,津巴布韦议会通过《土地征收法》(一译《土地征购法》),废除了"愿买愿卖"这一条款,以加速土改进程。该法授权政府可以强制征购土地,以用于再分配;同时对被征购的土地给予公平的补偿。土地所有者如果不同意征购当局提出的价格,他们有权向法院提出上诉。这种制度安排实际上是对白人的让步,他们如果对征收土地的做法或价格不满,可以提出上诉。政府计划通过"自愿"的原则赎买白人的土地,从而安置 16.2 万户黑人家庭。然而,白人农场主援引法律条文拒绝出让土地,在 1992 年到 1997 年间,土地所有者的反抗加强。英国政府拒不兑现提供资助的承诺,国际货币基金组织等机构也出面干预,土改进程远未达到既定目标,黑人群众特别是退伍老兵中的不满逐渐滋长。

(二) 英国的背信弃义与穆加贝的强烈反应

民众特别是城市居民开始对民盟-爱国阵线的长期统治产生厌倦情绪。1996 年选举投票率只有 31.7%,这说明了民众对穆加贝政府的支持已趋冷淡,同时国际上的批评也在增多。针对国外的不满,穆加贝在会见记者时表示:"如果我发现我的人民将我看作是压迫者或暴君,我会恨死我自己。我们的制度尽可能地允许个人享受自由。我们不仅仅是容忍白

人，我们接受他们。"①1997年5月，英国工党领袖布莱尔上台后，断然否认保守党以前在兰开斯特协定中所作的承诺。1997年10月，穆加贝总统在会见布莱尔首相时希望能得到英国政府曾答应的用来买地的2.5亿英镑。然而，布莱尔以津巴布韦的买地计划不能使穷人受惠为由拒绝提供这批钱。此外，伦敦方面声称已经提供了4 400万英镑的资助，而津巴布韦的卫生部长提姆希·斯坦普斯称英国提供的资助仅为1 700万英镑。②

　　布莱尔政府不愿意支付赔偿金的真正原因是认为这笔钱是前政府所承诺的，但又不愿意承担赖账的罪名，故以津巴布韦政府未能满足双方签订的白皮书中所列出的相关条件为借口，即津巴布韦应实行良治、透明、民主以及土地改革应促进国家经济发展。③穆加贝对英国政府背信弃义的行为十分气愤，他表示："我们将拿走这些土地，同时我们不会为此付款。我们的这些土地从未出卖过，我们何以能将它们买回来？如果英国政府想要赔偿的话，请她给我们钱，这样我们可以将这些钱转给她的孩子。"④这里，穆加贝十分明显地将那些在津巴布韦占有大片土地的白人看作是英国人，而非津巴布韦人。

　　1998年，民盟-爱国阵线坚持还地于民政策，召开土地改革与重新安置国际捐助会议，启动第二阶段土地改革计划，赢得农村黑人的支持，但引起反对党、工会和右翼势力及西方大国的不满。民主变革运动于1999年成立后，很快就开始挑战民盟-爱国阵线的统治地位，在2000年议会选举中，民盟-爱国阵线仅以3个百分点的优势险胜民革运。"一个动员起来了的农民阶级和一个拥有解放斗争历史的民族主义政党将不会接受这样一

　　①　*Financial Times* (London)，24 October，1996.

　　②　International Crisis Group，"Blood and Soil：Land，Politics and Conflict Prevention in Zimbabwe and South Africa"，Africa Report N°85，17 September 2004，p. 57.

　　③　英国国际发展大臣克莱尔·肖特(Clare Short)在1997年11月5日写给津巴布韦时任农业部长昆比莱·坎盖(Kumbirai Kanga)的一封信表达了英国政府的真实意图。肖特在信中表示："我应该澄清的是，我们不承认英国有特殊的责任来支付津巴布韦购买土地的成本。我们是一届新的政府，有着截然不同的背景，与前殖民主义的利益没有任何关系。我本人来自爱尔兰，正如你所知道的那样，我们是被殖民者，而非殖民者。""Clare Short：One bad letter with long-lasting consequences"，*New African*，No. 462，May 2007，p. 69. 有关津巴布韦与英国关系恶化的原因，参见沈晓雷：《土地与政治：津巴布韦土地改革研究》，第三章第三节。

　　④　*The Guardian* (London)，October 15，1997.

种局面：4 500 名白人农场主控制了 42% 的农业用地，而 120 万户黑人家庭靠 41% 的土地维生。"①这是津巴布韦进入 21 世纪时面临的现实。

2000 年，津巴布韦政府就无偿征用白人农场土地的修宪条款举行全民公决，结果投票率未过半数。民盟-爱国阵线在随后的议会选举中险胜后，穆加贝将土地修宪案交给议会表决并获得通过，"快车道"土地改革由此产生。曾担任过总统与内阁秘书长的查尔斯·乌泰泰（Charles Utete）博士，在退休后于 2003 年被任命为与"快车道"土地改革计划直接相关的总统土地审查委员会主席。这一改革方案采取了两种模式——小型农户和大型商业农场。第一种模式是面向无土地者的小型农场（A1），一个典型的白人农场通常被分成 40—45 个小型农场。第二种模式旨在培育黑人大型商业农场（A2），其办法是将一个白人农场划为 3—7 个农场。申请者必须向政府主管部门提交申请，同时需要省级和地区级土地鉴定委员会的推荐信。第二种模式实际上受到政府的鼓励，土地安置部门在全国主要报刊上刊登文选，鼓励人们前去申请，四种人在申请中受到照顾，即老兵、战争中曾支持过津巴布韦民盟的人、在白人种族主义政权期间被拘禁过的人以及妇女。

与此同时，上万名老战士强行占领了 1 200 个白人农场，因此发生多起冲突事件，相当多的白人离开了津巴布韦。津巴布韦国内事务部长要求老战士从占领的农场撤走，最高法院也通过裁决：命令占地者在一天时间内离开所占农场，并指示警察帮助让占地者撤离。穆加贝却对黑人老兵的做法表示支持："我们要让白人知道，土地属于津巴布韦人。"②这种态度引起英国政府极大的不满。英国政府甚至准备了飞机，以在必要情况下将白人农场主撤离津巴布韦。津巴布韦政府在"快车道"土改计划的执行过程中征用了约 980 多万公顷土地，安置了 26 万农户，因而对安抚无地黑人农民、稳定局势起到了立竿见影的效果。③

① Yusuf Bangura, "Government of national unity should be rejected", *The Herald-Zimbabwe News Online*, http://www. unrisd. org/unrisd/website/newsview. nsf/0/455776F48F8CD19EC1256C1C003F2BBE? OpenDocument.

② *The Christian Science Monitor*, March 30, 2000.

③ International Crisis Group, "Blood and Soil: Land, Politics and Conflict Prevention in Zimbabwe and South Africa", Africa Report N°85, 17 September 2004, pp. 75-94.

表格 23-3　重新安置前后的农场规模(2003 年)

省份	白人农场			重新安置后的农场		
	数量	面积（公顷）	平均规模（公顷）	数量	平均规模（公顷）	白人农场分割后的平均数量
安置前						
马尼卡兰	246	195 644	795	11 019	18	45
东马绍纳兰	382	302 511	792	16 702	18	44
西马绍纳兰	670	792 513	1 183	27 052	29	40
中马绍纳兰	353	513 195	1 454	14 756	35	42
中部省	306	513 672	1 679	16 169	32	53
北马塔贝莱兰	258	543 793	2 108	9 901	55	38
南马塔贝莱兰	226	683 140	3 023	8 923	77	39
马斯温戈	211	686 612	3 354	22 670	30	107
安置后						
马尼卡兰	138	77 533	562	463	167	3
东马绍纳兰	319	250 030	784	1 646	152	5
西马绍纳兰	568	369 995	651	2 003	185	4
中马绍纳兰	241	230 874	958	1 684	137	7
中部省	106	181 966	1 717	229	795	2
北马塔贝莱兰	65	142 519	2 193	191	746	3
南马塔贝莱兰	65	191 697	2 949	271	707	4
马斯温戈	170	753 300	4 431	773	975	5

资料来源：Joseph Hanlon, Jeanetter Manjengwe & Teresa Smart, *Zimbabwe Takes Back Its Land*, p. 84.

(三)"快车道"土改计划:土地问题变为政治问题

这种强行征收白人土地而不付赔偿的方式以及过激求快的手段使白人农场主受到伤害,大批白人离开了津巴布韦。这些白人的撤资或出走不仅损害了津巴布韦在国际舞台上的形象,同时使作为津巴布韦经济支柱和主要外汇来源的烟草业和玉米生产遭受严重损失。与此同时,由于白人的农场分到农民手上,这种化整为零的转变使农业生产力受到很大影响。更为复杂的是,农村土地所有权的转移和农业生产的下降引起了大量农业工人的失业,西方国家也大肆抨击津巴布韦的土改政策,一些国际组织也对津巴布韦停止了经济援助。

2002 年津巴布韦大选前,欧盟派观察员监督津巴布韦大选的建议遭到穆加贝总统的拒绝。2002 年 2 月,欧盟和美国宣布对津巴布韦实施制裁:对穆加贝总统及他的 19 位亲信实行制裁,一年内不许他们到欧洲旅行;冻结了他们的财产;停止出售或供应武器及相关商品给津巴布韦。2002 年 9 月,被制裁的津巴布韦官员增加到 79 名。2003 年和 2004 年,美国政府分别对违犯制裁规定的美国公司实施处罚,并列出实施制裁的津巴布韦公司名单。①

2005 年 9 月 12 日,由民联-爱国阵线控制的议会通过了宪法修正案,规定土地国有化并剥夺土地所有者的上诉权利。这一行动给经济带来负面影响并损害了一部分津巴布韦人的生活条件。穆加贝表示,这一重大决定是为了履行执政党民盟-爱国阵线上台时的诺言,这是一项关键性的改革,目的是为了矫正前英国殖民主义者留下的种族主义结构;不能允许白人农场主在津占据所有肥沃土地。2006 年 11 月,政府给予黑人农民 99 年的土地租赁期,并指出白人农场主不要指望得到政府的补偿。尽管有 500 名白人农场主仍然决定留在津巴布韦,但有数千名白人迁往邻国甚至尼日利亚。2006 年 11 月,津政府宣布了一项针对被剥夺土地的白人农场主的赔偿方案。白人农场主的商业组织号召其成员不要理睬这一方案。②

土地问题已经超出了民族问题的范畴,它直接关系到津巴布韦的稳定和发展。土改对津巴布韦的发展至关重要;对抗不能解决问题,强制或能暂时解决问题,却后患无穷;合理、合法、有效和有序的土改才能

---

① International Crisis Group, "Blood and Soil: Land, Politics and Conflict Prevention in Zimbabwe and South Africa", Africa Report N°85, 17 September 2004, pp. 96-100.

② afro News, "White farmers snub Zimbabwe compensation", November 16, 2006. http://www.afrol.com/articles/2269.

真正促进津巴布韦全民的利益。津巴布韦政府已经遇到了一场严重的政治危机。① 民盟-爱国阵线与民革阵经过长时间的谈判，获得了对政权分享的一致看法，最后以组建联合政府的形式渡过危机。

我们知道，对绝大部分津巴布韦农民而言，土地本身的重要性远没有耕种土地重要。如果一大片土地处于无人耕种的状况，土地还有什么用呢？尽管津巴布韦政府采取的"快车道"土改计划受到西方国家的各种批评与制裁，尽管有各种罪名加在津巴布韦政府和领导人的身上，尽管"快车道"土改计划存在着各种问题，但这一政策不仅将那些曾经被白人剥夺的土地还给了失地农民，从而为 245 000 津巴布韦新农民带来了生机，还大大提高了土地的收益，大量增加了津巴布韦的农业从业人口，使生产率达到了白人的水平，从而改变了世人对小土地生产者生产率的看法。至于 2005 年到 2008 年在津巴布韦出现的经济危机并非由土地改革导致，而是恶性通货膨胀所引起的。②

五、津巴布韦与南非民族政策的比较

要理解津巴布韦和南非两国民族政策的差异，首先应该对两个国家的民族问题进行分析比较，我们会发现有诸多相同点。

（一）民族问题的相似与差异

南非与津巴布韦都经历了欧洲白人移民在当地定居并掠夺黑人土地的过程。同样，欧洲移民在两个国家都建立了白人政权，都实行种族隔离制。白人政权实施的各种歧视或隔离政策造成了深刻的民族隔阂和尖锐的民族矛盾，这种隔阂和矛盾遗留下了一系列政治、经济和社会问题。两国的广大黑人民众都经过长期的民族独立运动或武装斗争并取得了胜利，最后迫使白人种族主义政权不得不同意通过民主选举来决定新政权。

① afro News, "Zimbabwe rivals open talks", June 19, 2007, http://www.afrol.com/articles/25792.

② Joseph Hanlon, Jeanetter Manjengwe and Teresa Smart, *Zimbabwe Takes Back Its Land*, p. 218.

南非的非国大与津巴布韦的非洲民族联盟都是在第一次民族选举中赢得胜利，并在此基础上建立了以黑人为主体的民族团结政府——穆加贝政府和曼德拉政府。由于种族歧视造成的民族问题在新政府建立后的相当一段时间内阻碍着国家机构的正常运行。

机构的设置与对民族问题处理的态度也有相似性。两国政府都未在政府机构设置上过分强调民族问题。民族问题在南非是由文化艺术部主管，在津巴布韦是由教育体育文化部处理（当然还有其他部门协助）。官方一般避免使用"多民族"这一提法，而是用"多元文化"或"多种语言"来解释这种现象。在对民族问题的处理上，两国都尽量采取低调方式。津巴布韦在独立后废除了殖民统治时期的普遍做法——用"部落"来辨别人的身份，希望以此来努力营造民族和解的气氛，这种政策对国族建构无疑起到了积极作用。南非的做法也有相似之处。曼德拉对"大猩猩事件"的处理是一个很好的例证。2000年，南非全国警察总署发生了一起严重的种族歧视事件：在总部大楼里的一间办公室的电脑屏幕上出现了类似大猩猩的曼德拉头像。当曼德拉得知此事后，他并不"过分在意"，因为他认为他的尊严"并不会因此而受到损害"。他甚至在访问当地的一所小学时用这一事件来和小学生开玩笑。他认为，此事反映的是应该整顿警察总署的纪律问题。[1]

民族主义在民族独立运动中是一面旗帜，在独立后往往成为一项选举原则。新南非诞生于第一次真正意义上的全民选举，废除了白人至上的种族隔离制；津巴布韦首次选举是对白人种族统治的一次全民公决。在独立初期，主导民族试图扮演单一（政治）实体的倾向十分强烈。[2] 然而，曼德拉和穆加贝极力避免这种情况，且非常成功。当时，白人对日益临近的以非国大为代表的南非黑人的胜利忧心忡忡。[3] 曼德拉明确表示："我们新的民族将包括黑人和白人，祖鲁人和阿非利卡人，以及说其他

---

[1]　李新烽：《非凡洲游：我在非洲当记者》，晨光出版社，2006年，第502—503页。

[2]　Yusuf Bangura, "Government of national unity should be rejected", *The Herald-Zimbabwe News Online*.

[3]　当时面临着失去白人统治优势的白人国民党政府上层十分担忧白人在南非的前途。以总统德克勒克和立宪部长维尔容为代表的开明派认为："白人占人口比例不断缩小，在陷于绝境之前，如果进行谈判，可能得到一个较好的结果。阿非利卡人的"生存决定于有秩序的变革"。分享权力对阿非利卡人来说是一个比多数人统治更好的选择。杨立华：《新南非十年：多元一体国家的建设》，第42页。

任何一种语言的人们……要达到这一目的,我们必须消灭一切形式的派别活动和地方主义。"①穆加贝从开始即实行和解政策。白人被允许保留公民身份;那些参与零星暴力行动的持不同政见者得到赦免,并且可以重新参与公民生活;前总理史密斯甚至赢得了议会席位并担任了一届任期。虽然成千上万的白人带着恐惧离开了这个国家,但他们后来又回到了津巴布韦。②

津巴布韦独立和新南非民族团结政府成立后,两个国家都经历了缓慢而相对稳定的国族建构过程,民族问题在两国都逐渐失去了独立时的重要性,开始被政治问题取代。换言之,随着对国家民族认同感的加深,民族问题——即因为种族、地方民族或部落等不同属性而产生的矛盾和冲突的问题——的重要性开始减弱,人们开始对政治问题或政策层面的内容更感兴趣。通过一个政党来代表某个民族的要求已经不可能。之所以将南非和津巴布韦进行比较,主要是因为两国在黑人掌权后出现的情况既有相同点,又有差异。

由于新南非即 1994 年成立的南非民族团结政府实行相对稳定温和的政策,在转型过程中并未出现政治动荡。人民生活逐步改善,长期处于劣势地位的黑人的社会地位得以提升。津巴布韦的情况有所不同。自津巴布韦 1979 年独立后,穆加贝较合理地处理了种族主义制度遗留下来的各种矛盾,并得到国际社会的支持,津巴布韦一度被称为"非洲奇迹"。然而,随着时间的推移,由于积累下来的矛盾未能及时化解,加上英国政府拒绝兑现曾经做出的许诺,津巴布韦政府难以应对各种经济问题(特别是土地问题)和政治困境。这样,解决土地问题成为当务之急。然而,相对激进的土改政策使一部分白人的利益受到威胁,黑人的根本利益也未得到相应提高。政策的失误致使民族问题逐渐转为政治问题。津巴布韦与西方的关系日益恶化,穆加贝总统受到各方面的压力。

---

① Greg McCartan, *Nelson Mandela*: *Speeches 1990*, New York, 1990, p. 34.

② 穆加贝在 1980 年 5 月 20 日的一次针对白人农场主的讲话中表示:如果白人接受改革并准备为共同的利益做出贡献的话,他们是没有什么需要害怕的。一位白人农场主在听完他的讲话以后说:"我原想离开这个国家,但听了穆加贝的讲话后,我和许多像我这样的人都准备留下来了,看看事情的究竟。穆加贝先生对我们的问题很通情达理,也很敏感,他的保证也非常真诚。" *The Times* (London), May 21, 1980.

然而,津巴布韦与南非民族政策有所不同,主要表现在以下方面。

(二) 外部势力的干预与内部势力的分化

津巴布韦的大部分白人都持有英国护照,津巴布韦又曾是英国殖民地(后来是英联邦国家),因此英国政府从一开始就参与了新政府的政策制定过程,各方的谈判也是在英国进行。独立后的第一部宪法"兰开斯特大厦宪法"也是在英国政府的主导和积极参与下完成。[①] 针对土地问题,"兰开斯特大厦宪法"有照顾白人农场主利益的特殊规定,津巴布韦政府制定政策时往往要考虑到这一因素。目前,西方国家对穆加贝必欲除之而后快,给津巴布韦摆脱困境带来了更大的难度。在南非,有关民族政策的制定主要是在执政党非国大的主导下进行。由于曼德拉的崇高威望,加之新政府保证土地政策将遵循 1993 年的各政党会谈通过的基本原则和市场规则,非国大在国内外的反对者较少,政策制定过程较少外国势力的干预。

内部势力的分化与整合使政策制定的国内政治环境不同。在津巴布韦,穆加贝领导的以绍纳人为主的非洲民族联盟与恩科莫领导的以恩德贝莱人为主的非洲人民联盟曾在民族独立运动中各自为政;在选举中又以所代表的民族为主要力量。白人农场主由于有英国作后盾,对穆加贝政府并非采取配合的态度。大部分白人对自己通过种族歧视制度所取得的财产毫无愧疚之心,反而在"兰开斯特大厦宪法"的支持下有恃无恐,有的静观其变或伺机反扑(如沃斯特策划政变),有的直接加入到反对派行列(如史密斯的保守派联盟)。不同民族对权力的不同诉求,加之英国的干预,使得民盟-爱国阵线制定政策的政治基础不稳。从 1990 年代以来制定的有利于黑人农民的政策在实施过程中的过激倾向引起白人农场主的反抗。民革阵的崛起对民盟-爱国阵线的执政地位形成有力挑战。

在南非,曼德拉可谓众望所归,他领导的非国大在选举中赢得巨大胜利。除绝大多数黑人外,一些白人积极参与到反对种族隔离制的斗争之中,他们对曼德拉表示支持,或成为非国大党员。虽然布特莱齐在独立前

---

① "兰开斯特大厦宪法"通过后的 25 年中进行了 17 次修改,这说明津巴布韦独立后的第一部宪法在诸多方面很不完善。

期表示过祖鲁族独立的倾向,但这只是权力谈判过程中的一种姿态。[1]这种坚实的政治基础使执政党得以独立制定各种政策,并通过姆贝基的权力继承使政策保持了一种连贯性。

(三) 对种族主义遗产的处理方式

在津巴布韦,穆加贝领导的民盟曾在1978年宣布史密斯为战犯,并要求在独立后对他宣判定罪。新政府成立后,一方面是受到英国政府的压力,另一方面为了稳定,对白人政权的首要人物不但没有进行惩处,反而将他们作为合法的反对党领导人对待。令人遗憾的是,尽管在政策上处理从宽,在意识形态领域对种族主义也未彻底清算。

南非则不同。1995年11月29日成立的"真相与和解委员会"对1960年至种族隔离制度废止期间发生的粗暴侵犯人权的罪行进行调查与认定,提出处理意见。从1996年到2003年,"真相与和解委员会"共审理212万多个案例。[2] 八年的工作可以说是南非的一次深刻的思想教育运动,对种族隔离制的罪恶和造成的灾难进行了彻底的清算。图图主教在完成这一历史任务后感慨道,"真相与和解委员会"的成功,"确保我们避免了众多生命遭受涂炭的种族冲突的灾难"。[3] 这一独特的清算方式可谓重证据、重教育、轻处理,得到了国际社会的赞扬,也为南非构建一个和谐社会奠定了价值基础。

(四) 族际分野与政治分化的敏感性

在新政府成立之初,非国大代表的主要是南非黑人的利益,民盟的支持者主要是绍纳人。然而,这种民族属性逐渐被政治代表性所取代。从投票看,政党已经不能直接反映某一民族的要求。从选举结果看,人们对政党的选择是根据其政策取向,而非其民族属性。南非非国大成员中已经包括了大量的白人,非国大在三次大选时的得票率稳步上升,2004年

---

① 夏吉生主编:《南非种族关系探析》,华东师范大学出版社,1996年,第264—265页;张象主编:《彩虹之邦新南非》,当代世界出版社,1998年,第62页。

② 该委员会下设大赦和赦免委员会、侵犯人权委员会、受害者补偿与恢复名誉委员会。

③ 杨立华:《新南非十年:多元一体国家的建设》,第44页。

大选则超过修改宪法所需的多数，达到近 70%。①

　　津巴布韦则有所不同。一方面，我们看到族际分野的重要性在减退，另一方面，这种分化在政治利益的感召下重新组合。从 2000 年的土地修正案公决和后来的议会选举看，选民开始根据自己的政治意愿投票，各民族的选票大大分化。首先，津政府在 2000 年的全民公决中失败，投票结果表明：大多数城市居民投票反对政府，而农村地区的民众则支持政府。在 2001 年的议会选举和 2002 年的总统选举中，恩德贝莱人的选票开始分化。马塔贝莱兰地区的城市支持民革阵，但穆加贝在该地区农村选区取得重大突破。津巴布韦媒体的一篇文章指出："这些趋势表明，族际分野在津巴布韦政治中的重要性日益降低。现在主要的政治分界线是城市和农村，两大主要政党反映的正是这种分野。"②这种分析有一定道理。

（五）政策导致的政治后果

　　大凡多民族国家发生的民族纠纷和对抗，根本上是对生存资源占有权的争夺，其他诉求都是派生的。土地以及附着于土地的资源是争夺的基本内容。津巴布韦与南非都经历了白人种族主义的长期统治，这一统治的经济基础是建立在对黑人财产的剥夺之上。这样一种制度被推翻后，土地的占有者白人与土地的需要者黑人之间产生冲突是不可避免的。南非政府较平稳地逐渐解决这一问题。截至 2001 年，政府为贫困黑人新建 120 万套住房，向失地和无地民众重新分配 100 万公顷土地。③ 这样，非国大获得了广大南非人民的认可，原来代表白人利益的国民党分化后成立的新国民党，2004 年大选后竟然提出与非国大合并。④

---

　　① 杨立华：《新南非十年：多元一体国家的建设》，第 47 页。

　　② Yusuf Bangura, "Government of national unity should be rejected", 8 April, 2002, *The Herald*-Zimbabwe News Online. http://www. unrisd. org/unrisd/website/newsview. nsf/0/455776F48F8CD19EC1256C1C003F2BBE? Open.

　　③ 陆苗耕：《结束南非种族主义统治的一代伟人——南非第一任黑人总统曼德拉》，陆庭恩、黄舍骄、陆苗耕主编：《影响历史进程的非洲领袖》，世界知识出版社，2005 年，第 139 页。陆苗耕先生曾任中国驻南非开普敦总领事。

　　④ *Sunday Times* (Johannesburg), June 6, 2004.

　　津巴布韦的情况迥然相异。政府在处理白人土地方面遇到了极大的困难,土地问题逐渐演变为政治问题。政府的快速土改计划虽然解决了一部分黑人农民的问题,但作为后果之一,大量白人的出走或撤资却导致了相当一部分黑人农业工人的失业。修改宪法、出兵刚果、土改的快车道政策,加上对反对派的过激措施等引起了国内的不满,也引起西方的制裁。政策的直接政治后果之一是反对派力量的聚集。1999 年 9 月,莫根·茨万吉拉伊领导的民主变革运动成立,成员主要来自津巴布韦最大工会组织津巴布韦工会大会(Zimbabwe Congress of Trade U-nions),莫根·茨万吉拉伊则是该工会的前领袖。[①] 2000 年,穆加贝的土改公决未获通过,城市居民以及民革运等反对力量的整合是一个重要因素。在 2001 年的议会选举中,民革运作为反对党赢得 57 个席位,而执政党津巴布韦非洲民族联盟-爱国阵线只赢得 62 个席位。目前民革运约有 120 万党员,成员除工会会员和城镇居民外,还得到一些白人的支持。在 2002 年 3 月举行的总统选举中,其候选人获得 42% 的选票。[②] 之后,津巴布韦的经济状况也有所恶化,2007 年 1 月,津通货膨胀率已达 1593.6%。[③] 最后,穆加贝政府与民革阵通过谈判,组成联合政府,通过双方都可接受的方式来解决津巴布韦面临的政治经济危机。[④]

　　当然,我们应该客观地看待津巴布韦与南非在处理土地问题上的策略区别。津巴布韦已经着手处理这一棘手问题,但南非还未直接触动这一问题。从某种意义上说,南非如何处理黑人与白人土地分配极不平衡

---

　　① 关于莫根·茨万吉拉伊成立民革运的背景资料,参见 Andrew Meldrum, *Where We Have Hope A Memoir of Zimbabwe*, New York, 2004, pp. 127-152。该书作者是《卫报》驻津巴布韦记者安德鲁·梅尔德罗姆,他于 2003 年 5 月被驱逐出境。该书有的内容明显带有偏见。

　　② 2005 年下半年,民革运在是否参加参议院选举问题上陷入内部纷争,并于 2006 年初分裂为"参选派"和"抵制派"。两派均自称民革运正统,分别选举各自的组织机构。目前,"抵制派"总裁为莫根·茨万吉拉伊,"参选派"总裁为亚瑟·穆坦巴拉(Arthur Mutam-bara)。

　　③ *Country Report Zimbabwe*, Economist Intelligence Unit, Kent, March 2007, p. 3.

　　④ afro News, "Zimbabwe rivals open talks", June 19, 2007, http://www.afrol.com/articles/25792.

的问题还要拭目以待。

六、小　结

南非和津巴布韦在历史经历和民族问题上有所相似，两国的民族政策既有相同之处，又有不同点。通过对两国情况的分析和比较，可以得出三点基本结论。

第一，民族问题处理得当对一国的政治稳定起着极重要的作用；民族问题上的失策可以引起经济上的损失甚至倒退；民族政策与一个国家的政治稳定和经济发展有着重要的关联和互动作用。

第二，在两国的政治舞台上，民族主义的鼓动性在下降。这既体现在国家民族的诉求上，也体现在地方民族的诉求上。由于国族建构已经在广大民众中产生作用，一方面，人民要求实实在在的好处，即与他们日常生活紧密相关的好处；另一方面，两国人民都愿意在既定的政治框架中解决问题。换言之，是政策而不是族际分野或民族情感在驱动南非或津巴布韦的政党竞争，民族问题仅仅是影响政治行为的诸因素之一。

第三，学者在解释非洲发展问题时往往过于强调多民族的消极作用。在学术界和政策圈子内有这样一种倾向：将民族问题作为一种病态现象看待。发展经济学家威廉·伊斯特利（William Easterly）和罗斯·列文（Ross Levine）甚至将民族分裂作为"非洲发展悲剧"的一个主要原因。然而，非洲国家的民族问题并非千篇一律，各国民族分化和离散的情况并不相同，对多民族社会政治的这种传统解读未必有效。我们可将多民族国家区分为不同的类型。从一些个案分析来看，如果一国之内最大的民族占据了人口的绝大多数，该国的小民族容易离散，即社会容许来自较小民族的成员在主体民族建立的政党中发挥积极作用，尼雷尔是一个比较典型的例子。与那些人口由两个或三个民族构成的国家相比，这种社会的民族问题成为消极因素的可能性较少。代表南非多数的非国大实行南非发展的政治和解与经济稳定政策，必然成为绝大多数人的政治选择，并吸引一部分白人选民的支持。南非将多民族的现实变成一种值得骄傲的文化遗产，它也获得了"彩虹之邦"的称呼。同样拥有多民族的津巴布韦虽然在独立后 10 多年获得了"非洲奇迹"的赞誉,但由于国内外因素的影响,其民族问题正在转变为政治问题。这种差异为探讨多民族共生的问题提供了新的课题。

第二十四章　部落因素、外来移民与
卡扎菲的民族政策

> 部落是一个大家庭……部落是一所社会学
> 校,其成员从小就受到崇高理想的熏陶。随着年
> 龄的增长,这些理想自动地固定下来,成为他们生
> 活的准则。
>
> 卡扎菲(利比亚前国家领导人)

> 与埃及和突尼斯不同,利比亚是由部落、氏族
> 及其联盟组成。
>
> 赛义夫·伊斯兰·卡扎菲(卡扎菲之子)

> 部落认同仍然是利比亚的重要社会因素。
>
> 联合国报告(2011 年 8 月 5 日工作草稿)

　　“历史一直是欺负利比亚的。这个国家曾多次被入侵和占领,但是它的人民却绝少去侵犯或者占领别的地方。自古以来,外国人曾在它辽阔寂寞的空地上定居,或者把一些地方当作方便的战场。利比亚曾更多地被征服,而绝少去征服别人,因为在这一大片空旷的土地上,有的是'生存空间'。外国人被接纳下来;如果他们占领了一个时期后撤退的话,往往是被其他的外国人所赶走的。”[①]腓尼基人、希腊人、努米底亚人、罗马人、汪达尔人、拜占庭人、阿拉伯人、欧洲人、土耳其人、意大利人,一波接着一

---

① 　[英]约翰·赖特:《利比亚》(陆茵译),上海人民出版社,1974 年,第 11 页。

波的入侵与占领。这是英国人赖特在《利比亚》这本书中描述的历史事实。不幸的是,他的话在 21 世纪再次被证实。

2011 年 2 月 17 日在利比亚首都的黎波里发生抗议活动,卡扎菲政府的军队与游行示威者发生冲突。北约随后在"保护的责任"借口下对利比亚进行轰炸。同年 10 月 20 日,卡扎菲被俘身亡。在短短的八个月时间里,一个合法政府被推翻。在对这一事件的分析中,诸多新闻报道和分析文章集中在利比亚变局中的"部落"因素。① 鉴于这一问题的复杂性,有必要进一步从利比亚的部落问题及卡扎菲的民族政策来理解利比亚的民族状况。另一个问题也令世人困惑:为什么非洲向欧洲移民的情况在卡扎菲政权倒台后日益严重? 这与卡扎菲的移民政策有关系吗?

本章主要关注三个问题:为什么要重视利比亚的"部落"因素? 利比亚动乱前的民族和移民状况,以及卡扎菲有关民族问题的思想、政策(包括移民政策)及实践。

一、重视利比亚"部落"因素的原因

(一) 北非地区的部落

"部落"是共同体的一种存在形式。1861 年,英国法律史学家亨利·梅因在其名著《古代法》中确定了"部落"的一些特征,诸如部落是许多氏族的集合体,强调以共同血缘为基础等。② 摩尔根根据对印第安人社会

---

① Mohamed Hussein, "Libya crisis: What role do tribal loyalties play?" BBC News, February 21, 2011; "Libya's Tribal Politics Key to Gaddafi's Fate", Stabroek News, February 23, 2011; "Qaddafi Survival Means Weak Army, Co-Opted Tribes", KFMB-TV, Associated Press, February 23, 2011; Ranj Alaaldin, "How Libya's tribes will decide Gaddafi's fate", *The Telegraph*, March 4, 2011; Sam Dagher, "Libya City Torn by Tribal Feud", *The Wall Street Journal*, June 21, 2011; Mathieu von Rohr, "Tribal Rivalries Complicate Libyan War", *Der Spiegel*, July 26, 2011; 王金岩:《利比亚乱局中的部落因素》,《亚非纵横》,2011 年第 4 期;田文林:《利比亚局势的多维视角》,《学习月刊》,2011 年第 9 期;王猛:《部落因素:利比亚变局的背后》,《世界知识》,2011 年第 11 期;蒲瑶:《利比亚内乱的部落文化解读》,《世界民族》,2013 年第 1 期;闫伟、韩志斌:《部落政治与利比亚民族国家重构》,《西亚非洲》,2013 年第 2 期;王金岩:《利比亚战后乱局中的部落因素》,《阿拉伯世界研究》,2016 年第 4 期;王金岩:《利比亚部落问题的历史考察》,社会科学文献出版社,2018 年,第 132—139 页。

② 梅因:《古代法》(沈景一译),商务印书馆,1984 年,第 74 页。

的实证研究提出了关于部落的七个特征,即领土和名称、方言、选举首领之权、罢免首领之权、宗教信仰和崇拜仪式、由酋长会议组成的最高政府、部落大首领。① 这种以共同血缘为基础的共同体形式在北非等地区诸民族的历史上起着十分重要的作用,在现实中仍然存在。

北非的原住民是柏柏尔人,整个地区曾一度都说柏柏尔语。② 他们散居各地,目前在摩洛哥和阿尔及利亚说柏柏尔语的较多。③ 在北非地区,长期的贸易、文化交流和征战使阿拉伯人与柏柏尔人两者融合。9 世纪,阿拉伯人(主要是贝都因人支系)开始从阿拉伯半岛中部高地西迁入沙漠地带,随后是阿拉伯人的入侵,从而在几个世纪内加速了北非的阿拉伯化。由于普遍的阿拉伯化(包括通婚)和伊斯兰文化的传播,现代国家的形成特别是阿拉伯民族主义曾一度盛行。在北非诸国,或是其国民直接被认为是阿拉伯人(有的政府否认柏柏尔人是非阿拉伯人),或是在官方人口统计中阿拉伯人占主要成分。④ 历史上形成的以游牧为主的生存方式使家族血缘关系在阿拉伯人和柏柏尔人的社会结构和政治生活中占有十分重要的地位。"部落是繁衍和扩大后的家庭。"⑤家族血缘关系是部落社会的基础。

表格 24-1　北非五国人口与民族统计(1990—2010)

单位:万

	1990	1995	2000	2005	2010	2010⑥	主要民族
埃　及	5 700	6 028.3	6 521	7 190	7 950	8 207.96	阿拉伯人 87%、科普特人 11.8%
利比亚	438	440.5	622	590	659.8	659.8	阿拉伯人、柏柏尔人 97%

① 路易斯·亨利·摩尔根:《古代社会》(张东荪、马雍、马巨译),商务印书馆,1981年,第 109—117 页。

② Michael Brett and Elizabeth Fentress, *The Berbers*, Blackwell Publishing, 1997, p. 3.

③ 参见黄慧:《阿尔及利亚柏柏尔主义研究》,社会科学文献出版社,2015 年。

④ 例如,我的突尼斯博士告诉我她是土生的柏柏尔人,但她在几乎所有社交场合都被认为是阿拉伯人。

⑤ 穆阿迈尔·卡扎菲:《绿皮书》(世界绿皮研究中心译),世界知识出版社,1983年,第 103 页。

⑥ 资料来源:CIA 网站 https://www.cia.gov/library/publications/the-world-factbook/index.html。

（续　表）

	1990	1995	2000	2005	2010	2010	主要民族
突尼斯	806	878.5	944.3	991	1 054.91①	1 062.92	阿拉伯人90%、柏柏尔人
摩洛哥	2 400	2 607	2 823	2 989	3 200	3 196.83	阿拉伯人80%、柏柏尔人20%
阿尔及利亚	2 550	2 780	2 928	3 236	3 630	3 499.5	阿拉伯人约80%、柏柏尔人约20%

资料来源：除特别注明外，来自历年《世界知识年鉴》，北京：世界知识出版社。

（二）部落：利比亚的社会形式

在利比亚存在着众多的民族和部落，一般认为，利比亚至少有 140 个民族与部落。② 阿拉伯人的社会存在形式主要是部落。每个部落有自己的家乡、土地、牧场和水井。如果从 11 世纪阿拉伯人入侵时算起，利比亚阿拉伯人以部落形式存在已达 9 个多世纪。阿拉伯人是最大的民族，其中包括几个有影响力的部落。的黎波里塔尼亚的部落中有三个源于最早从阿拉伯半岛迁移来的巴尼希拉尔部落联盟（the Bani Hilal confederation），五个源于巴尼·苏拉姆部落（the Bani Sulaim）。昔兰尼加占统治地位的也是巴尼·苏拉姆部落家族，这些家族又主要分为两支，吉巴尔纳部落（the Jibarna）和哈拉比部落（the Harabi）。吉巴尔纳部落包括阿比德部落（the Abid）、阿拉法部落（the Arafa）、阿瓦吉尔部落（the Awaqir，Awajir）和马加巴部落（the Magharba）。哈拉比部落有阿巴伊达特（the Abaidat）、艾拉特-法伊德部落（Ailat Fayid）、巴拉阿萨部落（Baraasa）、达

---

① 资料来源：突尼斯国家统计局 http://www. ins. nat. tn/en/serie_annuelle_theme. php? code_theme＝0201。

② "Libyan People"，http://www. temehu. com/Libyan-People. htm，2011 年 9 月 29 日；"Analysis: Support for, opposition to, Gaddafi is tribal in nature"，Homeland Security News Wire, 1 April 2011. http://www. homelandsecuritynewswire. com/analysis-support-opposition-gaddafi-tribal-nature? page＝0,2. 有关利比亚的部落和部落社会，王金岩有较详细的介绍。王金岩：《利比亚部落问题的历史考察》，社会科学文献出版社，2018 年，第 29—61 页。

尔萨部落(Darsa)和哈萨部落(Hasa)。这些部落被称为萨阿迪部落(the Saadi,属统治部落)。当然,除了萨阿迪或统治部落外,还有低一级的部落,的黎波里塔尼亚有两个,昔兰尼加有六个,被称为"马拉伯丁"(the Marabtin),这些部落往往是混血的,即征服时期的阿拉伯人与柏柏尔人的混血。这些部落又分为两种。一种是在土地和水源方面依附萨阿迪部落,如法瓦基尔部落(the Fawakhir)、曼尼法部落(the Manifa)、加坦部落(the Qatan)和祖瓦亚部落(the Zuwaya)。它们与占统治地位的萨阿迪部落的关系建立在兄弟或友好基础上。这些部落在某种程度上可以说是萨阿迪部落的附庸。另一种部落相对独立,如奥拉努部落(the Aulad Nuh)、奥拉谢赫部落(the Aulad al Shaikh)。当萨阿迪诸部落之间出现冲突时,它们充当协调人。①

除了在社会生活中的作用外,部落在政治生活中的作用也非常明显。在竞争政治职位或领导权时,对于候选人的支持一般是根据部落或家庭而定。支持者的口号往往是"我们部落的儿子"(weld kapeletna)或是"家里的儿子"(weld ayla, bate)。利比亚的黎波里阿拉伯发展研究院战略研究系系主任、政治学教授奥马尔·法塔里博士等人于 1973 年在扎维耶省进行了一次社会调查。② 调查反馈表明,利比亚人民中存在强烈的部落主义倾向,他们绝大部分不仅承认自己的部落属性,而且以此为荣。此外,部落因素在社会和政治方面的影响力由于政治效忠和相互联姻而更为盘根错节。

表格 24-2　利比亚人中间的部落主义(百分比)

如果你属于一个部落,你在何种程度上觉得自己对其具有忠诚感和归属感?		
非常具有(Very attached)	33.2	
具有(Attached)	38.2	调查人数 319
多少具有(Somewhat attached)	9.4	
没有(Not attached)	19.1	

---

①　R. St John, *Historical Dictionary of Libya*, The Scarecrow Press, 2006, pp. 252-253.

②　扎维耶省(Az Zawiya, Az Zawiyah,一译"扎维亚")为利比亚的省份,位于该国西北部,北临地中海。首府扎维耶与的黎波里紧邻,是首都的西部屏障。有关利比亚行政区划的变化,参见潘蓓英:《利比亚》,第 5—7 页。

（续　表）

你是否对属于自己的部落感到骄傲?		
感到非常骄傲(Very proud)	38.1	
感到骄傲(Proud)	28.8	调查人数 320
多少感到骄傲(Somewhat proud)	9.4	
不感到骄傲(Not proud)	23.8	
如果有机会,你是否愿意放弃所有的部落认同?		
愿意(Yes)	41	调查人数 340
不愿意(No)	59	
如果有机会,你是否愿意改成另一个部落?		
愿意(Yes)	19.4	调查人数 310
不愿意(No)	80.6	

此次调查对象有四类:省市官员(21 人)、一般委员会成员(60 人)、部落领袖(10 人)和普通民众(576 人)。调查中列出了部落主义(tribalism)这一问题。当时卡扎菲的革命结束不久,社会变革已经开始。由于利比亚政府刚废除部落制度,近 40％的调查对象没有回答有关部落主义的选项。尽管如此,调查结果反映出利比亚部落主义的存在是基本事实。我们可以得出以下结论。第一,利比亚人绝大部分承认自己的部落归属(81％)。第二,他们绝大部分以自己的部落为荣(76％)。第三,大部分不愿意放弃自己的部落认同(59％)。第四,即使有机会,绝大部分(80.6％)也不会改变自己的部落。[1]

(三) 非洲历史学界的共识

分析"部落"因素的第三个原因是非洲史学界的共识。除了遵从北非某些地区的历史与现实及语言习惯外,非洲史学界对于北非某些地区的部落的重要性达成了共识。在联合国教科文组织《非洲通史》(第一卷)的《总论》中,非洲著名历史学家基-泽博明确表示,由于长期存在着的种族

---

① Omar I. El Fathaly and Monte Palmer, *Political Development and Social Change in Libya*, D. C. Heath and Company, 1980, pp. 25, 33-35.

歧视,有些人不管"部落"所具有的文化或政治含义,而是强调它表示的是一个生物学上特殊的群体,这个词甚至专门用来形容非洲的情况,因此"含有污蔑和许多错误的思想内容",《非洲通史》将不使用"部落"一词。随后,他解释了为何北非某些地区可以使用"部落"这个词:"阿拉伯语'部落'一词指按家系联系在一起,共有一个祖先,居住在一个特定地区的一群人。因为家系血统在闪米特民族(阿拉伯人、柏柏尔人,等等)中相当重要,所以'部落'这个词(这个词的英文对等词是'tribe')在许多北非国家的历史中曾起过而且现在有时仍然起着一种不可忽视的作用。为了保持这个词的历史和社会文化的全部含义,原词'部落'将予以保留。"①

(四) 媒体的报道与学者的理解

突尼斯、埃及等国的民族因素在阿拉伯巨变中的影响并不明显,而利比亚的情况有所不同,并引起了新闻媒体和学界的关注。利比亚动乱伊始,不少媒体开始探究这一事件与部落的关系,这些报道和分析将部落因素与卡扎菲政权联系在一起。有的对利比亚各部落进行排队,将其分成亲卡扎菲或反卡扎菲的派别;推测利比亚相关部落是否会对卡扎菲忠诚到底,有的分析利比亚事件中部落政治的作用,有的报道各城市的部落争斗,有的认为部落将使利比亚战局更加复杂。② 利比亚被认为是阿拉伯世界中部落最多的国家之一,"这是决定穆阿迈尔·卡扎菲政治前途的关键因素"。有人在动乱初期预言埃及和突尼斯的最终结果将掌握在势力强大的军方手中,利比亚局势取决于复杂的部落权力结构。伦敦政治经济学院北非项目主管阿里亚·卜拉希米对阿布扎比《国家报》表示:"在利比亚,保持权力平衡的将是部落体系,而不是军事力量。"③学术界早就开始注意部落在利比亚政治中的作用。有的学者深入研究过利比亚的部落

---

① J. 基-泽博主编:《非洲通史(第一卷):编史方法及非洲史前史》,中国对外翻译出版公司/联合国教科文组织出版办公室,1984 年,第 16 页及注释 31。

② "Libya's Tribal Politics Key to Gaddafi's Fate", *Stabroek News*, February 23, 2011; Ranj Alaaldin, "How Libya's tribes will decide Gaddafi's fate", *The Telegraph*, March 4, 2011; Sam Dagher, "Libya City Torn by Tribal Feud", *The Wall Street Journal*, June 21, 2011; Mathieu von Rohr, "Tribal Rivalries Complicate Libyan War", *Der Spiegel*, July 26, 2011.

③ S. Kurczy and D. Hinshaw, "Libya tribes: Who's who?" *The Christian Science Monitor*, February 24, 2011.

与革命这一专题,将部落与革命、石油、殖民历史经历和伊斯兰教等因素
并列为影响卡扎菲时期利比亚社会生活的关键因素。如英国学者约翰·
戴维斯以祖瓦亚部落(the Zuwaya)为例,深入研究了 20 世纪 70、80 年代
利比亚的部落认同与卡扎菲革命和国家意识之间的互动。[1] 国内有的学
者专文探讨了利比亚动乱与部落因素的关系。[2]

　　有鉴于此,我们实有必要分析部落因素在利比亚社会生活中的地位
和作用。

二、利比亚政局动乱前的民族状况

　　利比亚历史上曾多次遭受外族的入侵,从最早的腓尼基人迁移至此落
脚始,希腊人染指过这块土地,随后是罗马人的征服、汪达尔人的骚扰、拜
占庭的占领、阿拉伯人的迁入、土耳其人的统治。在帝国主义瓜分时期,
利比亚成为意大利殖民地。虽然阿拉伯人是利比亚的主要民族,但利比亚
的原住民是柏柏尔人。阿拉伯人与柏柏尔人的融合以及卡扎菲执政时期
推行的阿拉伯民族主义政策使纯柏柏尔人不断减少。主要少数民族有柏
柏尔人、图阿雷格人和图布人。此外,还有一些来自欧亚国家的移民。

(一) 阿拉伯人

　　经过几个世纪的融合,阿拉伯人逐渐成为利比亚的主要民族。一些
柏柏尔人也成为说阿拉伯语的穆斯林。阿拉伯人或者阿拉伯/柏柏尔人
占利比亚人口的绝大多数。利比亚总人口约 650 万,其中 90% 都是操纯
粹阿拉伯语的阿拉伯人和柏柏尔人血统的穆斯林。[3] 阿拉伯/柏柏尔人
的部落是社会生活中的主要存在方式。利比亚在政治、经济与社会整合

---

　　① 　John Davis, *Libyan Politics: Tribe and Revolution: An Account of the Zuwaya and Their Government*, London: I B Tauris, 1987.

　　② 　王金岩:《利比亚乱局中的部落因素》,《亚非纵横》,2011 年第 4 期;王猛:《部落因素:利比亚变局的背后》,《世界知识》,2011 年第 11 期;蒲瑶:《利比亚内乱的部落文化解读》,《世界民族》,2013 年第 1 期。王金岩:《利比亚部落问题的历史考察》,第 132—139 页。

　　③ 　潘蓓英:《利比亚》,第 19 页。美国驻利比亚大使馆认为阿拉伯/柏柏尔人占人口的 97%。General Information about Libya, http://libya. usembassy. gov/libya2. html,查询时间:2011 年 12 月 20 日。

为一体的历史比较短,在卡扎菲掌权期间推进比较快,大约 30 个部落较有影响力。[①]

卡扎菲执政时期,一些在利比亚王朝时期(1951—1969)受到重用的部落受到冷落,而三个主要部落即卡扎法部落(the Qathathfa, Qaddadfa, Qadhafah)、马加哈部落(the Magharha, Megraha, Magariha, Megrahee)和瓦尔法拉部落(theWarfala, Warfalla, Werfella)成为卡扎菲政权的主要社会基础,这一情况引起了学者的注意。[②] 卡扎菲出身于卡扎法部落。卡扎法部落的先人是盖尔扬地区(Gharyan)一位著名的圣人西迪·卡扎法·达姆(Sidi Qaddaf Al-Dam)。卡扎法部落于两个世纪前离开盖尔扬,长期流落于利比亚东部昔兰尼加地区。该部落原是利比亚的边缘人群,曾两次沦为人口众多的瓦尔法拉部落和强大的阿瓦拉德·苏莱曼部落的附庸。卡扎菲的父亲还为阿瓦拉德·苏莱曼部落的人放过羊和骆驼。卡扎法部落后来被巴拉萨部落和马加巴部落赶出昔兰尼加,在苏尔特地区定居下来。卡扎菲正是在此出生长大。[③] 在卡扎菲的极力扶持之下,这一小部落变为利比亚三大部落之一,人口约 15万。卡扎菲的精英部队和贴身卫队均来自卡扎法部落,这多少引发了其他部落的抱怨。

瓦尔法拉部落是的黎波里塔尼亚地区最重要的部落,是全国最大的部落,人数约 100 多万,占全国人口 1/6。[④] 对于瓦尔法拉部落与卡扎菲的关系有各种看法。利比亚学者曼苏尔认为,卡扎法部落与瓦尔法拉部

---

① Ranj Alaaldin, "How Libya's tribes will decide Gaddafi's fate", *The Telegraph*, March 4, 2011.

② 关于这三个部落的英文译名颇不相同,这里的 Qathathfa, Magharha, Warfala 是利比亚学者曼苏尔·基克希尔(Mansour O. El-Kikhia)的著作里的拼法,后面的是其他著作中的拼法。Mansour O. El-Kikhia, *Libya's Qaddafi The Politics of Contradiction*, University Press of Florida, 1997, pp. 89-91; Alison Pargeter, *Libya The Rise and Fall of Qaddafi*, New Haven and London: Yale University Press, 2012, pp. 158-163.

③ David Blundy and Anfrew Lycett, *Qaddafi and the Libyan Revolution*, London: Weidenfeld and Nicolson, 1987, p. 34; Lillian Craig Harris, *Libya Qadhafi's Revolution and Modern State*, Westview/Croom Helm, 1986, p. 46.

④ "Analysis: Support for, opposition to, Gaddafi is tribal in nature", Homeland Security News Wire, April 1, 2011. http://www. homelandsecuritynewswire. com/analysis-support-opposition-gaddafi-tribal-nature? page=0,1.

落有血缘关系。① 瓦尔法拉部落为卡扎菲提供了强有力的支持,他们中很多是利比亚安全部队成员,瓦尔法拉部落从而成为卡扎菲执政期间武装部队中最有影响的力量。马加哈部落约有 100 万人,主要分布在利比亚的中西部地区,是卡扎菲的重要联盟部落。② 革命指挥委员会原副主席阿卡杜·萨拉姆·贾卢德少校(Abdul Salam Jalloud, Abdessalam Jalloud)是马加哈人,他一直是卡扎菲的得力助手,曾任国家总理,为马加哈部落带来了诸多利益,包括工作、财富和机会。后来,他的权力逐渐被削弱,被另一位马加哈人阿卜杜拉·赛努西上校(Abdula al-Sanusi, Abdullah Senoussi)所取代。③

(二) 柏柏尔人

柏柏尔人(Imazighen, Berber)是利比亚最重要的少数民族,也是马格里布最早的原住民之一。希罗多德在著作中提及费赞的柏柏尔人,他认为"伽拉曼铁司人"(Garamantes,即柏柏尔人)是一个人口颇多的民族:"这是一个极大的民族。他们在他们铺在盐上面的土壤里播种……这些伽拉曼铁司人乘着四马的战车追击穴居的埃西欧匹亚人(即埃塞俄比亚人)。"④利比亚的柏柏尔人经过长期融合,基本上成为能说阿拉伯语的穆斯林,纯柏柏尔人在总人口中占很小比例。20 世纪 80 年代,利比亚的柏柏尔人约 19.5 万人,还包括图阿雷格人,远少于摩洛哥、阿尔及利亚和突尼斯的柏柏尔人。⑤ 柏柏尔人在利比亚受歧视的情况在卡扎菲政权以前就存在。阿拉伯人将柏柏尔人称为"纳夫斯"(Nafusi)或"贾巴里"(Jabali)。两个称呼曾经是荣誉称号,后来明显带有轻蔑的意味。⑥ 柏柏

---

① Mansour O. El-Kikhia, *Libya's Qaddafi The Politics of Contradiction*, p. 91.

② "Analysis: Support for, opposition to, Gaddafi is tribal in nature", Homeland Security News Wire, April 1, 2011.

③ Mansour O. El-Kikhia, *Libya's Qaddafi The Politics of Contradiction*, p. 91; "Analysis: Support for, opposition to, Gaddafi is tribal in nature", Homeland Security News Wire, April 1, 2011.

④ 《希罗多德历史》(王以铸译),上册,商务印书馆,1997 年,第四卷第 183 节,第 336—337 页;Michael Brett and Elizabeth Fentress, *The Berbers*, pp. 22-23.

⑤ 李毅夫、赵锦元主编:《世界民族大辞典》,吉林文史出版社,1994 年,第 788 页。

⑥ Louis Dupres, "The Non-Arab Ethnic Groups of Libya", *Middle East Journal*, 12 (1958), p. 35.

尔人虽然散居于利比亚的各种地区,但其主要聚居地在的黎波里塔尼亚的纳富沙山地高原(Jabal Nafusah highlands)和昔兰尼加的乌季拉(Aujila)城镇周围。① 2011年的联合国报告估计柏柏尔人占利比亚总人口5%。② 柏柏尔人文化传统虽然悠久,但由于缺乏正规的语言教育,加上存在各种方言,这成为柏柏尔文化的弱点,从而在长期的交往中与阿拉伯人互相融合。

(三) 其他民族与地缘划分

图阿雷格人(Terga,Tuareg,单数是Turgui)从严格意义上说是柏柏尔人的一支,是"柏柏尔游牧武士的现代名字"。他们主要分布在撒哈沙漠中部和萨赫勒地带,是这一地区最早的居民之一。③ 图阿雷格人有250万左右,活动于阿尔及利亚、马里、尼日尔、布基纳法索和利比亚西部。11世纪前后曾遭阿拉伯人驱逐,被迫逃至撒哈拉山区,后逐渐成为游牧民。因为他们内部十分团结,被阿拉伯人称为"图阿雷格人",意为"整体"、"一致"。利比亚的图阿雷格人主要分布在与阿尔及利亚交界的加特绿洲(Ghat Oasis)和加达米斯绿洲(Ghadamis Oasis)一带,约1.5万人。④ 图阿雷格人是穆斯林,但他们的伊斯兰教带有泛灵论和非洲宗教的特点,与阿拉伯人社会习俗不同。与阿拉伯人妇女不同,妇女在图阿雷格人中享有较高地位,家庭财富是由女性而非男性继承,妇女而非男子有权学习和读书,谈判由妇女进行;男人蒙面而非女人蒙面。⑤ 20世纪后期,为了逃避尼日尔和马里的动乱,曾有几万图阿雷格人逃到周边国家特别是阿尔

---

① Lillian Craig Harris, *Libya Qadhafi's Revolution and Modern State*, Westview/Croom Helm, 1986, p. 26.

② "UN Internal, Consolidated Report of the Integrated Pre-Assessment Process for Libya Post-Conflict Planning, 5 August 2011(Working Draft)", p. 18, http://www. innercitypress. com/un1libya1vandewalle. pdf. 查阅时间:2014年12月2日。

③ Michael Brett and Elizabeth Fentress, *The Berbers*, pp. 201, 206-208.

④ Lorna Hahn, *Historical Dictionary of Libya*, The Scarecrow Press, 1981, p. 77;李毅夫、赵锦元主编:《世界民族大辞典》,第788页。有关利比亚图阿雷格人的研究,参见岚沁:《利比亚的图阿雷格人》,《阿拉伯世界》,1985年第2期。

⑤ Lillian Craig Harris, *Libya Qadhafi's Revolution and Modern State*, Westview/Croom Helm, 1986, p. 27.

及利亚和利比亚等国。①

图布人(the Tubu, Toubou)亦作"蒂布人"(the Tebu),是另一个少数民族,名称意为"岩石人"(rocky people)。作为跨境民族,图布人主要分布在撒哈拉沙漠的中部和萨赫勒地带的中北部,即乍得、尼日尔和利比亚。图布人说特布语(the Tebu languages),这种语言属于尼罗-撒哈拉语族。图布人主要活动地带在北部提贝斯提山区,特布语意思为"岩石山"(rocky mountains),其名称由此而来。图布人曾建立了特达王朝,即卡涅姆王国的前身。他们的经济一直以游牧为基础,但其流动性后来逐渐被南部沙漠所制约。殖民主义统治与独立后的国家管理使他们的迁移进一步受到约束。利比亚的图布人很少,约 2 600 人,②人们习惯于称其为"部落"。③ 利比亚图布人肤色较深,主要居住在利比亚东南部特别是与乍得交界地区,以库法拉绿洲(Kufra)为其活动中心。这里的图布人在塞努西教团的影响下皈依了伊斯兰教,但仍然保留着早期的宗教信仰和习俗。图布人是现代利比亚城市中劳动力的重要来源之一,主要是由班加西和拜伊达等地政府管理。④

对于利比亚动乱前的部落情况,王金岩以地域分布为主进行了划分,即首都的黎波里、西部地区、东部地区、南部地区以及中心海岸地区的部落分布。首都的黎波里主要有三个部落,即马拉里哈(Marariha)、马斯拉塔(Maslata)和瓦尔法拉(Warfala);首都以外的西部地区有麦格拉哈(Magariha)、津坦(Zintan)等十余个部落;东部地区主要有阿瓦吉尔部落(Awajir)、米苏拉塔部落(Misurata)、奥贝迪部落(Obeidat)和塔瓦吉尔

---

①　例如,1963 年马里阿达尔人的反叛遭到军队的镇压,大批图阿雷格人逃到阿尔及利亚。Michael Brett and Elizabeth Fentress, *The Berbers*, p. 222.

②　潘蓓英:《利比亚》,第 22 页。一说 2 400 人, https://joshuaproject. net/people_groups/15316/LY. 。另一说为 5 000 人,李毅夫、赵锦元主编:《世界民族大辞典》,第 788 页。

③　Lorna Hahn, *Historical Dictionary of Libya*, p. 72; "Libyan People", https://www. temehu. com/Libyan-People. htm♯Tebo; "Tebu Tribe", The Liberty Beacon, May 20, 2017, http://www. thelibertybeacon. com/tag/tebu-tribe/; M. Joanne, "CIA operative Khalifa Haftar continues war crimes in Libya, threatens Toubou tribe", Society's Child, March 13, 2018, https://www. sott. net/article/380004 - cia-operative-khalifa-haftar-continues-war-crimes-in-libya-threatens-toubou-tribe.

④　"UN Internal, Consolidated Report of the Integrated Pre-Assessment Process for Libya Post-Conflict Planning, 5 August 2011(Working Draft)", p. 18.

(Tawajeer)等。位于南部沙漠的主要部落有图阿雷格部落(Toureg)、图布部落(Tubo)和阿瓦吉拉部落(Awajila)等。中心海岸地区有卡达法部落(Qdahafah)。①

(四) 利比亚民族状况的两个特点

利比亚的民族状况有两个明显的特点,一是宗教因素,二是部落主义(tribalism),即与部落相关的意识、情感、制度和关系等。利比亚国民多信奉伊斯兰教,其中大部分是逊尼派信徒。② 卡扎菲政权将伊斯兰教定为国教,以此增加其统治的合法性,并以伊斯兰教来巩固和加强利比亚的民族认同和团结。③ 然而,他对伊斯兰教有严格的管理和限制,尤其对东部地区的伊斯兰运动非常敏感。这些运动与以前的统治者伊德里斯国王(King Idris,1889 年 3 月 12 日—1983 年 5 月 25 日,1951—1969 年在位)家族有密切关系,并具有反对卡扎菲政权的色彩。④ 从 19 世纪中期开始,塞努西传教团以昔兰尼加为基地传播塞努西学说(Sanusi),成为当地主要的宗教和政治力量。塞努西学说主张将伊斯兰正统理论与苏菲主义相结合,是伊斯兰神秘主义的一种形式,非常适合昔兰尼加的贝都因人。伊德里斯国王深受塞努西宗教思想的影响。⑤

---

① 由于阿拉伯语与英语的转译,王金岩提到的部落译名与利比亚学者书中相关部落的拼法不尽相同,如麦格拉哈部落(Magariha)即马加哈部落(the Magharha, Megraha, Magariha, Megrahee),卡达法部落(Qdahafah)即卡扎法部落(the Qathathfa, Qaddadfa, Qadhafah)。王金岩:《利比亚部落问题的历史考察》,第 37,39 页。

② 潘蓓英:《利比亚》,第 27 页;王金岩:《利比亚乱局中的部落因素》,《亚非纵横》,2011 年第 4 期。

③ 关于卡扎菲时期的宗教政策以及伊斯兰教的反抗,参见 Lisa Anderson, "Religion and State in Libya: The Politics of Identity", *Annals of the American Academy of Political and Social Science*, No. 483, January 1986; George Goffe, "Islamic Opposition in Libya", *Third World Quarterly*, No. 2, Apr. , 1988。

④ "UN Internal, Consolidated Report of the Integrated Pre-Assessment Process for Libya Post-Conflict Planning, 5 August 2011(Working Draft)", p. 15, http://www. innercitypress. com/un1libya1vandewalle. pdf,查询时间:2011 年 12 月 2 日。

⑤ 罗纳德·布鲁斯·圣约翰著:《利比亚史》(韩志斌译),第 42—43 页;王金岩:《利比亚部落问题的历史考察》,第 88—89 页。

利比亚民众中强烈的部落意识是社会基础的反映。不仅阿拉伯人保持着部落这种社会方式,柏柏尔人的部落制度也有相当长的历史。① 作为一种客观存在,利比亚政权领导层对部落制度有深切的认识。卡扎菲深知利比亚部落问题的重要性。他的儿子赛义夫·伊斯兰·卡扎菲也明确地表示:"与埃及和突尼斯不同,利比亚是由部落、氏族及其联盟组成。"②前面提到的奥马尔·法塔里博士的社会调查表明,利比亚人中间存在着强烈的部落主义。专门针对行政官员的调查也反映出同样现象。在对 20 名市长的"自我评价有关现代化失败主要原因"的调查问卷中,12 位答卷者(8 位未回答)中认为"部落主义"的占第一位(91.7％),其次是民众对公共事务不关心(75％),第三是缺乏公共合作(66.7％),另三个原因(缺乏公民责任、缺乏权威和公众消极)占比很小。这一调查的准确性存在两个问题。首先,它并未确定"部落主义"的定义,即它包括一些什么特征和表现,仍属于一种只可意会不能言传的现象。第二,它也未说明这种部落主义是官员本身存在的现象,还是民众中间的行为。③ 然而,这一调查充分说明,部落主义的客观存在不容置疑,这种现象在某种意义上已成为利比亚国家建设中的障碍。

三、卡扎菲有关民族的思想及其政策实践

笔者曾在《非洲民族主义研究》中阐述过多层次是非洲民族主义的特点之一。④ 卡扎菲的阿拉伯民族主义即是具体表现之一。中国学者对卡扎菲的思想有所研究,关于他依赖部落力量的做法也有所论述。⑤ 例如,韩志斌认为,卡扎菲对部落主义力量的依赖主要体现在三个方面。第一,

① Michael Brett and Elizabeth Fentress, *The Berbers*, pp. 61-70.

② S. Kurczy and D. Hinshaw, "Libya tribes: Who's who?" *The Christian Science Monitor*, February 24, 2011.

③ Omar I. El Fathaly and Monte Palmer, *Political Development and Social Change in Libya*, D. C. Heath and Company, 1980, pp. 33 - 35, 84; Lillian Craig Harris, *Libya Qadhafi's Revolution and Modern State*, pp. 30-31.

④ 李安山:《非洲民族主义研究》,中国国际广播出版社,2004 年。

⑤ 韩志斌:《利比亚伊斯兰社会主义研究》,浙江人民出版社,2014 年,第 95—96 页;王金岩:《利比亚部落问题的历史考察》,第 122—125 页。

革命委员会领导人主要从部落中任命。第二,在军政各部门安插部落中
的亲信。第三,卡扎菲在利用部落的同时,也采取各种措施限制部落势力
的过度膨胀,以便确保自身的权威。① 这种分析有一定道理,但我们还是
应该将卡扎菲的这种措施放在历史的过程中去考察才能避免教条化,也
能尝试得出更客观的结论。例如,比较明显的一个现象是,卡扎菲在执政
前期对阿拉伯民族主义的信仰使他曾力图阻止部落因素的增长,后来发
现难以突破传统势力才又回到对部落因素的倚重。卡扎菲有关民族的思
想主要体现在他的《绿皮书》里。他对民族、部落、少数民族与黑人都列出
专章论述,虽然篇幅不多,但反映了他的观点。然而,在他有关民族的思
想及其政策实践中,却存在着三个焦点或曰三对矛盾,而这三对矛盾的解
决在不同阶段有不同的重点。

(一) 民族主义还是部落主义

卡扎菲深受纳赛尔的影响,主张阿拉伯民族主义。他在执政期间竭
尽全力建立一个阿拉伯民族国家。他在《绿皮书》中有专章谈及民族并提
出了自己的观点。他对民族的理解可以归纳为以下观点。首先,民族是
一种政治保护伞,它比部落向其成员提供的社会保护伞更宽更广。第二,
民族是历史的产物,是经过了家庭和部落阶段发展而来的。民族的形成
有先有后,民族也有先进落后之分。"先进的、从事生产的、文明的民族,
对于全世界也是有益的。"第三,他认为,血缘相同和命运与共是一个民族
的两种历史基础。尽管民族并非一个血缘,但它"是人类在历史进程中积
聚而成的","不论其血缘是否相同,民族归根结底是归属和共同命运的问
题"。第四,民族主义是基本的也是永恒的社会因素。民族是一种社会结
构,由民族主义联结。国家是一种政治结构,其最主要的因素也是民族主
义。"因此,民族主义国家是与自然的社会结构相适应的唯一政治形式。"
国家在内外矛盾的作用下会崩溃,但也会在民族斗争、民族复兴或民族统
一的口号下再次出现。第五,民族精神和宗教精神都是作用于国家分裂
或民族独立的重要因素。两者互相作用,此消彼长。②

① 韩志斌:《利比亚伊斯兰社会主义研究》,第 95—96 页。
② 穆阿迈尔·卡扎菲:《绿皮书》,第 109—116 页。

在实践中,卡扎菲大力推进阿拉伯民族主义,鼓吹建立一个阿拉伯民族国家。这种阿拉伯民族主义有对外和对内两个层面。纳赛尔于 1970年 9 月 28 日逝世后,卡扎菲视自己为纳赛尔的继承人。他在讲话中无时无刻不在强调纳赛尔的阿拉伯民族主义的重要内容,如阿拉伯统一、以伊斯兰教社会主义为中心的社会和经济公正以及反对帝国主义等方面。他在 1972 年 7 月的演讲中指出,阿拉伯民族统一成一个阿拉伯国家是绝对必要的,并一直致力于这一目标。早在 1969 年,利比亚就与埃及和苏丹签订《的黎波里宪章》,同意合并,随之而来的是与埃及和叙利亚签订的《班加西条约》(1971)和与埃及合并(1972)的努力。此后,还有与阿尔及利亚签订的《哈西梅索乌德协议》(1973),与突尼斯签订的《杰尔巴条约》(1974),与乍得的《的黎波里公报》(1981),与摩洛哥签订的《乌杰达条约》(1984)。① 在短短 15 年里,利比亚就 7 次企图与其他阿拉伯国家合并,充分反映了卡扎菲统一阿拉伯民族的梦想。在利比亚国内,他也致力于建立一个阿拉伯民族。1969 年的利比亚宪法规定,利比亚是一个阿拉伯国家,利比亚人是阿拉伯民族的一部分,目标是实现完全的阿拉伯统一。阿拉伯语是唯一的官方语言。② 在革命指挥委员会初期,他曾企图削弱利比亚民众对现存部落的忠诚并消灭部落组织。这种力图用意识形态的忠诚来取代对部落的依赖的做法取得了"部分成功"。③

卡扎菲政权在革命后的实践中逐渐发现其打破旧的社会结构的努力遇到多方阻碍,不得不继续依靠部落力量。他在执政期间,特别是后期,多方面考虑部落利益,利用财富、权力和就业机会来吸引和平衡各部落的力量,通过多种政权组织整合和笼络各个部落。同时他又重点扶植一些部落,使其与自己家族成员和亲信组成政权的支持力量,尤其是卡扎法、瓦尔法拉和马加哈等部落,其成员占据了卡扎菲政府、军队、警察和外交等方面的重要位置。这些行为给一些受惠的部落和家庭成员提供了贪污敛财的机会,致使在以前王朝时期的裙带关系再现。贾卢德一直是卡扎

①　Dirk Vandewalle, *A History of Modern Libya*, Cambridge University Press, 2006, p. 87. 由于卡扎菲与阿拉伯国家的关系恶化,这一梦想后来被泛非主义所取代。

②　*Libya-Constitution*, Adopted on 11 Dec 1969, http://www. servat. unibe. ch/icl/ly00000_. html,查阅日期:2018 年 2 月 5 日。

③　R. St John, *Historical Dictionary of Libya*, The Scarecrow Press, 2006, p. 253.

菲的亲密战友,与卡扎菲一起打天下,曾担任利比亚的总理。然而,他后来的核心位置被另一位马加哈人阿卜杜拉·赛努西所取代。究其原因是赛努西上校与卡扎菲关系更近,主要是赛努西上校与卡扎菲妻子沙菲亚·法尔卡希(Safia Farkash)的妹妹结成夫妻。赛努西上校成为利比亚的情报安全方面的总负责人。这种联姻的安排不仅使卡扎菲家族增加了权力,也加深了卡扎法部落与马加哈部落的关系。[1] 利比亚学者曼苏尔·基克希尔对卡扎菲政权作了较为细致的探讨,根据 1993 年的资料研究了革命委员会(Revolutionary Committees)的成分和比例。在 70 名成员中,有卡扎法部落 39 人,瓦尔法拉部落 27 人,马加哈部落 4 人。[2] 从这一权力分配看,卡扎菲对瓦尔法拉人也颇为信任。[3] 马加哈部落和瓦尔法拉部落与卡扎法部落之间均存在着某种关系,或是血缘关系,或是联姻关系。1994 年的人民社会领导委员会(People's Social Leadership Committees,另一个英文译名为 Social People's Leadership Committees)的成立和 1995 年的"荣誉证书"(Certificate of Honour)等措施,旨在以官方名义肯定部落制度的合法性并赋予部落地区首领以责任和义务。[4]

(二)"去部落化"还是"再部落化"

他对部落的看法也是矛盾的。一方面他认为部落有其积极意义,扶植和依靠部落力量,另一方面又认识到部落主义的负面作用,从而不断推行各种政策和制度建设以减少其负面作用。卡扎菲毕竟是生活在一个部落意识相对强烈的社会,对这种利比亚存在的社会形式有自己的理解。第一,人类社会的联系单位由小到大,从家庭到部落,从部落到民族,从民族到世界。部落作为社会的物质整体会存在下去,它是家

---

[1] Mansour O. El-Kikhia, *Libya's Qaddafi The Politics of Contradiction*, p. 91; "Analysis: Support for, opposition to, Gaddafi is tribal in nature", Homeland Security News Wire, April 1, 2011.

[2] Mansour O. El-Kikhia, *Libya's Qaddafi The Politics of Contradiction*, pp. 158-161.

[3] Alison Pargeter, *Libya The Rise and Fall of Qaddafi*, pp. 158-161.

[4] 王金岩对卡扎菲的革命民族主义(1969—1976)以及民众国形态与超越民族主义(1977—2011)两个实践阶段进行了分析。参见王金岩:《利比亚部落问题的历史考察》,第106—114 页。

庭的扩大,"部落是一个大家庭"。第二,人们之间关系的紧密和互相关怀的程度与这些社会联系单位的大小成反比。"它们的关系随着范围的扩大则渐趋冷淡","在社会联系、互相团结和亲密友爱方面,家庭胜于部落,部落胜于民族,民族胜于世界"。第三,人们应该保持这些社会单位的凝聚力以从中获益,即"从家庭、部落、民族和人类互相联系、紧密团结、亲密友爱所产生的利益、特征、价值和理想中获得裨益"。第四,部落在培养人的理想方面起到比家庭和正规教育更重要的作用。"部落是一所社会学校,其成员从小就受到崇高理想的熏陶。随着年龄的增长,这些理想自动地固定下来,成为他们生活的准则。"第五,部落是人们的保护伞。"就社会保障而言,部落是天然的社会保护伞。它根据部落的社会传统惯例,为其成员提供集体赎金、集体罚金、集体报仇及集体防卫,即社会保护。"①

然而,他也看到了部落忠诚和部落意识的负面效应。在分析部落与民族的关系时,他不仅认识到前者比后者狭隘,也意识到两者出现冲突时前者对后者的威胁。首先,"部落主义损害民族主义。因为,对部落的忠诚会削弱和牺牲对民族的忠诚,正如对家庭的忠诚会削弱和牺牲对部落的忠诚一样"。其次,部落的互相倾轧也会削弱民族,使民族受到威胁。② 卡扎菲深知部落制度在利比亚政治中的负面作用。针对这一现象,卡扎菲明确表示:部落与政党一样,在革命的利比亚社会里是没有位置的。③ 在实践中,卡扎菲对部落的政策也不时根据形势的需要和权力的变更做出调整。从1969 年到 1975 年,卡扎菲主要依靠革命指挥委员会进行领导。然而,在1969 年的革命指挥委员会成员艾哈迈德·穆萨和亚当·哈瓦兹策划阴谋以及 1975 年革命指挥委员会重要成员巴希尔·哈瓦迪(Bashir Hawadi)和计划部部长奥马尔·穆海希(Umar al-Muhayshi)发动未遂政变后,卡扎菲开始从依靠专业人员转向依赖传统势力特别是他自己家族和部落的亲信。④ 他的这种行为导致了卡扎法部落一些亲属以权谋私,从而让人回想

① 穆阿迈尔·卡扎菲:《绿皮书》,第 103—106 页。
② 穆阿迈尔·卡扎菲:《绿皮书》,第 109 页。
③ Lillian Craig Harris, *Libya Qadhafi's Revolution and Modern State*, p. 30.
④ Dirk Vandewalle, *A History of Modern Libya*, p. 101.

起伊德里斯国王因重用一些部落而出现的现象。①

当然,这并不意味着卡扎菲全力依靠部落制度。1977 年 3 月 2 日,利比亚人民大会发布《建立人民权力宣言》(*Declaration of the Establishment of the People's Authority*),随之成立的民众国(Jamahiriya, state of the masses)是卡扎菲的有关政治体制建构的重要部署。这一政治制度被称为"没有政党的直接人民民主制"。卡扎菲推进自己的理想并设计和成立了多重群众组织,如各级人民大会、各级革命委员会以及公社等,尽力打破旧有的部落界线和权力垄断。卡扎菲政权将全国划分为 1 500 个公社,这些公社有自己的预算、行政和立法权力;23 个市镇委员会组成了总人民大会。② 人民社会领导委员会主要有各家族和部落首领参加,其初始目的是通过控制家族和部落成员来维护社会稳定。1996 年以后,这一组织的责任扩展到分配国家补助以及提供法律文件。这样,人民社会领导委员会成为政府与部落之间的桥梁,部落首领被纳入国家控制的组织,部落也被纳入国家政权和利益体系中。③ 尽管这些组织(如人民大会)在某种程度上反映了部落主义的遗产,如对传统社会地位的讲究等,但这些组织的设立明显是为了达到"去部落化"的目的,即削弱部落首领的权力,将权力归于这些组织以利于统一领导。国内有学者指出,卡扎菲利用部落组织的政策是有阶段性的,这一观点有道理。④ 穆萨·库萨在 1978 年完成的硕士论文中认为卡扎菲部落里没有人参与政治或担任政府职务。⑤ 然而,卡扎菲在 1985 年秋天发表了一封信,公开指责那些以权谋私的"不忠诚"的亲戚。⑥ 如果认为他 90 年代初才开始实行这一政策,则难以解释为何其部落成员早已

---

① 有关伊德里斯国王时期的部落因素,参见王金岩:《利比亚部落问题的历史考察》,第 93—96、101—104 页。

② 圣约翰:《利比亚史》,第 217 页。

③ Dirk Vandewalle, *A History of Modern Libya*, p. 151; "UN Internal, Consolidated Report of the Integrated Pre-Assessment Process for Libya Post-Conflict Planning, 5 August 2011(Working Draft)", p. 15. 后者认为该组织成立的时间是 1993 年。

④ 蒲瑶:《利比亚内乱的部落文化解读》,《世界民族》,2013 年第 1 期,第 24—26 页。作者认为卡扎菲是从 20 世纪 90 年代初才开始"利用部落结构(组织)以促进其各项活动",第 25 页。

⑤ Musa Kousa, "The Political Leader and His Social Background: Muammar Qadafi, the Libyan Leader", p. 114.

⑥ R. St John, *Historical Dictionary of Libya*, pp. 253-254.

开始利用自己的权势捞取私利，从而使得卡扎菲在 1985 年发表公开信谴责其部落成员。这种情况应该早于 90 年代初。

国外的利比亚民族拯救阵线（National Front for the Salvation of Libya）利用外国制裁引发群众不满之机，联络了美国情报人员以及对卡扎菲心怀怨恨的瓦尔法拉部落的一些军官，于 1993 年策划反对卡扎菲的军事政变。政变失败后，8 名军官被处决，不少瓦尔法拉人在后来的清洗中遭到驱逐或审判。① 此次未遂政变使卡扎菲更加警惕。曼苏尔·基克希尔从一位利比亚学者的角度研究了卡扎菲和利比亚政治的关系。他认为卡扎菲通过各种途径提拔卡扎法部落的人，或是从警察部队调入军队，或是委以其他重任，例如阿赫马德·卡扎菲·达姆（Ahmad Qaddafi al-Damm）、马苏德·阿卜杜尔-哈费斯（Massoud Abdul-Hafith）、米斯巴赫·阿卜杜尔·哈费斯（Misbah Abdul-Hafith）、哈里法·伊赫内西（Khalifa Ihneish）、奥马尔·伊希卡尔（Omar Ishkal）、巴拉尼·伊希卡尔（Al-Barani Ishkal）、奥姆兰·卡扎菲（Omran Atiatallah al-Qaddafi）、伊姆哈马德·卡扎菲（Imhamad Mahmoud al-Qaddafi）、卡米斯·卡扎菲（Khamis Massoud al-Qaddafi）、萨阿德·卡扎菲（Saad Masoud al-Qathaf）、哈桑·卡扎菲（Hassan al-Kabir al-Qaddafi）、阿里·基尔博（Ali al-Kilbo）等人。② 他们中的一些人不断得到提拔，例如卡扎菲的堂兄弟中，利比亚中部地区（苏尔特）由哈里法·伊赫内西上校掌管，南部地区（塞卡哈绿洲）由马苏德·阿卜杜-哈费斯上校领导，班加西地区由米斯巴赫·阿卜杜拉-哈费斯控制，图布鲁格地区由阿赫马德·卡扎菲·达姆掌管。他的另外几个堂兄弟也得到重用，如阿赫迈德·伊卜拉辛（Ahmed Ibrahim）、阿卜杜拉·奥特曼（Abdullah Othman）等。

1993 年未遂政变后，卡扎菲意识到自己的改革遇到阻力，也发现权力分配不当会导致自己的失败。他重新调整了一些重要职位，相当多的职务由卡扎法部落及其联盟部落的人担任。马苏德·阿卜杜尔-哈费斯上校被任命为利比亚警卫部队司令，巴拉尼·伊希卡尔负责国内军事安全，阿里·基尔博被任命为阿扎兹尔兵营警卫，专门负责卡扎菲的住所的安全保

---

① Alison Pargeter, *Libya The Rise and Fall of Qaddafi*, pp. 158-161.

② Mansour O. El-Kikhia, *Libya's Qaddafi The Politics of Contradiction*, pp. 89-92.

卫。革命委员会的领导权交由穆哈默德·马吉卓普·卡扎菲(Mohamad al-Majthoub al-Qaddafi)负责，一直到他于 2007 年逝世。情报和宣传部门由萨伊德·卡扎菲·达姆上校(Sayed Qathaf)掌管。卡扎法人掌握着利比亚政治、经济大权，形成了一个庞大的组织体系，无疑对卡扎菲的政权起到了重要作用。在卡扎法部落附属与联盟部落在卡扎菲政府中担任官职的人中，除了 5 名是卡扎菲的姻亲外(如卡扎菲妻子的兄弟任军警监狱司令)，还有卡扎菲的 8 个侄子。① 卡扎菲的侄子萨伊德·卡扎菲·达姆(Sayyid Qadhaf al-Dam)从 2004 年成为人民社会领导委员会的总协调官，并被指定为卡扎菲的接班人。这一现象被称为"再部落化"(re-tribaliza-tion)。② 王金岩将卡扎菲实行"部落等级制"概括为政治上"打一派拉一派"，经济上"胡萝卜加大棒"和军事上亲疏分别，并认为这种做法体现了威权政治对国家发展的负面影响："在短期内确保其政权能够经受住各种挑战，但从长期看却给国家和社会的发展埋下了深层的对立和冲突的种子。"③这一分析有一定道理，但"经受住各种挑战"未免言过其实。此外，一个国家的政治制度须结合其历史文化的特点。这是我们在分析阿拉伯国家政治制度的演变时应该注意的。

(三) 对少数民族的政策是尊重还是侵犯

卡扎菲对少数民族的看法有三个观点。第一，他认为存在着两类少数民族，一类归属于一个民族，其社会范畴就是它的民族(这里他应该喻指利比亚的柏柏尔人属于阿拉伯人)。另一类不归属一个民族，这是历史上形成的一个集团，"这个集团最终将按照其共同的属性和命运形成一个民族"。第二，少数民族有其自身的社会权利。多数民族对少数民族的社会权利应该尊重，而不是侵犯。第三，对少数民族应该平等相待，将他们视为政治和经济上的少数派是一种独裁和压迫。他对黑人的看法颇为乐观，认为他们有两个特点。其一是他们饱受白人的奴役和殖民统治，从而

---

① Alison Pargeter, *Libya The Rise and Fall of Qaddafi*, p. 99; Mansour O. El-Kikhia, *Libya's Qaddafi The Politics of Contradiction*, pp. 89-92,151-158.

② Dirk Vandewalle, *A History of Modern Libya*, pp. 151-152.

③ 王金岩:《利比亚部落问题的历史考察》，第 122—125 页。

具有要求恢复名誉的心理状态，这构成了他们报仇雪耻和谋求统治的黑人运动的心理因素。"黄种人从亚洲挺进其他各大洲，曾经统治过世界，后来白种人推行殖民主义遍及世界各大洲，现在该轮到黑人来进行统治了。"其二是他们在人数上的优势，"他们的人口无限增长"，黑人将"称雄世界"。① 这种看法多少具有宿命论的涵义。然而，从《绿皮书》表达的观点看，卡扎菲对少数民族的看法是正面的。

利比亚存在着三个主要的少数民族，柏柏尔人、图阿雷格人和图布人。柏柏尔人具有顽强的独立精神。早在阿拉伯人入侵时，一位名为达希亚·卡希纳（Dahia Al-Kahina）的柏柏尔人女战士在战斗中勇敢指挥军队与阿拉伯人作战，她宁愿牺牲也不愿投降阿拉伯人。② 柏柏尔人在利比亚历史上出现过两次独立的尝试。一次是在卡拉曼利王朝时期（1711—1835），内陆的阿拉伯人和柏柏尔人在18世纪后半期脱离的黎波里的中央政府宣布独立。③ 第二次独立意味着柏柏尔人的现代政治觉醒起步较早。1918年11月，利比亚西部的柏柏尔人领袖苏莱曼·巴伦尼（Sulayman al-Baruni）和他的同伴宣布组建的黎波里共和国。虽然这个共和国存在的时间不长，但它成为整个阿拉伯世界的第一个共和国。④

利比亚柏柏尔人经过长期融合，基本上成为能说阿拉伯语的穆斯林，纯柏柏尔人在总人口中占很小比例。卡扎菲政权不承认境内的少数民族是非阿拉伯民族，对寻求独立身份的柏柏尔人的政策较为严厉。学校不教授柏柏尔语，禁止在公共场合使用柏柏尔语。2007年以前，柏柏尔人的小孩不能以非阿拉伯人的名字取名。⑤ 卡扎菲将柏柏尔主义或柏柏尔

---

① 穆阿迈尔·卡扎菲：《绿皮书》，第137—142页。

② "Lecture by Incoming AU Commission Chairperson, Dr Nkosazana Dlamini-Zuma to the ANC Women's League", July 29, 2012. http://www. safpl. org/news/article/2012/nko-sazana-dlamini-zuma-auc-lecture, 2012—08—12; Alison Pargeter, *Libya The Rise and Fall of Qaddafi*, pp. 16-17.

③ 圣约翰：《利比亚史》，第32页。

④ Lisa S. Anderson, "The Tripoli Republic 1918—1922", E. G. H. Joffe and K. S. Maclachlan, eds., *Social and Economic Development of Libya*, London: MENAS Press, 1982, pp. 43-66.

⑤ "UN Internal, Consolidated Report of the Integrated Pre-Assessment Process for Libya Post-Conflict Planning, 5 August 2011(Working Draft)", p. 18, http://www. inner-citypress. com/un1libya1vandewalle. pdf. 查阅时间：2014年12月2日。

人的身份视为帝国主义的遗留，是帝国主义用来对阿拉伯人实施分而治之的阴谋。他认为根本不存在柏柏尔主义，所谓的柏柏尔语"是原生的阿拉伯语"。20世纪80年代，为了说明柏柏尔语言没有存在的合法性，卡扎菲指出，母亲教授柏柏尔语等于喂给孩子"殖民主义者的奶"，这是"毒药"。柏柏尔人不能表达自己的文化，政府严禁他们从事政治活动特别是组建政党的行为。1980年，一些柏柏尔人企图创建柏柏尔人政党，40多人被捕，3人被处死，其余被判处徒刑。在柏柏尔人比较集中的祖瓦拉地区，1981年到1982年发生过柏柏尔人的示威游行。一场因足球比赛而起的骚乱最后酿成流血事件，示威者打出"报仇！报仇！祖瓦拉，我们用自己的鲜血抚慰你！"的标语。① 柏柏尔人在军队中任职的不少，卡扎菲对这种反抗情绪颇为担忧。1984年秋季，70余名军队高级官员被强迫退休。柏柏尔人军官往往是退休或降职的主要目标，卡扎菲担心他们会形成一支反对力量。② 2000年斋月，祖瓦拉再次发生动乱，示威者焚烧汽车，事件迅速升级并导致人员伤亡。利比亚政府的反应是调整对柏柏尔人的政策，柏柏尔人被赋予一些权利，可用民族语言给孩子起名，也可以公开谈论柏柏尔文化。③ 柏柏尔人作为一个自我意识很强的民族，他们在北非诸国开展柏柏尔主义运动，面临着民族、穆斯林和国族这样三重认同。④ 这一运动对利比亚的柏柏尔人有一定影响。在卡扎菲执政时期，柏柏尔人身份受到多方面削弱。首先是政府直接否认柏柏尔人是非阿拉伯人的政策，其次是政府去部落化的政策对柏柏尔人也有直接影响，再次是让游牧民安置的政策，加之阿拉伯人对柏柏尔人的歧视态度。

卡扎菲尊重图阿雷格人，认为他们代表着真正的贝都因人传统。他曾表示，在图阿雷格人流散到北非和西非等地之前，利比亚是图阿雷格人祖先的家园。卡扎菲改善了该民族在利比亚的境况。例如，卡扎菲掌握政权之前，他们必须有通行证才能到班加西。⑤ 图阿雷格人也是

---

① 明浩：《卡扎菲民族国家观的破产》，《中国民族报》2011年12月16日。

② Lillian Craig Harris, *Libya Qadhafi's Revolution and Modern State*, p. 73.

③ 明浩：《卡扎菲民族国家观的破产》，《中国民族报》2011年12月16日。

④ 黄慧论证了阿尔及利亚柏柏尔人的这种认同过程，特别是柏柏尔主义在阿尔及利亚形成及其发展过程，参见黄慧：《阿尔及利亚柏柏尔主义研究》，第130—196页。

⑤ "Gaddafi and the Touareg: Love, hate and petro-dollars", March 16, 2011. http://www.andymorganwrites.com/gaddafi-and-the-touareg-love-hate-and-petro-dollars/.

利比亚武装力量的重要来源。① 卡扎菲对图阿雷格人实行优惠政策。在投资与经商方面也给予特权与特殊的待遇（尤其是在尼日尔和马里的经商机会）。② 有意思的是，卡扎菲一方面多次公开表示他对图阿雷格人有着巨大的亲和力。一种说法是他从母亲那里继承了一些图阿雷格人的血统，他认为图阿雷格人是实现一个由阿拉伯文化和伊斯兰教统一的"无国界撒哈拉"这样伟大抱负的自然盟友。另一方面，卡扎菲对图阿雷格文化采取的是截然相反的态度。1985 年，他在演讲中曾宣称，教孩子塔马塞特语（Tamazight）的母亲是在给孩子注射毒药。有的图阿雷格人知识分子因为教授图阿雷格语的古老字母而被囚禁。③ 这种看似矛盾的态度是卡扎菲力图整合利比亚国族这一政策的体现。他既要争取图阿雷格人的支持，又反对他们的分离倾向，并竭力使图阿雷格人认同利比亚。

卡扎菲政权对图布人则持一种歧视和高压政策。联合国难民事务高级专员在题为《濒危民族社会》的报告中提到利比亚针对库夫拉绿洲的图布人的"大规模歧视"。④ 2007 年，利比亚政府采取取消图布人的公民资格的政策并催促他们回乍得。此后，双方紧张关系不断上升。图布人为反对卡扎菲政权的歧视政策进行了斗争并于 2007 年组建了"利比亚图布人拯救阵线"（Toubou Front for the Salvation of Libya），有自己的旗帜和武装。⑤ 2008 年 11 月 2 日，库夫拉的图布人针对地方政府官员剥夺图布族儿童受教育和医疗保健的待遇进行抗议活动，随后图布人激进分子又与当地的祖瓦亚部落发生冲突，多人死亡，百余人受伤。最后在利比亚政府安全部队的干预下，双方达成和解协议。利比亚政府指责西方媒体对事件进行了歪曲报道。根据图布人部落首领朱马·马利（Juma Mali）的

---

① "UN Internal, Consolidated Report of the Integrated Pre-Assessment Process for Libya Post-Conflict Planning, 5 August 2011 (Working Draft)", p. 18.

② 这两个国家的图阿雷格人与政府存在矛盾，卡扎菲也一直努力促成两国政府与图阿雷格人之间的谈判。

③ "UN Internal, Consolidated Report of the Integrated Pre-Assessment Process for Libya Post-Conflict Planning, 5 August 2011 (Working Draft)", p. 18.

④ 明浩：《卡扎菲民族国家观的破产》，《中国民族报》2011 年 12 月 16 日。

⑤ 该组织由伊萨·阿卜德尔·玛吉德·曼苏尔（Issa Abdel Majid Mansur）领导，总部设在挪威奥斯陆。

说法,冲突很快被年长的部落首领和公众人物解决了。① 尽管遭到图布人和国际舆论的抵制和指责,卡扎菲政权仍坚持其针对图布人的高压政策。2009 年 11 月,利比亚政府企图将图布人赶出他们的家乡。图布人的家园被摧毁,拒绝离开家园遭到殴打,若进行反抗则被逮捕。这样,卡扎菲进一步将图布人推到自己的对立面。②

这种高压政策可以从两个方面解释。一是图布人居住在利比亚与乍得交界地区,利比亚只有数千图布人,而乍得有 37 万人。③ 利比亚和乍得在边境问题上长期存在冲突。1994 年,双方领土争端由国际审判法院解决,利比亚将争端领土正式归还给乍得。④ 卡扎菲认为这些图布人是乍得人而不是利比亚人,被认为他们在利比亚和乍得战争中支持后者。正是由于这一原因,利比亚政府于 2007 年 12 月宣布取消图布人的公民资格。二是卡扎菲对图布人的政策可能与他对东部伊斯兰运动尤其是塞努西教派的敏感有关。图布人属于塞努西教派,该教派构成了利比亚前统治者伊德里斯国王的社会基础。客观地说,卡扎菲对图布人的政策也存在有利的一面。例如,图布人实际上也是利比亚安全部队实行非洲化的受益者。⑤

利比亚的民族状况有自己的特点。历史上受到各种外族的入侵,靠近沙漠地带的游牧民族有自由迁移的习俗。利比亚独立时民众的国家意识与国家认同的水平较低。⑥ 伊德里斯国王虽然意识到部落有时是一种

---

① Raed Rafei and Borzou Daragahi,"11 dead as violence erupts in Libya", *The Los Angeles Times*, November 8, 2008;"Libya seeks to downplay trival violence in Kufra", Origin November 30, 2008, by U. S. Embassy. https://www. telegraph. co. uk/news/wikileaks-files/libya-wikileaks/8294885/LIBYA-SEEKS-TO-DOWNPLAY-TRIBAL-VIOLENCE-IN-KUFRA. html. 祖瓦亚部落在利比亚和乍得冲突期间被利比亚政府武装起来。

② 明浩:《卡扎菲民族国家观的破产》,《中国民族报》2011 年 12 月 16 日;

③ 李毅夫、赵锦元主编:《世界民族大辞典》,吉林文史出版社,1994 年,第 792 页。有关乍得境内图布人人数的说法相差较大。一说只有 8.1 万人。https://joshuaproject. net/people_groups/15316.

④ 关培凤:《非洲国家间领土争端的解决方式探析——以利比亚与乍得奥祖争端为例》,《武汉大学学报(人文科学版)》,64:5(2011 年 9 月),第 113—117 页。

⑤ Aiden Hehir and Robert Murray, *Libya, the Responsibility to Protect and the Future of Humanitarian Intervention*, Palgrave Macmillan, 2013, p. 77.

⑥ 圣约翰:《利比亚史》,第 108 页。

"恶毒势力",但他不仅重用以班加西为中心的塞努西等部落,而且毫不重视国家民族的建构,在他执政时期未能建立一种有效的国家政治制度。①卡扎菲政权建立后,一直致力于将利比亚整合为一个民族国家,他的努力取得了一些成绩,但远未完成。卡扎菲时期的各种群众组织和政权机构的建立打破了以传统部落为基础的社会单位。随着公共职位的任命,居住地点的变化,城市化的推动,游牧民族的定居安置,很多利比亚人尤其是城市居民的部落意识已经淡化,对利比亚人这种国家民族的认同开始强化。②

四、利比亚与移民:严重依赖与相关政策

卡扎菲时代的移民政策构成了其民族政策的一个重要组成部分。要分析利比亚政府对移民特别是撒哈拉以南国家的移民的相关政策,必须了解殖民时期的意大利移民以及独立后特别是卡扎菲政权建立后对外政策的变化。

(一) 殖民统治时期的意大利移民

如果将利比亚定义为一个移民目标国显然不合适,但在殖民统治时期,意大利驻的黎波里塔尼亚和昔兰尼加的总督伊塔洛·巴尔波确实提出过被称为"人口移植"的计划,意大利农民向利比亚移民应由政府负责动员和筹划,以每次数千人的规模进行有组织移民。政府将为这些被挑选为"适合于完成国家交给他们的任务"的移民及其家庭提供各种条件,对他们的要求是对国家的忠诚和辛勤的劳动,他们的旗帜上写着"信仰,服从,战斗"。当时,由于意大利政府鼓励生育的政策和美国停止意大利人移居入境的措施,意大利人口急剧增长,向自己的殖民

① Dirk Vandewalle, *A History of Modern Libya*, pp. 66,73.
② 例如在苏尔特的来自卡扎菲部落的一名利比亚记者对英国《卫报》的记者说:"我的妻子来自卡扎法部落,但是我根本不喜欢这样的部落标签。我是一个利比亚人,一个穆斯林。你问我来自哪个部落,就像我问你收入多少一样。""Libya's Biggest Tribe Joins March of Reconciliation to Benghazi", http://www. guardian. co. uk/world/2011/mar/23/libya-biggest-tribe-march-benghazi. 查询时间:2012 年 3 月 17 日。

地移民远比向其他国家移民合适。1936 年,意大利入侵并占领埃塞俄比亚全境后受到国际联盟的制裁,急需谷物和油类,鼓励意大利农民向利比亚移民成为国家政策。

1937 年,在利比亚从事耕种的意大利农民只有 1 300 户。1938 年 3 月,墨索里尼同意了"人口移植"计划,并决定再将 2 万名移民送到利比亚。1938 年 10 月,2 万名被选中的意大利人"穿上最漂亮的衣服,乘专车踏上旅途去热那亚、那不勒斯或锡腊库扎,在这些地方,经过充分的国际宣传,当他们加入定期航行的船队的时候,受到了军乐吹打和旗帜挥舞的热烈欢送。在的黎波里和班加西,那里街道上悬挂着写有'墨索里尼拯救土地和建设城市'的旗帜,当他们被军用车队送到各自的村庄之前,受到了一次像迎接英雄般的欢迎"。这些移民在政府的安排下定居下来。当时,每户移民都得到了定居需要的一所房子和一个插上了标志的农场。土地面积有大有小,根据条件而定,每户还配有一辆橡皮轮胎的小车、一头乳牛和一头骡子以及各种务农需要的工具、种子和饲料。生活必需品的准备也十分周到,如生火的木柴和一周内的食物,厨房里还有一包蜡烛和 5 盒火柴。当时,亲身经历了这次移民活动的《每日电讯》报的记者马丁·穆尔写道:"两万农民在同样的混凝土屋子里,在同样的时间,围着同样的木桌子坐下来吃同样的饭。"尽管这个"人口移植"计划花费了大量的财力,但意大利政府却坚持这项移民计划。1939 年 10 月,又有 1.2 万名移民来到利比亚,并分别被安置在的黎波里塔尼亚和昔兰尼加的 8 个村庄里。[①]

这样,殖民统治时期的利比亚为意大利提供了多方面的服务。首先,它成为意大利农民的移民天堂,不仅为意大利提供了粮食作物,也提供了一种移民垦殖模式。其次,它成为意大利对外扩张的领土,同时掌握着地中海的重要港口。第三,利比亚人为意大利提供了一支庞大的体力劳动大军。第四,大批利比亚人还成为意大利军队的士兵,其青少年也被征召为"阿拉伯法西斯青年团"成员。"法西斯利比亚不单是一个意大利的非洲殖民地,而且是一个欧洲人在非洲的殖民地。从欧洲来的移民得到各该国政府的鼓励和帮助来获取和耕种土地,各该国的法令总是把这些移

---

① ［英］约翰·赖特:《利比亚》,第 296—303 页。

民的利益放在首要地位。……用墨索里尼的话来说,这个在1937年建立的帝国'不仅表现为领土的、军事和商业的,并且表现为精神的和道德的'。"①

1938年,利比亚殖民地的人口为88万人,其中意大利人有8.9万人,占总人口的10%,另外还有3万意大利和利比亚的犹太人以及6 000名欧洲人。1942年,利比亚的意大利移民人数达到10多万,他们中的三分之一住在城市,不仅作为征服者掌握着利比亚的政府机构,还控制了农业、商业、渔业和罐头业等各个行业。意大利移民以种族主义的政策统治着利比亚,将意大利语作为官方语言,禁止利比亚人进入一些公共场所,对利比亚人在就业、教育等各方面实施歧视与限制歧视与限制。虽然殖民时期修建了不少公路,但却在教育和公共卫生方面投入极少。由于意大利政府力图解决移民的就业,意大利人的农场主基本依靠意大利移民。②

独立后的利比亚仍然面临着经济被意大利人控制的局面。意大利人掌握着利比亚的主要经济支柱,而教育水平的落后导致利比亚人只能从事低端工作。革命发生后,卡扎菲的主要目标之一是清除欧洲人特别是意大利的影响。1970年10月7日,卡扎菲将意大利人从利比亚驱逐出去,这一天被称为"利比亚的报复日"。意大利人被驱逐后,他们的土地被划分成小块,分给了利比亚人民。

(二) 利比亚独立后对外来劳动力的需求

利比亚于1951年12月24日独立。1955年发生的两件事对这个国家的经济发展具有重要意义:阿尔及利亚埃杰累地区发现石油和利比亚政府于6月颁布石油法。在沙漠地区发现石油说明北非是一个蕴藏石油的地区,石油法既宣示了所有的地下矿产资源是国家财产,又制订了有关特许开采权的规定从而为石油投资者提供了机会。1959年,在利比亚的沙漠地区正式发现了大量蕴藏的石油与天然气。③ "利比亚在60年代已

---

① [英]约翰·赖特:《利比亚》,第314—315页。

② [英]约翰·赖特:《利比亚》,第320页;R. St John, *Historical Dictionary of Libya*, pp. 48-49.

③ R. St John, *Historical Dictionary of Libya*, pp. 53-54.

成为一个羽毛已丰的福利国家了。……在的黎波里塔尼亚,意大利人居民集团是有价值的手工艺、技术知识和管理能力的来源。外国人,包括许多所谓'新意大利人'和巴勒斯坦难民,在发现石油之后,到这个国家来工作,通常是订立短期合同。但是缺乏熟练的体力劳动力,特别是在建筑和土木工程计划方面,只能依靠输入外国工人来解决。1966年10月,政府和摩洛哥签订了一项人力合作协定,还宣布过计划,从突尼斯和苏丹输入挑选过的工人。"[①]

丰富的石油资源和匮乏的熟练劳工是独立的利比亚竭尽全力要克服的矛盾。卡扎菲建立的大阿拉伯利比亚人民社会主义民众国也不能独立解决这一问题。唯一有效的办法是引进移民劳工。卡扎菲时期的利比亚经济发展速度很快,这既是由于丰厚的石油资源,也明显得益于便宜的移民劳动力。独立后的一段时期内,利比亚人曾经是意大利人的雇佣劳动力和帮工。将意大利人赶走后,人才缺乏使利比亚经济遭遇到困难。卡扎菲一方面真心实践纳赛尔的泛阿拉伯主义,另一方面将泛阿拉伯主义运用到实际的发展战略上,号召阿拉伯兄弟特别是埃及人和叙利亚人为利比亚的经济发展作贡献。当时的利比亚地广人稀,但由于石油资源丰富,远比它的邻居要富裕。1969年底,利比亚政府对阿拉伯国家的移民采取欢迎的政策,外国劳工人数迅速增长至200万,而当时利比亚自身只有400万人。当然,这些企业家或技术人员不仅仅是来自中东阿拉伯国家。[②] 1973年,外国工人的人数增长到利比亚劳动力的8.7%,1984年增加到11.2%。[③] 然而,卡扎菲与邻国乍得之间的战争使它在国际上处于较孤立的地位,1986年美国对的黎波里的轰炸,1988年利比亚因为与国际恐怖主义的关联而受到的国际禁运使得利比亚的国际移民受到阻遏。一些阿拉伯国家否认与利比亚的所谓"相互的伙伴关系",利比亚也随之

---

① [英]约翰·赖特:《利比亚》,第492—493页。

② Mustafa O. Attir, "Illegal Migration in Libya after the Arab Spring", September 18, 2012, Middle East Institute. https://www. mel. edu/publications/illegal-migration-liby-a-after-arab-spring. 当时,中国台湾也向利比亚派出了不少技术人员或医院护理人员。

③ Antonio M. Morone, "The African Migratory Factor in Libyan Transition", in L. EL. Houssi, et al., North African Societies after the Arab Spring, Cambridge Scholars Publishing, 2016, p. 158.

对外来移民制定了相对严格的措施,特别是私有财产权及商业和企业执照的审批。正是在这种新的国际环境中,利比亚加强了与非洲国家的关系。

(三) 从泛阿拉伯主义到泛非主义的转变及其后果

利比亚对撒哈拉以南非洲的移民措施必须置于其对非政策中来考察。实际上,早在独立后,利比亚政府就将自己看作是"非洲大陆的一部分",正式支持非洲统一的事业,并于1961年派代表参加了卡萨布兰卡会议,与会的还有摩洛哥、阿拉伯联合共和国、加纳、几内亚、马里和阿尔及利亚临时政府。虽然利比亚对"卡萨布兰卡集团"鲜明的泛非主义精神难以接受,致使它(与突尼斯)退出了"蒙罗维亚集团"在拉各斯举办的第二次会议,但它仍然保持着对非洲统一事业的支持。1964年,利比亚派出代表团参加在开罗举办的非洲统一会议。①"蒙罗维亚集团"与"卡萨布兰卡集团"分歧的最后解决使非洲国家保持了团结。

由于与乍得的边境冲突、国际制裁的影响、对地区利益的认识以及与美国关系看法不一,利比亚与一些阿拉伯国家的关系变得不太和谐,卡扎菲将注意力转到非洲大陆,这种战略与纳赛尔的三个同心圆理论有一定关系。丹敦在关于1983至1986年的利比亚与非洲关系的论文中就双方各自的态度和认识进行了研究。"无论撒哈拉以南非洲地区在大多数利比亚人的意识中扮演什么角色,利比亚政权似乎毫无疑问地认为利比亚应该在非洲大陆扮演领导角色。除了卡扎菲在非洲问题上有据可查、始终存在争议的立场外,从1983年泛非青年节以及在大学和学院为非洲学生提供数百个奖学金来看,利比亚的泛非政策是显而易见的。"②毫无疑问,卡扎菲的移民政策是以利比亚的国际关系特别是对非政策为转移的。

在20世纪80年代,利比亚加强了对非洲大陆的宣传。1984年创刊的《新非洲》(*New Africa*,该刊以匿名方式在维也纳发行)和《圣战利萨

①　[英]约翰·赖特:《利比亚》,第472—473页。

②　C. Dunton, "Black Africans in Libya and Libyan Images of Black Africa", in R. Lemarchard, ed., *The Green and the Black: Qadhafi's Policies in Africa*, Bloomington: Indiana University Press, 1988, pp. 150-166.

莱特》(*Rissalat el Jihad*)起到了重要的国际舆论作用。《新非洲》一方面对援助项目及其不足、国际金融和自然灾害等方面进行报道,其覆盖面相当广泛,另一方面展示利比亚的成就(强调农业方面),使人印象深刻。1984年11月和1985年10月号的《新非洲》还评论了利比亚与摩洛哥签订双边友好协议给非洲统一组织的非洲-阿拉伯友好关系做出表率。利-摩关系达到互利双赢,利比亚撤回对西撒哈拉的支持,摩洛哥向利比亚提供所需要的劳动力。《圣战利萨莱特》在宣传卡扎菲个人方面也十分尽力。在1985年,卡扎菲访问了布隆迪和加纳等国。该杂志在1985年9月和1986年1月号对卡扎菲访问这些国家的影响进行了专题报道,提到"连接大陆南北的历史纽带"并将他的访问形容为"来自北方的文化希望","非洲群众总体上将卡扎菲看作是英雄","非洲大陆的儿子",为非洲带来了希望。杂志还通过塞内加尔的例子抨击了法国在非洲的影响,宣传利比亚对乍得的政策在于排除非洲以外势力对非洲事务的干涉。卡扎菲本人在1984年访问加尤尼斯大学政治学系时在讲话中专题抨击了新殖民主义。无疑,这些杂志将卡扎菲在非洲大陆的角色定位为领导作用。[1] 值得注意的是,早在80年代,利比亚官方对非洲的政治态度并未被大部分民众所理解或接受。利比亚政府为撒哈拉以南非洲国家的学生提供了奖学金,尽管这些非洲学生对所受的待遇不满意,利比亚人的种族歧视损害了他们对利比亚的印象,但他们都承认:这段留学经历对他们回国后的工作有积极影响。[2]

利比亚与阿拉伯国家关系的疏远与其加强与非洲国家关系的政策紧密相关。其结果之一是撒哈拉以南非洲的劳工开始逐渐增多。一方面,利比亚政府对境内的外国移民采取了更严格的措施,1995年30 000名巴勒斯坦人被驱逐出境,同年9月数千来自埃及和苏丹的阿拉伯人遭受了同样的命运。另一方面,利比亚在90年代中期向撒哈拉以南非洲打开了移民的大门。90年代末,利比亚的外交政策经历了从倡导泛阿拉伯主义

---

[1]   C. Dunton, "Black Africans in Libya and Libyan Images of Black Africa", pp. 151-153.

[2]   C. Dunton, "Black Africans in Libya and Libyan Images of Black Africa", pp. 158-162.

到泛非统一的彻底转变。卡扎菲充分利用援助方式来实施这一转变,这种政策被称为"支票簿外交"。利比亚是创立两个重要非洲组织的推手——萨赫勒和撒哈拉国家联合理事会(总部设在的黎波里)及非洲联盟。因此,利比亚的移民政策公开转向了对撒哈拉以南非洲人民的偏好。

2002 年发生的两件事与利比亚的发展有重大关系。非洲联盟在非洲国家领导人的努力以及卡扎菲的全力资助下成立,这标志着利比亚与非洲大陆的关系更进一步。同年 2 月,卡扎菲宣布了"利比亚利用非洲劳动力的发展计划"。2005 年正式登记的流动人口存量为 618 000 人。根据联合国 2005 年和 2009 年有关国际移民的统计,利比亚移民数量自1985 年以来以每年 2% 的速度稳步增长。2010 年,流动人口存量估计增长至 682 000 人。[①] 国际移民组织(International Organization of Migration, IOM)2008 年的研究报告数据表明,允许合法居留在利比亚的外国人约六百万到七百万人,约占总人口的 6.5%。这一比例到 2010 年迅速增长到 10.4%,其中 35.5% 是妇女移民,0.5% 是政治难民。在利比亚动乱爆发前,的黎波里和班加西等沿海主要城市以及内地的希巴和库夫拉等地已居住着 150 万到 200 万名非正规移民(irregular migrant)。他们主要是撒哈拉以南国家的非洲人,来自苏丹、乍得、尼日尔、马里、尼日利亚、加纳、塞内加尔、科特迪瓦、厄立特里亚、埃塞俄比亚、索马里等国。埃及移民占有很大比例,是利比亚最大的移民群体。虽然来自撒哈拉以南非洲国家的相当大一部分人是为了在利比亚寻找合适的工作,但也有一些因为战争、政治迫害和自然灾害而出走的非洲人希望以利比亚作为中转地移民欧洲。然而,这些希望移居欧洲的人很快发现情况并非他们原先想象的那么简单。由于各种原因,他们最后不得不放弃原有计划而留在利比亚。这样,利比亚开始成为从非洲来的非法移民的主要中转站。

(四) 利比亚针对非洲移民的态度与政策

利比亚的移民政策实际上服务于两个目标:国内经济与国际关系。

利比亚当局于 2000 年宣布,该国有 250 多万外国人居住,其中只有

---

① Emanuela Paoletti and Ferruccio Pastore, "Sharing the Dirty Job on the Southern Front? Italian-Libyan Relations on Migration and their Impact on the European Union", p. 9.

1 700 人持有适当的身份证件。2003 年,国际社会解除了对利比亚的长期制裁,利比亚的经济进入快速发展。随着经济的好转,利比亚对外劳动力的依赖不断加大。卡扎菲在 2002 年明确表示:利比亚的众多项目需要大量从非洲来的劳动力。2005 年 6 月,卡扎菲表达了他对非洲国家放开边境的观点:"利比亚是一个属于所有非洲人的国家。我们所说的秘密移民是一种完全自然的现象。……非洲人在自己的土地上走动是正常的。……让你自己从现在控制边境的努力中解脱出来:边境监视、海关控制、移民和安全…… 让人们自由地从一个地方搬到另一个地方找工作。如果他们找不到工作,他们就会回到原来的地方。"①

虽然卡扎菲对非洲大陆表示出极度热情,但利比亚民众对政府立场表现出某种冷漠。② 非洲移民的态度日益恶化。首先,这与利比亚历史上存在的奴隶贸易有较大关系。对非洲移民的歧视与他们的肤色有较直接的关系。虽然奴隶贸易于 1853 年在的黎波里被正式废除,但这种买卖在 19 世纪 90 年代中期奥斯曼帝国统治下仍然存在,并一直延续到 20 世纪初。1910 年,一些装载奴隶的船只从班加西驶出。③ 利比亚人对黑人的歧视与这种历史遗产有一定关系。实际上,黑人的肤色使他们在利比亚大多从事底层服务性的工作或体力劳动。④ 极少数在跨国公司工作的移民可以享受到较好待遇,其工作条件与欧洲水平相似。

除了利比亚对来自撒哈拉以南非洲人的歧视外,外来移民的不断增加导致了利比亚一些社会问题,例如当地人对社会秩序和安全问题的担忧,青年失业问题等。大批撒哈拉以南非洲移民的到来产生了一种矛盾。一方面,移民承担了大量社会底层的工作,利比亚人接触体力劳动的机会日渐减少,将黑人与劳工等同的观念日益加强。另一方面,正是由于这些移民的存在,利比亚的失业现象开始恶化。例如,2010 年利比亚全国的

---

① Emanuela Paoletti and Ferruccio Pastore, "Sharing the Dirty Job on the Southern Front? Italian-Libyan Relations on Migration and their Impact on the European Union", IMI Working Papers Series, International Migration Institute, Oxford University, No. 29, December 2010, pp. 9-10.

② C. Dunton, "Black Africans in Libya and Libyan Images of Black Africa", p. 154.

③ Antonio M. Morone, "The African Migratory Factor in Libyan Transition", p. 162.

④ C. Dunton, "Black Africans in Libya and Libyan Images of Black Africa", pp. 156-158.

青年失业率为 20％，昔兰尼加的失业率高达 30％，可谓中东北非国家最高的失业率。这种情况不能不引起利比亚人对移民的反感，利比亚-阿拉伯社会开始担忧被非洲人化（Africanization）。撒哈拉以南非洲的移民很自然地成为替罪羊。一位在利比亚人家里做保姆的尼日利亚妇女抱怨，"利比亚人不是好人，因为他们虐待非洲人"。2000 年发生在扎维耶的事件是一个代表性事件。扎维耶位于的黎波里以西，也是首都不断膨胀的外围地带。这里居住着从纳富萨山区（Jebel Nafsa）迁移过来的柏柏尔人和从撒哈拉以南非洲国家来的移民。2000 年 10 月，这里发生了一场针对非洲移民的大屠杀，至少 50 名（一说 500 名）撒哈拉以南非洲的移民被杀害。利比亚政府既不能防止这场悲剧，也未能保护非洲移民。为了平息事件，政府在没有考查其居留身份是否正规合法的情况下驱逐了 6 000 名加纳和尼日利亚移民。这一举动引发了西非国家经济共同体的抗议。事件多少表明了利比亚社会及其政府对非洲移民的容忍度。① 这种针对非洲移民的社会情绪与《绿皮书》中宣扬的在阿拉伯和非洲适用的平等原则相矛盾。

利比亚政府从未批准过 1951 年联合国关于保护难民的宪章，也未批准 1967 年的相关拟定协议。大量的非洲移民往往是通过非法途径抵达利比亚，受到的待遇则是社会歧视和劳力剥削。根据利比亚法律，非正规移民是一种犯罪行为，往往被罚款 50—100 美元，同时判处 3 个月至 3 年的囚禁。卡扎菲政权一直根据其 1991 年 20 号法案的第 22 条款宣称，利比亚是"那些反对压迫争取自由的人们安全的天堂"。2007 年 2 月，利比亚政府对移民采取了新的税收措施，除了需要交纳劳工保险金和对临时身份许可证收费外，对收入也开始征税。虽然埃及移民因各种移民规定而离开，有些人加入非正规移民行列，但移民仍然不断增加。② 2009 年 6 月 11日，卡扎菲在罗马大学回答有关保护在利比亚的非洲难民这一问题时揶揄地表示："非洲人是寻找食物和庇护所的人……他们是贫穷和饥饿的人民，

① Antonio M. Morone, "The African Migratory Factor in Libyan Transition", pp. 161-162.

② 有关这方面的研究不少。W. T. S. Gould, "International Migration of Skilled Labour within Africa: A Bibliographical Review", *International Migration*, 23(2009), pp. 5-27.

但他们不搞政治、政党或选举。所有这些在非洲都不为人所知……如果100万非洲人(到意大利)说他们都是政治难民,你们(意大利人)会欢迎所有人吗? 然后,如果另外1 000万人来了,再又是1 000万人来了,你们一定会欢迎每个人。如果你们真的欢迎每个人,那绝对是个好主意。"①

卡扎菲的回答说明了两点,第一点,在利比亚的非洲人是为谋生而来,不是政治难民。第二点,欧洲人应该践行自己所制定的民主原则。这里隐含着卡扎菲的立场:不要随意指责利比亚在接收非洲移民问题的态度和政策,利比亚在接收移民方面做得够多了。更重要的是,他表明利比亚接收撒哈拉以南非洲移民并非是无条件的,欧洲人特别是意大利人要认清形势。对后一点,卡扎菲在另一个场合表达得更明确:如果他愿意,他可以再次放开管制,"让精灵离开瓶子"。他曾经告诉法国一家杂志,如果他失败了,"你们将有移民,成千上万的利比亚人将入侵欧洲。再也没有人阻止他们了"。② 从2011年发生的巨变以及卡扎菲政权倒台后导致的移民潮来看,他的观点是有根据的。③

2009年,利比亚和意大利签署的双边条约获得意大利议会通过,利比亚同意罗马将海岸警卫队截获的非法移民送回利比亚。以前,在意大利沿海登陆的移民被直接驱逐出境。双方条约签订后,被意大利在沿岸发现的移民将被推送到利比亚境内。这一做法被称为"推回行动"(push back action, push back strategy)。根据官方统计,2009年将拦截的移民送往利比亚的推回行动只涉及834人,人数比以前大大减少。2009年从

① Antonio M. Morone, "The African Migratory Factor in Libyan Transition", p. 166.

② 除此之外,意大利的经济在相当程度上依靠利比亚。意大利能源需求的80%依赖进口,利比亚32%的石油出口到意大利,构成意大利进口总额的25%。意大利12%的天然气从利比亚进口。根据双方友好条约,意大利承诺向利比亚提供50亿美元作为其25年殖民统治劣行的补偿金。Philip Pullella, "Italy tiptoes on Libya due to energy, trade, migrants", World News, March 7, 2011, Reuters, HTTPS://WWW. REUTERS. COM/AR-TICLE/US-LIBYA-ITALY/ITALY-TIPTOES-ON-LIBYA-DUE-TO-ENERGY-TRADE-MIGRANTS-IDUSTRE7261P320110307.

③ Dina Abdelfattah, "Impact of Arab Revolts on Migration", CARIM Analytic and Synthetic Notes 2011/68, European University Institute, Robert Schuman Centre for Advanced Studies, 2011; Mustafa O. Attir, "Illegal Migration in Libya after the Arab Spring", September 18, 2012, Middle East Institute; Antonio M. Morone, "The African Migratory Factor in Libyan Transition", pp. 167-176. 国际移民组织的年度报告也说明了这一事实。

利比亚沿海出发的移民比 2008 年减少了 90%——2008 年在意大利海岸截获的非正规移民为 31 281 人,2009 年只有 3 185 人。推回行动对于意大利来说看似成功,但却遭到联合国相关部门的质疑。2009 年,这种做法阻止了 70 多名企图逃往欧洲的厄立特里亚人和索马里人。联合国难民署发言人表示:"推回行动对于那些有资格作为难民的人而言并不利。"这种做法的后果实际上并不理想。由于被抓的移民愿意回国的极少,他们待在利比亚的时间加长。这样,他们成为利比亚的剩余劳动力,从而导致那些非正规移民的工资减少。另一个后果是由于滞留移民的人数增加,导致其他移民的生存条件(如住房)变得更差。①

　　有的作者指责利比亚一方面强烈宣称自己在致力于控制想移民意大利和欧洲的那些撒哈拉以南国家的非洲人方面起着关键作用,另一方面又忽略利比亚的移民数量在不断增加这一事实。② 这种指责的理由并不充分,因为这两个事实并不互相矛盾。然而,他们指出的另一点却值得注意:卡扎菲充分利用了欧洲人特别是意大利人对非洲移民的恐惧情绪来控制与意大利谈判的节奏。2008 年 8 月 30 日,利比亚和意大利在班加西签订了《友好伙伴与合作条约》。贝卢斯科尼总理不仅就殖民统治造成的损失向利比亚道歉,还承诺在今后 20 年支付 50 亿美元作为补偿。他称这一条约"具有历史性的转变",可谓将"利比亚报复日"变成了"意利友好日"。然而,这一条约却被称为"不诚恳的条件",因为其真正目的是"更少的非法移民以及更多的天然气和石油"。虽然双方合作内涵盖了诸多方面(如文化科技合作、经济与工业、安全防卫等),但最关键的是移民和反恐事务,其中包括两国合作巡逻利比亚海岸线以防止非法移民的条款。意大利内政部将这一与利比亚合作阻止移民的"推回策略"(push back)标榜为"阻止非法移民和人口贩卖的国际合作先进模式"。③ 2008 年 11 月 12 日至 13 日,欧洲联盟与利比亚的谈判也正式开始。从 20 世

①　Antonio M. Morone, "The African Migratory Factor in Libyan Transition", p. 165.

②　Emanuela Paoletti and Ferruccio Pastore, "Sharing the Dirty Job on the Southern Front? Italian-Libyan Relations on Migration and their Impact on the European Union", p. 11.

③　Antonio M. Morone, "The African Migratory Factor in Libyan Transition", pp. 163-164; Emanuela Paoletti and Ferruccio Pastore, "Sharing the Dirty Job on the Southern Front?", p. 13.

纪90年代后期起,利比亚多次与其他北非国家商讨如何阻止非洲流向欧洲的移民潮这一问题。这样,以前由欧洲国家主要负责的这项工作开始出现新的转机。欧盟与利比亚的关系开始出现某种变化。这一谈判的实质内容是关于如何有效阻止从撒哈拉以南非洲国家移民进入欧洲。①

五、小　　结

卡扎菲的民族政策是与国家建构结合在一起的,但他也深深认识到部落力量的深厚根基,往往不得不与传统势力妥协,甚至有时极端依靠自己的部落并将重任委托给信任的亲戚。这些措施从根本上违背了他自己发动的政治革命,也破坏了与之并行的社会变革。卡扎菲政权的实践说明:脱离殖民主义统治后的民族国家建构是一个长期艰难的过程。有关卡扎菲政权的移民政策表明:尽管利比亚民众中存在着对非洲移民的抵触情结,但移民趋势和利比亚的政策往往与国内外政治动态有着内在的联系,特别牵涉国内劳动力的需求和对外关系的调整。利比亚与欧洲特别是意大利就移民问题达成的协议说明:卡扎菲十分娴熟地掌握着谈判的关键并使谈判朝着有利于利比亚的方向发展。

2011年发生的利比亚动乱牵涉诸多因素。然而,可以肯定的是,这一事件是北约这一外部势力对一个弱小国家处心积虑的颠覆。② 当然,内部社会力量也起到某种作用。只有更深入地研究利比亚的民族状况和卡扎菲的民族政策,我们才能对利比亚的民族因素在其政治变迁中所起的作用有全面的认识。

---

① Emanuela Paoletti and Ferruccio Pastore, "Sharing the Dirty Job on the Southern Front? Italian-Libyan Relations on Migration and their Impact on the European Union".

② Horace G. Campbell, NATO's Failure in Libya: Lessons for Africa, Pretoria: Africa Institute of South Africa, 2012.

第二十五章　国族建构的理论与实践

> 我突然想到，尼日利亚既不是我的母亲，也不是我的父亲。尼日利亚是个孩子，天赋出众，才华横溢，却也令人难以置信地任性。尼日利亚需要帮助。尼日利亚人有专门的工作——哄劝这个任性的孩子走上有益的创新发展之路。我们是尼日利亚的父亲或母亲，而不是其孩子。如若我们耐心地做好自己的工作，再加上好运气，终将会有一代人视尼日利亚为父母。但是，那一天尚未到来。
>
> 钦努阿·阿契贝（尼日利亚著名作家）

1963 年 6 月，阿鲁沙的萨法里旅馆在事先没有接到任何警告的情况下被告知停业，住店的 28 位客人（大部分是白人）限一小时内另找住处。理由：这家旅馆侮辱了正在坦噶尼喀进行国事访问的几内亚总统塞古·杜尔。前一天，当坦噶尼喀外交兼国防部长奥斯卡·坎博纳陪同杜尔总统在旅馆共进午餐时，旅馆没有表示应有的礼节，没有悬挂国旗，供应的是"粗劣的饭菜"。坎博纳后来解释了这一处罚："当我们走进旅馆时，一种态度就显出来了，我们认为这是我们惩一儆百的时候了。一个非洲人决不能容忍的事情：就是这种不把他当人看待的蔑视他个人尊严的态度。我们对于不尊重我们尊严的事情是非常敏感的。"几个月后，这家旅馆获准恢复营业。①

---

① 威廉·埃杰特·史密斯：《尼雷尔》（上海《国际问题资料》编辑组等译），第 116—117 页。

这件事说明：非洲国家独立后国族建构的问题绝不仅仅是整合内部各个共同体，历史遗留下来的白人至上主义同样严重。

在非洲，国族建构最主要的手段是民族整合政策（如坦桑尼亚和喀麦隆等国）和民族同化政策（如埃塞俄比亚和阿尔及利亚等国）。有的国家也采取民族文化自治和多元文化政策（如南非和毛里求斯等国）。[①] 在有的国家，由于不适当的民族政策，或是给国家带来了巨大的灾难，或导致了极其悲惨结局。在对坦桑尼亚、卢旺达、南非、津巴布韦和利比亚 5 个国家的民族与民族政策进行初步剖析后，本章拟从非洲国族建构的理论依据、法律保证、意识形态与权力分配等方面进行分析，力图阐述政治与国族建构的关系，重点强调国族建构的理论与实践。为什么要将国族建构作为一个主要内容来分析，这是基于非洲的特殊情况。无论从非洲、西方还是国际学术界而言，非洲国家的多元民族共存以及国家建构和国族建构齐头并进，这是一个公认的事实，也成为独立后非洲国家要妥善处理的重要任务。

一、国族建构的 6C 理论

"国家民族建构"简称为"国族建构"，是指一个国家在承认存在多个地方民族（或不同人们共同体）和不同文化这一事实的基础上，致力于建设一个统一的现代民族即国族的过程，它包括政治经济的一体化以及国民文化的一体化以及国族认同、国民性格的培养和国民心理的孕育等方面。

非洲的独立国家是多种因素互动的产物。它既有非洲传统政治的成分，也包含着殖民主义的遗产；它既是非洲人民长期斗争的成就，又是殖民宗主国政策演变的结果。正是由于各种因素的相互作用，独立后的非洲国家的民族一体化经历了十分复杂甚至痛苦的过程。近 50 年独立后的过程即是国族建构的经历。正是这种痛苦的经历使非洲人民逐渐认识到民族冲突不仅影响到国家的发展与人民的生活，也是对既定社会秩序

---

① 宁骚将各国的民族政策列为 12 种类型。参见宁骚：《民族与国家——民族关系与民族政策的国际比较》，北京大学出版社，1995 年，第 377—407 页。

和民主政治的威胁。国家强盛需要统一的国族,国族建构成了很多非洲国家的重要任务。

当代非洲学者基-泽博、马兹鲁伊、旺济和博亨在他们合作撰写的关于非洲国家民族建构(nation-building,相当于本书所定义的"国家民族建构")的章节中认为,在国族建构的过程中,生活在一个国家的不同文化和地方民族在处理相互关系时要经历六个层次或阶段:共处(coexistence)、接触(contact)、竞争(competition)、征服(conquest)、妥协(compromise)、聚合(coalescence)。① 由于在英文中这 6 个单词均以"C"字母开头,我们权且将这种理论称为"6C 理论"。这种理论多少受到由美国学者罗伯特·帕克于 1921 年提出的"种族关系循环论"的影响。② 然而,非洲学者却在非洲历史与现实的基础上加上了自己的理论成分。可以说,6C 理论是对非洲一个国家内各种文化和不同地方民族关系的最好概括。③ 当然,提出这一理论的学者们为了追求首个字母相同,不免影响了这种理论的完整性。我将在下面的论述中加上自己的思考和补充,如不同文化在接触过程中的"交流",征服过程中必将产生的"反抗"等。

(一) 共处关系

第一个也是最基本的层次是共处的关系。这种关系的主要特征是一个国家存在的两个(或两个以上)的文化与地方民族。这些文化或地方民族处于互不了解的境况,同时对接触和了解其他文化或民族也持保守态度。在共处的环境下,各方都有自己的传统价值观和趋向保守的思维范式,有自己的生活习俗,并乐于保持这种本土的文化和传统。这种互不了解有主观的原因,包括两种情况,个体拒绝了解对方,或统治者有意阻止双方的接触。当然,也存在客观的原因。或是两者(或多者)之间处于一

---

① 英文为 coalescence,中文原译文为"结合",本人认为译作"聚合"更为贴切。

② "种族关系循环论"(race relations cycle theory)是一种种族同化理论,认为种族间的同化过程如下:接触(contact)→竞争(competition)→冲突(conflict)→适应(accommodation)→同化(assimilation)。可参见 Robert E. Park, *Race and Culture*, New York, 1950.

③ 阿里·A. 马兹鲁伊主编、C. 旺济助理主编:《非洲通史(第八卷):1935 年以后的非洲》,第 360—361 页。

种刚抵达的迁移者与当地定居者的关系，或是他们受地理条件的各种限制而缺乏接触，或是由于历史上的交恶而长期保持敌对关系所致。这种情况并非只出现在非洲。需要说明的是，在今天的非洲国家，这种情况只能说是特例（如个别生活在热带森林中的民族）。

（二）接触关系

第二个层次是接触的关系。不同文化或民族开始通过各种方式进行接触，有的通过贸易交往，有的不同民族的成员在一起工作或学习，有的参加同一政党，有的互相欣赏对方的音乐或艺术。在各种社会生活中，不同文化的互相接触包含各种内容，从物质生活到精神生活（包括宗教仪式和意识形态）的接触。在这一过程中，一些非洲人的价值观和处世哲学（如对最高神的敬畏和对祖先的崇拜）和文化传统（如长者和智者的观念、武士的习俗和圣人的道德等自古以来的共同传统）可以在各个文化之间的不同层面互动。值得指出的是，在"接触"的过程中，一个非常重要的内容是"相互交流"和"相互了解"。不同民族或文化在接触过程中必然导致交流，这种交流将促进相互了解。在有的情况下，这种交流将促进一体化，即双方的相互接受和融合；在有的情况下，这是一个取长补短或相互补充的过程。概而言之，民族的交流可以引发诸多良性互动。当然，这种接触也会引发各种冲突。

（三）竞争关系

族际关系的第三个层次为竞争。一个国家的地方民族在自然资源的分布与经济资源的再分配过程中是不可能完全平等的。这种再分配与政治权力有密切的关系。同时，从理论上说，独立为各个地方民族进入社会各种领域提供了平等的机会，但由于殖民政策（如"分而治之"与"间接统治"制度）遗留的问题，各地方民族的机会在实际上并不平等。这样，对资源、权力或机会的竞争不可避免。其表现形式可以是公开的，也可以是隐晦的。这种与分配方式紧密相联的竞争以政治形式表现出来往往是意识形态的争论：如资本主义与社会主义之争或个人主义与集体主义之争。值得注意的有两点：第一，竞争往往带有过渡性，很快会有结果；由于存在各种机会和各种因素，这也将是持续不断的过程。第二，如果仅从地方民族或文化的角度来解释这种不同意识形态的竞争而忽略不同阶级或集团的需要，这种解释有简单化的倾向。

（四）征服关系

征服是不同族际关系的第四个阶段。在激烈的竞争中，某种文化或地方民族在意识形态之争中占据优势时即会出现这种情况。一个地方民族在物质占有（如地域环境、经济体量或武装力量）上比另一个更占优势，一种意识形态可能比其他的意识形态更有影响力，或一种新的价值系统在对资源、权力和机会的分配过程中占有更为有利的地位，有时可能产生更大的政治体（如帝国）。当某一个地方民族在整体上占据优势时，其成员的机会比处于劣势的地方民族更多。居于优势的地方民族在竞争甚至政治斗争中可能占据统治地位，在这种情况下，各种特权可能产生，裙带关系和腐败现象可能盛行，从而出现某种程度的政治霸权和个人专制。这种"征服"在一些国家也可能导致了恶性循环，使原有的竞争机制（尽管不平等）和多元化逐渐消失。在所谓的"征服"过程中，我们不应忽略同一个地方民族集团中各成员由于社会地位和财富的不平等也同样存在着机会上的不平等。

（五）妥协关系

征服的后果往往是引起反抗，因而"征服"的状态不可能持久。达到新的平衡途径是各种不同民族、文化或意识形态之间的妥协，这是不同文化或族际关系的第五个阶段。这种结果也是在不断地吸取经验的过程中形成的。被征服的结果意味着失去权力，失去权力意味着失去资源和机会，处于劣势地位的民族往往以各种方式进行反抗，以保持或夺回失去的权力，甚至不惜以"分离"为代价。在一个相对稳定的国度里，因民族冲突而引发的任何形式的反抗和斗争均是一种两败俱伤的结局。不同的意识形态、政治理念、文化传统在斗争中逐渐发现一种双方（或多方）均可接受的方式，族际关系乃至各种社会伙伴关系达到一种新的平衡。在这种情况下，新的多元体系取代了征服带来的专制，个人主义可以与集体主义并存，民族主义可以与多元文化共存。

（六）聚合关系

第六个阶段是聚合。不同的文化和地方民族在经过共处、接触、竞争、征服和妥协后必定会有所成果。聚合成为一种必然。这种聚合可以是肉体的结合，即地方民族之间互相通婚；也可以是精神的结合，即不同意识形态互相结合。这不仅是理想的结果，也是一个不断进行的过程。经过妥协达到平衡，使各种文化和地方民族有机会重新去审视其他文化或其他地方民族，或是去接受对方的文化、意识形态和价值观。由于相互交流和相互妥协，不同的文化传统、意识形态与价值观念在互相吸收的过程中趋于形成一种新的"非他非我"的意识形态和价值观念。在这种情况下，新的思想和价值观往往以一种更为宽阔的容量和空间及更大的认同感来容纳不同观点。"这种扩大了的认同感可能是民族意识。"随着不同文化和价值观的融入，一种新的国家民族意识由此形成。当然，这是最为理想的结果。

经过这样 6 个阶段的整合，不同的地方民族聚合成新的民族。就本书所涉及的空间和时间而言，一个非洲国家民族由此形成。当然，这需要时间，甚至是一个漫长的阶段。

二、国族建构的法律保证

绝大多数非洲国家确实存在着多个民族和多种民族主义的问题。独立后，非洲国家采取了旨在促进国族建构的各种政策和措施。这些政策中，法律是最为基础的保障，执政党的党章或纲领也十分重要。几乎所有的非洲国家宪法及相关文件均强调各民族之间的平等。

（一）阿尔及利亚国民宪章

1976 年 6 月，阿尔及利亚举行公民投票，通过了国民宪章。国民宪章既是阿尔及利亚的纲领性文件，也是阿尔及利亚民族解放阵线党的思想基础。《阿尔及利亚国民宪章》在"序言"中明确指出："一个成功地做出了当代历史上最杰出成就的民族应该使它的战斗纲领不断地适应新的形势，不断丰富其内容，以便更好地保证革命的持续性。……阿尔及利亚民族主义的人民性就是这样形成的，这种性质随着殖民主义的强化而日益增强。……阿尔及利亚人民民族主义就是一场罕见的能把导致革命政权的斗争进行到底的解放运动，这场斗争并没有导致资产阶级的统治和被资产阶级控制的独立。但是，在阿尔及利亚国家解放中发挥了重大作用的民族主义的人民性不应该停留在原有水平上，它在思想上应该更加深刻化。"①

国民宪章的第一章声明"阿尔及利亚：一个人民和一个民族"。"阿尔及利亚是一个民族。民族并不是许多人民的拼凑，也不是各散居人种的大杂烩。民族，是在日常生活和明确划定的疆界内作为一个历史整体有意识地行动的人民，其目的是同组成该人民的全体公民一起，完成他们休戚相关的命运中的共同任务，经历同样的考验，分担同样的希望。"宪章回顾了阿尔及利亚民族形成的过程，在长达 2000 年的时间里，"通过它的历史发展，阿尔及利亚一直存在着"，这包括它的地理范围和民族特征。"从 7 世纪开始又增加了一些形成阿尔及利亚民族的新的因素，即它的文化、语言和精神的统一，以及建立在少有的独立意志和酷爱自由基础上的经济集中。"伊斯兰教和阿拉伯文化的引进产生了根本性的历史变革，"它带来了具有普遍意义的伦理观念、宗教和文化。客观上，伊斯兰教和阿拉伯文化既是普遍的，也属于民族的范畴，它创立了新的生活方式和思想方法以及在社会与经济方面的解放力量。此后，我们民族的抉择和它的发展正是在这个双重范围内决定的，并且和这一有效的文明相关联"。宪章也肯定了民族解放战争的伟大意义，强调经过艰苦奋斗的历程，"这个有着几世纪历史的民族"与殖民主义进行激烈抗争并牺牲了 150 万烈士从而得到承认和独立。②

除了对阿尔及利亚一个民族的肯定以及对阿尔及利亚民族形成过程的重申，国民宪章还列出专节以强调民族语言的重要性。"阿拉伯语是阿尔及利亚人民文化共性的一个主要因素。我们不能把我们的文化和表现它的民族语言分开。同样，普遍使用阿拉伯语和把它作为创造性的工具来加以掌握，是阿尔及利亚社会在一切文化活动和推广意识形态方面极为重要的任务之一。阿尔及利亚通过合理使用本民族真正的和合法的表达方式而重新获得其自身平衡，将会更好地为丰富世界文明做出贡献，同

---

① 《阿尔及利亚的国民宪章》（中共中央对外联络部三局 1984 年 11 月译本），第 10—11、13 页。

② 《阿尔及利亚的国民宪章》，第 20—22 页。

时也将自觉地利用其贡献和经验。"国民宪章重视教育与文化的作用,将肯定并巩固民族共性并促进各种形式的文化发展作为其文化革命的三重任务之一。"教育和文化在发展民族个性和集体共性以及建立一个平衡的新社会方面起着特别重要的作用。"在强调阿拉伯语这一民族语言的优先地位的同时,要切实推动"受到人民赞赏的阿拉伯化",使之更有成效。"这一目标是恢复阿尔及利亚民族的所有历史特性的一个方面。"①

《阿尔及利亚国民宪章》突出的是阿尔及利亚民族形成的历史,民族解放斗争的经历以及对民族语言的强调和阿拉伯化在整合民族的文化和心理方面的重要作用。

(二) 埃塞俄比亚的宪法

埃塞俄比亚约有 80 多个民族,阿姆哈拉族虽然人数上只占第二位(占人口 30%),但从文化上而言实际上是埃塞俄比亚的主体民族,创建了阿克苏姆文明。分布于埃塞俄比亚中南部地区的奥罗莫族是第一大民族,占人口 40%。此外,还有分布于提格雷州的提格雷族(8%)以及索马里族(6%)、锡达莫族(4%)等地方民族。1991 年制定的过渡宪章曾经确定了国家联邦制、民族自决与地区自治和权力分散等重要原则。1995 年 8 月正式建立共和体制下的联邦制国家。1994 年制定并于 1995 年 8 月 22 日正式生效的宪法规定了高度的分权制和联邦制。这种联邦制以民族区域为基础,全国九个州和地区(提格雷州、阿法尔州、阿姆哈拉州、奥罗米亚州、索马里州、贝尼山古尔·古穆兹州、南方人民民族州、甘贝拉人民州、哈勒尔人民州)主要按民族聚居程度划分,各民族有自决和分离的权利。②

新宪法重视各民族的权利,主要表现在以下方面。③ 宪法专门就"民

---

① 《阿尔及利亚的国民宪章》,第 68—71 页。

② 9 个州中有 4 个(甘贝拉、贝尼山古尔·古穆兹、哈勒尔和南方州)是民族混居的。

③ 《附录 5:埃塞俄比亚现行宪法(全文)》,张湘东:《埃塞俄比亚联邦制:1950—2010》,第 201—233 页。以下有关宪法内容均取自此。本人在此感谢张湘东博士将这部宪法译成中文。张湘东原在陆庭恩老师的指导之下攻读博士学位,后因陆老师患病,遂由我指导他完成博士论文的撰写。他生性聪慧,外语基础扎实,最后排除了各种困难完成了博士论文。正如我在他的这部著作的序言中所言:这部专著"是对非洲国别的深入研究,也是为中国的非洲研究做出的新的学术贡献"。国外学者也发表了对埃塞俄比亚现行宪法的分析。Andreas Eshete, "Implementing human rights and a democratic constitution in Ethiopia," *Issue: A Journal of Opinion*, 21:1-2(1993), pp. 8-13.

族地区及其人民（Nations, Nationalities and Peoples）①之权利"（第39.1—5条）和联邦各州的权利做出了规定（第47.1—4条），明确了他们的自决和分离的权利、发展其语言文化的权利、公平代表的权利。此外，宪法对各个民族的地位、权利、所有权、发展权等均有较明确的规定。

第一，对各民族及所属个人平等地位的重视。"国族上的国徽反映出埃塞俄比亚各种族、各民族、各宗教团体的平等性以及他们团结统一的愿望。"（第3.2条）"埃塞俄比亚的主权属于埃塞俄比亚各种族、各民族及其人民。"（第8.1条）"任何男性和女性，不论种族、民族、国籍或宗教，一旦达到法定结婚年龄应当享有结婚及组成家庭的权利。"（第34.1条）任何埃塞俄比亚公民，不分种族、肤色、国籍、民族、性别、语言、宗教信仰、政治或其他见解，以及其他情况，都拥有选举权和被选举权（第38.1条）。第二，对各民族在所属地区的财产和土地所有权的尊重。"土地是埃塞俄比亚各个民族、少数民族及人民的不能被剥夺的共同财产，不能自由贩卖或交换。"（第40.3条）"在不损害埃塞俄比亚各个少数民族、民族及其人民的土地所有权的前提下，国家应保障私人投资者在支付一定金额的基础上使用土地。"（第40.6条）。此外，还对农民和游牧民对土地的占有和使用作了特别规定（第40.4—5条）。第三，对各民族发展权的尊重。"全体埃塞俄比亚人民，包括埃塞俄比亚各民族地区及其人民有权提高生活水平和持续发展。"（第43.1条）"各民族在国家发展中有参与权，当进行与他们有关的国家政策和项目时，应征询其意见。"（第43.2条）第四，对少数民族的尊重以及为保护其利益制定特别条款。"基于人口和民族基础上的人民代表院成员不得超过550人，其中少数民族代表至少应有20席。"（第54.3条）"每个民族在联邦院中至少应拥有一席。人口在100万以上的民族，按每100万[人口]一个席位的比例增加在联邦院的代表。"（第61.2条）由此看来，埃塞俄比亚的宪法对民族政策的把握相当到位。

---

① 宪法给予的定义如下："长时间居住在可确认的、明显的疆域内的拥有共同文化或相似习俗的一群人，他们拥有互相理解的语言，有共同的身份认同和心理共识。"由于原文并无"地区"的意思，本人认为译作"国族、少数民族及人民"可能更贴切。张湘东：《埃塞俄比亚联邦制：1950—2010》，第211页。

埃塞俄比亚正处于民主化的浪潮之中,国内已是政党林立。根据1996 年 8 月国家选举委员会的统计,全国存在 63 个政党组织,注册的这 63 个政党中代表地方和地方民族利益的多达 56 个,面向全民族的政党只有 7 个,还包括具有明显地方民族倾向的"全阿姆哈拉人民组织"。① 埃塞俄比亚除了存在着民族多样性的问题外,大规模贫困和政治脆弱性也是政府面临的全局性困境。平衡发展成为联邦政府面临的长期挑战。在发展政策、预算拨款以及人事安排上注意各民族地区的平衡长期以来是埃塞俄比亚必须面对的问题。这种"聚合型的民族联邦制"是一种平衡各民族利益的智慧之举。由于地方政府在政府的执行方面扮演着重要角色,决策机制变得更加复杂化,"面临的挑战在于确保联邦政府制定的政策和目标在各地区和地方也能得到全力支持",因而成为与中国和韩国集权化的政治体制不同的地方。② 另一方面,由于依靠中央政府对地方的严密控制,这一体制也强化了中央集权的色彩。③ 然而,这一宪法保障了国家的稳定和国族整合的需要,这是最重要的。④

当然,通过法律手段来促进国族建构的过程还表现在其他很多方面。有的国家通过法律重新确立了酋长或地方首领的政治权力,如博茨瓦纳。有的国家以法律形式加强地方行政改革,以促进国家与地方各民族的关系,如乌干达 60 年代后期的改革即是通过立法对地方政府制度进行改革,其目的在于通过削减或限制地方政府的权力来加强中央政权,改变殖民统治区划遗留下来的不合理因素,统一规划全国的行政管理,以便有利于民族一体化进程。当民主化浪潮在非洲引起冲突时,一些国家通过制定法律对政党制度进行改革,通过制定法律来确立政党的组建、竞选和行为规范,禁止那些以参加议会和总统选举为目的、以地方民族为基础的政党组织和地区协会,以防止各政党以地方民族作为自己的社会基础。

---

① National Electoral Board of the Federal Republic of Ethiopia, Addis Ababa, August 22, 1996. Kidane Mengisteab, "New approaches to state building in Africa: The case of Ethiopia's ethnic-based federation", *African Studies Review*, 40:3(1997), p. 123.

② [埃塞]阿尔卡贝·奥克贝:《非洲制造——埃塞俄比亚的产业政策》,第 75 页。

③ 张湘东:《埃塞俄比亚联邦制:1950—2010》,中国经济出版社,2012 年,第 66—68 页。

④ Kidane Mengisteab, "New approaches to state building in Africa: The case of Ethiopia's ethnic-based federation", *African Studies Review*, 40:3(December 1997), pp. 111-132.

（三）政党纲领中的相关规定

在非洲国家的许多政党特别是执政党的党章或政治纲领中，对防止部落主义或地方民族主义的分离倾向都有明确的规定。

赞比亚联合民族独立党成立于 1959 年，独立后曾一度长期执政。1983 年 8 月举行的第九次全国代表大会通过的党章中明确规定"任何人都享有不可剥夺的自决权和民族独立的权利；任何人都有权进行解放斗争"（序言），"党将为铲除资本主义及繁衍而出的帝国主义、殖民主义、新殖民主义、复国主义、法西斯主义、种族主义和种族隔离而斗争"（总则第四条），"（八）同形形色色的专横独断的倾向、资产阶级倾向、部族主义、地方主义、贪污腐化、裙带关系、种族歧视和人剥削人的现象作斗争"（党员的义务），"党的口号是'一个赞比亚，一个国家'"（第五章其他），"党的领导人不得利用其权力、地位谋求个人私利，不搞阿谀奉承、裙带风、部族主义，……"（领导人）。①

刚果劳动党成立于 1969 年，曾长期为刚果人民共和国（即刚果（布））执政党。②《刚果劳动党纲领》在分析刚果（布）存在的矛盾时注意到"民族团结同部族主义和地方主义"是诸种矛盾之一，并指出民族革命的目标之一是"摧毁部族主义和地方主义的错误的、过时的基础，为建设刚果民族创造客观和主观的条件"。《刚果劳动党党章》指出："坚决反对各种产生于私有制的资产阶级思想意识表现，如小资产阶级自私自利、个人主义、部族宗教偏见、歧视他人以及迷信、秘密结社等旧社会的残余"（第二章党员-义务），并将"部族主义、地方主义和裙带行为"列为严重错误（第七章错误）。③ 成立于 1963 年的津巴布韦非洲民族联盟于 1984 年通过新党章。第二章"党的宗旨和目标"明确指出："提高民族觉悟，加强全体人民和团结而不分部族、种族、宗教和性别及出身。"④尼日利亚民族党成

----

① 《赞比亚联合民族独立党章程》，第 34—35 页。本节有关非洲各政党的译文均将原文中的"tribe"译成"部族"，颇为不妥，特此说明。

② 刚果劳动党 1969 年到 1992 年为刚果人民共和国唯一合法政党。1992 年在多党选举中失利。1997 年刚果（布）内战结束后，重新成为执政党。

③ 《刚果劳动党文件选编》，第 21—22、38—39、52 页。

④ 《津巴布韦非洲民族联盟第二次代表大会文件选编》（1986 年 4 月译本），第 64 页。

立于 1978 年。在 1979 年 8 月联邦大选中,该党副主席沙加里当选为总统,民族党成为执政党。1980 年制定的党章规定,"党的座右铭是'一个国家,一种命运'"(第二条),"凡符合如下条件的尼日利亚公司,不论宗教信仰、部族、籍贯、性别和社会地位,均可成为党员"(第四条)。"促进尼日利亚各民族在宗教、文化、传统等方面的相互尊重和了解"(第五条)。①

卢旺达全国发展革命运动成立于 1975 年 7 月 5 日,是卢旺达的民族主义执政党。《卢旺达全国发展革命运动宣言》声明:"我们决定创建一个真正革命和民主的人民运动,这个运动将毫无例外地,即不分性别、宗教、部族、出身、职业和社会地位,把国家全部有生力量团结和组织在它的内部。"宣言指出:"我们坚决谴责任何分裂主义和种族主义的倾向,更不必说一个种族对另一个种族、一个部族对另一个部族、一个家庭对另一个家庭、一个地区对另一个地区、一种宗教对另一种宗教的任何优越感态度","一个决心成为自己命运主人的人民发展自己固有的民族精神和民族意识的时刻到来了……坚决反对形形色色的无所作为、强盗习气、唯利是图以及部族、地区和宗教的激进主义"。宣言在分析社会因素时表示"运动承认特瓦、胡图和图西三个部族是卢旺达社会的基本部族。部族的不同决不是卢旺达人民分裂的因素,而是在公民平等的情况下相互补充和充实的源泉。我们渴求民族的统一和社会关系的和谐。……卢旺达文化将清除一切有害于加强民族团结和卢旺达社会进步的东西,并使之大众化"。②

从以上非洲各政党的纲领或党章看,它们宣传的是统一的民族和国家,坚持的是民族平等与社会和谐的原则,反对的是民族分离主义。

三、国族建构的意识形态与权力分配

(一) 政治权威与国族建构

不言而喻,在绝大多数国家,总统的权力具有决定性的作用。独立后的第一代非洲领导人多为拥有崇高威望的民族主义领袖。他们在民族独

---

① 《尼日利亚民族党章程》,第 1—2 页。
② 《卢旺达全国发展革命运动文件选编》,第 1、3、4、10、12 页。

立运动中以所属殖民地的全体人民的利益为重,与殖民统治者进行了抗争。虽然他们大多数受过殖民教育,但他们为了殖民地人民的独立事业而奋斗。他们或是在殖民政府的监狱里待过,或受到殖民统治者的威胁和伤害。在这个意义上,他们可以声称代表着国家民族的利益,尽管这个国家民族在没有多少铺垫的情况下与国家同时诞生。

我们注意到,非洲国家的民族问题与领导者的类型及其对民族问题的态度有直接关系。非洲的领导人大致可分为四种类型。第一种有意识地消除地方民族主义因素。这种领导人在独立后从各方面致力于国族建构。他们或是发动文化运动,或是通过社会运动,竭尽全力将自己国家的众多民族整合为国家民族。塞内加尔的桑戈尔总统和坦桑尼亚尼雷尔总统可以说是这种领导人的代表。

第二种以巩固国家政权为主要目标,对民族问题以维持现状为主。非洲国家领导人在独立前期面临着各式各样的问题,特别是处理政治危机和解决经济困境。他们没有用专门的精力来处理民族问题。这类领导人恐怕占了非洲领导人的绝大多数。科特迪瓦总统乌弗埃-博瓦尼可列为这一种(当时的科特迪瓦在权力分配上采取了某种措施)。

第三种是充分利用任何一种可以利用的条件来巩固和扩大自己的权力,为此不惜对反对派进行报复、排挤、打击、镇压等手段。在这种情况下,攻击对方有"部落主义"倾向是常用的手法。在那些民族矛盾最为突出的独立非洲国家,其统治者以"部落主义"的借口来打击对手可谓司空见惯。卢旺达的民族冲突体现了这种情况。这种做法不仅刺激了地方民族主义,同时也为用"部落主义"解释非洲政治提供了依据。

第四,掌权者在自己的政权岌岌可危的情况下,为了保住自己的个人利益,不惜激发甚至挑起民族矛盾以坐收渔翁之利。始于 20 世纪 80 年代末的民主化浪潮可谓"双刃剑",它既可促进非洲国家的民族一体化,也为地方民族主义的发展提供了新的机会。

（二）非洲社会主义:意识形态抑或执政工具

在独立后的相当长的一段时间内,不少非洲政治领袖选择了"社会主义"道路,有的国家还以法律的形式将各种非洲社会主义的理论确定为政府的官方意识形态,以此来统一民众的思想,推动独立后的政治经济建设，促进国族建构。在这一方面比较突出的有纳赛尔的社会主义，尼雷尔的"乌贾马社会主义"，卡翁达的"人道主义的社会主义"，桑戈尔的"民主社会主义"，塞古·杜尔的"能动的社会主义"，恩克鲁玛的"实证社会主义"，凯塔的"现实社会主义"，布尔吉巴的"宪政社会主义"，本·贝拉的"自管社会主义"，所谓的"阿拉伯社会主义"以及莫桑比克、安哥拉和埃塞俄比亚等国家奉行的"科学社会主义"等等。① 1955 年到 1990 年间，非洲先后有 34 个国家宣称要搞社会主义。② 马兹鲁伊认为，在 20 世纪 70 年代的非洲，前葡萄牙殖民地和埃塞俄比亚信奉马克思主义是最重要的意识形态表现。③

如何理解独立的非洲国家选择社会主义？这些领导人选择社会主义的动机是什么？可以这样说，他们选择社会主义与其说是理解了并倾向于这种意识形态，不如说这种意识形态更容易作为号召、动员和控制独立后痛恨殖民主义的非洲民众的执政手段和工具。正如福尔茨指出的："这些意识形态不应该用经典式的'左-右'的概念去看；那些采取某些明显的社会主义政策的国家同那些更喜欢资本主义发展模式的国家之间，差别在于为达到实行政治上控制的类似目的而采取了不同手段而已。"④确实，我们可以看到，一些鼓吹社会主义的非洲领导人实际上奉行的却是资本主义。

非洲的社会主义可以分为四种类型：(1)自称是"阿拉伯社会主义"，主要是北非的埃及、利比亚、突尼斯、阿尔及利亚、苏丹等国；(2)自称搞"马克思科学社会主义"，如埃塞俄比亚、贝宁、刚果、莫桑比克、安哥拉、津巴布韦等国；(3)明确宣布是"非洲社会主义"或曰"村社社会主义"，曾宣布过要搞这一类社会主义的国家有：马里、几内亚、加纳、坦桑尼亚、赞比

① 关于国内研究非洲社会主义的著作，参见唐大盾、张士智等：《非洲社会主义：历史·理论·实践》，世界知识出版社，1988 年；唐大盾、徐济明、陈公元主编：《非洲社会主义新论》，教育科学出版社，1994 年。

② 畅征、刘青建：《发展中国家政治经济概论》，中国人民大学出版社，2001 年，第 78、81—82、228、223 页。

③ Ali A. Mazrui, The African Condition, London：Cambridge University Press, 1980，p. 100.

④ W. J. Foltz, "Political boundaries and political competition in tropical Africa", in S. N. Eisenstadt and S. Rokkan, eds., *Building States and Nations*, Vol. 1, Beverly Hill, 1973，p. 365.

亚、马达加斯加、索马里、几内亚比绍、肯尼亚、佛得角、塞舌尔、扎伊尔、圣多美和普林西比等国；(4)宣布进行"民主社会主义"，这类国家较早的有毛里求斯、塞内加尔，突尼斯在 1979 年宣布实行"民主社会主义"，1989年后莫桑比克、刚果、安哥拉等也宣布改行"民主社会主义"。①

民族主义可以说是非洲社会主义最显著的特点。这是国内外学者将其称为"民族社会主义"、"民族的社会主义"或"民族性社会主义"的主要原因。强烈的民族主义情绪是与非洲当时的社会发展和政治现实相同步的。这种政治现实的特点主要表现在以下几个方面：

(1) 推翻殖民统治争取民族独立一直是国内各阶级阶层和社会集团的主要目标；

(2) 在民族独立运动中，各派政治力量围绕上述目标结成同盟；

(3) 非洲工人阶级或民族资产阶级还未强大到足以成为人民大众的领导力量；

(4) 民族独立运动的领导权一般掌握在一批代表全民族利益的民族知识分子手中；

(5) 非洲社会主义一方面反映了非洲人民向往平等生活、追求理想社会的迫切愿望，另一方面则表现出他们希望有自己的理论体系，希望有一种反映非洲社会特点表达自身价值观点的思想意识；

(6) 非洲社会主义的民族主义特征主要表现在强调本民族的传统价值体系，强调自己独特的"中间道路"或"第三种理论"，强调对外的民族解放斗争而忽略内部的阶级分化和阶级冲突。② 苏联认为这些国家走的是一条非资本主义的道路，是"民族民主主义道路"。

从 80 年代初以来，"在世界性的'私有化'和'民主化'浪潮的冲击下，在世界社会主义开始走向低潮的情况下，非洲社会主义普遍遇到挫折和失利，尤其是一些自称科学社会主义的非洲国家全面陷入了危机"。③ 然而，作为独立后一种具有自身特点的意识形态，非洲社会主义在国族建构

---

① 肖枫主编：《社会主义向何处去》(下卷)，当代世界出版社，1999 年，第 17 章和18 章。

② 李安山：《非洲社会主义的理论特点》，《科学社会主义》，1986 年第 3 期。

③ 唐大盾、徐济明、陈公元主编：《非洲社会主义新论》，第 412 页。

过程中的作用是不容否认的,它至少体现在四个方面。

首先,这种意识形态可以说暂时满足了领导者和被领导者双方的精神需要,同时,它也可以与非洲传统和文化价值观结合起来。新兴的非洲国家不是一个虚体,它是由领导者和被领导者构成的。随着民族独立这一目标的实现,民族主义已失去了昔日的神圣光环,非洲社会主义应运而生。它既反映了政治领袖力图用一种具有非洲特点的意识形态来加速国族建构的愿望,也迎合了人民大众的普遍要求,因为民族认同是独立后的非洲国家每一个公民所面临的问题。由其领袖创立的思想(如尼雷尔主义、恩克鲁玛主义等)无疑为他们提供了一种可以依赖的精神支柱。更重要的是,非洲领导人认为社会主义与非洲传统社会的一些特点存在着共同之处。正因为如此,尼雷尔先生曾十分骄傲地表示:"关于社会主义,非洲不必向欧洲人学什么,反而有些东西可以传授给他们。"①

其次,非洲社会主义为这些国家提供了一种易于理解和便于操作的思想理论基础。独立后的许多非洲国家面临着实际问题,既无代表先进生产力的阶级力量,又无民主政治的经历与经验。民族主义的理论的感召力不复存在。新领导人可以利用的就是意识形态的统一和政治权力的集中。社会主义或马克思主义成为一种工具,并可以根据自身的需要进行改造。在这方面,强调一党制、国有化和中央集权的非洲社会主义提供了最佳选择。对于新领导人而言,这种意识形态成为对全体国民的一种新的感召力,对政治秩序的稳定和国有化经济的建立提供了重要的理论保障。可以说,非洲社会主义提供了实行政治经济和社会文化一体化的一面旗帜。桑戈尔是非洲社会主义的追随者,他曾经指出:"在利用马克思的方法分析为资本主义所控制的塞内加尔和黑非洲的经济和社会形势的同时,也要在我们的精神生活中合法地给予我们的宗教和文化价值观以应有的地位。"②很明显,他愿意将马克思主义作为分析工具,但不愿接受无神论。

再次,非洲社会主义为新兴国家的中央政权对政治经济和社会生活

---

① 阿里·A.马兹鲁伊主编、C.旺济助理主编:《非洲通史(第八卷):1935 年以后的非洲》,第 350 页。

② 阿里·A.马兹鲁伊主编、C.旺济助理主编:《非洲通史(第八卷):1935 年以后的非洲》,第 351 页。

各个层面进行干预提供了一种制度保证。在殖民统治时期，行政管理从来就是自上而下，这种体制与传统的非洲政治和典型的西方政治均毫无共同之处。独立后大部分非洲国家对资本主义制度有一种历史上形成的抵触情绪，而非洲社会主义的实用价值在于它为执政者提供了一种相对简便的统治工具。恩克鲁玛在自传中明确表示："对于一个新近独立的国家而言，资本主义是一个过于复杂的体系。因此所需要的就是一个社会主义社会。然而，即使是以社会正义和民主宪法为基础的体制，在刚刚独立后的一段时间里，仍需要某种权威主义的紧急措施的支撑。如果没有纪律，真正的自由不可能存活下去。"换言之，社会主义既可作为一种理论基础，也可以作为一种制度安排。社会主义强调纪律与权威，因此便于对民众进行社会动员。

最后，几乎所有选择非洲社会主义的国家对外国资本控制的工厂矿山和其他重要的经济部门均实行所有权的国有化和管理人员的本土化。在这方面，津巴布韦是一个特例。津巴布韦独立后在经济上实行了一种渐进的政策，未实行国有化，只实行国家干预。① 当然，后来进行的土改比较激进。这一点后面章节有专门论述。资产和人员的国有化对民族经济的建立和发展起到了积极推动作用。此外，这些国家绝大部分确立了比较激进的经济政策，如经济的非殖民化；政府全面控制国家经济并对经济发展进行各种干预；致力于经济和社会机会的平等化；对私有经济的作用进行适当限制。尽管这些经济政策有的未能全面实施，有的结果并不理想，但这些政策对整合全体公民的国家意识，促进国家经济的一体化和推进国族建构的进程无疑起到了重要的作用。

社会主义在非洲的初期试验虽然取得了一些成效，但确实并未成功。究其缘由，有以下几点。首先，氏族或地方意识远强于阶级意识。我们注意到，在诸多非洲国家，一些政治领袖在治理国家的过程中往往过分强调自己所属氏族或地方民族的利益，而民众也将这种对家庭、氏族或地方民族的效忠看作十分自然的事。其次是非洲文化精英与经济阶级的力量对比，进行社会主义革命的唯一阶级是精英，即高度西方化的非洲人。第

---

① 关于津巴布韦的社会主义，参见唐大盾、徐济明、陈公元主编：前引书，第379—409页。

三,非洲在当前历史阶段的组织能力对通过命令(而不是宗教)实施有组织的集体主义缺乏必要的准备。非洲社会土壤不适于社会主义的第四个原因是因为它已深深扎根于由西方主导的世界经济体系之中了。"非洲一方面在思想上为社会主义做好了准备,但在另一方面并不具备进行真正社会主义试验所需要的物质条件。思想气候给人希望,社会土壤令人生畏。"[①]我们知道,西方的意识形态并非源于非洲。更有甚者,历史上西方长期将非洲作为剥削和压迫的对象,现实中西方提供的模式屡试不爽,资本主义的思想观念可能不适合非洲。四种解释均含有时间成分,即由于条件不成熟而导致非洲的社会土壤不适应社会主义。然而,在某一个时间段不适应,可能在另一个条件成熟的时间段适应。非洲人民有可能在吸收其他民族价值观和创造多元文化的基础上形成符合非洲的意识形态。目前,一些非洲国家提出的"向东看"的观点反映了非洲思想界正在打开视野,消除偏见。

(三)权力分配中的平衡原则

非洲国家独立后即面临着权力的分配问题。在任何一个国家政治权力的分配中,最重要的是平衡原则,而不是通常意义上的算术原则。在各个非洲国家的权力分配中,我们可以看到两种基本原则:"平衡原则"与"分权原则"。前者是指处理各个地方民族相互关系的原则,后者是指处理中央政权和地方政权之间关系的原则。这两个原则在宪法中有明确规定,同时也通过政府的具体政策来体现。

在正常情况下,政府的能力和信誉表现在既不强调地方民族的利益,又不忽略历史遗留下来的地方民族间的不平等状况。喀麦隆曾受过德、英、法三个殖民宗主国的统治,又有复杂的民族矛盾(共有 236 个地方民族),存在着较为突出的"东-西"与"南-北"的矛盾。所谓"东-西"矛盾是指喀麦隆东部是原来的法属托管地,西部为英属托管地。两地分别用法语和英语作为官方语言。所谓"南-北"矛盾是指法国殖民当局曾利用北部信仰伊斯兰教的富拉尼人来维持其殖民统治,在政治上歧视经济较为

---

①　阿里·A.马兹鲁伊主编、C.旺济助理主编:《非洲通史(第八卷):1935 年以后的非洲》,第 354—355 页。

发达的南部的杜阿拉族和芳族，从而形成了南北各族间的历史宿怨。值得注意的是，喀麦隆在独立后避免了大的民族冲突和政治动乱，这是难能可贵的。其中一个重要的原因就是采取了平衡发展的政策。喀麦隆首任总统阿希乔的政策包括四个原则：有计划的自由主义、自主发展、社会正义和地区平衡。发展经济过程中更注意地区平衡，即让社会的每一个民族和每一个阶层均衡协调地发展。尽管从 80 年代后期以来多党民主化对喀麦隆造成了冲击，但独立后相对稳定的发展是不容否认的。

一些政局相对稳定的国家有一个共同的特点，在权力的分配上注意各民族和地区的平衡。坦桑尼亚的宪法明文规定：国家总统和内阁总理不能来自同一个地区，必须由坦噶尼喀和桑给巴尔各出一人。在科特迪瓦，政局相对稳定的一个重要原因也在于领导集团中的民族成分平衡：乌弗埃-博瓦尼总统是包勒人，执政党总书记是塞努福人，总理则是马宁克人。在喀麦隆，南部的杜阿拉人和芳人等民族在经济和文化上相对发达，北部的富拉尼人信仰伊斯兰教，在法国殖民统治时期受到重视，而西部的巴米累克人在独立初期曾举行过反政府的起义，后来一直是政治不稳定的地区。为了平衡地方民族的利益，权力各方在分配总统、总理和议长等国家最高领导职位时均从均衡原则出发，充分考虑南部、北部和西部这三个主要地区的地方民族的利益，特别注意不使总统与总理或议长出自同一地方民族。与此同时，在任免政府部长和各种高级管理人员时也注意从权力平衡的原则出发。甚至在制定外交政策时也注意到平衡讲法、英两种语言的各个民族的利益。例如，喀麦隆政府在 80 年代末宣布正式参加法非首脑会议，不久又向英联邦提出加入的申请，并于 1994 年正式成为英联邦的成员国。这种平衡政策无疑起到稳定人心的作用。[1] 在其他

---

① 关于中国学者对喀麦隆地区平衡政策的考察和研究，可参见杨荣甲：《在神秘的酋长王国里》，时事出版社，1989 年，第 86—94 页；庄慧君：《喀麦隆的部族、地区发展矛盾与统一、平衡发展战略》，《西亚非洲》，1996 年第 5 期；李保平：《非洲传统文化与现代化》，北京大学出版社，1997 年，第 208—228 页；M. Azevedo, "Ethnicity and Democratization: Cameroon and Gabon", in H. Glickman, ed., *Ethnic Conflict and Democratization in Africa*, pp. 255-288; Henry A. Elonge, "Visions of Change in Cameroon within the Contest of a New World Order", George Akeya Agbango, ed., *Issues and Trends in Contemporary African Politics: Stability, Development, and Democratization*, New York: Peter Lang, 1997, pp. 173-189。

国家也存在这种权力分配时注意民族平衡的政策。

独立后非洲国家权力的分配还体现在对酋长制的处理上。事实表明,那些采取过激政策全面否定传统制度和酋长作用的国家和原封不动地保留或全面恢复旧制度的国家,一般效果都不佳。相反,那些一方面保留酋长制,一方面进行适应性变革或对酋长的政治权力进行某种限制的国家(如博茨瓦纳、坦桑尼亚、喀麦隆、津巴布韦等国)都取得了较好的效果。

在坦桑尼亚,所有的酋长都被解除了他们的政治权力,但允许他们保留头衔,还有的由政府安排在地方上工作。津巴布韦总统穆加贝在独立后不久曾亲自召集主要民族的酋长开会,呼吁他们当好人民与政府之间的桥梁,和人民一起建设新津巴布韦。他还分别从绍纳族和恩德贝莱族中各任命5名酋长担任政府参议员。独立后的喀麦隆对传统势力采取承认、利用和限制的政策,将酋长制度整合进行政制度之中。1977年的法令规定,一级酋长由总理任命,二级酋长由领土部长任命,三级酋长由州长任命。各级酋长的职责包括“向人民传达行政当局的批示并保证其贯彻执行”,“在维护公共秩序和保证经济、社会、文化的发展等方面起协助作用”,“为国家和其他公共单位征收税款”。[①] 酋长制度是非洲的传统政治制度。保留酋长制在尊重历史和传统以保持稳定的同时,也削弱了传统势力以促进国家的统一。

几乎每个国家的领导人都希望本国的民族问题能得到较圆满的解决,并采取各种措施加速国族建构的进程。然而,他们往往处于一种两难境地。如果领导人无视地方民族的因素而强调国家的整体利益,往往会引起各个地方民族(特别是较落后的地方民族)的不满;如果他一味强调公平竞争,只讲竞争的条件和资格,起用最合格的人选和地区,更会引发落后民族的不满,因为他们在殖民统治时期被剥夺了准备的机会。反过来,如果他们对不发达的地方民族采取简单的优惠政策,又会引起其他民族的不满,因为后者往往具备更好的发展条件和在平等条件下竞争的资格。独立后的非洲国家都采取了各种政策,如政体上的“联邦制”,分权上

---

① 《关于传统酋长领地的组织法》(1977年7月15日第77/245号),第15条,第20条。参见杨荣甲:《在神秘的酋长王国里》,第98—104页。

的"民族比例原则",国家政府首脑的"分配制"或有利于普通民众相互融合的各种措施。这些政策或措施或是推进了国族建构的进程,或是为这一进程积累了宝贵的经验。

四、国家政策的其他相关作用

前面主要涉及国族建构政策的积极方面。然而,不恰当的国家政策也会带来消极影响,成为国族建构的障碍。不容否认,国家政权的不稳定为地方民族主义的发展提供了土壤和条件。国家政权的一个最大任务是保护每个公民的生存条件。一旦这种保护不存在,人们的起码的安全感就失去了。出现这种情况的直接后果是公民失去对国家的信任。为了保护自己,他们有的依靠宗教或巫术(不稳定的非洲国家往往存在着复杂的宗教或巫术活动),有的借助民间社会组织(如十分活跃的移民社区或组织),有的则力图仰仗现代组织(如各种专业团体和待业人员组织),更多的则是依赖在规模上仅次于国家、在传统习惯上更易于置身其间的地方民族势力。换言之,在公民需要保护时,国家不能提供;国族建构需要加强时,政府不能提供条件。在这种情况下,地方民族主义以其特有的方式向本民族的成员提供应有的保证和服务,以满足他们的需要。尽管它的表现形式不同,但地方民族主义确为非洲现代政治中客观存在的事实。

(一) 国家民族意识与地方民族意识的互相转化

我们必须看到,国家民族意识与地方民族意识是可以互相转化的。尼日利亚的比夫拉战争是一个很好的例证。伊博人感到自己在政治权力和自然资源的分配上受到了不公正的待遇而要求分离。尼日利亚著名作家、诺贝尔文学奖获得者索因卡在内战爆发后一个月发表了题为《让我们想想这次战争的后果》的文章,谴责奥朱古的分离行动是一种失算,同时也要求联邦政府拿出一种对未来负责的态度。他一针见血地指出:"在目前的冲突中无人可以获胜,只有人力物力的不断浪费和一种表面的控制权,这种控制迟早必将在我们面前爆炸,将国家炸得粉碎。"①这是多么深

---

① 　Wole Soyinka,"Let us think of the aftermath of this war", *Daily Sketch*, August 1967.

刻的见解。虽然这是一次由军队首脑领导的分离事件,但我们仍可以看到东区伊博人认同感的两次转变:从认同于尼日利亚人转变为认同于伊博人;又从认同伊博人转变到认同尼日利亚人。换言之,当伊博人认为作为尼日利亚人所得到的利益小于作为伊博人的利益时,或伊博人从整体上感到在尼日利亚联邦中所受不公正待遇已到了不可容忍的地步,他可能愿意做伊博人而放弃当尼日利亚人。如果从思想上分析这种认同,这是从国家民族主义向地方民族主义的转变。比夫拉事件最重要的意义在于伊博人重新接受尼日利亚人的身份,重新认可尼日利亚作为自己所属国家的合法性。

概而言之,国家民族与地方民族的关系在很大程度上依赖于国家政权的强大和民族政策的适当。国家的宪法往往规定人民的福利是政府的首要目的。例如,尼日利亚1976年宪法草案的第8条明确规定:"人民的福利应为政府的首要目的;政府必须对人民履行义务并承担责任。"①如果国家政权弱小,它就不能为公民提供基本的生活保证和福利条件;有时公民的生存也受到威胁。在这种情况下,公民只能寻找其他的保护者,从而为地方民族主义的产生和发展提供了条件。反之,强大的国家在政治经济上为各个民族的发展提供所需的环境和资源,为不同文化的交流创造条件,这将有助于国族的形成。

(二)国家权力的滥用

人是社会性极强的群体,归属于各种血缘群体、民族集团、社会团体和政治组织——家庭、氏族、民族、宗教(或学术)团体、政党、国家等。正是通过这种组织或团体,人们找到了基本的安全感和归属感。在任何国家,政权的首要责任是保护公民的基本权利,这也是一个政权存在的合法依据。政权通过各种国家机器维护公民正常的生活,并制定法律来保护公民的各种正当的活动。然而,在一些内聚力相对较弱的国家,法律的非道德性使一些地方民族的基本权利遭到损害。

一个地方民族对另一个地方民族的歧视甚至仇杀不仅受到本族的支

---

① Colin Legum, *Africa Contemporary Record*, *Annual Survey and Documents*, *1976—1977*, New York: Africana Publishing Company, 1977, C66.

持,也丝毫未受到国家法律的制裁,例如在卢旺达或布隆迪;有时这种歧视或迫害还受到国家机器的支持,例如在南非。这种在国家法律庇护下对本国公民实施伤害的行动必然为被伤害的民族所不容,他们有两种选择。力图推翻这种既不合理也不合法的政权,这是一种主动积极的选择。在这种情况下,由于存在着现政权的支持者,民族冲突在所难免。还有一种消极的选择——退出国家的保护。既然国家不仅不能对我实施保护,反而支持对我的伤害行动,那我还能指望什么? 在后一种情况下,地方民族或以地方民族为基础的政党理所当然地成为国家的替代者。在白人种族主义统治下的南非,由于黑人民族的根本利益得不到保障,他们只能靠传统的自身保护机制来维系自己的利益。祖鲁民族意识在这一时期有很大程度的发展,但由于当时的客观情况,推翻白人种族主义政权的首要任务暂时掩盖了祖鲁人的民族主义,所以这种民族主义的表现在 1993 年后开始突出。

(三) 政治权力分配的"正相关循环"

为什么在有的国家国族建构比较成功(例如坦桑尼亚),而在另外一些国家,这种整合却形成了国家政权难以控制的地方民族主义势力呢?这里的根本原因是领导人(或集团)的品质、意识和能力。在一些国家,第一代民族主义领导人以廉洁的个人品质、超越本民族的远见和卓越政治智慧将国家引上了一条稳定发展的道路,国家民族一体化也逐步进行。在另一些国家,由于政治机构的不成熟和游戏规则的不确定,权力开始成为个人集敛财富的工具,贪污腐败成为一种具有传染力的时尚。在这种情况下,权力成为各种政客或野心家的政治目标。这种情况往往引起一些较有分量的社会集团的反感,为军人夺取政权提供了机会。这种军事力量的运用必然使国家的正常运作遭到破坏,"军人干政"也往往容易形成恶性循环。战争使国家政权短命,使地方民族意识增强。

在独立后的非洲国家,由于权力和利益具有直接的关系,政治权力的分配是一个十分复杂的过程。掌握实权意味着占有资源和机会,占有利益和好处,占有获取财富或社会荣誉的手段。占据政治职位不仅可以为个人带来权力和利益,而且为其家庭、地区和民族也带来了荣誉和好处。这种权力与利益的关系在实际运作中具有以下特点。首先,两者的关系是成正比的,即权力愈大,利益愈多;权力愈小,利益愈少。其次,两者的关系是互动的,互相促进的。权力愈大,利益愈大,所能掌握的再分配的资源愈多,以此换取的权力也就愈大。反之亦然。更重要的是,权力与利益之间的互动可以形成一种"正相关循环"。

所谓"正相关循环"是指相关的两种因素 A 与 B 之间是一种相互促进的关系,A 的加强可以促进 B 的增大,而 B 的加强可以反过来促进 A 的壮大。政治领袖权力的增强不仅可以促进自身利益的扩大,也可以为本民族获得更多利益,本民族反过来可以支持他获得更多权力。如果将 A 作为领导权力,B 作为利益,B 则可以分解为 B1,B2,B3……。B1 是政治领袖自身的利益,B2 可以是政治领袖家属的利益,B3 可以是该领袖所属民族的利益,等等。值得注意的是,这种所谓的"正相关循环"对国家民族凝聚力的形成是不利的。当然,在多民族存在的国家,这种互动也可能使政治家失去其他民族的支持和选票。

为何非洲的政治家会如此熟练地运用"部落主义"即"地方民族主义"这块王牌呢? 政治学的常识告诉我们,任何统治者都会竭尽全力保住自己的权力;而达到这一点的关键是将自己的对手在政治上置于不利的境地。同时,只要存在别的途径,任何统治者都不愿意公开镇压自己的政治对手以达到自己的目的,他们必须找到某种政治借口。"部落主义"成了他们俯首可得的武器。我们注意到,所有对"部落主义"大加鞭挞的政权或地方民族主义十分盛行的国家几乎都是腐败透顶怨声载道的政权。在有的情况下,统治者为了保持自己对政治局势的控制,有意激化甚至制造民族矛盾。

由于国家是人为的国家,力图维护地方民族或本地区的利益成为国家政权内部各个政治领袖的重要目标之一。这在那些国家民族的内聚力尚未达到足以整合地方民族的国家里尤其如此。在国家政策的制定过程中,他们尽可能地争得中央级和地区级的各种政治权力。每个地方民族力图控制各级行政管理或国营企业中的各种职务。在某个主体民族占优势的地区(以尼日利亚为例,如北部的豪萨族-富拉尼族、西部的约鲁巴族和东部的伊博族),本族人往往控制着绝大部分官僚职位。

(四) 经济方面的权力分配

可以有把握地说,如果一个国家中各民族在经济上都是平等的,这些地方民族的分歧应该比较容易消除。只有在那些自然资源分布极不平衡同时财富的再分配又极不平等的国家,民族问题才会变得格外突出,并转而成为用来增强本民族经济利益的保护主义。

政治权力与经济权力之间可以说存在着千丝万缕的联系。政治领袖的权力可以对国家的经济政策的制定起直接的影响。这主要包括国家的经济计划(发展的重点和主要目标),国家的投资方向及对国外投资的利用,国家的基本建设(国有企业的项目及交通和通信设施的建设),国家经济资源的分配与再分配,国家自然资源的控制权等。以国外投资(包括国际金融组织的项目)为例,资金如何利用,由哪个部门在哪个地区利用;投资比例如何安排,在哪个民族地区安排多少,劳动力如何解决等。

地方民族主义势力对国家经济政策的影响也有两种情况。在缺乏凝聚力的国家,权力持有者总是竭尽全力争取本民族的利益。除了在国家计划上尽可能满足本民族的需要外,他们还力图将本族的亲信安置在各个重要的公共企业的董事会,将贷款或契约给予本族人,并尽可能地掌握如铁路、航空和港口等重要的基础设施的控制权。在尼日利亚,伊博人和约鲁巴人曾经在 1964 年到 1965 年间在尼日利亚铁路公司等问题上发生争执。各个民族对政府有限的发展项目和年金分配也经常展开争夺,如在 1962 年到 1968 年的尼日利亚国家发展计划中,各地方民族对尼日利亚钢铁联合企业建厂地点的选择问题上曾展开了激烈的竞争。

还有一种情况。从中央政府来看,它力图综合全国计划的需要和地方民族的特点,加上纯技术性因素,对一些大的项目进行整体规划。然而,地方民族主义者不满于中央政府的经济政策,力图争取本民族的自身利益。对权力的控制可以影响到各种政策的制定和社会利益,这包括本族人对行政和企业职位的占有、制定对本族有利的法律以及各种社会职务和社会荣誉的获得。而这一切往往最后都要从经济利益上体现出来。作为殖民主义遗产的民族间的不平等也在独立后的经济方面体现出来。以肯尼亚为例。基库尤人男性占全国男性的 20%,但在肯尼亚工商发展公司(ICDC)对各种贷款的发放中却占有远远超过此数的比例。到 1966 年为止,基库尤男性得到的工业贷款为 64%,商业贷款为 44%。这种经济资源分配的不平衡自然也在收入上反映出来。在其他非洲国家里,这种情况也经常发生。

(五) 文化语言政策的作用

由于地方民族从根本上说是一种文化民族,即以自身的语言文化和传统习俗为其主要标志,因此,国家文化教育政策的制定对地方民族主义的演变至关重要。学校使用何种语言教学,学校教材和课程设置以什么为主,学校招生的各民族比例等等,这些因素对国民文化的建构和地方民族文化的取向是十分关键的。在尼日利亚,1964 年至 1965 年间,伊博人和约鲁巴人曾经就伊巴丹和拉各斯各个大学的民族构成的比例问题上出现争执。在奥博特时期,乌干达的兰吉民族主义者(Langi nationalists,兰吉人是居住在兰戈地区的人)曾经对在兰戈地区的小学使用阿乔利语表示不满。

语言对民族一体化的作用是不言而喻的。1990 年 12 月 28 日的《金融时报》(*Financial Times*)报道了阿尔及利亚国家新的立法规定:"以阿拉伯语为阿尔及利亚国语,与官方接洽时若使用其他语言,将处以巨额罚款。"我们知道,阿尔及利亚的官方语言早已规定为阿拉伯语,而法语是通用语。因此,不排除这一立法含有非殖民化的因素;然而,这一立法对阿尔及利亚的第二大民族柏柏尔人来说,却是明显的歧视,民族矛盾的产生或加剧由此而生。

在这方面,埃塞俄比亚是一个教训。埃塞俄比亚的民族成分相对比较复杂,其中奥莫罗人占总人口的 40%。阿姆哈拉人占 30%,提格雷人约占 18%,此外还有索马里人、阿法尔人和锡达莫人等民族。三个主要民族各有特点:奥莫罗族人数最多,提格雷族曾在历史上占据重要的领导地位,而阿姆哈拉民族则可以说是现代的强势民族。作为一个多民族的国家,除了在第二次世界大战期间被意大利短暂占领过外,埃塞俄比亚没有成为殖民地的经历。这在非洲是非常特殊的。为了推行民族沙文主义路线,埃塞俄比亚当局曾在学校规定只能使用阿姆哈拉语,而禁止使用其他民族的语言。一位埃塞俄比亚老人在 1976 年追忆曾经的情形:

> 很多年前,我是用提格雷语接受教育的。我们提格雷的学校还以盖兹语、阿姆哈拉语和英语作为教学科目。因此,上学的提格雷人可以掌握本民族语言和其他三种对他们有用的语言。后来,埃塞俄比亚教育部没有经过任何讨论和协商,也未征得公众同意,就下令必须用阿姆哈拉

语授课,除此之外只有英语作为语言课程教授。我们的母语提格雷语,还有盖兹语,都是具有书写文字的丰富的埃塞俄比亚语言,却被彻底抛弃了。教育部长到我们学校视察,当听到学生们在课堂外用提格雷语谈话时,他气急败坏,命令我们不得讲提格雷语,只准讲阿姆哈拉语。后来,厄立特里亚也尝到了这种帝国政策的苦头。这种压制居住在埃塞俄比亚北部、提格雷和厄立特里亚讲提格雷语民族的文化以及埃塞俄比亚南部如盖拉人文化的行为,是不断引起民族冲突的根源。①

从上面的叙述中可以看出,埃塞俄比亚政府曾在教育政策上采取了不适当的政策。这种政策的目的是希望通过只许使用阿姆哈拉语言这一强制措施来遏制地方民族的分离倾向,促进民族一体化的进程。然而,这种强制措施带来了两个消极后果。

第一,强制用阿姆哈拉语进行学校教育的政策已经极大地伤害了使用其他语言的民族,特别是使用提格雷语和奥莫罗语的一些民族,而官员们将这一政策推到极致——学生们在课外说自己的民族语言也遭到训斥,这极大地伤害了这些学生的民族自尊心。可以说,这一政策加剧了本来存在的民族矛盾,成为后来各种民族冲突(如厄立特里亚的分离)的原因之一。第二,这种民族沙文主义实际上摧残了埃塞俄比亚丰富多彩的民族文化,既是一个无视历史发展和国家存在的民族基础的历史虚无主义,又从根本上削弱了正在形成的埃塞俄比亚民族文化的多样性,挫伤了各地方民族对建设一种埃塞俄比亚文化的创造力。

利用各种文化工具特别是新闻设施来推行民族歧视也是一些政客常用的手法。在民族冲突中,占强势地位的民族利用掌握的宣传手段对“敌对”民族进行攻击成为动员本民族的强有力的工具。

五、小　结

在非洲,国家是殖民主义统治的遗产,民族主义的政治目标已经达

---

① Basil Davidson, *Africa in Modern History*, London: Penguin Books, 1978, pp. 377-378.

到,政治上的独立使非洲领导人认识到政权的重要性。赢得独立后,非洲民族主义那种急功近利的缺陷开始表现出来,反对帝国主义和殖民主义的号召已经难以继续作为动员人民的工具,各民族集团开始以人们以前熟悉的组织方式重新整合政治力量。由于非洲社会的阶级关系并未成熟或处于不明显的状态,加之国家的独立是在国家民族尚未形成的局面下完成的,地区的利益或地方民族的利益(在相当多的情况下,这两种利益可以重叠)成了十分重要的整合工具。相当多的非洲国家出现过这种情况。① 在这种情况下,国族建构在很大程度上依赖于强大的国家政权和适当的民族政策。不少非洲国家在国族建构的过程采取了各种政策和措施,如意识形态的影响,国家法律的制定,对民族文化活动的开展(如桑戈尔和蒙博托)等。

许多西方学者在提到国族建构的过程时往往强调人们必须将自己的奉献和效忠精神从较小的共同体(氏族、酋邦、地方民族等)转移到较大的中央集权的共同体。他们根据自己国家和民族形成的经验,认为民族的形成和国家的形成是两个独立的过程。他们由此推论,民族的形成先于国家的形成。然而,非洲学者并不同意这一观点:

> 对我们来说,民族建设的过程并不涉及"奉献和效忠精神"的转移问题,即从狭隘的或局部地区的种族集团向如尼日利亚那样较大的政治单位转移的问题。你作为伊博人、约鲁巴人或者基库尤人都是一种特殊的身份,是不可能转移的。你不可能简单地宣布一下,就不再是伊博人、豪萨人或基库尤人了。对我们来说,所涉及的是扩大(而不是转移)局部单位认同性的范围,使之包括更大的单位,诸如国家。我们说民族建设是指两个方面的共同特性,一个是同国家建设紧密相联的。我们指的是这个实体的成员逐渐地接受中央政府的合法性,承认这个中央政府就是民族的象征。这是民族建设的纵向方面——就是说,你不但有了一个国家,而且人民接受国家的权威(不仅仅是强制性的权力机构),并把政府看作他们社团政治上的象征。······民族建设的横向方面涉及,这个公民机构须接受其他成员,使之成为这个"共

---

① John Markakis, *National and Class Conflict in the Horn of Africa*, pp. 237-271.

同"民族里的平等兄弟成员——承认其他成员有权分享共同的历史、资源、价值观以及其他有关国家的一切方面——用同属一个政治社团的责任感加以巩固。这将涉及这样的感情，即这个集体的所有成员有权在其政治发展过程中同甘共苦，而不仅仅是同甘。因此，民族建设就是广泛接受国家建设过程；这是对一个政治社团的创造，这个政治社团将赋予这个国家的生活以更加完整的意义。①

我们认为，对较小的共同体（氏族、酋邦或地方民族）或较大的共同体（如国家民族）的认同或效忠并无先进与落后之分，也无进步与反动之分，而是两种或多种不同层次的认同的交融与互动。国家和民族的并行不悖的建构过程可以说是统一的多样性与多样性的统一，可以看到"国家民族"的逐渐形成、发展和巩固。这一过程承认国家统一中的矛盾现象，即"统一中的多样性"，而不仅仅是"多样性的统一"。因此，这一建构过程的最终结局可以造就"国家民族"，也可以造就"民族国家"。国家民族的建构过程不时由于冲突和危机而中断。由于这一过程涉及多种地区集团和政治势力，冲突不可避免。在国族建构过程中，重要的不在于冲突，而是冲突的强度不能危及诸种势力谋求联合所赖以存在的对价值观的一致意见。可以说，"解决对立双方冲突所积累起来的经验，毕竟是反映民族一体化程度的一个重大标志"。②

尼日利亚著名作家阿契贝指出："尼日利亚既不是我的母亲，也不是我的父亲。尼日利亚是个孩子，天赋出众，才华横溢，却也令人难以置信地任性。尼日利亚需要帮助。尼日利亚人有专门的工作——哄劝这个任性的孩子走上有益的创新发展之路。我们是尼日利亚的父亲或母亲，而不是其孩子。如若我们耐心地做好自己的工作，再加上好运气，终将会有一代人视尼日利亚为父母。但是，那一天尚未到来。"③他这里所指的尼

———————

①　马兹鲁伊主编、旺济助理主编：《非洲通史（第八卷）：1935 年以后的非洲》，第316—317 页。兰杰也表达了类似观点，参见爱德华·莫迪默、罗伯特·法恩主编：《人民·民族·国家》（刘泓、黄海慧译），中央民族大学出版社，2009 年，第 47 页。

②　马兹鲁伊主编、旺济助理主编：《非洲通史（第六卷）：1935 年以后的非洲》，第 319 页。

③　Chinua Achebe，"What is Nigerian to me？"，*The Keynote Address at The Guardian's Silver Jubilee*，at the Nigerian Institute of International Affairs（NIIA），Victoria Island，Lagos，October 9，2008. 程莹博士帮我找出此条资料的来源，在此向程莹博士表示感谢。

日利亚既可以理解为尼日利亚这个国家，也可以理解为尼日利亚国族。非洲学者对国族建构提出了自己的解释，认为这一过程需要经过六个阶段，即共处、接触、竞争、征服、妥协和聚合，这是一个漫长的过程。在政治领域和经济领域的权力分配是关键的因素，国家的相关政策也至关重要。这些都关系到各个地方民族的和谐相处。

结　论

> 非洲啊！
>
> 我们注视着你。
>
> 你像伟大的百年树木
>
> 在未来的世纪里开花结果……
>
> 　　　　　　　伊萨克·塞姆（非洲学者）

> 我们的前途只有两个：一个是胜利，一个是悲剧，没有其他选择。非洲，古老的非洲，全世界都在注视着你，等待着你的决定。非洲要走什么道路呢？
>
> 　　W.E.B.杜波依斯（美国黑人学者、泛非运动领袖）

近十多年来，在与非洲官员交流的各种研讨班上，他们多次向我提出这个问题：中国为何在短短几十年里发生巨变？我总是强调：中国有自己的发展经验和发展路径，但非洲不要模仿他国，不要模仿中国，也不要模仿美国、英国和法国。非洲国家应该根据自身的发展条件，充分认识国家的客观发展阶段与自身的比较优势，非洲一定会成功。①

他们往往会紧接着提出另一个问题：非洲要具备什么样的条件才会成功？我的回答是：一些非洲领导人和明智之士已经在长期实践中得出

---

① 有关非洲比较优势动态化的研究，参见梁益坚：《比较优势动态化与非洲经济发展》，社会科学文献出版社，2014年。

了自己的结论——非洲发展和进步的首要条件是逐步掌握发展的自主性，制定自己的发展战略，既要认真学习他人的经验并将其运用到本土实际之中，也要充分利用本土历史传统中解决问题的办法。①

一、何为"自主性"？

什么是"自主性"？自主性是人的主体性（包括自主性、能动性、创造性等禀性）之一。自主性的涵盖面极广，指行为主体根据自身意愿思考和行动的动机、能力或特性，是一个涉及哲学、社会学、政治学、伦理学、法学等多个学科领域的论题。② 由于自主性是一个关系范畴，它不可能独立存在，从国家角度看自主性，涉及到国家主体和国际关系。国家自主性包括两个层面。第一个层面是指国家作为主体与其他国家、国际组织和国际机构的关系，指一个具有主权的政府决定和处理自己国家政治、经济、军事、社会宗教和文化教育等事务的权利，它涵盖国家行为能力的各方面，也包括国民的自信、自立、自强以及通过本土化进行自我保护的权利以及国家在对外关系中的一种自我决断的权利。第二个层面是指国家作为行为主体独立于其他行为体或社会势力的权力，特别是要排除那些具有特殊利益的社会集团或权力机构的干扰。这种社会势力能对国家发展起到重要的推动作用（如日本的财阀和企业集团），也会为了本集团的狭隘利益直接干涉政府的运作。

一般而言，成功的发展中国家和地区的一个显著特点是能够充分利用各种有利于国家发展的社会力量，聚焦于能够汇集社会力量的发展项目，不受制于某一个或几个特定利益集团的狭隘利益，这种自主性使国家

---

① 一些非洲学者已经在探讨这种内生性的机制。Ali Moussa Iye, *The Choice of the Ugaas in the Xeer Tradition：A Genuine Process to Designate a King*, Djibouti：DCOM Editions, 2009；Sam Moyo and Toichi Mine, eds., *What Colonialism Ignored："African Potentials" for Resolving Conflicts in Southern Africa*, Langaa RPCIG, 2016；［埃塞］阿尔卡贝·奥克贝：《非洲制造——埃塞俄比亚的产业政策》（潘良、蔡莺译），社会科学文献出版社，2016年。中国学者有关非洲自主权的研究，参见周玉渊：《非洲世纪的到来？非洲自主权与中非合作研究》，社会科学文献出版社，2017年。

② 有关自主性的哲学研究，参见马衍明：《自主性：一个概念的哲学考察》，《长沙理工大学学报（社会科学版）》，24：2（2009年6月），第84—88页。

在推进整体目标时能得到广大民众的支持。① 用中国的话来说，就是集中力量办大事。这种发展战略以国家共识与人民利益两者的统一为基础，也从另一个侧面说明了中央集权政府的优势。难怪非洲学者要向东看，埃塞俄比亚学者奥克贝敏锐地认识到："从干涉主义政府在工业化过程中扮演的重要角色来看，东亚的发展经验和教训对非洲而言可能更有借鉴意义。"②

非洲国家独立以来的历史表明，相当一部分国家虽然在政治上赢得了独立，但在经济、社会和文化上受到前殖民宗主国或国际金融组织的控制甚至支配，在决定国家体制、制定发展战略、出台经济政策、处理国库储存和经费分配甚至外交和国防方面均要考虑殖民宗主国的意愿，在文化教育上也缺乏完全的自主性。非洲国家要真正摆脱受操纵和被控制的地位，必须拥有自主性。

二、失而复得的自信

在人类社会的发展过程中，非洲人的自主性表现在各个历史阶段的各个方面。非洲国家在古代历史上的自主性已经被其伟大的文明成就所证实。近代以来，西方国家建立在种族主义基础之上的奴隶贸易和殖民统治使非洲遭到严重摧残。尽管在这种极其艰难的国际环境下，非洲文化仍然力图保持极其旺盛的生命力，并通过移民在世界各地传播，但非洲人的自主性遭到重创却是不争的事实——国家被西方殖民，版图被任意划分，人民被残酷剥削，资源被肆意掠夺……

独立以来，非洲历史发展的自主性在理论和实践方面一直受欧美国家的主导。近年来，世界经济形势剧烈动荡，力量对比在西方与新兴国家之间发生巨大改变。不少非洲领袖和知识分子逐渐认识到，西方人长期宣扬的发展模式不灵；非洲的发展道路应由自己来确定。尼日利亚学者

---

① Meredith Woo-Cummings, ed., *The Development State*, Ithaca: Cornell University Press, 1999.

② ［埃塞］阿尔卡贝·奥克贝:《非洲制造——埃塞俄比亚的产业政策》(潘良、蔡莺译)，社会科学文献出版社，2016 年，第 13 页。

费米·阿科莫拉夫认为,中国崛起为非洲提供了经验:只要具备充满信心、有决心和眼光的人民,万事皆有可能。[1] 这种自我觉醒和自我认识正在改变非洲,对发展道路的自主选择和本土创制在非洲成为一种主流意识。[2] 津巴布韦、坦桑尼亚、肯尼亚、纳米比亚、南非等国先后提出"向东看"。非洲国家逐渐认识到必须从本国社会的思想和实践中找到推动非洲国家发展的办法。

这种自主性的发展理论逐渐成为共识,同时也表现在实际的社会活动中。一些非洲国家互相依托,形成新型伙伴关系。次区域一体的趋势加快,非洲自贸区也在逐渐形成。虽然深受国际金融危机和经济衰退的影响,但非洲经济总体情况仍在发展。根据非洲开发银行的报告,2016年非洲国内生产总值增长率为 2.1%,2017 年为 1.4%,2018 年为 3.5%。[3] 更重要的是,政治局势的相对稳定为经济发展提供了保障。这可以从三个方面来看:非洲选举局势稳定、边界和领土争端和平解决以及国际关系的良性发展。

首先是非洲大陆近年选举局势相对稳定。除个别国家外,绝大部分国家都顺利举行了选举。政治权力的平稳过渡无疑为经济持续发展提供了保障。政治相对稳定的另一个表现是一些重量级政治人物去世后国家权力平稳过渡。边界问题是殖民主义留下的遗产。进入 21 世纪,非洲国家倾向和平解决边界和领土争端。2010 年 1 月 29 日,马里和布基纳法索完成两国定界工作,并于同日签订了关于划定两国边界的协定。另一个重要的边界问题是尼日利亚与喀麦隆之间存在多年的巴卡西半岛争端。巴卡西半岛北部地区实际上由喀麦隆控制,尼日利亚控制着巴卡西半岛南部。2006 年 7 月 1 日,尼日利亚从巴卡西半岛正式撤军,双方于 8

---

① Femi Akomolafe, "No One Is Laughing at the Asians Anymore", *New African*, No. 452, June 2006, pp. 48-50.

② Paul Kagame, "Lecture by President Paul Kagame to the Oxford-Cambridge Club of Nigeria", *The New Times*, November 12, 2012. http://www. newtimes. co. rw/news/index. php? a=60581&i=15174.

③ *African Economic Outlook 2019*, "Forward", African Development Bank, 2019. https://www. afdb. org/fileadmin/uploads/afdb/Documents/Publications/2019AEO/AEO_2019-EN. pdf. 根据国际货币基金组织统计,2018 年撒哈拉以南非洲的经济增长率是 2.9%。

月14日在美国纽约签署了《格林特里协定》。2008年8月14日,尼日利亚政府如约在尼南部克罗斯河州州府卡拉巴举行主权交接仪式,正式将巴卡西半岛主权交给喀麦隆。2013年8月13日,有关移交巴卡西半岛的《格林特里协定》确立的5年特别过渡期结束,巴卡西半岛交归喀麦隆。2016年11月15日,赤道几内亚和加蓬决定将领土争端交国际法院裁决。联合国秘书长潘基文利用在摩洛哥出席《联合国气候变化框架公约》缔约方会议的间歇,出席了双方举行的协议签字仪式。①

　　非洲国家间关系也在良性发展。为了防止来自非洲大陆之外的肆意干涉,非洲联盟强调非洲问题非洲人解决的原则,并制定了针对“政权的非程序和非宪政转变”的“非漠视原则”这一集体干预政策。当非洲国家出现军事政变等非宪政手段造成的混乱局面时,一些次区域组织(如西共体)和非洲联盟不仅不承认这些行为,而且实施制裁措施,例如西共体和非洲联盟在应对多哥(2005年)、几内亚(2008年)和布基纳法索(2014年)等国家发生的政权非程序和非宪政转变时,采取“对事不对人”的政策,谴责与协调相结合,从而使局势得以控制。这种集体干预方式导致非宪政手段的大幅度减少。此外,2016年,摩洛哥国王穆罕默德六世宣布该国有意重回非洲联盟。在2017年非盟第二十八届峰会上,非盟成员投票通过了摩洛哥重新加入非盟的申请。

三、作为历史记忆的2018年

　　2018年是世界各种力量激烈碰撞的一年,也是非洲内部剧烈变革的一年。非洲多个国家的变局和改制引发了地缘震荡。

　　由于祖马总统的不当之举造成的政治危机和经济不景气,南非执政党非国大全国执行委员会于2月13日突然宣布“召回”总统祖马,要求其

---

　　①　有关这些边界的领土争端,参见关培凤:《非洲边界和领土争端解决模式研究》,社会科学文献出版社,2018年。当然,边界问题的和平解决并不等于边界地区的和平。例如,2012年5月,多贡人和富拉尼人在位于距布基纳法索边界不远的马里境内一村庄发生冲突,造成多人死亡,大批村民被迫逃离家园,涌入布基纳法索北部边境。冲突造成富拉尼牧民房屋被毁坏,牲畜锐减。有关非洲国家和平安全建设中的自主性,参见周玉渊:《非洲世纪的到来?》,第116—182页。

尽快辞职,祖马迫于压力于次日辞职,南非国民议会于 2 月 15 日举行会议,选举非国大主席、代总统西里尔·拉马福萨为南非新总统。

同样在 2 月 15 日,埃塞俄比亚总理海尔马里亚姆·德萨莱根因国内持续两年多的动荡宣布辞职,声称"动乱和政治危机已经让很多人失去生命和流离失所,我将我的辞职看作是推进改革、以实现可持续的和平与民主的重要一步"。拥有博士学位和地方工作经验的阿比·艾哈迈德可谓"临危受命",成为埃塞俄比亚最年轻的总理。

5 月 31 日,布隆迪宪法法院宣布新宪法以超过 73% 的支持率获得通过。修改后的宪法将总统任期由五年延长至七年。布隆迪总统恩库伦齐扎于 2015 年再次当选总统并开始第三个总统任期后,在国内及国际社会特别是西方世界引起激烈反应,同时也使学界开始对"非洲国家领导人第三任期"这一问题的深入探讨。

7 月,埃塞俄比亚和厄立特里亚实现关系正常化,厄立特里亚也分别与吉布提和索马里实现关系缓和。联合国随后解除 2009 年到 2013 年间通过的 4 份有关安理会决议所涉及的对厄立特里亚实行的武器禁运、旅行禁令、资产冻结和具有针对性的制裁措施。厄立特里亚与邻国的关系正常化成为非洲地区国际关系的大事,有利于推动东北非地区的和平与发展。

8 月,津巴布韦非洲民族联盟-爱国阵线主席埃默森·姆南加古瓦当选为总统。2017 年 11 月的津巴布韦"和平政变"迫使长期执政的穆加贝总统下台,前副总统姆南加古瓦接任津巴布韦执政党主席并被推选为津巴布韦总统。2018 年 7 月举行总统选举。8 月 26 日,埃默森·姆南加古瓦正式宣誓就任津巴布韦总统。

"非洲大陆自由贸易区"(AfCFTA)协议的签署是非洲 2018 年最重要的事件之一。这一协议旨在创造自由贸易区域,消除货物、服务的流通障碍,最终促成"非洲关税同盟"建立及加快非洲一体化进程。目前,非盟 55 个成员中已有 52 个签署协议(尼日利亚、贝宁、厄立特里亚未签署),18 国的议会已批准。作为世界上最大的自由贸易区,它将通过增加内部贸易量、扩大企业市场的方式令非洲工业更具竞争力。在非洲,四分之三的国家人口不足 3 000 万,约一半国家的 GDP 在 2017 年不足 100 亿美元。"对商品、基础设施服务、关键的生产要素(劳动力和资本)进行更深入的市场整合是非洲小国提升全球竞争力的关键"。在协议框架下,当双边关税被取消，非洲域内贸易将增长 15%，实际收入将增长约 28 亿美元。如果进一步消除其他壁垒，将再实现 370 亿美元的增长，贸易增长超过 100%。再加上世界贸易组织贸易便利化协议（TFA）的实施，自贸区的效果将更加明显。①

2018 年 9 月召开的中非合作论坛北京峰会为中非合作的持续发展提供了新动力。峰会发表的《关于构建更加紧密的中非命运共同体的北京宣言》认识到中非历来是命运共同体并承诺，"加强集体对话，增进传统友谊，深化务实合作，携手打造更加紧密的中非命运共同体"。双方一致认为经贸合作是中非关系发展的"压舱石"和"推进器"。"中方愿继续秉持互利共赢原则，以支持非洲培育不依赖原材料出口的内生增长能力为切入点，增强非洲第二、第三产业生产能力，推动中非经贸合作转型升级，为非洲发展提供不附加政治条件的各类帮助和支持。非方重申坚持走可持续、多元化、社会经济协调发展之路，确保实现共赢结果。"峰会通过的《中非合作论坛-北京行动计划（2019—2021）》确定了双方加强政治、经济、社会发展、人文、和平安全、国际等领域的合作，进一步完善中非合作论坛机制建设。②

美国政府在非洲也有新的举措。2018 年 10 月，特朗普政府成立了 600 亿美元的国际发展金融公司（International Development Financial Corporation，IDFC），其目标是通过向美国公司提供风险保险和贷款等产品，鼓励他们在非洲投资，从而增加美国在非洲及其他低收入国家的投资。12 月 13 日，美国国家安全事务助理博尔顿（John R. Bolton）在基金会（The Heritage Foundation）公布了"非洲新战略"，包括三个重点：促进美国在非洲的贸易、继续打击恐怖主义和确保美国援助资金最有效的利用。这一新战略突出了两点，一是坚持互惠的原则，包括对非洲附加条件的援助，二是与中国和俄罗斯在非洲展开竞争。"中国和俄罗斯的掠夺性做法阻碍了非洲的经济增长；威胁到非洲国家的金融独立；阻碍了美国的

---

① *African Economic Outlook 2019*, African Development Bank, 2019, pp. 114-120. https://www.afdB.org/fileadmin/uploads/afdb/Documents/Publications/2019AEO/AEO_2019-EN.pdf.

② 两份文件可在"2018 年中非合作论坛北京峰会"网页获取。https://focacsummit.mfa.gov.cn/chn/hyqk/.

投资机会；干扰了美国的军事行动，并对美国的国家安全利益构成重大威胁。"①

2018 年，非传统安全挑战来自两个方面，恐怖主义和再次突发的埃博拉疫情。总体而言，2018 年的恐怖袭击事件有所减少。然而，一方面是"博科圣地"和"青年党"的袭击次数下降，另一方面是其他极端宗教势力的破坏性加大。例如，"西非伊斯兰国"（the Islamic State West Africa，ISWA）在 2017 和 2018 年制造的事端次数分别为 27 次和 83 次，造成的死亡人数分别为 58 人和 687 人。萨赫勒弧形走廊和乍得湖盆地成为恐怖组织碎片化的两个重要地区。埃及、突尼斯、阿尔及利亚、马里、布基纳法索、尼日利亚、肯尼亚、索马里等国经常遭到恐怖袭击，非洲全年因恐袭死亡人数达 9 347。"青年党"的破坏性最大，致死人数达 3 955 人。其次是"博科圣地"，致死人数为 2 052 人。② 这些恐怖活动破坏了当地政治稳定和社会发展，同时也使人们对国际恐怖主义重点地区的转移产生忧虑。非传统安全的另一个重大事件是埃博拉疫情在刚果（金）地区重新爆发。2018 年的 5 月、8 月和 11 月，在刚果（金）地区蔓延的疫情对非洲公共卫生体系提出挑战。

四、非洲怎么了？——悲观与希望

前言提到荷兰外交官维恩先生请我为他的大作《非洲怎么了》写几句话。我比较含蓄地写了如下的评论：

维恩先生力图用现代化的理论对非洲独立后 50 年历史进行总结，其结论可用一个词概括："失败"。为何会出现这种情况呢？他尝试着

---

① "Trump Administration Unveils New Africa Strategy at The Heritage Foundation", December 26, 2018. https://www. heritage. org/africa/impact/trump-administration-unveils-new-africa-strategy-the-heritage-foundation. 查询时间：2019 年 2 月 14 日。

② "Progress and Setbacks in the Fight against African Militant Islamist Groups in 2018" The Africa Center for Strategic Studies, January 25, 2019. https://africacenter. org/spotlight/progress-and-setbacks-in-the-fight-against-african-militant-islamist-groups-in-2018/. 查询时间：2019 年 2 月 15 日。

给出自己的答案。此书的最大特点是将非洲的历史进程置于世界发展之中。虽然维恩认为非洲失败的主要原因在于内部,但书中的冷战、民主化、结构调整计划、外部强加的改革等内容却从另一个角度反映出外部世界或世界体系对非洲发展的影响。我们可以不同意他的结论,但不可否认,维恩对非洲有一种牵挂、情感和责任感,这是十分难得的。让我们大家都来关心非洲这个充满机遇与挑战的大陆吧。[①]

我们可以指出非洲的各种不足之处,也可以批评非洲传统的某些缺陷,但我们对非洲文化培育的独特之果不能视而不见。略举两例。塞内加尔总统桑戈尔是一位虔诚的天主教徒,他领导的却是一个信仰伊斯兰教的国家。一位天主教徒治理着90%以上的国民是穆斯林的国家长达20年,国内政治稳定,经济有一定发展(虽然深受法国的控制),这不是偶然的。另一个例证是南非前总统曼德拉。近代以来,曼德拉先生是少有的既得到西方人的尊重,又受东方人敬仰的世界领袖。这两个例子都发生在非洲,表明的是独特性还是普世性?

非洲文化的包容性和感染力不是维恩先生可以视若无睹的。

由于殖民主义的推进,在北美洲、拉丁美洲和澳洲,本土居民几乎被剿灭殆尽,本土文化已难于辨识。非洲的情况却完全不同。非洲在独立后50年所取得的次区域一体化、尊重人权、边界稳定和国族建构等方面的成就不可否认。中国经济发展较快,但在包容性、尊重自然、处理边界的技巧、对女性公务员比例的法律规定等方面可以从非洲学习不少经验。[②] 即使是经济发达的欧美国家,由于过分追逐"利"和"力"而导致了各种社会弊病,在诸多方面也应该向非洲学习。我与维恩的不同在于,他认为非洲失败了,似乎永远无望。我认为,非洲能够挺过奴隶贸易和殖民主义的摧残,承受住不平等的国际政治经济秩序的压力而存活下来并取得一定成就,这本身就是一种奇迹,足以显示非洲文化的坚韧性和生命力。

---

① 维恩:《非洲怎么了》,扉页。

② 李安山:《中国与非洲的文化相似性——兼论中国应该向非洲学习什么》,《西亚非洲》,2014年第1期,第49—63页。

不言而喻,非洲的经济发展仍存在着诸多困难和问题,如基础设施将是非洲发展的瓶颈。非洲内部贸易壁垒将掣肘非洲国家发展。此外,资金外流是一个非常严重的问题。人们普遍认为,非洲领导人的腐败导致了国家落后。然而,研究表明,资金外流主要是通过外国公司利用各种非法的经济和金融手段来完成的。恩迪库马纳和鲍伊斯的《非洲的可憎债务:外来债务和资本抽逃如何使非洲流血》中明确指出:1970 年至 2011 年间,约 7 350 亿美元以非法方式从非洲外流。近几十年里,非洲政府借的贷款中超过一半同一年流出,其中相当一部分又以私人户头存在提供贷款的同一银行。非洲成了向某些国家或富人提供金钱的"债权人"。难怪作者提出非洲国家应拒付这些贷款。[1] 全球财务诚信所(GFI)提供的数据更庞大,1978 年至 2008 年间,非法资金从撒哈拉以南非洲国家的流出总额至少为 8 540 亿美元,至多为 1.8 万亿美元。[2] 在整个非法外流的资金中,官员贪污的约占 3%,毒品、人口贩卖和武器贩卖等活动约占 30%—35%,其余的 60%—65% 都是通过有意识的错误定价来完成的,这主要是跨国公司所为。[3] 非法外流资金造成非洲国家内部经济风险,对投资不利,造成贫困和不平等,并带来社会的不稳定。

这些问题应该归于维恩所说的非洲的社会结构与僵化的文化吗？这些问题与外部势力无关吗？我们在分析一个饱受殖民主义统治百年的大陆时,实在应该将作为强权遗产的不平等的世界政治经济秩序当作重要的考量因素。非洲在如此困难、如此不公平的环境中还能向前发展,这不是表明了这个大陆文化的顽强生命力吗？

在谴责西方国家利用现存的不平等的经济秩序对非洲进行剥削时,国际学术界一般多关注英国、法国、美国、日本,或许再加上德国。然而,

---

① Leonce Ddikumana and James Joyce, *Africa's Odious Debts How Foreign Loans and Capital Flight Bled a Continent*, Zed Books, 2011.

② Global Financial Integrity, "Illicit Financial Flows from Africa: Hidden Resource for Development", Global Financial Integrity, 2010. http://www. gfintegrity. org/storage/gfip/documents/reports/gfi_africareport_web. pdf.

③ R. W. Barker, "Plundering a Continent", http://www. ciponline. org/research/entry/plundering-a-continent. Center for International Policy, 2012. 文章揭露了从非洲非法流出的资金如何通过避税天堂、影子金融系统或其他渠道流入西方国家,并提出了避免这种非法行径的一些办法。

近期的一部研究著作将一向标榜为文明进步的加拿大在非洲的矿业公司告上了道德法庭。作者通过详细的调查和采访,认为加拿大矿业公司在非洲的经济活动的基础是种族主义和殖民主义的压榨。①

当然,对外来势力政治干涉和经济剥削的谴责并不意味着要掩盖内部的矛盾和问题。

非洲的发展尚存在诸多不尽如人意之处。历史遗产和内外因素的互动造就了今天的非洲。各国发展的不同情况体现了自身选择道路的重要性。目前,非洲国家的发展存在着一些严重的问题。

1. 人口剧增。撒哈拉以南非洲人口 1960 年为 2 亿,2009 年达 8.4 亿。根据联合国及各国统计局的数字,2019 年 2 月,非洲人口已达 12.85 亿。

2. 粮食安全。随着人口的大量增长,如果不能解决粮食安全问题,非洲发展将面临一个瓶颈,社会将出现不稳定状态。

3. 贪污腐败。这种社会病对国家管理和民心背向产生了极负面的效应。如果不能妥善解决这一问题以及由此产生的贫富不均,发展将受到严重阻碍。

4. 政局动荡。一些国家和地区的局势表现出某种脆弱性,如马里北部、刚果(金)东部、索马里、苏丹与南苏丹、几内亚湾地区、西撒哈拉等。

5. 致死疾病。艾滋病是非洲的第一大致死根源,结核病居第二位,疟疾居第三位。埃博拉病毒近年已成为非洲大陆的非传统安全的巨大威胁。

6. 恐怖袭击。目前恐怖活动主要集中在索马里、乍得湖盆地、萨赫勒地带(马里中部和各国边界地区)和埃及。恐怖组织有碎片化的趋势。

然而,非洲大陆求稳定、谋发展已成趋势,自主性的改革也在进行,自主维护稳定的意愿和能力都有所提升。地区一体化的势头正在加强。非洲仍是国际资本的理想投资地、全球经济的增长新一极和发明创新的新

---

① Paula Butler, *Colonial Extractions: Race and Canadian Mining in Contemporary Africa*, University of Toronto Press, 2015.

阵地。正是因为这一非洲局势的整体改变，前殖民宗主国的态度也发生了变化。以前，英、德、比和法一直对其实行殖民统治或干涉内政的事实或毫无悔意，或拒不承认。然而，近年来，英国对其在肯尼亚茅茅运动中的残酷镇压表示道歉。德国承认其对赫雷罗人和纳马人进行种族灭绝性的野蛮行径。比利时国王对其在刚果殖民地的暴力罪行表示道歉。法国对其在 1994 年卢旺达事件中应负的不可推卸的责任表示承认。这种态度上的改变既是因为非洲国家在国际体系中的地位日益提高，同时与非洲人民的自主意识和国际正义舆论之声的大力增强有必然联系。当然，这些国家对非洲大陆各种自然资源的迫切需求和不断扩大的商品市场的热切期盼以及中国、印度等新兴国家与非洲关系持续加强也是其考量的重要因素。非洲国家正在克服各种困难，为逐步实现 2063 年计划而稳步前行。

回到前面提到的荷兰外交官维恩先生。

他问道："非洲怎么了?"

我回答："非洲在前进。"套用一句老话:前途光明，道路曲折。

非洲历史大事简表(13 世纪—2000 年)

13—14 世纪

马里帝国处于鼎盛期,兴起于 9 世纪的加纳帝国逐渐衰落。

13—15 世纪

最后一批亚洲移民抵达马达加斯加,从马鲁安采特拉深入内地定居。

1275 年

刚果王国建立。

1300—1500 年

索托-茨瓦纳人定居南非内陆高原,恩古尼人定居于东南海岸和高地地区。

1315 年

埃及马木路克挑选一个已经皈依伊斯兰教的王公作努比亚国王,这是努比亚基督教势力开始衰落的前奏。

1324/1325 年

马里国王曼萨·穆萨(1312—1337 年在位)去麦加朝圣引起轰动并使开罗金价下跌;1339 年曼萨·穆萨第一次出现在安琪利诺·杜尔塞尔特的地图上;1375 年再次出现在西班牙制作的卡塔兰地图上。他手上的金块引起欧洲人的极大兴趣。

1330 年

摩洛哥大旅行家伊本·白图泰(1304—1368 年)造访基尔瓦素丹,基尔瓦给他留下深刻印象。

1344—1371 年

恩达胡拉国王领导的基塔拉帝国在大湖地区崛起,随后出现巴奇韦齐人的王朝。

1352—1353 年

伊本·白图泰访问马里并留下著述。

1360 年

马里国王曼萨苏莱曼的去世产生继承人危机,乔洛夫邦联得以建立并将版图扩至冈比亚河与塞内加尔河之间的塞内冈比亚地区,其统治权后因南部势力的兴起而削弱。

1378 年

突尼斯著名历史哲学家伊本·赫勒敦(1332—1406 年)所著《历史绪论》成书。

1382—1387 年

塞富瓦王朝被布拉拉人击败,放弃加涅姆,迁至博尔努。

约 1400 年

刚果王国古都姆班扎-刚果建立。

1415 年

葡萄牙占领直布罗陀的休达,随后有一系列"发现"和占领,即博哈多尔角 1416 年,马德拉群岛 1420 年,亚速尔群岛 1430 年,佛得角 1445 年,费南多波和圣多美及赤道 1471 年,刚果河口 1482 年,南部非洲之角 1487 年(被命名为"风暴角",后来国王重新命名为"好望角")。1440—1441 年,葡萄牙人在毛里塔尼亚沿海地区捕捉奴隶并进行买卖。1447 年,葡萄牙人到达几内亚博凯。1460 年,葡萄牙迪奥戈·戈麦斯和安东尼奥·达·诺拉首次看见并命名马尤岛和圣地亚哥岛,葡萄牙人开始在佛得角和辛萨卢姆之间地带进行奴隶贸易。1462 年,葡萄牙殖民者侵入塞拉利昂。1471 年,葡萄牙人到达安诺本岛,此前已抵达比奥科岛和科里斯科岛。1472 年,葡萄牙人侵今尼日利亚地区,16 世纪中叶英国人侵。1481 年,葡萄牙人在黄金海岸建第一座城堡并称为埃尔米纳,城堡于 1637 年被荷兰人占领。1483 年,葡萄牙人到达刚果。

1415—1450 年

莫塔帕王国已相当出名,首都位于大津巴布韦,后北迁。

1433 年

加奥(桑海)兴起,与马里帝国争夺权力。

1400—1470 年

在埃瓦雷(Ewuawe)国王的领导下,贝宁王国变得强大起来。

1460 年

加奥国王苏莱曼·达马占领马里帝国西部,索尼·阿里(1464—1492 年)将加奥扩展为桑海帝国;马里帝国瓦解后,产生了一系列王国,包括卡布、乔洛夫、锡英、萨卢姆等。

1463—1499 年

豪萨城邦国卡诺的鲁姆法与卡齐纳的易卜拉欣·苏拉和阿里尤·穆拉比特之间发生冲突。

1484—1485 年

马里皇帝会见来访的葡萄牙使团,1487 年和 1534 年葡萄牙再派出使团访问马里。

1486 年

贝宁王国(今尼日利亚)的奥巴与到访的葡萄牙人建立关系。

1490 年

富塔托罗的丹尼扬克王朝建立,其北上对乔洛夫邦联的入侵导致后者的瓦解。

1491 年

刚果国王之子姆本巴在首批天主教传教士抵达后,皈依基督教。

1492/1493 年

桑海国王索尼·阿里去世,阿斯基亚·穆哈默德(1492/1493—1529 年在位)成为国王后夺取廷巴克图和杰内,为桑海帝国不断开疆拓土;15 世纪初征服豪萨城邦国。

1495 年

佛得角沦为葡萄牙殖民地。

1497 年 11 月 22 日

达·伽马的船队绕过好望角,圣诞节抵达纳塔尔海岸,次年到达莫桑比克及基尔瓦、蒙巴萨、马林迪,4 月 20 日启航开往印度洋,5 月 20 日抵达印度喀拉拉邦的卡利卡特。

1499 年

葡萄牙入侵索马里,英(1789 年)、法(1840 年)、意(1869 年)、德(1885 年)先后入侵。

15 世纪

• 基尔瓦从赞比西河南部的索法拉港口获得黄金贸易的控制权。

• 奥约统治者被努佩人赶出旧奥约,后于 16 世纪初征服昔日国土并不断扩展。

1500 年

中部非洲和中南部非洲的卢巴王国、隆达王国、库伦贝王国已形成。

1502 年

毛里求斯、罗德里格斯和留尼汪三个岛屿首次出现在海图上,亦称为马斯克林群岛。

1505 年

东非沿岸地区以及莫桑比克和姆塔帕(今津巴布韦)遭葡萄牙殖民者入侵,1700 年沦为葡萄牙的"保护国";1752 年由葡萄牙总督进行直接统治,当时称"葡属东非洲"。

1505—1574 年

西班牙人多次力图征服马格里布地区。

1506—1543 年

刚果国王恩津加·姆本巴继承父王恩津加·恩库伍的做法,与葡萄牙发展关系,在 1518—1530 年间使天主教成为国教,希望控制奴隶贸易,1526 年试图禁止奴隶贸易。

1507 年

葡萄牙舰队攻占莫桑比克岛并修建堡垒。

1510 年

奴隶贸易开始兴盛。

葡萄牙印度总督弗朗西斯科·德·阿尔梅达及其 57 名部下在南非桌湾被杀。

1516—1517 年

奥斯曼帝国征服叙利亚、巴勒斯坦和埃及,并控制汉志地区。

1522 年

圣多美和普林西比沦为葡萄牙属殖民地,17—18 世纪为荷兰、法国占领,1878 年再度被葡萄牙统治。

1525 年

刚果国王捕获一艘法国船只并将其交给葡萄牙人。

1527 年

阿拉伯人进攻埃塞俄比亚。

1530 年

英国人威廉·霍金斯航行到西非后,奴隶不断被航船带到英国。

基督教传入贝宁王国。

1535 年

奥罗莫人迁移到埃塞俄比亚。

1549 年

奥斯曼军队占领费赞。

1549—1582 年

桑海国王阿斯基亚·达乌德对莫西人、马西纳的颇尔人和豪萨人多次征战并获得胜利。

1551 年

奥斯曼帝国锡南帕夏征服的黎波里。

1557 年

奥兹德米尔帕夏夺取马萨瓦和泽拉。

1564—1596 年

加涅姆-博尔努塞富瓦王朝在伊德里斯·阿拉沃马执政时期不断拓展。

1565—1573 年

豪萨城邦国卡诺的阿布·巴克尔·卡多与易卜拉欣·巴旦卡里之间发生冲突。

1571 年

博尔努国王伊德里斯·阿拉沃马(1564—1596 在位)去麦加朝圣。

1573 年

葡萄牙人与马尼卡王国签订条约,获准在当地进行贸易;1575 年与犹特乌国王签约,葡驻索法拉长官每年交纳 200 块布匹以自由进出马尼卡王国。

1574 年

• 锡南帕夏占领突尼斯,突尼斯沦为土耳其奥斯曼帝国的一个省。

• 博尔努国王伊德里斯·阿拉沃马派遣 6 人使团访问伊斯坦布尔。

1575 年

约鲁巴人的阿拉达王国建立。

1578 年 8 月 4 日

著名的"三王之战"爆发,摩洛哥或阿拉伯历史上称为"马哈津干河战役",西班牙和葡萄牙历史上称为"阿尔卡萨基维尔(卡比尔堡)战役",摩洛哥获胜,从数千名葡萄牙战俘所获得的赎金使萨阿德王朝再次繁荣,此战也被看作是伊斯兰教对基督教的胜利。

1580—1600 年

奥约国王奥巴罗昆企图征服伊杰萨,征战失败。

1582—1618 年

豪萨城邦国卡诺的穆罕默德·扎基与穆罕默德·瓦利(1575—1587 年)、苏莱曼(1587—1600 年)和乌斯曼·纳伊纳瓦(1600—1618 年)之间发生冲突。

1587 年

佛得角群岛由葡萄牙政府管辖,设立总督进行统治。

1589 年

摩洛哥萨阿德王朝国王曼苏尔成功将占领者驱逐出艾绥拉,他于 1603 年去世后,摩洛哥陷入不稳定时期。

1591 年

3 月 12 日,桑海军队在通迪比被摩洛哥军队击败,抵抗运动持续到 1599 年。

1593 年

摩洛哥统治者阿布尔·阿巴斯·曼苏尔攻克廷巴克图。

1598 年

- 荷兰人占领毛里求斯。
- 葡萄牙人抵达今塞舌尔,取名"七姊妹岛"。

16 世纪

- 布干达、布尼奥罗和安科莱三个王国建立。
- 穆斯林已在科摩罗群岛建立统治。
- 斯威士兰人在南部非洲定居后建立起王国。
- 奴隶贩子在刚果王国和安哥拉驻点。

1600—1655 年

奥约国王阿贾格博征服翁科、维米、伊杰布等地,引进伊斯兰教,取代努佩王国。

1611 年

荷兰人在黄金海岸的穆里建造第一个西非海岸的设防贸易站。

1621 年

荷兰人占领戈雷岛,1629 和 1645 年被葡萄牙占领。

1625 年

荷兰西印度公司的成立以及法国西印度公司(1665 年)和英国皇家非洲公司(1672 年)的成立使欧洲君主制国家直接参与甚至领导对新领土的争夺和对非洲市场的竞争。

1631 年

奔巴岛反抗葡萄牙人的统治,被无情镇压。

1638 年

荷兰任命毛里求斯总督,尝试殖民开发,1657 年放弃;1664 年再次尝试,1710 年放弃。

1649 年

葡萄牙人在大巴萨姆和萨桑德拉两地建立商业据点。

1650—1670 年

登基拉-阿丹西战争在黄金海岸地区（今加纳）爆发,登基拉于 1690 年已在黄金海岸的西南部和象牙海岸的部分地区称雄,新国家不断兴起,发生一系列战争。

1650—1750 年

奥约帝国处于全盛时期,统治着沃尔特河与尼日尔河之间的大部分国家。

1651 年

英国人在冈比亚河口建立圣詹姆斯堡。

1652 年

• 荷兰东印度公司在南非建补给站,随后,英国人入侵并不断将殖民地向内地推进。

• 阿曼的阿拉伯人劫掠桑给巴尔。

1654 年

史料记载荷兰殖民者将华人从巴达维亚送至毛里求斯,随后华人和印度人来此当契约劳工。

1655—1660 年

奥约国王奥达拉乌为复仇征服奥卓-塞基城等地。

1656 年

• 葡萄牙在科里斯科岛成立专门公司以处理奴隶贸易事务。

• 恩津加女王恢复与葡萄牙人的商业往来。

1659 年

• 法国人占据圣路易,其后的商业活动削弱了穿越撒哈拉贸易的重要性。

• 南非科伊人发动战争反对荷兰殖民者蚕食和掠夺土地,战争持续到 1677 年。

1660—1665 年

奥约国王卡兰派兵征服阿加·奥伊博。

1665—1670 年

• 奥约国王贾英出兵解决奥塞因-奥多与奥罗乌之间的争端。

• 姆布维拉战役引发刚果内战,导致王国衰落。

1666—1672 年

摩洛哥的阿拉维王朝建立君主政体。

1667 年

戈雷岛被英国人占领。

来自法国的 10 艘船只运抵马达加斯加多凡堡 2000 名移民和士兵。

1677 年

• 在塞尔加尔河和冈比亚河河谷地区,纳西尔·丁领导的马拉布特圣战初期在瓦阿洛、富塔托罗、卡约尔和乔洛夫获得成功,后因本土官僚集团的反抗镇压而失败。

• 荷兰被英、法逐出塞内冈比亚,冈比亚成为英国势力范围,法国人占领戈雷后以此为据点,通过吕菲斯克商站与卡约尔贸易,并通过波图达尔商站与巴奥尔贸易。

1688 年

宗教迫害导致 200 名胡格诺教徒从法国逃到南非好望角;1820 年 5 000 名英国人到此定居。

1690 年

马立克·赛在塞内冈比亚边界一带建立穆斯林神权国家,这次穆斯林革命被称为"邦杜革命",随后又发生了富塔贾隆的穆斯林革命和富塔托罗的穆斯林革命。

1698 年

阿曼阿拉伯人占领了肯尼亚,结束了葡萄牙人的统治。

1698—1732 年

奥约国王奥基季派兵出征奥法等地,失败。

17 世纪

班巴拉人在尼日尔河中游河谷地区建立诸多王国,其中塞古王国和卡尔塔王国的势力一直持续到 18 世纪末期。

1700 年

达荷美成为尼日尔河三角洲的地区大国;1730 年不得不接受奥约帝国的政治权威。

1701 年

阿散蒂击败登基拉王国,帝国联盟开始形成。

1712 年

塞古王国崛起。

1713 年

从巴达维亚返航的荷兰船只将天花病毒带到了南非,导致大量科伊科伊人病死。

1714 年

法国在几内亚建立装运奴隶的码头。

1715 年

法国占领毛里求斯岛并改名为"法兰西岛",1721 年开始殖民开发。

1720 年

今几内亚地区巴加人首领托姆巴建立阻止奴隶运输的联盟。

18 世纪 20 年代

富塔贾隆地区发生圣战,伊斯兰教的传播开始带有军事色彩。

1724—1726 年

达荷美国王阿嘎加·特鲁多攻击欧洲人位于奴隶海岸的要塞和奴隶营,1730 年当地奴隶贸易被置于王室掌控之下,同时开始遭奥约王国袭击。

1747 年

达荷美与奥约签订和平条约,同意成为奥约的附庸国。

1750 年

达荷美向巴西的萨尔瓦多派出使节。

1756 年

七姊妹岛被法国占领后以"塞舌尔"命名。

1764 年

· 阿散蒂国王奥塞·克瓦多登基,开始"克瓦多革命"。

· 毛里求斯成为法国王室直辖殖民地;1790 年实行自治;1803 年法国王室恢复统治。

18 世纪 70 年代

富塔托罗地区发生圣战,对伊斯兰教的传播起到重大影响。

1777 年

西班牙从葡萄牙手上购买比奥科岛、安诺本岛和科里斯科岛,次年将比奥科岛改名为费尔南多波岛。

1779 年

南非科萨人与白人爆发边境战争,这种反抗白人土地扩张的边境战争共发生九次。

1780 年

摩洛哥与西班牙之间的战争因签订阿兰尤兹条约而告终。

1783 年

《凡尔赛和约》将冈比亚河两岸划归英国,将塞内加尔划归法国。

1784 年

阿曼的阿拉伯人占领基尔瓦,次年占领桑给巴尔。

1787 年

400 名释奴从英国抵达塞拉利昂定居,弗里敦于 1792 年建立。

1791/1792 年

马达加斯加梅里纳王国定都于塔那那利佛。

1794 年

英国取代法国统治塞舌尔,英法多次易手,轮流占领。1814 年,英法签订和约,塞舌尔成为英国殖民地,归英国在毛里求斯的殖民当局管辖。

1795 年

英国从荷兰手中夺取好望角,1803 年被荷兰收回,1806 年英国人再次占领。

1795—1818 年

达荷美与巴西和葡萄牙建立外交关系,向两地派出 4 位大使。

1798 年

7 月拿破仑率军入侵埃及,12 月占领埃及。1801 年英、奥(斯曼)联军攻入埃及,法军投降撤出。1802 年,英、法签订《亚眠和约》,埃及重归奥斯曼帝国统治。

18 世纪末

颇尔人在非洲中部建立了颇尔帝国。

1800 年

摩拉维亚传教会和伦敦布道会出现在南部非洲;福音传教会、卫斯理宗传教会、格拉斯哥和英格兰传教会在西非从事传教活动,19 世纪基督教传教士大大增加。

1804 年

- 奥斯曼·丹·福迪奥在豪萨兰发动圣战。
- 达荷美国王阿丹多赞尝试建立枪械厂,卡拉巴尔国王致函英国人请示建立制糖厂。

1805—1849 年

穆罕默德·阿里成为埃及的实际统治者。

1807 年

英国开始在非洲禁止奴隶贸易。

1808 年

塞拉利昂沿海地区成为英国殖民地,1896 年沦为英"保护地"。

1808—1812 年

索科托与博尔努之间爆发战争。

1810 年

英国占领法兰西岛,1814 年的《巴黎条约》正式将其划归英国,被重新命名为"毛里求斯"。

1815 年

内比姆巴里在刚果东北地区建立芒贝图王国。

1816 年

席卷非洲南部、中部和东部的姆菲卡尼运动(Mfecane)开始,一直持续到 1828 年以后,导致一些国家的出现和灭亡,恰卡建立祖鲁王国。

1817 年

阿赫马德·穆罕默德打败塞古的军队。

1818 年

塞库·艾哈迈德(艾哈迈德·洛博)领导马西纳圣战。

1820 年

- 历经史称圣战时期的战乱之后,穆罕默德·贝洛(1817—1837 年)领导的索科托哈里发政权已包括 7 个主要的酋长国。
- 在美国获得解放的黑奴来到西非海岸,于 1839 年成立利比里亚联邦。

1827 年

塞拉利昂福拉湾学院创建。

1827—1828 年

法国人勒内·卡耶完成对几内亚内地的地理考察并于 1830 年发表了在几内亚的考察日记。

1832 年

阿曼马斯喀特的素丹赛义德·萨伊德定都桑给巴尔,鼓励与阿拉伯、波斯和印度进行贸易,与美、英、法国签订商业条约,并与当地人建立良好贸易关系。

1834—1835 年

英国下令解放好望角的奴隶,引发持续多年的布尔人大迁徙(the Great Trek),给南部非洲带来巨大的社会动荡。

1835 年

奥约帝国崩溃。

1836 年

葡萄牙在佛得角设立殖民政府,几内亚比绍成为其所属的一个县。

1838 年 12 月 16 日

祖鲁人与迁徙东扩的布尔人在恩康姆河发生战争,因伤亡惨重而被称为"血河之战"。

1839—1840 年

奥斯曼与埃及之间发生第二次战争。

1840

恩瓜内-德拉米尼人的首领索布胡扎逝世,其子姆斯威士(姆斯瓦蒂)继位,恩瓜内-德拉米尼人从此改称斯威士人。

1841 年

法国入侵马约特岛。

1842 年

基督教传播在尼日利亚步入正轨,与伊斯兰教成为该国两大主要宗教,新精英涌现。

1844 年

法国向英国声明对加蓬的殖民占领。

1845 年

赤道几内亚成为西班牙殖民地。

1847 年

7 月 26 日,利比里亚宣告独立,建立利比里亚共和国。

1848 年

德国传教士拜访乌桑巴拉国王,后抵达乞力马扎罗山脚下。

1850 年

• 布干达王国成为东非地区最强盛的国家,阿拉伯商人及英国、德国殖民主义者相继进入,境内爆发基督教、天主教和伊斯兰教信徒间的连年战争,布干达王国迅速衰落。

• 法国入侵吉布提,1888 年占领吉全境,1896 年成立"法属索马里"殖民政府。

• 英国传教士戴维·利文斯敦开始在非洲的传教活动,1851 年首次抵达赞比亚,后来勘查了东部与中部非洲;1871 年英国记者亨利·斯坦利完成寻找利文斯敦的使命。

1850—1854 年

白人统治者在南非形成四个政治实体:两个英国殖民地(即开普、纳塔尔殖民地)及两个布尔人共和国(即德兰士瓦共和国和奥兰治自由邦)。

1852 年

• 哈吉·奥马尔在班巴拉地区发动伊斯兰圣战,1863 年建立图库勒尔帝国。

• 卡巴卡穆特萨一世继承布干达王位,其统治持续到 1884 年。

1854 年

特沃德罗斯二世皇帝加冕。

1856 年

桑给巴尔脱离阿曼成为独立的国家。

1858 年

巴苏陀兰(莱索托)击败奥兰治自由邦。

1859 年

埃及开始修建苏伊士运河(1869 年通航)。

1860 年

西班牙发动战争,从而扩大休达定居点。

1861 年

英国在拉各斯建领事馆,开启对尼日利亚的殖民统治。

1862 年

英国探险家约翰·汉宁·斯皮克成为第一位抵达尼罗河源头的欧洲人。

1863 年

• 非洲传教会创立。

• 法国殖民者在阿西尼建立工厂,1881 年开辟科特迪瓦首批咖啡种植园。

1864 年

塞内加尔沦为法国殖民地。

1865—1866 年

法国先后在几内亚的冈姆萨港、蓬蒂港和通博岛建立据点。

1867 年

钻石开采始于南非西格里夸兰。

1867—1868 年

英国军队侵略埃塞俄比亚。

1868 年

英国正式宣布巴苏陀兰为其"保护地",于 1871 年将其并入英国在南非的开普殖民地。

1869 年

• 利比里亚真辉格党成立,从 19 世纪后期到 1980 年一直掌权。

• 姆西里在刚果东南地区建立嘎伦嘎泽王国。

1874 年

黄金海岸芳蒂人制定邦联宪法。

1875 年

• 埃及军队侵略埃塞俄比亚。

• 萨摩里·杜尔在西非地区发动伊斯兰圣战后建立帝国,定都比桑杜古。

1876 年

比利时国王在布鲁塞尔召开国际会议,会议催生了非洲国际协会。

1877 年

• 法国传教士在博法建立几内亚第一个天主教堂,次年建立第一个天主教会。

• 英国传教士抵达布干达,艾明帕夏开始统治拉多飞地。

1878 年

比利时国王与亨利·斯坦利达成协议,允许他代表国王与当地酋长就纳贡条约进行交涉。

1879 年

• 祖鲁王国被英国人击败,塞茨瓦约国王被流放到开普敦。

• 葡萄牙制定的《殖民法》将几内亚比绍从佛得角划出,单独设立殖民政府。

1880 年

• 7 月 3 日英、法、德、西班牙等 14 国在马德里签订关于摩洛哥的公约(即《马德里条约》),规定各缔约国均不得在摩谋求特殊地位。

• 10 月,法国人占领刚果河以西这片土地,开始殖民统治。1884—1885 年,柏林会议上刚果河以西地区被划为法国殖民地,即现刚果(布)。

• 12 月 16 日,第一次英布战争爆发,1881 年 3 月 6 日签订停战协定,8 月 3 日双方又签订《比勒陀利亚协定》,英国同意德兰士瓦布尔人成立自治政府,享受有限独立。

• 几内亚杜布雷卡王国签订接受法国保护的协议;1880—1898 年,法国在科特迪瓦、达荷美(今贝宁)等西非地区发动侵略战争。

1881 年

• 埃及发生由阿拉比上校领导的反对殖民主义和赫提夫·陶菲克政权的革命。

- 突尼斯正式成为法国保护领地。

- 法国入侵图库勒尔帝国。

- 苏丹宗教领袖穆罕默德·马赫迪领导反英抗议运动,史称"马赫迪起义",1885 年杀死英国殖民军统帅戈登。

1882 年

- 2 月 7 日,埃及赫提夫·陶菲克政权制定新宪法;组成以祖国党为主的政府,奥拉比任陆军大臣;6 月 12 日,赫提夫·陶菲克和英国人炮制了亚历山大大屠杀,许多外国人被杀害;7 月 11 日,英军开始进攻亚历山大,埃及人民武装反抗英军;9 月,英军进占开罗,奥拉比被俘,埃及被英国侵占。

- 法国将几内亚沿海地区划为殖民地,属塞内加尔达喀尔总督管辖。

- 意大利政府从一家意大利公司手中买下了埃塞俄比亚阿萨布湾。

1884 年

- 11 月 15 日,柏林会议召开,1885 年 2 月 26 日结束,欧洲列强和美国瓜分非洲。

- 第一个非洲独立教会埃塞俄比亚教会由滕布人奈赫米阿·泰尔发起在南非成立。

- 多哥和喀麦隆沦为德国殖民地。第一次世界大战期间,喀麦隆东、西部分别被法、英军队占领;1922 年国际联盟将东、西喀麦隆分交法、英"委任统治"。第二次世界大战后,联合国将东、西喀麦隆分交法、英"托管"。

- 西班牙宣称在摩洛哥沿海地区拥有保护地。

1885 年

- 法国占领马达加斯加;在几内亚建立殖民政府并占领萨摩里帝国境内的布雷金矿;建成西非第一条铁路达喀尔-圣路易线,全长 263 公里。

- 马赫迪军队建立军事国家。

- 博尔诺的征服者拉比·伊本·法德莱拉在加扎勒河建立自己的国家。

- 意大利占领埃塞俄比亚马萨瓦港口。

- 博茨瓦纳沦为英国殖民地,称"贝专纳保护地"。

- 柏林会议将刚果划为比利时国王的"私人采地",称"刚果自由国",于 1908 年改称"比属刚果",成为比利时政府殖民地。[①]

- 几内亚成为法国势力范围,1893 年被命名为法属几内亚。

1885—1887 年

图库勒尔帝国统治者阿赫马杜·塞古选择与法国人结盟的战略。

---

① 2020 年 5 月 30 日,比利时国王菲利普在刚果民主共和国独立 60 周年之际,致信其总统费利克斯-安托万·齐塞克迪·奇隆博,为比利时在刚果(金)的殖民历史致歉。

1885—1893 年

非洲大湖公司与尼亚萨兰诸国王签署"条约"，英国以欺骗手段从尼亚萨兰抢占土地。

1886 年

· 坦噶尼喀内陆被划归德国势力范围。

· 在威特沃特斯兰德首次开采黄金，约翰内斯堡建立。

· 英国皇家尼日尔公司成立，获得进入尼日尔河盆地及其周边地区进行贸易的特权。

1887 年

· 桑给巴尔素丹要求奴隶贩子提普·提卜接管桑给巴尔的东部省份。

· 埃塞俄比亚人在多加里击败意大利军队，此次战役被意大利人称为"多加里屠杀"。

· 索马里北部沦为英国"保护地"（英属索马里）。

· 英国吞并祖鲁兰。

1888 年

· 被奴役的非洲人在巴西获得解放。

· 英、法签订双方在索马里的殖民边界协议。

· 德国人卡尔·彼得斯为德国东非公司从桑给巴尔素丹手里获得对沿海地带的管辖权，阿布希里·本·萨利姆领导非洲人反抗德国殖民统治，被称为"阿拉伯叛乱"，遭德国军队残酷镇压。

1889 年

· 贝汉津登基为达荷美国王，法军占领科托努。

· 阿赫马杜·塞古领导的图库勒尔帝国反抗法国入侵并试图建立从达喀尔到巴马科的帝国；1890 年法国人攻占塞古城，图库勒尔拒绝投降。

· 埃塞俄比亚绍阿国王孟尼利克二世称帝，意大利与埃塞俄比亚于 5 月签署《乌查理条约》，确认意占有阿萨布等地，并单方面根据意大利文本宣布埃塞俄比亚为保护国，这一立场得到欧洲国家的认可。孟尼利克二世后废除该条约。

· 苏丹成为英国和埃及的共管国。

· 英、法达成协议，划定冈比亚边界。

· 英、意签订双方在索马里的殖民边界协议。

1889—1890 年

英国人罗得斯建立的"英国南非公司"，控制北罗得西亚，逐渐扩张到东部和东北部地区。英国随后将上述两地区合并，以罗得斯的名字命名为"北罗得西亚保护地"。

1890 年

· 英、德签订瓜分东非协议,桑给巴尔沦为英国"保护地",肯尼亚被划归英国,英政府于 1895 年宣布肯尼亚为其"东非保护地",1920 年改为殖民地;布干达划为英势力范围,英政府于 1894 年 6 月宣布布干达为其"保护国",1896 年,英将"保护国"范围扩展到乌干达全境,于 1907 年在乌干达设总督;德国占有坦噶尼喀、布隆迪和卢旺达。

· 达喀尔-路易港铁路工人举行罢工。

· 津巴布韦沦为英国南非公司殖民地,1895 年被命名为南罗得西亚。1923 年英国政府接管该地,给予"自治领"地位。

· 西南非洲被德国占领。

· 意大利将其在埃塞俄比亚的占领区合并为统一殖民地,命名为"厄立特里亚"(拉丁语"红海")。1941 年,意军在二战中失败,厄立特里亚成为英国托管地。

· 邓禄普(Dunlop)橡胶轮胎被发明,西方对刚果橡胶的需求大幅增加。

· 乔治·华盛顿·威廉斯航行到非洲,着手撰写亨利·斯坦利统治下的刚果的奴隶制度。

· 非裔美国人威廉·谢泼德以传教士身份前往刚果,返美后发表演讲揭露刚果奴隶制度。

1891 年

· 今中非共和国地区沦为法国殖民地。1910 年被划为法属赤道非洲领地,称乌班吉沙立。

· 法国人入侵萨摩里·杜尔领导的曼丁哥帝国,萨摩里·杜尔顽强抵抗后撤退,法国将沿海地区和富塔贾隆合并为法属几内亚,1895 年定科纳克里为殖民地首府。

· 在喀麦隆做工的达荷美妇女举行罢工。

· 科特迪瓦的鲍勒人抵抗法国殖民入侵并坚持到 1902 年。

· 达荷美国王贝汉津抵抗法国殖民入侵并坚持到 1894 年。

· 英国正式宣布"英属中非保护地",又名尼亚萨兰。

1892 年

· 英国入侵伊杰布(约鲁巴)和乌干达。

· 尼日利亚的贝宁城与英国签署"贸易和保护"条约。

· 法国人向贝汉津国王宣布接管达荷美王国,1894 年提阿格里·阿格博登基为达荷美国王,成为法国的傀儡。

1893 年

2 月 12 日,埃塞俄比亚宣布废除与意大利签订的《乌查理条约》。

1893 年

法国人分别占领科特迪瓦和几内亚并宣布其为法国殖民地。

1894 年

• 英国政府将乌干达地区命名为乌干达保护国。

• 在与卡贝卡·穆特萨谈判后,英国人将布干达王国并入英国保护国,两年后将布索加、布尼奥罗、托罗和安科莱王国纳入乌干达保护国的版图。

• 姆克瓦瓦领导的赫赫人反抗德国占领的斗争失败。

1895 年

• 9 月 17 日,埃塞俄比亚皇帝孟尼利克二世向全国人民发表动员告示,面对意大利人挑起的战争奋起反抗。

• 英国将乌干达和肯尼亚置于东非保护国之内。

• 马里沦为法国殖民地,被称为"法属苏丹",1904 年被并入"法属西非"。

1895—1920 年

萨义德·穆罕默德领导索马里人起义。

1896 年

• 3 月,绍纳人针对白人殖民者的武装抵抗运动"奇穆伦加"开始,斗争持续到 1897 年。

• 孟尼利克二世在阿杜瓦击败意大利军队,意大利人签署《亚的斯亚贝巴条约》,废除《乌查理条约》并向埃塞俄比亚赔款。

• 马达加斯加沦为法国殖民地。

• 阿散蒂国王普伦佩一世在 1891 年拒绝英国人提出的保护建议五年后,派出外交使团赴伦敦会见维多利亚女王。

1896 至 1898 年

英国完成对苏丹的征服。

1897 年

• 尼日利亚拉各斯工人举行罢工,被英国历史学家巴兹尔·戴维逊称为"殖民地第一次重要罢工"。

• 正式使用"尼日利亚"作为国名。

• 黄金海岸全境沦为英国殖民地,黄金海岸土著权利保护协会成立。

• 桑给巴尔正式废除奴隶制,但奴隶制一直持续到 1917 年。

1898 年

• 英法冲突引发法绍达事件。

• 苏丹民族主义领袖、哈里发阿卜杜拉·伊本·穆罕默德在反抗英军入侵的战斗中失败被俘,次年 1 月 24 日被杀害。

• 萨摩里·杜尔的军队遭到法国军队和英国军队的夹击,兵败被俘后被流放到加蓬,1900 年去世。

• 津巴布韦第一次奇木兰加的领导人内汉达和卡古韦被英国人逮捕,内汉达因拒绝接受基督教而被杀害。

• 南非德兰士瓦的布尔人征服文达,至此整个南部非洲被白人征服。

1899 年

• 法国军队占领加奥,完成了对中世纪帝国加纳、马里和桑海领土的征服。

• 英国、埃及共管苏丹。

• 南非的第二次英布战争开始,于 1902 年以英国人得胜而结束。

• 由索马里民族主义领袖穆罕默德·阿卜杜拉·哈桑领导的反瓜分武装起义开始。

1900 年

• 7 月 23 日,在亨利·威廉斯的倡导下,来自美国、西印度群岛和非洲的 57 名代表在伦敦举行泛非会议。

• 9 月 30 日,亚阿·阿散蒂率领阿散蒂人进行抗英战争失败。

• 英国占领蒂夫人的土地遭到反抗,战争持续 6 年;英国人宣布北尼日利亚为保护国。

1901 年

达荷美王国被法国所灭,1904 年并入法属西非,1913 年沦为法国殖民地。

1902 年

• 乍得沦为法国殖民地,1910 年成为法属赤道非洲领地。1911 年,部分领土被法国出让给德国以换取德承认法对摩洛哥的“保护”,第一次世界大战后重归法国。

• 法属西非总督府从圣路易迁到达喀尔,法属西非和塞内加尔开始分设总督。

• 大津巴布韦遗址被挖掘,其中“伦德尔废墟”于 1903 年 7 月被挖掘。

1903 年

• 塞舌尔改为英国直辖殖民地。

• 利比里亚与英属塞拉利昂殖民地之间划分国界线。

1904 年

• 尼日尔成为法属西非领地,1922 年沦为法国殖民地。

• 西南非洲(纳米比亚)的赫雷罗人反抗德国占领,遭到血腥镇压,6—8 万人口中约有 75%—80% 遭到屠杀,1.4 万人被关进集中营。①

• 上沃尔特沦为法国殖民地。

---

① 德国政府于 2004 年为赫雷罗人起义期间的种族灭绝罪行而道歉,但拒绝向被害人后代做出赔偿。德国政府于 2021 年 5 月 28 日正式承认曾在纳米比亚土地上制造了导致约 8 万人死亡的种族屠杀,承诺向该国援助 11 亿欧元用于开发重建,但拒绝将这笔钱视作赔款,受害民族领袖表示不满,称之为“羞辱”。

• 法国和西班牙就各自在摩洛哥势力范围达成一致。

1904—1905 年

马达加斯加举行反法起义。

1904—1907 年

大批华工根据中、英两国政府签订的章程被输入到南非从事采矿业。

1905 年

马及马及起义爆发,事因德国人在坦噶尼喀引入人头税和强迫劳动建立大型剑麻、棉花、咖啡和橡胶种植园并实行严酷的统治政策。起义遭到严酷镇压,75 000 非洲人死亡,却促使非洲人团结起来并开始争取独立。

1906 年

班巴塔人在南非举行武装起义。

1907 年

斯威士兰成为英国"保护地"。

1908 年

• 埃塞俄比亚与英、法签署协定,划定埃塞俄比亚与邻国边界。

• 马里的洛比人和迪乌拉人举行反法起义。

• 莫西人在库杜古和法达恩古尔马起义。

1909 年

尼亚萨兰的穆拉马领导抵抗运动。

1910 年

• 刚果(布)成为法属赤道非洲四领地之一(另有加蓬、乍得、中非),称中央刚果,布拉柴维尔是法属赤道非洲的首府。

• 南非四个政治实体合并为"南非联邦",成为英国自治领。

1911 年

• 加蓬被法国转让给德国,第一次世界大战后复归法国。

• 摩洛哥人民发动反法斗争,斗争持续到 1914 年。

1912 年

• 1 月 8 日,非洲人国民大会在南非成立,最初名为南非土著人国民大会,在 1923 年改名为非洲人国民大会。

• 3 月 20 日,法国迫使摩洛哥苏丹签订《非斯条约》,将摩洛哥变成它的"保护国"。同年,法国同西班牙签订《马德里条约》,摩北部和南部伊夫尼等地划为西班牙保护地。

• 科摩罗四岛沦为法国殖民地,1946 年成为法"海外领地",1961 年取得内部自治。

• 利比亚在意土战争后成为意大利殖民地。

1913 年

- 马达加斯加成立维瓦萨秘密社团反抗法国殖民统治,遭到镇压。
- 肯尼亚的奥尼安戈·丹德试图利用蒙博宗教运动推翻英国人的统治。
- 非洲人国民大会派遣代表团赴英国抗议南非《土著土地法》的颁布。
- 在刚果卡塞发现钻石,1917 年开始野蛮掠夺。

1914 年

- 12 月 18 日,英国宣布埃及为其"保护国"。
- 肯尼亚的吉里亚马人反抗英国人。
- 尼日利亚南北保护国合并,尼日利亚正式沦为英国殖民地。
- 塞内加尔青年政治团体成立;勃莱兹·迪亚涅成为法国议会中第一位非洲人代表。

1915 年

- 南非参加协约国对德作战,出兵占领西南非洲;1920 年,国际联盟委托南非统治西南非洲。1949 年,南非非法吞并西南非洲。
- 古伦西人在上沃尔特举行反法起义。
- 班巴拉人爆发反对法国殖民者的起义。
- 约翰·奇伦布韦教士在尼亚萨兰领导反对殖民统治的起义。

1917 年

- 11 月,英军占领坦噶尼喀全境,1920 年坦噶尼喀成为英国"委任统治地",1946 年联合国大会通过决议,将坦噶尼喀改为英"托管地"。
- 乌干达一位名为伦博的先知领导反对殖民统治的起义。

1918 年

- 埃及华夫脱党成立。
- 达荷美发生科托努和大波波船工罢工。

1919 年

- 5 月 30 日,比利时-英国条约承认卢旺达和布隆迪于 1921 年后归属比利时。
- 美国黑人杜波依斯与塞内加尔的布莱兹·迪亚涅主持在巴黎召开的第一届泛非大会。
- 科纳克里港口码头工人举行罢工。

1920 年

- 9 月,多哥的西、东部被英、法分别占领,二战后由英、法分别"托管"。
- "法属西非"改为"法属苏丹"。
- 基西米·卡马拉在塞拉利昂创造门德字母。
- 利奥·维纳写作《非洲与发现美洲》。

1921 年

• 第二届泛非大会在伦敦举行。

• 英属西非国民大会成立。

• 西蒙·基班古在刚果成立耶稣基督之乡教会,形成反对殖民统治的基班古教派运动,被捕后一直囚禁到 1951 年死于狱中。

• 毛里塔尼亚成为"法属西非"管辖下的殖民地。

• 非裔古巴人诞生黑人主义,赞美黑人音乐、韵律、艺术、民俗和文学。

1922 年

• 2 月 28 日,英国政府宣布结束对埃及的保护制度,但保留对其国防、外交、少数民族等问题的处置权;3 月 15 日埃及王国成立,立艾哈迈德·福阿德为国王。

• 7 月 20 日,坦噶尼喀成为英国的委任统治地。

• 葡萄牙正式占领安哥拉。

• 布隆迪和卢旺达成为比利时委任统治地,1946 年均由联合国交比利时"托管"。

1923 年

• 尼日利亚民族民主党成立。

• 坦噶尼喀领地非洲公务员协会成立。

• 第三届泛非大会在里斯本召开。

1924 年

阿里·阿卜杜勒·拉蒂夫在苏丹成立白旗会,主张争取苏丹自由和尼罗河流域的联合。

1925 年

• 刚果的基塔瓦拉(守望塔)运动爆发,反对殖民统治。

• 南非人雷蒙·达特在南非塔翁地区的一个石灰岩洞穴中发现一个距今 200 万年的 6 岁动物的头颅骨;该动物身体前倾、两足行走,被命名为"南方古猿"。

• 索马里南部沦为意大利殖民地(意属索马里)。

1926 年

西班牙将费尔南多波岛和木尼河区合并为西属几内亚。

1927 年

• 7 月 18 日,埃及同英国签订英埃条约草案,规定英国军事占领期限为 10 年。

• 第四届(第五届)泛非大会召开。

1928 年

• 埃塞俄比亚的塔法里·马康南登基,1930 年 11 月 2 日加冕称埃塞俄比亚皇帝,改名为海尔·塞拉西(意为"圣父、圣子、圣灵三位一体的威力")。

• 葡萄牙人与南非签订《莫桑比克协定》。

1929 年

- 8 月 6 日,埃及同英国签订新约,以军事同盟代替英国对埃及的军事占领。
- 坦噶尼喀非洲人协会成立。
- 第五届泛非大会因法国政府的阻碍和大萧条而推迟。
- 尼日利亚东部妇女反对殖民地税收和其他不公正行为。

1930 年

- 沃尤·古鲁巴伊在马里的卡尔塔地区创造了巴马纳"马-萨-巴"音乐节。
- 索马里素丹优素福·阿里的儿子伊斯曼·优素福创造了索马里字母。
- 突尼斯发生严重旱灾,次年发生水灾。
- 南非政府颁布《土地分配法》。

1931 年

- 在国际联盟的警告下,利比里亚废止非美籍利比里亚人的强制劳工制度。
- 法国人废黜喀麦隆的巴蒙国王恩乔亚。
- 妇女成为南非非洲人国民大会的附属会员。

1933 年

摩洛哥行动联盟成立,于 1937 年 3 月 18 日解散。

1934 年

- 3 月 2 日,海拉勒堡会议召开,突尼斯宪政党分裂,形成老宪政党和新宪政党两派。
- 葡萄牙人与南罗得西亚签订《太特条约》。

1935 年

- 10 月,意大利入侵埃塞俄比亚,占领埃塞全境,海尔·塞拉西皇帝流亡英国。1941 年,盟军击败意大利,海尔·塞拉西于 5 月 5 日归国复位。
- 拉明·盖伊成立塞内加尔社会党,1937 年该党成为法国社会党的分支。
- 阿卜杜勒·哈米德·巴迪斯在阿尔及利亚成立乌里玛协会。
- 索马里民族协会成立。

1936 年

- 8 月 26 日,埃及与英国签订为期 20 年的《英埃同盟条约》,英国获得在苏伊士运河区驻军的权力。
- 阿尔及利亚人民党成立。
- 尼日利亚青年运动成立,曾领导并发起多项重大改革。
- 毛里求斯工党成立。
- 阿卜杜勒·哈里克·泰雷斯在西撒哈拉组成伊斯拉赫党。
- 亚的斯亚贝巴被意大利军队攻陷。

· 南非颁布《土著登记法》。

1937 年

· 黄金海岸的可可出口量达到高峰,因反对欧洲商人的价格操控举行拒售运动。

· 马克斯·耶甘创立国际非洲委员会,1941 年改名为非洲事务理事会。

1937—1938 年

在法属西非殖民地发生了 33 次罢工。

1938 年

· 毕业生大会党在苏丹成立。

· 肯尼亚民族主义领袖乔莫·肯雅塔的《面对肯尼亚山》出版。

· 坦噶尼喀同盟成立以反对将坦噶尼喀归还德国。

· 塞内加尔捷斯铁路工人罢工;塞内加尔社会党与国际工人法国支部合并成法国社会党。

· 拉各斯批发肉商联盟、出租车司机协会、拉各斯独木舟运输联盟、女商贩同盟、棕榈酒销售商协会等工会组织相继在尼日利亚成立。

1939 年

· 9 月 26 日,阿尔及利亚人民党被取缔。

· 尼日利亚东南部发现早期青铜器皿。

· 喀麦隆南部作为南尼日利亚的一个省进行管理。

· 南非史末资政府上台。

1940 年

· 6 月 14 日,西班牙佛朗哥的军队占领摩洛哥的丹吉尔。

· 埃及-英国条约规定英军撤退到运河区,这标志着华夫脱党政府的胜利。

· 安哥拉以"塔瓦崇拜"方式反对外来价值观。

1941 年

· 1 月,摩洛哥民族主义党首次提出独立的要求。

· 3 月,英国在获得海尔·塞拉西的同意后攻入埃塞俄比亚。

· 刚果多地爆发工人罢工,被残酷镇压。

· 隆美尔指挥的德军在北非登陆,与意大利军配合进攻埃及西部地区。

· 英国管理埃塞俄比亚(厄立特里亚)直至 1952 年;管理欧加登地区直至 1955 年。

1942 年

· 11 月,美英联军在摩洛哥和阿尔及利亚等地区登陆。

· 苏丹毕业生大会党提交给政府有关社会和政治方面的 12 条申诉。

- 英国-埃塞俄比亚协定承认埃塞俄比亚独立地位。
- 法属西非加入同盟国对纳粹作战。
- 法国维希政权在阿尔及利亚建立隔离制度。

1943 年

- 摩洛哥素丹与罗斯福总统在安帕会见；独立党成立,旨在结束殖民统治。
- 法、英分别占领利比亚南、北部。二战后,由联合国对利比亚行使管辖权。
- 南非民族主义领袖伦比德建立非洲人国民大会青年联盟。
- 索马里青年俱乐部成立,1947 年更名为索马里青年联盟,成为重要的民族主义政党。

1944 年

- 1 月 11 日,摩洛哥素丹收到 58 名代表签署的谴责保护国政体的"独立党宣言";3 月在拉巴特和非斯发生暴动。
- 2 月,法国政府在布拉柴维尔举行殖民地总督会议,讨论法属殖民地的未来。
- 3 月,根据法国法令,阿尔及利亚穆斯林组织得以在法国国民议会中占有 15 个席位,在共和国参议院中占有 7 个席位。
- 11 月,新宪政党草拟了"突尼斯阵线宣言",要求在民主基础上实行内部自治。
- 费尔哈特·阿巴斯在阿尔及利亚发起"宣言及自由之友"运动。
- 杜伯曼为利比里亚总统,致力于减少对美国的依赖,直到 1971 年去世,威廉·理查德·托尔伯特继任总统。
- 尼日利亚公民全国委员会成立。
- 肯尼亚非洲联盟成立。
- 尼亚萨兰非洲人大会成立。
- 北罗得西亚非洲人大会成立。
- 鲍勒人国王之子费利克·乌弗埃-博瓦尼创建第一个农业联盟(非洲农业工会),旨在为科特迪瓦的非洲人争取更好的工作环境。

1945 年

- 1 月,乌干达多个城镇发生骚乱以抗议低工资和上升的物价。
- 2 月 10 日,第一版致联合国"阿尔及利亚人民宣言"同时提交给大总督。
- 3 月 22 日,埃及、叙利亚、沙特阿拉伯、黎巴嫩和也门等国在开罗举行会议,通过《阿拉伯联盟宪章》,阿拉伯国家联盟正式成立。
- 5 月,阿尔及利亚爆发要求独立的反法斗争,法国殖民当局进行血腥镇压,数万人被杀害,数千人被捕入狱,史称"五月流血周"。
- 第五届泛非大会在曼彻斯特举办;克瓦米·恩克鲁玛组建泛非联合会。
- 利奥波德·桑戈尔出版《幽灵之歌》。
- 利奥波德·桑戈尔和拉明·盖耶(塞内加尔)、乌弗埃-博瓦尼(科特迪瓦)、阿皮蒂·苏鲁·米冈(达荷美)、菲利·达博·西索科(法属苏丹)、雅辛·迪亚洛(几内亚)被推选为法属西非的代表进入法国国民议会。

· 上沃尔特联盟成立。

· 尼日利亚工人罢工。

1945—1951 年

利比亚处于联合国托管之下。

1946 年

· 2 月,马尔加什民主革新运动在巴黎创立。

· 4 月,科特迪瓦民主党成立,成为非洲民主联盟的支部。

· 4 月 11 日,法国国民议会通过取消强迫劳动的法令(所谓"乌弗埃-博瓦尼法")。

· 5 月 7 日,法国国民议会通过给所有殖民地过去的"臣民"以法国公民地位的法令(所谓"拉明·盖伊法")。

· 7 月,马达加斯加被剥夺者党成立。

· 10 月,乌弗埃-博瓦尼建立非洲民主联盟,随后在多个法属非洲殖民地建立支部。

· 理查兹宪法颁布,尼日利亚设立中央立法机构和三个地区议会,宪法改革的开始促进了国家的独立。

· 马里的莫迪博·凯塔和马马杜·科纳特组建非洲民主联盟苏丹支部,即苏丹联盟党。

· 让·费利克斯-奇卡亚建立刚果进步党。

· 加布里埃尔·利塞特建立乍得进步党。

· 莱昂·姆巴建立加蓬混合运动。

· 吉布提成为法国海外领地,1967 年改名为"法属阿法尔和伊萨领地",法国政府给予其实际上的自治地位。

· 乍得成为法国海外领地。1957 年初成为"半自治共和国"。1958 年 11 月 28 日成为"法兰西共同体"内的"自治共和国"。

· 南非金矿工人大罢工,遭到政府残酷镇压。

· 吉他出现在金沙萨。

1947 年

· 3 月 29 日,马达加斯加发生起义,于 1948 年 11 月被镇压。

· 非洲人国民大会与纳塔尔印度人大会和德兰士瓦印度人大会联合反对白人政府。

· 塞内加尔知识分子阿利乌内·迪奥普在旅居巴黎期间创办文化杂志《非洲存

在》。

- 黄金海岸联合大会党在加纳成立。
- 塞内加尔和马里铁路工人罢工并持续到1948年。
- 肯尼亚的基库尤人发起反对白人占用肯尼亚土地的运动。
- 阿尔及利亚发生严重旱灾。

1948年

- 5月15日,埃及等国与以色列之间爆发战争,史称第一次中东战争。1949年2月24日,埃及、以色列签订停战协定。黎巴嫩、约旦和叙利亚先后同以色列签订停战协定。
- 南非国民党上台,马兰任总统后使种族隔离制度进一步完善。
- 英国人在肯尼亚强迫基库尤人离开自己的土地。
- 尼日利亚工人罢工。
- 佛得角甘蔗种植园工人罢工。
- 利奥波德·桑戈尔因不满拉明·盖耶支持同化政策而退出法国社会党,领导建立塞内加尔民主集团。
- 安哥拉在葡萄牙共产党倡导下成立三个地下组织:葡萄牙共产党安哥拉联邦委员会、安哥拉青年反对殖民帝国主义斗争委员会和黑色安哥拉。
- 黄金海岸大学学院和尼日利亚伊巴丹大学学院建立。

1949年

- 1月,美国总统杜鲁门提出援助经济落后国家的"第四点计划",将埃及、伊拉克、以色列、外约旦、黎巴嫩、沙特阿拉伯、伊朗、阿富汗等国列入援助名单。
- 6月,昔兰尼加宣布独立。
- 10月16日,非洲事务会议主席保罗·罗伯逊致电毛泽东主席,祝贺中华人民共和国成立。
- 巴泰勒米·波冈达在乌班吉沙里进行社会进化运动。
- 由白人少数派构成的国民党在南非上台,莫桑比克独立之父爱德华多·奇万博·蒙德拉纳等黑人学生被赶出金山大学。
- 人民大会党在加纳成立。
- 非洲人国民大会与印度人、有色人和白人自由派组成大会联盟,一起撰写南非国家建设纲要。
- 刚果鲁汶大学和乌干达马克雷雷大学学院建立。

1950年

- 10月,非洲民主联盟与法国共产党关系破裂。
- 12月,联合国托管委员会将原意属索马里交由意大利托管;将厄立特里亚作为一个自治体与埃塞俄比亚结成联邦。1952年,厄立法会议选举产生地方政府,埃塞俄比亚皇帝派代表驻厄立特里亚。

- 行动派在尼日利亚成立。
- 塞拉利昂全国委员会成立。
- 非洲民主联盟几内亚支部改名为"几内亚民主党",1952年塞古·杜尔当选为总书记。
- 弗里迪运河开通,打通阿比让至大西洋的航运。

1951 年

- 4月,塞拉利昂人民党成立。
- 10月27日,埃及宣布废除1936年英埃条约和1899年英埃共管苏丹协定。
- 12月24日,利比亚宣告独立,成立由昔兰尼加、的黎波里塔尼亚、费赞三个地区组成的利比亚联合王国。立穆罕默德·伊德里斯·塞努西为国王,后改名为利比亚王国。
- 北方人民大会党在尼日利亚成立。
- 刚果非洲觉醒组织成立。
- 冈比亚人民党成立。
- 葡萄牙将安哥拉、莫桑比克、圣多美和普林西比、佛得角改为葡萄牙的"海外省"。

1952 年

- 7月23日,以纳赛尔为首的自由军官组织推翻法鲁克王朝,由纳吉布为主席的"革命指导委员会"执掌政权,并于1953年6月18日宣布成立埃及共和国。
- 10月19日,法国生物学家阿兰·邦巴尔医生乘坐非洲小帆船从卡萨布兰卡出发,横渡大西洋,于12月23日抵达巴巴多斯,以验证非洲人发现美洲的理论。
- 非洲人国民大会携手其他组织发起反对种族隔离的蔑视运动,运动中8 500人被捕。

1953 年

- 3月26日,肯尼亚掀起反抗英国殖民统治的茅茅运动并持续多年,遭到疯狂镇压。1956年10月21日,茅茅独立战争英雄德丹·基马蒂被捕,后被杀害。①
- 6月18日,埃及宣布废除君主政体,成立共和国,纳吉布任第一任总统兼总理。
- 7月29日,利比亚与英国签订了为期20年的同盟条约、军事和财政援助协定。

---

① 英国外交部于2013年5月发表声明,希望与茅茅运动受害者达成和解,就他们所遭受的迫害作出赔偿;同年6月6日,英国外交大臣黑格宣布,英国政府认识到当年很多肯尼亚人受到折磨,对此表示真诚道歉,并将向5 228名受害者赔偿1 400万英镑。

- 8 月 20 日,法国废黜并放逐摩洛哥素丹穆罕默德五世,另立阿拉法为素丹。
- 10 月,英国强行将南罗得西亚(今津巴布韦)、北罗得西亚(今赞比亚)和尼亚萨兰(今马拉维)合组为"中非联邦",1963 年解体。
- 苏丹建立自治政府,1956 年 1 月 1 日宣布独立,成立共和国。
- 塞古·杜尔领导的几内亚民主党组织几内亚工人罢工 73 天。
- 热带眼科研究所在巴马科建立。
- 非洲食品与营养研究组织在达喀尔建立。
- 非洲爵士舞出现。
- 穆斯林文化联盟成立。

1954 年

- 1 月 11 日,根据英埃协定,苏丹组成以民族联合党主席伊斯梅尔·阿扎里为首的自治政府。
- 2 月 25 日,纳赛尔成为埃及总统,呼吁民众修建阿斯旺大坝等公共工程,其著作《革命哲学》出版。
- 7 月,坦噶尼喀非洲人协会改称坦噶尼喀非洲民族联盟;坦噶尼喀统一党成立。
- 8 月,阿尔及利亚民族解放阵线的前身团结与行动革命委员会成立;11 月 1 日,该委员会会开展对法国殖民当局的武装起义后改名为阿尔及利亚民族解放阵线;1977 年后正式名称逐渐改为阿尔及利亚民族解放阵线党。
- 10 月 26 日,纳赛尔总统遭到穆斯林兄弟会成员马哈茂德·阿卜杜·阿尔-拉提夫枪击。
- 安哥拉民族解放阵线的前身安哥拉北方人民联盟成立。
- 北方人民党在加纳成立。

1955 年

- 3 月 5 日,埃及、叙利亚和沙特阿拉伯 3 国政府决定建立阿拉伯国家联合军事司令部。
- 4 月,埃及、埃塞俄比亚、黄金海岸、利比里亚、利比亚和苏丹参加在万隆举行的亚非会议。
- 6 月 3 日,突尼斯与法国签订协定。法国同意突尼斯内政自治,但国防和外交仍由法国控制。
- 10 月 19 日,埃及与英国签订关于苏伊士运河区的协定,确认苏伊士运河是埃及的一部分,英军在 20 年内撤离苏伊士运河区。
- 11 月,在摩洛哥人民坚决斗争下,法国被迫同意穆罕默德五世复位。
- 以《黑人民族与文化》法文版为标志,谢克·安塔·迪奥普先后发表的多部法文和英文著作提出非洲是文明之摇篮的理论。

• 约瑟夫·阿古领导黑人部队发动兵变,南北苏丹第一次内战爆发。

1956 年

• 1 月 1 日,苏丹宣布独立,成立苏丹共和国,民族联合党主席阿扎里任第一届政府总理。

• 3 月 2 日,摩洛哥独立,穆罕默德·伊本·优素福素丹随后宣布自己为穆罕默德五世国王;1957 年 8 月 14 日定国名为摩洛哥王国,西班牙仍然占有休达和梅里拉。

• 3 月 20 日法国承认突尼斯独立。1957 年 7 月 25 日突制宪会议通过决议,废黜国王,宣布成立突尼斯共和国,布尔吉巴任第一任总统,1975 年经议会批准,他成为终身总统。

• 4 月 21 日,为抵制巴格达条约,埃及、沙特阿拉伯和也门在沙特的吉达签订三边军事条约,并成立最高理事会、军事委员会和联合司令部。

• 6 月 13 日,英国从苏伊士运河地区撤走最后一批士兵,结束了对运河地区长达74 年的军事占领。

• 6 月 23 日,埃及举行全民投票通过新宪法,选举纳赛尔为总统。7 月 26 日,纳赛尔宣布将苏伊士运河公司收归国有,埃及用其收益兴修阿斯旺水坝。

• 6 月,南非人民代表大会通过《自由宪章》这一反种族隔离斗争的纲领性文件。

• 8 月 12 日,西班牙正式将赤道几内亚地区改名为"几内亚湾西班牙海外省"。

• 8 月,多哥东部成为法兰西共同体内的"自治共和国",于 1960 年 4 月 27 日正式宣布独立,定名为多哥共和国,奥林匹欧出任第一任总统。

• 9 月 19 日,阿米尔卡·卡布拉尔等人建立几内亚和佛得角非洲独立党(简称几佛独立党),领导几内亚比绍和佛得角人民开展争取民族独立的运动。

• 10 月 24 日,埃及、叙利亚、约旦建立联合司令部——中央参谋协调机构,由埃及陆军司令阿密尔担任司令。

• 10 月 29 日,第二次阿以战争(即苏伊士战争)爆发。当晚,以色列在英、法唆使下侵入埃及领土西奈半岛。30 日,英、法向埃及政府提出最后通牒,31 日,英、法联合发动空袭。11 月 5 日,以色列被迫停火,英、法也于 7 日同意停火。12 月 20 日,英、法军队全部从埃及撤退。以色列军队于 1957 年 3 月 16 日全部撤出埃及领土。

• 12 月,安哥拉人民解放运动(简称安人运)成立。

• 毛里塔尼亚成为"半自治共和国",1958 年 9 月加入"法兰西共同体",11 月"毛里塔尼亚伊斯兰共和国"宣布成立,1960 年 11 月 28 日宣告独立,达达赫任总统。

1957 年

• 1 月 1 日,埃及宣布废除 1954 年同英国签订的关于苏伊士运河区军事基地的条约。

• 2 月 5 日,桑给巴尔非洲人协会和设拉子协会合并组成桑给巴尔和奔巴非洲-

设拉子党。

• 3月6日,黄金海岸独立,国名改为加纳,克瓦米·恩克鲁玛成为第一任总理(后英国托管的西多哥并入)。1960年7月1日成立加纳共和国,仍留在英联邦内,首任总统为恩克鲁玛。

• 4月24日,郭沫若先生率领中国代表团出席在开罗开幕的亚非团结大会。毛泽东主席致电大会表示祝贺,亚非人民团结组织在开罗成立。

• 6月30日,美国与利比亚签订军事援助协定,向利提供军事装备。

• 7月25日,突尼斯废黜国王,改为共和国,布尔吉巴任总统。

• 8月14日,摩洛哥定国名为摩洛哥王国,素丹改称国王。

• 尼日利亚东部和西部宣布区域自治,1959年北部地区自治。

• 尼日尔获得半自治地位,1958年12月18日成为法兰西共同体内的自治共和国。

• 阿利乌内·迪奥普倡议召开世界黑人作家会议,非洲人文化协会成立。

• 刚果(布)成为"半自治共和国",1958年11月成为"自治共和国"。1960年8月15日宣布独立,但仍留在法兰西共同体内,定名刚果共和国。菲勒贝尔·尤卢任总统。

• 上沃尔特成为"半自治共和国",1958年12月成为法兰西共同体内的自治共和国。1960年8月5日宣告独立,定国名为上沃尔特共和国。莫里斯·亚梅奥果当选总统。

1958年

• 1月31日,法国国民议会通过"根本法",规定阿尔及利亚为法国"整体的一部分",由法政府派驻阿尔及尔的总代表团直接统治。

• 2月1日,叙利亚总统库阿特利和埃及总统纳赛尔在开罗签署宣言,宣布叙、埃联合组成"阿拉伯联合共和国",21日,纳赛尔正式当选为阿联总统,共和国于1961年解体。

• 3月2日,阿联总统纳赛尔和也门副首相巴德尔王太子在大马士革宣布两国结成联邦。8日,两国在大马士革签订建立阿拉伯联合邦宪章。

• 4月2日,西班牙和摩洛哥签订协定,将西班牙所侵占的摩洛哥南部的一片领土交还摩洛哥。

• 4月,克瓦米·恩克鲁玛发起召开非洲独立国家会议,强调加强团结和合作,谴责殖民主义制度,要求实现非洲的完全解放,周恩来总理致电表示祝贺。

• 4月,联合国设立非洲经济委员会。

• 5月,马里成为"法兰西共同体"内的"自治共和国"。

• 9月19日,阿尔及利亚临时政府成立,1962年7月3日正式宣布独立;1963年9月,本·贝拉当选首任总统。

• 9 月 28 日,几内亚通过公民投票,拒绝留在法兰西共同体内,10 月 2 日宣告独立,成立几内亚共和国,塞古·杜尔任总统,直至 1984 年 3 月病逝。

• 9 月,塞内加尔进步联盟成立,由人民集团、社会行动党和社会联盟运动合并而成。1976 年 12 月改名为塞内加尔社会党。

• 10 月 14 日,马达加斯加成为"法兰西共同体"内的自治共和国。1960 年 6 月 26 日宣布独立,成立马尔加什共和国,亦称第一共和国。

• 11 月 25 日,塞内加尔成为"法兰西共同体"内的"自治共和国"。1959 年 4 月与马里共和国结成马里联邦。1960 年 4 月 4 日,同法国签署"权力移交"协定,6 月 20 日,马里联邦宣告独立,8 月 20 日,塞内加尔退出联邦,成立独立的共和国,列奥波尔德·桑戈尔为首任总统。

• 11 月,恩克鲁玛组建加纳-几内亚联邦,建立两国交换驻节部长制度。

• 11 月,易卜拉欣·阿布德将军发动军事政变后就任苏丹武装部队最高委员会主席、国防部长、总理,他于 1964 年离任。此后,苏丹发生多次政变。

• 12 月 1 日,乌班吉沙立成立自治共和国。1960 年 8 月 13 日宣告独立,成立中非共和国,戴维·达科任总统。

• 12 月 8—13 日,经加纳总统恩克鲁玛倡议,在阿克拉召开第一届全非人民大会,28 个国家和地区的 300 多名代表参加了会议,会议确立了独立后的泛非主义这一主题,周恩来总理致电祝贺。

• 12 月,科特迪瓦成为"法兰西共同体"内的"自治共和国"。1960 年 8 月 7 日独立,但仍留在"法兰西共同体"内。翌年 4 月脱离共同体。首任总统费利克斯·乌弗埃-博瓦尼,曾 7 次蝉联,直至 1993 年 12 月 7 日逝世。议长亨利·科南·贝迪埃继任总统,1995 年 10 月,贝迪埃胜选蝉联。

• 达荷美成为法兰西共同体内的"自治共和国"。1960 年 8 月 1 日独立,成立达荷美共和国,于贝尔·马加为首任总统,1963 年被推翻,后发生十多次政变。

• 加蓬成为"法兰西共同体"内的自治共和国。1960 年 8 月 17 日宣告独立。莱昂·姆巴任首任总统。

• 泛非自由运动成立,参与国为东非、中部非洲和南部非洲的国家,活动持续到 1963 年。

• 赤道几内亚的民族主义领导人阿卡西奥·马内被暗杀,1959 年另一名领导人恩里克·恩里克·恩沃也被暗杀。

• 毛里求斯成立立宪会议。

• 马达加斯加独立大会党成立,由十个政党联合而成。

1959 年

• 4 月 29 日,法属殖民地乌班吉沙立的民族主义领袖波冈达死于一场神秘的飞机失事。

• 4 月,南非民族主义领袖罗伯特·曼加利索·索布克韦创建泛非主义者大会。

• 4 月,马里与塞内加尔结成马里联邦。

• 6 月,西非关税同盟成立,后失败。

• 8 月 4—8 日,非洲独立国家会议在蒙罗维亚举行。会议决议要求法军撤出阿尔及利亚,承认阿独立;宣布每年 11 月 1 日为"阿尔及利亚日"。

• 8 月,第二届非洲独立国家会议在蒙罗维亚召开,通过了四项决议,谴责法国在撒哈拉的核试验,号召喀麦隆各部分政治和解,号召阿尔及利亚通过谈判达到和平,宣布殖民地有自决权。

• 8 月,几内亚和佛得角非洲独立党因组织非法码头工人罢工而遭到残酷镇压,决定放弃和平方式而转向武装斗争。

• 10 月 4 日,布隆迪民族统一进步党(又称"乌普罗纳党")成立。

• 10 月,北罗得西亚(今赞比亚)联合民族独立党成立,发动群众通过"积极的非暴力行动"争取民族独立。其前身为赞比亚非洲人国民大会。

• 11 月,卢安达-乌隆迪图西人和胡图人之间发生严重冲突,200 余人死亡,1 200 人被捕。

• 厄立特里亚引进埃塞俄比亚法典。

• 冈比亚人民进步党成立。

• 由科特迪瓦总统乌弗埃·博瓦尼倡议成立协约国家委员会。

• 英国殖民政府在尼亚萨兰宣布处于紧急状态,民族主义领袖班达及 200 人被捕。

• 索马里的所有政党的代表组成泛索马里民族运动。

• 尼日利亚东南部以赛亚·阿诺斯庭院发现一个储藏祭祀物品的地方。

• 电视在尼日利亚的伊巴丹开始播出。

• 黑人作家和艺术家大会在罗马举行。

1960 年

• 1 月 25—31 日,在突尼斯召开第二届全非人民大会。

• 3 月 9 日,乌干达人民大会党成立。

• 3 月,肯尼亚非洲民族联盟(简称"肯盟")和肯尼亚非洲民主联盟成立。1962 年 2 月伦敦制宪会议决定由上述两党组成联合政府。1963 年 5 月大选中肯盟获胜,6 月 1 日成立自治政府,12 月 12 日宣告独立。1964 年 12 月 12 日肯尼亚共和国成立,但仍留在英联邦内。乔莫·肯雅塔任第一任总统,1978 年他病逝后,副总统莫伊继任并担任总统长达 24 年。1991 年实行多党制。

• 3 月 21 日,南非泛非主义者大会和非洲人国民大会和平抗议《通行证法》,在沙佩维尔遭到镇压,69人被杀,1 980人受伤,索布克韦被捕,史称"沙佩维尔惨案"。

· 4月12日,中国非洲人民友好协会在北京成立。

· 4月,西南非洲人民组织(简称人组党)成立,开始进行争取民族独立的斗争。其前身是奥万博兰人民组织。

· 5月7日,毛泽东主席在郑州会见正在中国进行访问的12个非洲国家和地区的代表;7月3日,北京举行盛大集会,向获得独立的非洲国家人民表示热烈祝贺。

· 6月30日,比属刚果宣告独立,卡萨武布当选总统,卢蒙巴为总理,定国名刚果共和国,简称"刚果(利)"。7月,比利时派军入侵加丹加省(今沙巴区),开赛省宣布独立,新生的共和国面临危机。9月14日,国民军参谋长蒙博托·塞塞·塞科发动政变,联合国军以保护为名软禁了卢蒙巴。11月,帕特里斯·卢蒙巴在前往斯坦利维尔的合法政府会合途中被绑架,后被冲伯集团杀害。

· 7月,塞拉利昂全国人民大会党成立,后成为执政党。

· 9月,圣多美和普林西比解放委员会成立(1972年易名为圣普解放运动。1990年又改名为圣普解放运动-社会民主党,简称圣普解运),要求无条件独立。

· 11月,联合国教科文组织第十六届大会接纳了大量非洲国家作为其成员国。

· 11月,恩克鲁玛拜访马里总统莫迪博·凯塔,两国原则上同意成立"联合议会";12月,加纳-几内亚联盟吸收马里,组成加纳-几内亚-马里联盟。

· 12月,布拉柴维尔会议召开,决定成立非洲马达加斯加集团,亦称为布拉柴维尔集团,包括喀麦隆、中非、乍得、刚果(布)、达荷美、加蓬、科特迪瓦、马达加斯加、毛里塔尼亚、尼日尔、塞内加尔、上沃尔特。非洲统一组织成立后于1964年3月解散。

· 12月,联合国大会通过43个亚非国家倡议的《给殖民地国家和人民以独立宣言》。

· 第三届非洲独立国家会议在亚的斯亚贝巴召开。

· 吉布里尔·坦西尔·尼亚内在《古代马里史诗》中讲述松迪亚塔·凯塔的故事。

· 南非非洲人国民大会因试图实施《自由宪章》而被禁,纳尔逊·曼德拉建议成立军事组织,1961年非洲人国民大会同意使用暴力并建立民族之矛。

· 厄立特里亚解放阵线成立;1969年,部分成员分裂后另组厄立特里亚人民解放阵线。

· 南非非洲人国民大会领导人阿尔贝特·卢图利获得诺贝尔和平奖。

· 这一年被称为"非洲年",有17个国家获得独立,分别为喀麦隆、多哥、马达加斯加、刚果(利)(今刚果(金))、索马里、达荷美(今贝宁)、尼日尔、上沃尔特(今布基纳法索)、象牙海岸(今科特迪瓦)、乍得、乌班吉沙立(今中非)、刚果(布)、加蓬、塞内加尔、马里、毛里塔尼亚和尼日利亚。

1961 年

• 1 月 2 日,周恩来总理致电非洲国家首脑会议,热烈祝贺大会召开。

• 1 月,加纳、几内亚、马里、利比亚、埃及、摩洛哥、阿尔及利亚在卡萨布兰卡开会,卡萨布兰卡集团建立。

• 2 月,摩洛哥穆罕默德五世国王逝世,同年 3 月,哈桑二世国王登基。

• 2 月,喀麦隆英托管区北部和南部分别举行公民投票,6 月 1 日北部并入尼日利亚,10 月 1 日南部与喀麦隆共和国合并,组成喀麦隆联邦共和国。

• 3 月 25—30 日,在开罗召开第三届全非人民大会,周恩来总理致电表示祝贺。

• 3 月,第三届全非人民大会宣布卢蒙巴为非洲英雄。1966 年,刚果(金)政府宣布卢蒙巴为民族英雄。①

• 4 月 27 日,塞拉利昂宣告独立,但仍留在英联邦内。米尔顿·马尔盖任塞拉利昂首任总理,1964 年 4 月 28 日在任内去世。1971 年 4 月 19 日成立共和国,史蒂文斯出任总统。

• 5 月 1 日,坦噶尼喀取得内部自治,同年 12 月 9 日宣告独立,朱利叶斯·尼雷尔担任总理,一年后成立坦噶尼喀共和国。

• 5 月,非洲国家首脑在蒙罗维亚举行会议,有 20 个国家参加,除布拉柴维尔集团的 12 国外,还有利比里亚、尼日利亚、利比亚、塞拉利昂、索马里、突尼斯、多哥、埃塞俄比亚等。这 20 个国家后来被称为蒙罗维亚集团。

• 12 月,津巴布韦非洲人民联盟(简称人盟)成立。其前身是 1957 年成立的南罗得西亚非洲人国民大会。

1962 年

• 1 月,博茨瓦纳民主党成立。

• 3 月 18 日,法国政府被迫同阿尔及利亚共和国临时政府签订《埃维昂协议》,承认阿尔及利亚自决和独立的权利。同年 7 月 1 日,阿尔及利亚举行全国公民投票,7 月 3 日正式宣布独立,定国名为"阿尔及利亚民主人民共和国",本·贝拉为首届政府总理。

• 5 月 12 日,西非货币联盟建立,由西部非洲的塞内加尔、尼日尔、贝宁、科特迪瓦、布基纳法索、马里、毛里塔尼亚等 7 个成员国组成。1963 年 11 月,多哥加入该联盟。

• 6 月,马里退出法郎区,发行马里法郎,1967 年重新加入。

• 7 月 1 日,卢旺达宣告独立,成立共和国。1973 年 7 月 5 日,成立第二共和国。

• 7 月 1 日,阿尔及利亚宣告独立。

---

① 2002 年,比利时承认犯下谋杀帕特里克·卢蒙巴的罪行。

- 7月1日,布隆迪宣告独立,成立布隆迪王国。
- 9月3—12日,联合国教科文组织在塔那那利佛召开非洲高等教育会议。
- 埃塞俄比亚皇帝海尔·塞拉西废除联邦,设厄立特里亚为埃塞第14个省,厄立特里亚解放阵线(厄解阵)开展武装斗争。1970年,厄立特里亚人民解放阵线(厄人阵)成立,并主导独立战争。
- 莫桑比克解放阵线成立,反抗葡萄牙人控制,选举蒙德拉纳为第一任主席。
- 纳尔逊·曼德拉被捕。
- 联合国建立反对种族隔离制度特别委员会。
- 全非运动会在科特迪瓦首都阿比让举行。

1963 年

- 1月13日,多哥总统斯尔法纳斯·奥林匹欧被军人政变推翻,次日遇刺身亡,格鲁尼茨基出任总统。1967年1月13日,埃亚德马出任总统,并多次蝉联总统。
- 2月1日,中非联邦解体,尼亚萨兰实行内部自治。1964年7月6日宣告独立,改名为马拉维。1966年7月6日宣布成立共和国。马拉维大会党(大会党)主席海斯廷斯·班达任终身总统。
- 5月22—26日,31个非洲国家的首脑在亚的斯亚贝巴开会,5月25日通过了《非洲统一组织宪章》等决议并宣布成立非洲统一组织,决议规定5月25日为"非洲解放日"。
- 6月24日,桑给巴尔获得自治,同年12月10日宣告独立,成为君主立宪国家;1964年1月12日,桑给巴尔人民推翻君主统治,成立桑给巴尔人民共和国。
- 8月,刚果(布)爆发"八月革命",菲勒贝尔·尤卢政权被推翻,阿尔方斯·马桑巴-代巴当选总统。
- 8月,津巴布韦非洲民族联盟(简称民盟)成立,该党是从津巴布韦非洲人民联盟中分裂出来。
- 9月16日,本·贝拉当选阿尔及利亚首任总统。
- 12月,西班牙在赤道几内亚举行全民公决通过"内部自治"法规,1964年1月"内部自治";赤道几内亚人民思想党成立。
- 12月14—30日,1964年1月9日—2月4日,周恩来总理在陈毅外长陪同下访问阿拉伯联合共和国(今埃及)、阿尔及利亚、摩洛哥、突尼斯、加纳、马里、几内亚、苏丹、埃塞俄比亚和索马里,提出中国同非洲和阿拉伯国家相互关系的五项原则及中国对外援助的八项原则。

1964 年

- 1月,北罗得西亚实现内部自治,同年10月24日正式宣布独立,定国名为赞比亚共和国,仍留在英联邦内。联合民族独立党领袖卡翁达任总统。

• 3 月 17—24 日,非洲教育部长第一次会议在阿比让召开。

• 4 月 26 日,坦噶尼喀和桑给巴尔组成联合共和国,同年 10 月 29 日改国名为坦桑尼亚联合共和国,朱利叶斯·坎巴拉吉·尼雷尔任开国总统,后两度连任,直至 1985 年主动辞职。姆维尼 1985 年 10 月 27 日当选联合共和国第四届总统,1990 年连任。

• 8 月,刚果(利)改国名为刚果民主共和国。

• 10 月,突尼斯新宪政党召开七大时决定将新宪政党改名为社会主义宪政党。

• 曼德拉与另外八名非洲人国民大会成员被判终身监禁,曼德拉在罗本岛被监禁到 1982 年,然后被转到波尔斯穆尔监狱。

• 南罗得西亚白人右翼势力组成以伊恩·史密斯为首的政府,并于 1965 年 11 月宣布独立。

• 塞舌尔人民联合党成立。

1965 年

• 2 月 18 日,冈比亚宣告独立。1970 年 4 月 24 日成立共和国。独立后人民进步党长期执政,贾瓦拉多次连任总统。

• 6 月 19 日,阿尔及利亚副总理兼国防部长胡阿里·布迈丁发动政变,推翻本·贝拉政权,建立革命委员会,自任主席兼总理。1976 年 12 月布迈丁当选为总统。

• 10 月 5—10 日,第二届不结盟国家首脑会议在埃及开罗举行。

• 11 月,刚果民主共和国国民军总司令蒙博托发动政变推翻卡萨武布,自任总统。1966 年 5 月首都改名金沙萨,国名简称“刚果(金)”。1971 年 10 月改国名为扎伊尔共和国。1990 年 4 月实行多党制。

• 12 月,贝宁共和国发生军事政变,阿皮蒂总统被推翻,此后发生多次政变。

• 尼日利亚民族联盟的阿布巴卡尔·塔法瓦·巴勒瓦爵士赢得尼日利亚选举,但联合进步大联盟认为其在选举中舞弊。

1966 年

• 1 月 1 日,中非共和国国防部长让-贝德尔·博卡萨发动军事政变后自任总统,此后发生多次政变。

• 1 月 16 日,尼日利亚伊博族青年军官约翰逊·阿吉伊-伊龙西发动政变上台,此后发生多次军事政变。

• 1 月,中部非洲关税和经济联盟成立。

• 2 月 24 日,恩克鲁玛的加纳政府被美国支持的军事政变推翻,约瑟夫·亚瑟·安克拉上台任全国解放委员会主席,此后发生多次军事政变。

• 3 月,争取安哥拉彻底独立全国联盟(简称安盟)成立。

• 6 月,西非关税和经济联盟成立,后失败。

- 9月1日,喀麦隆民族联盟成立,成为执政党。
- 9月30日,贝专纳于宣告独立,定名为博茨瓦纳共和国,仍留在英联邦内,实行多党制,由博茨瓦纳民主党执政,塞雷茨·卡马任总统。
- 10月4日,莱索托宣告独立,定名为莱索托王国,实行君主立宪制,莫舒舒二世任国王,巴苏托国民党领导人乔纳森任首相。1970年举行首次大选,巴苏陀兰大会党获胜。
- 11月28日,米歇尔·米孔贝罗发动政变成立布隆迪共和国。1976年11月1日让·巴蒂斯特·巴加扎发动政变成立布隆迪第二共和国。
- 联合国通过决议,取消南非对西南非洲的委任统治,1968年联合国大会根据西南非洲人民的意愿决定将西南非洲更名为纳米比亚。1978年,联合国安理会通过435号决议,支持纳米比亚实现独立。
- 上沃尔特军队接管政权,陆军参谋长阿布巴卡尔·桑古尔·拉米扎纳出任总统,此后发生多次政变。
- 英国将查戈斯群岛中的迪戈加西亚岛租借给美国作为军事基地。

1967 年

- 5月21日,扎伊尔共和国人民革命运动成立。
- 5月30日,尼日利亚东南部地区宣布脱离尼日利亚,成立由奥朱古上校领导的独立的比夫拉共和国,内战开始,直至1970年。
- 6月5日,以色列突然发动对埃及、叙利亚和约旦的武装进攻,第三次阿以战争爆发,亦称"六日战争"。6日,埃及宣布关闭苏伊士运河。7日,以色列占领耶路撒冷的阿拉伯地区和约旦河以西的全部土地。8日,以军挺进到苏伊士运河。9日,以军占领叙利亚戈兰高地。7日和8日,联合国安理会两次通过"停火决议",迫使约旦、埃及和叙利亚先后接受停火。10日,苏联政府宣布与以色列断绝外交关系。
- 6月,坦桑尼亚、乌干达和肯尼亚三国元首在坎帕拉签订东非合作条约,东非共同体成立,后因成员国间政治分歧和经济摩擦于1977年解体。
- 8月29日—9月6日,坦桑尼亚和赞比亚联合经济代表团访问北京,9月5日,中国政府与坦桑尼亚和赞比亚政府签订关于修建坦赞铁路的协定;1969年11月14日,三国政府关于修建坦赞铁路的补充协定在赞比亚首都卢萨卡签订。
- 11月27日,加蓬总统姆巴病逝,副总统奥马尔·邦戈接任。邦戈执政后推行"民主、协商的进步主义"政治和"有领导、有计划的自由主义"经济政策,实行一党制。
- 坦桑尼亚总统尼雷尔发表《阿鲁沙宣言》,提出实现社会主义和自力更生,目标是正义、平等和尊严。
- 非洲统一组织、难民专员办事处和非洲经济委员会在亚的斯亚贝巴举办关于非洲难民状况的会议。

• 南非颁布《反恐怖主义法案》。

1968 年

• 3 月 12 日,加蓬民主党成立,是加蓬的执政党。

• 3 月 21 日,毛里求斯宣告独立,实行君主立宪制。

• 7 月 4 日,埃及总统纳赛尔率团访问莫斯科。巴勒斯坦解放组织执委会主席阿拉法特以埃及代表团随员身份随纳赛尔秘密访问,并会见了柯西金。苏联拒绝正式承认巴勒斯坦解放组织。

• 7 月 10 日,联合国教科文组织与非洲统一组织就展开合作事宜签订协定。

• 7 月 31 日,刚果(布)的马里安·恩古瓦比等联合发动"七·三一运动",推翻马桑巴-代巴。12 月恩古瓦比出任总统,次年 12 月改国名为刚果人民共和国。

• 9 月 6 日,斯威士兰宣布独立,定名斯威士兰王国。国王索布扎二世在位 61 年,1982 年 8 月逝世,大王后泽莉维摄政。1983 年,"王室委员会"立马科塞蒂韦王子为王储,由王储之母恩通比王后摄政。

• 10 月 12 日,赤道几内亚正式宣告独立,成立赤道几内亚共和国,马西埃·恩圭马任总统。

• 11 月 19 日,马里的穆萨·特拉奥雷中尉等人通过政变上台,随后建立全国最高临时领导机构——马里全国解放军事委员会,穆萨·特拉奥雷当选为军委会主席。

• 塞内加尔河国家组织成立,1974 年由塞内加尔河发展组织取代。

• 恩克鲁玛的社会主义路线从策略导向转为战略选择。

• 联合国安理会对南非种族主义政权进行全面制裁。

1969 年

• 2 月,莫桑比克民族主义领袖蒙德拉纳被暗杀。

• 4 月 14—16 日,在赞比亚卢萨卡召开的东部和中部非洲国家第五次首脑会议拟定关于南部非洲问题的《卢萨卡宣言》并于当年由喀麦隆的艾哈迈杜·阿希乔向联合国大会递交。

• 5 月 25 日,尼迈里发动政变,推翻了当时的伊斯梅尔·阿扎里政府,自命为革命指挥委员会主席,宣布取缔一切政党,改国名为苏丹民主共和国。

• 6 月,南非民族主义领袖班图·史蒂夫·比科创建南非学生组织,为黑人群体服务。

• 7 月 21 日—8 月 1 日,第一届泛非联欢节在阿尔及尔举行。

• 9 月 1 日,以卡扎菲为首的青年军官发动政变,推翻伊德里斯王国,建立阿拉伯利比亚共和国,以卡扎菲为首的革命指挥委员会行使国家最高权力。

• 9 月,埃及从苏伊士运河区撤出数十万居民,开始对以色列进行消耗战。

• 9 月,肯尼亚、乌干达和坦桑尼亚签订《阿鲁沙协定》。

• 9月,利比里亚的安吉·布鲁克斯当选为联合国大会主席。

• 9月,毛里求斯实行自治;毛里求斯战斗党成立。

• 10月9日,乌干达宣告独立,保留布干达等4个自治王国,成立乌干达联邦。1963年10月,乌干达修改宪法,取消英派驻总督,由布干达国王穆特萨二世任总统。1966年4月,奥博特任总统。1967年9月,废除封建王国和联邦制,建立乌干达共和国。

• 11月30日,多哥人民联盟成立,曾一度为多哥唯一的执政党。

• 12月31日,刚果劳动党成立,是刚果人民共和国的执政党。

• 南非退出英联邦(1994年重新加入),成立南非共和国。

• 安哥拉反抗葡萄牙以争取解放和自由,4万安哥拉人在安哥拉解放斗争中被赶出家园。

• 阿利乌内·迪奥普策划在阿比让举办"非洲的宗教"国际研讨会。

• 挪威民族学家和探险家托尔·海尔达尔乘坐"太阳号"埃及式芦苇船从摩洛哥出发,次年抵达中美洲,从而证实在哥伦布之前横渡大西洋的可能性。

• 肯尼亚工会动运领袖汤姆·姆博亚被暗杀。

• 索马里国民军司令穆罕默德·西亚德·巴雷政变上台,成立索马里民主共和国。

• 非洲统一组织和政府首脑会议通过《非洲难民特殊问题处理协定》,并于1974年生效。

• 联合国教科文组织《非洲通史》(1—8卷)国际专家在巴黎召开第一次会议。

• 世界教传理事会在伊巴丹召开非洲神学家会议。

• 瓦加杜古电影节创办。

1970 年

• 9月8—10日,第三次不结盟国家首脑会议在赞比亚的卢萨卡举行。

• 9月28日,埃及总统纳赛尔病逝,安瓦尔·萨达特继任。1971年9月1日改名为阿拉伯埃及共和国,与以色列建立和平相处的政治关系。

• 塞舌尔实行内部自治,1976年6月29日宣告独立,成立塞舌尔共和国。民主党主席曼卡姆(华人后裔,中文名为阿文咸)任总统,人民联合党(现更名为"联合塞舌尔党")主席勒内任总理。

• 联合国教科文组织执行局在亚的斯亚贝巴举行的国际非洲专家第二次会议上决定成立《非洲通史》国际科学委员会,选举肯尼亚学者 B.A.奥戈特为国际科学委员会主席,讨论 1965—1969 年期间收集的相关资料及编纂事务,1972 年通过章程。

• "作为文明价值观源泉的非洲宗教"国际研讨会在科托努举办。

1971 年

· 1月15日,伊迪·阿明发动政变,推翻奥博特政权,同年3月就任乌干达总统。

· 4月14—17日,埃及总统萨达特、利比亚革命指挥委员会主席卡扎菲和叙利亚总统阿萨德在利比亚的班加西举行会议,达成三国统一为"阿拉伯共和国联邦"的协议。8月20日,三国首脑在大马士革签署阿拉伯共和国联邦宪法草案。10月4日,联邦总统委员会选举埃及总统萨达特为阿拉伯共和国联邦总统委员会主席。

· 5月1日,埃及总统萨达特在庆祝劳动节的讲话中,宣布撤销亲苏的副总理阿里·萨布里的职务。5月13日,逮捕国防部长穆罕默德·法齐、内政部长沙拉维·戈马、总统府事务部长萨米·谢里夫等人,并下令驱逐包括苏联武官在内的一批苏联顾问,禁止苏联舰只在埃及沿岸停靠。

· 5月27日,埃及总统萨达特和苏联最高苏维埃主席团主席波德戈尔内在开罗签订《苏埃友好合作条约》。

1972 年

· 1月2—11日,尼迈里主持苏丹社会主义联盟成立大会,866名代表由军政权指定。

· 5月20日,喀麦隆公民投票通过新宪法,取消联邦制,成立中央集权的喀麦隆联合共和国。1982年11月阿希乔辞职,保罗·比亚继任总统。1984年1月改国名为喀麦隆共和国。比亚总统实行"民族复兴"纲领,主张"民主化和民族融合",于1984年、1988年两次连任总统。

· 7月18日,萨达特总统宣布自即日起结束苏联军事顾问和其他军事人员在埃及的使命。苏联政府在几天之内从埃及撤走约21 000名军事人员。

· 10月26日,达荷美发生政变,马蒂厄·克雷库上台,宣布"走社会主义发展道路",长期实行一党制。

· 理查德·利基在肯尼亚的图尔卡纳东部发现1470号头骨。

· 比科创建黑人大会,在当选为黑人大会主席后,他被赶出学校。

· 南部苏丹反政府组织领袖约瑟夫·阿古和苏丹政府签署《亚的斯亚贝巴协议》,第一次内战结束。

1973 年

· 1月,几内亚和佛得角非洲独立党(简称几佛独立党)领导人阿米尔卡·卡布拉尔遭到暗杀。

· 5月,利比亚卡扎菲根据其伊斯兰社会主义思想,提出所谓"世界第三理论"。

· 5月10日,西撒哈拉人民解放阵线(又称"波利萨里奥阵线",简称"西人阵")成立,旨在反抗西班牙对这一地区的统治,5月20日,打响对西班牙军队的第一枪。

· 9月24日,几内亚比绍独立,几内亚和佛得角独立党领导人路易斯·卡布拉尔任国家元首和国务委员会主席。

• 9月，坦桑尼亚-赞比亚自由铁路在两国交界处铺轨，尼雷尔总统、卡翁达总统和中国官员出席仪式。

• 9月5—9日，第四次不结盟国家首脑会议在阿尔及利亚的阿尔及尔举行。

• 10月6日，埃及和叙利亚同时向以色列发动进攻，第四次阿以战争爆发。15日，以色列军队偷渡苏伊士运河进入西岸，向埃及腹地推进。22日，联合国安理会通过苏、美关于阿以停火的提案，即338号决议。24日，双方停止战斗。27日，联合国第一批紧急部队开抵埃以停火线，21个撒哈拉以南国家断绝了与以色列的外交关系。

• 11月19—21日，非洲统一组织部长理事会特别会议上建立了由七个成员国组成的委员会，与阿拉伯联盟国家接触以探讨合作途径。

• 11月26—28日，在阿尔及尔召开的阿拉伯国家首脑会议决定建立阿拉伯非洲经济开发银行。

• 尼日利亚脱离英镑区。

• 西非经济共同体成立。

• 卡扎菲在利比亚发动"文化革命"。

• 赞比亚总统卡翁达取消多党制，实行由联合民族独立党执政的"一党民主制"。1990年恢复多党制。

• 南非德班发生大罢工。

• 石油输出国组织宣布提高国际原油价格，沉重打击了非洲国家经济。

1974年

• 1月18日，埃及和以色列签署第一个脱离军事接触协议。

• 1月22—31日，在达喀尔召开非洲科学与技术应用大会。

• 1月，西非经济共同体成立。

• 4月15日，尼日尔武装部队总参谋长赛义尼·孔切中校发动军事政变，推翻了迪奥里政权，成立最高军事委员会，自任主席兼国家元首。

• 6月，在坦桑尼亚的达累斯萨拉姆举办第六届泛非大会。

• 6月14日，埃及总统萨达特和美国总统尼克松在开罗会谈，签署了《埃及和美国之间关系和合作》的文件，美国答应给予埃及经济和军事援助。

• 9月7日，莫桑比克解放阵线（简称解阵党）同葡萄牙政府签署关于莫桑比克独立的《卢萨卡协议》。9月20日成立以解阵党为主体的过渡政府。1975年6月25日正式宣告独立，成立莫桑比克人民共和国，1990年改国名为莫桑比克共和国。

• 9月12日，埃塞俄比亚一批少壮派军官发动政变推翻海尔·塞拉西政权，宣布结束帝制，成立"临时军政府"；1975年8月27日，临时军政府宣布海尔·塞拉西因病逝世。

- 11 月 24 日,在埃塞俄比亚哈达尔地区发现距今 320 万年以前的南方古猿阿法种的古人类化石,称为"露西"。①
- 塞内加尔实行多党制;1980 年 12 月 31 日,桑戈尔总统主动引退,总理阿卜杜·迪乌夫接任,并于 1983、1988 和 1993 年三次连选连任。2000 年 3 月,民主党候选人瓦德击败迪乌夫当选总统。
- 葡萄牙与圣普解运达成独立协议,1975 年 7 月 12 日宣告独立,定国名为圣多美和普林西比民主共和国,曼努埃尔·平托·达科斯塔任总统。
- 塞内加尔的阿马杜-马赫塔尔·姆博任联合国教科文组织总干事直至 1987 年。

1975 年

- 1 月 15 日,安哥拉的安人运、安盟、安解阵同葡萄牙政府达成关于安哥拉独立的《阿沃尔协议》,并于 1 月 31 日同葡当局共同组成过渡政府。不久,三个民族解放组织之间发生武装冲突,过渡政府解体。同年 11 月 11 日,安人运宣布成立安哥拉人民共和国,阿戈斯蒂纽·内图任总统,后长期处于内战状态。
- 4 月,马卢姆发动军事政变,成立乍得军政府,此后多次发生政变。
- 5 月 12 日,苏联部长会议主席柯西金访问利比亚,达成苏向利出售巨额军火的协议。
- 7 月 5 日,佛得角宣告独立,成立佛得角共和国,几内亚佛得角独立党总书记阿里斯蒂德斯·佩雷拉任首任总统。
- 7 月 5 日,卢旺达全国发展革命运动成立,成为卢旺达唯一合法政党。
- 7 月 6 日,科摩罗宣告独立,成立科摩罗共和国,艾哈迈德·阿卜杜拉任总统。1978 年 10 月 22 日改国名为科摩罗伊斯兰联邦共和国。
- 9 月 1 日,埃及与以色列达成第二个脱离军事接触协议。
- 10 月 17 日—11 月 6 日,非统组织与联合国教科文组织在加纳首都阿克拉召开关于非洲文化政策的政府间大会。
- 11 月 6 日,摩洛哥组织 35 万志愿者的"绿色进军"进入西撒,以表示摩洛哥领土完整,迫使西班牙走上谈判桌。9 日,哈桑二世宣布进军结束并发出撤退命令。
- 11 月 14 日,摩洛哥、毛里塔尼亚和西班牙签订《马德里协议》,规定西班牙于 1976 年 2 月 25 日自从西撒撤离,结束西撒的殖民统治。
- 11 月 30 日,达荷美改国名为贝宁人民共和国,贝宁人民革命党宣布成立,成为执政党。

---

① 2002 年,在乍得发现乍得沙赫人,这是已知最古老的原始人的化石,距今约 700 万年。

• 12 月 21 日,马尔加什共和国改国名为马达加斯加民主共和国,亦称第二共和国,迪迪埃·拉齐拉卡就任总统。

• 12 月,西班牙宣布准备从西属撒哈拉撤军,并将其交给摩洛哥和毛里塔尼亚共管,阿尔及利亚表示反对。

• 在埃塞俄比亚的哈达尔附近发现 13 个成年和幼年南方古猿的遗骸。

• 葡萄牙与莫桑比克解放阵线谈判莫桑比克独立事宜。

1976 年

• 2 月 26 日,西班牙政府宣布从西撒撤离,摩洛哥军队进入该地区,摩洛哥和阿尔及利亚军队在西撒发生冲突;2 月 27 日,在阿尔及利亚和利比亚的支持下,阿拉伯撒哈拉民主共和国成立并于 3 月 5 日组成政府,阿尔及利亚宣布承认"西撒国",摩洛哥宣布与阿尔及利亚断交。

• 3 月 15 日,埃及议会通过萨达特提出的终止 1971 年签订的为期 15 年的《苏埃友好合作条约》法律草案。

• 3 月 19 日,马达加斯加革命先锋成立,成为马达加斯加的执政党。

• 4 月 14 日,摩洛哥和毛里塔尼亚签订分治西撒协定,规定西撒北部包括西撒首府阿尤恩和布克拉磷酸矿的 17 万多平方公里归摩洛哥管辖;南部包括大西洋海岸富庶的渔场以及尚未开发的阿格拉查铁矿和达赫拉港的 9 万多平方公里归毛里塔尼亚管辖。

• 4 月 19—22 日,阿拉伯和非洲外长会议在达喀尔召开,讨论双方合作行动计划事宜。

• 6 月 16 日,数千名黑人中学生抗议南非当局强行规定在黑人学校只许使用南非荷兰语教学而举行大规模示威游行,南非政府竟出动上千名军警镇压,打死 170 多人,打伤 1 000 多人,多人被捕,史称"索韦托惨案"。

• 7 月 1 日,索马里革命社会主义党成立,是西亚德总统为首的军人政权自上而下建立的唯一执政党。

• 7 月 14 日,坦赞铁路交接仪式在赞比亚首都卢萨卡隆重举行,坦赞铁路正式通车。

• 7 月,非洲国家和政府首脑会议通过非洲文化宪章作为 1963 年政治宪章的补充文件。

• 10 月 26 日,特兰斯凯成为南非"独立的"黑人家园。

• 12 月,中非共和国更名为中非帝国;1979 年 9 月 20 日,前总统戴维·达科发动政变,推翻了博卡萨政权,废除帝制,恢复共和。

• 在奥杜威峡谷死火山附近发现距今 325 万年前的人类脚印。

• 厄立特里亚联合武装将埃塞俄比亚政府军赶出厄立特里亚。

• 非洲经济委员会通过《在非洲推行国际经济新秩序原则的修订框架,1976—1981—1985年》。

• 世界黑人研究工作者协会成立。

• 卡扎菲的《绿皮书》出版。

1977年

• 1月15日—2月12日,第二届泛非联欢节在尼日利亚的拉各斯和卡杜纳举办。

• 2月5日,坦噶尼喀非洲民族联盟与桑给巴尔和奔巴非洲-设拉子党合并为坦桑尼亚革命党。

• 2月,门格斯图·海尔·马里亚姆中校发动政变上台,自任国家元首;1979年成立"埃塞俄比亚劳动人民党组织委员会",推行一党制。1987年9月,门格斯图宣布结束军事统治,成立埃塞俄比亚人民民主共和国。

• 3月2日,卡扎菲发表"人民权力宣言",宣布利比亚进入了"人民掌握政权"的"民众时代",取消各级政府。建立各级人民大会和人民委员会,并改国名为"阿拉伯利比亚人民社会主义民众国",1986年4月改名为"大阿拉伯利比亚人民社会主义民众国"。

• 3月7—9日,在开罗召开阿拉伯和非洲国家首脑会议,阿拉伯联盟和非统组织的60个国家参加。

• 3月18日,刚果(布)总统恩古瓦比遇刺身亡,若阿基姆·雍比-奥庞戈出任总统。1979年2月,执政党刚果劳动党中央全会罢免雍比-奥庞戈,选举萨苏为刚劳党中央委员会主席。8月,萨苏就任总统。

• 6月5日,勒内发动政变推翻曼卡姆,任塞舌尔总统,实行一党制。

• 6月27日,吉布提宣告独立,定国名为吉布提共和国,哈桑·古莱德·阿普蒂出任总统,与其他政党组成联合政府。

• 7月13日,埃塞俄比亚与索马里之间发生欧加登战争,苏联、古巴和南也门卷入,在苏联军队的打击下,索马里从欧加登地区撤出,战争于1978年3月15日结束。

• 9月12日,南非黑人民族主义领袖比科于8月21日被东开普安全警察监禁和关在伊丽莎白港后被残酷折磨,死于脑伤。

• 9月,"天主教会的节日与黑人文明"国际研讨会在阿比让举行。

• 11月5日,叙利亚、利比亚、阿尔及利亚、伊拉克、民主也门和巴解组织领导人在的黎波里举行紧急会议,指责美国怂恿埃及采取同以色列的和平主动行动,谴责萨达特背叛民族利益,决定建立阿拉伯拒绝阵线。

• 11月19—21日,埃及总统萨达特访问耶路撒冷,决定与以色列和解。

• 12月,安哥拉人民解放运动-劳动党成立,为安哥拉执政党。

• 苏丹喀土穆发生饥荒。

- 英国政府在第二届世界黑非洲艺术节拒绝归还伊迪亚皇后面具。
- 在尼日利亚拉各斯举办黑人与非洲国家艺术节。

1978 年

- 5月31日,塞舌尔人民党召开第二次代表大会,决定塞舌尔是一党制国家,将党的名称改为塞舌尔人民进步阵线。
- 6月,塞拉利昂举行公民投票通过一党制共和国宪法。
- 7月10日,毛里塔尼亚发生军事政变,执政达18年之久的达达赫总统被推翻,成立了"全国复兴军事委员会"(后易名为救国军事委员会),总参谋长萨莱克任主席。1980年,海德拉出任军委会主席、国家元首兼政府总理。
- 9月6—17日,在美国总统卡特的支持下,埃及总统萨达特和以色列总理贝京在美国戴维营签署《关于实现中东和平的纲要》和《关于签订一项埃及同以色列之间的和平条约的纲要》两项协议,即《戴维营协议》。
- 9月20—23日,阿拉伯拒绝阵线四国五方(叙利亚、阿尔及利亚、利比亚、民主也门和巴解组织)在大马士革举行会议。会议公报宣称拒绝《戴维营协议》,决定断绝与埃及的政治和经济关系。
- 10月1日,埃及总统萨达特建立民族民主党,并允许自由党、进步统一集团党和社会主义工党成为合法政党。
- 10月,乌干达总统伊迪·阿明入侵坦桑尼亚,坦桑尼亚与反阿明势力团结击败阿明。
- 11月,塞内加尔执政党几内亚民主党十一大召开,决定改名为几内亚国家党。
- 12月27日,阿尔及利亚总统布迈丁逝世。
- 12月,南非主持西南非洲立宪议会的选举,纳米比亚反抗南非殖民统治的斗争升级。
- 12月,尼日利亚民族党成立,次年成为尼日利亚执政党。
- 埃塞俄比亚在苏联和古巴的帮助下击败厄立特里亚。
- 利比里亚成为非洲最大的铁矿生产和出口国。
- 在喀土穆召开的非洲统一组织首脑会议采纳了部长理事会的建议开始进行机构改革。
- 埃及总统萨达特与以色列总理贝京获得诺贝尔和平奖。
- 美国总统卡特访问尼日利亚和利比里亚。

1979 年

- 1月2日,人民民族党成立,成为加纳执政党。该党是在人民大会党基础上建立的。
- 2月,沙德利·本·杰迪德上校当选为阿尔及利亚总统。

• 3月4日,吉布提总统古莱德取消多党制,成立争取进步人民联盟(简称人盟),于1981年确立一党制。1991年北方阿法尔族因不满伊萨族统治发动内战。1994年底政府与反对派武装签署和平协议。

• 3月26日,埃及总统萨达特、以色列总理贝京在华盛顿签署《埃以和约》,两国结束战争状态,美国总统卡特作为调解人也在和约上签字。

• 3月27—31日,阿拉伯国家外交和经济部长在巴格达举行特别会议,通过阿拉伯国家与埃及断绝一切政治和经济关系、中止埃及的阿盟成员资格等制裁埃及的决议,将阿盟总部从开罗迁往突尼斯;1990年10月31日,阿盟总部迁回开罗。

• 3月,马里人民民主联盟成立,成为马里执政党。

• 4月14日,利比里亚发生"大米事件",反对党为抗议总统威廉·理查德·托尔伯特政府提高大米价格在首都示威游行,遭到当局镇压,示威群众死伤500多人。

• 4月,乌干达全国解放军攻占首都,卢莱、比奈萨、穆万加先后担任总统或国家元首。

• 5月7—17日,非洲统一组织、难民专员办事处和非洲经济委员会在坦桑尼亚的阿鲁沙共同举办关于非洲难民状况及权利问题的泛非会议。

• 7月17—20日,在桑戈尔总统的建议下,在蒙罗维亚召开的非洲国家和政府首脑会议上声明:"经济和社会发展是一种人权"。

• 8月5日,毛里塔尼亚同"西人阵"签订和平协定,放弃对西撒的领土要求,退出西撒战争。摩洛哥随机占领毛退出的西撒南部地区,并宣布该地为摩的一个省。

• 9月,多斯桑托斯出任安哥拉总统。

• 11月28日—12月8日,非洲法律专家起草有关非洲人权的宪章,《关于非洲人权和各族人民权利宪章》最后于1981年7月在非统组织首脑会议上通过。

• 赤道几内亚奥比昂中校于8月3日发动军事政变,推翻马西埃政权,成立以奥比昂为首的最高军事委员会,其领导的民主党先后在1993年、1999年等多次选举中获胜。

• 津巴布韦各派在英国主持下召开伦敦制宪会议。

• 非洲开始对"国际经济新秩序"的概念进行辩论。

• 非洲统一组织专注解决乍得的地区冲突问题。

• 科特迪瓦成为世界第一的可可生产国。

• 巴西举办非洲移民裔群联欢节。

• 石油输出国组织再次宣布提高国际原油价格,进口石油的非洲国家受到打击。

• 圣卢西亚岛的非洲移民后裔阿瑟·路易斯获诺贝尔经济学奖。

1980 年

• 2月底,津巴布韦举行议会选举,穆加贝领导的民盟获胜。同年4月18日独立,定国名为津巴布韦共和国。

• 3月10日,中非民主联盟成立,成为中非共和国执政党。

• 3月25日,上沃尔特民主联盟召开第七次代表大会,决定改名为民主党,为执政党。

• 4月12日,利比里亚军士长塞缪尔·多伊发动政变,处死托尔伯特总统,建立军政府,并于1985年当选总统。

• 4月28—29日,非洲国家政府首脑会议通过《非洲经济发展拉各斯行动计划,1980—2000》,认为经济危机的根源是殖民统治的恶果和不公正的国际经济旧秩序,承诺要在2000年以前建立非洲经济共同体。

• 4月,5个前线国家(安哥拉、博茨瓦纳、莫桑比克、坦桑尼亚和赞比亚)加上莱索托、马拉维、斯威士兰和津巴布韦签订关于经济解放的《卢萨卡宣言》并成立南部非洲发展协调会议。

• 7月,马西雷接任博茨瓦纳总统职务,并于1984年、1989年和1994年蝉联总统。1998年,马西雷主动辞去总统职务,莫哈埃接任总统。

• 11月,上沃尔特的塞耶·泽博上校发动政变推翻拉米扎纳政权,自任争取国家进步复兴军事委员会主席。1982年11月,泽博为首的军政权被下级军官推翻,以J.-B.韦德拉奥果为首的临时救民委员会执政。

• 南部非洲发展协调会议成立。

• 埃及同以色列正式建交,两国之间长达30年之久的战争状态从此结束。埃及收回西奈半岛69%的领土。埃以和解迈出中东和平进程的关键性的一步。

• 几内亚比绍部长会议主席维埃拉推翻卡布拉尔政府,成立革命委员会并自任主席。

• 迈克尔·布拉德利写作《黑人发现美国》。

• 非洲间文化基金建立。

• 尼日利亚在拍卖会上耗资120万美元购回4件贝宁艺术品。

• 全球铜价暴跌,致使非洲多个国家债务增加。

1981年

• 1月19日,几内亚比绍和佛得角非洲独立党的佛得角分部召开特别会议,改名为佛得角非洲独立党,结束了佛得角和几内亚比绍两国一党的局面。

• 1月,非洲统一组织和联合国教科文组织合作在加蓬首都利伯维尔举行"科学和文化是非洲发展的基础"专题研讨会。

• 2月,非洲统一组织发表有关纳米比亚的《阿鲁沙行动计划》。

• 4月,在日内瓦召开第一届援助非洲难民国际会议。

• 5月20—27日,联合国与非洲统一组织合作在巴黎召开对南非制裁的国际会议。

• 6 月,第十八届非统首脑会议通过决议,要求在西撒举行公民投票,并成立西撒问题实施委员会。摩洛哥国王哈桑二世在会议上宣布同意在西撒举行公民投票。

• 10 月 6 日,埃及总统萨达特被伊斯兰激进组织成员枪杀。14 日,穆巴拉克就任总统。

• 10 月,世界银行发布《加速撒哈拉以南非洲的发展:行动议程》的报告,称为“伯格报告”,1983 年和 1984 年又发表两份报告,认为撒哈拉以南非洲国家经济发展落后归因于结构性、人为性和外部环境因素,这些构成非洲结构调整计划(SAP)的框架文件。

• 10 月,中部非洲国家经济共同体成立,包括中部非洲关税和经济联盟以及大湖地国家经济共同体各成员国:布隆迪、赤道几内亚、刚果(布)、加蓬、喀麦隆、卢旺达、圣多美和普林西比、刚果(金)、乍得、中非、安哥拉,总秘书处设在加蓬首都利伯维尔。

• 11 月 3 日,突尼斯举行独立以来第一次多党选举。社会主义宪政党(执政党)和突尼斯工人联合会组成的“民族阵线”获多数席位。

• 12 月 17 日,塞内冈比亚邦联诞生,冈比亚和塞内加尔联结成一个经济和货币联盟,塞内加尔总统阿卜杜·迪乌夫任邦联总统。1989 年 9 月 30 日,邦联正式解散。

• 12 月,罗林斯政变上台成立军政府,1992 年开始实行多党制,罗林斯当选总统,实现由军政府向民选政府的过渡。1996 年 12 月罗林斯蝉联总统。

• 12 月,非洲东部和南部优惠贸易区签订条约。

• 扎伊尔(今刚果(金))开始独立经销其金刚石,但在 1983 年不得不放弃,重新回到德比尔中央销售组织。

• 非洲统一组织向乍得地区派出一支非洲国家间的维和部队。

1982 年

• 4 月 25 日,埃及收复被以色列占领近 15 年的西奈半岛(除塔巴外)。

• 6 月,哈布雷攻占乍得首都并出任总统。

• 11 月,让－巴蒂斯特·韦德拉奥果少校和托马斯·桑卡拉上尉联合发动政变,韦德拉奥果任上沃尔特“拯救人民临时委员会”主席兼国家元首,桑卡拉任总理。

• 12 月 20 日—1983 年 1 月 17 日,赵紫阳总理访问埃及、阿尔及利亚、摩洛哥、几内亚、加蓬、扎伊尔(今刚果(金))、刚果(布)、赞比亚、津巴布韦、坦桑尼亚和肯尼亚,提出了中国同非洲国家开展经济技术合作的“平等互利、讲求实效、形式多样、共同发展”的四项原则。

• 非洲统一组织决定设立非洲科学复兴奖并在非洲召开第一届非洲科学家大会。

• 非洲统一组织与联合国教科文组织合作举行非洲国家教育部长会议。

1983 年

• 8 月,上沃尔特青年军官 T. 桑卡拉接管政权。1984 年 8 月 31 日组成新政府,桑卡拉任总统兼政府首脑,1984 年 8 月 4 日改国名为布基纳法索。

• 9 月,苏丹总统尼迈里实施伊斯兰教法律和戒严令,致使南北矛盾激化,与南部苏丹反政府力量爆发冲突,约翰·加朗发动成立"苏丹人民解放运动/解放军",第二次内战爆发。①

• 10 月 21 日,中部非洲国家经济共同体建立,包括中非共和国、刚果(布)、乍得、加蓬和喀麦隆。

• 12 月 31 日,以布哈里少将为首的尼日利亚军人集团发动政变,推翻了阿尔哈吉·谢胡·沙加里总统的文官政府,组织了联邦军政府,布哈里任国家元首和武装部队总司令,并兼任最高军事委员会主席和联邦执行委员会主席(军政府首脑)。

• 利比亚军队一直在乍得北部支持古库尼的反政府武装,1984 年 11 月才与法国军队一起完成撤军行动。

• 巴西总统菲格雷多先后访问了尼日利亚、几内亚比绍、塞内加尔、阿尔及利亚和佛得角,这是第一位访问非洲的巴西总统。

1984 年

• 1 月 16—19 日,第四次伊斯兰国家首脑会议在摩洛哥卡萨布兰卡举行,会议通过《卡萨布兰卡宪章》,决定恢复埃及伊斯兰会议组织成员国资格。

• 3 月,塞古·杜尔总统病逝。同年 4 月,兰萨纳·孔戴上校发动兵变,成立几内亚第二共和国。

• 7 月,非洲东部和南部优惠贸易区在哈拉雷正式启动。

• 8 月 4 日,上沃尔特更名为"布基纳法索",在当地语言中意为"尊严的国家"。

• 11 月,被选为非洲统一组织主席的坦桑尼亚总统尼雷尔宣布非洲当前面临发展、债务和干旱等三大挑战。

• 12 月 14 日,毛里塔尼亚军队参谋长马维亚·锡德·艾哈迈德·塔亚政变上台,塔亚取代海德任军委会主席、国家元首,后三次蝉联总统。

• 摩洛哥退出非洲统一组织,以表示对其接纳撒哈拉阿拉伯民主共和国为成员的抗议。

• 南非主教德斯蒙德·姆皮洛·图图获诺贝尔和平奖。

1985 年

• 4 月 6 日,尼迈里政权以背叛教门和宣传异端的罪名将提出伊斯兰教双重启示

---

① 双方于 2005 年 1 月签署《全面和平协议》,第二次内战结束。南苏丹于 2011 年 1 月举行全民公投赞成独立,7 月 9 日,南苏丹共和国成立。

概念的苏丹神学家马哈茂德·朱罕默德·塔哈处决后,阿卜杜勒·拉赫曼·苏瓦尔·达哈卜发动政变上台,任过渡军事委员会主席,改国名为苏丹共和国;次年 4 月举行大选,达哈卜主动辞职,艾哈迈德·阿里·马尔加尼出任总理。

• 7 月 6—15 日,在阿鲁沙召开的非洲科技部长会议通过了一项援助非洲科技研究与研究和开发领域的方案。

• 7 月 18—20 日,第 21 届非统组织首脑会议通过《1986—1990 年非洲经济恢复优先方案》。

• 7 月,巴西利奥·奥拉拉-奥凯洛发动政变,推翻奥博特政权,并出任乌干达国家元首。1986 年 1 月 25 日,全国抵抗军攻占首都,推翻奥凯洛军政权,29 日,穆塞韦尼就任总统,建立并逐步完善以乌干达全国抵抗运动为核心的独特的"运动制"政治体制,1995 年后更名为乌干达全国运动。①

• 8 月 27 日,易卜拉欣·巴达莫西·巴班吉达上将发动政变推翻穆罕默杜·布哈里军后上台执政,采取相当宽松的政治经济政策。

• 10 月,塞拉利昂举行大选,武装部队司令约瑟夫·赛义杜·莫莫少将当选总统,后通过修宪完成了一党制向多党制政体的转变。

• 10 月 27 日,阿里·哈桑·姆维尼在坦桑尼亚开国总统朱利叶斯·坎巴拉吉·尼雷尔主动辞职后,当选联合共和国第四届总统,1990 年连任。

• 象牙海岸政府决定其国名在任何语言中将改为科特迪瓦。

• 非洲科学家和高级官员在金萨沙举行有关非洲及其未来的研讨会。

1986 年

• 1 月,莱索托武装部队司令莱哈尼耶少将发动军事政变,接管政权并禁止政党活动。1990 年 11 月,军政府废黜莫舒舒二世,立其长子莱齐耶为国王。

• 3 月 21—27 日,李先念主席访问索马里和马达加斯加。

• 4 月 25 日,斯威士兰马科塞蒂韦王储登基,称姆斯瓦蒂三世;1992 年实施"廷克汉德拉"选举法,仍属传统选举法,候选人只能以个人身份参选。

• 4 月,两名美国士兵在西柏林的迪斯科舞厅爆炸中丧生,美国飞机轰炸利比亚的的黎波里和班加西进行报复。

• 7 月 21—23 日,以色列总理佩雷斯访问摩洛哥,向哈桑二世提出解决中东问题的十点和平计划。

• 9 月 11—12 日,以色列总理佩雷斯和埃及总统穆巴拉克在埃及亚历山大港会晤,决定两国恢复大使级外交关系。

---

① 2003 年改为以全国抵抗运动组织(简称"抵运")为核心的独特的"运动制"政治体制,组成以"抵运"为主兼顾各方利益的的联合政府。

• 11 月,莫桑比克总统萨莫拉飞机失事遇难后,希萨诺继任总统、莫桑比克解放阵线党主席和莫桑比克人民解放军总司令。

• 加纳政府指控 8 名加纳人为美国政府从事间谍活动并剥夺其加纳国籍,将其遣返美国以换取一名被美国扣押的加纳安全人员。

1987 年

• 4 月 6 日,埃及议会选举,执政的民族民主党获胜。10 月 6 日,穆巴拉克蝉联总统。

• 6 月 30 日,泛非科技联合会成立,总部设在刚果(布)首都布拉柴维尔。

• 9 月 3 日,皮埃尔·布约亚发动军事政变,推翻巴加扎政权,建立第三共和国,任救国军事委员会主席、总统兼国防部长,1990 年 12 月当选为布隆迪民族统一进步党主席。

• 10 月 15 日,布基纳法索总统府国务部长布莱斯·孔波雷发动政变推翻桑卡拉总统,解散全国革命委员会,成立人民阵线,自任人民阵线主席、国家元首兼政府首脑。

• 11 月 7 日,突尼斯总理本·阿里发动不流血政变,废黜布尔吉巴,长期任总统。

• 11 月 10 日,尼日尔国家元首赛义尼·孔切将军患恶性脑瘤在巴黎病逝,尼日尔最高军事委员会推举阿里·赛义布上校临时代理最高军事委员会主席和国家元首,11 月 14 日赛义布正式出任尼日尔最高军事委员会主席、最高元首。1990 年实行多党制。1993 年 3 月马哈曼·奥斯曼当选总统,组成首届民选政府。

• 12 月 22 日,津巴布韦民盟和人盟合并为“津巴布韦民族联盟(爱国阵线)”,简称“民盟”,穆加贝任第一书记兼总裁,30 日,根据议会通过的修改宪法,津巴布韦总统与总理的职务合二为一,设执行总统,穆加贝被选为津第一任执行总统。

• 12 月,尼日利亚文学家沃利·索因卡获诺贝尔文学奖。

1988 年

• 3 月,埃塞俄比亚爆发内战。

• 3 月,南非非洲人国民大会驻法国代表、非国大驻联合国教科文组织、瑞士、卢森堡和法国的前代表达尔西·塞普坦伯夫人在巴黎被神秘暗杀。

• 4 月,埃塞俄比亚与索马里签署和平协议,双方保证不再支持对方国内的反对派。

• 5 月,索马里政府军对索马里民族运动武装人员所在地哈尔格萨进行轰炸,导致大量平民伤亡,65 万人逃到埃塞俄比亚,西方国家冻结对索马里的援助。

• 9 月 29 日,国际仲裁委员会宣布,确认“埃及对塔巴的历史、法律权利”。11 月 29 日,埃及和以色列签署关于实施塔巴领土争端国际仲裁的协定。

• 10 月 6 日,阿尔及利亚首都连续发生骚乱,当局宣布实行紧急状态法和军事管制。24 日,阿总统沙德利提出政治改革计划。

• 10 月,埃及作家纳吉布·马哈福兹荣获诺贝尔文学奖。

• 11 月 16 日,苏丹反政府游击队苏丹人民解放运动的领导人加朗和政府中的联合民主党领导人米尔加尼达成结束苏丹南部战争的协议。

1989 年

• 2 月 15—17 日,第二届马格里布国家首脑会议在马拉喀什举行,宣布成立阿拉伯马格里布联盟。

• 2 月 23 日,阿尔及利亚全国举行公民投票,通过沙德利总统提出的宪法修改草案,随后颁布政治结社法并于 9 月 16 日组成以穆卢德·哈姆鲁什为总理的新政府。

• 2 月 26 日,埃及和以色列在开罗签署关于最终解决塔巴问题的协议,规定以色列在 3 月 15 日前全部撤出塔巴。3 月 15 日,埃及宣布正式接管塔巴主权。

• 2 月,德克勒克出任南非国民党主席,9 月接任南非总统。

• 3 月,联合国环境署将组织所在地选择在内罗毕后,肯尼亚总统丹尼尔·阿拉普·莫伊亲自率领非洲代表团出席在伦敦召开的全球解决臭氧层会议;5 月在赫尔辛基举办了关于臭氧层问题的后续会议,环境署随后在内罗毕主办了一次关于温室效应的会议。

• 4 月,乍得武装部队总司令伊德里斯·代比·伊特诺等人与哈布雷政权决裂,并于 1990 年 3 月创建爱国拯救运动(简称爱拯运)。1990 年 12 月,代比推翻哈布雷政权,出任国务委员会(临时政府)主席、国家元首,1991 年 3 月 4 日就任总统。

• 5 月 23—26 日,阿拉伯联盟特别首脑会议在卡萨布兰卡举行。埃及总统穆巴拉克参加会议,埃及恢复阿拉伯联盟成员国资格。

• 5 月 24 日,埃及总统穆巴拉克和利比亚领导人卡扎菲在卡萨布兰卡举行 10 年来的首次会晤,埃、利边境重新开放。10 月 16 日和 17 日,卡扎菲和穆巴拉克进行互访。

• 6 月 30 日,苏丹以奥马尔·哈桑·巴希尔将军为首的军人发动政变,推翻萨迪克·迈赫迪总理民选政府,组成"拯救祖国革命指挥委员会",巴希尔任主席兼内阁总理、国防部长和军队总司令;1991 年起在全国范围内(南方部分省除外)实行伊斯兰法,以《古兰经》和《圣训》作为制定政治、经济、社会生活方针和政策的准则。1993 年 10 月,革命指挥委员会解散,巴希尔改任总统。

• 11 月 27 日,赛义德·默罕默德·乔哈尔成为科摩罗代总统直至 1990 年 3 月 20 日。

• 11 月,纳米比亚在联合国监督下进行制宪议会选举,西南非洲人民组织获胜执政。

• 12 月 24 日,流亡国外的前政府官员查尔斯·泰勒率兵返回利比里亚,内战爆发。1990年8月,全国团结临时政府成立,索耶出任总统。1994年,国务委员会成立并集体行使总统权力。1997年举行大选,泰勒当选总统,政局持续动荡。

- 12月27日,埃及总理西德基访问叙利亚,两国宣布恢复外交关系。
- 12月,杨尚昆主席访问埃及。
- 南非多种族联盟——妇女反压迫联盟反抗德克勒克的种族歧视政策。
- 和平圣母大教堂在科特迪瓦行政首都亚穆苏克罗竣工。
- 非洲社会展望研究所在金沙萨成立,为纪念谢克·安塔·迪奥普而成立的埃及学研究中心隶属于该研究所。
- 第二届非洲科学家大会在加纳首都阿克拉举行。
- 联合国非洲经济委员会制定了《替代结构调整计划的非洲方案:变革和复兴的框架》,提出了以人为中心平衡发展的战略原则。

1990年

- 2月2日,南非总统德克勒克在议会宣布,无条件释放黑人领袖曼德拉,解除对非洲人国民大会、阿扎尼亚泛非主义者大会和南非共产党等反种族主义组织的禁令。
- 2月18日,纳尔逊·曼德拉被释放,被非国大全国执委任命为副主席并代行主席职务。
- 2月,贝宁政府在强大的内外压力下采取改革行动,召开有贝宁各党派的全国有生力量会议,并成立了具有民主特点的过渡政府。这种以"全国会议"的组织形式而闻名的"贝宁模式"成为多个非洲法语国家进行民主化改革的榜样,3月改国名为贝宁共和国。
- 2月,肯尼亚医学研究所声称开发了一种叫"肯龙"(KEMRON)的治疗艾滋病的药物。
- 3月20日,赛义德·穆罕默德·乔哈尔当选科摩罗总统,组成科摩罗独立以来第一个多党联合政府。
- 3月21日,纳米比亚独立,努乔马当选总统。
- 3月,加蓬实行多党制,政局一度动荡,奥马尔·邦戈和执政的加蓬民主党保持对政权的控制。1998年奥马尔·邦戈蝉联总统。
- 5月2—3日,埃及总统穆巴拉克12年来对叙利亚作首次访问。
- 6月12日,阿尔及利亚举行实行多党制以来的第一次地方议会选举,反对党伊斯兰拯救阵线在全国55%的市镇和66%的省议会中获多数席位。
- 6月,第十六次法-非首脑会议在法国的拉博勒举行。
- 8月,圣多美和普林西比实行多党制。1991年1月,民主统一党在议会选举中获多数席位,成为执政党;同年3月,米格尔·特罗瓦达当选总统,1996年蝉联总统;

1998 年,圣普解运重新在议会选举中获胜,于 1999 年 1 月组成新政府。

• 10 月,侨居乌干达的图西族难民组成卢旺达爱国阵线(简称"爱阵")与胡图族政府军爆发内战。1991 年 6 月乌干达实行多党制。1993 年 8 月 4 日,政府和爱阵在坦桑尼亚阿鲁沙签署和平协定,决定结束内战。

• 12 月,喀麦隆实行多党制。1992 年举行多党立法选举和总统选举,比亚当选总统,组成以执政党喀麦隆人民民主联盟为主体的多党联合政府。

• 马达加斯加实行多党制。1992 年 8 月 19 日举行全民公投,通过第三共和国宪法,改国名为马达加斯加共和国。1993 年 2 月,在首次多党选举中,阿尔贝·扎菲当选总统。1997 年 2 月,拉齐拉卡在总统选举中获胜,重掌政权。

• 刚果(布)实行多党制。1991 年 6 月重新恢复刚果共和国国名。1992 年举行首次多党总统大选,泛非社会民主联盟主席帕斯卡尔·利苏巴胜选就任总统。

• 佛得角实行多党制。1991 年举行议会选举和总统选举,争取民主运动(简称民运)击败独立党获胜,民运候选人安东尼奥·蒙特罗当选总统,此后独立党和民运轮流执政。

• 朱利叶斯·尼雷尔辞去坦桑尼亚革命党主席的职位。

• 黑色人种研究所在布基纳法索首都瓦加杜古成立。

1991 年

• 1 月 6—13 日,钱其琛外长问题埃塞俄比亚、乌干达、肯尼亚和坦桑尼亚,从而开启了中国外长每年年初访问非洲国家的惯例。

• 1 月,西亚德·巴雷总统被推翻,索马里自此陷入内战,多个政权并存。同年 2 月,阿里·迈赫迪·穆罕默德成立新政府,自任"临时总统"。5 月,索马里北部宣布"独立",成立"索马里兰共和国"。

• 3 月 5—6 日,埃及、叙利亚和海湾合作委员会 6 个成员国的外长在大马士革举行会议,通过了依靠埃及、叙利亚的军事实力和海湾 6 国的财力建立(海湾)战后海湾地区安全体系、加强地区经济合作等项决议,并发表了《大马士革宣言》。

• 3 月,阿马杜·图马尼·杜尔发动政变,建立马里军人过渡政权。1992 年 1 月,公民投票通过了新宪法。4 月,举行全国大选,成立第三共和国,非洲团结正义党候选人阿尔法·乌马尔·科纳雷当选总统,1997 年 5 月蝉联总统。

• 3 月,尼塞福尔·索格洛在贝宁首次多党大选中获胜,当选总统。

• 4 月 29 日,联合国一致通过第 690 号决议,批准秘书长关于在西撒举行公民投票的修正案。9 月 5 日,联合国特派团进驻西撒。9 月 6 日,摩、西宣布正式停火,结束了长达 16 年之久的军事冲突。

• 5 月 24 日,厄立特里亚人民解放阵线解放厄立特里亚全境,29 日成立临时政府,伊萨亚斯·阿费沃基出任临时政府总书记兼武装部队总司令。

• 5 月 28 日,埃塞俄比亚人民革命民主阵线(埃革阵)与厄人阵一起推翻门格斯图政权,7 月成立过渡政府,埃革阵主席梅莱斯·泽纳维任总统。

• 5 月 31 日,安哥拉政府与以萨文比为首的反对派安盟签署《比塞斯和平协议》。1992 年 8 月,改国名为安哥拉共和国。

• 6 月初,阿尔及利亚反对党伊斯兰拯救阵线组织全国罢工和示威游行,与政府军发生流血冲突,沙德利总统宣布全国戒严,推迟(原定 6 月 27 日)全国议会选举。

• 7 月 2—7 日,曼德拉当选为非国大主席,奥利弗·坦博被选为全国主席;非国大、南非政府、国民党等多方就政治解决南非问题举行谈判,1993 年就过渡安排达成协议。

• 7 月 12 日,毛里塔尼亚举行全国公民投票,通过新宪法。宪法规定毛实行总统制,建立议会制和多党制。

• 10 月,塞内加尔、毛里塔尼亚和马里三国共同主持塞内加尔河上的两座水坝竣工仪式和水电站的奠基仪式,三国共同制订开发塞内加尔河的计划。

• 11 月 2 日,赞比亚举行多党选举,多党民主运动领袖弗雷德里克·奇卢巴当选总统,1996 年 11 月连任。

• 12 月 16 日,阿尔及利亚举行实行多党制以来的首次全国人民议会选举,伊斯兰拯救阵线获得决定性胜利,遭到军方干涉,后延期第二轮选举,以防止出现强权政府。①

• 塞舌尔实行多党制。勒内总统多次蝉联总统。

• 几内亚比绍实行多党制,此后发生多次军事政变。

• 中非实行多党民主制。1993 年 9 月昂热—菲利克斯·帕塔塞在首次多党大选中当选总统,并于 1998 年蝉联总统。

• 尼日利亚首都从拉各斯移至阿布贾。

• 桑科领导的塞拉利昂革命联合阵线发动叛乱,内战爆发。1992 年、1996 年、1997 年发生三次军事政变。

• 南非作家纳丁·戈迪默获诺贝尔文学家。

1992 年

• 1 月 11 日,阿尔及利亚总统沙德利辞去国家元首职务,组成以穆罕默德·布迪亚夫为首的最高国务委员会承担管理国家事务的职责;6 月 29 日,布迪亚夫遇刺身亡,阿里·侯赛因·卡菲继任最高国务委员会主席;1994 年 1 月,最高国务委员会卸任,任命拉明·泽鲁阿勒为总统;1995 年 11 月泽鲁阿勒当选为总统。

• 1 月布特罗斯·布特罗斯-加利就任联合国第六任秘书长(1992 年 1 月—1996

---

① 内战因此爆发,直至 2002 年,导致约十万人丧生。

年 12 月)。

• 2 月 7 日,阿尔及利亚反对党伊斯兰拯救阵线发动全国性的示威游行和集会,与军警发生冲突。9 日,全国实行为期 12 个月的紧急状态。

• 3 月 12 日,毛里求斯实行共和制,总统为国家元首,系礼仪性职务,总理掌握行政实权。

• 4 月,联合国因洛克比空难事件对利比亚实施制裁。

• 6 月 29 日至 7 月 11 日,杨尚昆主席对摩洛哥、突尼斯和科特迪瓦进行国事访问,阐述了在新形势下中国同非洲国家关系的六项原则。

• 8 月 17 日,南部非洲发展协调会议成员国首脑在纳米比亚首都温得和克举行会议,签署了有关建立南部非洲发展共同体的条约,南部非洲发展共同体成立。

• 9 月,安哥拉举行多党制大选,安人运获胜,安盟拒绝接受大选结果,安哥拉重陷内战。

• 10 月 4 日,莫桑比克政府和全国抵抗运动签署和平总协议,结束长达 16 年的内战。

• 几内亚实行多党制,孔戴总统在 1993 年 12 月举行的首次多党选举中当选为总统,并于 1998 年连任。

• 布隆迪实行多党制。1993 年 6 月举行多党总统和立法选举,胡图族最大政党布隆迪民主阵线(简称"民阵")主席梅尔希奥•恩达达耶当选总统,10 月发生军事政变,恩达达耶总统被害身亡,引发大规模民族冲突。

• 南部非洲经历严重旱灾,持续三年。

1993 年

• 3 月,莱索托军政府举行大选,巴苏陀兰大会党获胜,莫赫勒出任首相。1995 年 1 月,莫舒舒二世复位,次年 1 月遇车祸身亡,莱齐耶再度登基。1998 年 5 月举行大选,莱索托民主大会党以绝对优势取胜,该党主席帕卡利塔•莫西西利任首相。

• 3 月,在联合国促进下,索马里 15 个政治派别在亚的斯亚贝巴召开和解会议。索马里兰以观察员身份出席。和会签署多项协议,但未能得到执行。

• 4 月 23—25 日,厄立特里亚在联合国监督下举行公决,99.8%的民众选择独立。埃塞俄比亚接受公决结果。5 月 22 日,伊萨亚斯出任总统,24 日厄立特里亚正式宣告独立并举行开国庆典,定阿斯马拉为首都。

• 6 月 27 日,布隆迪民主阵线的梅尔希奥•恩达达耶赢得大选;10 月 21 日,这位胡图人身份的首任民选总统遭到图西人控制的军方暗杀,导致全面性的种族冲突。

• 8 月 27 日,尼日利亚总统易卜拉欣•巴班吉达宣布辞职。

• 10 月 3 日,美军特战队王牌三角洲部队在索马里与军阀法拉赫•艾迪德的战

斗中死 19 人,被俘 1 人,伤 70 余人,两架黑鹰直升机被击落,3 架被击伤,数辆卡车和
"悍马"车被击毁。这是越战以来美军遭受的最为惨重的军事失败。

• 10 月,斯威士兰举行大选,遭到多党制提倡者的强烈反对;斯威士兰工会联合
会(SFTU)从 1996 年以来发起数次大规模全国罢工,提出解除党禁,实现民主化。

• 纳尔逊·曼德拉和德克勒克总统获诺贝尔和平奖。

• 伊德里斯·代比·伊特诺执政后在乍得实行多党制,召开由各党派参加的最
高全国会议,确立过渡机制。

• 东京非洲发展国际会议创办,每 5 年举行一次,主办方包括日本政府、非洲问
题全球联盟、联合国非洲问题特别顾问办公室、联合国开发计划署和世界银行。

1994 年

• 1 月 10 日,西非经济货币联盟成立,总部设在布基纳法索首都瓦加杜古,其前
身是"西非货币联盟"。《西非经济货币联盟条约》于同年 8 月 1 日起正式生效,联盟的
宗旨是促进成员国间人员、物资和资金流通,最终建立西非共同体,成员国共 8 个。

• 1 月,布隆迪民阵成员西普里安·恩塔里亚米拉当选为总统,4 月 6 日遇空难
身亡。9 月,民阵同原执政党、图西族政党民族进步统一党等反对党达成权力分配"政
府契约",民阵成员西尔维斯特·恩蒂班通加尼亚当选为总统。

• 4 月 6 日,卢旺达胡图族总统哈比亚利马纳因飞机失事遇难身亡,引发导致近
百万人丧生的大屠杀,内战爆发。① 7 月 19 日,爱阵取得军事胜利,组成新政权,宣布
实行 5 年过渡期,实行爱阵主导、多党参政和禁止党派活动的政治管理模式。

• 4 月,南非举行首次不分种族大选,非国大、南非共产党、南非工会大会三方联
盟获胜,纳尔逊·曼德拉于 5 月 9 日成为南非第一位通过民选产生的总统,非国大、国
民党、因卡塔自由党组成民族团结政府;1996 年,国民党退出民族团结政府。

• 5 月 17 日,多哥举行多党制选举。

• 5 月 21 日,马拉维联合民主阵线获胜,巴基利·穆卢齐就任总统,1999 年 6 月
蝉联。

• 6 月 4 日,利比亚领导人卡扎菲和乍得总统代比在的黎波里签署《睦邻友好合
作条约》。

• 7 月,冈比亚的叶海亚·贾梅中尉发动兵变,推翻贾瓦拉的统治,成立以贾梅为
主席的武装力量临时执政委员会。1996 年 9 月,贾梅当选为总统,后多次蝉联总统。

• 10 月 31 日—11 月 1 日,第一届中东北非经济首脑会议在摩洛哥卡萨布兰卡举
行。会议通过《卡萨布兰卡宣言》。

---

① 2021 年 5 月 30 日,法国总统马克龙在到访凭吊卢旺达图西族遭种族灭绝大屠杀
纪念馆时承认法国对卢旺达大屠杀负有责任。

● 11 月,安人运政府与安盟签署《卢萨卡和平协议》,但该协议未得到有效落实。为推动和解,安人运于 1997 年 4 月组建了以其为主体、有安盟成员参加的民族团结和解政府,但遭到安盟领导人萨文比的抵制,安盟分裂。①

1995 年

● 2 月 2 日,埃及总统穆巴拉克、以色列总理拉宾、约旦国王侯赛因和巴解执委会主席阿拉法特在开罗举行 4 方首脑会议。

● 5 月,埃塞俄比亚首次举行大选,埃塞俄比亚联邦民主共和国成立。

● 6 月 28 日,埃及总统穆巴拉克在亚的斯亚贝巴出席非统组织第三十一届首脑会议时,遭一伙恐怖分子的袭击,幸免于难。

● 6 月,索马里最大武装派别索马里和解与恢复委员会领导人穆罕默德·法拉赫·艾迪德宣布在摩加迪沙成立临时政府,自任“总统”。1996 年 8 月,艾迪德之子侯赛因·穆罕默德·艾迪德在其病故后继任“临时政府总统”。

● 7 月 17 日,突尼斯同欧洲联盟在布鲁塞尔正式签署《欧洲—地中海国家联系协议》。

● 9 月,科摩罗前总统卫队长、雇佣军头目、法国人德纳尔发动军事政变,乔哈尔总统被囚,卡阿比总理成立过渡政府。乔哈尔获释后被送往留尼汪“治病”期间宣布成立合法政府,科摩罗出现两个政府共存局面。

● 10 月 29—31 日,第二届中东北非经济首脑会议在安曼举行,会议通过《安曼宣言》。

● 10 月,坦桑尼亚举行首次多党大选,姆卡帕当选联合共和国总统,萨勒明以微弱优势连任桑给巴尔总统。2000 年 10 月,姆卡帕蝉联联合共和国总统,革命党候选人卡鲁姆当选桑给巴尔总统。

● 11 月 29 日,南非“真相与和解委员会”成立,12 月 16 日,委员会开始工作,这一天被定为“南非和解日”。②

● 联合国教科文组织主持编纂的《非洲通史(1—8 卷)》正式完成。

1996 年

● 1 月,尼日尔武装部队参谋长迈纳萨拉·巴雷发动政变上台,同年 7 月当选总统。

● 1 月,科摩罗总统派和总理派实现和解,3 月 16 日组织总统选举,穆罕默德·塔基·阿卜杜勒卡里姆当选。

● 1 月,由 10 名法官组成的卢旺达国际刑事法庭在坦桑尼亚的阿鲁沙正式开庭。

---

① 安哥拉内战持续到 2002 年。

② 报告完成于 2003 年 3 月 21 日,这一天被定为“南非人权日”。从 1996 年到 2003 年,“真相与和解委员会”共审理 212 万多个案例。

• 2 月,塞拉利昂举行首次多党总统和议会选举,人民党候选人艾哈迈德·泰詹·卡巴当选总统,次年因政变流亡几内亚;1998 年 2 月,西非国家经济共同体维和部队推翻塞军政权。3 月,卡巴回国复职;1999 年 11 月,联合国部署维和行动。

• 3 月,苏丹举行首次总统和议会选举,巴希尔当选总统,原全国伊斯兰阵线领导人图拉比当选议长。1998 年 6 月,颁布新宪法,明确规定言论、结社自由和政治协商等原则,承认宗教平等、信仰自由,确立独立、开放和不干涉别国内政的外交政策。

• 3 月,乍得举行全民公决通过新宪法,6 月举行总统选举,伊德里斯·代比·伊特诺胜出;1997 年 3 月举行立法选举,爱国拯救运动获议会绝对多数,代比三度蝉联总统。

• 5 月 8 日至 22 日,江泽民主席对肯尼亚、埃塞俄比亚、埃及、马里、纳米比亚和津巴布韦进行国事访问,提出了构筑中非关系面向 21 世纪长期稳定、全面合作的五点建议。7 月 17 日,葡萄牙语国家共同体成立,包括安哥拉、莫桑比克、几内亚比绍、佛得角、圣多美和普林西比和赤道几内亚等 6 个非洲国家,总部设在葡萄牙首都里斯本。

• 7 月 25 日,布隆迪图西族控制的军队发动政变,废黜恩蒂班通加尼亚,推举前总统布约亚为总统。2000 年 8 月,政府与各政治派别签署阿鲁沙和平与和解协议。

• 7 月,法国总统希拉克访问非洲,明确提出更新"法非关系的传统框架",要同非洲建立"新型伙伴关系"。

• 11 月 12—14 日,第三次中东北非经济会议在开罗举行,并发表《开罗声明》。

1997 年

• 5 月 17 日,蒙博托离开刚果(金),卡比拉在刚果(金)掌权。

• 5 月 25 日,武装革命委员会在塞拉利昂推翻卡巴总统。

• 5 月,洛朗·德西雷·卡比拉推翻刚果(金)蒙博托政权,自任总统,恢复"刚果民主共和国"国名和独立时的国旗、国歌。

• 6 月 6 日,阿尔及利亚举行多党议会选举,民族民主联盟获多数席位。

• 7 月,昂儒昂岛要求脱离科摩罗归属法国,10 月宣布独立。1999 年 4 月 19—23日,科摩罗各岛和各党派代表在非洲统一组织和马达加斯加等主持下召开岛际会议并达成《塔那那利佛协议》,决定成立科摩罗国家联盟,各岛高度自治,昂儒昂岛代表拒绝签字。

• 9 月 16 日,摩洛哥和西撒人阵在美国休斯敦举行第 4 轮直接谈判并就实施联合国西撒和平方案问题达成妥协。

• 10 月,刚果(布)发生时任总统帕斯卡尔·利苏巴和前总统、刚果劳动党领导人德尼·萨苏-恩格索之间的内战。支持萨苏的安哥拉军队进入刚果,萨苏获胜。

• 11 月 16—18 日,第四届中东北非部长级经济会议在多哈举行,通过了《多哈宣言》。

• 12 月,法国总理若斯潘访问马里时对法非关系重新定位,表示法国与非洲国家是兄弟关系,而不是父子关系。

• 利比里亚全国爱国党的查尔斯·泰勒赢得选举,随后爆发内战。

1998 年

• 1 月,萨苏召开"全国和解、团结、民主和重建论坛",确定 3 年弹性过渡期后举行总统大选,与主要反政府武装派别达成停火和停战协定,国内局势逐步恢复稳定。

• 3 月,塞拉利昂总统卡巴在民主选举中重新当选。

• 3 月,美国总统克林顿首次访问非洲 6 国(加纳、乌干达、卢旺达、南非、博茨瓦纳和塞内加尔)。

• 4 月 28 日,埃及成功发射首颗卫星。

• 6 月,尼日利亚总统阿巴查突发心脏病猝死,国防参谋长阿卜杜勒萨拉米·阿布巴卡尔接任国家元首,制定还政于民计划。

• 6 月 25 日,法国总统希拉克开始对纳米比亚、南非、莫桑比克和安哥拉等 4 个南部非洲国家进行访问。

• 7 月,阿卜杜拉希·优素福·艾哈迈德在索马里东北部成立"邦特兰"政府并任主席,该自治政权不谋求独立,承认其是索马里的一部分。

• 8 月,刚果(金)部分军人在乌干达和卢旺达军队支持下推翻蒙博托政权,上任的刚果(金)总统卡比拉命令所有卢旺达和乌干达官员离开,双方产生冲突,因津巴布韦、安哥拉和纳米比亚多国应刚果(金)之邀参战而被称为"非洲的世界大战"。[①]

• 厄立特里亚与埃塞俄比亚发生边界战争,2000 年两国签署和平协议。

1999 年

• 2 月,尼日利亚举行总统选举,前国家元首、人民民主党候选人奥卢塞贡·奥巴桑乔当选为第四共和国总统。

• 3 月,美国首次举办美国-非洲 21 世纪伙伴关系部长级会议,50 个非洲国家代表参加。

• 4 月 5 日,利比亚将两名洛克比空难事件嫌疑人移交联合国,安理会宣布暂停对利制裁。

• 4 月 15 日,布特弗利卡当选阿尔及利亚新总统。

• 4 月 30 日,科摩罗军队参谋长阿扎利上校发动军事政变上台,组成文官主导的新政府,积极寻求与昂儒昂岛当局对话。2000 年 8 月与昂儒昂岛领导人阿贝德签署《丰波尼共同声明》,原则上同意进行民族和解,决定成立带有邦联性质的"科摩罗新

---

①　内战持续到 2002 年,因多国卷入而被称之为"非洲的世界大战"。

集体"。

• 4月,尼日尔总统卫队长瓦拉姆·万凯发动政变,枪杀巴雷·迈纳萨拉总统后自任国家元首兼全国和解委员会主席。11月,尼日尔举行选举,马马杜·坦贾当选总统。

• 5月2日,苏丹和厄立特里亚决定结束两国持续5年的敌对状态,尽快复交。

• 6月6日,阿尔及利亚反政府组织伊斯兰救国军决定永久停止反政府武装行动。

• 6月25日,中部非洲经济与货币共同体成立,取代原中部非洲关税和经济联盟,成员国包括加蓬、刚果共和国、乍得、中非共和国、赤道几内亚和喀麦隆,总部位于班吉。

• 6月,卢旺达政党论坛决定延长过渡期4年,2000年4月,爱阵领导人保罗·卡加梅在议会和内阁联席会议上被推举为总统。

• 7月7日,英国宣布与利比亚恢复中断长达15年的外交关系。

• 7月7日,塞拉利昂总统卡巴与革命联合阵线领导人福戴·桑科签署《洛美和平协议》,大赦革命联合阵线成员并将革命联合阵线转化为政党。

• 7月23日,摩洛哥哈桑二世国王病逝,王储西迪·穆罕默德于同日即位,7月30日正式登基,称穆罕默德六世。

• 7月27日,科威特和苏丹正式恢复外交关系。

• 9月,莫根·茨万吉拉伊领导的津巴布韦反对党民主变革运动成立。

• 10月22日,埃及与美、英等11国在埃及北部地中海沿岸举行海陆空联合作战演习。

• 10月28日—11月3日,中国国家主席江泽民先后访问了摩洛哥、阿尔及利亚。

• 11月30日,坦桑尼亚、肯尼亚和乌干达签署《东非共同体条约》,恢复东非共同体。

• 12月,科特迪瓦总参谋长罗贝尔·盖伊发动军事政变,自任总统和全国救国委员会主席。2000年10月,人民阵线候选人巴博当选总统。

• 苏丹总统巴希尔宣布解散议会,图拉比随后宣布退出执政的全国大会党,另组建反对党人民大会党。

• 联合国教科文组织《非洲通史》(1—8卷)项目(包括教育普及)正式完成。①

---

① 2013年11月联合国教科文组织决定组织国际专家编撰《非洲通史》(第9卷),并成立国际科学委员会,11月20—24日在巴西萨尔瓦多举行第一次会议,选举喀麦隆学者高畅(Augustin Holl)为国际科学委员会主席,巴西学者沃尔特·罗伯托·西尔维里奥(Walter Roberto Silverio)和中国学者李安山为副主席。因书稿内容太多,在2017年12月的厦门大学会议上,国际科学委员会决定将此卷扩充为三卷,即《非洲通史》(9—11卷),全部工作于2020年完成。

• 埃及著名科学家艾哈迈德·泽维尔(Ahmed H. Zewail)获得诺贝尔化学奖。①

2000 年

• 4月17—18日,中国国家主席江泽民访问埃及。

• 4月24—27日,江泽民主席访问南非。访问期间,两国发表了《中华人民共和国与南非共和国伙伴关系的比勒陀利亚宣言》。

• 5月6日,苏丹总统巴希尔宣布解除议长兼全国大会党总书记图拉比等人的职务。

• 5月29日,尼日利亚奥卢塞贡·奥巴桑乔总统决定,将所有为比夫拉分裂而战的士兵由解职改为退役。

• 5月,吉布提主持召开索马里全国和解会议(阿尔塔和会),8月,产生三年期过渡全国议会,阿布迪卡西姆·萨拉特·哈桑(Abdiqasim Salad Hassan)出任总统,遭索马里国内派别抵制;9月,哈桑总统出席联合国千年首脑会议。

• 7月,《非洲联盟宪章》制定。②

• 10月10—12日,中非合作论坛设立。第一届部长级会议在北京举行,中国和44个非洲国家的80余名部长、17个国际和地区组织的代表及部分中非企业界人士出席会议。③

---

① 此后,科菲·阿塔·安南获2001年诺贝尔和平奖;南非作家约翰·马克斯韦尔·库切获2003年诺贝尔文学奖;肯尼亚环境保护主义者旺加里·马塔伊(Wangari Maathai)获2004年诺贝尔和平奖;埃及社会活动家穆罕默德·巴拉迪获2005年诺贝尔和平奖;利比里亚总统埃伦-约翰逊-瑟利夫、利比亚"和平运动"领导人莱伊曼-古博韦及也门活动家卡曼因维护妇女权益获2011年诺贝尔和平奖;埃塞俄比亚总理阿比·艾哈迈德·阿里(Abiy Ahmed Ali)获2019年诺贝尔和平奖。

② 2001年非洲统一组织制定《非洲发展新伙伴计划》,在非统第37届峰会上被正式通过,非洲联盟取代非洲统一组织。

③ 论坛的宗旨是平等互利、平等磋商、增进了解、扩大共识、加强友谊、促进合作。论坛的成员包括中华人民共和国、与中国建交的53个非洲国家以及非洲联盟委员会。

附　　录
中国的非洲研究和我的探索之路 *

我与许多 77 级大学生一样，在读大学之前有过各种人生经历，上大学机会难得，格外珍惜。父亲在解放前也是热血青年，因为替地下党张贴新四军的传单受到国民党特务盯梢，被迫从厦门大学转学到中山大学，毕业论文是关于孙中山的民生主义。后来，他命运多舛，但十分重视对子女道德和学识方面的教育。有意思的是，虽然父亲在文革期间被冠以"反动学术权威"之名，但订阅的《参考消息》从未中断，我因此有机会接触国际时事。我考上大学，他对我勉励督促有加。我在寝室的书桌上贴了一张条幅——"士不可以不弘毅，任重而道远。忧国忧民，以为己任，不亦重乎；鞠躬尽瘁，死而后已，不亦远乎"。我报考的第一志愿是中山大学哲学专业，后来却录取在湖南师范学院（今湖南师范大学）的英语系。

入学后，父亲建议我以英语为工具，选一门自己喜欢的专业。作为文革后第一批大学生，我对中华民族的多灾多难颇觉茫然，觉得民族主义值得研究，而非洲可作为这一研究的起点。后来，父亲带着我去见当时在湖南社科院工作的远房舅舅何光岳先生，他也鼓励我从非洲入手。这样，我就开始学习非洲历史。当时长沙旧书店正好有各种关于非洲问题的黄皮书，这是为了响应中央鼓励学习世界史的号召而翻译出来的，我就省下钱来买了一大批这种书，其中不乏非洲史名家的著作，自己开始钻研起来。我有时间就去历史系听课，记忆中有林增平和莫任南二位先生的课。我

＊　本文在《中国社会科学报》对本人的采访《中国非洲研究与我的探索之路》（2017 年 11 月 9 日）的基础上补充修改而成。原文链接，http://ex.cssn.cn/zx/201711/t20171109_3736693.shtml. 查询时间：2019 年 7 月 15 日。

的中学同学聂乐和先生与吕锡琛女士二位也在历史系,他们给了我诸多帮助。

当时我对研究生一无所知,颇有点只管耕耘不管收获的意思,又花钱订了《西亚非洲》杂志,引起同学的好奇。未料到,后来中国社科院研究生院招收非洲史研究生,我就报名并有幸成为世界史所研究员吴秉真先生的弟子。真应了那句话:机会总是眷顾有准备之人。吴先生长期从事国际事务的报道和研究,是国内少数几位熟悉非洲的学者。她为了对我进行强化教育,专门请了当时国内几位非洲方面的专家给我开课,例如西亚非洲所的葛佶和屠尔康老师给我讲非洲古代史,世界史所的彭坤元和秦晓鹰老师讲非洲史和民族主义,北京大学的郑家馨和陆庭恩老师讲南非史和帝国主义瓜分非洲的历史,中央民族学院的顾章义老师讲非洲民族,外交学院的潘蓓英老师讲民族独立运动等课程。当时,中国社会科学院研究生院位于京西玉泉路,远离市区。虽然我上课需要到处跑,比较累,但这种"百家宴"式的单独授课使我受益匪浅,不仅认识了各位专家,也从他们那里吸收了各种营养。

吴老师给我上课是在世界史所。她对我关爱有加,不时邀请我去她家吃饭。我爱人考上北师大心理系的研究生后,吴老师多次邀请我俩去她家补充营养。1982年硕士毕业后,我打算去北美继续攻读博士学位,她介绍我直接找世界史所原所长陈翰笙先生写推荐信,我就直接拜访了陈先生。他家在木樨地的部长楼。当他听说我是搞非洲史研究的时,很高兴,建议我参加他为一些青年人开的英语讲习班。每次去,他总在下课后留我下来长谈。陈先生善谈,给我讲了很多有意义的掌故。他有次问我:"你知道怎么写'社会主义'吗?"我有些诧异,就写给他看,他提笔在"主义"二字前均加上"虫"字,成了"社会蛀蚁",表达了他对当时社会不良状况的义愤。

吴老师逝世时,我参加了她的追悼会,听说她是三位赴朝鲜战场的女记者之一,我感触良多。正是这位慈祥又严格的导师将我引上了非洲的研习之路。社科院研究生院早期借居在北京市十一学校,历史系81级的同学互相帮助,大都成为国内历史界的行家,如研究苏联史的吴恩远和郑羽、研究唐史的吴玉贵、研究古代史的王震中、研究近代史的汪朝光等。世界史研究生班的班主任廖学盛先生和张椿年所长对我们关怀备至,我从亚非拉研究室万峰、萨那、朱克柔、黄思骏、杨灏城等老一辈学者身上受益颇多。在中国社科院研究生院的知识积累为我后来在多伦多大学攻读博士学位打下了良好的基础。

我硕士研究生毕业后,在社科院世界史所工作了两年。当时,两项关于研究生出国深造的政策影响到我们。一项是研究生毕业后须在国内服务两年后才能出国。另一项是中国社会科学院毕业的研究生只能以公派的形式出国深造。我当时同时收到美国西北大学和加拿大多伦多大学的回函。西北大学表示 1986 年至 1987 年度的奖学金已审批完,建议我第二年去就读。多伦多大学直接给我攻读博士学位的奖学金。社科院科研局的负责同志建议我赴加拿大就读,我也有此意。因为此前,多伦多大学历史系的格尔森教授与我相识,我曾通过他与其同事、非洲史研究权威马丁·克莱因教授(Martin A. Klein)建立了联系。如果能师从马丁·克莱因教授,将是我的荣幸。

克莱因教授是一位资深的非洲历史学家,曾任美国非洲研究学会主席,培养了众多非洲史学方面的研究专家,可谓桃李满天下,如斯坦福大学非洲研究中心主任、加州大学伯克利分校非洲研究中心主任以及诸多来自非洲大陆的非洲历史学家。克莱因教授是犹太学者,20 世纪 60 年代在加州大学读书期间曾参加左翼学生运动,后来选择从事非洲史研究。他的主要研究领域是非洲法语国家的奴隶贸易与奴隶制,著作等身。他对我爱护备至,又极其严格。我刚抵达多伦多时他派博士生即我的师兄菲利普(Philip Zachnuck)到机场接我。我出机场时,看到菲利普举着写着我的名字的接机牌,很是亲切。他将我直接送到了马丁教授家。

多伦多大学历史系的博士教育抓得紧,除主科外,须选两门副科。我主攻非洲史,选的副科是史学理论/史学史(由邓特教授和麦肯泰尔教授讲授)和英帝国史(由以色列教授讲授)。学生的阅读量很大,主科为 70 本书,每门副科 35 本书,共 140 本书。导师觉得你达标即可进行综合考试。每门课的考试时间是半天,关起门来答题。一般是 10 个题目中自选三个。相当于写三篇论文。笔试通过后,再由博士指导委员会的老师统一进行口试。

克莱因教授一生从事非洲历史教学研究。他带出的非洲史专家很多,如斯坦福大学非洲研究中心主任、乌干达麦克雷雷大学社会研究所前主任、加州大学伯克利分校非洲研究中心主任等都是他的学生。这些学者在非洲史研究领域多有建树。由于克莱因教授对非洲史研究贡献卓著,他的学生专门为他设立了一个奖学金,这也与他宽厚的人文情怀和特殊的教学方法有直接关系。他招收的学生多来自非洲,且对学生体贴备至,将自己的家作为他们抵达多伦多后的驿站。更重要的是,克莱因教授教学非常严格,我上他的课时较为紧张。有时我到他办公室单独请他授课,或由我向他谈自己的读书体会;有时则与其他研究生一起上课。我选了三门课,老师布置的阅读书籍往往一周三本,有时确实读不过来。有一件事让我记忆犹新:一次在马丁教授办公室上课,他就艾利夫的《坦噶尼喀的德国统治》一书问我一个问题:"为什么坦噶尼喀的棉农要进行反抗?"我那周因史学理论和英帝国史都要阅读,对这本书确实没有时间细读,只能粗略浏览,因此答非所问。他和蔼的面容立即变得严肃起来,说这样不行,回去认真读,下周再谈。我当时恨不得地下有个洞可以钻进去。以后,他布置的阅读任务我再也不敢敷衍了。

我从克莱因教授的身上学到了很多知识和治学的方法。在选择博士论文题目时,我和他商量。我当时对农民问题和非洲史学史两个题目均比较感兴趣,经过斟酌,我觉得非洲史学史可以回国后再做研究,农民问题在非洲和中国有相似性,应趁有机会实地考察时认真钻研。他十分赞同,这样,我选择了殖民主义时期的农村社会反抗这一题目,案例确定为加纳(黄金海岸)。我先后到英国殖民档案馆和加纳档案馆查档案,还赴加纳实地考察,最终完成了博士论文。论文经修改后分别在中国和美国出版。2015 年,联合国前秘书长科菲·安南先生应邀访问北京大学,学校决定将我的博士论文(中英文版)作为礼物送给他。他很惊讶,说没想到还有中国学者研究他的祖国。

我之所以回国后选择到北大工作,中间有个小故事。克莱因教授应邀到中国讲学回国后,兴奋地说他在中国为我找了两份工作:中国社科院世界史所和北京大学。实际上,我出国后一直与中国社科院世界史所保持联络。当我就回国问题与世界史所联系时,世界史所承诺我回国后肯定给我房子。我说,一定得有了房子我才能回国,因为一家四口不可能搬来搬去。当我与北京大学联系时,北大的动作比较快,亚非所陆庭恩所长找了学校,时任校长吴树青先生特批了蔚秀园一个小套间。这样,我于

1994 年 3 月底到北大亚非所工作。

来北大后，我建议开一门"亚非研究中的若干理论问题"的课程，这门课一直延续下来，为学生提供相关的知识背景。此外，我还开过非洲历史与文化、非洲民族主义、第三世界发展学、中非关系史等中英文课程。除了一些中国的研究生外，我还有机会指导了多位来自非洲多个国家（如马达加斯加、莱索托、肯尼亚、南非、津巴布韦等）的研究生。此外，我还指导了三位非洲的博士生：突尼斯的伊美娜（Imen Belhadj）、摩洛哥的李杉（Erfiki Hicham）和刚果（金）的龙刚（Antoine Roger Lokongo），三人各有特点。

伊美娜的中国官话远比我带湖南腔的普通话要好，她拿了博士学位后又在北京大学外国语学院阿拉伯语系完成了博士后学习。李杉为写好有关西撒哈拉的博士论文，主动延期一年学习西班牙语，其博士论文获得好评。他最近来信告知已经通过了摩洛哥外交部的公务员考试。龙刚自幼被带到伦敦接受教育，在雷丁大学读博士一年级时与我联系，表示希望读我的博士。我当时给他回电邮时说明：北大留学生必须上中文课，完成中文讲授的专业课，最后须用中文写毕业论文。他后来就到了中国学习汉语，最后用中文写的博士论文，目前一家出版社有意出版他的论文。最近，他成为刚果（金）副总理、外交和区域一体化部长伦纳德·切·奥基通杜阁下（His Excellency Leonard She Okitundu）的顾问。

这些年来，我在中非关系、非洲华人华侨和非洲民族问题、非洲历史研究领域有一些研究成果。我的博士论文从个案着手，探讨了殖民时期农村反抗问题，并提出了传统政治权威与间接统治之间的矛盾或悖论，具体表现在酋长的权力上。酋长越受到殖民政府的信任，其权力的合法性就越受质疑；殖民政府越是赋予酋长更多权力，酋长的权力就越遭到削弱；酋长不愿殖民官员干预其权力运作，又不得不向殖民官员请求帮助。这就是殖民政府企图维护传统政治权威与直接干预破坏酋长权威的矛盾。可以这样说，间接统治制度从本质上削弱了传统政治制度，却并未找到可取代它的有效制度。加纳前任驻华大使科乔·阿穆-戈特弗里德（Kodjo Amoo-Gottfried）在为我根据博士论文修改出版的中文专著《殖民主义统治与农村社会反抗——对殖民时期加纳东部省的研究》所作序言中云："不管这部著作的学术性多么重要，有必要强调一个与此相关的问题,在这部著作中的所有重要部分、用词、语气、立场及精神上,李安山表现出他自己至少是以人为中心,更多则是以非洲人为中心的。他的著作并非致力于自我陶醉之爱的结晶,而是为了整个人类的利益,寻找、发现、确定并传播关于世界上的受苦人中间的非洲民族解放的真理。"马丁·克莱因对我赞赏有加:"从一开始,他就是一位治学严谨的学者,他坦诚地与加拿大学者和非洲学者交流各种思想和看法。到选择博士论文时,他选择了'农民反抗',对于来自拥有深厚的农民传统特别是农民反抗历史的中国的他,这一选题似乎使得他可以从对中国农民历史的理解来探究非洲农民的经历。中国历史的这种相关性对加纳更为突出,因为这里已存在一个具有广泛基础的农民阶级。"

非洲华人华侨史研究是在周南京教授的启发和帮助下进行的,他在道德上给我树立了楷模,正是在他的指引下,我将此作为自己研究方向之一,并取得了一点成绩。《非洲华侨华人史》(北京,2000)因下的功夫较多,被齐世荣先生在北京大学召开的"二十世纪中国的世界史研究"学术研讨会的主题报告中列为"填补空白之作"。我后来又出版了《非洲华侨华人社会史资料选辑(1800—2005)》(香港,2006)和《1911年前的非洲海外华人史》(英文版纽约,2012)。《非洲华人社会经济史》则是在《非洲华侨华人史》基础上增加篇幅,将于近期出版。

非洲民族是研究非洲社会一个无法回避的课题,我的研究只是一个起步。在《非洲民族主义》一书中,我通过对非洲民族主义的多个层次以及民族主义与农民、知识分子和宗教领袖等方面的关联,分析了非洲民族主义的表现形式,并指出了中国学术界习惯用法"部族"的误译、误传以及国际学术界的普遍看法,并提出了自己的观点。"我族中心主义"是一种普遍现象,每个民族都认为自己是最优秀的民族,概莫能外。欧洲各民族如此,亚洲、非洲等地方的各民族也如此。曼德拉总统的前妻温妮曾说过,她出世后见到的第一个种族主义者就是她奶奶。奶奶告诉她:你看那些白人,蓝眼睛、白皮肤,肯定有病。在缺乏交流的古代,这种意识可以理解,但如果将这种意识扩展为压迫和剥削他人的借口,则又当别论。我在对依附理论与历史研究之关联、大英帝国的崩溃和非殖民化的研究中,试图提出一些自己的观点,也引发了学术界的讨论。

非洲文明是世界文明之林中的一支,根源深远,枝繁叶茂。虽然我们都知道非洲是人类的起源地,但我们对非洲的知识仍然是如此贫乏。然而,中国人总是认为非洲是蛮荒之地,殊不知:非洲有世界上最古老的岩画;黑人国王曾统治过古埃及;埃塞俄比亚是世界上最古老的基督教国家之一,与同时代的古罗马、波斯和中国一起成为一种世界力量;以诺克文化为代表的非洲古代赤陶雕像和头像雕刻早于秦兵马俑;古代加纳、马里和桑海辉煌了数个世纪,马里国王访问开罗时曾因大量施舍而使当地金价下跌;津巴布韦有着被称为"撒哈拉以南非洲最大的史前建筑"的巨大遗址,它很早即被卷入印度洋贸易圈;在刚果河流域曾兴起过刚果文明,荷兰使团曾于 1642 年访问刚果并跪拜刚果国王;世界上创办最早的大学中,非洲就占了三所,其中两所位于北部,一所位于撒哈拉以南非洲;非洲在 14 世纪为世界奉献了伊本·赫尔敦这样伟大的历史学家和社会学家,他先于马克思提出了历史唯物主义的命题;非洲旅行家伊本·白图泰访问的国家远比马可波罗要多。非洲史研究者不应该为普及非洲的相关知识做出自己的努力吗?

非洲国家众多,国情各异。不仅中国民众对非洲缺乏了解,非洲民众也对中国误解颇多。中国有关非洲的知识与报道多是来自西方媒体,为了改变这一状况,我于 2010 年 7 月 20 日创办《北大非洲电讯》(PKU＝Tele-Info)电子周刊。这一周刊以网络形式发行,内容涵盖非洲各个方面以及北京大学非洲研究中心的相关活动。该刊向国内非洲研究同行们定期发送,后来又有了微信客户端,为国内非洲学界同仁间的联络提供了便利。作为这一刊物的创办者和牵头人,我的主要目的是为国内外同仁提供一个客观介绍非洲文化和现状的知识平台,向大家传送非洲知识和非洲本土新闻。目前,这一周刊已发行 300 多期,除了中国关注非洲的学者及各相关部委外,周刊还发送给世界相关机构和学者。作为非洲消息的收集和编辑者,我给自己确定了一些原则:一是大通讯社的新闻不采用,理由是其传播渠道广泛,不用我做宣传;二是非洲新闻要多来自非洲本土的媒体;三是多介绍非洲自立自强的动态和新闻。由此,作为国内较早成立的非洲研究机构,北京大学非洲研究中心在国内有一定的公信度。我们对国际事务和时事热点比较关注,例如,当北约轰炸利比亚时,我们的电讯赶在中国外交部声明发表之前表态,严厉谴责这一野蛮行径。事后,一些中国学者来电话激动地表示:非洲研究中心代表了中国知识分子的良心。又如曼德拉先生逝世后,《北大非洲电讯》临时发表专刊表示哀悼,先于国家相关机构的表态。

从 20 世纪 60 年代起,非洲国家独立浪潮汹涌澎湃。为了对非洲历史进行非殖民化,摒弃《剑桥非洲史》等西方学者为主的研究著作中的殖民主义偏见,联合国教科文组织决定通过非洲学者自身的努力,来编写更为客观的非洲通史。于是,八卷本《非洲通史》应运而生,并在 1996 年出齐(已有中文版)。当时担任主编的为非洲学者,参与编撰工作的国际科学委员会中也主要是非洲学者,同时包括美、俄、苏(俄)、法等国的学者,中国学者则无人参与。2013 年,联合国教科文组织决定启动非洲通史第九卷的编撰工作。我有幸收到联合国教科文组织总干事伊琳娜·波科娃女士的信函,邀请我参加联合国教科文总部于 2013 年在埃塞俄比亚首都亚的斯亚贝巴召开的非洲通史编撰专家会议。后来,我又有幸成为联合国教科文组织《非洲通史》(第九卷)国际科学委员会的成员。该委员会成员除九位来自非洲外,还有八位来自其他各洲的七个国家,亚洲只有我一个代表。2013 年 11 月在巴西举办的该委员会第一次会议上,本人又有幸当选为副主席。通过这几年参与委员会的工作,我对非洲文明的博大精深有更深的理解,也深深认识到中国的非洲历史研究还有很长的路要走。

2017 年联合国教科文组织《非洲通史》第九卷国际科学委员会在厦门大学开会。鉴于第九卷的内容太多,会议决定将第九卷扩展成三卷,即第九、十和十一卷,侧重三个主题:第一卷是人类起源和人类早期文明,包括对前八卷内容的反思、1996 年以来的考古新成果以及对非洲历史研究中概念、观点和研究模式的解构和创新。第二卷强调全球非洲的形成。非洲联盟将海外非洲人作为除东、西、南、北、中部非洲之外的第六个组成部分。此册将研究非洲人在全球范围内移民和定居过程及其后裔的历史与现实,着重强调他们的反抗和对当地发展的贡献。第三卷着重全球非洲面临的新挑战和非洲在当代世界中的位置,这包括一系列因素,如新的国际关系和非洲的自主性、非洲哲学及文化遗产的保存和持续、非洲资源的掌控、宗教的激进主义以及非洲宗教的地位、泛非主义的表达、非洲发展和治理新模式的建构等。

现在,越来越多非洲研究领域的中国学者在国际学术会议上或国际期刊上发表自己的见解,也逐步走出国门,深入非洲参与实地调研。很多非洲学者也通过参与国际学术会议、开展中非合作课题研究,同中国学者进行学术交流,结下了深厚友谊。中国的非洲研究者走向世界,可以更多地向国际学术界发出自己的声音。成立于 1980 年的中国非洲史研究会(Chinese Society of African Historical Studies)历经 37 年的辉煌历史,为中国非洲史研究、人才培养和学科建设做出了重要贡献。学会挂靠中国社会科学院世界历史研究所,多次举办全国性学术会议,设置了多项学术议题并引发学界激烈讨论,为促进非洲问题研究的深入、推动中非关系发展、促进国际学术交流发挥了重要作用。全国高校现有多个非洲研究机构,为中国的非洲研究和教学培养了不少人才。学会骨干成员还给中央提出加强非洲研究的合理化建议,本人给中央首长作过有关非洲历史的讲座,为国家领导在非洲访问和相关讲稿提出咨询意见。中非合作论坛设置的中非联合研究交流计划,为学者提供了学习非洲和研究非洲的平台,中非智库论坛使学者能更好地参与公共外交和国际交流。

目前,学会每年举办一次较大型的全国性会议,骨干成员正在进行三个与非洲相关的国家重大课题的研究。各高校与非洲学者的交流日益频繁,有的高校直接邀请非洲学者担任教学任务。外国政府部门或研究机构邀请中国学者参与课题研究和研讨会的情况日益增多,有的中文学术著作还被国外译成英文。一批中青年学者正在崛起,他们有一定专业基础,热爱非洲,有实地调研的经验,有的还掌握了当地外语,与国外同行交流广泛,具有较强的学术功底。不过,有一个不好的现象是,大部分青年学者乐于申请有关中非关系的课题,因为这样较容易拿到项目。我希望,中非关系的研究能更好地促进非洲研究,而不是削弱非洲研究。

我曾经说过,一个人的研究生涯只有与人类前途和国家命运紧密相连时,其研究才能立意更高、角度更宽、视野更远。中国的崛起与中非合作的快速发展为非洲研究提供了良好的学术氛围,我们应该倍加珍惜,充分利用。只要中国学者能以人文关怀和国家需要为宗旨,以学术研究为指导,坚持基础研究与政策研究并重,非洲研究与中非关系研究并重,历史研究与现实研究并重,形成自己的研究特色,中国的非洲研究将取得更大成绩。在新的时代背景下,年轻学者的学术前景更有希望。

我想向致力于非洲研究的青年学者提几点希望。一是应有持之以恒的思想准备。非洲研究在我国起点较低,研究出能经受历史考验的成果不容易,需要长期对学术的关注与钻研和对现实的观察与分析。二是应将人文关怀、国家需求与自己的研究兴趣相结合。研究一定要客观,国家的需求不是要我们作政策诠释,而是有针对性地提供历史背景和真实现状。三是树立认真踏实的研究精神,"咬定青山不放松"。现在的研究条件远比以前好,但诱惑也很多。扎实的功夫来自对材料的阅读与消化以及实地调研。非洲人民需要的不是同情,是尊重;不是施舍般的援助,是平等的贸易、投资和文化交流。对学者而言,人文情怀、中国立场和对非洲的关切是做好非洲研究的根本条件。

李安山 2019 年 7 月于京西博雅西苑

参考文献

一、中文著作

阿勃拉莫娃:《非洲——四百年的奴隶贸易》(陈士林、马惠平译),商务印书馆,1983年。

阿德朱莫比:《埃塞俄比亚史》(董小川译),商务印书馆,2009年。

阿尔蒙德、小鲍威尔主编:《当代比较政治学——世界展望》(朱曾汶、林铮译),商务印书馆,1993年。

阿尔诺:《对殖民主义的审判》(岳进译),世界知识出版社,1962年。

阿贾伊主编:《非洲通史(第六卷):十九世纪八十年代以前的非洲》,中国对外翻译出版公司/联合国教科文组织,1998年。

阿拉戈:《非洲史学实践——非洲史学史》(郑晓霞、王勤、胡皎玮译,张忠祥、郑晓霞译校),上海社会科学院出版社,2016年。

阿曼苏丹国新闻部:《阿曼苏丹国》,世界知识出版社,1990年。

阿明:《不平等的发展》(高铦译),商务印书馆,2000年。

阿明:《全球化时代的资本主义:对当代社会的管理》(丁开杰等译),中国人民大学出版社,2013年。

阿明:《世界规模的积累——不平等理论批判》(杨明柱、杨光、李宝源译),社会科学文献出版社,2008年。(2017年新版书名变为《世界规模的积累——欠发达理论批判》)

埃斯科瓦尔:《遭遇发展——第三世界的形成与瓦解》(汪淳玉、吴惠芳、潘璐译),社会科学文献出版社,2011年。

艾周昌编注:《中非关系史文选(1500~1918)》,华东师范大学出版社,1989年。

艾周昌主编:《非洲黑人文明》,中国社会科学出版社,1999年。

艾周昌、李德清:《艾周昌李德清文选》,上海辞书出版社,2012年

艾周昌、舒运国、沐涛、张忠祥:《南非现代化研究》,华东师范大学出版社,2000年。

艾周昌、郑家馨:《非洲通史·近代卷》,华东师范大学出版社,1995年。

艾周昌主编,沐涛、舒运国副主编:《亚非发展中国家和地区现代化研究》,上海辞书出版社,2009年。

安春英:《非洲的贫困与反贫困问题研究》,中国社会科学出版社,2010年。

安德烈:《黑非洲史(第四卷)》(吴中译),上海译文出版社,1979年。

安田朴:《中国文化西传欧洲史》(耿昇译),商务印书馆,2000年。

奥戈特主编:《非洲通史(第五卷):十六世纪到十八世纪的非洲》,中国对外翻译出版公司/联合国教科文组织,2001年。

奥克贝:《非洲制造——埃塞俄比亚的产业政策》(潘良、蔡莺译),社会科学文献出版社,2016年。

巴兰:《增长的政治经济学》(蔡中兴、杨宇光译),商务印书馆,2000年。

巴勒克拉夫:《当代史导论》(张广勇、张宇宏译),上海社会科学院出版社,1996年。

巴勒克拉夫:《当代史学主要趋势》(杨豫译),上海译文出版社,1987年。

贝科威茨等:《美国对外政策的政治背景》(张禾译),商务印书馆,1979年。

毕健康:《埃及现代化与政治稳定》,社会科学文献出版社,2010年。

毕诺:《中国对法国哲学思想形成的影响》(耿昇译),商务印书馆,2000年。

伯恩斯:《尼日利亚史》(上海师范大学《尼日利亚史》翻译组译),上海人民出版社,1974年。

博亨主编:《非洲通史(第七卷):殖民统治下的非洲,1880—1935年》,中国对外翻译出版公司、联合国教科文出版办公室,1991年。

布尔吉巴:《布尔吉巴回忆录》,世界知识出版社,1983年。

布劳特:《殖民者的世界模式:地理传播主义和欧洲中心主义史观》(谭荣根译),社会科学文献出版社,2002年。

布罗蒂加姆:《非洲将养活中国吗?》(孙晓萌、沈晓雷译),社会科学文献出版社,2017年。

畅征、刘青建:《发展中国家政治经济概论》,中国人民大学出版社,2001年。

陈公元主编:《21世纪中非关系发展战略报告》,中国非洲问题研究会,2000年。

陈鲁直、李铁城主编:《联合国与世界秩序》,北京语言学院出版社,1993年。

陈晓红:《戴高乐与非洲的非殖民地化研究》,中国社会科学出版社,2003年。

陈玉来:《津巴布韦》,社会科学文献出版社,2011年。

陈仲丹:《加纳——寻找现代化的根基》,四川人民出版社,2000年。

陈宗德、吴兆契主编:《撒哈拉以南非洲经济发展战略研究》,北京大学出版社,1987年。

戴维逊:《古老非洲的再发现》(葛屠译),生活·读书·新知三联书店,1973年。

戴维逊:《黑母亲:买卖非洲奴隶的年代》(何瑞丰译),生活·读书·新知三联书店,1965年。

戴维逊:《现代非洲史——对一个新社会的探索》(舒展等译),北京:世界知识出版社,1989年。

丹皮尔:《科学史及其与哲学和宗教的关系》(李珩译),商务印书馆,1978年。

德伏尔金:《英国右翼工党分子的思想和政策》(李真等节译),世界知识出版社,1957年。

德里维埃:《尼日尔史》(上海师范大学尼日尔史翻译组译),上海人民出版社,1977年。

德斯福瑟丝、雅克·莱维斯克合编:《第三世界的社会主义》(复旦大学国际政治系译),商务印书馆,1983年。

邓小平:《邓小平文选(第3卷)》,人民出版社,1993年。

迪顿:《逃离不平等:健康、财富及不平等的起源》(崔传刚译),中信出版社,2014年。

丁韶彬:《大国对外援助:社会交换论的视角》,社会科学文献出版社,2010年。

东特:《比利时史》(南京大学外语系法文翻译组译),江苏人民出版社,1973年。

杜波依斯:《非洲:非洲大陆及其居民的历史概述》(秦文允译),世界知识出版社,1964年。

杜德:《英国和英帝国危机》(苏仲彦等译),世界知识出版社,1954年。

杜蒙、玛丽-弗朗斯·莫坦:《被卡住脖子的非洲》(隽永等译),世界知识出版社,1983年。

多尔蒂、小罗伯特·普法尔茨格拉夫:《争论中的国际关系理论》(阎学通、陈寒溪等译),世界知识出版社,2003年。

多斯桑托斯:《帝国主义与依附》(毛金里等译),社会科学文献出版社,1992年。

恩格斯:《家庭、私有制和国家的起源》,人民出版社,1972年。

恩格斯:《路德维希·费尔巴哈和德国古典哲学的终结》,《马克思恩格斯选集(第4卷)》,人民出版社,1972年。

恩克鲁玛:《恩克鲁玛自传》(国际关系研究所翻译组译校),世界知识出版社,1960年。

恩克鲁玛:《新殖民主义:帝国主义的最后阶段》(北京编译社译),世界知识出版社,1966年。

恩塔拉耶:《刚果史:从利奥波德到卡比拉》(沈晓雷译),民主与建设出版社,2015

年。

法罗拉:《尼日利亚史》(沐涛译),东方出版中心,2010年。

法农:《黑皮肤白面具》(万冰译),译林出版社,2005年。

法农:《全世界受苦的人》(万冰译),译林出版社,2005年。

法伊夫:《塞拉勒窝内史》(上)(上海新闻出版系统“五·七”干校翻译组译),上海人民出版社,1973年。

樊亢,朱则开:《外国经济史》,人民出版社,1981年。

费奇:《西非简史》(于珺译),上海人民出版社,1977年。

弗兰克:《依附性积累与不发达》,译林出版社,1999年。

符浩、李同成主编:《经天纬地——外交官在联合国》,中国华侨出版社,1995年。

盖利:《冈比亚史》(复旦大学《冈比亚史》翻译组),上海人民出版社,1974年。

高晋元:《英国-非洲关系史略》,中国社会科学出版社,2008年。

格拉布:《英国和阿拉伯人 五十年情况研究 1908—1958》(何新译),世界知识出版社,1963年。

格林菲尔德:《埃塞俄比亚政治史》(钟槐译),上册,商务印书馆,1974年。

葛公尚、曹枫编译:《非洲民族概貌》,中国社会科学院民族研究所世界民族室亚非组,1980年。

葛公尚主编:《二十世纪世界民族问题报告》,民族出版社,2005年。

葛佶主编:《简明非洲百科全书(撒哈拉以南)》,中国社会科学出版社,2000年。

《共产国际第六次代表大会文件》,人民大学出版社,1991年。

关培凤:《非洲边界和领土争端解决模式研究》,社会科学文献出版社,2018年。

国际关系研究所编译:《戴高乐言论集(1958年5月—1964年1月)》,世界知识出版社,1964年。

哈里森:《第三世界:苦难、曲折、希望》(钟菲译),新华出版社,1984年。

海卡尔:《埃及小说和戏剧文学》(袁义芬、王文虎译),上海译文出版社,1998年。

韩琦主编:《世界现代化进程·拉美卷》,江苏人民出版社,2009年。

韩志斌:《利比亚伊斯兰社会主义研究》,浙江人民出版社,2014年。

汉隆等:《土地与政治:津巴布韦土地改革的迷思》(沈晓雷、刘均、王立铎译,刘海方审校),社会科学文献出版社,2018年。

汉斯:《非洲经济发展》(上海市“五七”干校六连翻译组译),上海人民出版社,1974年。

汗泽尔卡、米·席克蒙德：《非洲——梦想与现实》（施尔乐译），第 3 卷，生活·读书·新知三联书店，1958 年。

何芳川、宁骚主编：《非洲通史（古代卷）》，华东师范大学出版社，1995 年。

何丽儿：《南部非洲的一颗明珠——津巴布韦》，当代世界出版社，1995 年。

贺文萍：《非洲国家民主化进程研究》，时事出版社，2005 年。

赫勒敦著：《历史绪论》（李振中译），宁夏人民出版社，2015 年。

赫沃斯托夫：《外交史》（高长荣等译）第 2 卷上册，生活·读书·新知三联书店，1979 年。

黑格尔：《法哲学原理》（范扬、张企泰译），商务印书馆，1982 年。

黑格尔：《历史哲学》（王造时译），生活·读书·新知三联书店，1956 年。

亨廷顿：《变革社会中的政治秩序》（李盛平、杨玉生译），华夏出版社，1988 年。

亨廷顿：《变化社会中的政治秩序》（王冠华，刘为译），人民出版社，2008 年。

亨廷顿：《第三波：20 世纪后期民主化浪潮》（刘军宁译），上海三联书店，1998 年。

亨廷顿：《我们是谁？美国国家特性面临的挑战》（程克雄译），新华出版社，2005 年。

洪永红：《卢旺达国际刑事法庭研究》，中国社会科学出版社，2009 年。

华勒斯坦等：《开放社会科学》（刘锋译），生活·读书·新知三联书店，1997 年。

黄慧：《阿尔及利亚柏柏尔主义研究》，北京：社会科学文献出版社，2015 年。

霍尔：《赞比亚》（史毅祖译），商务印书馆，1973 年。

基曼博、阿·特穆：《坦桑尼亚史》（钟丘译），商务印书馆，1976 年。

基姆勒：《非洲哲学——跨文化视域的研究》（王俊译），人民出版社，2016 年。

基泽博：《非洲通史（第一卷）：编史方法及非洲史前史》，中国对外翻译出版公司，1984 年。

吉布逊：《非洲解放运动——当代反对白人少数统治的斗争》（复旦大学国际政治系编译组译），上海人民出版社，1975 年。

吉尔伯特等编：《后殖民批评》（杨乃乔等译），北京大学出版社，2001 年。

吉佩定主编：《中非友好合作五十年》，世界知识出版社，2000 年。

加利：《非洲边界争端》（仓友衡译），北京：商务印书馆，1979 年。

加利：《永不言败：加利回忆录》（张敏、钟天祥等译），世界知识出版社，2000 年。

江时学主编：《2006—2007 年：拉丁美洲加勒比发展报告》，社会科学文献出版社，2007 年。

江翔：《我在非洲十七年》，上海辞书出版社，2007 年。

卡扎菲：《绿皮书》，世界知识出版社，1984 年。

康德:《论优美感和崇高感》(何兆武译),商务印书馆,2012年。

康拉德:《中世纪西非诸帝国》(李安山译),商务印书馆,2015年。

科纳万:《达荷美史》(上海新闻出版系统"五·七"干校翻译组译),上海人民出版社,1976年。

科纳万:《刚果(金)历史》(史陵山译),商务出版社,1974年。

科托:《梦游之地》(闵雪飞译),中信出版集团,2018年。

克拉潘:《现代英国经济史》(姚曾廙译),中卷,商务印书馆,1975年。

克莱因编:《20世纪非洲文学》(李永彩译),北京语言学院出版社,1991年。

肯尼迪:《大国的兴衰》(陈景彪等译),世界知识出版社,1990年。

拉平:《帝国斜阳》(钱乘旦、计秋枫、陈仲丹译),上海人民出版社,1996年。

腊伯马南扎腊:《马达加斯加:马尔加什民族史》(林穗芳译),生活·读书·新知三联书店,1958年。

赖特:《利比亚》(陆茵译),上海人民出版社,1974年。

乐黛云、钱林森编:《跨文化对话》,第35期,生活·读书·新知三联书店,2016年。

勒古姆等著:《八十年代的非洲:一个危机四伏的大陆》(吴期扬译),世界知识出版社,1982年。

勒马尔尚著:《卢旺达和布隆迪》(钟槐译),商务印书馆,1974年。

雷迅马:《作为意识形态的现代化:社会科学与美国对第三世界政策》(牛可译),中央编译出版社,2003年。

黎家松主编:《中华人民共和国外交大事记》,北京:世界知识出版社,2001年。

李安山:《非洲民族主义研究》,中国国际广播出版社,2004年。

李安山:《殖民主义统治与农村社会反抗——对殖民时期加纳东部省的研究》,湖南教育出版社,1999年。

李安山等:《双重国籍问题与海外华人的利益保护》,江苏人民出版社,2016年。

李安山主编、蒋晖执行主编:《中国非洲研究评论2016非洲文学专辑》(第6辑),社会科学文献出版社,2018年。

李安山主编:《世界现代化进程·非洲卷》,江苏人民出版社,2013年。

李安山、林丰民主编:《中国非洲研究评论2013》,社会科学文献出版社,2014年。

李安山、潘华琼主编:《中国非洲研究评论2014》,社会科学文献出版社,2015年。

李保平:《传统与现代:非洲文化与政治变迁》,北京大学出版社,2011年。

李保平:《非洲传统文化与现代化》,北京大学出版社,1997年。

李保平、马锐敏主编:《非洲变革与发展》,世界知识出版社,2002年。

李继东:《现代化的延误:对独立后"非洲病"的初步分析》,中国经济出版社,1997年。

李斯特:《发展的迷思:一个西方信仰的历史》(陆象淦译),社会科学文献出版社,2011年。

李铁城主编:《联合国的历程》,北京语言学院出版社,1993年。

李同成、金伯雄主编:《中国外交官在非洲》,上海人民出版社,2005年。

李维建:《西部非洲伊斯兰教历史研究》,社会科学文献出版社,2011年。

李小云:《中国和非洲的发展与缓贫:多元视角的比较》,中国财政经济出版社,2010年。

李小云主编:《中国与非洲:发展、贫困和减贫》,中国财政经济出版社,2011年。

李小云、唐丽霞、武晋:《国际发展援助概论》,社会科学文献出版社,2009年。

李小云、王伊欢、唐丽霞:《国际发展援助:发达国家的对外援助》,世界知识出版社,2013年。

李小云、徐秀丽、王伊欢:《国际发展援助:非发达国家的对外援助》,世界知识出版社,2013年。

李新烽:《非凡洲游:我在非洲当记者》,晨光出版社,2006年。

李毅夫、赵锦元主编:《世界民族大辞典》,吉林文史出版社,1994年。

联合国教科文组织:《十五至十九世纪非洲奴隶贸易:联合国教科文组织召开的专家会议报告和文件》(黎念等译),中国对外翻译出版公司,1984年。

梁根成:《美国与非洲——第二次世界大战结束至80年代后期美国对非洲的政策》,北京大学出版社,1991年。

林赛、迈克尔·哈林顿:《英国保守党1918—1970》(复旦大学世界经济研究所译),上海译文出版社,1979年。

林赛编:《新编剑桥世界近代史(第七卷)》(中国社会科学院世界历史研究所组译),中国社会科学出版社,1988年。

林跃勤主编:《金砖国家发展报告(2012)》,北京:社会科学文献出版社,2012年。

刘海方、宛如、刘均、柯文卿主编:《非洲农业的转型发展与南南合作》,社会科学文献出版社,2018年。

刘鸿武:《黑非洲文化研究》,华东师范大学出版社,1997年。

刘继锐编:《中国医疗队在坦桑尼亚》,山东省卫生局,1998年。

刘金源:《印度洋英联邦国家马尔代夫、毛里求斯、塞舌尔-海岛、小国、异路》,四川人民出版社,2003年。

刘军宁编:《民主与民主化》,商务印书馆,1999年。

刘易斯:《经济增长理论》(周师铭、沈丙杰、沈伯根译),商务印书馆,1983年。

刘易斯:《增长与波动》(梁小民译),华夏出版社,1987年。

陆庭恩:《非洲问题论集》,世界知识出版社,2005年。

陆庭恩:《非洲与帝国主义(1914—1939)》,北京大学出版社,1987年。

陆庭恩、黄舍骄、陆苗耕主编:《影响历史进程的非洲领袖》,世界知识出版社,2005年。

陆庭恩、刘静:《非洲民族主义政党和政党制度》,华东师范大学出版社,1997年。

陆庭恩、彭坤元主编:《非洲通史(现代卷)》,华东师范大学出版社,1995年。

罗德尼:《欧洲如何使非洲欠发达》(李安山译),社会科学文献出版社,2017年。

罗建波:《非洲一体化与中非关系》,社会科学文献出版社,2006年。

罗建波:《通向复兴之路:非盟与非洲一体化研究》,中国社会科学出版社,2010年。

罗建国:《非洲民族资本的发展1960—1990》,华东师范大学出版社,1997年。

罗荣渠:《现代化新论——世界与中国的现代化进程》,商务印书馆,2009年。

罗荣渠:《现代化新论续篇》,北京大学出版社,1997年。

罗荣渠主编:《现代化:理论与历史经验的再探讨》,上海译文出版社,1993年。

罗斯:《腐败与政府》(王江、程文浩译),新华出版社,2000年。

罗斯托:《经济增长的阶段:非共产党宣言》(郭熙保、王松茂译),中国社会科学出版社,2001年。

罗特伯格:《热带非洲政治史》(上海电影译制厂翻译组译),上海人民出版社,1977年。

洛赫:《德国史(中册)》(北京大学历史系世界近代现代史教研室译),生活·读书·新知三联书店,1976年。

马尔蒂诺夫:《帝国主义压榨下的刚果》(何清新译),世界知识出版社,1963年。

马克思、恩格斯:《马克思恩格斯全集(第9卷)》,人民出版社,1961年。

马克思:《路易·波拿巴的雾月十八日》,《马克思恩格斯选集》第1卷,人民出版社,1995年。

马克思:《资本论》,第一卷(下),人民出版社,1975年。

马里欧特:《现代英国》(姚曾廙译),商务印书馆,1973年。

马武业:《蒙博托评述》,中国社会科学院西亚非洲研究所,1980年。

马兹鲁伊主编、旺济助理主编:《非洲通史(第八卷):1935年以后的非洲》,中国对外翻译出版公司、联合国教科文组织,2003年。

麦克里尼:《非洲的民主与发展面临的挑战:尼日利亚总统奥卢塞贡·奥巴桑乔访谈录》(李福胜译),中国人民大学出版社,2007年。

梅雷迪斯:《非洲国——五十年独立史》(亚明译),上册,世界知识出版社,2011年。

梅因:《古代法》(沈景一译),商务印书馆,1984年。

门德尔逊:《经济危机和周期的理论与历史》(斯竹等译),生活·读书·新知三联书店,1976年。

孟德斯鸠:《论法的精神》(上),(张雁深译),商务印书馆,1982年。

摩尔根:《古代社会》(张东荪、马雍、马巨译),商务印书馆,1981年。

莫迪默、罗伯特·法恩主编:《人民·民族·国家》(刘泓、黄海慧译),中央民族大学出版社,2009年。

莫赫塔尔编:《非洲通史(第二卷):非洲古代文明》,中国对外翻译出版公司/联合国教科文组织出版办公室,1984年。

莫瓦特编:《新编剑桥世界近代史(第十二卷)》(中国社会科学院世界历史研究所组译),中国社会科学出版社,1987年。

莫约:《援助的死亡》(王涛、杨惠等译),世界知识出版社,2010年。

姆贝基:《贫穷的设计师——为什么非洲的资本主义需要改变》(董志雄译),上海人民出版社,2001年。

姆贝基编:《变革的拥护者:如何克服非洲的诸多挑战》(董志雄译),上海人民出版社,2012年。

姆恰利:《罗得西亚:冲突的背景》(史陵山译),商务印书馆,1973年。

纳丁:《纳赛尔》(范语译),上海人民出版社,1976年。

纳普主编:《各国法律制度概况》(高绍先、夏登峻等译),法律出版社,2002年。

纳赛尔:《革命哲学》(张一民译),北京:世界知识社,1956年。

尼昂主编:《非洲通史(第四卷):十二世纪至十六世纪的非洲》,中国对外翻译出版公司/联合国教科文组织出版办公室,1992年。

尼基福罗娃等:《非洲现代文学(上):北非和西非》(刘宗次、赵陵生译),外国文学出版社,1980年。

尼基福罗娃等:《非洲现代文学(下):东非和南非》(陈开种等译),外国文学出版社,1981年。

尼雷尔:《尼雷尔文选(第四卷):自由与解放 1974—1999》(谷吉梅等译、沐涛译校),华东师范大学出版社,2015年。

尼雷尔:《尼雷尔文选(第一卷):自由与统一 1952—1965》(韩玉平译,沐涛译校),华东师范大学出版社,2015年。

宁骚:《民族与国家——民族关系与民族政策的国际比较》,北京大学出版社,1995年。

宁骚主编:《非洲黑人文化》,浙江人民出版社,1993年。

帕尔默:《现代世界史》(董正华等译),世界图书出版公司,2009年。

帕林德:《非洲传统宗教》(张治强译),商务印书馆,1999年。

帕麦尔:《俾斯麦传》(高年生、张连根译),商务印书馆,1982年。

杜德:《英国和英帝国危机》(苏仲彦等译),世界知识社,1954年。

潘蓓英:《利比亚》,社会科学文献出版社,2007年。

潘维:《法治与"民主迷信"》,香港社会科学出版社有限公司,2003年。

潘兴明:《丘吉尔与大英帝国的非殖民化》,东方出版中心,2018年。

让·平:《非洲之光》(侯贵信等译),世界知识出版社,2010年。

普拉:《非洲民族:该民族的国家》(姜德顺译),民族出版社,2014年。

钱乘旦编:《世界现代化历程(总论卷)》,江苏人民出版社,2010年。

钱其琛:《外交十记》,世界知识出版社,2003年。

任泉、顾章义编著:《加纳》,社会科学文献出版社,2010年。

容:《我不是为你打仗——世界背弃一个非洲小国》(延飞译),云南大学出版社,2010年。

塞利格曼:《非洲的种族》(费孝通译),商务印书馆,1982年。

沈福伟:《中国与非洲——中非关系二千年》,商务印书馆,1990年。

沈桂萍、石亚洲:《民族政策科学导论:当代中国民族政策理论研究》,中央民族大学出版社,1998年。

沈喜彭:《中国援建坦赞铁路研究》,黄山书社,2018年。

圣约翰:《利比亚史》(韩志斌译),东方出版中心,2015年。

施治生、刘欣如主编:《古代王权与专制主义》,中国社会科学出版社,1993年。

史密斯:《尼雷尔》(上海国际问题资料编辑组译),上海人民出版社,1975年。

世界银行:《2000—2001年世界发展报告》,中国财政经济出版社,2001年。

世界知识出版社编:《第三届全非人民大会文件汇编》,世界知识出版社,1962年。

世界知识出版社编:《国际条约集1648—1871》,世界知识出版社,1984年。

世界知识出版社编:《国际条约集1953—1955》,世界知识出版社,1960年。

世界知识出版社编:《国际条约集1956—1957》,世界知识出版社,1962年。

舒运国:《泛非主义史1900—2002年》,商务印书馆,2014年。

舒运国:《非洲人口增长与经济发展研究》,华东师范大学出版社,1996年。

舒运国:《失败的改革——20世纪末撒哈拉以南非洲国家结构调整评述》,吉林人民出版社,2004年。

舒运国、刘伟才:《20世纪非洲经济史》,浙江人民出版社,2013年。

斯密:《国民财富的性质和原因的研究(上卷)》(郭大力、王亚南译),商务印书馆,1972年。

斯帕尼尔:《第二次世界大战后美国的外交政策》(段若石译),商务印书馆,1992年。

斯塔夫里亚诺斯:《全球分裂:第三世界的历史进程》(迟越等译),商务印书馆,1995年。

苏联科学院非洲研究所编:《非洲史1800—1918年》(顾以安、翁访民译),上海人民出版社,1977年。

苏斯曼诺维奇:《帝国主义对非洲的瓜分》(文志玲译),世界知识出版社,1962年。

德斯蒙德·图图、默福·图图:《宽恕》(祁怡玮译),华夏出版社,2015年。

谈世中主编:《发展中国家经济发展的理论和实践》,中国金融出版社,1992年。

谈世中主编:《反思与发展:非洲经济调整与可持续性》,社会科学文献出版社,1998年。

谈世中主编:《历史拐点:21世界第三世界的地位和作用》,中国经济出版社,2004年。

唐大盾、徐济明、陈公元主编:《非洲社会主义新论》,教育科学出版社,1994年。

唐大盾、张士智等:《非洲社会主义:历史·理论·实践》,世界知识出版社,1988年。

唐大盾选编:《泛非主义与非洲统一组织文选(1900—1990)》,华东师范大学出版社,1995年。

唐晓阳:《中非经济外交及其对全球产业链的启示》,世界知识出版社,2014年。

特鲁汉诺夫斯基:《英国现代史》(秦衡允、秦士醒译),生活·读书·新知三联书店,1979年。

童恩正:《文化人类学》,上海人民出版社,1989年。

图图:《没有宽恕就没有未来》(江红译),上海文艺出版社,2002年。

托多夫:《非洲政府与政治》(肖宏宇译),北京大学出版社,2007年。

瓦德:《非洲之命运》(丁喜刚译),新华出版社,2008年。

瓦德:《加纳史》(彭家礼译),商务印书馆,1972年。

瓦尔克尔:《加蓬史略》(山东大学翻译组译),山东人民出版社,1975年。

王海利:《法老与学者:埃及学的历史》,北京师范大学出版社,2010年。

王缉思主编:《中国国际战略评论2011》,世界知识出版社,2011年。

王金岩:《利比亚部落问题的历史考察》,社会科学文献出版社,2018年。

王泰平主编:《中华人民共和国外交史(第二卷):1957—1969》,世界知识出版社,1998年。

王涛:《乌干达圣灵抵抗军研究》,浙江人民出版社,2014年。

王铁崖、王绍坊:《一八七一——一八九八年的欧洲国际关系》,生活·读书·新知三联书店,1957年。

王铁铮主编:《世界现代化历程(中东卷)》,江苏人民出版社,2010年。

威廉·埃杰特·史密斯:《尼雷尔》(上海《国际问题资料》编辑组等译),上海人民出版社,1975年。

威廉姆斯:《塞西尔·罗得斯传》(刘伟才译),上海社会科学院出版社,2017年。

威廉斯:《内心的渴望:一个总理的教育》(杭州大学外语系英语组译),上海人民出版社,1976年。

威廉斯:《特立尼达和多巴哥人民史》(吉林师大外语系译),吉林人民出版社,1973年。

威廉斯:《资本主义与奴隶制度》(陆志宝等译),北京师范大学出版社,1982年。

韦伯:《经济与社会》(林荣远译),商务印书馆,1997年。

韦伯:《经济与社会》(阎克文译),上海人民出版社,2010年。

韦伯斯特:《发展社会学》(陈一筠译),华夏出版社,1987年。

韦斯特:《回到非洲去:塞拉勒窝内和利比里亚史》(上海新闻出版系统"五·七"干校翻译组),上海人民出版社,1973年。

维恩:《非洲怎么了—解读一个富饶而贫困的大陆》(赵自勇、张庆海译),广东人民出版社,2009年。

文安立:《全球冷战:美苏对第三世界的干涉与当代世界的形成》(牛可等译),后浪出版咨询(北京)有限责任公司/世界图书出版公司,2012年。

沃尔夫:《大历史视野》(包慧怡、李韵译),上海社会科学院出版社,2016年。

沃尔特斯:《美苏援助对比分析》(陈源、范坝译),商务印书馆,1974年。

沃勒斯坦:《现代世界体系 第二卷》(吕丹等译),高等教育出版社,1998年。

沃勒斯坦:《现代世界体系 第一卷》(尤来寅等译),高等教育出版社,1998年。

沃森:《民族与国家》(吴洪英、黄群译),中央民族大学出版社,2009年。

吴秉真、高晋元主编:《非洲民族独立简史》,世界知识出版社,1993年。

吴松主编:《民族政治学论文集》,云南大学出版社,2000年。

吴云贵、周燮藩:《近现代伊斯兰教思潮与运动》,社会科学文献出版社,2000年。

《希罗多德历史》(王以铸译),商务印书馆,1959年。

夏吉生主编:《南非种族关系探析》,华东师范大学出版社,1996年。

现代国际关系研究所编:《第三世界国家的经济调整(论文集)》,时事出版社,1987年。

肖枫主编:《社会主义向何处去》(下卷),当代世界出版社,1999年。

肖刚:《冷战后日本的联合国外交》,世界知识出版社,2002年。

肖宏宇:《非洲一体化与现代化的互动:以西部非洲一体化的发展为例》,社会科学文献出版社,2014年。

谢立中、孙立平主编:《二十世纪西方现代化理论文选》,上海三联书店,2002年。

谢维扬:《中国早期国家》,浙江人民出版社,1995年。

欣斯利编:《新编剑桥世界近代史(第十一卷)》(中国社会科学院世界历史所组译),中国社会科学出版社,1987年。

徐济明、谈世中主编:《当代非洲政治变革》,经济科学出版社,1998年。

加巴:《南北合作困局》(李洪峰译),社会科学文献出版社,2010年。

杨宝荣:《债务与发展-国际关系中的非洲债务问题》,社会科学文献出版社,2011年。

杨光、温伯友主编:《中东非洲发展报告(2001—2002)》,社会科学文献出版社,2002年。

杨立华:《南非》,社会科学文献出版社,2010年。

杨立华等:《中国与非洲经贸合作发展总体战略研究》,中国社会科学出版社,2013年。

杨鲁萍、林庆春:《突尼斯》,社会科学文献出版社,2010年。

杨荣甲:《在神秘的酋长王国里》,时事出版社,1989年。

伊本·白图泰口述、伊本·朱甾笔录:《异境奇观:伊本·白图泰游记》(李光斌译),海洋出版社,2008年。

伊斯特利:《白人的负担:为什么西方的援助收效甚微》(崔新钰译),中信出版社,2008年。

英厄姆:《现代乌干达的形成》(钟丘译),商务印书馆,1973年。

约阿·萝西娜·勒纹:《在刚果的托拉斯》(沙地等译),世界知识出版社,1964年。

约斯:《南非史》(史陵山译),商务印书馆,1973年。

翟凤杰、王玉华、潘良主编:《非洲一体化背景下的中非合作》,世界知识出版社,2013年。

张海冰:《发展引导型援助:中国对非洲援助模式研究》,上海人民出版社,2013年。

张宏明:《多维视野中的非洲政治发展》,社会科学文献出版社,1999年。

张宏明:《近代非洲思想经纬》,社会科学文献出版社,2008年。

张宏明主编:《非洲发展报告(2015—2016)》,社会科学文献出版社,2016年。

张瑾:《非洲区域一体化探索:南部非洲发展共同体 30 年》,浙江人民出版社,2014 年。

张莉清:《联合国非殖民化机制与南部非洲独立研究》,武汉大学出版社,2011 年。

张顺洪等著:《大英帝国的瓦解:英国的非殖民化与香港问题》,社会科学文献出版社,1997 年。

张铁珊:《友谊之路:援建坦赞铁路纪实》,中国对外经济贸易出版社,1999 年。

张同铸主编:《非洲经济社会发展战略问题研究》,人民出版社,1992 年。

张湘东:《埃塞俄比亚联邦制:1950—2010》,中国经济出版社,2012 年。

张象主编:《彩虹之邦新南非》,当代世界出版社,1998 年。

张永蓬:《国际发展合作与非洲:中国与西方援助非洲比较研究》,社会科学文献出版社,2012 年。

赵国忠主编:《简明西亚北非百科全书(中东)》,中国社会科学出版社,2000 年。

郑家馨:《南非史》,北京大学出版社,2010 年。

郑家馨:《殖民主义史·非洲卷》,北京大学出版社,2000 年。

中共中央马克思、恩格斯、列宁、斯大林著作编译局编:《列宁选集(第 1 卷)》,人民出版社,1972 年。

中共中央马克思、恩格斯、列宁、斯大林著作编译局编:《列宁选集(第 2 卷)》,人民出版社,1972 年。

中国非洲史研究会、中国非洲研究会编:《非洲史论文集》,生活·读书·新知三联书店,1982 年。

中国国际问题研究所编辑部:《不结盟运动主要文件集》,中国对外翻译出版公司,1987 年。

中国外交部、中共中央文献研究室编:《毛泽东外交文选》,中央文献出版社/世界知识出版社,1994 年。

《中国与非洲经贸关系报告 2010》,商务部国际贸易经济合作研究院,2010 年。

中华人民共和国教育部中非教育部长论坛文集编辑组:《2005 中非教育部长论坛论文集》,北京大学出版社,2006 年。

钟之成:《为了世界更美好:江泽民出访纪实》,世界知识出版社,2006 年。

周伯萍:《非常时期的外交生涯》,世界知识出版社,2004 年。

周弘、熊厚编:《中国援外 60 年》,社会科学文献出版社,2013 年。

周弘、张浚、张敏:《外援在中国》,社会科学文献出版社,2013 年。

周弘:《对外援助与国际关系》,中国社会科学出版社,2002 年。

周琪、李枏、沈鹏:《美国对外援助——目标、方法与决策》,中国社会科学出版社,2014 年。

周星:《民族政治学》,中国社会科学出版社,1993年。

周一良、吴于廑主编:《世界通史资料选辑 近代部分下册》,商务印书馆,1964年。

周玉渊:《非洲世纪的到来? 非洲自主权与中非合作研究》,社会科学文献出版社,2017年。

左常升主编:《国际发展援助理念与实践》,社会科学文献出版社,2015年。

二、中文文章

阿明:《非洲二十年来的经济变化》,《西亚非洲》,1980年第2期。

阿希沃兹:《当前乍得的民族冲突》,《民族译丛》,1986年第2期。

安惠侯:《突尼斯首任总统布尔吉巴评介》,《阿拉伯世界研究》,2004年第6期。

安南:《构建更和谐的世界秩序》,李安山主编、刘海方执行主编:《中国非洲研究评论2015》,社会科学文献出版社,2017年。

巴赫尼扬:《发展中国家少数民族语言的地位》,《民族译丛》,1992年第1期。

比斯瓦斯:《金砖国家与低收入国家之间日益增长的贸易关系—特别参照中国和印度在非洲发展模式中的地位和作用》,《国际政治研究》,2012年第3期。

波切加里阿夫:《法国新殖民主义在非洲的实践》,《亚非译丛》,1964年第7期。

才林:《卢旺达部族大灾难》,《民族》,1994年第11期。

曹升生:《巴西卢拉政府的非洲政策:动力、表现和局限》,《亚非纵横》,2013年第3期。

查姆:《九十年代非洲电影》(古小倩译),《电影艺术》,2001年第4期。

常永才、李红记:《试论新南非语言政策的演变及其对教育的影响》,《西藏大学学报》,2006年第1期。

陈才林:《争取非殖民化斗争的彻底胜利》,《西亚非洲》,1985年第5期。

陈峰君:《共产国际与罗易的四次交锋》,《世界史研究动态》,1981年第8期。

陈峰君:《几种"非殖民地化"理论评析》,《世界史研究动态》,1984年第4期。

陈兼:《将"革命"与"非殖民化"相连接——中国对外政策中"万隆话语"的兴起与全球冷战的主题变奏》,《冷战国际史研究》,2010年第1期。

陈静:《突尼斯妇女地位的变化》,《亚非纵横》,2002年第2期。

陈天杜:《合作与冲突:穆巴拉克时期的埃美关系》,《西亚非洲》,2008年第5期。

陈天杜:《全球化与穆巴拉克的治国方略》,《西亚非洲》,2006年第2期。

陈尧:《非洲民主化进程中的公民社会》,《西亚非洲》,2009年第7期。

陈宗德:《非洲国家三种经济发展类型的比较》,《西亚非洲》,1981年第2期。

陈宗德:《加纳实施经济复兴计划以来的变化和经验》,《西亚非洲》,1989 年第 1 期。

迪克:《非洲历史的研究》(佐海译),《第一届国际非洲学家会议专题报告选辑》,《亚非译丛》,1963 年第 3 期。

迪克:《非洲研究的重要性——第一届国际非洲学家会议主席开幕词》(卢继祖译),《第一届国际非洲学家会议专题报告选辑》,《亚非译丛》,1963 年第 3 期。

杜小林:《冷战后美国对非政策的演变、特点和趋势》,《现代国际关系》,2006 年第 3 期。

杜英:"印度与东非国家关系研究(1964—2000)",华东师范大学博士论文,2011 年。

《非洲首脑会议在喀土穆开幕》,《苏丹新闻》,2006 年 1 月号。

锋钧、薛燕:《罗易的"非殖民地化"的理论述评》,《南亚东南亚评论》,1988 年第 2 辑。

冯杰文:《19 世纪以来伊本·赫勒敦社会历史哲学思想研究综述》,《西亚非洲》,2012 年第 2 期。

冯杰文:《伊本·赫勒敦的文明形态史观研究》,《回族研究》,2015 年第 1 期。

付吉军:《尼雷尔及其遗产》,《西亚非洲》,2001 年第 3 期。

高峥:《非洲口头传说中的史料分析刍议》,《世界历史》,1990 年第 6 期。

葛公尚:《初析坦桑尼亚的民族过程一体化政策》,《民族研究》,1991 年第 2 期。

顾章义:《评非洲"部族"说——兼谈斯大林的民族定义》,《中央民族学院学报》,1983 年第 4 期。

关培凤:《非洲国家间领土争端的解决方式探析——以利比亚与乍得奥祖争端为例》,《武汉大学学报(人文科学版)》,64:5(2011 年 9 月)。

国务院新闻办公室:《中国的对外援助(2011)》,2011 年。

国务院新闻办公室:《中国的对外援助(2014)》,2014 年。

"胡锦涛在南非比勒陀利亚大学发表重要演讲(友谊之旅 合作之旅)",《人民日报》,2007 年 2 月 8 日。

哈拉克:《正在形成中的多极世界:非洲面临的机遇与挑战》,《西亚非洲》,2017 年第 1 期。

韩志斌:《利比亚政治危机的历史探溯》,《阿拉伯世界研究》,2012 年第 2 期。

何丽儿:《津巴布韦的部族矛盾和穆加贝的部族政策》,《西亚非洲》,1982 年第 1 期。

何丽儿:《津巴布韦酋长访问记》,《西亚非洲》,1988 年第 1 期。

贺文萍：《非洲军事政变：老问题引发新关注》，《西亚非洲》，2005 年第 3 期。

贺文萍：《中国援助非洲：发展特点、作用及面临的挑战》，《西亚非洲》，2010 年第 7 期。

洪圭：《叙事与意识形态：津巴布韦电影制作 50 年》（朱嫣然、谢温柔译），《北京电影学院学报》，2016 年第 2 期。

侯发兵：《卢旺达的民族身份解构：反思与启示》，《西亚非洲》，2017 年第 1 期。

胡必亮、唐幸、殷琳：《新兴市场国家的综合测度与发展前景》，《中国社会科学》，2018 年第 10 期。

胡志方：《非政府组织在解决非洲冲突中的作用与影响》，《西亚非洲》，2007 年第 5 期。

胡志方：《非洲非政府组织与国际资助者关系探析》，《西亚非洲》，2010 年第 12 期。

黄梅波、洪燕秋：《日本对非发展援助的成效与发展趋势——基于非洲发展东京国际会议平台的研究》，《国际经济合作》，2014 年第 4 期。

黄镇：《把友谊之路铺向觉醒的非洲》，《不尽的思念》，中央文献出版社，1987 年。

季芳芳：《"非洲中心性"（Afrocentricity）：概念缘起及其意涵演化》，《新闻与传播研究》，2017 年第 6 期。

江天骄：《从软制衡理论看非正式国际组织在新兴市场国家间的发展——以印度巴西南非对话论坛（IBSA）为例》，《拉丁美洲研究》，2015 年第 3 期。

姜帆：《非殖民化与冷战策略：战后初期美国对缅甸政策的动因和影响》，《东南亚研究》，2014 年第 3 期。

姜玉峰：《论尼雷尔对坦桑尼亚民族整合的贡献》，浙江师范大学硕士论文，2009 年。

蒋灏：《埃及穆巴拉克政权对穆斯林兄弟会的政策研究》，上海外国语大学博士论文，2011 年。

蒋华栋：《试析毛里求斯议会民主制对国内经济发展的影响》，《西亚非洲》，2006 年第 6 期。

蒋晖：《南非"学费必须下降"运动和"人民教育"道路的失败》，《区域》，2016 年第 2 辑。

静水（李安山）：《阿拉伯的史学大师——伊本·赫尔东》，《世界史研究动态》，1985 年第 7 期。

静水（李安山）：《从班图斯坦的历史由来看南非种族主义》，《史学月刊》，1985 年第 3 期。

静水（李安山）：《非洲民族主义思想先驱布莱登》，《外国史知识》，1986 年第 8 期。

柯毕夏诺夫:《非洲的民族、宗教和语言》,《民族译丛》,1985 年第 1 期。

兰登、林恩·默特尔卡:《非洲社会经济结构的历史演变》,《西亚非洲》,1981 年第 3 期。

岚沁:《利比亚的图阿雷格人》,《阿拉伯世界》,1985 年第 2 期。

累格瓦:《"班图斯坦"计划的一些情况》,《亚非译丛》,1963 年第 6 期。

李安山:《布尔人大迁徙的经济因素浅析》,《西亚非洲》,1988 年第 1 期。

李安山:《从坦赞铁路到蒙内铁路:中非合作中的技术转移》,《国际社会科学杂志》,2016 年第 4 期。

李安山:《东京非洲发展国际会议与日本援助非洲政策》,《西亚非洲》,2008 年第 5 期。

李安山:《法国在非洲的殖民统治浅析》,《西亚非洲》,1991 年第 1 期。

李安山:《非洲社会主义的理论特点》,《科学社会主义》,1986 年第 3 期。

李安山:《古代中非交往史料补遗与辨析——兼论早期中国黑人来源问题》,《史林》,2019 年第 1 期。

李安山:《国际援助的历史与现实:理论批判与效益评析》(上),《国际援助》,2014 年第 1 期。

李安山:《国际援助的历史与现实:理论批判与效益评析》(下),《国际援助》,2015 年第 1 期。

李安山:《国外对奴隶贸易和奴隶制的研究(1968—1988)》,《世界史研究动态》,1989 年第 2 期。

李安山:《国外对撒哈拉以南非洲古代史的研究(1960—1990)》,《世界史研究动态》,1991 年第 5 期。

李安山:《论"非殖民化":一个概念的缘起与演变》,《世界历史》,1998 年第 3 期。

李安山:《论"中国崛起"语境中的中非关系——兼评国外的三种观点》,第 13—14 页。

李安山:《论达累斯萨拉姆学派的形成与发展》,《世界史研究动态》,1990 年第 4 期。

李安山:《论黑非洲历史的非殖民化》,《亚非研究》,1994 年第 4 辑。

李安山:《论民族、国家与国际政治的互动——对卢旺达大屠杀的反思》,《世界经济与政治》,2005 年第 12 期。

李安山:《论南非早期华人与印度移民之异同》,《华侨华人历史研究》,2006 年 9 月第 3 期。

李安山:《论南非早期自由主义史学》,《西亚非洲》,1993 年第 1 期。

李安山:《论西非民族知识分子的特点及其在民族独立运动中的作用》,《世界历史》,1986 年第 3 期。

李安山:《论伊巴丹历史学派:其形成、发展及批判》,《世界史研究动态》,1990 年第 3 期。

李安山:《论中国对非洲政策的调适与转变》,《西亚非洲》,2006 年第 8 期。

李安山:《论中国非洲学研究中的"部族"问题》,《西亚非洲》,1998 年第 4 期。

李安山:《马达加斯加的教育近况——中国教育部考察团访非报告之二》,《西亚非洲》,2001 年第 1 期。

李安山:《曼德拉民族主义思想的缘起与演变》,《北京大学学报(哲学社会科学版)》,1997 年第 6 期。

李安山:《莫桑比克的教育近况——中国教育部考察团访非报告之一》,《西亚非洲》,2000 年第 6 期。

李安山:《浅谈 19 世纪欧洲商业资本在非洲的活动及其对瓜分的影响》,《史学月刊》,1986 年第 1 期。

李安山:《浅析法国对非洲援助的历史与现状-兼谈对中国援助非洲工作的几点思考》,《西亚非洲》,2009 年第 11 期。

李安山:《日不落帝国的崩溃——论英国非殖民化的"计划"问题》,《历史研究》,1995 年第 1 期。

李安山:《试析非洲地方民族主义的演变》,《世界经济与政治》,2001 年第 5 期。

李安山:《依附理论与历史研究》,《历史研究》,1992 年第 6 期。

李安山:《中非关系研究中国际话语的演变》,《世界经济与政治》,2014 年第 2 期。

李安山:《中国与非洲的文化相似性——兼论中国应该向非洲学习什么》,《西亚非洲》,2014 年第 1 期。

李安山:《中国援外医疗队的历史、规模及其影响》,《外交评论》,2009 年第 1 期。

李安山:《资本主义列强瓜分非洲的内在因素浅析》,《世界史研究动态》,1985 年第 1 期。

李安山:《资本主义与奴隶制度——50 年西方史学论争述评》,《世界历史》,1996 年第 3 期。

李安山:《农民反抗与历史研究》,《香港社会科学学报》,1998 年第 12 期。

李保平:《试论非洲口头传说中的史实与非史实》,《非洲历史研究》,1997 年第 1 期。

李伯军:《非盟宪章下之"干涉权"探析》,《河北法学》,2008 年第 4 期。

李继东:《论黑非洲上古文明的世界历史地位》,《世界历史》,1993 年第 3 期。

李敬臣:《卢旺达:罕见的部族大屠杀》,《半月谈》,1994 年第 12 期。

李鹏涛:《特伦斯·兰杰及其非洲史研究》,《史学理论研究》,2016 年第 3 期。

李起陵:《尼日利亚民族国家初探》,《西亚非洲》1994 年第 3 期。

李杉(Erfiki Hicham，摩洛哥博士)："浅析北非巨变中的摩洛哥政治改革"，北京大学非洲研究中心，未刊稿，2012 年。

李社辅：《尼雷尔谈坦桑尼亚的政治体制问题》，《西亚非洲》，1991 第 3 期。

李维：《试论戴高乐的阿尔及利亚非殖民化政策的两重性》，《世界历史》，1996 年第 6 期。

李文刚：《尼日利亚宗教问题对国家民族建构的不利影响》，《西亚非洲》，2007 年第 11 期。

李武洋：《南非真相与和解委员会探析》，湘潭大学法学院硕士论文，2011 年。

李小云：《为何国际发展援助常常无效?》，《东方早报》，2015 年 11 月 4 日。

李长兴：《坦桑尼亚乌贾马村纪实》，《西亚非洲》，1987 年第 3 期。

李智彪：《卢加德与北尼日利亚》，《西亚非洲》，1988 年第 1 期。

梁益坚：《非盟地区治理:非洲相互审查机制探微》，《西亚非洲》，2017 年第 6 期。

梁益坚：《试析非洲国家相互审查机制》，《西亚非洲》，2006 年第 1 期。

林宏宇、李小三：《北非中东动荡之国际政治经济学分析》，《国际关系学院学报》，2011 年第 4 期。

刘二伟：《印度走向政治大国的非洲外交政策研究》，上海师范大学硕士论文，2010 年。

刘樊德：《加纳的经济调整改革及其意义》，北京大学硕士学位论文，1994 年。

刘海方：《卢旺达的盖卡卡传统法庭》，《西亚非洲》，2006 年第 3 期。

刘海方：《十周年后再析卢旺达"种族"大屠杀》，《西亚非洲》，2004 年第 3 期。

刘鸿武：《论当代黑非洲的部族文化整合与国民文化重构——兼论"非洲社会主义"的评价问题》，《西亚非洲》，1997 年第 3 期。

刘鸿武、王严：《非洲实现复兴必须重建自己的历史——论 B.A.奥戈特的非洲史学研究与史学理念》，《史学理论研究》，2015 年第 4 期。

刘建军：《阿拉伯文化对欧洲中世纪文化的影响》，《北方论丛》，2004 年第 4 期。

刘乃亚：《博茨瓦纳政党制度的运行机制及其长期稳定原因分析》，《西亚非洲》，1995 年第 3 期。

刘苏华：《阿拉伯-伊斯兰文化对文艺复兴的影响》，《湖南师范大学社会科学学报》，2000 年第 5 期。

刘伟才：《范西纳的非洲史研究》，《世界历史》，2016 年第 6 期。

龙刚(Bafalikike Antoine Roger Lokongo，刚果(金)博士)：《美国利益与刚果(金)资源战争关系研究》，北京大学国际关系学院博士论文，2015 年。

陆庭恩：《关于非洲非殖民化的几个问题》，《铁道师院学报》，1992 年第 3 期。

罗建国：《近代非洲种植园经济的特点》，《世界历史》，1988 年第 2 期。

马衍明：《自主性：一个概念的哲学考察》，《长沙理工大学学报（社会科学版）》，24:2(2009 年 6 月)。

麦尔旺：《穆斯塔法·卡米勒(1874—1908)》，《阿拉伯世界》，1986 年第 2 期。

毛小菁：《国际社会对非援助与非洲贫困问题》，《国际经济合作》，2004 年第 5 期。

明浩：《卡扎菲民族国家观的破产》，《中国民族报》，2011 年 12 月 16 日。

南方朔：《"台独"：语言暴力重演法西斯故伎》，《世界知识》，2004 年第 19 期。

南江：《苏联对安哥拉的干涉研究(1960—1991)》，北京大学国际关系学院博士论文，2013 年。

南文渊：《坦桑尼亚乌贾马社会的理论与实践》，《西亚非洲》，1987 年第 1 期。

宁骚：《试论当代非洲的部族问题》，《世界历史》，1983 年第 4 期。

宁骚：《试论南非班图斯坦制度》，《北京大学学报》（哲学社会科学版），1980 年第 1 期。

宁骚：《西非古代文明与"含米特假设"》，《非洲史论文集》，生活·读书·新知三联书店，1982 年。

南非驻华使馆：《南非新闻》(*Tswelopele*)，第 2 期，1998 年 3 月。

欧玲湘、梁益坚：《"软实力"视角下的非洲国家相互审查机制》，《西亚非洲》，2009 年第 1 期。

潘华琼：《非洲影像：非洲人文研究的新视角》，《非洲研究》，2010 年第 1 卷。

潘华琼：《刚果(金)上加丹加联合矿业公司变迁的历史启示》，《北大史学》，2008 年第 1 期。

潘华琼：《论喀麦隆的土地改革对国家与农民关系的影响》，《西亚非洲》，2007 年第 3 期。

彭坤元：《略论非洲的酋长制度》，《西亚非洲》，1997 年第 1 期。

蒲瑶：《利比亚内乱的部落文化解读》，《世界民族》，2013 年第 1 期。

普奇科夫：《宗教在民族过程中的结合与分解作用》，《民族译丛》，1993 年第 3 期。

齐林：《卢旺达：种族仇杀何时休》，《新世纪》，1994 年第 9 期。

钱雪梅、宋伟、李安山：《非洲共同价值观构成及其对非洲形势和一体化进程影响及我对策建议》，中非联合研究交流计划项目报告，2012 年。

邱昌情、刘二伟：《政治大国视域下的印度对非洲经济外交探析》，《南亚研究》，

2012 年第 1 期。

阮西湖:《关于术语"部族"》,《世界民族》,1998 年第 4 期。

瑞安:《民族冲突与联合国》,《民族译丛》,1992 年,第 6 期。

"授之以渔"项目组:《中资企业对非技术转移的现状与前瞻》,《西亚非洲》2015 年第 1 期。

舍维亚科夫:《论加纳的语言政策》,《民族译丛》,1988 年第 6 期。

什维特索夫:《班图斯坦——比勒陀利亚的"黑人防线"》,转引自《今日亚非》英文版 1979 年第 4 期。

沈德昌:《试析冷战后印度对非洲的外交政策》,《南亚研究季刊》,2008 年第 3 期。

沈鹏、周琪:《美国对以色列和埃及的援助:动因、现状与比较》,《美国研究》,2015 年第 2 期。

沈世顺:《安哥拉主要地名的起源与更改》,《西亚非洲》,1983 年第 5 期。

沈晓雷:《浅析伦比德的非洲主义思想》,《西亚非洲》,2014 年第 6 期。

沈晓雷:《透视非洲民主化进程中的"第三任期"现象》,《西亚非洲》,2018 年第 2 期。

沈晓雷:《土地与政治:津巴布韦土地改革研究》,北京大学国际关系学院博士学位论文,2016 年。

时延春:《我所了解的埃及总统穆巴拉克》,《阿拉伯世界》,2005 年第 4 期。

舒运国:《阿拉伯人与东非贸易》,《世界历史》,1991 年第 5 期。

舒运国:《外援在非洲经济发展中的作用》,《西亚非洲》,2001 年第 2 期。

舒展:《阿德德吉谈八、九十年代之交的非洲经济》,《西亚非洲》,1990 年第 2 期。

舒展:《卢旺达民族和解探究与思考》,《西亚非洲》,2015 年第 4 期。

孙恒忠:《非洲地名的殖民起源》,《贵阳师院学报》,1980 年第 3 期。

孙建党:《从"委任统治"到"非殖民化"——美国殖民地问题的政策变化》,《历史教学》,2005 年第 7 期。

孙建党:《美国在战后东南亚非殖民化过程中的政策》,《南洋问题研究》,2005 年第 2 期。

孙声:《加纳经济改革的成就和前景》,《西亚非洲》,1989 年第 5 期。

唐丽霞、刘鑫森:《印非峰会:印度的利益诉求和对非战略》,《南亚研究季刊》,2016 年第 3 期。

唐宇华:《非洲经济发展面临的挑战及其对策》,《西亚非洲》,1992 年第 3 期。

陶里亚蒂:《军人在第三世界斗争中的作用》(原载意共《再生》周刊 1964 年 5 月

23 日),《亚非译丛》,1964 年第 8 期。

田伯平:《殖民侵略者与非洲地名》,《地名丛刊》,1987 年第 5 期。

田德文:《国家利益至上——解析英国对外援助政策》,《国际贸易》,2001 年第 9 期。

田德文:《英国:对外援助与国家利益》,《欧洲研究》,2002 年第 6 期。

田文林:《利比亚局势的多维视角》,《学习月刊》,2011 年第 9 期。

田逸民、杨荣甲:《伊斯兰教在塞内加尔的影响》,《西亚非洲》,1983 年第 5 期。

童恩正:《摩尔根模式与中国原始社会史研究》,《中国社会科学》,1988 年第 3 期。

马为民:《围绕乍得问题的新的事态发展》,《人民日报》,1984 年 5 月 14 日。

汪广均:《桑给巴尔投资环境与工程承包市场》,《外经导报》,2004(5—6)。

王晨燕:《西方国家对非援助新特征与国际协调》,《国际经济合作》,2008 年第 7 期。

王海利:《本土埃及学发展探析》,《西亚非洲》,2013 年第 4 期。

王洪一:《解析非洲"政变年"》,《国际问题研究》,2004 年第 3 期。

王建华:《当代非洲史学及其民族主义流派》,《西亚非洲》,1988 年第 6 期。

王金波:《日本对非援助战略研究》,《国际经济合作》,2011 年第 2 期。

王金岩:《利比亚乱局中的部落因素》,《亚非纵横》,2011 年第 4 期。

王猛:《部落因素:利比亚变局的背后》,《世界知识》,2011 年第 11 期。

王晴佳:《论民族主义史学的兴起与缺失——从全球比较史学的角度观察(下)》,《河北学刊》,2004 年第 5 期。

王锁劳:《埃及民族主义研究》,北京大学博士研究生学位论文,2000 年。

王锁劳:《有关北非中东剧变的几个问题》,《外交评论》,2011 年第 2 期。

王涛、易祥龙:《论当代拉美与非洲关系的发展》,《拉丁美洲研究》,2010 年第 5 期。

王新中:《阿拉伯世界的孟德斯鸠——突尼斯经济思想家伊本·赫尔敦的贡献》,《西亚非洲》,2001 年第 1 期。

韦祎红:《南非因卡塔自由党主席布特莱齐》,《现代国际关系》,1995 年第 4 期。

沃勒斯坦:《进退两难的社会科学》,《读书》,1998 年第 2 期。

沃勒斯坦:《冷战后的世界体系》,《国外社会科学》1993 年第 8 期。

吴秉真:《杜波依斯和他的非洲史学著作》,《西亚非洲》,1985 年第 3 期。

吴秉真:《我所认识的杜波依斯》,《西亚非洲》,1994 年第 1 期。

吴秉真:《殖民统治是非洲不发达的最重要原因——黑人非洲史学家 W·罗德尼及其著作评析》,《西亚非洲》,1991 年第 4 期。

吴波:《日本对非洲官方发展援助战略》,《西亚非洲》,2004 年第 5 期。

吴婧:《巴西和非洲关系及对我国的启示》,《拉丁美洲研究》,2013 年第 3 期。

吴期扬:《非洲国家军事政变的政治社会背景》,《西亚非洲》,1982 年第 3 期。

吴慎娴、吴兆契:《非洲的农业生产和粮食问题》,《西亚非洲》,1981 年第 1 期。

吴增田:《黑非洲部族问题研究综述》,《西亚非洲》,1996 年第 5 期。

夏吉生:《论克林顿政府对非洲政策》,《西亚非洲》,1998 年第 1 期。

夏希原:《马克斯·格拉克曼的社会人类学》,中央民族大学硕士论文,2010 年。

肖复荣:《非洲社会大动荡的趋向》,《西亚非洲》,1992 年第 1 期。

肖玉华:《公民社会在当代埃塞俄比亚的崛起及功能》,《西亚非洲》,2009 年第 7 期。

辛树蕃、吴文斌:《法国利比亚完成从乍得撤军》,《人民日报》,1984 年 11 月 11 日。

熊志勇:《发达国家援助非洲的方式——以坦桑尼亚为例》,《西亚非洲》,2003 年第 1 期。

徐国庆:《巴西对非洲关系的演变及其特点》,《西亚非洲》,2012 年第 6 期。

徐国庆:《巴西与非洲的农业合作探析》,《西南科技大学学院学报》(哲学社会科学版),2014 年,31 卷第 4 期。

徐国庆:《从印非峰会看印对非政策变化》,《亚非纵横》,2008 年第 4 期。

徐济明:《西非现代民族主义的先驱者布莱登》,《西亚非洲》,1988 年第 1 期。

徐人龙:《博茨瓦纳经济社会发展的成功经验》,《西亚非洲》,2010 年第 1 期。

徐伟忠:《埃及总统穆罕默德·胡斯尼·穆巴拉克》,《世界经济与政治》,1992 年第 6 期。

许亮:《美国援助非洲政策评析》,《西亚非洲》,2010 年第 7 期。

薛荣久:《"金砖国家"货物贸易特点与合作发展愿景》,《国际贸易》,2012 年第 7 期。

闫伟、韩志斌:《部落政治与利比亚民族国家重构》,《西亚非洲》,2013 年第 2 期。

杨劲:《在象牙海岸经济"奇迹"的背后》,《西亚非洲》,1982 年第 2 期。

杨立华:《非洲联盟十年:引领和推动非洲一体化进程》,《西亚非洲》,2013 年第 1 期。

杨立华:《新南非十年:多元一体国家的建设》,《西亚非洲》,2004 年第 4 期。

姚桂梅:《美国非洲政策重心转移的背景及影响》,《西亚非洲》,1998 年第 3 期。

姚帅:《国际发展援助的特点变化及未来趋势》,《国际经济合作》,2017 年第 1 期。

伊美娜:《2010—2011 年突尼斯变革:起因与现状》,《阿拉伯世界研究》,2012 年第 2 期。

伊美娜:《突尼斯妇女法律地位浅析》,《西亚非洲》,2012 年第 4 期。

伊斯玛基洛娃:《现代黑非洲的民族偏执与民族一体化问题》,《民族译丛》,1994 年第 2 期。

以耶:《泛非主义与非洲复兴:21 世纪会成为非洲的时代吗?》,《西亚非洲》,2017

年第 1 期,第 41 页。

殷悦、孙红:《非洲国家领导人谋求"第三任期"问题剖析》,《国际研究参考》,2015 年第 12 期。

于红:《南非的肯定性行动评析》,《世界民族》,2014 年第 6 期。

于红:《手足相残的悲剧——卢旺达种族冲突》,《中国民族》,2005 年第 3 期。

于绳武:《殖民主义思想残余是中西关系史研究的障碍》,《近代史研究》,1990 年第 6 期。

余洵:《毛里求斯民主政治解析》,华中科技大学硕士论文,2006 年。

余忠剑:《印度对非洲政策调整的背景、特点及走势》,《亚非纵横》,2009 年第 1 期。

袁鲁林、萧泽贤:《赛义德王朝的兴衰与当代阿曼的复兴》,《西亚非洲》,1992 年第 6 期。

《乍得政府召开内阁紧急会议,谴责利比亚侵略升级呼吁法美直接干预》,《人民日报》,1983 年 8 月 14 日。

曾萌华:《尼日利亚军人执政时期的政治经济改革》,《西亚非洲》,1987 年第 3 期。

张安平、李文、于秋波:《中国与苏丹石油合作模式的实证分析》,《西亚非洲》,2011 年第 3 期。

张宏明:《非洲"人种哲学"研究的先驱——卡加梅哲学思想解读》,《西亚非洲》,2002 年第 4 期。

张宏明:《非洲智慧哲学解析》,《西亚非洲》,2002 年第 3 期。

张宏明:《非洲中心主义——谢克·安塔·迪奥普的历史哲学》,《西亚非洲》,2002 年第 5 期。

张宏明:《弗罗贝纽斯的非洲学观点及其对桑戈尔黑人精神学说的影响》,《西亚非洲》,2005 年第 5 期。

张宏明:《黑人传统精神产生的历史氛围——论美洲黑人运动、思潮对黑人传统精神运动的影响》,《西亚非洲》,1994 年第 3 期。

张宏明:《几内亚经济结构调整及其效果评估》,《西亚非洲》,1994 年第 1 期。

张宏明:《政治民主化后非洲内政外交的变化》,《国际政治研究》,2006 年第 4 期。

张丽娟、朱培香:《美国对非洲援助的政策与效应评价》《世界经济与政治》,2008 年第 1 期。

张士智、蔡临祥:《坦桑尼亚的"乌贾马运动"》,《西亚非洲》,1981 年第 5 期。

张顺洪:《论英国的非殖民化》,《世界历史》,1996 年第 6 期。

张伟杰:《南非外交战略中的非洲议程:以南非-非盟关系为重点》,北京大学国际关系学院博士论文,2012 年。

张象、姚西伊:《论英国对尼日利亚的间接统治》,《西亚非洲》,1986 年第 1 期。

张晓辉、王秋俊:《论曼彻斯特学派对人类学的理论贡献》,《思想战线》,2012 年第 6 期。

张永蓬:《地方民族主义与肯尼亚多党大选——以 1992 年和 1997 年肯尼亚多党大选为例》,《世界民族》,2002 年第 6 期。

张永蓬:《国际发展合作与非洲:中国援助非洲比较研究》,中国社会科学院研究生院博士论文,2011 年。

张勇、强洪:《"非洲的十年":2010—2019 年撒哈拉以南的非洲电影发展》,《北京电影学院学报》,2020 年第 3 期。

张忠祥:《20 世纪非洲史学的复兴》,《史学理论研究》,2012 年第 4 期。

张忠祥:《非国大引领南非走向复兴》,《当代世界》,2013 年第 10 期。

张忠祥:《口头传说在非洲史研究中的地位和作用》,《史学理论研究》,2015 年第 2 期。

赵红亮:《穆巴拉克时期埃及中小企业研究》,浙江师范大学硕士论文,2013 年。

郑宇:《援助有效性与新型发展合作模式构想》,《世界经济与政治》,2017 年第 8 期。

钟伟云:《加纳经济调整与政治改革浅析》,《西亚非洲》,1992 年第 5 期。

钟伟云:《日本对非援助的战略图谋》,《西亚非洲》,2001 年第 6 期。

周定国:《安哥拉地名的更改》,《地名知识》,1985 年第 4 期。

周定国:《纳米比亚地名的语言类型》,《地名知识》,1990 年第 2 期。

周放:《伊斯兰文化与近代实验科学——兼论伊斯兰文化对文艺复兴运动的贡献》,《自然辩证法研究》,2008 年第 3 期。

周泓:《坦桑尼亚民族过程及其民族政策》,《民族理论研究》,1994 年第 3 期。

周明、曾向红:《埃及社会运动中的机会结构:水平网络与架构共鸣》,《社会学研究》,2011 年第 6 期。

周严:《论南非反就业歧视法》,湘潭大学法学院硕士论文,2008 年。

周志伟:《新世纪以来的巴西对非政策:目标、手段及效果》,《西亚非洲》,2014 年第 1 期,第 128 页。

朱耿华:《美国对埃及的援助:过程、动因及影响》,《美国问题研究》,2011 年第 1 期。

朱明忠:《印度与非洲(1947—2004)》,《南亚研究》,2005 年第 1 期。

朱重贵:《非洲政治变革的特点和面临的问题》,《西亚非洲》,1992 年第 5 期。

庄晨燕:《民族冲突的建构与激化——以卢旺达 1994 年种族屠杀为例》,《西北民族研究》,2017 年第 2 期。

庄晨燕:《民族冲突后的和解与重建——以卢旺达 1994 年大屠杀后的国族建构实践为例》,《中央民族大学学报(哲学社会科学版)》,2014 年第 3 期。

庄慧君:《喀麦隆的部族、地区发展矛盾与统一、平衡发展战略》,《西亚非洲》,1996 年第 5 期。

祖功编译:《非洲的军事力量》,载《亚非译丛》,1964 年第 9 期、第 10 期、第 11 期、第 12 期。

三、西文著作

Abimbola, W., ed., *Yoruba Oral Tradition*, Ile-Ife, 1975.

Abraham, William, *Antonius Gviliemus Amo, A fer of Axim, Translation of his Works*, Halle: Martin Luther University, 1968.

Abu-Lughod, *The Arab Rediscoverey of Europe: A Study in Cultural Encounters*, Princeton: Princeton University Press, 1963.

Adam, Heribert and Hermann Giliomee, *Ethnic Power Mobilized-Can South Africa Change?* Yale University Press, 1979.

Adedeji, A., *The Indigenization of African Economics*, London: Hutchinson, 1981.

Adedeji, A., *Towards a Dynamic African Economy*, London: Frank Cass, 1989.

Adelek, Tunde, *The Case Against Afrocentrism*, University of Mississippi Press, 2009.

Adem, Seifudein, ed., *Public Intellectuals and the Politics of Global Africa: Essays in Honour of Ali A. Mazrui*, Adonis and Abbey Publishing Ltd., 2011.

AfDB, *Africa Development Report 2000*, Oxford University Press, 2000.

AfDB, *Africa Development Report 2007*, Oxford University Press, 2007.

Afigbo, A. E., *The Warrant Chiefs, Indirect Rule in Southeastern Nigeria, 1891—1929*, New York: Humanities Press, 1972.

Afolayan, Adeshina and Toyin Falola, eds., *The Palgrave Handbook of African Philosophy*, Palgrave, 2017.

African Union, *African Peer Review Mechanism Working for the peoples of Africa: A decade of Self-Assessment. Background Papers*, 21-22 May 2013, Addis Ababa, Ethiopia.

African Union, *The January 2011 Summit on the Theme of "Shared Values": Background to the Summit*, Addis Ababa, Ethiopia.

African Union Commission, *Strategic Plan 2009—2012*, AUC, May 19, 2009.

Agbango, ed., *Issues and Trends in Contemporary African Politics: Stability, Development, and Democratization*, New York: Peter Lang, 1997.

Agwu, F. A., *National Interest*, *International Law and Our Shared Destiny*, Ibadan: Spectrum Books, 2009.

Ajayi, J. F. A. and Ian Espie, eds., *A Thousand Years of West African History*, Ibadan, 1965.

Ajayi, J. F. A. and Michael Crowder, eds., *History of West Africa*, Vol. 1, Longman, 1971.

Ajayi, J. F. A. and Michael Crowder, eds., *History of West Africa*, Vol. 2, Longman, 1987.

Ajayi, J. F. A., *Christian Missions in Nigeria*, *1841—1891: The Making of a New Eite*, London, 1965.

Ake, Claude, *A Political Economy of Africa*, Longman, 1981.

Ake, Claude, *A Theory of Political Integration*, Homewood, 1967.

Ake, Claude, *Democracy and Development in Africa*, Washington, D. C. : Brookings Institution, 1996.

Ake, Claude, *Revolutionary Pressures in Africa*, Zed Books Ltd, 1984[1978].

Ake, Claude, *Social Science as Imperialism*, *The Theory of Political Development*, Ibadan, 1979.

Ake, Claude, *The Feasibility of Democracy in Africa*, Dakar: CODESRIA, 2000.

Ake, Claude, *Why Humanitarian Emergencies Occur: Insights from the Interface of State*, *Democracy and Civil Society*. Helsinki: UNU-WIDER, 1997.

Akindes, Francis, *Les Mirages de la Democratie en Afrique Subsaharienne*, Paris: Karthala, 1996.

Albertini, Rudolf von, *Decolonization*, New York, 1971.

Alexander, C., *Tunisia: Stability and Reform in the Modern Maghreb*, New York: Boutledge, 2010.

Allen, John, *Rabble-Rouser for Peace: The Authorised Biography of Desmond Tutu*. London: Rider, 2006.

Alpers, E. A. and Pierre-Michel Fonaine, eds., *Walter Rodney Revolutionary and Scholar: A Tribute*, UCLA, 1982.

Al-Rahim, *Imperialism and Nationalism in the Sudan*, Oxford University Press, 1969.

Alvares, Claude A., *Decolonizing History: Technology and Culture in India*, *China and the West*, *1492 to the Present Day*, Other India: Apex, 1991.

Amery, L. S., *The Times History of the War in South Africa*, 7 volumes, London, 1900—1909.

Amin, S., *Eurocentrism*, Monthly Review Press, 1989.

Amin, S., *Neo-colonialism in West Africa*, Harmond-sworth, 1973.

Amo, Aton William, *Antonius Gulielmus Amo*, *A fer of Axim in Ghana*, edited by D. Siegmund-Schultze, translated by L. A. Jones and W. E. Abraham, Halle: Martin Luther University Halle-Wittenberg, 1968.

Amo, Aton William, *Aton William Amo's Treatise on the Art of Philosophizing Soberly and Accurately*, edited by Dr. T. Uzodinma Nwala, Enugu: Hillys Press NIG. LTD., 1990.

Andah, B., *African Anthropology*, Ibadan: Shaneson Limited, 1988, iv.

Anderson, David, *Histories of the Hanged*, *Britain's Dirty War in Kenya and the End of Empire*, Weidenfeld and Nicolson, 2005.

Ani, Marimba, *Yurugu: An Afrikan-centered Critique of European Cultural Thought and Behavior*, Trenton: Africa World Press, 1994.

Apffel-Marglin, F. and Marglin, S. A., *Decolonizing Knowledge: From Development to Dialogue*, Oxford University Press, 1996.

Appiah, K. A., *Cosmopolitanism: Ethics in a World of Strangers*, W. W. Norton, 2006.

Appiah, K. A., *In My Father's House: Africa in the Philosophy of Culture*, Oxford University Press, 1992.

Arafāt, Alaa Al-Din, *Hosni Mubarak and the Future of Democracy in Egypt*. 1st Palgrave Macmillan pbk. ed. New York: Palgrave Macmillan, 2011.

Arjomand, Said Amir, ed., *The Arab Revolution of 2011 A Comparative Perspective*, SUNY Press, 2013.

Armattoe, Raphael, *The Golden Age of Western African Civilization*, Londonderry: Lomeshie Research Center, 1946.

Arnold, Marion, ed., *Art in Eastern Africa*, Dar es Salaam: Mkuki na Nyota Publishers, 2008.

Asante, Molefi Kete and Clyde E. Ledbetter Jr., eds., *Contemporary Critical Thought in Africology and Africana Studies*, Lanham: Lexington Books, 2016.

Asante, Molefi Kete and Clyde E. Ledbetter Jr., eds., *Critical Thought on Africology and Africana Studies*, Lanham: Lexington, 2016.

Asante, Molefi Kete, *Afrocentricity: The Theory of Social Change*, Amulefi

Pub. Co., 1980.

Asante, Molefi Kete, *An Afrocentric Manifesto: Toward an African Renaissance*, Cambridge: Polity Press, 2007.

Asante, Molefi Kete, *Kemet, Afrocentricity and Knowledge*, Trenton: Africa World Press, 1990.

Asante, Molefi Kete, *The Afrocentric Idea*, Temple University Press, 1998[1987].

Asante, S. K. B., *Regionalism and Africa's Development: Expectations, Reality and Challenges*, London: Macmillan Press Ltd., New York: St. Martin's Press, Inc., 1997.

Asante, S. K. B., *The Political Economy of Regionalism in Africa*, New York: Praeger Publishers, 1986.

Atkins, Keletso E., *The Moon Is Dead! Give Us Our Money! The Cultural Origins of an African Work Ethic*, Natal, South Africa, 1843—1900, Portsmouth, Heinemann/London: James Currey, 1993.

Al-Awadi, *The Muslim Brothers in Pursuit of Legitimacy: Power and Political Islam in Egypt under Mubarak*, London: I. B. Tauris. Revised ed. Edition, 2014.

Ayandele, E. A., *The Missionary Impact on Modern Nigeria, 1842—1914*, London, 1966.

Ayittey, George, *Africa Betrayed*, St. Martin's Press, 1992.

Ayittey, George, *Africa in Chaos*, St. Martin's Press, 1998.

Ayittey, George, *Africa Unchained: The Blueprint for Development*, Palgrave/MacMillan, 2004.

Azikiwe, N., *A Selection from the Speeches of Nnamdi Azikiwe*, Cambridge University Press, 1961.

Bâ, Amadou Hampaté, *A Spirit of Tolerance: The Inspiring Life of Tierno Bokar*, Bloomington: World Wisdom Books, 2008.

Bakari, Mohammed All. *The Democratisation Process in Zanzibar: A Retarded Transition*. Vol. 11. Hamburg: Institut für Afrika-Kunde, 2001.

Bank, Andrew and Leslie J. Bank, eds., *Inside African Anthropology: Monica Wilson and Her Interpreters*, Cambridge University Press, 2013.

Barber, James and John Barratt, *South African Foreign Policy-The Search for Status and Security 1945—1988*, Cambridge University Press, 1990.

Barnett, Michael, *Eyewitness of a Genocide: The United Nations and Rwanda*,

Ithaca: Cornel University Press, 2002.

Bassett, Thomas J., *The Peasant Cotton Revolution in West Africa*, *Cote d'Ivoire*, *1880—1995*, Cambridge University Press, 2001.

Battle, Michael, *Reconciliation: The Ubuntu Theology of Desmond Tutu*, Pilgrim Press, 2009.

Bauer, P. T., *Equality, the Third World, and Economic Delusion*, Harvard University Press, 1981.

Beinart, W., *The Political Economy of Pondoland*, *1870—1930*, Cambridge University Press, 1982.

Beinart, William and Colin Bundy, *Hidden Struggle in Rural South Africa: Politics and Popular Movements in the Transkei and Eastern Cape*, *1890—1930*, London: James Currey, 1987.

Bernal, Martin, *Black Athena: The Afroasiatic Roots of Classical Civilization: The Fabrication of Ancient Greece*, *1785—1985*, Vol. 1, Rutgers University Press, 1987.

Bernal, Martin, *Black Athena: The Afroasiatic Roots of Classical Civilization*, *The Archaeological and Documentary Evidence*, Vol. 2, Rutgers University Press, 1991.

Bernal, Martin, *Black Athena: The Afroasiatic Roots of Classical Civilization*, *Volume III: The Linguistic Evidence*, Vol. 3, Rutgers University Press, 2006.

Berning, J. M., ed., *The Historical "Conversations" of Sir George Cory*, Maskew Miller Longman, Rhodes University, 1989.

Bernstein, Hilda, *For their Triumph and for their Tears-Conditions and Resistance of Women in Apartheid South Africa*, International Defense and Aid Fund, 1975.

Betts, Raymond, *France and Decolonization*, 1900—1960, London: Macmillan, 1991.

Biobaku, S. O., *The Egba and Their Neighbours*, *1842—1972*, London, 1957.

Blanning, T. C. W., *The Eighteenth Century*, Oxford University Press, 2000.

Blyden, E. W., *Christianity, Islam and the Negro Race*, University of Edinburgh Press, 1967[1888].

Boadi, E. Gyimah, ed., *Democratic Reform in Africa—The Quality of Progress*, Boulder: Lynne Rienner Publishers, 2004.

Bodunrin, P. O., ed., *Philosophy in Africa: Trends and Perspectives Ile-Ife*, Nigeria: University of Ife Press, 1985.

Bois, W. E. B. Du, *The World and Africa: An Inquiry into the Part which Africa has Played in World History*, International Publisher, 1992.

Bond, John, *They Were South Africans*, Oxford University Press, 1956.

Bonner, P. and N. Nieftagodien, *Alexandra-A History*, Wits University Press, 2008.

Bonner, P. and N. Nieftagodien, *Ekurhuleni-The Making of an Urban Region*, Johannesburg: Wits University Press, 2012.

Bonner, P., *Kings, Commoners and Concessionaires*, Cambridge University Press, 1983.

Bosman, I. D., *Dr. George McCall Theal as die Geskiedskrywer van South Africa*, Amsterdam, 1932.

Bourne, Kennth, D. Cameron Watt and Michael Partridge, eds., *British Documents on Foreign Affairs: Reports and Papers from the Foreign Office Confidential Print*, Part I, Series G (Africa, 1885—1914), Volume 13, *Abyssinia and Its Neighbours, 1854—1914*, University Publications of America, 1995.

Bowdich, T. Edward, *Mission from Cape Coast Cattle to Ashantee*, Frank Cass, 1966[1819].

Boxer, C. R., *The Portuguese Seaborne Empire 1415—1825*, Hutchinson and Co., 1969.

Boyce, W. B., *Notes on South African Affairs*, London, 1839.

Bozzoli, B., *Labour, Township and Protest*, Johannesburg: Ravan, 1978.

Bozzoli, B., *The Political Nature of the Ruling Class: Capital and Ideology in South Africa, 1890—1933*, London Routledge, 1981.

Bozzoli, Belinda with Mmantho Nkotsoe, *Women of Phokeng: Consciousness, Life Strategy, and Migrancy in South Africa, 1900—1983*, London, James Currey, 1991.

Bratton, Michael and Nicolas van de Walle, *Democratic Experiments in Africa: Regime Transitions in Comparative Perspective*, Cambridge: Cambridge University Press, 1997.

Brautigam, Deborah, *The Dragon's Gift, The Real Story of China in Africa*, Oxford University Press, 2009.

Bredekamp, Henry and Robert Ross, *Missions and Christianity in South African History*, Witwatersrand University Press, 1995.

Brett, E. A., *Colonialism and Underdevelopment in East Africa, The Politics of*

Economic Change 1919—1939, Heinemann, 1973.

Brode, Heinrich, *Tippoo, Tib*, London: Arnold, 1907.

Brookes, Edgar H., *The Colour Problems of South Africa: Being the Phelps-Stokes Lectures, 1933, Delivered at the University of Cape Town*, Lovedale, 1934.

Brown, J. B. Bozzoli, et al., eds., *History from South Africa Alternative Visions and Practices*, Temple University Press, 1991.

Bryant, A. T., *A History of the Zulu and Neighbouring Tribes*. Cape Town: C. Struik, 1964.

Bryant, A. T., *Olden Times in Zululand and Natal, Containing the Earlier Political History of the Eastern Nguni Clans*, London, 1929.

Bryant, A. T., *The Zulu people: As They Were Before the White Man Came*, Pietermaritzburg: Shuter and Shooter, 1949.

Buell, R. L., *The Native Problem in Africa*, New York: Macmillan, 1928.

Bullock, C., *The Mashona*, Cape Town: Juta, 1927.

Bundy, C., *History, Revolution, and South Africa*, University of Cape Town. 1987.

Bundy, C., *Remaking the Past: New Perspectives in South African History*, University of Cape Town, 1987.

Bundy, C., *The Rise and Fall of the South African Peasantry*, London: Heinemann, 1979.

Bunker, Stephen G., *Peasants against the State, The Politics of Market Control in Bugisu, Uganda, 1900—1983*, The University of Chicago Press, 1991.

Burger, John, *The Black Man's Burden*, London: Gollancx, 1943.

Burn, Alan, *Colonial Civil Servant*, London, 1949.

Burns, A., *In Defence of Colonies*, London, 1957.

Busia, K. A., *The Position of the Chief in the Modern Political System of Ashanti*, Oxford University Press, 1951.

Butler, Jeffrey, Richard Elphick and David Welsh, eds., *Democratic Liberalism in South Africa: Its History and Prospect*, Middletown: Wesleyan University Press/Cape Town and Johannesburg: David Philip, 1987.

Buur, L., Terezinha da Silva and Helene Maria Kyed, *State Recognition of Local Authorities and Public Participation: Experience, Obstacles and Possibilities in Mozambique*, Maputo: Centro de Formação Jurídica e Judiciária-Ministréio da Justiça, 2007.

Callinicos, L., *A Place in the City*: *The Rand on the Eve of Apartheid*, Cape Town: Ravan Press, 1993.

Callinicos, L., *Gold Workers*, *1886—1924*, Johannesburg, 1981.

Callinicos, L., *Oliver Tambo*: *Beyond the Engeli Mountains*, Claremont: David Philip, 2004.

Callinicos, L., *The World that Made Mandela*: *A Heritage Trail*: *70 Sites of Significance*, Real African Publishers, 2000.

Callinicos, L., *Working Life 1886—1940*: *Factories*, *Townships*, *and Popular Culture on the Rand*, Ravan Press, 1987.

Campbell, Gwyn, *An Economic History of Imperial Madagascar*, *1750—1895*, *The Rise and Fall of an Island Empire*, Cambridge University Press, 2005.

Campbell, Horace, *Global NATO and the Catastrophic Failure in Libya*, New York: Monthly Review Press, 2013.

Campbell, *The Maroons of Jamaica 1655—1796*, New Jersey, 1990.

Canny, Nicholas and Anthony Pagden, *Colonial Identity in the Atlantic World*, *1500—1800*, Princeton University Press, 1987.

Carmichael, John, *African Eldorado*: *Gold Coast to Ghana*, London: Duckworth, 1993.

Carrington, S. H. H., *The British West Indies during the American Revolution*, London, 1987.

Carter, G. M. and P. O'Meara, *African Independence*: *The First Twenty-Five Years*, Bloomington: Indiana University Press, 1986.

Casalis, E., *The Basutos*, *or Twenty-Three Years in South Africa*, London: Nisbet, 1861.

Cavanagh, Edward, *Settler Colonialism and Land Rights in South Africa*: *Possession and Dispossession on the Orange River*, Palgrave Macmillan, 2013.

Cavanagh, Edward, *The Griqua Past and the Limits of South African History*, *1902—1994*, New York: Peter Lang, 2011.

Census Report, *1921*, Accra: Government Press, 1923.

Césaire, Aimé, *Discourse on Colonialism*, New York: Monthly Review Press, 2000.

Chabal, P. and J. P. Daloz, *Culture Troubles*: *Politics and the Interpretation of Meaning*, London: Hurst and Company, 2005.

Chase, J. C., *Natal Papers*, Grahamstown, 1843.

Chase, J. C., *The Cape of Good Hope and the Eastern Province of Algoa Bay*, London, 1843.

Ching Frank, Mark M. Jarzombek, Vikram Prakash, *A Global History of Architecture*, John Wiley and Sons, 2007.

Choueiri, Youssef M., *Modern Arab Historiography: Historical discourse and nation-state*, Routledge Curzon, 2003.

Cilliers, Jakkie, ed., *Salim Ahmed Salim: Son of Africa*, AU, ACCORD, HD, ISS and MNF, 2016.

Claridge, W. Walton, *A History of the Gold Coast and Ashanti*, Vol. 1, Frank Cass, 1964[1915].

Clark, John F. and David E. Gardinier, eds., *Political Reform in Francophone Africa*, Boulder: Westview Press, 1997.

Clayton, A., *The Wars of French Decolonization*, London: Longman, 1994.

Clegg, Claude A., III, *The Price of Liberty: African Americans and the Making of Liberia*, The University of North Carolina, 2004.

Clegg, Edward, *Race and Politics: Partnership in the Federation of Rhodesia and Nyasaland*, London: Oxford University Press, 1960.

Cohen, Andrew, *British Policy in Changing Africa*, London, 1959.

Cole, Roy and H. J. De Blij, *Survey of Subsaharan Africa—A Regional Geography*, New York and Oxford: Oxford University Press, 2007.

Coleman, James, *Nigeria: Background to Nationalism*, Berkeley and Los Angeles: University of California Press, 1958.

Colquboun, A. R., *The Africander Land*, London, 1906, p. xiv.

Conklin, Alice L., *A Mission to Civilize: The Republican Idea of Empire in France and West Africa, 1895—1930*, Stanford University Press, 1997.

Connah, Graham, *African Civilizations-Precolonial Cities and States in Tropical Africa: An Archaeological Perspective*, Cambridge: Cambridge University Press, 1987.

Constantine, Stephen, *The Making of British Colonial Development Policy, 1914—1940*, otowa, N. J. London, England. ; F. Cass, 1984.

The Constitution of the United Republic of Tanzania, 1997, the Government Printer, Dar es Salaam, 2003.

Conteh-Morgan, Earl, *Democratization in Africa: The Theory and Dynamics of*

Political Transitions, Praeger, 1997.

Cook, Chris and David Killingray, *African Political Facts since 1945*, London: Macmillan, 1983.

Cooper, Brenda, *A New Generation of African Writers: Migration, Material Culture and Language*, Boydell and Brewer, 2008.

Cooper, Frederick, *Plantation slavery on the east coast of Africa*. New Haven: Yale University Press, 1977.

Cordell, Dennis D. and Joel W. Gregory, eds., *African Population and Capitalism-Historical Perspectives*, The University of Wisconsin Press, 1987.

Cory, George, *The Rise of South Africa*, 5 volumes, London, 1910—1930.

Country Report Zimbabwe, Economist Intelligence Unit, Kent, March 2007.

Coupland, R., *East Africa and its Invaders, From the Earliest Times to the Death of Seyyd Said in 1856*, Oxford, 1938.

Couret, Dominique, *Territoires urbains et espace public à Abidjan, dans Le modéle ivoirien en questions, sous la direction de Bernard Contamin et Harris Memek-Fotê*. Paris: Karthala-Orstom, 1997.

Crabbs, Jack, *The Writing of History in Nineteenth Century Egypt: A Study in National Transformation*, Cairo and Detroit, 1984.

Crankshaw, E., *The Forsaken Idea: A Study of Lord Milner*, London, 1952.

Craton, M., *Testing the Chains*, University of Cornel, 1982.

Cronon, E. D., *Black Mose*, Madison, 1962.

Crowder, M., ed., *The Cambridge History of Africa*, Cambridge University Press, 1984.

Crowder, Michael, *The Story of Niger*, London: Faber and Faber, 1978.

Crowder, Michael, *West Africa under Colonial Rule*, Evanston: Northwestern University Press, 1968.

Crowder, Michael, *West African Resistance, The Military Resopnse to Colonial Occupation*, Hutchinson and Co., 1971.

Crowther, Samuel Ajayi, *Vocabulary of the Yoruba Language*, London, 1843.

Cruickshank, B., *Eighteen Years on the Gold Coast of Africa*, Vol. 1, Frank Cass, 1966[1853].

Crummey, Donald, *Land and Society in the Christian Kingdom of Ethiopia: From the Thirteenth to the Twentieth Century*, Urbana and Chicago: University of Illinois Press, 2000.

Cugoano, Quobna Ottobah, *Thoughts and Sentiments on the Evil of Slavery*, Penguin Classics, 1999.

Currey, James, *Africa Writes Back: The African Writers Series and the Launch of African Literature*. Oxford: James Currey, 2008.

Curtin, P., *Africa and the West: Intellectual Responses to European Culture*, Madison: The University of Wisconsin Press, 1972.

Curtin, P., et al, *African History, From Earliest Times to Independence*, London, 1978.

Curtin, P., *The Atlantic Slave Trade: A Census*, Madison, 1969.

Curtin, P., *The Rise and Fall of the Plantation Complex*, *Essay in Atalntic History*, Cambaridge University Press, 1990.

Danquah, J. B., *Liberty of the Subject: A monograph on the Gold Coast hold-up and boycott of foreign goods* (*1937—1938*), Kibbi, 1938.

Danquah, J. B., *The Akan Doctrine of God*, 1944, Frank Cass, 1968[1944].

Darwin, John, *Britain and Decolonisation*, London, 1988.

Davenport, T. R. H., *South Africa: A Modern History*, Southern Book Publishers, Second Impression, 1989.

Davenport, T. R. H., *The Afrikaner Bond the History of a South African Party*, Oxford University Press, 1966.

Davidson, Basil, *Africa History of a Continent*, London: Spring Books, 1972.

Davidson, Basil, *Africa in Modern History*, London: Penguin Books, 1978.

Davidson, Basil, *Black Mother*, *Africa: The Years of Trial*, London: Victor Gollancz Ltd, 1961.

Davidson, Basil, *Discovering Africa's Past*, London: Longman, 1978.

Davies, K. G. , *Royal African Company*. New York: Routledge, 1975.

Davies, R., *Capital, State and White Labour in South Africa*, *1900—1960. An Historical Materialist Analysis of Class Formation and Class Relations*, Brighton: Harvester, 1979.

Davis, D. B., *Slavery and Human Progress*, Oxford University Press, 1984.

Davis, J., *Libyan Politics Tribe and Revolution: An Account of the Zuwaya and Their Government*, Berkeley: California University Press, 1987.

Ddikumana, Leonce and James Joyce, *Africa's Odious Debts How Foreign Loans and Capital Flight Bled a Continent*, Zed Books, 2011.

Ddulu, Benno J., et al., *The Political Economy of Economic Growth in Africa*, *1960—2000*, *Volume 1*, Cambridge University Press, 2008.

Delius, Peter, *The Land Belongs to Us: The Pedi Polity*, *the Boers and the British in the Nineteenth-Century Transvaal*, Johannesburg, 1983.

Dewey, C. and A. Hopkins, eds., *Imperial Impact: Economic development in Africa and India under colonial rule*, London: Athlone, 1978.

Dhupelia-Mestrie, Uma, *From Cane Fields to Freedom: A Chronicle of Indian South African Life*, Kwela Books, 2000.

Diagne, Souleymane Bachir, Amina Mama, Henning Melber and Francis B. Nyamnjoh, *Identity and Beyond: Rethinking Africanity*, Discussion Paper 12, Uppsala: Nordiska Afrikainstitutet, 2001.

Diamond, Larry and M. F. Plattner, X., *Democratization in Africa*, Baltimore and London: The Johns Hopkins University Press, 1999.

Diamond, Larry, et al., eds. *Transition Without End: Nigerian Politics and Civil Society Under Babangida*, Ibadan: Vantage Publishers, 1997.

Dibua, J. I., *Modernization and the Crisis of Development in Africa: The Nigerian Experience*, Burlington, VT: Ashgate Publishing Company, 2006.

Di-Capus, Yoav, *Gatekeepers of the Arab Past: Historians and History Writing in Twentieth-Century Egypt*, University of California Press, 2009.

Dike, K. O., *Trade and Politics in the Niger Delta*, *1830—1885 An Introcution to the Economic and Political History of Nigeria*, Oxford University Press, 1956.

Diop, C. A., *Nations negrés et culture*, Paris, 1954.

Diop, C. A., *Black Africa: The Economic and Cultural Basis for a Federated State*, Lawrence Hills, 1987[1974].

Diop, C. A., *The African Origin of Civilization: Mith or Reality*, Lawrence Hill, 1974.

Djonovich, D. J., *United Nations Resolutions Series I*, *Resolutions Adopted by the General Assembly*, Volume 8(1960—1962), New York, 1974.

Doke, Clement, *The Lambas of Northern Rhodesia*, London: Harrap, 1931.

Donham, Donald and James, Wendy, eds., *The Southern Marches of Imperial Ethiopia: Essays in History and Social Anthropology*, Cambridge: Cambridge University Press, 1986.

Doro, Marion E., ed., *Africa Contemporary Record*, *1988—1989*, New York: Africana Publishing Company, 1992.

Dunning, John H., *Multinational Enterprises and the Global Economy*, Workingham: Addison-Wesley Publishing Company, 1993.

Dupuis, Joseph, *Journal of a Residence in Ashantee*, Frank Cass, 1824.

Duyvendak, J. J. L., *China' Discovery of Africa*, Stephen Austin and Sons, 1947.

Early, Gerald, ed., *Lure and Loathing: Essays on Race, Identity, and the Ambivalence of Assimilation*, Allen Lane: The Penguin Press, 1993.

Eastern and Southern African Universities Research Programme, *Tanzania's Tomorrow*, Tema Publishers, 1996.

Echenberg, Myron J., *Colonial Conscripts, The Tirailleurs Senegalais in French West Africa, 1857—1960*, London. Portsmouth, NH.: Heinemann, 1991.

Economic Commission for Africa, U. N., *Capturing the 21st Century: African Peer Review Mechanism (APRM) Best Practices and Lessons Learned*, 2011.

The Economic Survey, The Planning Commission of the United Republic of Tanzania, 2001.

Edgar, Robert R. and Luyanda ka Msumza, eds., *Freedom in Our Lifetime: The Collected Writings of Anton Muziwakhe Lembede*, Athens: Ohio University Press, 1996.

Edgerton, Robert B., *The Fall of Asante Empire: The Hundred-Year War for Africa's Gold Coast*, Free Press, 2002.

Editors of The Spark and Panaf Books, *Some Essential Features of Nkrumaism*, London: Panaf Books, 1975.

Egerö, Bertil, *South Africa's Bantustans: From Dumping Grounds to Battlefronts*, Motala Grafiska, 1991.

Egharevba, Jacob, *A Short History of Benin*, Third edition, Ibadan University Press, 1960.

Egharevba, Jacob, *Ekhere vb Itan Edo* (A Short History of Benin), CMS Press, 1933.

Einsenstadt, S. N., ed., *Max Weber on Charisma and Institution Building*, The University of Chicago Press, 1968.

Eisenlohr, Patrick, *Little India: Diaspora, Time, and Ethnolinguistic Belonging in Hindu Mauritius*, University of California Press, 2006.

Elkins, C., *Imperial Reckoning: The Untold Story of Britain's Gulag in Kenya*, Henry Holt and Company, 2005.

Ellenberg, D. F. and C. J. MacGregor, *History of the Basuto Ancient and Modern*, London, 1912.

Eltis, David, *The Rise of African Slavery in the Americas*, Cambridge University Press, 2000.

Equiano, Olaudah, *Equiano's Travels: His Autobiography: The Interesting Narrative of the Life of Olaudah Equiano or Gustavus Vassa, the African*, Heinemann, 1967.

ESAURP Elections Monitoring Team, *Evaluation Report of the 1995 General Elections in Tanzania*, TEMA Publishers Company Ltd., 1996.

ESAURP, *Tanzania's Tomorrow, An Eastern and Southern African Universities Research Programme Publications*, TEMA Publishers Company Ltd., 1996.

ESAURP, *The Road to Democracy*, Tema Publishers Company Ltd., 1998.

Escobar, Arturo, *Encounter Development: The Making and Unmaking of the Third World*, Princeton University Press, 1995.

Everill, B., *Abolition and Empire in Sierra Leone and Liberia*, Palgrave Macmillan, 2013.

Ewald, Jonas, *Electionalism or Democracy? The interface between economic reforms and democratisation in Tanzania*. Oslo, Norway, Peace and Development Studies /Centre for Africa Studies, 2002.

Eze, Michael Onyebuchi, *Intellectual History in Contemporary South Africa*, Palgrave Macmillan, 2010.

Ezenwe, Uka, *ECOWAS and the Economic Integration of West Africa*, New York: St Martin's Press, 1983.

Fage, J. D., *A History of West Africa: An Introductory Survey*, Cambridge, 1962.

Fage, J. D., and R. A. Oliver, eds., *Papers in African Prehistory*, Cambridge University Press, 1970.

Fage, J. D., *Ghana A Historical Interpretation*, The University of Wisconsin Press, 1961.

Falola, Toyin, *Culture and Customs of Nigeria*, Westport, CT: Greenwood Press, 2001.

Falola, Toyin, *Economic Reforms and Modernization in Nigeria, 1945—1965*, Kent, Ohio: The Kent State University Press, 2004.

Falola, Toyin, ed., *Britain and Nigeria*: *Expoitation or Development?* London: Zed Books, 1987.

Falola, Toyin, *Violence in Nigeria*, Rochester, NY: University of Rochester Press, 1998.

Falola, Toyin, and Ann Genova, eds., *Historical Dictionary of Nigeria*, Lanham: The Scarecrow Press, 2009.

Falola, Toyin, and Matthew M. Heaton, *A History of Nigeria*, Cambridge: Cambridge University Press, 2008.

Fanon, F., *A Dying Colonialism*, New York, 1965.

Fanon, F., *Black Skins*, *White Masks*, New York, 1967.

Fanon, F., *Les Damnés de la Terre*, La Découverte, 2004 [1961].

Fanon, F., *Toward the African Revolution*, New York: Grove Press, 1967.

Fassassi, Masudi Alabi, *L'achitecture en Afrique Noire*, Paris: L'Harmattan, 1997.

Faught, C. Brad, *Into Africa*: *The Imperial life of Margery Perham*, London and New York: I. B. Tauris Books, 2012.

Fei, John C. H. and Gustav Ranis, *Development of the Labor Surplus Economy*: *Theory and Policy*, Homewood, III, R. D. Irwin, 1964.

Feinstein, Charles H., *An Economic History of South Africa*: *Conquest*, *Discrimination*, *and Development*, New York: Cambridge University Press, 2005.

Fieldhouse, D. K., *Black Africa 1945—1980*, London, 1986.

Fieldhouse, D. K., *The Colonial Empires*, Macmillan, 1982.

Filesi, Teobaldo, *China and Africa in the Middle Ages*, Frank Cass, 1972.

Flint, John E., ed., *The Cambridge History of Africa*, Vol. 5, Cambridge, 1976.

Floistad, G., ed., *Contemporary Philosophy*, *A New Survey. Vol. 5*, *African Philosophy* Boston: Kluwer Academic Publishers, 1987.

Forde, D. and P. M. Kaberry, *West African Kingdoms in the Nineteenth Century*, Oxford University Press, 1967.

Forde, D., ed., *African World*, *Studies in the Cosmological Ideas and Social Values of African Peoples*, Oxford, 1954.

Forges, Alison Des, *"Leave None to Tell the Story"*, *Genocide in Rwanda*, New York: Human Rights Watch, 1999.

Forrest, Kally, *Metal That Will Not Bend*: *The National Union of Metal Workers of South Africa*, *1980—1995*, Johannesburg: Wits University Press, 2011.

Forrest, Tom, *Politics and Economic Development in Nigeria (African Moderni-zation and Development Series)*, Boulder: Westview Press, 1995.

Francis, David J., *The Politics of Economic Regionalism-Sierra Leone in ECOW-AS*, Aldershot, UK, Burlington, USA: Ashgate Publishing Ltd., 2001.

Fransman, M., ed., *Industry and Accumulation in Africa*, London, 1982.

Friedman, Jonathan, and M. J. Rowlands, *The Evolution of Social Systems*. Duckworth: London, 1977.

Frimpong-Ansah, Jonathan H., *The Vampire State in Africa: The Political Econ-omy of Decline in Ghana*. London: James Currey, 1991.

Frobenius, Leo, *Histoire de la Civilisation Africaine*, translated from German by D. H. Back and D. Ermont, Paris: Gallimard, 1936.

Furedi, Frank, *Colonial Wars and the Politics of Third World Nationalism*, London and New York: I. B. Tauris, 1994.

Fuze, Magema M., *Abantu Abamnyama*, Pietermaritzburg, 1922.

Fyfe, Christopher, *Africanus Horton: West African Scientist and Patriot*, Oxford, 1972.

Fynn, J. K., *Ashanti and Its Neighbours*, *1700—1807*, Longman, 1971.

Gade, Christian B. N., *A Discourse on African Philosophy: A New Perspective on Ubuntu and Transitional Justice in South Africa*, New York: Lexington Books, 2017.

Galawdewos, *The Life and Struggles of Our Mother Walatta Petros: A Seven-teenth-Century African Biography of an Ethiopian Woman* (translated by Wendy Laura Belcher and Michael Kleiner), Princeton University Press, 2015.

Galbraith, John S. R., *Reluctant Empire: British policy on the South African frontier 1834—1854*, Berkeley, 1963.

Gann, L. and P. Duignan, *Burden of Empire*, Hoover Institution publications, 1967.

Gann, L. and P. Duignan, eds., *African Proconsuls: European Governors in Africa*, New York, 1978.

Gann, L. and P. Duignan, eds., *Colonialism in Africa*, Vol. 1, The History and Politics of Colonialism, 1870—1914, Cambridge University Press, 1969.

Gann, L. H., *The Birth of a Plural Society: The Development of Northern Rho-desia under the British South Africa Company 1894—1914*, Manchester: Manchester

University Press, 1958.

Garfield, R., *A History of São Tomé Island*, 1470—1655: *The Key to Guinea*, San Francisco CA: Mellen Research University Press, 1992.

Garrison, William Lloyd, *Thoughts on African Colonization*, New York, 1969 [1832].

Geggus, David, *Resistance to Slavery in the British West Indies—The Modern Caribbean*, University of North Carolina, 1989.

Geiss, Immanuel, *The Pan-African Movement*, London, 1974.

Gemery, H. A. and Jan S. Hogendorn, eds., *The Uncommon Market: Essays in the Economic History of the Atlantic Slave Trade*, Academic Press, 1979.

Gerhart, Gail M., *Black Power in South Africa: The Evolution of an Ideology*, Berkeley: University of California Press, 1978.

Gerstner, Jonathan Neil, *The Thousand Generation Covenant: Dutch Reformed Covenant Theology and Group Identity in Colonial South Africa*, 1652—1814, Leiden: E. J. Brill, 1991.

Gerth, H. H. and C. Wright Mills, eds., *From Max Weber: Essays in Sociology*, Oxford University Press, 1958.

Ghurbal, Shafiq, *The Beginnings of the Egyptian Question*, London, 1928.

Gibbon, E., *The History of the Decline and Fall of the Roman Empire*, London, 1862.

Gibson, J. Y., *The Story of the Zulus*, London, 1911.

Gifford, P. and W. Louis, eds., *Decolonization and African Independence: The Transfer of Power*, 1960—1980, Yale University Press, 1988.

Gifford, P. and W. Louis, eds., *The Transfer of Power in Africa: Decolonization 1940—1960*, Yale University Press, 1982.

Giliomee, Hermann and Bernard Mbenga, *New History of South Africa*, NB Publishers, 2010.

Giliomee, Hermann, and Charles Simkins, *The Awkward Embrace: One-party Domination and Democracy*, Routledge, 1999.

Giliomee, Hermann, and Lawrence Schlemmer, eds., *Up Against the Fences: Poverty, Passes, and Privilege in South Africa*, St. Martin Press, 1985.

Giliomee, Hermann, and Lawrence Schlemmer, *From Apartheid to Nation-building*, Oxford University Press, 1989.

Giliomee, Hermann, and Lawrence Shlemmer, *Negotiating South Africa's*

Future, Palgrave Macmillan, 1989.

Giliomee, Hermann, Lawrence Shlemmer and Sarita Hauptfleish, eds., *The Bold Experiment: South Africa's New Democracy*, Southern Book Publishers, 1994.

Giliomee, Hermann, *The Afrikaners-Biography of a People*, Tafelberg, 2003.

Giliomee, Hermann, *The Parting of the Ways: South African Politics 1976—82*, David Philip, 1982.

Gilroy, P., *The Black Atlantic Modernity and Double Consciousness*, Cambridge University Press, 1993.

Gish, Steven D., *Alfred B. Xuma: African, American, South African*, SAHO Publication, 2012.

Glaser, C., Bo-Tsotsi, *The Youth Gangs of Soweto, 1935—1976*, Portsmouth NH: Heinemann, 2000.

Glassman, J., *Feasts and Riots: Revelry, Rebellion and Popular Consciousness on the Swahili Coast, 1856—1888*, Portsmouth, 1995.

Glickman, H., ed., *Ethnic Conflict and Democratization in Africa*, African Studies Association Press, 1995.

Gluckman, Max, *Custom and Conflict in Africa*, Oxford, 1956.

Gluckman, Max, *Politics, Law and Ritual in Tribal Society*, London, 1965.

Goodfellow, D. M., *Modern Economic History of South Africa*, London, 1931.

Gordon, A. A. and D. Gordon, eds., *Understanding Contemporary Africa*, London, 1996.

Grant, William D., *Zambia, Then and Now: Colonial Rulers and Their African Successors*, London and New York: Routledge, 2009.

Gray, Cecil C., *Afrocentric Thought and Praxis: An Intellectual History*, African World Press, 2001.

Gray, Chris, *Conceptions of History in the Works of Cheikh Anta Diop and Theophile Obenga*, London, 1989.

Greenburg, S. B., *Race and State in Capitalist Development: Comparative Perspectives*, New Haven: Yale University Press, 1980.

Gregoire, Henri Abbe, *De la littérature des Negres*, Paris, 1800.

Grehan, Kate, *The Fractured Community: Landscapes of Power and Gender in Rural Zambia*, Berkeley, Los Angeles and London: University of California Press, 1997.

Griaule, Marcel, *Conversations with Ogotemmeli: An Introduction to Dogon Reli-

gious Ideas, London: Oxford University Press, 1965 (originally published in 1948 as *Dieu d'Eau, Entretien avec Ogotemmeli*).

Growth, Employment and Redistribution A MACROECONOMIC STRATEGY, Published by the Department of Finance, Republic of South Africa, 1996.

Guha, Ranajit, ed., *A Subaltern Studies Reader, 1986—1995*, Minneapolis, 1997.

Gunnarsson, Christer, *The Gold Coast Cocoa Industry 1900—1939, Production, Prices and Structural Change*, Lund, 1978.

Gupta, P. S., *Imperialism and the British Labour Movement*, Macmillan, 1975.

Gupta, S., *Comintern, India and the Colonial Question*, Calcutta: K. P. Bagchi and Co, 1980.

Gutkind, P. and P. Waterman, eds., *African Social Studies: A Radical Reader*, London, 1977.

Gutkind, P. and T. Wallerstein, *The Political Economy of Contemporary Africa*, London, 1976.

Gyimah-Boadi, E., ed., *Democratic Reform in Africa—The Quality of Progress*, Boulder: Lynne Rienner Publishers, 2004.

Hall, Richard Seymour, *Zambia 1890—1964: The Colonial Period*, London: Longman, 1976.

Hall, Sean, *Democracy and Governance Assessment of Tanzania: Transitions from the Single-Party State*, USAID/Tanzania, 2003.

Hallen, Barry and J. O. Sodipo, *Knowledge, Belief, and Witchcraft*, Stanford: Stanford University Press, 1997 [1986].

Hamilton, Carolyn and Nessa Leibhammer, *Tribing and Untribing the Archive*, Volume I and II, University of KwaZulu-Natal Press, 2016.

Hamilton, Carolyn, Bernard K. Mbenga and Robert Ross, eds., *The Cambridge History of South Africa, Volume 1, From Early Times to 1885*, Cambridge University Press, 2010.

Hamilton, Carolyn, *Terrific Majesty: The Powers of Shaka Zulu and the Limits of Historical Invention*, Harvard University Press, 1998.

Hamlet, Janice, ed., *Afrocentric Visions: Studies in Culture and Communication*, Sage Publications, Inc., 1998.

Hanna, William John, ed., *Independent Black Africa*, Chicago, 1964.

Harbeson, J. W., and Donald Rothchild, eds., *Africa in World Politics*, Boulder,

Colorado: Westview Press, 1995.

Harford, J. E. Casely, *Gold Coast Native Institutions*, London: Frank Cass, 1970 [1903].

Hargreaves, J. D., *Decolonization in Africa*, London, 1976.

Hargreaves, J. D., *West Africa Partitioned*, Vol. 1, London, 1974.

Hargreaves, J. D., *The End of Colonial Rule in West Africa : Essays in Contemporary History*. London: MacMillan, 1979.

Hargreaves, J. D., ed., *France and West Africa : An Anthology of Historical Documents*, Gregg Revivals, 1993.

Harries, Patrick, *Work, Culture, and Identity-Migrant Laborers in Mozambique and South Africa, c. 1860—1910*, Portsmouth: Heinemann/London: James Currey / Johannesburg: Witwatersrand University Press, 1994.

Harris, Joseph E., ed., *Global Dimensions of the African Diaspora*, Washington, D. C. : Howard University Press, 1993 [1982].

Harris, Lillian Craig, *Libya: Quadhafi's Revolution and the Modern State*, Boulder: Westview Press, 1986.

Haussler, Ishengoma, Peter Angela K., Butz, Cornelie, eds., *Political Handbook and NGO Calendar 2003*, Dar es Salaam, 2002.

Hayford, J. E. Casely, *The Truth about the West African Land Question*, London: Frank Cass, 1970[1903].

Haynes, J., ed., *Nigeria Video Films*, Ohio: Ohio University Center for International Studies, 2000.

Hayter, Teresa, *Aid as Imperialism*, Middlesex, 1971.

Headlam, Cecil, *The Milner Papers*, 2 volumes, London, 1931—32.

Hehir, Aidan and Robert Murray, *Libya, the Responsibility to Protect and the Future of Humanitarian Intervention*, New York, Houndmills, Basingstoke, Hampshire. : Palgrave Macmillan, 2013.

Hellpe, Bob, *Alex Hepple: South African Socialist*, SAHO Publication, 2011.

Herbst, Jeffrey, *The Politics of Reform in Ghana 1982—1991*. Berkeley and Los Angeles: University of California Press, 1993.

Herfkens, Evelyne van, *Supporting Political Parties: Well Worth the Risk* [M], Dar es Salaam, 2001.

Higgs, Catherine, *The Ghost of Equality: The Public Lives of D. D. T. Jabavu of South Africa, 1885—1959*, Cape Town: David Philip, 1997.

Hill, Polly, *The Migrant Cocoa Farmers of Southern Ghana : A study on rural capitalism*, London: Cambridge University Press, 1963.

Hinden, Rita, *Empire and After*, London, 1948.

Hinton, Alexander Laban, ed., *Annihilating Difference : The Anthropology of Genocide*, Berkeley: University of California Press, 2002.

Hodder-Williams, Richard, *An Introduction to the Politics of Tropical Africa*. London: George Allen and Unwin, 1984.

Hodgkin, T., *African Political Parties : An Introductory Guide*, Penguin Books, 1961.

Hodgkin, T., *Nationalism in Colonial Africa*, London: F. Muller, 1956.

Hoernlé, R. F. Alfred, *South African Native Policy and the Liberal Spirit*, *Being the Phelps-Stokes Lectures*, *Delivered Before the University of Cape Town*, *May*, *1939*, Cape Town, 1939.

Hofmeyr, Isabel, *"We Spend Our Years as a Tale That is Told" : Oral Historical Narrative in a South African Chiefdom*, Witwatersrand University Press, 2001.

Hoile, David, *Darfur in Perspective*, London: European-Sudanese Public Affairs Council, 2005.

Holden, W., *History of the Colony of Natal*, London, 1855.

Holland, R. F., *European Decolonization*, Macmillan, 1985.

Hollingdworth, H., *Historical Demography*, Issca, 1969.

Holm and G. Sorensen, eds., *Whose World Order? Uneven Globalisation and the End of the Cold War*, London: Westview Press, 1995.

Holt, Edgar, *The Boer War*, London, 1958.

Hook, Stephen W., ed., *Foreign Aid Toward the Millennium*, Boulder, 1996.

Hopkins, A. G, *An Economic History of West Africa*, Longman Group LTD, 1973.

Horowitz, R., *The Political Economy of South Africa*, London, 1967.

Horrell, Muriel, *et al.*, *A Survey of Race Relation in South Africa 1957—1958*, Johannesburg: South African Institute of Race Relations, 1959.

Horrell, Muriel, *Legislation and Race Relations*, South African Institute of Race Relations, Johannesburg 1971.

Horton, James Africanus, *West African Countries and Peoples*, Edinburgh University Press, 1969.

Houghton, H., *The Economy of South Africa*, Capte Town: Oxford University

Press, 1964.

Hountondji, Paulin J. *African Philosophy: Myth and Reality*, Indiana University Press, 1996.

Household Budget Survey 2001 / 02, Dar es Salaam: National Bureau of Statistics Tanzania, , 2003.

Howe, Stephen, *Afrocentrism, Mythical Pasts and Imagined Homes*, London and New York: Verso, 1998.

Hrisch, Alan, *Season of Hope—Economic Reform under Mandela and Mbeki*, University of KwaZulu-Natal Press, 2005.

Huntington, Samuel P. , *The Third Wave*, University of Okalahoma[M]. Press, Norman, 1991.

Huttenback, Robert A., *Gandhi in South Africa: British Imperialism and the Indian Question, 1860—1914*, Cornell University Press, 1971.

Hyam, Ronald, ed., *The Labour Government and the End of Empire, 1945—1951*, London, 1992, Part III, Document 356.

Hymans, J. L., *Léopold Sédar Senghor: An Intellectual Biography*, Edinburg University Press, 1971.

Iheduru, Obioma M. , *The Politics of Economic Restructuring and Democracy in Africa*, Westport: Greenwood Press, 1999.

Ihonvbere, Julius O. , *Nigerian: The Politics of Adjustment and Democracy*, New Brunswick: Transaction Publishers, 1994.

Ikime, Obaro, *Merchant Prince of the Niger Delta: The Rise and Fall of Nana Olomu Last Governor of the Benin River*, London, 1968.

Iliffe, John, *A Modern History of Tanganyika*, Cambridge, 1968.

Iliffe, John, *The African Poor: A History*, Cambridge, 1987.

Iliffe, John, *Modern Tanzanians*, East African Publishing House, 1973.

Iliffe, John, *Tanganyika under the German Rule, 1905—1912*, New York: Cambridge University Press, 1969.

Imbo, Samuel O., *An Introduction to African Philosophy*, Oxford: Rowman and Littlefield Publishers, 1998.

IMF, *World Economic Outlook*, September 2006.

India's Development Cooperation: Opportunities and Challenges for International Development Cooperation, German Development Institute Briefing Paper, 2009.

Information Service Department, *Golden Harvest*: *The Story of the Gold Coast Coaoa Industry*, Accra, 1953.

Inikori, J. E., *Africans and the Industrial Revolution in England*, Cambridge University Press, 2002.

Inikori, J. E., ed., *Forced Migration*: *The Impact of the Export Slave Trade on African Societies*, London, 1982.

Inikori, Joseph E. and Staney L. Engerman, eds., *The Atlantic Slave Trade*, *Effects on Economics*, *Soceities*, *and Peoples in Africa*, *The Americas*, *and Europe*, Duke University Press, 1992.

International Crisis Group, *Blood and Soil*: *Land*, *Politics and Conflict Prevention in Zimbabwe and South Africa*, No. 85. Brussels, Belgium: International Crisis Group, 2004.

International Monetary Fund, *Ghana*: *Adjustment and Growth*, *1983—91*, Washington DC, September 1991.

Isaacman, Allen, *The Tradition of Resistance in Mozambique*: *Anti-colonial Activity in the Zambesi Valley 1850—1921*, Berkeley: University of California Press, 1976.

Iwan-Muller, E. B., *Lord Milner and South Africa*, London, 1902.

Jaarsveld, F. A. van, *The Afrikaner's Interpretation of South African History*, Cape Town: Simondium Publishers, 1964.

Jaarsveld, F. A. van, *The Awakening of Afrikaner Nationalism*, *1868—1881*, Cape Town, Human and Rousseau, 1961.

Jabavu, D. D. T., *The Black Problem*, Lovedale, 1920.

Jabavu, D. D. T., *The Life of John Tengo Jabavu*, *Editor of Imvo Zabantsundu*, *1884—1921*, Lovedale, 1922.

Jabavu, D. D. T., *The Segregation Fallacy and Other Papers*: *A Native View of Some South African Inter-Racial Problems*, Lovedale, 1928.

Jack and Ray Simons, *Class and Colour in South Africa 1850—1950*, International Defence and Aid Fund for Southern Africa, 1983.

James, C., *The Black Jacobins*, London, 1938.

James, Joy, *Transcending the Talented Tenth*: *Black Leaders and American Intellectuals*, New York: Routledge, 1997.

Jaster, Robert S., *South Africa's Narrowing Security Options*, Adelphi Paper No. 159, London: IISS, Spring 1980.

Jaster, Robert Scott, *The Defence of White Power*, *South African Foreign Policy Under Pressure*, The Macmillan Press Ltd. 1988.

Jayasuriya, Shihan de Silva and Richard Pankhurst, eds., *The African Diaspora in the Indian Ocean*, Trenton: Africa World Press, 2001.

Jewsiewicki, B. and D. Newbury, eds., *African Historiographies What History for Which Africa*, Sage Publications, Ltd., 1986.

Johnson, Alvin Saunders and Edwin Robert Anderson Seligman, *Encyclopaedia of the Social Sciences*, New York: The Macmillan Company, 1930.

Johnson, R. W., *South Africa's Brave New World*: *The Beloved Country Since the End of Apartheid*, Overlook Press, 2011.

Johnson, S., *The History of the Yorubas*, edited by O. Johnson, London, 1921.

Johnstone, F. A., *Class, Race and Gold*: *A Study of Class Relations and Racial Discrimination in South Africa*, London: Routledge and Kegan Paul, 1976.

Jones, A. H. M., and Elizabeth Monroe, *A History of Abyssinia*, Oxford University Press, 1935.

Jones, Bruce D. , *Peacemaking in Rwanda*: *The Dynamics of Failure*, Boulder: Lynne Rienner, 2001.

Jones, Morris and G. Fisher, eds., *Decolonisation and After*, London, 1980.

Jones, Stewart Lloyd, and António Costa Pinto, *The Last Empire*: *Thirty Years of Portuguese Decolonization*, Intellect, 2003.

Joyce, Peter. , *The Making of a Nation South Africa's Road to Freedom*, Zebra Press, 2004.

July, Robert W., *A History of the African People*, New York, 1974.

July, Robert W., *The Origins of Modern African Thought*, London, 1968.

Kagame, A., *La Philosophie bantu comparée*, Paris: Présence Africaine, 1976.

Kagame, A., *La Philosophie bantu rwandaise de l'être*, Bruxelles: Académie Royale des Sciences Coloniales, 1956.

Kagame, A., *Les Organisations socio-familiales de l'ancien Rwanda*, Bruxelles: Académie Royale des Sciences Coloniales, 1954.

Kalliney, Peter J., *Commonwealth of Letters*: *British Literary Culture and the Emergence of Postcolonial Aesthetics*, New York: Oxford University Press, 2013.

Kalusa, Walima T., in collaboration with Mtonga, Mapopa, *Kalonga Gawa Undi X*: *A Biography of an African Chief and Nationalist*, Lusaka: Lembani Trust, 2010.

Kaplan, Mendel and Marian Robertson, eds., *Founders and Followers*: *Johannesburg Jewry 1887—1915*, Cape Town: Vlaeerg Publishers, 1991.

Karis, T. G. and G. M. Carter, *From Protest to Challenge*, Stanford University Press, 1973.

Kay, G. B., ed., *The Political Economy of Colonialism in Ghana*: *A collection of documents and statistics 1900—1960*, Cambridge University Press, 1972.

Keltie, J. S., *The Partition of Africa*, London, 1895.

Kendall, Diana, *Sociology in Our Times*, Belmont: Wadsworth Publishing, 2007.

Kenyatta, Jomo, *Facing Mount Kenya*, Secker and Warburg, 1938.

Kenyatta, Jomo, *Kenya*: *The Land of Conflict*, International African Service Bureau, 1944.

Kenyatta, Jomo, *My People of Kikuyu and the Life of Chief Wangombe*, United Society for Christian Literature, 1944.

Keto, C. Tsehloane, *Africa Centered Perspectives on History*, New Jersey: K A Publishers, 1989.

Key, Geoffrey ed., *The Political Economy of Colonialism in Ghana*: *A Collection of Documents and Statistics*, *1900—1960*. Hampshire: Gregg Revivals, 1992.

Khadduri, Majid, *Modern Libya a Study in Political Development*, Baltimore: The Johns Hopkins Press, 1963.

Kienle, Eberhard, *A Grand Delusion*: *Democracy and Economic Reform in Egypt*, London: I. B. Tauris, 2001.

Kiewiet, C. W. De, *A History of South Africa*, *Social and Economic*, Oxford University Press, 1941.

Kiewiet, C. W. De, *The Imperial Factor in South Africa*, Cambridge University Press, 1937.

Kilby, P., *Industrialization in an Open Economy*: *Nigeria 1945—1966*, Cambridge: Cambridge University Press, 1969.

Kimambo, I. N., *A Political History of the Pare of Tanzania*, c. *1500—1900*, Nairobi, 1969.

Kimble, D., *Political History of Ghana the Rise of Gold Coast Nationalism 1850—1928*, London, 1963.

Kirk, M. H. de, *Selected Subjects in the Economic History of South Africa*, Cape Town, 1924.

Kiros, Teodros, *Zera Yacob and Traditional Ethiopian Philosophy*. In, 183—

190. Oxford, UK: Blackwell Publishing Ltd, 2007.

Kissinger, Henry, *On China* , New York: Penguin, 2011.

Kitching, Gavin N., *Class and Economic Change in Kenya : The making of an African petite bourgeoisie 1905 — 1970* , Yale University Press, 1980.

Klein, Martin, *Islam and Imperialism in Senegal* , *Sine-Saloum* , *1874 — 1914* , Stanford, 1968.

Kludze, A. Kodzo Paaku, *Chieftaincy in Ghana* , Lanham, New York, Oxford: Austin and Winfield, Publishers, 2000.

Konaré, Adam Ba, *Les relations politiques et culturelles entre le Maroc et le Mali à travers les âges* , Chaire du Patrimoine Maroco-Africain, Série: Conférence(3), Rabat: L'IEA, 1991.

Konczack, A J, ed., *An Economic History of Tropical Africa* , London, 1977.

Konczacki, J. M. and Z. A. Konczacki, eds., *An Economic History of Tropical Africa : Volume 2* , London, 1977.

Krings, Matthias and Onookome Okome, *Global Nollywood : The Transnational Dimensions of an African Video Film Industry* , Indiana University Press, 2013.

Kruger, D. W., *The Age of Generals* , Johannesburg, 1958.

Kuper, Leo, *An African Bourgeoisie : Race, Class, and Politics in South Africa* , New Haven: Yale University Press, 1965.

Kuper, Leo, *Passive Resistance in South Africa* , New Haven: Yale University Press, 1957.

Kuperman, Alan J. , *The Limits of Humanitarian Intervention : Genocide in Rwanda* , Washington, D. C. : Brookings Institution Press, 2000.

Kyerematen, Alex AY, and Osei Agyeman, *Kingship and Ceremony in Ashanti : Dedicated to the Memory of Otumfuo Sir Osei Agyeman Prempeh II* , *Asantehene.* UST press, 1969.

Kyeretwie, K. O. Bonsu, *Ashanti Heroes* , Oxford University Press, 1964.

Labouret, Henri, *Colonisation, Colonialisme, Decolonisation* , Paris, 1952.

Landau, Paul S., *Public Politics in the History of South Africa* , *1400 — 1948* , Cambridge University Press, 2010.

Landau, Paul S. , *The Realm of the Word : Language, Gender and Christianity in a Southern African Kingdom* , Portsmouth: Heinemann, 1995.

Laroui, A., *L'histoire du Maghreb, un essai de synthèse* , Paris, 1970 (Repirnt

1982).

Laroui, A., *La crise des intellectuels arbes*, Paris, 1974(Reprint, 1978).

Laroui, A., *Les origins sociales et culturelles du nationalism Marocain (1830— 1912)*, Paris, 1977.

Laroui, A., *The Crisis of the Arab Intellectual*, California, 1976.

Laroui, A., *The History of the Maghrib*, Princeton University Press, 1977.

Lata, Leenco, *The Horn of Africa as Common Homeland: The State and Self-Determination in the Era of Heightened Globalization*, Waterloo, Ontario: Wilfrid Laurier University Press, 2004.

Lawrence, P., ed., *World Recession and the Food Crisis in Africa*, Westview Press, 1986.

Lee, J. M., *Colonial Development and Good Government: A Study of the Ideas Expressed by the British Official Classes in Planning Decolonization 1939—1964*, Oxford, 1967.

Legum, C. and Mmari, G. eds., *Mwalimu: The Influence of Nyerere*, Britain-Tanzania Society, 1995.

Legum, Colin and John Drysdale, eds., *African Contemporary Records: Annual Survey and Documents 1968—69*, London: Rex Collings, Reprint 1975 [1969].

Legum, Colin and Marion E. Doro, eds. , *Africa Contemporary Record , 1987— 1988*. New York: Africana Publishing Company, 1988.

Legum, Colin, ed. , *Africa Contemporary Record , 1981—1982*, New York: Africana Publishing Company, 1981.

Legum, Colin, ed. , *Africa Contemporary Record , 1982—1983*, New York: Africana Publishing Company, 1984.

Legum, Colin, ed. , *Africa Contemporary Record , 1983—1984*, New York: Africana Publishing Company, 1985.

Legum, Colin, ed. , *Africa Contemporary Record , 1984—1985*, New York: Africana Publishing Company, 1986.

Legum, Colin, ed. , *Africa Contemporary Record , 1985—1986*, New York: Africana Publishing Company, 1987.

Legum, Colin, ed. , *Africa Contemporary Record , 1986—1987*, New York: Africana Publishing Company, 1988.

Legum, Colin, ed. , *Africa Contemporary Record , 1990—1992*, New York: Africana Publishing Company, 1998.

Legum, Colin, *Pan-Africanism*, London: Pall Mall Press, 1962.

Legum, Colin, ed., *Africa Contemporary Record*, *Annual Survey and Documents*, *1976—77*, New York: Africana Publishing Company, 1977, C66.

Lemelle, Sidney and Robin D. G. Kelley, eds., *Imagining Home: Class, Culture and Nationalism in the African Diaspora*, London: Verso, 1994.

Lewin, Thomas J., *Ashante Before the British*, *The Prempean Years*, *1875—1900*, Lawrence, 1978.

Leys, Colin, *Underdevelopment in Kenya the Political Economy of Neo-colonialism*, London, 1975.

Li Anshan, *British Rule and Rural Protest in Southern Ghana*, Peter Lang, 2002.

Li Anshan, *Chinese Medical Cooperation in Africa: With special emphasis on the medical teams and anti-malaria campaign*, Uppsala: Nordic African Institute, 2011.

Li Anshan, *A History of Overseas Chinese in Africa to 1911*, Diasporic Africa Press, 2012.

Li Anshan and Funeka Yazini April, eds., *Forum on China-Africa Cooperation: The Politics of Human Resource Development*, Pretoria: Africa Institute of South Africa, 2013.

Li Anshan, Liu Haifang, Pan Huaqiong, Zeng Aiping and He Wenping, *FOCAC Twelve Years Later Achievements*, *Challenges and the Way Forward*, Uppsala: Nordiska Afrikainstitutet, 2012.

Lipps, J., *The Savage Hits Back*, New York, 1966.

Lipton, Merle, *Capitalism and Apartheid*, *South Africa*, *1910—84*, Rowman and Allanheld, 1985.

Lissoni, Arianna, et al., eds., *One Hundred Years of the ANC: Debating Liberation Histories Today*, Johannesburg, South Africa: Wits University Press, 2013.

Lissu, Tundu Antiphas, *Repacking Authoritarianism*. USAID, 2001.

Little, Douglas, *American Orientalism: The United States and the Middle East since 1945*, University of North Carolina Press, 2002.

Lodge, Tom, *Black politics in South Africa since 1945*, Johannesburg: Ravan Press, 1985.

Lönnroth, Erik, Karl Molin, Ragnar Björk, eds., *Conceptions of National History* (Proceedings of Nobel Symposium 78), Walter de Gruyter, Berlin, New York, 1994.

Louis, W. R., *Imperialism at Bay 1941—1945 The United States and the Decolonization of the British Empire*, Oxford, 1977.

Lovejoy, Paul E. and Nicholas Rogers, eds., *Unfree Labour in the Development of the Atlantic World*, Frank Cass, 1994.

Lovejoy, Paul E., *The Ideology of Slavery in Africa*, Sage Publications, 1981.

Lovejoy, Paul E., *Transformations in Slavery*, *A History of Slavery in Africa*, Cambridge University Press, 1983.

Luckhardt, Ken and Brenda Wall, *The History of the South Africa Congress of Trade Unions*, Lawrence and Wishart London, 1980.

Lugard, F. J. D., *The Dual Mandate in British Tropical Africa*, London: Frank Cass(Reprinted), 1965.

Lynch, Hollis, *Black Spokesman*, *Selected Published Writings of Edward Wilmot Blyden*, Frank Cass, 1971.

MacCrone, I. D., *Race Attitudes in South Africa: Historical, Experimental and Psychological Studie*, Oxford University Press, 1937.

Macmillan, H. and Shula Marks, eds., *Africa and Empire: W. M. Macmillan, Historian and Social Critic*, London: University of London, Institute of Commonwealth Studies, 1989.

Macmillan, H., *Pointing the Way*, London, 1972.

Macmillan, W. M., *Africa Emergent* (revised and expanded edition), Penguin Books, [1938], 1949.

Macmillan, W. M., *Bantu, Boer and Briton*, London: Faber and Gwyer, 1929.

Macmillan, W. M., *Complex South Africa*, London: Faber and Gwyer, 1930.

Macmillan, W. M., *My South African Years*, Cape Town, 1975.

Macmillan, W. M., *The Cape Colour Question*, Faber and Gwyer, London, 1927.

Macmillan, W. M., *The South African Agrarian Problem*, Johannesburg: Central News Agency, 1919.

Maconachie, Roy, *Urban Growth and Land Degradation in Developing Cities: Change and Changes in Kano, Nigeria*, Burlington, VT: Ashgate Publishing Company, 2007.

Madden, F., *Oxford and the Idea of Commonwealth*, London: Routledge Kegan and Paul, 1982.

Maddox, G. and T. K. Welliver, eds., *Colonialism and Nationalism in Africa*, 4 volumes, New York, 1993.

Madsen, Wayne, *Genocide and Covert Operations in Africa*, *1993—1999*,

Lewiston: The Edwin Mellen Press, 1999.

Mafeje, Archie, *Science, Ideology and Development : Three Essays on Development Theory*, The Nordic Africa Institute, 1978.

Mafeje, Archie, *The National Question in Southern African Settler Societies* (Southern Africa Political Economy), Southern African Pr., 1997.

Mafeje, Archie, *The Theory and Ethnography of African Social Formations. The Case of the Interlacustrine Kingdoms* (Codesria Book Series), Dakar: Council for the Development of Social Science Research in Africa, 2002.

Mager, Anne Kelk, *Beer, Sociability, and Masculinity in South Africa*, Indiana University Press, 2010.

Mager, Anne Kelk, *Gender and the Making of a South African Bantustan : A Social History of the Ciskei, 1945—1959*, London: James Currey, 1999.

Maliyamkono, T. L. , ed., *The Political Plight of Zanzibar*, Dar es Salaam, TEMA Publishers Company Ltd., 2000.

Maliyamkono, T. L. , *The Race for the Presidency: The First Multiparty Democracy in Tanzania*, Tema Publishers Company Ltd., 1995.

Mamdani, M., *Citizen and Subject : Contemporary Africa and the Legacy of Late Colonialism*, Princeton University Press, 1996.

Mamdani, M., *Good Muslim, Bad Muslim: America, the Cold War, and the Roots of Terror*, Three Leaves Press, 2004.

Mamdani, M., *Saviors and Survivors. Darfur, Politics and the War on Terror*, Cape Town HSRC Press, 2009.

Mamdani, M., *When Victims Become Killers, Colonialism, Nativism, and the Genocide in Rwanda*, Princeton: Princeton University Press, 2001.

Mandela, Nelson, *Long Walk to Freedom. The Autobiography of Nelson Mandela*, New York: Hachette Book Group, 1994.

Mandela, Nelson, *The Struggle Is My Life*, International Defence and Aid Fund for Southrn Africa, London, 1978.

Mann, Michael , *The Sources of Social Power, Volume I , A History of Power from the Beginning to A. D. 1760*, Cambridge University Press, 1986.

Manning, Patrick, *The African Diaspora: A History through Culture*, New York: Columbia University Press, 2009.

Manning, Patrick. *Slavery and African Life, Occidental, Oriental, and African Slave Trades*, Cambridge University Press, 1990.

Manson, Andrew and Bernard K . Mbenga, *Land*, *Chiefs*, *Mining*: *South Africa's North West Province Since 1840*, by Wits University Press, 2015.

Manson, Andrew, Bernard Mbenga and Arianna Lissoni, *A Short History of the ANC in the North West Province from 1909*, UNISA, 2016.

Marais, J. S., *Maynier and the First Boer Republic*, Cape Town: Maskew Miller, 1944.

Marais, J. S., *The Cape Coloured People 1652—1937*, London: Longmans Green, 1939.

Marais, J. S., *The Fall of Kruger's Republic*, Oxford University Press, 1961.

Marcus, Harold G., *The Life and Times of Menelik II*, *Ethiopia 1844—1913*, The Red Sea Press, 1995.

Mario, Mouzinho, Peter Fry and Lisbeth A. Levey, *Higher Education in Mozambique*, James Currey, 2003.

Markakis, John, *National and Class Conflict in the Horn of Africa*. Shama Books, 2012.

Markovitz, I. L., *Power and Class in Africa*, New Jersey: Prentice Hall, 1977.

Marks, S. and A. Atmore, eds., *Economy and Society in Pre-industrial South Africa*, Longman, London, 1980.

Marks, S. and R. Rathbone, eds., *Industrialisation and Social Change in South Africa*, *African Vlass Formation*, *Culture*, *and Consciousness*, *1870—1930*, Longman, 1982.

Marks, S., *Reluctant Rebellion*: *The 1906—8 Disturbances in Natal*, Oxford University Press, 1970.

Marquard, Leo, *The Peoples and Policies of South Africa*, Oxford University Press, 1962(Third Edition).

Martel, G., ed., *Studies in British Imperial History*, Palgrave Macmillan UK, 1986.

Martin, Esmond Bradley, *Zanzibar*: *Tradition and Revolution*, London: Hamilton, 1978.

Martin, G., *African Political Thought*. Springer, 2012.

Martin, M., *Basutoland*, *its Legends and Customs*, London, 1903.

Martinez, Luis, *The Libyan Paradox* (trans. John King), C. Hurst, Com., 2007.

Matthews, Ronald, *African Powder Keg*: *Revolt and Dissent in Six Emergent Nations*, London: The Bodley Head, 1966.

May, G. Le, *British Supremacy in South Africa*, Oxford University Press, 1965.

Mayor, Anne, *Traditions céramiques dans la boucle du Niger*. Frankfurt: Africa Magna Verlag, 2011.

Mazama, Ama, ed., *Essays in Honor of an Intellectual Warrior*, *Molefi Kete Asante*, Paris: Editions Menaibuc, 2008.

Mazama, Ama, ed., *The Afrocentric Paradigm*, Africa World Press, 2002.

Mazrui, Ali A., *The UNESCO General History of Africa* VIII, Unabridged Paperback Edition, Oxford: James Curry. Berkeley: University of California Press. Paris: UNESCO, 1999.

Mazrui, Ali, *Africa's International Relations*: *The Diplomacy of Dependency and Change*, London: Heinemann, 1977.

Mazrui, Ali, *Cultural Forces in World Politics*, London: James Currey Publishers, 1990.

Mazrui, Ali, ed., *General History of African History VIII*, *Africa since 1935*, Oxford: Heinemann, 1993.

Mazrui, Ali, *Political Values and the Educated Class in Africa*, London: Heinemann, 1978.

Mazrui, Ali, *The African Condition*: *A political diagnosis*, Cambriadge University Press, 1980.

Mazrui, Ali, *The African Predicament and the American Experience*: *a Tale of two Edens*, Westport, CT and London: Praeger, 2004.

Mazrui, Ali, *The Africans*: *A Triple Heritage*, New York: Little Brown and Co., 1986.

Mazrui, Ali, *The Anglo-African Commonwealth*: *Political Friction and Cultural Fusion*, Oxford: Pergamon Press, 1967.

Mazrui, Ali, *Towards a Pax Africana*: *A Study of Ideology and Ambition*, London: Weidenfeld and Nicolson, 1967.

Mbenga, Bernard K. and Andrew Manson, eds., *People of the Dew*: *A History of the Bafokeng of Rustenburg District*, *South Africa*, *from Early Times to 2000*, Jacana Media, 2011.

Mbiti, John S., *African Religions and Philosophy*, London: Heinemann, 1969.

McCartan, Greg, *Nelson Mandela*: *Speeches 1990*, New York, 1990.

McCord, J. J., *South African Struggle*, Pretoria, 1952.

McHenry, Dean E., *Limited Choice*: *The Political Struggle for Socialism in*

Tanzania, London, 1994.

McIntosh, S. K. and R. J. McIntosh, *Prehistorical Investigations in the Region of Jenne, Mali*, 2 Volumes, Cambridge Monographs in African Archaeology, Oxford, 1980.

McKinney, Cynthia, *The Illegal War of Libya*, Atlanta: Clarity Press, Inc., 2012.

Mcphee, Alan, *The Economic Revolution in British West Africa*, London, 1926.

Meade, J. E., et al., *The Economics and Social Structure of Mauritius: Report to the Government of Mauritius*, London: Methuen, 1961.

Meillassoux, C., ed., *The Development of Indigenous Trade and Market in West Africa*, Oxford, 1971.

Meldrum, Andrew, *Where We Have Hope a Memoir of Zimbabwe*, New York, 2004.

Melvern, Linda, *A People Betrayed: The Role of the West in Rwanda's Genocide*, New York: Palgrave, 2000.

Mengisteab, Kidane and B. Ikubolajeh Logan, eds., *Beyond Economic Liberalization in Africa: Structural Adjustment and the Alternatives*, Zed Books Ltd., 1995.

Metcalfe, G. E, ed., *Great Britain and Ghana, Documents of Ghana History, 1807—1957*, London, 1964.

Methuen, A. M. S., *The Tragedy of South Africa*, London, 1901.

Metz, H. C., *Libya*, Whitefish: Kessinger Publishing, 2004.

Meyerowitz, Eva L. R., *Akan Traditions of Origin*, London, 1952.

Meyerowitz, Eva L. R., *The Divine Kingship in Ghana and Ancient Egypt*, London, 1960.

Meyerowitz, Eva L. R., *The Early History of the Akan States of Ghana*, London, 1974.

Meyerowitz, Eva L. R., *The Sacred State of the Akan*, London, 1951.

Michell, Sir P., *Native Administration*, Entebbe: Government Printer, 1939.

Miers, Suzanne and Richard Roberts, eds., *The End of Slavery in Africa*, The University of Wisconsin Press, 1988.

Migration and Urbanisation in South Africa, Statistics South Africa 2006.

Mikell, G., *Cocoa and Chaos in Ghana*, New York: Paragon House, 1989.

Mikell, G., *Cocoa and Chaos in Ghana*, Washington D. C.: Howard University Press, 1992.

Mkandawire, Thandika and Charles C. Soludo, eds.,*African Voices on Structural Adjustment a Companion to Our Continent*, *Our Future*, Codesria/IDRC/Africa World Press, 2003.

Mmuya, M.,*Milestones in the Democratisation Process in Tanzania*// *Political Handbook and NGO Calendar 2002*, Friedrich Ebert Stiftung, 2002.

Mohammed, Amir A.,*A Guide to a History of Zanzibar*, *Good Luck Publishers*, *Zanzibar*, 2nd edition, 1997.

Molema, Seetsele Modiri,*Lover of his People*, *A Biography of Sol Plaatje*, Other Publication, 2012.

Molema, Silas Modiri,*The Bantu*, *Past and Present*. *An Ethnographical and Historical Study of the Native Races of South Africa*, Edinburgh, 1920.

Moloi, Tshepo,*Place of Thorns*: *Black Political Protest in Kroonstad since 1976*, Wits University Press, 2015.

Morgenthau, Ruth Schachter,*Political Parties in French Speaking Africa*, Oxford, 1964.

Morris-Jones and G. Fisher, eds.,*Decolonisation and After*, London, 1980.

Morris, Virginia and Michael P. Scharf,*The International Criminal Tribunal for Rwanda*, *New York*: *Transnational Publishers*, Vol. 1, 1998.

Moses, Wilson J.,*Afrotopia*: *The Roots of African American popular History*, Cambridge University Press, 1998.

Moyo, Dambisa,*Dead Aid*: *Why Aid is Not Working and How There is Another Way for Africa*, London: Penguin Books, 2010.

Moyo, Dambisa,*How the West Was Lost*, Farrar, Straus and Giroux, 2011.

Moyo, Dambisa,*Winner Take all*: *China's Race for Resources and what it Means for Us*, London: Penguin, 2013.

Moyo, Dambisa. *Edge of Chaos*: *Why Democracy Is Failing to Deliver Economic Growth—and How to Fix It*, Basic Books, 2018.

Mtaki, C. K. ed.,*Towards Multi-Party Democracy in Tanzania*: *A Documentary Overview*, ARIESA(Association for Regional Integration of Eastern and Southern Africa), 1997.

Mudimbe, V. Y., *The Surreptitious Speech*, *Présence Africaine and the Politics of Otherness*, *1947—1987*, Chicago and London: The University of Chicago Press, 1992.

Mudimbe, V. Y.,*The Invention of Africa*: *Gnosis*, *Philosophy*, *and the Order of*

Knowledge, Bloomington: Indiana University Press, 1988.

Munro-Hay, S., *Aksum an African Civilization of Late Antiquity*, Edinburgh, 1991.

Murithi, Tim, ed., *Handbook of Africa's International Relations*, Europa Publications Ltd, 2013.

Myint, Hla, *The Economics of the Developing Countries*, 5th edition, London, 1980.

Nabudere, Dani W., *Archie Mafeje: Scholar, Activist and Thinker*, Africa Institute of South Africa, 2011.

Naipaul, V. S., *The Overcrowded Barracoon*, New York: Random House, 1972.

Nathan, M. ,*Voortrekkers in South Africa*, London, 1937.

A Nation in the Making: A Discussion Document on Macro-Social Trends in South Africa, The Presidency, Policy Co-Ordination and Advisory Services, 2006.

Ndulu, Benno J. et al. , *The Political Economy of Economic Growth in Africa*, *1960—2000*, Volume 1, Cambridge Unviersity Press, 2008.

Ndulu, Benno J. et al. , *The Political Economy of Economic Growth in Africa*, *1960—2000*, Volume 2, Cambridge Unviersity Press, 2008.

Neale, Caroline, *Writing " Independent" History: African Historiography*, *1960—1980*, Greenwood Press, 1985, pp. 103-124.

Neier, Aryeh,*War Crimes: Brutality, Genocide, Terror, and the Struggle for Justice*, New York: Times Books, 1998.

Newbury, C. W., ed.,*British Policy Towards West Africa Selected Documents 1786—1874*, Oxford, 1965.

Nieftagodien, Noor and Sally Gaule, eds.,*Orlando West, Soweto: An Illustrated History*, Johannesburg: Wits University Press, 2012.

Nieftagodien, Noor, *Soweto Uprising*, Athens, Ohio: Ohio University Press, 2015.

Nieuwaal, Rijk van Dijk, eds, *African Chieftaincy in a New Social-Political Landscape*, Münster, Hamburg and London: Lit Verlag. Piscataway, N. J. : Transaction Publishers, 1999.

Nkrumah, Kwame, *Africa Must Unite*, London: Panaf Books, *1963*.

Nkrumah, Kwame, *Consciencism, Philosophy and Ideology for Decolonization and Development with Particular Reference to the African Revolution*, London: Heinmann, 1964.

Nkrumah, Kwame, *I Speak of Freedom*, London: Panaf, 1961.

Nnoli, O., *Path to Nigerian Development*, Dakar, 1981.

Noble, John, *South Africa Past and Present*, London, 1877.

Nugent, Paul, *Big Men, Small Boys, and Politics in Ghana: Power, Ideology, and the Burden of History, 1982—1994*. London: Printer Publishing, 1995.

Nwala, T., *Uzodinma*, Enugu: Hillys Press NIG. LTD., 1990.

Nye, Joseph, *Peace in Parts: Integration and Conflict in Regional Organization*, Boston: Little, Brown and Co., 1974.

Nyerere, Julius K., *Freedom and Socialism*, Oxford University Press, 1968.

Nyerere, Julius K., *Nyerere on Socialism*, Oxford University Press, 1975.

Nyerere, Julius K., *Ujamaa—Essays on Socialism*, Oxford University Press, 1968.

Nziem, Isidore Ndaywei è, *Histoire du Congo, Des origines à nos jours*, Kinshasa: Afrique Editions, 2010.

Onyemelukwe, J., *Industrialization in West Africa*, Kent: Groom Helm Ltd., 1982.

Osia, Kunirum, *Israel, South Africa and Black Africa*, University Press of America, 1981.

Olorunsola, Vicor A., ed., *The Politics of Cultural Sub-Nationalism*, New York: Anchor Books, 1972.

Oliver, Roland, *The African Experience: Major Themes in African History from Earliest Times to the Present*, Weidenfeld Nicolson, 1991.

Oliver, Roland and Gervasc Mathew, eds., *History of East Africa*, Oxford, 1966.

Oliver, R., ed., *The Cambridge History of Africa*, Vol. 3, Cambridge, 1997.

Obeng, Ernest E., *Ancient Ashanti Chieftaincy*, Accra, 1986.

Ottaway, Marina, ed., *Democracy in Africa: The Hard Road Ahead*, Boulder: Lynne Rynner, 1997.

Ottaway, M., *Democratization and Ethnic Nationalism: African and Eastern European Experiences*, Washington, D. C.: Overseas Development Council, 1994.

Olisanwuche, Esedebe, P., *Pan-Africanism, The Idea and Movement 1776—1963*, Washington D. C.: Howard University Press, 1982.

Oweidat, Nadia, Cheryl Benard, Dale Stahl, Walid Kildani, Edward O'Connell, and Audra K. Grant, *The Kefaya Movement: A Case Study of a Grassroots Reform Initiative*. 1st ed. Santa Monica: RAND Corporation, 2008.

Overstreet, G. D. and M. Windmiller, *Communism in India*, California: University of California Press, 1959.

Ogot, B. A., *A History of the Southern Luo, 1500—1900*, Nairobi, 1967.

Ogot, B. A., ed., *Economic and Social History of East Africa*, Nairobi, 1976.

Ogot, B. A. and J. A. Kieran, *Zamani: A Survey of East African History*, Nairobi, 1971.

Onselen, Charles von, *The Seed is Mine the Life of Kas Maine, a South African Sharecropper 1894—1985*, Harper Collins, 1996.

Onselen, Charles von, *Chibaro: African Mine Labour in Southern Rhodesia, 1900—1933*, London, 1976.

Onselen, Charles von, *Studies in the Social and Economic History of the Witwatersrand 1886—1914 Volume 1, New Babylon, Volume 2, New Nineveh*, Longman, 1982.

Orpen, J. M., *History of the Basuto of South Africa*, Cape Town, 1857.

Oruka, H. Odera, ed., *Sage Philosophy: Indigenous Thinkers and Modern Debate on African Philosophy*, Leiden: E. J. Brill, 1990.

Oruka, H. Odera, *Ogingo Odinga, His Pholosophy and Beliefs*, Nairobi, 1992.

Oruka, H. Odera and D. A. Masolo, eds., *Philosophy and Cultures: Proceedings of the Second Afro-Asian Philosophy Conference, Nairobi, October/November 1981*, Nairobi: Bookwise, 1983.

Paden, John, *Ahmadu Bello: Sardauna of Sokoto: Values and Leadership in Nigeria*, London: Hodder and Stoughton, 1986.

Paden, John, *Muslim Civic Cultures and Conflict Resolution: The Challenge of Democratic Federalism in Nigeria*, Washington, D. C.: The Brookings Institution, 2005.

Padmore, George, *Africa Britain's Third Empire*, London, 1949.

Pakenham, Thomas, *The Boer War*, Weidenfeld and Nicolson, London 1979.

Palmer, R. R. and Joel Collon, *A History of the Modern World*, New York, 1978.

Pankfurst, Sylvia, *Ethiopia: A Cultural History*, Essex: Lalibela House, 1959.

Pankhurst, Richard, *The Ethiopians: A History*, Blackwell, 2001.

Parsons, T. and E. Shils, *Toward a General Theory of Action*, Cambridge,

MA.：Harvard University Press, 1951.

Paton, Alan, *Hofmeyr*, Oxford University Press, 1965.

Paulin J. Hourntondji, *African Philosophy：Myth and Reality*, Indiana University Press, 1996.

Paulson, Jo Ann, ed., *African Economies in Transition Volume 2：Reform Experience*, Macmillan, 1999.

Pearce. R. D., *The Turning Point in Africa：British Colonial Policy 1938—1948*, London：Frank Cass, 1982.

Peires, J. B., *The House of Phalo History of the Xhosa People in the Days of Their Independence*, Jonathan Ball Publishers, 1981.

Pellow, Deborah and Naomi Chazan, *Ghana：Coping with Uncertainty*. Boulder and London：Westview Press, 1986.

Penrose, Ernest Francis, ed., *European Imperialism and the Partition of Africa*, London：Frank Cass, 1975.

Pfaff, Françoise, *The Cinema of Ousmane Sembène*, A Pioneer of African Film*, Greenwood Press 1984.

Phillips, Anne. *The Enigma of Colonilaism*, British Policy in West Africa*, London：James Currey, 1989.

Plaatje, S., *Native Life of South Africa before and since the European War and the Boer Rebellion*, London, 1916.

Plaza, Sonia and Dilip Ratha, eds., *Diaspora for Development in Africa*, World Bank, 2011.

Porter, A. N. and A. J. Stockwell, *British Imperial Policy and Decolonization*, *1938—1964*, *Vol. 1(1938—1951)*, Macmillan, 1987.

Porter, Bernard, *The Lion's Share*, A Short History of British Imperialism *1850—1983*, Longman, 1984.

Posner, Daniel N., *Institutions and Ethnic Politics in Africa*, New York：Cambridge University Press, 2005.

Posnette, A. F., *Report on the Central Research Station*, Pathology in Department of Agriculture, Accra：Government Printing Department, 1933.

Prah, Kwesi Kwaa, compiled, *Africanism or Continentalism：Mobilizing Global Africans*, *for Renaissance and Unity (Selected Documents of the 8th Pan-African Congress*, CASAS Book Series, No. 110, Cape Town：The Centre for Advanced Studies of African Society(CASAS), 2014.

Presidential Commission on Single Party or Multiparty System in Tanzania, *Report and Recommendations of the Commission on the Democratic System in Tanzania*, Dar es Salaam University Press, Dar es Salaam, 1992.

Prunier, G., *Darfur the Ambiguous Genocide*, London, 2005.

Prunier, G., *The Rwanda Crisis: History of a Genocide, 1959—1994*, London: Hurst, 1995.

Pyrah, G. B., *Imperial Policy and South Africa, 1902—1910*, Oxford University Press, 1955.

Quraishi, Zaheer, *Liberal Nationalism in Egypt*, Allahabad, 1967.

Ranger, T. O., ed., *Emerging Themes of African History*, Nairobi, 1968.

Ranger, T. O. and O. Vaughan, eds., *Legitimacy and the State in Twentieth Century Africa*, London: Macmillan, 1993.

Ranger, T. O., *Revolt in Southern Rhodesia, 1896—97*, Heinemann, 1979.

Rashidi, Runoko and Ivan Van Sertima, eds., *The African Presence in Early Asia*, New Brunswick: Transaction Press, 1995.

Rattray, R. S., *Ashanti*. Oxford: Clarendon Press, 1923.

Rattray, R. S., *Ashanti Law and Constitution*, Oxford University Press, 1929.

Rattray, R. S., *Religion and Art in Ashanti*. Vol. 70 The Royal Geographical Society, 1927.

Raven-Hart, Rowland ed., *Cape Good Hope, 1652—1702: The First Fifty Years of Dutch Colonisation as Seen by Callers*, 2 volumes, Cape Town: A. A. Balkema, 1971.

Ray, Donald I., *Ghana: Politics, Economics and Society*. London: Frances Pinter (Publishers), 1986.

Ray, S., ed., *Selected Works of M. N. Roy*, Oxford: Oxford University Press, Volume 3, Oxford, 1990.

RDP-White Paper On Reconstruction and Development, South African Government Strategy for Fundamental Transformation, September 1994.

Reindorf, C. C., *The History of the Gold Coast and Asante*, Oxford University Press, 1996[1895].

Reynolds, Andrew, *Electoral Systems and Democratization in Southern Africa*, New York: Oxford University Press, 1999.

Riddell, Roger C. , *Does Foreign Aid Really Work?*, Oxford University, 2007.

The Right to Choose a Leader, Dar es Salaam, 1996.

Ritter, E. A., *Shaka Zulu the Rise of the Zulu Empire*, London, 1955.

Robbins, E., *This Man Malan*, Cape Town, 1953.

Robinson, David, *Muslim Societies in African History*, Cambridge University Press, 2004.

Robinson, Ronald and John Gallagher, with Alice Denny, *Africa and Victorians*, *The Official Mind of Imperialism* (Second Edition), Macmillan Press, 1981.

Robson, P. , *African Development Report 2000: Regional Integration in Africa*. *Vol. 39*. Oxford: Blackwell Publisher LTD, 2001.

Roccu, Roberto, *The Political Economy of the Egyptian Revolution: Mubarak*, *Economic Reforms and Failed Hegemony*, Palgrave Macmillan, 2013.

Rodney, W., *A History of the Upper Guinea Coast 1545—1800*, Oxford, 1970.

Rodney, Walter, *How Europe Underdeveloped Africa*, Tanzania Publishing House, 1972.

Ross, Andrew, *An Enlightened Scot-John Philip (1775—1851): Missions, Race and Politics in South Africa*. By Aberdeen: Aberdeen University Press, 1986.

Ross, Robert and David Anderson, *Status and Respectability in the Cape Colony*, *1750—1870: A Tragedy of Manners*, Cambridge University Press. 1999.

Ross, Robert, Anne Kelk Mager and Bill Nasson, eds. , *The Cambridge History of South Africa: Volume 2 1885—1994*, Cambridge University Press, 2011.

Ross, Robert, *The Borders of Race in Colonial South Africa: The Kat River Settlement, 1829—1856*, Cambridge University Press, 2014.

Rostow, W. W. , *The stages of economic growth: A non-Communist Manifesto*, Cambridge: Cambridge University Press, 1960.

Rotberg, R. , *The Rise of Nationalism in Central Africa*, Harvard, 1965.

Rotberg, Robert I. and Thomas G. Weiss, eds ., *Massacres to Genocide*, *The Media, Public Policy, and Humanitarian Crises*, Massachusetts: The World Peace Foundation, 1996.

Rothchild, Donald, ed. , *Ghana: The Political Economy of Recovery*. Boulder and London: Lynne Rienner Publishers, 1991.

Rubin, Margot W., *The Jewish Community of Johannesburg, 1886—1939*, University of Pretoria, 2006.

Rugumamu, Severine M., *Globalization Demystified: Africa's Possible Devel-*

opment Futures, Dar es Salaam University Press, 2005.

Rugumamu, Severine M., *Lethal Aid: The Illusion of Socialism and Self-Reliance in Tanzania*, Africa World Press, Inc., 1997.

Sadler, Sir Michael Ernest, *Arts of West Africa*, London: Oxford University Press, 1936.

Said, E.,*Culture and Imperialism*, New York: Vintage, 1993.

Said, E.,*Orientalism*, New York: Vintage, 1978.

Salih, M. A. Mohamed,*Economic Development and Political Action in the Arab World*, Routledge, 2014.

Salim, Abubakar,*Illegal Practices during the Election Processes in the Light of the Elections Act*, Dar es Salaam, 1985.

Salm, Steven J. and Toyin Falola, eds.,*African Urban Spaces in Historical Perspective*, Rochester, NY: University of Rochester Press, 2005.

Sarbah, John M., *Fanti National Constitution*, Frank Cass, 1968[1906].

Sarpong, P., *The Sacred Stools of the Akan*, Accra, 1971.

Saul, Mahir and Patrick Royer,*West African Challenge to Empire: Culture and History in the Volta-Bani Anticolonial War*, Ohio University Press/James Currey, 2001.

Saunders, Christopher, and Nicholas Southey,*A Dictionary of South Africa History*, David Philip, Cape Town and Jonannesburg, 1998.

Saunders, Christopher,*The Making of the South African Past: Major Historians on Race and Class*, Cape Town, 1988, p. 79.

Schapera, I.,*The Khoisan People of South Africa*, London, 1930.

Schmidt, E.,*Cold War and Decolonization in Guinea, 1946—1958*, Ohio University Press, 2007.

Schoeman, Karel,*Early Slavery at the Cape of Good Hope, 1652—1717*, Pretoria: Protea Book House, 2007.

Schoeman, Karel,*Portrait of a Slave Society: The Cape of Good Hope, 1717—1795*, Pretoria: Protea Boekhuis, 2012.

Segal, R., *The Black Diaspora: Five Centuries of the Black Experience Outside Africa*, New York: Macmillan, 1995.

Sellassie, Sergew Hable,*Ancient and Medieval Ethiopian History to 1270*, Addis Ababa: Unite Printers, 1972.

Senghor, Leopald, *Liberté, Négritude et humanisme*, Volume 1, Paris: Editions du Seuil, 1964.

Senghor, Leopald, *On African Socialism*, trans. by Mercer Cook, London: Pall Mall Press, 1964.

Senghor, Léopold, ed., *Anthologie de la nouvelle poésie nègre et malgache*, Paris: Presses Universitaires de France, 1948.

Serequeberhan, Tsenay, *African Philosophy: The Essential Readings*, New York: Paragon House, 1991.

Shaw, T., P. Ucko and K. MacDonald, *Bassey Wai Andah*, *First Memorial Lecture: A Tribute to the life and work of Professor Bassey Wai Andah*, Ibadan: Textflow Limited, 1999.

Shaw, Thurstan, Paul Sinclair, Bassey Andah and Alex Okpodo, eds., *The Archaeology of Africa: Food, Metals and Towns*, London and New York: Routledge, 1993.

Shaw, Timothy M., and Julius Emeka Okolo, eds., *The Political Economy of Foreign Policy in ECOWAS*, London: The Macmillan Press Ltd., 1994.

Shelton, Garth, Funeka Yazini April, Li Anshan, eds., *FOCAC 2015: A New Beginning of China-Africa Relations*, Pretoria: Africa Institute of South Africa, 2015.

Sheridan, R., *Sugar and Slavery: An Economic History of the British West Indies, 1625—1775*, Baltimore: JohnsHopkins University Press, 1973.

Shibeika, Mekki, *The Independent Sudan: The History of a Nation*, New York, 1959.

Shillington, Kevin, *Ghana and the Rawlings Factor*. London and Basingstoke: Macmillan, 1992.

Shimoni, Gideon, *Community and Conscience: The Jews and Apartheid South Africa*. Hanover: University Press of New England, 2003.

Shimoni, Gideon, *Jews and Zionism: The South African Experience 1910—1967*. Cape Town: Oxford University Press, 1980.

Shivji, Issa G., *PanAfricanism in Nyerere's Thoughts*, Fahamu Books, Pambazuka Press, 2009.

Shivji, Issa G., *Pan-Africanism or Pragmatism. Lessons of the Tanganyika-Zanzibar Union*, Mkuki na Nyota Publishers, 2008.

Shivji, Issa G., *The Concept of Human Rights in Africa*, Codesria, 1989.

Shivji, Issa G., *Where is Uhuru? Reflections on the Struggle for Democracy in Africa*, UFAHAMU Books, Pambazuka Press, 2009.

Siddiqui, Rukhsana A., ed., *Subsaharan Africa in the 1990s-Challenges to Democracy and Development*, Westport: Praeger, 1997.

Simons, H. Jack and Ray E. Simons, *Class and Colour in South Africa*, *1850—1950*, Harmondsworth, 1969.

Sisk, Timothy D. and Andrew Reynolds, eds., *Elections and Conflict Management in Africa*, Washington, 1998.

Smith, Anthony D., *State and Nation in the Third World*, Sussex, 1983.

Smith, Anthony D., *Theories of Nationalism*, New York, 1976.

Smith, Justin E. H., *Nature, Human Nature, and Human Difference*: *Race in Early Modern Philosophy*, Princeton University Press, 2015.

Social Assistance Scheme Across the World Eligibility Conditions and Benefits, World Bank 2009.

Soga, J. H., *The Ama-Xosa*, *Life and Customs*, Lovedale, n. d. [1932].

Soga, J. H., *The South-Eastern Bantu* (*Abe-Nguni*, *Aba-Mobo*, *Ama-Lala*), Johannesburg, 1930.

Solema, S. M., *Chief Moroka*, Cape Town, 1951.

Soludo, Osita Ogbu and Ha-Joon Chang, eds., *The Politics of Trade and Industrial Policy in Africa*: *Forced Consensus*? Trenton, N. J.: Africa World Press, Inc., 2003.

Some Essential Features of Nkrumaism: *A Compilation of Articles from the Spark*, Accra: Spark Publications, 1964.

South Africa Yearbook, *2000/01*, (Originally published as *South Africa Official Yearbook*), Formeset, Cape Town, on behalf of the Government Printer, Pretoria.

Spitzer, Leo, *The Creoles of Sierra Leone*: *responses to colonialism*, *1870—1945*. [Madison]: University of Wisconsin Press, 1974.

Stanley, Henry M., *Congo River and the Establishment of Congo State*, Vol. 1, London, 1885.

Stapenhurst, Tick and Kpundeh, Sahr. J. , eds., *Curbing Corruption*: *Toward a Model for Building National Integrity*, World Bank, Washington, C. D., 1999.

Sternberg, F., *Capitalism and Socialism*, *on Trial*, New York, 1951.

Stevens, Phillips, Jr., *The Stone Images of Esie*, *Nigeria*, Ibadan University Press and The Nigerian Federal Department of Antiquities, 1978.

Stoecher, Helmuth, ed., *German Imperialism in Africa*: *From the Beginning until the Second World War*, London, 1986.

Stow, G. W., *The Native Races of South Africa*, London, 1905.

Sumner, Claude, ed., *African Philosophy*, Addis Ababa, 1980.

Sumner, Claude, *Classical Ethiopian Philosophy*, Addis Ababa: Commercial Printing Press, 1985(US edition, Los Angeles: Adey Publishing Company, 1994).

Sumner, Claude, *Ethiopian Philosophy*, *Vol. II The Treatise of Zera Yacob and of Walda Heywat. Text and Authorship*, Addis Ababa: Commercial Printing Press, 1976.

Sumner, Claude, *Ethiopian Philosophy. Vol. III The Treatise of Zera Yacob and of Walda Heywat. An Analysis*, Addis Ababa: Commercial Printing Press, 1978.

Sumner, Claude, *The Source of African Philosophy: Ethiopian Philosophy of Man*, "*The Life and Maxims of Skendes*, *Section I*", Stuttgart, 1986.

Sweeney, J. J., *African Negro Art*, New York: Museum of Modern Art, 1935.

Sylvester, Christine, *Zimbabwe: The Terrain of Contradictory Development*, Boulder: Westview, 1991.

Symonds, R., *Oxford and Empire*, Oxford University Press, 1993.

Taras, Ray, ed., *National Identities and Ethnic Minorities in Eastern Europe*, London: Macmillan Press, 1998.

Tempels, Placide, *Bantu Philosophy* (trans. Rev. Colin King), Paris: Présence Africaine, 1959.

Temu, A. J. and B. Swai, *Historians and Africanist History: A Critique. Post-Colonial Historiography Examined*, London: Zed, 1981.

Terreblanche, Sampie, *A History of Inequality in South Africa*, *1652—2002*, University of Natal Press, 2002.

Theal, G. M., *Basutoland Records*, *copies of official documents of various kinds*, *accounts of travels*, *etc.*, 3 volumes, Cape Town, 1883.

Theal, G. M., *History and Ethnography of Africa*, *South of the Zambesi*, *from 1505 to 1795*, 3 volumes, Cape Town, 1907.

Theal, G. M., *History of South Africa since September 1795*, 5 volumes, London, 1908—1910.

Theal, G. M., *History of South Africa under the administration of the Dutch East India Company 1652 to 1795*, London, 1897.

Theal, G. M., *Kaffir Folk Lore*, London, 1882.

Theal, G. M., *Progress of South Africa in the century*, Toronto, 1902.

Theal, G. M., *Records of Cape Colony from 1793 to 1827*, 36 volumes, London, 1897—1905.

Theal, G. M., *Records of South Eastern Africa from 1895 to 1903*, 9 volumes, Cape Town, 1898—1903.

Thiam, Cheikh, *Return to the Kingdom of Childhood: Re-envisioning the Legacy and Philosophical Relevance of Negritude*, The Ohio State University Press, 2014.

Thiong'o, Ngũgĩ wa, *Decolonising the Mind: The Politics of Language in African Literature*, Heinemann Educational, 1986.

Thiong'o, Ngũgĩ wa, *Moving the Centre: The Struggle for Cultural Freedom*, London: James Currey, 1993.

Thiong'o, Ngũgĩ wa, *Writers in Politics: Essays*, Heinemann Educational, 1981.

Thobieetal, Jacques, *Histoire de la France coloniale 1914—1990*, Paris, 1990.

Thompson, L., ed., *African Societies in Southern Africa*, Historical Studies, London: Heinemann, 1969.

Thompson, L., *The Unification of South Africa*, *1902—1910*, Oxford University Press, 1960.

Thompson, L., *Survival in Two Worlds: Moshoeshoe of Lesotho*, *1786—1870*, Oxford: Clarendon Press, 1976.

Thompson, L., *The Political Mythology of Apartheid*, Yale University Press, 1985.

Thompson, L., *A History of South Africa*, Yale University Press 1990.

Thompson, R. F., *Black Gods and Kings*, Los Angeles, 1971.

Thornton, A. P., *Imperialism in the Twentieth Century*, Minnesota, 1980.

Thornton, John, *Africa and Africans in the Making of the Atlantic World*, *1400—1800* (Second Edition), Cambridge University Press, 1998.

Throup, David and Charles Hornsby. *Multi-party politics in Kenya: The Kenyatta and Moi States and the triumph of the system in the 1992 election*, Ohio University Press, 1998.

Todd, Emmanuel, *La diversité du mondé: Famille et modernité*, Paris: Edition du Seuil, 1999.

Tomlinson, Richard, et al., *Emerging Johannesburg: Perspectives on the Postapartheid City*, New York, 2003.

Tordoff, William, *Government and Politics in Tanzania*, East African Publishing House, 1967.

Toynbee, Arnold(revised and abridged by the author and Jane Caplan),*A Study of History*, Oxford University Press, 1972.

Toynbee, Arnold,*A Study of History Volume XII Reconsiderations*, Oxford University Press, 1961.

Toynbee, Arnold,*Change and Habit*, Oxford University Press, 1996.

Traoré, Sékou,*Questions Africaines*,Paris: L'Harmattan,1989.

Tripp, Charles and Roger Owen,*Egypt Under Mubarak*, Routledge, 1990.

Truth and Reconciliation Commission of South Africa Report, Volume Six, Formeset, Cape Town, 2003.

Tutu, D.,*No Future without Forgiveness*, Doubleday, 1999.

Ulyanovsky, R. A., ed.,*The Comintern and the East*, Central Books Ltd. , 1980, Moscow, 1981.

UNAIDS,*Report on the Global HIV/AIDS Epidemic 2002*, UNAIDS-Joint United Nations Program on HIV/AIDS, July 2002.

UNCTAD,*Economic Development in Africa: Debt sustainability: Oasis or mirage?*, 2004.

UNESCO,*Tradition and Development in African Today*, Paris, 1990.

United Nations, Assembly Resolution 1654(XVI), *Yearbook of the United Nations*,New York, 1961.

United Nations Development Programme,*Human Development Report 1992*, New York: Oxford University Press, 1992.

United Nations Environment Programme,*Sudan Post-Conflict Environmental Assessment*, 2007.

United Nations Development Programme,*Human Development Report 1993*, Oxford University Press, New York, 1993.

Urquhart, D. E.,*Cocoa*, London: Longman, 1956.

Vail, Leroy, ed.,*The Creation of Tribalism in Southern Africa*, London: James Currey, 1989.

Vandewalle, Dirk, *Libya since Independence: Oil and State-Building*, Cornell University Press, 1998.

Vansina, J., R. Mauny and L. V. Thomas, eds., *The Historian in Tropical Africa*, London, Oxford University Press, 1964.

Walker, C. ed.,*Women and Gender in Southern Africa to 1945*, Cape Town: David Philip, 1990.

Walker, C.,*Women and Resistance in South Africa*, Onyx Press, 1982.

Walker, E. A.,*A History of South Africa*, London, 1928.

Walker, E. A.,*The Cape Native Franchise*, Cape Town, 1936.

Walker, E. A.,*The Frontier Tradition in South Africa*, London, 1930.

Walker, E. A.,*The Great Trek*, London, 1934.

Walshe, Peter,*The Rise of African Nationalism in South Africa: The African National Congress, 1912—1952* Johannesburg, 1983.

Wang, Georgette, ed.,*De-Westernizing Communication Research: Altering Questions and Changing Frameworks*, Routledge, 2010.

Ward, W. E. F.,*A History of Ghana*. London: George Allen and Unwin Ltd, 1958.

Watt, W. Montgomery,*The influence of Islam on medieval Europe*, Edinburgh: Edinburgh University Press,1972.

Weber, Max,*The Protestant Ethics and the Spirit of Capitalism*(translated by T. Parsons). New York: Scribner, 1930.

Wehling, Fred, *Irresolute Princes: Kremlin Decision in Middle East Crisis, 1967—1973*, London: Palgrave, 1997.

Weinstein, Warren and Thomas H. Henriksen, eds.,*Soviet and Chinese Aid to African Nations*, Praeger, 1980.

Welch, Sidney,*Portuguese and Dutch in South Africa, 1641—1806*, Cape Town: Juta Press, 1951.

Wells, Julia,*We Now Demand! The History of Women's Resistance to Pass Laws in South Africa*, Johannesburg: Witwatersrand University Press, 1993.

Welsh, D.,*The Roots of Segregation*, Cape Town, 1969.

West, Harry G., ed.,*Conflict and its Resolution in Contemporary Africa*, Maryland: University Press of America, 1997.

Wilks, Ivor,*Asante in the Nineteenth Century: The Structure and Evolution of a Political Order*, Cambridge University Press, 1975.

Willan, B.,*Sol Platje a Biography*, London: Heinemann, 1979.

Williams, Eric,*Capitalism and Slavey*, New York: Capricon Books, 1966[1944].

Wilmot, A. and J. C. Chase,*History of the Colony of the Cape of Good Hope*,

Cape Town, 1869.

Wilson, M. and L. Thompson, eds. , *The Oxford History of South Africa*, *Volume 1*, *South Africa to 1870*, New York: Oxford University Press, 1969.

Wilson, M. and L. Thompson, eds. , *The Oxford History of South Africa*, *Volume 2*, Oxford University Press, 1971.

Wiredu, Kwasi, *A Companion to African Philosophy*, Malden, MA: Blackwell Pub., 2006.

Wiredu, Kwasi, ed., *Philosophy and an African Culture*, Cambridge University Press, 1980.

Wiredu, Kwasi, *Cultural Universals and Particulars*, *An African Perspective*, Indiana University Press, 1996.

Wolf, Eric, *Europe and the People without History*, University of California Press, 1982.

Worden, N. and G. Groenewald, eds., *Trials of Slavery: Selected Documents Concerning Slaves from the Criminal Records of the Council of Justice at the Cape of Good Hope*, *1705—1794*, Cape Town: Van Riebeeck Society, 2005.

Worden, N., *The Making of Modern South Africa: Conquest, Apartheid, Democracy*, Blackwell, 2007.

Worden, Nigel, Elizabeth van Heyningen, Vivian Bickford-Smith, *Cape Town: The Making of a City*, Cape Town: David Philip, 1998.

Worden, Nigel, *Slavery in Dutch South Africa*, Cambridge: Cambridge University Press, 1985, reprinted 2010.

World Bank, *Accelarated Development in Sub-Saharan Africa : An Agenda for Action*, Washington, D. C. : World Bank, 1981.

World Bank, *Adjustment in Africa-Reforms, Results, and the Road Ahead*, Oxford Unviersity Press, 1994.

World Bank, *World Development Report 1984*, Oxford University Press, New York, 1984.

World Bank, *World Development Report 1991*, Oxford University Press, New York, 1991.

World Bank, *World Development Report 1992*, Oxford University Press, New York, 1992.

World Bank, *World Development Report 2003*, World Bank and Oxford University Press, 2000.

Worsford, W. B., *Lord Milner's Work in South Africa*, London, 1906.

Wrench, E., *Lord Milner*, London, 1958.

Wright, Elizabeth, *The Epic of Juan Latino*, *Dilemmas of Race and Religion in Renaissance Spain*, Toronto: University of Toronto, 2016.

Wright, Richard A., ed., *African Philosophy: An Introduction*, Lanham, Md. : University Press of America, 1984.

Yamauchi, Edwin M., *Africa and Africans in Antiquity*, Michigan State University Press, 2001.

Yap, Melanie and Dianne Leong Man, *Colour*, *Confusion and Concessions: The History of the Chinese in South Africa*, Hong Kong: Hong Kong University Press, 1996.

Yeager, Rodger, *Tanzania: An African Example*, Boulder: Westview Press, 1989.

Young, C. M., *Politics in Congo: Decolonization and Independence*, Princeton, 1965.

Younger, Stephen D., *Successful Development in Africa: Case Studies of Projects*, *Programs and Policies*, Washington D. C. : World Bank, 1989.

Yudelman, David, *The Emergence of Modern South Africa: State*, *Capital*, *and the Incorporation of Organized Labor on the South African Gold Fields*, *1902—1939*, Greenwood Press, 1983.

Zachernuk, Philip S., *Colonial Subjects: An African Intelligentsia and Atlantic Ideas*, University Press of Virginia, 2000.

Zeleza, P. T., ed., *The Study of Africa*, *Vol. I*, *Disciplinary and Interdisciplinary Encounters*, Dakar: Council for the Development of Social Science Research in Africa, 2006.

Zeleza, P. T. ed., *The Study of Africa*, *Vol. II*, *Global and Transnational Engagements*, Dakar: Council for the Development of Social Science Research in Africa, 2006.

Zewde, Bahru, *A History of Modern Ethiopian 1855—1974*, London: James Currey, 1991.

Zewde, Bahru, *A History of Modern Ethiopia 1885—1991*, London: James Currey, 2001.

Ziegler, Dhyana, ed., *Molefi Kete Asante: In Praise and Criticism*, Nashville, TN: Winston Derek, 1995.

Zimbabwe Catholic Bishops Conference, Evangelical Fellowship of Zimbabwe and Zimbabwe Council of Churches, *The Zimbabwe We Want: "Towards a National Vision for Zimbabwe"*, September 18, 2006.

Zouber, Mahmoud, *Ahmad Bâbâ de Tombouctou (1556—1627): Sa vie et son œuvre*, Paris, 1977.

四、西文文章

Abdullahi, Danjuma and John Abdullah, "The Political Will and Quality Basic Education in Nigeria", *Journal of Power, Politics, and Governance*, 2:2(June, 2014).

Abraham, William, "The Life and Times of Anton-Wilhelm Amo", *Transactions of the Historical Society of Ghana*, 7(1964).

Adekoya, Femi, "Africans investing in Africa, only way to salvage continent", *The Guardian*(Nigeria), November 24, 2017.

Agwu, F. and F. Aja, "Shared Valued in Africa's Integration and Unity", *Africa Review* 3.1(2011).

Ajayi, J. F. A., "On being an Africanist", *ASA News*, 27:1(1994).

Ake, Claude, "Rethinking African democracy", *Journal of Democracy*, 2:1 (1991).

Akomolafe, Femi, "No One Is Laughing at the Asians Anymore", *New African*, 452(June 2006).

Akyeampong, Emmanuel, "Africans in the Diaspora: The Diaspora and Africans", *African Affairs*, 99:395(2000).

Alagoa, E. J., "Long-distance trade and states in the Niger Delta", *Journal of African History*, 11:3(1970).

Alagoa, E. J., "The development of institutions in the states of the Eastern Niger Delta", *Journal of African History*, 12:2(1971).

Amin, S., "Underdevelopment and dependence", *The Journal of Modern African Studies*, 10:4(1972).

Amin, S., "The Arab revolution: a year after", *Inteface: A Journal for and about Social Movement* 4:1(2012).

Andah, Bassey W. and A. Ikechukwu Okpoko, eds., "Foundations of Civilization in Tropical Africa", *West African Journal of Archaeology*, 36:1-2(2009).

Anderson, B. L. and David Richardson, "Market structure and profits of the British African trade in the later eighteenth century: A comment", *Journal of Economic History*, 4(1983).

Appiah, Kwame Anthony, "Is the Post-in Postmodernism the Post-in Postcolonial?", *Critical Inquiry*, 17:2(Winter 2009).

Arhin, Kwame, "Aspects of the Ashanti northern trade in the nineteenth century", *Africa*, 40:4(1970).

Arhin, Kwame, "The Structure of Greater Ashanti(1700—1824)", *Journal of African History*, 8:1(1967).

Armitage, Simon J., Sabah A. Jasim, Anthony E. Marks, Adrian G. Parker, Vitaly I. Usik, Hans-Peter Uerpmann, "The Southern Route 'Out of Africa': Evidence for an Early Expansion of Modern Humans into Arabia", *Science*, 331: 6016 (January 2011).

Arowosegbe, Jeremiah O., "The Making of an Organic Intellectual: Claude Ake, Biographical and Theoretical Orientations", *African and Asian Studies*, 11:1-2(2012).

Asante, Molefi Kete and Yoshitaka Miike, "Paradigmatic Issues in Intercultural Communication Studies: An Afrocentric-Asiacentric Dialogue", *China Media Research*, 9:3(July 2013).

Atkins, K. E., "'Kafir Time': Preindustrial Temporal Concepts and Labour Discipline in Nineteenth Century Colonial Natal", *Journal of African History*, 30(1989).

Atkins, K. E., "Origins of the AmaWasha: The Zulu Washerman's Guild in Natal, 1850—1910", *Journal of African History*, 27(1986).

Atmore, A. and N. Westlake, "A Liberal Dilemma: A Critique of the Oxford History of South Africa", *Race*, 14(1972).

Babrow, Merle, "A Critical Assessment of Dr. George McCall Theal", M. A. thesis, University of Cape Town, 1962.

Baku, Kofi, "Towards a Purposeful African Development: An Early Twentieth Century View", *Discussion Papers in the African Humanities*, African Humanities Program, African Studies Center, Boston University, AH No. 18(1991).

Beckles, H. M., "Caribbean Anti-Slavery: The Self Liberation Ethos of Enslaved Blacks", *Journal of Caribbean History*, 22: 1-2(1988).

Berg, Servaas van der, Carlos da Maia and Cobus Burger, "Educational inequality in Mozambique", Table 1: Impact of the civil war on the destruction of the school network,

United Nations University, WIDER Working Paper 2017/212.

Berstein, H. and J. Depelchin, "The Objective of African History: A Materialist Perspective", *History in Africa*, 5(1978).

Blunch, Niels-Hugo and Jeffrey S. Hammer, "The Last of the Lost Generations? Formal and Non-Formal Education in Ghana during Times of Economic Decline and Recovery", Global Labor Organization Discussion Paper Series 208.

Blyden, Edward W. "The Negro in Ancient History", *Methodist Quarterly Review*, Vol. LI, fourth seires, Vol. xxi(January 1869).

Bodomo, Adams, "African Diaspora Remittances Are Better than Foreign Aid Funds: Diaspora-driven Development in the 21st Century", *World Economic*, 14: 4 (Nov-Dec. 2013).

Böhme, C., "Film Production as a 'Mirror of Society': The History of a Video Film Art Group in Dar es Salaam, Tanzania", *Journal of African Cinemas*, 7:2(2015).

Bonne, M.,"The Age of Counter-colonization Period", *International Affairs*, 13:6 (1934).

Bourmaud, Deniel, "France in Africa: African Politics and French Foreign Policy", *Issues: A Journal of Opinion*, 23:2,1995.

Brentjes, B., "William Amo, An Eighteenth-Century Ghanaian Philosopher in Germany",*Universitas: An Inter-faculty Journal of the University of Ghana*, 1977.

Brittain, Victoria, "Africa, The Lost Continent", *New Statesman and Society*, London, April 8, 1994.

Brownlee,Jason, "The Decline of Pluralism in Mubarak's Egypt", *Journal of Democracy*, 13:4(October 2002).

Bundy, Colin, "The Emergence and Decline of a South African Peasantry", *African Affairs*, 71, No. 285(October 1972).

Daniel Bell and Thaddeus Metz, "Confucianism and Ubuntu: Reflections on a dialogue between Chinese and African tradition", *Journal of Chinese Philosophy*, Supplementary to 38(2011).

Campbell, Gwyn, "Labour and the Transport Problem in Imperial Madagascar, 1810—1895",*Journal of African History*, 21(1980).

Campbell, Gwyn, "The Adoption of Autarky in Imperial Madagascar, 1820—1935",*Journal of African History*, 28(1987).

Carrington, S. H. H., "The American Revolution and the British West Indies Economy", in *Journal of Interdisaplinary History*, 17:4(1987).

Cell, J., "On the Eve of Decolonization: The Colonial Office's Plans for the Transfer of Power in Africa, 1947", *The Journal of Imperial and Commonwealth History*, 8:3 (1980).

Chanaiwa, David, "Historiographical Traditions of Southern Africa", *The Historiography of Southern Africa*, The General History of Africa: Studies and Documents (4), Proceedings of the Experts Meeting held at Gaborone, Botswana, from 7 to 11 March 1977, 1980.

Cheng, Ying, "'Naija Halloween or wetin?': Naija superheroes and a time-traveling performance", *Journal of African Cultural Studies*, 28:3(2016).

Chossudovsky, M., "Economic shock therapy in Rwanda", *African Agenda*, 1:2 (1994).

Chou, Yi Liang, "Early contacts between China and Africa", *Ghana Notes and Queries*, 12:6(1972).

Coleman, J. S., "Nationalism in Tropical Africa", *American Political Science Review*, 18, 1954.

Collier, Paul and Stehen A. O'Connell, "Opportunities and choices", Benno J. Ndulu et al, eds., *The Politcal Economy of Economic Grouwth in Africa*, 1960—2000, Vol. 1, Cambridge University Press, 2009.

Connor, Philip, "At Least a Million Sub-Saharan Africans Moved to Europe since 2010. Sub-Saharan Migration to the United States Also Growing", Pew Research Center, March 18, 2018.

Cooke, J. Fletcher, "The Failure of the 'Westminster Model' in Africa", *African Affairs*, 63(1964).

Cory, C. G. A., "Sir George Cory: Eastern Cape Historian", *Annuals of the Grahamstown Historical Society*, 1:3(1973).

Crabbs, Jack, Jr., "Politics, history, and culture in Nasser's Egypt", *International Journal of Middle East Studies*, 6(1975).

Crummey, Donald, "Tewodros as Reformer and Modernizer", *Journal of African History*, 10(1969).

"Dangote commissions $ 500 million Congo plant on Thursday", Premium Times (Abuja), November 27, 2017.

Daley, Patricia, and Rowan Popplewell, "The appeal of third termism and militarism in Burundi", *Review of African Political Economy*, 43:150(February 2016).

Dalton, George, "Economic theory and primitive society", *American Anthropologist*, 63:1(February 1961).

Danquah, J. B., "The Historical Significance of the Bond of 1844", *Transactions of the Historical Society of Ghana*, 3:1(1957).

Darwin, John, "British Decolonization since 1945: A Pattern or a Puzzle?", *The Journal of Imperial and Commonwealth History*, 12(1984).

Data on Swollen Shoot, in *The Gold Coast Observer*, February 6, 1948.

Davenport, T., "Leonard Thompson and South African History", *South African Historical Journal*, 24:1(1991).

Decalo, Samuel, "The Process, prospects and constraints of democratization in Africa", *African Affairs*, 91(1992).

Denoon, D. and A. Kuper, "Nationalist Historians in Search of a Nation: The 'New Historiography' in Dar es Salaam", *African Affairs*, 69(1970).

Depelchin, J., "African History and the Ideological Reproduction of Exploitative Relations of Production", *Africa Development*, 2, 1977.

Depelchin, J., "The Coming of Age of Political Economy in African Studies", *International Journal of African Historical Studies*, 11, 1978.

Depelchin, J., "Towards a Problematic History of Africa", *Tanzania Zamani*, 18, 1976.

Depelchin, J., "Towards a reconstruction of precolonial central African history", *Ufahamu*, 9(1979).

Desai, Gaurav, "V. Y. Mudimbe: A Portrait", *Callaloo*, 14:4(Autumn, 1991).

Diamond, Larry, "Review Article: Ethnicity and Ethnic Conflict", *The Journal of Modern African Studies*, 25:1(1987).

Dickson, K. B. , "Origin of Ghana's Cocoa Industry", in *Ghana Notes and Queries*, 5(1963).

Dreisbach, Tristan and Robert Joyce, "Revealing Tunisia's corruption under Ben Ali", 27 March, 2014.

Duffield, Ian, "Pan-Africanism: Rational and Irrational", *Journal of African History*, 18:4(1971).

Jerry Komia Domatob, "Policy Issues for African Universities", *Issues: A Journal of Opinion*, 24:1(1996).

Edozie, Rita Kiki, "The Sixth Zone: The African Diaspora and the African Union's Global Era Pan Africanism", *Journal of African American Studies* 16:2(June 2012).

Elphick, R., "Methodology in South African Historiography: A defence of idealism and empiricism", *Social Dynamics*, 9:1(1983).

Elphick, Richard and Hermann Giliomee, eds., *The Shaping of South African Society, 1652—1840*, Wesleyan University Press, 1988.

Eltantawy. N. and J. B. Wiest, "Social Media in the Egyptian Revolution: Reconsidering Resource Mobilization Theory", *International Journal of Communication*, No. 5, 2011.

Engerman, S. , "The slave trade and British capital formation in the eighteenth century: A comment on the Willians thesis", *Business History Review*, 1972.

Eribo, Festus, "Higher Education in Nigeria: Decades of Development and Decline", *Issues: A Journal of Opinion*, 24:1(1996).

Fahmi, Wael Salah, "Bloggers' street movement and the right to the city. (Re)claiming Cairo's real and virtual 'spaces of freedom'", *Environment and Urbanization*, 21:1 (2009).

Fatton, Robert, "Africa in the age of democratization: The civic limitations of civil society", *African Studies Review*, 38:2(September 1995).

Feinburg, H. M., "New data on European mortality in West Africa: The Dutch on the Gold Coast, 1719—1760", *Journal of African History*, 15:3(1974).

Felder, Cane Hope, "Afrocentrism, the Bible, and the Politics of Difference", *The Journal of Religious Thought*, 50:1/2(Fall 1993/Spring 1994).

Flint, John, "Planned Decolonization and Its Failure in British Africa", *African Affairs*, 82(1983).

Ford, Neil, "Slow but Sure Progress: Tanzania, Once Described by Neighbouring Kenya as a 'Man Eat Nothing Society', is Beginning to See the Fruits of 15 Years of Adaptation to a Capitalist System. Neil Ford Profiles Tanzania Today. (Country Focus: Tanzania)", *African Business* 24(2003).

Fox, Roddy, "Bleak future for multi-party elections in Kenya", *The Journal of Modern African Studies*, 34(December 1996).

Gaillard, J. and A-M. Gaillard, "Fuite des cerveaux, retours et diasporas", *Futuribles*, 228(1998).

Glickman, Harvey and M. C. Musambachime, "Ethnic Conflict and Democratization in Africa", *Journal of Southern African Studies*, 22:4(1996).

Gocking, Roger, "Ghana's Public Tribunals: An Experiment in Revolutionary Justice", *African Affairs*, 95:379(1996).

Gordon, David, "Growth without Capital: A Renascent Fishery in Zambia and Katanga, 1960s to Recent Times", *Journal of Southern African Studies*, 31:3(September 2005).

Goucher, Candice L., "Iron is Iron'Til it is Rust: Trade and Ecology in the Decline of West African Iron-Smelting", *The Journal of African History*, 22:2(1981).

Grey, S., "Nigeria on-screen 'Nollywood' films popularity rising among émigrés", *The Washington Post*, November 8, 2003.

Hargreave, J. D., "Towards a History of the Partition of Africa", *Journal of Africa History*, 1:1(1960).

Harris, Karen L., "Closeted Culture: The South African Chinese", ISSCO International Conference on the Ethnic Chinese, "Inter-cultural relations and cultural transformation of Ethnic Chinese Communities", Manila, November 26-28, 1998.

Haynes, Jeff, "Human Rights and Democracy in Ghana: The Record of the Rawlings' Regime", *African Affairs*, 90:360(1991).

Hegghammer, Malfrid Braut, "Relinquished Nuclear Powers: A Case Study of Libya", in *To Join or Not to Join the Nuclear Club: How Nations Think about Nuclear Weapons: Two Middle East Case Studies-Libya and Pakistan* (Middle East Studies, April 2013).

Heilman, Bruce and Ndumbaro, Laurean, "Corrubption, Politics, and Societal Values in Tanzania: An Evaluation of the Mkapa Administration's Anti-Corruption Efforts", in *African Journal of Political Science*, 7:1(2002).

Hendrik W. van der Merwe and Thomas J. Johnson, "Resitution in South Africa and the Accomodation of an Africaner Ethnic Minority", *The International Journal of Peace Studies*, July 1997.

Herbst, Jeffrey, "The Creation and Maintenance of National Boundaries in Africa", *International Organization*, 43:4(Autumn, 1989).

Hetherington, Penelope, "Women in South Africa: The Historiography in English", *The International Journal of African Historical Studies* 26:2(1993).

Hinds, A. E., "Imperial Policy and Colonial Sterling Balances 1943—56", *The*

Journal of Imperial and Commonwealth History, 19:1(1991).

Hinds, A. E., "Sterling and Imperial Policy, 1945—1951", *The Journal of Imperial and Commonwealth History*, 15:2(1987).

Hintjens, Helen M. , "Explaining the 1994 Genocide in Rwanda", *The Journal of Modern African Studies*, 37:2(1999).

Hunwick, J. O., "A New Source for the Biography of Amad Bābā al-Tinbuktī (1556—1627)", *Bulletin of the School of Oriental and African Studies* (University of London), 27:3(1964).

Hyden, Goran, "Top-Down Democratization in Tanzania", *Journal of Democracy*, 10(1999).

Iliffe, John, "The Organization of the Maji Maji Rebellion", *Journal of African History*, 8(1967).

Inikori, J. , "The Import of Firearms into West Africa 1750—1807: A Quantitative Analysis", *Journal of African History*, 18:3(1977).

Inikori, J. , "Measuring the Atlantic Slave Trade: an assessment of Curtin and Anstey", *Journal of African History*, 17:2(1976).

Isaacman, Allen and Barbara Isaacman, "Resistance and collaboration in Southern and Central Africa, 1850—1920", *International Journal of African Historical Studies*, 10: 1(1977).

Iloegbunam, Chucks, "In Deep Crisis", *West Africa*, No. 3977, December 13, 1993.

Jacques, T. Carlos, "Is There an African Philosophy? The Politics of a Question", *Sapina Bulletin : A Bulletin of the Society for African Philosophy in North America*, 8:1-2(1995).

Jalali, Rita and Seymour Martin Lipset, "Racial and Ethnic Conflicts: A Global Perspective", *Political Science Quarterly*, 107:4(1992—93).

Jeffries, Richard, "Ghana's PNDC Regime: A Provisional Assessment", *Africa: Journal of the International African Institute*, 66:2(1996).

Jeffries, Richard, "Urban Popular Attitudes towards the Economic Recovery Programme and the PNDC Government in Ghana", *African Affairs*, 91:363(1992).

Jefremovas, Villia, "Acts of Human Kindness: Tutsi, Hutu and the Genocide", *Issues: A Journal of Opinion*, 23:2(1995).

Jentleson, B. W., "Who 'Won' Libya?: The Force-Diplomacy Debate and Its Implications for Theory and Policy", *International Security*, 30:3(2005).

Johnstone, F. A., "White Prosperity and White Supremacy in South Africa", *African Affairs*, 69(1970).

Johnstone, F., "'Most Plainful to Our Hearts': South Africa Through the Eyes of the New School", *Canadian Journal of African Studies*, 16:1(1982).

Jones, Hilary, "From East to West: Looking at Responses to Modernization in Senegal and Turkey from a Comparative Perspective", *Macalester International*, 15(2005).

July, Robert W., "Nineteenth-century Negritude: Edward W. Blyden", *Journal of African History*, 5:1(1964).

Kaplan, D. E., "Class, Conflict, Capital Accumulation and the State: An Historical Analysis of the State in Twentieth Century South Africa", (PhD Dissertation, University of Sussex).

Kazadi, F. S. B., "Mobotu, MPR and the Politics of Survival", *African Report*, 23:1(Jan. 1978).

Kershaw, Terry, "Afrocentrism and the Afrocentric method", *Western Journal of Black Studies*, 16:3(1992).

Kirk-Greene, A., "Decolonisation in British Africa", *History Today*, 42:1(1992).

Klein, Martin A., "The Slave Trade in the Western Sudan during the Nineteenth Century", *Slavery and Abolition*, 13:1(1992).

Kousa, Musa M., "The Political Leader and His Social Background: Muammar Qadafi, the Libyan Leader", M. A. thesis, Department of Sociology, Michigan State University, 1978.

Kraus, Jon, "The Struggle over Structural Adjustment in Ghana", *Africa Today*, 38:4(1991).

Krauss, Clifford, "The Scramble for Access to Libya's Oil Wealth Begins", *The New York Times*, 22 Aug. 2011.

Lawal, Babatunde, "Oyibo: Representations of the Colonialist Other in Yoruba Art, 1826—1960", Discussion Papers in the African Humanities (AH Number 24, 1993), African Humanities Program, African Studies Center, Boston University.

Legassick, M., "Legislation, Ideology and Economy in Post-1948 South Africa", *Journal of Southern African Studies*, 1:1(1974).

Legassick, M., "South Africa: Capital Accumulation and Violence", *Economy and Society*, 3(1974).

Legassick, M. J., "The Frontier Tradition in South African History", *Institute of Commonwealth Studies*, 2(1971).

Lemarchand, Réne, "Genocide in the Great Lakes: Which Genocide? Whose Genocide?", *African Studies Review*, 41:1(1998).

Lemarchand, Réne, "Rwanda: The Rationality of Genocide", *Issues: A Journal of Opinion*, 23:2(1995).

Leys, Colin, "Confronting the African Tragedy", *New Left Review*, March-April, 1994.

Li Anshan, "Abirewa: A Religious Movement in the Gold Coast, 1906—8", *Journal of Religious History* (The University of Sydney)20:1(June 1996).

Li Anshan, "African Diaspora in China: Reality, Research and Reflection", *The Journal of Pan African Studies*, 7:10(May, 2016).

Li Anshan, "African Studies in China in the Twentieth Century: A Historiographical Survey", *African Studies Review*, 48:1(2005).

Li Anshan, "African Studies in China in the 21st Century: A Historiographical Survey", *Brazilian Journal of African Studies*, 1:2(2016).

Li Anshan, "African Students in China: Research, Reality, and Reflection", *African Studies Quarterly*, 17:4(February 2018).

Li Anshan, "Book review: African Eldorado Gold Coast to Ghana", *The Journal of Modern African Studies*, 32:3(1994).

Li Anshan, "Asafo and Destoolment in Colonial Southern Ghana, 1900—1953", *The International Journal of African Historical Studies*, 28:2(1995).

Li Anshan, "China and Africa: Policies and Challenges", *China Security*, 3:3 (2007).

Li Anshan, "China's New Policy towards Africa", R. Rotberg, ed., *China into Africa: Trade, Aid, and Influence*, Brookings Institution Press, 2008.

Li Anshan, "Contact between China and Africa before Vasco da Gama: Archeology, document and historiography", *World History Studies*, 2:1(June, 2015).

Li Anshan, "Technology Transfer in China-Africa Relation: Myth or Reality", *Transnational Corporation Review*, 8:3(2016).

Lindfors, Bernth, "Beating the White Man at his Own Game: Nigerian Reactions to the 1986 Nobel Prize in Literature", *Black American Literature Forum*, Wole Soyinka

Issue, Part 1, 22:3(Autumn 1988).

Loghner, Norbert, "Anton Wilhelm Amo: A Ghana Scholar in Eighteenth Century Germany", *Transactions of the Historical Society of Ghana*, 3:3(1958).

Lonsdale, John, "From Colony to Industrial State: South African historiography as seen from England", *Social Dynamics*, 9:1(1983).

Louis W. R., "American Anti-colonialism and the Dissolution of the British Rule", *International Affairs*, 61:3(1985).

Luchman, Robin, "The Military, militarization and democratization in Africa: A survey of literature and issues", *African Studies Review*, 37:2(September 1994).

Lyimo, Herry, "Engineers take up Mkapa's challenge on graft", *Sunday Observer*, August 13, 2000.

Lynch, Hollis R., "Edward W. Blyden: Pioneer West African nationalist", *Journal of African History*, 6:3(1965).

Lynch, Hollis R., "The native pastorate controversy and cultural ethno-centrism in Sierra Lone, 1871—1874", *Journal of African History*, 5:3(1964).

"M16 'worked with Gaddafi regime'", *The Guardian*, September 3, 2011.

M'Bow, Renda, "Ahmed Baba de Tombouctou, precuseur des relations culturelles entre Fes et le Soudan", in *Fes et l'Afrique—Relations economique, culturelles et spiri-tuelles*, 28-30 Octobre 1993.

Mafeje, A., "Anthropology in Post-Independence Africa: End of an Era and the Problem of Self-Redefinition", *African Sociological Review*, 2:1(1998).

Mafeje, A., "Conversations and Confrontations with My Reviewers", *African Sociological Review*, 2:2(1998).

Mafeje, A., "The Problem of Anthropology in Historical Perspective: An Inquiry into the Growth of the Social Sciences", *Canadian Journal of African Studies*, 10:2 (1976).

Marks, Shula, "African and Afrikaner History", *The Journal of African History*, 11:3(1970).

Marks, Shula, "Liberalism, Social Realities and South African History", *Journal of Commonwealth Political Studies*, 10(Nov. 1972).

Maxwell, Owusu, "Rebellion, Revolution, and Tradition: Reinterpreting Coups in Ghana", *Comparative Studies in Society and History*, 31:2(Apr., 1989).

Mazama, Ama, "The Afrocentric Paradigm: Contours and Definitions", *Journal of*

Black Studies, 31:4(Mar., 2001).

Mcaskie, T. C., "Empire State: Asante and Historians", Journal of African History, 33,1992.

McGreal, Chris, "Mbeki criticised for praising 'racist' Sarkozy", The Guardian, 27 August 2007.

Mengisteab, Kidane, "New Approaches to State Building in Africa: The Case of Ethiopia's Ethnic-Based Federalism", African Studies Review, 40:3(1997).

Metz, Thaddeus, "Toward an African Moral Theory", The Journal of Political Philosophy, 15:3(2007).

Miles, William and David Rocheford, "Nationalism versus Ethnic Identity in Sub-Saharan Africa", American Political Science Review, 85:2(1991).

Miller, Judith, "How Gadhafi Lost His Groove: The complex surrender of Libya's WMD", The Wall Street Journal, May 16, 2006.

Mitgang, Herbert, "Looking at Africa Through an African's Eyes", The New York Times, 5 October 1986.

Mkandawire, Thandika, "The Social Sciences in Africa: Breaking Local Barriers and Negotiating International Presence. The Bashorun M. K. O. Abiola Distinguished Lecture Presented to the 1996 African Studies Association Annual Meeting", African Studies Review, 40:2(September 1997).

Mkandawire, Thandika, "Thinking about developmental states in Africa", Cambridge Journal of Economics, 25(2001).

Mohammed, Adam. "The Rezaigat Camel Nodamds of the Darfur region of Western Sudan: From Co-operation to Confrontation", Nomadic Peoples, 8:2(2004).

Mokgoro, Yvonne, "Ubuntu and the Law in South Africa", Potchefstroom Electronic Law Journal, 1(1998).

Momoh, Campbell S., "African Philosophy: Does It Exist?", Diogenes, 130 (1985).

Moore, C., "African Cinema in the American Video Market", Issues: A Journal of Opinion, 20:2(1992).

Moore, David, "Neoliberal globalisation and the triple crisis of 'modernisation' in Africa: Zimbabwe, the Democratic Republic of the Congo and South Africa", Third World Quarterly, 22:6(2001).

Moyo, Sam. "The Land Occupation Movement and Democratisation in Zimbabwe: Contradictions of Neoliberalism", Journal of International Studies, 30:2(2001).

Munro-Hay, "The Rise and Fall of Aksume: Chronological Considerations", *Journal of Ethiopian Studies*, 23(1990).

Murray, Bruce, "The Wits Years and Resignation, 1917—1933", *South African Historical Journal*, 65:2(2013).

Myint, Hla, "The 'Classical Theory' of international trade and the underdeveloped countries", *Economic Journal*, 68(June 1958).

Ndikumana, Léonce, "Institutinal Failure and Ethnic Conflicts in Burundi", *African Studies Review*, 41:1(1998).

Nesbitt, Njubi, "African Intellectuals in the Belly of the Beast: Migration, Identity, and the Politics of Exile", *African Issues*, 30:1(2003).

Netshitenzhe, Joel, and Frank Chikany, "A Nation in the Making: A Discussion Document on Macro-Social Trends in South Africa", *Policy Co-ordination and Advisory Services(PCAS) Social Secor the Presidency. Republic of South Africa*, 2006.

Newbury, C., "Background to Genocide: Rwanda", *Issues: A Journal of Opinion*, 23:2(1995).

Newbury,C., "Victorians, Republicans, and the Partition of West Africa", *Journal of African History*, 3:3(1962).

Newbury, C., "Introduction: Paradoxes of democratization in Africa", *African Studies Review*, 37:1(April 1994).

Newton, A. P., "Africa and Historical Research", *African Affairs*, 22:88(July, 1923).

Niekerk. B. V., K. Pillay, M. Maharaj, "Analyzing the Role of ICTs in the Tunisian and Egyptian Unrest from an Information Warfare Perspective", *International Journal of Communication*, 5(2011).

Norton, W. A., "Dr. Theal and the Records of South-East Africa", *South African Journal of Science*(1922).

"Obituary: Comrade Professor—Phil Bonner Emeritus Professor, 31 March 1945—24 September 2017", *South African Historical Journal*, 69:4(2017).

O'Meara, D., "The 1946 African Miners Strike and the Political Economy of South Africa", *Journal of Commonwealth and Comparative Politics*, 13:2(1975).

Obadare, Ebenezer, "The press and transition in Nigeria: Comparative notes on the Abacha and Abubakar Transitional Program", *Issues: A Journal of Opinion*, 27:1

(1999).

Obiyan, A. Sat, "Political parties under the Abubakar Transition Program and democratic stability in Nigeria", *Issues:A Journal of Opinion*, 27:1(1999).

Omeje, K., "The Diaspora and Domestic Insurgencies in Africa", *African Sociological Review*, 11:2(2007).

Omotola, J. Shola, "Third-Term Politics and the De-Institutionalisation of Power in Africa", *Africa Review*, (African Studies of India, New Delhi), 3:2(2011).

Onishi, Norimitsu, "Step aside, L. A. and Bombay, for Nollywood", *The New York Times*, September 16, 2002.

Onuzulike, Uchenna, "Nollywood: The Influence of the Nigerian Movie Industry on African Culture", *Human Communication*, 10:3(2007).

Onyewuenyi, Innocent C., "Is There an African Philosophy?", *Journal of African Studies*, 3:4(1976—77).

Oppenheim, Claire E., "Nelson Mandela and the Power of Ubuntu", *Religions*, 3:2(2012).

Oruka, Henry Odera, "Four Trends in Current African Philosophy", Paper presented at the William Amo Symposium in Accra, Ghana, July 24—29, 1978.

Oyemakinde, W., "The Nigeria General Strike of 1945", *Journal of Historical Society of Nigeria*, 2:4(1975).

Patterson, T. and D. G. Kelley, "Unfinished Migrations: Reflections on the African Diaspora and the Making of the Modern World", *African Studies Review*, 43:1(2000).

Pearce, R. D., "Governor, Nationalists and Constitution in Nigeria, 1935—1951", *The Journal of Imperial and Commonwealth History*, 9:3(1981).

Pearce, R., "The Colonial Office and Planned Decolonization in Africa", *African Affairs*, 83(1984).

Perham, Margery F., "The British Problem in Africa", *Foreign Affairs*, 29:4(July, 1951).

Petersen, Scott, "How US, British Intelligence Worked to Bring Qaddafi's Libya in from the Cold", *Christian Science Monitor*, September 6, 2011.

Postel, Deborah, "Rethinking the 'Race-Class-Debate' in South African Historiography", *Social Dynamics*, 9:1(1983).

"Prompting Democratic Transition from Abroad: International Donors and Multipartism in Tanzania", *Democratization*, 7:4(Winter 2000).

Ranger, T. O., "Connections between 'Primary Resistance' Movements and Modern Mass Nationalism in East and Central Africa", *Journal of African History*, 9:3 (1968); 9:4(1968).

Ranger, T. O., "The New Historiography in Dar es Salaam: An Answer", *African Affairs*, 70(1971).

Reiffers, J. and C. Tsakas, "Economic crisis in Mediterranean countries: The effect of international crisis on Mediterranean counties", *Mediterranean*, 2011.

Rejai, Mostafa and Cynthia H. Enloe, "Nation-states and State-nations", *International Studies Quarterly*, 13:2(1969).

Rhodie, Sam, "The Gold Coast hold-up of 1930—31", *Transactions of Historical Society of Ghana*, 9(1968).

Robinson, Pearl T., "Democratization: Understanding the relationship between regime change and the culture of politics", *African Studies Review*, 37:1(1994).

Roper, Steven D. and Lilian A. Barria, "Why Do States Commission the Truth? Political Considerations in the Establishment of African Truth and Reconciliation Commissions", *Human Rights Review*, 10(2009).

Rwegoshora, H., *"Child Labour in Tanzania"*, *Political Handbook and NGO Calendar 2003*, Friedrich Ebert Stiftung, 2002.

Safran, William, "Nations, Ethnic Groups, States and Politics: A Preface and an Agenda", *Nationalism and Ethnic Politics*, 1:1(1995).

Sandbrook, Richard, "Economic liberation versus political democratization: A social-democratic resolution?", *Canadian Journal of African Studies*, 31:3(1997).

Sanders, E. F., "The Hamitic hypothesis: Its origin and function in time perspective", *Journal of African History*, 10:4(1969).

Saunders, C., "George McCall Theal and Lovedale", *History in Africa*, 8(1981).

Saunders, C., "Leonard Thompson's Historical Writing on South Africa: An Appreciation", *South African Historical Journal*, 30:1(1994).

Saunders, C., "The Writing of C. W. de Kiewiet's 'A History of South Africa, Social and Economic'", *History in Africa*, 13:5(1986).

Schoenbrun, David Lee, "Cattle Herds and Banana Gardens: The Historical Geography of the Western Great Lakes Region", *African Archaeology Review*, 11(1993).

Sharp, Jeremy M. and Shayerah Ilias, "U. S. -Egyptian Economic Relations: Aid, Trade, and Reform Proposals", Congressional Research Service Report RS22494, August 15, 2006.

Shorbagy, Manar, "Understanding Kefaya: The New Politics in Egypt", *Arab Studies Quarterly*, 29:1(Winter 2007).

Smith, Charles David. "The Geopolitics of Rwandan Resettlement: Uganda and Tanzania", *Issues: A Journal of Opinion*, 23:2(1995).

Smith, Ken, "W. M. Macmillan, A Long History but a Short Life", *South African Historical Journal*, 22(1990).

Solow, B. "Caribbean slavery and British growth: The Eric Williams hypothesis", *Journal of Development Economics*, 1985, 17, pp. 99–115. *South Africa Official Yearbooks 1982, 1989.*

Soyinka, Wole. "*Let us think of the aftermath of this war*", *Daily Sketch*, August 1967.

Springborg, Roberts, "The political economy of the Arab Spring", *Mediterranean Politics*, 16:2(2011).

Steele, Jonathan, "Darfur wasn't a genocide and Sudan is not a terrorist state", *The Guardian*, October 6, 2005.

Stengers, P. J., "The Partition of Africa", *Journal of African History*, 3 3 (1962).

Sturm, M. and N. Sauter, "The Impact of the Global Financial Turmoil and Recession on Mediterranean Countries' Economies", Occasional Paper, European Central Bank, No. 118, 2010.

Sunday Nation. (Nairobi), May 1, 1992.

Thompson, L. M., "Afrikaner Nationalist Historiography and the Policy of Apartheid", *The Journal of African History*, 3:1(1962).

Tölölyan, K., "Rethinking Diaspora(s): Stateless power in the transnational moment", *Diaspora*, 5:1(1996).

"Toward Greater Unity and Integration Through Shared Values", AU Discussion Paper, 23rd November 2010.

Trapido, S., "South Africa in a Comparative Study of Industrialization", *Journal of Development Studies*, 8:3(1971).

Trevor-Roper, "The rise of Christian Europe", *The Listener*, 70:1809(1963).

Tsongo, Mafikiri, "La problématique foncière au Kivu montagneux(Zaïre)", *Cahiers du CIDEP*, 21, 1994.

Tsotsi, W. M., "Gallery of African Heroes Past and Present: Davidson Don Tengo Jabavu", *Inkundla ya Bantu* (The Bantu Forum), June 1941.

Twumasi, E. Y., "Aspects of Politics in Ghana 1929—39: A study of the relationships between discontent and the development of nationalism", Unpublished D. Phil. dissertation, Oxford University, 1971.

Uvin, Peter, "Prejudice, Crisis, and Genocide in Rwanda", *African Studies Review*, 40:2(1997).

Walker, S. and J. Hountondji, "The Pitfalls of Being Different", *Diogenes*, 131 (1985).

Wamba, E. Wamba dia, "Brief Theoretical Comments on the Quest for Materialist History: Concerning the Article 'The Objective of African History'"(Unpublished paper), Dar es Salaam, 1980.

Wamba, Wamba dia, "Concerning Henry Slater's Paper 'Africa and the Production of Historical Knowledge': Further Considerations on the Issue of History"(Unpublished paper), Dar es Salaam, 1981.

Washington, Elsie B. and Valerie Vaz, "Zimbabwe Building a Nation", *Essence*, October, 1989.

Wiredu, Kwasi, "Democracy by Consensus: Some Conceptual Considerations", *Philosophical Papers* 30:3(2001).

Wolpe, H., "Capitalism and Cheap Labour Power in South Africa: From Segregation to Apartheid", *Economy and Society*, 1:4(1972).

Worden, N., "Cape Slaves in the Paper Empire of the VOC", *Kronos* 40(2014).

Worden, N., "Indian Ocean Slaves in Cape Town, 1695—1807", *Journal of Southern African Studies*, 42(2016).

Worden, N., "After Race and Class: Recent Trends in the Historiography of Early Colonial Cape Society", *South African Historical Journal*, 62(2010).

Worden, N., "Between Two Oceans: Slave Resistance at the Cape of Good Hope in the Age of Revolutions", "FORUM: Indigenous Peoples in the Global Revolutionary Era", *World History Connected*, 15:2(June, 2018),

Worden, N., "Artisan conflicts in a colonial context: the cape town blacksmith strike of 1752", *Labor History* 46:2(2005).

Yeebo, Zaya, "Ghana: Defence Committees and the Class Struggle", *Review of African Political Economy*, 32(1985).

Zeleza, Paul Tiyambe, "Rewriting the African Diaspora: Beyond the Black Atlantic", *African Affairs*, 104:414(2005).

图书在版编目(CIP)数据

非洲现代史/李安山著.–上海：华东师范大学出版社，2020
ISBN 978-7-5760-0970-5

Ⅰ.①非… Ⅱ.①李… Ⅲ.①非洲—现代史 Ⅳ.①K405

中国版本图书馆 CIP 数据核字(2020)第 209664 号

华东师范大学出版社六点分社

企划人 倪为国

非洲现代史

著　　者　李安山
责任编辑　施美均　彭文曼　王寅军
责任校对　高建红
封面设计　卢晓红

出版发行　华东师范大学出版社
社　　址　上海市中山北路 3663 号　邮编　200062
网　　址　www.ecnupress.com.cn
电　　话　021 - 60821666　行政传真　021 - 62572105
客服电话　021 - 62865537　门市(邮购)电话　021 - 62869887
地　　址　上海市中山北路 3663 号华东师范大学校内先锋路口
网　　店　http://hdsdcbs.tmall.com/

印 刷 者　上海盛隆印务有限公司
开　　本　700×1000　1/16
印　　张　86.75
字　　数　1180 千字
版　　次　2021 年 5 月第 1 版
印　　次　2021 年 5 月第 1 次
书　　号　ISBN 978-7-5760-0970-5
定　　价　188.00 元(上下册)

出版人　王　焰

（如发现本版图书有印订质量问题,请寄回本社客服中心调换或电话 021 - 62865537 联系）